仁巖 朴慶植教授 停年退任 紀念論叢 1

한국 석조미술 연구

仁巖 朴慶植教授 停年退任 紀念論叢 1

한국 석조미술 연구

2023년 6월 23일 초판 1쇄 발행

엮은이 仁巖 朴慶植教授 停年退任 紀念論叢 刊行委員會
펴낸이 권혁재
편 집 조혜진
표 지 이정아

인 쇄 성광인쇄
펴낸곳 학연문화사
등 록 1988년 2월 26일 제2-501호
주 소 서울시 금천구 가산디지털1로 16 가산2차SK V1AP타워 1415호

전 화 02-6223-2301
팩 스 02-6223-2303
E-mail hak7891@chol.com

ISBN 978-89-5508-491-7 94910

仁巖 朴慶植教授 停年退任 紀念論叢 1

한국 석조미술 연구

초우 황수영박사 구순 송축연에서, 황수영·정영호·박경식(2007)

포천 반월산성 2차 발굴(1996)

이천 설봉산성 2차 발굴 현장 설명회(1999)

이천 설성산성 1차 발굴조사(2001)

이천 설성산성 1차 발굴조사(2001)

이천 태평흥국명마애보살 탁본조사(2001)

이천 설성산성 발굴조사(2001)

이천 설봉산성 2차 유물조사(2002)

연천 은대리성 발굴 지도위원회(2003)

파주 혜음원 3차 지도위원회(2004)

중국 서안 건릉(2008)

중국 서안 답사 중 금릉사탑 활영(2010)

단국대학교 석주선기념박물관 개관식, 장충식 이사장과(2014)

단국대학교 매장문화재연구소 '매장문화재, 사람과 땅. 도록 발간기념회(2017.8)

실크로드답사중(2017)

실크로드답사중(2017)

진전사지 삼층석탑에서(2017.10)

진전사지 도의선사탑 앞에서(2017.10)

진전사지에서 제자들과(2017.10)

호원회 답사 중 장준식 선생과 함께(2018)

호원회 원주지역 답사, 거돈사지에서(2019)

仁巖 朴慶植教授 略歷

학력

1957.6. 출생

1977.2 여의도고등학교 졸업

1981.8 단국대학교 문리과대학 사학과 졸업 (문학사)

1986.8 단국대학교 대학원 사학과 졸업 (문학석사)

1993.2 한국교원대학교 대학원 역사교육과 졸업 (교육학박사)

경력

1993. 3 - 2022. 7 단국대학교 문과대학 인문학부 사학전공 교수

1999. 3 - 2008. 2 단국대학교 매장문화재연구소 소장

2014. 3 - 2022. 2 단국대학교 석주선기념박물관장

1999. 4 - 2010. 3 문화재청 문화재위원회 건조물분과 전문위원

2000. 4 - 2009. 3 경기도 문화재위원

2021. 5 - 현재.   문화재청 유형문화재과 문화재위원

학술 발표

1998 분황사 모전석탑에 대한 고찰

1999 분황사모전석탑에 관한 고찰

2000 백제시대 석탑과 석불의 조성과정과 방법에 관한 고찰

2000 파주시 문화유적의 보존과 관리에 관한 고찰

2001 신륵사의 석조유물에 관한 고찰

2002 이천 설봉산성 발굴조사의 성과와 의의

2004 양양읍성의 정비와 복원의 당위성

2005 고유섭과 탑파연구

2011 미륵사지 석탑을 통해 본 백제 석조문화의 독창성

2012 수마노탑의 역사.미술사적 가치

2014 운주사 석탑의 특수성과 보편성

2014 마곡사 오층석탑에 관한 소고

2014 백제석탑의 독창성과 한국석탑에 미친 영향

仁巖 朴慶植敎授 論著 目錄

I. 著書

1994 『統一新羅石造美術研究』, 學研文化社

1999 『우리나라의 석탑(石塔)』, 역민사

2001 『Korean art book』 10 탑파, 예경

2001 『탑파』

2002 『統一新羅石造美術研究』 (수정판), 學研文化社

2003 『석조미술의 꽃 석가탑과 다보탑』, 한길아트

2008 『한국의 석탑』, 學研文化社

2013 『한국의 석등』, 學研文化社

2016 『한국 석탑의 양식 기원 : 미륵사지석탑과 분황사 모전석탑』, 學研文化社

(共著)

1998 『백제를 다시 본다』, 주류성

2005 『한성 백제시대 산성』, 송파문화원

2007 『불교미술, 상징과 염원의 세계』, 국사편찬위원회 편, 두산동아

2009 『석장』, 국립문화재연구소

2016 『慶州 新羅東海口의 文武大王陵과 三傑碑』, 韓國先賢顯彰會, 학연문화사

2016 『세계 속의 한국 : 교류와 소통의 역사』, 세계 속의 한국 편찬위원회, 노스보스

2017 『정암사 수마노탑 연구』, 정선군

2022 『忠州 高句麗碑 : 어제와 오늘』, 한국교통대학교 중원학연구소, 서경문화사

II. 論文

1. 학위논문

1985.08 「新羅下代의 石塔에 관한 硏究 : 9世紀 石塔을 中心으로」, 단국대학교 석사학위논문

1993.02 「9世紀 新羅 石造美術에 관한 연구」, 한국교원대학교 박사학위논문

2. 연구논문

◎ 탑파

1987.03 「新羅 九世紀 石塔의 樣式에 關한 硏究」, 『미술사학연구(구 고고미술)』 173, 한국미술사학회

1988.06 「新羅 9世紀 石塔의 特性에 關한 硏究」, 『초우 황수영박사 고희기념 미술사학 논총』, 통문관

1995.06 「【印度紀行 2】SANCHI 1塔에 關한 考察」, 『문화사학』 3, 한국문화사학회

1997.06 「京畿道 抱川郡의 佛教遺蹟에 關한 考察」, 『文化史學』 제6·7호, 韓國文化史學會

1997.10 「8·9世紀 新羅石塔의 比較 硏究」, 『東洋學』 27, 檀國大學校附設 東洋學硏究所

1998.06 「京畿道의 石造美術에 대한 考察」, 『文化史學』 제9호, 韓國文化史學會

1998.12 「京畿道의 石塔에 關한 考察 : 指定된 石塔을 中心으로」, 『文化史學』 제10호, 韓國文化史學會, 1998.12

1999.08 「芬皇寺模塼石塔에 대한 考察」, 『新羅文化祭學術發表論文集』 20, 東國大學校 新羅文化硏究所

1999.12 「安養 安養寺의 七層塼塔과 龜趺」, 『문화사학』 11·12·13, 한국문화사학회

2002.04 「神勒寺의 石造遺物에 관한 考察」, 『寺刹造景硏究』 제9집, 東國大學校附設寺刹造景硏究所

2003.06 「新羅 始原期 石塔에 대한 考察」, 『文化史學』 제19호, 韓國文化史學會

2003.12 「新羅 典型期 石塔에 대한 考察」, 『文化史學』 제20호, 韓國文化史學會

2004.06 「신라 定形期 석탑에 대한 小考」, 『文化史學』 제21호, 韓國文化史學會

2004.12 「신라 典型·定形期 석탑의 비교」, 『文化史學』 제22호, 韓國文化史學會

2005.12 「百濟系石塔의 建立 背景에 關한 考察」, 『文化史學』 제24호, 韓國文化史學會

2005.12 「고유섭과 탑파연구」, 『美術史學硏究』 제248호, 韓國美術史學會

2007.06 「四門塔에 대한 考察」, 『文化史學』 제27호, 韓國文化史學會

2008.06 「隋·唐代의 佛塔硏究(Ⅰ)」, 『문화사학』 29, 한국문화사학회

2012.04 「彌勒寺址 石塔과 隋·唐代 亭閣型佛塔과의 比較」, 『白山學報』 제92호, 白山學會

2012.06 「정암사 수마노탑에 관한 고찰」, 『史學志』 제44집, 檀國大學校 史學會

2013.01 「隋·唐代의 佛塔硏究(Ⅱ)-亭閣型 塼造塔婆」, 『동양학』 53, 단국대학교 동양학연구원

2013.02 「분황사 모전석탑의 양식 기원에 대한 고찰」, 『신라문화』 41, 동국대학교 신라문화연구소

2014.01 「和順 雲住寺 石塔의 特殊性에 관한 考察」,『동양학』57, 단국대학교 동양학연구원

2014.04 「미륵사지석탑과 분황사 모전석탑의 비교 고찰」,『白山學報』98, 白山學會

2015.02 「미륵사지석탑의 기술력이 신라 석탑에 미친 영향」,『新羅文化』제45집, 東國大學校 新羅文化研究所

2015.02 「마곡사 오층석탑에 관한 고찰」,『百濟文化』제52집, 공주대학교 백제문화연구소 신라문화연구소

2015.08 「百濟 石塔의 獨創性과 韓國 石塔에 미친 影響」,『百濟研究』제62집, 忠南大學校百濟研究所

2017.01 「한국 불탑 부조상의 기원 고찰」,『동양학』67, 단국대학교 동양학연구원

2020.07 「천보사오층석탑에 대한 고찰」

2020.12 「교하고성 내 불탑에 관한 고찰」,『문화사학』54, 한국문화사학회

2021.05 「육지장사 삼층석탑에 관한 고찰」

◎ 부도

1994.06 「9世紀 新羅 石造浮屠에 關한 考察」,『文化史學』제1호(창간호), 韓國文化史學會

2002.06 「양양 진전사지 부도에 대한 고찰」,『社會政策論叢』제14집 제1권, 한국사회정책연구원

2009.02 「唐 鳩摩羅什浮屠와 新羅 石造浮屠의 比較 考察」,『동양학』45, 단국대학교 동양학연구원

2013.02 「회암사지 부도탑에 대한 고찰」,『양주 회암사지 사리탑』, 회암사지박물관

◎ 석등

1990.07 「신라하대의 고복형 석등에 관한 고찰」,『史學志』23, 단국대학교 사학회

1994.08 「우리나라의 석등 Ⅰ」,『古美術』38, 한국고미술협회

1995.08 「우리나라의 석등 Ⅱ」,『古美術』39, 한국고미술협회

2002.12 「京畿道의 石燈에 관한 考察 : 지정된 석등을 중심으로」,『文化史學』제18호, 韓國文化史學會

2009.04 「唐代 石燈에 관한 考察 : 한국석등의 기원과 관련하여」,『白山學報』제83호, 白山學會

◎ 사원·사지

1997.06 「京畿道 抱川郡의 佛教遺蹟에 關한 考察」, 『문화사학』 6·7, 한국문화사학회

2000.06 「安養 中初寺址에 대한 考察」, 『실학사상연구』 제14집, 무악실학회

2001.12 「신륵사의 석조유물에 관한 고찰」, 『鳳尾山 神勒寺의 綜合的 考察』, 동국대학교 부설 사찰조경연구소

2015.03 「서봉사지의 석조문화재」, 『용인문화』 V.32, 용인문화원 부설 용인학연구소

◎ 석조미술

1989.06 「新羅 景文王代의 石造美術에 關한 研究; 基壇部 樣式을 中心으로」, 『史學志』 22, 단국대학교 사학회

1991.07 「9世紀 新羅 石造美術의 特性」, 『史學志』 24, 단국대학교 사학회

1992.07 「신라 9세기 석조미술의 조성배경」, 『중재 장충식박사 화갑기념논총』

1993.12 「9世紀 新羅 石造美術의 樣式的 共通性」

1995.04 「9世紀 新羅 地域美術의 研究 Ⅰ: 雪嶽山의 石造 造形物을 中心으로」, 『史學志』 28, 단국대학교 사학회

1998.06 「京畿道의 石造美術에 대한 考察」, 『文化史學』 제9호, 韓國文化史學會

1999.12 「三國時代 石塔과 石佛의 造成方法에 관한 考察」, 『史學志』 32, 단국대학교 사학회

2000.06 「경기도 안성시의 석탑과 석불에 관한 고찰」, 『古文化』 55, 韓國大學博物館協會

◎ 기타

2001.12 「南韓地域의 高句麗 遺蹟」, 『고구려 발해연구』 12, 고구려발해학회

Ⅲ. 報告書

1. 발굴조사

◎ 단국대학교 매장문화재연구소

1999 『고양 북한산성 행궁지 지표조사보고서』, 단국대학교 매장문화재연구소

1999 『안성 운수암 삼성각 건립부지 발굴조사보고서』, 단국대학교 매장문화재연구소

1999 『일산 풍동 중앙아파트부지 지표조사보고서』, 단국대학교 매장문화재연구소

2000 『이천 설성산성 지표·시굴조사보고서』, 단국대학교 매장문화재연구소

2000 『일산 덕이동 중앙아파트 건설부지 고분 발굴조사보고서』, 단국대학교 매장문화재연구소

2000 『과천 관악산 관악·일명사지 시굴 및 발굴조사보고서』, 단국대학교 매장문화재연구소

2000 『포천 준원목장 확장부지 문화유적 지표조사보고서』, 단국대학교 매장문화재연구소

2001 『포천 반월산성 5차 발굴조사보고서』, 단국대학교 매장문화재연구소

2001 『파주 칠중성 지표조사보고서』, 단국대학교 매장문화재연구소

2001 『이천 설봉산성 2차 발굴조사보고서』, 단국대학교 매장문화재연구소

2001 『포천 고모리산성 지표조사보고서』, 단국대학교 매장문화재연구소

2001 『고양 문봉서원지 기본조사용역보고서』, 단국대학교 매장문화재연구소

2001 『안양시의 역사와 문화유적』, 단국대학교 매장문화재연구소

2002 『포천 반월산성 6차 발굴조사보고서』, 단국대학교 매장문화재연구소

2002 『이천 설봉산성 3차 발굴조사보고서』, 단국대학교 매장문화재연구소

2002 『안성 죽주산성 지표 및 발굴조사보고서』, 단국대학교 매장문화재연구소

2002 『이천 태평흥국명마애보살좌상 주변지역 발굴조사보고서』, 단국대학교 매장문화재연구소

2002 『이천 설성산성 1차 발굴조사보고서』, 단국대학교 매장문화재연구소

2003 『이천 두산베어스 야구연습장 건립부지 문화재 지표조사보고서』, 단국대학교 매장문화재연구소

2003 『안성 명륜공원~안성여중간 및 안성산업단지~옥산대교간 도로개설공사 구간 문화재 지표조사보고서』, 단국대학교 매장문화재연구소

2003 『과천 관아지 추정 건물지 발굴조사보고서』, 단국대학교 매장문화재연구소

2003 『평택 농성 지표 및 발굴조사보고서』, 단국대학교 매장문화재연구소

2003 『파주 혜음원지 발굴조사 중간보고서』, 단국대학교 매장문화재연구소

2004 『평택 서북 관방산성 시·발굴조사 보고서』, 단국대학교 매장문화재연구소

2004 『포천 반월산성 - 종합 보고서(I)』, 단국대학교 매장문화재연구소

2004 『포천 반월산성 - 종합 보고서(II)』, 단국대학교 매장문화재연구소

2004 『문화유적분포지도-포천시-』, 단국대학교 매장문화재연구소

2004 『이천 설성산성 2·3차 발굴조사보고서』, 단국대학교 매장문화재연구소

2004 『이천 후안리 석탑지 시굴조사보고서』, 단국대학교 매장문화재연구소

2004 『비산도시자연공원 조성사업 문화재 지표조사보고서』, 단국대학교 매장문화재연구소

2004 『연천 은대리성 지표 및 시·발굴조사보고서』, 단국대학교 매장문화재연구소

2005 『이천시청 신축부지 내 문화재 지표조사 보고서』, 단국대학교 매장문화재연구소

2005 『안성 클럽300골프장 건설 예정부지 문화재 지표조사보고서』, 단국대학교 매장문화재연구소

2005 『포천 안동김씨 종가집터 발굴조사보고서』, 단국대학교 매장문화재연구소

2005 『포천 반월산성 동벽 정비구간 발굴조사보고서』, 단국대학교 매장문화재연구소

2005 『문화유적분포지도』, 단국대학교 매장문화재연구소·안성시

2005 『안성 명륜공원-안성여중간 도로개설구간 내 매장문화재 발굴조사 보고서』, 단국대학교 매장문화재연구소

2005 『안성시 문화재 실태 조사 보고서』, 단국대학교 매장문화재연구소

2006 『안성 망이산성 3차 발굴조사 보고서』, 단국대학교 매장문화재연구소

2006 『이천시청 신축부지 시굴조사 보고서』, 단국대학교 매장문화재연구소

2006 『평택 원효대사 오도성지 학술조사보고서』, 단국대학교 매장문화재연구소

2006 『파주 혜음원지 발굴조사보고서 - 1차~4차(I)』, 단국대학교 매장문화재연구소

2006 『파주 혜음원지 발굴조사보고서 - 1차~4차(II)』, 단국대학교 매장문화재연구소

2007 『의왕 ICD진입로 개설공사 구간내 의왕 이동 청동기유적 발굴조사 보고서』, 단국대학교 매장문화재연구소

2006 『이천 설봉산성 4·5·6차 발굴조사 보고서』, 단국대학교 매장문화재연구소

2006 『이천 설성산성 4차 발굴조사 보고서』, 단국대학교 매장문화재연구소

2006 『안성 죽주산성 남벽 정비구간 발굴조사 보고서』, 단국대학교 매장문화재연구소

2006 『여주 상거리 종합유통단지 건설부지 시·발굴조사 보고서』, 단국대학교 매장문화재연구소

2006 『이천 설봉서원 건립예정부지 시·발굴조사 보고서』, 단국대학교 매장문화재연구소

2006 『연천 도립 환경교육센터 건립예정부지 문화재 지표조사 보고서』, 단국대학교 매장문화재연구소

◎ 단국대학교 사학과

1994 『과천 청계산·우면산 일원 문화유적지 지표조사보고서』, 단국대학교 사학과

1994 『과천현 관아지 및 관악산일원 문화유적지 지표조사보고서』, 단국대학교 사학과

1996 『포천 반월산성 1차 발굴조사보고서』, 단국대학교 사학과

1997 『포천 반월산성 2차 발굴조사 보고서』, 단국대학교 사학과

1997 『안양시 일원 문화유적지 지표조사 보고서』, 단국대학교 사학과

1998 『포천군의 역사와 문화유적』, 단국대학교 사학과

1998 『안양 삼성산 불교유적 지표조사 보고서』, 단국대학교 사학과

◎ 단국대학교 석주선기념박물관

1998 『이천 설봉산성 지표조사 보고서』, 단국대학교 석주선기념박물관

1998 『양평 앙덕리 유적』, 단국대학교 석주선기념박물관

1998 『포천 반월산성 3차 발굴조사 보고서』, 단국대학교 석주선기념박물관

1999 『포천 반월산성 4차 발굴조사 보고서』, 단국대학교 석주선기념박물관

1999 『안성시의 역사와 문화유적』, 단국대학교 석주선기념박물관

1999 『안성 망이산성 2차 발굴조사 보고서』, 단국대학교 석주선기념박물관

2. 기타

1988 『포천군의 역사와 문화유적』, 단국대학교 사학과

1995 『고성군의 불교유적』, 강릉대학교 박물관

1996 『정선군의 불교유적』, 강릉대학교 박물관

1997 『속초시의 불교유적』, 강릉대학교 박물관

2009 『이천 오층석탑 환수를 위한 연구 조사 보고서』, 경기도 이천시

Ⅳ. 기타

1. 서평

2001.12 「백제계 석탑연구」, 『湖南文化硏究』 제29집, 全南大學校湖南文化硏究所

목 차

목 차

한국 석조미술 연구

8 · 9世紀 新羅石塔의 比較 研究

Ⅰ. 序言

신라사에 있어 8세기와 9세기는 정치사적인 면에서 볼 때 안정기와 혼란기라는 뚜렷한 현상을 보이고 있음은 익히 알려져 있는 사실이다. 더불어 예술의 발전적인 측면에서 볼 때에도 양식적 완성기와 쇠퇴기라는 일률적인 단어로 규정되어 온 것 또한 주지의 사실이다. 따라서 정치사와 예술사에 있어 안정기 = 양식적 발전 혹은 완성, 혼란기 = 양식적 쇠퇴라는 명백한 등식은 일고의 재론도 없이 우리를 지배하고 있는 당연한 논리였다. 이같은 기존의 견해는 신라시대의 미술사 연구가 8세기에 집중되었던 주요한 요인으로 작용하였고, 다음 시기인 9세기의 미술에 대해서는 등한시하는 결과를 초래하였다.

필자는 그간 9세기의 불교미술에 대해 지속적인 관심을 갖고 연구한 결과 일반적인 통념과 같이 이 시기의 불교조형물을 양식적 쇠퇴기라 단언한 것이 얼마나 잘못된 것인가를 알게되었다. 즉, 신라는 멸망이라는 절대절명의 위기 속에서도 불교를 통한 중대 신라로의 회귀를 염원했고, 이에 따라 불교조형물 역시 수와 양적인면에서 8세기의 그것에 못지않는 예술품을 이땅에 남겼다는 사실을 인식하게 되었다.[1]

이같은 동향은 양 시기의 불교 조형물이 통일신라시대 불교미술의 전체적인 흐름 가운데서 연구되어온 까닭에 각 시기별로 독자적인 영역과 특성을 발휘하고 있다는 점이 간과된 데에 주

---

1 朴慶植, 『統一新羅石造美術研究』, 學研文化社, 1994.

된 원인이 있는 것으로 보인다. 그러나 8 · 9세기는 통일신라사에 있어 가장 중핵을 이루는 시기로서 정치 · 사회 · 경제 · 문화 등 여러 면에서 공통점과 차이점이 공존하고 있다고 생각한다. 불교조형물 역시 同 시대의 소산이다. 그러므로 이에 표현된 제반양상은 종교적인 속성 내지는 아름다움이란 의미 외에 기록되지 않은 當代의 역사적 사실까지도 내포하고 있다고 생각한다.

  통일신라시대의 불교조형물 중 가장 많은 수를 차지하고 있고, 연구성과 또한 집중적으로 이루어진 것은 석탑이라 생각된다.[2] 그러나 대부분의 연구 역시 통시대적인 안목에서, 8세기 석탑과 9세기 석탑을 각각 분리한 상태에서 진행되었을 뿐, 양 시기에 건립된 석탑에 대해 비교 · 분석이 이루어진 바 없었다. 그러므로 필자는 그간 축적된 통일신라 석탑에 대한 선학들의

....

2 그간 간행된 석탑에 관한 대표적인 연구서로는 慶尙北道,『石塔復元報告書』, 1980. 高裕燮,『韓國塔婆의 研究』, 乙酉文化社, 1948.『韓國塔婆의 研究-各論草稿』, 考古美術資料 第 14輯, 韓國美術史學會, 1967.『韓國塔婆의 研究』, 同和出版公社, 1975. 金禧庚,『韓國塔婆目錄』, 考古美術資料 第 4輯, 考古美術同人會, 1963.『韓國塔婆舍利目錄』, 考古美術資料 第 9輯, 考古美術同人會, 1965.『韓國塔婆研究資料』, 考古美術資料 第20輯, 考古美術同人會, 1968.『塔』, 韓國의 美術 2, 悅話堂, 1980. 文化財管理局,『韓國의 古建築』, 韓國建築史研究資料 第 7號, 1985. 張忠植,『新羅石塔研究』, 一志社, 1987.『韓國의 塔』, 一志社, 1989.
鄭永鎬,『石塔』, 韓國의 美 9, 中央日報社, 1980.『石造』, 國寶 7, 藝耕産業社, 1983.『石塔』, 대원사, 1989. 秦弘燮,『塔婆』, 國寶 6, 藝耕産業社, 1983. 黃壽永,『佛塔과 佛像』, 세종대왕기념사업회, 1974.『石塔』, 韓國美術全集 6, 同和出版公社, 1974. 등이 있다. 주요논문으로는 高裕燮,「韓國塔婆의 樣式變遷」,『東方學志』2, 延世大東方學研究所, 1955. 金禧庚,「新羅塔婆의 樣式變遷에 대한 考察」, 成均館大學院 碩士學位論文, 1963.「韓國塔婆의 舍利藏置 小考」,『考古美術』106 · 107合輯, 韓國美術史學會, 1970.「韓國塔銘考」,『考古美術』109, 韓國美術史學會, 1971.「韓國建塔因緣의 變遷-願塔을 中心으로」,『考古美術』116, 韓國美術史學會, 1972.「韓國塔婆 研究의 過去와 現在-塔의 變動을 中心으로」,『佛敎美術』4, 東國大博物館, 1978. 柳宗昊,「襄陽地區塔婆 및 浮屠研究」,『關東大論文集』7, 關東大學校, 1979.「韓國彫飾塔婆에 대한 研究」,『關東大論文集』8, 關東大學校, 1980. 李殷昌,「保寧聖住寺址調査報告」,『亞細亞研究』10-4, 高麗大亞細亞問題研究所, 1967. 張忠植,「統一新羅 石塔浮彫像의 研究」,『考古美術』154 · 155合輯, 韓國美術史學會, 1982. 鄭永鎬,「韓國石塔의 特殊樣式考察」上,『論文集』3, 檀國大學校, 1969.「韓國石塔의 特殊樣式考察」下,『論文集』4, 檀國大學校, 1970.「寶林寺 三層石塔內 發見 舍利具에 대하여」,『考古美術』123.124 合輯, 韓國美術史學會, 1972.「高麗時代石塔의 特性에 관한 研究」,『論文集』11, 檀國大學校, 1977. 丁元卿,「新羅下代 願塔建立에 關한 研究」, 東亞大學院 碩士學位論文, 1982., 秦弘燮,「異形石塔의 一基壇形式의 考察」,『考古美術』138 · 139合輯, 韓國美術史學會, 1978.「異形石塔의 一基壇形式의 考察補」,『考古美術』146 · 147合輯, 韓國美術史學會, 1980.「統一新羅時代 特殊樣式의 石塔」,『考古美術』158 · 159合輯, 韓國美術史學會, 1983. 千得琰,「百濟系石塔의 造形特性과 變遷에 관한研究」, 高麗大大學院 博士學位論文, 1990. 韓正熙,『韓國古代雙塔의 研究-統一新羅時代 雙塔을 中心으로』, 弘益大學院 碩士學位論文, 1981. 黃壽永,「우리나라의 塔」,『思想界』4 · 5월호, 思想界社, 1961.「新羅 敏哀大王 石塔記-桐華寺毘盧庵三層石塔의 調査」,『史學志』3, 檀國大史學會, 1969.「新羅 法光寺石塔記」,『白山學報』8, 白山學會, 1970.「新羅 皇龍寺 九層木塔 擦柱本紀와 그 舍利具」,『東洋學』3, 檀國大 東洋研究所, 1973.「多寶塔과 新羅八角浮屠」,『考古美術』123 · 124合輯, 韓國美術史學會, 1974.「新羅의 典型石塔」,『考古美術』158 · 159合輯, 韓國美術史學會, 1983. 洪思俊,「鼇藏寺址石塔 復元에 대하여」,『考古美術』34, 考古美術同人會, 1963.「聖住寺址石塔 解體와 組立」,『考古美術』113 · 114, 韓國美術史學會, 1972. 이같은 연구성과는 주로 8세기의 석탑에 집중되어 있고, 9세기의 것은 일부에서 고찰되고 있다. 9세기의 석탑만을 전문적으로 고찰한 논문으로는 朴慶植,「新羅 九世紀 石塔의 樣式에 關한 研究」,『考古美術』173號, 韓國美術史學會, 1987, pp.16-44.및「新羅 九世紀 石塔의 特性에 關한 研究」,『蕉雨黃壽永博士古稀紀念美術史學論叢』, 通文館, 1988, 325-349. 등이 있다.

연구성과를 종합하여 8 · 9세기 석탑에 표현된 양식, 장엄조식, 분포상황, 가람배치, 건탑의 원인과 주체등에 관해 비교 · 분석을 함으로써 양 시기 석탑이 지닌 특성을 규명하고자 한다.

II. 樣式

又玄선생은 8세기에 건립된 석탑을 신라석탑의 발달사에 있어 제 3기의 작품으로 분류한 후 조성시기를 中代 後期(孝成王-孝恭王)로 설정하고 있다.[3] 이 시기에 건립된 석탑중 대체로 완형을 유지하고 있어 건립당시의 모습을 보여주고 있는 것으로는 대략 20기 정도를 꼽을 수 있는데,[4] 이들석탑은 불국사삼층석탑의 양식을 그대로 재현하고 있다. 즉, 8세기 석탑의 양식은 하나같이 천편일률적으로 동일한 양식을 보이고 있는데, 각 석탑에서 표현되고 있는 공통점을 정리해 보면 다음과 같다.

첫째, 基壇은 상 · 하 2층으로, 각층의 撑柱는 2주씩이다. 하층기단의 甲石 상면에는 弧角形 2단이, 상층기단 갑석의 상면에는 角形 2단의 괴임대가 조출되어 있다.

둘째, 탑신과 옥개석은 각 1석씩이며, 탑신에는 兩 隅柱가 模刻되었다. 옥개석의 하면에는 각형 5단의 받침이 정연하고, 상면에는 각형 2단의 탑신받침이 조출되어 있다.

셋째, 상륜은 대부분이 결실 되었지만, 副椽이 있는 露盤 1석이 있다.

이상과 같이 8세기의 석탑이 정형화된 양식의 틀 가운데서 건립되었음에 비해 9세기의 것은 앞 시기에 확립된 양식을 바탕으로 보다 활달하고 자유로운 표현이 가능했던 것으로 보인다. 이는 9세기의 석탑이 양식 발달상 전 · 후기로 구분될 수 있을 뿐만 아니라 독자적인 양식을 보이고 있기 때문이다. 9세기에 건립된 석탑은 필자에 조사에 의하면 대략 115기에 이르고 있는데, 이들이 지닌 양식상의 공통점을 전기와 후기로 나누어 살펴보면 다음과 같다.[5]

9세기 전기에 건립된 석탑이 지닌 양식상의 공통점은

첫째, 하층기단에 있어 탱주는 2柱로 유지되고 있으나 828년에 건립된 法光寺址三層石塔에서 1주로 변하고 있어 후기석탑 양식으로의 이행이 보이고 있다.

---

3 高裕燮. 『韓國塔婆의 研究』, 乙酉文化社, 단기 4281, p.81.
4 8세기에 건립된 대표적인 석탑으로는 간월사지삼층석탑, 창녕술정리동삼층석탑, 월성나원리오층석탑, 석굴암삼층석탑, 경주천군리삼층석탑, 월성장항리사지서오층석탑, 불국사삼층석탑, 경주구황리삼층석탑, 불국사다보탑, 선산낙산동삼층석탑, 교동삼층석탑, 원동삼층석탑, 주륵사지석탑, 선산죽장동오층석탑, 안동동부동오층전탑, 안동신세동칠층전탑, 안동조탑동오층전탑, 청도봉기동삼층석탑, 갈항사지삼층석탑, 화엄사사사지삼층석탑을 들 수 있다.
5 朴慶植, 「新羅 九世紀 石塔의 樣式에 關한 研究」『考古美術』173,韓國美術史學會, 1987. 및 「新羅 九世紀 石塔의 特性에 關한 研究」,『蕉雨黃壽永博士古稀紀念美術史學論叢』, 通文館, 1988.

사진1 : 경주 창림사지 삼층석탑

사진2 : 구례 화엄사 서오층석탑

둘째, 상층기단에 있어서는 모두 탱주의 수가 1주로 줄어들고 있어 전기석탑의 기단부에는 하 2,상 1의 撑柱가 공식화되고 있다.

셋째, 옥개 받침은 대체로 정형의 5단을 유지하고 있지만 4단내지는 각층의 받침수가 통일성을 잃고 있다.

9세기 후기에 건립된 석탑이 지닌 양식상의 공통점은

첫째, 하층기단에 있어 탱주의 수는 1개로 정형화되고 있으며, 봉암사삼층석탑등에서 보듯이 하층기단 전체가 소멸된 단층기단이 나타나 고려시대 석탑의 특징을 보이고 있다.

둘째, 상층기단 역시 1 탱주를 표현하고 있어 후기의 석탑은 하 1,상 1의 탱주가 기단부의 공식이 되고 있다. 이러한 양식의 기단은 828년에 건립된 법광사지삼층석탑에서 처음으로 발생되어 9세기후기에 이르러 정립된 기단형식으로 보인다.

셋째, 9세기 후기의 석탑에서 가장 큰 변화는 초층탑신받침에서 보이고 있는데 前期의 석탑이 모두 角形 2단을 보이고 있는데 반해 후기석탑에서는 角形 2단 · 弧角形2단 · 角弧角形3단 · 별석받침형태 · 별석받침으로 다양함을 보이고 있다. 角形 2단의 받침은 중대석탑으로 부터의 공통된 양식이며, 弧角形 2단은 후기 초반에 건립된 실상사삼층석탑에서, 角弧角形 3단은 867년에 건립된 봉화 취서사삼층석탑에서 선례를 볼 수 있다. 별석받침형식은 828년에 건립된 법광사지삼층석탑에서의 조성을 시작으로 동화사비로암삼층석탑, 도피안사삼층석탑으로 이어지고 있다. 이 형식의 받침은 성주사지에 건립되어 있는 4기의 석탑에서 볼 수 있는데, 이

사진3 : 포항 법광사지 삼층석탑

사진4 : 대구 동화사 비로암 삼층석탑

는 고려시대 석탑에 나타나는 별석받침의 정형화된 선례로 후기에 이르러 이미 고려시대 석탑의 양식이 출현하고 있음을 보여주고 있다.

넷째, 초층탑신받침의 변화에 따라 9세기후기의 석탑은 前期에 이어 초층탑신이 특히 높아지고 있는데 이는 9세기석탑의 내적변화를 의미하는 것으로 보인다.

이상과 같은 양식상의 특징을 볼 때 9세기의 석탑은 8세기의 그것에 비해 더욱 다양하고 다채로운 양식을 보이며 건립되었음을 알 수 있다. 즉, 기단에 있어 2층기단을 마련하고 각 면석에 탱주를 모각하는 공통점은 있지만, 그 수의 변화는 종래의 상·하층 기단이 갖는 획일성에서의 탈피를 의미하고 있는 것으로 생각된다. 결국 탱주수의 축소는 기단의 규모를 축소시키는 결과를 초래했지만, 이는 9세기인이 지녔던 건축에 대한 의사표현임과 동시에 정치·사회적 혼란기에 있어 석탑의 건립에 총력을 경주할 수 없는 시대상황에서도 비롯된 것으로 생각된다. 뿐만 아니라 단층기단을 지닌 석탑의 건립은[6] 바로 다음시대에 건립될 석탑의 한 모델을 제시하고 있다고 하겠다. 이같은 기단에서의 규모 축소는 석탑 전체의 높이 역시 낮아지는 경향을 초해랬지만, 9세기인들은 초층탑신에 변화를 주면서 이를 만회하고자 했다. 즉, 이 부분에 있어 8세기에는 각형 2단의 받침이 획일적으로 조출되었지만, 9세기에는 각형 2단, 각호각형 3단,

6 9세기에 건립된 석탑 중 단층기단을 구비한 예는 鳳巖寺三層石塔, 尙州 化達里三層石塔, 聞慶 內化里三層石塔, 直指寺大雄殿앞三層石塔과 毘盧殿앞三層石塔, 靑巖寺 修道庵東三層石塔, 華嚴寺東五層石塔, 表忠寺三層石塔, 寶城 牛川里三層石塔, 河東 塔洞三層石塔, 橫城 中金里東·西三層石塔, 魚肥里三層石, 天龍寺三層石塔 등이 있다.

별석받침, 굽형괴임대중의 받침을 창출하면서 그들 나름대로의 석탑에 대한 변함없는 신앙과 더불어 예술적인 감각을 표출하고자 했던 것으로 보인다. 이중 별석 받침및 굽형괴임대가 초층 탑신에 조출됨[7] 단층기단의 조성과 더불어 고려시대 석탑의 한 특성을 정착했다는 점에서 이 시기 석탑이 지닌 양식적 특징을 잘 보여주고 있다고 하겠다. 아울러 옥개석에서 8세기의 정형적인 5단의 받침에서 볼 때 비록 규율성이 흐트러졌다고는 하지만, 추녀와 전각에 표현된 경쾌하고 날렵한 반전은 8세기의 석탑에 비해 한층 예술적인 감각이 표출된 현상으로 보인다.

이상에서 8·9세기 석탑의 양식을 비교해 본 결과 전체적인 면에 있어서는 9세기의 석탑이 규모에서 축소된 것을 제외하면 불국사삼층석탑으로 대표되는 신라석탑의 양식 범주내에서 건립되고 있음을 알 수 있다. 그러나 세부적인 면에 있어 8세기의 석탑이 획일성이라는 특성을 지닌 반면, 9세기의 석탑은 세세한 부분에서 변화를 보이며 앞 시기에 비해 훨씬 자유분망하고 활달한 모습을 지니고 있음을 알 수 있었다. 더욱이 고려시대 석탑의 양식인 단층기단, 초층탑신 받침에서의 별석받침과 굽형괴임대의 조성은 이 시기 석탑이 단순히 양식적 쇠퇴기의 소산이 아니란 점을 명확히 보여주고 있다 하겠다. 따라서 신라석탑 발달사상에서 9세기 석탑은 8세기 석탑의 양식을 소화 정리하여 나름대로의 멋과 기교를 부리며 당대의 석탑양식을 정립했고, 나아가 다음세대에 등장하는 새로운 양식의 잉태기로 보아야 할 것으로 생각한다.

Ⅲ. 莊嚴彫飾

불교에서는 堂塔이나 佛·菩薩을 장식하는 것을 梵語로 Vyuha라 하여 莊嚴이라고 한다. 석탑에서 기단과 탑신표면에 佛敎像을 비롯하여 여러가지 물상을 조각하는 것도 물론 장엄이고 이를 嚴飾 또는 嚴淨이라 하여 세속적인 장식과 구별한다. 근본적인 뜻은 탑내에 봉안된 사리의 수호 내지는 공양에 있다[8]는 관점에서 볼 때 신라석탑 浮彫像은 불탑 내부에 봉안된 불사리에 대한 外護的 기능에 1위적 목적을 지니고서 이룩되었다고 볼 수 있다.[9] 이같은 관점에서 볼 때 석탑에 새겨진 莊嚴彫飾은 단순히 외양을 장식하는 요인으로서가 아닌 특별한 기능을 내포하고 있다고 하겠다. 현존하는 신라석탑을 볼 때 이에 채용된 장엄조식은 四天王, 仁王, 八部神衆, 四

---

7 9세기에 건립된 석탑중 초층탑신 받침으로 별석이 사용된 예는 경주 남산리동삼층석, 서악리삼층석탑, 남산 용장사계폐탑, 정혜사지십삼층석탑, 성주사지석탑 4기와 화엄사 구층암삼층석탑, 탑동삼층석탑, 용인 어비리삼층석탑에서 볼수 있다. 아울러 굽형괴임대가 초층탑신의 받침대로 사용된 경우는 법광사지삼층석탑, 동화사비로암삼층석탑, 도피안사삼층석탑, 약사사삼층석탑에서 볼 수 있다.

8 秦弘燮, 「塔婆」, 『國寶』6, 藝耕産業社, 1983, p.194.

9 張忠植, 「統一新羅 石塔浮彫像의 硏究」, 『考古美術』154.155 合輯, 韓國美術史學會, p.115.

方佛, 菩薩, 十二支, 飛天, 龕室, 門扉形, 眼象의 10종으로 구분된다. 이중 8세기의 석탑에 조식된 장엄은 문비형, 사천왕, 십이지, 인왕의 4종으로 장항리오층석석탑과 원원사지삼층석탑에서만 그 예를 볼 수 있다. 즉, 장항리오층석탑은 초층탑신에 門扉形과 좌·우에 仁王像이 연화좌 위에 조각되어 있다. 원원사지삼층석탑은 초층탑신에 사천왕을 조식하고, 상층기단의 각 면에는 탱주를 2주씩 두어 전체 12면으로 분할 한 후 각면에 十二支像을 1구씩 배치하고 있다.[10] 그러나 9세기의 석탑에서는 앞서 열거한 10종이 모두 조식되고 있을 뿐만 아니라 그 수에 월등한 증가를 보이고 있는데, 이를 구체적으로 정리해 보면 다음의 표로 집약된다.

9세기 석탑 장엄조식 현황

彫飾	石塔銘	位置
四川王	慶州南山僧燒谷三層石塔, 華嚴寺西五層石塔, 英陽縣一洞三層石塔, 英陽化川洞三層石塔,	초층탑신
	禮泉東本洞三層石塔, 義城觀德洞三層石塔, 中興山城三層石塔	상층기단
仁王	慶州西岳里三層石塔	초층탑신
	中興山城三層石塔	상층기단
八部神衆	慶州 昌林寺址三層石塔, 慶州 南山里西三層石塔, 華嚴寺 西五層 石塔, 山淸泛鶴里三層石塔, 雲門寺東·西三層石塔, 英陽縣一洞三 層石塔, 臨河洞十二支三層石塔, 琴韶洞三層石塔	상층기단
	英陽化川洞三層石塔	초층탑신
	金屯寺址三層石塔, 陳田寺址三層石塔, 禪林院址三層石塔, 永川新 月洞三層石塔, 中金里東·西三層石塔	상층기단
四方佛	陳田寺址三層石塔, 靑巖寺修道庵東三層石塔, 靑巖寺修道庵西三層 石塔, 中興山城三層石塔, 華嚴寺九層庵三層石塔	초층탑신
菩薩	山淸泛鶴里三層石塔, 寶城金芚寺址三層石塔	초층탑신
	義城觀德洞三層石塔, 中興山城三層石塔	상층기단
十二支	華嚴寺西五層石塔, 英陽縣一洞三層石塔, 臨河洞十二支三層石塔, 英陽化川洞三層石塔, 琴韶洞三層石塔	하층기단
飛天	陳田寺址三層石塔, 義城觀德洞三層石塔	하층기단
龕室	慶州西岳里三層石塔, 靑巖寺修道庵東三層石塔	초층탑신
門扉形	聖住寺址 中央三層石塔, 聖住寺址東三層石塔, 聖住寺址西三層石塔, 慶州 昌林寺三層石塔, 安東玉洞三層石塔, 永川新月洞三層石塔, 丹陽香山里三層石塔, 寧國寺三層石塔, 寶城金芚寺址三層石塔 新邱洞三層石塔	초층탑신
眼象	漆谷箕城洞三層石塔, 述亭里西三層石塔, 慶州南山僧燒谷三層石塔 鰲藏寺址三層石塔	상층기단
	梵魚寺三層石塔, 安東玉洞三層石塔, 鐵原 到彼岸寺三層石塔, 奉化鷲棲寺三層石塔, 寧國寺三層石塔, 寒溪寺址三層石塔, 孤雲寺三層石塔, 證心寺三層石塔	하층기단

....

10 이같이 석탑 표면에직접 장엄을 가한 석탑외에 장식물을 첨가한 석탑으로는 758년(흥덕왕 17)에 건립된 김천 갈항사지삼층석탑을 들 수 있다. 이 석탑은 탑신 전체에 釘穴이 있어 탑 전체를 장식이 있는 금동판으로 덮었던 것으로 추정되는데, 초층탑신의 凹凸흔적은 사천왕입상이 있었던 것으로 보인다. 高裕燮, 『韓國塔婆의 研究』, 乙酉文化社, 단기 4281, p.87.

앞의 고찰과 위의 표를 볼 때 양 시기의 석탑은 장엄조식이 등장하는 공통점을 지니고 있다. 그러나 8세기의 석탑에서는 4종의 장엄이 2기의 석탑에서만 조식되고 있음에 비해 9세기에 들어서는 10종의 장엄이 상당한 수의 석탑에 등장하고 있는 분명한 차이점을 찾을 수 있다. 이같은 현상에 대해 그간의 석탑연구에서는 9세기에 이르러 석탑이 공예화 내지는 사찰의 장식물로 전락했다는 보는 주요한 요인으로 작용했다. 그러나 앞서 언급한 바와 같이 이들이 단순한 장식으로서가 아니라 탑내에 안치된 사리의 수호와 숭앙이란 목적을 지니고 있고, 각 조식이 지닌 특성을 생각해 볼 때[11] 9세기에 이르러 석탑에 대한 신앙이 앞 시기에 비해 더욱 성행했음을 알려주는 것으로 생각된다. 이같은 필자의 견해는 다양한 조식 중 주로 초층탑신에 배치된 사천왕과 문비형 및 보살 등의 조식에서 그 근거를 찾을 수 있다고 생각된다.

四天王은 東方 持國天, 南方 增長天, 西方 廣目天, 北方 多聞天의 四天을 지칭하는 것으로 원래는 인도에서 신화시대부터 護世神으로 존재하였으나 불교에 섭취되어 護法神이 되었다.[12] 西方 廣目天은 수미산의 서방국토를 지키며 중생을 이익되게 해주는 신으로, 北方 多聞天은 부처님의 道場을 지키며 항상 說法을 듣는 神으로 각기 임무를 띠고 있다. 이처럼 四天王像은 佛國土를 수호하고 중생의 이익을 위해 활발히 조성되었던 가장 대표적인 신장상이었으며 특히 9세기에는 인왕상에 대신해서 대표적인 수호신으로 등장했던 것으로 생각된다.[13] 이같은 사천왕에 대한 9세기인의 집착은 당시의 정치·사회적혼란에서 연유한 것으로 보인다. 즉 중앙정부로서는

사진5 : 예천 동본동 삼층석탑 사천왕상

사진6 : 중흥산성 삼층석탑 기단 사천왕상

11 朴慶植, 앞 책, pp.102-112.

12 秦弘燮, 『韓國의 佛像』, 一志社, 1976, p.47.

13 文明大, 「新羅四天王像의 研究-韓國塔彫像의 研究(2)-」, 『佛敎美術』 5, 東國大博物館, 1980, p.18.

정치적 혼란을, 평민은 계속되는 기근, 재해에 따른 생활고를 佛力에 의지하고 사찰에서는 계속되는 농민, 草賊의 반란으로부터 자구책으로서 다양한 기능을 지닌 사천왕을 탑에 조식하였다고 생각된다. 즉 수습할 수 없는 국면에 처한 하대의 시대적 상황이 四天王信仰을 성행시켰으며 따라서 9세기석탑은 상·하계층의 결속을 위한 구심점으로서의 기능을 지니고 있다고 볼 수 있다. 이상과 같이 여러 측면에서 볼 때 석탑에서의 사천왕 조식은 석탑의 莊嚴을 위한 조식이 아니라 석탑에 護國·護法·護佛의 기능을 부여해준 조식으로 생각된다.

문비형은 감실과 더불어 모두 초층탑신에 배치되어 있는데, 말 그대로 출입문의 의사를 지니고 있다. 이 조식은 분황사모전석탑에서 실제 문짝을 표현한 이래 고선사지삼층석탑의 초층탑신에 표현되고 있음을 볼 때, 석탑에 있어서는 건립 초기부터 채택된 장엄임을 알 수 있다. 그러나 8세기의 석탑에서는 크게 활용되지 못했지만, 9세기에 들어서는 10기에 석탑에 부조되고 있다. 따라서 신라석탑에서 문비형이 가장 활용된 시기는 이때였음을 알 수 있는데, 이는 석재로 조성된 탑신에 공간성을 투시하여 내부공간의 의미를 부여하고, 이 안에 사리가 있음을 강력히 시사해 주고 있다. 이같은 추정은 필자가 추출한 115기의 석탑에서 사리공의 위치가 밝혀진 것은 28기에 불과한데, 이중 21기가 초층탑신에서 사리공이 확인되었다. 이같은 상황을 볼

사진7 : 단양 향산리 삼층석탑 문비 조각 사진8 : 영국사 삼층석탑

때 문비형의 조식은 석탑의 양식적 근원이 목탑에 있음과 더불어 탑내에 안치된 사리의 존재를 강력히 암시해 주는 것으로 판단된다.

문비형과 더불어 9세기 석탑에서 가장 활용된조식은 팔부신중이다. 이 조식은 8세기의 석탑에서는 그 용례를 볼 수 없는데 9세기 초기에 건립된 慶州南山里西三層石塔의 상층기단에 처음으로 조식되면서[14] 일반형 석탑의 대표적인 莊嚴으로 등장하고 있다. 표에서 보다시피 14기의 석탑에서 부조되고 있어 9세기의 석탑에서 가장 많이 사용한 조식으로 보이는데 모두 상층기단의 각면에 2구씩 자연스럽게 배치되고 있다. 八部神衆은 仁王, 四天王과 마찬가지로 인도의 고대신화에 나오는 신을 불교에서 수호신으로 흡수한 天,龍,夜叉,乾闥婆,阿修羅,迦樓羅,緊那羅,摩睺羅伽의 八神을 말하는데. 이 역시 佛法의 守護神으로 석탑에 등장하였고, 사천왕과의 관계를 볼 때[15] 결코 석탑을 아름답게 꾸미고자 조식된 것이 아니라 믿어진다. 즉 9세기에 이르러 고조된 탑 신앙의 일환으로 탑을 거룩하고 엄숙하게 표현하는데 따른 등장으로 해석해야 하리라 본다.

菩薩은 上求菩提 · 下化衆生의 목표를 가지고 四弘誓願을[16] 세워 이를 실천하고자 하는자를 지칭하는 것으로 4기의 석탑에서 그 예를 볼 수 있다. 보살이지닌 기능이 주로 중생제도를 목표로 하고 있음을 볼 때 塔과 佛이 항시 같은 개념의 존재임을 암시하고 있는 것으로 생각된다.

이처럼 주로 초층탑신에 배치된 조식은 각기 독립된 기능과 더불어 상호 유기적인 관계를 지니며 이곳에 안치된 사리의 수호와 공양에 근본 목적이 있음을 알 수 있다. 이같은 현상은 9세기에 건립된 석탑의 대다수가 初層塔身에 사리를 안치하고 있는 점으로 보아 初層塔身 내지 身部가 바로 主建築공간이기 때문에 이 주공간의 사방을 수호하는 임무를 띠고 배치된 것으로 생각된다.[17] 따라서 신라석탑에 있어 여러 석탑에 표현된 여러 浮彫像은 불탑 내부에 봉안된 불사리에 대한 外護的 기능에 1위적 목적을 지니고서 이룩되었다고 볼 수 있다.[18] 뿐만 아니라 이

---

14 又玄先生은 南山里西三層石塔에 대한 기술중에 "…현재 이같은 八部身衆의 浮彫가 있는 석탑으로서 존립하고 있는 중에서 考古한 一例인 것이다"라고 하여 南山里 西三層石塔에서의 八部身衆 彫刻이 가장 先例임을 주목하고 있다. 아울러 이 석탑의 건립연대에 대해서는 8세기 후반으로 보고있다. 高裕燮, 『韓國塔婆의 研究』, 同和出版公社, 1975, pp.211-212.

15 四天王은 위로는 帝釋天을 모시고 밑으로는 八部身衆을 거느리고 있는데 각 四天王에 소속된 八部身衆은 다음과 같다. 東方 持國天: 乾闥婆, 毘舍闍, 西方 廣目天: 龍, 富單那, 南方 增長天: 鳩槃茶, 薛荔多. 北方 多門天: 夜叉,羅刹. 張忠植, 『韓國의 佛像』, 東國大附設釋經院, 1983, pp.83-84.

16 四弘誓願은 1. 衆生無邊誓願度, 2. 煩惱無盡誓願斷, 3. 法門無量誓願學, 4.佛道無上誓願成을 말하는데 모두 중생을 제도하고 이를 모두 佛門으로 인도하려는 誓願이다.

17 文明大, 「韓國四天王像의 研究-韓國塔浮彫像의 研究(2)」, 『佛敎美術』5,東國大博物館, 1980, p.18.

18 張忠植, 「統一新羅 石塔浮彫像의 研究」, 『考古美術』154.155 合輯, 韓國美術史學. p.115.

들 조식은 당대에 건립된 다른 유형의 조형물에서도 보이고 있어[19] 별개의 조형물이 상호 유기적인 관계를 보이고 있음을 알 수 있다. 이같은 현상은 석탑에 표형된 여러 부조상이 결코 탑에 대한 가치의 저하나 사찰의 공예물화가 아니라 건탑 초기부터 지켜온 탑신앙이 변함없이 전승되고 있음을 반증하고 있다고 하겠다. 결국 8세기에 비해 9세기에 이르러 다양한 조식이 석탑의 표면을 장식함은 예배대상으로서 석탑의 가치가 하락한 것이 아니라 9세기의 시대상황이 요구했고, 이에 부응했던 당시인의 소산으로 파악해야 옳을 것으로 생각된다.

IV. 分布狀況

신라석탑의 기원은 분황사모전석탑에서 비롯되었고, 이후 의성탑리오층석탑을 거쳐 감은사지삼층석탑과 고선사지삼층석탑에 이르러 양식적으로 정착된 후 8세기의 석탑으로 계승되고 있다. 일반적으로 이들 석탑탑은 始原期 및 典型期의 석탑으로 분류되고 있는데, 경주를 중심으로 밀집되어 있음을 알 수 있다. 그런데 필자가 추출한 8세기 석탑에서는 경주(7기), 선산(5기), 안동(3기)을 비롯하여 울주, 창령, 청도, 금릉, 구례에 각 1기씩 분포되어 분포면에 있어 약간 범위가 넓어지고 있음을 볼 수 있다. 그러나 석탑의 밀집도 면에서 볼 때 8세기 석탑 역시 발생 초기와 마찬가지로 경주와 바로 인근지역에 한하여 건립되고 있음을 보여주고 있다고 하겠다.

---

19 四天王은 부도에 있어서는 廉居和尙塔, 大安寺寂忍禪師照輪淸淨塔, 雙峰寺澈鑒禪師塔, 寶林寺普照禪師彰聖塔, 鳳巖寺智證大師寂照塔, 實相寺證覺大師凝廖塔, 實相寺秀澈和尙楞伽寶月塔, 鷰谷寺東浮屠등 당대에 건립된 모든 조형물에서 검출되고 있다. 석등에 있어서는 法住寺四天王石燈, 海印寺石燈, 陜川伯岩里石燈, 淸凉寺石燈, 法住寺雙獅子石燈에서 조식되어 있음을 볼 수 있다.
八部身衆은 淸凉寺石造釋迦如來坐像, 鷰谷寺東浮屠 등 일부 조형물에서만 조식되어 있어 석탑에서 가장 활용된 조식임을 알 수 있다.
菩薩은 불상의 경우 대좌의 중대석에서 볼 수 있는데, 당대에 조성된 淸凉寺石造釋迦如來坐像, 安東安奇洞石佛坐像, 洪川 物傑里石造如來坐像, 陜川伯岩里石造如來坐像, 浮石寺 慈忍堂造石如來坐像, 醴泉 靑龍寺石造如來坐像, 梁山 龍華寺石造如來坐像, 法住寺石造如來坐像, 奉化 梧田里石造如來坐像, 慶州 南山三陵溪石造藥師如來坐像, 丹城石造如來坐像, 石造毘盧舍那佛坐像(國立中央博物館), 奉化 鷲棲寺石造毘盧舍那佛坐像, 慶北大石造毘盧舍那佛坐像(보물335), 永川 華南洞石造毘盧舍那佛坐像, 佛谷寺石造毘盧舍那佛坐像, 榮州 北枝里石造毘盧舍那佛坐像2기, 襄陽 黃耳里 石造毘盧舍那佛坐像, 安東 磨崖洞石造毘盧舍那佛坐像 등에서 조식되어 있음을 볼 수 있다. 부도에 있어서는 實相寺證覺大師凝廖塔에서, 석등에서는 浮石寺無量壽殿 앞 石燈에서만 표현되고 있다.
門扉形은 석탑과 더불어 부도에서 가장 활용된 것으로 보이는데, 陳田寺址浮屠, 廉居和尙塔, 大安寺寂忍禪師照輪淸淨塔, 雙峰寺澈鑒禪師塔, 寶林寺普照禪師彰聖塔, 鳳巖寺智證大師寂照塔, 望海寺址浮屠, 實相寺證覺大師凝廖塔, 實相寺秀澈和尙楞伽寶月塔, 石南寺浮屠, 鷰谷寺東浮屠, 寶林寺東浮屠의 탑신에 조식되어 있다. 석등은 實相寺石燈의 화사석에서만 표현되고 있다.

그러나 9세기의 석탑은 전국에 걸쳐 건립되고 있는데, 이를 각도의 시군별로 정리해 보면 다음의 표로 집약된다.

이 표를 볼 때 8세기의 석탑이 경상북도에 집중되어 있음에 비해 9세기에는 8도 전역에 걸쳐 건립되고 있음을 알 수 있다. 이같은 분포는 9세기의 석탑이 8세기에 비해 전국으로 확산되어 있음을 단적으로 보여주고 있다고 하겠다.

9세기 석탑 분포 표

도	소속시 · 군
경상북도	경주군(12), 금릉군(3), 문경군(2), 봉화군(2), 상주군(1), 안동군(4) 영덕군(1), 영양군(4), 영일군(1), 영천군(2), 영풍군(3), 예천군(6) 울진군(1), 의성군(2), 청도군(2), 칠곡군(2), 경산군(2), 성주군(2) 대구시(4)
경상남도	부산시(1), 밀양군(1), 산청군(5), 울주군(2), 창녕군(2), 하동군(1) 합천군(6)
전라북도	남원군(2), 임실군(1)
전라남도	광주시(3), 곡성군(1), 광양군(1), 구례군(5), 보성군(1), 승주군(2) 장흥군(2), 해남군(1)
경기도	용인군(1)
강원도	양양군(4), 철원군(1), 횡성군(2), 홍천군(1), 인제군(2), 원주군(1)
충청북도	단양군(1), 영동군(1), 제원군(2), 중원군(1), 청주시(1)
충청남도	공주군(1), 보령군(4)

이같은 현상을 좀더 구체적으로 살펴보면 8세기의 석탑이 8개군에 분포되어있음에 비해 9세기의 석탑은 50개군에 걸쳐 분포되어 있어 전국으로 확산된 신라석탑의 상황을 확연히 보여주고 있다고 하겠다. 이밖에 각 도별 건립 현황을 볼 때 경상북도가 56기로 필자가 추출한 전체 석탑의 약 50%를 차지하며 가장 많은 수를 보이고 있다. 이같은 현상은 수도인 경주가 같은 도 내에 있고, 8세기로 부터의 석탑건립 전통이 빠르게 전파된 결과로 생각된다. 뿐만 아니라 8세기의 석탑이 전무했던 7개도에 석탑이 건립되고 있는데, 이는 9세기에 이르러 석탑의 건립이 더 이상 경주를 중심한 지역의 전유물이 아니었음을 분명히 보여주고 있는 것으로 생각된다.[20] 이같은 현상은 9세기에 이르러 전국이 3국시대의 독자적인 문화권에서 벗어나 비로소 하나의 불교문화권으로 편재되었음을 뜻하는 것으로 생각된다.

9세기석탑의 전국화 현상에서 가장 주목되는 현상중의 하나는 전라남도에서 석탑의 증가이다. 이는 경주에서 발볼 때 소백산백의 줄기가 가로 막고, 이어 노령산백이 관통하고 있을 뿐만 아니라 지리산이 가로막고 있어 문화의 전파경로 확보가 그리 쉽지는 않았을 것으로 예견되기

20 이같은 현상은 비단 석탑에만 국한된 것이 아니라 당시에 건립된 석불, 부도, 석등, 비석에서도 간은 현상을 보이고 있다. 朴慶植, 앞책, p.35. 표-1 8 · 9세기 석조물 도별 통계 참조.

때문이다. 물론 삼국시대에 있어 백제와의 전투에서 大耶城을 중심으로 여러번의 전투가 있어 고대로 부터의 교통로를 상정할 수 있으나, 김유신의 백제공격에 있어 상주의 今突城을 전진기지로 옥천, 금산, 탄현을 거쳐 침공한 점으로 보아[21] 일찍부터 백제와의 교통은 이 길이 활용되었을 가능성이 크다고 생각된다. 그러나 경상남도에 속해 있는 가야산지역에 9세기에 건립된 상당수의 조형물이 잔존해 있다.[22] 뿐만 아니라 신라하대에 성립된 華嚴十刹의 하나인 海印寺와 普光寺가 속애 있었고[23] 지리산 또한 유물의 분포에 있어 가야산과 같은 현상을 보이고 있음을 볼 때[24] 이들 사찰을 통한 문화전파 경로 내지는 교통로가 확보되었던 것으로 생각된다.[25] 이같은 통로의 확보는 도내에 9산선문의 하나인 보림사와 대안사를 비롯하여 화엄사 등의 대찰의 성립을가능케 했고, 이들 사찰을 통해 불교미술의 발달을 촉진시킨 결과에서 비롯된 현상으로 보인다.

V. 伽藍配置

우리나라는 불교전래 이후 伽藍의 배치는 南北 一直線上에 中門·塔·金堂·講堂의 순으로 정연하게 건립된 單塔伽藍이 주류를 이루었으나 통일후에 이르러서는 雙塔伽藍이 등장하고 있다. 又玄선생은 이와 같은 쌍탑의 출현에 대해 金堂에 대한 탑의 가치의 低下와 쌍탑의 본류는 唐朝伽藍形式의 영향에서 出所한 것이라 하더라도 관념으로서는 法華信仰의 유포에서 유래되었다고 기술하고 있다.[26] 따라서 쌍탑의 출현은 탑이 사찰의 莊嚴物로 하락했다는 중요한 이유로 등장하고 있다. 그러나 8세기의 사찰만을 볼 땐에도 쌍탑 보다는 단탑가람이 더 많이 건립되고 있음을 볼 수 있다. 즉, 필자가 제시한 20기의 8세기 석탑 중 雙塔가람은 불국사, 천군리사지, 간월사지, 갈항사지에서만 볼 수 있고, 나머지는 단탑가람임을 알 수 있다. 따라서 통일신

21 鄭永鎬, 「金庾信의 百濟攻擊路 研究」, 『史學志』 6, 檀國大學校史學會, 1972, pp.19-61.
22 가야산 지역에는 해인사, 청량사, 법수사, 연암사, 월광사, 백암리사지, 심원사지 등의 사찰에 모두 16점의 9세기 조형물이 분표되어 있음을 밝힌 바 있다. 朴慶植, 앞 책, p.42. 표-4 10個 地域群의 所屬寺刹 一覽 및 표-5 各 地域郡의 石造物 分布 參照.
23 金相鉉, 「新羅 中代 專制王權과 華嚴宗」, 『東方學志』 44, 延世大 國學研究院, 1984, p.85.
24 지리산 지역에는 실상사, 화엄사, 연곡사, 대안사, 쌍계사, 단속사, 대원사, 내원사, 범학리사지, 삼장사지 증의 사찰에 모두 26점의 9세기 조형물이 분표되어 있음을 밝힌 바 있다. 주 22와 같음.
25 이 교통로이 대해 南海通이라 명하고 양산→창령→합천→거창→남원→광주→나주로 이어지는 루트로 추정한 연구가 있다. 井上秀雄, 『新羅史基礎研究』, 東出判株式會社, 1974, pp.403-404.
26 高裕燮, 『韓國塔婆의 研究』, 乙酉文化社, 檀紀 4281, p.159.

라시대의 가람배치가 쌍탑이 주종을 이루었다는 기존의 견해는 재고의 여지가 있다고 생각한다. 9세기에 들어서도 단탑가람이 쌍탑가람에 비하여 우세하게 건립되고 있다. 이는 필자가 추출한 115기의 석탑 중 雙塔伽藍은 17개 사찰임에 비해 단탑가람은 83개로 절대다수의 사찰이 단탑가람이었음을 알 수 있다.

가람배치에 있어 8세기에 이어 9세기에 단탑가람이 더욱 증가하는 이유는 첫째, 사찰의 입지조건이 시대의 흐름에 따라 바뀌고 있다는 점이다. 즉, 일반적으로 알려진 7 · 8세기의 사찰은 대체로 평지에 조성되어 있다. 따라서 금당과 탑의 배치에 있어 충분한 공간과 시각적인면까지 고려할 수 있는 가람배치가 이루어 질수 있었다. 그러나 9세기에 이르면 禪宗의 發興으로 인하여 평지로부터 산지로 가람이 옮겨져 사찰의 규모가 외형적으로 축소되어 쌍탑을 건립할 면적 내지는 조건이 허락하지 않았던 데에 기인한 것으로 보인다. 둘째, 8세기가 평화와 안정을 구가했던 시기였다면, 9세기는 혼란의 와중에서 신라의 멸망이란 절대절명의 위기가 도래한 시점이었다는 점이다. 즉, 국가 안정기에 있어 시행되는 佛事는 시간과 노력 및 경비의 과다는 별 문제가 되지 않았다고 생각된다. 뿐만 아니라 8세기의 불교신앙이 주로 아미타신앙에 초점이 두어졌고, 불국사를 비롯한 대다수의 사찰이 국가의 주도로 이루어졌음을 볼 때 석탑의 건립에 있어 쌍탑의 조성은 당연한 귀결이었다고 생각된다. 그러나 9세기와 같이 혼란이 연속된 시기에서는 현세이익적인 신앙이 주류를 이루었고[27] 佛事 또한 장시간을 요하기 보다는 단기간에 완성되어야 한다는 당시의 상황이 단탑가람을 성행시켰던 것으로 생각된다. 셋째, 탑에 대한 숭앙은 시대의 변화와는 관계없이 항시 일정한 위치를 지녔던 것으로 보인다. 바꾸어 말하면 8 · 9세기의 정치 · 사회적인 변화에도 불구하고 佛家에 있어서는 변함없는 신앙의 대상이었다는 점이다.[28] 따라서 9세기인들은 쌍탑과 단탑에 따른 신앙상의 차별을 두지않았고, 이는 앞의 이유와 더불어 단탑가람의 조성을 촉진시켰던 것으로 생각된다.

---

27 9세기에 이르러 조성된 불상 중 약사여래와 비로사나불이 주종을 이루고 있고, 특히 약사여래신앙이 당시를 주도했음을 볼 당시의 상황을 알 수 있다고 하겠다. 文明大,「新羅下代佛敎彫刻의 研究(1)-防禦山 및 實相寺 藥師如來巨像을 中心으로」,『歷史學報』73, 歷史學會, 1973.「新羅下代 毘盧舍那佛像彫刻의 研究 (一)」,『美術資料』21,國立中央博物館, 1977.「新羅下代 毘盧舍那佛像彫刻의 研究(續)」,『美術資料』22,國立中央博物館, 1978.

28 불국사석가탑에서 출토된 무구정광대다라니경과 9세기석탑 중 동화사서서사층석탑, 해인사 길상탑, 제원 신륵사삼층석탑, 봉화 서동리동삼층석탑, 동원리삼층석탑 등에서 수습된 99탑 내지 小塔을 볼 때 양 시기에 있어 탑에 대한 신앙상의 변화는 없었던 것으로 생각된다.

VI. 建塔의 原因과 主體

佛家의 조형물에 있어 탑의 건립은 내부에 봉안된 사리로 인하여 불교를 믿는 나라에서는 비록 양식상의 차이는 있을지언정 신앙적인 면에 있어서는 不動의 위치를 지녔다고 할 수 있겠다. 신라에서의 건탑 역시 사리의 숭배라는 신앙적인 면이 일차적인 목적이었음은 분명한 일이라 하겠다. 그러나 기왕에 불교가 호국적인 성격을 짖게 내포하고 있음을 볼 때 석탑의 건립에 있어 단순히 불교적인 성격만을 지녔다고 보기에는 무리가 있다고 생각한다. 즉, 석탑의 건립에 있어 순수 불교적인면 외에 또다른 의미가 부여될 수 있다고 생각된다. 이에 대해 又玄先生은 석탑의 건립 요인을 이를 첫째, 가람배치의 규약상 필수적으로 건립된 것, 둘째, 佛體와 동등 가치의 것으로 취급되어 結緣追福을 위하여 일반승려의 손으로 인하여 건립된 것, 셋째, 高德을 表揚하기 위하여 墓標와 같은 것이 그것이다 라고 분류하고 있다.[29] 이같은 선생의 견해를 바탕으로 신라석탑의 필자의 생각을 정리해 보고자 한다.

645년(선덕여왕 14)에 건립된 황룡사구층목탑에서는 사리의 봉안과 이에 대한 숭배라는 순수 신앙적인 측면외에 주변의 9개국을 복속시킨다는 호국적인 의미가 더욱 강렬하게 작용되었다. 따라서 신라에서의 건탑은 사리의 숭배를 통한 불교의 진리를 전파한다는 측면과, 탑의 건립을 통해 국태민안과 주변 국가로 부터의 위협을 제거한다는 또다른 면이 혼재되어 나타남을 볼 수 있다. 이같은 현상은 682년을(신문왕 2) 건립 하한으로 하는 감은사지 삼층석탑에 이르러는 순수하게 신앙적인 면,[30] 호국적인 면,[31] 삼국통일의 위업을 달성했다는 기념비적인 성격[32]으로 더욱 확대됨을 볼 수 있다. 이같은 석탑 건립 요인의 다변화는 692년에 건립된 황복사

....

29 高裕燮, 『韓國美術史 及 美學論攷』, 通文館, 1963, p.110.
30 이는 1955년 서탑에서 출토된 사리장치와 1997년 동탑의 해체시 출토된 사리장치로 보아 양 탑에 사리응 봉안했음을 알 수 있다. 따라서 감은사지 삼층석탑이 지닌 1차적인 목적은 종래의 규범과 같이 순순한 신앙적인 측면이 있음을 알 수 있다고 하겠다.
31 「文武王欲鎭倭兵 故始創此寺」란 『삼국유사』의 기록을 볼 때 감은사 창건의 배경에는 호국적인 의미가 다분히 내포되어 있음을 알 수 있다. 나아가 주변에 산재한 대왕암, 이견대 또한 호국의 의지가 깃든 유적임을 볼 때 東海口의 주변은 신라사상에 있어 가장 호국의 의지가 깊이 배어있는 지역임을 알 수 있다. 이같은 여러 정황을 볼 때 감은사지석탑의 건립 배경에는 호국의 의지 또한 짖게 재어있음을 유추할 수 있다고 하겠다.
32 감은사지삼층석탑은 찰주를 제외한 노반석까지의 높이가 9.65m로 현존하는 신라석탑 가운데에서는 가장 높은 탑이다. 뿐만아니라 양식적인 면에 있어서도 시원기의 양식과 백제석탑에 표현된 모든 내용을 종합 정리하여 석가탑이 건립될수 있는 양식적 배경을 이루고 있음을 알 수 있다. 따라서 이 석탑은 규모나, 양식적인 면에 있어 3국의 문화가 종합되었음을 상징하는 것으로도 해석할 수 있다고 생각한다. 뿐만 아니라 감은사는 682년에 완공됨을 볼 때, 대략 670년을 전후한 시기에 건립되기 시작한 것으로 추정된다. 왜냐하면 망덕사가 671년에 건립되기 시작하여 685년에 완공되었고, 사천왕사 역시 669년에

지삼층석탑에 願塔의 기능까지 추가됨고 있다. 즉, 석탑내에서 출토된 명문을 볼 때 神文王의
명복을 빌기 위하여 願塔의 神睦王后와 孝昭王의 발원으로 건립됨 것임을 알 수 있다.[33] 따라서
7세기 말에 이르르면 석탑이 지닌 성격은 순수 신앙적인 면, 호국적인 면, 기념비적인 면, 원탑
에 이르기 까지 석탑 건립의 원인이 실로 다양해 짐을 볼 수 있다.

8세기에 이르러도 이같은 형상은 지속된 것으로 보인다. 즉, 763년에 건립된 갈항사지삼층
석탑과 불국사삼층석탑이 그 대표적인 예라 할 수 있겠다. 즉, 갈항사지삼층석탑은 표면에 새
겨진 명문을 볼 때[34] 零妙寺言寂法師, 照文皇太后, 敬信太王 3인의 발원에 의한 願塔임을 알 수
있다. 불국사삼층석탑의 경우 무구정광대다라니경이 출토된 바 있다. 이 경전은 無垢淨經에 나
타난 대로 다라니를 봉안한 불탑은 나라를 수호하고 모든 災變을 막아주는 신비로운 힘을 지
니고 있음을 보아[35] 불국사삼층석탑은 신앙적인 면과 호국적인 기능이 동시에 내재되어 있음
을 볼 수 있다고 하겠다. 이같은 상황을 볼 때 8세기의 석탑의 석탑 건립에 있어서는 원탑과 호
국적인 성격이 건탑의 한 원인으로 작용하였고, 석탑의 건립주체 역시 국가 또는 왕실이었음을
알 수있다. 그러나 9세기에 이르면 실로 다양한 계층의 참여와 더불어 건탑의 원인 역시 다변화

....

건립되기 시작하여 679년에 완공되기 때문이다. 필자가 사천왕사의 창건을 669년으로 보는 이유는『삼
국유사』에 문무왕이 당군과 연합하여 고구려를 멸망시킨 다음해인 669년에 김인문에 대한 당 고종의 문
책과 이에 대한 신라의 대응책으로서 건립된 사찰로 기록되어있기 때문이다. 따라서 망덕사와 사천왕사
의 완공에 소요되는 기간은 각각 15년과 11년이었음을 알 수 있다. 이같은 사실은 당시 사찰의 건립에
소요되는 시간은 대략 10년을 조금 넘는 시간을 요했던 것으로 추정된다. 이를 감은사에 대입할 경우 사
찰이 완공된 682년으로부터 역산해 볼 때 감은사 역시 670년을 전후한 시기에 건립되기 시작한 것으로
추정된다. 결국 이 시기에 감은사의 건립이 시작되고, 신라 최대의 석탑이 이 사찰에 건립됨은 통일의 위
업을 달성했다는 신라인의 자축과 기념비적 의미 또한 내포되어 있을 것으로 추정된다.『三國史記』, 권
7,「文武王」19년조. 같은책 권 8,「神文王」2년 및 5년조.『三國遺事』권 2,「文虎王法敏」조 참조.

33 석탑기의 명문은 다음과 같다. 夫聖人垂拱, 處濁世而育蒼生, 至德無爲, 應閻浮而」濟群有. 神文大王, 五戒
應世, 十善御民, 治定功成,」天授三年壬辰七月二日乘天. 所以神睦太后」孝照大王, 奉爲宗 聖靈, 禪院伽藍,
建立三層石」塔. 聖曆三年庚子六月一日, 神睦太后, 遂以長辭,」高昇淨國. 大足二年壬寅七月廿七日, 孝照大
王」登震. 神龍二年丙午五月卅日, 今主大王, 佛舍利」四 全金彌陀像六寸一軀 無垢淨光大陀羅尼經一」卷, 安置
石塔第二層.
以卜以此福田, 上資神文大」王 神睦太后 孝照大王, 代代聖, 枕涅盤之山,」坐菩提之樹. 隆基大王, 壽共山河同
久, 位與軌川」等大, 千子具足, 七寶呈祥. 王后, 體類月精, 命同劫」數, 內外親屬, 長大玉樹, 茂實寶枝. 梵釋四
王, 威德增」明, 氣力自在, 天下太平, 恒轉法輪, 三塗勉難, 六趣受」樂, 法界含靈, 俱成佛道.
寺主 沙門善倫. 蘇判金 興宗, 特奉敎旨. 僧令 僧令太 韓奈麻阿」摸 韓舍季歷. 塔典, 僧惠岸 僧心尙
僧元覺 僧玄昉 韓」舍一仁 韓舍全極 舍知朝陽 舍知純節. 匠 季生 閼溫.」
黃壽永,『韓國金石遺文』, 一志社, 1976.

34 석탑에 새겨진 명문의 내용은 다음 같다. 二塔, 天寶十七年戊戌中立在之.」娚姉妹三人, 業以成在之.」娚者,
零妙寺言寂法師在旀」姉者, 照文皇太后君妳在旀」妹者, 敬信太王妳在也.」
黃壽永,『韓國金石遺文』, 一志社, 1976.

35 張忠植,『新羅石塔硏究』, 一志社, 1987, p.38.

하고 있음을 알 수 있다. 이 시기 석탑에 있어 가장 큰 변화는 願塔의 증가와 山川裨補思想에 의한 건탑이 이루어지고 있다는 점을 들 수 있다. 먼저 9세기에 건립된 願塔은 法光寺址三層石塔 (828年), 慶州 昌林寺址三層石塔(855年), 桐華寺 毘盧庵三層石塔(863年), 鐵原 到彼岸寺三層石塔 (867年), 奉化 鷲棲寺三層石塔(867年), 長興 實林寺南 · 北三層石塔(870年) 등이다. 이들 願塔은 대체로 銘文을 지니고 있어 절대연대 및 건립원인을 알 수 있는데 昌林寺址 · 毘盧庵 · 實林寺 三層石塔은 국왕의 願塔으로, 法光寺址三層石塔은 王族, 鷲棲寺三層石塔은 中央貴族, 到彼岸寺三層石塔은 地方豪族에 의하여 각기 건립되었음을 알 수 있다.[36] 이밖에 실상사는 興德王과 宣康太子의 발원에 의하여 건립된 점으로 보아 실상사삼층석탑 역시 국왕의 발원에 의한 원탑으로 추정된다.[37] 이같은 추세를 볼 때 9세기에 이르면 8세기의 석탑이 대체로 국왕 또는 왕실의 주도로 건립된 반면, 9세기에는 국왕, 왕족, 중앙귀족, 평민에 이르기 까지 다양한 계층의 참여하에 건탑이 이루어 지고 있음을 알 수 있다. 따라서 불교에의 접근이 누구에게나 용이했고, 더불어 佛事 역시 貴賤에 관계없이 참여가 이루어진 것으로 보인다.

이같이 다양한 계층의 참여속에 원탑의 건립이 증가하는 한편 풍수지리설에 사상적 기반을 둔 석탑의 건립이 이루어지고 있다. 이러한 예의 선구적인 석탑으로는 慶州 南山茸長寺谷三層石塔을 들 수 있다. 이 탑은 남산 용장사곡 정상 가까이에 있는 돌출된 자연암석 상면에 角形 2단의 괴임대를 刻出하고 그 위에 중대석탑 양식의 上層基壇, 탑신을 올려놓은 형태이다. 전체적으로 볼 때 下層基壇이 생략되고 옥개받침이 4단인 점을 제외하고는 典型樣式을 따르고 있다. 따라서 자연암석을 基壇으로 간주한 것으로 보이는데 이러한 형식은 慶州 南山里東三層石塔과 慶州 西岳里三層石塔, 慶州 南山茸長寺溪廢塔[38]의 石塊形基壇으로 이어지는 것으로 생각된다. 이들 석탑의 기단은 각각 8매의 괴석을 2단으로 쌓은 점으로 보아 자연암석의 형태를 평지에 재현한 것이 아닌가 생각되며[39] 이와같은 형태의 석탑이 고려시대에 이르러 상당수가 건립되고 있다.[40]

....

36 金禧庚, 「韓國建塔因緣의 變遷-願塔을 중심으로-」, 『考古美術』 158 · 159合輯, 韓國美術史學會, 1972, pp.8-9.
37 知異山實相寺事蹟 4, 宗派條에 "新羅興德王時에 洪陟國師가 入唐하여 馬祖의 法嗣 西堂智藏禪師를 參하야 心印을 傳持ᄒ고 興德大王과 宣康太子와 如한 勝緣을 得ᄒ고 西堂의 宗風을 大陽하니 出身弟子가 千人以上에 達하얏고……"라 기록되어 있다.
   金映遂篇, 「知異山實相寺事蹟(上)」, 『考古美術』108, 韓國美術史學會, 1978, p.19.
38 張忠植, 앞책, p.84.
39 秦弘燮, 「統一新羅時代特殊樣式의 石塔」, 『考古美術』158, 159合輯, 韓國美術史學會, 1981, p.24.
40 高麗時代의 石塔中 자연암반을 기단으로 삼아 건립한 예는 安東 幕谷洞三層石塔, 安東 泥川洞三層石塔, 寧國寺望塔峰三層石塔, 洪川 陽德院三層石塔, 靈岩月出山 龍巖寺址三層石塔과 磨崖佛 前方 三層石塔 등이 있다. 秦弘燮, 「異形石塔의 一基壇形式의 考察」, 『考古美術』 138 · 139 合輯, 韓國美術同人會, 1978, pp.96-109. 및 「異形石塔의 一基壇形式의 考察補」, 『考古美術』 146 · 147 合輯, 韓國美術同人會, 1980, pp.25-

따라서 이들 석탑의 건립은 고려시대에 이르러 팽배했던 山川裨補의 사상[41] 의한 건탑이 이미 9세기에 있었음을 알려주고 있다.

이상과 같이 8세기와 9세기에 있어 석탑의 건립에는 신앙의 대상이라는 축면 외에도 다양한 요인이 내재되어 있는 공통점을 가지고 있다. 따라서 신라시대의 석탑은 본래의 순수 신앙적인 면 만이 강조된 것만은 아니었음을 알 수 있다. 더욱이 9세기에 있어 원탑의 증가와 풍수지리설에 기반을 둔 석탑의 발생은 시대상황의 추이에 따른 결과라 생각된다.[42]

Ⅶ. 結論

又玄 선생은 예술의 발전단계를 자신의 독립적인 존재의 理法을 의식하여 만들어져 가는 단계와 예술 이외의 他立場의 충실을 위한 수단으로서 만들어진 단계로 구분한 바 있다.[43] 이같은 선생의 견해는 예술은 본질적인 미적 감각 이외에 정치 · 사회적인 욕구에 의하여 건립될 수 있음을 의미하고 있다고 생각한다. 불교는 전래된 이후 신앙적인 차원에서 전국민을 하나로 묶는 정신적 지주였을 뿐만 아니라 이로 인해 파생된 불교미술 역시 우리의 예술사에 있어 근간을 이루고 있음은 주지의 사실이다. 따라서 佛寺의 건축에 수반된 조형물은 불타의 숭앙 그 자체에 동기와 목적을 두고 있지만, 한편으로는 당시의 역사성도 포용하고 있다고 생각한다.

앞서 고찰한 8 · 9세기의 석탑은 사리의 봉안과 숭배라는 기본적인 불교조형물의 성격을 지니며 여러 가지 면에서 공통점을 내포하고 있음을 알 수 있었다. 이에 반해 양 시기의 석탑은 그 시대의 조형물 만이 지닌 독특한 양식과 특성을 지니고 있음도 파악되었다. 즉, 8세기의 석탑이 경주 중심으로 획일성이란 양식적 특성과 함께 부분적으로 다변화를 추구했다면, 9세기의 석탑에서는 양식에 있어 세부적인 변화, 분포상에 있어 전국적인 확산, 장엄조식의 증가, 가람배치에 있어 단탑가람의 증가, 건탑의 주체 및 원인의 다양화라는 파격적인 변화와 특성을 보이고 있다. 그러나 주목해야 할 점은 이같은 변화가 9세기에 갑자기 등장한 것이 아니라 이미 8세기에 그 기반이 조성되어 있었다는 점이다. 이같은 결론은 앞서 여러 부문에서의 비교 · 고

30. 成春慶, 「靈岩地方의 佛敎文化遺蹟」, 『靈岩郡의 文化遺蹟』, 木浦大博物館, 1968, p.203.
41 秦弘燮, 앞 논문, p.30.
42 9세기의 정치 · 사회적 변화와 이에 따른 불교미술의 건립 배경에 대해서는 필자가 정리한 바 있다. 朴慶植, 「新羅 9世紀 石造美術의 建立背景 - 景文王系의 改革政治를 中心으로」, 『中濟張忠植博士回甲記念論叢』, 檀國大學校, 1992.
43 高裕燮, 「佛敎美術에 대하여」, 『韓國美術史及美學論考』, 通文館, 1963, p.15.

찰한 결과를 볼 때 어느 하나도 갑자기 나타난 것이 아니라, 이미 앞 시기에 미약하나마 변화가 이루어졌거나 그 조짐이 표출되고 있다는 데에 기인한다. 결국 9세기의 석탑에서는 앞 시기의 석탑에서 표출된 제반 변화의 조짐이 극대화된 것으로 생각한다.

따라서 8 · 9세기의 석탑은 통일신라시대에 조성된 전체 석탑을 양식적인 면에 한해 바라 보았을 때 기존의 학설과 같이 완성과 쇠퇴란 분기점을 그을 수 있다고 생각한다. 그러나 8 · 9세기의 석탑은 각 시기에 걸맞는 양식과 내적 변화를 추구하고 있었고, 상호 연결된 시대상황과 맞물리며 나름대로의 특성을 발휘하고 있는 것으로 파악되었다. 뿐만 아니라 양 시기의 양식은 물론 성격에 있어서도 계승과 발전이란 측면이 짙게 내포되어 있음도 알 수 있었다. 따라서 신라석탑의 발전과정을 볼 때 8세기는 우리나라 석탑의 양식적 규범을 완성한 시기로, 9세기는 앞 시기 석탑에 표출된 양식과 성격을 더욱 발전시켜 고려시대 석탑의 모태가 됨은 물론 나아가 "석탑의 나라"라는 특징을 이루는데 주요한 역할을 했던 것으로 생각한다.

1997년 9월 13일 오후 8시 38분 탈고.

억지로 힘겹게 쓴 논문이다. 불과 일주일도 않걸려 완성했다. 연일 계속된 야간 작업으로 무척 지쳤고, 힘도 든다. 어재부터 손가락이 퉁퉁 부어서 잘 쥐어지지도 않는다. 좋은 평가를 받았으면 좋겠다. 이제 9세기와 10세기 석탑의 비교연구를 할 차례가 된 것같다.

(1997.10 「8 · 9世紀 新羅石塔의 比較 研究」, 『東洋學』 27, 檀國大學校附設 東洋學研究所)

京畿道의 石塔에 關한 考察 - 指定된 石塔을 中心으로

Ⅰ. 序言

석탑은 우리나라에서 형성되었던 여러 유형의 불교조형물 중 양적인 면에서 가장 많은 수를 보이고 있다. 뿐만 아니라 신앙적인 면에 있어서도 불상과 더불어 주요한 위치를 차지하고 있음은 주지의 사실이다. 따라서 우리나라의 불교미술을 논할때 석탑에 대한 관심과 연구성과가 가장 많은 이유 역시 이같은 사실에 기인한 것으로 생각된다.

경기도내에는 다른 지역 못지 않게 많은 수의 불교조형물이 건립되어 있는 바, 필자는 이 중 국보나 보물 또는 경기도문화재로 지정된 조형물을 중심으로 경기도의 석조미술에 대한 전체적인 동향을 분석한 바 있다.[1] 그러나 도내의 많은 불교조형물을 각 유형별로 분석·정리해야 함에도 불구하고 아직도 체계적이고 구체적인 연구가 진행된 바 없었다. 따라서 경기도내에 산재한 석탑이 어떠한 양식과 특성을 지니고 있는가에 대한 문제 역시 관심 밖의 일이었음을 부인할 수 없다. 이같은 현상은 아직도 우리나라의 석탑을 연구하는 학자가 많지도 않거니와 대부분이 시대와 양식의 연구에 집중되었을 뿐, 특정 지역에 대한 연구가 미흡했던 사실에 기인한 것으로 보인다. 더욱이 경기도에는 휴전선이 가로막고 있는 군사지역이 많다는 현실 또한 이같은 결과를 초래한 것으로 생각된다.[2]

※ 이 연구는 1998년도 단국대학교 대학연구비의 지원으로 연구되었음.

1 朴慶植, 「京畿道의 石造美術에 대한 考察」, 『文化史學』 9, 1998. 6. pp.65-80.
2 본 논문에서는 휴전선 이북지역과 서울시에 산재한 석탑은 예외로 하였다. 이는 논문의 제목과 일치하지 않는 현상이지만, 현재의 행정구역을 중심으로 문화재의 분포상황을 정리한데 기인한다. 아울러 근년에

본고에서는 경기도에 건립되어 있는 많은 수의 석조문화재 중 지정된 석탑 23기를 추출하여 다음과 같은 주안점을 가지고 고찰하고자 한다.

첫째, 23기의 석탑이 지닌 개개의 양식을 살펴보고,

둘째, 이들 석탑이 지닌 여러 성격과 특성을 고찰하여 우리나라 석탑발달사에서 경기도의 석탑이 지닌 위치를 밝히고자 한다.

II. 樣式考察

본 장에서는 도내에 분포된 많은 수의 석탑중 지정된 조형물 23기가 여러 가지 유형으로 지정되어 보존되어 있다. 이들 석탑은 특정시기에 국한된 것이 아니라 통일신라 · 고려 · 조선시대에 이르기까지 전 시기에 걸쳐 건립되었고, 양식 또한 다양한 면을 보이고 있다.

본 장에서는 이들 석탑이 지닌 각각의 양식을 시대별로 구분하여 각론적으로 살펴보고자 한다.

1. 통일신라시대

사진1 ; 龍仁 魚肥里三層石塔

① 龍仁 魚肥里三層石塔(문화재자료 제43호. 사진 – 1)

용인시 이동면 어비리의 폐사지에 파괴되어 있던 것을 주민들이 복원하였는데, 1963년 저수지 공사로 이곳이 수몰되자 東度寺의 주지가 사찰로 이전했다고 한다.

2층기단위에 삼층탑신을 올린 평면방형의 일반형석탑이다. 하층기단은 4매의 석재로 구성되었는데 각 면에는 隅柱가 표현되었고, 상면에는 갑석을 놓았다. 상층기단 역시 4매의 판석으로 구성되었는데, 각 면에는 양 우주와 撐柱가 정연히 모각되었다. 상층기단 갑석의 하면에는 각형

이르러 북한지역의 석조문화재에 대한 해설집이 발간되어 이 분야에 많은 자료를 제공해 주고 있다. 國立文化財研究所, 『北韓文化財解說集 I - 石造物篇』, 1997.

1단의 副椽이 있고, 상면에는 별석으로 조성된 초층탑신 받침을 놓았다.[3]

塔身石과 屋蓋石은 각각 한 돌로 구성되었는데, 탑신석에는 우주가 정연히 모각되어 있다. 옥개석의 하면에는 매층 각형 4단의 옥개받침이, 상면에는 각형 2단의 탑신받침이 조출되어 있다. 낙수면의 경사가 완만하고, 수평으로 흐르는 처마와 더불어 轉角의 반전이 예리하여 전체적으로 경쾌한 모습을 보이고 있다.

이 석탑은 전체적으로 볼 때 기단부에서 상·하 2층기단을 구비한 점, 초층탑신받침으로 별석받침이 감입되고, 옥개석에 있어 낙수면의 경사가 완만하고 전각에 보이는 날렵한 반전 등을 볼 때 9세기 후반에 건립된 것으로 추정된다.[4]

2. 고려시대

① 廣州 春宮里五層石塔(보물 제12호. 사진 - 2)

하남시 춘궁동에 위치한 東寺址[5]에 건립되어 있다. 평면 방형의 2층기단 상면에 오층탑신을 올린 높이 7.5m의 일반형석탑이다. 기단은 각각 여러매의 장대석으로 조립하였는데, 각 면에는 隅柱와 撑柱가 모각되어 있다. 상층기단 갑석은 4매의 판석으로 구성되었는데, 상면에는 낮은 탑신괴임대가 조출되어 있다. 일층탑신에는 隅柱가 모각되었는데, 탑신석에서 색다른 형태를 보이고 있다. 즉, 하단에는 4매의 방형석재를 놓았고, 상단에는 1매의 석재를 놓아 전체가 상·하 2단으로 구성되어 있다.[6] 2층 이상의 탑신은 한 돌로 구성되었는데, 각 층마다 우주가 모각되어 있다. 屋蓋石은 1·2·3 층은 각각 4매, 4층은 2매, 5층은 1매의 석재로 조립되었는데, 하면에는 1층 5단, 2층에서 4층까지는 4단, 5층에는 3단의 옥개받침이 조출되어 있다. 낙수면의 경사가 완만하고, 추녀는 수평을 이루다 전각에 이르러 완만한 반전을 보이고 있다. 相輪에는 露盤石만이 남아있다.

이 석탑은 고려시대에 건립된 것으로 추정되고 있지만, 기단부와 옥개석의 수법 등에서 신라석탑의 정형양식을 따르고 있어 신라계 석탑의 일례로 생각된다.

---

3 이같은 초층탑신의 별석받침은 흔히 고려시대 석탑의 특성으로 이해되고 있지만, 9세기에 건립된 석탑에서 검출되고 있음이 밝혀진 바 있다. 朴慶植, 『統一新羅石造美術研究』, 學研文化社, 1994.

4 주 3과 같음.

5 鄭永鎬, 「廣州 春宮里寺址 一考」, 『鄭在覺博士古稀紀念東洋學論叢』, 1984.

6 이같이 2단의 석재로 초층탑신을 구성하는 수법은 고려시대에 이르러 등장하는 것으로 알려져 있다. 그러나 9세기 전반에 건립된 광주서오층석탑에서 그 선례를 볼 수 있어 신라하대에 발생된 양식임을 알 수 있다. 朴慶植, 「新羅 九世紀石塔의 樣式에 관한 研究」, 『考古美術』 173호, 韓國美術史學會, 1987, pp.16-44.

사진2: 廣州 春宮里五層石塔

사진3: 廣州 春宮里三層石塔

② 廣州 春宮里三層石塔(보물 제13호. 사진 - 3)

하남시 춘궁동에 위치한 東寺址[7]에 5층석탑과 나란히 건립되어 있다. 평면 방형의 2층기단 상면에 삼층탑신을 올린 높이 3.6m의 일반형석탑이다. 하층기단의 각 면에는 3구씩의 眼象을 새겼고,[8] 상층기단의 각 면에는 隅柱와 撑柱를 모각하고 있다. 상층기단 갑석의 하면에는 낮은 副椽이 있고, 상면에는 각형 2단의 탑신받침을 조출하고 있다.

塔身石과 屋蓋石은 각각 한 돌로 구성되었는데, 탑신석의 각 면에는 우주가 모각되어 있다. 옥개석의 하면에는 1·2층 5단, 3층 4단의 옥개받침이 조출되었다. 낙수면의 경사가 완만하고, 처마는 수평을 이루다 轉角에 이르러 경쾌한 反轉을 보이고 있다. 이 석탑은 탑신부에서 2층 이상의 높이가 1층에 비해 급격히 낮아지고 있지만, 기단과 옥개석의 수법에서 신라석탑의 양식을 계승한 면을 보이고 있어 주목되고 있다. 고려시대 초반에 건립된 것으로 추정된다.

7 주 5와 같음.
8 하층기단 각 면에 안상을 새기는 수법은 9세기 前期의 석탑에서 비롯된 양식으로, 고려시대의 석탑에서는 보편화된 수법이다. 주 3과 같음.

③ 麗州 倉里三層石塔(보물 제91호. 사진 - 4)

사진4 : 麗州 倉里三層石塔

평면 방형의 2층기단 상면에 삼층탑신을 올린 높이 2.46m의 일반형석탑으로 영월루 아랫쪽에 위치하고 있다. 하층기단의 각 면에는 각각 2구씩의 眼象을 새겼고, 甲石의 상면에는 16판의 伏蓮을 조식하였다. 상층기단의 각 면에는 隅柱가 생략되었는데, 상면을 덮고 있는 두꺼운 갑석의 하면에는 弧形으로 이루어진 副椽이 있다.

塔身部는 기단에 비해 상대적으로 낮게 조성되었는데, 1층탑신만 한 돌로 조성되었고, 나머지 부분은 屋蓋石과 塔身石이 같은 석재로 조성되었다. 옥개석의 하면에는 매층 각형 3단의 받침이 조출되었다. 낙수면의 경사가 급하고, 추녀는 수평을 이루다가 轉角에 이르러 반전되었는데 대체로 둔중한 느낌을 주고 있다. 이 석탑은 본래의 위치에서 1958년 11월말에 이전되었는데, 초층탑신에서 舍利孔과 더불어 銅製如來立像 1구가 발견된 바 있다.[9] 하리삼층석탑(보물 제92호)과 나란히 건립되어 있는데, 고려시대 중기에 건립된 것으로 추정된다.

④ 麗州 下里三層石塔(보물 제92호. 사진 - 5)

평면 방형의 2층기단 상면에 삼층탑신을 올린 높이 3.7m의 일반형석탑이다. 하층기단의 甲石은 경사지게 처리하였는데, 상면에는 弧角形 2단의 받침을 조출하였다. 상층기단의 각 면에는 隅柱가 모각되었고, 갑석의 하면에는 낮은 副椽이 있다. 塔身石과 屋蓋石은 각각 한 돌로 구성되었는데, 탑신석의 각 면에는 隅柱가 모각되어 있다. 옥개석은 얇게 조성되었는데, 하면에는 매층 각형 4단의 받침이 조출되어 있다. 처마는 수평을 이루다가 轉角에 이르어 반전되고 있다. 1958년 석탑을 옮길 때 초층탑신의 상면에서 방형의 舍利孔이 확인된 바 있다. 이 사리공은 기

9 이 석탑의 사리공 및 불상의 출토상황에 대해서는 尹武炳, 「麗州 下里三層石塔 및 倉里三層石塔의 內部裝置」, 『考古美術』 6호, 1961, 考古美術同人會에 자세히 소개되어 있는 바, 당시의 조사 내용을 전재해 보면 다음과 같다. "初層塔身石의 上面에 판 舍利孔은 5.5寸 x 3.3寸 크기에 깊이 1寸 前後의 얕은 구멍이었다. 이 네모난 구멍에도 그 바닥 南邊中央에 徑 1寸 가량 되는 小圓孔을 한 層 깊게 파 놓았으나, 어떤 必要에서 마련된 裝置인지 역시 理解하기 어려웠다. 이 塔身石 위에 있는 屋蓋石 裏面은 약간 凹面을 이루고 있었으나, 特別히 구멍같은 것은 없었다. 이 塔도 이미 藏置品을 完全히 잃고 있었으나, 基壇 下臺石과 地臺石 사이의 間隙에서 새끼손가락만한 銅製如來立像이 하나 발견되었다. 높이 1.45寸 臺徑 0.6寸 녹슬어 細部는 똑똑치 않으나 오른쪽 손을 들고 왼손을 드리우고 있는 手形은 統一新羅時代의 造像에서 흔히 볼 수 있는 佛像이다."

존의 그것과 같이 탑신석을 파고 만든 것이 아니
라 상면에 2단의 받침대를 두고, 옥개석의 하면
을 판 형태로, 소형의 불상을 세워놓았던 것으로
추정된 바 있다.[10] 창리삼층석탑과 함께 영월루
아랫쪽에 나란히 이전되어 있는데, 고려시대 중
기에 건립된 것으로 추정된다.

사진5: 麗州 下里三層石塔

⑤ 麗州 神勒寺多層塼塔(보물 제226호. 사진 - 6)
신륵사 경내의 동남편 강가에 위치하고 있다.
높이 9.4m의 규모로 경기도 지방에서는 유일
한 塼塔이다.[11] 基壇部는 화강암을 이용하여 무
질서한 7단의 층단형으로 구축하였는데, 상면에
는 낮은 탑신받침을 마련하였다. 탑신부를 구성
하는 벽돌은 연주문이 시문된 반원내에 당초문
을 새긴것과 無紋의 2종류가 불규칙하게 구축되
어 있는데 매층의 규칙적인 체감비를 찾을 수 없
다. 옥개석 역시 상·하단의 받침수도 불규칙하
고 지나치게 약식화되어 각 층의 경계선 정도의
역할만 할 뿐, 다른 전탑과는 다른 양상을 보이
고 있다. 상륜부에는 화강암으로 조성된 覆鉢·
寶輪·寶蓋·寶珠가 놓여있다.

사진6: 麗州 神勒寺多層塼塔

전탑의 북쪽에 있는 수리비의 건립이 "崇禎紀
元之再丙午中秋 日立"인 점을 고려할 때 1726년(英祖 2)에 현재의 상태로 개축된 것으로 판단

---

10 주 9와 같음. 당시의 조사내용을 전재해 보면 다음과 같다.
　　"보통 舍利孔과는 正反對로 塔身石의 上面中央에 方形二層級의 얕은 突起를 새겨서 마치 어떤 물건을 놓기
　　위한 받침臺 처럼 만들고 있었다. (中略) 方形 突起의 上面에는 前後로 작은 圓孔 두 個를 팠는데, 앞쪽에 위
　　치한 하나는 徑 1寸, 또 하나는 5分 정도의 크기였으며 앞것은 바닥을 판판하게 만들고 있었다. 여기에 어
　　떤 信仰의 對象을 安置하였는지 이미 內容을 喪失한 오늘에 와서는 알 道理가 없으나, 바닥이 판판한 쪽에
　　는 比等한 徑의 臺座를 가진 小佛像을 세워놓았던 것이 아닐까 推測된다. 이 方形의 突起部分 바로 위에 該
　　當하는 屋蓋石 裏面에는 約 4寸 깊이의 凹孔을 파고 뚜껑 모양으로 덮어 씌울 수 있게 하고 있었다."
11 이밖에도 안양사에 고려시대에 건립된 칠층전탑이 있었는 바, 이에 대해서는『新增東國輿地勝覽』, 卷 10,
　　衿川縣 佛宇條에 기록되어 있다.

된다. 아울러 이 전탑은 남한강변의 암반위에 10m에 가까운 높이로 건립되어 있어, 건탑의 원인이 堂塔의 배치에 의한 것이 아님을 알 수 있는데, 이에 대해서는 후술하고자 한다.

⑥ 安城 竹山里五層石塔(보물 제435호. 사진 - 7)

사진7: 安城 竹山里五層石塔

단층기단위에 오층탑신을 올린 높이 6m의 일반형석탑으로 봉업사지에 건립되어 있다. 이 석탑에 대해서는 신영훈선생의 논고가 발표된 바 있고[12], 근년에 이르러는 寺址에 대한 발굴조사가 진행된 바 있다.[13] 이 사지는 신영훈 선생의 조사시 매곡리폐사지라 명명되었으나, 1966년 경지정리 작업시 출토된 일괄유물 중 향완과 반자의 명문을 통해 1081년(고려 문종 35) 이전에 존재하였던 "奉業寺"로 밝혀진 바 있다.[14]

수매의 장대석으로 지대석을 구축하고 4매의 판석으로 구성된 基壇을 놓았다. 기단의 면석에는 隅柱가 희미하게 표현되어 평평한 느낌을 주고 있다. 기단의 상면에 놓인 甲石은 4매의 판석으로 구성되었는데, 상면에는 각형 2단의 탑신받침이 조출되어 있다.

塔身石과 屋蓋石은 각각 한 돌로 구성되어 있다. 각 탑신석에는 높이에 비해 폭이 좁은 우주가 모각되어 있는데, 일층탑신의 남면에는 소형의 龕室이 개설되어 있다. 옥개석은 얇게 조성되었는데, 매층 5단의 옥개받침이 조출되었다. 낙수면의 경사가 완만해 平薄한 감을 주고 있는데, 추녀는 수평을 이루다가 전각에 살짝 反轉되고 있다. 이 석탑은 기단부의 둔중감, 1층탑신이 다른 층에 비해 유난히 높은 점 등에서 고려시대석탑의 특성을 잘 보여주고 있다. 경기도내에 산재한 많은 석탑 중 가장 우수한 조형미를 보이고 있는데, 고려시대 초반에 건립된 것으로 추정된다.

⑦ 安城 竹山里三層石塔(유형문화재 제78호. 사진 - 8)

단층기단 위에 삼층탑신을 올린 높이 3.2m의 일반형석탑으로 奉業寺址의 뒷편 비봉산 아래에 위치하고 있다. 地臺石은 매몰되어 원형을 알 수 없다. 기단은 4매의 판석으로 조립되었는데, 각 면에는 隅柱가 모각되어 있다. 1매의 판석으로 구성된 甲石의 하면에는 副椽이 있고, 상

12 申榮勳, 「安城郡의 石塔(一)」, 『考古美術』 12호, 考古美術同人會, 1961.
13 京畿道博物館, 「안성 봉업사지 발굴조사」, 『'97 京畿道博物館 發掘調查槪報』, 1998, pp.77-103.
14 주 13과 같음.

면에는 伏蓮이 조식되어 탑신을 받고 있다.[15]

사진8: 安城 竹山里三層石塔

塔身石과 屋蓋石은 각각 한 돌로 구성되어 있다. 탑신석에는 우주가 정연히 모각되었는데, 탑신의 폭에 비해 좁은 느낌을 주고 있다. 옥개석의 하면에는 매층 각형 4단의 받침이 조출되었는데, 낙수면의 경사가 완만하고 합각선이 두툼하다. 처마는 얇게 조성되었는데, 수평을 이르다가 轉角에 이르러 살짝 反轉되어 경쾌한 일면을 보이고 있다. 이 석탑은 기단갑석 상면의 연화문, 옥개석에서 보이는 안정감 등으로 보아 고려시대 초반에 건립된 것으로 추정된다.

⑧ 果川 戀主庵三層石塔(유형문화재 제104호. 사진 - 9)

연주암의 대웅전 전면에 위치한 높이 3.6m의 일반형석탑이다. 1매의 판석으로 구성된 地臺石 위에 각면 6판의 단엽 연화문을 조각하였다. 연판의 상면에는 각형 3단의 받침을 조출하여 基壇을 받치고 있다. 기단은 단층으로 4매의 판석을 엇물림식으로 조성하였는데, 각 면에는 隅柱가 정연하다. 1매의 판석으로 구성된 甲石의 하면에는 1단의 副椽이 있고, 상면에는 각형 2단의 받침위에 굽형괴임대를 마련하여 탑신을 받고 있다.

사진9 : 果川 戀主庵三層石塔

塔身과 屋蓋石은 각각 한 돌로 조립하였는데, 각층 탑신석에는 우주가 정연히 모각되어 있다. 屋蓋石의 상면에 각형 2단의 받침을 조출하여 탑신을 받고 있는데, 하면에는 낙수홈이 있다. 옥개받침은 초층은 4단이나 2·3층은 3단씩 조출되어 규율성을 잃고 있다. 낙수면의 길이가 짧고, 합각선은 두툼하며, 轉角의 反轉 역시 둔중하여 고려시대 석탑의 특성을 잘 보여주고 있다. 3층 옥개석의 상면에는 한 돌로 조성된 부연이 있는 露盤이 있고, 상면에는 仰花와 寶珠가 있다. 이 석탑은 孝寧

---

15 이같은 유형의 갑석은 고려시대의 석탑에서는 보편적인 양식인 바, 대표적인 예로 승안사지삼층석탑, 사자빈신사지삼층석탑 등이 있다.

大君이 건립했다고 전하나, 전형적인 고려시대의 석탑으로 각 부의 비례가 잘 맞고 수법도 정연하여 고려시대 중기 이후로는 떨어지지 않을 것으로 추정된다.

⑨ 利川 中里三層石塔(유형문화재 제106호. 사진 - 10)

단층기단 위에 삼층탑신을 올린 일반형석탑이다. 4매의 판석으로 짜여진 地臺石의 상면에는 弧角形 2단의 받침을 조출하였다. 4매의 판석으로 구성된 기단의 면석에는 隅柱가 모각되어 있다. 甲石은 1매의 판석을 놓았는데, 하면에는 낮은 각형 1단의 副椽이 있고 상면에는 弧角形 2단 받침 위에 굽형괴임대를 조출하여 초층탑신을 받고 있다.

塔身石과 屋蓋石은 각각 한 돌로 구성되어 있는데, 탑신의 각 면에는 우주가 정연히 모각되어 있다. 옥개석의 하면에는 1층과 2층에는 5단, 3층에는 4단의 옥개받침이 조출되어 있다. 낙수면의 경사가 완만하

사진10 : 利川 中里三層石塔

고, 추녀는 수평을 이루다 轉角에서 경쾌한 反轉을 보이고 있다. 본래 이천읍 진리에 쓰러져 있던 것을 1972년도에 시청 내로 이전·복원하였다. 석재의 결구수법 및 양식적인 면에서 신라 석탑의 작풍을 따르고 있으나, 부분적으로는 규율성이 흐트러진 면도 보이고 있다. 이같은 여러 가지 상황을 볼 때 고려시대 초반에 건립된 석탑으로 추정된다.

⑩ 果川 三幕寺三層石塔(유형문화재 제112호. 사진 - 11)

삼막사 禪室 뒤편에 위치하고 있는데, 이층기단위에 삼층탑신을 올린 높이 2.5m의 일반형 석탑이다. 地臺石은 수매의 장대석으로 구축되었다. 4매의 판석으로 구성된 下層基壇의 상면에는 네 모퉁이의 합각선이 돌출된 甲石이 놓였다. 上層基壇 역시 4매의 판석으로 조립되었는데, 하층기단과 같이 면석에는 隅柱를 비롯한 아무 조식이 없다. 1매의 판석으로 구성된 갑석 네 모퉁이의 합각선이 뚜렷하고 상면에는 3단의 탑신괴임대를 조출하였다.

사진11 : 果川 三幕寺三層石塔

塔身石과 屋蓋石은 각각 한 돌로 구성되었다. 탑신석의 각 면에는 隅柱가 모각되어 있다. 옥개석의 하면에는 매층 각형 3단의 받침이 조출되었는데, 낙수면의 경사가 급하다. 두껍게 조성된 처마는 수평으로 처리되어 轉角의 反轉이 약하다. 정상에는 1979년에 보수한 상륜부재가 놓여 있다. 이 석탑은 1232년(고려 고종 19) 몽고침략에 항전한 김윤후의 승전을 기념하기 위해 건립했다는 전설이 전하고 있는데, 전체적인 양식으로 보아 고려시대 중기에 건립된 것으로 추정된다.

⑪ 安城 新昌里三層石塔(유형문화재 제130호. 사진 - 12)

안성시 서운면 신창리 293-5번지에 위치하고 있다. 석탑이 있는 폐사지는 현재 경작지화 되어 있는데, 奉國寺址라 전하고 있다. 이층기단위에 3층탑신을 올린 일반형석탑으로 무너져 있던 것을 1991년에 복원하였다. 하층기단 갑석은 2매의 판석으로 구성되었는데, 상면에는 弧角形 2단의 받침이 조출되어 있다. 4매의 판석으로 조립된 상층기단의 각 면에는 면석에 비해 좁은 우주가 모각되어 있다. 상층기단 갑석은 1매의 판석으로 구성되었는데, 상면에는 호각형 2단의 탑신괴임대를 각출하고 있다.

탑신석과 옥개석은 각각 한 돌로 이루어졌다. 탑신석에는 매층 면석에 비해 좁은 우주가 각출되었는

사진12 : 安城 新昌里三層石塔

데, 초층탑신의 높이가 2층에 비해 월등히 높게 조성되어 부조화를 보이고 있다. 도괴시의 형상을 보면 초층탑신에 원형의 사리공이 있음을 알 수 있다. 옥개석의 하단에는 매층 4단의 옥개받침이 정연히 조출되어 있고, 상면에는 각형 2단의 탑신괴임대가 조출되어 있다. 낙수면의 경사가 완만하고, 추녀는 전각에 이르러 살짝 반전되어 안정감을 주고 있다.

이 석탑은 비록 탑신부에서 부조화를 보이고 있지만, 기단부와 옥개석에서 신라석탑의 양식을 계승하고 있음을 알 수 있다. 전체적인 양식을 볼 때 고려초기에 건립된 것으로 추정된다.

⑫ 加平 下板里三層石塔(문화재자료 제17호. 사진 - 13)

현등사 경내의 3층석탑이 있는 언덕 아래에 위치하고 있는데, 본래부터 이곳에 있었는지는 알 수 없다. 현재 基壇部 및 일층탑신석이 없어져 원형을 잃고 있다. 가장 하단에 있는 地臺石

에는 2단의 괴임대가 마련되었고, 네 귀퉁이의 合角
이 뚜렷하다. 기단의 甲石은 2매의 판석으로 구성되
었는데, 하면에는 副椽이 있고, 상면에는 각형 2단의
받침이 조출되어 있다. 갑석 네 귀퉁이에는 뚜렷한
합각선이 표시되어 있다.

塔身石과 屋蓋石은 각각 한 돌로 구성되었다. 각층
의 탑신석에는 모두 隅柱가 각출되어 있다. 옥개석의
하단에는 옥개받침이 조출되었는데, 1·2층이 4단,
3층이 3단씩으로 상층으로 갈수록 수가 줄어들고 있
다. 낙수면의 경사가 비교적 완만하고, 추녀는 수평
으로 흐르다 전각에 이르러 급하게 反轉되고 있다.
각층 옥개석의 상면에는 탑신을 받기위한 각형 1단
의 받침이 조출되어 있다. 相輪部는 露盤石만이 남아

사진13 : 加平 下板里三層石塔

있는데, 상면에는 지름 5cm의 擦柱孔이 있다. 석탑을 구성하는 각 부의 양식으로 보아 고려시
대에 건립된 것으로 추정된다. 이 석탑은 地鎭塔이라 일컬어지기도 하는데 이는 이곳의 地氣를
진압하기 위해 세웠다는 전설에서 유래한 것이다.

⑬ 楊平 龍川里三層石塔(문화재자료 제21호. 사진 - 14)

사나사 대웅전 앞에 건립되어 있는데, 基壇
部·塔身部·相輪部를 구비한 평면 방형의 일
반형석탑이다. 수매의 장대석으로 구성된 地
臺石 상면에 하층기단의 갑석으로 보이는 부
재가 놓여있다. 기단은 4매의 판석으로 조립
되었고, 각 면에는 隅柱 2기와 撑柱 1기가 정
연히 모각되어 있다. 갑석은 1매의 판석으로
조성되었는데, 네 모퉁이의 합각이 뚜렷하고
상면에는 각형 2단의 받침을 조출하여 초층
탑신을 받고 있다.

사진14 : 楊平 龍川里三層石塔

塔身石과 屋蓋石은 각각 한 돌로 구성되어 있다. 각 층의 탑신석에는 우주가 정연한데, 초층
탑신이 다른 층에 비해 월등히 높게 조성되어 있다. 각층의 옥개석의 하면에는 모두 각형 3단의

받침이 조출되었고, 낙수홈이 표현되어 있다. 추녀는 수평으로 가다가 전각에 이르러 경쾌한 反轉을 보이고 있고, 낙수면의 경사는 완만하다. 정상에는 露盤石이 놓여있다.

이 석탑은 기단과 탑신이 적절히 조화를 이루고 있으며, 옥개석의 낙수면과 반전 등의 수법을 볼 때 고려시대 초반에 건립된 것으로 추정된다.

⑭ 果川 文原洞三層石塔(문화재자료 제39호. 사진 - 15)

보광사 경내에 있는데, 본래는 관문리의 절터에서 옮겨왔다고 한다.[16] 단층기단위에 3층탑신을 구비한 석탑으로 시멘트로 된 1단의 기단위에 놓았다. 地臺石에는 각면 2구씩 장방형 額을 형성한 후 내부에 8괄호형 眼象을 1구씩 조식하였다. 중대석은 하나의 석재로 조성되었는데, 각 면에는 隅柱를 모각하였고, 상면에는 한 돌로 조성된 甲石을 놓았다. 갑석의 하면은 평박하고, 상면에는 角弧角形 3단의 받침을 조출하여 초층탑신을 받고 있다.

사진15 : 果川 文原洞三層石塔

탑신과 옥개석은 각각 한 돌로 조성하였는데, 삼층탑신은 결실되었고, 2·3층 옥개석 역시 파손되어 시멘트로 보강하였다. 각 층의 탑신석에는 양 우주가 얕게 모각되어 있는데, 초층 탑신의 1면에는 2중으로 음각된 門扉形내에 자물쇠가 양각되어 있다. 옥개석의 하면에는 얕게 조출된 3단의 옥개받침이 있고, 추녀 끝에 이르러 낙수홈이 얕게 모각되어 있다. 처마는 수평을 이루다가 끝에 이르러 급하게 反轉 되었고, 상면의 합각선은 둔중하여 전체적으로 평박한 느낌을 주고 있다. 옥개석의 상면에는 각형 1단의 받침을 조출하여 탑신을 받고 있으며 정상에는 寶珠를 놓았다.

이 석탑은 높이 1.7m의 소형으로 비록 일부 부재가 결실되기는 하였지만, 기단면석의 안상, 초층탑신의 문비형과 자물쇠 등의 표현을 볼 때 9세기 후기 석탑의 양식을 계승한 것으로 보인다. 각 부재의 조립수법과 양식으로 보아 고려시대 중기에 제작된 것으로 추정된다.

---

16 단국대학교 사학과, 『과천현 관아지 및 관악산일원 문화유적지 지표조사보고서』, 1994, p.32.

⑮ 龍仁 貢稅里五層石塔(문화재자료 제42호. 사진 - 16)

용인시 기흥읍 공세리의 폐사지에 위치한 높이 2.5m의 일반형석탑이다. 지대석에는 伏蓮이 조식되어 있는데, 상면에는 낮은 각호각형 3단의 받침이 조출되어 있다. 기단의 각 면석에는 隅柱가 모각되었는데, 현재 2매의 판석은 결실되었다. 1매의 판석으로 구성된 甲石은 초층탑신석에 비해 좁게 조성하였는데, 하면에는 1/4弧形의 부연이 마련되어 있다.

사진16 : 龍仁 貢稅里五層石塔

塔身石과 屋蓋石은 1층만 각각의 석재로 구성되었을 뿐, 나머지 2층 이상은 모두 탑신과 옥개석이 한 돌로 구성되었다. 탑신석의 각 면에는 양 우주가 정연히 모각되었는데, 초층탑신이 다른층에 비해 월등히 높게 조성되어 있다. 옥개석의 하면에는 각각 3단씩의 낮은 받침이 조출되었는데, 상면으로 경사지며 추녀로 이어져 전제적으로 들려진 형상을 보이고 있다. 落水面의 경사는 완만하나 轉角의 반전이 강해 합각부가 뾰족하게 들려진 형상을 보이고 있다.

이 석탑은 2층 이상의 탑신과 옥개석이 1석으로 조성된 점, 옥개석의 받침이 낮게 조출되고, 전체적으로 들려진 형상을 보이고 있음을 볼 때 고려시대 중기 이후에 조성된 것으로 추정된다.

⑯ 安城 靑龍寺三層石塔(문화재자료 제59호. 사진 - 17)

평면 방형의 단층기단 상면에 삼층탑신을 올린 높이 2.4m의 일반형석탑이다. 地臺石의 상면에는 角弧角形 3단의 받침을 조출하여 基壇을 받고 있다. 기단은 4매의 판석으로 구성되었는데, 각 면에는 隅柱와 撐柱가 모각되어 있다. 1매의 판석으로 구성된 기단의 甲石 하면은 1/4弧形의 부연을 마련하였고, 상면에는 각호각형 3단의 받침을 조출하여 탑신부를 받고 있다.

사진17: 安城 靑龍寺三層石塔

塔身石과 屋蓋石은 각각 한 돌로 구성되었다. 탑신의 각면에는 우주가 정연히 모각되어 있는데, 일층에 비해 2층 이상의 높이가 급격히 낮아져 비례가 흐트러진 일면을 보이고 있다. 옥개석의 하면에는 1층 4단, 2·3층은 3단의 낮은 옥개받침이 조출되어 있다. 낙수면의 경사가 급하고 합각선이 뚜렷한데, 옥개석이 낮게 노출된 까닭에 전체적으로 낮은 느낌을 주고 있다. 낙수면은 수평을 이루다가 轉角에 이르러 살짝 반전되어 있다. 전체적인 양식으로 보아 고려시대 중기에 조성된 것으로 추정된다.

⑰ 安城 道基洞三層石塔(문화재자료 제76호. 사진 - 18)

안성시내가 내려다 보이는 도기동 입구 언덕 위에 건립되어 있다. 단층기단 위에 평면 방형의 오층탑신을 올린 높이 5.4m의 일반형석탑이다. 수매의 장대석으로 조립된 地臺石 위에 隅柱만이 모각된 단층기단을 놓았다. 甲石은 1매의 판석으로 조성되었는데, 하면에는 각형 1단의 副椽이 마련되어 있다.

塔身部에 있어 1층 탑신석만 여러장의 석재를 사용하였을 뿐 나머지는 모두 하나의 석재로 구성되어 있다. 屋蓋石은 평평한 석재를 놓아 다른 석탑에서와 같은 조형미를 찾을 수 없다. 전체적인 양식으로 보아 고려시대 후반에 조성된 것으로 추정된다.

사진18 : 安城 道基洞三層石塔

⑱ 江華 河岾面五層石塔 (보물 제10호. 사진 - 19)

단층기단위에 오층탑신을 올린 일반형석탑으로 1960년에 재건되었다. 석탑이 있는 지역은 奉恩寺址라 전하고 있는데,[17] 현재 높이 3.5m의 규모를 보이고 있다.

기단은 4매의 판석으로 구성되었는데, 2매를 일자형으로 세우고 사이에 면석을 삽입하였다. 따라서 기단의 4면 중 2면에는 결구수법으로 인해 자연스레 우주가 형성되었고, 나머지 면에는 우주를 모각하였을 뿐, 탱주는 표현되지 않았다. 1매 판석으로 형성된 갑석에는 부연이 없고, 상면에 낮은 각형 1단의 받침을 마련하여 탑신석을 받고 있다.

탑신석은 2층까지만 남아있을 뿐, 나머지 부분은 모두 결실되었다. 초층탑신은 2매의 석재로

17 京畿道, 『畿內寺院誌』, 1988, pp.857-858.

구성되었고, 2층은 한 돌로 구성하였다. 탑신의 각 면에는 隅柱를 표현하고 있다. 따라서 초층탑신에 비해 2층탑신의 높이가 월등히 낮은 수법을 보이고 있다. 옥개석은 4층까지만 남아있는데, 한 돌로 구성되었다. 옥개석의 하면에는 1층 4단, 2층 이상은 모두 3단씩의 옥개받침이 조출되어 있다.

이 석탑은 탑신석과 옥개석에서 많은 부재가 상실되어 있지만, 현상을 볼 때 본래는 높이 5m 이상 되는 5층석탑이었던 것으로 추정된다. 기단과 옥개석의 양식을 볼 때 고려시대 후기에 조성된 석탑으로 추정며, 강화도에서는 유일한 석탑이라는데 그 의의가 있다고 하겠다.[18]

사진19: 江華 河岾面五層石塔(현 江華 長井里 五層石塔)

3. 조선시대

① 驪州 神勒寺多層石塔(보물 제225호. 사진 - 20)

신륵사 극락보전 앞에 건립되어 있는 석탑으로 조성재료가 白大理石이란 점이 기존의 석탑과 다르다. 이 석탑에 대해서는 이미 정영호 선생에 의해 상세히 다루어 진 바 있다.[19]

基壇에서 塔身에 이르기까지 각각 한 돌로 조립되었는데, 이는 석재가 구하기 어려운 백색 대리석인데 기인한 것이 아닌가 한다.[20] 방형의 地臺石 상면에 2층기단을 놓았다. 하층기단의 下臺石에는 單葉 40판의 伏蓮이 조식되었고, 中臺石의 각 모서리에는 花紋으로 장식하였는데, 각 면에는 파도문을 조식하였다. 甲石의 상·하면에는 仰蓮과 伏蓮을 조식하였고, 중간에는 넓은 突帶를 형성하고 있다. 상층기단의 네 모서리에는 花形과 連珠紋으로 장식한 隅柱를 모각한 후, 각 면에는 생동감이 넘치는 雲龍紋을 조각하였다. 갑석의 하면에는 仰蓮이 조식되었고, 상면은

18 이 석탑외에 강화도에 산재한 11개의 사찰과 33개의 사지 중 華陽寺址에서 갑석과 옥개석으로 추정되는 탑재가 보고된 바 있다. 주 17의 책, pp.743-871.

19 鄭永鎬, 「韓國石塔의 特殊樣式 考察(下)」, 『論文集』 4, 檀國大學校, 1970, pp.95-98. 및 「朝鮮時代의 佛塔硏究」, 『綠圓스님古稀紀念學術論叢-韓國佛敎의 座標』, 刊行委員會, 1977, pp.438-440.

20 주 20과 같음.

사진20 : 麗州 神勒寺多層石塔

편평하게 처리하여 탑신을 받고 있다.

탑신석은 현재 8층까지 남아있는데 매층 隅柱가 모각되어 있다. 屋蓋石은 평박하고, 옥개받침이 낮게 조출되었으며, 상면에는 각형 1단의 탑신괴임대가 마련되어 있다. 추녀는 수평으로 흐르다 轉角에 이르러 反轉을 보이고 있는데, 각 층의 체감율이 완만하다. 찰주가 관통된 8층 옥개석의 상면에 소형의 탑신석이 있는 점으로 보아 본래는 더 많은 층수를 이루었던 것으로 보인다.

신륵사가 世宗 英陵의 資福寺로서 成宗 3년(1472)에 중흥한 사찰인 점과 世祖 13년(1467)에 낙성한 圓覺寺址10層石塔과 같은 石質인 점을 고려 할 때 대략 늦어도 1472년에는 건립된 것으로 추정된다.[21]

② 楊州 水鐘寺五層石塔(유형문화재 22호. 사진 - 21)

수종사는 1460년(조선 세조 6)에 창건된 것으로 전해지고 있는데, 이 석탑에 대해서는 정영호 선생에 의해 상세한 고찰이 진행된 바 있다.[22] 석탑은 地臺石으로부터 塔身部에 이르기까지 팔각형의 평면구도를 지니고 있어 종래의 평면방형의 획일적인 틀에서 벗어난 조형을 보이고 있다. 지대석의 각 면에는 장방형의 額으로 2등된 각 면 내부에 眼象이 조식되어 있다. 기단의 하대석 역시 각 면에는 장방형 액내에 2구씩의 안상을 배치하였는데, 하단에는 길이가 긴 안상이 각 면 1구씩 조식되었다. 下臺石의 하단에는 각 면 2구씩의 장방형 액으로 분할한 후 내면에 안상을 조식하였는데, 상면에는 複葉 16판의 伏蓮이 조식되어 있다. 中臺石은 각 모서리에 원형 기둥으로 각 면을 분할하고 있다. 上臺石의 하단에는 복엽 16판의 仰蓮이 조식되었고, 면석에는 각 면 2구씩의 안상이 장방형 액내에 조식되어 있다. 상대석의 윗면에는 탑신을 받기위한 받침 1단이 조출되어 있다. 이같은 양식을 볼 때 기단부는 마치 불상의 臺座와 같은 형식을 보이고 있다고 하겠다.

塔身石과 屋蓋石은 각각 한 돌로 구성되었는데, 모두 팔각의 평면을 보이고 있다. 탑신석의

21 주 19와 같음.
22 주 19와 같음.

각 모서리에는 원형의 隅柱가 표시되었고, 각 면에는 사다리꼴의 액이 조식되어 있다. 옥개석의 하단에는 매층 각형 3단의 받침이 조출되었는데, 낙수면의 경사가 완만하고 합각선이 두툼하다. 얇게 조성된 추녀는 넓은 U자형의 곡선미를 보이고 있다. 정상에는 삼각형의 문양이 시문된 覆鉢과 寶株가 있다.

이 탑에서는 많은 舍利具가 출토된 바 있다. 즉, 1957년 5월 29일에 행해진 석탑의 해체·수리시 초층탑신과 기단부 상대중석 및 1층옥개석에서 모두 19구의 불상이 발견되었고, 1970년 5월 24일부터 25일에 걸쳐 다시 자리를 옮길 때 2층 및 3층옥개석에서 모두 12구의 불상이 출토된 바 있다.[23]

사진21 : 楊州 水鐘寺五層石塔

수종사오층석탑은 고려시대에 성행하던 팔각다층석탑의 양식을 충실히 계승한 석탑으로 안정된 균형미와 더불어 당시 한강을 통한 문화전파의 경로를 추정하는데 중요한 자료로 주목되고 있다.[24] 출토된 불상 동체의 명문과 불상조상기 및 석탑의 墨書銘등을 고려할 때 이 석탑은 건조 연대의 하한을 1493년으로 볼 수 있고, 그 후 1628년에 중수했음을 알 수 있다.[25]

③ 安城 淸源寺七層石塔(유형문화재 제116호. 사진 - 22)

단층기단위에 칠층탑신을 올린 높이 3.5m의 일반형석탑이다. 수매의 장대석으로 地臺石을 조립하고 기단을 놓았다. 기단의 下臺石 각 면에는 4구씩의 眼象이 조식되었고, 상면에는 伏蓮을 배치하였다. 기단의 면석은 4매의 석재로 구성되었는데, 각 면에는 隅柱가 모각되어 있다. 1매의 판석으로 구성된 甲石의 하면에는 24판의 複葉仰蓮이 조식되었고, 각 면에는 4구씩의 안상을 새겼다.

23 출토된 사리구에 대해서는 다음과 같은 논문이 발표된 바 있다. 尹武炳, 「近年에 發見된 舍利關係 遺物」, 『美術資料』 1, 國立中央博物館, 1960, pp.5-6. 및 「水鐘寺八角五層石塔內 發見遺物」, 『金載元博士回甲紀念論叢』, 刊行委員會, 1969, pp.947-966. 鄭永鎬, 「水鐘寺石塔內 發見 金銅坐像 12軀」, 『考古美術』 106·107合輯, 韓國美術史學會, 1970, pp.22-27. 및 柳麻理, 「水鐘寺 金銅佛龕 佛畵의 考察」, 『美術資料』 30, 國立中央博物館, 1982, pp.37-55.
24 수종사팔각오층석탑과 더불어 인근에 위치한 妙寂寺에서도 16세기 초반에 건립된 팔각다층석탑이 확인된 바 있다. 鄭永鎬, 「朝鮮時代의 佛塔研究」, 『綠圓스님古稀紀念學術論叢-韓國佛敎의 座標』, 刊行委員會, 1977.
25 주 19와 같음.

塔身石과 屋蓋石은 각각 하나의 석재로 구성되었는데, 칠층은 양 부재가 한 돌로 조성되었다. 탑신석의 네 모서리는 둥글게 처리하였고, 각 면에는 양 우주가 線刻되어 있다. 옥개석의 하단에는 얕은 받침이 조출되었고, 낙수면의 경사는 상층으로 갈수록 급해지고 있다. 처마는 수평을 이루다가 轉角에서 약간의 反轉을 보이고 있는데, 이 역시 상층으로 갈수록 강해지고 있다. 정상에는 寶株가 놓여 있다.

사진22 : 安城 淸源寺七層石塔

이 석탑은 세부 양식에서 많은 부분이 생략되어 있고, 기단에 조식된 안상 등을 볼 때 조선시대 전기에 건립된 것으로 추정된다.

④ 加平 懸燈寺三層石塔(유형문화재 제63호. 사진 - 23)

현등사 경내에 있는 높이 3.7m의 일반형석탑으로 높직한 地臺石 상면에 2층기단을 구비하고 있다.

하층기단은 불상의 대좌와 같이 下臺石·中臺石·上臺石으로 구성되어 있다. 상·하대석에는 판 내에 장식문이 있는 연화문과 장방형의 額이 공통적으로 조식되었으며, 중대석에는 대나무형의 圓柱로 된 隅柱와 撑柱가 모각되어 있다. 상층기단의 면석에는 우주와 탱주가 모각되었는데, 기둥의 사이에는 장방형의 額을 모각하고, 상면에는 屋蓋石형의 갑석을 놓았다. 갑석의 상면에는 伏蓮帶를 조각하고 탑신부를 놓았다.

탑신석과 옥개석은 각각 하나의 석재로 구성되었는데, 탑신의 각 면에는 양 우주가 모각되어 있다. 옥개석의 하면에는 1·2층은 4단, 3층은

사진23 : 加平 懸燈寺三層石塔

3단의 옥개받침이 조출되어 있다. 相輪部는 3층 옥개석 상면에 3단의 받침을 조출하고 覆鉢·連珠紋·寶輪·寶珠등이 하나의 석재로 구성되어 있다. 석탑을 구성하는 각 부의 양식과 문양

등으로 보아 조선시대 전기인 15세기 경에 건립된 석탑으로 추정된다.[26]

III. 特性

1. 分布

경기도에는 상당히 많은 석탑이 건립되었을 것으로 추정되는데, 현재 23기의 석탑이 문화재로 지정되어 있다. 먼저 이들의 분포상황을 파악하기 위하여 시·군별로 정리해 보면 다음과 같다.

〈표-1〉 경기도 석탑 분포 현황

석탑명	소재지	시대	지정번호
가평 하판리삼층석탑	가평군	고려	문화재자료 제17호
현등사삼층석탑	가평군	고려	유형문화재 제63호
강화 하점면오층석탑	강화군	고려	보물 제10호
과천 문원동삼층석탑	과천시	고려	문화재자료 제39호
연주암삼층석탑	과천시	고려	유형문화재 제104호
수종사오층석탑	남양주군	조선전기	유형문화재 제22호
청룡사삼층석탑	안성시	고려	문화재자료 제59호
안성 도기동삼층석탑	안성시	고려	문화재자료 제76호
안성 죽산리오층석탑	안성시	고려	보물 제435호
신창리삼층석탑	안성시	고려	유형문화재 제130호
안성 죽산리삼층석탑	안성시	고려	유형문화재 제78호
청원사칠층석탑	안성시	조선전기	유형문화재 제116호
삼막사삼층석탑	안양시	고려	유형문화재 제112호
양평 용천리삼층석탑	양평군	고려	문화재자료 제21호
여주 창리삼층석탑	여주군	고려	보물 제91호
여주 하리삼층석탑	여주군	고려	보물 제92호
신륵사다층석탑	여주군	조선	보물 제225호
신륵사다층전탑	여주군	고려	보물 제226호
용인 어비리삼층석탑	용인시	통일신라	문화재자료 제43호
용인 공세리오층석탑	용인시	고려	문화재자료 제42호
이천 중리삼층석탑	이천시	고려	유형문화재 제106호
광주 춘궁리오층석탑	하남시	고려	보물 제12호
광주 춘궁리삼층석탑	하남시	고려	보물 제13호

26 주 24의 책 p.450.

위의 표를 보면 23기의 석탑은 도내 11개 市·郡에 산재해 있음을 알 수 있다.[27] 그런데 이들 석탑이 건립된 지역을 볼 때 한강이북은 가평·강화·과천·남양주의 4개 시·군에는 5기에 불과한데 반해 나머지 18기의 석탑은 한강 이남의 6개 지역에 분포되어 있음을 알 수 있다. 이 같은 지역적 분포는 현재의 행정구역이 석탑이 건립될 당시의 그것과 다르다고 할 지언정 한강 을 기점으로 구분해 볼 때 확연히 구분되는 것을 알 수 있다.

필자는 경기도 포천지역을 중심으로 수 차례에 걸쳐 불교유적에 대한 조사를 진행한 바 있는 데, 이곳에서도 상당수의 寺址가 확인되었다.[28] 그러나 완전한 형태의 석탑은 찾을 수 없었고, 다만 일부 사지에서 석탑이 있었음을 알려주는 부재만 찾을 수 있었다. 이같은 사실은 한강 이 북지역에 건립된 대부분의 사찰에서도 석탑이 존재했음을 알 수 있는 한 근거를 제시하고 있다 고 하겠다. 따라서 위의 표에서 보듯이 한강을 중심으로 북쪽 지역에서의 석탑이 남쪽보다 숫 적으로 적은 이유는 이들 지역의 대부분이 6.25전쟁시 모두 격전장이었고, 현재에도 군사지역 이라는 점을 고려할 때 전쟁으로 인해 모두 파괴되었기 때문이라고 추정된다.

아울러 한강 이남의 분포면에 있어서도 안성군이 6기, 여주군이 4기로 절대다수를 차지하고 있음을 알 수 있다. 그런데 안성시는 6기가 모두 각각의 사찰 혹은 사지에 건립되어 있음에 비 해, 여주군은 4기 모두가 신륵사 한 곳에만 집중되는 현상을 보이고 있다. 따라서 경기도내에서 가장 많은 석탑을 건립한 지역은 안성시라 할 수 있는데,[29] 이같은 현상은 안성이 지닌 역사적 사실과 무관하지 않을 것으로 생각된다.[30]

2. 樣式

경기도 지방의 석탑이 지닌 분포상의 문제와 더불어 생각해야 할 또 하나의 문제는 이들이 지닌 양식이 어떠한 특성과 성격을 갖는가 라는 것이다. 이에 대한 고찰은 경기도 지방의 석탑

....

27 북한지역에 있는 석탑과 그곳에서 옮겨온 남계원사지칠층석탑, 경천사지십층석탑, 이천시에서 옮겨온 안흥사지삼층석탑, 서울시에 속한 경천사지 및 원각사지 십층석탑은 제외하였음을 밝힌다.

28 朴慶植, 「京畿道 抱川郡의 佛敎遺蹟에 關한 考察」, 『文化史學』 6·7 합집, 韓國文化史學會, 1997, pp.501-540.

29 이같이 안성에서 석탑이 집중적으로 건립되는 현상은 석불에서도 같은 양상을 보이고 있다. 필자가 파악 한 경기도내의 지정된 석불 29기 중 안성과 이천에 각각 6기씩 분포하고 있다. 朴慶植, 주 1과 같음.

30 필자는 현재 안성시의 문화유적에 대한 지표조사를 진행하고 있다. 그런데 안성의 불교유적에 대한 역사 적인 해석은 비단 석탑에 국한된 일 만은 아니라 생각한다. 왜냐하면 경기도의 다른 지역에 비해 유난히 불교조형물이 많고, 이들은 비교적 안성시 전역에 골고루 분포되어 있기 때문이다. 아울러 현재 진행중 인 망이산성과 봉업사지에 대한 발굴조사 역시 이 문제를 해결할 수 있는 실마리를 제공해 줄 수 있을 것 으로 생각된다. 따라서 안성시의 불교유적이 지닌 역사적인 해석에 대해서는 후일을 기약한다.

이 지역적으로는 어떠한 특성을 갖고, 우리나라 석탑의 발달사상에서 이들이 차지하는 위치와 비중을 가늠할 수 있는 척도라 생각한다.

경기도 지방의 석탑을 특성을 생각함에 있어 가장 먼저 주목되는 점은 통일신라에서 고려·조선시대에 이르기까지 각 시대의 석탑이 모두 건립되고 있다. 먼저 통일신라시대의 석탑은 용인 어비리삼층석탑 1기에 국한되고 있다. 이 석탑의 건립시기는 여러 가지 정황으로 보아 9세기 후반에 건립된 것으로 추정된다. 현재까지 확인된 9세기의 석탑은 경상북도 56기, 경상남도 18기, 전라북도 3기, 전라남도 16기, 경기도 1기, 강원도 11기, 충청북도 6기, 충청남도 5기 등 모두 116기인 바, 이 중 경기도에서는 1기만이 확인되고 있다.[31] 따라서 9세기에 이르러 본격적으로 진행된 석탑건립의 전국화 현상에 있어 경기도 또한 예외 지역이 아니었음을 입증하고 있음은 물론, 지속적인 자료의 색출이 이루어진다면 이 시기의 석탑 또한 더 찾아질 수 있는 개연성은 충분한 것으로 생각한다.

경기도에 건립된 석탑중에서 고려시대의 석탑은 절대다수를 점하고 있다. 이같은 현상은 우선 수도가 가까운 거리에 위치하고 있고, 개경에 法王寺·王輪寺·慈雲寺·內帝釋寺·舍那寺·天禪寺·新興寺·文殊寺·圓通寺·地藏寺 등 10대 사찰이 창건되었다던지, 도성내에 70구의 佛寺가 있었다는 사실과 무관하지 않았다.[32] 즉, 개경에서의 활발한 불사가 주변지역으로 확산된 결과에서 비롯된 것으로 생각된다.

조선시대에 이르러서도 4기의 석탑이 건립되어 있다. 현재까지 확인된 조선시대의 석탑으로는 앞서 열거한 4기 외에 회룡사오층석탑, 원각사지십층석탑, 묘적사팔각다층석탑, 용주사 천보루 앞 오층석탑, 낙산사칠층석탑, 벽송사삼층석탑, 산청 대원사팔층석탑, 청주 보살사오층석탑, 함평 용천사삼층석탑 등이 있다.[33] 결국 전국에 산재한 13기의 조선시대 석탑중 8기가 경기도 지역에 건립되어 있음을 알 수 있다. 이같은 사실은 수도인 한양이 가까이 있다는 지리적인 면 이외에도 조선왕조가 표면상으로는 崇儒排佛을 국시로 삼았지만, 실제로는 왕실과 민간에서 불교가 숭앙되었음을 반증하는 일례라 생각된다.

경기도의 석탑은 지정된 23기중 통일신라시대의 것 1기, 조선시대의 것 4기를 제외한 18기가 고려시대에 건립되고 있다. 흔히 고려시대의 석탑은 독자적인 양식을 보이는 것과, 지방적인 특성이 가미된 것 등 실로 다양한 형식의 석탑이 건립되고 있다. 여기서 지방적인 특성이란

31 朴慶植, 『統一新羅石造美術研究』, 學研文化社, 1994. 및 「8·9世紀 石塔의 比較 研究」, 『東洋學』 27輯, 檀國大東洋學研究所, 1997, pp.137-154.

32 『高麗史』 世家 卷 1, 太祖 2年 3月條.

33 주 19와 같음.

고구려, 백제, 신라의 옛 영토내에서 건립되는 석탑으로 3국시대에 확립된 각국의 석탑양식을 계승한 一群의 탑을 지칭하는 것이다.

그런데 경기도내의 석탑에서는 흔히 신라계석탑으로 분류될 수 있는 廣州春宮里五層石塔, 廣州春宮里三層石塔, 利川中里三層石塔, 新昌里三層石塔 등이 주목되는 반면, 백제계 석탑으로 분류될 수 있는 석탑은 1기도 찾아볼 수 없었다. 이같은 현상은 태조 왕건이 궁예의 부장으로 있을 때부터 신라에 대해서는 우대정책을 폈고, 이는 그가 태조로 등극했을 때에도 마찬가지였다. 뿐만 아니라 고려전기의 대표적인 문벌귀족의 현황을 볼 때 경주 김씨의 진출이 두드러졌던 점과 무관하지 않았을 것으로 생각된다.[34] 즉, 고려의 친신라정책과 그들이 수용했던 신라의 문화적 기반, 그리고 중앙에 진출했던 옛 신라세력에 의해 개성과 인접지역에 신라계석탑의 건립이 촉진되었던 것으로 생각한다.[35] 반면 후백제지역은 고려전기의 문벌귀족으로 진출한 전체 토성수 151貫 가운데 31姓貫으로 전체의 20%를 점유하고 있다. 그러나 長興任氏와 南平文氏 세력을 제외하면 무신란을 전후하여 모두 몰락하고 있어[36] 백제계석탑이 1기도 검출되지 않는 단서를 제공하는 것으로 생각한다. 결국 후백제의 세력은 신라에 비해 高麗全期를 통해 그들의 문화를 경기도 지역에 이식시키지 못했음을 알 수 있는데, 현존 하는 백제계석탑은 충청도와 전라도 지역에 국한되어 나타나는 현상이 바로 이를 증명하고 있다 하겠다. 결국 왕건의 후삼국통일과정에서 후백제와의 치열한 전투나 훈요십조를 통해 알 수 있듯이 이 지역에 대한 고려의 정치·문화적 반감이 이같은 현상을 초래한 것으로 생각된다.

이처럼 앞 시대 석탑의 전통이 부활·소멸하는 가운데 고려시대 나름대로의 특성을 지닌 석탑은 활발히 건립되었다. 경기도내에 분포된 고려시대의 석탑은 이 시기의 석탑에서 검출되는 모든 양식이 수용되어진 특성을 보이고 있다고 하겠다. 즉, 높직한 단층기단, 초층탑신 받침에서 보이는 다양한 수법, 옥개석에서의 특징적인 변화, 탑재의 단일화 등 여러 곳에서 정형화된 고려시대 석탑의 특성을 내포하고 있다. 이같은 양식상의 특징은 경기도에 소재한 고려시대의 석탑에 국한된 현상이 아닌 전국적인 것이라 볼 수 있다. 그러나 전국에 산재한 고려시대의 석탑에서 보이는 모든 양식이 이곳의 석탑에서 검출되고 있다는 점에서 도내 석탑이 지닌 특성을 대변해 주고 있다고 하겠다. 이같은 현상은 고려시대의 수도였던 개성이 같은 도내에 위치하고 있어 타지역의 문화적 영향이 배제된데다가 개성을 중심으로 고려 나름대로의 독자적인

---

34 李樹健, 「표 5-7. 高麗前期 代表的인 門閥貴族」參照, 『韓國中世社會史研究』, 一潮閣, 1985, p.238.

35 이같은 신라계 문화의 계승은 석불에 있어서도 안성 죽산리사지석불입상과 현재 칠장사로 이전되어 있는 석불입상에서도 그 예를 볼 수 있어 석탑에 국한된 현상이 아님을 알 수 있다.

36 주 34의 책 p.228 및 p.239.

문화가 형성되었기 때문인 것으로 생각된다. 더욱이 고려시대 초반에 조성된 것으로 추정되는 安城竹山里五層石塔, 安城竹山里三層石塔, 利川中里三層石塔, 楊平龍川里三層石塔 등은 앞 시대의 석탑양식에서 탈피하여 고려만의 양식을 보이고 있음을 볼 때 개성을 떠난 지역의 석탑 건립에 선도적인 역할을 했던 것으로 생각된다. 결국 경기도에 건립된 고려시대 석탑은 양식적인 면에서 이 시기 석탑의 전국적 확산에 주도적인 역할을 수행했음을 알 수 있다고 하겠다. 이처럼 양식적인 측면에서 뿐만 아니라 加平 下板里三層石塔과 神勒寺多層塼塔이 건립된 위치 또한 중요한 의미를 지닌 것으로 생각된다. 왜냐하면 전자의 석탑은 현등사의 地氣를 진압하기 세웠기 때문에 地鎭塔이라는 명칭을 지니고 있고, 후자의 탑은 전탑이라는 특수성외에도 신륵사 경내의 동남편 강가에 위치하고 있어 남한강을 바로 굽어보고 있기 때문인데, 결국 이들 석탑은 다른 석탑과는 달리 가람배치의 규약에 따른 건립이 아니라 다른 목적에 의해 건립되었음을 알 수 있겠다. 이같은 현상은 9세기 전기에서부터 비롯된 것으로 주로 고려시대의 많은 예를 보이고 있다.[37] 이처럼 순수 불교적인 목적외에 다른 이유에서 건립되는 석탑은 고려시대에 이르러 매우 성행하게 되는 바, 이는 당시에 유행하던 풍수도참설에 있을지 모르며 결국은 산천비보의 뜻이 담겨 있는 것으로 보고 있다.[38] 따라서 하판리삼층석탑은 전설 그대로 地氣를 누르기 위해, 신륵사다층전탑은 佛力에 의해 남한강을 오르내리는 뱃길의 안전운행을 기원하고자 건립되었된 것으로 생각한다.[39]

조선시대에 건립된 석탑으로는 표에 제시된 3기를 비롯하여 회룡사오층석탑, 원각사지십층석탑, 묘적사팔각다층석탑, 용주사 천보루 앞 오층석탑, 묘적사팔각다층석탑 등이 현존하고 있다. 앞서 서술한 바와 같이 전국에서 확인된 조선시대의 석탑이 13기에 불과한 현실을 볼 때 과반수 이상이 이 지역에 산재해 있다. 이 역시 조선왕조의 수도였던 한양이 경기도내에 위치하고 있다는 지리적 여건이 석탑의 건립을 촉진시킨 것으로 보인다. 이 중 팔각형석탑의 존재는 우리나라 석탑의 발달사에 있어 많은 시사를 주고 있다. 즉, 이 계통의 석탑은 고려시대에 주로

---

37 주 31과 같음.

38 高麗時代의 石塔中 이같은 목적으로 건립된 석탑은 安東幕谷洞三層石塔, 安東泥川洞三層石塔, 寧國寺望塔峰三層石塔, 洪川陽德院三層石塔, 靈岩 月出山 龍巖寺址三層石塔이 있다. 秦弘燮, 「異形石塔의 一基壇形式의 考察」, 『考古美術』138,139合輯, 韓國美術同人會, 1978, pp.96-109. 및 「異形石塔의 一基壇形式의 考察補」, 『考古美術』146,147合輯, 韓國美術同人會, 1980, pp.25-30. 成春慶, 「靈岩地方의 佛教文化遺蹟」, 『靈岩郡의 文化遺蹟』, 木浦大博物館, 1968, p.203. 木浦大博物館, 『靈巖龍巖寺址』, 1997.

39 이처럼 남한강 水運의 안전을 위한 석탑으로는 중원 탑평리칠층석탑을 들 수 있다. 이 석탑은 발굴조사 결과를 볼 때 사찰과는 무관한 것으로 파악되었고, 기존의 전설이 모두 풍수설과 연관이 있으며, 높은 土壇위에 건립되어 있어 남한강의 수계를 굽어보고 있다. 이같은 여러 가지 상황을 볼 때 당시에 성행했던 풍수사상에 의해 건립된 것으로 추정된 바 있다. 韓國教員大學校 博物館, 『'93中原 塔坪里遺蹟 發掘調査報告書』, 1994.

평안도지방을 중심으로 건립되었음은 주지의 사실이다.[40] 이같은 현상은 백제계석탑에서와 같이 고구려로의 회귀를 추구했던 지역민의 의사가 표출된 현상으로 이해되고 있다. 그런데 경기도내의 고려시대석탑중 백제계석탑을 비롯하여 팔각형의 평면구도를 지닌 석탑은 찾을 수 없었다. 이같은 이유는 고려왕조가 왕도가 가까운 지역에서 문화적인 복고현상을 결코 용납하지 않은데서 기인했던 것으로 보인다. 그러나 비록 2기에 불과하지만 조선시대에 이르러 한강유역을 따라 건립되고 있고, 다른 지역에서는 같은 유례를 찾아 볼 수 없다. 따라서 이들 석탑의 양식적 모델은 평안도지역을 중심으로 전개된 8각다층석탑에 있다기 보다는 남한강 상류에 위치한 월정사8각9층석탑에서 찾아야 할 것으로 생각한다. 뿐만 아니라 조선시대에 건립된 8각다층석탑의 존재는 우리나라 석탑의 발달사에 있어 통일신라시대 이래 건립된 팔각형석탑의 유지와 계승이란 면에서 매우 중요한 의미를 지니고 있다고 하겠다.

이밖에 신륵사다층석탑의 기단에 새겨진 雲龍紋은 당대의 석탑과 문양사 연구에 귀중한 자료로 평가되고 있다. 일반적으로 볼 때 석탑의 기단에는 八部神衆을 비롯한 비천상·안상·사자상등 불교와 연관된 조각이 등장하는 것이 통일신라시대 이래의 전통이다. 그런데 이 석탑에서는 이같은 전통에서 벗어나 구름과 용이라는 조식이 등장하고 있다. 이 조각은 주로 석비에서 귀부와 이수에서 등장했던 것으로 석탑에서 채용됨은 특수한 일례라 생각된다.[41] 특히 운용문은 조각기법에 있어 얼굴과 비늘 그리고 발톱 등의 묘사에 있어 매우 정교하고 세련되었을 뿐만 아니라, 생동감 있는 표현은 구름무늬와 잘 조화를 이루어 뛰어난 作例를 보이고 있다. 그런데 이 시기에 있어 용은 국왕을 상징하는 중요한 문장이었음을 볼 때, 신륵사가 지녔던 寺格의 한 단면을 보여주는 것으로 판단된다. 즉, 신륵사는 나옹화상의 부도와 대장경을 봉안했다는 「神勒寺大藏閣記」등으로 보아 고려시대 말기에 창건된 것으로 추정된다. 이후 조선시대 초기에 英陵의 願刹로 확정되어 1472년(성종 3) 2월부터 10월까지 진행된 중수공사에서 200간의 건물이 완공되었다는 기록을 볼 때[42] 신륵사의 寺勢는 이 때가 최고 전성기였던 것으로 추정된다. 따라서 앞서 서술한 바와같이 신륵사다층석탑은 1472년에 건립된 것으로 추정되는데, 운용문을 비롯한 여러 양식은 영릉의 원찰로서 국가의 보호를 받았던 당시의 시대상황에서 건

---

40 고려시대에 건립된 석탑중 팔각형의 평면구도를 보이는 석탑으로 북한 지역에는 평안남도 大同郡 栗里寺八角五層石塔, 大同郡 廣法寺 八角五層石塔, 평양시 永明寺八角五層石塔, 평안북도 寧邊郡 妙香山 普賢寺八角十三層石塔 등이 있고, 남한에는 月精寺八角九層石塔이 있다. 鄭永鎬, 「在日 高麗石塔 二基」, 『文化史學』創刊號, 韓國文化史研究會, 1996, 및 國立文化財研究所, 『北韓文化財解說集』Ⅰ, 1997. 참조.

41 조선시대의 조형물중 기단은 아니지만, 탑신에 구름과 용을 가득 조각한 예로는 양주 회암사지에 있는 무학대사부도를 들 수 있다.

42 『新增東國輿地勝覽』卷 7, 麗州牧 佛宇條.

립된 것임을 알 수 있다.

IV. 結論

경기도는 한강과 더불어 선사시대는 선진문화를 수용 정착시키는 기항지요, 이곳을 통해 발달된 문화가 동과 남으로 보급되는 전파상의 중요한 거점이었다. 또한 삼국시대에 이르러는 전략적 요충으로서 항시 각국의 각축장이 되었던 곳이다. 왜냐하면 한강을 포함하는 경기도를 점유했던 국가는 반드시 비약적인 성장을 보장받았고, 실제로 그러했기 때문이었다. 나아가 고려왕조의 성립이래 조선시대에 걸쳐 양국의 수도가 모두 이곳에 정착하는 등 역사적 중요성이 부각되었다. 결국 경기도 지역은 고려시대 이후에 이르러 정치·사회적 안정을 구가했던 것으로 보이는 바, 이에 따라 문화 또한 같은 상황으로 전개되었다고 할 수 있겠다.

우리나라의 문화를 논할 때 단연 불교문화가 으뜸을 차지했음은 주지의 사실이다. 이는 불교가 전래된 뒤 천육백여년의 세월이 지났음에도 불구하고 여전히 종교로서의 위치를 굳건히 유지하고 있고, 현존하는 문화재 가운데 불교와 관련이 있는 것이 단연 수위를 차지하고 있음을 보아도 알 수 있다 하겠다. 따라서 경기도에 존재하는 여러 형태의 문화 중 불교문화가 차지하는 비중 또한 클 수밖에 없으니 이 가운데 석탑을 고찰한 것 또한 같은 맥락이라 할 수 있다.

앞에서 살펴본 바와 같이 경기도의 석탑은 비록 지정된 유물에 한정하여 고찰하였지만, 통일신라시대에 정립된 여러 양식을 고려와 조선시대를 거치며 적절히 수용 발전시키고 있었다. 뿐만 아니라 각 시대에 걸맞는 새로운 양식의 창안과 더불어 우리 나라 석탑의 발달사상에 있어 분명한 역할을 수행하고 있음을 알 수 있었다.

앞서 고찰한 내용을 통해 경기도의 석탑이 지닌 특성을 정리해 보면 다음과 같다.

첫째, 경기도의 석탑은 한강을 기점으로 볼 때 남쪽이 숫적으로 우세한 분포를 보이고 있다. 뿐만 아니라 안성시를 중심으로 한 지역에서 가장 활발히 건립되었음을 알 수 있었다.

둘째, 통일신라시대에 조성된 용인 어비리삼층석탑이 9세기 후반에 건립된 것으로 추정됨에 따라 경기도 역시 當代 석탑의 전국적 확산과 건립에 있어 소외된 지역이 아니었음을 알 수 있었다. 아울러 고려시대와 조선시대의 석탑이 연이어 건립되고 있는데, 이중 고려시대의 석탑은 가장 많은 수를 보이고 있다. 특히 이 시기의 석탑에서는 신라계와 고려식석탑만 건립되었을 뿐, 백제계나 팔각다층형의 고구려계석탑의 건립은 없었던 것으로 확인되었다. 이같은 현상은 나말여초의 시대상황에서 기인한 것으로 파악되었다. 뿐만 아니라 조선시대의 석탑은 전국에서 가장 많은 수를 보이고 있는데, 이 역시 수도가 위치하고 있다는 사실과 끊이지 않았던 불교에 대한 숭앙에서 비롯된 것으로 보인다.

셋째, 고려시대의 석탑에서는 같은 시대의 석탑에서 검출되는 모든 양식을 내포하고 있었다. 이는 당시의 수도였던 개성이 위치하고 있어 타지역 문화의 영향을 최소화시키고자 했던 집권층의 의도가 내재된 것으로 보았다. 결국 개성을 중심으로 고려 나름대로의 독자적인 문화를 형성하고자 했던 당시의 상황에서 비롯된 것으로 파악되었다.

넷째, 조선시대의 석탑에 있어서는 팔각다층형석탑의 양식에 주목하였는데, 이들 석탑의 양식적 연원은 월정사팔각구층석탑에 있는 것으로 파악하였다. 나아가 신륵사다층석탑의 재료와 장엄조식은 조선초기에 있어 신륵사가 차지하고 있던 寺格에서 유래한 것으로 보았다.

1999년 1월 15일 오후 5시 51분 탈고.

약 2주간에 걸친 작업이었다. 오랜만에 논문을 쓰니 문장이 잘 되지않는다. 그간 공부를 게을리한 것이 뼈저리게 느껴진다. 발굴도 중요하지만, 본연의 전공에 더욱 노력해야겠다는 생각이 든다. 참 힘들게 완성한 논문이다.

(1998.12 「京畿道의 石塔에 關한 考察」, 『문화사학』 10, 한국문화사학회)

미륵사지석탑의 기술력이 신라 석탑에 미친 영향

Ⅰ. 머리말

미륵사지석탑은 우현 선생에 의해 기왕에 건립되던 목탑을 충실히 재현한 석탑으로 정의된 바 있다.[1] 이같은 면면은 그간 진행된 해체수리 과정에서 그대로 입증되어 한국 목조건축을 충실히 재현한 한국 석탑의 시원양식임이 파악된 바 있다.[2] 뿐만 아니라 중국의 불탑과의 비교를 통해 현존하는 동아시아의 불탑에서도 이같은 양식을 지닌 석탑을 찾을 수 없음도 확인된 바 있다.[3] 이는 미륵사지석탑이 한국은 물론 동아시아 불탑사에서 가히 독보적인 위상을 차지하고 있음을 알려주는 대목이라 할 수 있다. 이같은 최근의 연구 성과에 근거할 때 미륵사지 석탑은 이후 건립되는 한국 석탑 특히 신라 석탑에도 막대한 영향을 끼쳤을 것이라 판단된다.

※ "이 연구는 2014학년도 단국대학교 대학연구비 지원으로 연구되었음."
1 高裕燮,『韓國塔婆의 研究』, 乙酉文化社, 1948, pp.44-45.
2 전라북도,『익산 미륵사지 서탑실측 및 동탑복원설계보고서』, 1979. 문화재관리국 문화재연구소,『미륵사 유적발굴조사보고서Ⅰ』, 1989. 국립부여문화재 연구소,『익산 미륵사지 동탑지: 기단 및 하부조사 보고서』, 1992. 문화재관리국 문화재연구소,『미륵사 유적발굴조사보고서Ⅱ』, 1996. 국립부여문화재 연구소,『미륵사지 서탑-주변발굴조사 보고서』, 2001.미륵사지유물전시관,『미륵사지 석탑』, 2001 및『기록으로 보는 미륵사』, 2004. 국립문화재연구소 · 전라북도미륵사지석탑 해체조사보고서Ⅰ · Ⅱ · Ⅲ · Ⅳ』, 2003 · 2004 · 2005 · 2011.
3 林永培 · 千得琰 · 朴益秀,「韓國과 中國의 塔婆形式에 관한 研究(Ⅱ)-初期塔婆의 類型을 중심으로」,『대한건축학회논문집』통권 44호, 1992. 朴慶植,「彌勒寺址 石塔과 隋 · 唐代 亭閣型佛塔과의 比較」,『백산학보』제92호, 2012.

신라석탑은 시원기→전형기→정형기를 거치며 발전했다는 양식 발전의 단계 설정은 우현 선생의 치밀한 연구에 의해 대부분 정립되어,[4] 이 방면 연구자들에 의해 계승되었다. 그럼에도 불구하고 미륵사지석탑에서 구축된 제반 양식과 신라 석탑과의 비교 연구는 활발히 진행되지 못한 것이 현실이다.[5] 그렇지만, 근년에 이르러 신라 석탑에 대한 해체와 보수가 진행되면서 내·외부 구조에 대한 속성들이 확인되었고, 상당한 양의 도면이 작성되어 이를 통해 미륵사지 석탑과의 비교 연구가 가능하게 되었다.[6] 이와 더불어 신라 석탑의 구조에 대한 연구 역시 진전을 보이고 있다.[7] 이같은 정황을 보면 신라 석탑의 양식 발전에 따른 기술사적인 문제는 보다 구체적으로 연구될 수 있는 기본적인 자료가 축적된 것으로 판단된다.

본고에서는 미륵사지 석탑에서 확인되는 다양한 기술적인 측면이 신라 석탑에 어떠한 영향을 미쳤는지에 대해 기왕의 연구 성과와 국립문화재연구소에서 작성된 실측도면을 통해 다음과 같은 관점에서 고찰하고자 한다.

첫째, 미륵사지 석탑에서 확인되는 기술적인 특성을 살펴보고

둘째, 신라 석탑에서 확인되는 구조와 부재의 결구 및 치석방식, 이중기단의 문제 등에 대해 미륵사지 석탑과의 연관성을 파악하고자 한다.

II. 미륵사지석탑의 기술적 특성(사진-1)

최근 진행된 미륵사지석탑의 해체 결과를 보면 다양한 특성들이 파악된다. 이는 건탑에 사용된 총체적인 기술력은 물론 기단부로부터 탑신에 이르기까지 사용된 석재의 이음 및 결구 방식 등에 이르기 까지 다양한 면에서 특정할 수 있다. 이 석탑에서 사용된 당양한 기술과 양식은 고

---

4 高裕燮, 1948, 앞의 책, 제 3장 「石造塔婆」 참조.

5 金正基, 「典型樣式의 石塔과 彌勒寺址 石塔」, 『馬韓·百濟文化』 創刊號, 圓光大學校 馬韓·百濟文化研究所, 1975.

6 경주시·(재)계림문화재연구원, 『경주 감은사지 동삼층석탑 해체수리보고서』, 2011. 국립문화재연구소, 『경상북도의 석탑』 I ~Ⅷ, 2007~2014, 『전라북도의 석탑』, 2004, 『전라남도의 석탑』 I ~Ⅲ, 2005~2006. 경주시·(재)계림문화재연구원, 『경주 나원리 오층석탑 해체수리보고서』, 2011. 국립문화재연구소·경주시, 『불국사 다보탑 수리보고서』, 2011.

7 정해두·장석하, 「석탑 기단부 적심구성방법에 대한 특성 고찰: 7~8세기 석탑 중 해체 수리한 석탑을 중심으로」, 『건축역사연구』 제16권 5호, 2007. 남시진, 「감은사지 삼층석탑 구조」, 『건축역사연구』 통권58호, 건축역사학회, 2008. 홍대한, 「한국 석탑의 기단과 기단부 축조방식 고찰-신라와 고려석탑의 기초부 축조방식과 목탑의 영향을 중심으로」, 『불교미술사학』 12집, 불교미술사학회, 2011.

려시대에 건립된 백제계 석탑에서 확인되고 있지만,[8] 본 장에서는 신라 석탑과 연관될 수 있는 부분에 한정해 고찰하고자 한다. 먼저 미륵사지석탑에서 확인되는 구조적인 특성 중 주목되는 부분을 정리해 보면 다음과 같다.[9]

1. 이원구조체의 도입

중국을 포함한 7세기에 이르기까지의 불탑은 조석식과 가구식으로 볼 수 있는데, 이 두 개념이 모두 포함된 이원구조체와 이들 중 하나의 기능이 최적화되어 표현된 일원구조체계로 구분된다.[10] 이같은 관점에서 본다면 미륵사지 석탑은 조적식과 가구식이 포괄적으로 적용된 이원구조체로 건립되었다.[11] 가구식으로 축조된 석탑의 외벽은 판축된 지반, 심주, 기둥, 면석, 창방과 평방, 옥개석을 구성하는 부재들에 이르기까지 모든 구성 요인들이 상호 상승작용을 일으키며 외벽체에서 발생하는 하중을 분산하고 있음을 알 수 있다.[12] 이에 반해 내부는 수많은 석재를 사용해 조적식으로 구축했는데, 이는 중국에서 목탑에 적용된 다양한 유형의 실심체와는 완전히 다른 구조체이다.[13] 미륵사지 석탑에서 각 층은 모두 내부에 조적식으로 구축된 적심구조를 지니고 있는데, 가장 주목되는 부분은 1층 탑신의 내부에 구축된 ✚자형의 통로의 4벽체를 구성하는 방형의 구조체이다. 즉, 십자형 통로를 중심으로 4면에 적심체가 구축되었는데, 각 적심체의 입면은 대체로 3단 3열로 구성되어 있다. 통로 쪽은 비교적 큰 석재를 2단을 축조하고, 통로의 내부 쪽만 치석하고 나머지 면은 자연석을 적당히 가공해 축조했다. 입구 쪽을 제외한 나머지 면은 3-4단으로 조성했는데, 3열의 석재 중 좌·우의 석단은 대형의 석재가 사용되었다. 이같은 상황을 보면 통로를 중심으로 네 곳에 구축된 적심체는 각각 독립적인 구조체로 판단되는데, 이는 통로의 상면에 놓였던 평천장과 내부에 충적된 적심석 등과 상호 유기적

---

8 천득염, 『백제계석탑 연구』, 전남대학교 출판부, 2003.

9 이 부분은 기 발표한 朴慶植, 「彌勒寺址 石塔과 隋·唐代 亭閣型佛塔과의 比較」, 『백산학보』 제92호, 2012의 내용에서 발췌한 것임을 밝힌다.

10 조은경·박언곤, 「고대 동아시아 불탑 구조체계로 본 미륵사지 석탑」, 『건축역사연구』78호, 한국건축역사학회, 2011, p.7.

11 朴慶植, 「미륵사지석탑과 분황사모전석탑의 비교 고찰」, 『백산학보』 제98호, 2014, p.30.

12 박경식, 2014, 위의 글, p.36.

13 물론 중국의 초기 불탑인 영녕사 목탑, 방산 사원사 탑지, 조팽성 불사 탑지에서는 불탑의 내부를 지탱해 주던 실심체가 확인된 바 있어 이들 역시 이원적 구조체계를 지닌 것으로 판단된다. 그렇지만, 영녕사 목탑은 흙과 나무로, 방산 사원사 탑지는 현무암과 삼합토층, 조팽성 불사탑지에서는 항토층과 난석층으로 구축된 것으로 보고 있다. 조은경, 「미륵사지 서탑의 목구조 표현과 해석」, 『대한건축학회 논문집』 통권 제255호, 2010, p.193.

인 영향을 주고받았던 것으로 판단된다.[14] 이처럼 미륵사지 석탑에서 확인되는 순수 석재만으로 구축된 내부 구조체는 동아시아 불탑에서 최초로 시도된 조적식 구조로 판단된다.[15] 이와 더불어 1층 탑신의 중앙으로부터 4층까지 연결된 모두 17개의 석재로 연결된 심주석은 구조적으로 적심에서 독립된 형식이었다.[16] 더욱이 가장 상면에서 확인된 부재에 직경 351-384mm, 깊이 95mm의 홈이 있어 찰주공으로 추정되고 있다.[17] 따라서 이 석탑에서 확인되는 심주석은 목조건축과는 달리 찰주를 받기위한 구조체로 판단된다. 이같은 해체조사 결과를 볼 때 미륵사지 석탑은 외벽과 내부 및 찰주의 하중 전달체계가 각각 독립적인 이원구조를 지니고 있음을 알 수 있다. 이는 목재에서 석재로 변환되는 과정에서 하중의 분산을 심사숙고했던 당시 조탑공들의 지혜의 발로이자, 백제 건축 기술의 정수라 생각된다.[18]

2. 석재의 결구 및 치석 방식

둘째, 미륵사지 석탑에서 구현된 제반 양식은 목조건축에 기반을 있고 있음은 많은 연구자들에 의해 익히 규명된 바 있다. 이를 종합해 보면 石造로 翻案하는 과정에서 間의 나눔, 계단, 민흘림, 안쏠림, 平枋과 唱枋, 門扉, 撑柱, 옥개석의 反轉등으로 집약된다.[19] 이와 더불어 석재 이음방식에서도 나비장이음기법과 같은 목조 건축 기법이 응용되었다. 이 중 가장 주목되는 부분은 석재를 조립하는 방법에 있어 I자형 은장과 鐵塊를 비롯해 T자형 홈을 만들었다는 점이다.[20] 뿐만 아니라 우주가 놓이는 초석의 상면에 기둥의 바닥 너비만큼의 홈을 파서 서로 꼽히

---

14 이에 대해 목조건축의 사천주와 같은 역할을 했을 것으로 보는 견해가 있다. 국립문화재연구소 · 전라북도, 2011, 앞 책, p.188.

15 만약 앞서 건립된 중국 목탑의 실심체와 같이 미륵사지 석탑에서 적용되었다면, 이 석탑의 기단부가 받아야할 할 탑신부의 무게가 1,883톤인 점에서 그러하다는 것이다. 따라서 미륵사지 석탑의 건립을 주도했던 백제의 장인들은 중국에서 시행된 다양한 실심체 수법을 그대로 적용한 것이 아니라 석재만으로 변화시켜 석탑에 적용한 것으로 판단된다.

16 국립문화재연구소 · 전라북도, 2011, 앞의 책, p.188.

17 국립문화재연구소 · 전라북도, 2011, 위의 책, 표3-17.석탑에서 수습한 심주석 현황 참조.

18 이에 대해"미륵사지석탑은 석재라는 재료를 사용하였기 때문에 외부에 구성되는 층수와 높이만큼 내부 구조체를 형성할 수 있었다는 점에서 재료의 전환을 통한 구조체계의 실현이 가능하였다고 판단된다. 이러한 구조체계는 절대높이 내에서 가능한 한 다층, 즉 9층이라는 층수를 표현하기 위해 선택되었으며 이러한 층수의 표현은 미륵사지 중원 탑보다는 전체 높이가 낮아짐에도 불구하고 동일한 층수를 표현하기 위한 조영 의식이 반영된 것으로 판단된다."는 견해도 발표된 바 있다. 조은경 · 박언곤, 2011, 앞의 글, 26쪽.

19 千得琰, 2003, 위의 책, p.170.

20 文化財管理局, 『彌勒寺址東塔復元設計報告書』, 1990, p.81 및 p.187 ED-10받침석, p.189 ED-14받침석, ED-16 p.190 받침석에서 확인된다.

도록 한 것과, 기단 면석의 조립에서 기둥과 맞닿은 면에 턱이 진 홈을 파서 각 판석이 서로 물리도록 한 방식이 채용되고 있다. 더불어 문을 구성하는 수직부재와 횡부재의 결구에는 전자의 상면에 L자형의 턱을 조성해 석재를 놓았다. 이같은 석재의 결구방법은 각각 별개의 석재로 구성된 탑신부에서 석재의 이탈을 방지함과 동시에 인장력을 배가시키기 위한 방식으로 판단된다. 이와 더불어 면석 및 옥개석을 이루는 부재는 정면과 배면의 치석수법이 다름은 물론 일정한 규격으로 치석하지 않고 있다. 먼저 기단과 탑신으로 사용된 면석을 보면 정면은 고운 정다듬 수법으로 가공했지만, 배면은 부정형의 양상을 보이고 있다. 따라서 이들 부재를 상면에서 보면 전체적으로 일정한 규격을 이루고 있는 것이 아니라 양 끝의 너비에 비해 중단부가 넓게 조성되었다. 이는 상면의 부재에서 누르는 하중을 받기에 충분한 구조를 이루고 있어 이원구조체를 유지하는 중요한 역할을 하고 있다. 더불어 옥개석에서도 낙수면을 구성하는 부재는 뒷뿌리를 길게 조성해 내부에 놓이는 석재들과 물리도록 구축되었다는 점이다. 이처럼 옥개석에서 뒷뿌리를 길게 치석한 석재를 사용함에 따라 낙수면에 놓이는 탑신석이 안정적인 구조를 이룸과 동시에 옥개석을 구성하는 판석형의 부재가 낙하되는 것을 방지하는 역할을 한 것으로 판단된다. 따라서 옥개석의 뒷뿌리는 내부에 충적된 석재와 서로 맞물려 인장력을 높이는 결과를 가져온 것으로 생각된다.[21] 이같은 정황을 보면 미륵사지 석탑의 건립에는 목조건축의 기술력 뿐만 아니라 석성의 축조 방법 등 이제껏 구축된 목조건축과 석조건축의 기술력이 모두 동원된 것임을 알 수 있다.[22]

3. 이중기단의 구축

미륵사지 석탑은 당초 단층기단으로 알려져 왔지만, 서탑의 주변과 기단부에 대한 발굴조사를 통해 2층 기단임이 확인되었다.[23] 석탑의 기단은 하층기단 면석과 갑석[24] 그리고 상층기단 면석과 갑석으로 구성되었는데, 상층기단의 갑석은 모두 결실된 상태이다.[25] 이와 더불어 사방

---

21 박경식, 2012, p.156. 이같은 기법은 석성 축조 시 면석과 면석의 사이에 길이가 긴 心石을 박음으로써 뒷채움석과 면석이 서로 맞물리도록 한 방법과 동일한 의도라 생각된다.
22 박경식, 2012, 앞의 글, pp.152-153.
23 국립부여문화재연구소, 『미륵사지 서탑-주변발굴조사 보고서』, 2001 및 국립문화재연구소·전라북도, 『미륵사지 석탑-기단부 발굴조사 보고서』, 2012.
24 현존하는 석재의 측면 길이는 860mm-890mm 내외로 일정한 편이나 정면 폭은 555mm-915mm로 차이가 크다. 반면 두께는 125mm 내외로 큰 차이가 없다. 국립문화재연구소·전라북도, 2011, 위의 책, p.145.
25 상면에 놓였을 갑석은 단 한 점도 확인되지 않고 있지만, 목조건물에서와 같이 우수가 기단 바깥쪽으로 떨어지게 설계되었다는 전제 하에 880mm이상 1m 미만으로 범위를 좁혀 볼 수 있다. 국립문화재연구

에 출입을 위한 계단 시설이 있었음이 확인되었다. 뿐만 아니라 상층기단의 남동쪽 모서리에는 별석으로 조성한 우주가 놓여있다. 더불어 상층기단의 면석은 비교적 완전한 양식을 보이고 있는데, 각 면마다 9-10여 매의 판석형 석재를 사용해 조성했다. 면석의 정면은 정다듬을 해 매우 정교하게 치석했지만, 후면은 혹두기다듬 정도로 거칠게 치석했으며, 특히 뿌리 부분을 두텁고 길게 조성했다. 한편, 발굴조사 보고서에서는 하층기단 면석을 지대석으로 판단하고 있다.[26] 하지만, 석재가 직립방향으로 구축되어 있고, 지대석이 아닌 판축된 지면에 직접 놓였다는 점에서 면석으로 보는 것이 타당할 것으로 판단된다. 이같은 정황을 보면 신라 전형기 석탑의 기단과는 다른 양상을 보이고 있는데, 초기적인 이중기단으로 정의된 바 있다.[27] 이상과 같은 내용을 종합해 보면 미륵사지 석탑의 기단은 2층으로 구축되었고, 중앙에는 계단을 설치해 초층 탑신에 개설된 문으로 오르내릴 수 있는 구조임이 파악된다. 더불어 하층 기단의 구조는 물론 면석과 갑석에 많은 양의 석재가 사용되었고, 탱주가 생략된 점에서는 전형적인 2중기단과는 다른 일면을 보이고 있다.[28]

미륵사지석탑 기단부

미륵사지석탑 기단부(해체후)

1층탑신 남면 내부 적심

기단면석 조립 상황

상층기단 면석 배면 치석

옥개석 뒷뿌리 치석 상황

사진-1. 미륵사지 석탑에 구현된 다양한 기술력

소 · 전라북도, 2011, 위의 책, p.146.

26 국립문화재연구소 · 전라북도, 2012, 『미륵사지 석탑-기단부 발굴조사 보고서』.

27 천득염, 2003, 위의 책, p.40.

28 박경식, 2014, 위의 글, p.15.

Ⅲ. 이원 구조체의 전승

신라 석탑은 시원양식으로부터 전형 및 정형기를 거치며 발전했음은 잘 알려진 사실이다. 이 중 시원양식 석탑 중 분황사 모전석탑은 양식적인 면에서나 구조적인 면에서 미륵사지 석탑과 는 상호 연관성이 없는 독특한 양식임을 규명한 바 있다.[29] 그렇지만, 시원기로 분류된 탑리오 층석탑으로부터 전형 및 정형기를 거치며 발전을 이룩한 신라 석탑은 8세기에 이르러 불국사 삼층석탑에서 양식적인 완성을 이룩하게 된다. 이같은 양식 발전의 이면에는 기술적인 측면에 서도 궤를 함께 하고 있다는 사실을 반증하는 것으로 생각된다. 다시 말해, 불교의 발전과 이에 상응하는 석탑 양식의 정립은 바로 건탑 기술이 뒷받침되었을 때 비로소 절정에 이를 수 있음 을 의미하는 것으로 이해된다. 탑리 오층석탑의 건립에서 불국사 삼층석탑으로 이어지는 양식 의 계보가 완성되는 동안 조탑공들에게 주어진 과제는 바로 목조건축양식에 충실하면서도 최 소의 시간과 경비로 증가하는 사찰의 석탑 수요에 부응하는 것이라 생각된다. 이에 따라 시간 이 흐를수록 석탑에 사용된 석재의 수가 감소하는 추세를 보이고 있다. 필자는 이같은 측면에 착안해 전형기에서 정형기에 이르는 동안 사용된 석재의 수가 82매(Ⅰ群) → 30매 내외(Ⅱ群) → 22매(Ⅲ群) 내외의 3그룹으로 구분되고, 이러한 감소 추세를 신라 건탑 기술의 발전적인 측 면으로 구명한 바 있다.[30] 이후 미륵사지 석탑이 해체되었고, 이어 감은사지 동삼층석탑과 나 원리오층석탑을 비롯한 여러 신라 석탑들이 해체·수리되었다. 더불어 앞서 언급한 바와 같이 국립 문화재 연구소에 의해 많은 석탑들에 대한 실측도면이 완성되어 과거보다는 좀 더 풍부한 자료를 토대로 보다 진전된 측면에서 신라 석탑의 기술사적 발전에 대해 연구할 수 있는 발판 이 구축되었다.[31] 이같은 성과를 바탕으로 볼 때 가장 주목되는 것은 신라석탑에서도 미륵사지 석탑에서 적용된 가구식과 조적식이 혼합된 이원구조체가 그대로 적용되었다는 점이다. 이같 은 기술은 거대한 탑을 석재로 건립할 때 필연적으로 대두될 하중의 분산이라는 측면에서 가장 적절한 공법이었다. 이로 인해 신라 석탑 역시 미륵사지 석탑에서처럼 내·외부에서 발생하는 하중의 문제를 말끔히 해결함과 동시에 시각적으로는 웅장하면서도 미려한 석조건축물을 완성 했다. 이처럼 백제 미륵사지 석탑에서 시작된 이원구조체의 방식은 시원기로부터 정형기에 이

---

29 박경식, 2014, 앞의 글.

30 박경식, 「신라 典型·定形期 석탑의 비교」, 『문화사학』22호, 한국문화사학회, 2004, p.123.

31 해체된 신라 석탑을 통해 가장 먼저 기술사적인 면에서 주목한 연구는 정해두·장석하, 「석탑 기단부 적 심 구성방법에 대한 특성 고찰-7~8세기 석탑 중 해체 수리한 석탑을 중심으로」, 『건축역사연구』통권 54호, 한국건축역사학회, 2007, pp.55-65. 남시진, 「감은사지 삼층석탑 석탑 구조에 관한 연구」, 『건축 역사연구』통권 58호, 한국건축역사학회, 2008, pp.7-21이 있다.

르기까지 건립된 신라 석탑에 그대로 전승되고 있다.

1. 시원 및 전형기 석탑

미륵사지석탑의 이원구조체는 신라 시원기 석탑인 탑리오층석탑에서 계승되었고, 이어 전형기에 건립된 감은사지 동·서삼층석탑과 고선사지 삼층석탑에서도 그대로 적용되었다. 먼저 이들 3기 석탑의 규모를 정리해 보면 다음과 같다(도면-1 및 사진-2).

표-1. 신라 시원 및 전형기 석탑 제원표(단위:mm)[32]

석탑명	기단부 높이(A)	탑신부 높이(B)	A+B	사용 석재
의성 탑리오층석탑	1,129	8,507	9.636	
감은사지 동삼층석탑	2,600	6,900	9.500	82매
감은사지 서삼층석탑	2,600	6,900	9.500	82매
고선사지 삼층석탑	2,496	7,306	9.802	84매[33]

위의 표를 보면 단층기단으로 조성된 탑리 오층석탑을 제외하면 기단부의 높이가 2.5m 이상이고, 탑신부 역시 7~8m에 달하는 규모를 지니고 있다. 석탑의 전체 높이 역시 상륜부를 제외해도 10m에 육박하고 있어 비록 미륵사지 석탑의 잔존 높이인 14.24m에는 미치지 못하지만, 기단부의 규모가 축소된 점을 감안해 볼 때 석탑의 높이는 상당한 규모임을 알 수 있다. 더욱이 건탑에 80여장의 석재가 사용되었음을 볼 때 초기 석탑의 양상인 목조건축의 재현에 충실했음이 파악된다. 그렇지만, 높이 10m에 이르는 석탑의 건립에 많은 수의 석재가 사용된 측면은 건탑의 기술력이 아직 완성 단계에 접어들지 못했음을 노정하는 대목이기도 하다. 이같은 면을 보면 당시 조탑공들에게 있어서도 미륵사지 석탑을 건립했던 백제의 경우처럼 상부로부터 전달되는 하중을 분산시키는 문제가 선결과제였을 것으로 생각된다. 이런 까닭에 신라의 조탑공들은 문제 해결의 단서를 자연스럽게 미륵사지 석탑에서 찾았을 것으로 보인다.[34] 실제로 상기

---

32 국립문화재연구소, 『경상북도의 석탑』 I 및 IV, 2007 및 2012 참조.

33 감은사지 동·서삼층석탑과 고선사지 삼층석탑에서 사용된 석재의 수는 전자의 석탑을 기준으로 볼 때 모두 82매가 사용되었다. 고선사지 삼층석탑의 부재수가 84매로 기록한 것은 복발과 앙화석을 포함한 수치임을 밝힌다.

34 미륵사지석탑(639년)과 감은사지 동·서삼층석탑(682년)이 건립된 7세기경 중국에서는 이같은 규모의 석탑이 건립되지 않고 있다. 뿐만 아니라 탑리 오층석탑과 감은사지 삼층석탑의 건탑이 삼국 통일을 전후한 시기라는 점을 감안해 볼 때 이들 석탑의 건립에 백제 조탑공과의 합작이 이루어졌을 가능성 또한 배제할 수 없다. 이같은 견해는 한정호 선생에 의해 제기된 바 있다. 한정호, 「감은사지 삼층석탑 창건과

한 4기의 석탑은 모두 기단부로부터 탑신부에 이르기까지 전체적인 면에서 이원구조체 공법이
적용되고 있어 이러한 추정을 뒷받침해준다. 즉, 미륵사지 석탑에서와 같이 시원 및 전형기 석
탑에서의 하중은 외부와 내부에서 각각 분산되는 구조를 이루고 있음을 실측도면과 해체 수리
보고서에서 확인할 수 있다.[35]

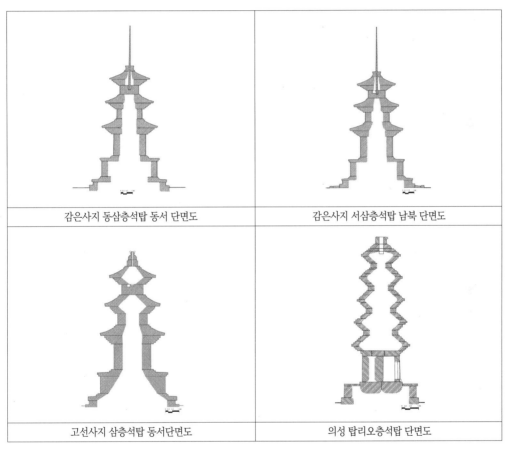

감은사지 동삼층석탑 동서 단면도	감은사지 서삼층석탑 남북 단면도
고선사지 삼층석탑 동서단면도	의성 탑리오층석탑 단면도

도면-1. 신라 시원 및 전형기 석탑 단면도[36]

정과 意匠計劃에 대한 연구」, 『미술사학연구』 253호, 한국미술사학회, pp.10-11.

35 國立博物館, 『感恩寺址發掘調査報告書』, 1961, 文化財管理局, 慶州史蹟管理事務所, 『高仙寺址發掘調査報
   告書』, 1977. 경주시·(재)계림문화재연구원, 『경주 감은사지 동삼층석탑 해체수리보고서』, 2011. 이와
   더불어 탑리오층석탑은 현재 부분적으로 해체 수리가 진행 중에 있어 이원구조체로 건탑되었음이 확인
   되고 있다. 현재 조사가 진행 중인 관계로 보다 정확한 상황에 대해서는 보고서 간행 이후로 미루는 것이
   학문적인 도리라 생각되어 상세한 기술을 피하고자 한다.

36 본 도면은 주 37에 제시된 보고서에서 발췌한 것임을 밝힌다.

앞의 표에서 제시된 도면을 보면 4기의 석탑은 모두 외벽체를 이루는 부재와 내부의 적심이 각각 독립적인 구조로 건립되어 있음을 알 수 있다. 이처럼 신라 시원 및 전형기 석탑에서 기단과 탑신 내부에서 조적식 구조를 지니고 있음은 기단은 물론 탑신과 옥개석이 일석으로 조성되지 못하고, 여러 매의 석재를 사용해 조성한 데서 기인한 것으로 판단된다. 이같은 면면은 1995년 12월 24일부터 1996년 10월 10일까지 문화재관리국에서 해체 보수한 동삼층석탑에서 확인할 수 있다.[37]

이 석탑의 기단부에서 확인된 적심 구조체를 살펴보면 지반은 석재와 진흙을 사용해 판축한 것으로 판단되는데, 상면에는 부정형의 판석을 놓았다. 하층기단의 내부는 방형의 형태로 구획을 설정한 후 부정형의 판석을 놓았는데, 사진 상에서 볼 때 최소 3단 정도로 축조되었을 것으로 추정된다. 하층기단 면석과 적심체 사이의 공간에는 소형의 석재와 흙으로, 적심체를 구성하는 판석형 석재 사이의 공간과 상면에는 모두 흙과 소형의 석재로 충진되었다. 상층기단의 내부 역시 부정형의 장방형 석재로 구축되었는데, 면석과 갑석이 놓이는 부분에 따른 내부 공간의 차이가 관찰된다. 즉, 외벽체에서 기단 면석이 놓이고 그 상면에 갑석이 놓이는 구조적인 특성으로 인해 내부 공간 역시 하부가 상면에 비해 넓게 조성되었다. 완전히 해체된 사진을 보면 기단의 내부는 두께가 일정하지 않은 판석형 석재를 이용해 최소 4단 정도로 구축한 것으로 판단되는데, 네 벽에 해당하는 부분에는 비교적 큰 석재를 사용해 하중이 한쪽으로 쏠리는 것을 방지하고 있다. 석재 사이사이 틈새가 모두 흙으로 충진됨으로써 내부를 구축하는 석재들 간의 완충공간이 마련되었다.[38] 이상과 같이 보고서에 게재된 사진을 통해 감은사지 동 삼층석탑의 내부 상황을 살펴보았는데, 정리하면 다음과 같다. 판축된 지반 위에 일석으로 조성된 지대석과 하층기단 면석을 놓고, 내부에는 부정형의 석재로 구축된 정방형의 구조체를 구축했다. 상층 기단 역시 면석과 갑석으로 외곽을 구축하고, 내부에는 기단으로부터 갑석에 이르기까지 너비를 달리하며 높이가 일정하지 않은 판석형의 석재를 사용해 구조체를 마련하고 있다. 결국 상·하층 기단의 내부가 관통되어 있어 상부에서 전달되는 하중이 자연스럽게 지면으로 전달되는 적층식 구조[39]가 형성되어 있음을 알 수 있는데, 이는 미륵사지 석탑에서 확인된 축조 방식과 일치하는 것이다. 뿐만 아니라 면석과 갑석을 구성하는 석재는 상면에 놓이는 부재가 적절한 위치를 잡을 수 있고 하중을 그대로 받을 수 있도록 부정형으로 치석했다. 이같은 구조를 미륵사지 석탑의 1층 탑신 내부에서 확인된 ✚자형의 통로의 4벽체 중 한 부분에 그대로 적용

---

37 경주시 · (재)계림문화재연구원, 『경주 감은사지 동삼층석탑 해체수리보고서』, 2011.

38 남시진, 2008, 위의 글, p.12.

39 이를 적층식과 심주형이 결합된 구조로 보는 견해도 있다. 정해두 · 장석하, 2007, 앞의 글, p.59.

시키면 바로 감은사지 동 삼층석탑의 기단구조와 일치함을 알 수 있다. 외벽과 내부의 하중 전
달체계가 독립적으로 건립된 기단부의 축조 기법은 탑신부에서도 그대로 적용되고 있다. 즉,
탑신석과 옥개석이 모두 별석으로 조성된 탓에 내부에는 상당한 공간이 형성되어 있을 뿐만 아
니라 기단부에서와 같이 장방형 내지는 부정형의 석재로 구축되었고, 석재의 사이사이에는 흙
으로 충진되어 있다. 그러나 3층 탑신석만은 1석으로 조성되어 사리장엄과 함께 찰주 받침석으

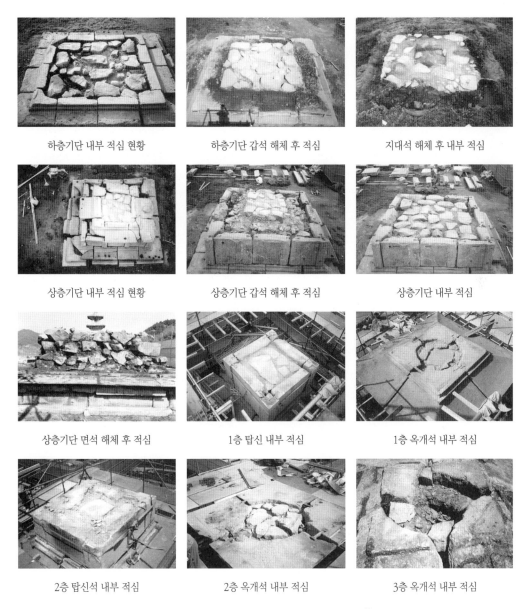

하층기단 내부 적심 현황	하층기단 갑석 해체 후 적심	지대석 해체 후 내부 적심
상층기단 내부 적심 현황	상층기단 갑석 해체 후 적심	상층기단 내부 적심
상층기단 면석 해체 후 적심	1층 탑신 내부 적심	1층 옥개석 내부 적심
2층 탑신석 내부 적심	2층 옥개석 내부 적심	3층 옥개석 내부 적심

사진-2. 감은사지 동 삼층석탑 각 부분 적심부 현황[40]

로서의 역할을 수행하고 있다.[41] 이상에서 파악된 감은사지 동 삼층석탑의 면면을 보면, 이원식
구조체가 적용된 석탑임을 알 수 있는데, 이는 이미 미륵사지석탑에서 시도된 기술력이 그대로
전이된 결과로 판단된다(사진-2). 특히, 필자가 제시한 시원 및 전형기 석탑의 도면을 보면 내
부가 모두 관통된 점으로 보아 미륵사지석탑에서 확립된 이원구조체의 건탑 방식이 그대로 신
라에 전승되었고, 이를 통해 신라 석탑 나아가 한국 석탑이 지속적으로 건립될 수 있는 기술적
인 기반이 완성된 것으로 생각된다.

2. 정형기 석탑

시원 및 전형기 석탑 전체에 걸쳐 확인되는 이원식 구조체는 8세기에 들어 석탑을 구성하는
부재가 각각 일석으로 조성됨에 따라 기단부에서만 적용되고 있다. 이는 그만큼 석탑을 건립하
는데 따른 시간과 비용이 감소되었음을 의미할 뿐만 아니라 석탑 건립에 따른 기술력이 발전되
었음을 반증하는 현상으로 이해된다. 다만, 기단부에서만은 2층으로 조성되었고 이에 따라 많
은 양의 석재가 사용되었기에 내부에 공간이 형성될 수밖에 없는 구조를 지니고 있다. 이로 인
해 기단부에서만 이원식 구조체가 적용됨은 당연한 귀결이라 생각된다. 기왕에 해체 수리된 석
탑과 작성된 도면을 통해 확인되는 기단부의 적심구조는 모두 5가지 유형으로 분석된다. 정형
기의 석탑에서 확인되는 기단부의 내부 구조의 변화상을 유형별로 살펴보면 다음과 같다.

1) I 형식(도면-2, 사진-3)

이 형식은 나원리 오층석탑에서 확인되는데, 초층 탑신까지 내부에 적심구조가 구축되어
있다.

---

40 제시된 사진은 (재)계림문화재연구원에서 제공한 것임을 밝힌다.

41 3층 탑신석만은 1석으로 조성했는데, 이는 사리장엄구와 찰주가 놓일 수 있는 공간을 확보하기 위한 방
편으로 이해된다. 그러나 서삼층석탑 수리시 확인된 찰주의 규모가 길이 2.288mm, 밑지름 179mm, 윗
지름 40mm인 점을 볼 때 찰주와 이에 결합된 상륜부재가 전달하는 하중 역시 만만치 않았을 것으로 판
단된다. 결국 3층탑신석이 일석으로 조성된 것은 사리장엄의 봉안과 더불어 찰주 받침석으로서의 역할
도 수행하기 위한 목적도 내재되어 있을 것으로 판단된다. 이같은 정황을 보면 미륵사지 석탑에서 상륜
부 받침석이 등장하는 것과 동일한 맥락에서 이해될 수 있다. 이같은 맥락에서 보면 미륵사지 석탑의 찰
주 받침석은 감은사지 3층 탑신석으로 그 역할이 계승된 것으로 추정된다. 더불어 탑신의 규모가 1·2층
에 비해 상대적으로 소형인 탓에 이를 일석으로 조성하기에 용이했던 것 역시 작용했을 것으로 추정된
다. 뿐만 아니라 건탑 기술적 측면에서 보면 일석으로 탑신을 조성한 것이 이 석탑의 3층 탑신에서 최초
로 나타났다는 점에서 주목되며, 이는 훗날 탑신과 옥개석을 일석으로 조성할 수 있는 단초라 판단된다.
국립문화재연구소·경주시, 『감은사지 서삼층석탑 수리보고서』, 2010, p.142.

필자가 분류한 Ⅰ기 석탑의 유형은 기단부터 탑신에 이르기까지 전체적인 부분에서 이원식구조체가 확인되는 시원 및 전형기 석탑과 달리 초층 탑신까지만 같은 구조가 확인되는 유형이다. 나원리 오층석탑이 전형기 석탑에 이어 건립된 석탑임을 볼 때 적어도 8세기 초반에는 이같은 양상이 나타나는 것으로 생각된다.[42] 이처럼 초층탑신까지만 이원식 구조체가 확인되는 것은 탑신부에서 탑신부와 옥개석이 일석으로 단일화되는 현상에서 기인하는 것으로 판단된

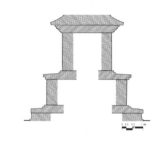

나원리 오층석탑 기단부 단면도

도면-2. Ⅰ형식 석탑의 기단부 실측도면[42]

다. 즉, 이 석탑의 탑신부는 초층 탑신만 4매의 판석으로 조립하였을 뿐, 나머지 탑신은 모두 一石으로 조성하였다. 뿐만 아니라 옥개석 역시 1층과 2층은 낙수면과 받침부를 각각 別石으로 구성했으나, 3층 이상은 一石으로 조성했다. 전형기 석탑에서와는 달리 5층으로 조성했음에도 불구하고 사용된 석재의 수가 감은사지 동 삼층석탑이 82매임에 비해 32매로 감소되었고, 탑신부 역시 전자가 37매임에 비해 15매로 감소되는 현상을 보이고 있다. 그럼에도 높이에 있어서는 노반까지만 볼 때 감은사지 동 삼층석탑이 10m 전후임에 비해 9.992mm로 비슷한 양상을 보이고 있다.[44] 이를 보면 나원리 오층석탑에 이르러 층수가 높아짐에도 불구하고 석탑 전체의 높이는 비슷하게 유지되면서도, 사용된 석재의 수가 현저히 감소되는 기술적인 발전이 이룩된 것으로 판단된다. 이같은 변화의 이면에는 탑신부에서 탑신석과 옥개석이 각각 일석으로 조성되었다는 점이 직접적인 원인인 것으로 판단된다. 이에 따라 신라 석탑은 탑신부 전체에서 전달되는 수직하중을 어떻게 처리하는가에 더욱 집중하게 되었고, 이로 인해 미륵사지 석탑에서의 이원식 구조체의 영향도 초층 탑신과 기단부에만 국한되는 것으로 발전하게 되었다.

나원리 오층석탑은 1995년 11월 27일부터 1996년 9월 17일까지 해체 보수되어 석탑의 전체적인 구조가 파악된 바 있다.[45] 먼저 지대석까지 해체된 사진을 보면 지반은 자연석과 진흙

42 박경식, 「신라 전형기 석탑에 대한 고찰」, 『문화사학』 20호, 한국문화사학회, 2003. p.136. 이에 반해 나원리 오층석탑이 석가탑과 비슷한 시기의 건립으로 보는 견해가 제시된 바 있다.
   한정호, 「경주지역 신라 전형석탑의 전개과정에 관한 연구」, 『불교고고학』 4, 위덕대학교 박물관, 2004, p.111. 하지만, 최근 진행되고 있는 석가탑의 해체 상황을 보면 양 석탑은 다른 방식의 내부 구조를 지니고 있음을 알 수 있다. 더불어 초층탑신의 구성 역시 각각 1석과 4매의 석재로 결구된 것 역시 다른 방식으로 판단된다. 양 석탑의 건립 시기에 대한 문제는 차후 석가탑에 대한 해체 수리보고서 발간이후 면밀한 검토를 진행해야 할 것으로 판단된다.
43 이 도면은 국립문화재연구소, 『경상북도의 석탑』 Ⅰ과 Ⅲ, 2007 및 2009에서 각 석탑의 단면도를 발췌한 후 기단부만을 편집한 것임을 밝힌다.
44 국립문화재연구소, 2007, 위의 책, pp.78-82 및 179-182 참조.
45 경주시 · (재)계림문화재연구원, 2011, 앞의 책.

지대석 및 하층기단 해체

하층기단 갑석 해체전 적심

하층기단 내부 적심 현황

상층기단 내부 적심 현황

상층기단 내부 적심 상부

1층 탑신 내부 적심 상부

1층 탑신 내부 적심 적층상태

1층 탑신 내부 적심 상면

사진-3. 나원리 오층석탑 각 부분 적심구조 현황[46]

을 이용해 판축한 정황이 관찰된다. 판축은 기단 면석 외곽으로 확대되어 있고, 내부에는 판축된 토층이 그대로 적용되었을 뿐만 아니라 커다란 석재와 진흙을 이용해 더욱 조밀하게 판축한 것으로 판단된다. 하층기단 갑석 상면의 현황을 보면 장대석을 이용해 적층형식으로 중앙부 적심을 구성했는데, 부분적으로는 치석하고 사용되지 못한 석재들이 사용된 것으로 파악된 바 있다.[47] 상층기단 내부 역시 장대석을 가로와 세로 방향으로 4단 정도 축조했는데, 하층기단 적심부와 기단 면석 사이의 공간에는 작은 돌과 진흙을 사용해 충진한 것으로 판단된다. 1층 탑신의 내부 역시 장대석을 사용해 6단 정도로 축조했는데, 상면에는 2매의 판석형 장대석을 나란히 놓아 마감했다. 적심을 구성하는 석재의 사이와 면석과의 공간에는 작은 돌을 채워 완충 공간을 형성했다. 이상과 같은 양상을 종합하면, 나원리 오층석탑은 하층기단의 내부 저면에 큼직한 자연석과 진흙을 활용한 판축층이 구축되었고 상면에는 초층탑신에 이르기까지 장대석을 활용한 적심이 축조된 것으로 보인다. 더불어 장대석의 사이와 면석과의 간극에는 작은 석재를 활용해 완충공간을 형성한 것으로 생각된다. 이처럼 해체 수리된 결과를 보면 나원리 오층석탑에서 탑신부에서 사용된 석재수의 감소에 따라 가장 문제시 되었던 것은 상부로부터 전달되는 수직하중이었는데, 당시의 조탑공들은 기단부와 초층 탑신에 장대석을 활용한 적심구조를 구축함으로써 이를 해결했던 것으로 판단된다(사진-3).

나원리 오층 석탑에서 시작된 이같은 구조체는 이후 건립되는 석탑에서 탑신부를 구성하는 탑신석과 옥개석이 모두 일석으로 조성됨에 따라 널리 활용되지 못한 것으로 판단된다.

2) Ⅱ형식(도면-3)

신라 석탑의 발달사에 있어 가장 주목되는 점은 전형기 석탑에서 정형기 석탑에 이르러 양식적으로 완성되는 동안 기술적으로도 완성도를 높이고 있다는 사실이다. 이는 건탑에 사용되는 부재의 수가 감소되고, 높이 역시 낮아지고 있음을 볼 때 건탑에 소요되는 시간과 경비 역시 절감되었을 것으로 생각된다.[48] 8세기에 이르러 신라 석탑에서 가장 주목되는 현상은 탑신석과 옥개석이 각각 일석으로 조성되고 있다는 사실이다. 이에 따라 건탑의 방법에 있어 다양한 양상이 등장하게 되었다. 즉, 탑신부에서 전달되는 수직하중의 처리 문제가 적극적으로 대두되었고, 이를 해결하기 위한 조탑공들의 노력이 다각도에서 모색되었을 것으로 생각된다. 이로 인해 조탑공들의 주된 관심은 기단부로 모아졌고, 이에 따라 내부의 적심 구성에도 다양한 변화

46 제시된 사진은 (재)계림문화재연구원에서 제공한 것임을 밝힌다.
47 경주시·(재)계림문화재연구원, 2011, 위의 책. p.81.
48 박경식, 2004, 위의 논문, pp.120-126.

가 일어나게 된 것으로 판단된다.

기단부에서 변화의 양상은 일단 구황동 삼층석탑에서 가장 먼저 확인된다. 즉, 상·하층 기단의 내부가 관통되었고, 이로 인해 내부의 적심체가 바로 상부의 하중을 받아 하부의 판축토층으로 분산되는 구조이다. 더불어 상층기단 갑석이 완전히 막힌 구조가 아니라 장방형의 구멍을 내어 초층 탑신의 하면과 연결되고 있는데, 이는 상층기단 내부의 적심체가 갑석의 하면과 완전히 밀착되도록 마무리 작업을 하기 위한 공간으로 추정된다. 이 석탑은 신문왕이 692년(天

구황동 삼층석탑 기단부	장항리사지 오층석탑 기단부	마동 삼층석탑 기단부
불국사 삼층석탑 기단부	용명리사지 삼층석탑 기단부	청도 봉기동 삼층석탑 기단부
남산리 서 삼층석탑 기단부	무장사지 삼층석탑 기단부	영천 화남동 삼층석탑 기단부
운문사 서삼층석탑 기단부	장연사지 동 삼층석탑 기단부	효현리 삼층석탑 기단부

도면-3. II형식 석탑의 기단부 실측도면[49]

授 3)에 승하하자 다음 왕인 효소왕이 부왕의 명복을 빌기 위해 건립한 점으로 보아[50] 7세기 후반에 이르러 기단부에서의 변화가 시작된 것으로 생각된다. 이처럼 7세기 후반 구황동 삼층석탑에서 시작된 기단부의 내부 구조는 장항리사지 오층석탑을 거쳐 불국사 삼층석탑을 위시하여 통일신라시대에 건립된 전반적인 석탑에 확대되는 현상을 보인다. 이같은 면면은 제시된 석탑의 도면을 통해서도 입증되는데, 이들 석탑들이 7세기 후반으로부터 9세기에 걸쳐 건립되었다는 점을 감안하면, 신라 석탑 전반에 걸쳐 가장 널리 활용된 구조체라 생각된다. 따라서 구황동 삼층석탑의 구조를 볼 때 기단부에서는 미륵사지 석탑의 영향을 받은 이원식 구조체가 탑신부에서는 조적식 구조가 본격적으로 활용되면서 신라 석탑은 양식적인 면과 더불어 기술적인 측면에 이르기까지 완성을 이룩한 것으로 판단된다. 뿐만 아니라 9세기에 이르러 시작된 석탑의 전국적인 확산과 궤를 함께하며 점차 경주 이외의 지역으로 확대된 것으로 판단된다.

3) Ⅲ형식(도면-4)

이 형식의 석탑은 앞서 언급한 Ⅱ형식과 같은 양상을 지니고 있지만, 지대석과 면석 그리고 하층기단 갑석이 일석으로 조성된 석탑에서 나타나는 변화상으로 판단된다. 즉, Ⅱ형식의 석탑에서는 하층기단 갑석과 면석이 각각 일석으로 조성된 탓에 탑신으로 부터의 수직하중이 한쪽으로 치우치는 편심하중을 받을 경우 하층기단 면석이 일탈되는 것을 방지하기 위해 비교적 넓은 공간을 구축하고 있다. 그렇지만, 지대석으로부터 갑석에 이르기까지 모두 일석으로 조성된 유형의 석탑에서는 이 부분에서 상층기단의 가구식 구조의 하중을 받을 수 있는 충분한 구조라 판단된다. 이로 인해 하층기단의 내부가 좁아져도 상부로부터의 수직 하중 역시 받아낼 수 있도록 변화시킨 것으로 생각된다. 아울러 도면에 제시된 4기의 석탑은 모두 8세기에 건립된 것으로 추정됨에 따라[51] 하층기단에서의 부재의 단일화 역시 이 시기에 이르러 변화되는 양식으로 판단된다. 이 형식의 석탑은 지대석과 하층기단이 일석으로 조성되어 석탑을 구성하는 부재의 수가 감소되고 있을 뿐만 아니라 구조적으로도 앞서 서술한 Ⅱ형식에 비해 진전된 양식으로 판단된다.

---

49 이 도면은 국립문화재연구소, 2007~2011, 『경상북도의 석탑』Ⅰ~Ⅵ에서 각 석탑의 단면도를 발췌해, 기단부만을 편집한 것임을 밝힌다.

50 黃壽永, 『韓國金石遺文』, 一志社, 1976, pp.140-141.

51 박경식, 2003, 위의 글.

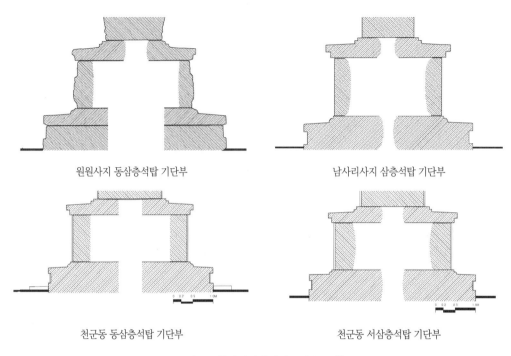

원원사지 동삼층석탑 기단부

남사리사지 삼층석탑 기단부

천군동 동삼층석탑 기단부

천군동 서삼층석탑 기단부

도면-4. III형식 석탑의 기단부 실측도면[52]

4) IV형식(도면-5)

이 유형의 석탑은 전체적으로는 II형식과 유사하지만, 상층기단 갑석이 기단의 상면을 완전히 덮고 있는 형식이다. 다시 말해 앞서 서술한 II형식에서 변형을 이룬 것임을 알 수 있는데, 이로 인해 기단부에서의 가구식 구조와 탑신부의 조적식이 각각 독립적인 하중을 받는 구조로 변화되고 있다. 이 유형의 석탑 중 동화사 비로암 삼층석탑이 경문왕 3년(863)에 건립되었고,[53] 도면에 제시된 석탑이 모두 9세기 후기에 건립된 점으로 보아[54] 이 시기에 이르러 확립된 기단의 구조라 생각된다. 더불어 이같은 변화는 석탑의 높이가 대체로 3~4m 사이에서 건립되고, 탑신부를 이루는 부재의 크기 역시 작아지는 경향에서 비롯된 것으로 생각된다. 이같은 변화는 9세기 후기의 석탑에서 주로 나타나는 정황임을 볼 때 상층기단 갑석만으로도 탑신의 하중을 받아낼 수 있다는 조탑공의 자심감에서 비롯된 것으로 생각된다. 이처럼 석탑 건립에 있어 당

52 이 도면은 국립문화재연구소, 2007~2009, 『경상북도의 석탑』II~III에서 각 석탑의 단면도를 발췌한 후 기단부만을 편집한 것임을 밝힌다.

53 黃壽永, 「新羅敏哀大王石塔記-桐華寺毘盧庵三層石塔의 調査」, 『史學志』 3, 檀國大學校史學會, 1969, pp.53-86.

54 박경식, 2003, 앞의 글.

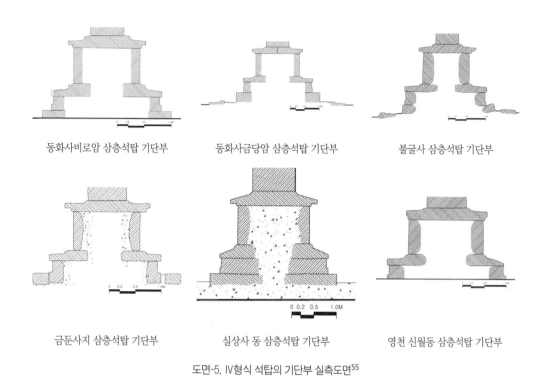

동화사비로암 삼층석탑 기단부　　　동화사금당암 삼층석탑 기단부　　　불국사 삼층석탑 기단부

금둔사지 삼층석탑 기단부　　　실상사 동 삼층석탑 기단부　　　영천 신월동 삼층석탑 기단부

도면-5. IV형식 석탑의 기단부 실측도면[55]

초 미륵사지 석탑의 영향을 받아 이원식 구조체로 건립되기 시작한 이래 9세기 후기에 이르러 기단과 탑신이 각각 별개의 구조체로 확립되고 있음을 보여주고 있다.

5) V형식(도면-6)

이 유형의 석탑은 문화재 연구소에서 작성한 실측도면을 보면 예천 동본동 삼층석탑에서만 확인되는 유형이다. 전체적으로는 IV형식의 수법을 따르고 있지만, 하층기단 갑석이 완전히 막혀 있어 상·하층 기단의 힘이 각각 분리된 기단 구조이다. 이같은 유형은 비록 한기에 불과하지만, 다른 석탑에 비해 기단의 규모가 축소되는 데서 기인한 것으로 판단된다. 즉, 예천 동본동 삼층석탑의 기단은 상하층 기단의 너비가 거의 같은 규모를 지니고 있고, 하층기단 갑석이 다른 석탑이 비해 두껍게 조성되어 이것만으로도 상층기단의 하중을 받기에 충분한 구조를 지니고 있다.[56]

....

55 이 도면은 국립문화재연구소, 2012~2011, 『경상북도의 석탑』IV~V, 2004, 『전라북도의 석탑』, 2006, 『전라남도의 석탑』III에서 각 석탑의 단면도를 발췌한 후 기단부만을 재편집 한 것임을 밝힌다.

56 이처럼 2층 기단을 구비한 석탑에서 상·하층 기단의 너비가 거의 비슷한 예는 고려시대에 건립한 마곡사 오층석탑, 담양 읍내리 오층석탑, 나주 송제리 오층석탑, 계룡산 오층석탑 등이 있다 더불어 정읍 은 선리 삼층석탑과 장문리 오층석탑 그리고 월남사지 모전석탑은 단층기단을 구비하고 있다. 이처럼 백제

이상에서 신라 석탑에서 확인된 건탑의 기술력에 대해
기 작성된 해체수리 보고서 및 국립문화재연구소에 의해
작성된 도면을 통해 살펴보았다. 물론 내부의 적심형태가
부분적으로만 알려진 탓에 내부구조에 이르기까지 전모를
파악하기에는 한계점을 내포하고 있다.[57][58] 그럼에도 불구
하고 신라 석탑에 적용된 기술적인 변천 과정을 확인할 수
있었다. 먼저 시원기와 전형기 석탑에서 확인된 점은 석탑
전체에 전달되는 수직 및 수평 하중은 내·외부에서 각각

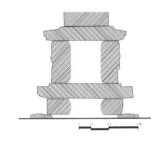

예천 동본동삼층석탑 기단부

도면-6. V형식 석탑 기단부 실측도면[58]

전달·분산되는 독립적인 구조를 지니고 있다는 점이다. 이같은 양상은 고선사지 및 감은사지
삼층석탑에 대한 해체 수리를 통해 분명히 확인된 바 있다. 즉, 이들 석탑의 기단 및 탑신부는
모두 면석과 내부의 적심체로 구성되어 있다. 즉, 석탑의 내부에는 석재로 구축된 적심체가 있
어 이것이 상부로부터의 하중을 받아내고 있다. 뿐만 아니라 석탑의 외벽을 이루는 면석은 모
두 판석으로 조성해 외벽체에서 전달되는 하중을 내부의 적심과는 무관하게 받아내는 구조를
이루고 있다. 이러한 현상이 탑리 오층석탑에서도 확인되고 있어, 신라 초기 석탑 건립의 구조
적인 문제는 미륵사지 석탑에서 이룩된 기술력이 그대로 적용된 결과라고 판단된다.

이같은 상황을 보면 미륵사지 석탑이 초기 신라석탑에 미친 영향은 지대했음을 알 수 있다. 그
렇지만, 신라석탑은 정형기에 이르러 이로부터 발전을 시도하게 된다. 즉, 신라 석탑의 발전상에
서 볼 때 가장 큰 특징은 시간이 흐를수록 건탑에 사용된 부재의 수가 감소한다는 점이라는 데
서[59] 이에 따른 기술적인 변화가 주목된다. 즉, 정형기에 이르러 탑신석과 옥개석이 각각 일석으
로 조성되는 발전을 이룩한 것이다. 이에 따라 조탑공의 당면과제는 면석으로 조립된 기단부에
서 탑신의 하중을 어떻게 분산시키는가 하는 것에 집중되었고, 이에 따라 기단부는 이원식 구조
로 탑신부는 적층식으로 건립하게 되는 변화를 맞이하게 된다. 이에 따라 상·하 2층으로 조립
된 기단부 전체가 관통되고, 이에 적심체가 구축되면서 탑신부의 하중을 분산하게 되는 구조를

....

계 석탑으로 분류되는 예에서는 다층이던 2층이던 관계없이 모두 상면의 부재에 비해 너비가 좁은 기단
을 구비하고 있다는 공통점을 찾을 수 있다.

57 본고에서 인용한 도면은 모두 면석만 기록된 단면도들이다. 때문에 내부의 적심의 구조와 구축 방법에
대해서는 확인할 수 없었다. 그렇지만, 현재 석가탑에 대한 해체 수리가 진행되고 있어 기단 내부적심에
대한 면면이 파악되고 있다. 이에 대해서는 현재 조사중이고, 보고서의 출간이 이루어지지 않은 탓에 정
확한 현황의 분석은 후일로 미루고자 한다.

58 이 도면은 국립문화재연구소, 2011,『경상북도의 석탑』V에서 단면도를 발췌한 후 기단부만을 재편집한
것임을 밝힌다.

59 박경식, 2004, 앞의 글과 같음.

이룩하게 되었다. 따라서 신라석탑은 시원 및 전형기에는 석탑 전체에 걸쳐 이원식 구조체가 적용되었지만, 정형기에 이르러 기단부에서만 이원식 구조가 나타나, 전체적으로 볼 때 5가지 형식으로 구분됨을 알 수 있었다. 뿐만 아니라 필자가 분류한 II형식이 기본을 이루면서 부분적으로 변화되는 것으로 파악되었다. 이로써 신라 석탑의 기단부에서 이원식 구조체가 확인됨은 미륵사지석탑에서 이룩된 기술력이 신라 석탑 전반에 영향을 미치고 있음을 알 수 있다.

VI. 석재의 조립 및 이중기단의 전승

1. 석재 이음 방식의 전승(사진-4)

미륵사지 석탑은 거대한 규모에 걸맞게 그 건립에 면석과 옥개석은 물론 곳곳에서 수많은 석재가 사용되었다. 따라서 이들이 서로 이탈하지 않고 지탱할 수 있는 여러 방안들이 고안되었다. 이 중 가장 주목되는 부분은 석재를 조립하는 방법에 있어 I자형 은장과 鐵塊를 비롯 T자형 홈을 만들었다는 점이다.[60] 이처럼 대형의 석재가 사용된 석탑에서 이를 연결하고, 인장력을 높이기 위해 부재가 사용된 예는 시원기에 건립된 의성 탑리 오층석탑[61]과 전형기 석탑인 감은사지 동·서 삼층석탑[62]은 물론 나원리 오층석탑에서 확인된다. 그렇지만, 탑신부에서 부재가 일석으로 변화되는 정형기에 이르러서는 주로 기단부에서 확인되고 있다. 즉, 신라 석탑의 발전상에서 볼 때 탑신부는 일석으로 조성되지만, 기단부에서는 많은 양의 석재가 사용됨에 따라 각 부재가 연결되는 곳에는 석재의 이탈을 방지하기 위해 「I」자 및 나비형 철제은장을 사용해 조립했다. 이같은 면면은 9세기에 건립된 홍천 물걸리사지 삼층석탑은 물론 같은 시대의 폐사지에서 확인되는 석탑의 부재들에서도 파악되고 있어 통일신라 석탑 전반에 걸쳐 사용된 기술임을 알수 있다. 따라서 시원기로부터 정형기에 이르는 동안 건립된 석탑에서 석재를 연결할 필요성이 제기되었을 때 인장력이 부족한 부분에는 목조건축의 나비장 이음기법이 적용되었음을 알 수 있다. 더불어 나비장 이음의 방식 역시 미륵사지 석탑에 적용되었던 기술력이 신라 석

---

60 文化財管理局, 『彌勒寺址東塔復元設計報告書』, 1990, p.81 및 p.187 ED-10받침석, p.189 ED-14받침석, ED-16 p.190 받침석에서 확인된다.

61 현재 탑리 오층석탑은 부분적으로 해체 수리가 진행되고 있어 자세한 상황을 밝히기에는 한계가 있다. 다만, 필자가 이 작업에 참여하고 있어 「I」자형 철제 은장이 사용된 것을 확인한 바 있다. 보다 자세한 상황은 이 탑에 대한 수리보고서에서 다루어질 것으로 기대한다. 더불어 본문에 제시한 사진은 조사단에서 제공한 것임을 밝힌다.

62 경주시·(재)계림문화재연구원, 『경주 감은사지 동삼층석탑 해체수리보고서』, 2011. pp.78-95.

탑 전반에 걸쳐 활용된 것으로 생각된다.

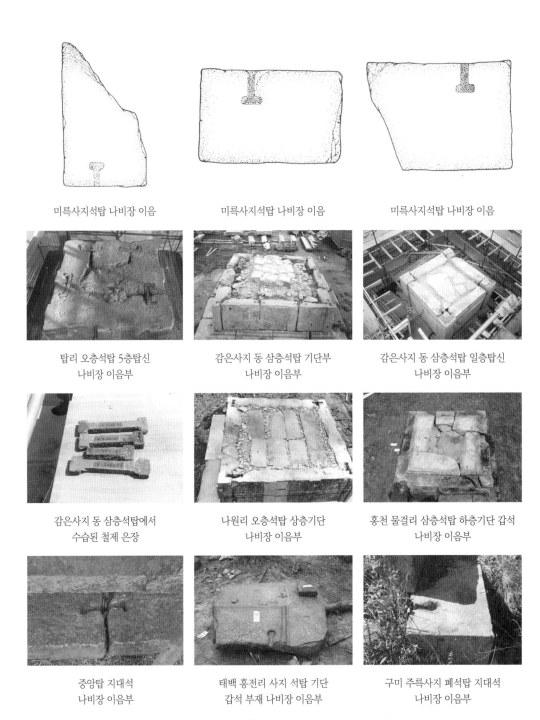

미륵사지석탑 나비장 이음 미륵사지석탑 나비장 이음 미륵사지석탑 나비장 이음

탑리 오층석탑 5층탑신
나비장 이음부

감은사지 동 삼층석탑 기단부
나비장 이음부

감은사지 동 삼층석탑 일층탑신
나비장 이음부

감은사지 동 삼층석탑에서
수습된 철제 은장

나원리 오층석탑 상층기단
나비장 이음부

홍천 물걸리 삼층석탑 하층기단 갑석
나비장 이음부

중앙탑 지대석
나비장 이음부

태백 흥전리 사지 석탑 기단
갑석 부재 나비장 이음부

구미 주륵사지 폐석탑 지대석
나비장 이음부

사진-4. 미륵사지 석탑[63] 및 신라 석탑의 석재 이음 방식[64]

2. 석재 결구 방식의 전승(사진-5)

미륵사지 석탑에서는 기단 면석의 조립에서 기둥과 맞닿은 면에 턱이 진 홈을 파서 각 판석이 서로 물리도록 한 방식과 우주가 놓이는 초석의 상면에 기둥의 바닥 너비만큼의 홈을 파서서로 꽂히도록 한 방법이 채용되고 있다. 이같은 석재의 결구방법은 각각 별개의 석재로 구성된 기단 및 탑신부에서 석재의 이탈을 방지함과 동시에 인장력을 배가시키기 위한 방책이라 판단된다. 이같은 결구방식은 신라석탑에 전승되어 의성 탑리오층석탑, 감은사지삼층석탑은 물론 정형기 석탑 전반에 걸쳐 나타나고 있다. 즉, 기단과 탑신부의 면석의 조립에 있어 면석과접합되는 우주 및 탱주의 내면에 턱을 두고, 이에 면석이 물리도록 조립하고 있다. 이로 인해면석은 기둥과 완벽한 결합체를 이루게 되는데, 이는 앞서 언급한 나비장 이음의 사용과 함께목조건축의 충실한 재현에 있음을 방증하는 요인으로 판단된다. 한편, 수평재에 홈을 파고 수직부재를 꽂도록 한 결구방식은 남산동 삼층석탑에서만 확인되고 있어 널리 활용된 기술력은아닌 것으로 판단된다.[65] 더불어 문을 구성하는 수직부재와 횡부재의 결구에는 전자의 상면에L자형의 턱을 조성해 석재를 놓았는데, 이는 탑리 오층석탑의 감실과 다보탑의 탑신부를 구성하는 난간석의 조립에서 확인되고 있다.[66] 앞서 제시한 나비장이음과 더불어 사진-5의 현황을볼 때 신라석탑의 근간에는 목조건축의 기법이 적용되고 있음을 알 수 있는데, 이 역시 미륵사지 석탑의 기술력이 전승된 결과로 생각된다.

3. 이원적인 치석 방식의 전승(사진-6)

미륵사지 석탑의 기단과 탑신에 사용된 면석을 볼 때 전면은 정교한 가공을 했지만, 배면은 뒷뿌리를 둠으로써 상면에 놓인 부재의 안정과 더불어 하중의 분산을 꾀하고 있다. 뿐만 아니라 옥개석의 낙수면을 이루는 석재는 뒷뿌리를 길게 가공해 탑신 내부의 석재와 서로 맞물리며 장력을높여준 것으로 판단된다. 이처럼 석재의 뒷뿌리를 길게 조성해 상·하의 석재가 서로 맞물리도록한 방식은 석성의 축성으로 인해 축적된 기술력이 석탑에 전이된 결과라 생각된다. 즉, 백제시대를 포함하는 삼국시대에 축성된 석성은 바깥 면에서는 모두 일정한 규격의 석재를 사용한 것으로

---

63 미륵사지 석탑에서의 나비장 이음의 도면은 文化財管理局, 1990, 위의 책, p.81 및 p.187 ED-10받침석, p.189 ED-14받침석, ED-16 p.190 받침석에서 발췌했음을 밝힌다. 도면은 사진-4에 수록했음을 밝힌다.
64 제시된 사진 중 감은사지 동 삼층석탑과 나원리 오층석탑은 (재)계림문화재연구원에서 제공한 것임을 밝힌다.
65 이같은 방식은 주로 고려시대에 건립된 백제계 석탑에서 등장하는 중요한 특징으로 파악되어 있다.
66 국립문화재연구소·경주시,『불국사 다보탑 수리보고서』, 2011.

의성 탑리 오층석탑
탱주와 면석의 접합부

감은사지 서 삼층석탑
탱주와 면석의 접합부

고선사지 삼층석탑 초층탑신
탱주와 면석의 접합부

불국사 삼층석탑 상층기단
면석과 우주 접합부

천군동 동삼층석탑 상층기단
면석과 우주 접합부

불굴사 삼층석탑 상층기단
면석 접합면 치석 상태

한계사지 삼층석탑 상층기단
면석과 우주 접합부

용명리 삼층석탑 기단부
면석 조립상태

낙산동 삼층석탑 탑신부와
상층기단 접합부

사진-5. 신라석탑의 부재 결구 수법

보이지만, 내부구조를 보면 면석 3-4매 정도를 쌓으면 반드시 이보다 약 3배 정도 길이가 긴 心石을 놓아 상·하단의 석재는 물론 후면의 뒷채움석과 완전히 물리도록 한 구조를 볼 수 있다. 이로 인해 성벽은 더욱 견고한 상태를 유지하게 되는데, 미륵사지 석탑에서는 면석과 옥개석에서 이같은 구조가 확인된다. 이처럼 석성의 기술력에서 전이된 석재의 치석 기법 및 구조적인 면은 미륵사지 석탑에서 정착되었고 이후 신라 석탑의 기단부와 탑신석에서 그대로 나타나고 있다.

감은사지 동삼층석탑 2층 탑신석

감은사지 동삼층석탑 1층 탑신석

감은사지 동삼층석탑 상층 기단부

나원리 오층석탑 1층탑신석

불국사 삼층석탑 상층기단부

불국사 삼층석탑 하층기단부

홍천 물걸리삼층석탑 상층기단부

홍천 물걸리삼층석탑 하층기단 갑석

홍천 물걸리삼층석탑 하층기단부

홍전리사지석탑 하층기단 면석

경주 황룡사삼층석탑 기단갑석

남리사지 하층기단 면석

사진-6. 이원식 치석 방법이 사용된 신라 석탑[67]

신라석탑에서 시원 및 전형기에는 내·외부의 하중이 독립적으로 전달되는 이원적 구조가 석탑 전체에서 확인된다. 그렇지만, 정형기에 이르러 탑신부에서 탑신석과 옥개석이 각각 일석으로 조성됨으로 인해 이같은 구조는 주로 기단부에 국한되어 나타나고 있다. 더욱이 이 시기의 석탑에서 기단부는 이원식구조로, 탑신부는 적층식으로 변화되었기에 석탑 전체에서 전달되는 하중 분산 원리가 주로 기단부에 집중됨은 당연한 귀결이라 하겠다. 때문에 앞서 살펴본바와 같이 기단부의 내부에 적층식 구조체가 구축되었는데, 이와 수반해 기단 면석의 뒷뿌리를 부정형으로 조성해 상부의 하중을 받아내는 역할을 하고 있다. 이같은 면면은 그간 해체수리가 진행되었던 전형 및 정형기 신라 석탑에서 확인된다. 먼저 시원 및 전형기의 석탑에서는 탑신 전체에 걸쳐 각 부재를 치석함에 전면과 같이 덩면한 것이 아니라 뒷뿌리를 길게 조성하고 있다. 이후 정형기에 이르러는 기단부에서만 이원구조체가 형성된 탓에 판석으로 조성된 기단 면석의 배면을 튀어나오게 조성해 상부의 부재가 안정적으로 놓일 수 있는 면적을 확보하고 있음을 알 수 있다. 더불어 해체수리가 진행되었던 불굴사 삼층석탑과 홍천 물거리사지 삼층석탑에서 확연히 입증되고 있다. 뿐만 아니라 홍전리사지와 경주 황룡사 폐삼층석탑, 경주 남리사지 삼층석탑의 부재에서도 확인되고 있다. 이같은 정황을 보면 석탑 부재에 대한 이원적인 치석방법은 시원기로부터 정형기에 이르기 까지 신라 석탑 전반에 걸쳐 모두 적용된 기법임을 알 수 있는데, 내부 적심체와 더불어 상부의 하중이 분산되는 역할 또한 수행한 것으로 생각된다. 따라서 석탑을 구성하는 부재의 전면과 배면의 치석방법을 달리하면서 뒷뿌리를 두는 방식은 미륵사지 석탑에서 시작되어 신라 석탑의 건탑에 지대한 영향을 주었음을 알 수 있다. 구체적인 예를 들어 보면 다음의 사진-6으로 집약된다.

4. 이중기단의 전승

미륵사지 석탑은 한국 최초의 석탑인 것은 분명한 사실이지만, 이로써 양식적인 면에서 완성을 이루었음을 의미하는 것은 아니다. 그럼에도 불구하고 목재에서 석재로의 전환이 최초로 이루어진 단계이기에 이 석탑에는 가장 초기적인 양식이 적용되었을 것임은 자명하다. 이같은 양상은 석탑의 기단부에서 잘 드러나고 있다. 즉, 미륵사지 석탑은 이층기단으로 건립되었는데, 하층기단의 면석이 직접 지면과 접촉하고 있어 이것을 지대석으로 보고자 하는 견해가 제시되

---

67 제시된 사진 중 감은사지 동삼층석탑과 나원리 오층석탑은 (재)계림문화재연구원에서 제공한 것임을 밝힌다.

었지만[68], 이를 "초기적인 2층 기단의 양식"[69]으로 보는 입장도 존재한다. 필자 역시 미륵사지 석탑의 기단부에 구축된 토층 양상과 기단의 면적 그리고 지대석을 구축하는데 따른 문제점 등을 추론해 볼 때 이중기단으로 보는 것이 타당할 것으로 생각한다.[70] 더불어 미륵사지석탑이 건립되기 이전 중국에서 건립된 많은 불탑에서도 이중기단의 존재는 찾아볼 수 없다.[71] 따라서 미륵사지 석탑에 조성된 이중기단은 현존하는 동아시아의 불탑중에서 가장 먼저 등장하는 구조체로 판단된다. 더불어 신라 시원기 석탑 중 기단부가 확실한 의성 탑리 오층석탑은 단층기단을 조성했지만, 이어 건립된 전형기 석탑에서는 정형화된 이층 기단이 조성되고 이는 신라 석탑의 기본 양식으로 정착된다. 즉, 판축된 토층 상면에 지대석을 두고 면석에 우주와 탱주를 두어 구조 및 시각적인 안정감[72]을 부여했음은 물론 기단 면석의 상면을 갑석으로 덮는 신라 특유의 기단양식을 완성하게 된다. 따라서 전형기 석탑에 조성되는 정형화된 이층기단의 양식은 미륵사지 석탑에서 축조된 초기적인 양식이 전승되어 신라 전형기 석탑에 이르러 양식적으로 정착된 것으로 생각된다.

신라 전형기 석탑에서 이중기단이 등장하는 이유에 대해서는 금당의 기단 높이에 비례해 등장했다는 설,[73] 미륵사지석탑 기단의 영향설,[74] 가람배치 상에서 차지하는 면적과 대체로 3층 탑신으로 조성되어 탑의 상승감을 강조하기 위한 의도[75] 등 다양한 견해가 제시된 바 있다. 필자 역시 기왕의 견해에 공감을 한다. 즉, 탑과 금당과의 조화는 물론 미륵사지 석탑에 비해 현저히 축소된 규모를 지닌 석탑에 상승감을 부여하기 위한 조치는 당연한 결과라 생각된다. 한

---

68 국립문화재연구소 · 전라북도, 『미륵사지석탑해체조사보고서Ⅳ』, 2011, p.143, 주 4.

69 천득염, 『백제계석탑 연구』, 전남대학교 출판부, 2003, p.40.

70 이처럼 판축된 지반 위에 바로 면석을 놓은 경우는 상당수 건물지 기단부에서 확인되고 있다. 더욱이 비록 소형이라 하지만, 면석으로 볼 수 있는 부재가 가로방향으로 연결되어 있어 이는 하층기단 면석으로 보는 것이 더 합리적일 것으로 판단된다.

71 미륵사지 석탑이 639년에 건립된 것임을 볼 때 중국에서 이보다 먼저 건립된 불탑은 북위시대에 조성한 운강석굴에 부조된 불탑과 숭악사 12각 15층 전탑 등 수기에 불과하다. 이들 석탑에는 대부분 낮은 단층 기단이 조성되어 있다.

72 우주와 탱주가 별석으로 조성된 시원 및 전형기 석탑에서는 엔타시스가 적용된 우주 및 탱주가 별석으로 조성되어 구조적인 안정감의 역할을 수행한 것으로 판단된다. 그렇지만, 면석이 일석으로 조성되어 우주와 탱주가 모각되는 정형기 석탑에 이르는 구조적이라기 보다는 주로 시각적 안정감에 그 역할이 주어진 것으로 생각된다. 더불어 신라 석탑의 기단부에 구현된 우주와 탱주는 구조적 · 시각적 안점감과 더불어 목조건축의 재현에 충실했음 역시 잘 드러내는 대목이라 하겠다.

73 韓政鎬, 「新羅 石塔의 二重基壇 發生原因에 대한 고찰」, 『신라문화제학술발표논문집』 24집, 동국대학교 신라문화연구소, 2003.

74 朴寶敬, 「慶州 高仙寺址 伽藍配置와 三層石塔의 연구」, 동국대학교 대학원 석사학위 논문, 2004.

75 신용철, 「新羅 石塔의 발생과 성립과정에 관한 고찰」, 『건축역사연구』 71호, 한국건축역사학회, 2010.

편, 전형기 석탑에 이르러 탑신부에 사리가 봉안됨에 따라 높직한 기단으로 인해 탑신을 높임으로써 이에 대한 숭앙의식을 더욱 함양하기 위한 조치로도 볼 수 있다. 그럼에도 불구하고 가장 주목되는 점은 미륵사지 석탑에서 처음으로 시도된 초기적인 이중 기단이 통일 직후에 건립된 석탑에서 양식적 완성을 이루고 있다는 점이다. 결국 미륵사지 석탑에서 이중기단이라는 발상이 태동되었고, 이에 대한 모티브가 신라에 전승되어 신라석탑 특유의 기단이 완성된 것으로 판단된다. 이러한 측면은 백제가 이룩한 석조건축의 능력과 기술력이 통일신라시대에 이룩된 석조문화를 구성하는 근간이었음을 반증하는 것으로 보인다.

V. 맺음말

한국의 석탑은 639년에 건립된 미륵사지 석탑을 필두로 통일신라시대에 이르러 "석탑의 나라"라는 명성에 어울리는 발전을 이룩하게 된다. 이 석탑에서는 구조적으로 다양한 방법들이 적용되었는데, 이원구조체와 더불어 각부에서 목조건축의 양식을 그대로 재현한 기술력이 중심을 이루고 있다. 그럼에도 이 석탑에 구현된 다양한 기술력은 완성을 이루었다기보다는 지극히 초기적인 양상을 보이고 있지만, 신라로 계승되어 한국 석탑의 양식을 완성시키는 초석이 되었다.

미륵사지석탑에서 이룩된 기술력이 신라석탑의 발전에 가장 크게 영향을 미친 부분은 바로 이원구조체 라는 독특한 방식이다. 이는 목탑에서 석탑으로 전환되면서 필연적으로 등장하는 하중의 분산이라는 문제를 일거에 해결한 쾌거라 할 수 있는데, 신라 석탑의 발전과 함께 다양한 변화를 보이고 있다. 즉, 신라로 전승된 이원구조체는 시원 및 전형기 석탑에서는 미륵사지 석탑에서와 같이 석탑 전체에 걸쳐 적용되었지만, 정형기에 이르러서는 기단부에서만 적용되고 있다. 신라 정형기 석탑의 기단부에서 확인되는 이원구조체는 모두 5가지 유형으로 파악되었는데, 이같은 변화의 주된 원인으로는 정형기에 이르러 탑신석과 옥개석이 각각 일석으로 조성됨에 따른 것으로 파악하였다. 이에 따라 정형기에 이르러 건립된 석탑의 구조는 기단은 이원구조로, 탑신부는 적층식으로 건탑되는 신라만의 기술력으로 발전한 것으로 보인다. 이를 볼 때 신라 석탑은 양식적인 완성과 함께 건탑의 기술력 또한 발전을 이룩했음을 알 수 있는데, 이의 시발점에는 미륵사지 석탑에서 시작된 기술력이 영향을 미친 것으로 생각된다.

미륵사지 석탑에서 구현된 또 다른 기술력 즉, 석재의 연결 시 나비장이음의 사용과 면석의 조립 방식 및 이원적인 치석방식과 이층기단은 그대로 신라석탑으로 전승되었다. 이들 가운데서 나비장 기법을 이용한 석재의 연결 방식과 면석에 적용된 이원적인 치석방식은 신라석탑에 적용되어 탑신부에서 전달되는 수직하중을 적절히 분산시켜 더욱 안정감 있는 석탑을 건립하는데 기여한 것으로 파악되었다. 더불어 미륵사지 석탑에서 시도된 초기적인 이중기단은 신라로 전승되어 양식적·구조적으로 완성을 이루었고, 가람배치상에서 안정적인 동선 확보는 물론 석탑에 주어진 상승감과 더불어 사리신앙의 결과로 파악되었다.

이같은 양상을 종합할 때 미륵사지 석탑에서 시도된 다양한 기술력은 신라로 전승되어 시원기로부터 정형기에 이르는 동안 지속적으로 발전되었고, 이로 인해 한국석탑의 양식을 완성하는데 막대한 영향을 끼쳤음을 알 수 있다.

(2015.02 「미륵사지석탑의 기술력이 신라 석탑에 미친 영향」, 『신라문화』 45,
동국대학교 신라문화연구소)

【참고문헌】

1. 저서

高裕燮, 『韓國塔婆의 硏究』, 乙酉文化社, 1948.

천득염, 『백제계석탑 연구』, 전남대학교 출판부, 2003, p.40.

黃壽永, 『韓國金石遺文』, 一志社, 1976.

2. 논문

金正基, 「典型樣式의 石塔과 彌勒寺址 石塔」, 『馬韓·百濟文化』 創刊號, 圓光大學校 馬韓·百濟
    文化硏究所, 1975.

남시진, 「감은사지 삼층석탑 석탑 구조에 관한 연구」, 『건축역사연구』통권 58호, 한국건축역
    사학회, 2008, pp.7-21이 있다.

박경식, 「신라 전형기 석탑에 대한 고찰」, 『문화사학』 20호, 한국문화사학회, 2003.

_____, 「신라 典型·定形期 석탑의 비교」, 『문화사학』22호, 한국문화사학회, 2004,

_____, 「彌勒寺址 石塔과 隋·唐代 亭閣型佛塔과의 比較」, 『백산학보』 제92호, 2012.

_____, 「미륵사지석탑과 분황사모전석탑의 비교 고찰」, 『백산학보』 제98호, 2014, p.30.

朴寶敬, 「慶州 高仙寺址 伽藍配置와 三層石塔의 연구」, 동국대학교 대학원 석사학위 논문,
    2004.

신용철, 「新羅 石塔의 발생과 성립과정에 관한 고찰」, 『건축역사연구』 71호, 한국건축역사학
    회, 2010.

林永培·千得琰·朴益秀, 「韓國과 中國의 塔婆形式에 관한 硏究(Ⅱ)-初期塔婆의 類型을 중심으
    로」, 『대한건축학회논문집』통권 44호, 1992.

정해두·장석하, 「석탑 기단부 적심구성방법에 대한 특성 고찰: 7~8세기 석탑 중 해체 수리
    한 석탑을 중심으로」, 『건축역사연구』 제16권 5호, 2007.

조은경, 「미륵사지 서탑의 목구조 표현과 해석」, 『대한건축학회 논문집』 통권 제255호,
    2010,

조은경·박언곤, 「고대 동아시아 불탑 구조체계로 본 미륵사지 석탑」, 『건축역사연구』78호,
    한국건축역사학회, 2011.

韓政鎬, 「新羅 石塔의 二重基壇 發生原因에 대한 고찰」, 『신라문화제학술발표논문집』 24집,

동국대학교 신라문화연구소, 2003.

_____, 「경주지역 신라 전형석탑의 전개과정에 관한 연구」, 『불교고고학』 4, 위덕대학교 박물관, 2004,

_____, 「감은사지 삼층석탑 창건과정과 意匠計劃에 대한 연구」, 『미술사학연구』 253호, 한국미술사학회, 2007.

홍대한, 「한국 석탑의 기단과 기단부 축조방식 고찰-신라와 고려석탑의 기초부 축조방식과 목탑의 영향을 중심으로」, 『불교미술사학』 12집, 불교미술사학회, 2011.

黃壽永, 「新羅敏哀大王石塔記-桐華寺毘盧庵三層石塔의 調査」, 『史學志』 3, 檀國大學校史學會, 1969.

3. 보고서

경주시 · (재)계림문화재연구원, 『경주 감은사지 동삼층석탑 해체수리보고서』, 2011.

_____, 『경주 나원리 오층석탑 해체수리보고서』, 2011.

국립문화재연구소 · 전라북도, 『미륵사지석탑 해체조사보고서 I · II · III · IV』,
2003 · 2004 · 2005 · 2011.

국립문화재연구소, 『경상북도의 석탑』 I~VIII, 2007~2014,

_____, 『전라북도의 석탑』, 2004, 『전라남도의 석탑』 I~III, 2005~2006.

국립문화재연구소 · 경주시, 『감은사지 서삼층석탑 수리보고서』, 2010.

_____, 『불국사 다보탑 수리보고서』, 2011.

국립부여문화재 연구소, 『익산 미륵사지 동탑지: 기단 및 하부조사 보고서』, 1992.

_____, 『미륵사지 서탑-주변발굴조사 보고서』, 2001

국립문화재연구소 · 전라북도, 『미륵사지 석탑-기단부 발굴조사 보고서』, 2012.

國立博物館, 『感恩寺址發掘調査報告書』, 1961.

文化財管理局, 『彌勒寺址東塔復元設計報告書』, 1990, p.81

문화재관리국 문화재연구소, 『미륵사 유적발굴조사보고서 I』, 1989.

_____, 『미륵사 유적발굴조사보고서 II』, 1996.

미륵사지유물전시관, 『미륵사지 석탑』, 2001.

_____, 『기록으로 보는 미륵사』, 2004.

文化財管理局, 慶州史蹟管理事務所, 『高仙寺址發掘調査報告書』, 1977.

전라북도, 『익산 미륵사지 서탑실측 및 동탑복원설계보고서』, 1979.

【국문초록】

미륵사지석탑의 기술력이 신라 석탑에 미친 영향

　　미륵사지 석탑은 기왕에 건립되던 목탑에서 석탑으로 변화를 꾀한 최초의 불탑이기에 이의 건탑에는 기술적인 면에서 많은 부분에서 문제가 드러났을 것으로 예견된다. 하지만 백제의 석공들은 이원식구조체라는 공법의 적용과 더불어 2층기단의 조성, 면석의 조립과 치석 방법등 다양한 기술력을 적용해 이를 해결했다. 때문에『新增東國輿地勝覽』, 卷 33, 益山郡 佛宇條에「有石塔極大, 高數丈, 東方石塔之最」라는 기록으로 그 실체가 전하는 것으로 판단된다. 이 석탑은 한국에서 최초로 건립된 것이기에 이후 건립되는 신라 석탑에 지대한 영향을 주었음은 분명한 것으로 생각되는데, 이에 대해서는 석학들에 의해 부분적인 연구가 진행된 바 있었다.

　　신라 석탑은 시원기→전형기→정형기를 거치며 발전해 왔음은 주지의 사실이다. 이같은 단계 설정은 주로 양식 발전에 의해 성립한 것이지만, 이에 따른 기술적인 문제가 해결되고 있음을 알려주는 것으로 판단된다. 이같은 면면은 신라 석탑의 양식 발전과 더불어 다양한 면에서 확인되는데, 이에 등장하는 기술력의 대부분은 미륵사지 석탑에서 구현된 그것에 기반을 두고 있는 것으로 파악되었다. 신라석탑에서 확인되는 미륵사지 석탑의 기술력중 가장 크게 영향을 미친 부분은 이원식구조체이다. 이는 석탑 전체의 하중을 내부와 외벽에서 처리했던 공법으로, 미륵사지 석탑에서 가장 큰 부분을 차지하는 백제의 기술력이었다. 그런데 신라 석탑 중 시원기와 전형기 석탑에서는 이같은 기법이 석탑 전체에 걸쳐 적용되고 있음을 알 수 있었다. 이는 통일신라가 지닐 수 있었던 삼국 문화의 융합이라는 측면과도 부합되는 결과이기도 하다. 이후 정형기에 이르러 탑신부에서 부재가 단일화되는 발전상과 궤를 같이하는데, 주로 기단부에서 5가지 유형으로 발전하고 있음을 확인할 수 있었다. 이를 볼 때 미륵사지 석탑에서 적용된 이원식 구조체는 신라 석탑에 전승되었고, 부재의 단일화라는 기술적인 발전과 기단부에서 그 기술력이 지속되고 있음도 알 수 있었다. 이에 따라 기단부는 이원식 구조체로, 탑신부는 적층식으로 건립되는 신라 석탑의 기술력으로 변화되고 정착된 것으로 파악되었다. 뿐만 아니라 미륵사지 석탑에서 시도된 나비장 기법을 이용한 석재의 연결 및 결구방식, 부재에 대한 이원적인 치석방식 역시 신라석탑으로 고스란히 전승되어 구조적인 안정감을 유지하는데 영향을 준 것으로 파악하였다. 더욱이 신라 석탑의 고유 양식인 이중기단의 완성은 미륵사지 석탑의 시원적인 기단을 모티브로 사찰의 전체적인 동선과 석탑에 부연된 상승감과 더불어 탑신에 봉안된 사리장엄을 보다 숭앙하기 위한 구조로 파악하였다.

미륵사지 석탑에서 적용되었던 다양한 기술력은 신라에 전승되었고, 이는 신라 석탑의 양식발전과 함께 완성도를 이루어 한국만의 독자 적인 석탑 문화를 이룩하는데 중요한 역할을 한 것으로 판단된다.

주제어 : 미륵사지석탑, 건탑기술, 전형기석탑, 정형기석탑, 이원구조체, 나비장이음, 이원식 치석, 기단부

【abstract】

Technical Effect of Mireuksaji Stone Pagoda on Silla Stone Pagoda

It is considered that Mireuksaji Stone Pagoda had a great effect on Silla stone pagoda as it is the first Korean pagoda as a stone pagoda from a wood pagoda before. As noticed, Silla stone pagoda has a development stage from initial stage(始原期) to development period(典型期) to fixed style period(定型期). Even though the stage setting is mainly based on style, it also disproves that technical problems caused by style development were solved. This study argues that most of the remarkable technologies are based on skills to have built Mireuksaji Stone Pagoda. The most influential skill from Mireuksaji Stone Pagoda to Silla stone pagoda is a construction method to use a dual structure. It is a construction method to treat the bottom of total stone pagoda from inside and outer wall of the pagoda respectively. While the method was applied to all Silla pagodas in initial stage and development period, in the fixed style period, the construction method to use a dual structure applied to stylobate in stone pagoda and lamination was used for body part of the pagoda. The change is in sync with simplified style of lack of body part and 5 types were figured out in stylobate. In short, the construction method to use a dual structure from Mireuksaji Stone Pagoda was handed down to Silla pagoda and it was used for stylobate as well as a technical development to simplify absence. Butterfly shape setting method to connect stones and structure method, and a dual way to face a stone smoothly for Mireuksaji Stone Pagoda were completely passed down to Silla pagoda, which highly impacted the Silla pagoda to stay stable. The completion of dual stylobate, a Silla pagoda's own style, is based on the original stylobate style of Mireuksaji Stone Pagoda, and it is regarded that it is a invented structure to worship relics of the Buddha in the body part of the pagoda by directing a sense of rise to the pagoda and general traffic life in a temple. In conclusion, various skills for Mireuksaji Stone Pagoda were handed down to Silla, and it coincides with integration of the three kingdom's cultures that unified Silla showed. It is considered that the feature enhanced the technical completion with style development of Silla pagoda and it played a significant role to build Korean unique pagoda culture.

key words : Mireuksaji Stone Pagoda, Silla pagodas in development stage, Silla pagodas in the fixed style period, a dual structure, Butterfly shape setting method to connect stones, a dual way to face a stone smoothly, a stylobate in stone pagoda

백제 석탑의 독창성과 한국 석탑에 미친 영향*
- 미륵사지 석탑을 중심으로 -

Ⅰ. 머리말

639년(백제 무왕49)에 건립된 미륵사지 석탑은 천여기에 달하는 한국의 불탑중에서 가장 먼저 건립된 석탑임은 주지의 사실이다. 더불어 백제인 들이 지녔던 석재를 다루는 기술력과 건탑술의 정수를 보여주는 조형물이다. 때문에 이 석탑에 대한 연구는 고유섭 선생을 필두로 많은 연구자들에 의해 다양한 면에서 주목되어 왔다. 그간 진행된 연구는 크게 양식적인 면에서[1],

---

※ 이 논문은 2014년 12월 충남대학교 백제문화재연구소에서 주최한 "동아시아 불탑과 백제석탑" 국제학술대회에서 발표한 것을 정리 보완한 것임을 밝힌다.
1 한국석탑의 시원양식이라는 관점에서 진행한 연구 중 저서로는 高裕燮, 『韓國塔婆의 研究』, 乙酉文化社, 1948. 『韓國美術史 及 美學論攷』, 通文館, 1963, 『韓國建築美術史草稿』, 考古美術資料 第6輯, 考古美術同人會, 1964, 『韓國塔婆의 研究 - 各論草稿』, 考古美術資料 第 14輯, 韓國美術史學會, 1967, 『韓國塔婆의 研究』, 同和出版公社, 1975. 장충식, 『신라석탑연구』, 일지사, 1991. 박경식, 『한국의 석탑』, 학연문화사, 2008. 논문으로는 이경회, 「한국석탑양식과 그 변천에 관한 계통적 연구」, 연세대학교 건축공학과 석사학위논문, 1964, 김정기, 「전형양식의 석탑과 미륵사지 석탑」, 『백제연구』1, 원광대학교 마한백제문화연구소, 1975, 「미륵사탑과 정림사탑」, 『고고미술』164, 한국미술사학회, 1984, 정주성 외, 「한국석탑의 백제 양식에 관한 연구」, 『대한건축학회 학술대회논문집』8-2, 대한건축학회, 1988. 장경호, 「백제 탑파 건축에 관한 연구」, 『백제논총』3, 백제문화개발연구원, 1992, 엄기표, 「百濟 石塔의 先後에 대한 考察 : 木造建築 요소를 중심으로」, 『문화사학』, 16, 한국문화사학회, 2001, pp.29-86. 등이 대표적이다. 미륵사지 석탑이 백제계석탑의 祖型으로 보는 연구 중 저서로는 천득염, 『백제계석탑 연구』, 전남대학교 출판부, 2003이 있고, 논문으로는 李殷昌, 「百濟樣系石塔에 대하여」, 『佛敎學報』3·4, 佛敎文化硏究所, 1966, 齊藤忠, 「백제계석탑의 특징」, 『백제연구』10, 원광대학교 마한백제문화연구소, 1987. 정주성, 「한국석탑의 백제양

건축학적인 측면에서[2], 중국 초기 불탑과의 비교[3], 사역에 대한 발굴 및 석탑에 대한 해체조사 통한 결과를 분석한 보고서[4]등 다양한 면에서의 연구가 진행되어 왔다. 이같은 연구 성과로 인해 현존하는 그 어느 석탑보다도 밀도있는 연구가 진행된 것으로 판단되는데,『新增東國興地勝覽』에 기록된「有石塔極大, 高數丈, 東方石塔之最」[5]라는 사료는 그간의 연구결과와도 일치하는 면면을 지니고 있어 석탑 자체에 대한 가장 적절한 평가라 판단된다. 이처럼 미륵사지 석탑에 대한 연구는 다른 어느 석탑보다도 다각도에서 밀도있는 연구가 진행된바 있지만, 대체로 양식적인 면과 목조건축의 재현이라는 면에 치중되어 왔다. 따라서 향후의 연구는 중국 초기불탑과의 비교 연구와 이 석탑이 지닌 기술적인 독창성과 더불어 한국 불탑사에 미친 영향에 대한 문제로의 전환이 요구되는 시점에 이른 것으로 생각된다.[6] 본고에서는 이같은 점에 착안해 선학들의 연구성과를 바탕으로 다음과 같은 주안점을 두고 서술하고자 한다.

첫째, 미륵사지 석탑 건립에 따른 의의와 구조 즉, 기술력에 대해 살펴보고,

둘째, 중국 불탑과의 양식 및 구조 비교를 통해 상호 연관성에 대한 문제를 파악하고.

셋째, 미륵사지 석탑에 구현된 양식과 기술력이 한국 석탑에 끼친 영향에 대해 고찰해 보고자 한다.

......

식에 관한 연구」,전남대학교 건축공학과 석사학위논문, 1989,「백제양식계 석탑의 조형특성에 관한 연구」,『대한건축학회논문집』5-3, 대한건축학회, 1989,「백제계석탑의 구성 요소 분석에 관한 연구」,『대한건축학회논문집』6-1, 대한건축학회, 1990,「백제계 석탑의 조영특성과 변천에 관한 연구」,『건축역사연구』2-1, 한국건축역사학회, 1993,「백제계석탑과 신라석탑의 비교론적 고찰」,『건축역사연구』4-1, 한국건축역사학회, 정선종,「백제계 석탑에 관한 일고찰」,『사학지』20, 단국사학회, 1986, 홍재선,「백제계 석탑의 연구」,『초우 황수영박사 고희기념 미술사학논총』, 통문관, 1988, 박경식,「백제계석탑의 건립 배경에 대한 고찰」,『문화사학』24, 한국문화사학회, 2005.12, 전지혜,「백제양식석탑의 형성과 전개의 시발점」,『문화재』42-4. 국립문화재연구소, 2009 등이 대표적이다.

2 조은경,「미륵사지 석탑 축조의 구조 원리에 관한 기초 연구」, 文化財제42권 제2호, 2009 및「미륵사지석탑의 목구조 표현과 해석」,『대한건축학회논문집』통권 266호, 2010. 조은경·박언곤,「고대 동아시아 불탑 구조체계를 통해 본 미륵사지 석탑」,『건축역사연구』통권 78호, 2011.

3 林永培·千得琰·朴益秀,「韓國과 中國의 塔婆形式에 관한 研究(II)-初期塔婆의 類型을 중심으로」,『대한건축학회논문집』통권 44호, 1992. 朴慶植,「彌勒寺址 石塔과 隋·唐代 亭閣型佛塔과의 比較」,『백산학보』제 92호, 2012.

4 『익산 미륵사지 서탑실측 및 동탑복원설계보고서』, 전라북도, 1979.『미륵사 유적발굴조사보고서 I』, 문화재관리국 문화재연구소, 1989.『익산 미륵사지 동탑지-기단 및 하부조사 보고서』, 국립부여문화재 연구소, 1992.『미륵사 유적발굴조사보고서II』, 문화재관리국 문화재연구소, 1996.『미륵사지 서탑-주변발굴조사 보고서』, 국립부여문화재 연구소, 2001.미륵사지유물전시관,『미륵사지 석탑』, 2001 및『기록으로 보는 미륵사』, 2004. 국립문화재연구소·전라북도미륵사지석탑 해체조사보고서 I·II·III, 2003·2004·2005.

5 『新增東國興地勝覽』, 卷 33, 益山郡 佛宇條.

6 이 방면에 주목한 연구로는 주 3의 논문 및 박경식,「미륵사지석탑의 기술력이 신라 석탑에 미친 영향」,『신라문화』45집, 동국대학교 신라문화연구소, 2015, pp.67-102.

II. 미륵사지 석탑 건탑의 의의와 구조

1. 의의

미륵사지 석탑은 『삼국유사』에 기록된 창건 연기를 통해 7세기 초반경 백제 무왕 때 건립된 것으로 알려져 왔는데, 사리장엄구가 출토됨으로써 639년(백제 무왕 40년)에 건립된 것으로 밝혀졌다. 이처럼 건립연대기 확인되었음에도 불구하고, 그간 진행된 연구 결과에는 큰 영향을 미치지 못하고 있다. 왜냐하면 이미 고유섭 선생에 의해 목조건축 양식을 충실히 반영한 석탑임은 물론 한국 최초의 석탑임이 논증된바 있어,[7] 건립 연대의 확인이 그간의 연구성과를 뒤집을 그 무엇이 없기 때문이다. 이는 곧 한국 불탑사에 있어 미륵사지 석탑이 차지하고 있는 위상은 변할 수 없음을 반증한다고 생각한다.

한국 석탑 발달사에서 볼 때 미륵사지 석탑의 건립은 당시의 문화적 소양을 깨트린 쾌거였고, 이를 통해 이 땅이 '석탑의 나라'가 되는 교두보를 확보했다.[8] 뿐만 아니라 이 석탑의 건립을 계기로 이제까지 나무로만 집을 짓던 백제인들은 석재를 사용해서도 건축할 수 있는 능력을 보여주었다. 더불어 처음 건립한 석탑이 9층이란 점은 그들이 지녔던 경제력·기술력과 더불어 투철했던 신앙심을 대변하고 있다 하겠다. 2015년 현재 미륵사지 석탑(서탑)은 기단부까지 완전히 해체되어 과거의 모습은 볼 수 없지만,[9] 이 석탑이 지닌 몇 가지 의의를 정리해 보면 다음과 같다.

첫째, 현존 하는 한국의 불탑 중 최초의 석탑의 석탑이다,

이 석탑에 대해서는 『新增東國輿地勝覽』에 「有石塔極大, 高數丈, 東方石塔之最」라 기록되어 있듯이 동방의 석탑 중 最古·最大의 규모라는 점이다. 우리나라는 중국과 마찬가지로 불교전래 초기에서 서기 600년에 이르기까지 목탑이 건립되었다.[10] 그러나 7세기를 즈음한 시기에 이

---

7 高裕燮, 『韓國塔婆의 硏究』, 乙酉文化社, 1948 및 『韓國塔婆의 硏究』, 同和出版公社, 1975.

8 박경식, 『한국의 석탑』, 학연문화사, 2008, p.164.

9 미륵사지 서탑에 대해서는 1998년의 안전진단 결과 구조적 안전의 문제가 제기되어 문화재위원회의 화의를 전면 해체가 결정되었다. 이후 2001년까지 가설덧집공사 등 해체를 위한 준비가 진행되었으며, 2001년 10월부터 국립문화재연구소의 주관하에 해체가 진행되어 현재 완료된 상태이다. 국립문화재연구소, 『전리북도의 석탑』, 2004, p.48. 최근에 이르러는 석탑의 복원작업이 진행중에 있다.

10 비록 오늘까지 남아있는 삼국시대의 목탑은 단 한 기도 없지만, 문헌과 발굴조사 결과를 통해 이같은 사실을 알 수 있다. 즉, 고구려시대에는 청암리사지·상오리사지·정릉사지에서 확인된 팔각목탑지(八角木塔址), 백제시대에 건립된 미륵사지·군수리사지·금강사지·제석사지에서 확인된 목탑지, 신라시대에 건립된 황룡사9층목탑지와 문헌에 기록된 흥륜사·천주사·영묘사의 예에서 보듯이 삼국 모두 목탑을 건립하고 있음을 알 수 있다.

르러 목탑은 석탑으로 재료상에서 변화가 일어나게 된다. 미륵사지 석탑과 분황사 모전석탑 바로 그것이다. 이중 미륵사지 석탑은 화강암으로 조성되었고, 이같은 재료상의 변화는 이후 건립되는 모든 석탑에서 공통적으로 적용되었다. 때문에 미륵사지 석탑은 분황사 모전석탑에 비해 약 5년 정도 늦게 조성되었음에도 불구하고 "한국 최초의 석탑"이라는 명칭이 걸맞다고 생각한다. 왜냐하면 목탑에서 석탑으로 이행되는 과도기적인 양식의 탑이 없고, 최초로 건립된 미륵사지석탑에 구현된 양식으로 보아 조금의 망설임도 없이 한 번에 석탑을 건립한 것으로 보이기 때문이다. 그럼에도 불구하고 가장 문제로 생각되는 면은 미륵사지 석탑의 건립을 담당했던 조탑공들에게 이어 가장 큰 문제는 이제껏 익숙했던 목제에서 석재로의 전환이라는 점이다. 이에 대해 필자의 생각을 정리해 보면 다음과 같다.

① 미륵사지 석탑을 건립할 수 있는 화강암의 산지가 이웃해 있다는 점이다.

미륵사지가 있는 익산지역 특히 행정구역상 금마면 기양리는 인근에 위치한 황등면과 더불어 가장 양질의 화강암이 분포되어 있는 지역이다. 때문에 사지의 인근에서 가장 손쉽게 구할 수 있는 재료는 바로 화강암이었고, 조탑공들은 이를 재료로 채용했을 것으로 생각된다.

② 기왕에 확립된 석재를 다루는 기술력이 총 집결되었다는 점이다.

건탑의 조성 재료가 목재에서 석재로의 전환은 많은 문제를 발생시켰고, 이를 극복하기 위한 다양한 시도가 있었을 것으로 추정된다. 그럼에도 불구하고 석탑을 건립할 수 있었던 주요 원인은 바로 기왕에 축적된 석재를 다룰 수 있는 기술력이었을 것으로 생각된다. 한국에서 가장 먼저 석재를 이용해 거대한 구조체를 만든 이들은 바로 청동기시대 사람들이었다. 그들은 수 톤에서 수십 톤에 이르는 거대한 석재를 원석에서 채취하거나 이동시켜 지석묘를 축조했던 기술력을 보유했고 향상 발전시켰다. 이들이 조성했고 발전시켰던 지석묘로 대표되는 거석문화는 역사시대로 진입하면서 그대로 전승된 것으로 보인다. 바로 집안지역을 중심으로 전개된 거대한 적석총과 석실분의 존재가 이에 대한 반증이다. 더불어 삼국시대에 발생한 수많은 전쟁은 주로 성곽을 중심으로 진행되었는데, 당시 가장 많이 축성한 성곽은 바로 石城이었다. 석성의 축조에는 엄청난 양의 석재가 소요되었기에, 채취로부터 운반, 가공과 축조에 이르기까지 다방면에서의 기술력을 요하는 사항이다. 더욱이 백제는 4세기 이래 수도였던 한성과 공주 그리고 부여와 그 인근에 수많은 석성을 축조하고, 전투를 수행했다. 따라서 한성도읍기의 중심지였던 서울 풍납동에서 확인되는 거대한 기단식 적석총과 공주와 부여에 이르기까지 백제 묘제의 중심을 이루었던 돌방무덤, 경기도 이천 설봉산성에서 확인된 석성의 존재는[11] 백제가 석재를 다

---

11 경기도 이천 설봉산 정산에 축조된 설봉산성이 4세기 후 반경 축조된 것으로 밝혀진 바 있다. 단국대학교 매장문화재연구소, 『이천 설봉산성 2차발굴조사보고서』, 2001.

루는 기술력을 충분히 갖추고 있음을 분명히 보여주고 있다. 따라서 기왕의 목탑에서 노정되는 여러 문제점으로 인해 재료의 변환이 요청되었던 7세기에 이르러 백제의 석공들은 석재를 마음대로 다룰 수 있는 기술적 자신감이 충분했고, 그 자신감과 축적된 기술력을 바탕으로 목탑에서 석탑으로의 전환이 이행된 것으로 보인다. 더불어 화강암이 주는 강건함은 수시로 수리를 해야 했던 목탑에 비해 永續性이 보장된다는 것이 가장 큰 장점으로 작용했을 것으로 생각된다. 이로 인해 미륵사지 석탑을 탄생시킨 백제 석공들의 도전 및 장인 정신은 중국이나 일본과는 달리 한국이 "석탑의 나라"로 불릴 수 있는 轉機를 마련한 것으로 판단된다.

둘째, 미륵사지 석탑은 조성재료는 석재이지만, 양식적으로 볼 때 목조건축을 충실히 재현하고 있다. 우현 선생은 "조선의 石造婆는 그 출발점을 두 개의 입장에 두고 있다. 하나는 在來의 方形 多層樓 형식인 목조 탑파의 양식을 재현시키는 곳에 두고, 他의 하나는 隋唐 이래, 갑자기 융성한 漢地 塼造 탑의 양식을 재현 시키는 곳에 두고 있다."[12]라고 구분하고 있다. 선생의 견해에 입각하면 다층 목조탑의 양식적 계승이 석탑의 발생의 한 요건으로 이해된다. 익히 알려진 바와 같이 미륵사지 석탑은 목조건축의 양식을 충실히 재현하고 있음을 보아 중국 전탑의 영향을 받아 건립된 탑이 아니라, 기왕에 축적된 목조건축술을 석조건축에 베풀어 놓은 탑이라는 결론에 도달하게 된다.[13] 이는 미륵사지 석탑에 나타나는 제반 양식은 전탑의 영향이 배제될 수 있다는 반증이기도 하다. 때문에 우현 선생은 미륵사지 석탑을 "方形 多層樓의 목조 탑파 양식을 재현한 최초의 예[14]로 판단한 것으로 이해된다.

2. 구조[15](사진1-2)

미륵사지 석탑은 화강암으로 건립된 한국 최초의 석탑이다. 때문에 이제까지 목조건축에 익숙해 있던 백제의 조탑공들은 석재를 사용함에 있어 외형적인 양식은 물론 상부로부터 전달되는 하중을 어떻게 분산하는가가 가장 문제로 대두었을 것으로 생각된다. 이같은 점에 대해 지금까지의 연구는 대체로 양식적인 면에서 목조건축의 요인을 확인하고, 이를 구명하는데 집중

12 高裕燮, 『韓國塔婆의 研究』, 乙酉文化社, 1947, p.202.
13 朴慶植, 「彌勒寺址 石塔과 隋・唐代 亭閣型佛塔과의 比較」, 『백산학보』 제92호, 2012, p.161.
14 주 12와 같음.
15 미륵사지 석탑의 구조에 대해서는 기 발표한 「彌勒寺址 石塔과 隋・唐代 亭閣型佛塔과의 比較」, 『백산학보』 제92호, 2012, pp.129-166, 「미륵사지석탑과 분황사 모전석탑의 비교 고찰」, 『백산학보』 98호, 백산학회, 2014, pp.391-432. 「미륵사지석탑의 기술력이 신라 석탑에 미친 영향」, 『신라문화』45집, 동국대학교 신라문화연구소, 2015, pp.67-102에서 다양한 특성에 대해 고찰한 바 있다. 이 부분은 앞의 논문들을 정리 요약했음을 밝힌다.

되어 왔다.[16] 그렇지만, 해체가 완료된 현재의 시점에서의 연구는 내부의 구성요인에 까지 확대되어 주로 건축학적인 면에서 연구가 진행되고 있다.[17] 이처럼 미륵사지 석탑에 대한 구조적인 측면에서의 연구는 본격적인 국면을 맞아하고 있는 것으로 판단되는데, 그간 파악된 구조적인 특징에 대해 정리해 보면 다음과 같다.

석탑의 건립에서 가장 큰 문제는 상부에서 전달되는 수직하중과 각 부재의 연결에 따른 수평하중의 분산에 있다. 이는 미륵사지 석탑의 건립에 있어 재료의 변화와 더불어 이는 가장 큰 문제로 대두되었을 것으로 추정된다. 이에 따라 과거 목탑을 건립하던 조탑공들은 기왕에 구축되었던 목조건축술의 기술적인 차용은 물론 새로운 기법도 고안·개발했을 것으로 판단된다. 물론 중국에서 시작된 기술적인 면에서의 영향을 전적으로 배제할 수는 없다.[18] 중국을 포함한 7세기에 이르기까지의 불탑은 조적식과 가구식으로 볼 수 있는데, 이 두 개념이 모두 포함된 이원구조체와 이들 중 하나의 이 최적화되어 표현된 일원구조체계로 구분된다.[19] 이같은 관점에서 본다면 미륵사지 석탑은 조적식과 가구식이 포함된 이원구조체로 건립되었다. 이는 현재 해체된 양상, 특히 2중기단[20]과 1층 탑신의 구조체에서 확연히 드러나고 있다. 먼저 1층탑신의 외벽에서 확인되는 가구식 구조를 보면 다음과 같다.

탑신이 벽체를 구성하는 면석과 부재들은 치석된 화강암을 사용했다. 기단의 상면에는 초반과 초석 그리고 이를 연결해 주는 심방석은 물론 민흘림기둥까지 완벽한 목조건축의 벽체를 형성하고 있다. 특히 초반석은 기둥으로 집중되는 수직하중을 효과적으로 지반에 전달하기 위하여 기초의 깊이를 확보하는 하나의 방편으로 사용되었으며, 지반으로부터 올라오는 습기가 초

---

16 이같은 연구는 우현 고유섭 선생 이래 대부분의 연구자들의 관심이 집중되어 왔고, 이같은 면은 엄기표 선생에 의해 총체적으로 집약되었다. 엄기표, 「百濟 石塔의 先後에 대한 考察 : 木造建築 요소를 중심으로」, 『문화사학』 16, 한국문화사학회, 2001, pp.29-86.

17 주 2와 같음.

18 미륵사지 석탑의 초석이 초반석과 초석의 2중구조인 점이 "중국 낙양 영녕사 탑지 실심체 내의 3중초석 구조나 북조시대 조팽성 불사 탑지의 승초석 구조와 동일한 것으로 보는 견해도 있다." 국립문화재연구소·전라북도, 『彌勒寺址石塔 기단부 발굴조사 보고서』, 2012, p.221.

19 조은경·박언곤, 「고대 동아시아 불탑 구조체계로 본 미륵사지 석탑」, 『건축역사연구』78호, 한국건축역사학회, 2011, p.7.

20 미륵사지 석탑의 기단부는 그간 단층기단으로 파악되어 왔다. 그러나 2000년 1월 5일부터 2월 17일까지 진행된 서탑 주변 발굴조사 결과 2층기단임과 더불어 사방에 출입을 위한 계단 시설이 있었음이 확인되었다. 미륵사지 석탑에 구현된 2층 기단은 파괴가 심할 뿐만 아니라 하층기단의 기저부와 면석에 탱주가 없는 점 등에서 신라 전형기 석탑에 구현된 2층 기단과는 양식상 차이점이 있다. 따라서 천득염 선생은 이를 "초기적인 2층 기단의 양식"으로 규정 한 바 있다. 국립부여문화재연구소, 『彌勒寺址 西塔 周邊發掘調査 報告書』, 2001 및 천득염, 『백제계석탑 연구』, 전남대학교 출판부, 2003, p.40.

미륵사지석탑(정면에서)

미륵사지석탑(측면에서)

기단부 해체후 토층상황

미륵사지석탑 하부 토층

초석과 초반석

초석상면의 홈

기단 면석 결구상태

1층 탑신 출입문과 우주

1층 탑신 내부 천장

1층 옥개석 상면 적심

1층 옥개석 부재 뒤뿌리 치석상태 1

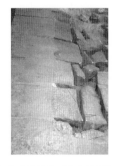

1층 옥개석 부재 뒤뿌리 치석상태 2

사진-1. 미륵사지석탑의 구조 1

석에 영향을 미치지 않도록 하는 완충재로서의 역할도 수행한 것으로 보고 있다.[21] 이와 더불어 기둥은 초석의 상면에 그대로 놓인 것이 아니라 초석의 상면에 기둥의 규모와 동일하게 홈을 파서 결구했는데, 이러한 방식은 기둥의 이탈을 방지함과 동시에 상부의 하중이 심초석을 통해 지면으로 전달하는 적절한 구조체계이다. 뿐만 아니라 기둥과 벽체를 구성하는 면석들 역시 서로 연결되는 부분에는 홈을 파서 양 부재가 결구되도록 한 구조 역시 석재의 이탈방지는 물론 각각의 부재들 간에 작용하는 장력을 활용할 수 있는 구조라 생각된다.[22] 아울러 기둥과 기둥을 연결하는 창방석과의 결구[23] 및 상면에 놓인 평방석, 그리고 중간에 놓인 보조기둥들 역시 외벽 상부의 하중이 분산될 수 있는 원리를 원용한 것으로 판단된다. 이와 더불어 미륵사지석탑에서 구현된 목조건축의 기법은 내부 천장의 구조에서도 확연히 드러난다. 이는 사방에 개설된 답도 의 상면에 내어쌓기 수법으로 간격을 좁힌 후 판석을 놓아 평천장을 구성하고 있다. 이같은 수 법에 대해서는 우현 선생 이래 천득염 선생에 이르기까지 고구려 고분의 축조방법에서 영향을 받은 것으로 해석하고 있는데[24], 필자 역시 이 의견에 공감한다. 결국 미륵사지 석탑의 천장부 는 고구려에서 축적된 무덤의 천장을 조성했던 기술력이 전승된 것으로 판단된다.[25]

미륵사지 석탑에 구현된 또 하나의 기술력은 긴단과 탑신의 면석은 물론 옥개석에서 낙수면 을 구성하는 석재의 뒷뿌리를 길게 조성해 내부에 놓이는 석재들과 물리도록 구축되었다는 점이다. 이처럼 옥개석에서 뒷뿌리를 길게 치석한 석재를 사용함에 따라 부재가 낙하되는 것을 방지함과 동시에 옥개석의 상면에 충적된 석재와 서로 맞물려 인장력을 높이는 결과를 가져온 것으로 생각된다.[26] 이같은 정황을 보며 미륵사지 석탑의 외벽은 판축된 지반, 심주, 기둥, 면

---

21 조은경 · 박언곤, 앞 논문, p.22.

22 이같은 결구 방식은 신라에 전파되어 의성 탑리오층석탑, 감은사지 삼층석탑 등 여러 탑에서 확인되고 있다. 뿐만 아니라 고려시대에 건립되는 백제계 석탑에서도 공통적으로 보이는 결구방식이기도 하다.

23 기둥의 상면은 좌 · 우를 파내 T자형으로 가공하여 좌우 측면에 창방석이 결구되고 있다. 국립문화재연 구소 · 전라북도, 2011, 앞 책, p.175.

24 우현 선생은 미륵사지석탑의 옥개받침에 대해 목조건축의 공포로 출발했음을 적시하며, 평양과 고구려 의 전 도읍지인 만주 통화성 집안현 내에 多數한 고구려 고분의 천정받침이 이를 증명한다고 보았다. 뿐 만 아니라 "그러나 다시 한번 생각해 본다면 이 수법은 구태여 築博수법이라는 것을 생각할 필요도 없이 純力學的 物理學的으로 필연적으로 나올 수 있는 수법이 아닐까. 즉 廣幅이 적은 재료로서 공간을 넓혀간 다든지 좁혀간다든지 또는 塊體를 쌓아 모은다든지 이어 받자면 누구에게나 어느 곳에서나 물리학적 원 칙에 의해 나올 수 있는 형식이라고 할 것이 아닐까." 라 언급해 층단형 받침이 나타나는 것에 대해 특정 문화의 영향이 아니라 보편적으로 나타날 수 있는 방식임을 피력한 바 있다. 高裕燮, 『韓國塔婆의 硏究』, 乙酉文化社, 1948, pp.44-45 및 천득염, 『백제계 석탑 연구』, 전남대학교 출판부, 2000, p.44.

25 이처럼 석재를 들여쌓기 방식으로 조성해 상면의 면적을 줄인 예는 고구려 태왕릉의 선도 및 모접이 천 장의 구조에서 확인된다.

26 박경식, 「미륵사지석탑과 수 · 당대 정각형불탑과의 비교」, 『백산학보』92호, 백산학회, p.156. 이와 더불

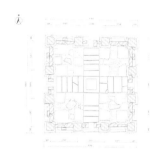

1층탑신 평면도

1층탑신 십자형 통로 전경

1층탑신 내부 적심구조(정면)

1층탑신 내부구조(측면)

1층탑신 동쪽면 구조체

1층탑신 서쪽면 구조체

1층탑신 남쪽면 구조체

1층 탑신 북쪽면 구조체

심주석 축조상태

1층 탑신 내부 심주석

2층 옥개석 상면의 심주석

찰주 받침석

사진-2. 미륵사지석탑의 구조 2

석, 창방과 평방, 옥개석을 구성하는 부재들에 이르기까지 모든 구성 요인들이 상호 상승작용을 일으키며 외벽체에서 발생하는 하중을 분산하고 있음을 알 수 있다.

　석탑의 내부는 그간 6층에서 1층 탑신에 이르기까지 해체하는 과정에서 드러난 구조체가 조적체임이 밝혀져 외벽과는 별개의 하중 전달체계가 있음을 알 수 있었다. 이는 매층 옥개석의 상면을 구축했던 수많은 석재와 더불어 4층까지 연결된 심주석을 통해서도 확인할 수 있다. 이런 가운데서 가장 주목되는 부분은 1층 탑신에서 十字形의 통로의 4벽체를 구성하는 방형의 적심 구조체이다. 이같은 구조체는 평면방형의 지닌 기단을 지닌 어느 석탑에서도 볼 수 없는 독특한 체계로 판단된다. 이같은 면면을 볼 때 석탑의 내부는 외벽과는 별도로 수직하중을 받을 수 있는 이원적 축조기법이 적용된 것으로 판단된다. 이를 구체적을 보면 십자형 통로를 중심으로 4면에 대형의 석재로 구축된 적심체가 구축되었는데, 각 면 구조체의 입면은 대체로 3단 3열로 구성되어 있다. 통로 쪽은 비교적 큰 석재를 2단으로 축조하고, 통로의 내부 쪽만 치석하고 나머지 면은 자연석을 적당히 가공했다. 입구 쪽을 제외한 나머지 면은 3-4단으로 조성했는데, 3열의 석재 중 좌·우의 석단은 대형의 석재가 사용되었다. 그럼에도 중간부는 동쪽 면을 제외하면 비교적 부정형의 석재를 사용한 탓에 마치 빈 여백을 채워 넣은 듯한 느낌을 주고 있다. 이같은 경향은 남쪽면의 구조체에서 두드러지게 확인되고 있다. 뿐만 아니라 3단 3열의 석재를 구축함에 하중을 받기에 용이한 品자형을 축조한 것이 아니라 일자형으로 쌓아 틈새가 벌어질 수밖에 없는 구조를 이루고 있다. 이에 반해 북쪽 면 좌측의 구조체만은 2단열에 장방형의 대형 석재를 놓아 비교적 안정적인 구조를 보이고 있다. 이같은 상황을 보면 통로를 중심으로 네 곳에 구축된 적심체는 각각 독립적인 구조체로 판단되는데, 이는 통로의 상면에 놓였던 평천장과 내부에 충적된 적심석 등과 상호 유기적인 영향을 주고받았던 것으로 판단된다.[27] 따라서 북쪽 면 좌측의 구조체를 제외한 적심체의 구축방법 을 볼 때 붕괴되기에 가장 쉬운 축조방법이 사용되고 있어[28] "석탑이 중심에서 바깥쪽으로 갈수록 기울어져 있다"는 보고서의 내용을 뒷받침한다.[29] 이런 맥락에서 볼 때, 과연 현재의 모습이 건립 당시의 양상이었을까? 하는 의문

　어 이같은 더불어 이같은 방식은 석성의 축조에서 면석과 면석의 사이에 길이가 긴 心石을 밞음으로써 뒷채움석과 면석이 서로 맞물리도록 한 방법과 동일한 의도라 생각된다.
27 이에 대해 목조건축의 사천주와 같은 역할을 했을 것으로 보는 견해가 있다. 국립문화재연구소·전라북도, 2011, 앞 책, p.188.
28 이같은 축조 방법은 일단 균열이 시작되면 계속 진행될 수 밖에 없는 구조이다. 때문에 석재를 중첩해 축조하는 석축이나 성벽등에서는 品자형으로 축조하는 것이 보편적인 방식이다. 미륵사지 석탑과 같이 헤아릴 수 없을 만큼의 많은 적심석이 사용된 석탑의 가장 하부 적석부가 이같이 축조되었다는 사실이 이해되지 않는 측면이 있어 언젠가 변형되었을 의구심을 배제할 수 없다.
29 국립문화재연구소·전라북도, 2011, 앞 책, p.187.

이 제기된다. 좀 더 부언하면 3단의 석재가 일렬로 축조되어 있어 상부로부터 편하중이 걸릴 경우 각 열의 석재를 좌우로 기울 수밖에 없는 구조를 지니고 있다는 점이다. 더불어 석탑의 내부 중심에 놓인 심주석은 1층에서 4층 중간까지 총 17개가 수직으로 연속되어 있었고, 구조적으로 적심에서 독립된 형식이었다.[30] 따라서 미륵사지 석탑의 심주석은 상부의 하중과는 무관한 구조체였음을 알 수 있는데, 가장 상면에서 확인된 부재에 직경 351-384mm, 깊이 95mm의 홈이 있어 찰주공으로 추정되고 있다.[31] 따라서 석탑에서 확인되는 심주석은 상부의 하중과는 무관하게 찰주를 받기위한 구조체로 판단된다. 이상과 같은 해체 상황을 보면 미륵사지 석탑은 외벽과 내부의 하중 전달체계가 이원화된 구조를 지니고 있음을 알 수 있다. 즉, 내부는 十字形 통로를 중심으로 1층 탑신에 구축된 적석구조체가 총체적인 하중을 받아내는 구조를 이루고 있다. 반면, 외벽은 판축 된 지반, 심주, 기둥, 면석, 창방과 평방, 옥개석을 구성하는 부재들에 이르기까지 모든 구성 요인들이 상호 상승작용을 일으키며 외벽체에서 발생하는 하중을 분산시키고 있음을 알 수 있다. 이같은 구조는 목재에서 석재로 변환되는 과정에서 하중의 분산을 심사숙고했던 당시 조탑공들의 지혜이자, 백제 건축 기술의 정수라 생각된다.[32]

Ⅲ. 중국 불탑과의 비교(사진 3-5)

중국의 불탑은 다양한 유형으로 건립되고 있는데,[33] 이들 중 가장 오래된 연원을 지닌 불탑은 누각식과 정각형 불탑이다. 이 유형의 불탑은 북위시대에 조성된 운강석굴에서 확인되고 있음을 볼 때 중국을 포함한 동아시아의 불탑에서 가장 먼저 건립된 것임은 분명하다.[34] 더불어 이

---

30 국립문화재연구소 · 전라북도, 2011, 앞의 책, p.188.

31 위의 책, 표3-17.석탑에서 수습한 심주석 현황 참조.

32 이에 대해 "미륵사지석탑은 석재라는 재료를 사용하였기 때문에 외부에 구성되는 층수와 높이만큼 내부 구조체를 형성할 수 있었다는 점에서 재료의 전환을 통한 구조체계의 실현이 가능하였다고 판단된다. 이러한 구조체계는 절대높이 내에서 가능한 한 다층, 즉 9층이라는 층수를 표현하기 위해 선택되었으며 이러한 층수의 표현은 미륵사지 중원 탑보다는 전체 높이가 낮아짐에도 불구하고 동일한 층수를 표현하기 위한 조영 의식이 반영된 것으로 판단된다"는 견해도 발표된 바 있다. 조은경 · 박언곤, 앞 논문, 2011, p.26.

33 가장 대표적인 유형은 樓閣式塔 · 密檐式塔 · 亭閣式塔 · 花塔 · 覆鉢式塔 · 金剛宝座式塔으로 구분하고 있다. 朱耀廷 外, 『古代名塔』, 遼寧師範大學出版社, 1996, 20~31쪽. 이외에도 樓閣式塔 · 密檐式塔 · 亭式塔 · 異形塔 등으로 구분하기도 한다. 肅黙 主編, 『中國建築藝術史』, 文物出版社, 1999, pp.332~340.

34 운강석굴에서 확인되는 누각식탑은 1굴과 2굴에서부터 대부분의 석굴에서 확인되고 있다. 이에 반해 정각형불탑은 1굴 1점, 2굴 3점, 14굴 9점등 모두 13점이 확인된다.

들 불탑들은 석굴의 벽면에 부조되거나 석재로 건립되고 있어 주목된다. 뿐만 아니라 여러 박물관에는 소형의 석탑들이 진열되어 있는데, 대부분이 목조건축의 양식을 충실히 재현한 소형 석탑이라는 공통점을 지니고 있다. 따라서 운강석굴과 박물관에서 파악되는 북위시대에 건립된 석탑은 미륵사지 석탑과의 비교대상이 될 수 없음은 분명하다. 이후 수와 당대를 거치며 석재와 벽돌로 건립한 정각형 불탑[35]과 전탑들이 조성되고 있는데, 이들 중에서 미륵사지 석탑과의 비교대상이 될 수 있는 유형은 전자의 형식이다. 필자는 이같은 관점에서 정각형 불탑과 미륵사지 석탑을 양식과 구조적인 측면에서 비교 연구를 시도한 바 있는데, 상호 영향 관계를 논할 수 없음을 파악한 바 있다.[36] 본 장에서는 앞서의 결과를 좀 더 명확하게 하기 위해 현존하는 정각형 불탑 중 신통사 사문탑(611년 건립)과 미륵사지 석탑을 양식과 구조적인 측면으로 구분해 고찰하고자 한다. 양 석탑에서 파악되는 특성을 정리해 보면 다음의 표로 집약된다.

〈표 1〉 사문탑과 미륵사지 석탑 양식 비교 표

비교대상		사문탑	미륵사지석탑(서탑)
규모		단층	6층(9층으로 추정)
조성재료		응회암(장대석 형태)	화강암(판석형 부재)
기단부		매몰	화강암으로 축조한 2층기단
출입시설	계단석	있음	있음(추정)
	출입문	아치형	장방형
내부구조	답도	있음(내부 일주 가능)	있음(내부 일주 불가능)
	고주	있음(불단 구조)	있음(기둥 구조, 상륜부 받침)
	천정부	고깔형 천장	평천장
	봉안물	각 면 1구씩 4구의 불상	심주에 봉안된 사리
옥개석		상·하 층단형	하층 층단형, 상층 낙수면
상륜부		노반, 앙화, 보륜, 보주	결실
장엄조식		없음, 표면에 강회	없음.
구조		空筒式	이원구조체(가구식+조적식)

35 필자는 이들 불탑에 대해 전탑과 석탑으로 구분해 견해를 발표한 바 있다. 박경식, 「隋·唐代의 佛塔研究(Ⅰ)-亭閣形石造塔婆」, 『文化史學』29號, 韓國文化史學會, 2008 및 「隋·唐代의 佛塔研究(Ⅱ)-亭閣形塼造塔婆」, 『東洋學』 53輯, 檀國大學校 東洋學研究院, 2013.
36 필자가 필자가 정각형 불탑을 미륵사지 석탑과 비교의 대상으로 삼은 이유는 전자의 불탑이 북위시대로부터 당대에 이르기까지 지속적으로 건립되었을 뿐만 아니라 평면구도는 물론 초층 탑신에 개설된 출입시설과 내부에 공간을 형성하고 있다는 점에서 비교의 대상이 될 것이라 판단했기 때문이다. 朴慶植, 「彌勒寺址 石塔과 隋·唐代 亭閣型佛塔과의 比較」, 『백산학보』 제92호, 2012, pp.129-166.

1. 양식적인 면에서의 비교

앞서서도 언급한 바와 같이 양 석탑은 목조건축의 양식을 재현하고 있다는 점에서 전반적인 특징을 공유하고 있다. 그러나 이를 세세히 관찰해 보면 여러 면에서 차이점이 발견되는바, 이를 정리해 보면 다음과 같다.

첫째, 양 탑은 모두 낮은 기단부를 구비하고 있다.

신통사 사문탑은 높직하고 넓은 기단 위에 건립되어 있는데, 이는 신축한 것으로 판단된다. 더불어 계단석이 본래의 기단부 상면과 일치하고 있고, 드러난 너비 또한 좁기 때문에 본래는 지금보다 좁은 규모의 단층기단을 구비했던 것으로 추정된다. 뿐만 아니라 기단의 각면 중앙에는 감실로 들어가는 계단석이 설치되어 있다. 이에 반해 미륵사지 석탑은 2층 기단으로 조성되었음에도 불구하고 전체 탑신에 비해 기단의 높이가 현저히 낮아, 전체 높이에 비해 안정적인 기단의 규모를 유지하고 있다. 뿐만 아니라 상·하층 기단의 중앙부에는 상면으로 오르는 계단이 설치되어 있다. 결국 양 탑은 탑신에 비해 낮은 기단과 여기에 오르는 계단이 설치됐다는 공통점이 있지만, 미륵사지 석탑은 2층기단으로 구축되었다는 점에서 차이를 보이고 있다.

둘째, 탑신 네 벽에는 출입문을 개설하고 있다.

양 석탑에서는 탑신 네 벽에 문을 개설하고 있는 공통점을 보이고 있다. 석탑에서 사방에 문을 개설하는 것은 재료는 석재를 사용했지만, 내부에 공간이 있는 목조건축임을 분명히 보여주고자 하는 의도라 생각된다. 이처럼 목조건축에서 사방에 문을 내는 경우는 중국에서도 북위시대에 건립된 낙양 永寧寺塔에서도 볼 수 있고[37], 한국에서는 법주사 팔상전에서 그 예를 볼 수 있다. 때에 양 석탑은 내부로 출입할 수 있는 공통점은 있지만, 사문탑은 북위시대 이래의 전통적인 아치형의 구조에 장방형의 출입구를 개설한 반면, 미륵사지는 온전히 장방형의 형태라는 점에서 차이를 보이고 있다.[38]

셋째, 내부에 공간을 구성하고 있다.

이 역시 목조건축에서 석탑의 양식이 왔음을 명확히 보여주는 한 요인이다. 사문탑의 경우는 중앙에 구축된 심주를 주심으로 사방에 우주와 탱주를 배치한 장방형의 불단이 개설되고, 각 면에는 불상을 1구씩 봉안했다. 뿐만 아니라 중앙의 心柱를 중심으로 사방을 일주할 수 있는 답도가 형성되어 있어 탑 내부에 들어서면 사방에 봉안된 불상을 따라 일주하며 예불의식을 진행

---

37 張馭寰, 『中國佛塔史』, 科學出版社, 2006, p.20.

38 미륵사지 석탑에 개설된 문의 양식은 사문탑을 비롯한 정각형 불탑보다는 분황사모전석탑과 동일한 구도를 보이고 있다.

서안박물원 소장 석탑 1

서안박물관 소장 석탑 2

서안박물원 소장 석탑 3

감숙성박물관 소장 석탑

약왕상석굴 석탑

운강석굴 1굴 탑주

운강석굴 2굴 탑주

운강석굴 39굴 석탑

영천사 도빙법사탑(563년)

사진-3. 북위 및 북제시대에 건립된 석탑

할 수 있는 구조이다. 결국 북위시대로부터 수와 당대에 걸쳐 건립된 정각형 불탑은 순수 사리신앙의 매체로서의 불탑이 아닌 佛殿의 기능을 지닌 것으로 생각된다.[39] 그러나 미륵사지 석탑은 사방으로 통하는 문은 있을지언정 어느 방향에서 진입을 하든지 심주석에 봉안된 사리로 시선이 집중되는 구조를 지니고 있다. 즉, 어느 방면으로든 문을 통해 탑의 내부에 들어섰을 때 사문탑에서는 불상을 대면하지만, 미륵사지는 사리를 만난다는 차이점이 있다. 즉, 불상이 형상을 갖춘 현실적인 신앙의 매체라면 사리는 보다 상징성에 몰입하는 신앙의 매체라는 측면에서 확연히 다른 신앙패턴에 근거하는 것이기에 주목된다.[40] 따라서 미륵사지 석탑에서처럼 순수 사리만을 봉안하고, 이에 대한 숭배의식만 강조되는 탑 신앙은 이후 건립되는 모든 한국 석탑에 적용됨으로써 양 국의 불탑은 건탑의 목적이 서로 다른 방향으로 전개되는 단초를 조성하고 있다고 생각한다.[41]

넷째, 옥개석의 하면에 층단형의 받침이 마련되어 있다는 점이다.

한국석탑의 양식 기원을 중국의 전탑에서 구하는 가장 큰 요인이 바로 옥개받침부이다. 그렇지만, 사문탑을 비롯한 중국의 전탑은 하단은 물론 낙수면에 이르기까지 층단형을 이루는 반면, 한국 탑의 경우는 상면에 지붕의 낙수면을 그대로 재현하고 있다. 이같은 현상은 벽돌과 석재라는 재료의 차이와 더불어 석재가 목조건축의 지붕을 구현하기에 적절했던 것이 주된 원인으로 생각된다. 결국 정각형 불탑과 미륵사지석탑의 옥개석 하면에서 나타나는 받침 수법은 벽체보다 지붕을 넓게 형성해야한다는 목조 건축의 기본 원리를 충실히 이행한 결과라 생각된다. 이처럼 옥개석하면에서는 층단형 받침이라는 공통점이 형성되지만, 상면의 처리수법 즉, 낙수면에서는 확연한 차이를 보이고 있다. 사문탑의 상면에는 각형 22단의 받침

---

39 이같은 판단은 북위시대나 북제시대의 정각형 불탑에서 내부에 불상 또는 승려의 상을 봉안했고, 당대에 건립된 정각형 불탑에서도 그러한 양상을 보이고 있기 때문이다. 따라서 내부에 답도의 개설 유무를 떠나 감실의 중앙에 예배의 대상이 될 수 있는 주체가 봉안된다는 사실은 결국 이 유형의 불탑이 지닌 성격을 대변하는 것으로 생각된다.

40 조은경 선생은 미륵사지 석탑의 내부공간은 불상이 안치되어 이를 요위하는 의례공간과는 성격이 다른 사리가 봉안되어 있는 상징적 공간을 효과적으로 표현하기 위한 방법으로 묘제의 축조기법이 적용된 것으로 보고 있다. 조은경, 「미륵사지서탑 축조의 구조 원리에 관한 기초 연구」, 文化財제42권 제2호, 2009. 6, pp.107-108.

41 한국 석탑에서도 통일신라시대에 건립된 모전석탑과 전탑에서 초층탑신에 개설된 감실이 확인 된다 그러나 소형의 규모인 탓에 출입은 물론 이에서의 예배의식의 진행은 불가능하다. 뿐만 아니라 감실의 내부에서는 불상을 봉안했던 불좌등의 흔적을 찾을 수 없다. 따라서 상기의 확인되는 감실은 오로지 목조건축의 공간을 상징하는데 충실하고 했던 구조로 이해된다. 이와 더불어 통일신라시대 석탑에서 표면에 사방불을 조성한 예를 볼 수 있지만, 이 역시 탑신내부에서 사리공이 확인되는 점으로 보아 중국과는 확연히 다른 탑신앙의 일면이라 하겠다.

사문탑	미륵사지석탑	사문탑 평면도
미륵사지석탑 평면도	사문탑 출입문	미륵사지석탑 출입문
사문탑 내부 공간	미륵사지석탑 내부 공간	사문탑 심주석
사문탑 내부 답도	미륵사지석탑 심주석	미륵사지석탑 내부 답도

사진-4. 사문탑과 미륵사지 석탑의 비교 1

을 조출해 낙수면을 구성하고 있다. 이에 반해 미륵사지 석탑의 옥개석은 완만한 경사를 이루
는 낙수면을 구성하고 있다. 뿐만 아니라 사문탑의 처마는 많은 부재가 사용되어 수평을 이룬
탓에 전각에 서 반전을 이루지 못하고 있다. 이에 반해 미륵사지 석탑에서는 판석형의 부재가
사용된 탓에 처마의 수평은 전각에 이르러 약간의 반전을 이루고 있다. 뿐만 아니라 합각선의
우동이 두툼하게 표현되어 목조건축의 지붕과 매우 흡사한 양식을 보이고 있다. 이같은 차이
는 낙수면을 구성하는 석재의 차이에서 기인한 것으로 판단된다. 즉, 사문탑의 옥개석 상면에
는 마치 벽돌과 같이 치석한 소형의 석재가 사용된 반면, 미륵사지 석탑에서는 판석형의 화강
암을 사용해 조성했다. 이처럼 양 석탑에 구현된 서로 다른 옥개석의 양식은 7세기에 건립된
양 국의 탑에서 확연한 차이를 드러내 양국의 석탑이 서로 다른 길을 걷게 한 요인이라 생각
된다.[42] 따라서 미륵사지 석탑과 사문탑을 중심으로 한 정각형 불탑과 비교해 보면 목조건축
을 충실해 재현하고 있다는 데서 공통적이지만, 근본적으로는 확연한 차이점을 보이고 있다.
특히 탑신의 감실을 활용하는 문제에 이르러는 이를 건립하는 근본적인 목적성에서 차이가
있다. 다시 말해 중국의 정각형 불탑은 처음부터 佛殿의 개념으로 탑을 조성했기에 예배의 공
간으로 활용될 수 있었지만, 미륵사지 석탑은 순수한 사리봉안처로서 불탑이 지닌 본래의 기
능성에 충실했다. 결국 중국과 한국의 서로 다른 불탑 양식은 탑에 대한 서로 다른 인식에서
시작된 것이라 생각된다.

2. 구조적인 면에서의 비교

앞서 언급한 바와 같이 양 석탑은 양식적인 면에 있어서도 확연한 차이를 드러내는데, 이를
구조적인 면에서 살펴보면 더욱 분명해진다. 즉, 사문탑이 空筒式인 반면, 미륵사지 석탑은 가
구식과 조적식이 혼용된 이원구조체계로 축조되어 있다. 이같은 차이점으로 인해 양 석탑은 다
양한 측면에서 서로 다른 양식으로 건립되었는데, 이를 살펴보면 다음과 같다.

첫째, 벽체를 구성하는 석재의 결구수법에서 확연한 차이를 보이고 있다.

사문탑은 벽체를 구성하는 석재가 모두 장대석의 형태일 뿐만 아니라 횡방향으로만 축조된
단순구조를 보이고 있다. 이같은 축조방식은 석탑의 규모가 1층에 불과한 데다, 내부에는 심주

---

42 사문탑에서 구현된 옥개석의 양식 즉, 상하면에 모두 층단형 받침을 두는 양식은 643년에 건립된 華嚴寺
址 杜順塔에서 전탑의 한 양식으로 정착된 이래 이후 건립되는 모든 전탑에서 공통적으로 보이고 있다.
이에 반해 미륵사지 석탑에서 이룩한 옥개석의 양식은 감은사지 석탑에서 구현된 이래 한국의 모든 석탑
에서 공통적인 양식으로 정착된다. 따라서 중국과 한국의 탑에 보이는 옥개석의 양식은 양 탑에서 비롯
된 것으로 이해된다.

사문탑 옥개석   미륵사지석탑 옥개석   사문탑 탑신부 축조방법

미륵사지석탑 탑신부 축조방식   사문탑 천장구조   미륵사지석탑 천장구조

사문탑 축조방법(공통식)   미륵사지석탑 축조방식(이원구조체)

사진-5. 사문탑과 미륵사지 석탑의 비교 1

를 구축했기에 지붕의 하중 처리는 문제없다는 자신감에서 비롯된 것으로도 이해된다.[43] 그러나 미륵사지 석탑은 면석과 우주 그리고 탱주가 적절히 배치되고 있을 뿐만 아니라 석재가 가로 및 세로방향으로 구축되어 있어 보다 건축적인 결구방식을 지니고 있다. 그 결과 639년에 발생한 통일신라시대의 지진에도 견디어냈고,[44] 해체 작업이 시작된 2001년까지도 탑의 형태를 계속 유지할 수 있었던 것으로 생각된다.

둘째, 내부 천장의 구조에서도 확연한 차이가 드러난다.

사문탑은 심주석을 따라 형성된 답도의 상면에 고깔형으로 석재를 놓아 천정부를 구성하는 형태이다.[45] 이에 반해 미륵사지 석탑은 사방에 개설된 답도의 상면에 내어쌓기 수법으로 간격을 줄인 판석을 놓아 평천장을 구성하고 있다.

셋째, 석탑의 층수를 볼 때 건립 계획 단계에서부터 건탑 공법에 분명한 차이가 있었다.

사문탑은 단층임에 비해 미륵사지 석탑은 9층으로 건립되었다는 점을 고려하면 양 탑에 적용된 기술적인 차이는 분명하다. 때문에 사문탑은 벽체만을 석재로 구축하고, 내부에는 공간이 형성된 空筒式 공법이 적용되었다. 그러나 9층으로 건립된 미륵사지 석탑에서는 사문탑과 같이 공통식이 적용되었다면 건탑 그 자체가 불가능했을 것으로 판단된다. 따라서 백제의 석공들이 찾아낸 새로운 공법인 이원식 구조가 적용되었다. 이로 인해 미륵사지 석탑의 외관은 가구식으로, 내부는 조적식으로 구축함으로써 고층의 석탑을 건할 때 대두될 수 있는 하중의 처리를 비롯한 기술적인 문제를 완전히 극복하고 있다.

넷째, 석탑의 내부에 구축된 심주의 기능이 서로 다르다는 점이다.

---

43 같은 축조방법에 대해 張馭寰 선생은 "空筒式구조탑의 특징은 시공이 쉽고 복잡한 내벽이 없고 복잡한 층수도 없고, 단지 탑의 형태에 따라 두꺼운 외벽을 쌓으면 되었고, 아래에서 위로 바로 탑의 꼭대기에 이르게 되므로 설계에서부터 시공까지 매우 간결하다. 탑 전체의 외벽을 두껍게 해서 전체의 하중을 견디게 만들어서 매우 안전하다. 층마다 있는 목재 마루판은 판 아래에 大梁을 설치하여 空筒에 횡방향으로 拉力을 높여주었는데, 이는 구조적 안전을 강화하는 면에서 어느 정도 효과가 있었다. 空筒式구조의 약점은 횡방향으로 견고하게 부재를 당겨 연결해주지 못하고, 위아래가 하나의 원통체라서, 지진이 발생하면 쉽게 무너진다는 것이다. 일단 외벽 문창부분이 먼저 갈라져서 큰 틈이 생기면 바로 쉽게 무너진다."라고 밝히고 있다. 張馭寰, 『中國塔』, 山西人民出版社, 2000, p.159.

44 『三國史記』卷 8 「聖德王」 18年條 … 秋九月 震金馬郡彌勒寺. 이처럼 미륵사에 지진이 발생했다고 기록하고 있지만, 피해상황이나 보수했다는 내용은 없다. 따라서 지진의 발생이 미륵사지 석탑에 큰 피해를 주지 않았던 것으로 추정한다.

45 이처럼 천장부가 상면을 향해 솟아 오른 형태를 이루는 이유는 바로 옥개석의 구조와 밀접한 연관이 있는 것으로 보인다. 즉 조사탑은 전체적으로 2층의 탑신을 구비하고 있어 천장을 수평으로 할 경우 空筒式 구조로 축조된 벽체에 상당한 하중을 받게 되기 때문에 원추형으로 축조하고 공간에는 벽돌을 채웠을 것으로 추정된다. 사문탑 역시 사모지붕 형태의 옥개석으로 인해 평천장 보다는 가능한 지붕의 하중이 직접 벽체로 전달되지 않고 분산될 수 있는 고깔형 천장 구조를 택한 것으로 보인다.

사문탑의 심주는 길이 410cm, 높이 82-84cm 규모의 기단을 마련하고, 각 면에 형성된 불단에 불상을 한구씩 배치한 형태이다. 이 형태를 통해 사문탑의 심주는 당초 고층건축을 위한 것이 아니라 佛壇을 조성하기 위한 계획 하에 구축된 것임을 알 수 있다. 더욱이 이 탑의 규모가 일층에 불과하므로 구태여 심주까지 세워야할 필요성은 없는 것으로 생각된다. 이에 반해 미륵사지 석탑의 심주는 4층탑신까지 확인되었는데, 본래는 상륜부를 받기 위한 구조체로 파악된 바 있다.[46]

이상에서 611년에 건립된 신통사 사문탑과 미륵사지 석탑에 대해 양식과 구조적인 측면에서 비교 검토해 보았다. 결과적으로 양 탑은 목조건축을 재현하고 있다는 공통점은 있을지언정, 세부적인 면에 있어서는 완전히 다른 각도에서 건립된 불탑임을 알 수 있었다. 결국 사문탑과 미륵사지 석탑은 일정부분 공통점을 내재하고 있지만, 궁극적으로는 양식과 구조적인 측면에서 서로 다른 계보를 구축한 것으로 판단된다. 이럼에도 張馭寰 선생은 "조선의 탑 건축은, 중국 南北朝부터 시작해서 宋代까지 석탑이 많이 건축되었는데, 모두 중국 唐塔의 풍격을 채용하였으며, 基座, 塔身, 塔利의 세부분으로 구성되어 있다."[47] 라고 주장하고 있다. 그러나 이러한 관점은 한국 문화의 중심에 당연히 중국의 문화가 자리하고 있다는 일반론적인 통념의 반복에 불과한 것이라 생각된다.[48] 왜냐하면, 앞서 고찰한 바와 같이 미륵사지 석탑은 양식적인 면에서나 구조적인 면에서 중국의 초기 불탑과는 완전히 다른 양상을 보이는데, 한국 석탑은 바로 이 탑으로부터 시작되기 때문이다.

IV. 후대 석탑에 미친 영향(사진 6-7)

미륵사지 석탑은 한국 최초로 건립된 석탑이라는 명칭에 걸맞게 많은 부분에서 초기적인 양식을 내포하고 있다. 더욱이 목조건축을 최초로 번안해 석재로 건축한 탓에 이에 내재되어 있는 목조건축의 양식은 당시 건축술의 수준을 엿볼 수 있게 한다. 백제와 더불어 한국 석탑의 典

---

46 주 30과 같음.

47 張馭寰, 주 37의 책, pp.284-285.

48 전탑과 석탑은 재료적인 측면에서의 차이는 차치하고라도 양식적인 면과 기술적인 면에서 확연한 차이를 보이고 있기 때문이다. 물론 옥개받침에서 부분적으로 양식적인 공통점이 보이고 있지만, 지붕이라는 전체적인 틀에서 보면 이 역시 분명한 차이가 있다. 뿐만 아니라 당대에 건립된 석탑 역시 약 30여기를 조사했는데, 이들은 대부분이 8세기에 건립된 탓에 7세기 전반에 이미 석탑을 건립한 한국과는 시간적인 차이가 있고, 규모나 양식, 건탑의 원인 등에서 한국의 석탑과는 완전한 차이를 보이고 있다.

型樣式을 이룩한 나라는 신라이다. 하지만, 신라석탑에 구현된 건축술에서부터 세부 양식에 이르기까지 대부분의 면모를 미륵사지 석탑에서 찾을 수 있기에,[49] 석탑에 구현된 초기 양식의 특징을 미륵사지 석탑에서 구함이 당연한 이치라 생각된다. 이 석탑은 고려시대에 이르러 백제의 옛 영토에서 건립되는 소위 "백제계 석탑"의 건립에도 지대한 영향을 주었다.[50] 따라서 미륵사지 석탑에 구현된 초기적인 양식과 후대 석탑에 계승된 이 석탑의 양식적 요소에 대한 비교 연구는 한국 석탑의 발전사에 있어 양식은 물론 기술사적으로도 중요한 의미가 있다고 생각된다.

미륵사지 석탑에 구현된 양식과 기술력이 후대 석탑에 미친 다양한 영향을 정리해 보면 다음과 같다.

첫째, 기존의 목탑을 대체할 재료로 석재를 채용했고, 향후 한국 석탑은 물론 다양한 장르의 조형물이 건립될 수 있는 바탕을 마련하고 있다.

7세기 전반에 이르러 기존의 목탑이 지닌 여러 문제들이 본격적으로 나타남에[51] 따라 백제와 신라는 본격적로 이를 해결하기 위한 노력을 했을 것으로 추론된다. 이때 목재 일변도로 건립되었을 탑의 소재로 화강암을 채택한 국가는 백제이다.[52] 석재는 탑이 지닌 다양한 종교적인 속성 중 永續性이라는 명제를 해결하기에 최적의 소재였다. 이같은 발상은 단순히 백제인의 문화의식만을 보여주는 것은 아니다. 왜냐하면 앞서 언급한 바와 같이 한국의 문화에서 석재가 차지하는 비중은 이미 청동기시대로부터 시작되고 있기 때문이다. 뿐만 아니라 고구려에서 발휘된 성곽을 쌓는 기술력과 돌방무덤을 축조하는 기술력은 바로 백제와 신라로 전해졌음도 주지의 사실이다. 이를 보면 묘제와 전쟁 경험을 통해 체득한 석재에 대한 믿음과 자신감은 그대로 탑의 건립에 채용되어 동아시아에서 전무후무한 미륵사지석탑을 완성하는 쾌거를 이룩했던 것이다. 미륵사지 석탑에서 채택된 화강암은 정림사지오층석탑, 의성 탑리 오층석탑, 감은사지 동·서삼층석탑을 거쳐 불국사 삼층석탑에 이르러 양식과 기술적인 측면에서 절정기를 맞이하

---

49 일찍이 김정기 선생은 신라계 석탑의 양식에 선행되는 祖形석탑으로 본 견해도 발표된 바 있다. 김정기, 「전형양식의 석탑과 미륵사지석탑」, 『마한백제』1, 원광대학교 마한백제문화연구소, 1975. 이후 통일신라시대의 석탑에서 검출되는 양식 중 일부에서 그 근원이 백제석탑에 있음을 규명한 논고도 발표되었다. 박홍국, 「경주지역의 옥개석 귀마루 조식 석탑 연구」, 『경주사학』, 19, 경주사학회, 2000. 「경주 안강읍 정혜사지 석탑의 특이점에 대하여」, 『불교고고학』4, 위덕대학교 박물관, 2004.
50 백제계 석탑에 연구 연구성과에 대해서는 머리말에서 이미 기술한 바 있다.
51 목탑이 지닌 문제는 내구성이 약한 탓에 자주 수리를 해야 한다는 점, 화재에 취약하다는 점 등이 대표적이라 하겠다.
52 필자의 이같은 생각은 중국에서는 7세기 전반에도 화강암으로는 탑을 조성하지 않았다. 물론 북위시대와 북제 북량시대에 건립된 소형의 석탑들이 있지만, 이들은 대부분 응회암으로 조성된 특성을 지니고 있다. 뿐만 아니라 신라 역시 화강암을 건탑의 소재로 채택하는 것은 8세기에 들어서면서 본격화되기 때문이다.

게 된다. 이같은 전통은 고려와 조선시대로 계승되면서 한국의 석탑 하면 곧 화강암이라는 석재가 수식어로 떠올리게 되는 계기를 마련했다. 뿐만 아니라 목제에서 석재로의 발상 전환은 불상 분야로 파급되어 그간 금동불 일변도의 불상조성에서 석불을 조성하게 된 轉機를 마련했다. 이로 인해 7세기의 작으로 추정되는 미륵사지 인근의 연동리 석불좌상을 비롯해 정읍 보화리 석불입상, 예산 화전리 사방석불 등을 조성했다. 백제에서 뿐만 아니라 신라에서도 경주 남산 삼화령 미륵삼존불, 경주 남산 배리 삼존석불, 경주 남산 불곡 석조여래좌상 등의 석불을 조성할 수 있는 계기를 마련했고, 석굴암 본존불에 이르러 화강암제 석불이 만개할 수 있는 초석을 놓은 것으로 생각된다. 게다가 미륵사지에서 처음으로 조성된 석등 역시 통일신라시대에 이르러 다양한 양식으로 발전할 수 있는 바탕을 조성했다. 이같은 면면은 결국 한국 불교문화에서 석조문화재의 효시가 미륵사지석탑임을 부인할 수 없게 한다. 미륵사지 석탑이 건립되던 당시 중국에서는 석재로 사문탑이 조성되긴 했지만, 앞서 고찰한 바와같이 미륵사지 석탑과는 완전히 다른 양식의 석탑이었다. 게다가 중국에서의 석탑은 대부분이 8세기에 들어서면서 건립되었다는 점에서 분명한 시간적 격차가 인정된다.[53] 그 결과 중국이나 일본에 대비해 "한국은 석탑의 나라"라는 명칭으로 불리게 되고 헤아릴 수 없을 만큼의 석조문화재를 보유할 수 있었다. 이같은 밑바탕에는 불탑의 재질을 목재에서 석재로 바꾼 발상의 전환과 이를 실현시킨 기술적인 능력의 결과물로서 물적 소산인 미륵사지석탑이 자리한다.

둘째, 석재의 채취에서부터 이를 치석해 건축구조물을 완성할 수 있는 기술력의 초석을 놓았다.

미륵사지석탑이 건립되기 이전 삼국시대에 건립되던 탑의 중심은 목탑이었다. 나무로 건축물을 건립하는 것은 주거지를 마련하는 것으로부터 사찰 그리고 궁전에 이르기까지 어찌 보면 인간의 삶에 가장 기본적인 요소를 충족시키기 위한 기본적인 틀이었다. 그러기에 목탑을 건립하는 데 있어서는 그간 축적된 기술력이 있기에 큰 문제로 대두되지는 않았을 것으로 판단된다. 그러나 소재가 석재로 바뀌는 순간 백제의 장인들은 지금으로서는 상상하기 어려운 문제에 봉착했을 것으로 추정된다. 왜냐하면 나무와 돌의 현저한 무게의 차이는 이제껏 축적되었던 목조건축의 모든 면을 완전히 뒤바꿔야 할 상황을 초래하기 때문이다. 巖塊에서 필요한 만큼의 석재를 채취해서, 운반하고 치석하는 것은 그렇다 치더라도 당장 이를 쌓아 올리는 문제는 무척 어려운 과제였을 것으로 생각된다. 높이 올라갈수록 어떻게 석재를 운반하고 조립할

---

53 중국에서의 석탑은 당나라때 조성된 것은 아니다. 북위와 북제시대에 건립된 석탑이 잔존하고 있다. 이들 석탑에서는 목조건축의 요소가 강하게 작용하고 있지만, 규모와 양식에서 미륵사지 석탑과는 다른 양상을 보이고 있다. 대표적인 예로는 운강석굴 39굴내에 있는 5층 석탑을 들 수 있다.

연동리석불좌상(백제)

삼화령미륵세존(신라)

미륵사지석등(백제)

부석사석등(통일신라)

정림사지오층석탑

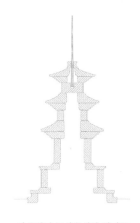

감은사지 동삼층석탑 입면도

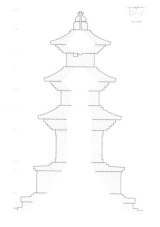

고선사지삼층석탑 입면도

불국사삼층석탑 입면도

감은사지동삼층석탑 이층기단 내주 적심

사진-6. 후대석탑에 미친 영향 1

것인가? 석재가 높이 쌓일수록 가중되는 하중을 분산시키기 위해서는 어떤 방법을 사용해야 할까? 등등 당시 석공들이 당면한 과제는 기존의 경험에 토대하여 쉽게 해결할 수 있는 그럴 문제는 아니었을 것이라 여겨진다. 그러나 당시의 장인들은 지반의 구축에서부터 석재의 조립에 이르기까지 발생될 수 있는 온갖 난관을 극복하고 미륵사지에 2기의 석탑을 건립했다. 그런데 현존하는 서탑의 경우 하층기단의 너비가 너비 12.5m, 6층까지의 높이 14.2m인 점과 전체 무게가 2,071톤에 이르고, 기단부가 받아야할 할 탑신부의 무게는 1,883톤에 달하며,[54] 지반은 1㎡당 8,960톤의 하중을 받고 있음이 밝혀진바 있다.[55] 이같은 상황을 고려해 보면 당시 백제인들이 지녔던 토목공학적인 지식과 석재를 층층이 쌓아올릴 수 있는 기술, 그리고 하중을 계산할 수 있는 수학적인 능력은 우리의 상식을 뛰어넘는 것임을 알 수 있다. 목탑에서 석탑으로의 첫 전환 시도가 중간적인 실험단계도 거치지 않고 단 한 번에 완성되었음이 그저 놀라울 따름이다. 이처럼 미륵사지 석탑을 건립하면서 체득한 기술력은 단절되지 않고 정림사지 오층석탑으로 이어지고, 이내 신라로 전파되어 통일신라로 이어져 석가탑이라는 한국 석탑의 정형을 만들어 내는데 초석이 되었다. 뿐만 아니라 석불과 석등은 물론 석조부도와 석비 등 실로 다양한 유형의 자산을 건립할 수 있는 기반을 조성했다.

셋째, 미륵사지 석탑에서 확인되는 가구식과 조적식이 혼합된 이원구조체는[56] 이후 건립되는 대부분의 석탑에서도 확인되고 있다.

미륵사지 석탑은 외벽을 이루는 부재에서는 가구식이, 석탑의 내부구조는 조적식으로 건립되었다. 이같은 방법은 거대한 탑을 석재로 건립할 때 필연적으로 대두될 하중의 분산이라는 측면에서 가장 적절한 공법이었다. 즉, 석탑의 외면과 내부에서 발생하는 하중의 문제를 말끔히 해결함과 동시에 시각적으로는 웅장하면서도 외관으로는 미려한 석조건축물을 완성했다. 이처럼 미륵사지 석탑에 적용된 이원적 구조체계 중 내부에 적용된 조적식구조체는 중국에서 목탑에 적용된 다양한 유형의 실심체와는 완전히 다른 구조체였다.[57] 따라서 앞서 언급했던 미

---

54 전라북도, 『익산미륵사지 서탑 실측 및 동탑복원설계보고서』, 1979, p.29.

55 1975, p.29. 그렇지만, 이 보고서 작성시는 서탑을 7층으로 추정하고 내린 결론이기에, 동탑이 9층으로 복원된 점을 고려할 때 이 수치는 증가될 가능성이 농후한 것으로 생각된다.

56 조은경·박언곤, 「고대 동아시아 불탑 구조체계로 본 미륵사지 석탑」, 『건축역사연구』78호, 한국건축역사학회, 2011, p.7.

57 물론 중국의 초기 불탑인 영녕사 목탑, 방산 사원사 탑지, 조팽성 불사 탑지에서는 불탑의 내부를 지탱해 주던 실심체가 확인된 바 있어 이들 역시 이원적 구조체계를 지닌 것으로 판단된다. 그렇지만, 영녕사 목탑은 흙과 나무로, 방산 사원사 탑지는 현무암과 삼합토층, 조팽성 불사탑지에서는 항토층과 난석층으로 구축된 것으로 보고 있다. 조은경, 「미륵사지 서탑의 목구조 표현과 해석」, 『대한건축학회 논문집』통권 제255호, 2010, p.193.

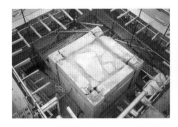

감은사지 동삼층석탑
1층탑신 적심구조

감은사지 동삼층석탑
2층탑신 내부 적심구조

감은사지 동삼층석탑
2층옥개석 내부 적심구조

나원리오층석탑 2층기단 적심부

나원리오층석탑 1층탑신 적심부

탑리오층석탑 5층탑신 철제나비장

감은사지 동삼층석탑
2층옥개석 철제 나비장

탑리오층석탑
기단부 면석이음

감은사지 서삼층석탑
2층탑신 면석 치석상태

나원리오층석탑
초층탑신 면석 치석상태

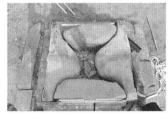
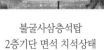

불굴사삼층석탑
2층기단 면석 치석상태

물걸리사지삼층석탑
2층기단 면석 치석상태

사진-7. 후대석탑에 미친 영향 2

륵사지 석탑이 지닌 석재의 무게와 이를 지탱하기 위한 하중의 분산에 따른 문제 등을 고려할 때 순수 석재만으로 구축된 내부 구조체는 동아시아 불탑에서 최초로 시도된 조적식 구조로 판단된다.[58] 이같은 구조는 통일신라시대에 건립된 석탑의 기단부에서 그대로 채용되고 있어 주목된다. 즉, 해체수리가 이루어진 감은사지 삼층석탑,[59] 고선사지삼층석탑,[60] 나원리 오층석탑[61]으로부터 석가탑[62]과 다보탑[63]에 이르기까지의 석탑에서 모두 확인되고 있다. 이같은 신라 전형 및 정형기 석탑중에서 불국사 삼층석탑을 제외한 나머지 석탑에서는 기단과 탑신부에 이르기 까지 모든 부분에서 내부에 구축된 적심체를 확인할 수 있다. 이후 탑신와 옥개석이 일석으로 조성된 불국사 삼층석탑에 이르러는 기단부에서만 확인되고 있다. 이같은 면면을 보면 미륵사지 석탑에서 이룩된 이원적 구조의 축조방식은 적어도 8세기에 이르기까지 건립된 석탑에서는 그대로 적용되었고, 이후 탑신부에서 석재의 일원화가 진행되면서 기단부에서만 잔존하는 것으로 파악된다.[64] 이같은 기술력은 석가탑 이후에 건립된 대부분의 석탑, 특히 기단부가 여러 장의 판석으로 조립된 석탑에서는 모두 공통적으로 확인되는 현상이다. 뿐만 아니라 고려시대의 석탑에서도 찾아볼 수 있어서 미륵사지 석탑에서 시작된 이원적 구조체계는 한국 석탑을 이루는 기술력의 중심에 있음을 알 수 있다.

넷째, 목조건축에서 축적된 기술력은 고스란히 석조건축으로 이전돼 한국 석탑의 양식 근원

---

58 만약 앞서 건립된 중국 목탑의 실심체와 같이 미륵사지 석탑에서 적용되었다면, 이 석탑의 기단부가 받아야할 탑신부의 무게가 1,883톤인 점에서 그러하다는 것이다. 따라서 미륵사지 석탑의 건립을 주도했던 백제의 장인들은 중국에서 시행된 다양한 실심체 수법을 그대로 적용한 것이 아니라 석재만으로 변화시켜 석탑에 적용한 것으로 판단된다.

59 경주시 · (재)계림문화재연구원, 『경주 감은사지 동삼층석탑 해체수리보고서』, 2011. pp.78-81. 남시진, 「감은사지 삼층석탑 구조」, 『문화재』 38호, 2005, pp.330-358.

60 국립문화재연구소, 『경상북도의 석탑』 I , 2007. p.134.

61 경주시 · (재)계림문화재연구원, 『경주 나원리 오층석탑 해체수리보고서』, 2011. pp.78-95.

62 석가탑은 현재 해체 수리가 진행되고 있는 관계로 이에 대한 정확한 양상을 밝히기에는 한계가 있다. 다만, 필자가 해체수리 작업에 관여하면서 상 · 하층 기단 내부에서 적심구조를 확인했기에 일단의 상황만 밝힐 따름이다. 보다 명확한 상황에 대해서는 향후 수리보고서에서 다루어질 것으로 기대한다.

63 국립문화재연구소 · 경주시, 『불국사 다보탑 수리보고서』, 2011. pp.230-2311.동서 및 남북 단면도 참조.

64 신라 석탑에서 기단부는 주로 2층으로 조성되었는데, 대부분은 상 · 하층 기단의 갑석에서 일단 하중의 분산이 이루어지고 있다. 그렇지만, 불국사 삼층석탑에서는 상 · 하층 기단의 중심주가 관통되어 있어 기단 전체에서 상부의 하중을 받고 있음을 알 수 있는데, 이같은 방식은 홍천 물걸리 삼층석탑에서도 확인되고 있다. 양 석탑은 아직 보고서가 발간되지 않은 관계로 자세한 논증은 추후로 미룬다. 필자는 본고 발표 이후 미륵사지 석탑에 구현된 이원구조체 및 다양한 기법이 신라석탑의 건립에 영향을 주고 있음이 파악된 논고를 발표한 바 있다. 「미륵사지석탑의 기술력이 신라 석탑에 미친 영향」, 『신라문화』45집, 동국대학교 신라문화연구소, 2015, pp.67-10.

을 목탑에서 찾을 수 있는 단초를 제공했다.

미륵사지 석탑에서 구현된 제반 양식은 목조건축에 기반을 있고 있음은 많은 연구자들에 의해 익히 규명된 바 있다. 이를 종합해 보면 石造로 翻案하는 과정에서 間의 나눔, 계단, 민흘림, 안쏠림, 平枋과 唱枋, 門扉, 撑柱, 옥개석의 反轉등으로 집약된다.[65] 이와 더불어 석재 이음방식에서도 나비장이음기법과 같은 목조 건축 기법이 응용되었다. 이 중 가장 주목되는 부분은 석재를 조립하는 방법에 있어 I자형 은장과 鐵塊를 비롯 T자형 홈을 만들었다는 점이다.[66] 이처럼 대형의 석재가 사용된 석탑에서 이를 연결하고, 인장력을 높이기 위해 부재가 사용된 예는 의성 탑리 오층석탑,[67] 감은사지동·서삼층석탑,[68]등에서 확인되고 있다. 이같은 기법은 현재 수리가 진행 중인 석가탑에서도 확인되고 있을 뿐만 아니라[69] 여러 석탑에서 채용한 석재 결구의 한 방식이었다. 뿐만 아니라 우주가 놓이는 초석의 상면에 기둥의 바닥 너비 만큼의 홈을 파서 서로 꼽히도록 한 것과, 기단 면석의 조립에서 기둥과 맞닿은 면에 턱이 진 홈을 파서 각 판석이 서로 물리도록 한 방식이 채용되고 있다. 더불어 문을 구성하는 수직부재와 횡부재의 결구에는 전자의 상면에 L자형의 턱을 조성해 석재를 놓았다. 이같은 석재의 결구방법은 각각 별개의 석재로 구성된 탑신부에서 석재의 이탈을 방지함과 동시에 인장력을 배가시키기 위한 방식으로 판단된다. 이처럼 석탑에 구현된 목조건축의 결구수법은 그대로 신라석탑에 전승되어 의성 탑리오층석탑과 감은사지삼층석탑은 물론 고려시대의 석탑에 이르기까지 널리 활용되고 있다.

다섯째, 석재의 치석에 있어 면석의 전면과 배면에 각각 이원적인 치석 방식이 사용되었다. 미륵사지 석탑의 기단과 탑신에 사용된 면석을 볼 때 전면은 정교한 가공을 했지만, 배면은 뒷뿌리를 두어 상면에 놓인 부재의 안정과 더불어 하중의 분산을 꾀하고 있다. 뿐만 아니라 옥개석에 사용된 석재의 뒷뿌리를 길게 가공한 점은 신라석탑에서 판석으로 조성된 기단면석의 배면을 튀어나오게 조성해 안정감을 부여한 기법으로 생각된다.[70] 이같은 면석부재의 치석 방식

65 千得琰, 『百濟系石塔의 造形特性과 變遷에 관한 研究』, 고려대학교 대학원 박사학위논문, 1990, p.170.

66 文化財管理局, 『彌勒寺址東塔復元設計報告書』, 1990, p.81 및 p.187 ED-10받침석, p.189 ED-14받침석, ED-16 p.190 받침석에서 확인된다.

67 현재 탑리 오층석탑은 부분적으로 해체 수리가 진행되고 있어 자세한 상황을 밝히기에는 한계가 있다. 다만, 필자가 이 작업에 참여하고 있어 「I」자형 철제 은장이 사용된 것을 확인한 바 있다. 보다 자세한 상황은 이 탑에 대한 수리보고서에서 다루어질 것으로 기대한다.

68 주 59의 책, pp.78-95.

69 주 63과 같음.

70 이 밖에도 석탑에 구현된 기술로는 "지대석 부분에서 귀 부분의 부재를 보면 기단 우주석이 놓이는 부분이 탑의 안쪽방향으로 경사지어 거칠게 가공한 것을 관찰할 수 있다. 기단은 건물의 수직하중을 넓은 지반에 고루 분산시켜야 하기 때문에 지대석이 밀려나는 것을 방지해 주고 지반에 하중을 전달하기 위한 것

은 신라 석탑에서는 공통적으로 확인되는 방식이다. 즉, 기단의 면석 상태를 볼 때 직접 갑석에
맞닿은 상·하면은 비교적 정교한 가공을 했지만, 면석의 배면을 뒤로 돌출시켜 마치 구형 TV
나 컴퓨터의 모니터의 측면과 같은 형상이다. 통일신라시대의 석탑에서는 이처럼 치석된 면석
을 기단 갑석으로 활용함으로써 상면에 놓인 갑석의 안정성과 더불어 하중을 받아내고 있다.
따라서 앞서 언급했던 여러 내용들을 종합해 보면 통일신라시대와 더불어 고려시대에 건립된
여러 석탑의 기술적 원천은 미륵사지 석탑에 있음은 자명한 사실이라 하겠다.

여섯째, 고려시대에 건립된 "백제계 석탑의" 양식적 근원을 이루고 있다.

미륵사지 석탑에 구현된 양식이 백제계 석탑에 영향을 주고 있음은 다음과 같은 면에서 확인
된다.[71]

① 미륵사지 석탑은 2층기단임에도 불구하고 기단부가 탑신에 비해 매우 낮게 조성되어 외
형상 마치 기단이 없는 것처럼 보이고 있다. 그러나 통일신라시대의 석탑이나 고려식 석탑에서
는 기단부가 탑신부와 적절한 비례를 이루고 있으며 이는 충청도와 전라도뿐만 아니라 전국적
으로 건립된 석탑에서 공통적으로 나타나는 특징이다. 그런데 유독 백제계석탑에서만은 낮은
기단을 유지하고 있어 백제시대에 정착된 양식을 재현하는 데 치중했음을 알 수 있다. 뿐만 아
니라 일부에서 2층 기단을 구비한 석탑이 보이지만, 이 역시 하층기단이 상층기단에 비해 낮은
형상이다.

② 통일신라시대 석탑에서는 시대가 지날수록 부재가 單一化 되어가는 것을 볼 수 있었다. 뿐
만 아니라 고려시대의 석탑에서는 앞 시기 보다 더 적극적인 부재의 단일화가 이루어지고 있
다. 그런데 백제계석탑에서는 오히려 이와 정반대의 현상이 나타나고 있다. 즉 부재의 個別化가
이루어지고 있다. 이같은 수법은 백제와 신라시대에 건립되었던 초기석탑의 특징적인 수법으
로 근본적인 목적은 목조건축의 재현에 있는 것으로 보았다. 결국 백제계석탑에서 보여준 부재
의 개별화 현상은 기본적으로는 목조건축의 재현이라는 석탑의 근본목적에 충실하면서도 미륵
사지석탑의 전통을 계승한 것으로 생각한다.

③ 미륵사지석탑의 옥개석에서는 각형 3단의 받침, 여러매의 판석으로 구성된 낙수면, 그리

....

으로 추측된다. 또한 굄돌의 형태를 보면 기단면석과 접하는 부분이 지각이 아닌 鈍角으로 直絶되어있다.
이것 역시 면석을 안쏠림 수법으로 세워 기단부가 받는 橫壓力을 최대한 지지하기 위한 것임을 쉽게 짐
작할 수 있다.";"우천시 처마를 타고 내려오는 빗물은 처마면의 가공상태가 비교적 거칠기 때문에 생겨난
수많은 거친線 에 머물러 아래층의 옥개석 낙수면에 떨어지므로 스며드는 빗물은 극히 적은 것으로 관찰
되었다." 라는 보고도 있다. 주 15의 책, p.87 및 p.98.

71 미륵사지 석탑의 양식이 백제계 석탑에 나타나는 요인에 대해서는 박경식, 「백제계석탑의 건립 배경에
관한 고찰」, 『문화사학』24, 한국문화사학회, 2005, pp.61-65의 내용을 요약했음을 밝힌다.

고 합각선에 구현된 두툼한 우동이 양식적 특성으로 파악되었다. 그런데 백제계석탑의 옥개석
에서도 합각선에 두툼한 隅棟이 묘사되어 기와지붕의 그것과 같은 양식이 나타난다. 뿐만 아니
라 옥개받침에 있어서도 각형 3단 내지는 목조건축의 공포를 약식화 한 수법이 주를 이루고 있
다. 아울러 처마의 끝에서 옥개받침부에 이르는 길이가 신라석탑에 비해 길게 조성되었으며 기
둥이 놓이는 면에는 홈을 가공해 밀려나는 것을 방지하고 있다.

V. 맺는말

이상에서 살펴본 바와 같이 미륵사지 석탑의 건립은 이제껏 동양 삼국이 건립하던 목탑에 대
한 기존의 통념을 일거에 깨트리는 쾌거였다. 재료의 선택에서부터 이를 9층으로 축조한 기술
력과 더불어 이에 구현된 목조건축술의 응용은 백제인의 문화적 소양과 능력이 한껏 발휘된 산
물이었다.[72] 결국 미륵사지 석탑을 통해 확인되는 것은 백제인의 실험정신과 이를 물적으로 실
체화 해낸 그들의 기술력과 문화적 자부심이라 하겠다. 물론 탑 건립의 동기와 목탑 건축은 분
명 중국을 통해 한국에 전래되었다. 그러나 백제는 중국으로부터 전래된 탑 건축을 완전히 한
국화시켜 독자적인 불교문화의 한 패턴을 이룩했고, 그 始原에 미륵사지석탑이 위치하는 것이
다.[73] 더불어 이 석탑에서 이룩된 백제 불탑문화의 자생성은 차후 한국이 석탑의 나라가 될 수
있는 근간을 형성했다.

이같은 면면은 중국의 초기 불탑사의 한 축을 이루었던 정각형불탑계인 사문탑과의 비교고
찰을 시도해 본 결과에서도 입증된다. 즉, 양 석탑은 외관상 목조건축의 양식을 구현하고 있다
는 공통점을 제외하면 모든 면에서 완전히 다른 양상을 보이고 있음에서도 확인 되었다. 더불
어 중국이 간다라 지역에서 전래된 불탑의 양식을 잘 소화하고 정리해 唐代에 이르러 그들 나

---

72 "비록 구조적인 면에서 어느 정도의 결함이 있다는 지적도 있다."는 지적도 있다. 千得琰, 앞 논문, p.29.
   하지만, 순전히 화강암만으로 건립한 최초의 석탑이라는 측면, 더욱이 기존에 확립된 목재건축의 전통을
   석재로 뒤바꾼 발상의 전환이라는 측면에서 볼 때 완벽하지 못함은 오히려 당연한 결과라 생각한다.
73 필자의 이같은 생각은 여러 유형의 조형물에서도 적용될 수 있다고 생각하는데, 이미 김원룡 선생이 지
   적한 바 있다. 선생은 신라 팔각원당형 석조부도의 기원에 대해 "8세기쯤해서 中國式舍利塔의 아이디어
   가 들어왔고 그것을 받아들일 때 신라의 工匠들이 팔각탑신 밑에 在來式 佛臺座形式을 변화시켜 첨가해
   서 하나의 韓國式舍利塔을 만들어 냈다고 생각된다. 또 중국식을 따른 山雲文式에 있어서도 龍을 가하고
   또 팔각형이라는 기본형을 망각하지 않은 한편 雲龍紋 자체를 自體內에서 변화시켜 마침내 순 한국식형
   식으로 끌어갔다고 할 수 있다"는 견해를 피력한 바 있다. 金元龍, 「唐朝의 舍利塔」, 『考古美術』4권 4호,
   考古美術同人會, 1963.

름대로의 특성이 발휘된 탑 문화를 형성했듯이[74], 백제 역시 중국에서 전래된 불탑 건립의 제반 사항을 승화 발전시켜 동아시에서 前無後無한 미륵사지 석탑을 건립했음과 일치한다. 뿐만 아니라 미륵사지 석탑에서 이룩된 제반 양식은 이후 건립되는 대부분의 석탑에서 양식은 물론 기술사적인 면까지 확인되고 있어 가히 '한국 석탑의 大父'라 하겠다.

이상에서 고찰한 모든 면면을 살펴보면 미륵사지 석탑의 건립은 중국이 "전탑의 나라"임에 비해 한국이 "석탑의 나라"로 발전할 수 있는 중요한 전기를 형성했다. 이는 결과적으로 중국은 중국대로, 한국은 한국대로 각각의 자연환경과 축적된 기술력을 바탕으로 각각 독자적인 불탑문화를 구축하는데 결정적인 기여를 했다. 그렇기에 미륵사지 석탑은 그간 축적되어 온 모든 방면의 기술력과 예술적 역량이 집결된 석조문화의 寵兒인 것이며, 이의 건립을 통해 한국이 중국과는 다른 장르에서 불교문화를 발전시킬 수 있는 시금석이 구축된 것으로 생각된다.

(2015.01 「百濟 石塔의 獨創性과 韓國 石塔에 미친 影響」, 『백제연구』 62, 충남대학교 백제연구소)

---

74 실크로드 상에 건립되어 있는 불탑은 서역으로부터 전래된 불교문화를 그대로 모방하는 양상을 보이고 있다. 그렇지만, 시간이 지남에 따라 그들의 자연환경과 기술력 그리고 민족성이 결합된 독자적인 불탑문화를 구축했음을 알 수 있는데, 張馭寰선생은 "중화민족이 예로부터 외래문화에 대해 기계적으로 모방하지 않고 어느 정도 소화를 통해 그 정수를 취하고 중국 고유문화속에 절충하였다."라고 밝힌 바 있다. 張馭寰, 주 33의 책, p.56.

【참고문헌】

1. 사료

『三國史記』

『新增東國輿地勝覽』

2. 저서

高裕燮, 『韓國塔婆의 研究』, 乙酉文化社, 1948.

_____, 『韓國美術史 及 美學論攷』, 通文館, 1963,

_____, 『韓國建築美術史草稿』, 考古美術資料 第 6輯, 考古美術同人會, 1964,

_____, 『韓國塔婆의 研究 - 各論草稿』, 考古美術資料 第 14輯, 韓國美術史學會, 1967,

_____, 『韓國塔婆의 研究』, 同和出版公社, 1975.

장충식, 『신라석탑연구』, 일지사, 1991.

천득염, 『백제계석탑 연구』, 전남대학교 출판부, 2003

박경식, 『한국의 석탑』, 학연문화사, 2008.

朱耀廷 外, 『古代名塔』, 遼寧師範大學出版社, 1996,

蕭黙 主編, 『中國建築藝術史』, 文物出版社, 1999, pp.332~340.

張馭寰, 『中國塔』, 山西人民出版社, 2000.

_____, 『中國佛塔史』, 科學出版社, 2006.

3. 보고서

경주시 · (재)계림문화재연구원, 『경주 감은사지 동삼층석탑 해체수리보고서』, 2011.

경주시 · (재)계림문화재연구원, 『경주 나원리 오층석탑 해체수리보고서』, 2011.

국립문화재연구소, 『전라북도의 석탑』, 2004.

국립문화재연구소, 『경상북도의 석탑』, 2007.

국립문화재연구소 · 경주시, 『불국사 다보탑 수리보고서』, 2011.

국립문화재연구소 · 전라북도, 『彌勒寺址石塔 기단부 발굴조사 보고서』, 2012.

_____, 『미륵사지석탑 사리장엄』, 2013.

_____, 『미륵사지석탑 해체조사보고서 I · II · III · IV』, 2003 · 2004

· 2005 · 2011.

국립부여문화재연구소, 『益山 彌勒寺址 東塔址 基壇및 下部調査報告書』, 1992.

_____, 『彌勒寺址 西塔 周邊發掘調査 報告書』, 2001.

단국대학교 매장문화재연구소, 『이천 설봉산성 2차발굴조사보고서』, 2001.

문화재관리국 문화재연구소, 『미륵사 유적발굴조사보고서 I 』, 1989.

_____, 『미륵사 유적발굴조사보고서 II 』, 1996.

문화재관리국, 『彌勒寺址 東塔址 復元設計報告書』, 1990.

미륵사지유물전시관, 『기록으로 보는 미륵사』, 2001.

_____, 『미륵사지 석탑』 및 2004,

원광대마한백제문화연구소, 1975, 「益山 彌勒寺址 東塔址 및 西塔 調査報告書」, 『마한백제문
　　화』 창간호.

_____, 1977, 『彌勒寺址 東塔址 二次發掘 調査報告書』.

전라북도, 『익산 미륵사지 서탑실측 및 동탑복원설계보고서』, 1979.

4. 논문

金元龍, 「唐朝의 舍利塔」, 『考古美術』4권 4호, 考古美術同人會, 1963.

김정기, 「전형양식의 석탑과 미륵사지 석탑」, 『백제연구』1, 원광대학교 마한백제문화연구소,
　　1975,

_____, 「미륵사탑과 정림사탑」, 『고고미술』164, 한국미술사학회, 1984,

남시진, 「감은사지 삼층석탑 구조」, 『문화재』38호, 2005, pp.330-358.

장경호, 「백제 탑파 건축에 관한 연구」, 『백제논총』3, 백제문화개발연구원, 1992,

전지혜, 「백제양식석탑의 형성과 전개의 시발점」, 『문화재』42-4. 국립문화재연구소, 2009.

정선종, 「백제계 석탑에 관한 일고찰」, 『사학지』20, 단국사학회, 1986,

정주성, 「한국석탑의 백제양식에 관한 연구」, 전남대학교 건축공학과 석사학위논문, 1989,

_____, 「백제양식계 석탑의 조형특성에 관한 연구」, 『대한건축학회논문집』5-3, 대한건축학
　　회, 1989,

_____, 「백제계석탑의 구성 요소 분석에 관한 연구」, 『대한건축학회논문집』6-1, 대한건축학
　　회, 1990,

_____, 「백제계 석탑의 조영특성과 변천에 관한 연구」, 『건축역사연구』2-1, 한국건축역사학
　　회, 1993,

_____, 「백제계석탑과 신라석탑의 비교론적 고찰」, 『건축역사연구』4-1, 한국건축역사학회,

정주성 외, 「한국석탑의 백제 양식에 관한 연구」, 『대한건축학회 학술대회논문집』8-2, 대한
　　　건축학회, 1988.

조은경, 「미륵사지 서탑 축조의 구조 원리에 관한 기초 연구」, 文化財제42권 제2호, 2009

_____, 「미륵사지석탑의 목구조 표현과 해석」, 『대한건축학회논문집』통권 266호, 2010.

조은경·박언곤, 「고대 동아시아 불탑 구조체계를 통해 본 미륵사지 석탑」, 『건축역사연구』
　　　통권 78호, 2011.

엄기표, 「百濟 石塔의 先後에 대한 考察 :木造建築 요소를 중심으로」, 『문화사학』16, 한국문
　　　화사학회, 2001.

이경회, 「한국석탑양식과 그 변천에 관한 계통적 연구」, 연세대학교 건축공학과 석사학위논
　　　문, 1964,

李殷昌, 「百濟樣式系石塔에 대하여」, 『佛教學報』3·4, 佛教文化研究所, 1966,

林永培·千得琰·朴益秀, 「韓國과 中國의 塔婆形式에 관한 研究(Ⅱ)-初期塔婆의 類型을 중심으
　　　로」, 『대한건축학회논문집』통권 44호, 1992.

齊藤忠, 「백제계석탑의 특징」, 『백제연구』10, 원광대학교 마한백제문화연구소, 1987.

홍재선, 「백제계 석탑의 연구」, 『초우 황수영박사 고희기념 미술사학논총』, 통문관, 1988,

박경식, 「백제계석탑의 건립 배경에 대한 고찰」, 『문화사학』24, 한국문화사학회, 2005.12,

_____, 「隋·唐代의 佛塔研究(Ⅰ)-亭閣形石造塔婆」, 『文化史學』29號, 韓國文化史學會, 2008.

_____, 「彌勒寺址 石塔과 隋·唐代 亭閣型佛塔과의 比較」, 『백산학보』제92호, 2012.

_____, 「隋·唐代의 佛塔研究(Ⅱ)-亭閣形塼造塔婆」, 『東洋學』53輯, 檀國大學校 東洋學研究院,
　　　2013.

_____, 「미륵사지석탑과 분황사 모전석탑의 비교 고찰」, 『백산학보』98호, 백산학회, 2014.

_____, 「미륵사지석탑의 기술력이 신라 석탑에 미친 영향」, 『신라문화』45집, 동국대학교 신
　　　라문화연구소, 2015.

박홍국, 「경주지역의 옥개석 귀마루 조식 석탑 연구」, 『경주사학』19, 경주사학회, 2000.

_____, 「경주 안강읍 정혜사지 석탑의 특이점에 대하여」, 『불교고고학』4, 위덕대학교 박물
　　　관, 2004.

【국문초록】

백제 석탑의 독창성과 한국 석탑에 미친 영향
- 미륵사지 석탑을 중심으로-

7세기에 들어서면서 한국의 불교미술사상에서 가장 큰 변화는 불교조형물의 조성에 석재가 사용되기 시작했다는 점이다. 이는 동양 삼국의 불교문화에서 한국적인 특성이 발현되었음에서 가장 주목되는 현상이라 하겠다. 이같은 동향 가운데서 백제에서 건립한 미륵사지 석탑은 이제껏 동양 삼국이 건립하던 목탑에 대한 기존의 통념을 일거에 깨트리는 쾌거였다. 기왕에 건립되던 목조건축의 기술력의 총체적으로 집결함과 동시에 이원구조체라는 독특한 공법을 적용해 9층에 달하는 석탑을 건립했다. 이를 통해 확인되는 것은 백제인의 실험정신과 이를 물적으로 실체화 해낸 그들의 기술력과 문화적 자부심이라 하겠다. 더불어 중국으로부터 전래된 불탑 건립의 양상을 완전히 한국화 시켜 훗날 "석탑의 나라"로 불리울 수 있는 기반을 확립했다.

미륵사지 석탑이 지닌 독자성은 중국 고대 불탑의 주류였던 정각형불탑과의 비교를 통해서도 확인된다. 즉, 이 유형의 불탑은 북위시대에 건립된 실물이 남아있는데, 611년에 건립된 신통사 사문탑은 규모나 양식적인 면에서 미륵사지 석탑과 비교의 대상으로 가장 적절한 석탑이다. 양 석탑을 비교 검토한 결과 외관상 목조건축의 양식을 구현하고 있다는 공통점을 제외하면 모든 면에서 완전히 다른 양상을 지니고 있음이 확인 되었다. 이같은 결론은 당시 불교의 전래와 함께 불탑 건립의 아이디어는 전해주었을 지언정 양식의 확립, 나아가 석탑의 건립에 중국 불탑의 영향력은 전무했음을 알 수 있다. 더불어 미륵사지 석탑에서 이룩된 이원구조체의 건탑술과 다양한 면에서 시도된 기술력은 신라로 계승되었고, 고려시대에 이르러 백제계 석탑의 양식 확립에 근간을 이루고 있다.

미륵사지 석탑은 당시 중국에서 건립되던 불탑과는 완전히 다른 기술력과 양식을 지닌 석탑이었다. 때문에 중국이 "전탑의 나라"로 불리움에 비해 한국이 차별화될 수 있는 전기를 마련했다. 이는 결과적으로 중국은 중국대로, 한국은 한국대로 각각의 자연환경과 축적된 기술력을 바탕으로 각각 독자적인 불탑문화를 구축하는데 결정적인 기여를 한 것으로 판단된다. 그렇기에 미륵사지 석탑은 그간 축적되어 온 모든 방면의 기술력과 예술적 역량이 집결된 석조문화의 寵兒인 것이며, 이의 건립을 통해 한국이 중국과는 다른 장르에서 불교문화를 발전시킬 수 있는 시금석이 구축된 것으로 생각된다.

주제어 : 미륵사지석탑, 이원구조체, 목조건축, 운강석굴, 정각형불탑, 사문탑, 백제계 석탑

【abstract】

The Effects of Baekje Pagodas' Creativity on the Korean Pagodas :
A Case Study of the Mireuksaji Stone Pagoda

The biggest change of the Korean Buddhist arts at the beginning of the 7th century was the usage of stones in Buddhist constructions. It is an essential phenomenon as it was a manifestation of the previous Korean characteristics within the Buddhist culture of the Asian Three States. The Mireuksaji Stone Pagoda built in the Baekje period is a splendid achievement that shifted the conventional notion of wooden pagodas that the Asian Three States had been building. This pagoda established the foundation for Korean Buddhism to be named as "the country of pagodas" as it Koreanized the Buddhist pagodas from China. The Mireuksaji Stone Pagoda is a nine-story pagoda built with all the existing wooden structure techniques while an unique construction method was applied, thereby called as a binary structure. Hence, this wooden pagoda shows experimenting spirits of Baekje people, the cultural pride, and a high level of techniques that substantialized ideas into physical assets. The identity of the Mireuksaji Stone Pagoda can be also verified by a representative Chinese ancient Buddhist pagoda. The Pavilion Style Pagodas at Shentongsi, the Samoon pagoda built in 611 B.C. during the Northern Wei era, is the most appropriate pagoda to compare with the Mireuksaji Stone Pagoda in terms of their sizes and styles. Except the fact that both pagodas express a common style as they were formed in wooden structures, the two pagodas are completely different. Therefore, it proves that styles of Korean Buddhist pagodas were not significantly influenced by Chinese Buddhist pagodas; merely the ideas of Buddhist pagodas construction were passed down by the Buddhist spread. In conclusion, the Mireuksaji Stone Pagoda provides a turning point that differentiated Korea, "the country of pagodas" compared to China, "the country of Brick Pagoda." Thus, Korea and China individually developed distinguishable characteristics based on their natural environments and accumulated techniques. By the construction of the Mireuksaji Stone Pagoda, the peak of the stone culture that involved the entire accumulated techniques and artistic competency of Korea, Korea acquired a touchstone opportunity to develop its Buddhist culture in terms as a different genre.

Keywords : Mireuksaji stone pagoda, binary structure, wooden structures, The Pavilion Style Pagodas, Samoon pagoda, Backje pagodas

彌勒寺址 石塔과 隨·唐代 亭閣型佛塔과의 比較

I. 서언

한국 석탑의 양식 기원을 논할 때 목탑에서 석탑으로의 재료적인 전환은 물론 중국 전탑의 영향을 받아 양식이 완성되었다는 면면은 우리를 지배하고 있는 절대적인 논리이다.[1] 이 중 재료적인 면에서의 변환은 화강암이 풍부했던 한국의 자연환경과 축적된 기술력의 소산으로 보는데 대부분의 연구자들이 인정하고 있다. 그럼에도 불구하고 양식적인 문제에 있어서는 아직도 진전을 보지 못하고 있다.

미륵사지 석탑은 639년에 건립된 한국 최초의 석탑일 뿐만 아니라 이로 인해 기존에 목재가 주로 사용되었을 불교건축에 석재라는 새로운 소재가 채용될 수 있는 적극적인 전기를 마련했기 때문이다. 더욱이 이 석탑의 건립은 향후 한국이 "석탑의 나라"라는 별칭을 불리울 수 있는 전기를 마련했을 뿐만 아니라 여기서 확립된 기술력은 향후 신라석탑의 양식발달에 지대한 연향을 주었다.[2] 이 석탑에 대한 연구는 한결같이 양식적인인 면에 주목해서 백제에서 이룩한 한

---

* 이 논문은 2011년 10월 19일에 개최한 미륵사지 석탑 보수정비 국제 포럼에서 발표한 내용을 수정 보완한 것임을 밝힌다.
1 이같은 설은 고유섭선생께서 高裕燮, 『韓國塔婆의 研究』, 乙酉文化社, 1948에서 주창한 이래 지속적으로 계승되어 왔다.
2 미륵사지 석탑에 구현된 2층기단과 더불어 석재의 치석과 결구방법은 향후 건립된 신라석탑에서 무수히 확인되기 때문이다.

국석탑의 시원양식으로서[3], 고려시대에 건립되는 백제계석탑의 祖型으로서[4] 등등 다양한 각도에서 연구가 진행되어 왔고, 그간 진행된 발굴조사와 더불어 최근에 이루어지고 있는 해체 작업과 관련해 다양한 보고가 출간된바 있다.[5]

이처럼 다양하고 많은 연구가 진행되었음에도 불구하고 이 석탑이 지닌 양식이 같은 시대에 조성된 중국의 불탑과 어떤 연관성이 있는가에 대한 문제는 미미하게 진행된 실정이다[6]

미륵사지 석탑은 최근 해체하는 과정에서 사리장엄이 발견됨에 따라 639년에 건립되었음이 확인된 바 있다. 조형물에 있어 건립연대의 확인은 여러 측면에서 매우 중요한의미를 지니는데, 미술사 연구에서 양식의 근원을 밝히는 문제는 가장 중요한 과정의 하나임과 동시에 이를 통해 한국불교문화가 지닌 보편성과 특수성의 논리를 파악할 수 있다고 생각한다. 중국에서도

....

3 한국석탑의 시원양식이라는 관점에서 진행한 연구 중 저서로는 高裕燮, 『韓國塔婆의 硏究』, 乙酉文化社, 1948. 『韓國美術史 及 美學論攷』, 通文館, 1963, 『韓國建築美術史草稿』, 考古美術資料 第 6輯, 考古美術同人會, 1964, 『韓國塔婆의 硏究 - 各論草稿』, 考古美術資料 第 14輯, 韓國美術史學會, 1967, 『韓國塔婆의 硏究』, 同和出版公社, 1975. 장충식, 『신라석탑연구』, 일지사, 1991. 박경식, 『한국의 석탑』, 학연문화사, 2008. 논문으로는 이경회, 「한국석탑양식과 그 변천에 관한 계통적 연구」, 연세대학교 건축공학과 석사학위논문, 1964, 김정기, 「전형양식의 석탑과 미륵사지 석탑」, 『백제연구』1, 원광대학교 마한백제문화연구소, 1975, 「미륵사탑과 정림사탑」, 『고고미술』164, 한국미술사학회, 1984, 정주성 외, 「한국석탑의 백제양식에 관한 연구」, 『대한건축학회 학술대회논문집』8-2, 대한건축학회, 1988. 장경호, 「백제 탑파 건축에 관한 연구」, 『백제논총』3, 백제문화개발연구원, 1992 등이 대표적이다.
4 미륵사지 석탑이 백제계석탑의 시원양식으로 보는 연구 중 저서로는 천득염, 『백제계석탑 연구』, 전남대학교 출판부, 2003이 있고, 논문으로는 李殷昌, 「百濟樣式系石塔에 대하여」, 『佛敎學報』3・4, 佛敎文化研究所, 1966, 齊藤忠, 「백제계석탑의 특징」, 『백제연구』10, 원광대학교 마한백제문화연구소, 1987.정주성, 「한국석탑의 백제양식에 관한 연구」, 전남대학교 건축공학과 석사학위논문, 1989, 「백제양식계 석탑의 조형특성에 관한 연구」, 『대한건축학회논문집』5-3, 대한건축학회, 1989, 「백제계석탑의 구성 요소 분석에 관한 연구」, 『대한건축학회논문집』6-1, 대한건축학회, 1990, 「백제계 석탑의 조영특성과 변천에 관한 연구」, 『건축역사연구』2-1, 한국건축역사학회, 1993, 「백제계석탑과 신라석탑의 비교론적 고찰」, 『건축역사연구』4-1, 한국건축역사학회, 정선종, 「백제계 석탑에 관한 일고찰」, 『사학지』20, 단국사학회, 1986, 홍재선, 「백제계 석탑의 연구」, 『초우 황수영박사 고희기념 미술사학논총』, 통문관, 1988, 박경식, 「백제계석탑의 건립 배경에 대한 고찰」, 『문화사학』24, 한국문화사학회, 2005.12, 전지혜, 「백제양식석탑의 형성과 전개의 시발점」, 『문화재』42-4. 국립문화재연구소, 2009 등이 대표적이다.
5 『익산 미륵사지 서탑실측 및 동탑복원설계보고서』, 전라북도, 1979. 『미륵사 유적발굴조사보고서 I』, 문화재관리국 문화재연구소, 1989. 『익산 미륵사지 동탑지-기단 및 하부조사 보고서』, 국립부여문화재 연구소, 1992. 『미륵사 유적발굴조사보고서 II』, 문화재관리국 문화재연구소, 1996. 『미륵사지 서탑-주변발굴조사 보고서』, 국립부여문화재 연구소, 2001.미륵사지유물전시관, 『미륵사지 석탑』, 2001 및 『기록으로 보는 미륵사』, 2004. 국립문화재연구소・전라북도미륵사지석탑 해체조사보고서 I・II・III』, 2003・2004・2005.
6 林永培 千得琰 朴益秀, 「韓國과 中國의 塔婆形式에 관한 研究(II)-初期塔婆의 類型을 중심으로」, 『대한건축학회논문집』통권 44호, 1992.

불교전래 이래 다양한 재질로 많은 유형의 탑이 건립되었다. 이들 중에서 미륵사지 석탑과 견주어 비교해 볼 수 있는 것은 북위시대로부터 조성되기 시작한 亭閣型佛塔群이다. 이들은 석재와 벽돌을 소재로 7세기 이전부터 상당수가 조성되었고, 8세기 이후에도 일정한 패턴을 유지하며 건립되고 있다.[7] 이들 중에서 가장 주목되는 탑은 611년에 건립된 神通寺 四門塔이다. 이 탑은 그간 분황사모전석탑과의 연관성을 두고 논의가 진행되었지만,[8] 건립연대는 물론 평면으로부터 내부구조에 이르기 까지 양식적으로나 구조적인 면에서 미륵사지 석탑과 일정부분 공통점을 지니고 있어 양 탑에 대한 비교 고찰의 필요성이 대두된다.[9] 본고에서는 그간 미륵사지 석탑에 대한 선학들의 연구성과를 바탕으로 다음과 같은 주안점을 가지고 서술하고자 한다.

첫째, 7세기를 전후한 시기에 중국에서 건립된 정각형불탑의 양상을 살펴보고,

둘째, 미륵사지석탑과 정각형 불탑 중 신통사 사문탑과의 비교를 통해 전자의 석탑이 지닌 양식상의 독창성을 규명하고,

셋째, 미륵사지 석탑이 한국석탑의 발전에 끼친 영향에 대해 고찰하고자 한다.

II. 7세기 전후 정각형 불탑의 건립 양상

7세기는 중국사에서도 수나라에 의해 전국이 통일되었고, 이어 당나라에 의한 재통일이 이루려져 정치적으로 안정됨에 따라 불교 또한 융성을 꽤했던 시기였다. 한국에서도 통일신라라는 강력한 통일 왕조가 들어섰고, 이어 문화적으로 중흥을 이룩했던 시기였다. 결국 양 국은 역사·문화적인 측면에서 동일한 양상을 띠고 있던 시기였다. 이 시기에 이르러 7세기 중국에서의 불탑은 전탑을 중심으로 실로 다양한 유형의 탑이 건립되게 되는데, 이들 중 미륵사지 석탑과 비교의 대상이 될 수 있는 정각형불탑 역시 지속적으로 건립되고 있다. 한편 한국에서는

---

7 필자는 이같은 사실에 주목해 중국에 현존하는 정각형 불탑 중 석재로 주성된 유형에 대해 고찰을 진행한 바 있다. 朴慶植, 「四門塔에 관한 小考」, 『文化史學』 27집, 韓國文化史學會, 2007, 「隨·唐代 佛塔研究(1)-亭閣型 石造塔婆」, 『文化史學』 29집, 韓國文化史學會, 2008

8 朴慶植, 「芬皇寺 模塼石塔에 대한 考察」, 『芬皇寺의 諸照明』, 新羅文化宣揚會, 1999, pp.161-197 및 주경미, 「분황사 석탑 출토 불사리장엄구의 재검토」, 『시각문화의 전통과 해석』, 靜齊 金理那 敎授 정년퇴임기념 미술사논문집, 간행위원회, 2007,

9 앞서 연구성과에서도 살펴보았듯이 이제까지의 연구는 한국 석탑의 시원양식으로서 목조건축적인 특성과 고려시대에 건립된 백제계석탑의 시원양식으로의 위치를 규명하는데 치중했기에, 정작 미륵사지 석탑이 지닌 석조건축과 양식상의 독창성에 논의는 활발하지 못했기 때문이다. 뿐만 아니라 미륵사지석탑의 건립된 7세기 전반기를 중심으로 이보다 앞서거나 비슷한 시기에 건립된 중국 불탑과의 비교연구는 한국석탑이 시원양식의 근원을 밝히는데 매우 중요한 과제라 생각하기 때문이다.

백제에서 미륵사지 석탑과 정림사지오층석탑이. 신라에서는 분황사 모전석탑, 의성 탑리 오층석탑과 감은사지 동·서삼층석탑으로 대표되는 典型樣式이 확립된 시기였다. 따라서 중국과 한국에서 탑파 건립 양상은 일단 재료상에 있어 서로 다른 면면을 보이고 있는데, 본 장의 주제인 정각형 불탑의 초기적인 양상에서 7세기에 이르기 까지 건립된 상황을 검토해 보면 다음과 같다.

1. 北朝時代

북조시대는 386년부터 581년까지 존속했던 시대로, 北魏(386-534)·西魏(535-557)·東魏(534-550)·北周(557-581)·北齊(550-577)의 5개국이 부침을 거듭했던 시기였다. 이 시기에 이르러 중국에서의 탑파활동은 활발하게 진행되었는데, 이중 에서도 가장 많은 실물이 남아있는 시기는 북위와 북제시대이다. 더욱이 본고에서 주요 고찰의 대상인 정각형 불탑의 이 처음으로 나타나고 있어 주목된다. 이 양식의 유형이 처음으로 확인되는 유적은 운강석굴이다. 이 석굴은 460년부터 494년까지 약30여년에 걸쳐 이룩된 유적으로 불상은 물론 북위시대 불탑 건립 양상을 고스란히 보여주고 있다. 이와 더불어 山西省 五臺縣에 소재한 佛光寺에는 祖師塔이 건립되어 있어 이 시대 정각형 불탑의 양상을 확인할 수 있다. 이어 북제시대에 이르러는 하남성 안양 연천사와 북향당산석굴의 부조상에서 그 예가 확인되고 있다. 이를 순차적으로 살펴보면 다음과 같다.

1) 북위시대

⑴ 운강석굴

운강석굴에는 다양한 양식의 불탑이 불상과 함께 벽면에 부조되어 있는데,[10] 이들 중 정각형 불탑은 1굴 1점, 2굴 3점, 14굴 9점등 모두 13점이 확인된다.[11] 이들 불탑은 다음과 같은 공통적인 양식을 보이고 있는데, 이를 정리해 보면

첫째. 평면 방형의 형채로 단층탑신을 구비하고 있다. 둘째, 탑신의 정면에는 아치형의 입구와 방형의 불감을 조성하고, 내부에는 좌상 1구씩이 조성되어 있다. 셋째, 정상에는 복발형의

---

10 운강석굴에 부조된 불탑에 대한 연구로는 長廣敏雄, 「雲岡の中層塔」, 『中國美術論集』, 講談社, 1984. pp.422-430,朱耀廷 外,『古代名塔』, 遙寧師範大學出版社, 1996, pp.84-85. 張馭寰, 『中國塔』, 山西人民出版社, 2000 및 『中國佛塔史』, 科學出版社, 2006 등이 있다.

11 13점의 정각형 불탑은 필자가 석굴안을 들어가서 확인한 것이 아니라 바깥쪽에서 사진촬영한 자료를 검토한 결과이기에 실제로는 더 많은 수가 조성되어 있을 가능성이 충분하다.

지붕을 덮고[12], 방형의 노반을 구성한 뒤 상면에는 상륜부를 조성하고 있는 공통적인 특성을 보이고 있다. 이와 더불어 14굴에서는 벽면의 중앙부에 부조된 여러 불과 보살상의 가장 바깥쪽에서 마치 화불과 같은 양상을 보이며 상면으로 이어지고 있어 또 다른 조형미를 보이고 있다. 중국 불탑사에 있어 운강석굴에서 처음으로 검출되는 이 유형의 탑은 長廣敏雄웅에 의해 탑 C로 구분되어 고찰되어 진 바 있는데, 본래 單層塔으로서 의미를 갖는 것이지만, 雲岡에서는 단독으로 나타내는 경우는 없고 佛龕의 좌우 兩翼에 장식 기둥으로서 사용되었다.[13] 이같은 견해에 따른다면 정각형 불탑은 처음부터 사리를 봉안한 불교적인 의미로 조성된 것이 아니라 석굴에서 불상의 장엄을 위해 시작된 것으로 판단된다. 나아가 비록 窣堵波와 중국 원래의 건축 형식을 서로 결합한 산물이기는 했지만, 그것을 건축한 사람들이 대부분 보통 백성이었고 탑의 규모도 크지 않았기 때문에, 이시기 불탑건축의 주류가 아니었다.[14] 그러나 정각식탑의 양식은 비록 운강석굴에서는 비록 장식으로 등장했지만, 불광사 조사탑에서 보듯이 실제 건축으로 등장해 적어도 9세기에 이르기까지 중국불탑의 한 양식을 이룩하고 있어 주목되는데,[15] 아마도 구조가 간단하고 비용이 크지 않으며 건축하기 쉽다[16]는 이유가 작용했기 때문인 거승로 생각된다. 나아가 운강석굴에서 확인되는 정각형 불탑들은 모두 武州山 제2기 동굴조상 공정기인 북위 孝文帝 시기인 서기 471년에서 494년까지의 23년 사이에 조성된 것으로 보고 있다.[17] 따라서 정각형 불탑은 5세기 후반 북위에서 시작된 새로운 유형의 불탑양식으로 구체적으로 가옥의 형태를 띄고 있어 목탑의 양식을 번안해 새로운 양식으로 이행되어 가는 예라 판단된다.

(2) 佛光寺 祖師塔

운강석굴에서 불상을 장식하는 한 요소로서 등장한 정각형 불탑은 태원 불광사에 이르러 祖師塔으로 조성된다. 이 탑의 건립연대에 대해서는 대체로 북위시대에 건립된 것으로 보고 있어[18] 아마도 정각형 불탑으로는 최초로 건립 예가 될 것으로 생각된다. 山西省 五臺縣에 위치한 불

---

12 복발형의 지붕은 간다라 지방의 불탑에서 주로 보이는 양식으로, 이들 탑의 양식이 중국에 전파된 신강 지역의 모르불탑과 스바시불교유적의 서쪽 사원지 불탑에서 확인되고 있다. 이로 보아 탑신은 재래의 목 조건축의 양식을 채용하고, 지붕은 신강지역으로 전파된 간다라 불탑의 양식이 채용된 것으로 생각된다.

13 長廣敏雄, 앞 책, p.427.

14 朱耀廷 外,『古代名塔』, 遼寧師範大學出版社, 1996, pp.9-10.

15 현존하는 정각형 불탑은 석재와 벽돌로 조성되었는데, 후자의 경우가 주로 건립되었다. 당대에 이르기까지 건립되고 있는데, 이들의 현황은 다음 장에서 제시한 〈표-1〉과 같다.

16 朱耀廷 外, 앞 책, p.25.

17 解金昌,「北魏王朝與雲岡石窟」,『北朝研究』總第15期, 平城北朝研究會, 1994, p.151.

18 조사탑에 대한 論據로는 張馭寰,『中國塔』, 山西人民出版社, 2000, p.4 및『中國佛塔史』, 科學出版社,

광사는 北魏 孝文帝때인 太和5年(481)에 창건된 사찰로 알려져 있다. 조사탑은 857년에 중건된 東大殿의 남쪽에 건립되어 있다. 전체적으로 볼 때 육각형의 평면을 지녔으며, 낮은 기단위에 2층의 탑신 그리고 상륜부로 구성되어 있다. 조성재료는 벽돌로, 표면에는 강회를 칠했다. 기단은 높직한 전체 각형 5단으로 벽돌을 들여쌓기 수법으로 구축했는데, 하면으로부터 2단까지는 비교적 높지만, 이후 상면으로 갈수록 일정한 비율로 축소되어 안정적인 구조를 보이고 있다. 상면에는 높직한 탑신받침을 두고, 상면에는 부연이 있는 갑석을 마련했다. 받침의 각 면에는 각면 2구씩 감실을 마련했다. 감실의 형태는 하면에 비해 상면이 길게 조성되었고, 좌·우측 면이 弧形을 이루고 있어 전체적으로는 사다리꼴의 형태를 보이고 있다. 감실의 바닥이 벽돌 한 장 정도의 너비를 지니고 있으며, 벽체가 짧게 조성된 점으로 보아 본래 부터 이 곳에는 아무런 장엄이 놓이지 않았던 것으로 판단된다.

탑신부는 상·하 2층으로 구성되었는데, 중국의 탑파에서 이처럼 탑신을 2층으로 조성한 예는 매우 드문 예로 알려져 있다.[19] 양 층의 사이에는 2층 탑신을 받을 수 있도록 받침부가 마련되어 있다. 1층탑신은 평면 6각형의 형태로 전면에만 내부로 들어가는 문을 조성했고, 나머지 면에는 아무런 조식이 없다. 전면에 개설된 문은 장타원형으로 상면에는 스페이드형의 만개한 연화문을 조식했다.[20] 이같은 문 상단의 장식은 조사탑이라는 명칭에 걸맞게 탑 내부에 대한 신성성과 정엄을 극대화 시켜주는 효과를 보이고 있다. 나머지 면에는 아무런 조식 없이 강회를 칠하고 있는데, 전체적으로는 상단이 하단에 비해 짧게 조성되어 탑 전체에 상승감을 부여하고 있다. 내부에는 높직한 단을 조성하고, 상면에 2구의 승려상을 봉안하고 있다. 이 상은 조각 수법으로 보아 후대에 봉안된 것으로 보이지만, 조사탑이라는 명칭에 어울리게 본래부터 祖師像을 봉안했던 것으로 추정된다.[21] 내부의 천정부는 육각형의 평면을 지니고 있는데, 상부로 갈수록 내어쌓기가 진행되어 전체적으로는 고깔형의 형태를 보이고 있다.[22] 옥개석은 하단과 상

....

2006. pp.78-80, 常青, 『中國古塔』, 陝西人民美術出版社, 1998, p.197, 羅哲文, 『中國古塔』, 中國青年出版社, 1985, pp.133-134 및 『中國古塔』, 河北少年儿童出版社, 1991, p.98 등이 있다. 이처럼 중국 학자들 역시 조사탑을 주목하고 있는데, 張馭寰 선생은 북위시대, 羅哲文 선생은 북제시대에 건립된 것으로 보고 있다. 필자는 탑에 나타난 감실부의 아치형 장식이라던가, 연화문등의 양식이 운강석굴에서 확인되는 점으로 보아 북위시대에 건립된 것으로 생각한다.

19 張馭寰, 주 16의 책. p.4.

20 이 같은 형태의 문 장식은 523년에 건립된 숭악사전탑, 북제시대에 조성된 향당산석굴과 563년에 조성된 安養 靈泉寺 道憑法師塔 및 사역내 석굴을 비롯해 唐代에 건립된 여러 탑에서 보이고 있다.

21 필자가 본래부터 조사상이 안치되었을 것으로 보는 이유는 앞서 언급한 바와 같이 운강석굴의 정각형 불탑에는 모두 좌상이 봉안되어 있고, 산동성 청주박물관에 소장된 북제시대의 청주 용흥사 출토 불상광배에서 정각형 탑파내에 승려상이 조식된 예와 박흥현 박물관에서도 같은 예를 볼 수 있기 때문이다.

22 이처럼 벽돌로 지붕을 상면으로 갈수록 좁혀가는 방식은 漢代로부터 축적된 전축분에서 청정을 막음하

단의 조성 수법이 다르다. 하단에는 벽체의 상면에 돌출된 보를 마련한 후 상단에 1개씩, 벽체는 7개씩의 양각된 공포를 두었다. 이같은 부재의 상단은 다시 1단의 벽돌을 길이로 놓아 공간을 구획한 후 상면에는 복엽단판 앙연을 3중으로 배치해 화사한 옥개받침을 구성하고 있다. 이처럼 옥개받침으로 대체된 연화문은 목재로 뼈대를 구성한 후, 진흙으로 일일이 조성한 것으로 보인다. 아울러 상단으로 갈수록 花瓣이 증가되어 아무런 조식없이 벽체만 올린 탑신부의 밋밋함을 상쇄하고 있다. 연화문의 상단에는 각형 3단의 받침을 두었다. 옥개석의 상면에는 각형 9단의 받침이 층단형을 이루고 있는데, 하단으로부터 상단으로 갈수록 들여쌓기 수법으로 조성했다. 아울러 하단이 각형받침, 연화문, 각형받침으로 순으로 조성되어 다소 두텁게 조성되어 무게감이 잇는 반면, 상면은받침부에 비해 지붕면이 낮고 낙수면의 경사 역시 평박하게 조성되어 안정감 있는 양상을 보여주고 있다. 아울러 받침부에 연화문을 장식한 중국 탑파로서는 가장 빠른 예를 보이고 있어 주목된다. 2층탑신부 역시 1층과 같이 평면 육각형의 구조를 지니고 있는데, 탑신받침부와 탑신으로 구성되어 있다. 받침부는 전체적인 양상으로 보아 須彌座를 구현한 것으로 생각된다. 하단은 지붕을 구성하는 층단형 받침과 연접되어 있다. 탑신받침은 가장 하단에 벽돌의 모퉁이를 밖으로 돌출시켜 마치 삼각형 벽돌을 놓은 것 같은 양식을 보이고 있다. 하단에 벽돌의 모서리를 돌출시켜 축조하는 방법은 후대에 건립되는 唐代博塔에서 가장 보편적인 양식중의 하나임을 볼 때, 이 탑에서 양식적인 근원을 볼 수 있다. 받침부의 각 면은 전체적으로 3중의 구조를 지니고 있다. 즉, 가장 외곽에는 삼각형의 벽돌과 옥개받침부의 좌・우측에 寶甁角柱[23]를 놓아 벽체와 분리된 장방형의 틀을 구성했다. 벽체에는 兩 隅柱와 3개의 撑柱를 놓아 4개의 장방형 감실을 조성하고, 내면에는 前面을 둥글게 처리한 했다. 감실내부의 부재는 각각 단일재가 아니라 전체 벽면을 가로지르며 조성되었다. 이처럼 탑신받침부의 벽체를 3중의 구도로 조성한 것은 일차원적 단순성에서 벗어나 공간적인 깊이를 주고자 했던 당시 조탑공들의 예술의식에서 비롯된 것으로 생각된다. 받침부의 상면에는 1층 옥개석의 하면과 같이 복엽단판의 앙연이 3중으로 배치되었는데, 하단으로부터 상단으로 갈수록 꽃의 크기가 커져 만개한 연화문을 의식한 것으로 판단된다. 뿐만 아니라 항상 피어있는 즉, 살아있고 생

는 수법과 일맥상통한 것으로 생각된다. 뿐만 아니라 단층탑이고 사모지붕을 구비한 구조적인 면이 고려된 결과라 생각된다. 이처럼 감실부의 천장을 고깔형 내지는 아치형으로 조성한 양식은 唐代에 건축된 많은 전탑에서 많은 예를 볼 수 있다.

23 외곽 기둥의 모양이 중심부가 배가 불러 마치 병과 같은 형상을 하고 있어 命名한 것으로 보이는데, 조성수법은 중심에 나무를 놓고 진흙을 붙여가며 조성한 것으로 추정된다. 이 명칭은 이 탑에 대해 기술한 연구자들의 명칭을 그대로 채용했다. 羅哲文・張帆, 『中國古塔』, 河北少年儿童出版社, 1991. p.98. 朱耀廷外, 『古代名塔』, 遼寧師範大學出版社, 1996. p.90.

명력이 존재하는 탑신받침을 의식하며 조성한 것으로 추측된다. 탑신부는 탑신석과 옥개석으로 구성되어 있다. 육각형 탑신의 각 모서리에는 탑신받침부의 상면과 옥개받침석 사이에 각각 竹節形의 마디가 있는 원형 기둥을 두었다. 각 기둥의 하단과 중단 그리고 상단에 단엽단판 앙연을 조식하고 있는데, 인도에서 전래된 양식으로 해석하고 있다.[24] 전면에는 문을, 좌·우측면에는 각각 영창을 조식했고, 나머지 면에는 아무런 장엄이 없다. 전면에 개설된 문은 일층탑신과 같은 양식이지만, 문짝을 표현하고 있다. 하지만, 문은 개방된 것이 아니라 엇갈려 있어 누군가 살며시 열고자 했던 의도를 표현하고 있다. 이같은 문짝의 표현은 1층 탑신의 천정부에서 보듯이 벽돌로 충적된 2층 탑신의 내부에 공간성을 부여한 장엄으로 해석된다.[25] 한편으로는 개방된 문과 문짝만을 표현한 다른 탑의 문과는 달리 실제로 문을 여 닫을 수 있다는 사실적인 표현에 주력했던 의사의 표현이라 생각된다. 문의 좌·우측에 표현된 영창은 방형의 감실내에 소형의 창을 표현했는데, 세로방향의 창살 3개가 표현되어 있다. 이처럼 문과 창을 구비한 2층 탑신은 결국 1층으로 개설된 문을 통해 내부로 들어와 상층으로 오를 수 있고, 내부에는 공간이 있다는 사실을 적극적으로 표현한 것으로 생각된다. 따라서 조사탑은 궁극적으로 2층의 누각을 벽돌로 재현했음을 명확히 보여주는 반증이라 하겠다. 이와 더불어 "2층탑신의 표면에 土朱로 목조구조의 장식을 그렸고, 劵門 안에 內門額을 그렸던 흔적이 있다. 서북쪽의 직령창 위에 액방2층을 그렸고 두방사이에 작은 기둥이 5개 있고 액방위에 인자형 보간포작을 그렸다."는 연구가 있다.[26] 옥개받침은 탑신의 모서리에 표현된 기둥 상면에 약화된 柱頭를 놓고 이를 보로 연결 한 후 상면에 3단의 단판복엽 앙연을 배치했다. 연화문의 조형에서 특이한 점은 주두의 상면에 놓인 화문이 층단형을 이루고 있어 마치 목조건물의 공포가 상단으로 갈수록 출목의 길이가 길어지는 현상과 같이 정연하게 배치되어 있어 이채롭다.

2층 탑신의 정상에는 벽돌로 조성된 상륜부가 놓여있다. 방형으로 조성된 1단의 노반 상면에는 모서리에 한 葉씩, 각면에 3엽씩의 복엽단판 앙연을 놓고, 다시 상면에는 각 모서리에만 큼직한 복연단판 앙연을 놓아 화사한 仰蓮部를 구성했다. 상면에는 다시 복엽8판의 단판 앙연

---

24 張馭寰, 『中國塔』, 山西人民出版社, 2000, p.4.
25 이처럼 문짝을 엇갈리게 표현하는 수법은 唐代의 전탑에서는 거의 볼 수 없는데, 北宋 淳化元年(990년)에 건립된 태원 開花寺 連理塔에서 그 예를 볼 수 있어 후대에 까지 계승된 것으로 생각된다.
26 주 22와 같음. 필자는 조사탑을 2005년과 2009년에 걸쳐 답사 한 바 있다. 첫 번째 답사시에는 탑신 전면에 걸쳐 강회를 발랐던 흔적과 더불어 세월이 흐름에 따른 손상으로 인해 벽체와 탈락되어 가는 현상을 볼 수 있었다. 이후 2009년의 답사 시에는 다시 강회를 발라 이 같은 흔적을 확인 할 수 없었다. 따라서 상기의 주장은 직접 확인할 수 없었다 하지만, 언급했듯이 조사탑이 목조건축의 충실한 飜案인점을 감안할 때 이 같은 목조건축의 요소를 그렸음은 충분한 가능성이 있는 것으로 생각된다. 아울러 人字形 包作은 운강석굴에서 확인되는 점에서 그러하다 하겠다.

을 두고 상면에 6엽의 화문으로 조성된 寶瓶을 두었다. 이의 상부에는 다시 2중의 복엽단판 앙연대를 구성한 후 하면에는 대형보주를, 상단에는 소형보주를 놓아 마무리했다. 이같은 형식의 상륜부는 찰주를 꼽고 구성하는 唐代 密簷式塼塔 혹은 한국의 석탑의 그것과는 완전히 다른 양식으로 주목된다. 이탑의 경우에는 별도로 찰주를 꼽지 않고, 노반위에 벽돌로 전체적인 틀을 조성 한 후 다시 진흙을 발라 각종 화문 및 조형을 완성하고 회칠을 한 것으로 생각된다.

2. 남북조시대

(1) 靈泉寺 道憑法師塔

靈泉寺는 河南省 安養市에 있는 寶山 南麓에 자리한 사찰로 남북조시 시대로부터 수와 당대의 저명한 사찰이었다. 사찰의 서쪽 대지에는 높이 1.46m 규모의 道憑法師塔이 3.2m의 거리를 두고 쌍탑으로 건립되어 있다. 2기의 탑은 석재로 조성되었는데, 탑신부가 정각형의 양식을 보이고 있다. 양 탑은 기단부·탑신부·상륜부로 구성된 되었는데, 이중 서쪽 탑의 탑신의 상단과 측면에 寶山寺大論師憑法師燒身塔 大齊河淸二年三月十七日'이라 각자되었는데, 이를 통해 563년 3월 17일에 조성되었음은 물론 탑의 주인공은 憑法師 즉, 道憑法師이며, 燒身塔으로 조성되었음을 알 수 있다. 따라서 법사의 사리를 봉안한 사리탑과 배탑의 형식으로 2기가 건립된 것으로 판단된다.

석탑의 양식을 보면 기단은 높직하게 석재를 정방형으로 치석해 2단으로 구성했는데, 표면에는 아무런 조식이 없다. 탑신부는 받침과 탑신, 옥개석 및 노반석이 일석으로 조성되었는데, 탑신에는 감실을 조성하고, 주변에는 화염문이 시문된 스페이드형의 장엄이 조식된 문을 조각하고 있다. 감실의 바닥은 하면으로 둥글고 깊게 치석되어 있어, 이곳에 대사의 사리가 봉안되어 있었을 것으로 추정된다. 옥개석의 하면과 상면에는 높직한 각형 1단의 받침을 두었는데, 상면에는 중앙에 시문된 반원형의 운문과 이중 원문을 두고 네 귀퉁이에는 조식되어 있다. 지붕은 복발형을 취하고 잇어 운강석굴의 정각형 불탑과 동일한 양식을 지니고 있다. 정상에는 고사리형 문양이 시문된 노반석 위에 일석으로 조성된 3중 보륜과 보주를 놓았다. 배탑 역시 동일한 양식을 보이고 있는데, 감실 입구의 장엄에서 스페이드 형이 아닌 아치형을 구성한 점만 다르다.[27] 이 탑에서 단순하면서도 소박한 풍모를 지니고 있는데, 북위시대의 운강에서 확인되는

---

27 영천사에는 이 석탑외에도 당대에 건립된 석탑 2기와 더불어 宝山을 중심으로 인근에 동서 1.5km, 남북 1km에 걸쳐 북제시대로부터 수와 당대에 조성된 수 많은 승탑이 부조되어 있는데, 이에 대해서는 河南省古代建築研究所·河南人民出版社, 『宝山靈泉寺』, 1991에 현황과 도면 및 사진이 상세히 수록되어 있다. 이와 더불어 마애 탑형으로 조성된 정각형탑의 성격에 대해서는 林葬의 결과로 보는 견해도 있다. 金

정각형탑의 양식을 충실히 계승하고 있을 뿐만 아니라 석재로 주성된 정각형 불탑으로는 가장 시대가 앞서는 유물로 판단된다. 이처럼 운강석굴과 도빙법사탑에서 확인되는 정각형 불탑의 시원적인 양식은 河北省 邯鄲市 에 소재한 北响堂山石窟 중 大佛洞에 이르러는 매우 화려한 양식으로 변화된다. 이 곳에서 확인되는 정각형 불탑 역시 기단부 · 탑신부 · 상륜부로 구성되어 있다. 기단부는 방형으로 감실내에 봉안된 불상으로 인해 마치 불상대좌 같은 양식을 보이고 있다. 탑신부는 2개의 기둥을 사이에 감실을 조성했는데, 내부에는 불상을 봉안하고 있다. 옥개석의 주연에는 3개소에 화연문을 조식했는데, 지붕은 복발형으로 조성되었다. 상륜부는 중앙부의 찰주를 화려한 화염보주가 시문되어 있다. 이와 더불어 산동성 청주박물관에 소장된 용흥사지 출토 불상의 광배에서 상당수의 정각형 불탑이 확인된다.[28]

이상에서 북위와 북제시대에 조성된 정각형 불탑의 면면을 고찰해 보았다. 전체적인 양상을 보면 후대에 등장하는 그것들과는 달리 대형 건축물이라기 보다는 소형이거나, 석굴사원의 장엄조식으로 활용되었다. 이럼에도 불구하고 기능적인 측면에서는 운강석굴과 북향단산의 석굴에서 보듯이 불상은 봉안하기 위한 전각으로, 불광사 조사탑, 영천사 도빙법사탑에서와 같이 입적한 승려를 기리기 위한 부도로서 건립 목적은 분명했던 것으로 생각된다. 이처럼 초기적인 형태의 정각형 불탑은 다음 시대인 수와 당대에 이르러 대형 건축물로 건립되기 시작했고, 건립의 목적 연기 더욱 분명해 지며 중국 불탑사의 한 장을 형성하게 된다.

3. 수대

陳을 병합해 전국을 통일한 수 문제는 지속적인 불교 중흥정책을 시행했는 바, 그의 불교정책 중 가장 주목되는 것은 仁壽年間(601-604)에 진행한 전국적인 사리탑의 건립이었다. 인수연간에 건립된 불탑은 112기 이상인 것으로 전해지는데, 각 지역의 탑지에서 확인된 사리기에 의해 그 실체가 확인되고 있다.[29] 이럼에도 불구하고 인수연간에 건립된 탑의 양식을 확인할 수 있는 실물은 없지만, 신통사의 사문탑이 현존하고 있어 주목된다. 이 탑은 북위시대에 건립되기 시작한 초기적인 정각형 불탑이 건탑이 목적성은 물론 목조건축의 양식을 충실히 반영해 건립된 가장 불탑이다. 더욱이 전체가 석재로 구성되어 있고, 건립연대가 분명해 미륵사지 석탑

善卿,「靈泉寺 塔林硏究 試論」,『美術史學硏究』260, 韓國美術史學會, 2008, pp.105-141.

28 용흥사지에서 출토된 유물은 주로 북제시대에 조성된 불상이 중심을 이루고 있는데, 이들 중 삼존불의 광재 상단에서 정각형 불탑이 조식되고 있음을 볼 수 있다.

29 이에 대해서는 주경미 선생에 의해 상세한 분석과 고찰이 진행된 바 있다. 주경미,『중국 고대 불사리장엄 연구』, 일지사, 2003, pp.96-160.

을 포함한 한국석탑의 시원양식의 근원을 규명하는데 귀중한 자료로 판단된다. 이 석탑에 대한 상세한 특징을 살펴보면 다음과 같다.[30]

四門塔은 山東省 歷城縣 柳埠村 靑龍山에 자리한 신통사의 동쪽 구릉에 위치하고 있다. 중국의 탑이 전탑으로 알려져 있음에 비해 중국에서 최초로 건립된 석탑으로 주목된다. 이 석탑은 당초 544년(東魏 武定2年)에 건립된 것으로 알려져 왔지만, 1973년 濟南 文化局에 의한 수리시 탑의 상면 내부 拱板에서 "大業七年造"라 명문이 확인되어 隋 煬帝 7년(611년)에 건립된 석탑으로 판명되었다.[31] 비교적 넓직한 대지에 건립되어 있는데, 벽체에서 느껴지는 회백색의 색감과 더불어 푸르른 주변의 경관이 조화를 이루고 있다. 평면 방형의 일층탑으로 전체적인 외관은 우리나라의 분황사모전석탑의 일층탑신에 마지막 층의 옥개석을 올려놓은 양식을 보이고 있다. 이 탑에 대해서는 다음장에서 미륵사지 석탑과과의 비교고찰의 중심이기 때문에 세부 양식에 대해 상세히 기술하고자 한다.

사문탑은 평면방형의 구도를 지닌 일층석탑으로 목조건축의 양식을 충실히 반영해 건립한불탑이다. 왜냐하면 동·서·남·북 네 곳에 아치형의 문을 개설했고, 이를 출입하기 위한 계단까지 설치했기 때문이다. 뿐만 아니라 내부의 공간에는 답도는 물론 중앙에 구축된 심주의 각 벽면에 불단을 설치하고 불상까지 봉안하고 있어 더욱 그러하다.

현재는 신축한 높직한 기단위에 건립되어 있지만, 계단의 일부가 새로 깔은 바닥전과 수평면을 이루고 있어 본래는 현재보다 좁은 기단위에 건립되었을 것으로 추정된다. 육안으로 관찰되는 본래 기단의 규모가 980cm×984cm의 방형인 점을 고려할 때 이같은 추정이 가능하다 생각한다. 석탑은 일변 7.4m 높이 10.4m의 규모로 각 벽은 170cm×43cm, 124cm×57cm, 87cm×30cm 크기의 장방형 석재를 20단 정도 고른층쌓기로 축조했다.) 각 벽면에는 강화를 발랐던 흔적인 역력히 남아 있는데, 강회의 고착을 위해 석재의 표면을 빗살무늬처럼 가공한 흔적을 뚜렷이 볼 수 있다.[32] 아치형으로 개설된 각 문은 높이 291cm, 너비 142cm 정도의 규모로 벽체의 중앙에 개설했다. 문 입구에는 양 쪽에 소맷돌을 두고 각각 3단의 계단을 두고 상면에는 문지방돌을 놓았다. 장방형 출입구는 너비 142cm, 높이 195cm 규모로, 상면은 아치형으로 처리했다. 아치는 모두 11매의 석재로 구성되었는데, 벽체는 이로 인해 반원형을 이루고 있다. 벽체 역시 아무런 문양이 없지만, 외벽과 같이 빗살무늬를 조각했고, 강회를 발랐던

---

30 사문탑의 양식에 관한 고찰은 기 발표한 朴慶植, 「隨·唐代 佛塔研究(1)- 亭閣型 石造塔婆」, 『文化史學』29 집, 韓國文化史學會, 2008. 의 내용을 요약했음을 밝힌다.

31 張馭寰, 앞 책, p.6.

32 이같은 석재 가공법은 비단 이 탑에서만 관찰되는 것이 아니라 당대에 건립되는 석탑에서도 볼 수 있어 중국 고대 석재를 치석하는 한 방법으로도 생각할 수 있다.

흔적인 역력히 보이고 있다.

벽체의 상단에는 각형 4단의 받침을 두고 옥개석을 구성했다. 옥개석의 상면에는 각형 22단의 받침을 두었는데, 들여쌓기의 비율이 일정한 탓에 자연스레 곡선미를 보이고 있다. 전체적으로 볼 때 옥개석의 양식은 전탑에서 보는 것과 일치하고 있다. 중국 전탑의 전체적인 양식을 볼 때 이들도 건립시 목탑의 재현에 충실하고자 했던 의도를 볼 수 있다. 이는 기단의 구성, 감실과 문비의 조성, 옥개석 하면의 공포, 기둥의 재현 증 여러 곳에서 확인할 수 있다. 그런데 사문탑은 전탑이 아닌 석탑임에도 불구하고 옥개석에서는 우리나라와는 달리 전탑의 양식을 볼 수 있어 주목된다. 즉, 벽체의 구성에서 볼 때 네 곳에 문을 개설하고, 석재를 일일이 가공해 쌓아 올린 점에서는 일면 공통점이 있다 하겠다. 하지만, 한국 초기 석탑의 옥개석은 비록 많은 부재가 사용되었을 지언정 목조건축과 유사한 형식을 지니고 있다. 그런데 이 탑에서는 전탑과 같이 층단형으로 쌓아 올려 재료상의 공통점에도 불구하고 확연한 차이점이 드러나고 있다. 아마도 석탑의 규모가 크고, 한편으로는 석재보다는 벽돌에 대한 기술적 자신감과 문화적 전통에서 기인한 현상으로 이해된다.

옥개석의 상면에는 방형의 노반위에 상·중·하대로 구성된 방형 불단과 같은 받침을 놓은 후 네 귀퉁이에 꽃이 핀 형상의 방형 앙연을 놓았다. 중앙에는 원통형의 석재 위에 5단의 원형 보주를 중첩한 보주를 놓았다.

1993년 수리시 탑의 고주 1.6m 지점에서 사리석함이 발견되었다. 석함은 길이 30.8cm, 높이 29.9cm의 크기로 내부에는 방형으로 조성된 銅函이 안치되어 있었다. 동함은 길이 9cm, 높이 13cm의 크기로 내부에서는 구멍이 관통된 수정 4과, 黃琉璃구슬 7과, 綠琉璃구슬 9과를 비롯해 파손된 녹색유리병 1개, 隋 文帝의 "五銖" 동전 2매와 약초, 香物등이 출토되었다고 한다.[33]

이 석탑은 일견 분황사모전석탑과 유사한 양식을 지니고 있어 주목된다. 즉, 기단과 더불어 벽체를 가공한 석재로 쌓아올렸고, 네 곳에 개설된 출입문, 옥개석의 낙수면이 층단을 이룬 점 등에서 그러하다. 이럼에도 불구하고 분황사석탑과 같이 모전석탑의 범주에서 이해해야 할런지에 대해서는 의문이 앞선다. 분황사 석탑은 벽체를 이루는 석재가 마치 벽돌과 같은 규모로 주성되었지만, 이 석탑은 사용된 석재의 규모가 크다는 점에서 그러하다. 한편 唐 咸亨 4년(673)에 건립된 법흥사사리탑과 唐 天寶年間(742-756)에 건립된 것으로 추정되는 靈巖寺 慧崇禪師塔 등 일련의 정각형 석탑에서도 같은 양상을 볼 수 있어 중국에서도 이같은 양식의 석탑이

---

33 劉繼文,『濟南神通寺』, 山東友誼出版社, 2005, p.39. 이 탑에서 출토된 사리 장엄에 대해서는 주경미 선생의 상세한 논고가 있다. 주경미, 주 6의 논문.

한 계열을 이루었던 것으로 추정된다.

석탑의 내부는 문이 개설되어 있어 출입이 가능했음을 알 수 있다. 내부는 일변 580cm 정도의 방형 공간으로 구성되어 있다. 중앙에는 석재로 구성된 길이 410cm, 높이 82-84cm 정도의 기단을 구성했다. 기단의 각 면에는 높이 67cm, 너비 38cm 크기의 우주를 세운후 중앙에 같은 규모의 탱주 1주를 놓았다. 우주와 탱주 사이는 일석으로 조성된 면석이 안쪽으로 감입되어 우주와 탱주가 돌출되어 있다. 기단의 상면에는 상면에 너비 223cm, 높이 268cm 정도의 석재로 구성된 高柱를 놓았다. 고주의 규모가 큰 탓에 자연스럽게 네 벽체가 형성되었고, 이에는 각각 석불을 1구씩 봉안했다. 벽체와 기단 사이에는 너비 81 - 86cm 정도의 통로가 개설되어 내부를 일주하도록 되어 있어 마치 우리나라의 법주사 팔상전 내부와 동일한 양상을 보이고 있다. 내부 구조에서 주목되는 부분은 천정부이다. 사문탑은 전체적인 면에서 볼 때 사다리꼴의 형태를 지니고 있다. 따라서 내부 천장 역시 평천장이 아닌 특이한 형태로 구성되어 있다. 즉 기단 중앙에 놓인 고주의 상면은 2단의 턱을 지며 내어쌓기 기법으로 마무리했는 바, 벽체의 내부 상면 역시 같은 양식으로 일단 통로부 상면의 공간 너비를 좁혔다. 각 석재의 상단에는 빗변이 긴 오각형의 보를 모서리에 한 주씩 斜角으로 배치라고, 공간에 같은 형식의 보를 3주씩 놓은 후 삼각형의 석재를 덮어 천정을 구성했다. 따라서 통로부의 천장은 삼각형의 형태를 지닌 특수한 일면을 보이고 있다. 결과적으로 사문탑의 내부 천정은 평면적으로 보면 평천장이지만, 실제로는 양측 통로는 맛배지붕의 형식이고, 중앙은 평천장을 이루는 특이한 구조로 되어 있다. 아마도 평천장이 주는 답답함을 피하고 비좁은 통로 공간을 좀 더 높임으로써 쾌적함을 주고자 했던 의도라 생각된다.

각 면에 봉안된 석불은 높이 1.4m 정도의 좌상인 바, 남면 불상 하단에 東魏 武定 2年의 명문이 확인되어[34] 東魏 孝靜帝 2년(544년)에 조성된 석불임을 알 수 있다. 따라서 봉안된 4구의 석불은 탑 조성이후에 봉안되었음을 알 수 있다. 이는 석탑의 구조상 기단이 넓게 조성되어 불단으로 활용할 수 있었고, 목조건축이란 관념하에서 탑을 불당으로 취급해 불상을 봉안한 것으로 추정된다. 이처럼 탑 내부에 공간을 구성하고 사방에 불상을 조성한 것은 한국의 석탑이 사리의 봉안으로 인해 유독 사리신앙이 강조되는 반면, 중국에서는 사리보다는 탑이 불전과 동일한 의미로 조성되고 있음을 알 수 있다. 이는 탑을 佛堂, 宗廟, 宮宇로 인식했던 後漢代 이래의 전통적인 관념[35]이 내재된 결과로 생각된다. 뿐만 아니라 사문탑에 시설된 내부공간과 이에 불상을

---

34 주 31의 책, p.47.

35 曹忠鉉,『後漢代 佛塔 認識과 起源 問題』, 단국대학교 대학원 석사학우논문, 2010, pp.17-20.

봉안하는 방식은 당대에 이르러 건립되는 다수의 정각형 불탑에 지대한 영향을 미치게 된다.[36]

이 석탑은 611년에 건립되었고, 네 곳에 출입문을 두었고, 내부에는 공간을 마련해 불단을 조성했다는 특징을 지니고 있다 그러기에 7세기 전반에 건립된 미륵사지 석탑과 비교의 대상이 되기에 충분한 조건을 구비하고 있다.

4. 당대

당나라에 들어서면 중국의 불탑은 다양한 양상으로 전개됨과 동시에 재료상 에서는 전탑이 주종을 이루게된다. 불탑의 발달사에서 보면 북위와 수대에 이룩한 제반양식에서 보다 진일보해 중국 나름대로의 불탑 양식을 완성한 시기로 생각된다. 마치 한국에서 통일신라시대에 한국 석탑의 양식이 완성됨과 같은 맥락에서 이해된다. 이 시대의 불탑은 주로 당시의 수도였던 서안을 중심 건립되고 있다. 이와 더불어 북위시대로부터 건립되어 온 정각형탑 역시 석재와 벽돌로 각각 재료만 달리하며 그 계보가 이어지고 있어 주목된다. 따라서 앞서 언급한 바와 같이 이 계통의 탑은 널리 활용되지 못한 양식이 아니라 적어도 당대에 이르기 까지 전통을 이어온 중국 탑파사에서 매우 중요한 건축물로 생각된다. 당대에 건립된 정각형 불탑을 정리해 보면 다음의 〈표-1〉로 집약된다.

〈표-1〉 당대 정각형 불탑

塔銘	建立時期	재질	所在地
法興寺 舍利塔	673年	석재	山西省 長治市
靈岩寺 慧崇塔	天寶 年間 (742~756年)	석재	山東省 長清市
安養 修定寺塔	642년	벽돌	河南省 安養市
少林寺 法如禪師塔	689년	벽돌	河南省 登封市
會善寺 淨藏禪師塔	746년	벽돌	河南省 登封市
少林寺 同光禪師塔	770년	벽돌	河南省 登封市
少林寺 法玩禪師塔	791년	벽돌	河南省 登封市
法王寺 僧墓塔群(3基)	唐 中期	벽돌	河南省 登封市
草堂寺 鳩摩羅什舍利塔	唐 中期	석재	陝西省 西安市 戶縣
泛舟禪師塔	822년	벽돌	河南省 登封市
海會院 明惠大師塔	877년	벽돌	山西省 平順縣 海會院

36 唐代에 건립된 수 많은 전탑의 대부분은 초층탑신에 감실을 마련하고, 이에 像을 봉안하고 있다. 이처럼 탑의 내부에 상을 봉안하는 수법은 북위외 북제시대에 시작되어 사문탑에서 확립되고, 이어 당대에 까지 영향을 미친 것으로 이해된다.

이 표를 보면 7세기 후반으로부터 9세기에 이르기 까지 지속적으로 건립되었음을 알 수 있는데, 이들중 석재로 조성된 탑의 특징을 간략히 살펴보면 다음과 같다.

法興寺 舍利塔은 山西省 長子縣 慈林山에 있던 것을 현재의 山西省 長治市 法興寺 경내로 이전 복원 하였는데, 673년(唐 咸亨 4년)에 건립되었다.[37]

이 석탑이 지닌 특성을 정리해 보면

첫째, 낮은 단층기단 위에 방형의 탑신을 놓고, 상륜부를 구성했다.

둘째, 일변 730cm 크기의 방형으로 일변 30-50cm, 높이 20cm 정도 크기의 치석된 석재를 9단으로 구축했는데, 앞과 뒤쪽 중앙에는 아치형의 문을 개설했다.

셋째, 옥개석은 탑신과 비례해 비교적 넓게 조성되어 안정감을 주고 있다. 하면에는 각형 2단의 옥개받침이 조출되었고, 상단에도 각형 5단의 층단형 받침을 두었다. 아울러 옥개석의 처마 끝과 상단 옥개받침의 끝에는 약간의 반전을 두어 다른 탑과는 달리 날렵한 느낌을 주고 있다. 이 석탑 역시 옥개석에서 상하층에 층단형 받침을 둔 것은 기왕에 건립되던 전탑의 영향을 받은 것으로 이해된다.[38]

넷째, 상륜부는 2층탑신의 상면에 넓은 판석을 놓고, 부연, 앙화, 보륜, 앙화, 보주의 순으로 구성되어 있다.

다섯째, 사리탑의 내부는 동남향으로 개설된 아치형의 문을 통해 진입해 내부를 일주한 후 뒷면에 개설된 문을 통해 나가는 구조를 지니고 있다. 뿐만 아니나 내부는 벽체를 따라 답도가 형성되어 있어 전체적으로는 '回'자형의 구조를 지니고 있다. 아울러 중앙부를 이루는 고주의 정면에는 불상을 안치해 예배공간으로서의 가능성을 확보하고 있다.

법흥사 사리탑은 사문탑에 비해 문이 2개소만 개설되었지만, 내부를 일주할 수 있는 답도를 개설하고, 불상을 봉안했다는 점에서 공통점을 보이고 있다. 이처럼 당대 초반에 건립된 정각형 석탑은 靈岩寺 慧崇塔으로 그 계보가 전승된다.

이 석탑은 山東省 濟南市 長淸區 万德鎭에 長淸縣에 소재한 영암사의 탑림 북쪽에 세워져 있는 석조탑파이다. 唐 天寶年間(742-755)에 세워진 석탑으로 전 면과 양 측면에 아치형의 문이 설치되어 있고, 내부에는 조사상이 안치되었던 대좌가 남아있다. 평면방형의 일층 탑신에 상륜부를 구비한 높이 5.3m의 규모이다. 이 석탑이 지닌 양식상의 특성을 정리해 보면 다음과

---

37 郭學忠 外, 『中國名塔』, 中國撮影出版社, 2002, p.358 및 張馭寰, 『中國佛塔史』, 科學出版社, 2006. p.44.
38 673년을 전후한 시기에 건립한 전탑으로는 西安에 소재한 大雁塔(652년 초건, 長安年間〈701-704〉) 중수), 香積寺 善導大師塔(681년), 興教寺 玄奘塔(669년 초건, 882년 중수), 興教寺 窺基塔(682년 초건, 829년 수리, 宋 1115년 중수) 등이 있다.

같다.

첫째, 지대석으로부터 기단과, 탑신에 이르기 까지 방형의 평면을 지니고 있다.

둘째, 탑신은 사문탑과 비슷한 규모의 석재를 10단으로 쌓아 구축했는데, 각 면에는 강화를 발랐던 흔적이 역력히 남아있다. 탑신의 북면을 제외한 3면에는 모두 문을 개설했는데, 이 중 남쪽면만 내부로 통하고, 나머지 면은 문비형만 모각한 형상이다. 문에는 귀면이 장식된 문고리와 더불어 비천, 신장등의 장엄이 조식되어 있다.

셋째, 옥개석은 옥개받침과 낙수면 그리고 처마석에 이르기 까지 많은 석재가 사용되었다. 하면에는 높직한 일단의 받침을 마련한 후 이로부터 각형 7단의 받침을 조출했고, 상면에는 각형 9단의 층단형의 받침이 조출되어 있다.

넷째, 상륜부는 노반석과 앙화석 그리고 상면에 놓인 보주로 구성되어 있다.

다섯째, 감실내에는 각변 2.2m 크기의 방형 공간이 조성되어 있는데, 북쪽벽에 잇대어 혜숭선사의 상을 놓았던 것으로 추정되는 장방형의 대좌가 놓여있다.

여섯째, 감실을 구성하는 4벽은 지면으로부터 5단까지는 수직으로 조성한 후 이로부터 안쪽으로 기울여 쌓아 상면에 이르기 까지 좁아져 상면에는 1매의 판석으로 천정을 마감했다.

이상과 같이 정각형 불탑은 석재외에도 〈표-1〉에서 보듯이 당대에 이르러는 벽돌도 조성되고 있는데, 이들 전탑의 공통적인 특징을 살펴보면

첫째, 회선사 정장선사탑과 초당사 구마라십탑을 제외하면 모두 평면 방형의 형태로 사모지붕을 구비하고 있다.

둘째, 기단은 낮은 단층기단이다.

셋째, 탑신의 남쪽면에는 모두 문을 조성하고 있다. 문을 대체로 아치형의 형태로 양쪽 기둥와 상·하인방석은 석재를 사용하는 예도 보이고 있다. 뿐만 아니라 문짝으로 입구를 봉쇄하거나, 감실이 직접 노출되는 경우도 있다.[39]

넷째, 탑신부에 한쪽면에는 판석으로 조성한 壁碑를 감입해 건립연대 및 주인공을 알려주고 있다. 이를 보면 동광선사탑의 경우 唐少林寺 同光禪師塔銘幷序(中略)大曆六年歲次辛亥六月景辰朔卄七日壬午建造塔(後略), 법완선사탑의 경우에도 大唐東都敬愛寺故開法臨壇大德法玩禪師塔銘並序……(中略)……貞元七年十月卄八日新塔建立……(後略), 회선사 정장선사탑에는 嵩山會善寺故大德淨藏禪師身塔銘 幷序…(中略)……卽以其歲天寶五載歲次丙丁 十月卄六日午時奄將神謝 門人慧雲 智祥 法俗弟子等莫不攀暮敎緣 奢花雨淚 哀戀摧慟 良可悲哉 敬重

---

39 이처럼 문을 폐쇄하거나 개방하는 양식은 당대에 건립된 대부분의 전탑에서도 볼 수 있는데, 후자의 경우는 대부분 출입이 가능할 정도의 규모를 보이고 있다.

師恩 勒銘建塔(後略)이라 기록되어 있어 탑의 주인공과 건립연대를 확연히 보여주고 있다.

다섯째, 옥개의 상·하면에는 모두 층단형 받침을 조출하고 있다.

여섯째, 옥개석의 상면에는 노반과 복발 앙화등으로 구성된 상륜부를 구성하고 있다.

일곱째, 이들 탑은 모두 승려의 묘탑으로 조성되었다는 점과 더불어 목조건축의 양식을 충실히 재현하고 있음을 알 수 있다. 이상과 같은 점을 보면 당대에 건립된 정각형 전탑 역시 재료만 바뀌었을 뿐 전체적인 조형은 북위시대 이래 건립되어 온 정각형 불탑의 양식을 충실히 계승하고 있음을 알 수 잇다.

이상에서 살펴본 바와 같이 정각형 불탑은 북위시대에 건립되기 시작해 唐末에 이르기 까지 지속적으로 건립된 조성된 중국 탑의 한 양식이었다. 뿐만 아니라 목조건축의 양식을 충실히 반영한 탓에 당대에 수 없이 건립된 전탑에서 목조건축의 양식이 재현될 수 있는 典據를 구축한 것으로 생각된다.

Ⅲ. 정각형 불탑과 미륵사지석탑과의 비교

앞서 살펴 본 바와 같이 정각형 불탑은 북위시대 운강 석굴에서 장엄조식의 하나로 등장한 불탑의 양식이었다. 그렇지만, 전체적인 형상이 목조건축의 형태를 그대로 재현하고 있을 뿐만 아니라 내부에는 공간을 구성해 예배공간으로 활용하고 있어 後漢代 이래 형성된 중국인의 佛塔觀을 엿볼 수 있는 중요한 건축물이다. 필자가 정각형 불탑에 북위시대로부터 당대에 이르기까지의 변천과정을 설명한 이유는 바로 미륵사지 석탑과 평면구도는 물론 초층탑신에 개설된 출입시설과 내부에 공간을 형성하고 있다는 점에서 비교의 대상이 될 것이라 판단했기 때문이다. 뿐만 아니라 북위로부터 당대에 이르기까지 건립된 불탑 중 조성연대가 확실한 것과 미륵사지석탑과의 연대를 비교해 봐도 그러한데, 이를 정리해 보면 다음의 〈표-2〉로 집약된다.

〈표-2〉 중국 초기 불탑과 미륵사지 석탑과 건립 연대 비교

塔 名	建立 時期	所在地	유형
崇岳寺塼塔	523년	河南省 登封市	塼塔
佛光寺 祖師塔	550-577년	山西省 五台縣	塼塔
靈泉寺 道憑法師塔	563년	河南省 安養市	石塔
新通寺 四門塔	611년	河南省 濟南市	石塔
彌勒寺址石塔	639년	全羅北道 益山市	石塔
華嚴寺址 杜順塔	643년	山西省 西安市	塼塔
安養 修定寺塔	642년	河南省 安養市	塼塔
法興寺 舍利塔	673年	山西省 長治市	石塔
香積寺 善導大師塔	681년	山西省 西安市	塼塔
興敎寺 窺基塔	682년 초건 829년 수리 宋 1115년 중수	山西省 西安市 興敎寺	塼塔
少林寺 法如禪師塔	689年	河南省 登封市	塼塔
仙游寺 舍利塔	隋 601년 초건 725년 중건	山西省 西安市	塼塔
大雁塔	652년 초건 長安年間(701~704) 중수	山西省 西安市	塼塔
興敎寺 玄奘塔	669년 초건 882년 중수	山西省 西安市	塼塔

위 표를 보면 숭악사탑을 제외하면 7세기 전반 중국 불탑의 건립 동향은 정각형 불탑이 주로를 이루고 있고, 연대를 보아도 미륵사지 석탑이 5번째의 위치를 점하고 있어 이들과의 비교대상이 되기에 충분한 조건을 지니고 있기 때문이다. 때문에 미륵사지 석탑에 구현된 제반 양식의 기원과 특수성을 찾는 문제는 이와 비슷한 시기에 건립된 불탑과의 비교를 통해 규명함은 당연한 이치라 하겠다. 이같은 판단에 따라 비교의 대상이 될 수 있는 불탑으로는 조성재료는 물론 내부구조에 이르기 까지 목조건축을 가장 충실히 구현하고 있는 사문탑이 가장 유력하다고 생각한다. 이 탑은 그간 분황사모전석탑과의 비교 대상으로 익히 알려진 탑이지만, 이 역시 분황사탑과는 연관을 짓기에는 여러 문제가 지적된 바 있다.[40] 그럼에도 불구하고 이 탑이 주목되는 이유는 앞서 고찰한 바와 같이 1층탑신에 표현된 제반 양식이 목조건축의 그것과 동일한 구조를 지니고 있기 때문이다. 이에 따라 정각형불탑 중 석재로 구성되었고, 미륵사지 석탑과 건립연대가 비슷한 신통사 사문탑을 중심으로 양식과 구조적인 면에서 비교 고찰을 시도해

---

40 필자는 「芬皇寺 模塼石塔에 대한 考察」, 『芬皇寺의 諸照明』, 新羅文化宣揚會, 1999, pp.161-197에서 문황사모전석탑과 사문탑과의 연관성을 제기한 바 있다. 그러나 현지 답사 결과 이는 잘못된 견해였음을 밝힌 바 있다. 朴慶植, 주 28의 논문.

미륵사지 석탑의 양식적 근원을 파악하고자 한다.

(1) 양식적인 면에서의 비교

앞서서도 언급한 바와 같이 양 석탑은 목조건축의 양식을 재현하고 있다는 전체적인 면에서의 공통점을 지니고 있다. 그럼에도 불구하고 이를 세세히 관찰해 보면 여러 면에서 차이점이 발견되는바, 이를 정리해 보면 다음과 같다.

첫째, 양 탑은 모두 낮은 기단부를 구비하고 있다. 신통사 사문탑은 현재 새로 신축한 높직하고 넓은 기단 위에 건립되어 있지만, 계단석이 본래의 기단부 상면과 일치하고 있고, 드러난 너비 또한 좁기 때문에 본래는 지금보다 좁은 규모의 기단을 구비했던 것으로 판단된다. 이와 더불어 기단의 각면 중앙에는 감실로 들어가는 계단석이 설치되어 있다. 이에 반해 미륵사지 석탑은 2층기단으로 조성되었음에도 불구하고 전체 탑신에 비해 현저히 낮은 기단의 높이를 지니고 있지만, 전체 높이에 비해 기단은 안정적인 규모를 유지하고 있다. 뿐만 아니라 상·하층 기단의 중앙부에는 상면으로 오르는 계단이 설치되어 있다. 결국 양 탑은 탑신에 비해 낮은 기단 그리고 이를 오르는 계단의 설치는 같은 양식임을 알 수 있다.

둘째, 사면에 문을 개설하고 있다는 점이다. 이처럼 사방에 문을 개설하는 것은 비록 탑은 석재로 건립되었지만, 내부에 공간이 있는 목조건축임을 분명히 보여주는 의도라 생각된다. 이처럼 목조건축에서 사방에 문을 내는 경우는 중국에서도 북위시대에 건립된 낙양 永寧寺塔에서도 볼 수 있고[41], 한국에서는 법주사 팔상전에서 그 예를 볼 수 있다. 이처럼 문을 개설하고 있는 공통점은 있지만, 사문탑은 북위시대 이래의 전통적인 아치형의 구조에 장방형의 출입구를 개설한 반면, 미륵사지는 온전히 장방형의 형태라는 점이 다르다.[42]

셋째, 내부에 공간을 구성하고 있다는 점이다. 이 역시 목조건축에서 석탑의 양식이 왔음을 명확히 보여주는 한 요인이다. 그러나 사문탑을 비롯한 중국내 정각형 불탑에서는 공간내에 불상 또는 僧像을 봉안하고 있다. 사문탑의 경우는 심주의 하단에 우주와 탱주를 놓은 장방형의 불단이 개설되고, 각 면에는 불상을 1구씩 봉안했다. 뿐만 아니라 중앙의 心柱를 중심으로 사방을 일주할 수 있는 답도가 형성되어 있고, 이는 법흥사 사리탑에서도 같은 양상을 보이고 있다. 따라서 사문탑에 개설된 공간은 사방에 봉안된 불상을 따라 일주하며 예불의식을 진행할 수 있는 구조를 지니고 있다. 결국 북위시대로부터 수와 당대에 걸쳐 건립된 정각형 불탑은 순수 사

41　張馭寰, 『中國佛塔史』, 科學出版社, 2006. p.20.

42　미륵사지 석탑에 개설된 문의 양식은 사문탑을 비롯한 정각형 불탑보다는 분황사모전석탑과 동일한 구도를 보이고 있다.

리신앙의 매체로서의 불탑이 아닌 佛殿의 기능을 지닌 것으로 생각된다.[43] 그러나 미륵사지 석탑은 사방으로 통하는 문은 있을 지언정 어느 방향에서 진입을 해도 심주석에 봉안된 사리로 집중되는 양상을 보이고 있다. 문을 통해 들어섰을 때 중국에서는 불상을 대하지만, 미륵사지는 사리를 만난다는 차이점이 있다. 이는 불상이 보다 현실적인 신앙의 매체라면 사리는 상징성에 몰입하는 신앙적인 측면에서 확연히 다른 신앙패턴을 보이고 있어 주목된다.[44] 이처럼 탑에 불상을 봉안하는 근원은 신강 카스에 소재한 모르 불탑에서 한쪽 면에 불단을 조성하고, 불상을 봉안하는 양식이 정착된 이래 쿠차 지역의 석굴사원에서 볼 수 있는 탑내에 불상이 봉안된 벽화들과 더불어 투루판에 소재한 고창고성의 대불사 불탑의 감실부와 교하고성에 건립되어 있는 불탑에서 찾을 수 있다. 결국 실크로드 상에서 건립된 불탑들에서 탑의 한쪽 면에 불상을 봉안했던 방식이 정각형 탑에 이르러감실 내부에 봉안되고, 탑이 불전으로서의 역할까지 공유된 것으로 이해된다. 이에 반해 미륵사지 석탑에서처럼 순수 사리만을 봉안하고, 이에 대한 숭배의식만 강조되는 탑 신앙은 이후 건립되는 모든 석탑에 적용됨으로써 양 국의 불탑은 건탑의 목적이 서로 다른 방향으로 전개되는 단초를 조성하고 있다고 생각한다.[45]

넷째, 옥개석의 하면에 층단형의 받침이 마련되어 있다는 점이다. 사실 한국석탑의 양식 기원을 중국의 전탑에서 구하는 가장 큰 요인이 바로 옥개받침부이다. 그렇지만, 중국이 탑은 하단 뿐만 아니라 상면에 이르기 까지 층단형을 지니고 있는 반면, 한국이 탑은 상면은 지붕의 곡선미를 그대로 재현하고 있다. 이같은 현상은 벽돌과 석재라는 재료의 차이와 더불어 축적된 기술력과 자연환경이 영향을 미친 결과로 생각된다. 이를 좀 더 부연하면 중국은 漢代 이래로 전축분이 성행했기에 그간 벽돌을 다루고 쌓는 기술력이 충분히 확보된 상태였다. 이와 더불어

---

43 이같은 판단은 북위시대나 북제시대의 정각형 불탑에서 내부에 불상 또는 승려의 상을 봉안했고, 당대에 건립된 정각형 불탑에서도 그러한 양상을 보이고 있기 때문이다. 따라서 내부에 답도의 개설 유무를 떠나 감실의 중앙에 예배의 대상이 될 수 있는 주체가 봉안되어 진다는 사실은 결국 이 유형의 불탑이 지닌 성격을 대변하는 것으로 생각된다.

44 조은경 선생은 미륵사지 석탑의 내부공간은 불상이 안치되어 이를 위요하는 의례공간과는 성격이 다른 사리가 봉안되어 있는 상징적 공간을 효과적으로 표현하기 위한 방법으로 묘제의 축조기법이 적용된 것을 보고 있다. 조은경, 「미륵사지서탑 축조의 구조 원리에 관한 기초 연구」, 文化財제42권 제2호, 2009. 6, pp.107-108

45 한국 석탑에서도 통일신라시대에 건립된 모전석탑과 전탑에서 초층탑신에 개설된 감실이 확인된다 그러나 소형의 규모인 탓에 출입은 물론 이에서의 예배의식의 진행은 불가능하다. 뿐만 아니라 감실의 내부에서는 불상을 봉안했던 불좌등의 흔적을 찾을 수 없다. 따라서 상기의 확인되는 감실은 오로지 목조건축의 공간을 상징하는데 충실하고 했던 구조로 이해된다. 이와 더불어 통일신라시대 석탑에서 표면에 사방불을 조성한 예를 볼 수 있지만, 이 역시 탑신내부에서 사리공이 확인되는 점으로 보아 중국과는 확연히 다른 탑신앙의 일면이라 하겠다.

벽돌을 생산하기에 적당한 진흙을 구하기 쉬운 자연조건을 지니고 있다. 당대에 건립된 상당수의 전탑이 황하 주변에 건립되었다는 시실은 바로 이를 반증한다. 이에 반해 한국은 청동기 시대 지석묘의 축조를 통해 석재를 다루는 기술력이 확보되었고, 이는 고구려를 거치며 墓制의 한 軸을 이루게 된다. 따라서 벽돌과 석재로 목조건축의 지붕을 구현할 때 나타날 수 밖에 없는 필연성이 전탑과 석탑의 옥개석의 표현 방법의 현격한 차이점이라 생각한다. 이에 대해 우현 선생은 미륵사지석탑의 옥개받침에 대해 목조건축의 공포로 출발했음을 적시하며, 평양과 고구려의 전 도읍지인 만주 통화성 집안현 내에 多數한 고구려 고분의 천정받침이 이를 증명하는 것으로 보고 있다.[46] 뿐만 아니라

> "그러나 다시 한번 생각해 본다면 이 수법은 구태여 築博수법이라는 것을 생각할 필요도 없이 純力學的 物理學的으로 필연적으로 나올 수 있는 수법이 아닐까. 즉 廣幅이 적은 재료로서 공간을 넓혀간다든지 좁혀간다든지 또는 塊體를 쌓아 모은다든지 이어 받자면 누구에게나 어느 곳에서나 물리학적 원칙에 의해 나올 수 있는 형식이라고 할 것이 아닐까."[47]

라 언급해 층단형 받침이 나타나는 것에 대해 특정 문화의 영향이 아니라 보편적으로 나타날 수 있는 방식임을 피력한 바 있다. 결국 정각형 불탑과 미륵사지석탑의 옥개석 하면에서 나타나는 받침수법은 벽체보다 지붕을 넓게 형성해야한다는 목조 건축의 기본 원리를 충실히 이행한 결과라 생각된다. 이와 더불어 사문탑과 미륵사지 석탑에 구현된 옥개석의 양식은 이후 양국의 탑이 확연한 차이를 보이는 한 요인으로 작용한 것으로 생각된다.[48]

이처럼 미륵사지 석탑과 사문탑을 중심으로 한 정각형 불탑과 비교해 보면 목조건축을 충실해 재현하고 있다는 공통점은 보이지만, 근본적으로는 확연한 차이점을 보이고 있다. 특히 탑신의 감실을 활용하는 문제에 이르러는 이를 건립하는 근본적인 목적성에서 차이를 보이고 있다. 다시 말해 중국의 정각형 불탑은 처음부터 佛殿의 개념으로 탑을 조성했기에 예배의 공간으로 할용될 수 있었지만, 미륵사지 석탑은 순수한 사리봉안처로서 불탑이 지닌 볼래의 기능성에 충실하다는 점이다. 결국 중국과 한국에서 불탑의 인식에 대한 문제는 서로 다른 선상에서 시

---

46 高裕燮, 『韓國塔婆의 研究』, 乙酉文化社, 1948, pp.44-45.
47 高裕燮, 앞 책, p.46.
48 사문탑에서 구현된 옥개석의 양식 즉, 상하면에 모두 층단형 받침을 두는 양식은 643년에 건립된 華嚴寺址 杜順塔에서 전탑의 한 양식으로 정착된 이래 이후 건립되는 모든 전탑에서 공통적으로 보이고 있다. 이에 반해 미륵사지 석탑에서 이룩한 옥개석의 양식은 감은사지 석탑에서 구현된 이래 한국의 모든 석탑에서 공통적인 양식으로 정착된다. 따라서 중국과 한국의 탑에 보이는 옥개석의 양식은 양 탑에서 비롯된 것으로 이해된다.

작된 것으로 생각된다.

(2) 구조적인 면에서의 비교

앞서 언급한 바와 같이 양 석탑은 양식적인 면에 있어서도 확연한 차이를 보이고 있는데, 이를 구조적인 면에서 살펴보면 더욱 확연한 차이점이 드러난다. 이를 살펴보면 다음과 같다.

첫째, 정각형 불탑은 외벽을 석재 또는 벽돌로 거의 고른층쌓기 수법으로 축조했다. 때문에 어느 한 곳에서 균열이 발생하기 시작하면 걷잡을 수 없이 갈라지는 구조를 지니고 있다.[49] 뿐만 아니라 석재나 벽돌을 층층이 쌓았기에 줄눈 사이로 초본류가 자랄 수 있는 구조적인 문제를 안고 있다. 대부분의 정각형 불탑에서 표면에 강회를 바른 흔적이 확인되는 이유는 바로 이 같은 문제점들을 보완하기 위한 여겨진다. 사문탑 역시 벽체를 이루는 석재가 모두 횡방향으로만 축조된 단순구조를 보이고 있다. 이처럼 단순한 석재의 축조방식은 석탑의 규모가 1층이며, 내부에는 심주를 구축했기에 지붕의 하중 처리에 대한 자신감에서 비롯된 것으로도 이해된다. 그럼에도 불구하고 어느 면에서는 한번 수직방향의 균열이 발생하면 걷잡을 수 없이 갈라질 수 있다는 결함을 지니고 있다. 그러나 미륵사지 석탑에서는 면석과 우주 그리고 탱주가 적절히 배치되고 있을 뿐만 아니라 석재가 가로 및 세로방향으로 구축되어 있어 보다 건축적인 결구방식에 가깝게 건립되었다. 때문에 639년에 발생한 통일신라시대의 지진에도 견디어냈고,[50] 해체 작업이 시작된 2001년까지도 탑의 형태를 계속유지할 수 있었던 것으로 생각된다. 더욱이 석탑 전체에 베풀어진 목조건축의 양식과 더불어[51] 주목되는 점은 면석과 기둥의 맞닿는 면에는 반드시 홈을 파고 끼워 넣는 방식을 채용하고 있고, 옥개석의 낙수면을 구성하는 석재는 대부분 뒷뿌리를 길게 조성해 내부에 놓이는 석재들과 물리도록 구축되었다는 점이다. 즉, 전자의 방식은 횡방향으로 놓이는 부재의 접합력을 높여 석재가 이탈하는 것을 방자하는 효과를 준

....

49 이같은 축조방법에 대해 張馭寰 선생은 "空筒式구조탑의 특징은 시공이 쉽고 복잡한 내벽이 없고 복잡한 층수도 없고, 단지 탑의 형태에 따라 두꺼운 외벽을 쌓으면 되었고, 아래에서 위로 바로 탑의 꼭대기에 이르게 되므로 설계에서부터 시공까지 매우 간결하다. 탑 전체의 외벽을 두껍게 해서 전체의 하중을 견디게 만들어서 매우 안전하다. 층마다 있는 목재 마루판은 판 아래에 大樑를 설치하여 空筒에 횡방향으로 拉力을 높여주었는데, 이는 구조적 안전을 강화하는 면에서 어느 정도 효과가 있었다. 空筒式구조의 약점은 횡방향으로 견고하게 부재를 당겨 연결해주지 못하고, 위아래가 하나의 원통체라서, 지진이 발생하면 쉽게 무너진다는 것이다. 일단 외벽 문창부분이 먼저 갈라져서 큰 틈이 생기면 바로 쉽게 무너진다."라고 밝히고 있다. 張馭寰, 『中國塔』, 山西人民出版社, 2000, p.159.

50 『三國史記』卷 8「聖德王」18年條 … 秋九月 震金馬郡彌勒寺. 이처럼 미륵사에 지진이 발생했다고 기록하고 있지만, 피해상황이나 보수했다는 내용은 없다. 따라서 지진의 발생이 미륵사지 석탑에 큰 피해를 주지 않았던 것으로 추정한다.

51 미륵사지 석탑에 구현된 목조건축의 양식에 대해서는 주 1,2,3의 연구 성과에 상세히 분석되어 있다.

것으로 생각되는데, 신라에도 전래되어 의성 탑리오층석탑, 감은사지 삼층석탑등 여러 탑에서 확인된다. 이와 더불어 옥개석에서 뒷뿌리를 길게 치석한 석재를 사용함에 따라 이 부재가 낙하되는 것을 방지함과 동시에 옥개석의 상면에 충적된 석재와 서로 맞물려 인장력을 높이는 결과를 가져온 것으로 생각된다 더욱이 이같은 방식은 석성의 축조에서 면석과 면석의 사이에 길기가 긴 心石을 밖음으로써 뒷채움석과 면석이 서로 맞물리도록 한 방법과 동일한 의도라 생각된다. 이를 통해 미륵사지 석탑의 건립에는 목조건축의 기술력뿐만 아니라 석성의 축조 방법 등 이제껏 구축된 목조건축과 석조건축의 기술력이 모두 동원된 것으로 생각된다. 이같은 점들을 고려해 볼 때 외관상으로는 정각형 불탑이 더 목조건축에 가까운 양식을 지니고 있지만, 내부적으로는 미륵사지 석탑이 목조가구의 수법이 충실히 적용되었다는 점에서 현존하는 석탑과 전탑 중 가장 완벽하게 목조건축기술을 재현한 탑으로 생각된다. 결국 중국으로부터 목탑이 전래되었고, 이를 석재로 재료의 변환이 이루어짐에도 불구하고 진정한 의미에서 목조건축의 재현은 미륵사지 석탑이 선두에 좋일 수 있다고 생각한다.

둘째, 미륵사지석탑에서 구현된 목조건축의 기법은 내부 천장의 구조에서도 확연히 드러난다. 앞서 살펴본 정각형 전탑 중에서 감실 내부의 천장이 확인되는 경우는 불광사 조사탑, 신통사 사문탑, 법흥사사리탑, 안양 수정사탑이다. 이들 중 미륵사지 석탑 보다 먼저 건립된 탑은 불광사 조사탑과 신통사 사문탑이다. 두 탑은 모두 내부로 들어가 천장부의 구조를 살펴 볼 수 있었는데, 전자는 벽돌을 이용해 안으로 좁혀 들어가며 축조한 방추형의 형태이고, 후자는 심주석을 따라 형성된 답도의 상면에 고깔형으로 석재를 놓아 천정부를 구성하고 있다.[52] 이에 반해 미륵사지 석탑은 사방에 개설된 답도의 상면에 내어 쌓기 수법으로 간격을 줄인 판석을 놓아 평천장을 구성하고 있다. 이같은 수법에 대해서는 천득염선생은 고구려 고분의 축조방법에서 영향을 받은 것으로 해석하고 있는데[53], 필자 역시 이 의견에 공감한다. 결국 미륵사지 석탑의 천장부는 고구려로부터 전래된 기술력에 의해 나타난 것으로 판단된다. 이럼에도 불구하고 상층부에 그 많은 석재가 사용될 것을 알면서도 평천장을 구현 했을까에 대한 의문은 1층 탑신의 면석을 제거한 후 드러났다. 즉 미륵사지 석탑의 1층탑신은 사방에 좁은 답도를 개설하고 주앙부에는 심주석이 놓이는 십자형의 평면구조를 지니고 있다. 따라서 탑신의 각 모서리는 답도

---

52 이처럼 천장부가 상면을 향해 솟아 오른 형태를 이루는 이유는 바로 옥개석의 구조와 밀접한 연관이 있는 것으로 보인다. 즉 조사탑은 전체적으로 2층의 탑신을 구비하고 있어 천장을 수평으로 할 경우 空筒式 구조로 축조된 벽체에 상당한 하중을 받게 되기 때문에 원추형으로 축조하고 공간에는 벽돌을 채웠을 것으로 추정된다. 사문탑 역시 사모지붕 형태의 옥개석으로 인해 평천장 보다는 가능한 지붕의 하중이 직접 벽체로 전달되지 않고 분산될 수 있는 고깔형 천장 구조를 택한 것으로 보인다.

53 천득염, 「백제계석탑 연구」, 전남대학교 출판부, 2000, p.44.

를 중심으로 각각 방형의 형태를 지니게 되는데, 바로 이 부분에 거대한 장방형의 석재를 쌓아 상부에서 쏟아 내리는 하중을 받고, 분산시키는 역할을 하고 있다. 이로 인해 답도의 상면에 내어쌓기 수법으로 석재를 놓고 상면에 판석을 놓은 평천장이지만, 각 변을 채운 상부의 하중이 1층 탑신 전면에 고루 분산되는 절묘한 힘의 분산을 꽤하고 있다. 사실 중국이나 한국이나 고층 건물을 지을 때 가장 염두에 두었을 것은 하중의 분산이었을 것이다. 이같은 사실을 염두에 두고 생각해 볼 때 중국의 장인들 보다 백제의 기술자 들은 이들 보다 더 많은 고심과 노력을 했을 것으로 생각된다. 왜냐하면 석재나 벽돌로 축조한 정각현 불탑이 모두 단층임에 지해 미륵사지 석탑은 9층의 규모로 건립되었다는 점을 고려해 보면 기술적인 차이를 인정할 수밖에 없다고 생각한다. 이와 더불어 심주의 역할 또한 비교의 대상이 된다. 정각형 불탑에서 심주가 구축된 것은 사문탑이다. 그런데 사문탑에서의 길이 410cm, 높이 82-84cm 규모의 기단을 마련하고, 각 면에 형성된 불단에 불상을 한구씩 배치한 형태이다. 이를 통해 사문탑의 심주는 당초 고층건축을 위한 그것이 아니라 불단을 조성하기 위한 계획하에서 구축된 것으로 파악된다. 더욱이 이 탑이 일층이라는 점에서 구태여 심주까지 세워야할 필요성은 없는 것으로 생각된다. 이에 반해 미륵사지 석탑의 심주는 4층탑신까지 확인되었는데, 본래는 상층에 이르기 까지 구축되어 있었을 것으로 추정된다. 더욱이 옥개석 상면에 배치를 석재들을 보면 중앙부의 심주석을 중심으로 장방형의 부재가 규율성 있게 놓여 있는 모습을 볼 수 있어 마치 목조건축의 보가 지닌 역할을 수행하고 있는 것으로 생각된다.

이상에서 북위시대 이래 건립되기 시작한 정각형 불탑 중 611년에 건립된 신통사 사문탑과 미륵사지 석탑에 대해 양식과 구조적인 측면에서 비교 검토해 보았다. 앞에서 살펴본 바와 곁이 양 탑은 목조건축을 재현하고 있다는 공통점은 있을지언정, 세부적인 면에 있어서는 완전히 다른 각도에서 건립된 불탑임을 알 수 있었다. 결국 중국에서 시작된 탑 건립의 동기와 목탑은 분면 한국에 전래되었다. 그러나 재료의 변환이라는 문제에 봉착했을 때 백제는 적어도 불탑의 건립이라는 측면에서 볼 때 더 이상 중국의 문화적 영향권 내에 있던 나라는 아니었다. 그들 나름대로 석재를 주 재료로 선택했고, 이를 위해 목조건축의 기법을 완벽하게 석조건축으로 이전해 백제 나름대로의 석탑을 완성했고, 이는 한국이 석탑의 나라가 될 수 있는 근간을 형성했다. 다시 말해 중국으로부터 전래된 탑 건축을 완전히 한국화 시켜 독자적인 불교문화의 한 패턴을 이룩했고, 그 始原에 미륵사지석탑이 있다고 생각한다. 필자의 이같은 사유는 중국에서 탑의 변화한 과정을 보아도 알 수 있다. 현존하는 중국의 불탑 중 당대이거나 이보다 앞선 시기에 건립된 탑들은 신강성 지역에 있는 여러 불탑들이다. 가장 서쪽에 있는 카스의 모르불탑, 호탄지역에 있는 라왁사원지의 불탑, 쿠차의 스바시불교 사원지에 있는 불탑. 화전의 라왁사원지의 불탑, 투루판의 고창 및 교하고성에 있는 불탑들의 공총적인 양상을 보면 모두 흙벽돌로 조성했고, 간다라 지역 불탑의 양식이 그대로 재현되고 있다는 점이다. 이럼에도 불구하고 수와 당대에 건립된 여러 불탑에서는 이들과는 완전히 다른 양식의 불탑을 건립하고 있다. 이같은 사실은 당에 의해 중국 전역이 통일된 이후 한족 나름대로의 서역으로부터 전래된 불탑을 근간으로 나름대로의 독자적인 탑문화를 형성했음을 의미한다. 이같은 현상에 대해 張馭寰선생은 "唐代法身塔의 발견은 중국 불탑 유형의 중요한 발견일 뿐만 아니라 중국 건축의 중요한 수확으로, 이는 중화민족이 예로부터 외래문화에 대해 기계적으로 모방하지 않고 어느 정도 소화를 통해 그 정수를 취하고 중국 고유문화속에 절충하였다는 것을 설명한다."[54]라고 피력한 바 있다. 결국 중국 역시 서역으로부터 불교문화가 전래됨에 따라 초기에는 이를 그대로 수용하는 양상을 보이고 있지만, 시간이 지남에 따라 그들의 자연환경과 기술력 그리고 민족성이 결합된 독자적인 불탑 문화를 구축했음을 주장한 것이라 사료된다. 이같은 관점에서 볼 때 한국에서 시작된 석탑에 대해서도 중국으로부터 전래된 탑 건축의 모티브가 수용되고, 이를 우리의 기술력과 자연환경 그리고 민족성들과 결합되면서 독자적인 석탑문화를 구축했던 것으로 생각된다. 백제 미륵사지 석탑에서 시작되어 이후 지속적으로 건립된 석탑에 대해 張馭寰 선생은 "조선의 탑 건축은, 중국 南北朝부터 시작해서 宋代까지 석탑이 많이 건축되었는데, 모두 중국 당탑의 풍격을 채용하였으며, 基座, 塔身, 塔刹의 세부분으로 구성되어 있다."[55] 라고 주장하고 있다. 그러나 미륵사지 석탑이 그러했듯이 이후 건립되는 수 많은 석탑에서 唐代에 건립된 전탑이나 석탑과는 너무나도 다른 양상을 보이고 있어 한국 문화의 중심에는 당연히 중국의 문화가 자리하고 있다는 일반론적인 통념을 주장한 것에 불과한 것으로 생각한다.[56] 왜냐하면, 앞서 고찰한 바와 같이 미륵사지 석탑은 양식적인 면에서나 구조적인면에서 중국의 초기 불탑과는 완전히 다른 양상을 보이고 있었고, 한국 석탑은 이로부터 시작되었기 때문이다. 따라서 미륵사지 석탑은 그간 축적되어 온 모든 방면의 기술력과 예술적인 능력이 모아져 이룩된 석조문화의 寵兒이자,

---

54 여기서 법신탑이라 함은 당대에 건립된 불탑 중 전형적인 평면방형의 형식을 벗어나 원형 등 다양한 평면으로 건립한 탑을 의미하는데, 대포적인 탑으로는 장치 양두산 청화사의 여러 석탑과 운성의 범주선사탑 등을 지칭하고 있다. 필자 역시 이들 탑들의 대부분을 조사한 바 있는데, 이에 대해서도 향후 발표할 예정이다.

55 張馭寰, 주 47의 책, pp.284-285.

56 전탑과 석탑은 재료적인 측면에서의 차이는 차치하고라도 양식적인 면과 기술적인 면에서 확연한 차이를 보이고 있기 때문이다. 물론 옥개받침에서 부분적으로 양식적인 공통점이 보이고 있지만, 지붕이라는 전체적인 틀에서 보면 이 역시 분명한 차이가 있다. 뿐만 아니라 당대에 건립된 석탑 역시 약 30여기를 조사했는데, 이들은 대부분이 8세기에 건립된 탓에 7세기 전반에 이미 석탑을 건립한 한국과는 시간적인 차이가 있고, 규모나 양식, 건탑의 원인등에서 한국의 석탑과는 완전한 차이를 보이고 있다. 이에 대해서는 향후 논문으로 발표할 예정이다.

이의 건립을 통해 한국이 중국과는 다른 장르에서 불교문화를 발전시킬 수 있는 시금석이 된 것으로 생각된다. 결국 동아시아에서 볼 수 있는 唯一無二한 거대한 석탑이기에, 한국만이 지닐 수 있는 독자적인 석조문화의 바탕을 이룩한 건축물로 자리매김하고 있는 것이다.

Ⅳ. 맺음말

미륵사지 석탑을 일컬어 『新增東國輿地勝覽』에 「有石塔極大, 高數丈, 東方石塔之最」라 기록되어 있다.[57] 이는 이 책이 발간되던 1530년의 시각에서 바라 본 미륵사지석탑에 대한 평가인데, 석탑의 규모와 더불어 높이 그리고 동방의 석탑에서는 가장 오래된 것임을 밝히고 있다. 극히 짧은 기록이지만, "東方石塔之最"라 기록한 것은 미륵사지 석탑이 동아시아의 탑에서 그 어느 탑도 비교의 대상이 될 수 없음을 천명한 것으로 생각된다. 이는 앞서 고찰한 바와 같이 북위시대로부터 당대에 이르기까지 불탑와 비교해 보았을 때 결코 과장된 기록이 아님을 알 수 있다.

한나라의 시원양식을 이루는 석탑의 양식 근원과 특성을 규명하기 위해서 가장 좋은 방법은 같은 시기에 건립된 다른 나라의 탑과 비교해 보는 것이 가장 타당성이 있다고 생각한다. 필자는 이런 관점에서 중국의 초기 불탑사의 한 축을 이루었던 정각형불탑과 미륵사지 석탑과의 비교고찰을 시도해 보았다. 이는 정각형 불탑이 북위시대로부터 건립되기 시작했고, 목조건축의 양식이 가장 잘 반영되어 있다고 판단했기 때문이었다. 뿐만 아니라 석재로 건립된 사문탑은 건립연대 가 비슷한 시점에 놓여 있어 더욱 비교의 대상이 되기에 충분한 조건을 지니고 있었다. 결과적으로 미륵사지석탑과 사문탑으로 대표되는 정각형 불탑은 외관상 목조건축의 양식을 구현하고 있었지만, 내부적으로 들여다보면 양식은 물론 탑이 건립되는 목적성에 이르기까지 각각 독자적인 특성을 지니고 있음이 확인되었다. 이같은 차이는 중국이 간다라 지역에서 전래된 불탑의 양식을 잘 소화하고 정리해 당대에 이르러 그들 나름대로의 특성이 발휘된 탑문화를 형성했듯이, 백제 역시 중국에서 전래된 불탑 건립의 제반 사항을 승화 발전시켜 동아시에서 前無後無한 미륵사지 석탑을 건립했던 데에서 기인한 것으로 파악되었다.[58]

---

57 『新增東國輿地勝覽』, 卷 33, 益山郡 佛宇條.
58 필자의 이같은 생각은 여러 유형의 조형물에서도 적용될 수 있다고 생각하는데, 이미 김원룡 선생이 지적한 바 있다. 선생은 신라 팔각원당형 석조부도의 기원에 대해 "8세기쯤해서 中國式舍利塔의 아이디어가 들어왔고 그것을 받아들일 때 신라의 工匠들이 팔각탑신 밑에 在來式 佛臺座形式을 변화시켜 첨가해서 하나의 韓國式舍利塔을 만들어 냈다고 생각된다. 또 중국식을 따른 山雲文式에 있어서도 龍을 가하고 또 팔각형이라는 기본형을 망각하지 않은 한편 雲龍紋 자체를 自體內에서 변화시켜 마침내 순 한국식형

미륵사지 석탑의 건립은 중국이 전탑의 나라임에 비해 한국이 석탑의 나라로 발전할 수 있는 중요한 전기를 형성했다. 나아가 7세기 초반에 백제에서 미륵사지 석탑을 통해 이룩한 재료의 변환과 기술력은 바로 중국의 불탑문화와는 차별화된 길로 들어서는 요인이 되었고, 이는 신라로 계승되고 더욱 발전한 결과 한국 석탑의 定型을 확립하는데 시금석이 된 것으로 생각된다. 따라서 불교문화의 한 축을 이루는 불탑을 볼 때 중국은 중국대로, 한국은 한국대로 각각의 자연환경과 축적된 기술력을 바탕으로 독자적인 문화를 구축했던 것으로 생각된다.

한국의 불교문화는 중국으로부터 다양한 모티브가 전래된 것은 분명한 사실이다. 그렇기에 우리는 적어도 문화적인 측면에서 중국의 영향이라는 용어에 대해 너무 익숙해져 있는게 사실이다. 그렇지만, 중국내에 산재한 많은 유형의 문화재를 꼼꼼히 조사하고, 이를 비교 고찰해 무엇이 영향을 받았고, 어떤 면이 독창성을 가진 것인가에 대해 면밀하게 검토해야 할 것으로 생각한다.

(2012.04 「彌勒寺址 石塔과 隨·唐代 亭閣型佛塔과의 比較」, 『白山學報』 제92호, 白山學會)

식으로 끌려갔다고 할 수 있다"는 견해를 피력한 바 있다. 金元龍, 「唐朝의 舍利塔」, 『考古美術』4권 4호, 考古美術同人會, 1963.

(사진-1) 운강 석굴 제 2굴의 정각형 불탑

(사진-2) 불광사조사탑

(사진-3) 영천사 도빙법사 사리탑

(사진-4) 영천사 도빙법사 배탑

(사진-5) 북향당산 석굴 정각형 불탑

(사진-6) 청주박물관 소장용흥사지 출토불상 광배

(사진-7) 청주 박물관 소장 용흥사지 출토불상 광배

(사진-8) 사문탑

(사진-9) 법흥사 사리탑

(사진-10) 영암사 혜숭탑

(사진-11) 수정사탑

(사진-12) 소림사 법여선사탑

(사진-13) 회선사 정장선사탑

(사진-14) 소림사 동광선사탑

(사진-15) 소림사 법완선사탑

(사진-16) 법왕사 승탑

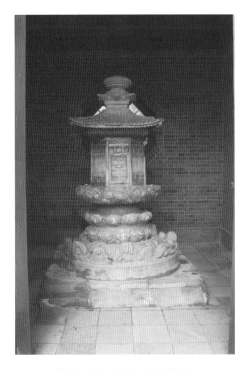

(사진-17) 초당사 구마라십사리탑

(사진-18) 운성 범주선사탑

(사진-19) 해회 명혜대사탑

(사진-20) 미륵사지석탑

(사진-21) 사문탑 기단부

(사진-22) 미륵사지석탑 기단부

(사진-23) 사문탑 출입문

(사진-24) 미륵사지석탑 출입문

(사진-25) 사문탑 내부 불단

(사진-26) 사문탑 내부 고주 및 봉안된 불상

(사진-27) 사문탑 내부 답도

(사진-28) 미륵사지 석탑 1층탑신 내부 구조

(사진-29) 미륵사지 석탑 심주석

(사진-30) 미륵사지 석탑 1층 옥개석 상면 심주석

(사진-31) 신강 카스 모르불탑

(사진-32) 신강 투루판 고창고성 대불사 불탑

(사진-33) 신강 투루판 교하고성 불탑

(사진-34) 신통사 사문탑 옥개석

(사진-35) 미륵사지 석탑 옥개석

(사진-36) 신통사 사문탑 석재 조립

(사진-37) 미륵사지석탑 석재 조립

(사진-38) 미륵사지 석탑 하부 부재의 윤곽선

(사진-39) 미륵사지 석탑 면석이음

(사진-40) 미륵사지 석탑 옥개석 부재 뒷뿌리

(사진-41) 불광사 조사탑 천장부

(서진-43) 미륵사지석탑 천장부

(사진-44) 미륵사지석탑 1층탑신 내부 구조

(사진-42) 신통사 사문탑 천장부

(사진-45) 미륵사지 석탑 부재 나비장 이음 흔적

미륵사지석탑과 분황사모전석탑의 비교 고찰

Ⅰ. 머리말

한국 석탑의 발전사를 논할 때 반드시 서두에 놓이는 미륵사지석탑(사진1~2)과 분황사 모전석탑(사진3~4)은 백제와 신라에서 각각 건립되었을 뿐만 아니라, 639년과 634년이라는 건립 연대를 지니고 있어 중요한 의미를 지니고 있다. 게다가 화강암과 안산암이라는 서로 다른 석재를 사용했을 뿐만 아니라, 현존 하는 석탑 중 가장 초기적인 양식을 지니고 있어 한국 석탑 발달사에서 차지하는 위상은 실로 막중하다.[1] 이처럼 양 석탑이 지닌 위상으로 인해 그간의 연구는 실로 대단한 성과를 이룩했다. 먼저 미륵사지석탑에 대해서는 한국 석탑의 시원양식으로서의 연구,[2] 고려시대에 건립되는 백제계석탑의 기원으로서의 연구[3]와 더불어 근년에 진행된

---

1 이같은 설은 고유섭선생께서 高裕燮,1948,『韓國塔婆의 硏究』,乙酉文化社에서 주창한 이래, 이 방면 연구 자들에 의해 계승되고 있다.

2 한국석탑의 시원양식이라는 관점에서 진행한 연구 중 저서로는 高裕燮,1948,『韓國塔婆의 硏究』,乙酉文化社, 1963,『韓國美術史 及 美學論攷』,通文館, 1964,『韓國建築美術史草稿』,考古美術資料 第 6輯,考古美術同人會, 1967,『韓國塔婆의 硏究 - 各論草稿』,考古美術資料 第 14輯,韓國美術史學會,1975,『韓國塔婆의 硏究』,同和出版公社. 장충식,1991,『신라석탑연구』. 일지사. 박경식, 2008,『한국의 석탑』, 학연문화사. 논문으로는 이경회, 1964,「한국석탑양식과 그 변천에 관한 계통적 연구」, 연세대학교 건축공학과 석사학위논문, 김정기, 1975,「전형양식의 석탑과 미륵사지 석탑」,『백제연구』1, 원광대학교 마한백제문화연구소, 1984,「미륵사탑과 정림사탑」,『고고미술』164, 한국미술사학회,. 정주성 외, 1988,「한국석탑의 백제 양식에 관한 연구」,『대한건축학회 학술대회논문집』8-2, 대한건축학회, 장경호, 1992,「백제 탑과 건축에 관한 연구」,『백제논총』3, 백제문화개발연구원, 林永培 千得琰 朴益秀, 1992,「韓國과 中國의 塔婆形式에 관한 硏究(Ⅱ)-初期塔婆의 類型을 중심으로」,『대한건축학회논문집』통권 44호, 엄기표, 2001,「백제석탑의 선후에 대한 고찰-목조건축 요소를 중심으로」,『문화사학』16호, 조은경, 2010,「미륵사지석탑의 목구

발굴조사와 해체과정을 연구한 보고서[4] 등이 발표되어 다양한 견해들이 주창된 바 있다. 분황사 모전석탑 역시 일제강점기에 시작된 연구는[5] 우현 고유섭 선생에 의해 신라석탑의 시원양식으로, 목탑과 중국 전탑의 양식이 혼용되어 건립된 석탑이라는 견해로 정립되었고,[6] 이후 張忠植 선생을 비롯한 많은 연구자들에 의해 다양한 견해가 발표된 바 있다.[7] 이와 더불어 1991년에는 실측조사가 진행되어 보고서가 발간된 바 있다.[8]

이처럼 양 석탑에 대한 연구는 일제강점기 이래 현재에 이르기 까지 실로 다양한 각도에서 많은 연구 성과를 도출하고 있다. 그럼에도 불구하고 두 석탑에 대한 연구는 각각 독립적인 객체로서 진행되었을 뿐, 양 석탑이 지닌 다양한 측면에 대해 비교 분석한 연구는 진행된 바 없었

조 표현과 해석」, 『대한건축학화논문집』통권 266호. 조은경 · 박언곤, 2011, 「고대 동아시아 불탑 구조체계를 통해 본 미륵사지 석탑」, 『건축역사연구』통권 78호. 박경식, 2012, 「미륵사지석탑과 수 · 당대 정각형불탑과의 비교」, 『백산보』92호, 백산학회. 등이 대표적이다.

3 미륵사지 석탑이 백제계석탑의 시원양식으로 보는 연구 중 저서로는 천득염, 2003, 『백제계석탑 연구』, 전남대학교 출판부 가 있고, 논문으로는 李殷昌, 1966, 「百濟樣式系石塔에 대하여」, 『佛敎學報』3 · 4, 佛敎文化硏究所, 齊藤忠, 1987, 「백제계석탑의 특징」, 『백제연구』10, 원광대학교 마한백제문화연구소, 정주성, 1989, 「한국석탑의 백제양식에 관한 연구」, 전남대학교 건축공학과 석사학위논문, 1989, 「백제양식계 석탑의 조형특성에 관한 연구」, 『대한건축학회논문집』5-3, 대한건축학회, 1990, 「백제계석탑의 구성 요소 분석에 관한 연구」, 『대한건축학회논문집』6-1, 대한건축학회, 1993, 「백제계 석탑의 조영특성과 변천에 관한 연구」, 『건축역사연구』2-1, 한국건축역사학회, 천득염, 1993, 「백제계석탑과 신라석탑의 비교론적 고찰」, 『건축역사연구』4-1, 한국건축역사학회, 정선종, 1986, 「백제계 석탑에 관한 일고찰」, 『사학지』20, 단국사학회, 홍재선, 1988, 「백제계 석탑의 연구」, 『초우 황수영박사 고희기념 미술사학논총』, 통문관, 박경식, 2005, 「백제계석탑의 건립 배경에 대한 고찰」, 『문화사학』24, 한국문화사학회, 2005, 전지혜, 2009, 「백제양식석탑의 형성과 전개의 시발점」, 『문화재』42-4. 국립문화재연구소, 등이 대표적이다.

4 전라북도, 1979, 『익산 미륵사지 서탑실측 및 동탑복원설계보고서』, 문화재관리국 문화재연구소, 1989. 『미륵사 유적발굴조사보고서 I』, 국립부여문화재 연구소, 1992, 『익산 미륵사지 동탑지-기단 및 하부조사 보고서』, 문화재관리국 문화재연구소, 1996, 『미륵사 유적발굴조사보고서 II』, 국립부여문화재 연구소, 2001, 『미륵사지 서탑-주변발굴조사 보고서』, 미륵사지유물전시관, 2001, 『미륵사지 석탑』 및 2004, 『기록으로 보는 미륵사』, 국립문화재연구소 · 전라북도, 2003 · 2004 · 2005 · 2011, 『미륵사지석탑 해체조사보고서 I · II · III · IV』, 국립문화재연구소 · 전라북도, 2013, 『미륵사지석탑 사리장엄』.

5 關野貞, 1904, 『韓國建築調査報告』. 朝鮮總督府, 1915, 『朝鮮古蹟圖譜』, 3. 藤島亥治郎, 1930.5 및 1933. 12, 『建築雜誌』, 金禧庚, 1968, 『韓國塔婆硏究資料』, 考古美術同人會, 160쪽.

6 高裕燮, 1947, 『韓國塔婆의 硏究』, 乙酉文化社 및 1975, 『韓國塔婆의 硏究』, 同和出版公社, 1963, 「朝鮮의 塼塔에 대하여」, 『韓國美術史及美學論考』, 通文館, 123-132쪽.

7 張忠植, 1984, 「新羅 模塼石塔考」, 『新羅文化』1, 145-169쪽 및 1987, 『新羅石塔硏究』, 一志社, 朴洪國, 1998, 『韓國의 塼塔硏究』, 學硏文化社, 정영호, 1990, 『한국의 석조미술』, 서울대학교 출판부, 천득염, 2000, 『백제계석탑 연구』, 전남대학교 출판부, 申龍澈, 2006, 『統一新羅 石塔 硏究』, 東國大學校 大學院 美術史學科 博士學位 論文, 周炅美, 2007, 「분황사 석탑 출토 불사리장엄구의 재검토」, 『시각문화의전통과 해석』, 예경, 2007, 277~297쪽, 이희봉, 2011, 「신라 분황사 탑의 '模塼石塔 說'에 대한 문제 제기와 고찰」, 『건축역사연구』 20-2, 대한건축학회, 박경식, 2013, 「분황사 모전석탑의 양식 기원에 대한 고찰」, 『신라문화』41집, 동국대학교 신라문화연구소.

8 文化財管理局, 1992, 『芬皇寺石塔實測調査報告書』.

사진 1. 미륵사지 석탑 정면

사진 2. 미륵사지 석탑 측면

사진 3. 분황사 모전석탑 정면

사진 4. 분황사 모전석탑 측면

다. 이같은 경향은 양 석탑의 조성 재료가 화강암과 안산암이라는 석재의 특성과, 판석형으로 치석한 석재와 벽돌과 같이 다듬은 부재로 건립되었다는 차이에서 기인한 것으로 생각된다. 그렇지만, 양 석탑에 구현된 제반 양식은 분명한 공통점과 차이점을 지니고 있어 이에 대한 비교 연구는 백제와 신라에서 각각 구현했던 석탑문화의 특성은 물론 한국 초기 석탑이 지닌 다양한 특성을 파악할 수 있다고 판단된다. 뿐만 아니라 한국 초기석탑의 양식과 중국불탑과의 연관성을 규명하는데 중요한 단서를 찾을 수 잇을 것으로 판단된다.[9]

---

9 필자는 그간 양 석탑이 지닌 여러 문제에 대해 중국 초기 불탑과의 비교 연구를 시도한 바 있다. 박경식, 2012, 「미륵사지석탑과 수당대 정각형불탑과의 비교」, 『백산학보』92호, 백산학회 및 2013, 「분황사 모전석탑의 양식 기원에 대한 고찰」, 『신라문화』41집, 동국대학교 신라문화연구소.

본고에서는 이같은 관점에서 그간 독립적인 객체로서 연구된 미륵사지석탑과 분황사 모전
석탑이 지닌 여러 양식 및 구조적인 특성들에 대해 선학들의 연구성과를 바탕으로 비교 고찰을
시도하고자 한다.

II. 양식 비교

미륵사지 석탑과 분황사 모전석탑은 그간 재료적인 면에서 화강암과 안산암이라는 것만 부
각되었을 뿐, 양 탑이 완형을 구비하지 못한 관계로 비교의 대상으로 거론되지 못한 측면이 있
다. 그렇지만, 현존하는 부분 중 비교적 원형을 유지하고 있는 기단부와 1층 탑신과 옥개석 및
구조에 대해서는 비교 고찰하기에 충분한 면면을 보이고 있다. 이같은 점을 고려해 양 탑이 지
닌 각 부의 양식 및 특성을 비교해 보면 다음의 표로 정리된다.

미륵사지 석탑과 분황사 모전석탑 비교 표

비교대상			미륵사지석탑	분황사 모전석탑
건립연대			639년(백제 무왕 40년)	634년(신라 선덕여왕 3년)
규모			6층(현), 본래는 9층	3층(현), 본래는 9층(추정)
조성재료			화강암	안산암(벽돌 형태)
구조			이원구조체(조적식+가구식)	조적식
평면			방형	방형
기단부	규모		2층기단	층단형
	계단석		있음	없음
1층 탑신	출입문		장방형(문짝이 있었던 것으로 추정)	장방형(2짝의 석제 문)
	외부 구조	초반	있음	없음
		초석	있음	없음
		기둥	민흘림기둥	없음
		면석	판석형 부재	벽돌형 안산암으로 축조
	내부 구조	답도	있음(✚자형)	없음(각면 내부 공간 구성)
		고주	있음	적심체로 추정
		천정부	평천장(내어쌓기)	평천장
		사리장엄	고주 하단석에 사리장엄 봉안 (심주석에 방형 사리공을 개설하고 봉안)	2층탑신에 사리장엄 봉안 (사리석함 내 봉안)
옥개석			하면 층단형, 상면 낙수면, 전각에 반전	상 · 하 층단형
장엄조식			없음	인왕상

위의 표에서 중요하게 고찰해 할 부분은 평면구도, 기단부, 1층 탑신, 옥개석 그리고 내부구
조에 대한 문제이다. 이를 차례대로 비교 검토해 보면 다음과 같다.(도면 1~5 참조)

도면 1. 미륵사지석탑 동쪽 입면도

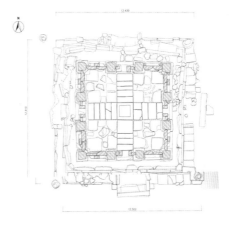

도면 2. 미륵사지석탑 기단 및 1층 평면도

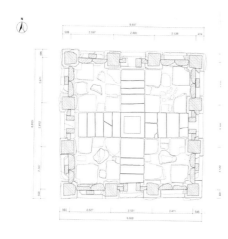

도면 3.미륵사지석탑 1층 평면도

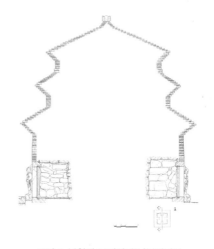

도면 4. 분황사 모전석탑 남북단면도

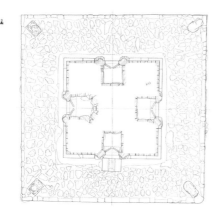

도면 5. 분황사 모전석탑 1층탑신 평면도

1. 평면구도

미륵사지 석탑과 분황사 모전석탑은 모두 기단으로부터 정상부에 이르기까지 평면 방형의 구도를 지니고 있다. 이로부터 두 석탑이 모두 기왕에 건립되던 목조건축은 물론 목탑의 평면 구도를 그대로 채용하고 있음을 알 수 있다. 아마도 오랜 전통 가운데 축적되었던 기술적인 경험이 이같은 방향성을 제시했던 것으로 생각된다. 이같은 양상은 고구려에서 축조한 청암리사지 등의 목탑지에서 확인되는 팔각의 평면과는 다른 양상이지만, 건축에서 추구했던 평면방형의 구조를 생각해 보면 당연한 결과라 생각된다. 특히, 고층으로 축조되었던 양 석탑의 특성을 고려했을 때 더욱 그러하다. 즉, 양 석탑이 모두 9층으로 건립되었을 가능성을 전제로 했을 때 [10] 상부에서 내려올 하중을 적절하게 분산시키고, 시각적으로도 안정감을 부여하기 위해서 방형 평면의 구조를 채용함은 당연한 귀결이었을 것으로 판단된다.

2. 기단부

양 석탑은 모두 기단부를 구비하고 있다. 미륵사지석탑은 2층 기단임에 비해 분황사 모전석탑은 단층 기단을 지니고 있어 분명한 차이를 보이고 있다. 먼저 기단의 규모를 비교해 보면 양 석탑은 비슷한 규모를 보이고 있다. 미륵사지 석탑의 경우는 네 면 중 유일하게 동쪽 면만 원형을 유지하고 있는데, 12.723mm의 규모를 보이고 있다.[11] 더불어 분황사 모전석탑은 서쪽과 남쪽이 각각 12.956mm, 12.898mm인[12] 점을 고려해 보면 상당한 유사성이 간취된다. 따라서 양 석탑은 평면 방형의 구조를 지니고 있으면서도 비슷한 규모의 기단을 조성했음을 알 수 있다. 그럼에도 불구하고 양 석탑은 서로 다른 양상을 보이고 있는데, 그 차이점은 다음의 표로 요약된다.

----

10 미륵사지 석탑은 동탑이 9층을 복원되어 있고, 분황사 모전석탑 역시 잔존 부재의 양으로 볼 때 9층설이 제기된 바 있다. 장경호, 1992, 「彌勒寺址 石塔 復元에 關한 硏究」, 『考古美術』173, 韓國美術史學會, 1987 및 文化財管理局, 『芬皇寺石塔實測調査報告書』, 38쪽.
11 국립문화재연구소, 2004, 「미륵사지석탑」, 『전라북도의 석탑』, 2004, 60쪽의 1층탑신 평면도 도면 참조.
12 국립문화재연구소, 2007, 「분황사석탑」, 『경상북도의 석탑』, 2007, 48쪽의 표-1 기단부 실측치 참조. 실측치에 의하면 동쪽은 13,117mm, 북쪽은 13,195mm로 비슷한 규모를 보이고 있다.

미륵사지 석탑과 분황사 모전석탑 기단부 비교

	미륵사지석탑	분황사 모전석탑
규모	2층기단	단층기단, 층단형으로 추정
석재	화강암	자연석
출입시설	4곳에 계단시설	없음
사진	사진 5~9	사진 10~11

미륵사지 석탑은 2층 기단을 구비하고 있지만, 구조적인 면과 석탑의 전체적인 하중을 받아내는 기능성에 있어서도 통일신라시대의 석탑에서 구현된 2층 기단과는 다른 일면을 보이고 있다. 일반적으로 2층 기단은 석탑의 하중을 받아야하기 때문에 먼저 지반을 다진 후, 지대석을 깔고 면석과 갑석을 놓아 각각 상·하층으로 구축된다. 그리고 하층에 비해 상층 기단이 높고 좁게 조성된다. 그러나 미륵사지 석탑에 구현된 2층 기단은 이와는 다른 양상을 보이고 있다. 즉, 해체 현장에서 확인되는 상황을 보면 지반을 다진 후 바로 낮은 면석을 두고, 그 상면에 갑석을 덮고 있다. 현재 네 면에서 모두 갑석은 확인되지 않았지만, 남동측의 현상을 볼 때 여러 장의 판석을 이용해 조립했음을 알 수 있다. 사용된 석재의 부재의 측면 길이는 860mm-890mm 내외로 일정한 편이나 정면 폭은 555mm-915mm로 차이가 크다. 반면 두께는 125mm 내외로 큰 차이가 없다.[13] 기단의 각 면 중앙에는 계단시설을 설치했던 흔적이 확인되고 있다. 기단의 상면에는 높직한 1단의 받침석을 두고 상층기단 면석을 놓았다. 면석 역시 각 면마다 9-10여 매의 판석형 석재를 사용해 조성했는데, 정면은 정다듬을 해 매우 정교하게 치석했음을 알 수 있다. 그렇지만, 후면은 혹두기 다듬 정도로 거칠게 치석했으며, 특히 뿌리 부분을 두텁고 길게 조성했다.[14] 상면에 놓였을 갑석은 단 한 점도 확인되지 않고 있지만, 목조건물에서와 같이 우수가 기단 바깥쪽으로 떨어지게 설계되었다는 전제 하에 880mm이상 1m 미만으로 범위를 좁혀 볼 수 있다.[15] 상층기단의 각 면에는 탱주가 설치되지 않았지만, 네 모서리에서는 우주석이 확인되고 있다. 뿐만 아니라 네 면에서도 하층기단에서와 같은 계단시설이 확인되어 출입문으로 이어지고 있다. 이상과 같은 내용을 종합해 보면 미륵사지 석탑의 기단은 2층 기단으로 구축되었고, 중앙에는 계단을 설치해 초층 탑신에 개설된 문으로 오르내릴 수 있는 구조임이 파악된다. 더불어 하층 기단의 구조는 물론 면석과 갑석에 많은 양의 석재가 사용되었고, 탱주가 생략된 점에서는 전형적인 2중기단과는 다른 일면을 보이고 있어 초기적인 이

---

13 국립문화재연구소·전라북도, 2011, 『미륵사지석탑해체조사보고서Ⅳ』, 2011, 145쪽.
14 이같은 면석의 가공 방법은 대부분의 통일신라시대의 석탑 기단 면석에서도 확인되고 있어, 미륵사지의 석탑에서 구현된 축조방식이 후대에 계승되었음을 알려주고 있다.
15 국립문화재연구소·전라북도, 2011, 『미륵사지석탑해체조사보고서Ⅳ』, 146쪽.

중기단으로 정의된 바 있다.[16]

분황사 모전석탑은 단층기단을 구비하고 있으며, 장대석과 자연석을 이용해 3~4층의 허튼 층 쌓기방식으로 축조했다. 기단에 사용된 석재는 크기와 모양이 일정하지 않지만, 곳곳에서 석재의 곡면을 이용한 그랭이질의 흔적도 확인된다. 전체적으로 볼 때 석재의 맞닿은 면이 고르게 처리된 탓에 본래의 모습이었을 가능성도 있지만, 일제강점기의 기록을 보면 서로 다른 견해가 표방되고 있다.

예컨대, 關野貞은

"기단은 본래 석축이었으나 지금은 모두 파괴되고, 大小의 석재가 그 주위에 산란되어 있다. 잔존하는 석재로 본다면 壇上積같다"

라고 기술하고 있어[17] 계단식으로 층단을 이루며 축조된 것으로 이해한 것으로 생각된다. 이에 반해 藤島刻治郎은

" 이 탑은 先年에 조선총독부에서 수리를 하여 面目을 바꾸었기 때문에 舊來의 형상을 알지 못하여 그 기단 구조를 상세히 알 수 없다. 옛 모습의 사진과 함께 실측도를 검토해 보니 기단은 4변이 약 43자, 높이 3.8자, 기단 위는 탑신을 향하여 점차 경사되어 탑신 지대석 밑까지는 높이가 약 5자 정도 되는 모양이다. 사용된 석재는 현재의 것 보다 큰 것을 여러 곳에 사용하고, 그 사이는 소형의 석재를 2단으로 쌓아 측면을 구성하고, 상면에도 기단을 견고히 하기 위해 사용된 野石의 머리 부분과 함께 탑의 기초가 되는 積石이 나타나는바, 전체적으로 자연석 기단이었으며, 현재의 모양에 역역한 段形을 이루지 않았다."

라고 기술하고 있다.[18] 이 기록에서 주목되는 점은 "기단 위는 탑신을 향하여 점차 경사되어 탑신 지대석 밑까지는 높이가 약 5자 정도 되는 모양이다."라고 기록한 점으로 보아 關野貞과 같은 형상으로 파악한 것으로 이해된다. 결국 분황사 모전석탑의 기단부는 변형된 것이 분명한 것으로 판단된다. 그런데 우현 선생께서 촬영한 사진을 보면[19](사진-12) 석탑은 주변에 개설된 도로로부터 약 1.5m 이상의 높직한 단 위에 건립되어 있음을 알 수 있다. 이는 주변의 경작지와 멀

---

16 천득염, 2003, 『백제계석탑 연구』, 전남대학교 출판부, 40쪽.

17 關野貞, 1904, 『韓國建築調査報告』.

18 藤島刻治郎, 1933, 『韓國建築調査報告』.

19 高裕燮, 1975, 「慶州 芬皇寺石塔」, 『韓國塔婆의 研究』, 同和出版公社, 160쪽. 선생께서는 제시한 사진이 개축 이전의 것임을 명시하고 있다.

사진 13. 분황사석탑남면 및 서면(수축전)　　사진 14. 분황사석탑서면 및 북면(수축전)　　사진 15. 분황사석탑서면(수축전)

리 보이는 인물, 가옥과 비교해 볼 때 더욱 분명해진다. 석탑의 주변에는 크고 작은 석재들이 경사진 형태로 흩어져 있고, 부분적으로는 장대석의 석재가 석탑의 각 면과 일치되게 놓여 있다. 이같은 정황은 조선고적도보에 수록된 수리 전 사진에서도 볼 수 있는데, 석탑의 전면에 형성된 완만한 경사면을 따라 일렬로 구축된 석렬과 장대석등이 산란된 모습에서[20] 우현 선생의 사진에서 확인되는 현상과 일치함을 확인할 수 있다. 이와 같이 사진을 통해 확인되는 현상이 關野貞이나 藤島刻治郞의 견해와도 일치하고 있어 현재의 기단은 1915년도의 수리 시 변형된 것임이 확증된다. 분황사 발굴조사시 기단의 하부 토층에서 현 지표 하 70cm까지는 흑갈색 부식토층으로 형성된 산란층임이 확인되어[21] 더욱 그러하다. 이같은 정황과 더불어 조선고적도보에 수록된 수리 전 남면 및 서면(사진-13)과 서면 및 북면(사진-14) 그리고 서면(사진-15) 사진을 보면 일렬로 배치된 자연석과 장대석 등 기단을 이루었던 부재가 확인된다. 게다가 이들은 일정한 거리를 두고 층단을 이루며 구축되어, 중간부에는 사자가 놓일 만큼의 공간이 확보된 점 등에 근거할 때 여러 단의 석축이 중첩되어 있었던 것으로 추정된다. 그러므로, 조사기록과 여러 사진들을 검토해 본 결과 분황사 모전석탑의 기단은 지면으로부터 어느 정도 높이의 기단을 구축한 다음 상면에는 층단을 이루며 최소 3단의 석단이 구축된 기단부였을 것으로 추정된다. 그러나 미륵사지에서와 같은 출입시설에 대해서는 더 이상의 추론이 불가능하다.

　이상에서 살펴 본 바와 같이 미륵사지 석탑과 분황사 모전석탑은 기단을 비교해 보면 다음과 같다. 미륵사지 석탑의 기단은 화강암을 사용해 2층 기단으로 축조되었고, 사방으로는 출입

20　朝鮮總督府, 1916,『朝鮮古蹟圖譜』, 제3책.
21　國立慶州文化財硏究所, 2005,『芬皇寺發掘調査報告書Ⅰ』, 74쪽.

시설이 개설되어 있다. 후술하겠지만, 면석의 내부가 적심체로 구축되어 전체적인 하중을 받는 기단의 역할은 수행하지 않았을 것으로 판단된다. 이에 반해 분황사 모전석탑은 일정 높이의 규모로 기단을 축조하고, 내부에는 토축을 쌓고, 외벽에 석재를 돌린 형상으로 추론하였다. 이 같은 구조는 9층으로 축조된 탑신 전체의 하중을 받기에 충분한 구조체로 판단된다.[22]

3. 1층탑신

미륵사지석탑과 분황사 모전석탑은 모두 원형을 상실하고 있어 탑신부의 전체적인 면에 대한 비교는 불가능하다. 하지만, 1층탑신은 원형을 파악하기에 충분한 구조와 양식을 지니고 있어 여러 면에서의 비교가 가능하다고 판단된다.(도면 1~5 참조)

양 석탑은 1층 탑신에서 공통점과 차이점이 분명히 드러나고 있다. 먼저 공통점은 네 벽에 각각 출입문을 시설하고 있어, 이를 통해 목조건축의 요인이 확인된다는 점이다.

미륵사지 석탑은 정면 3간 규모인데, 중앙간에는 출입문이 개설되어있다. 각 면의 기둥은 초반석 상면에 방형의 초석을 놓는데, 초반석 상면에는 초석의 하부 면적만큼 홈을 파서 상면에 놓인 민흘림기둥을 꽂는 구조이다. 이처럼 각각의 석재가 결구되도록 한 수법은 면석의 조립에서도 확인되고 있어 석재의 조립에 목조건축의 결구수법이 도입되고 있음을 알 수 있다. 뿐만 아니라 초석과 초석사이에는 고막이석이 놓여있어 더욱 목조건축의 재현에 주력하고 있음이 확인된다. 아울러 출입문에는 상인방과 하인방은 물론 기둥과 기둥을 연결하는 창방이 놓이고, 상면에는 평방으로 볼 수 있는 횡부재가 놓여있다. 상면에는 장대석을 가로 방향으로 조립한 포벽이 형성되어 있다. 포벽의 상면에는 각형 3단의 옥개받침이 조출되어 있고, 십여 장의

사진 16. 미륵사지석탑 출입문

사진 17. 미륵사지석탑 초석 상면의 기둥받이 홈

---

22 박경식, 2013, 「분황사 모전석탑의 양식 기원에 대한 고찰」, 『신라문화』 41집, 동국대학교 신라문화연구소, 174쪽.

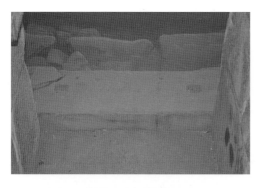

사진 18. 미륵사지 석탑 동쪽 출입문 인방석

사진 19. 미륵사지 석탑 서쪽 출입문 인방석

사진 20. 미륵사지석탑 남쪽 출입문 인방석

사진 21. 미륵사지 석탑 북쪽 출입문 인방석

판석으로 이루어진 처마는 수평을 이루다가 전각에 이르러 약간의 반전을 이루고 있다. 옥개받침 역시 여러 장의 석재로 구성되어 있는데, 받침부의 하단은 1석, 상면 2단은 1석으로 각각 2매의 석재로 구성되어 있다. 출입문은 고막이석 상면에 놓인 인방석, 문설주석, 창방석으로 구성되어 일반적인 문의 양식과 같은 양상을 보이고 있다.(사진 16~21)

사진 22. 미륵사지석탑 동쪽 출입시설

사진 23. 미륵사지석탑 서쪽 출입시설

사진 24. 미륵사지석탑 남쪽 출입시설

사진 25. 미륵사지석탑 북쪽 출입시설

사진 26. 미륵사지석탑 동쪽 출입시설 창방석

사진 27. 분황사 모전석탑 동문

　그럼에도 불구하고 출입구의 폭이 북측을 제외하면 427mm－581mm로 너무 좁게 형성되어 문을 설치하기에 어려운 구조이다.[23] 따라서 문을 이루는 부재들은 상당부분 변형이 이루어진 것으로 판단되는데, 실제 남쪽 하인방석과 동쪽 면 창방석에서 지도리 구멍 등의 원형이 확인되고 있어[24] 본래는 문을 달았던 것으로 추정된다.(사진 22~26)

　분황사 모전석탑은 전체적으로 1간의 규모이지만, 중앙에는 출입문이 개설되어 있다.(사진 27~30)출입문은 좌우에 인왕상이 부조된 판석을 기둥을 삼고, 상·하면에는 각각 상·하인방석을 놓았다. 하인방석은 기단 상면에 놓인 높직한 각형 1단의 받침석 중 일부가 기능을 하고 있다.[25] 하지만, 상면은 인왕상이 조식된 판석의 상면 안쪽을 파내고, 걸치도록 결구하고 있다. 이와 더불어 상·하인방석은 안쪽으로 길게 치석되어 引枋屯太 형식을 취하고 있으며, 감실 안

....

23　국립문화재연구소, 2011, 『彌勒寺址 解體調査報告書 VI』, 2011, 183쪽.
24　국립문화재연구소, 앞 책, 172 및 184쪽.
25　이같은 1단 받침은 미륵사지 석탑의 하층기단 갑석 상면에서도 확인되고 있다.

사진 28. 분황사 모전석탑 서문

사진 29. 분황사 모전석탑 남문

사진 30. 분황사 모전석탑 북문

쪽으로 바닥과 천정 역할도 일부 겸하도록 치
석하여 모전석탑에 설치된 감실의 구조적 약
점을 보완하였음을 짐작할 수 있다.[26]

이처럼 초층 탑신에 개설된 출입문과 초층
탑신의 전체 너비와의 비율을 정리해 보면 다
음의 표로 집약된다.

초층탑신과 출입문의 너비 비례(단위:mm)

		동쪽면	서쪽면	남쪽면	북쪽면
미륵사지석탑	1층탑신 너비	8,526	8,833	8,668	8,607
	출입문 통로 너비	1,458	1,454	1,492	1,502
	탑신과 출인문 너비 비율	0.17	0.16	0.17	0.17
분황사모전석탑	1층탑신 너비	6,985	6,905	6,961	7,045
	출입문 너비	977	910	944	954
	탑신과 출인문 너비 비율	0.14	0.13	0.14	0.14

위의 표를 보면 양 석탑은 1층 탑신 각 면의 너비가 거의 일치하는 정방형의 평면구조임을
알 수 있다. 뿐만 아니라 이에 비례해 문의 너비 역시 일정한 규모를 지니고 있어[27] 당초 석탑

26 國立慶州文化財硏究所, 2005, 『芬皇寺發掘調査報告書 I』, 75쪽.
27 각 석탑의 실측치는 국립문화재연구소 · 전라북도, 2011, 『미륵사지석탑 해체조사보고서IV(도판)』, 91쪽
과 文化財管理局, 1992, 『芬皇寺石塔實測調査報告書』, 64쪽의 도면을 참고했음을 밝힌다.

의 건립에 따른 기초계획 즉, 설계도면이 작성되었던 것으로 판단된다. 이와 더불어 서쪽 면문의 너비가 다른 면에 비해 조금 좁게 조성되었던 공통점도 확인된다. 게다가 양 석탑에서는 상·하인방석에 문짝을 달았던 지도리 구멍이 확인된다. 미륵사지 석탑은 문짝이 모두 결실되었지만, 분황사 모전석탑에서는 문짝이 달려있어[28] 미륵사지 석탑에서도 같은 양상이었을 것으로 추정된다. 이같은 상황을 보면, 양 석탑은 1층 탑신의 네 벽에 출입문을 개설하고 있지만, 결구수법과 인왕상의 배치 등에서 차이점을 보이고 있다. 하지만, 모두 문짝을 달았던 점에서는 공통점도 확인된다.

양 탑 모두 네 벽에 개설된 문을 들어서면 각각 내부로 진입할 수 있는 구조이며, 통로와 감실이 개설되어 있다. 미륵사지 석탑은 1층 탑신 중앙부에 설치된 심주석을 중심으로 각각 사방으로 통로가 개설되어 있다. 통로의 바닥은 대략 4매 정도의 판석을 깔아 조성했고,(사진 31~36) 좌·우 벽체의 상단은 2단으로 내어쌓아 공간을 좁힌 후 평천장을 구성했다.[29] 통로의 중앙에는 심주석을 중심으로 ✚자형의 통로를 마련하고 있는데, 각 방향 통로의 규모는 다음의 표로 정리된다.

미륵사지석탑 통로부 제원[30] (단위:mm)

	너비	높이	사진
동쪽 면	1,458	2,649 - 2,334	사진-37
서쪽 면	1,454	2,370 - 2,628	사진-38
남쪽 면	1,492	2,310 - 2,286	사진-39
북쪽 면	1,502	2,266 - 2,276	사진-40

위의 표를 보면 통로의 너비는 대략 1.5m, 높이는 2.3m 정도의 높이를 지니고 있어 실제로 사람의 통행이 가능하도록 되어 있지만, 중앙부의 심주로 인해 내부 공간을 일주할 수 없는 구

---

28 『朝鮮古蹟圖譜』에 수록된 사진을 볼 때 수리전에는 남쪽문이 안산암으로 폐쇄되어 있지만, 수리후에는 문짝이 달려있을 볼 수 있다.

29 이같은 구조는 미륵사지 석탑에서 처음으로 시도된 방식은 아닌 것으로 생각된다. 즉, 고구려 시대에 축조된 태왕릉의 답도에서도 찾아 볼 수 있다. 즉, 답도의 바닥에는 판석을 깔아 통로를 구성했고, 상단에는 1단으로 들여쌓은 후 평천장을 조성했다. 따라서 미륵사지 석탑ㅁ에 구현된 통로부는 고구려 시대에 축조된 무덤에서 기원을 찾아야 할 것으로 생각된다.

30 국립문화재연구소·전라북도, 2011, 『미륵사지석탑 해체조사보고서Ⅳ(도판)』, 91쪽 및 94-95쪽의 도면을 참고로 작성했음을 밝힌다.

조를 지니고 있다.[31] 부언하면 사방의 출입문을 통해 석탑의 내부로 진입은 가능하지만, 내부를 일주하는 답도가 개설된 것이 아니라 다시 되돌아 나가야만 하는 구조를 지니고 있음을 의미한다. 따라서 미륵사지 석탑에서 구현된 통로는 어느 방향에서 진입을 해도 심주석에 봉안된 사리로 집중되는 양상을 보이고 있다. 문을 통해 들어섰을 때 비슷한 시기에 건립된 사문탑에서는 불상을 대하지만, 미륵사지는 사리를 만난다는 차이점이 있다.[32] 이는 불상이 보다 현실적인 신앙의 매체라면 사리는 상징성에 몰입하는 신앙적인 측면에서 확연히 다른 신앙패턴을 보이고 있어 주목된다.[33]

이에 반해 분황사 모전석탑은 일단 문을 들어서면 약 1-1.5평 정도의 공간이 구성되어 있는데, 출입구를 제외한 나머지 벽면은 모두 30-110cm 크기의 자연석을 사용해 허튼층쌓기 방식으로 축조했다. 석재 사이의 틈은 시멘트로 메웠고,[34] 상면은 3매의 장대석을 가로방향으로 놓아 평천장을 구성하고 있다. 감실의 규모를 정리해 보면 다음과 같다.

분황사 모전석탑 감실 규모[35](단위 : mm)

	너비	길이	높이	사진
동측 면 감실	1,475	1.340	1,500	사진-41
서측 면 감실	1,400	1,622	1,710	사진-42
남측 면 감실	1,242	1,344	1,650	사진-43
북측 면 감실	1,400	1,362	1,600	사진-44

31 중앙에 놓인 심주석의 하단석은 954mm(북)·964mm(남)·974mm(동)·919mm(서)의 규모를 지닌 방형의 판석이 놓여 있고, 이로부터 심주석이 구축되어 있다. 게다가 후술할 1층 탑신 내부를 구축하는 적석부의 모서리가 연접되어 있어 통행이 불가능한 구조를 지니고 있다.

32 이같은 구조는 611년에 건립된 중국 신통사 사문탑과는 완전히 다른 양상이다. 이 탑에서는 문을 들어서면 바로 불상에 예불할 수 있는 구조를 지니고 있을 뿐만 아니라, 사방을 일주할 수 있는 답도가 개설되어 있다. 朴慶植, 2012, 「彌勒寺址石塔과 隨·唐代 亭閣型佛塔과의 比較」, 『白山學報』 92, 白山學會, 149쪽.

33 조은경 선생은 미륵사지 석탑의 내부공간은 불상이 안치되어 이를 위요하는 의례공간과는 성격이 다른 사리가 봉안되어 있는 상징적 공간을 효과적으로 표현하기 위한 방법으로 묘제의 축조기법이 적용된 것을 보고 있다. 조은경, 2009, 「미륵사지서탑 축조의 구조 원리에 관한 기초 연구」, 文化財제42권 제2호, 107-108쪽.

34 國立慶州文化財研究所, 2005, 『芬皇寺發掘調査報告書 I』, 2005, 74쪽. 이와 더불어 일제강점기의 보수 시 원형대로 공사기 진행되었는가에 대한 의문이 제기된다. 왜냐하면 벽체의 축조 방법을 볼 때 남과 동쪽의 감실 벽의 축조 방법에서는 전통적인 기법도 보이도 있지만, 북과 서쪽 감실에서는 허튼층쌓기로 벽체를 조성했기 때문이다. 뿐만 아니라 곳곳에서 시멘트 콘크리트를 사용해 석재 사이의 공극을 충진하고 있기 때문이다.

35 國立慶州文化財研究所, 2005, 『芬皇寺發掘調査報告書 I』, 84-87쪽의 도면 참조.

사진 45. 분황사 모전석탑 북쪽 감실내부에서
출입문을 연 상태

사진 46. 분황사 모전석탑 서쪽 감실내부에서
출입문 폐쇄상태

위의 표를 보면 감실의 내부는 너비 1.2-1.4m, 길이 1.3-1.6m, 높이 1.5-1.7m 정도의 규모임을 알 수 있는데, 이러한 공간 규모는 미륵사지 석탑의 통로와는 달리 내부에서 예불행위를 하기에 부적합한 것으로 판단된다. 왜냐하면 어느 감실에서도 불상과 연관된 대좌나 광배 등의 흔적도 찾을 수 없기 때문이다. 게다가 감실에 달린 문짝이 안쪽으로 開閉되는 구조인 점을 보면 불상이 봉안되었을 가능성은 더욱 희박한 것으로 판단된다.[36] (사진 45~46)따라서 분황사 모전석탑은 네 곳에 감실을 개설했지만, 공간을 구성하는 면적과 석재로 조성된 문짝으로 보아 불상을 봉안하기 위한 감실의 조성이 아니라 목조건축의 1층에 구현된 내부 공간을 재현하는데 주력했던 것으로 판단된다.[37] 더불어 출입문의 좌우에는 각각 인왕상을 배치하고 있는 바, 이는 裸身으로 권법자세를 취한 인왕이 부조된 석탑으로는 가장 이른 시기의 예라 추정할 수 있다.[38]

이처럼 양 석탑의 초층 탑신에는 네 벽에 문을 개설하고 있다. 미륵사지 석탑에서는 비록 내부를 일주할 수는 없지만 일방통행이 가능한 ✚자형의 통로가 개설되어 목조건축의 재현에 충실한 면을 보이고 있고, 이는 사리신앙과 직결되는 구도를 보이고 있다. 이에 반해 분황사 모전석

36 박경식, 2013, 「분황사 모전석탑의 양식 기원에 대한 고찰」, 『신라문화』 41집, 동국대학교 신라문화연구소, 179쪽.

37 분황사 모전석탑에서 구현된 공간표현의 의도는 탑리 오층석탑에서는 소형의 감실로 이행된다. 그렇지만, 고선사지 삼층석탑에서 門扉가 조성된 이후 석탑에서의 공간성 문제는 이를 통해 해결하고 있다. 이 같은 思惟는 부도의 건립에도 영향을 미쳐 신라 석조부도의 탑신에 문비가 조식될 수 있는 전거를 마련하고 있다. 이같은 흐름을 볼 때 분황사 모전석탑에서 드러난 공간 재현의 의사는 이후 건립되는 석탑과 석조부도에 영향을 준 것으로 생각된다.

탑은 통행은 물론 예불 행위가 불가능한 규모의 감실을 개설했지만, 목조건축의 공간성을 구현하는데 치중하고 있음을 알 수 있다.

4. 옥개석

옥개석은 처마를 기점으로 하면에는 층단형 받침이, 상면에는 낙수면을 구성하는 것이 보편적인 양식이다. 이같은 양상은 양 석탑에서도 공통적으로 적용되고 있는데 하단에는 옥개받침이 공통적으로 조출되고 있지만, 상단부에서는 차이점을 보이고 있다.

먼저 미륵사지석탑의 옥개받침에 대해서 우현 선생은 목조건축의 공포로 출발했음을 적시하며, 고구려 고분의 천정받침이 이를 증명하는 것으로, 석조 건축의 보편적인 기술력이 적용된 것으로 파악하고 있다.[39] 이에 비해 분황사모전석탑을 필두로 시작되는 신라석탑의 옥개받침에 대해서는 신라 諸塔의 층급받침수법을 전탑수법의 영향을 받은 것으로 해석해도 무방한 것으로 보아왔다.[40] 하지만, 이 역시 그간 축적된 고분을 비롯한 석조건축의 전통과 목조건축술이 한 데 어우러져 발생한 것으로 보는 편이 타당한 것으로 보인다. 왜냐하면 고구려의 墓制는 백제에만 영향을 준 것이 아니라 신라에도 영향을 주어 6세기 후반 경에는 영주와 순흥지역에 고구려식 석실분이 조성되고 있기 때문이다.[41] 즉, 신라에서도 고구려 고분의 영향을 받아 같은 유형의 고분이 축조되고 있음을 보아 미륵사지 석탑에서와 같은 양상으로 이해될 수 있다는 의미다. 따라서 미륵사지 석탑의 옥개받침과 분황사 모전석탑의 그것은 계통을 달리해서 해석해야 할 이유가 없다고 생각된다.

이처럼 옥개받침은 층단형 받침을 조출함으로써 공통적인 면을 보이고 있지만, 상면의 구조는 서로 다른 양식을 보이고 있다. 미륵사지 석탑은 완만한 경사면을 지닌 낙수면을 구성하고 있는데, 이를 구성하는 석재는 대부분 뒷뿌리를 길게 조성해 내부에 놓이는 석재들과 물리도록 구축되었다. 이같은 방식은 뒷뿌리를 길게 치석한 석재를 사용함에 따라 부재가 낙하되는 것을 방지함과 동시에 옥개석의 상면에 충적된 석재와 서로 맞물려 인장력을 높이는 결과를 가져온 것으로 생각된다. 더욱이 이같은 기법은 석성 축조 시 면석과 면석의 사이에 길이가 긴 心石을

---

38 文明大, 1979, 「韓國塔浮彫(彫刻)像의 연구(1)-新羅仁王像(金剛力士像)考-」, 『佛教美術』4, 東國大博物館, 90쪽.

39 高裕燮, 1948, 『韓國塔婆의 研究』, 乙酉文化社, 1948, 44-46쪽. 필자가 선생의 주장에 동의하는 이유는 바로 태왕릉 답도의 천정부에서 들여쌓기 수법과 평천장이 확인되기 때문이다.

40 高裕燮, 앞 책, 47쪽.

41 梨花女大博物館, 1984, 『榮州順興壁畫古墳發掘調查報告書』, 梨花女大出版部, 文化財研究所, 1986, 『順興邑內里壁畫古墳』, 啓文社. 大邱大學校博物館, 1995, 『順興邑內里壁畫古墳發掘調報告書』.

박음으로써 뒷채움석과 면석이 서로 맞물리도록 한 방법과 동일한 의도라 생각된다. 이를 통해 미륵사지 석탑의 건립에는 목조건축의 기술력뿐만 아니라 석성의 축조 방법 등 이제껏 구축된 목조건축과 석조건축의 기술력이 모두 동원된 것임을 알 수 있다.[42](사진 47~50)

이에 반해 분황사 모전석탑의 옥개받침은 1·2층은 6단, 3층은 5단인데, 낙수면 역시 1·2층이 각각 10단이고 3층은 방추형으로 구성되어 있다.(사진 51~54) 이같은 옥개석의 양식은

사진 47. 미륵사지석탑 옥개받침

사진 49. 미륵사지석탑 옥개석 합각선

사진 48. 미륵사지석탑 옥개석 낙수면

사진 50. 미륵사지석탑 전각부 반전

사진 51. 분황사 모전석탑 옥개석 받침

42 박경식, 2012, 「미륵사지석탑과 수당대 정각형불탑과의 비교」, 『백산학보』92호, 백산학회, 152-153쪽.

사진 52. 분황사 모전석탑 옥개받침 세부

사진 53. 분황사 모전석탑 옥개석 축조상태

사진 54. 분황사 모전석탑 옥개석 상면 축조상태

중국 전탑의 영향설을 강하게 뒷받침하는 요인이었다. 옥개석의 상면을 이루는 부재는 장방형의 형태로 하단으로부터 상면으로 갈수록 들여쌓기 수법으로 조성되었다. 따라서 미륵사지 석탑에 구현된 낙수면을 갖춘 옥개석과는 분명한 차별성을 보인다. 그렇다면, 분황사 모전석탑의 옥개석은 기왕의 견해와 같이 중국 전탑의 영향을 받아 조성된 것일까 하는

의문이 대두될 수 있지만, 이에 대해서는 분황사 모전석탑 보다 먼저 건립된 숭악사 12각 15층 전탑(523년, 사진-55), 법왕사 隋塔(602년, 사진-56), 신통사 사문탑(611년, 사진-57)과의 비교를 통해 이들과는 다른 양식이었음 밝힌 바 있다.[43] 따라서 분황사 모전석탑에 구현된 옥개석은 석재를 벽돌과 같이 다듬어 건립함으로 인해 등장할 수밖에 없는 필연적인 양식으로 생각한다.[44] 결국 우현선생의 견해와 같이 "廣幅이 적은 재료로서 공간을 넓혀간다든지 좁혀간다든지 또는 塊體를 쌓아 모은다든지 이어 받자면 누구에게나 어느 곳에서나 물리학적 원칙에 의해 나올 수 있는 형식"[45]이라 하겠다. 이상과 같은 관점에서 보면 미륵사지 석탑과 분황사 모전석탑에 조성된 옥개석은 받침부에서는 탑신에 비해 넓은 지붕을 구현하기 위한 보편적인 기술력이

43 박경식, 2013, 「분황사 모전석탑의 양식 기원에 대한 고찰」, 『신라문화』 41집, 동국대학교 신라문화연구소, 163-194쪽.

44 이희봉 선생은 이에 대해 "중국 전탑과 연관 시키는 주 이유는 다름 아닌 구조방식상 다층구조의 옥개석 상하면의 층단내밀기 방식, 즉 積出式일 것이다. 이런 층단 내밀기 방식은 조적방식의 구조상 필연적으로 나타나게 되며 인도 스투파의 꼭대기 소위 평두라 불리는 '하미카'에서 거의 예외 없이 나타난다. 즉, 중국의 전탑을 선례로 연관시킬 필요가 전혀 없다"라고 견해를 피력하고 있다. 이희봉, 2011, 「신라 분황사 탑의 '模塼石塔 說'에 대한 문제 제기와 고찰」, 『건축역사연구』 20-2, 대한건축학회, 42쪽.

45 高裕燮, 1948, 『韓國塔婆의 硏究』, 乙酉文化社, 46쪽.

| 사진 55. 숭악사 12각15층 전탑 | 사진 56. 법왕사 수탑 | 사진 57. 신통사 사문탑 |

적용된 결과이지만, 지붕양식은 재료상의 차이에서 기인하는 것으로 생각된다.

Ⅲ. 구조 비교

석탑에서 구조적으로 가장 중요한 문제는 상부에서 내리 누르는 하중의 분산에 있다. 과거 목탑을 건립하던 조탑공들에게 있어 석재로의 전환은 이같은 문제가 가장 절박한 당면과제였을 것이다. 그리고 이 문제에 대처하기 위해 기왕에 구축되었던 목조건축술의 기술적인 차용은 물론 새로운 기법도 고안·개발했을 것으로 판단된다. 물론 중국에서 시작된 기술적인 면에서의 영향을 전적으로 배제할 수는 없다.[46] 중국을 포함한 7세기에 이르기까지의 불탑은 조적식과 가구식으로 볼 수 있는데, 이 두 개념이 모두 포함된 이원구조체와 이들 중 하나의 이 최적화되어 표현된 일원구조체계로 구분된다.[47] 이같은 관점에서 본다면 미륵사지 석탑은 조적식과 가구식이 포함된 이원구조체를, 분황사 모전석탑은 조적식의 구조를 이루고 있다는 차이점을 찾을 수 있다. 미륵사지 석탑의 경우는 해체된 양상, 특히 1층 탑신의 구조체에서, 분황사 모전석탑은 1

---

46 미륵사지 석탑의 초석이 초반석과 초석의 2중구조인 점이 "중국 낙양 영녕사 탑지 실심체 내의 3중초석 구조나 북조시대 북팽성 불사 탑지의 승초석 구조와 동일한 것으로 보는 견해도 있다." 국립문화재연구소·전라북도, 2012,『彌勒寺址石塔 기단부 발굴조사 보고서』, 221쪽.

47 조은경·박언곤, 2011,「고대 동아시아 불탑 구조체계로 본 미륵사지 석탑」,『건축역사연구』78호, 한국건축역사학회, 7쪽.

사진 58. 미륵사지석탑 석재 조립

사진 59. 미륵사지석탑 1층탑신 구조체(동남쪽에서)

사진 60. 미륵사지석탑 초반과 초석 1

사진 61. 미륵사지석탑 초반과 초석 2

층 탑신에 구축된 감실의 외벽과 수리 전 북면의 모습에서 이같은 양상을 확인할 수 있다.

미륵사지 석탑은 외벽은 잘 치석된 화강암을 사용했다. 그렇지만, 내부를 충적하고 있는 부재는 부정형의 석재를 사용함으로써, 각각의 하중을 받을 수 있는 이원적인 구조체계를 이루고 있다.(사진58~59) 2중 기단을 구비하고 있으면서도, 기단의 상면에는 초반과 초석 그리고 이를 연결해 주는 심방석은 물론 민흘림기둥까지 완벽한 목조건축의 벽체를 형성하고 있다. 특히 초반석은 기둥으로 집중되는 수직하중을 효과적으로 지반에 전달하기 위하여 기초의 깊이를 확보하는 하나의 방편으로 사용되었으며, 지반으로부터 올라오는 습기가 초석에 영향을 미치지 않도록 하는 완충재로서의 역할도 수행한 것으로 보고 있다.[48](사진 60~61) 이와 더불어 기둥은 초석의 상면에 그대로 놓인 것이 아니라 초석의 상면에 기둥의 규모와 동일하게 홈을 파서 결구했는데,(사진-62) 이러한 방식은 기둥의 이탈을 방지함과 동시에 상부의 하중이 심초석을 통해 지면으로 전달하는 적절한 구조체계이다. 뿐만 아니라 기둥과 벽체를 구성하는 면석들

48 조은경·박언곤, 2011, 앞의 글, p.22.

사진 62. 미륵사지석탑 초석 기둥받침 홈

사진 65. 미륵사지석탑 옥개석 부재 치석 상태

사진 63. 미륵사지석탑
기단면석 결구

사진 64. 미륵사지석탑
기단부 면석 치석상태

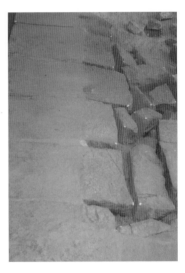

사진 66. 미륵사지석탑 옥개석
부재 치석 상태 세부

역시 서로 연결되는 부분에는 홈을 파서 양 부재가 결구되도록 한 구조 역시 석재의 이탈방지
는 물론 각각의 부재들 간에 작용하는 장력을 활용할 수 있는 구조라 생각된다.[49](사진-63) 아
울러 기둥과 기둥을 연결하는 창방석과의 결구[50] 및 상면에 놓인 평방석, 그리고 중간에 놓인
보조기둥들 역시 외벽 상부의 하중이 분산될 수 있는 원리를 원용한 것으로 판단된다. 이와 더

49 이같은 결구 방식은 고구려시대에 축축된 장군총과 태왕릉에서 확인되고 있다. 따라서 고구려에서 무덤
   의 축조에 사용된 석재의 결국 수법이 백제로 전승되어 미륵사지 석탑에 구현된 것으로 판단된다. 더불
   어 신라에 전파되어 의성 탑리오층석탑, 감은사지 삼층석탑 등 여러 탑에서 확인되고 있다. 뿐만 아니라
   고려시대에 건립되는 백제계 석탑에서도 공통적으로 보이는 결구방식이기도 하다.
50 기둥의 상면은 좌·우를 파내 T자형으로 가공하여 좌우 측면에 창방석이 결구되고 있다. 국립문화재연
   구소·전라북도, 2011, 앞 책, 175쪽.

불어 주목해야 할 점은, 각 층을 구분하는 옥개석에서 낙수면을 구성하는 석재는 대부분 뒷뿌리를 길게 조성해 내부에 놓이는 석재들과 물리도록 구축되었다는 점이다.(사진64~66)

이 같은 방식은 옥개석에서 뒷뿌리를 길게 치석한 석재를 사용함에 따라 이 부재가 낙하되는 것을 방지함과 동시에 옥개석의 상면에 충적된 석재와 서로 맞물려 인장력을 높이는 결과를 가져온 것으로 생각된다.[51] 이같은 정황을 보며 미륵사지 석탑의 외벽은 판축된 지반, 심주, 기둥, 면석, 창방과 평방, 옥개석을 구성하는 부재들에 이르기까지 모든 구성 요인들이 상호 상승작용을 일으키며 외벽체에서 발생하는 하중을 분산하고 있음을 알 수 있다. 이에 반해 내부는 별개의 하중 분산시스템을 구비하고 있다. 즉, 6층에서부터 1층 탑신에 이르기까지 해체하는 과정에서 드러난 구조체는 외벽과는 별개의 하중 전달체계를 갖추고 있다. 이같은 구조는 매층 옥개석 상면을 구성했던 수많은 석재와 더불어 4층까지 연결된 심주석과 초반석과 초석과 내

사진 67. 미륵사지석탑 1층탑신 내부 적심구조(동쪽에서)

사진 68. 미륵사지석탑 1층탑신 구조체(서쪽에서)

사진 69. 미륵사지석탑 1층탑신 동쪽 구조체

사진 70. 미륵사지석탑 1층탑신 서쪽 구조체

51 박경식, 2012, 「미륵사지석탑과 수·당대 정각형불탑과의 비교」, 『백산학보』92호, 백산학회, 156쪽. 이와 더불어 이같은 더불어 이같은 방식은 석성의 축조에서 면석과 면석의 사이에 길이가 긴 心石을 밖음으로써 뒷채움석과 면석이 서로 맞물리도록 한 방법과 동일한 의도라 생각된다.

사진 71. 미륵사지석탑 1층탑신 남쪽 구조체   사진 72. 미륵사지석탑 1층탑신 북쪽 구조체

부 적심 사이에 형성된 공간을 통해서도 확인할 수 있다. 이런 가운데서 가장 주목되는 부분은 1층 탑신에서 ✚자형의 통로의 4벽체를 구성하는 방형의 적심 구조체이다. 이같은 구조체는 평면방형의 지닌 기단을 어느 석탑에서도 볼 수 없는 독특한 체계로 판단된다.

앞서 서술한 바와 같이 미륵사지 석탑은 ✚자형의 통로를 낸 탓에 1층 탑신의 내부 역시 이를 바탕으로 형성되었을 것으로 추정되어 왔지만, 해체 조사 과정을 통해 드러난 현황은 외벽과 별개의 구조체로서 석탑의 총체적인 하중을 받을 수 있는 이원적 축조기법이었다.(사진 67~72)

즉 십자형 통로를 중심으로 4면에 적심체가 구축되었는데, 각 적심체의 입면은 대체로 3단 3열로 구성되어 있다. 통로 쪽은 비교적 큰 석재를 2단을 축조하고, 통로의 내부 쪽만 치석하고 나머지 면은 자연석을 적당히 가공해 축조했다. 입구 쪽을 제외한 나머지 면은 3-4단으로 조성했는데, 3열의 석재 중 좌·우의 석단은 대형의 석재가 사용되었다. 그럼에도 중간부는 동쪽 면을 제외하면 비교적 부정형의 석재를 사용한 탓에 마치 빈 여백을 채워 넣은 듯한 느낌을 주고 있다. 이같은 경향은 남쪽면의 구조체에서 두드러지게 확인되고 있다. 뿐만 아니라 3단 3열의

사진 73. 미륵사지석탑 천장

석재를 구축함에 하중을 받기에 용이한 品자형을 축조한 것이 아니라 일자형으로 쌓아 틈새가 벌어질 수밖에 없는 구조를 이루고 있다. 이에 반해 북쪽 면 좌측의 구조체만은 2단열에 장방형의 대형 석재를 놓아 비교적 안정적인 구조를 보이고 있다. 이같은 상황을 보면 통로를 중심으로 네 곳에 구축된 적심체는 각각 독립적인 구조체로 판단되는데, 이는

사진 74. 미륵사지석탑 심주석 초반과 심주석

사진 75. 미륵사지석탑 2층옥개석 상면 적심석 및 심주석

사진 76. 미륵사지석탑 2층옥개석 상면 심주석

사진 77. 미륵사지석탑 찰주 받침석

통로의 상면에 놓였던 평천장과(사진-73) 내부에 충적된 적심석 등과 상호 유기적인 영향을 주고받았던 것으로 판단된다.[52]

한편, 북쪽 면 좌측의 구조체를 제외한 적심체의 구축방법 을 볼 때 붕괴되기에 가장 쉬운 축조방법이 사용되고 있어[53] "석탑이 중심에서 바깥쪽으로 갈수록 기울어져 있다"는 보고서의 내용을 뒷받침한다.[54] 이런 맥락에서 볼 때, 과연 현재의 모습이 건립 당시의 양상이었을까? 하는 의문이 제기된다. 중심에 놓인 심주석은 1층에서 4층 중간까지 총 17개가 수직으로 연속되어 있었고, 구조적으로 적심에서 독립된 형식이었다.[55] 따라서 미륵사지 석탑의 심주석은 상

---

52 이에 대해 목조건축의 사천주와 같은 역할을 했을 것으로 보는 견해가 있다. 국립문화재연구소 · 전라북도, 2011, 앞 책, 188쪽.

53 이같은 축조 방법은 일단 균열이 시작되면 계속 진행될 수 밖에 없는 구조이다. 때문에 석재를 중첩해 축조하는 석축이나 성벽등에서는 品자형으로 축조하는 것이 보편적인 방식이다. 미륵사지 석탑과 같이 헤아릴수 없을 만큼의 많은 적심석이 사용된 석탑의 가장 하부 적석부가 이같이 축조되었다는 사실이 이해되지 않는 측면이 있다.

54 국립문화재연구소 · 전라북도, 2011, 앞 책, 187쪽.

55 국립문화재연구소 · 전라북도, 2011, 앞의 책, 188쪽.

도면 6. 미륵사지 석탑 심주석 입면도

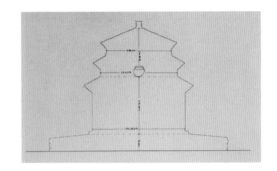

도면 7. 분황사석탑 뮤전석탑 사리석합 위치도

부의 하중과는 무관한 구조체였음을 알 수 있는데, 가장 상면에서 확인된 부재에 직경 351-384mm, 깊이 95mm의 홈이 있어 찰주공으로 추정되고 있다.[56] (사진 74~77, 도면-6)

따라서 석탑에서 확인되는 심주석은 목조건축과는 달리 찰주를 받기위한 구조체로 판단된다. 이상과 같은 해체 상황을 보면 미륵사지 석탑은 외벽과 내부의 하중 전달체계가 이원화된 구조를 지니고 있음을 알 수 있다. 즉, 내부는 ✚자형의 통로를 중심으로 1층 탑신에 구축된 적석구조체가 총체적인 하중을 받아내는 구조를 이루고 있다. 반면, 외벽은 판축 된 지반, 심주, 기둥, 면석, 창방과 평방 옥개석을 구성하는 부재들에 이르기까지 모든 구성 요인들이 상호 상승작용을 일으키며 외벽체에서 발생하는 하중을 분산시키고 있음을 알 수 있다. 이같은 구조는 목재에서 석재로 변환되는 과정에서 하중의 분산을 심사숙고했던 당시 조탑공들의 지혜이자, 백제 건축 기술의 정수라 생각된다.[57]

분황사 모전석탑은 해체 · 수리한 과정에 대한 기록과 도면이 없어 적심시설을 확인할 방법이 없다. 그러나 감실 내부의 안쪽 벽면을 보면 여러 단 축조한 대형 자연석을 볼 수 있는데, 이같은 현상이 네 벽면 모두에 적용됨을 보아 사각형의 입방체가 축조되어 있음을 알 수 있다. 이같은 구조가 몇 층까지 계속되고 있는지 확인할 수 없지만, 조선고적도보에 수록된 사리장엄 관련 도면을 보면(도면 7, 사진 78~80) 장엄구 주변에서 자연석과 치석된 모전석이 확인되는 데다, 사리장엄구가 석탑의 중앙부에서 확인되므로 상층까지 연속되었을 것으로 추정된다.

---

56 위의 책, 표3-17. 석탑에서 수습한 심주석 현황 참조

57 이에 대해 "미륵사지석탑은 석재라는 재료를 사용하였기 때문에 외부에 구성되는 층수와 높이만큼 내부 구조체를 형성할 수 있었다는 점에서 재료의 전환을 통한 구조체계의 실현이 가능하였다고 판단된다. 이러한 구조체계는 절대높이 내에서 가능한 한 다층, 즉 9층이라는 층수를 표현하기 위해 선택되었으며 이러한 층수의 표현은 미륵사지 중원 탑보다는 전체 높이가 낮아짐에도 불구하고 동일한 층수를 표현하기 위한 조영 의식이 반영된 것으로 판단된다"는 견해도 발표된 바 있다. 조은경 · 박언곤, 2011, 앞의 글, 26쪽.

사진 78. 분황사식답 내 발견 석함   사진 79. 분황사석탑 내 발견 석함(분리)   사진 80. 분황사 모전석탑
사리 석합(국립 경주박물관)

　뿐만 아니라 2층 탑신 평면도에 표현된 사리장엄과 주변에 석재가 표현된 점을 볼 때 최소
한 2층까지는 연속되었을 것으로 판단된다. 이같은 정황을 보면 분황사 모전석탑의 중앙부에
는 사면체의 적심구조가 존재하는 것으로 판단된다. 아울러 초층 탑신의 각 면에 설치된 감실
의 좌우에는 미륵사지 석탑에서와 같이 사방에 하중을 받을 수 있는 적심체가 마련되었을 것으
로 보인다. 이는 조선고적도보에 수록된 해체 전 사진(서면 및 북면. 사진 13~15참조)에 앞으
로 기울어진 인왕상을 나무로 지탱하고 있는데, 주변에 무너진 부재의 정황을 보면 내부에 까
지 석재가 가득 채워져 있음을 알 수 있다. 이처럼 도면과 수리 전의 사진을 볼 때 분황사 모전
석탑은 중앙에 자연석으로 축조된 방형의 석조 심주가 조성되고, 사방에 개설된 감실의 좌우
에 미륵사지 석탑에서와 같은 적심체가 구축되었을 것으로 생각된다. 따라서 미륵사지 석탑과
는 달리 내·외부가 모두 동일한 석재로 구축된 조적식 구조였음이 분명하다. 이같은 양상을
볼 때 분황사 모전석탑은 내부에 실심체가 있는 중국의 불탑[58]과는 완전히 다른 양식으로 건립
되었음을 알 수 있다. 그런데, 이같은 정황은 일제강점기의 수리 전과 후의 양식을 비교한 것에
불과해 초층 탑신 내부의 원형에 대해서는 더 이상의 추론이 불가하다. 물론 산동성 신통사 사
문탑의 경우를 상정할 수 있지만, 이 석탑의 경우는 사방을 일주할 수 있는 통로가 개설되어 있
다, 그러나 분황사 모전석탑은 사방이 감실형의 구조이고, 9층으로 건립된 탓에 사문탑과는 별
개의 양식으로 건립된 석탑으로 판단된다.[59]

58 중국의 초기 불탑에서 실심체가 확인된 경우는 영녕사 목탑지, 방산 사원사탑지, 조팽성 불사 탑지 등에
　　서 확인된 바 있다. 조은경, 2010, 「미륵사지석탑의 목구조 표현과 해석」, 『대한건축학회논문집』통권
　　266호, 193쪽.
59 박경식, 2013, 「분황사 모전석탑의 양식 기원에 대한 고찰」, 『신라문화』41집, 동국대학교 신라문화연구
　　소, 176-179쪽.

Ⅳ. 맺음말

미륵사지 석탑은 그간 7세기 전반에 건립된 석탑으로 알려져 왔지만, 사리장엄구의 수습으로 인해 639년에 건립된 석탑으로 확인되었다. 이에 반해 분황사 모전석탑은 634년에 건립된 석탑으로 익히 알려져 왔다. 더욱이 미륵사지 석탑의 건립연대가 확인됨으로써 양 석탑은 명실공히 한국 석조문화사에서 7세기의 변화 양상은 물론 초기 석탑의 양식을 파악하는데 중요한 위치를 점하게 되었다. 그럼에도 불구하고 그간의 연구는 각각 분리된 채 백제와 신라의 석탑이라는 틀 안에서 진행된 탓에 이들이 지닌 양식과 구조적인 특징에 대한 비교 연구는 진행된 바 없었다.

본 고에서는 양 석탑이 완전한 양식을 지니지 못하고 있기에 기단부와 1층탑신를 중심으로 비교 연구를 진행

사진 81. 태왕릉 답도

했지만, 이를 통해 백제와 신라에서 건립한 석탑의 특징의 일단을 파악할 수 있었다. 석조 미술사 연구에 있어 가장 기본이 되는 것은 양식에 대한 분석과 규명이지만, 이를 바탕으로 한 조형물의 상호 비교연구는 독립적인 조형물의 특수성과 보편성을 파악하는데 좀 더 진전된 결과를 도출할 수 있을 것으로 생각된다.

앞서 기술했던 양 석탑의 비교에서 양 석탑은 2층기단과 단층기단의 차이에도 불구하고, 네 벽에는 모두 출입문이 있다는 공통점이 확인되었다. 그럼에도 불구하고 내부구조에서는 고주를 중심으로 한 ✚자형의 통로와 단간 감실, 사리를 정점으로 한 신앙과 목조건축의 재현에 치중한 공간 구성에 있어 분명한 차이를 보이고 있었다. 뿐만 아니라 옥개석의 낙수면과 옥개받침에서의 양식은 재료상의 차이와 더불어 석조건축에서 보이는 보편적인 기술력이 적용된 결과로 보았다.[60](사진-81) 이와 더불어 양 석탑에서 가장 주목해야 할 사항은 미륵사지 석탑이 조적식과 가구식이 포함된 이원구조체였다면, 분황사 모전석탑은 조적식의 구조를 이루고 있다는 차이점이다. 이같은 양상은 양 석탑의 지닌 재료상의 차이점에서 기인한 것으로 볼 수 있

---

60 미륵사지 석탑에서 확인되는 홈을 파고 기둥을 세우는 수법, 옥개받침석과 통로부에서 확인된 구현된 들여쌓기 기법과 평천장의 구성등은 고구려 시대에 축도된 태왕릉과 장군총에서 확인되고 있다. 따라서 미륵사지 석탑에는 고구려의 무덤에서 확립된 석조건축의 결구수법이 그대로 적용된 것으로 판단된다.

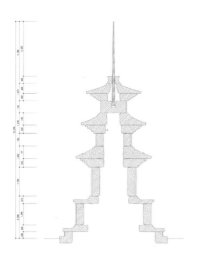

도면 8. 감은사지 동삼층석탑 남북 단면도

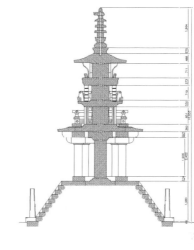

도면 9. 다보탑 남북단면도

지만, 한편으로는 백제와 신라가 지닌 기술력의 차이점이 분명하다는 사실이다. 뿐만 아니라 비록 중국에서 시행되고 있는 실심체의 구조와는 완전히 다른 양태를 보이고 있어 백제와 신라는 중국과도 차별된 기술력을 보유하고 있음도 파악되었다. 특히 미륵사지 석탑에서 확인된 바와 같이 석재로만 구축된 내부 구조는 동아시아 불탑에서 최초로 시도된 조적식 구조로 판단된다.[61] 뿐만 아니라 이 구조는 통일신라시대에 건립된 석탑의 기단부에서 그대로 채용되고 있어 주목된다. 즉, 해체수리가 이루어진 감은사지 삼층석탑[62](도면-8), 나원리 오층석탑[63]으로부터 석가탑[64]과 다보탑[65](도면-9)에 이르기까지의 석탑에서 모두 확인되고 있어 한국 석탑의 기술적인 근간이 되고 있음을 알 수 있다.

미륵사지 석탑과 분황사 모전석탑을 다양한 측면에서 비교 분석한 결과 이들 석탑에 구현된

61　만약 앞서 건립된 중국 목탑의 실심체와 같이 미륵사지 석탑에서 적용되었다면, 이 석탑의 기단부가 받아야할 할 탑신부의 무게가 1,883톤인 점에서 그러하다는 것이다. 따라서 미륵사지 석탑의 건립을 주도했던 백제의 장인들은 중국에서 시행된 다양한 실심체 수법을 그대로 적용한 것이 아니라 석재만으로 변화시켜 석탑에 적용한 것으로 판단된다. 따라서 미륵사지 석탑에 구현된 기술력과 양식은 중국의 불탑과는 완전히 다른 수법을 구비한 것으로 생각된다.

62　경주시 · (재)계림문화재연구원, 2011, 『경주 감은사지 동삼층석탑 해체수리보고서』, 2011, 78-81쪽. 남시진, 2005, 「감은사지 삼층석탑 구조」, 『문화재』 38호, 2005, 330-358쪽.

63　경주시 · (재)계림문화재연구원, 2011, 『경주 나원리 오층석탑 해체수리보고서』, 2011, 78-95쪽.

64　석가탑은 현재 해체 수리가 진행되고 있는 관계로 이에 대한 정확한 양상을 밝히기에는 한계가 있다. 다만, 필자가 해체수리 작업에 관여하면서 상 · 하층 기단 내부에서 적심구조를 확인했기에 일단의 상황만 밝힐 따름이다. 보다 명확한 상황에 대해서는 향후 수리보고서에서 다루어질 것으로 기대한다.

65　국립문화재연구소 · 경주시, 2011, 『불국사 다보탑 수리보고서』, 230-231쪽. 동서 및 남북 단면도 참조.

양식과 기술력은 공통점과 차이점이 공존하고 있음을 알 수 있었다. 이는 백제와 신라에서 각각 지녔던 석탑에 대한 이해, 이를 건립했던 재료, 기술력의 차이가 분명했음을 알 수 있었다. 이와 더불어 불탑 건립의 모티브는 중국으로부터 전래되었지만, 백제와 신라는 그들이 지녔던 기술력을 바탕으로 단순한 모방이 아닌 완전히 새로운 양식의 석탑을 건립한 것으로 생각된다.

(2014.04 「미륵사지석탑과 분황사 모전석탑의 비교 고찰」, 『白山學報』 98, 白山學會)

【참고문헌】

『三國遺事』

저서

金禧庚, 1968, 『韓國塔婆硏究資料』, 考古美術同人會.

高裕燮, 1947, 『韓國塔婆의 硏究』, 乙酉文化社.

―――, 1963, 『韓國美術史 及 美學論攷』, 通文館.

―――, 1964, 『韓國建築美術史草稿』, 考古美術資料 第 6輯, 考古美術同人會.

―――, 1967, 『韓國塔婆의 硏究 - 各論草稿』, 考古美術資料 第 14輯, 韓國美術史學會.

―――, 1975, 『韓國塔婆의 硏究』, 同和出版公社.

박경식, 2008, 『한국의 석탑』, 학연문화사.

朴興國, 1998, 『韓國의 塼塔硏究』, 學研文化史.

新羅文化宣揚會, 1999, 『芬皇寺의 諸照明-新羅文化祭學術發表論文集』.

張忠植, 1987, 『新羅石塔研究』, 一志社.

秦弘燮, 1983, 「韓國의 塔婆」, 『國寶』6, 藝耕産業社.

정영호. 1998, 『한국의 석조미술』, 서울대학교 출판부.

黃壽永, 1999, 『黃壽永全集』, 도서출판 혜안.

천득염, 2000, 『백제계석탑 연구』, 전남대학교 출판부.

關野貞, 1904, 『韓國建築調査報告』.

朝鮮總督府, 1915, 『朝鮮古蹟圖譜 3』.

藤島亥治郎, 1930, 『建築雜誌』.

2. 보고서

國立慶州文化財研究所, 2005, 『芬皇寺發掘調査報告書Ⅰ』.

국립문화재연구소, 2004, 『전라북도의 석탑』.

국립문화재연구소, 2007, 『경상북도의 석탑』.

동국대학교 경주캠퍼스박물관, 1994, 『錫杖寺址』.

원광대마한백제문화연구소, 1975, 「益山 彌勒寺址 東塔址 및 西塔 調査報告書」, 『마한백제문화』 창간호.

―――――――――――――, 1977, 『彌勒寺址 東塔址 二次發掘 調査報告書』.

문화재관리국 문화재연구소, 1989,『미륵사 유적발굴조사보고서Ⅰ』.

문화재관리국, 1990,『彌勒寺址 東塔址 復元設計報告書』.

文化財管理局, 1992,『芬皇寺石塔實測調査報告書』.

국립부여문화재연구소, 1992,『益山 彌勒寺址 東塔址 基壇및 下部調査報告書』.

文化財管理局, 1992,『芬皇寺石塔實測調査報告書』.

문화재관리국 문화재연구소, 1996,『미륵사 유적발굴조사보고서Ⅱ』.

국립부여문화연구소, 2001,『미륵사지 서탑-주변발굴조사 보고서』, 국립부여문화재 연구소.

미륵사지유물전시관, 2001,『미륵사지 석탑』 및 2004,『기록으로 보는 미륵사』.

국립문화재연구소 · 전라북도, 2003 · 2004 · 2005 · 2011.『미륵사지석탑 해체조사보고서
        Ⅰ · Ⅱ · Ⅲ · Ⅳ』.

경주시 · (재)계림문화재연구원, 2011,『경주 감은사지 동삼층석탑 해체수리보고서』.

경주시 · (재)계림문화재연구원, 2011,『경주 나원리 오층석탑 해체수리보고서』.

국립문화재연구소 · 경주시, 2011,『불국사 다보탑 수리보고서』.

국립문화재연구소 · 전라북도, 2013,『미륵사지석탑 사리장엄』.

3. 논문

김정기, 1975,「전형양식의 석탑과 미륵사지 석탑」,『백제연구』1, 원광대학교 마한백제문화
        연구소.

───, 1984,「미륵사탑과 정림사탑」,『고고미술』164, 한국미술사학회.

남시진, 2005,「감은사지 삼층석탑 구조」,『문화재』38호.

文明大, 1978,「韓國塔浮彫(彫刻)像의 硏究(1)-新羅 仁王像(金剛力士像)考-」,『佛敎美術』4,
        東國大學校 博物館.

朴慶植, 1999,「芬皇寺 模塼石塔에 대한 考察」,『芬皇寺의 諸照明』, 新羅文化宣揚會.

───, 2003,「新羅 始原期 石塔에 대한 考察」,『文化史學』제19호, 韓國文化史學會.

───, 2003,「新羅 典型期 石塔에 대한 考察」,『文化史學』제20호, 韓國文化史學會.

───, 2005,「백제계석탑의 건립 배경에 대한 고찰」,『문화사학』24, 한국문화사학회.

───, 2007,「四門塔에 대한 小考」,『文化史學』27號, 韓國文化史學會.

───, 2008,「隋 · 唐代의 佛塔硏究(Ⅰ)-亭閣形石造塔婆」,『文化史學』29號, 韓國文化史學會.

───, 2012,「彌勒寺址 石塔과 隋 · 唐代의 亭閣形佛塔과의 比較」,『白山學報』92號, 白山學會.

───, 2013,「분황사 모전석탑의 양식 기원에 대한 고찰」,『신라문화』41집, 동국대학교 신
        라문화연구소.

嚴基杓, 2001, 「백제석탑의 선후에 대한 고찰-목조건축 요소를 중심으로」, 『문화사학』16호.

이희봉, 2011, 「신라 분황사 탑의 '模塼石塔 說'에 대한 문제 제기와 고찰」, 『건축역사연구』 제20권 2호, 대한건축학회.

장경호, 1992, 「백제 탑파 건축에 관한 연구」, 『백제논총』3, 백제문화개발연구원.

張忠植, 1984, 「新羅模塼石塔考」, 『新羅文化』 1, 東國大 新羅文化研究所.

———, 「統一新羅 石塔浮彫像의 研究」, 『考古美術』154.155 合輯, 韓國美術史學會.

정주성 외, 1988, 「한국석탑의 백제 양식에 관한 연구」, 『대한건축학회 학술대회논문집』8-2, 대한건축학회.

정주성, 1989, 「한국석탑의 백제양식에 관한 연구」, 전남대학교 건축공학과 석사학위논문.

조은경, 2009, 「미륵사지서탑 축조의 구조 원리에 관한 기초 연구」, 文化財제42권 제2호.

———, 2010, 「미륵사지석탑의 목구조 표현과 해석」, 『대한건축학회논문집』통권 266호.

조은경·박언곤, 2011, 「고대 동아시아 불탑 구조체계를 통해 본 미륵사지 석탑」, 『건축역사연구』통권 78호.

周炅美, 2007, 「분황사 석탑 출토 불사리장엄구의 재검토」, 『시각문화의전통과 해석』, 예경.

천득염, 1993, 「백제계석탑과 신라석탑의 비교론적 고찰」, 『건축역사연구』4-1, 한국건축역사학회.

4. 도면

도면 -1. 국립문화재연구소, 2004, 『전라북도의 석탑』, 56쪽에서 전재.

도면 -2. 국립문화재연구소·전라북도, 2011, 『미륵사지석탑 해체조사보고서 Ⅳ-도판』, 92쪽에서 전재

도면 -3. 국립문화재연구소·전라북도, 2011, 『미륵사지석탑 해체조사보고서 Ⅳ-도판』, 86쪽에서 전재

도면 -4. 文化財管理局, 1992, 『芬皇寺石塔實測調査報告書』, 83쪽에서 전재

도면 -5. 文化財管理局, 1992, 『芬皇寺石塔實測調査報告書』, 64쪽에서 전재

도면 -6. 국립문화재연구소·전라북도, 2011, 『미륵사지석탑 해체조사보고서 Ⅳ-본문』, 188쪽에서 전재

도면 -7. 朝鮮總督府, 1915, 『朝鮮古蹟圖譜』, 3책에서 전재.

도면 -8. 국립문화재연구소, 2007, 『경상북도의 석탑』, 94쪽에서 전재

도면 -9. 국립문화재연구소·경주시, 2011, 『불국사 다보탑 수리보고서』, 235쪽에서 전재.

분황사 모전석탑의 양식 기원에 대한 고찰

Ⅰ. 머리말

芬皇寺模塼石塔은 한국석탑의 발달사 상에서 보면 미륵사지석탑과 더불어 가장 초기적인 양식을 유지하고 있다. 뿐만 아니라 안산암을 사용해 模塼石塔으로 건립되어 미륵사지 석탑과는 완전히 다른 양상을 지닌 석탑이기도 하다. 더욱이 신라석탑 중에서는 가장 먼저 건립되었기에 始原樣式을 지닌 석탑으로 분류되고 있다.

이 석탑에 대해서는 일제강점기에 연구가 시작된 이래[1] 우현 고유섭 선생에 의해 중국 전탑의 영향을 받아 건립된 신라석탑의 始原樣式으로 정착되었고,[2] 이후 張忠植·朴洪國·鄭永鎬·천득염·申龍澈·이희봉 선생에 의한 연구가 진행된 바 있다.[3] 이와 더불어 1991년 10월 28일부터 1992년 3월 31일에 걸쳐 문화재관리국의 주관 하에 석탑에 대한 실측조사가 진행된 바

1 關野貞, 『韓國建築調査報告』, 1904. 朝鮮總督府, 『朝鮮古蹟圖譜』, 3, 1915. 藤島亥治郎, 『建築雜誌』1930.5 및 1933.12. 金禧庚, 『韓國塔婆研究資料』, 考古美術同人會, 1968, p.160.
2 高裕燮, 『韓國塔婆의 研究』, 乙酉文化社, 1947. 및 『韓國塔婆의 研究』, 同和出版公社, 1975. 「朝鮮의 塼塔에 대하여」, 『韓國美術史及美學論考』, 通文館, 1963, pp.123-132.
3 張忠植, 「新羅 模塼石塔考」, 『新羅文化』1, 1984, pp.145-169 및 『新羅石塔研究』, 一志社, 1987. 朴洪國, 『韓國의 塼塔研究』, 學研文化社, 1998. 정영호. 『한국의 석조미술』, 서울대학교 출판부, 1998, 천득염, 『백제계석탑 연구』, 전남대학교 출판부, 2000, 申龍澈, 『統一新羅 石塔 研究』, 東國大學校 大學院 美術史學科 博士學位 論文, 2006, 이희봉, 「신라 분황사 탑의 '模塼石塔 說'에 대한 문제 제기와 고찰」, 『건축역사연구』 20-2, 대한건축학회, 2011, pp.39-54.

있다.[4] 아울러 1999년에는 "분황사의 제조명"이라는 주제 하에 학술대회가 개최되었고,[5] 근년에 이르러 사리장엄구에 대한 분석도 이루어진바 있다.[6]

이같은 과정을 보면 분황사 모전석탑에 대해서는 일제강점기 이래 지속적인 연구가 진행되었음을 알 수 있는데, 대부분이 "중국전탑의 영향을 받아 건립되었다"는 것을 전제로 시작된다는 공통점이 있다. 즉, 석재를 벽돌과 같이 다듬어 구축했고, 옥개석의 상·하면이 층단형을 이루는 양식은 이처럼 일관된 의견을 제시하는 중요한 근거로 작용했다. 그러나 분황사 모전석탑이 건립된 7세기 중반 이전까지 중국에서 건립된 불탑 중 분황사 모전석탑과 같은 유형은 확인되지 않고 있다. 뿐만 아니라 분황사 모전석탑의 양식 기원에 대해 중국 초기 불탑과의 본격적인 비교연구는 진행된 바 없었다.[7] 따라서 분황사 모전석탑의 양식 기원을 규명하기 위해서는 이 석탑이 건립된 634년과 비슷한 시기 또는 그 이전에 건립된 중국 불탑과의 비교 연구가 진행되어야 함은 당연하다고 생각된다. 분황사 모전석탑의 양식기원을 찾는 문제는 신라석탑은 물론 한국 석탑의 원형을 파악하는데 선결되어야 할 과제라 생각한다. 본고에서는 이같은 문제를 규명하기 위해 선학들의 연구 성과를 바탕으로 다음과 같은 관점에서 서술하고자 한다.

첫째, 분황사 모전석탑에서 파악되는 특징적인 양식을 통해 문제를 제기하고,

둘째, 神通寺 四門塔(611년)과 기단으로부터 상륜부에까지 구현된 각 부의 양식 비교를 하고,

셋째, 崇岳寺 12각15층 전탑(523년)과 및 법왕사 15층 전탑(602년)과의 비교를 진행해, 학계의 통설인 분황사 모전석탑의 중국 전탑 전래설을 규명하고자 한다.

Ⅱ. 문제의 제기

필자는 1999년에는 개최된 "분황사의 제조명" 학술대회에서 분황사 모전석탑이 지닌 몇 가지 문제에 대해 견해를 피력한 바 있다.[8] 당시 발표했던 내용 중 분황사 모전석탑에 구현된 양

4 文化財管理局, 『芬皇寺石塔實測調查報告書』, 1992.

5 新羅文化宣揚會, 『芬皇寺의 諸照明-新羅文化祭學術發表論文集』, 1999.

6 周炅美, 「분황사 석탑 출토 불사리장엄구의 재검토」, 『시각문화의전통과 해석』, 예경, 2007, pp.277~297.

7 인도 탑에서 분황사 모전석탑의 기원을 찾아야 한다는 주장이 있다. 대표적인 연구로는 이희봉, 2011. 위의 글, pp.39~54가 있다. 필자 역시 「新羅 始原期 石塔에 대한 考察」, 『文化史學』 19, 韓國文化史學會, 2003, pp.79~95에서 이같은 의견을 제시 한 바 있다.

8 당시의 발표에서는 모전석탑의 기원, 성격, 층수, 사자상, 상륜부, 표면장엄등에 대해 고찰한 바 있다. 朴慶植, 「芬皇寺 模塼石塔에 대한 考察」, 『芬皇寺의 諸照明』, 新羅文化宣揚會, 1999,

식의 기원을 규명하기 위해 제기되는 문제점을 정리해 보면 다음과 같다.

첫째, 분황사 모전석탑과 중국 전탑과의 연관성이다.

분황사 모전석탑은 안산암을 벽돌과 같이 다듬어 조성했기에 模塼石塔으로 불리우고 있다. 이같은 면은 미륵사지 석탑이나 신라 전형기 및 정형기 석탑에서 보여준 석재의 가공방법과는 완전히 다른 양상이다. 다시 말해 후자의 석탑들에서는 화강암을 주로 판석형으로 가공해 건립했음에 비해 이 석탑에서는 안산암을 벽돌과 같이 다듬어 건립했다. 이같은 점은 모전석탑이라는 명칭이 부여됨과 더불어 전탑과의 직접적인 연관성을 상정하게 하는 주요 원인으로 작용하고 있다. 그렇다면, 신라는 어떠한 이유에서 백제와는 달리 화강암을 사용하지 않고 안산암으로 모전석탑을 건립했을까? 이에 대해 고유섭 선생은

> 巖石을 이와 같이 切斷하여 탑을 築上한다는 것은 그 勞力에서 도저히 塼을 사용하는 것과 비할 수 없고 또 경제상으로도 불리하였음에도 불구하고 2기나 축조하였다는 것은 일시의 기분적인 醉興이 아니고 명백히 塼의 非普遍的인 상황을 말하지 않을 수 없다"[9]

라고 견해를 주창한 바 있다. 결국 벽돌은 우리가 지닌 자연환경에 비추어 볼 때 경제적이지 못했음을 지적하고 있다. 이 같은 견해는 張忠植 선생에 의해 "模塼의 양식전개 역시 돌에의 집착을 버릴 수 없었던 선인들의 끈질긴 造營意志의 결과로"[10] 발전된다. 그리고 "모전 석탑 양식 역시 순수 塼塔樣式에 앞서 먼저 模塼의 塼築樣式 石塔에서 출발하여……"[11]라 하면서 석재로 조성된 탑이 전탑에 앞설 수 있다는 가능성을 제기하고 있다. 하지만, "분황사 모전석탑의 기본적인 건축기단은 木造塔의 수법을 그대로 반영하고 있으면서 축조된 方塼의 塼築 역시 불교 傳受國 특히 중국의 塼塔 계통을 그대로 모방하였다"[12]라 하면서 중국전탑의 영향설을 그대로 수용하고 있다. 이에 반해 분황사 모전석탑 건립 이전에 이미 전탑이 건립되었을 것으로 보는 주장이 있다.[13] 朴洪國 선생에 의해 제기된 先行 塼塔 건립설은 경주 錫丈寺址 출토 塔像塼과 『三國遺事』권 4 良志 使錫條 의 기록에 보이는 "又嘗彫磚一小塔 並造三千餘佛 安其塔置於寺中

pp.161-197.

9　高裕燮,「朝鮮의 塼塔에 對하여」,『韓國美術史及美學論考』, 通文館, 1963, pp.125~126. 이와 더불어 신용철 선생은 "결구형 석탑에 대한 인식은 있었지만, 조탑술은 없었던 것으로 보고 있다. 申龍澈,『統一新羅 石塔 研究』, 東國大學校 大學院 美術史學科 博士學位 論文, 2006, p.116.

10　張忠植, 1984, 앞의 글, p.149. 및 1987, 앞의 책, p.79.

11　張忠植, 1984, 앞의 글, p.169.

12　張忠植, 1984, 앞의 글, p.152.

13　朴洪國,『韓國의 塼塔研究』, 學研文化史, 1998, p.54.

致敬焉" 및 "寺寺星張 塔塔雁行"[14]의 기록을 바탕으로 분황사 모전석탑은 물론 석장사지 전탑 건립 이전에 이미 塼塔이 건립되었다는 견해를 제기 하고 있다. 석장사지에서 출토된 탑상전은 7세기 중반과 8세기 중반~9세기 전반에 제작된 두 종류가 존재하고 있다는 견해를[15] 볼 때 분황사 모전석탑과 비슷한 시기에 전탑이 조성되었을 가능성은 충분한 것으로 판단된다. 그럼에도 불구하고 탑상전에 조식된 불탑의 양식이 전탑일까?에 대한 의문은 여전히 상존하다. 왜냐하면 부조된 전탑으로 보고 있는 탑은 시기를 달리하는 문양전에 모두 나타나고 있고,[16] 분황사 모전석탑 이후에 건립된 탑리 오층석탑의 옥개석을 구현해도 같은 양식으로 표현될 수있기 때문이다.[17]

이처럼 분황사 모전석탑의 양식기원 문제에 대해서는 중국전탑의 영향을 그대로 인정하면서 신라에서 전탑의 건립여부 또는 벽돌과 석재의 생산성에 대한 문제로 일관되고 있다. 하지만, 분황사 모전석탑의 양식 근원에 대한 문제는 先行 塼塔과 전축양식 석탑과 연관시키기 보다는 당시 건립된 중국의 전탑과 비교 고찰을 통해 밝혀져야 할 문제라 생각된다. 적어도 중국의 영향이라는 사실을 인정한다면 이 보다 먼저 건립되었거나, 비슷한 시기에 조성된 다양한 유형의 불탑과 양식비교가 전제되어져야 하기 때문이다.

둘째, 건립 당시 분황사 모전석탑이 지녔던 층수의 문제이다.

분황사 모전석탑은 3층까지만 현존하고 있어 그간 3층설, 5층설, 7층설, 9층설 등 다양한 견해가 제시되어 왔다.[18] 이와 더불어 1992년에 시행된 분황사모전석탑 실측조사에서도 잔존 부재의 양으로 볼 때 높이 17.016m에 달하는 9층 석탑이었을 가능성이 제기되었고,[19] 필자 역시이 견해에 동의 한 바 있다.[20] 이처럼 분황사 모전석탑의 층수에 주목하는 이유는 후술할 四門塔과의 연관성을 파악하기 위함이다.

셋째, 1층 탑신의 평면 구도와 장엄조식에 관한 문제이다.

....

14 『三國遺事』 권 3, 原宗興法 厭髑滅身條.

15 김지현, 「慶州錫杖寺址 塼佛研究」, 『美術史學研究』 266, 韓國美術史學會, 2010, p.56.

16 동국대학교 경주캠퍼스박물관, 『錫杖寺址』, 1994, 탑상전 탁본 참조.

17 탑상전에 부조된 탑의 옥개석에는 상·하 모두 층단형을 이루고 있어 이를 구현했을 가능성도 있다. 뿐만 아니라 각 층마다 아치형의 감실을 조성하는 것은 북위시대에 조성된 운강석굴의 누각형 불탑에서 보이는 양식으로, 감실내에 불상을 봉안하는 공통점도 보이고 있다.

18 9층설은 關野貞, 1904, 위의 글 및 p.15. 藤島亥治郎, 1930 및 1935, 위의 글에서 주장하고 있다. 이에 반해 우현 선생은 3층내지는 5층으로 보고 있다. 주 1 및 高裕燮, 1975, 위의 책, p.163.

19 文化財管理局, 1992, 위의 책, p.38 및 p. 47.

20 필자는 『東京雜記』기록의 재 해석과 더불어 미륵사지 석탑이 9층인 점과 황룡사에 9층목탑이 건립된 점으로 보아 분황사 모전석탑 역시 9층으로 건립되었을 가능성을 제시한 바 있다. 朴慶植, 1999, 앞의 책, pp.161~197.

분황사 모전석탑에는 4개소에 감실이 개설되어 있고, 출입문의 좌·우에 각각 인왕상이 1구씩 부조되어 있다. 감실은 각각 독립된 영역으로 면적이 좁아 활용성에 대한 의문이 제기된다. 뿐만 아니라 인왕상은 석탑과 같이 634년에 조성되었음은 자명한 사실로, 현존 하는 인왕상으로는 가장 먼저 조성된 작품으로 평가되고 있다.[21] 이와 더불어 이 상에 구현된 양식은 六朝時代 龍門樣式이 약간 남아있으면서도, 北魏수법이 짙게 남아 있는 것으로 보고 있다.[22] 이처럼 분황사 모전석탑에 부조된 인왕상은 한국 석탑에서는 가장 먼저 등장한 신장상으로, 이 역시 탑이 지닌 신앙상의 기능과 중요한 함수 관계를 지니고 있다. 즉, 신라석탑 浮彫像은 불탑 내부에 봉안된 불사리에 대한 外護的 기능에 1위적 목적을 지니고서 이룩되었다고 볼 수 있다는 견해[23]에 비추어 볼 때, 이 석탑이 지닌 성격을 논증하는데[24] 중요한 자료라 판단된다.

Ⅲ. 사문탑과의 비교

분황사 모전석탑의 양식을 논할 때 가장 먼저 비교의 대상으로 떠 올리는 것은 隋 煬帝 7년(611년)에 건립된 神通寺 四門塔이다. 분황사 모전석탑과는 불과 24년의 시차가 있음과 동시에 목조건축의 양식을 반영하고 있음은 물론 외형이 비슷하다는 점에서 그러하다.[25] 필자는 당초 분황사모전석탑이 사문탑과 연관성이 있음을 발표한 바 있다.[26] 그러나 신통사 사문탑을 수차례 답사한 결과 양 탑은 양식적으로 서로 무관한 것임을 밝힌 바 있다.[27] 본 장에서는 양 탑이 지닌 양식과 구조에 대한 다각적인 비교를 진행해 연관성의 有·無 관계를 분명히 하고자 한다.

분황사 모전석탑과 사문탑과의 양식 및 구조적인 차이점에 대해 정리하면 다음의 표로 집약된다.

---

21 文明大, 「韓國塔浮彫(彫刻)像의 研究(1)-新羅 仁王像(金剛力士像)考-」, 『佛教美術』 4, 東國大學校 博物館, 1978, p.90.
22 文明大, 1978, 앞의 글, pp.91~92.
23 張忠植, 「統一新羅 石塔浮彫像의 研究」, 『考古美術』 154·155, 韓國美術史學會, p.115.
24 분황사 모전석탑은 사리가 봉안되었음으로 인해 순수 불교적인 성격과, 우물안에 호국용이 살았다는 기록과 선덕여왕 당시의 정세로 보아 호국적인 성격이 내재된 것으로 보인다.
25 우현 선생은 한국 전탑의 발생에 밀접한 영향을 준 탑으로 숭악사 12각15층전탑과 신통사 사문탑을 제시하고 있다. 高裕燮, 1947, 위의 책, p.21.
26 朴慶植, 1999, 앞의 글, pp.161~197.
27 朴慶植, 「四門塔에 대한 考察」, 『文化史學』 27, 韓國文化史學會, 2007, pp.1161~1176.

〈표 1〉 사문탑과 분황사 모전석탑 양식 비교 표

비교대상		사문탑	분황사 모전석탑
규모		단층	3층(현), 본래는 9층(추정)
조성재료		석재(장대석 형태)	석재(벽돌 형태)
기단부		매몰	자연석 기단
출입시설	계단석	있음	없음
	출입문	아치형	장방형
내부구조	답도	있음	없음
	고주	있음	없음
	천정부	평천장과 고깔형 천장	평천장
	봉안물	각 면 1구씩 4구의 불상	없음
옥개석		상·하 층단형	상·하 층단형
상륜부		노반, 앙화, 보륜, 보주	노반, 복발, 앙화
장엄조식		없음, 표면에 강회	인왕상

앞에 제시한 양식 비교표를 보면 양 석탑은 옥개석을 제외하면 확연한 공통점이 드러나지 않는다. 필자가 제시한 항목별로 양 석탑이 지닌 공통점과 차이점을 분석해 보면 다음과 같다.

첫째, 규모의 문제이다.

사문탑은 단층임에 비해 분황사 모전석탑은 3층만 남아있다.(사진1~4) 그럼에도 불구하고 전체적인 외형을 보면 상당한 유사성이 있다. 즉, 분황사 모전석탑의 1층 탑신에 마지막 층의 옥개석을 구축하면 양 석탑은 외형상 완벽하게 일치한다. 즉, 사모지붕을 구비한 사방 1간 규모의 목조건축과 같은 형태를 지니게 된다. 이처럼 외형적인 친연성이 사문탑에서 영향을 받았을 것으로 추론케 하는 단서로 제공되었다. 그렇지만, 사문탑은 건립 당시부터 단층으로 계획된 석탑이다. 이같은 양식은 北魏時代에 개착된 운강석굴의 浮彫塔에서 등장한 이래 北齊時代를 거치며 건립되던 亭閣型 佛塔의 한 유형이다.[28] 따라서 사문탑은 隋代에 이르러 탄생한 신 양식이 아니라 앞 시대로부터 건립되던 정각형불탑의 특징인 단층탑의 양식을 계승했음을 알 수 있다. 이에 반해 분황사모전석탑은 신라석탑사 상에서 가장 먼저 건립되었기에 이 보다 앞서 건립된 석탑은 없다.[29] 뿐만 아니라 일제강점기의 복원으로 인해 3층 옥개석의 상면이 사모지붕의 형태를 지니고 있지만, 본래는 9층으로 계획된 석탑이었다.[30] 따라서 양 석탑은 당초 조영계

---

28 朴慶植, 「彌勒寺址石塔과 隨·唐代 亭閣型佛塔과의 比較」, 『白山學報』 92, 白山學會, 2012, pp.133-136.

29 7세기 전반에 건립된 미륵사지 석탑과는 1층기단에 4개소의 출입문을 개설한 점 등 여러 곳에서 공통점을 찾을 수 있지만, 이에 대해서는 별고를 기약한다.

30 朴慶植, 1999, 앞의 글, p.181.

사진 1. 분황사 모전석탑(정면)

사진 2. 분황사 모전석탑(측면)

사진 3. 사문탑(정면)

사진 4. 사문탑(측면)

획에서부터 단층과 9층이라는 규모의 차이를 지니며 건립된 석탑이다. 이같은 점을 고려하면 양 석탑은 조영계획 단계로부터 서로 출발점이 다른 석탑이었음이 분명하다.

둘째, 양 탑은 모두 석재를 사용해 건립되지만, 크기에 있어 분명한 차이를 보이고 있다.

탑을 건립함에 있어 사용된 재료의 문제는 永續性에 있어 가장 중요한 문제이다. 때문에 기왕에 사용되던 목재에서 벽돌과 석재로 전환됨은 바로 이같은 면이 강조된 것으로 판단된다. 따라서 양 석탑은 건탑의 재료로 석재를 사용함에 따라 영속성은 확보한 것으로 생각된다. 그럼에도 불구하고 사용된 석재의 크기는'모전석탑'이라는 명칭을 부여할 수 있는 가와 더불어 상호 영향관계를 확인하는데 중요한 단서를 제공한다. 사문탑은 외견상 무수히 많은 석재를 구축해 건립했기에 모전석탑의 범주에 넣어도 될 측면을 지니고 있다. 그러나 사용된 석재를 실측해 본 결과 170cm×43cm, 124cm×57cm, 87cm×30cm 크기의 장방형 석재를 20단 정도 고른층쌓기로 축조했다.[31] 이같은 석재의 규모를 보면 사문탑을 모전석탑의 범주에 넣을 수 없음은 분명해 진다. 결국 장대석을 쌓아 올린 積層式石塔이라 하겠다.(사진 5) 이에 반해 분황사 모전석탑은 안산암을 길이 30-45㎝, 두께 4.5-5㎝의 크기로 다듬어 건립했다.(사진 6) 그렇다면 사용된 석재의 크기가 벽돌에 상응하는가에 대한 검토는 이 석탑이 모전석탑으로 불리울 수 있는 단서가 된다고 하겠다. 그런데 국립경주문화재연구소에서 진행했던 발굴조사 결과 경내에서 출토된 40점의 벽돌 중 규모가 완전한 것들이 있어 주목된다. 이중 대표적인 것들의 크기를 보면(단위:cm), 길이 25.2, 너비 12.8, 두께 4.7(일련번호 19)·길이 33.5, 너비 19.5, 두께 8.5(일련번호 24)· 길이 25.6, 너비 20, 너비 6.9(일련번호 32)로 밝혀졌다.[32] 따라서 분황사 모전석탑에 사용된 석재는 사찰에서 사용된 벽돌이 크기와 유사함을 알 수 있다. 뿐만 아니

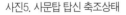

사진5. 사문탑 탑신 축조상태 　　　　　　　　　　사진6. 분황사 모전석탑 탑신 축조상태

---

31 朴慶植, 2012, 앞의 글, p.1163. 사문탑 건립에 사용된 석재의 크기에 대해 신용철 선생도 "분황사 석탑은 마치 벽돌과 같이 가늘고 길게 한 반면 신통사 탑은 비교적 굵다."라 표현하며 다른 점을 지적하고 있다. 申龍澈, 2006, 앞의 글, p.116.

32 國立慶州文化財硏究所,『芬皇寺發掘調查報告書Ⅰ』, 2005, pp.442-446.

라 석재의 크기에 있어 편차를 보이는 것은 사용된 위치에 따라 하중의 분산이 고려된 결과라 생각된다. 이 석탑은 축조방식에서 일정한 규칙을 찾을 수 없지만, 길이와 두께가 서로 다른 부재들을 적절히 혼용해 고른층쌓기로 건립했다. 아울러 벽돌과 같이 다듬은 석재의 특성상 각단마다 수평으로 구축했는데, 이로 인해 발생되는 각 석재의 縱線이 서로 엇갈리도록 소위 "品자형쌓기"로 축조했다. 이상에서 살펴본 바와 같이 사문탑과 분황사 모전석탑은 석재를 사용해 건립했다는 공통점은 있지만, 석재의 크기와 축조 방법에서 서로 다른 양식을 보이고 있음을 알 수 있다.

셋째, 양 탑은 모두 탑신에 비해 낮은 기단부를 구비하고 있다.

사문탑은 신축한 높직한 기단위에 건립되어 있지만, 계단의 일부가 새로 깔은 바닥전과 수평면을 이루고 있어 본래는 현재보다 좁은 기단위에 건립되었을 것으로 추정된다. 육안으로 관찰되는 본래 기단의 규모가 980cm×984cm의 방형인 점을 고려할 때 이같은 추정이 가능하다.[33] 뿐만 아니라 북위시대 이래 건립된 정각형 불탑의 기단이 대체로 낮은 단층인 점을 고려해 보면 같은 양식이었을 것으로 추정된다. 이에 반해 분황사 모전 석탑은 일변 약 13m · 높이 약 1m 정도의 규모인데, 막돌로 쌓은 방형의 단층기단을 구축했다. 기단의 너비는 1층 탑신의 약 2배로, 상면에는 박석이 깔려있다.[34](사진 7) 사문탑의 기단부가 석축부에 매몰되어 있어 양 탑이 지닌 기단의 축조방식을 비교하기에는 무리가 있다. 그럼에도 불구하고 분황사 모전석탑의 기단이 사문탑보다 넓게 조성되었음은 분명하다. 이같은 차이는 사문탑은 단층이면서 空筒式 構造[35]를 지녔기에 상부로부터 전달되는 하중의 분산은 그다지 문제가 되지 않았을 것으로 판단된다.[36] 이에 반해 분황사 모전석탑은 9층으로 건립되었음과 동시에 充積式 構造를 지니고 있어 상부로부터 전달되는 하중의 분산이 고려된 결과로 생각된다.

사진7. 분황사 모전석탑 기단부

33 朴慶植, 2007, 앞의 글, pp.1161-1176.
34 文化財管理局, 1992, 앞의 책, p.19.
35 張馭寰, 『中國塔』, 山西人民出版社, 2000, pp.156~159.
36 이같은 점은 당대에 건립된 전탑에서도 공통적인 현상이다. 즉, 대부분의 전탑이 공통식으로 건립되어 내부가 비어있는 탓에 기단은 매우 소략하게 구축되어 있다.

사진 8. 신통사 사문탑 동문   사진 9. 신통사 사문탑 서문   사진 10. 신통사 사문탑 남문   사진 11. 신통사 사문탑 북문

넷째, 양 탑은 모두 네 벽에 각각 출입시설을 구비하고 있다.

탑신에 출입이 가능한 시설의 설치는 내부에 공간이 구성되어 있다는 점을 전제로 한다. 이는 목조건축의 기능성이 석조건축에 도입된 결과로 생각된다. 목탑을 제외한다는 전제하에, 중국에서 唐代까지 건립된 불탑 중 4개소에 문을 개설한 경우는 사문탑이 유일하다.[37] 이에 반해 한국에서는 미륵사지 석탑과 분황사 모전석탑에서 모두 4개소의 출입구가 개설되고 있다. 이 같은 점은 중국과 한국의 초기 탑에서는 목조건축의 재현에 얼마나 충실했는가를 분명히 보여주는 일례라 하겠다. 그럼에도 사문탑과 분황사 모전석탑은 출입시설에서 양식적인 차이를 보이고 있다.

사문탑에 개설된 문은 11매의 석재로 구성된 아치형으로 높이 291cm, 너비 142cm 정도의 규모이다. 출입구는 높이 195cm, 너비 142cm의 크기로 장방형의 형태이다.(사진 8~11) 출입

사진12. 사문탑 동문 계단석

구 좌·우에 장대석을 세워 기둥을 삼은 후 상인방과 하인방을 걸치고 상면에 반원형의 석재를 놓았다.

출입구 전면에는 양 쪽에 소매돌을 두고 각각 3단의 계단을 시설했다.(사진 12) 이처럼 출입시설을 아치형으로 조성했음은 북위시대이래 불탑에 등장하는 전통적인 형식을 계승하고 있음을 알 수 있다.[38] 이와 더불어

37 673년(唐 咸亨 4년)에 건립된 법흥사 사리탑에서처럼 앞과 뒷면 2개소에 출입문을 개설한 경우도 있다.
   郭學忠 外, 『中國名塔』, 中國撮影出版社, 2002, p.358.
38 아치형의 출입 시설은 운강석굴에서 등장하는 정각형 부조탑에서 등장한 이래 불광사 조사탑과 숭악사 전탑, 북제시대에 조성된 영천사 道憑法師塔을 비롯해 北响堂山石窟에 부조된 불탑에서 공통적으로 등장

사진13. 분황사 모전석탑 동문

사진14. 분황사 모전석탑 서문

사진15. 분황사 모전석탑 남문

사진16. 분황사 모전석탑 북문

출입문에는 외곽에 철제로 틀을 짜고 문짝을 달았지만, 상·하인방석에는 지도리구멍이 없어 建塔時에는 개방된 구조였음을 알 수 있다.

이에 반해 분황사 모전석탑은 장방형의 형태를 보이고 있다. 네 곳에 개설된 문은 너비 1.2m~1.48m·높이 1.3m~1.6m의 규모인데, 출입구는 너비 9.1m~9.8m·높이 1.24m~1.27m이다.[39](사진 13~16) 출입구는 인왕이 부조된 판석을 기둥으로 삼고, 상·하면에 턱을 내어 상·하인방석을 놓았다. 네 문에는 모두 석재로 조성된 문짝을 달고 있어 密閉形 구조임을 알 수 있다. 이와 더불어 1m에 달하는 기단의 높이를 볼 때 계단시설이 있었을 가능성이 있다. 그렇지만, 곳곳에서 후대에 감입된 장대석이 관찰되는 점으로 보아 계단시설의 존재여부는 현재로서는 확인할 방법이 없다.

이상에서 양 석탑의 출입시설에 대해 살펴보았는데, 형태면에서는 아치형과 장방형, 구조적으로는 開放形과 密閉形이라는 분명한 차이를 보이고 있다. 먼저 형태면에서의 차이는 탑의 규

하는 양식이다.

39 文化財管理局, 1992, 앞의 책, p.23 표 3-26 감실 및 감실구성 석재 실측치 참조.

모와 밀접한 연관이 있는 것으로 생각된다. 즉, 사문탑이 단층탑 임을 고려해 볼 때 장방형으로 문을 개설했다면 아마도 옥개석의 하면과 수평적인 動線이 구성됨으로 인해 매우 답답한 느낌을 주는 탑신을 구성했을 것으로 추정된다. 뿐만 아니라 이로 인해 단층탑이 지닐 수밖에 없는 상승감은 더욱 결여되었을 가능성도 있다. 때문에 출입구를 아치형으로 조성해 시각적인 문제를 극복했던 것으로 이해된다. 이와 더불어 문짝을 달지 않은 개방형 구조 역시 내부에 봉안된 불상에 직접 예불하고자 했던 신앙의 일면과도 연관이 있는 것으로 생각된다. 이에 반해 분황사 모전석탑은 출입구가 사문탑에 비해 작게 조성되었지만, 9층으로 조성되었기에 문의 크기나 양식보다는 탑 전체에서 풍기는 高峻함과 안정감이 더 작용되었을 것으로 생각된다. 이와 더불어 충적식으로 구축되었기에 상층으로부터 전달되는 하중의 분산은 출입구의 크기와 형식을 결정하는데 주된 요인이었을 것으로 생각된다. 이에 따라 무거운 하중을 받기에 가장 적합한 장방형의 구도를 채택하고 평천장을 구성했음은 당연한 결과라 생각된다. 뿐만 아니라 석재로 조성한 양 문짝을 달았고, 이 문이 안쪽으로 開閉되는 구조를 지니고 있다. 이같은 출입문의 설치로 인해 내부 공간은 더욱 협소해져, 사문탑에서와 같이 예불행위를 할 수 없는 구조를 지니게 되었다.[40]

다섯째, 출입구 내부에는 모두 공간이 조성되어 있다는 점이다.(도면 1~4)

석재로 구축된 탑신에 문을 개설하고 내부에 공간을 조성했음은 양 탑이 목조건축을 충실히 재현하고 있음을 보여주는 또 하나의 척도이다. 이처럼 양 석탑은 내부 공간의 조성이라는 측면에서는 공통점이 있지만, 이를 비교해 보면 다음과 같은 차이점이 드러난다.

사문탑의 내부는 일변 580cm 정도의 방형 공간이 형성되어 있다. 이를 통해 내부는 通層式 구조임을 알 수 있는데, 중앙에는 길이 410cm, 높이 82~84cm 정도의 기단을 구성했다. 기단의 상면에는 석재를 층층히 쌓아 구축한 너비 223cm, 높이 268cm 규모의 高柱를 놓았다. 고주는 방형으로 조성되었기에 이로 인해 형성된 네 벽에 각각 구씩의 불상을 봉안하고 있다.(사진 17) 이와 더불어 기단을 중심으로 너비 81~86cm 규모의 통로를 조성해 내부를 일주할 수 있는 있는 답도를 마련했다. 뿐만 아니라 천정부에서도 독특한 양식이 확인된다. 즉, 고주와 벽

---

40 이 같은 상황은 미륵사지 석탑에도 함께 적용될 수 있다. 이 탑 역시 양쪽에 문짝을 달고 있지만, 내부에는 불상을 봉안할 수 있을 만큼의 공간이 조성되지 않았다. 이는 결과적으로 사리신앙에 치중한 결과로 해석할 수 있다. 이에 대해 조은경 선생은 "미륵사지 석탑의 내부공간은 불상이 안치되어 이를 위요하는 의례공간과는 성격이 다른 사리가 봉안되어 있는 상징적 공간을 효과적으로 표현하기 위한 방법으로 묘제의 축조기법이 적용된 것으로" 보고 있다. 조은경, 「미륵사지서탑 축조의 구조 원리에 관한 기초 연구」, 『文化財』 42-2, 國立文化財研究所, 2009. pp.107-108

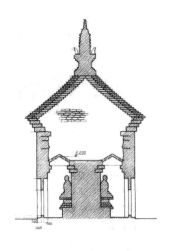

도면1. 사문탑 평면도[41]

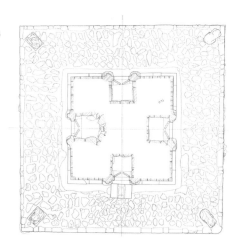

도면2. 분황사 모전석탑 1층탑신 평면도[42]

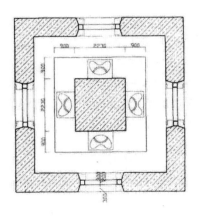

도면3. 사문탑 단면도[43]

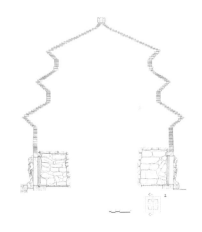

도면4. 분황사 모전석탑 남북단면도[44]

체에서 각각 2단씩 내어쌓기를 한 후 상면은 오각형의 보를 놓고 마감해 고깔형의 형태를 보이고 있다. 따라서 사문탑의 내부 천정은 고주의 상면은 평천장, 답도부는 고깔형의 구조를 보이고 있어 2가지 형식이 공존하고 있음을 알 수 있다.(사진 18)

41 도면-1. 劉繼文, 『濟南神通寺』, 山東友誼出版社, 2005, p.44에서 전재.
42 도면-2. 文化財管理局, 『芬皇寺石塔實測調査報告書』, 1992, p.64에서 전재.
43 도면-3. 劉繼文, 『濟南神通寺』, 山東友誼出版社,, 2005. p.45에서 전재.
44 도면-4. 文化財管理局, 『芬皇寺石塔實測調査報告書』, 1992, p.81에서 전재.

사진17. 사문탑 내부 고주 및 봉안된 불상　　　　　사진18. 사문탑 내부 평천장 및 고깔형 천장

　이처럼 두 가지 형식의 천정이 공존하는 주된 원인은 내부 공간이 넓은 통층의 구조이고, 주로 장방형의 석재를 사용해 건립한 탑이기에 평천장으로 조성할 때 구조적으로 발생할 문제를 고려한 결과로 생각된다. 뿐만 아니라 상면을 모두 평천장으로 조성했을 경우 발생할 내부 공간의 답답함을 극복함은 물론 비좁은 통로의 천장을 좀 더 높임으로써 쾌적함을 주고자 했던 의도라 생각된다. 이에 반해 분황사 모전석탑은 출입문을 들어서면 각각 밀폐된 공간이 구성되어 있다. 내부 공간의 원형은 일제강점기의 수리로 인해 확인할 수 없다. 그렇지만, 출입구를 제외한 벽면이 모두 석재를 사용해 축조되었는데,(사진 19) 대체적으로 1~1.5평 정도의 독립된 공간을 구성하고 있다.[45] 이와 더불어 3매의 장대석을 가로방향으로 놓아 평천장을 구성하고 있다.(사진 20) 이같은 감실 공간은 규모로 볼 때 내부에서 예불행위를 하기에는 부적합한 면적이다. 비록 남쪽 감실에 입상을 봉안하고 있지만, 이는 고려시대에 조성된 것으로 추정된다. 뿐만 아니라 어느 감실에서도 불상과 연관된 대좌나 광배등의 흔적도 찾을 수 없다, 게다가 감실에 달린 문짝이 안쪽으로 開閉되는 구조인 점을 보면 불상이 봉안되었을 가능성은 더욱 희박한 것으로 판단된다. 따라서 분황사 모전석탑은 네 곳에 감실을 개설했지만, 공간을 구성하는 면적과 석재로 조성된 문짝으로 보아 사문탑과는 다른 개념으로 이해된다. 즉, 불상을 봉안

<hr>

45 벽체의 조성에 사용된 석재와 더불어 강회가 사용된 점은 일제강점기의 보수시 원형대로 공사기 진행되었는가에 대한 의문이 제기된다. 왜냐하면 벽체의 축조 방법을 볼 때 남과 동쪽의 감실 벽의 축조 방법에서는 전통적인 기법도 보이도 있지만, 북과 서쪽 감실에서는 거의 막돌쌓기 수준으로 벽체를 조성했기 때문이다. 뿐만 아니라 곳곳에서 시멘트 콘크리트를 사용해 석재 사이의 공극을 충진하고 있다.

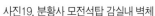

사진19. 분황사 모전석탑 감실내 벽체　　　　사진20. 분황사 모전석탑 남쪽감실 평천장

하기 위한 감실의 조성이 아니라 목조건축의 1층에 구현된 내부 공간을 재현하는데 주력했던 것으로 판단된다.[46]

　이상에서 양 석탑을 비교해 본 결과 공간성에 있어서는 목조건축의 양식을 충실히 반영하고 있지만, 1층탑신의 활용이라는 측면에서 볼 때 다음과 같은 면에서 확연한 차이를 보이고 있다.

　① 앞서 언급한바와 같이 사문탑은 건립 계획의 수립에서부터 단층의 개념으로, 분황사 모전석탑은 9층의 개념으로 설계되었다. 이같은 규모의 차이로 인해 아치형과 장방형의 출입시설은 물론 고깔형 천장과 평천장으로 건립되는 결과를 가져왔다. 이처럼 출입시설과 천장에서 드러나는 양식적인 차이는 외관에서 주는 動線의 흐름과 상부에서 전달되는 하중의 분산이라는 면이 각각 고려된 결과로 판단된다.

　② 사문탑은 佛堂의 개념을 지녔음에 비해 분황사 모전석탑은 감실의 조성에도 불구하고 목조건축의 내부 공간의 재현에 충실하고 있다. 전자의 탑에서는 내부에 구축된 기단 상면에 각각 1구씩의 불상을 봉안하고,[47] 이에 예불하기 위한 공간이 조성되었다. 이같은 점을 보면 중국

46　분황사 모전석탑에서 구현된 공간표현의 의도는 탑리 오층석탑에서는 소형의 감실로 조성된다. 그렇지만, 고선사지 삼층석탑에서 門扉가 조성된 이후 석탑에서의 공간성 문제는 이를 통해 해결하고 있다. 이같은 思惟는 부도의 건립에도 영향을 미쳐 신라 석조부도의 탑신에 문비가 조식될 수 있는 전거를 마련하고 있다. 이같은 흐름을 볼 때 분황사 모전석탑에서 드러난 공간 재현의 의사는 이후 건립되는 석탑과 석조부도에 영향을 준 것으로 생각된다.

47　각 면의 불상 중 남면에 봉안된 불상의 하단에서 東魏 武定 2年의 명문이 확인되어 東魏 孝靜帝 2년(544년)에 조성된 석불임을 알 수 있다. 劉繼文,『濟南神通寺』, 山東友誼出版社, 2005, p.47. 사문탑의 건립이 611년인 점을 보면 사문탑이 조성된 이후에 석불을 봉안한 것으로 판단된다.

인의 불탑에 대한 인식은 불상을 봉안한 전각이라는 思惟가 있었음을 알 수 있다. 이는 後漢 이 래 탑을 佛堂·宗廟·堂宇로 보았으며, 인도에서는 墓의 의미로 건립되었던 스투파가 중국에서 는 墓의 본의와 함께 廟라는 자신들의 전통으로써 재해석되었음을 알 수 있다.[48] 이같은 관점에 서 볼 때 사문탑에 불상이 봉안됨은 불탑에 대한 그들의 전통적인 사유가 계승된 것으로 생각 된다. 이에 반해 후자에서는 불상을 봉안하지 않았다. 이는 앞서 지적한 바와 같이 공간의 면적 과 문짝의 설치로 인해 그러하다. 따라서 분황사 모전석탑에 개설된 감실은 사문탑에서와 같이 불상을 봉안하기 위한 공간이 아니라, 목조건축의 공간 재현에 충실한 결과로 생각된다.

여섯째, 옥개석의 상·하면에 모두 층단형 받침이 조출되어 있다.

사문탑의 옥개석에 조성된 층단형 받침은 唐代는 물론 그 이후에 건립된 모든 전탑에서 볼 수 있는 공통적인 양식이다. 이로 인해 분황사 모전석탑의 양식이 중국 전탑에 있음을 분명히 보여주는 중요한 요인으로 작용했다. 사문탑은 옥개석 하면에는 높직한 각형 4단의 받침을 두 었고, 상면에는 각형 22단의 받침을 조출했다.(사진 21~22) 뿐만 아니라 층단형을 이룬 낙수 면에는 탑신이나 옥개석 하면과는 달리 두께가 얇고, 길이가 짧은 소형 석재가 사용되었다. 이 와 더불어 상면의 층단형 받침은 들여쌓기 한 비율이 일정하여 자연스러운 곡선미를 보이고 있 다. 현존하는 중국의 전탑 중 가장 먼저 건립된 것은 523년에 건립된 숭악사 12각15층전탑이 다. 이 탑에서는 매 층 옥개석의 하면에는 층단형 받침이 조출되었지만, 상면에는 강회를 발랐 다.(사진 23) 이로 인해 상면에 옥개받침이 있었는지는 알 수 없지만, 1층에서부터 15층까지의

사진21. 사문탑 옥개석   사진22. 사문탑 옥개석 상면 축조상태

---

48 曺忠鉉, 「後漢代 佛塔 認識과 起源 問題」, 檀國大學校 大學院 史學科 碩士學位論文, 2010, pp.18-19. 이처 럼 후한대 이래의 탑에 대한 인식은 窄融의 浮屠司에서도 잘 드러나고 있다. 북위시대에 이르러 운강석굴 의 부조탑에서 보듯이 정각형과 누각식 탑파에서도 매 층마다 불상을 조성하고 있고, 북제시대에도 그대 로 계승되고 있어 더욱 그러하다.

사진23. 숭악사 12각15층전탑 옥개석　　　　　사진24. 법왕사 수탑 옥개석

정황을 보면 완만한 경사를 이루고 있어 당초부터 층단형 받침은 조성하지 않은 것으로 생각된다.[49] 뿐만 아니라 602년에 건립된 법왕사 隋塔[50] 역시 옥개석의 상·하면에 층단형 받침이 조출되어 있다. 15층의 높이를 지녔기에 육안으로 확인 가능한 1~3층까지만 보더라도 1층은 하 12단·상 6단, 2층과 3층은 하 11단·상 5단이 조출되어 상단부는 숭악사탑과 같이 낮게 조성되었음을 알 수 있다.(사진 24) 이같은 상황을 보면 옥개석 상단의 받침이 하단 보다 높게 조출된 중국의 불탑은 사문탑이 가장 선구적인 양식을 보이고 있다. 그렇다면 이같은 옥개석 상단에 조출된 층단형 받침의 양식은 어디서 기인한 것일까? 필자는 이에 대해 옥개석 상면에 소형의 석재가 사용되었다는 재료적인 특성에서 기인한 것으로 생각한다. 즉, 사문탑의 기반을 이루는 양식은 목조건축임은 앞서 언급한 바 있다. 따라서 이 탑을 축조했던 조탑공들 역시 목조건축의 지붕을 재현함에 주력했음은 당연하다. 이에 따라 탑신과 옥개석의 하면과는 달리 석재를 소형화 시켰고, 이로 인해 층단형의 낙수면이 조성된 것으로 생각된다. 더불어 목조건축의 지붕을 구현하고자 했던 의도는 합각선에서 자연스러운 곡선미를 구현하는데 성공한 것으로 판단된다. 따라서 사문탑의 옥개석에 구현된 층단형 받침은 소형의 석재를 사용한데 따라 나타날 수밖에 없는 필연적인 양식이라 생각된다.[51]

49　이같은 추정은 15층으로 조성된 탓에 상단에 까지 하단과 같이 받침을 조출했다면 높이에 따른 구조적인 문제가 발생될 소지가 있기 때문이라 생각된다. 사실 이 탑은 15층의 높이를 받기에는 1층 탑신부가 규모가 좁기 때문에 건립 계획부터 의도되었을 가능성도 있다고 생각한다. 이와 더불어 층단형 받침이 매우 낮게 조성되어 강회를 바르면서 사각으로 낙수면을 조성했을 가능성도 부인할 수 없다.

50　羅哲文·張帆,『中國古塔』, 河北少年儿童出版社, 1991, p.113.

51　전탑의 옥개석에 공통적으로 등장하는 층단형 받침 역시 같은 선상에서 이해된다. 이같은 면은 좁은 면에서 넓은 면으로. 또는 그 반대의 조형물을 조성하고자 할 때 소위 들여쌓기와 내어쌓기를 적용한 보편적인 사고의 결과로 생각된다.

사진25. 분황사 모전석탑 옥개석 축조상태　　　　사진26. 분황사 모전석탑 옥개석 상면 축조상태

분황사 모전석탑 역시 옥개석의 상·하면에 층단형 받침이 조출되어 있다. 1·2층은 모두 각형 6단, 3층은 5단인데, 낙수면은 1·2층이 각각 10단이고 3층은 방추형으로 구성되어 있다.(사진 25~26) 이같은 구성을 보면 하단에 비해 상단이 더 높게 조성되었음을 알 수 있는데, 이 역시 목조건축의 지붕을 구현하기 위한 방편으로 이해된다.

이상에서 살펴본 바와 같이 양 석탑의 옥개석에는 상·하면에 모두 층단형 받침이 조출되어 있다. 이같은 양식상의 공통점은 분황사 모전석탑의 건립에 사문탑의 영향이 미치고 있음과 더불어 전탑에 양식에 기반을 두는 중요한 요인으로 작용했다. 그런데 옥개받침으로 층단형 받침이 등장하는 것은 미륵사지 석탑에서도 같은 양상을 보이고 있다. 이에 대해 고유섭 선생은 미륵사지석탑의 옥개받침에 대해 목조건축의 공포로 출발했음을 적시하며, 평양과 고구려의 전도읍지인 만주 통화성 집안현 내에 多數한 고구려 고분의 천정받침이 이를 증명하는 것으로 보고 있다.[52] 뿐만 아니라

　　"그러나 다시한번 생각해 본다면 이 수법은 구태여 築塼수법이라는 것을 생각할 필요도 없이 純力學的 物理學的으로 필연적으로 나올 수 있는 수법이 아닐까. 즉 廣幅이 적은 재료로서 공간을 넓혀간다든지 좁혀간다든지 또는 塊體를 쌓아 모은다든지 이어 받자면 누구에게나 어느 곳에서나 물리학적 원칙에 의해 나올 수 있는 형식이라고 할 것이 아닐까."[53]

라고 언급하고 있어 석조건축의 보편적인 원리 가운데서 이를 설명하고 있다. 이에 반해 분황사모전석탑을 필두로 시작되는 신라석탑의 옥개받침에 대해서는 신라 諸塔의 층급받침수법을

---

52 高裕燮, 1948, 위의 책, pp.44~45.
53 高裕燮, 1948, 앞의 책, p.46.

전탑수법의 영향하에 된 것으로 해석해도 무방한 것으로 보고 있다.[54] 그러나 석탑의 유형은 다르지만, 미륵사지 석탑과 분황사 모전석탑에 공통적으로 구현된 옥개받침을 굳이 다른 계통으로 보는 것은 설득력이 떨어진다. 왜냐하면 미륵사지석탑에서도 옥개석 받침의 조성에는 많은 양의 석재가 사용되었기 때문이다. 따라서 사용된 석재의 크기와 치석 방법은 다르지만, 분황사 모전석탑에 구현된 층단형 받침은 그간 축적된 고분을 비롯한 석조건축의 전통과 목조건축술이 한데 어우러져 발생한 것으로 보는 것이 더 타당한 것으로 생각한다.[55] 뿐만 아니라 옥개석 상면에 구현된 층단받침 역시 석재를 벽돌과 같이 다듬어 건립함으로 인해 등장할 수밖에 없는 필연적인 양식으로 생각한다. 따라서 우현선생의 견해와 같이 "廣幅이 적은 재료로서 공간을 넓혀간다든지 좁혀간다든지 또는 塊體를 쌓아 모은다든지 이어 받자면 누구에게나 어느 곳에서나 물리학적 원칙에 의해 나올 수 있는 형식"이라 하겠다.

이상과 같은 관점에서 보면 분황사 모전석탑의 옥개석 양식은 사문탑은 물론 전탑의 영향에 의한 것이 아니라는 점이 분명하다. 결국 이같은 공통점은 소형의 석재를 사용해 지붕을 형성할 때 나타날 수밖에 없는 필연적인 구조에서 기인한 것으로 생각된다.[56]

일곱째, 상륜부를 구비하고 있다.

사문탑은 석재로 조성된 상륜부를 구비했는데, 노반·앙화·보륜·보주로 구성된 완형을 보이고 있다.(사진 27) 이에 반해 분황사 모전석탑의 경우 현재는 仰花만이 있으나,(사진 28) 1990년에 경주문화재연구소에서 실시한 분황사 발굴조사 시 노반과 복발석이 수습된 바 있다.[57] 이 석재들은 앙화석과 함께 복원도를 작성해 본 결과 이 석탑의 상륜부재로 판명된 바 있다.[58] 따라서 분황사 모전석탑의 상륜부는 철제를 꼽고, 노반·복발·앙화를 순차적으로 놓은 전통적인 구성이었음을 알 수 있다.(도면 5) 이같은 점을 고려해 보면 양 석탑은 복발석의 존재만 서로 다를 뿐 공통적인 부재가 사용됨을 알 수 있다. 그렇지만, 상륜부는 인도 산치탑에서부터 그 기원을 찾을 수 있고, 중국 초기 불탑의 양식을 보여주는 운강석굴의 부조탑에서도 모두

---

54 高裕燮, 1948, 앞의 책, p.47.
55 朴慶植, 2003, 위의 글, p.85.
56 이희봉 선생은 이에 대해 "중국 전탑과 연관 시키는 주 이유는 다름 아닌 구조방식상 다층구조의 옥개석 상하면의 층단내밀기 방식, 즉 積出式일 것이다. 이런 층단 내밀기 방식은 조적방식의 구조상 필연적으로 나타나게 되며 인도 스투파의 꼭대기 소위 평두라 불리는 '하미카'에서 거의 예외 없이 나타난다. 즉, 중국의 전탑을 선례로 연관시킬 필요가 전혀 없다"라고 견해를 피력하고 있다. 이희봉, 2011, 위의 글, p.42.
57 國立慶州文化財硏究所, 2005, 앞의 책, p.200.
58 文化財管理局, 1992, 앞의 책, p.28.

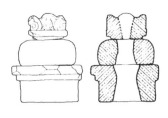

사진27. 사문탑 상륜부　　사진28. 분황사 모전석탑 상륜부　　도면5. 분황사 모전석탑 상륜부 복원도

확인되는 점으로 보아[59] 불탑 건립에 따른 필수적인 구성 요소로서 등장한 것임을 알 수 있다.

여덟째, 장엄조식의 존재 여부이다.

장엄조식은 불탑의 표면에 불교와 연관된 각종 신장상등을 부조하는 것을 의미하는 것으로, 근본적인 뜻은 탑 내에 봉안된 舍利의 수호 내지는 供養에 있다.[60] 이같은 관점에서 보면 탑신에 다양한 신장을 그리거나 조각하는 것은 사리신앙의 적극적인 구현에 있다고 생각한다. 사문탑에는 아무런 장엄조식이 없다. 다만 표면에 곳곳에 강회를 발랐던 흔적이 남아 있는 점으로 보아 어떠한 형태로든 장엄을 했을 가능성은 있지만, 현재로서는 확인할 수 없다.

그렇지만, 분황사 모전석탑의 감실 좌·우에는 각각 1구씩의 인왕상이 부조되어 守門의 기능성을 충실히 수행하고 있다. 물론 唐代의 인왕상은 용문석굴 奉先寺洞이 것이 가장 유명하지만, 이는 석굴사원의 입구에 부조된 것이다. 따라서 비록 守門의 기능성은 동일한 것으로 볼 수 있지만, 조형 대상에서는 탑과 석굴이라는 차이를 보이고 있다. 이처럼 탑의 감실 전면에 신장이 등장하는 예로는 山西省 長治에 소재한 양두산 3호석굴에 있는 석탑에서 그 예를 볼 수 있다.(사진 29)

이 석탑은 북위시대에 조성된 것으로 알려져 있는데, 전면에 개착된 감실의 좌·우에 부조되어 있다. 그렇지만, 이 상은 裸身이 아니라 갑옷과 같은 옷을 입을 입고 있으며 무기를 들고 있다. 물론 인왕상의 유형에는 무기를 들고 있는 상도 존재하지만,[61] 분황사에서와 같이 나신에

---

59 운강석굴에 부조된 정각형 불탑의 옥개석 상면에는 모두 원구형 복발과 앙화가 표현되어 있다. 지붕 상면에 원구형의 복발이 표현된 것은 상륜부의 양식이 중국화된 것으로 보는 견해도 있다. 吳慶洲, 「中国佛塔塔刹形制研究 上·下」, 『古建园林技术』, 1994年 4期 및 1995年1期. 이와 더불어 粟特地域의 건축과 밀접한 연관이 있다는 주장도 대두된 바 있다. 孫機, 「我国早期单层佛塔建筑中的粟特因素 下」, 『宿白先生八秩华诞纪念文集』, 2003. 뿐만 아니라 누각형 불탑에서도 조금씩 차이는 있지만, 상륜부는 모두 구성되어 있다.

60 秦弘燮, 「韓國의 塔婆」, 『國寶』6, 藝耕産業社, 1983, p.194.

61 인왕의 유형은 拳法姿勢, 무기를 든 자세, 권법과 무기를 든 자세의 3가지 유형으로 구분되고 있다. 文明

사진29. 장치 양두산 3호석굴 석탑

사진30. 영암사 혜숭탑

권법을 취한 상은 아니다. 따라서 탑에 국한시켜 볼 때 裸身으로 권법자세를 취한 인왕이 부조된 석탑으로는 가장 이른 시기의 예라 추정할 수 있다.[62] 이와 더불어 분황사 모전석탑에서 수습된 사리장엄구와 사문탑과의 연관성을 지적한 연구가 진행된 바 있다.[63] 그렇지만, "석탑의 건립 자체는 사찰 창건기와 같을 수 있으나, 탑신부에 봉안하는 사리장엄구는 추가로 공양 및 매납할 수 있다."[64]는 주경미 선생의 견해를 따르면 석탑의 양식과 건립시기는 사리장엄구와는 다른 각도에서 고찰될 수 있다고 생각된다.[65]

   大, 1978, 위의 글, pp.46~81.

62 현존하는 唐代까지 건립된 전탑이나 석탑을 보면 탑신에 인왕을 비롯한 신장상이 등장하는 것은 8세기에 이르러 등장하기 때문이다. 뿐만 아니라 주로 석탑에서 그 예를 볼 수 있다. 당대에 건립된 석탑에 대해서는 別考를 기약한다. 신용철 선생 탑신부에 부조된 인왕상이 사문탑과 다른 점임을 지적한 바 있다. 申容澈, 2006, 위의 책, p.116.

63 周炅美, 2007, 앞의 글, pp.277~297.

64 周炅美, 2007, 위의 글, p.296. 이와 더불어 선생은 사리장엄구의 봉안시기를 자장의 귀국 직후로 비정하고 있다.

65 주경미 선생의 견해와 같이 사리장엄이 추가로 봉안한 것이라면 분황사 모전석탑은 634년 건립 이후 대대적인 수리가 진행되었거나, 건립시기를 자장의 귀국 후인 643년 이후로 설정되어져야한다. 왜냐하면 사리장엄을 봉안하기 위해서는 분황사 모전석탑이 소형의 석재를 충적해 건립했다는 구조적인 특징으로 보아 2층 탑신 이상을 해체하거나 신축하지 않으면 추가 봉안이 어렵기 때문이다. 때문에 필자는 석탑의

이상에서 사문탑과 분황사 모전석탑에 대해 다각적인 비교를 진행했다. 결과적으로 양 탑은 석재로 건립되었고, 탑신의 네 곳에 각각 출입시설을 두고 있다는 공통점을 제외하면 상호 영향 관계를 추론할 근거는 거의 없다는 사실이 확인되었다. 사문탑은 북위시대 이래 전통적인 정각형 불탑을 계승해 건립된 석탑이라는 특성이 있다. 반면, 분황사 모전석탑은 현존하는 중국의 불탑에서는 그 예를 찾아 볼 수 없었다. 따라서 분황사 모전석탑의 양식 기원을 사문탑에서 구하는 것은 무의미하다는 사실을 알 수 있었다. 이와 더불어 산동성 일원의 모전석탑으로 알려진 靈巖寺 慧崇塔은 唐 天寶年間(742~755)에 세워진 석탑으로,[66] 사문탑과 같이 대형 석재를 사용해 건립했다.(사진 30) 뿐만 아니라 사문탑과 같이 積層式으로 건립된 空筒式 構造의 석탑이다.[67] 더욱이 분황사 모전석탑에 비해 후대에 건립되어 영향을 미칠 석탑은 아닌 것으로 판단된다. 이같은 정황을 보면 산동성 일원이 건립된 석탑 중 분황사 모전석탑과 견줄만한 탑은 없다는 결론에 도달하게 된다. 따라서 사문탑과 분황사 모전석탑은 영향을 주고 받은 것이 나이라 각자 독자적인 양식을 지닌 석탑이라는 점을 분명히 하고 있다.

Ⅳ. 전탑과의 비교

분황사 모전석탑의 양식 근원을 밝히는 문제는 비단 사문탑과의 비교를 통해 규명될 수 있는 것만은 아니다. 적어도 분황사 모전석탑이 건립되던 634년 이전에 건립된 전탑과의 비교 역시 중요한 문제로 생각된다. 이에 대해 關野貞 선생은 분황사 모전석탑의 양식을 서안에 소재한 大雁塔과 小雁塔과 비교했지만, 고유섭 선생에 의해 부인되고 있다.[68] 뿐만 아니라 중국에 현존하는 전탑 중 건립연대가 분명한 것들은 대개 분황사 모전석탑 보다 늦게 건립되었다는 사실이다.[69] 따라서 분황사 모전석탑과 唐代 전탑과의 양식비교는 원천적으로 불가능함을 알 수 있다. 양식적으로 분황사 모전석탑보다 후대에 건립된 것이 이 탑에 영향을 줄 수 없기 때문이다. 따라서 분황사 모전석탑과 중국 전탑과의 연관성은 숭악사 12각15층전탑(523년)과 법왕사 15층

건립과 동시에 사리장엄구 역시 봉안된 것으로 생각한다. 이에 반해 8세기 중반이후 탑재가 괴체형의 一石으로 조성된 석탑의 수리시 추가 봉안하는 경우도 확인된다.

66 郭學忠 外, 2002, 앞의 책, p.120.
67 朴慶植, 「隋・唐代의 佛塔研究(Ⅰ)-亭閣形石造塔婆」, 『文化史學』 29, 韓國文化史學會, 2008, pp.139-143.
68 高裕燮, 1975, 앞의 책, p.84.
69 대안탑과 소안탑외에 건립연대가 밝혀진 대표적인 전탑으로는 華嚴寺 杜順塔(643년), 興教寺 玄奘塔(669년), 香積寺 善導大師塔(681년), 興教寺 窺基塔(682년)이 있다.

전탑(602년)과의 비교를 통해 밝힐 수 있다고 생각된다. 양 탑과 분황사 모전석탑과의 비교를 위해 양식을 간략히 정리해 다음의 표로 집약된다.

〈표 2〉 분황사 모전석탑과 숭악사 및 법왕사 전탑 양식 비교 표

비교대상	숭악사 전탑	법왕사 전탑	분황사 모전석탑
층수	15층	15층	현 3층. 원 9층(추정)
조성재료	벽돌	벽돌	석재(안산암)
축조형태	空筒式	空筒式	充積式
평면구도	12각형	방형	방형
출입구 배치	3면	1면(전면)	4면
출입구 양식	아치형	아치형	장방형
옥개석 양식	상·하층단형	상·하층단형	상·하층단형
탑신부의 외관	포물선형	포물선형	삼각형
건립연대	523년	602년	634년

위의 표를 보면 숭악사 및 법왕사 전탑과 분황사 모전석탑에서 보이는 공통점 보다는 차이점이 더 많음을 알 수 있다. 이 중 가장 주목되는 부분은 축조형태와 옥개석의 양식 및 탑신부의 외관이다.

축조형태를 보면 空筒式과 充積式이라는 차이를 보이고 있다. 전자는 숭악사 및 법왕사 전탑에서 확인되는 축조 기법으로, 唐代는 물론 宋代에 이르기 까지 전탑 건립에 활용도가 가장 높았던 축조방식이다.[70] 숭악사와 법왕사 전탑은 기단이 소략하고, 1층 탑신의 너비가 매우 좁고, 높이가 높아 같은 축조 방식이 가능했다.(사진 31~36) 이에 반해 충적식은 벽체뿐만 아니라 감실을 제외한 모든 부분을 석재로 충적시키는 방법이다. 분황사 모전석탑은 기단은 물론 초층탑신의 면적이 넓게 조성된 탓에 충적식 구조가 적용된 것으로 생각된다. 이같은 축조방법은 미륵사지석탑에서도 볼 수 있는데, 이후 건립되는 모든 신라석탑에서 면석으로 조립된 기단 내부를 석재로 충적시키고 있다. 결국 분황사 모전석탑의 축조방법은 북위나 수대 전탑과는 완전히

---

70 張馭寰, 2000, 앞의 책, p.156. 선생에 의하면 "空筒式구조탑의 특징은 시공이 쉽고 복잡한 내벽이 없고 복잡한 층수도 없고, 단지 탑의 형태에 따라 두꺼운 외벽을 쌓으면 되었고, 아래에서 위로 바로 탑의 꼭대기에 이르게 되므로 설계에서부터 시공까지 매우 간결하다. 탑 전체의 외벽을 두껍게 해서 전체의 하중을 견디게 만들어서 매우 안전하다. 층마다 있는 목재 마루판은 판 아래에 大梁를 설치하여 空筒에 횡방향으로 拉力을 높여주었는데, 이는 구조적 안전을 강화하는 면에서 어느 정도 효과가 있었다. 空筒式구조의 약점은 횡방향으로 견고하게 부재를 당겨 연결해주지 못하고, 위아래가 하나의 원통체라서, 지진이 발생하면 쉽게 무너진다는 것이다. 일단 외벽 문창부분이 먼저 갈라져서 큰 틈이 생기면 바로 쉽게 무너진다."라고 밝히고 있다.

| 사진31. 숭악사 12각15층 전탑 | 사진32. 숭악사 12각15층 전탑
기단부 및 초층탑신 | 사진33. 숭악사 12각15층 전탑
탑신 내부구조 |

| 사진34. 법왕사 수탑 | 사진35. 법왕사 수탑 초층탑신 | 사진36. 법왕사 수탑 기단부 |

다른 방법이 적용되었고, 이는 이후 신라 석탑의 건립에 영향을 미친 것으로 생각된다. 따라서 양 탑에서 확인되는 축조방법을 볼 때 중국과 한국은 초기 불탑에서부터 출발점을 달리했음을 알 수 있다. 더불어 조성 방법의 차이가 기단과 탑신의 규모를 결정하는 중요 원인으로 작용한 것으로 생각된다.

옥개석의 양식은 앞서도 언급했듯이 분황사 모전석탑이 중국 전탑의 영향을 받았음을 분명하게 적용시키는 부분이다. 하지만, 앞에서 살펴본 바와 같이 양 전탑에서는 받침부는 높게 조성되어 층단을 이루고 있지만, 낙수면에서는 낮게 조성되어 하면과 상단은 많은 차이를 보이

고 있다. 아마도 낙수면 까지 여러 단으로 축조했을 경우 발생할 구조적, 시각적인 문제가 고려
된 결과로 생각된다. 즉, 하단과 같은 수, 또는 그보다 적게 조출되었다 하더라도 이로 인해 매
층 조금씩 상승되는 높이는 전체규모를 결정함에 구조적으로 영향을 주었음은 자명하다. 때문
에 하단에 비해 상단의 높이를 극도로 낮춤으로써 전체적인 조화와 안정감을 유지했던 것으로
생각된다. 이에 반해 분황사 모전석탑의 경우는 상·하단이 일정한 비례를 이루며 층단형을 구
비했다. 이는 9층이라는 층수에 걸맞는 기단과 초층탑신이 적절한 규모를 지녔고, 충적식으로
건립했다는 점에서 가능했을 것으로 생각된다. 이처럼 양국의 초기 불탑에 구현된 옥개석의 양
식은 각각 소형의 벽돌과 석재로 구성되었다는 재료적인 특성에서 비롯된 것으로 이해된다. 이
와 더불어 탑신부의 외관에서 보이는 포물선형과 삼각형의 구도는 확연한 차이를 보여주고 있
다. 즉 양 전탑은 낮은 기단과 좁은 면적의 1층 탑신을 기반으로 15층이라는 고층의 탑신을 올
렸다. 이에 따라 '체감비'라 불리우는 축조방식을 감당하기에는 구조적으로 난관에 봉착했을
가능성은 농후하다. 때문에 이를 극복하기 위해 일정 층수에 도달하는 점을 중심으로 상·하
층의 너비를 순차적으로 늘리고, 줄인 탓에 탑신은 포물선형의 외관을 구비하게 되었다.(사진
37~38) 이에 반해 분황사 모전석탑의 탑신은 안정적인 삼각형의 외관을 구비하고 있어 목조건
축의 체감비가 유지되고 있음을 알 수 있다.(사진39)

　이상과 같이 분황사 모전석탑은 이 보다 앞서 건립된 전탑과 비교해 보았을 때 비록 부분적
인 공통점이 있지만, 영향을 받았다고 볼 여지는 없어 보인다. 더욱이 옥개석의 양식에서는 더
욱 그러하다. 분황사 모전석탑을 기점으로 볼 때 이보다 앞서 건립된 양 전탑과의 옥개석과는
부분적으로 공통점이 있다. 그렇지만, 이보다 후대에 건립된 唐代의 전탑과는 동일한 양식을 지
니고 있어 옥개석의 전탑 영향설을 분명 재고를 요한다. 이같은 점을 고려해 볼 때 분황사 모전

사진 37 숭악사 12각15층전탑
탑신부

사진 38. 법왕사 수탑
탑신부

사진 39. 분황사 모전석탑 탑신부

석탑의 옥개석에 구현된 층단형 받침은 전탑의 영향이라기보다는 소형의 석재를 사용함으로 인해 적용된 건축기법의 결과로 생각된다.

V. 맺는말

분황사 모전석탑의 양식 기원을 찾는 문제는 신라석탑의 발생과 연관해 중요한 과제이다. 본 고에서는 이를 규명하기 위해 사문탑과 숭악사 12각15층전탑 및 법왕사 15층전탑과 다각적인 부분에서 양식적인 비교를 진행해 보았다. 그 결과 분황사 모전석탑은 중국 초기 불탑과의 양식적 연관성은 거의 없는 것으로 파악되었다. 특히 중국 전탑의 영향설을 가장 뒷받침해 주던 옥개석의 양식 문제 역시 층단형을 이루는 점에서는 동일하지만, 양식적으로는 서로 다르다는 점도 확인되었다. 뿐만 아니라 이제껏 모전석탑으로 보아왔던 사문탑 역시 사용된 석재의 크기로 보아 이 범주에 속하기는 어려운 층적식 석탑이었다. 따라서 옥개석은 물론 탑신의 축조방법 등에서 보인 확연한 차이점은 분황사 모전석탑이 사문탑이나 중국 전탑의 영향을 받아 건립되지 않았음은 분명한 것으로 보았다. 그렇다면 모전석탑이라는 양식은 어디서부터 찾아야 하는 것일까?에 대한의문이 제기되는데, 신라 발생설과 인도 불탑과의 연관성으로 구별할 수 있다. 전자에 대해서는 새로운 시각에서의 연구와 자료의 출현을 기다려야 할 것으로 생각된다. 그렇지만, 후자의 견해는 일찍이 황수영 선생께서 산치대탑을 답사하고 이에 대한 견해를 피력한 바 있다.

(전략) 오전중 약 3시간 동안 大塔을 중심으로 촬영도 하였고 세부의 수법을 살피기도 하였다. 주위의 사원지, 특히 圓室을 보이는 南塔의 유지는 차이타이를 연상케 했다. 이곳서 느낀 것은 비록 건조 당시의 스투파가 塼築이라 하더라도, 그뒤 얼마 아니 되어 再築된 재료가 석재여서 오늘날 석탑의 모습을 지니고 있음은 곧 우리 경주 분황사모전석탑을 연상케 하였다. 그것을 塼生處의 조건으로 塼形의 석재를 힘써 만들었다고 생각하는 것은 재고되어야 할 것이다. 漢代 이래의 북방 전축고분의 존재는 신라인에게 전축술을 전했을 것이다. 그러나 塼이 아니요 전형석재를 상용한 것은 석재의 견고성에 의하였으며, 인도의 이같은 塼에 관한 지견이 전래하였기 때문이라 봄이 순리일 것이다. 그러므로 우리 모전석탑에 대한 종래의 고안점은 검토를 받아야 할 것이다.[71] (후략)

---

71 黃壽永, 「印度紀行-1963년 2월 20일(수)」, 『黃壽永全集』 6, 도서출판 혜안, 1999, p.99.

위의 견해에 따르면 인도 산치탑은 모전석탑으로 건립됨은 석재의 견고성에 따른 것으로 이해된다.(사진 40) 뿐만 아니라 분황사모전석탑이 건립되는 이유 역시 벽돌 생산에 따른 여러 문제가 아니라 석재가 지닌 견고성에 있음을 제시하고 있다. 따라서 신라에서 처음으로 건립된 분황사모전석탑이 중국 전탑의 영향을 받아 건립되었다는 종래의 견해는 다른 각도에서 살펴볼 필요성이 충분히 제기될 수 있다고 생각된다. 필자는 선생의 견해에 힘입어 분황사 모전석탑의 양식은 "해로를 통한 서역과의 활발한 교류등을 통해 들어온 인도 석탑의 양식과 종래의 목탑 건축술이 혼합되어 이루어진 결과"[72]라 피력한 바 있다. 이와 더불어 이희봉 선생은 인도와 파키스탄의 불탑에 대해 고찰하면서 분황사 모전석탑의 원형은 인도 불탑에서 찾아야 함을 역설한 바 있다.[73]

필자는 분황사 모전석탑의 양식을 중국의 전탑에서 찾기 보다는 인도의 불탑에서 구하는 것이 타당한 것으로 믿는다. 더욱이 울산 태화사지 석조부도의 양식이 산치탑을 비롯한 인도 석

사진 40. 산치 1탑 전경

72 朴慶植, 2003, 위의 글, p.87.
73 이희봉, 2011, 위의 글, p.49.

탑과 같은 일면을 보이고 있고, 당시 무역항이던 開雲浦를 통해 수입되었다는 견해[74]에 비추어 보면 가능성은 충분한 것으로 생각된다.

중국과 한국은 불교문화라는 공통된 틀을 유지하고 있음은 분명하다. 때문에 미술사 연구에 있어 장르를 막론하고 중국으로 부터의 영향을 받아 건립되었다는 견해는 우리를 지배하고 있다. 그렇지만, 이들에 구현된 양식을 꼼꼼히 살펴보면 自國의 문화적 역량과 자연환경에 걸맞는 문화를 창출하고 지속적으로 발전시켜 각각 독자적인 불교문화를 완성했음을 알 수 있다. 분황사 모전 석탑 역시 기왕에 익숙했던 목탑의 양식과 석재를 벽돌과 같이 다듬어 건립한 신라만의 석탑이었지, 중국 전탑의 영향을 받아 건립된 것이 아님은 분명하다. 향후 인도와 간다라지역의 불탑에 대한 지속적인 연구를 통해 분황사 모전석탑과 인도 불탑과의 연관성이 구체적으로 규명되기를 기대한다.

(2013.02 「분황사 모전석탑의 양식 기원에 대한 고찰」, 『신라문화』 41, 동국대학교 신라문화연구소)

---

74 鄭永鎬, 『新羅石造浮屠研究』, 단국대 박사학위논문, 1974, pp.146-147.

【참고문헌】

『三國遺事』

金禧庚, 『韓國塔婆研究資料』, 考古美術同人會, 1968.

高裕燮, 『韓國塔婆의 研究』, 乙酉文化社, 1947.

———, 『韓國塔婆의 研究』, 同和出版公社, 1975.

國立慶州文化財研究所, 『芬皇寺發掘調査報告書 I』, 2005.

동국대학교 경주캠퍼스박물관, 『錫杖寺址』, 1994.

文化財管理局, 『芬皇寺石塔實測調査報告書』, 1992.

朴興國, 『韓國의 塼塔研究』, 學研文化史, 1998.

張忠植, 『新羅石塔研究』, 一志社, 1987.

秦弘燮, 「韓國의 塔婆」, 『國寶』6, 藝耕産業社, 1983.

高裕燮, 「朝鮮의 塼塔에 대하여」, 『韓國美術史及美學論考』, 通文館, 1963.

文明大, 「韓國塔浮彫(彫刻)像의 研究(1)-新羅 仁王像(金剛力士像)考-」, 『佛教美術』4, 東國大學
　　　校 博物館, 1978.

朴慶植, 「芬皇寺 模塼石塔에 대한 考察」, 『芬皇寺의 諸照明』, 新羅文化宣揚會, 1999.

———, 「新羅 始原期 石塔에 대한 考察」, 『文化史學』제19호, 韓國文化史學會, 2003,

———, 「四門塔에 대한 考察」, 『文化史學』27집, 韓國文化史學會, 2007,

———, 「彌勒寺址石塔과 隨·唐代 亭閣型佛塔과의 比較」, 『白山學報』92號, 白山學會, 2012.

이희봉, 「신라 분황사 탑의 '模塼石塔 說'에 대한 문제 제기와 고찰」, 『건축역사연구』제20권
　　　2호, 대한건축학회, 2011.

張忠植, 「新羅模塼石塔考」, 『新羅文化』1, 東國大 新羅文化研究所, 1984.

———, 「統一新羅 石塔浮彫像의 研究」, 『考古美術』154.155 合輯, 韓國美術史學會.

鄭永鎬, 『新羅石造浮屠研究』, 단국대 박사학위논문, 1974.

조은경, 「미륵사지서탑 축조의 구조 원리에 관한 기초 연구」, 文化財제42권 제2호, 2009.

曹忠鉉, 『後漢代 佛塔 認識과 起源 問題』檀國大學校 大學院 史學科 碩士學位論文.

周炅美, 「분황사 석탑 출토 불사리장엄구의 재검토」, 『시각문화의전통과 해석』, 예경, 2007,

黃壽永, 「印度紀行」, 『黃壽永全集』6, 도서출판 혜안, 1999.

關野貞,『韓國建築調查報告』, 1904.

朝鮮總督府,『朝鮮古蹟圖譜』, 3, 1915.

藤島亥治郎,『建築雜誌』1930.5 및 1933.12.

羅哲文・張帆,『中國古塔』, 河北少年儿童出版社, 1991.

張馭寰,『中國塔』, 山西人民出版社, 2000.

郭學忠 外,『中國名塔』, 中國攝影出版社, 2002.

劉繼文,『濟南神通寺』, 山東友誼出版社, 2005.

吳慶洲,「中国佛塔塔刹形制研究 上・下」,『古建园林技术』1994年 4期.

孫機,「我国早期单层佛塔建筑中的粟特因素 下」,『宿白先生八秩华诞纪念文集』, 2003.

新羅 始原期 石塔에 대한 考察

Ⅰ. 序言

　신라석탑은 시원기→전형기→정형기를 거치며 발전했다는 等式은 우현 고유섭선생께서 주창한 이래 미술사학계의 정설로 받아들여지고 있다. 선생은 신라 시원기의 석탑으로 분황사모전석탑과 의성 탑리오층석탑의 2기를 설정한 후 분황사모전석탑이 먼저 건립되고 이어 의성 탑리오층석탑이 건립된 것으로 보았다.[1] 이같은 학설은 황수영선생에 의해 계승되어[2] 오늘에 이르고 있다. 한편 양 석탑의 발생원인은 기존의 목탑을 건립하던 기술력과 중국 전탑의 영향을 받아 건립된 것으로 보고 있다. 이에 반해 백제시대에 건립된 미륵사지석탑에 대해서는 우현 선생이래 모두 목탑의 중실한 재현에 초점을 두었으며,[3] 신라에서와 같이 중국 전탑의 영향을 받았다는 견해는 누구도 표방한 바 없었다. 따라서 7세기 전반에 건립된 분황사모전석탑과 미륵사지석탑에서 전자는 중국의 전탑과 목탑의 영향을 받아 건립되었음에 비해, 후자는 그간 축적된 석재를 다루는 기술력을 바탕으로 목탑을 충실히 재현하는데서 시작된 것으로 보고 있다. 결국 신라와 백제는 석탑 건립의 출발점에서 볼 때 양식적 根源에서 확연한 차이를 보이고 있음을 알 수 있다.

* 이 논문은 2003학년도 단국대학교 대학연구비의 지원으로 연구되었음.

1 高裕燮, 『韓國塔婆의 研究』, 乙酉文化社, 1948, p.71.
2 黃壽永, 「우리나라의 塔」, 『韓國의 佛教美術』, 同化出版公社, 1974, p.83.
3 高裕燮, 『韓國塔婆의 研究』, 乙酉文化社, 1948, pp.44-45.

하지만, 과연 7세기 전반기에 건립된 이들 석탑중 백제에서는 전탑의 영향이 배제되고, 신라에서는 이를 모방하는 양상이 전개될 수 있을까? 하는 의문이 든다. 석탑이 건립되기 이전 백제와 신라에서는 다수의 목탑이 건립되었음은 주지의 사실이다. 그럼에도 불구하고 백제는 이를 계승해 석탑을 조성함에 반해 신라는 아무런 고민 없이 선뜻 전탑의 양식을 계승한 모전석탑을 수도 한복판에 건립했다는 논리는 어딘가 문제가 있는 것으로 생각된다.[4] 뿐만 아니라 시원기 석탑에서 두 번째로 자리하는 의성 탑리오층석탑 역시 단순히 옥개석의 양식만으로 전탑의 영향을 받아 건립되었다는 견해 역시 문제점을 안고 있는 것으로 생각된다. 뿐만 아니라 신라에서 처음 석탑의 건립을 시도할 때 많은 문제점과 이를 극복하기 위한 다각도의 노력이 있었을 것은 자명한 일이라 하겠다. 따라서 시원기 석탑의 전체적인 양상을 다시 살펴볼 필요성이 제기된다고 하겠다.

이같은 여러 문제를 해결하기 위해 필자는 다음과 같은 점에 주력해 이 글을 작성하고자 한다.

첫째, 분황사모전석탑과 탑리오층석탑의 양식적 根源에 대해 살펴보고,

둘째, 시원기석탑의 건립양상에 대해 고찰하고자 한다.

II. 분황사모전석탑과 의성탑리오층석탑의 樣式的 根源

1. 분황사모전석탑

분황사모전석탑은 신라석탑의 발달사상에 있어 가장 선두에 놓이는 탑으로 익히 알려져 왔다. 뿐만 아니라 선덕여왕 3년(634)에 분황사가 낙성되었다는 『三國史記』의 기록으로 인해 늦어도 634년에는 석탑이 완성되었을 것으로 믿어져오고 있다. 아울러 모전석탑이란 특이성으로 인해 신라석탑의 양식은 중국의 전탑과 재래의 목탑 양식이 혼용되어 발생되었다는 논리적 근거를 제시하고 있다.

분황사에 관해서는 그간 여러 각도에서 연구가 진행되었는데, 모전석탑에 대해서는 일제 강점기인 1904년 關野貞에 의해 주목된 이래[5] 1915년에 일제에 의한 대대적인 보수가 있었

---

4 필자는 이같은 생각의 일단을 발표한 바 있다. 朴慶植, 「芬皇寺 模塼石塔에 대한 考察」, 『芬皇寺의 諸照明』, 新羅文化宣揚會, 1999, pp.161-197.

5 關野貞, 『韓國建築調査報告』, 1904.

고[6] 이후 1930년과 1933년에 藤島亥治郎에 의해 진행된 연구가 있다.[7] 이후 고유섭 선생에 의해 신라석탑의 始原樣式으로 정착된 후[8], 장충식선생에 의한 연구가[9] 진행된 바 있고, 1991년 10월 28일부터 1992년 3월 31일에 걸쳐 문화재관리국의 주관 하에 석탑에 대한 실측조사가 진행된 바 있다.[10] 결국 분황사모전석탑에 대한 연구는 1904년이래 1992년에 이르기까지 약 90년간에 걸쳐 진행된 셈인데, 대부분의 연구에서 전탑의 영향을 받아 건립된 模塼石塔이라는 대해 아무런 의문 없이 이를 받아들이고 있다.

모전석탑은 석재를 벽돌과 같이 다듬어 건립한 석탑을 말한다. 분황사석탑은 회흑색의 안산암을 벽돌과 같이 다듬어 건립한 까닭에 모전석탑이라 불리우고 있다. 이에 따라 따라서 외형상으로는 마치 전탑과 같은 양식을 보이고 있어 신라 석탑은 기존에 건립되던 木塔과 중국의 塼塔 양식이 혼합되어 출발했다는 논리의 근거로 활용되고 있다. 그렇지만, 신라가 최초로 석탑을 건립함에 있어 백제와는 달리 왜 모전석탑을 만들었을까? 하는 데는 여러 측면에서 의문을 제기할 수 있다.[11]

신라가 처음으로 석탑을 건립함에 모전석탑을 건립한 이유에 대해서 일찍이 우현 선생은

巖石을 이와 같이 切斷하여 탑을 築上한다는 것은 그 勞力에서 도저히 塼을 사용하는 것과 비할 수 없고 또 경제상으로도 불리하였음에도 불구하고 2기나 축조하였다는 것은 일시의 기분적인 醉興이 아니고 명백히 塼의 非普遍的인 상황을 말하지 않을 수 없다"[12]

라고 분석한 바 있다. 여기서 주목되는 점은 선생도 지적했듯이 塼을 사용하는 것보다도 몇 배의 시간과 노력이 소요되는 상황에서 모전석탑을 건립하고 있다는 점이다. 결국 벽돌을 생산하는데 따른 여러 문제점이 모전석탑을 건립했다는 결론을 내리고 있고, 이같은 견해는 지금도 우리를 지배하고 있는 정설이다. 그렇지만, 분황사가 낙성되던 634년 즈음 경주에는 영흥사,

6 朝鮮總督府, 『朝鮮古蹟圖譜』, 3, 1915. 및 金禧庚, 『韓國塔婆硏究資料』, 考古美術同人會, 1968, P.160.
7 藤島亥治郎, 『建築雜誌』 1930.5 및 1933.12.
8 高裕燮, 『韓國塔婆의 硏究』, 乙酉文化社, 1947. 및 『韓國塔婆의 硏究』, 同和出版公社, 1975.
9 張忠植, 「新羅 模塼石塔考」, 『新羅文化』 1, 1984, Pp.145-169.
10 文化財管理局, 『芬皇寺石塔實測調査報告書』, 1992.
11 분황사모전석탑에서는 석재를 벽돌과 같이 다듬어 건립했다는 외형적인 면 외에 옥개석의 상·하면에 표현된 층단형의 받침을 전탑의 영향으로 보고 있다. 이에 반해 미륵사지탑의 옥개석 하면에 造出된 각형 3단의 받침에 대해서는 목조건축의 영향으로 해석하고 있어 옥개받침의 출현문제에 있어 상반된 견해를 보이고 있다. 이 때문이다. 미륵사지석탑은 양식의 근원을 목탑에서 구하고 있음에 비해 분황사 모전석탑은 전탑과 목탑에서 구하고 있다. 高裕燮, 주 3과 같음.
12 高裕燮, 「朝鮮의 塼塔에 對하여」, 『韓國美術史及美學論考』, 通文館, 1963, pp.125-126.

흥륜사, 황룡사 등의 사찰이 건립되어 있었고, 635년에는 영묘사가 낙성되고 있다. 물론 이들 사찰에 석탑이 건립되었다는 기록을 볼 수 없지만, 사찰에 건립에 따른 기와와 벽돌의 생산이 활발하게 이루어졌음은 충분히 짐작할 수 있겠다. 이중 발굴조사가 완료된 황룡사지에서 출토된 각종 기와를 비롯해 섬세한 문양이 새겨진 塼은 벽돌의 생산이 비보편적이기 때문에 모전석탑이 건립되었다는 논지에 많은 모순과 문제를 제기하기에 충분하다고 생각한다. 뿐만 아니라 석재를 벽돌과 같이 다듬는 것이 단순히 塼을 생산하는 것에 비해 더욱 더 많은 어려운 문제가 수반되었을 것인 바, 신라인이 이같은 사정을 몰랐다고는 생각되지 않기 때문이다. 따라서 분황사모전석탑은 전탑의 영향에서 건립된 것이 아닌 또 다른 이유가 내재되어 있을 것으로 생각된다. 이에 대해 황수영 선생은 산치탑에 대한 여행기에서 다음과 같은 견해를 피력한 바 있다.

> (전략) 오전중 약 3시간 동안 大塔을 중심으로 촬영도 하였고 세부의 수법을 살피기도 하였다. 주위의 사원지, 특히 圓室을 보이는 南塔의 유지는 차이타이를 연상케 했다. 이곳서 느낀 것은 비록 건조 당시의 스투파가 塼築이라 하더라도, 그뒤 얼마 아니 되어 再築된 재료가 석재여서 오늘날 석탑의 모습을 지니고 있음은 곧 우리 경주 분황사모전석탑을 연상케 하였다. 그것을 塼生處의 조건으로 塼形의 석재를 힘써 만들었다고 생각하는 것은 재고되어야 할 것이다. 漢代 이래의 북방 전축고분의 존재는 신라인에게 전축술을 전했을 것이다. 그러나 塼이 아니요 전형석재를 상용한 것은 석재의 견고성에 의하였으며, 인도의 이같은 塼에 관한 지견이 전래하였기 때문이라 봄이 순리일 것이다. 그러므로 우리 모전석탑에 대한 종래의 고안점은 검토를 받아야 할 것이다.[13] (후략)

위의 견해에 따르면 인도 산치탑은 모전석탑으로 건립됨은 석재의 견고성에 따른 것으로 보고, 이를 통래 분황사모전석탑이 건립되는 이유가 벽돌 생산에 따른 여러 문제가 아니라 석재가 지닌 견고성에 있음을 제시하고 있다. 따라서 신라에서 처음으로 건립된 분황사모전석탑이 중국 전탑의 영향을 받아 건립되었다는 종래의 견해는 다른 각도에서 살펴볼 필요성이 충분히 제기될 수 있다고 생각된다. 643년 분황사가 낙성되었을 때 이 석탑도 건립되었을 것이다. 그렇지만, 이 당시 백제에는 미륵사지가 건립되어, 이미 순수 화강암으로 건립된 석탑이 건립되어 있었기에 신라에서 이에 대한 식견이 없었다고 보기에는 무리가 있다.[14] 따라서 신라에서 굳이 안산암을 벽돌과 같이 다듬어 모전석탑을 건립함에는 단순히 중국의 전탑을 모방했다기 보

---

13 黃壽永, 「印度紀行-1963년 2월 20일(수)」, 『黃壽永全集』 6, 도서출판 혜안, 1999, p.99.

14 미륵사가 분황사보다 먼저 건립되었다고 보는 이유는 진평왕때 이미 百工을 보내 역사를 도왔다는 기록을 볼 때 분명한 것으로 보인다. 이병도 역주, 『삼국유사』 무왕조.

다는 또 다른 이유가 있었을 것으로 생각된다.

현존하는 석탑 중 가장 오래된 것은 인도 산치에 있는 석탑이다. 산치에는 현재 3기의 석탑이 현존하고 있는데, 이 석탑들은 양식사적인 입장에서 볼 때 모전석탑의 범주에 속한다. 왜냐하면 기단에서 탑신에 이르기까지 인근에서 생산되는 赤砂巖을 벽돌과 같이 다듬어 축조되어 있기 때문이다. 결국 외형적인 모습에서는 전탑과 같은 양식을 보이고 있지만, 석탑의 구성 요건을 볼 때 인도에서의 석탑은 모전석탑에 기원을 두고 있음을 알 수 있다. 이같은 상황은 오늘날의 인도 및 파키스탄지역에 건립되어 있는 크고 작은 석탑의 절대 다수가 양식분류상 모전석탑의 형식임을 볼 때 그러하다고 하겠다. 따라서 분황사석탑이 모전석탑의 양식을 보이고 있는 것은 기존의 견해와 같이 전탑의 영향도 무시할 수 없지만, 이 보다는 인도에서 건립되던 모전석탑과 연관성이 있는 것으로 생각된다.

이같은 필자의 추정은 당시 중국에서도 전탑뿐 아니라 모전석탑이 건립되고 있다는 사실에서도 가능성이 있다고 생각된다. 바로 山東省 歷城縣 柳埠村에 건립된 四門塔은 611년에 건립된 절대연대가 있어 주목된다. 이 석탑은 양식상 평면방형의 단층기단을 구비하고 있고, 단층의 탑신 4벽에 모두 감실이 개설되어 있으며 상면은 사모지붕의 형상을 보이고 있다. 뿐만 아니라 조성재료에 있어 靑石을 벽돌과 같이 다듬어 축조하고 있어 모전석탑의 형식임을 알 수 있다. 아울러 인근 지역에 唐 天寶年間(742-755)에 건립된 長淸 靈巖寺慧崇禪師塔 등 수기의 모전석탑이 잔존하고 있어[15] 중국에서의 건탑은 모두 전탑만이 아니었음을 보여주고 있다. 이처럼 분황사모전석탑과 역성현의 사문탑은 양식적인 친연성과 더불어 건립연대에 있어서도 전자가 634년임에 비해 후자가 611년에 건립되고 있어 양 석탑은 불과 20년 정도의 시차를 두고 있음을 알 수 있다. 이같은 시차는 바로 역성현의 사문탑이 분황사모전석탑의 건립에 영향을 주었음을 알 수 있는 한 요인일 것으로 짐작되는데,[16] 이는 山東省이 위치한 지역적인 문제와 밀접한 연관이 있는 것을 생각된다.

산동성은 당시 신라나 백제에 있어 해로를 통해 중국의 문화와 문물을 받아들이는 주요한 항구였고, 더욱이 登州는 해상실크로드와 연결뿐만 아니라 신라와의 주요한 해상 교역로였다.[17]

15　河北少年藝童出版社,『中國古塔』, p.99 및 104.

16　분황사모전석탑의 原型은 중국 陝西省 西安府에 있는 薦福寺의 小雁塔과 慈恩寺의 大安塔으로 보고 있다. 이는 關野貞의 견해로 우현선생은 이에 대해 수긍하는 면과 비판하는 양 측면을 모두 보이고 있다. 高裕燮,「朝鮮塔婆槪說」,『韓國美術史及美學論攷』, 通文館, 1972, P.119. 및「朝鮮의 塼造塔婆」,『韓國塔婆의 硏究』, 同和出版公社, 1975, P.84.

17　무함마드깐수,『新羅西域交流史』, 檀國大出版部, 1992, p.516. 및 權悳永,『古代韓中外交史』,
　　一潮閣, 1997, p.203

당시 신라가 택했던 중국과의 해로는 연안해로와 직항로로 구분될 수 있다. 前者는 唐恩浦→德物島→椒島→浿江口→鴨綠江口→卑沙城→登州로 연결되는 항로로 漢 武帝의 침입, 수,당군의 고구려 정벌, 발해의 등주공략 그리고 劍牟岑의 남하해로로 활용되었다.[18] 이 항로는 백제와 신라 그리고 일본이 활용했던 항로였지만, 백제와 신라는 고구려와의 관계가 수시로 변하고 있어 직항로 개척의 필요성이 제기되었다. 따라서 당은포에서 등주로 직항하는 직항로가 개척되었고, 신라의 遣唐使는 唐恩浦에서 출발하여 등주까지 약 600㎞를 하루 평균 41㎞로 항해하여 15일 만에 황해를 횡단하여 도착했다고 한다.[19] 이처럼 서해를 통해 중국으로 향했던 항로는 모두 산동성의 등주를 귀착지로 삼고 있는데, 당시 당나라의 문화와 문물은 이곳을 통해 신라로 유입되었음을 짐작할 수 있겠다. 더욱이 신라인의 집단 거주지였던 新羅坊, 이들을 관할했던 新羅所와 더불어 장보고가 건립한 法華院이 산동성에 있었음은 이 지역과 신라가 밀접한 연관이 있었음을 입증하고 있다. 뿐만 아니라 페르시아만에서 시작된 남방해로의 귀착지였던 廣州에서[20] 登州로 이어지는 항로가 있었음을 볼 때 산동반도(登州)는 서역문화와 문물이 집결될 수 있는 교통의 요충이었다. 결국 산동성에 건립된 모전석탑도 이같은 배경 하에서 건립된 것으로 추정된다. 따라서 중국의 모전석탑은 산동성 일원에서만 확인되고 있어,[21] 이들은 발달된 해상교통로를 통해 인도석탑의 양식이 직수입된 결과에서 비롯된 것으로 보인다.

분황사모전석탑은 역성현의 사문탑과 같은 양식을 보이고 있고, 건립 시기 또한 비슷한 시점이다. 당시 중국으로부터 문화와 문물을 수입한 경로는 고구려와의 관계를 볼 때 唐恩浦나 開雲浦에서 登州로 이어지는 직항로를 택했을 것으로 보아 자연스레 모전석탑의 양식이 전래되었을 것으로 생각된다. 결국 분황사모전석탑은 발달했던 해상항로를 통해 전파된 인도의 석탑양식이 중국에 정착되고 이어 신라에 파급된 결과에서 건립된 것으로 생각된다.[22] 그렇다면 옥개석의 양식을 어떻게 이해해야 할 것인가라는 문제가 생긴다. 우현 선생은 미륵사지석탑의 옥개받침에 대해 목조건축의 공포로 출발했음을 적시하며, 평양과 고구려의 전 도읍지인 만주 통화성 집

---

18 申瀅植,「統一新羅의 繁榮과 西海」,『統一新羅史 硏究』, 三知院, 1990, p.306.

19 권덕영, 앞 책, p.218.

20 무함마두깐수, 앞 책, p.504.

21 필자가 아직 중국의 탑에 寡聞한 까닭에 이 생각은 바뀔 개연성이 충분하다. 현재 중국에서 발간된 탑에 관한 여러 도록을 참고해 볼 때 다른 지역에서는 주로 전탑이 확인되는 반면, 산동성에서만 전탑과 모전석탑이 보이고 있어 이같이 추정했음을 밝힌다.

22 신라시대의 석조물 인도로부터 수입된 양식이 정착된 예로는 울산 태화사지부도를 들 수 있다. 이 부도는 石鐘型浮屠로 산치탑을 비롯한 인도석탑의 양식과 같은 일면을 보이고 있다. 따라서 이 유형의 부도는 당시 무역항이었던 開雲浦(울산)를 통해 수입된 것으로 보고 있다. 鄭永鎬,『新羅石造浮屠硏究』, 단국대 박사학위논문, 1974, pp.146-147.

안현 내에 多數한 고구려 고분의 천정받침이 이를 증명하는 것으로 보고 있다.[23] 뿐만 아니라

그러나 다시 한번 생각해 본다면 이 수법은 구태여 築塼수법이라는 것을 생각할 필요도 없이 純力學的 物理學的으로 필연적으로 나올 수 있는 수법이 아닐까. 즉 廣幅이 적은 재료로서 공간을 넓혀간다든지 좁혀간다든지 또는 塊體를 쌓아 모은다든지 이어 받자면 누구에게나 어느 곳에서나 물리학적 원칙에 의해 나올 수 있는 형식이라고 할 것이 아닐까.[24]

라고 언급함에 비해 분황사모전석탑을 필두로 시작되는 신라석탑의 옥개받침에 대해서는 신라 諸塔의 층급받침수법을 전탑수법의 영향하에 된 것으로 해석해도 무방한 것으로 보고 있다.[25]

하지만, 미륵사지석탑과 분황사모전석탑의 옥개받침을 군이 서로 다른 양식에서 출발한 것으로 보는데는 무리가 있다고 생각한다. 선생께서도 언급했듯이 분황사모전석탑의 옥개받침 역시 그간 축적된 고분을 비롯한 석조건축의 전통과 목조건축술이 한데 어우러져 발생한 것으로 보는 것이 더 타당한 것으로 생각한다. 왜냐하면 고구려의 墓制는 백제에만 영향을 준 것이 아니라 신라에도 영향을 주어 6세기 후반경에는 영주와 순흥지역에 고구려식 석실분이 조성되고 있기 때문이다.[26] 따라서 신라에서도 고구려 고분의 영향을 받아 같은 유형의 고분이 축조되고 있음을 보아 백제와 신라의 석탑에 구현된 옥개받침을 서로 다른 계통에서 출발한 것으로 보는 견해는 수정해야 할 것으로 생각한다. 한편 옥개석 상면에 구현된 층단받침 역시 단순히 전탑의 영향으로 발생된 것이 아니라 양 석탑이 지닌 조성재료의 차이에서 기인한 것으로 생각한다. 즉 백제는 처음 건립하는 석탑에서 바로 화강암을 사용한 반면 신라는 안삼암을 채택했다. 따라서 양 석재가 지닌 재질의 차이와 처음부터 다르게 시도된 외형상의 문제는 필연적으로 서로 다른 낙수면을 구성하게 되어 있었다. 그러므로 옥개석에 표현된 양식의 차이는 재료상에서 기인한 것이지 무조건 전탑의 영향으로 인해 층단형의 낙수면을 지니게 되었다는 결론에는 문제가 있을 것으로 생각한다. 한편 백제와 신라 석탑의 출발점에서 볼 때 화강암에 먼저 착안한 나라는 백제였으며, 신라는 후술할 의성 탑리오층석탑에 이르러 재료상의 변신을 꾀하며 비로소 석탑의 나라라는 명성에 걸 맞는 순수 화강암제 석탑을 건립하고 있다. 물론 이같은 양상을 성립하는데 중국에서 건립되던 전탑의 영향을 완전히 배제할 수 는 없다고 생각한다.

---

23 주 3과 같음.
24 高裕燮, 앞 책, p.46.
25 高裕燮, 앞 책, p.47.
26 梨花女大博物館,『榮州順興壁畵古墳發掘調査報告書』, 梨花女大出版部, 1984. 文化財研究所,『順興邑內里壁畵古墳』, 1986, 啓文社. 大邱大學校博物館,『順興邑內里壁畵古墳發掘調査報告書』, 1995.

선덕여왕의 등극(632년)에서 분황사의 낙성(634년)에 이르는 3년간 2차례에 걸쳐 중국에 사신을 파견하고 있는 점으로 보아[27] 중국의 전탑 양식이 소개되었을 개연성은 충분하다고 생각한다. 뿐만 아니라 선왕인 진평왕대에도 13차례에 걸쳐 사신의 왕래가 있었고, 智明, 圓光法師, 曇育등의 승려가 내왕을 하고 있던 점으로 보아[28] 이같은 개연성은 충분한 것으로 생각된다. 따라서 신라에서 전탑을 조성했을 가능성은 매우 높았던 것으로 생각한다.[29] 하지만 분황사모전석탑은 일견 전탑의 양식을 취하고 있지만, 전탑이 아니라는 점이다. 당시 신라의 문화적 능력으로 보아 전탑을 건립하기에 충분했던 것으로 판단된다. 하지만, 신라는 모전석탑이라는 새로운 형태의 석탑을 조성했다. 분명 만들 수 있는 능력이 있음에도 불구하고 전탑보다는 시간과 노력 그리고 더 많은 경비가 소요되는 모전석탑을 조성했다. 이같은 면은 겉으로는 중국의 양식을 따르는 듯 하면서 완전히 새로운 형태의 석탑을 조성하고자했던 당시 사람들의 욕구와 당시의 시대상황이 그대로 반영된 결과라 생각된다.

당시 신라는 진평왕의 치세기간 지속적인 백제의 공격이 있었고, 선덕여왕의 즉위 후에도 이같은 상황은 마찬가지였다. 더욱이 집권 초기 경주의 가까운 女根谷까지 백제군의 내습은,[30] 비록 여왕의 기지로 퇴치하였지만, 신라로서는 불안감을 탈피하기 어려웠을 것으로 생각된다. 따라서 분황사와 영묘사가 왕 3년과 4년에 연달아 낙성되고 있음은 바로 집권 초기의 불안했던 정국을 佛力에 의지해 탈피하고자 했던 의지가 내재된 것으로 생각된다. 그러나 왕 11년에 백제 의자왕의 공격을 받아 國西의 40여성을 빼앗기고, 이어 백제와 고구려군의 협공을 받아 對唐 교통의 요충인 党項城이 위협을 받고, 마침내 大耶城 전투에서 伊湌 品釋과 舍知 竹竹 · 龍石이 전사하는 등 국가적으로 위기에 직면하게 된다.[31] 신라는 이같은 위기를 극복하고자 김춘추가 고구려에 請兵外交를 펼쳤으나 실패로 돌아가자 신라의 불안감은 극도에 달했던 것으로 보인다. 이는 왕 12년 당나라에 보낸 사신이

고구려와 백제가 우리나라를 侵壓하여 여러 번 數十城이 공격을 받았으며, 兩國은 군사를 연합하여 기어코 우리나라를 취하려 하여 지금 9월에 대대적으로 擧兵하려 하니 우리의 社稷은 필연코 보전 할 수 없을 것이다 (중략) 그대 나라는 婦人을 임금으로 삼아 鄰國에게 업신여김을

27 『三國史記』善德王 元年 및 2년조.
28 『三國史記』권 제 4, 진평왕 참조.
29 이같은 생각은 박흥국 선생도 이미 표방한 바 있다. 박흥국, 『한국의 전탑연구』, 학연문화사, 1998, p.54.
30 『三國史記』권 5, 善德王 5年 條 및 『三國遺事』券 1, 善德王知幾三事 條.
31 『三國史記』卷 5, 善德王 11年 條.

받으니 임금을 잃고 敵을 받아들이는 격이라 해마다 편안할 적이 없다. 내가 친족의 한사람을
보내어 그대 나라의 임금을 삼되 자연 혼자 갈 수는 없으므로 마땅히 군사를 보내 보호케 하고
그대 나라가 안정을 기다려 그대의 自守에 맡기려 하니 이것이 셋째의 방책이라.………(후략)[32]

라고 告한 점을 보아 麗·濟同盟軍의 공격에 불안감을 떨치지 못하는 일면을 보이고 있다. 뿐만
아니라 도움을 청하러 갔던 사신이 여왕의 폐위를 종용받았다는 사실은 당시 신라와 당과의 관
계는 겉으로는 親唐이었을지언정 내부적으로는 상당한 반감이 작용했을 것으로 추정된다. 물
론 앞서 열거한 정치적 정황은 비록 분황사 낙성후의 사실이긴 하지만, 비교적 가까운 시차를
보이고 있음을 볼 때 신라 최초의 석탑을 계획함에 있어 전탑을 채택하지 않고 굳이 모전석탑
을 건립한 간접적인 동기도 되었을 것으로 생각한다. 따라서 분황사모전석탑은 중국의 영향을
배재할 수는 없지만, 당시 신라가 처했던 정치적 상황, 새로운 문화 수용에 대한 욕구, 해로를
통한 서역과의 활발한 교류 등을 통해 들어온 인도석탑의 양식과 종래의 목탑의 건축술이 혼합
되어 이루어낸 결과라 생각한다.

2. 의성 탑리오층석탑

신라의 석탑은 분황사모전석탑의 건립을 시작으로 의성 탑리오층석탑을 거쳐 전형기의 석탑
으로 발전되어 간다는 논리는 주지의 사실이다. 그런데 양 석탑은 건립시기의 선·후에서나 양
식적인 문제에서 뚜렷한 차이를 보이고 있어 과연 상호 영향관계에 대해 구체적으로 살펴볼 필
요성이 제기된다. 탑리오층석탑의 건립연대에 대해서는 647년설,[33] 7세기 전반설,[34] 7세기 후
반설,[35] 700년을 전후한 시기[36]등 다양한 견해가 발표되었다. 이들 견해를 종합해 볼 때 시기적
으로 약간의 차이는 있지만, 대체로 분황사모전석탑에 이어 건립된 석탑으로 보는데는 이의가
없는 것으로 보인다. 한편 이 석탑의 양식에 대해서는 모두 분황사모전석탑의 영향을 받았음과
더불어 전탑의 영향이라는 공통된 견해를 표방하고 있다.

의성 탑리오층석탑이 시원기 석탑으로 지닌 문제점은 건립연대와 양식상의 근원에 대한 것
으로 집약된다. 먼저 건립연대에 있어 문헌기록이 전무한 관계로 이에 따른 고증은 철저히 양

---

32 『三國史記』 권 제5, 선덕왕 12년조.
33 高裕燮, 앞 책 p.71.
34 황수영, 주 2의 책, p.83.
35 박홍국, 『한국의 전탑연구』, 학연문화사, 1998, p.171.
36 秦弘燮, 『塔婆』, 藝耕産業社, 1983, p.210. 및 張忠植, 『新羅石塔研究』, 一志社, 1987, p.90.

식사에 의존할 수 밖에 없다. 이 석탑의 양식에 대한 문제가 대두되는 것은 분황사모전석탑과의 상호 영향 관계를 밝히는데 문제뿐만 아니라 시원기 신라석탑의 양상을 밝히는데 중요한 단서를 제공하고 있다고 생각하기 때문이다. 필자는 이 석탑의 건립연대에 대해 7세기 전반설에 동의한다. 이같은 이유로는 석탑에 구현된 양식이 익산 미륵사지석탑과 정림사지오층석탑에서와 같이 모든 면에서 목조건축의 충실한 재현한 석탑이라 판단되기 때문이다.[37] 고유섭 선생은 이 석탑에 대해

"조선석탑으로서의 기단 중 가장 원시적인 형태를 이룬 것이라 할만한 것으로 기단만을 비교한다면 우리는 저 부여 정림사지탑보다 더 高古한 양식임을 느낄 수 있다.[38]"

조선 석탑의 始原形式은 彌勒塔·定林塔·盈尼山塔의 3기일 뿐이요, 三者를 비교한다면 형식이 如一하지 아니한 개성을 각 탑에서 볼 수 있다.[39]

라는 견해를 제시하며 가장 원시적인 양식을 보임과 동시에 시원적인 형태의 석탑임을 강조하고 있다. 결국 엄밀한 의미에서 신라석탑은 이 탑으로부터 시작되었다 해도 과언이 아닐 것으로 생각된다. 따라서 신라석탑의 출발은 분황사모전석탑→탑리 오층석탑으로 이어지는 순차적인 관계가 아니라 각기 독립적인 양식을 지니며 발전한 것으로 보아야 할 것으로 생각한다. 양식적으로 보아도 의성 탑리오층석탑은 옥개석의 낙수면이 층단형을 이루고 있다는 점을 제외하면 전탑은 물론 분황사모전석탑과 완전히 다른 양식을 보이고 있다. 뿐만 아니라 화강암으로 석탑 전체를 조성했다. 때문이 이 석탑은 외형적으로 볼 때 전탑과는 무관한 순수 화강암으로 건립한 신라 최초의 석탑이라는데 그 의의가 있다 하겠다. 나아가 석탑 전면에서 찾아지는 원초적인 모습은 기단에서부터 탑신에 이르기까지 목조건축을 그대로 재현하고 잇어 더욱 신빙성을 더해 주는데, 이를 구체적으로 정리해 보면 다음과 같다.

첫째, 전체적으로 석탑을 구성하는데 많은 양의 석재가 사용되었다.

둘째, 지대석 상면에는 우주와 탱주가 놓일 위치에 홈을 파서 마치 초석과 같은 면을 보이고

---

37 분황사모전석탑 역시 양식적인 면에서 전탑의 영향으로 볼 수 있는 점은 안산암을 벽돌과 같이 잘라서 조성했다는 면과 옥개석의 양식에서 기인하는 것으로 보고있다. 하지만, 탑신부에 비해 낮은 기단부를 조성했으며, 초층탑신 네 면에 각각 감실과 문을 개설한 점으로 보아 철저히 목조건축의 요소를 반영하고 있다. 뿐만 아니라 상층으로 갈수록 일정하게 유지되는 체감비는 중국에서 건립되던 전탑에서는 볼 수 없는 요소라 하겠다.
38 高裕燮, 앞 책, p.49.
39 高裕燮, 앞 책, p.51.

있다.

　셋째 낮고 넓직한 기단부와 각 면에 놓인 우주와 탱주에는 엔타시스 수법이 뚜렷하다.

　넷째, 일층탑신석에 놓인 別石의 우주에는 엔타시스가 뚜렷할 뿐만 아니라 상면에는 柱頭가 놓여있고, 南面에는 龕室이 개설되어 있다

　다섯째, 2층이상의 탑신석에서 다른 신라석탑과는 달리 탱주를 배치하고 있다.

　여섯째, 상층으로 올라갈수록 안정된 체감비를 보이고 있다는 점을 들 수 있다.

　이처럼 의성 탑리오층석탑에서는 미륵사지석탑에서와 같이 목탑의 양식이 농후하게 검출되고 있어 부분적으로 목조건축의 양상을 보이고 있는 분황사모전석탑과는 확연한 차이를 보이고 있다. 때문에 이 석탑조차도 중국 전탑의 영향으로 건립된 석탑일까? 하는 의문이 제기된다.

　의성 탑리오층석탑은 분황사모전석탑에 이어 두 번째로 건립된 석탑이다. 때문에 앞서 건립된 석탑에서 발생된 많은 문제점과 모순점이 개선되어 나름대로는 양식적으로 일보 전진한 석탑이라 하겠다. 이같은 가정은 백제가 처음 건립한 미륵사지석탑에서 파생된 여러 문제를 정리ㆍ극복하며 양식적 완성을 이룬 정림사지오층석탑의 예를 보아도 쉽게 확인된다. 신라인들은 처음 건립했던 석탑에 모전석탑이라는 양식을 도입했다. 그러나 이를 건립함에는 석재의 취득에서부터 운반과 가공에 이르기까지 여러 문제가 노정되었을 것은 쉽게 짐작할 수 있다. 때문에 이러한 문제를 해결하며 나름대로의 석탑을 건립하고자 할 때 백제에서 건립한 미륵사지석탑은 많은 시사를 주었을 것으로 생각된다. 이를 통해 신라인들은 화강암에 착안했고, 백제에서도 그랬듯이 기존에 확립된 목조건축의 세부적인 면을 그대로 재현하며 이 석탑을 건립했던 것으로 보인다. 앞서 열거한 바와같이 이 석탑에 구현된 목조건축의 기법이 바로 이를 증명하고 있다. 하지만, 새로운 양식의 창출에 바로 신라석탑의 완성을 이룰 수 는 없었다. 이같은 점이 바로 옥개석의 낙수면에서 보이는 층단형 받침수법이다. 화강암으로 석탑을 조성함에 있어 반드시 이를 층단형으로 조성해야할 이유는 없었다고 생각한다. 왜냐하면 화강암은 굳이 층단형받침을 조성하지 않아도 다양한 변화를 주기에 충분하다고 판단되기 때문이다. 이럼에도 불구하고 층단형의 받침을 조성했기에 전탑 영향설이 제기된 바 있다.[40] 하지만, 필자는 이보다는 분황사모전석탑이 직접적인 영향을 주었다고 생각한다.

　앞서 언급한 바와 같이 탑리오층석탑은 옥개석의 낙수면을 제외하면 어느 곳에서도 전탑의 영향을 찾아볼 수 없는 석탑이다. 전탑보다는 오히려 목탑의 양식을 계승해 전체 부재를 모두 석재로 바꾸어 놓은 석탑이라 하겠다. 때문에 신라석탑 발달사상에서 보면 화강암으로 재료

---

40 이같은 견해는 고유섭 선생래 석탑을 연구한 모든 자들에게 적용되는 논리라 하겠다.

로 한 탑의 건립을 촉진시킨 중요한 의미를 지닌 석탑이라 하겠다. 이럼에도 불구하고 분황사모전석탑 보다는 조금 늦은 시기에 건립된 까닭에 분황사모전석탑의 영향을 배제할 수 없는 입장에 서 있는 셈이다.[41] 따라서 앞서 건립된 분황사모전석탑에서 노정된 많은 문제를 화강암이라는 단일부재를 사용해 전체적인 양식의 변화를 가져왔지만, 옥개석 만큼은 아직도 다음 시기인 典型期에 보이는 평박한 낙수면을 조성하지 못했다. 이같은 사실은 아직도 화강암으로 석탑을 건립함에 기술적 완성도를 이룩하지 못했음과 더불어 석탑의 발달이 매우 조심스럽게 진행되었음을 보여주는 반증이기도 하다. 따라서 신라인들의 고민은 자연스레 낙수면의 처리에 몰입하게 되었고, 그들은 분황사모전석탑에서 양식을 채용했을 것으로 생각된다. 왜냐하면 앞서도 언급한 바와 같이 이 석탑에서는 옥개석을 제외한 부분에서는 전탑의 양식을 찾을 수 없기 때문이다.[42] 뿐만 아니라 일부에 국한된 양식이 전체적인 면을 제한시킬 수 없다고 생각한다. 다시 말해 의성 탑리오층석탑에 구현된 낙수면의 양식은 이 석탑의 양식사적 근거를 제시하기에는 극히 부분적인 문제에 불과하다고 생각한다.[43] 때문에 분황사모전석탑에 이어 건립된 이 석탑에서 보여준 양식적 파격성은 석탑의 건립 의도에서부터 완전히 차이가 있었음을 알 수 잇다. 따라서 분황사모전석탑은 이 석탑의 건립에 부분적으로는 영향을 주었을지언정,[44] 전체적인 면에서는 그간 건립했던 탑과는 완전히 다른 형태의 석탑을 창출했던 것으로 이해된다. 이상과 같은 관점에서 볼 때 탑리오층석탑은 앞서 건립된 분황사모전석탑으로부터 재료와 더불어 전체적인 양식에서 파격적인 변화를 꾀했고, 이같은 양상은 뒤이어 전개될 전형기석탑의 성립에 결정적인 영향을 주었다고 생각한다. 이와 더불어 낙수면에 구현된 층단형받침수법은 전형기 석탑에서 보여지는 평박한 낙수면으로 이행되는 초기단계로, 이는 분황사모전석탑에서 연원을

....

41 이같은 양상은 백제에서도 미륵사지석탑에서 확인된 많은 문제점을 정림사지오층석탑에서 극복하며 백제석탑의 완성을 이룬 것과 비교된다고 하겠다.

42 박흥국선생은 이 석탑의 양식은 전탑의 외형을 고스란히 석탑으로 바꾼 것으로 보았으며, 이같은 유례를 석장사지 출토 탑상전과 중국에서 볼 수 있는 목탑을 충실히 모방한 전탑에서 찾고 있다. 따라서 중국 전탑의 영향이 강하게 배어있는 석탑으로 보고 있다. 박흥국, 앞 책, p.174.
   필자 역시 중국에서 건립된 절대다수의 전탑에서 확인되는 양식적 근거는 모두 목탑에 있음에는 동의한다. 하지만, 중국에서와 같이 신라에서도 목탑을 건립했음은 주지의 사실이다. 그렇다면 왜 중국에서는 전탑에서 목탑의 요소를 인정하면서, 신라탑에서는 이를 배제하며 전탑의 영향이라는 점만 부각시키는지에 대해서 설득력이 있어야 한다고 생각한다.

43 필자가 옥개석의 양식을 비교적 단순하게 생각하는 이류는 석탑의 구성요건이 기단부, 탑신부, 상륜부임을 볼 때 이 부분은 탑신부를 구성하는 지엽적인 부분에 불과하다고 생각하기 때문이다. 다시 말해 옥개석의 양식만으로 석탑의 전체적인 양식을 좌지우지 할 수 없다고 생각하기 때문이다.

44 부분적인 영향이란 낮고 넓게 조성된 기단부와 초층탑신에 개설된 감실과 더불어 옥개석의 수법을 의마한다.

찾아야 할 것으로 생각한다. 따라서 의성 탑리오층석탑은 기존에 확립된 목조건축의 전통과 분황사모전석탑에 구현된 양식이 혼재되면서 7세기 전반기에 건립된 석탑으로 생각한다.

Ⅲ. 始原期石塔의 樣相

그간 신라석탑에 대한 연구에 있어 시원기 탑의 건립 양상은 앞서 언급했던 2기의 석탑에 국한되어 왔다. 그렇지만, 탑의 건립에 따른 재료는 다양한 양상을 보이고 있어 단 2기의 석탑만으로 이 당시의 상황을 모두 설명하기에는 많은 무리가 있는 것으로 생각된다. 필자는 이같은 관점에서 이 시기 탑의 건립 양상과 더불어 앞서 언급했던 2기의 석탑이 향후 어떠한 면으로 발전했는지에 대해 서술하고자 한다.

372년과 384년의 연도는 불교의 初傳이라는 면에서 무척 의미있는 해라하겠다. 왜냐하면 불교의 수입과 확대는 이 땅의 문화패턴을 완전히 뒤바꾼 혁명적인 사건이라 보여지기 때문이다. 불교는 의식상 많은 조형물의 조성을 수반하는데, 탑 역시 佛家에서 숭배되는 중요한 신앙물의 하나였다. 때문에 불교전래 이후 사찰의 건립에는 반드시 이의 건립이 수반되었다.

탑은 조성재료에 따라 다양하게 구분되는데, 불교의 전래와 함께 수입된 양식은 단연 목탑이었을 것으로 생각된다. 이같은 점은 고구려, 백제, 신라시대에 건립된 사찰의 발굴조사에서 공통적으로 모두 목탑지가 확인되는 점에서 더욱 그렇다 하겠다. 본고의 주제로 삼은 신라 역시 예외는 아니었다. 신라에서 목탑이 건립된 예로는 흥륜사, 천주사, 영묘사, 지림사, 황용사에서 찾을 수 있다. 뿐만 아니라 "天壽六年(565년)에 ……寺寺星張 塔塔雁行" 했다는 기사는 목탑과 연관해 많은 시사를 주고 있다. 하지만, 당시의 목탑이 한기도 없는 실정을 감안할 때 이 기록은 상당수의 高層樓閣形 목탑이 경주 도처에 존재했을 가능성을 보여주는 단서라 생각된다.

전탑 역시 신라시대에 조성된 예는 한 기도 남아있지 않아 단언할 수는 없지만, 당시 중국과의 활발했던 문화교류 등의 정세로 보아 건립되었을 가능성은 충분한 것으로 판단된다. 이같은 정황은 그간 발굴조사를 황룡사를 비롯한 여러 사지에서 출토된 각종 기와와 벽돌을 보아도 능히 짐작할 수 있다.[45] 뿐만 아니라 경주 덕동 전탑지, 인왕동 전탑지, 석장사지, 울산 농소

---

45 대표적인 예로는 황룡사지 및 안압지에서 출토된 문양전과 調露 2年銘 雙鹿寶相華文塼(680년), 석장사지 출토 탑상문전 등이 있다.

읍 중산리 전탑지 등이 확인된 바 있어[46] 상당 수의 전탑이 건립되어 있었음을 알 수 있다. 나아가 『삼국유사』에 기록 바와 같이 良志 스님이 "又嘗雕磚一小塔 竝造三千餘佛 安其塔置於寺中 致敬焉" 했다는 내용은[47] 실제로 전탑의 조성이 있었음을 직접적인 증거라 하겠다. 하지만 목탑과 마찬가지로 전탑 역시 단 한기도 현존하지 못하고 앞서 열거한 바와 여러 사지에서 출토된 벽돌과 앞의 기록을 통해 유추해 볼 수 있다. 하지만, 앞서 목탑과 더불어 전탑이 지닌 규모는 "塔塔雁行"의 기록으로 보아 높이 10-15m에 이르는 거대한 탑이었을 것으로 생각한다.[48] 이같은 전탑은 통일신라 이래 안동 신세동7층전탑, 안동 조탑동5층전탑, 안동 동부동5층전탑, 안동 금계동 다층전탑, 안동 장기동 전탑, 안동 개목사전탑, 칠곡 송림사오층전탑, 여주 신륵사다층전탑, 청도 불영사전탑에 이르기까지 다수의 예를 남기며 고려시대에 이르기까지 지속적으로 건립되었다.

이처럼 분황사 모전석탑의 건립 이전 또는 같은 시기에 신라에는 목탑과 전탑이 건립되어 있었다. 뿐만 아니라 분황사에 이어 의성 탑리오층석탑이 건립되면서 신라 시원기의 탑은 실로 다양한 유형으로 확대됨과 동시에 통일신라, 고려 및 조선시대를 거치며 줄 곳 우리나라 탑파사의 한 부분을 차지하며 독자적인 영역을 구축했다. 이 중 분황사모전석탑과 탑리오층석탑은 일방적인 영향을 주고받은 것이 아니라 모전석탑과 석탑계모전석탑[49]의 독자적인 양식을 확립했고, 다음시기에 건립되는 석탑에도 각각 독립적인 영향을 끼치고 있다.

분황사모전석탑은 인근에 축조되었을 또 다른 같은 형식의 석탑을 건립한 후[50] 적어도 동일한 양식의 범주만을 국한시킬 때 상주의 石心灰皮塔을 거쳐 고려시대에 이르기까지 독자적인 계보를 형성하였던 것으로 보인다. 이같은 예로는 영양 봉감5층모전석탑, 영양 현2동5층모전

---

46 박홍국, 앞 책, pp.60-78.

47 『三國遺事』 권 4, 良志 使錫條.

48 박홍국, 앞 책, p.48.

49 분황사모전석탑과 의성탑리오층석탑의 계통분류에 대해서는 이미 다양한 견해가 표방된 바 있다. 분황사모전석탑을 "모전석탑"이라 부르는데는 모두 같은 견해를 보이고 있지만, 의성성탑리오층석탑에 대해 진홍섭 선생은
"第 2類"로 규정한 바 있다. 秦弘燮, 「韓國模塼石塔의 類型」, 『文化財』 3호, 文化財管理局, 1967, p.13. 『芬皇寺石塔 實測調査報告書』에서는 "석탑계모전석탑"으로 규정하고 있다. 문화재관리국, 앞 책, p.16 표 3-2 「전탑 및 모전탑의 분포위치」 참조. 박홍국 선생은 분황사모전석탑을 "모전석탑", 의성탑리오층석탑을 "전탑협석탑"으로 구분하고 있고, 양자를 총칭해 "모전탑"으로 분류하고 있다. 박홍국, 앞 책, p.28. 필자는 이들 견해 중 분황사모전석탑은 "모전석탑", 의성탑리오층석탑은 "석탑계모전석탑" 이라는 명칭을 사용하고자 한다.

50 분황사 동방사지 및 구황동탑지의 석탑을 말하는 것으로, 이에 대해서는 일제강점기부터 주목되어 왔는데, 장충식선생은 분황사동방사지의 탑은 신빙성이 없는 것으로 보고 있다. 張忠植, 「新羅模塼石塔考」, 『新羅文化』 1, 東國大 新羅文化研究所, 1984, pp.145-169.

석탑, 영양 삼지동모전석탑, 안동 대사동모전석탑, 군위 남산동모전석탑, 제천 교리모전석탑, 제천 장락리 7층모전석탑, 정선 정암사7층모전석탑 등이 있는데, 통일신라시대에서 고려시대에 걸쳐 건립되고 있다. 그렇지만 석재를 일일이 다듬어 건립해야 한다는 조형상의 문제점으로 인해 크게 성행하지 않았음을 알 수 있다.

의성탑리오층석탑은 선산 죽장사지오층석탑, 선산 낙산동3층석탑, 경주 남산용장계3층석탑, 경주 오야리3층석탑, 경주 남산리동3층석탑, 경주 서악동3층석탑, 의성 빙산사지오층석탑, 안동 하리동3층석탑 등 주로 경주와 의성의 인근지역을 중심으로 건립되고 있다. 이 계열의 석탑 역시 통일신라시대로부터 고려시대에 걸쳐 조성되고 있지만, 그리 많지 않은 예를 남기지 못하고 있다. 이처럼 분황사모전석탑과 의성 탑리오층석탑은 순차적으로 건립된 것이 아니라 각각 독자적인 계보를 형성하고 있지만, 전체적인 신라석탑의 흐름에서 볼 때 많은 예를 보이지 못하고 있다. 이같은 이유로는 8세기초에 들어서면서 불국사삼층석탑으로 대표되는 신라만의 독특한 석탑의 양식이 정립되었고, 석재를 일일이 벽돌과 같이 잘라 다듬어야 한다는 시간과 경제적인 문제가 크게 작용했던 것으로 생각된다. 한편 고려시대에 조성된 모전석탑과 석탑계모전석탑이 주로 경상북도 지역에 국한되어 건립되고 있다는 사실은 같은 충청도와 전라도 지역을 중심으로 건립된 백제계석탑과 대비해 연구할 필요성이 제기되는 바, 이에 대해서는 별도의 글에서 논의하기로 한다.[51]

이상과 같은 관점에서 볼 때 始原期의 신라 석탑은 목탑, 전탑, 분황사모전석탑, 의성 탑리오층석탑 등 4개 계열로 다양한 발전을 이룬 것으로 생각된다. 이같은 탑의 변화와 발전은 이미 체득한 양식과 경험을 바탕으로 통일직후에 건립된 감은사지와 고선사지3층석탑에 이르러서야 비로소 신라만의 독특한 석탑문화를 창출해 불국사삼층석탑으로 이어지며 우리나라 석탑의 정형을 이룩한 것으로 생각한다.

---

51 고려시대의 석탑에서 가장 큰 특징은 9세기 석탑에서 시작된 다양한 계층의 참여가 본격적으로 이루어지면서 지방적인 특성이 가미된 다양한 형식의 석탑이 건립되고 있는 점이다. 여기서 말하는 지방적인 특성이란 지역성을 의미하는 것으로, 고구려, 백제, 신라의 옛 영토내에 건립된 석탑을 의미한다. 이들 석탑에서는 삼국시대에 확립된 석탑양식이 그대로 재현되고 있는데 이는 정신적·문화적으로 回歸하고자 하는 그 지역민의 염원이 석탑에 표출된 것으로 생각한다. 이같은 옛 문화의 표출은 호족연합체로 출범한 고려시대의 정치·사회적 상황이 주된 원인이었던 것으로 보인다. 따라서 고려시대의 석탑은 지역적인 기반을 중심으로 高句麗系石塔·百濟系石塔·新羅系石塔·高麗式石塔·특수양식의 5가지 유형으로 분류되고 있다. 이 중 고구려계와 백제계석탑에 대해서는 비교적 여러 연구가 진행된 바 있지만, 신라계 석탑에 대해서는 활발한 연구가 진행된 바 없다.

IV. 結論

신라석탑의 발달사상에서 시원기 석탑에 대한 이해는 우현 고유섭선생의 연구이래 줄 곳 분황사모전석탑은 중국의 전탑과 기존의 목탑의 양식이 혼재되어 건립되었으며, 이어 건립된 의성 탑리오층석탑 역시 같은 계통의 석탑으로 이해되어 왔다. 결국 신라석탑은 발생초기부터 중국문화의 영향을 받아 건립되었다는 것이 통념이었다. 이에 반해 백제의 석탑은 전탑의 영향은 배재된 채 순수한 목탑의 재현에 치중하고 있음 또한 주지의 사실이다. 하지만, 7세기 전반에 건립된 양국의 석탑에서 백제는 내재적인 전통과 기술력만으로 석탑을 건립했음에 비해 신라는 중국의 문화적 영향 하에 탑을 건립했다는 논리는 어딘가 모순을 가지고 있음에도 불구하고, 이에 대한 검토는 그간 한번도 이루어진 바 없었다.

본고는 신라 시원기 석탑이 지닌 양식의 근원이 과연 중국 전탑에 있는가 아니면 다른 요인 가운데서 찾아야 할 것인가에 대한 문제의식에 출발하였다. 앞서 서술한 바와 같이 신라 시원기 석탑에 구현된 양식은 단순히 외형적인 면에서는 중국 전탑의 영향을 찾을 수 있지만, 이는 석재의 사용에 따른 필연적인 결과로 보았다. 뿐만 아니라 신라의 시원기 석탑의 양식에는 백제에서와 같이 그간 축적된 목조건축의 기술력과 더불어 서역문화의 유입을 통해 수입된 인도석탑의 양식도 있음을 파악하였다. 특히 분황사모전석탑에서 전탑의 영향으로 보는 가장 큰 부분인 옥개석의 양식은 안삼암을 벽돌과 같이 다듬어 탑을 조성함에 있어 당연한 결과라 할 수 있다. 따라서 이 석탑에는 전탑의 영향이 배어있는 것이 아니라 인도에서 발생된 모전석탑의 수법이 중국 산동성을 거쳐 전래된 결과라 생각된다. 따라서 분황사모전석탑은 기존에 확립된 목탑과 새롭게 전래된 모전석탑의 양식이 혼합되어 건립된 것으로 보는 것이 더욱 타당하다는 의견을 제시했다. 의성탑리오층석탑 역시 옥개석 상면의 낙수면을 제외하면 어느 한 곳에서도 전탑의 요인일 찾을 수 없었다. 따라서 이 석탑은 목조건축의 구성 요소를 충실하 반영해 건립한 신라 최초의 석탑으로 보았다. 뿐만 아니라 그간 전탑의 영향으로 보아왔던 옥개석 낙수면의 층단받침은 분황사모전석탑의 양식에서 비롯된 것으로 보았다. 이는 백제 미륵사지석탑에서 노출되었던 다양한 문제가 정림사오층석탑에서 해결되며, 한편으로는 이 석탑 양식 정립에 지대한 영향을 주고 있음과 같은 예에서 그러한 결론을 내리었다. 마지막으로 시원기석탑 석탑이 건립되던 7세기 전반경 신라에는 앞서 열거한 2탑 뿐만 아니라 목탑과 전탑도 동시에 건립되어 있어 이 시기에는 적어도 4가지 유형의 탑파가 건립되었음을 서술했다. 아울러 분황사모전석탑과 의성탑리오층석탑은 각각 모전석탑과 석탑계모전석탑으로독자적인 계보를 확립하며 고려시대에 이르기까지 지속적으로 건립되었음을 밝혔다.

(2003.06「新羅 始原期 石塔에 대한 考察」,『文化史學』제19호, 韓國文化史學會)

新羅 典型期 石塔에 대한 考察

Ⅰ. 序言

우리나라의 석탑은 8세기 중반에 건립된 불국사삼층석탑에서 기본 양식이 확립된 이래 이와 동일한 양식의 석탑이 전 시대에 걸쳐 전국에 건립되었다. 이는 定型期에 확립된 석탑의 양식이 우리나라 석탑의 發達史上에서 차지하는 비중을 알려주는 절대적인 指標라 하겠다. 따라서 신라석탑에 대한 이해는 바로 우리나라 석탑의 발달사를 파악하는데 가장 중요한 위치를 지니고 있다.

신라석탑은 시원기→전형기→정형기를 거치며 발전했다는 논리는 우현 고유섭선생께서 주창한 이래 미술사학계의 정설로 받아들여지고 있다. 필자도 선생께서 구분한 이같은 논리에 대해 별다른 異見은 없다. 하지만, 각 시기에 속한 석탑에 대해 곰곰이 생각해 보면 그가 축적된 신라석탑에 대한 연구성과를 볼 때 선생께서 제시한 시기구분과 소속석탑에 대해 조금 더 진전된 연구가 이루어져야 필요성이 있다고 생각된다.[1] 필자는 이같은 생각에 따라 시원기 석탑에 대한 견해를 피력한 바 있다.[2] 본고에서 고찰하고자 하는 전형기 석탑 역시 같은 맥락에서 진행되는 연구로, 그간 여러 선학들께서 주로 개설서의 한 부분에서 고찰했을 뿐 이에 대해 구체적

* 이 논문은 2003학년도 단국대학교 대학연구비의 지원으로 연구되었음.

1 그간 진행되었던 우리나라의 석탑에 대한 연구 이중에서도 특히 신라석탑에 대한 부분의 큰 틀은 우현선생께서 제시한 논리에서 더 진전하지 못하고 있는 것이 현실이다. 필자가 진전된 논리가 필요하다는 것은 그간의 우현 선생께서 이룩하신 연구성과에서 맴 돌았던 신라석탑에 대한 연구를 존 더 세밀히 분석하고, 정리해 보자는 의도이다.

2 朴慶植, 「新羅 始原期 石塔에 대한 考察」, 『文化史學』제19호, pp.79-95, 2003, 韓國文化史學會.

으로 연구가 진행된 바 없었다.[3]

전형기석탑은 신라석탑 나아가 우리나라 석탑의 양식을 완성하는데 있어 중요한 위치를 점하고 있다. 왜냐하면 이어 등장하는 정형기석탑에서 신라석탑의 양식이 완성됨을 볼 때, 결국 우리나라 석탑의 가장 기본적인 양식은 이로부터 시작되고 있기 때문이다. 한편 그간의 연구에 있어서 전형기에서 정형기로 이어지는 과도기에 대한 본격적인 언급 없이 전형기 석탑에서 비롯된 신라석탑은 불국사삼층석탑에 이르러 양식적인 완성을 보았다는 일관된 논리가 우리를 지배하고 있었다. 하지만, 양식 발생 초기에서 완성기로 이어지는 과정에서 과도기가 존재해야만 양식발달사를 정립할 수 있다고 생각한다. 따라서 전형기와 정형기 석탑 사이에 놓일 과도기적 석탑의 양식 규명과 더불어 과연 어느 석탑이 이에 해당할 수 있는가에 대한 문제는 반드시 고려되어져야 할 할 것으로 생각된다. 그간의 연구 성과로 볼 때 전형기의 석탑은 감은사지동·서삼층석탑, 고선사지삼층석탑, 나원리오층석탑 등이 주목되고 있으며, 시기는 주로 통일직후로 보고 있다. 하지만, 필자의 생각으로는 앞서 언급한 3기의 석탑과 더불어 장항리사지오층석탑, 황복사지삼층석탑도 이 시기의 석탑에 포함시켜야 할 것으로 생각된다.[4] 따라서 전형기석탑은 그간의 견해와는 달리 모두 5기로 확대되는 바, 이들은 양식의 발전에 따라 신라석탑의 양식적 근본을 주창한 전형1기와 이로부터 양식이 발달되어 정형기석탑에 이르는 과정을 보여주는 석탑을 전형2기로 구분해 연구되어야 할 것으로 생각한다.

본고에서는 그간 축적된 선학들의 연구성과를 바탕으로 신라 전형기 석탑에 대해 다음과 같은 주안점을 지니고 서술하고자 한다.

첫째, 필자가 제시한 전형기 석탑 5기의 양식을 전형 Ⅰ기와 Ⅱ기로 구분해 고찰하고,

둘째, 전형기석탑에서 나타난 다양한 변화상에 대해 살펴보고자 한다.

Ⅱ. 전형기석탑의 양식

전형기 석탑에 대해 우현 선생은 "在來의 試驗的이었던 모든 수법이 集成되어 整頓되었고 新

---

3 전형기 석탑에 대한 대표적인 연구로는 黃壽永, 「石塔(Ⅰ) -典型期의 石塔」, 『考古美術』158·159합집 pp.1-18, 韓國美術史學會, 1983. 및 장충식, 『新羅石塔硏究』, pp.113-145, 一志社, 1987. 鄭永鎬, 『한국의 석조미술』, 서울대학교 출판부, 1998.가 있다. 이들 연구서에서는 전형기는 물론 정형기 양식의 석탑까지도 포함된 통시적인 관점에서의 신라석탑발달사를 서술하고 있다.

4 필자가 일들 석탑을 전형기 석탑에 포함시키는 이유는 후술하겠지만, 양식적인 면에서 정형기 석탑과 확연히 구분되기 때문이다.

式의 건축양식을 加味하여 完全히 통일된 석탑 양식으로서의 完體가 성립된 것이다."[5]라고 정의 했다. 황수영 선생 역시 이 시기의 석탑을 "古新羅와 백제에서 각기 계통을 달리하고 발생하였던 석탑양식이 하나로 종합되면서, 마침내는 신라석탑으로서의 새로운 양식을 정립하였다고 하겠다. 이러한 새로운 석탑양식을 가르켜 신라석탑의 典型樣式이라 부른다."[6]라고 정의한 바 있다. 결국 이 시기의 석탑은 백제는 물론 신라 시원기 석탑에서 이룩된 모든 양식을 총 정리·집성해 신라 나름대로의 석탑 양식을 정립했음을 보여주는 것이다. 앞서도 언급한 바와 같이 이 시기에 속하는 석탑으로는 대체로 감은사지삼층석탑, 고선사지삼층석탑, 나원리오층석탑이 중심을 이루고 있지만, 이에 황복사지삼층석탑과 장항리사지오층석탑을 포함해야 할 것으로 생각한다. 아울러 각 석탑이 지닌 양식을 볼 때 감은사지삼층석탑과 고선사지삼층석탑의 一群과 나원리오층석탑을 비롯한 나머지 2기의 석탑은 확연한 차이점을 보이고 있다. 따라서 기존의 견해와 같이 막연히 전형기석탑으로 하기 보다는 이를 구분해 前者의 一群을 典型 I期, 後者를 典型 II期로 구분해 서술하고자 한다.[7]

1. 전형1기 석탑

이 시기에 해당하는 석탑으로는 우현 선생 이래 논의되어 오던 감은사지동·서삼층석탑과 고선사지삼층석탑이 다. 이들 석탑이 늦어도 통일직후인 682년에 건립되었음은 우현 선생께서 제시한 이래[8] 줄 곧 학계의 정설로 받아들여왔다. 따라서 신라석탑 발달사상에서 전형기란 이 시기로부터 시작되었음을 알 수 있는데, 이어 건립된 일련의 석탑은 이들 석탑보다 양식적으로 진전된 면모를 보이고 있어 주로 8세기 초반에 건립된 것으로 보고 있다. 따라서 전형기양식은 주로 통일직후에 건립된 석탑에서 볼 수 있는 독특한 일면을 지니고 있는 바, 필자는 이를 전형 I 기 석탑으로 분류하고자 한다. 이 시기에 속하는 석탑은 앞 서 언급한 2기로 압축되는 데, 각각의 양식을 살펴보면 다음과 같다.

---

5 高裕燮, 『韓國塔婆의 硏究』, 乙酉文化社, 1948, p.53.
6 黃壽永, 주 3의 논문, p.2.
7 전형 I 기는 신라석탑의 근본이 되는 기본적인 模範을 구축해 일단 향후 신라석탑은 이런 양식으로 건립된 다는 예고편과 같은 성격을 지녔음에 비해, 전형II기는 이로부터 좀 더 양식이 발전해 신라석탑의 기본 형식을 완성한 불국사삼층석탑에 이르는 과도기적 양식을 지닌 석탑을 지칭한다.
8 주 5의 책, p.71.

1) 감은사지동·서삼층석탑

감은사지는 『삼국유사』에 기록된 바와 같이 문문왕이 왜병을 진압하기 위해 공사를 시작했지만, 완성하지 못하고 681년에 昇遐하자 아들인 신문왕이 계속 공사를 진행해 682년(신문왕 2)에 완공된 호국사찰이다.[9] 인근에는 문무대왕의 수중능침인 대왕암과 신문왕이 만파식적을 얻었다는 이견대가 있는데, 감은사와 이를 모두 포함해 東海口遺蹟이라 불리고 있다.

삼층석탑은 寺域의 동·서쪽에 각각 건립된 쌍탑으로, 목탑의 양식을 충실히 계승하면서 이후 신라석탑의 양식적 근원을 마련한 석탑이다. 뿐만 아니라 현존하는 신라석탑 중 가장 높고 큰 규모를 보이고 있다. 2층기단위에 3층탑신을 올린 평면방형의 일반형석탑으로 동·서삼층석탑 모두 동일한 양식을 보이고 있다.

하층기단은 지대석과 면석이 一石으로 된 12매의 판석으로 조립하였는데, 면석에는 엔타시스가 있는 3개의 탱주와 우주를 모각하고 있다. 기단갑석 역시 12매의 석재로 조립하였는데, 상면에는 호각형 2단의 상층기단 받침을 놓았다. 상층기단 역시 12매의 판석으로 조립되었는데, 엔타시스가 있는 우주와 2개의 탱주를 모각하였다. 상층기단 갑석은 8매의 석재로 구성되었는데, 하면에는 각형 1단의 부연이 있고, 상면에는 각형 2단의 초층탑신 받침을 조출하였다. 이처럼 기단에 사용된 석재의 수가 많아짐에 따라 각 부재가 연결되는 곳에는 석재의 이탈을 방지하기 위해 「I」자형 철제은장을 사용해 조립했다.[10]

탑신부는 탑신석과 옥개석이 1석에서 8매의 석재에 이르기 까지 다양하게 사용되고 있어 각 층의 구성 수법이 모두 다름을 알 수 있다. 즉, 초층탑신은 각 모서리에 엔타시스가 있는 우주를 세우고 그 사이에 면석을 놓아 모두 8매의 석재를 사용하였다. 2층탑신석은 4매의 판석으로 조립했는데, 각 면에는 양 우주가 모각되었다. 3층탑신석은 1매의 석재로 구성했는데, 각 면에는 양 우주를 모각했다. 이처럼 3층탑신석을 단일석으로 조성한 이유는 사리의 봉안과 더불어 찰주를 고착시키기 위한 의도로 생각된다.

옥개석은 매 층 8매의 석재로 구성하였는데, 옥개받침부와 낙수면이 각각 4매씩으로 조립되었다. 낙수면의 경사가 완만하고 처마는 수평을 이루다가 전각에 이르러 살짝 반전되고 있다. 옥개석의 하면에는 매층 각형 5단의 옥개받침이, 상면에는 각형 2단의 탑신받침대를 조출하고 있다. 이처럼 석탑의 건립에 있어 많은 양의 석재가 사용된 점은 우주와 탱주에 표시된 엔타시스 및 낙수면의 양식과 더불어 목조건축을 충실하게 재현한 것으로 보인다. 상륜부는 양 탑 모두 노반석만이 남아있는데, 높이 3.3m의 찰주가 노반석을 관통해 3층탑신까지 꼽혀

---

9 『三國遺事』, 卷 第二, 萬波息笛條.
10 國立博物館, 『感恩寺』, 1961, p.62,

있다. 찰주의 중간부에 가공한 흔적이 없는 점으로 보아 상륜부재는 모두 석재로 구성되었던 것으로 생각된다.[11]

감은사지에 대한 발굴조사 결과 중문, 쌍탑, 금당, 강당이 순차적으로 배치되고, 이를 회랑이 감싸고 있는 전형적인 쌍탑가람으로 확인되었다. 따라서 감은사지석탑은 신라가 석탑으로 건립한 최초의 쌍탑으로, 682년(신문왕 2)을 건탑의 下限으로 설정할 수 있어 신라석탑의 발달사를 확립하는데 중요한 위치를 지니고 있다. 뿐만 아니라 양식적인 면과 더불어 각 부의 구성에 있어 많은 수의 석재를 사용하고 있음은 백제 및 신라 始原期石塔에서와 같이 목조건축의 충실한 飜案에 주력하고 있음을 볼 수 있다. 그렇지만, 앞 시대의 석탑은 목조건축을 直譯함에 그친데 비해, 이 석탑에서는 이를 모두 소화·정리해 原始性을 탈피하고, 신라 나름대로의 석탑양식을 확립했다는데 그 의의가 있다.

2) 고선사지삼층석탑

석탑이 위치했던 高仙寺는 정확한 창건연대는 알 수 없지만, 원효대사와 관련된 기록과[12] 1914년 5월 일본학자들에 의해 誓幢和尙碑片이 발견된 점으로 보아 신문왕 6년(686) 이전에는 寺觀의 體制를 갖추고 있었던 것으로 생각된다.[13] 이후 1021년 5월(현종 12)에 "尙書右丞 李可道에 명하여 경주 고선사에 있던 金襴袈裟와 佛頂骨, 창림사에 있던 佛牙를 가져오게 하여 內殿에 두게 하였다."는 기록[14]으로 보아 이 때 까지도 사찰의 규모를 갖추고 있던 것으로 생각되는데, 廢寺에 관해서는 정확한 내용을 알 수 없다. 寺址는 덕동다목적댐 공사로 인해 수몰예정지역으로 편입되어 1975년 문화재관리국 산하 경주사적관리사무소에 의해 발굴조사 되었고, 석탑은 국립경주박물관으로 옮겨 세웠다.[15]

2층기단위에 3층탑신을 올린 평면방형의 일반형석탑이다.

기단은 여러매의 장대석으로 구성된 지대석 위에 구축되었다. 하층기단은 지대석과 면석을 一石으로 조성하였는데, 모두 12매의 석재로 구성되어 있다. 각 면석에는 탱주 3주의 양 우주가 모각되었다. 하층기단 갑석은 모두 12매의 판석으로 구성되었는데, 상면에는 호각형 2단의 상층기단 받침을 조출하고 있다. 상층기단 면석 역시 12매의 판석으로 조립하였는데, 각 면에

11 國立博物館, 앞 책, p.66.
12 『三國遺事』, 卷 4, 虵福不言條.
13 高裕燮, 「慶州 高仙寺址三層石塔」, 『韓國塔婆의 硏究』, 同和出版公社, 1975, p.167.
14 『高麗史』, 顯宗 12年 5月 條.
15 文化財管理局, 慶州史蹟管理事務所, 『高仙寺址發掘調査報告書』, 1977.

는 2기의 탱주와 우주가 모각되어 있다. 기단 갑석은 8매의 석재로 조립하였는데, 하면에는 각형 1단의 부연이, 상면에는 별개의 석재로 조성된 각형 2단의 탑신받침을 두었다. 각 부재가 연결되는 곳에는 「I」자형 은장을 사용해 석재의 이탈을 방지했다.[16]

탑신부에 있어 탑신석은 각 층의 구성 수법이 모두 다르지만, 옥개석은 통일된 양식을 보이고 있다. 초층탑신은 각 모서리에 別石의 우주를 세우고 그 사이에 면석을 세워 모두 8매의 석재로 구성되었다. 2층탑신은 4매의 판석으로 구성하였는데, 양 우주가 모각되었다. 3층탑신은 一石으로 조성했는데, 각 면에는 양 우주를 모각했다. 이 중 초층탑신의 4면에는 가로 118㎝, 세로 140㎝ 크기의 문비형을 모각했다. 문비형 내부에는 네 귀퉁이에 각각 6개, 중앙 상·하에 16개씩, 그리고 한복판 좌·우에는 작은 圓形을 돌리고 내부에는 각각 3개씩의 작은 구멍을 뚫은 흔적이 있다. 이중 네 귀퉁이와 중앙 상·하의 구멍은 문비형의 표면에 금동판 같은 것을 씌어 붙여서 한층 더 장엄하게 가식하기 위하여 못을 박았던 구멍자국으로 추측된다. 한복판에 만들어진 2개의 원형은 문고리를 표현한 것으로 짐작된다.[17] 3층탑신 상면에는 圓形과 2단의 방형 구멍이 확인되었다. 원형구멍은 지름 26㎝, 깊이 15㎝의 크기로 중앙에 위치하였고, 이로부터 6㎝ 남쪽에 방형구멍을 뚫었다. 규모는 상단이 일변 31㎝, 깊이 1.5㎝, 하단 일변 25㎝로 전체의 깊이는 20㎝이다. 이 중 방형구멍은 사리장치를 봉안했던 사리공으로, 원형 구멍은 찰주의 밑뿌리를 받아 고정하기 위한 구조 추측된다.[18] 이처럼 찰주공이 삼층탑신에 까지 개착된 것은 신라석탑에서는 드문 현상으로, 옥개석이 8매로 조성된데 그 원인이 있는 것으로 생각된다.

옥개석은 매층 8매의 석재로 구성하였는데, 옥개받침부와 낙수면이 각각 4매의 석재로 구성되어 있다. 낙수면의 경사가 완만하고 처마는 수평을 이루다가 전각에 이르러 살짝 반전되어 장중하고 경쾌한 탑신부를 구성하고 있다. 옥개석의 하면에는 매층 각형 5단의 옥개받침이, 상면에는 각형 2단의 탑신받침대를 조출하고 있다. 상륜부는 노반·복발·앙화가 남아있다. 이중 노반석은 하면에 각형 1단의 부연이 조출된 신라시대 통식의 노반과는 달리 상면에 각형 1단의 받침을 조출해 앙화석을 받고 있어 이채롭다.

이 석탑은 해방 몇 해 전에 해체수리 공사가 진행된 바 있으나, 당시의 기록이 남아있지 않아 사리장치 및 작업에 대한 내용을 알 수 없다. 석탑에 대한 실측조사 결과 기단부에 44매, 탑신부에 38매 등 모두 82매의 석재가 사용되었음이 밝혀졌다. 이처럼 석탑의 건립에 많은 석재가

---

16 文化財管理局, 慶州史蹟管理事務所, 앞 책, p.34.
17 文化財管理局, 慶州史蹟管理事務所, 앞 책, p.35.
18 주 17과 같음.

사용된 것은 석탑의 규모가 크고 높다는 것도 한 요인으로 생각할 수 있지만, 보다 근본적인 것은 목조건축의 충실한 재현에 주력했던 당시의 상황이 주된 원인이었을 것으로 생각된다. 뿐만 아니라 석재의 결구 수법과 양식 및 규모에서 인근지역에 위치한 감은사지삼층석탑과 동일한 면을 보이고 있는데, 이후 건립되는 석탑의 양식적 근원을 마련한 석탑으로 평가되고 있다. 앞서 언급한 바와 같이 원효가 주석했고, 그의 入寂이 686년(신문왕 6)인 점과 더불어 감은사지 삼층석탑과 같은 양식임을 감안할 때 석탑의 건립하한은 686년으로 추정되고 있다.

2. 전형 II 기 석탑

전형 II기는 앞서 언급한 바와 같이 전형 I기와 정형기의 대표적인 석탑으로 알려진 불국사 삼층석탑 사이에 놓이는 일군의 석탑을 지칭한다. 이 시기에 해당하는 석탑으로는 나원리오층 석탑, 구황동삼층석탑, 장항리사지오층석탑으로 생각된다. 그간 이들 석탑에 대해서는 나원리 오층석탑만 전형기석탑의 범주에서 언급되었을 뿐 나머지 2기의 석탑은 8세기 전반에 건립되었다는 점 외에는 시원기→전형기→정형기의 어느 시기에도 놓이지 못한 채 연구되어 왔다.[19] 하지만, 전형로부터 정형기로 양식이 이행되어간다는 논리에서 볼 때 앞서 언급한 전형 I기의 석탑에서 불국사삼층석탑으로 이행되어가는 과정은 통일된 나라의 힘과 석재를 다루는 기술적 역량, 불교의 중흥 등 다방면에 걸쳐 문화적 융성기를 구가하고 있음을 보여주는 예라 하겠다. 따라서 신라석탑의 발달사는 바로 통일된 나라의 문화적 역량이 어떻게 발전해 나가는가를 보여주는 척도가 될 수 있다고 생각한다. 아울러 불국사삼층석탑에서 신라석탑 나아가 우리나라 석탑의 양식이 완성되었다고 할 때, 전형 I기의 석탑에서 불국사삼층석탑으로 이어지는 양식적 흐름의 파악에 과도기 양식의 설정은 중요한 문제라 생각한다. 필자가 전형 II기로 설정한 석탑군이 바로 전형기와 정형기 사이에 놓이는 과도기 양식의 석탑을 지칭한다. 이들은 전형 I기 석탑에서 이룩된 양식에서 발전되어 서서히 불국사삼층석탑으로 이행되어 가는 양식의 발달과정은 물론 석재를 다루는 기술력 등 다방면에서 변화되는 면모를 보이고 있다. 전형 II기에 놓일 수 있는 석탑은 나원리오층석탑, 구황동삼층석탑, 장항리사지오층석탑으로 각각의 양

---

19 우현 선생은 나원리오층석탑을 전형기석탑으로 구분한 바 있다. (주 5의 책, p.53), 이후 황수영 선생은 8세기 석탑의 통시적인 안목에서(황수영, 주 3의 논문.), 장충식 선생은 7세기 후반에서 8세기 후반에 이르는 전형양식의 정립기(장충식, 주 3의 책)의 작품으로, 정영호 선생은(정영호, 주 3의 책) 신라석탑의 전형가에서 7·8세기 석탑 모두를 다루고 있어 필자가 분류한 전형II기 석탑의 소속에 대해 전형기인지 정형기석탑인지에 대한 명쾌한 답을 제시하지 않고 있다. 하지만 이들 연구에서는 필자가 분류한 전형 II기의 석탑들에 대해 불국사삼층석탑 보다 앞 서 건립된 것으로 보고 있으며, 시기 또한 8세기 초반에 두고 있어 사실상 전형기석탑으로 간주하고 있음을 느끼게 한다.

식을 고찰하면 다음과 같다.

1) 나원리오층석탑

석탑이 소속된 사찰의 이름을 알 수 없어 지명을 따라 '나원리오층석탑'이라 불리우고 있다. 석탑의 주변에는 층단을 이루며 경작지와 평탄 대지가 조성되어 있고, 통일신라시대에 조성된 것으로 추정되는 기와편이 출토되는 점으로 보아 본래 석탑이 소속된 사찰이 있었던 것으로 보인다.

2층기단 위에 오층탑신을 올린 평면 방형의 일반형석탑으로, 경주 일원에서는 감은사지 및 고선사지삼층석탑에 버금가는 巨塔이다. 여러매의 장대석으로 구성된 지대석 상면에 2층기단을 놓았다. 하층기단 면석은 4매의 판석으로 조립되었는데, 각 면에는 3기의 탱주와 우주가 모각되었다. 4매의 판석을 구성된 갑석의 상면은 약간 경사지게 처리하였는데, 호각형 2단의 상층기단 받침이 마련되어 있다. 상층기단은 4매의 판석으로 조립되었는데, 각 면에는 2기의 탱주와 우주가 모각되어 있다. 각 부재의 네 귀퉁이 상면에는 나비장으로 석재를 고착시켰던 흔적이 있는데, 현상으로 보아 철제나비장을 사용했던 것으로 보인다.[20] 4매의 판석으로 조립된 상층기단 갑석의 하면에는 각형 1단의 부연이 있고, 상면에는 각형 2단의 초층탑신 받침이 있다.

탑신부는 초층탑신만 4매의 판석으로 조립하였을 뿐, 나머지 탑신은 모두 一石으로 조성하였다. 각 층 탑신석에는 우주만 모각되었는데, 1층에 비해 2층 이상은 급격히 낮아지는 형상을 보이고 있다. 옥개석역시 1층과 2층은 낙수면과 받침부를 각각 別石으로 구성했으나, 3층 이상은 一石으로 조성했다. 각층 옥개석의 하면에는 각형 5단의 옥개받침이 조출되었고, 상면에는 각형 2단의 탑신괴임대가 마련되어 있다. 낙수면의 경사가 완만하고, 처마는 수평을 이루다가 전각에 이르러 살짝 반전되어 전체적으로 날렵하고 경쾌한 탑신부를 구성하고 있다. 轉角에는 모두 풍경을 달았던 작은 구멍이 있다. 상륜부에는 상면에 절단된 찰주가 남아있는 노반석만 남아있다.

이 석탑은 1922년 日人 학자에 의해 수리되었다고 하는데, 아무런 기록을 남기지 않아 당시의 현상을 알 수 없다. 이후 1966년 9월 14일 도굴범에 의해 석탑의 일부가 파손되었고, 1968년 2월 14일에는 2층옥개석을 작기로 들어올리려다 미수에 그친 사건이 있었다. 이처럼 무계획적인 조사와 계속되는 도굴로 인해 피해를 받던 석탑은 문화재연구소에 의해 실측조사 된 바

---

20 文化財管理局, 『韓國의 古建築』7, 1985, p.20.

있고, 1996년 3월에 이르러 석탑에 대한 전면적인 해체·보수가 진행되었다.[21]

이 석탑은 순백색의 화강암이 주는 질감과 더불어 기단부 및 초층탑신에 사용된 많은 석재, 결구수법, 상·하층 기단에 모각된 탱주의 수 등에서 감은사지 및 고선사지삼층석탑에 구현된 전형 I기의 양식을 볼 수 있다. 하지만, 탑신부는 대체로 一石으로 조성되었고, 세부적인 면에서도 정형기 석탑의 양식을 지니고 있다. 우현 선생은 이 석탑에 대해 "곧 이 탑은 구성에 자신을 갖고 간편을 主旨로 하여 一氣呵成의 기력으로써 結構를 완수하고 있다. 그곳에는 고선사지탑·감은사지탑에서 보는 바와 같은 결구의 고심이 없다."[22] 라고 기술하고 있어, 석탑의 조립 기법은 물론 양식적인 면에서 변화가 이루어지고 있음을 지적하고 있다. 이 석탑은 여러 정황을 고려해 볼 때 감은사지 및 고선사지삼층석탑에서 불국사삼층석탑으로 이행되어 가는 과도기적인 양식을 지닌 석탑으로, 8세기 초반에 건립된 석탑으로 추정된다.

....

21 해체 수리 당시 3층 옥개석 상면에 마련된 사리공에서 사리 15과를 비롯한 사리장엄구가 수습되었다. 이에 대해서는 국립문화재연구소, 『경주 나원리 오층석탑 사리장엄』, 1998에 상세히 소개되어 있는 바, 이를 간략히 정리하면 다음과 같다.

조사가 진행되던 3월 15일에 3층옥개석 상면 중앙부의 사리공에서 舍利 15과, 金銅製舍利函, 小形 金銅佛立像 1구, 다수의 金銅 및 木造小塔片, 유리구슬 4점, 석제 및 목제편 그리고 無垢淨光大陀羅尼經의 寫經片 등 많은 사리장엄구가 발견되었다. 사리공은 방형으로 30㎝×31㎝, 깊이 20㎝의 크기이다. 바닥에는 목재쇄설물을 놓고, 그 위에 15.6㎝×15.2㎝×15㎝ 크기의 금동사리함을 놓고, 다시 상면에 27.5㎝×26.5㎝×3㎝ 크기의 목판재를 얹은 후 피라미드형으로 강화다짐을 하였다. 금동사리함은 한변이 15.2㎝~15.6㎝인 정사각형으로, 상면은 별도로 제작한 뚜껑이 덮여있는데, 바닥과 벽체는 금동판을 접어 조립해 만든 후 땜질한 상태이다. 사리함의 무게는 뚜껑 480g, 몸체 1,810g으로 총 2,290g임이 밝혀졌다. 사리함의 뚜껑에는 와곽에 蓮花唐草紋을 새긴 후 내부에 보상화문을 배치했다. 네 벽에는 사천왕상을 각각 1구씩 새겼는데, 중앙아시아와 중국에서 제작된 사천왕상의 모습과 유사성을 띠고 있어 당시 신라문화의 국제감각과 기술력의 일단을 알 수 있다. 純金으로 조성된 금동불은 금동사리함 내에서 사리와 함께 수습되었다. 높이 4㎝인 소형불상으로 보주형 광배와 연화대좌를 구비한 입상이다. 대좌와 신체는 내부에 中空을 두지 않은 通鑄造式으로 조성했다. 이 불상은 크기에 비해 정교하고 생동감 있게 조성했고, 신체에 비해 큰 머리와 고졸한 미소, 시무외·여원인의 수인, 두꺼운 통견 법의, 두광에 표현된 화염문 등에서 삼국시대 이래 조성되던 古式 금동불의 전통을 볼 수 있다. 뿐만 아니라 가슴에서 흐르는 유려한 U자형 의문과 신체 각 부에 표현된 자연스러운 양감 등으로 보아 통일신라시대 초반에 조성된 것으로 추정되고 있다. 소탑은 사리함의 내·외부에서 모두 수습되었다. 내부에서는 금동 삼층 및 구층소탑 3기, 상륜부가 결실된 목조구층소탑과 3층 목탑 편 4점 및 다수의 소형 목탑편이, 외부에서는 목조오층소탑과 다수의 소형목탑편이 각각 수습되었다. 이처럼 나원리오층석탑에서 수습된 소탑들은 무구정광대다라니경에 의한 소탑 봉안 사례중 가장 이른 것으로, 보존처리 결과 전체적인 비례나 양식상에서 8세기 초기 석탑의 양식을 지닌 것으로 파악되었다. 아울러 사리함의 안쪽 벽면에 붙어있던 紙類에 대한 분석결과 무구정광대다라니경의 사경편으로 밝혀져 현존 最古의 필사본 다라니경으로 확인되었다. 뿐만 아니라 신라는 구황리삼층석탑의 사리구와 더불어 8세기 초반에 탑의 조성에 사상적 바탕을 마련해준 造塔經이 성행하고 있음을 다시 한번 확인할 수 있었다.

22 고유섭, 주 13의 책 p.176, 「경주 나원리오층석탑」.

2) 구황리삼층석탑

석탑이 있는 지역은 옛부터 황복사터라고 전하고 있어 황복사지석탑이라 불리우고 있다. 황복사는 의상대사가 落髮했을 뿐 아니라 繞塔式을 행한 사찰로 기록되어 있는데,[23] 이 곳에서 수습되었다고 하는 기와편에 皇福寺 및 王福 등의 글자가 새겨져 있어[24] 황복사지의 유력한 증거로 제시되고 있다.

이 석탑은 이층기단위에 3층탑신을 올린 일반형석탑이다. 기단부는 8매의 판석으로 구성된 지대석 위에 조성되었다. 하층 기단은 8매의 석재로 조성하였는데, 지대석·면석·갑석이 각각 1석으로 조성되었다. 면석에는 각각 2주의 탱주와 우주가 모각되어 있다.[25] 갑석의 상면은 약간 경사지게 처리하였는데, 호각형 2단의 상층기단 받침이 조출되어 있다. 상층기단은 8매의 판석으로 조립하였는데, 2기의 탱주와 우주가 모각되어 있다. 4매의 판석으로 구성된 상층기단 갑석의 하면에는 각형 1단의 부연이 있고, 상면에는 각형 2단의 초층탑신 받침이 마련되어 탑신부를 받치고 있다.

탑신부는 각층의 탑신석과 옥개석이 1석으로 조성되어 있다. 탑신석에는 우주만 모각되었는데, 탑신의 너비에 비해 좁게 모각되어 조화를 이루지 못하고 있다. 탑신석의 높이는 1층에 비해 2층 이상은 급격히 낮아지는 형상을 보이고 있다. 옥개석의 하면에는 매층 5단의 옥개받침이 있고, 상면에는 1층과 2층은 각형 2단, 3층은 각형 1단의 탑신괴임대가 조출되어 있다. 낙수면의 경사가 완만하고, 처마는 수평을 이루다가 전각에 이르러 반전을 이루고 있는데, 낙수면의 길이가 짧아 전형 I 기의 석탑과는 다른 양상을 보이고 있다. 상륜부는 노반석만 남아있다.

이 석탑은 1942년에 수리하였는데, 당시 2층옥개석에서 명문(銘文)이 새겨진 금동사리함과 함께 2구의 순금불상을 비롯하여 많은 장엄구가 발견되었다. 금동사리함의 뚜껑 안쪽에서는 360여 자에 달하는 명문(銘文)이 확인되어 탑의 건립원인과 사리장엄의 내막을 알 수 있었다. 명문의 내용을 볼 때 황복사지삼층석탑은 신문왕이 승하한 692년에서 성덕왕이 사리장엄을 다시 봉안한 706년 사이에 건립되었음을 알 수 있다. 이와 더불어 양식적인 면에 있어 이보다 조금 앞서 건립된 감은사지 및 고선사지삼층석탑에서 확립된 전형기 석탑의 양식을 계승하면서, 나름대로 새로운 변화를 시도하고 있다. 즉, 전형 I 기의 석탑보다는 기단부에서 조립된 석재의

23 『三國遺事』, 卷 第四, 義湘傳教條.
24 張忠植, 『韓國의 塔』, 一志社, 1989, p.78.
25 이처럼 하층기단에 2주의 탱주가 모각됨은 전형 I 기 석탑으로부터 변화되는 양식이 바, 우현 선생은 이에 대해 "하층기단의 신부에 있어서 탱주가 이주로 되어있는 것도 삼본탱주의 것으로부터 일전변을 이루고 있는 새로운 양식의 원초적인 것으로서 주의할만하다."라고 지적하고 있다. 高裕燮, 주 13의 책, p.181. 「慶州 狼山東麓 廢寺址三層石塔」.

수가 현저히 줄어들었고, 탑신부에서는 탑신과 옥개석이 각각 一石으로 조성되고 있다. 따라서 석탑을 조성하는데 소요되는 석재의 수가 앞 시기에 비해 현저히 줄어들고 있음을 알 수 있다. 뿐만 아니라 탱주의 수가 상·하층 기단 공히 2주로 줄어 기단이 축소되면서 탑신부 역시 一石으로 조성되어 석탑의 전체적인 규모가 낮아지는 현상을 보이고 있다. 그렇지만, 부재의 감소와 기단 및 탑신부에서 규모의 축소는 전형기 석탑에서 확립된 각부 양식을 모두 계승하면서 건립되고 있어 통일신라 초기에 석탑을 건립하는 기술적인 측면에서 상당한 발전을 이룩했던 것으로 생각된다.

이상과 같은 내용을 볼 때 건탑의 원인이 순수불교적인 면에서 願塔으로 이행됨과 동시에 정형기 석탑의 양식으로 이행되는 과정을 파악할 수 있는 단서를 제공하고 있다.

3) 장항리사지오층석탑

토함산의 동남쪽에 위치한 장항리사지에는 동·서오층석탑과 더불어 통일신라 초기에 조성된 것으로 추정되는 石佛像과 팔각대좌가 있어 일찍부터 주목되어 왔다. 그렇지만 사지의 위치가 한적한 까닭에 1923년 석탑의 사리를 노리는 도굴범에 의해 석탑과 석불 그리고 대좌가 폭파되었다. 당시 석불을 비롯한 2기의 석탑은 크게 파손되었는데, 동탑은 무너지면서 계곡으로 굴러 떨어져 버렸다. 이후 석불은 경주박물관으로 이전되었고, 서탑은 1932년에 3층탑신을 새로 끼워 복원하였고,[26] 동탑은 1965년에 계곡에서 끌어 올려 현재의 모습으로 보존되고 있다. 현재 서오층석탑은 4·5층 옥개석이 약간 손상되었고, 상륜부가 결실되었을 뿐 거의 원형을 보유하고 있다. 동오층석탑은 초층탑신과 1층에서 5층까지의 옥개석만을 쌓아 놓은 형태로 보존되고 있는데, 현상으로 보아 양 탑은 동일한 양식을 지닌 쌍탑으로 판단된다.

서오층석탑은 2층기단 위에 5층탑신을 올린 평면 방형의 일반형 석탑이다. 하층기단의 각 면에는 2기의 탱주와 우주가 모각되었고, 갑석의 상면에는 호각형 2단의 기단 받침을 조출하였다. 상층기단의 각 면에도 2개의 탱주와 우주가 모각되어 있다. 상층기단 갑석의 하면에는 각형 1단의 부연이 있고, 상면에는 각형 2단의 탑신받침을 두었다.

탑신부는 각 층의 탑신석과 옥개석이 각각 1석으로 조성되었다. 초층탑신은 양 우주를 모각하고, 중앙에 배치된 문비형의 좌우에 인왕상을 배치했다. 문비형은 2조의 선으로 외곽을 구성한 후, 중앙에는 자물쇠와 불거진 눈, 커다란 코, 날카롭게 드러난 이빨이 사실적이고 풍만하게 표현된 사자머리 장식의 문고리까지 표현하고 있다. 이같은 문비형은 고선사지삼층석탑의 그

26　金禧庚,「月城郡獐項里五層石塔倒壞의 件」,『韓國塔婆研究資料』, 考古美術同人會, 1968, pp.185-195. 이 기록에 의하면 오층옥개석은 2조각으로 파손되어 철정 6개를 사용해 부착했음을 알 수 있다.

것 보다 더 적극적인 표현으로 내부에 공간과 사리가 있음을 암시하고 있다. 인왕상은 탑신의 네 면에 각각 2구씩 조각되었는데, 모두 문비형의 좌·우에 배치되고, 머리 위로는 양 우주가 모각된 공통점을 지니고 있다.[27]

2층탑신석 이상은 1층에 비해 낮게 조성되었는데, 대체로 비슷한 규모를 보이고 있다. 탑신석의 각 면에는 양 우주만 모각되었다. 옥개석의 하면에는 매층 각형 5단의 탑신받침대를 조출하였고, 상면에는 각형 2단의 탑신괴임대를 두었다. 낙수면의 경사는 비교적 완만한데, 처마는 수평을 이루다가 전각에 이르러 약간 반전되고 있다. 상륜부는 노반석만 남아있다.

이 석탑은 앞서 건립된 감은사지 및 고선사지삼층석탑의 이룩한 양식을 잘 계승하고 있을 뿐만 아니라 석재의 조립에 있어 이들과는 달리 單一化 형상이 뚜렷이 보이고 있다. 따라서 월성나원오층석탑과 더불어 전형 II기에 해당하는 석탑으로, 불국사삼층석탑으로 이행되는 과도기적 양식을 지닌 석탑으로 생각된다. 석탑에 구현된 여러 양식으로 보아 8세기 초에 건립된 것으로 추정되는데,[28] 5층이라는 규모에도 불구하고 세부 조각수법에 있어 매우 드물게 보이는 뛰어난 手作으로 평가되고 있다.

III. 전형기석탑의 변화상

전형기석탑이 지닌 양식은 신라의 삼국통일 직후에 구현된 이래 8세기 초반에 이르기 까지 점진적으로 발전을 거듭하고 있다. 이에 따라 시간이 지날수록 초기의 원시성에서 탈피해 점차 단아하고 안정감 있는 석탑으로 거듭나면서 불국사삼층석탑에 이루러 신라석탑의 양식을 완성하고 있다. 뿐만 아니라 석탑의 건립하는 목적성에 있어 석가모니의 사리를 봉안한 건축물이자, 예배의 대상이라는 당초의 목적이 다양해지고 있음을 볼 수 있다. 본 장에서는 이같은 사항에 초점을 맞추어 이 시기 석탑의 변화상에 대해 고찰하고자 한다.

---

27 우현 선생은 이 석탑에 부조된 인왕상에 대해 "연화좌 위에 서게 한 것과, 각출된 우주를 배경으로 밀고 벽면과 공통의 면에 浮出시키고 있는 점을 들면서, 진정한 의미의 석탑에다 인왕상을 飾付한 것은 이 석탑을 최초의 예"로 보고 있다. 뿐만 아니라 "인왕이 우주를 배경으로 서 있다는 점은 곧 인왕이 門前에 서 있다고 하는 門戶의 存在地點과 인왕의 屹立地點과의 사이의 前後·空間的인 透視法 관계를 나타낸 것으로서 사실적인 것으로의 활발한 追求性을 볼 수 있는 것이다."라 평가하고 있다.
고유섭, 주 13의 책, p.184.

28 이 석탑의 건립연대에 대해서 우현 선생은 성덕왕대(702-736), 황수영선생은 8세기 중반으로, 장충식 선생은 8세기 전방에 건립된 것으로 추정하고 있다. 고유섭, 주 13의 책, p.184. 황수영, 『韓國의 佛敎美術』, 同和出版公社, 1974, p.88. 장충식 주 3의 책, p.128.

1. 건탑 기술의 진전

전형기 석탑에서 시원기와는 달리 다음의 세가지 측면에서 뚜렷한 양식의 진전상황을 볼 수 있다.

이중 가정 먼저 주목되는 점은 전형Ⅰ기에서 Ⅱ기로 진전되면서 석탑의 건립에 사용되는 석재의 수가 현저히 감소된다는 점을 들 수 있다. 필자가 제시한 전형기 석탑 5기에 사용된 석재의 수를 정리해 보면 다음의 표로 집약된다.

전형기 석탑에 사용된 석재의 수

	감은사지 삼층석탑	고선사지 삼층석탑	나원리 오층석탑	구황리 삼층석탑	장항리사지 오층석탑
하층기단 면석	12	12	4	8	4
하층기단 갑석	12	12	4	8	4
상층기단 면석	12	12	4	8	4
상층기단 갑석	8	8	4	4	4
1층탑신석	8	8	4	1	1
1층옥개석	8	8	2	1	1
2층탑신석	4	4	1	1	1
2층옥개석	8	8	2	1	1
3층탑신석	1	1	1	1	1
3층옥개석	8	8	1	1	1
4층탑신석			1		1
4층옥개석			1		1
5층탑신석			1		1
5층옥개석			1		1
노반석	1	1	1	1	1
석재 수	82	82	32	35	27
총고	10.1m	10.19m	8.8m	7.3m	9.1m

* 석탑의 높이는 노반까지만 제시하였음.

백제는 미륵사지에서 엄청난 양의 석재를 사용해 석탑을 건립했다. 이는 목조건축의 충실한 재현에 충실한 결과로도 보이지만, 한편으로는 석재를 다루는 기술력에서 완성을 이루지 못한 결과라 생각된다. 하지만, 이어 건립되는 정림사지5층석탑에서는 149매의 석재를 사용해[29] 양식적 완성을 이룸과 동시에 단아한 석탑을 건립해 기술력이 향상되고 있음을 볼 수 있다. 이같

---

29 洪思俊, 「扶餘 定林寺址五層石塔-實測에서 나타난 事實」, 『考古美術』47·48合輯, 考古美術同人會, 1964.

은 추세는 신라에서도 예외는 아니었다. 전형Ⅰ기의 석탑에서는 기단으로부터 노반에 이르기까지 모두 82매의 석재를 사용해 석탑을 건립하고 있다. 특히 기단부에는 전체 석재의 반이 넘는 44매의 석재가 사용되었으며, 감은사지 석탑의 경우는 탑신부에 이르기 까지 조립된 석재의 이탈을 방지하기 위해 모두 56개의 철제 은장이 사용되었음이 확인되었다.[30] 이는 백제가 그랬듯이 처음 석탑을 건립하면서 목조건축을 충실히 재현하고자 했던 초기 조탑공들의 의사가 충분히 발휘된 것이라 생각한다. 아울러 아직도 석탑을 건립할 수 있는 기술력이 축적되지 못했던 상황을 반증하는 것이라 생각된다. 이럼에도 불구하고 3층탑신석만은 1석으로 조성해 이들 석탑이 지닌 구조적인 문제를 해결함과 동시에 다음 시기에 조성된 석탑들이 이를 일석으로 조성할 수 있는 단서를 열어놓았다.

이처럼 비교적 많은 수의 석재를 사용해 조립한 전형Ⅰ기의 석탑에 비해 Ⅱ기에 이르면 상황은 반전된다. 신라의 조탑공들은 나원리오층석탑을 건립하면서 규모가 5층임에도 불구하고 32매의 석재를 사용해 석탑을 완성하고 있다. 이들은 비록 1층과 2층탑신에서는 아직도 여러 매의 석재를 사용해 앞 시기 석탑의 양식을 따르고 있지만, 기단부에서 석재의 수를 파격적으로 줄이며 석탑을 건립했다. 한편 전형Ⅰ기의 석탑이 3층임에 비해 층수를 2층 더 높인 5층이면서도 높이에서 1.2m 정도를 낮추며 장대한 석탑을 완성했다. 이는 마치 백제의 석공들이 가장 초기적인 양식의 미륵사지석탑을 건립하면서 이로 인해 구축된 역량을 바탕으로 정림사지

오층석탑을 완성한 것과 비교될 만한 쾌거라 생각된다. 이 석탑에서는 발휘된 석재수의 감축과 더불어 석재를 다루는 기술력의 향상은 돋보이는 부분이라 하겠다. 즉 기단단부의 조성에 있어 전형Ⅰ기의 석탑에서는 우주와 탱주를 별석으로 조성했음에 비해 이 석탑에서는 면석에 모각하는 기법을 채용했으며, 탑신석과 옥개석을 각각 일석으로 조성하면서 9세기에 이르러 석탑이 전국적으로 건립될 수 있는 기술력의 혁신을 보이도 있다. 이같은 석재수의 감축은 황복사지삼층석탑을 거쳐 장항리사지오층석탑에 이르러 27매의 부재를 사용함으로써 불국사삼층석탑에 버금가는 기술력의 향상을 보이고 있다. 결국 신라의 조탑공들은 전형Ⅱ기에 이르러 최소한의 석재를 사용하면서도 목조건축의 요소를 하나도 빠짐없이 구현한 석탑을 완성하는데 성공했다고 볼 수 있다. 한편 나원리오층석탑과 구황동삼층석탑은 모두 초층탑신이 장대함을 느낄 수 있는데, 이는 우현선생의 지적과 같이 전형Ⅰ기의 석탑에서 구현된 장중함 대신에 "위세적인 威壓"을 느낄 수 있으며, "壯氣에 富한 覇者"의 자태를 보여주고 있다.[31] 즉 통일된 국가의 기상과 삼국의 문화가 하나로 합쳐진 문화적 자신감에서 비롯된 것이라 생각된다.

---

30 국립박물관, 앞 책, p.62.
31 高裕燮, 주 13의 책, p.177.

둘째, 석탑을 구성하는 석재 수의 감축과 더불어 전형기의 석탑 기단부에 표현된 탱주의 수는 시간이 지날수록 감축되는 현상을 보이고 있다. 이를 정리해 보면 다음의 표로 집약된다.

전형기 석탑의 기단부 표현된 탱주의 수

	감은사지 삼층석탑	고선사지 삼층석탑	나원리 오층석탑	구황리 삼층석탑	장항리사지 오층석탑	비고
하층기단	3	3	3	2	2	
상층기단	2	2	2	2	2	

탱주의 감소는 기단의 규모가 축소됨을 의미하는데, 일반적으로 전형기 석탑은 하층기단대 상층기단의 탱주가 3:2, 정형기 석탑은 2:2로 알려져 있다. 하지만, 나원리오층석탑을 거치면서 구황리삼층석탑에 이르러 2:2로 바뀌고 있어 다음시기인 정형기 석탑의 기단 양식을 완성하고 있다. 더욱이 장항리사지오층석탑에서는 기단을 구성하는 부재 및 탱주의 수가 정형기의 석탑과 일치하는 현상을 보이고 있어 석탑의 양식이 다음시기로 이행하는 양상을 분명히 보여주고 있다. 이는 정형기석탑의 양식이 하루아침에 완성된 것이 아니라 전형기 석탑에서 잉태되고 있음을 보여주고 주고 있는데, 우현선생은 이에 대해 마치 "父의 生命이 方終한 후에 子의 新生命이 출생하여 直線的 承繼를 이룸이 아니요 父의 存命中에 子의 新生命은 생산되고 또 그 속에서 孫의 신생명이 나와 層位的으로 계열이 전개됨과 같은 현상"으로 기술하고 있다.[32] 따라서 전형기석탑에서 정형기의 양식이 나타남은 예술의 발생순위에서 보면 오히려 당연한 것이라 하겠다. 결국 정형기석탑의 기단양식이 일단 전형 II기의 석탑에서 시작되고 있음을 볼 수 있다.

셋째, 옥개석의 완성을 들 수 있다.

우리나라의 석탑은 목조건축을 충실히 번안 하는 것으로부터 출발하고 있음은 주지의 사실이다. 이는 백제시대에 건립된 미륵사지석탑과 정림사지오층석탑은 물론 신라에서 가장 먼저 건립된 분황사모전석탑에서 목조건축의 요소가 검출됨을 보아도 익히 알 수 있다. 신라의 경우 분황사모전석탑을 조성했던 조탑공들은 안산암을 다듬어 탑을 조성한다는 것이 그리 쉬운 일이 아니라는 사실 앞에 많은 고민을 하게 되었을 것이다. 이에 따라 백제에서 이미 건립된 순수 화강암을 사용해 석탑을 조성했던 기술력은 신라의 조탑공들에게 많은 영향을 주었을 것으로 보인다. 이같은 고민의 결과 건립된 탑이 의성 탑리오층석탑이다. 하지만, 이 석탑의 기단과 탑신에서 비록 목조건축의 양식을 충실히 구현하고 있지만, 옥개석에서 낙수면을 구현하지 못한

----

32 高裕燮, 『韓國塔婆의 硏究』, 乙酉文化社, 단기4281, p.90.

까닭에 완전하게 목조건축을 재현한 석탑은 전형기 석탑에 이르러 등장하게 된다.

신라석탑의 양식발달사에서 볼 때 전형기석탑이 시원기 석탑과 양식상 다른 점은 옥개석의 완성에 있다. 즉 과거 신라에서 축조한 석탑의 옥개석은 상·하면에 층단형의 받침을 두었지만, 이 시기에 이르러 지붕의 낙수면과 처마선 그리고 전각의 반전을 이루어 내면서 완벽하게 목조건축의 지붕을 재현하는데 성공했다. 아마 이같은 발전은 신라의 내재된 역량도 있겠지만, 통일된 나라의 문화적 능력을 마음껏 과시한 것이라 생각된다. 우리나라의 석탑에서 비록 초기적인 양식이지만, 낙수면과 추녀 그리고 전각의 반전과 우동선 등 목조건축의 지붕을 석조건축으로 처음 재현한 나라는 백제이다. 따라서 전형기석탑의 양식이 통일직후에 성립되었음을 볼 때 목조건축의 지붕이 석재로 가공되어 석탑의 옥개석으로 등장함은 그간 각각 독자적인 문화적 역량을 구축하며 발전했던 삼국의 문화가 하나로 융합되었음을 상징적으로 보여주는 예라 생각한다.

2. 건탑 원인의 다양성

탑은 원래 석가모니의 舍利를 봉안하기 위하여 사찰의 건립과 함께 필수적인 요소로 등장하여 불신도의 신앙물로서 중요한 비중을 차지하고 있었다. 이같은 상황은 초기 탑파의 건립에 있어 변할 수 없는 진리라 하겠다.

하지만, 전형기석탑에서는 佛陀의 신성한 기념물이요 신앙의 대상인 탑의 건립 목적이 다양해짐을 알 수 있다.

又玄先生은 이같은 현상에 대해 첫째, 가람배치의 규약상 필수적으로 건립된 것, 둘째, 佛體와 동등가치의 것으로 취급되어 結緣追福을 위하여 일반승려의 손으로 인하여 건립된 것, 셋째, 고덕을 표양하기 위하여 묘표와 같은 것이 그것이다[33]라고 분류하고 있다. 이중 세 번째 사항은 부도에 연관된 것임을 볼 때 석탑의 건립은 앞서 언급된 가람배치의 규약상 건립된 순수 불교적인 의미와 결연추복을 위해 건립된 두 가지의 양상으로 구분될 수 있다. 필자가 제시한 전형기 석탑 5기중 이같은 상황을 파악할 수 있는 단서나 기록이 있는 석탑은 감은사지삼층석탑과 구황동삼층석탑이다.

감은사는 통일의 위업을 달성한 직후 건립된 사찰이고, 지리적으로 볼 때 신라의 국방상 요지였던 東海口에 위치하고 있다. 때문에 감은사지삼층석탑이 지닌 성격 또한 단순히 신앙적인 측면만은 아닐 것으로 생각된다. 즉, 이 석탑은 다음의 3가지 측면이 복합되어 건립된 석탑으로

---

33 高裕燮, 『韓國美術史及美學論考』, 通文館, 1963, p.110.

생각된다.

첫째, 순수불교적인 면에서의 건탑이다. 양 탑은 금당과 더불어 감은사의 중심축을 구성하고 있고, 모두 사리장엄구가 수습된 점으로 보아 일차적인 목적은 사리의 봉안과 이에 대한 예배에 있음을 알 수 있다.[34]

둘째, 삼국통일의 기념비적인 의미를 지니고 있다.[35] 나·당 전쟁기에 건립된 사찰로 망덕사와 사천왕사가 있는데, 양 사찰의 완공에 소요된 기간은 각각 15년과 11년이었다.[36] 따라서 감은사는 682년에 준공된 점을 고려해 이들 사찰과 대비해 보면 670년을 전후한 시기에 건립되기 시작한 것으로 추정된다. 따라서 고구려를 명망시키고 몇 해 지나지 않아 사찰의 건립이 시작되었고, 신라 최대의 석탑이 이 곳에 건립됨은 통일의 위업을 달성했다는 신라인의 자축과 기념비적 의미 또한 내포되어 있을 것으로 추정된다.

셋째, 호국적인 개념이 내포된 석탑이라는 점이다. 『삼국유사』에 기록된 「文武王欲鎭倭兵 故始創此寺」 및 「금당의 섬돌 아래를 파 해쳐 한 구멍을 내었으니 그것은 용이 들어와 서리게 하기 위한 것이다.」 라는 기록[37]을 볼 때 감은사 창건의 배경에는 호국적인 의미가 다분히 내포되어 있음을 알 수 있다. 뿐만 아니라 주변에 산재한 대왕암, 이견대 또한 호국의 의지가 깃 든 유적임을 볼 때 東海口의 주변은 신라사상에 있어 가장 호국의 의지가 깊이 배어있는 지역임을 알 수 있다. 이 같은 여러 정황을 볼 때 감은사지석탑의 건립 배경에는 호국의 의지 또한 짙게 배어있음을 유추할 수 있다. 따라서 신라는 이 석탑을 건립함으로써 建塔의 목적이 불교적인 요인에서 여러 가지 측면으로 발전할 수 있는 모티브를 지니게 된 것으로 생각된다. 장항리시자오층석탑 역시 토함산 동면 계곡에 위치하고 있는 바, 그 방위를 동남으로 잡아서 동해구를 향하고 있음을 볼 때,[38] 이 역시 순수불교적인 목적외에 호국적인 이념에 내포된 석탑으로 생각된다. 이같은 석탑 건립 요인의 다변화는 692년에 건립된 구황리삼층석탑에 이르르는 願塔의 기능까지 추가되고 있다.

---

34 1959년 12월에 진행된 서삼층석탑의 해체·수리시 3층탑신 상면에 마련된 사리공에서 많은 장엄구가 수습되었다. 사리공은 27㎝×29.5㎝, 깊이 29.1㎝의 규모로 長軸을 남북에 두었는데, 중앙보다는 남쪽으로 기울어져 개착되어 있었다. 편평한 바닥의 북단에는 직경 15㎝, 깊이 9.3㎝의 원형 배수구멍이 뚫려있었다. 사리공내에서는 사천왕이 양각된 靑銅製四角龕내에서 화려한 靑銅製舍利器가 수습되었는데, 보물 제366호로 지정되어 있다. 1997년에 시행된 동탑의 해체수리에도 사리장치가 확인된 바 있는데, 이에 대한 상세한 내용은 국립문화재연구소, 『감은사지동삼층석탑 사리장엄』, 2000.에 상세히 소개되어 있다.
35 황수영 선생은 고선사지삼층석탑과 더불어 "통일의 기념탑이라 부를 수도 있을 것이다."라고 주장한 바 있다.
  黃壽永, 「우리나라의 塔」, 『韓國의 佛敎美術』, 同化出版公社, 1974, p.84.
36 『三國史記』, 권 7, 「文武王」19년조. 같은책 권 8, 「神文王」2년 및 5년조 참조.
37 주 9와 같음.
38 黃壽永, 「新羅文武大王陵에 이르는 길」, 주 35의 책, p.346.

즉, 석탑내에서 출토된 명문을 볼 때 신문왕이 692년(天授 3)에 승하하자 다음왕인 효소왕이 부왕의 명복을 빌기 위해 이 석탑을 세웠다. 이후 702년(聖曆 3)에 효소왕이 승하하자 그의 아우인 성덕왕이 즉위하여 706년(神龍 2)에 다시 佛舍利, 金製彌陀像 1구, 無垢淨光大陀羅尼經 1권을 석탑의 2층에 납입하여 神文大王 · 神睦大后 · 孝昭大王의 명복을 빌고 나아가 隆基大王과 同妃의 壽福을 빌며 法輪의 恒轉을 기원했음을 알 수 있다.[39] 이를 통해 구황리삼층석탑은 先王의 명복을 빌기 위해 건립했고, 이의 실현을 위해 사리장엄이 계속되고 있음을 볼 때 願塔임을 알 수 있다. 이같은 성격의 석탑은 주로 9세기에 이르러 건립되는 것으로 알려져 있는데, 이를 통해 통일신라 초반에 이미 왕실의 안녕과 평화 또는 먼저 승하한 왕의 명복을 빌기 위한 원탑의 건립이 시작되고 있음을 알 수 있다. 뿐만 아니라 무구정광대다라니경의 납입되었음은 이 경전이 唐에서 번역된지 2년 후 신라에 도입되었고, 이로 인해 신라에서는 8세기 초반에 탑의 조성에 사상적 바탕을 마련해준 造塔經이 성행하였음을 알게 되었다.[40] 이같은 양 석탑의 상황을 볼 때 따라서 7세기 말에 이르러 석탑이 지닌 성격은 순수 신앙적인 면, 호국적인 면, 기념비적인 면에서 8세기 초반에는 원탑의 기능까지 추가되면서, 석탑 건립의 원인이 실로 다양해짐을 볼 수 있다.

3. 莊嚴彫飾의 登場

불교에서는 堂塔이나 佛.菩薩을 장식하는 것을 梵語로 Vyūha라 하여 莊嚴이라고 한다. 석탑에서 기단과 塔身表面에 佛敎像을 비롯하여 여러 가지 물상을 조각하는 것도 물론 莊嚴이고 이를 嚴飾 또는 嚴淨이라 하여 세속적인 장식과 구별한다. 근본적인 뜻은 탑내에 봉안된 舍利의 수호 내지는 供養에 있다[41]는 관점에서 볼 때 신라석탑 浮彫像은 불탑 내부에 봉안된 불사리에

---

39 석탑기의 명문은 다음과 같다. 夫聖人垂拱, 處濁世而育蒼生, 至德無爲, 應閻浮而」濟群有. 神文大王, 五戒應世, 十善御民, 治定功成,」天授三年壬辰七月二日乘天. 所以神睦太后」孝照大王, 奉爲宗广聖靈, 禪院伽藍, 建立三層石」塔聖曆三年庚子六月一日, 神睦太后, 遂以長辭,」高昇淨國. 大足二年壬寅七月廿七日, 孝照大王」登霞神龍二年丙午五月卅日, 今主大王佛舍利」四全金彌陀像六寸一軀 無垢淨光大陀羅尼經一」卷安置石塔第二層. 以卜以此福田上資 神文大」王 神睦太后 孝照大王, 代代聖歷枕涅盤之山,」坐菩提之樹 隆基大王, 壽共山河同 位與軋川」等大千子其足七寶呈祥. 王后體類月精命同劫」數內外親屬長大玉樹茂實寶枝梵釋四王威德增」明氣力自在天下太平恒轉法輪, 三塗勉難六趣受」樂法界含靈俱成佛道. 寺主 沙門善倫 蘇判金」順元金興宗特奉 敎旨僧令僧太韓奈麻阿」摸韓舍季歷塔典僧惠岸僧心甸 僧元覺僧玄昉韓」舍一仁韓舍全極舍知朝陽舍知純節.匠季生闕溫.」
黃壽永, 『韓國金石遺文』, 一志社, 1976, pp.140-141.
40 장충식, 주 3의 책, p.19.
41 41) 秦弘燮, 「塔婆」, 『國寶』6,藝耕産業社, 1983, p.194.

대한 外護的 기능에 1위적 목적을 지니고서 이룩되었다고 볼 수 있다.[42] 우라나라 석탑에서 장엄조식이 가장 활발하게 등장하는 시기는 9세기로 알려져 있다.[43] 그렇지만, 보녀적인 의미에서 장엄의 시작은 전형기석탑에서 비롯되고 있다. 필자가 제시한 5기의 석탑에서 장엄조식을 볼 수 있는 석탑은 고선사지삼층석탑과 장항리오층석탑이다. 물론 이들 석탑 보다 앞서 건립된 분황사모전석탑에서 감실의 좌·우에 인왕상을 배치하고 있어 이를 효시로 보고 있다. 하지만, 이 석탑에서는 감실을 개설하고 문짝을 달아 완전한 문을 조성하고 高浮彫의 인왕을 조각하고 있어 실제로는 사찰에서 볼 수 있는 인왕문을 연상시키기에 충분하다. 하지만, 전형기석탑에서는 초층탑신에 국한되어 문비형과 인왕상을 조식하고 있어 장엄의 당초 목적인 사리의 숭앙과 수호라는 측면에서 볼 때 이 시기 석탑의 장엄이 더 궁극적인 목적성을 지닌 것으로 생각된다.

고선사지삼층석탑은 초층탑신의 네 면에 가로 118㎝, 세로 140㎝ 크기의 문비형을 모각했다. 문비형 내부에는 네 귀퉁이에 각각 6개, 중앙 상·하에 16개씩, 그리고 한복판 좌·우에는 작은 圓形을 돌리고 내부에는 각각 3개씩의 작은 구멍을 뚫은 흔적이 있다. 이중 네 귀퉁이와 중앙 상·하의 구멍은 문비형의 표면에 금동판 같은 것을 씌어 붙여서 한층 더 장엄하게 가식하기 위하여 못을 박았던 구멍자국으로 추측된다. 한복판에 만들어진 2개의 원형은 문고리를 표현한 것으로 짐작된다. 이처럼 탑신부에 문비를 표현한 것은 단순히 평면성에 그칠 수 밖에 없는 괴체형의 탑신에 3차원적인 개념을 투여함으로써 내부에 공간이 있다는 것을 강력히 암시하는 조식으로 생각된다. 따라서 고선사지삼층석탑에 조식된 문비는 앞서 건립된 분황사모전석탑이나 탑리오층석탑에 표현된 감실 조성의 어려움을 일순간에 해결하면서 석탑이 상징성을 지닌 신앙의 대상물로 확고한 위치를 구축하는데 기여한 것으로 생각된다.[44] 이처럼 문비형이 내부에 공간이 있음을 암시하는 조식이라면 실제 이를 수호한다는 신장상의 출현 또한 당연한 귀결이라 하겠다. 문이 있고, 내부에 사리가 있음을 알려주고 있다면 당연히 이를 지키는 수호신이 있어야 하기 때문이다. 장항리오층석탑에서는 초층탑신에 문고리가 양각된 문비를 조식하고 좌우에 인왕상을 배치함으로써 수호의 의지를 표출하고 있다. 仁王은 二王 또는 二天王이라 하기도 하고 金剛力士 또는 密迹金剛이라기도 하며 執金剛, 夜又, 那羅延天 또는 不可越의 上向이라고도 하는 등 다양한 명칭을 지니고 있으며 원래는 인도재래의 門을 지키던 神을 불교화

42 張忠植, 「統一新羅 石塔浮彫像의 硏究」, 『考古美術』154. 155 合輯, 韓國美術史學會, p.115.
43 박경식, 『통일신라석조미술연구』, 학연문화사, 1994.
44 문비형의 조식이 가장 많이 등장하는 조형물은 9세기에 이르러 건립되는 석조부도이다. 이 역시 스님의 사리를 봉안한 묘탑으로 목조건축을 충실히 재현했다는데서 석탑과 동질성을 찾을 수 있다. 뿐만 아니라 팔각원당형인 경우 초층탑신에는 어김없이 문비를 표현하고 있어 고선사지삼층석탑에서 시작된 문비의 조식은 후대에 이르러 다른 유형의 조형물에도 영향을 주고 있다.

시킨 護法神이다.[45] 따라서 이 석탑의 문비 전면에 배치됨은 바로 수문장의 역할을 충실히 수행한다는 강력한 의지를 표현 한 것으로, 궁극적으로는 사악한 것들로부터 석탑을 수호하겠다는 적극적인 의지의 표현으로 간주된다. 우현 선생은 이 석탑에 부조된 인왕상에 대해 "연화좌 위에 서게 한 것과, 각출된 우주를 배경으로 밀고 벽면과 공통의 면에 浮出시키고 있는 점을 들면서, 진정한 의미의 석탑에다 인왕상을 飾付한 것은 이 석탑을 최초의 예"로 보고 있다.[46] 따라서 우리나라의 석탑에서 초층탑신을 중심으로 장엄조식이 등장한 것은 전형기의 석탑에서부터 발생되었음을 알 수 있다.

IV. 結論

우리나라의 석탑, 특히 신라 석탑을 논할 때 반드시 거론되는 선학은 우현 고유섭선생이다. 이는 선생께서 이룩한 이 방면의 연구업적이 양은 물론 질적인 면에서 어느 누구보다도 탁월하기 때문이라 생각한다. 때문에 이제껏 신라석탑에 관한 연구는 선생께서 주창하신 시원기→전형기→정형기를 거치며 발전했다는 논리가운데서 연구되어 왔다. 하지만, 그간 신라석탑에 대한 연구 성과도 상당 부분 축적되었음에도 불구하고 신라석탑 발달사에서 가장 핵심을 이루는 전형기석탑에 대한 연구는 진행된 바 없었다.

필자는 그간 전형기석탑의 중심선상에 있던 감은사지삼층석탑과 고선사지삼층석탑에 나원리오층석탑, 구황동삼층석탑, 장항리사지오층석탑을 추가해 전자의 2기를 전형 I기, 후지의 3기를 전형 2II로 구분했다. 이처럼 전형기 석탑을 2기로 구분한 이유는 그간 전형기에서 바로 정형기의 대표적인 석탑인 불국사삼층석탑으로 이행되었다는 논리와 더불어 이들 사이에 놓일 과도기적인 석탑의 선정과 이에 따른 시기 구분의 필요성을 느꼈기 때문이다. 필자가 전형 I기는 향후 신라 석탑은 이렇게 만들어진다는 양식의 예고편과 같은 성격을 지녔다면, 전형 II기는 전형기에서 시작된 신라석탑의 양식이 발전되고 정돈되면서 정형기로 돌입하는 시기에 해당한다.

전형기의 석탑이 지닌 양식을 검증한 결과 전형 I기는 통일된 신라의 문화적 역량이 최대한 집결되어 앞선 시기와는 완전히 다른 양식의 석탑을 창출한 시기로 보았다. 아울러 석탑의 특

---

45 文明大, 「韓國塔浮彫(彫刻)像의 연구(1)-新羅仁王像(金剛力士像)考-」, 『佛敎美術』4, 東國大博物館, 1979, p.39.
46 주 26과 같음.

성으로는 목조건축의 충실한 재현, 규모의 거재함, 많은 석재를 사용한 건탑 등을 확인할 수 있었다. 반면 전형 Ⅱ기의 석탑에서는 목조건축의 재현에 충실하면서도 석탑을 구성하는 석재의 감소와 더불어 통일된 나라의 기품과 위상에 걸맞는 당당한 석탑을 건립한 것으로 보았다. 아울러 정형기 석탑의 양식이 이로부터 시작되어 완성된 것으로 보았다.

전형기 석탑의 변화상으로는 다음의 3가지 측면에서 고찰했다.

첫째, 건탑에 사용된 석재수의 감소, 기단부에 있어 정형기 양식의 확립, 낙수면을 구비한 목조건축형 옥개석의 완성등을 토대로 건탑기술이 발전하고 있음을 파악했다.

둘째, 건탑의 원인에 있어 순수불교적인 측면과 더불어 기념비적인면과 호국적인 면 그리고 願塔의 기능까지 포함하면서 다양한 분야로 확대되고 있음을 파악했다.

샛째, 9세기에 이르러 석탑을 비롯한 석조물에 활발히 등장하는 장엄조식이 전형기석탑 으로부터 시작되고 있음을 밝혔다.

(2003.12 「新羅 典型期 石塔에 대한 考察」, 『文化史學』 제20호, 韓國文化史學會)

신라 典型·定形期 석탑의 비교

Ⅰ. 序言

미술사의 연구에서 대상물에 대한 철저한 분석과 연구는 필수적인 사항이라 하겠다. 왜냐하면, 이를 통해 각각의 조형물이 지닌 특성의 파악은 물론 같은 시기에 유행했던 공통적인 양식을 추출할 수 있기 때문이다. 하지만, 보다 본질에 근접하는 연구는 역시 서로 다른 시기의 작품을 대상으로 이를 비교·분석하는 방법론이라 할 수 있다.

신라석탑은 시원기→전형기→정형기를 거치며 발전했다. 이 단계의 설정은 시간과 양식의 발전상을 토대로 신라석탑에 대한 우현 선생의 치밀한 연구에 의해 제시 되었기에[1] 지금도 통시적인 안목에서 그대로 적용하고 있다. 하지만, 이 시기의 석탑에 대해서는 신라석탑의 통사적인 안목과 전형기와 정형기 석탑을 구분해 연구되어 온 탓에 양 시기에 대한 비교는 진행되지 못했다. 그러나 각 시기간의 시간적 격차와 양식의 차이는 분명히 존재하고 있고, 또 이를 규명하는 작업이 진행되었을 때 우리는 선생께서 제시하신 논리로부터 한 걸음 전진하는 발전을 이룩할 수 있다고 생각한다.

전형기와 정형기는 신라석탑 나아가 우리나라 석탑의 발달사에서 볼 때 매우 중요한 위치를 차지하는 시기라 하겠다. 즉 전자의 시기에서는 신라석탑의 한 규범 발생되었다면, 후자에 이르러 석탑의 양식이 완성되어 이후 건립되는 모든 석탑의 정형이 확립되었기 때문이다. 필자는

─────────────────────────────

1 高裕燮, 『韓國塔婆의 研究』, 을유문화사, 단기 4281, 제 3장 「石造塔婆」 참조.

그간 시원기, 전형기, 정형기 석탑에 대해 나름대로의 견해를 발표해 왔다.[2] 본고에서는 그간의 성과를 바탕으로 전형기와 정형기[3] 석탑에 구현된 여러 문제점을 비교 분석함으로써 신라석탑의 발전상을 파악해 보고자 한다.

II. 양식 비교

전형기를 대표하는 석탑은 감은사지동·서삼층석탑과 고선사지삼층석탑이다. 양 석탑은 우현 선생께서 주목하신 이래 줄 곳 신라석탑의 발달사상에서 初頭에 놓이는 위치를 점해왔다. 하지만, 양식의 발전이 순식간에 이루어지는 것이 아님을 감안할 때 전형기에 놓이는 석탑은 그 수가 증가하고, 시간이 흐를수록 정형기 석탑으로 이행되는 과정이 확인되어야 확실한 자리 매김이 가능하다고 판단된다. 이같은 점에서 필자는 그간 막연히 지칭되어 오던 전형기 석탑에 대해 전형 I·II기로 구분한 후, 전자는 감은사지와 고선사지삼층석탑을, 후자에는 나원리오층석탑, 장항리사지 오층석탑, 구황동삼층석탑을 구분한 바 있었다.[4] 한편 정형기 석탑에 대해서는 그간 막연히 8세기로 시기 구분해 오던 것을 전기와 후기로 구분한 바 있다.[5] 이에 따라 시원기에서 시작 신라석탑은 전형 전형기를 거치며 양식상 확립되어 가는 과정을 파악할 수 있는데, 양 시기 석탑의 가장 뚜렷한 차이는 기단부에서 찾아볼 수 있다. 기단부의 구성을 표로 정리해 보면 다음과 같다.

〈표-1〉 전형·정형기석탑 기단부 양식 비교 표

			전형기석탑		정형기석탑	
			전형 I 기	전형 II 기	8세기전반	8세기 후반
기단부	하층기단	면석	양주주. 3탱주	양우주 2탱주	양우주 2탱주	양우주 2탱주
		갑석	각호각형 2단받침	각호각형2단받침	각호각형2단받침	각호각형2단받침
	상층기단	면석	양우주 2탱주	양우주 2탱주	양우주 2탱주	양우주 2탱주
		갑석	각형2단의 탑신받침 각형1단의 부연	각형2단의 탑신받침 각형1단의 부연	각형2단의 탑신받침 각형1단의 부연	각형2단의 탑신받침 각형1단의 부연

2 朴慶植, 新羅 始原期 石塔에 대한 考察」, 『文化史學』제 19호, 한국문화사학회, pp.79-95.「新羅 典型期 石塔에 대한 考察」, 『文化史學』제 20호, 한국문화사학회, pp.127-148. 新羅 定型期 石塔에 대한 小考」, 『文化史學』제 21호, 한국문화사학회, pp.467-478.
3 정형기 석탑은 통일신라시대를 통털어 건립된 석탑을 지칭하고 있지만, 본고에서는 8세기 석탑에 국한해 논의하고자 한다.
4 朴慶植, 新羅 典型期 石塔에 대한 考察」, 『文化史學』제 20호, 한국문화사학회, pp.127-148.
5 朴慶植, 新羅 定型期 石塔에 대한 小考」, 『文化史學』제 21호, 한국문화사학회, pp.467-478.

위의 표를 보면 전형기와 정형기 석탑의 기단부에서는 외견상 큰 변화는 없어 보인다. 하지만, 하층기단을 구성하는 탱주의 수가 전형 1기 이후 2주로 감소되고 있어, 기단부에서의 변화가 나타나고 있다. 이는 탑의 가장 하부인 하층기단이 줄어든 탱주의 수만큼 축소되고 있음을 반증하는 것으로, 이를 통해 시간이 흐를수록 탑의 규모 또한 작아지고 있음을 단적으로 보여주고 있다. 반면, 이같은 변화는 석탑을 건립하는 기술력의 발달도 의미하는 것으로 볼 수 있는 바, 이에 대해서는 다음 장에서 서술하고자 한다. 이처럼 탱주 수의 변화에도 불구하고 상층기단의 구성과 상·하대 갑석에서는 변화를 확인할 수 없다. 결국 7세기에 건립된 석탑에서 확립된 제반 양식은 8세기에 이르러도 지속적으로 채용되고 있음을 볼 수 있는데, 이는 8세기에 이르도록 외형적인 변화보다는 기술적인 면에 치중했음에서 비롯된 것으로 생각된다.[6]

탑신부에 있어서는 탑신석과 옥개석에서 규모와 석재의 조립 부분을 제외하면 커다란 변화가 보이지 않고 있다. 다만, 옥개석의 경우는 낙수면과 전각의 반전에서 시간이 흐를수록 더욱 자연스럽고 부드러운 곡선미를 보이고 있어, 석재를 다루는 기술력이 향상되고 있음을 볼 수 있다. 이같은 변화는 석탑을 건립함에 있어 완벽하게 목조건축의 지붕을 재현하고자 했던 의지의 소산이라 생각된다. 물론 통일신라시대의 목조건축이 없는 현실에서 이를 완벽한 지붕의 표현이라 하기에는 무리가 있다. 하지만, 9세기에 이르러 건립되는 부도에서는 낙수면의 기와골과 더불어 암·수막새기와는 물론 처마와 전각의 반전에 이르기 까지 완벽하게 표현되고 있다. 따라서 석조건축에서 지붕의 표현은 석탑에서 처음 시도되어 부도에서 완성을 이룬 것으로 볼 때 석탑의 옥개석은 목조건축을 충실히 재현하고자 했던 문화의식의 소산이라 하겠다.

상륜부의 경우는 대체로 노반석까지만 남아있어 양식상의 비교가 힘들다. 하지만, 감은사지 동·서삼층석탑에서와 같이 철제찰주를 사용해 상륜부를 구성했을 것으로 보인다.

이상에서 살펴본 바와 같이 전형기와 정형기석탑의 양식은 외형적으로 큰 변화는 없는 것으로 보인다. 그러나 시간이 지날수록 기단부에서 규모의 축소가 이루어지고, 탑신부에서는 옥개석에서 완성미를 더해가고 있어 전형 Ⅰ기의 양식을 계승하면서 부단히 발전해 양상을 볼 수 있다. 결국 신라석탑은 전형Ⅰ기(감은사지동·서삼층석탑, 고선사지삼층석탑) → 전형Ⅱ기(나원리오층석탑, 장항리사지오층석탑, 구황동삼층석탑)→8세기 전기(원원사지삼층석탑, 마동삼층석탑, 용명리삼층석탑, 봉기동삼층석탑, 간월사지삼층석탑)→8세기후기(갈항사지삼층석탑, 천군동삼층석

6 신라석탑에서 각 부를 구성하는 받침에서 변화를 보이는 것은 9세기에 이르러 본격화 된다. 이 시기에 이르면 특히 초층탑신받침에서 다양한 변화를 보이고 있는데, 이는 사리신앙의 발전과 함께 석탑건립의 기술적인 완성이 이룩되었음을 반증하는 것으로 보인다. 朴慶植,「新羅 九世紀 石塔의 樣式에 關한 硏究」,『考古美術』173, 韓國美術史學會, 1987 참조.

탑, 불국사삼층석탑, 술정리동삼층석탑)의 4단계를 거치며 양식적으로 발전된 것으로 생각된다.

Ⅲ. 건탑기술의 비교

7세기에서 8세기로의 전환은 혼란과 전쟁으로 점철되었던 삼국이 통합된 한 국가의 규범아래 놓이게 된 중대한 변화기였다. 이에 따라 정치・사회・경제적인 여러 문제뿐만 아니라 문화적인 측면에도 많은 영향을 끼쳤을 것으로 생각된다. 통일신라에서 확립된 다양한 불교문화 중 가장 수위에 놓일 수 있는 것은 석탑이라 해도 과언이 아니다. 왜냐하면 불상을 비롯한 다른 패턴의 문화는 중국과 동일한 궤를 걸으며 발전을 거듭했기에 상호 영향을 무시할 수 없다. 하지만, 석탑은 우리나라만이 가지고 있어 중국과 차별화된 불교문화이기에 더욱 그러하다. 때문에 그간 독립적으로 발전했던 고구려와 백제의 문화를 아우르면서 인적・물적・경제적인 면에서 더욱 발전할 수 있는 바탕을 마련했을 것으로 생각된다.

신라가 최초로 건립한 석탑은 분황사모전석탑이다. 하지만, 이 석탑은 완전히 화강암을 사용해 건립한 것이 나이라 안산암을 벽돌과 같이 다듬어 건립했기 때문에 모전석탑으로 분류되고 있다. 이후 건립된 의성 탑리 오층석탑에서 전체를 화강암으로 건립함으로써 본격적인 석탑을 건립하게 되었다. 그러나 이 석탑 역시 옥개석의 상면을 층단형으로 처리해 아직 완벽한 형식의 석탑을 건립하지 못하고 있다. 그러나 전형기에 이르면 기단부와 탑신부에서 완성에 가까운 양식을 창출함과 동시에 옥개석의 지붕면이 목조건축의 그것과 동일한 구조를 구비하게 된다. 이처럼 전형기 석탑에서 구축된 양식은 정형기에 건립된 불국사삼층석탑에 이르러 滿開하는바, 이에 이르기까지 약 70년의 세월이 소요되었다.[7] 신라는 이 시간동안 지속적으로 석탑을 건립했다. 이 기간 동안 건립된 석탑은 5기의 전형기 석탑과[8], 형태가 완전한 10기의 정형기 석탑을 포함하면 모두 15기로 생각된다.[9] 따라서 이들 석탑을 면밀히 검토해 보면 신라석탑의 기술적인 발달사를 파악할 수 있을 것으로 생각된다.

필자가 15기의 석탑을 통해 건탑기술 발달사를 파악하고자 하는 주요소는 바로 석탑의 건립에 사용된 석재의 수량이라 생각된다. 이는 석탑을 얼마나 빠르게 건립할 수 있으며, 불교의 중흥에

7 이같은 시간의 개념은 전형기 석탑인 감은사지 삼층석탑이 682에 건립되었고, 불국사삼층석탑이 750년경 완성된 것으로 볼 때 약 68년의 시간이 계산되기 때문이다.
8 박경식, 주 2의「신라 전형기 석탑에 대한 고찰」참조.
9 석탑의 수는 변경될 개연성은 충분하다. 이 글에서 말한 10기는 형태가 완전한 것을 지칭하는 수로, 탑재만 남아있는 것을모두 합하면 8세기 석탑의 숫자는 더 증가될 것은 분명하다.

따른 수요와 공급의 원리에 충실할 수 있는가를 가늠하는 척도라 생각하기 때문이다. 뿐만 아니라 사용된 부재의 수를 줄이면서도 보다 단아하고 안정된 양식을 구현했다면, 이는 기술력의 향상과 직결된다고 생각한다. 시원기에서 시작된 신라석탑은 8세기에 이르러 양식적인 완성을 이룩하게 된다. 다시 말해 불국사삼층석탑에 쏟아지는 "신라석탑 양식의 완성", "우리나라 석탑의 규범 확립" 등등의 찬사는 결국 양식은 물론 기술적인 면에서도 확립되었다는 또 다른 측면을 제시하고 있다. 앞서 언급한 바와같이 전형기석탑에서 불국사삼층석탑으로 이어지는 70년의 시간은 바로 역사의 진전을 의미한다. 따라서 이 기간 동안 불교의 확산과 이에 따른 사찰 건립의 증가는 당연히 석탑의 수요를 증대시켰을 것으로 생각된다. 이에 따라 조탑공들은 어떻게 하면 보다 완성미를 갖추면서도 빠르게 석탑을 건립할 수 있을까에 대한 문제에 봉착하게 되었을 것으로 예측된다. 이에 따라 조탑공이 택할 수 있는 최상의 방법은 석탑의 규모를 줄이면서도 모든 구성 요인을 갖춘 석탑의 건립에 몰두했을 것으로 추정된다. 이에 따라 석탑에 소용되는 석재 수의 축소는 당연한 귀결이었고, 바로 이 점이 건탑 기술의 발전을 볼 수 있는 요인이라 판단된다.

이같은 관점에서 전형기와 정형기의 석탑에 사용된 석재의 수를 정리해 보면 다음의 표로 집약된다.

〈표-2〉 전형기 석탑에 사용된 석재의 수

	감은사지 삼층석탑	고선사지 삼층석탑	나원리 오층석탑	구황리 삼층석탑	장항리사지 오층석탑
하층기단 면석	12	12	4	8	4
하층기단 갑석	12	12	4	8	4
상층기단 면석	12	12	4	8	4
상층기단 갑석	8	8	4	4	4
1층탑신석	8	8	4	1	1
1층옥개석	8	8	2	1	1
2층탑신석	4	4	1	1	1
2층옥개석	8	8	2	1	1
3층탑신석	1	1	1	1	1
3층옥개석	8	8	1	1	1
4층탑신석			1		1
4층옥개석			1		1
5층탑신석			1		1
5층옥개석			1		1
노반석	1	1	1	1	1
석재 수	82	82	32	35	27
총고	10.1m	10.19m	8.8m	7.3m	9.1m

* 석탑의 높이는 노반까지만 제시하였음.

〈표-3〉 정형기 석탑에 사용된 석재의 수

	원원사지 삼층석탑	마동 삼층석탑	봉기동 삼층석탑	용명리 삼층석탑	간월사지 삼층석탑	갈항사지 삼층석탑	천군동 삼층석탑	불국사 삼층석탑	술정리 동삼층석탑
하층기단 면석	8	8	8	8	8	8	8	4	4
하층기단 갑석	8	8	8	8	4			4	4
상층기단 면석	8	6	8	8	8	4	4	4	4
상층기단 갑석	4	4	4	4	4	4	4	4	4
1층탑신석	1	1	1	1	1	1	1	1	1
1층옥개석	1	1	1	1	1	1	1	1	1
2층탑신석	1	1	1	1	1	1	1	1	1
2층옥개석	1	1	1	1	1	1	1	1	1
3층탑신석	1	1	1	1	1	1	1	1	1
3층옥개석	1	1	1	1	1	1	1	1	1
석재 수	34	32	34	34	30	22	22	22	22
조성시기	전기	전기	전기	전기	전기	758년	후기	후기	후기
총고	5.8m	5.4m	5.5m	5.6m	5.7m	4.3m	동탑 6.7m 서탑 7.7m	7.2m	5.8m

* 석탑의 높이는 노반까지만 제시하였음.

위의 표를 보면 석탑의 건립에 사용된 석재의 수는 최대 82에서 최소 22매에 이르고 있고, 이는 분명한 시간적인 차이를 지니고 있음을 알 수 있다. 사용된 석재의 수는 대략 82매(Ⅰ군 群) → 30매 내외(Ⅱ群) → 22매(Ⅲ群) 내외의 3그룹으로 구분되고 있다. 이중 Ⅱ그룹은 전형 Ⅱ 기와 8세기 전반의 석탑이 교차하고 있어 가장 많은 점유율을 보이고 있다. 하지만, 우현 성생 께서 피력한 바와같이 "父의 生命이 方終한 후에 子의 新生命이 출생하여 直線的 承繼를 이룸이 아니요 父의 存命中에 子의 新生命은 생산되고 또 그 속에서 孫의 신생명이 나와 層位的으로 계 열이 전개됨과 같은 현상"으로,[10] 전형기와 정형기 양식이 교차하는 7세기 후반에서 8세기 초 반에 나타나는 현상으로 이해된다. 이 시기는 전형양식에서 벗어나 신라만의 고유한 석탑의 양 식을 완성하고자 암중모색하던 때라 생각된다. 때문에 부분적으로 미세한 차이는 있어도, 큰 틀에서는 특별한 변화가 보이지 않고 있는 시기이기도 하다. 따라서 전형Ⅱ기와 8세기 전반의 석탑에서 사용된 석재의 수에 큰 변화 없었건 것으로 생각된다.

Ⅰ군은 신라석탑의 양식적 모태를 이룬 감은사지동서삼층석탑과 고선사지삼층석탑이 해당 된다. 신라는 분황사모전석탑에서부터 목조건축의 재현에 충실했다. 이는 자연석으로 축조한 기단과 4곳에 개설한 문과 문짝 그리고 내부의 공간등이 이를 반증한다. 이어 건립된 탑리오층

---

10 高裕燮,『韓國塔婆의 硏究』, 乙酉文化社, 단기4281. p.90.

석탑에서도 기단과 초층탑신에서 이 전통은 지속되고 있다. 하지만, 전형기에 들어서면서 본격적으로 옥개석에 낙수면과 처마 그리고 전각의 반전을 구현하며 목조건축의 재현에 충실하고자 했다. 이같은 결과 모든 부재를 별석으로 조립하는 필연적인 결과를 가져왔다. 한편으로는 석탑의 규모가 거대하다는 조건이 많은 양의 석재를 사용하게 하는 결과를 초래했을 것으로 생각된다. 하지만, 다음시기의 석탑과 비교해 볼 때 사용된 부재의 수가 많음은 아직도 석탑 건립에 기술적인 완성도가 결여되고 있음을 반증하는 것으로 생각된다. 하지만, Ⅱ군에 이르면 사용된 부재는 앞의 Ⅰ군에 비해 50%이상 감소되고 있다. 이럼에도 불구하고 석탑의 구현될 양식을 생략했다거나, 규모가 눈에 띠게 축소되는것은 아니다. 다만, 기단부에서 탱주의 수를 줄이며 이에 걸맞는 체감비를 구사했기에 매우 안정적이면서도 단아한 석탑을 건립하고 있다. 마치 백제가 미륵사지석탑에서 나타난 문제점을 극복해 정림사지오층석탑을 건립해 백제석탑의 양식을 이룩한 것과 비교될 수 있는 발전을 이룬 것이다. Ⅰ군의 석탑에서 여러장으로 구축되는 기단부의 면석을 일석으로 조성했고, 각 면에 탱우와 우주를 모각하면서 사용된 석재의 수를 반 이상 줄였다. 결국 조탑공들은 별석으로 우주와 탱주를 새우지 않아도 면석의 상면과 내부에 충진된 석재만으로 상부에서 쏟아내리는 하중을 안정적으로 분산시킬 수 있다는 결론에 도달한 것이다. 이같은 원리의 발견은 건탑 기술의 발전을 촉진시켜 석탑을 향후 많은 석탑을 건립할 수 있는 중요한 전기를 마련했을 것으로 생각된다. 결국 신라의 조탑공들은 사용된 석재의 수를 줄이면서도 안전적으로 석탑을 건립할 수 있는 쾌거를 이룬 것으로 생각된다. 이같은 필자의 생각은 전현기와 정형기의 석탑 기단부에 사용된 석재의 수를 보아도 파악될 수 있다. 우선 Ⅰ군의 석탑은 기단부에 44매의 석재가 사용되고 있다. 좀더 구체적으로 보면 기단 면석에 각각 3매씩의 판석이 세워지고 있어 탑의 규모가 거대함을 짐작케 한다. 하지만, Ⅱ군으로 가면 16매에서 28매 사이의 석재가 사용되는데, 주로 28매를 사용하는 석탑이 건립되고 있다. 다시 말해 기단면석 각 면에 2매씩의 판석을 세워 그 수를 줄인 것이다. 이중 16매를 사용하는 석탑의 건립은 2기에 불과하지만, 각 면 1매씩의 판석을 세워 기술적인 변화를 시도하고 있다. 아울러 전형 Ⅱ기에서 이같은 시도가 진행되고 있어 신라 역시 초기석탑에서 발생된 문제를 바로 극복하고자 하는 의지를 보이고 있다. 이처럼 석재의 수를 줄이기 위한 시도가 진행되는 과정을 거치면서 Ⅲ군의 석탑에 이르러 건탑의 기술은 완성을 이루게 된다. 석탑 전체에 사용된 석재는 22매로 정립되고, 기단부에서도 면석을 1매의 판석을 세워 조립하고 있다. 이제야 신라의 조탑공들은 석재의 수를 최소화 시키면서도 탑을 자우자재로 건립할 수 있는 기술력을 확보한 것으로 생각된다. Ⅲ군의 석탑들이 통일신라의 문화가 가장 꽃 피웠다는 8세기 중반에 건립되었다는 점과 건탑 기술의 완성도를 지니고 있다는 점은 비단 석탑에 국한된 문제만은 아닐 것으로 생각된다. 문화란 특정 방면이 발전되었다 해서 반드시 한쪽으로만 적용되지 않는다. 때문에 석탑을 건립하며 연마된 기술력은 자연스레 석불을 비롯한 다른 석조 조형물에도 영향을 미쳤고, 석굴암 같은 절재 조형미를 지닌 건축물의 건립에도 중심적인 역학을 했을 것으로 생각된다.

이처럼 기술적인 발전과 더불어 병행되었던 것은 석재를 들어 올리는 방법이 또 다른 문제로 대두된다. 석탑은 가장 먼저 지대석을 놓은 후 기단을 구축하고, 이어 차례로 탑신부를 구성하는게 보편적인 건립방법이다. 그런데 석탑에서 기단부까지는 석재의 조립에 큰 어려움이 없었을 것으로 예견된다. 그러나 탑신부로 올라가면 사람의 키를 넘게되고, 이어 석재의 조립에 큰 어려움이 닥치게 된다. 따라서 석탑이 건립되던 7세기 전반경 어떠한 방법으로 상부의 석재를 조립했을까?하는 의문이 제기된다.

석탑을 건립하기 전 가공된 많은 부재는 일일이 용도에 따라 분리되어 일정한 장소에 쌓아 놓았을 것이다. 이후 석재를 조립하기에 앞서 지반을 다지기 위해 판축법이 사용되었을 것으로 보인다. 이는 미륵사지석탑[11]과 정림사지오층석탑[12]의 기단 하부조사에서 밝혀진 바 있어 보편적으로 사용되었을 것으로 보인다. 뿐만 아니라 같은 사지에서 조사된 건물지에서도 확인되고 있는 점으로 보아 당시 건조물의 건립에는 반드시 하부를 다지기 위해 판축법이 사용되었던 것으로 보인다. 따라서 석탑의 건립에 앞서 지반을 다지기 위한 판축법은 당연히 시공되었을 것으로 보인다. 이와 더불어 땅속에 있을 惡氣를 진압하고자 地鎭具를 납입하고 이에 따른 地鎭祭가 행해졌을 것으로 생각된다.[13]

이처럼 판축법에 의한 지반다짐 공사와 地鎭祭가 진행된 후 본격적으로 석탑의 건립은 시작되는데, 보편적인 문화발전 단계 및 그간 축적되었을 목조건축의 기술을 볼 때 다음과 같은 방법을 설정할 수 있다.

첫째, 흙을 경사지게 쌓아 완만한 경사면을 형성한 후 석재를 끌어 올려 조립하는 방법이다.

....

11 미륵사지 동탑지의 경우 탑이 세워질 일정범위를 점토 및 마사토로 단진 후 지반조성을 위해 되파기로 다시 기단 보다 70-80cm의 외부에서 기단부 안쪽으로 경사지게 掘土하고 이어서 5단의 할석층을 차례로 황갈색 점토와 마사토로 다져가며 1m 높이로 조성하였다. 그리고 지반석이 놓여질 자리를 마련한 다음 다시 황갈색점토와 碎石으로 두께 30cm 정도로 다지고 지반석을 올려놓았다. 文化財管理局 文化財研究所, 『彌勒寺址東塔復元設計報告書』, 1990, pp.87-88.
12 정림사지5층석탑의 경우는 하부에서 크게 3개의 판축층이 확인되었다. 가장 상면의 층은 두께 30cm 정도로 굵은 황색사질토로 구성되었다. 2층은 80cm의 두께로 적갈색과 황갈색의 점질토를 혼용해서 구축하였다. 3층은 준판축층으로 70cm정도로 표토하 1.8m 까지 형성되어 있는데, 판축에 준한 築土法으로 보고 있다. 忠南大學校博物館, 『定林寺』, 1981, pp.15-16.
13 姜友邦, 「佛舍利莊嚴論」, 『佛舍利莊嚴』, 國立中央博物館, 1991, p.168.

이는 청동기시대이래 지석묘의 축조시부터 사용되었던 전통적인 방법으로 계속 흙을 쌓아 결국에는 土築部의 높이가 석탑과 동일하게 이루어지게 되는 방법이다. 완성된 후의 모습은 석탑의 상면으로부터 완만한 경사를 이루며 토축부가 형성된 모습을 상상할 수 있다. 이같은 구조물을 통해 석재를 상면으로 옮기며 작업을 했을 것으로 추정된다. 이후 석재의 조립이 완료된 후 토축부를 허물어 석탑의 잔재만을 남기는 방법이다. 이는 백제석탑의 경우는 각각의 부재로 조립된 까닭에 여러 차례의 토축부를 구성하는 공사는 없었겠지만, 단일 부재로 조립했던 신라석탑에서는 사용되었을 가능성이 충분한 방법으로 추정된다.

둘째, 매층 비계목을 매어 층계를 만들며 상부로 올라가는 방법이다.

이는 오늘날에도 사용되는 전통적인 수법으로 앞서 언급한 바와 같이 이미 목탑의 건립이 활발했음을 볼 때 사용되었을 가능성이 높은 방법이다. 하지만, 석재의 단일화가 진행된 이후에는 사용되었을 가능성은 희박한 방법으로 생각된다.

셋째, 드잡이기술을 사용해 석재를 조립하는 방법이다. 사용되는 장비는 오늘날 보다 낙후되었겠지만 도르레의 원리를 이용해 쉽게 활용했을 것으로 생각된다. 신라석탑에 있어 이 방법은 시원기석탑에서는 그리 활용도가 높지 않았을 것으로 생각된다. 하지만, 석재의 단일화가 진행되면서 가장 활발히 사용된 기술로 판단된다. 오늘날에도 석탑의 해체 및 조립시 드잡이 기술이 사용되는 것을 보면 가장 오래되었고, 널리 쓰였던 석탑 건립의 기술이었을 것으로 판단된다.

이상과 같은 여러 방법론을 볼 때 신라석탑의 조립에 사용된 기술은 앞서 예시한 3가지의 방법 중 첫째와 셋째의 방법이 사용되었을 가능성이 가장 높았을 것으로 생각된다. 이 중에서도 신라석탑이 지닌 여러 측면을 여러 측면을 고려해 볼 때 드잡이 기술을 이용해 조립한은 방법이 가장 널리 활용되었을 것으로 생각된다.

석재를 조립하는 방법에 있어서는 대부분 다듬은 석재를 정교하게 짜 맞추었지만, 감은사지 동·서삼층석탑과 고선사지삼층석탑에서 I자형 은장을 사용해 석재의 이탈을 방지한 점으로 보아[14] 석탑의 축조시 인장력이 부족한 부분에는 다른 보강물을 사용했던 것으로 생각된다.

이상에서 살펴본 바에 의하면 전형기와 정형기 석탑은 기술적인 측면에서 전형에서 완성으로 가는 발전상을 파악할 수 있었다. 비록 양식적인 면에서 옥개석을 제외하면 특별한 차이점이 없다고 하지만, 기단부에서의 변화는 분명한 발전상을 보여주고 있다. 다시 말해 전형기석탑에서는 목조건축에 충실하려는 의지와 아직 숙련되지 못한 기술력을 보이고 있지만, 정형기에 이르면서 목조건축을 재현하면서도 기술적인 진보와 완성에 이르고 있음을 보여주고 있다.

---

14 國立博物館, 『感恩寺』, 1961, p.66, 및 文化財管理局, 慶州史蹟管理事務所, 『高仙寺址發掘調査報告書』, 1977. p.34.

IV. 장엄조식의 비교

불교에서는 堂塔이나 佛.菩薩을 장식하는 것을 梵語로 Vyūha라 하여 莊嚴이라고 한다. 석탑에서 기단과 塔身表面에 佛敎像을 비롯하여 여러 가지 물상을 조각하는 것도 물론 莊嚴이고 이를 嚴飾 또는 嚴淨이라 하여 세속적인 장식과 구별한다. 근본적인 뜻은 탑내에 봉안된 舍利의 수호 내지는 供養에 있다[15]는 관점에서 볼 때 신라석탑 浮彫像은 불탑 내부에 봉안된 불사리에 대한 外護的 기능에 1위적 목적을 지니고서 이룩되었다고 볼 수 있다.[16] 우리나라 석탑에서 장엄조식이 가장 활발하게 등장하는 시기는 9세기로 알려져 있다.[17] 그렇지만, 보편적인 의미에서 장엄의 시작은 전형기석탑에서 비롯되고 있다. 이 시기의 석탑에서 장엄조식을 볼 수 있는 석탑은 고선사지삼층석탑과 장항리오층석탑이다. 물론 이들 석탑 보다 앞서 건립된 분황사모전석탑에서 감실의 좌·우에 인왕상을 배치하고 있어 이를 효시로 보고 있다. 하지만, 이 석탑에서는 감실을 개설하고 문짝을 달아 완전한 문을 조성하고 高浮彫의 인왕을 조각하고 있어 실제로는 사찰에서 볼 수 있는 인왕문을 연상시키기에 충분하다. 하지만, 전형기석탑에서는 초층 탑신에 국한되어 문비형과 인왕상을 조식하고 있어 지극히 초기적인 형식을 보이고 있지만. 정형기에 이르러 좀 더 확대되는 경향을 볼 수 있는데, 이를 정리하면 다음의 표로 집약된다.

〈표-4〉 전형 · 정형기 석탑의 표면장엄

조식	석탑명	조식위치	시기	비고
문비형	고선사지삼층석탑	초층탑신	전형 I 기	
	장항리사지오층석탑	초층탑신	전형II기	
	간월사지삼층석탑	초층탑신	정형기(전기)	
인왕	장항리사지오층석탑	초층탑신	전형II기	
	간월사지삼층석탑	초층탑신	정형기(전기)	
사천왕	원원사지삼층석탑	초층탑신	정형기(전기)	
십이지	원원사지삼층석탑	상층기단	정형기(전기)	

이 표를 보면 신라석탑에서 가장 먼저 채택된 조식은 문비형이다. 문비형은 내주에 공간이 존재함을 직접 보여주는 감실에서 발전한 조식이다. 분황사모전석탑에서와 같이 규모가 크거나, 탑리오층석탑에서와 같이 직접 내부 공간을 보여줌으로써 목조건축임을 알려주었던 시원

---

15 秦弘燮,「塔婆」,『國寶』6, 藝耕産業社, 1983, p.194.
16 張忠植,「統一新羅 石塔浮彫像의 研究」,『考古美術』154.155 合輯,韓國美術史學會, p.115.
17 박경식,『통일신라석조미술연구』, 학연문화사, 1994.

기 석탑에서는 감실을 조성했다. 하지만, 규모와 안정감있는 양식을 창출한 시점에서, 더구나
탑신의 벽체를 판석으로 조성한 전형기 석탑에 이르러 감실을 조성하기에는 여러 가지 문제가
노정되었을 것이다. 그럼에도 불구하고 조탑공들이 추구했던 목조건축의 충실한 재현이라는
의식은 초층탑신에 문짝을 새겨 놓음으로써 감실의 효과를 충분히 상쇄했다. 석탑에 표현된 문
비형은 고선사지삼층석탑이 효시를 이루고 있다. 이 석탑의 초층탑신 4면에는 가로 118㎝, 세
로 140㎝ 크기의 문비형을 모각하고 있다. 문비형 내부에는 네 귀퉁이에 각각 6개, 중앙 상·
하에 16개씩, 그리고 한복판 좌·우에는 작은 圓形을 돌리고 내부에는 각각 3개씩의 작은 구멍
을 뚫은 흔적이 있다. 이중 네 귀퉁이와 중앙 상·하의 구멍은 문비형의 표면에 금동판 같은 것
을 씌어 붙여서 한층 더 장엄하게 가식하기 위하여 못을 박았던 구멍자국으로 추측된다. 한복
판에 만들어진 2개의 원형은 문고리를 표현한 것으로 짐작된다.[18] 이처럼 초기적인 문비형은
장항리사지오층석탑과 간월사지삼층석탑에 이르러 문고리까지 조식되어 내부 공간의 의사를
분명히 밝히는 중요한 장엄으로 자리매김하고 있다. 문비형은 그 내부의 공간의 존재를 암시하
는 성격에 걸맞게 대체로 9세기에 들어 건립된 석탑과 부도의 주요 장엄으로 증장하는데[19], 이
는 석재로 조성된 탑신에 공간성을 투시하여 내부공간의 의미를 부여하고, 이 안에 사리가 있
음을 강력히 시사해 주고 있다. 더욱이 사천왕과 인왕을 좌우에 배치해 세트를 이루고 있는데,
이는 初層塔身 내지 身部가 바로 主建築공간이기 때문에 이 주공간의 사방을 수호하는 임무를
띠고 배치된 것으로 생각된다.[20] 뿐만 아니라 장항리사지오층석탑과 간월사지삼층석탑에서는
문비형의 좌우에 고부조로 양각된 인왕상이 1구씩 배치되어 있어 내부의 공간을 더욱 철저히
수호한다는 복합적인 기능으로 발전하고 있다.,

　仁王은 二王 또는 二天王이라 하기도 하고 金剛力士 또는 密迹金剛이라기도 하며 執金剛, 夜
叉, 那羅延天 또는 不可越의 上向이라고도 하는 등 다양한 명칭을 지니고 있으며 원래는 인도에
서 재래의 門을 지키던 神을 불교화시킨 護法神이다.[21] 仁王은 신라 善德女王 三年(634)에 건립

18　文化財管理局, 慶州史蹟管理事務所, 『高仙寺址發掘調査報告書』, p.35.
19　9세기에 건립된 조형물 중 문비형이 조식된 예로는 성주사지 중앙삼층석탑, 성주사지동삼층석탑, 성주
사지서삼층석탑, 경주 창림사삼층석탑, 안동 옥동삼층석탑 영천 신월동삼층석탑, 단양 향산리삼층석탑,
영국사삼층석탑, 보성 금둔사지삼층석탑, 신구동삼층석탑 진전사지부도, 염거화상탑, 대안사적인선사
조륜청정탑, 쌍봉사철감선사탑, 보림사보조선사창성탑, 봉암사지증 대사적조탑, 망해사지부도, 실상사
증각대사응료탑, 실상사수철화상능가보월탑, 석남사부도, 연곡사동부도, 보림사동부도, 실상사석등 이
있다.
20　文明大, 「新羅 四天王像의 研究-韓國塔彫像의 研究(2)-」, 『佛教美術』 5, 東國大博物館, 1980, p.18.
21　文明大, 「韓國塔浮彫(彫刻)像의 研究(1)-新羅仁王像(金剛力士像)考」, 『佛教美術』 4, 東國大博物館, 1979,
　　p.39

된 芬皇寺模塼石塔에서 처음으로 석탑의 莊嚴에 사용된 이래 모두 11탑의 浮彫仁王像을 헤아릴 수 있고, 燕岐碑像등이나 석굴암의 인왕상, 皇龍寺木塔舍利函仁王像까지 포함시킨다면 모두 19종류이다.[22] 그런데 석탑에 부조된 인왕상은 中興山城三層石塔과 安東의 傳法林寺址三層石塔을 제외하고는 모두 초층탑신에 배치되고 있어 출입문을 지킨다는 의미와 더불어 내부에 봉안된 舍利守護의 강력한 의사표현이라 여겨진다.

원원사지삼층석탑에 조식된 사천왕은 앞서의 석탑에서 조식되던 인왕을 대신해 처음으로 등장하고 있는데, 하층기단에 조식된 십이지상 역시 가장 빠른 예를 보이고 있다. 따라서 사천왕이 불국토를 수호하고 중생의 이익을 위해 활발히 조성된 신장이며,[23] 십이지 역시 十二方位의 개념뿐 아니라 藥師佛의 十二大願에 응하여 그를 杜護하고 이를 실현시키고자 나선 神將인 점을 고려할 때[24] 원원사지 석탑이 지닌 성격 또한 추정이 가능하다. 원원사가 울산만으로부터 들어오는 적을 차단하기 위한 호국사찰인 점과[25] 이들 제 상이 지닌 성격을 생각해 볼 때 이 석탑은 순수 불교적인 목적과 더불어 호국적인 성격이 내포되어 있음을 알 수 있다. 아울러 하층으로부터 십이지 그리고 사천왕이 순차적으로 배열됨은 불교에 등장하는 신의 순위를 확실히 보여줌과 동시에 이러한 장엄으로 인해 석탑이 지닌 신앙적 측면이 더욱 강조된 예라 하겠다. 뿐만 아니라 9세기에 건립되는 각종 석조물에 탑신에서 기간부에 이르기까지 다양한 장엄이 조식될 수 전거를 마련한 것으로 생각된다.

이처럼 전형기에서 시작된 석탑의 표면에 대한 장엄은 22매의 석재로 조성한 8세기 후반의 석탑에서는 소강상태에 빠지고 있다. 결국 표면장엄은 일부 석탑에서 실험적으로 조식되다가 9세기에 이르기까지 중단되는 양상을 보이고 있다. 이처럼 석탑 표면에 장엄이 사라지는 이유에 대해서는 정확히 알 수 없지만, 갈항사지에서 새로운 시도가 진행되어 주목된다.

갈항사지삼층석탑은 초층탑신석 각 면에 사천왕입상이 있었던 흔적이 보이고, 각 우주의 모서리에는 길이로 5개의 못구멍이 일렬로 있고, 우주 內綠에는 2열로 각 7개의 못구멍이 있으며 면석 상하와 좌우에는 각각 4개의 못구멍이 보인다. 또 초층 옥개석에는 네 뒤퉁이의 전각부에 마련된 풍경공 이외에 각 처마에 6개씩의 못구멍이 있고, 낙수면에도 못구멍이 산재하다. 그리고 2·3층 탑신석 우주 내에 각각 4개씩의 못구멍이 잇고, 각 층 옥개석 처마면에도 초층에서와 같이 못구멍이 각 면 5개씩 있으며, 낙수면에도 여전히 못구멍이 산재하다.[26] 이처럼 탑신 전면에 남

---

22 文明大, 앞 論文, p.40.

23 文明大, 「新羅 四天王像의 硏究-韓國塔彫像의 硏究(2)-」, 『佛教美術』 5, 東國大博物館, 1980, p.18.

24 高裕燮, 『韓國美術史 及 美學論考』, 通文館, 1963, p.59.

25 文明大, 「新羅 神印宗의 硏究 - 新羅密敎와 統一新羅社會」, 『진단학보』 41, 진단학회, 1976, p.201.

26 정영호, 『한국의 석조미술』, 서울대학교 출판부, 1998, p.57.

아있는 못구멍은 탑신 전부를 곧 조각 장식이 있는 금동판으로써 덮었던 것[27]을 반증하는 것으로 석탑 표면 장엄의 새로운 일면을 보여주고 있다. 이같은 양상은 앞서 건립된 고선사지삼층석탑의 초층탑신에 모각된 문비의 못구멍에서 先例를 찾을 수 있다. 하지만, 고선사지삼층석탑에서는 문비에 국한해 금동판의 장식이 추정되는 반면, 이 석탑에서는 석탑 전체에 장식을 가해져 완전히 다른 면을 보이고 있다. 이처럼 금동판을 석탑에 장식한 것은 탑에 대한 숭앙과 존경의 의미를 더욱 내포하고 있는 것으로 생각되는데, 이는 원원사지산층석탑에서와 같이 기단과 탑신에 장엄이 가해진 석탑에서 시시를 받았을 것으로 생각된다. 그렇지만, 이런 유형의 석탑이 더 이상 건립되지 못한 것은 이에 따른 시간과 경비 그리고 보존상의 여러 문제가 대두되었기 때문이라 생각된다. 앞서 언급한 바와 같이 시간이 흐를수록 석탑에 대한 수요가 증가되고, 이에 따라 석탑의 공급 또한 증가되었다. 때문에 양식적 통일과 더불어 사용된 석재의 수가 감소되는 추세를 나타내고 있다. 이런 과정에서 이미 완성된 석탑에 다시 구멍을 뚫고 금동판을 오려 붙이기보다는 석재에 사천왕을 비롯한 여러 장엄을 조각하는 것이 더 현실적이라는 판단의 결과라 생각된다. 아울러 부착된 금동장식의 탈락은 계속 이를 보수해야 하는 번거로움과 더불어 신앙의 대상인 석탑에 자주 보수의 손길이 미치는 것에 따른 敬畏心이 작용한 결과라 생각된다. 뿐만 아니라 8세기에 이르러 전성기를 구가하던 불상과 다른 諸像조각의 발달은 건탑에 따른 기술력의 발전과 함께 석재를 다루는 기술과 능력이 보다 능숙해졌음을 알려주는 것으로 판단된다.

이상에서 살펴본 바와 같이 전형기 석탑에서는 단순히 문비형만을 조식하고, 이에 금동판을 붙였던 극히 초보적인 장엄이 시도되었다. 이는 석탑이 본질인 사리신앙과 이를 수호하고 尊崇한다는 정신을 구현하고자 했던 신앙적인 발상이었을 것으로 생각된다. 하지만, 8세기에 이르러 탑신의 표면에 직접 장엄을 가함으로써 불상과 탑 그리고 인왕등의 불교상이 함께 어우러지면서 보다 한 차원 높은 신앙세계를 구현하고 있다. 이는 단순히 목조건축의 재현이란 차원을 넘어 아름다운 조형물을 조성하고, 이를 통해 상·하층을 모두 불교의 세계로 끌어들이고자 했던 종교적 염원도 작용했을 것으로 판단된다. 다시 말해 석탑의 표면에 구현된 여러 장엄은 탑을 아름답게 꾸미기 위한 장식물이 아니라 이를 통해 한 차원 높은 신앙을 구현하고, 실천하기 위한 종교적인 염원에서 비롯된 것으로 생각된다. 아울러 갈항사지삼층석탑에서 보여준 새로운 시도는 비록 더 이상 진전 되지 않았다. 이는 중국의 전탑에서 표면에 강회를 바르고 장엄을 했던 것에서 착안했을 것으로 생각되는데, 분황사모전석탑과 감은사지서삼층석탑에서도 강회의 흔적이 남아있어 주목된다.[28] 결국 신라에서는 표면에 강회를 바르거나, 장식물을 부착하는

---

27 高裕燮, 주 10의 책, p.87.
28 朴慶植, 「芬皇寺 模塼石塔에 대한 考察」, 『芬皇寺의 諸照明』, 新羅文化宣揚會, 1999, pp.161-197. 감은사

등의 장엄은 그리 선호하지 않았던 것으로 생각된다. 이는 여러 가지 요인이 작용한 것으로 판단되는바, 건탑의 주재료인 화강암이 주는 질감과 색감을 더 선호했던데 주원인이 있는 것으로 생각된다. 이처 전형기와 정형기를 거치며 시작된 표면장엄은 9세기에 이르러 다양한 불교상이 기단으로 부터 탑신에 이르기까지 부조될 수 있는 기반을 조성한 생각된다.

V. 맺는말

신라석탑의 발달사에서 전형기에서 정형기로의 이행은 단순한 시간적인 이동이 아니라, 우리나라 석탑의 전체적인 틀을 완성하는 중요한 시기였다. 뿐만 아니라 건탑기술의 진보와 더불어 탑신에 다양한 장엄이 가해짐으로써 탑이 신앙적으로 자리매김할 수 있는 위치를 확보한 시기였다. 앞서 양식, 건탑기술, 장엄조식의 3가지 측면에서 양시기의 석탑을 비교한 결과 신라석탑이 어떠한 과정을 거치면 발전되어 왔는가를 분명히 알 수 있었다.

전형기석탑은 신라석탑의 기본적인 틀만을 완성했기에, 거대함에 비해 기술적인 측면에서 문제점을 내포하고 있었다. 하지만, 이에서 확립된 기본적인 양식은 정형기에 이르러도 변함없이 적용되고 있음을 알 수 있었다. 정형기에 이르러 불교의 중흥과 이에 따른 사찰의 증가는 분명 석탑에 대한 수요를 증가시켰고, 이에 따른 공급의 문제도 대두되었음은 자명한 것으로 생각된다. 이 문제에 당면했던 당시의 석공들은 새로운 실험 정신과 시도를 거듭해 결국에는 석탑을 보다 빠르고, 저렴하게 그러면서도 목조건축의 재현에 충실하고자 했던 초기정신을 살리면서 기술적인 완성을 이룩했다. 사용된 부재의 수를 전형기에 비해 1/4수준으로 줄이면서 그렇게 아름답고 빼어난 자태를 지닌 석탑을 건립했던 것이다. 이는 석재의 채취와 가공 그리고 조립에 이르는 전 공정이 확립되었음을 의미하는 것으로 보았다. 뿐만 아니라 석탑의 표면에 직접 장엄을 가함으로써 신앙적으로도 한 차원 승화시킨 신앙세계를 구축했다. 결국 전형기에서 마련된 석탑 건립의 토양은 70여년의 시간을 거치며 발전을 거듭해 정형기에 이르러 완성되었다. 나아가 정형기에 이룩된 석탑 건립의 기술력과 여러 양상은 9세기에 이르러 다양한 장르의 석조물이 전국적으로 건립될 수 있는 토대를 마련하고 있다.

(2004.12 「신라 典型 · 定形期 석탑의 비교」, 『文化史學』 제22호, 韓國文化史學會)

....

지서삼층석탑의 탑신 표면에서도 곳곳에서 강회의 흔적이 보이고 있다. 하지만, 분포된 범위가 너무 협소해 전체적으로 다 칠했는가에 대한 문제는 좀 더 신중한 검토가 필요한 것으로 생각된다.

신라 定形期 석탑에 대한 小考

Ⅰ. 序言

　　신라석탑의 발달사상에서 볼 때 전형기에서 석탑의 기본틀을 완성했다면, 정형기는 이를 바탕으로 양식의 완성을 이룩한 시기로 보고 있다. 이같은 구분과 양식의 발전상은 우현 선생이 주창하신 이래 학계의 통설이 되어 신라석탑 연구의 근간을 이루고 있다. 하지만, 그간의 연구는 선생께서 3시기로 구분한 각 시기 석탑에 대한 세세한 면 보다는 주로 통시적인 안목에서 진행되어 왔다. 다시 말해 선생께서 소상히 연구하신 각 시기 석탑에 대한 밀도있는 연구는 무시된 채, 주로 통시적인 안목에서 이루어져 왔다.[1] 필지는 이같은 연구 경향을 고려해 시원기 및 형기 석탑에 대한 일단의 생각을 발표한 바 있다.[2]

　　앞서 언급한 바와 같이 정형기는 신라석탑 나아가 우리나라 석탑의 발달사에서 볼 때 매우 중요한 위치를 차지하는 시기라 하겠다. 즉 전형기에 신라석탑의 한 규범 발생되었다면, 후자에 이르러 석탑의 양식이 완성되어 이후 건립되는 모든 석탑의 정형이 확립되었기 때문이다. 따라서 정형기 석탑에 대한 총체적인 연구는 신라석탑의 발전과 변화상을 한눈에 파악할 수 있

----

1 高裕燮, 『韓國塔婆의 硏究』, 을유문화사, 단기 4281, 제 3장 「石造塔婆」 참조.
2 필자는 우현 선생 이래 진행되어 온 신라석탑에 대해 좀더 세부적으로 고찰해 일단의 논고를 발표한 바 있다.
　　林慶植, 新羅 始原期 石塔에 대한 考察」, 『文化史學』제 19호, 한국문화사학회, pp.79-95. 「新羅 典型期 石塔에 대한 考察」, 『文化史學』제 20호, 한국문화사학회, pp.127-148.

는 중요한 단서를 제공하고 있다. 이럼에도 불구하고 이 시기의 석탑에 대해서는 우현 선생께서 확립하신 내용 그대로가 우리를 지배하고 있어 시기구분, 건탑 기술의 변화, 장엄조식 등 여러 문제에 대한 연구는 전무한 실정이었다.

본고에서는 현재까지 이룩된 연구성과를 바탕으로 정형기석탑[3]에 구현된 여러 특성에 대해 고찰함으로써 우현 선생 이래 진행된 이 시기 석탑의 연구를 좀 더 진전시켜 보고자 한다.

Ⅱ. 정형기 석탑의 양식과 시기구분

정형기 석탑은 불국사삼층석탑을 중심으로 주로 8세기 중반을 전후한 시기에 건립된 석탑을 지칭하고 있다. 이들 석탑의 양식은 대체로 다음과 같은 공통된 양식을 지니고 있다.

첫째, 基壇은 상·하 2층으로, 각층의 撑柱는 2주씩이다. 하층기단의 甲石 상면에는 弧角形 2단이, 상층기단 갑석의 상면에는 角形 2단의 괴임대가 조출되어 있다.

둘째, 탑신과 옥개석은 각 1석씩이며, 탑신에는 兩 隅柱가 模刻되었다. 옥개석의 하면에는 각형 5단의 받침이 정연하고, 상면에는 각형 2단의 탑신받침이 조출되어 있다.

셋째, 상륜은 대부분이 결실 되었지만, 副椽이 있는 露盤 1석이 있다.

이같은 양식의 공통성은 우현 선생께서 확립하신 이래 줄 곳 우리를 지배해온 논리였다. 한편 이 시기의 석탑은 그 어떤 것을 보더라도 이 틀 안에서 건립되어 있기에, 건립시기 또한 막연히 8세기라고 알려져 왔다. 이같은 이유로는 우현 선생께서 이 시기 석탑을 제 3기의 작품으로 분류한 후 조성시기를 中代 後期(孝成王 - 惠恭王)로 설정한 것이 그대로 수용되어진 결과였다.[4] 하지만 8세기가 100년간에 걸친 시간 폭을 지니고 있음을 볼 때 과연 이시기 석탑을 모두한 世紀에 포함시키기에는 문제가 있는 것으로 생각된다. 필자는 9세기에 석립된 석탑을 전기와 후기로 구분해 정리한 바 있다.[5] 따라서 8세기 석탑 또한 세부적인 양식의 변화와 건탑 기술의 발달사적인 측면에서 전기와 후기로 구분할 수 있다고 생각한다. 우현 선생은 정형기 석탑의 건립 연대에 대해

---

3 정형기 석탑은 시기적으로 통일신라시대 전반에 걸쳐 건립되는 석탑을 의미한다. 그러나 본고에서는 8세기에 건립된 석탑에 국한해 고찰하고자 한다.

4 高裕燮, 『韓國塔婆의 研究』, 乙酉文化社, 단기 4281, p.81.

5 朴慶植, 「新羅 九世紀 石塔의 樣式에 關한 研究」, 『考古美術』173號, 韓國美術史學會, 1987, pp.16-44. 및 「新羅 九世紀 石塔의 特性에 關한 研究」, 『蕉雨黃壽永博士古稀紀念美術史學論叢』, 通文館, 1988, 325-349.

"불국사삼층석탑을 표준으로 한다면 장항리 일명사지 오중탑 雙基가 선행할 수 있고, 천군리
일명사지 오중탑 쌍기가 병행될 수 있겠고 창령 술정리 동부일명사지탑이 불국사삼층탑과
갈항사지 삼중탑과 사이에 있을 수 있을 듯하고 명장리 일명사지 삼중탑은 폐갈항사지탑이나
장수사지 삼중탑보다 纖弱한 듯 하다. 이리하여 대체에 있어서 제3기의 중요한 작품들이
중대후반의 경덕왕대를 중심하고서 그 前後에 소속될 것이 추정되는 바이다. 즉 제 3기 작품의
세대는 중대후기에 대체로 설정되는 所以然이다."[6]

라고 견해를 표방한 바 있다. 즉 경덕왕대를 중심으로 8세기 중반에 이들 석탑이 건립되어 있
음을 피력하고 있다. 하지만, 필자가 이들 석탑의 양식을 세세히 검토한 결과 갈항사지삼층석
탑을 기점으로 분면한 차이점 2가지를 확인할 수 있었다. 첫째는 석탑의 규모와 사용된 석재
의 수량에서, 둘째는 옥개석의 구조에서 분면한 차이점을 확인할 수 있었다. 따라서 필자는 8
세기 석탑 중 758년에 건립된 갈항사지삼층석탑을 기점으로 전기와 후기로 구분할 수 있다고
생각한다.

다음에 제시된 표를 볼 때 정형기 석탑은 대체로 5-7m 내에서 건립되고 있음을 알 수 있다.
하지만 사용된 석재에 있어서는 확연한 차이를 보이고 있다. 즉 758년에 건립된 갈항사지삼층
석탑을 석탑의 건립에 사용된 석재의 수에서 확연한 차이를 보이고 있다. 즉 원원사지삼층석
탑·마동삼층석탑·봉기동삼층석탑·용명리삼층석탑·간월사지삼층석탑에서는 30- 34매의
석재가 사용된 된 반면, 갈항사지삼층석탑·천군동삼층석탑·불국사삼층석탑·술정리동삼층
석탑에서는 대체로 22매의 석재를 사용하고 있다. 이처럼 한 기의 석탑 건립에 사용된 석재는
주로 기단부에서 차이를 보이고 있다. 다시 말해 기단의 면석과 갑석의 조립에 사용된 석재에
서 차이를 보이고 있지만, 면석에 모각된 탱주나 우주의 수는 동일한 점을 볼 때 시간이 지날수
록 기단의 규모가 축소되고 있음을 알 수 있다. 이처럼 석재의 수가 감소됨은 갈항사지 삼층석
탑을 기점으로 구분됨을 볼 수 있어 신라석탑에서의 변화와 양식상의 진전은 기단부에서 비롯
되고 있음을 알 수 있다. 이같은 기단의 변화는 자연스레 탑신부에 규모의 축소를 가져와 불국
사삼층석탑에서 앞 시기의 양식을 그대로 재현하면서도 양식적 완성을 이룩할 수 있는 중요한
모티브가 된 것으로 생각한다. 이러한 변화는 석탑의 건립 기술이 발전하는 양상과도 일치하는
것으로 이에 대해서는 다음 장에서 고찰하고자 한다. 이와 더불어 옥개석에서의 변화상은 주로
전각에서 보이고 있다. 즉 불국사삼층석탑의 옥개석은 처마의 두께가 일정하게 수평으로 진행
되다 반전이 이루어지고 있다. 이에 반해 전기의 석탑 중 비교적 옥개석이 완전한 마동사지 삼

---

6 高裕燮, 주 9의 책, p.95.

층석탑은 전각으로 갈수록 두꺼워지는 양상을 보이고 있어 아직도 옥개석의 처리가 매끄럽지 못한 감을 주고 있다. 이는 비록 석탑에서 미세한 부분이라 할 수 있지만, 석탑이 완성되어 가는 단계를 잘 보여주는 예라 하겠다. 이상과 같은 관점에서 볼 때 필자는 8세기 석탑도 무조건 통시시적인 안목에서 건립 시기를 볼 것이 아니라 좀 더 면밀한 관점에서 전기와 후기로 구분해야 할 것으로 생각한다.

따라서 필자는 현존 하는 8세기 석탑 중 원원사지삼층석탑 · 마동삼층석탑 · 봉기동삼층석탑 · 용명리삼층석탑 · 간월사지삼층석탑을 전기에, 갈항사지삼층석탑 · 천군동삼층석탑 · 불국사삼층석탑 · 술정리동삼층석탑은 후기의 작품으로 구분하고자 한다.

Ⅲ. 건탑 기술의 발전

신라가 최초로 건립한 석탑은 분황사모전석탑이다. 하지만, 이 석탑은 완전히 화강암을 사용해 건립한 것이 아니라 안산암을 벽돌과 같이 다듬어 건립했기 때문에 모전석탑으로 분류되고 있다. 이후 건립된 의성 탑리 오층석탑에서 전체를 화강암으로 건립함으로써 본격적인 석탑을 건립하게 되었다. 그러나 이 석탑 역시 옥개석의 상면을 층단형으로 처리해 아직 완벽한 형식의 석탑을 건립하지 못하고 있다. 그러나 전형기에 이르면 기단부와 탑신부에서 완성에 가까운 양식을 창출함과 동시에 옥개석의 지붕면이 목조건축의 그것과 동일한 구조를 구비하게 된다. 이처럼 전형기 석탑에서 구축된 양식은 정형기에 건립된 불국사삼층석탑에 이르러 滿開하는 바, 이에 이르기까지 약 70년의 세월이 소요되었다.[7] 신라는 이 시간동안 지속적으로 석탑을 건립했다. 이 기간 동안 건립된 석탑은 5기의 전형기 석탑과[8], 이 글에서 다루어질 형태가 완전한 10기의 정형기 석탑을 포함하면 모두 15기로 생각된다.[9] 따라서 이들 석탑에 구현된 양식을 면밀히 검토해 보면 좁게는 정형기 석탑, 나아가 신라석탑의 발달사를 파악할 수 있을 것으로 생각된다.

필자가 15기의 석탑을 통해 신라석탑의 건탑기술 발달사를 파악하고자 하는 주 요소는 바로 석탑의 건립에 사용된 석재의 숫자이다. 왜냐하면 익히 알려진 바와 같이 8세기 석탑의 양식

---

7 이같은 시간의 개념은 전형기 석탑인 감은사지 삼층석탑이 682에 건립되었고, 불국사삼층석탑이 750년 경 완성된 것으로 볼 때 약 68년의 시간이 계산되기 때문이다.

8 박경식, 주 2의 「신라 전형기 석탑에 대한 고찰」 참조.

9 석탑의 수는 변경될 개연성은 충분하다. 이 글에서 말한 10기는 형태가 완전한 것을 지칭하는 수로, 탑재만 남아있는 것을모두 합하면 8세기 석탑의 숫자는 더 증가될 것은 분명하다.

은 마치 붕어빵과 같은 공통된 양식을 지니고 있음은 앞 서 언급한 바 있다. 하지만, 양식의 동일성이 모든 석탑의 건립 시기마저 동일시할 수 는 없을 것으로 생각한다. 앞서 언급한 70년의 시간은 바로 역사의 진전을 의미한다. 따라서 이 기간 자연스레 인간이 지닐 수 있는 역량 또한 발달했을 것으로 생각되는바, 불교의 확산과 이에 따른 사찰 건립의 증가는 당연히 석탑의 수요를 증대시켰을 것으로 생각된다. 이에 따라 조탑공들은 어떻게 하면 보다 완성미를 갖추면서도 빠르게 석탑을 건립할 수 있을까에 대한 문제에 봉착하게 되었을 것으로 예측된다. 이에 따라 조탑공이 택할 수 있는 최상의 방법은 석탑의 규모를 줄이면서도 모든 구성 요인을 갖춘 석탑의 건립에 몰두했을 것으로 추정된다. 이에 따라 석탑에 소용되는 석재 수의 축소는 당연한 귀결이었고, 바로 이 점이 건탑 기술의 발전을 볼 수 있는 요인이라 판단된다.

석탑 건립에 따른 기술의 발전상은 전형기 석탑과의 비교를 통해서도 확인된다. 필자가 조사한 바에 의하면 전형 Ⅰ기의 석탑에서는 모두 82매의 석재를 사용해 건립했다. 하지만 전형 Ⅱ기의 석탑에서는 그 수가 반으로 줄어 30여매의 석재를 사용해 건립하는 양상을 볼 수 있다.[10] 그런데 정형기에 이르면 전형 Ⅱ기의 양상이 이어지다가 후기에 이르러 22매 정도의 석재를 사용해 건립되고 있음을 볼 수 있다. 따라서 정형기 석탑에서도 사용된 석재의 수에 있어 34매 가량의 석재를 사용하는 석탑과 22매 이내의 석재를 사용하는 2개의 群으로 구분되고 있음을 알 수 있다. 이같은 석재수의 감소 추세는 분명 석탑 건립 기술의 발전과 밀접한 연관 이 있을 것으로 생각된다. 따라서 8세기 석탑 앞서 언급한 바와 같이 전기와 후기로 구분될 수 있는 개연성은 충분한 것으로 보인다. 이같은 추론의 근거로는 8세기 석탑 중 건립연대가 확실한 갈항사지삼층석탑을 통해 알 수 있다. 이 석탑은 기단부에 "天寶 17년"에 건립했다는 명문이 있어 758년(경덕왕 17년)에 건립되었음을 알 수 있다. 석탑에 구현된 양식이나, 사용된 석재의 수에 있어 신라석탑의 양식을 완성한 불국사삼층석탑과 동일한 수법을 보이고 있다. 아울러 표에서 보듯이 천군동삼층석탑, 술정리동삼층석탑과 양 탑은 비슷한 규모와 양식을 지니고 있어 이들 석탑은 갈항사지삼층석탑이 건립된 8세기 중반의 양식을 보이고 있음을 알 수 있다. 따라서 이들 석탑은 정형기에 석탑중에서도 8세기 후기에 속하는 것으로 보아야 할 것으로 생각된다. 이에 비해 원원사지 · 마동 · 봉기동 · 용명리 · 간월사지삼층석탑은 모두 30여매의 석재를 사용하고 있어 주목된다. 이들 석탑은 탑신부의 구성과 조립은 앞서 언급한 석탑과 같지만, 기단부를 크게 조성해 상대적으로 같은 수의 기둥을 모각하면서도 더 웅장한 감을 자아내고 있다.

한편 석재의 수가 비록 전형기에 비해 감소되었지만, 정형 전기가 후기의 석탑보다 많이 사

---

10 朴慶植, 「新羅 典型期 石塔에 대한 考察」, 『文化史學』제 20호, 한국문화사학회, pp.127-148.

용되었다는 점은 아직도 목조건축의 재현에 충실하고자 했던 조탑공들의 의지와 더불어 석탑의 건립기술이 완성되지 못하고 있음을 반증하고 있다. 8세기 석탑은 불국사삼층석탑이란 거대한 山에 묻혀 제대로 양식상의 변화 등의 요인이 검증되지 못한 채 그대로 방치되어 온 것이 사실이다. 하지만, 외형적으로 양식은 공통점을 유지하고 있을망정 사용된 석재의 수와 더불어 규모의 차이에서 오는 분명한 변화상을 찾을 수 있다.

정형기 석탑에 사용된 석재의 수

	원원사지 삼층석탑	마동 삼층석탑	봉기동 삼층석탑	용명리 삼층석탑	간월사지 삼층석탑	갈항사지 삼층석탑	천군동 삼층석탑	불국사 삼층석탑	술정리 동삼층석탑
하층기단 면석	8	8	8	8	8	8	8	4	4
하층기단 갑석	8	8	8	8	4			4	4
상층기단 면석	8	6	8	8	8	4	4	4	4
상층기단 갑석	4	4	4	4	4	4	4	4	4
1층탑신석	1	1	1	1	1	1	1	1	1
1층옥개석	1	1	1	1	1	1	1	1	1
2층탑신석	1	1	1	1	1	1	1	1	1
2층옥개석	1	1	1	1	1	1	1	1	1
3층탑신석	1	1	1	1	1	1	1	1	1
3층옥개석	1	1	1	1	1	1	1	1	1
석재 수	34	32	34	34	30	22	22	22	22
조성시기	전기	전기	전기	전기	전기	758년	후기	후기	후기
총고	5.8m	5.4m	5.5m	5.6m	5.7m	4.3m	동탑 6.7m 서탑 7.7m	7.2m	5.8m

* 석탑의 높이는 노반까지만 제시하였음.

표에서 제시된 바와 같이 정형기 석탑은 사용된 석재의 수 와 이에 따른 기단부의 축소, 이로 인해 자연스레 낮아지는 높이 등을 변화의 한 요인으로 꼽을 수 있다. 이같은 변화는 신라석탑의 완성이라 말하는 불국사삼층석탑으로 진행되어가는 양식적인 변화상과 더불어 기술적으로 발전해가고 있음을 반증하는 요인이라 하겠다.

이처럼 신라석탑은 시간이 흐를수록 규모가 축소되고 있지만, 양식적로는 더 진전되어 우리나라 석탑의 기본양식을 확립했다. 결국 8세기 석탑에서 이룩된 양식과 석재의 조립방법은 이후 모든 석탑에서 공통적으로 검출되는 점을 볼 때 이 시기는 신라석탑의 양식적 정착기가 되는 것이다. 한편 이같은 석탑의 변화와 규모의 축소는 불교의 중흥에 따른 사찰수의 증가와 이에 따른 수요와 공급의 원칙이 충실히 진행된 결과라 하겠다.

IV. 장엄조식

불교에서는 堂塔이나 불.보살을 장식하는 것을 梵語로 Vyūha라 하여 莊嚴이라고 한다. 석탑에서 기단과 탑신표면에 불교상을 비롯하여 여러 가지 물상을 조각하는 것도 물론 莊嚴이고 이를 嚴飾 또는 嚴淨이라 하여 세속적인 장식과 구별한다. 근본적인 뜻은 탑내에 봉안된 舍利의 수호 내지는 供養에 있다[11]는 관점에서 볼 때 신라석탑 浮彫像은 불탑 내부에 봉안된 불사리에 대한 外護的 기능에 1위적 목적을 지니고서 이룩되었다고 볼 수 있다.[12] 우리나라 석탑에서 장엄조식이 가장 활발하게 등장하는 시기는 9세기로 알려져 있다.[13] 그렇지만, 보편적인 의미에서 장엄의 시작은 전형기석탑에서 비롯되고 있다. 이 시기의 석탑에서 장엄조식을 볼 수 있는 석탑은 고선사지삼층석탑과 장항리오층석탑이다. 물론 이들 석탑 보다 앞서 건립된 분황사모전석탑에서 감실의 좌·우에 인왕상을 배치하고 있어 이를 효시로 보고 있다. 하지만, 이 석탑에서는 감실을 개설하고 문짝을 달아 완전한 문을 조성하고 高浮彫의 인왕을 조각하고 있어 실제로는 사찰에서 볼 수 있는 인왕문을 연상시키기에 충분하다. 하지만, 전형기석탑에서는 초층탑신에 국한되어 문비형과 인왕상을 조식하고 있어 지극히 초기적인 형식을 보이고 있지만. 정형기에 이르러 좀 더 확대되는 경향을 볼 수 있는데, 이를 정리하면 다음의 표로 집약된다.

정형기 석탑의 표면장엄

조식	석탑명	조식위치	시기	비고
문비형	간월사지삼층석탑	초층탑신	정형기(전기)	
인왕	원원사지삼층석탑 간월사지삼층석탑	초층탑신 초층탑신	정형기(전기)	
사천왕	원원사지삼층석탑	초층탑신	정형기(전기)	
십이지	원원사지삼층석탑	상층기단	정형기(전기)	

이 표를 보면 전형기 이래 인왕은 지속적으로 조식되고 있으며, 정형기에 이르러 사천왕과 십이지가 첨가되면서 하나의 석탑에 다양한 장엄조식이 첨가되는 현상을 볼 수 있다. 이같은 현상은 기술과 양식의 발달과 함께 변화하는 한 양상으로 보이는데, 원원사지삼층석탑에서 가장 선구적인 예를 보이고 있다. 이 석탑에서는 앞서의 석탑에서 조식되던 인왕을 대신해 사천왕이 처음으로 등장하고 있는데, 이는 다음 시기인 9세기 석탑에서 가장 중심을 이루는 장엄의 선례로

---

11 秦弘燮, 「塔婆」, 『國寶』6, 藝耕産業社, 1983, p.194.

12 張忠植, 「統一新羅 石塔浮彫像의 硏究」, 『考古美術』154.155 合輯, 韓國美術史學會, p.115.

13 박경식, 『통일신라석조미술연구』, 학연문화사, 1994.

주목된다.[14] 아울러 하층기단에는 십이지가 조식되어 있는 바, 이 역시 석탑에서는 가장 빠른 예를 보이고 있다. 따라서 사천왕이 불국토를 수호하고 중생의 이익을 위해 활발히 조성된 신장이며,[15] 십이지 역시 十二方位의 개념뿐 아니라 藥師佛의 十二大願에 응하여 그를 杜護하고 이를 실현시키고자 나선 神將인 점을 고려할 때[16] 원원사지 석탑이 지닌 성격 또한 추정이 가능하다. 원원사가 울산만으로부터 들어오는 적을 차단하기 위한 호국사찰인 점과[17] 이들 제 상이 지닌 성격을 생각해 볼 때 이 석탑은 순수 불교적인 목적과 더불어 호국적인 성격이 내포되어 있음을 알 수 있다. 결국 탑에 불교상을 조식함으로써 탑이 지닌 순수한 불교적 성격에 다른 의미를 내포하는 건탑원인의 발전을 가져온 것으로 생각된다.[18] 아울러 하층으로부터 십이지 그리고 사천왕이 순차적으로 배열됨은 불교에 등장하는 신의 순위를 확실히 보여주는 예라 생각된다.

문비형은 고선사지 삼층석탑에서 처음 표현된 이후 장항리사지오층석탑과 원원사지삼층석탑에 등장해 이후 건립되는 석탑과 부도의 양식적 전형을 보이고 있다.[19] 이 조식은 대체로 사리가 봉안된 석탑과 부도에서 주로 등장하고 있는데, 이는 석재로 조성된 탑신에 공간성을 투시하여 내부공간의 의미를 부여하고, 이 안에 사리가 있음을 강력히 시사해 주고 있다. 더욱이 사천왕과 인왕을 좌우에 배치해 세트를 이루고 있는데, 이는 初層塔身 내지 身部가 바로 主建築공간이기 때문에 이 주공간의 사방을 수호하는 임무를 띠고 배치된 것으로 생각된다.[20] 이와 더불어 탑신 전체에 장엄을 가한 석탑이 등장하고 있다. 갈항사지삼층석탑은 초층탑신석 각 면에 사천왕입상이 있었던 흔적이 보이고, 각 우주의 모서리에는 길이로 5개의 못구멍이 일렬로 있고, 우주 內緣에는 2열로 각 7개의 못구멍이 있으며 면석 상하와 좌우에는 각각 4개의 못구멍

---

14 9세기에 건립된 석탑중 사천왕이 조식된 예로는 경주 남산 승소곡삼층석탑, 화엄사서오층석탑, 영양 현일동삼층석탑, 영양 화천동삼층석탑, 예천 동본동삼층석탑, 의성 관덕동삼층석탑, 중흥산성삼층석탑 등이 있다.

15 文明大, 「新羅 四天王像의 硏究-韓國塔彫像의 硏究(2)-」, 『佛敎美術』 5, 東國大博物館, 1980, p.18.

16 高裕燮, 『韓國美術史 及 美學論考』, 通文館, 1963, p.59.

17 文明大, 「新羅 神印宗의 硏究 - 新羅密敎와 統一新羅社會」, 『진단학보』41,진단학회. 1976, p.201.

18 신라석탑에서 볼 때 건탑의 이유가 처음부터 수수불교적인 목적만은 아닌 것으로 생각된다. 필자는 신라에서 석탑으로는 가장 먼저 건립된 분황사모전석탑이 호국적인 성격을 지닌 탑임을, 이어 건립된 감은사지 석탑은 기념비적인면, 호국적인면 등 다양한 성격이 내포되어 있음을 밝힌 바 있다. 朴慶植, 「芬皇寺模博石塔에 대한 考察」, 『芬皇寺의 諸照明』, 新羅文化宣揚會, 1999, pp.161-197. 및 「新羅 典型期 石塔에 대한 考察」, 文化史學 제20호, 한국문화사학회, pp.127-148.

19 9세기에 건립된 조형물 중 문비형이 조식된 예로는 성주사지 중앙삼층석탑, 성주사지동삼층석탑, 성주사지서삼층석탑, 경주 창림사삼층석탑, 안동 옥동삼층석탑 영천 신월동삼층석탑, 단양 향산리삼층석탑, 영국사삼층석탑, 보성 금둔사지삼층석탑, 신구동삼층석탑 진전사지부도, 염거화상탑, 대안사적인선사조륜청정탑, 쌍봉사철감선사탑, 보림사보조선사창성탑, 봉암사지증 대사적조탑, 망해사지부도, 실상사증각대사응료탑, 실상사수철화상능가보월탑, 석남사부도, 연곡사동부도, 보림사동부도, 실상사석등 이 있다.

20 文明大, 주 14의 논문, p.18.

이 보인다. 또 초층 옥개석에는 네 뒤퉁이의 전각부에 마련된 풍경공 이외에 각 처마에 6개씩의 못구멍이 있고, 낙수면에도 못구멍이 산재하다. 그리고 2·3층 탑신석 우주 내에 각각 4개씩의 못구멍이 잇고, 각 층 옥개석 처마면에도 초층에서와 같이 못구멍이 각 면 5개씩 있으며, 낙수면에도 여전히 못구멍이 산재하다.[21] 이처럼 탑신 전면에 남아있는 못구멍은 탑신 전부를 곧 조각 장식이 있는 금동판으로써 덮었던 것[22]을 반증하는 것으로 석탑 표면 장엄의 새로운 일면을 보여주고 있다. 이같은 양상은 앞서 건립된 고선사지삼층석탑의 초층탑신에 모각된 문비의 못구멍에서 先例를 찾을 수 있다.[23] 하지만, 고선사지삼층석탑에서는 문비에 국한해 금동판의 장식이 추정되는 반면, 이 석탑에서는 석탑 전체에 장식을 가해져 완전히 다른 면을 보이고 있다. 이처럼 금동판을 석탑에 장식한 것은 탑에 대한 숭앙과 존경의 의미를 더욱 내포하고 있는 것으로 생각되는데, 이는 원원사지삼층석탑에서와 같이 기단과 탑신에 장엄이 가해진 석탑에서 시시를 받았을 것으로 생각된다. 그렇지만, 이런 유형의 석탑이 더 이상 건립되지 못한 것은 이에 따른 시간과 경비 그리고 보존상의 여러 문제가 대두되었기 때문이라 생각된다. 앞서 언급한 바와 같이 시간이 흐를수록 석탑에 대한 수요가 증가되고, 이에 따라 석탑의 공급 또한 증가되었다. 때문에 양식적 통일과 더불어 사용된 석재의 수가 감소되는 추세를 나타내고 있다. 이런 과정에서 이미 완성된 석탑에 다시 금동판을 붙이기보다는 석재에 사천왕을 비롯한 여러 장엄을 조각하는 것이 더 현실적이라는 판단의 결과라 생각된다. 아울러 부착된 금동장식의 탈락은 계속 이를 보수해야 하는 번거로움과 더불어 신앙의 대상인 석탑에 자주 보수의 손길이 미치는 것에 따른 敬畏心이 작용한 결과라 생각된다.

이외 더불어 전기의 석탑에서 나타난 장엄은 후기 석탑에서는 한기도 확인되지 않고 있다. 이같은 이유는 정확히 알 수 없지만, 9세기에 이르러 표면장엄이 극대화 되는 것이 당시의 시대상황과 밀접한 연관이 있는 점과[24] 무관하지 않은 것으로 생각된다. 즉 8세기의 전반기가 통일에서 오는 여러 혼란상을 극복하면서 점차 안정된 시기로 접어드는 과도기적인 사회였다면, 경덕왕대를 중심으로 한 후기 석탑이 건립되는 시점은 신라가 최고의 안정기를 구가하던 시기였다. 때문에 당시의 석탑에서는 순수 불교적인 면이 강조되었고, 내부에 봉안된 사리에 대한 신

---

21 정영호, 『한국의 석조미술』, 서울대학교 출판부, 1998. p.57.

22 高裕燮, 주 9의 책, p.87.

23 고선사지삼층석탑의 초층탑신의 4면에는 가로 118㎝, 세로 140㎝ 크기의 문비형을 모각했다. 문비형 내부에는 네 귀퉁이에 각각 6개, 중앙 상·하에 16개씩, 그리고 한복판 좌·우에는 작은 圓形을 돌리고 내부에는 각각 3개씩의 작은 구멍을 뚫은 흔적이 있다. 이중 네 귀퉁이와 중앙 상·하의 구멍은 문비형의 표면에 금동판 같은 것을 씌어 붙여서 한층 더 장엄하게 가식하기 위하여 못을 박았던 구멍자국으로 추측된다. 한복판에 만들어진 2개의 원형은 문고리를 표현한 것으로 짐작된다.

24 朴慶植, 주 5의 논문 참조.

앙만으로도 當代人의 종교적인 욕구를 충족시킨 결과라 판단된다.

V. 결론

  정형기는 신라석탑 나아가 우리나라 석탑 발달사상에서 매우 중요한 의미를 지닌 시기이다. 하지만, 그간의 연구는 우현 선생께서 이룩하신 틀 안에서 한 발짝도 진전하지 못한 채 통시적인 안목에서 연구되어 왔다. 이는 비단 석탑에 국한된 것이 아니라 현재 미술사 연구의 전체적인 경향이기도 하다. 더욱이 신라석탑에 있어서 정형기 석탑에 관해서는 더욱 그러한 현상을 보이고 있다. 이는 선생의 연구 성과가 워낙 태산과 같아 깊은 연구 없이 그대로 수용한 결과라 생각된다. 필자 역시 이 글에서 선생의 연구 성과를 뛰어 넘는 견해를 제시하지는 못했다 그러나 정형기석탑을 자세히 검토란 결과 이 시기 석탑의 시기구분과 건탑기술의 발전을 비롯한 몇 가지 새로운 사실을 확인할 수 있었다.

  석탑의 양식에서는 전기와 후기의 차이를 발견할 수 없었지만, 사용된 석재의 수에 따라 구분이 가능함을 알 수 있었다. 특히 8세기 석탑 중 건립연대가 확실한 갈항사지삼층석탑에서 건탑에 사용된 석재의 수가 확연히 달라짐으로 인해 적어도 정형기 석탑은 758년을 기점으로 양식적 완성을 이루었음이 확인되었다. 따라서 원원사지삼층석탑·마동삼층석탑·봉기동삼층석탑·용명리삼층석탑·간월사지삼층석탑을 전기에, 갈항사지삼층석탑·천군동삼층석탑·불국사삼층석탑·술정리동삼층석탑은 후기의 작품으로 구분했다. 아울러 석탑 건립 기술의 발전 역시 소요된 석재가 전기에는 34매 가량의 석재를 사용하는 반면 후기에 이르러 22매 이내의 석재를 사용하는 2개의 群으로 구분되고 있음과 동시에 주로 기단부에서 변화가 일어나고 있음을 확인했다. 따라서 신라석탑은 시간이 지날수록 구모가 축소되고 단아해자면서 안정된 양식을 완성하고 있음을 알 수 있었는데, 이같은 규모의 축소는 건탑기술의 발달과 더불어 불교의 확산에 따른 석탑의 수요와 공급의 원칙이 적용된 결과로 보았다. 나아가 전형기 석탑에서 시작된 장엄조식은 8세기 전기에 건립된 원원사지삼층석탑에서 서 기단으로부터 탑신에 이르기까지 십이지와 사천왕상이 조식됨으로써 건탑 원인에 다양한 변화를 가져온 것으로 파악되었다. 뿐만 아니라 전기석탑에 비해 후기 석탑에서 장엄조식이 나타나지 않음은 당시의 정치 사회적인 요인에 있음도 파악하였다. 나아가 갈항사지산층석탑 전체를 덮었던 금동판의 장식은 원원사지삼층석탑에 근원이 있음도 피력하였다.

(2004.06 「신라 定形期 석탑에 대한 小考」, 『文化史學』 제21호, 韓國文化史學會)

고유섭과 탑파연구

Ⅰ. 서언

현존하는 수많은 불교문화재중 질과 양적인 면에서 가장 많이 존재하는 것은 탑이다. 탑은 조성재료에 따라 여러 유형으로 분류되는데, 동양 삼국 중 이 땅에 가장 많이 남아있는 것은 단연 석탑이다. 때문에 일제강점기부터 석탑에 대한 주목이 이루어져 연구가 진행되었는 바, 우리나라 사람으로 이를 최초로 주목한 분이 又玄 高裕燮 선생이다.

선생은 비록 40세의 나이로 단명하셨지만(1905-1944), 우리나라 미술사 연구에 있어 그 누구도 따르지 못할 업적을 남기셨다.[1] 때문에 근세를 살았던 학자로는 유일하게 연구업적과 삶에 대한 연구도 진행된 바 있다.[2] 선생의 그 많은 논고는 우리 미술사를 한 눈에 꿰찬 慧眼과 깊은 통찰력에서 진행되었고, 미학에서부터 탑파, 불상, 도자, 회화에 이르기 까지 몬든 분야를 망라고 있다. 하지만, 이 중에서도 하나를 꼽으라면 누구나 탑파연구를 주목함에 주저함이 없을 것으로 생각된다.[3] 이는 선생께서 우리나라 미술사 전반에 걸친 연구를 진행했음에도 불

---

1 선생의 연구업적은 『高裕燮 著作目錄』, 又玄賞委員會, 1992.9 에 상세히 소개되어 있다. 뿐만 아니라 모든 연구성과는 『又玄高裕燮著作全集』으로 묶여 통문관에서 발간한 바 있다.
2 선생의 삶과 학문에 대한 대표적인 연구로는 文明大, 「高裕燮의 美術史學」, 『한국미술사학의 이론과 방법』, 悅話堂, 1978, 金壬洙, 『高裕燮硏究』, 弘益大大學院博士學位論文, 1990. 목수현, 『한국고미술 연구에 나타난 고유섭의 예술관 고찰』, 서울대대학원석사학위논문, 1991. 金英愛, 「高裕燮의 生涯와 學問世界」, 『美術史學硏究』190·191 합집, 韓國美術史學會, 1991. 강병희, 「아직도 넘어서지 못한 탑파 연구의 고전」, 『연사와 현실』17, 한국역사연구회, 1995.
3 선생의 탑파 연구에 대해서는 秦弘燮, 「又玄先生과 塔婆硏究」, 『高裕燮 著作目錄』, 又玄賞委員會, 1992.9에 수록되어 있다.

구하고 양과 질적인 면에서 가장 많을 뿐만 아니라, 학문적인 완성도가 가장 높아 후대에 끼친 영향이 막대하기 때문인 것으로 생각된다.

본고에서는 선생께서 남기신 석탑관련 논고를 통해 당시는 물론 후대에 끼친 학문적인 영역과 그 영향에 대해 살펴보고자 한다. 뿐만 아니라 선생께서 그토록 탑파연구에 몰두하셨던 원인과 더불어 우리 문화에 대한 열정을 과연 어떠한 관점에서 평가를 할지에 대해서도 언급하고자 한다.

아직 학문적으로 미숙한 필자가 미술사학자의 대 스승인 선생의 학문세계를 논 한다는 것 자체가 모순이라 생각한다. 필자의 미숙함이 선생의 학문적 업적에 누를 끼치지 않을까 하는 두려움을 않고 글을 전개하고자 한다.

II. 탑파연구

선생께서 가장 헌신적으로 연구에 몰두하셨던 분야는 앞서 언급한 바와 같이 탑파이다. 선생은 대학에서 미학을 전공하신 것은 익히 알려져 있는 사실이다. 선생께서는 1925년 경성제국대학 예과에 입학한 후, 1927년에 법문학부 철학과에 입학에 본격적으로 미학과 미술사를 전공했다. 이어 졸업하신 해인 1930년 4월에 법문학부 미학 및 미술사연구실의 조교로 임용된다. 이후 선생의 연구 영역은 한국미술사 전반으로 확대되면서 한층 심화된 것으로 보이는데, 특히 탑파연구는 다른 분야에 비해 비약적인 발전을 이루게 된다.

선생께서 지녔던 탑파에 대한 열정과 연구 성과를 파악하기 위해 발표된 논문과 저서를 정리해 보면 다음의 표로 집약된다.

〈표-1〉 탑파 관련 저작 목록

제목	수록학술지	발표시기	수록된 책	수록면
朝鮮塔婆槪說	新興 제6호	1932.1	韓國美術史及美學論考	107-121
朝鮮의 塼塔에 對하여	學海 2輯	1935.12	韓國美術史及美學論考	123-132
所爲開國寺塔에 對하여	考古學 9권9호	1938.9	韓國美術史及美學論考	133-144
所爲開國寺塔에 對하여 補	考古學 10권7호	1939.7	韓國美術史及美學論考	145-148
扶蘇山敬天寺塔	高麗時報	1940.9.16	松都古蹟	181-183
佛國寺의 舍利塔	淸閑 15책	1943	韓國美術史及美學論考	149-164
朝鮮의 墓塔에 대하여			朝鮮美術史料	
朝鮮塔婆의 硏究(其 1)	震檀學報 6, 10, 14권	1936.9 - 1940.6	韓國塔婆의 硏究 (乙酉文化社 刊)	1-129

朝鮮塔婆의 研究(其 2)	미발표 유고	1943년가을-작고직전	韓國塔婆의 研究 (乙酉文化社 刊)	131-256
韓國塔婆의 樣式變遷	미발표 유고 東方學志 2	1955.12	韓國塔婆의 研究-各論草稿 (考古美術同人會 刊)	高裕燮 遺著 其3
韓國塔婆의 樣式變遷(各論 續)	미발표유고 佛教學報3·4合輯	1967. 8	韓國塔婆의 研究 (同和出版公社 刊)	225-260

위의 표를 보면 선생께서 집필하신 탑파 관련 논고는 모두 11편이다. 이중 석탑관련 주요 논문은 『韓國美術史及美學論考』, 『韓國塔婆의 研究』, 『韓國塔婆의 研究-各論草稿』에 수록되어 있음을 알 수 있다. 이들 논저는 모두 선생의 死後 황수영선생의 주도하에 간행되어 햇빛을 보게 되었는바, 스승에 대한 제자로서의 도리가 무엇인가를 오늘날 우리에게 명확히 보여주고 있다.

필자의 주제가 선생의 탑파연구에 대한 것이기에 관련 논저를 일일이 고찰해야 하지만, 지면 관계상 전체적인 맥락에서 살펴보고자 한다. 선생의 우리나라 석탑에 대한 연구는 다음의 몇 가지 특성으로 집약된다.

첫째, 철저한 현지조사를 실시했다는 점이다.

미술사 연구에서 가장 기반을 이루는 것은 개개의 유물이 지닌 양식이다. 때문에 이를 위해 미술사를 공부하는 모든 연구자들은 현지답사를 진행해 실측, 탑본, 사진촬영 등 고전적인 방법론을 동원하고 있다. 결국 미술사 연구의 가장 기본적인 것은 예나 지금이나 변함이 없다는 것인바, 선생께서 바로 이러한 방법론을 철저히 지켰다는 것이다. 지금은 교통이 편리하고, 도로망이 잘 정비되어 가히 전국이 일일생활권이라 해도 과언이 아닐 것이다. 하지만, 1930년대 우리나라의 도로사정에 대해서는 짐작하기에 충분하리라 생각된다. 이런 가운데서 선생은 평안북도 영변에서 전라남도 장흥에 이르는 그야말로 전국을 누비며 직접 답사하셨다. 특히 경주에 대한 애정이 각별하셨던지 신라 석탑에 대한 연구가 가장 많은 부분을 차지하고 있는데, 이로 인해 신라석탑에 대한 연구는 완성되었다 해도 과언이 아닌 것으로 생각된다.

선생께서 집필하신 원고가운데서 직접 탑을 조사·기록해야 연구가 가능했던 각 석탑에 대한 각론이 106기의 석탑이 세밀하게 기록되어 점은 당시의 실정으로 볼 때 이 방면 연구에 기울였던 선생의 열정에 경이롭다는 표현 할 말이 없다. 뿐만 아니라 2005년 11월 현재 국보로 지정된 석조문화재는 65점으로, 이중 석탑은 28점, 부도는 8점으로 55%를 차지하고 있다. 보물 역시 468점의 석조문화재가 지정되어 있는바, 이중 석탑은 158점, 부도는 47점으로 44%를 점유하고 있다. 이를 전체적으로 보면 국보나 보물로 지정된 석조문화재는 모두 533점인 바, 선생께서 조사하신 106점의 석조문화재가 대부분 국보나 보물로 지정되어 있음은 유물을 선별하는 뛰어난 혜안과 정보를 가졌음도 알 수 있다. 오늘날 석조문화재를 공부하는 연구자의 수가 미술사의 어떤 분야보다 적은 인원임을 감안하면 선생의 정열과 노력에 머리가 숙여질 뿐이다. 우리는 너무 안이하고 게으른 것이다.

선생께서 직접 답사하고 각론으로 양식을 상세히 고찰했던 석탑을 지역별로 정리하면 다음의 표로 집약된다.

<표-2> 각론으로 정리된 석탑 현황

행정구역	개체수	석탑 명
서울시	3기	서울推定沙峴寺址五層石塔, 漆谷廢淨兜寺五層石塔, 原州廢傳令寺三層石塔
경기도	9기	開城興國寺塔, 開城玄化寺塔, 開豊靈通寺五層塔及三層石塔, 開豊觀音寺七層石塔, 開豊軍藏山北麓寺址三層石塔, 長湍佛日寺址五層石塔, 長湍華藏寺塔, 利川廢安興寺五層石塔, 驪州神勒寺五層塼塔
강원도	12기	春川昭陽寺七層石塔, 江陵神福寺址三層石塔, 原州居頓寺址三層石塔, 原州法興寺址三層石塔, 鐵原到彼岸寺三層石塔, 平昌月精寺八角九層塔, 襄陽洛山寺七層石塔, 高城神溪寺三層石塔, 准陽長淵寺址三層石塔, 准陽正陽寺三層石塔, 金剛山楡岾寺塔, 襄陽香城寺址三層石塔,
충청남도	4기	靑陽邑內三層石塔, 靑陽西亭里九層塔, 恩津灌燭寺塔, 扶餘定林寺址石塔
충청북도	2기	忠州塔亭里七層石塔(中央塔), 報恩法住寺木造五層塔
경상남도	9기	東萊梵魚寺三層石塔, 梁山通度寺三層石塔, 陜川海印寺三層石塔, 陜川海印寺紅霞門前三層石塔, 昌寧述亭里三層石塔, 陜川月光寺址東三層石塔, 陜川淸凉寺三層石塔, 通度寺金剛戒壇舍利塔, 山淸斷俗寺址右三層石塔
경상북도	45기	慶州南山里寺址東三層石塔, 慶州西岳里三層石塔, 安東邑東法興洞七層塼塔, 安東邑南五層塼塔, 安東一直面造塔洞五層塼塔, 義城觀德洞三層石塔, 義城冰山下逸名寺址五層石塔, 善山竹杖寺址五層石塔, 善山洛山洞三層石塔, 尙州化達里三層石塔, 聞慶鳳岩寺三層石塔, 聞慶鳳岩寺智證國師寂照之塔, 聞慶鳳岩寺靜眞大師圓悟之塔, 醴泉栢田洞廢寺址三層石塔, 醴泉開心寺址五層石塔, 達城桐華寺金堂庵東西三層石塔, 達成桐華寺毘盧庵三層石塔, 永川新月洞三層石塔, 淸道雲門寺東三層石塔, 星州法水寺址三層石塔, 慶州芬皇寺石塔, 義城塔里五層石塔, 慶州高仙寺址五層石塔, 慶州感恩寺址東西三層石塔, 慶州羅原里五層石塔, 慶州狼山東麓廢寺址三層石塔, 慶州璋項里廢寺址東西五層石塔, 慶州千軍里廢寺址東西三層石塔, 慶州佛國寺釋迦三層石塔, 淸道鳳岐洞三層石塔, 慶州遠願寺址東西三層石塔, 金泉廢葛項寺東西三層石塔, 慶州明莊里三層石塔, 慶州長壽谷廢寺址三層石塔, 榮州浮石寺三層石塔, 安東玉洞三層石塔, 慶州南山麓逸名寺址西三層石塔, 慶州哀公寺址三層石塔, 慶州南沙里塔谷三層石塔, 佛國寺多寶塔, 慶州南山僧燒谷三層石塔, 慶州茸長寺址三層石塔-附 三層圓佛座, 慶州淨惠寺十三層石塔, 佛國寺舍利塔, 石窟庵三層石塔
전라남도	8기	光州五層石塔, 求禮華嚴寺塔, 長興寶林寺東西三層石塔, 康津無爲岬寺塔, 靈岩道岬寺塔, 和順雙峰山故澈鑑禪師澄照之塔, 順天松廣寺佛日普照國師甘露塔, 和順雙峰寺大雄殿
전라북도	5기	益山王宮里逸名寺址五層石塔, 益山彌勒寺址多層石塔, 金山寺舍利塔 및 五層石塔, 金山寺六角多層石塔, 金山寺露塔
황해도	4기	海州冰庫側五層石塔, 延白江西寺七層石塔, 黃州成佛寺五層石塔, 碧城廣照寺址五層石塔
평안남도	3기	平壤永明寺八角五層石塔, 大同廢栗寺五層石塔, 大同廢元廣寺六角七層石塔
평안북도	2기	寧邊普賢寺九層石塔, 寧邊普賢寺八角十三層石塔
계	106기	

선생의 현지 조사가 얼마나 치밀하고 철저했는가는 이들 석탑의 양식을 정밀히 기술했다는 점에서 뿐만 아니라 각 부위에 대한 실측치가 소개되어 있다는 점에서 잘 드러나고 있다. 양식의 정확한 규명이 향후 이를 종합해야 보다 진전된 연구 성과를 이룰 수 있다는 기본에 충실했던 연구방법론의 일단을 볼 수 있다. 조사된 각 석탑은 정밀한 양식규명과 더불어 사진촬영이 진행되었다. 이같은 사실은 1934년에 경성대학 강의실에서「朝鮮의 塔婆寫眞展」을 열었음에서 도[4] 명확하게 알 수 있다. 당시 사진전은 선생의 학문에 대한 열정에 경성제국대학 사진실의 설비와 스승인 上野교수와 사진기사인 엔조우지의 후원으로 개최되었다.[5] 이 사진전은 큰 호응을 얻어 시내 한복판에 있는 백화점으로 전시가 이어졌다고 한다. 이같은 과정을 볼 때 선생의 현지 조사는 문헌, 양식, 기록, 실측, 사진촬영 등 미술사의 조사방법론이 모두 동원된 매우 현실적이면서도 적극적인 방법이었음을 알 수 있다.

둘째, 문헌고증에 충실했다는 점이다.

해방이후 미술사연구는 전 국토에 숨겨져 있는 문화재를 발굴하고 이를 세상에 알리는 작업에 중심을 이루어왔다. 이같은 경향은 1970년까지도 지속되었는바, 한 차원 높은 미술사연구를 위한 필연적인 과정이었다. 때문에 이시기의 연구에서 『삼국사기』와 『삼국유사』를 제외하면 다른 문헌의 활용도는 그리 높아 보이지 않는다. 하지만, 선생의 논저를 보면 『삼국사기』와 『삼국유사』는 물론 각종 지리지와 더불어 문집류까지 인용되는 것을 종종 볼 수 있어, 대체 선생의 학문적 깊이는 어디일까? 라는 궁금증을 자아내게 한다. 각 석탑의 각론에서는 양식에 대한 상세한 고찰은 물론 이와 관련된 각종 문헌까지 모두 찾아 소개하고 있어 오늘날 이방면 연구자들에게 귀감이 되고 있다. 이같은 문헌에 대한 충실함은 목탑의 발달사는 물론 미륵사지석탑, 감은사지석탑 등 우리나라 석탑의 발달사에 초두에 놓이는 탑들에 대한 건립연대를 규명했다는 점에서 중요한 역할을 하고 있다.

셋째, 양식론에 그치지 않고 당시의 역사적 상황까지도 포함하는 연구를 했다는 점이다.

석조조형물을 단순히 옛 것의 수준에서 바라본다면, 아마도 아름다움이 연구의 전부였을 것이다. 하지만, 선생의 연구는 이보다 진전되어 석탑이라는 건축물을 역사의 소산이란 인식하에 바라보고 있다. 때문에 석탑 양식의 변화에 따른 시간적 구분이 가능해 겼는바, 이를 감은사지

---

4 진홍섭, 앞 글. 이 사진전이 있은 후 대단한 반향을 일으켜 미쓰꼬시백화점(三越百貨店, 현 신세계백화점)의 갤러리를 빌려 석탑중심으로 고미술사진이 열렸다고 한다. 김영애, 앞 논문, p.145.

5 주 4와 같음.

삼층석탑, 불국사삼층석탑과 다보탑의 출현 등에 연결시켜 해석을 하고 있다. 감은사지삼층석탑에서는 탑이 지닌 양식적이 규명했다. 뿐만 아니라 문무왕과 신문왕대의 역사를 철저히 분석해 동해구를 주목하셨고, 이는 문무왕릉의 지목으로 이어지고 있다. 불국사 삼층석탑과 다보탑에서는 경덕왕대의 상황을 통해 신라석탑이 양식적으로 완성되고, 특수형 석탑이 건립될 수 있는 원인을 분석하고 있다. 이같은 연구경향은 1980년 후반에 들어 미술사와 시대사를 연계해 연구하고자 하는 풍토가 시작되고 있음을 볼 때, 선생에 비해 후학들이 지녔던 석탑연구의 한계성을 반성케 하는 대목이라 하겠다.

넷째, 석탑은 양식의 근원을 목탑에 두고 있다.

동아시아에 불교가 전래되고, 동시에 탑과 불상이 조성되었음은 주지의 사실이다. 하지만, 여러 가지 사정으로 인해 自國의 실정에 맞는 재료를 선택해야만 했을 때, 우리나라는 석탑을 건립하게 되었다. 따라서 석탑을 건립할 때 어떤 조형물은 무엇을 염두에 두었을까? 는 아마도 큰 숙제였을 것으로 생각된다. 이는 우리나라 석탑의 양식사는 물론 발달사를 규명하는데 가장 기본적으로 해결해야할 문제라 생각한다. 선생은 미륵사지석탑에 대한 철저한 분석을 한 끝에 한국석탑의 기원이 목탑의 양식을 재현하는데 있음을 명쾌하게 규명하고 있다.『韓國塔婆의 研究』(乙酉文化社 刊)의 서술체계를 볼 때 목조탑파를 가장 초두에 놓고 있다. 선생은 삼국시대 이래 조선시대에 이르기 까지 건립된 우리나라의 목탑에 대해 철저한 문헌고찰을 진행하고 있다. 이어 전탑을 고찰하고 있으나, 이 땅에서는 그리 발전되지 못함을 논증하고 있다. 석탑에 대한 고찰은 제 3장에서 본격적으로 진행되는 바, 미륵사지석탑을 가장 먼저건립된 것으로 보면서 "現今 조선에 남아있는 석탑으로선 가장 충실히 목조탑파의 양식을 再現하고 있는 唯一의 것이니………"[6]라 전재하고, 이에 구현된 양식을 상세히 고찰하고 있다. 뿐만 아니라 전탑 역시 목조건축의 충실한 재현에 있음을 안동 신세동 칠층전탑을 예로 들어 규명하고 있다.

이처럼 한국 석탑의 기원을 목탑에서 가져온 선생의 학설은 지금에 이르러도 추호의 의심 없이 그대로 수용되고 있다. 한국 석탑에 대한 연구가 선생의 수제자였던 황수영 · 진홍섭 선생에 의해 한층 심화된 연구가 진행될 수 있었던 주된 원인중의 하나가 가장 기본적인 문제가 해결되었기에 가능했을 것으로 생각된다. 지금도 우리나라의 석탑을 논할 때 "목탑의 양식에 충실한 재현"이라는 표현을 씀에 주저함이 없음은, 석탑의 발생에 대한 선생의 논지가 얼마나 정확했는가를 알려주는 한 대목이라 하겠다.

---

6 高裕燮,『韓國塔婆의 研究』, 乙酉文化社, 단기4281, p.34.

다섯째, 우리나라 석탑의 발달사를 정립했다.

선생의 연구는 양식사의 철저한 규명에 기반을 두고 있다. 뿐만 아니라 각종 사료를 동원해 당시의 역사적 사실에 대한 분석이 더해지고 있다. 때문에 선생의 연구에서는 석탑을 개별적인 것으로 보지 않고 이를 통합하고자 했다. 즉 같은 양식을 지닌 석탑을 일군으로 묶어 양식적인 공통성을 추출했고, 이를 발전시켜 始原期→典型期→定型期라는 석탑의 발전법칙을 완성했다.

선생은 "조선석탑의 始原 形式은 彌勒塔・定林塔・盈尼山塔[7]의 三基일 뿐이요 이 三者를 비교한다면 形式이 如一하지 아니한 個性을 각 탑에서 볼 수 있다(특히 그 옥개석 수법을 두고 말함). 즉 모두가 형식의 發生初에 처하여 있고, 형식 決定의 地位에 다다른 것이 아니다"[8]라고 규명하고 있다. 이어 전형기 양식에 감은사지동・서삼층석탑과 고선사지삼층석탑을 두었는데, "在來의 試驗的이었던 모든 수법이 集成되어 整頓되었고 新式의 건축양식을 加味하여 完全히 통일된 석탑 양식으로서의 完體가 성립된 것이다."[9]라고 정의 했다. 황수영 선생 역시 이 시기의 석탑을 "古新羅와 백제에서 각기 계통을 달리하고 발생하였던 석탑양식이 하나로 종합되면서, 마침내는 신라석탑으로서의 새로운 양식을 정립하였다고 하겠다. 이러한 새로운 석탑 양식을 가르켜 신라석탑의 典型樣式이라 부른다."[10]라고 정의한 바 있다. 따라서 이 시기에 이르러 백제와 신라에서 각각 독자적으로 시작했던 시원기 석탑의 모든 양식을 총 정리・집성해 신라 나름대로의 석탑 양식을 정립했음을 보여주는 있음을 입증하고 있다. 이후 정형기에 이르러 신라석탑은 완전한 양식의 완성을 이루게 되는바, 우현 선생은 "불국사삼층석탑을 표준으로 한다면 장항리 일명사지 오중탑 雙基가 선행할 수 있고, 천군리 일명사지 오중탑 쌍기가 병행될 수 있겠고 창령 술정리 동부일명사지탑이 불국사삼층탑과 갈항사지 삼중탑과 사이에 있을 수 있을 듯하고 명장리 일명사지 삼중탑은 폐갈항사지탑이나 장수사지 삼중탑보다 纖弱한 듯하다. 이리하여 대체에 있어서 제3기의 중요한 작품들이 중대후반의 경덕왕대를 중심하고서 그 前後에 소속될 것이 추정되는 바이다. 즉 제 3기 작품의 세대는 중대후기에 대체로 설정되는 所以然이다."[11]아 주창하여 8세기 중반에 이르러 우리나라 석탑의 양식이 정착되었음을 분명히 하고 있다.

이같은 석탑의 발전에 대한 구분이 이루어진 이래 지금에 이르기까지 이는 불변의 원칙으로 지켜지고 있다. 그 누구도 넘볼 수 없고, 깨뜨릴 수 도 없는 학설을 주창한 것이다. 새로운 학설

7 의성 탑리오층석탑을 지칭함.
8 高裕燮, 앞 책, p.51,
9 高裕燮, 『韓國塔婆의 研究』, 乙酉文化社, 1948, p.53.
10 黃壽永, 주 3의 논문, p.2.
11 高裕燮, 주 9의 책, p.95.

이 발표되면 그리 오래되지 못해 이를 능가하는 또 다른 견해가 나오는 학문의 풍토를 볼 때 하나의 이론이 60여년의 세월을 지탱해오고 있다는 사실은 선생의 석탑에 대한 연구가 얼마나 치밀하고 정교했는가를 입증하는 한 대목이라 하겠다. 뿐만 아니라 연구의 방법론도 다양하게 진행되었음도 알 수 있다.

선생께서 발표하신 최초의 석탑관련 논문은 1932년 1월에 발표한「朝鮮 塔婆 槪說」이다.

이 논문은 선생께서 발표하신 수많은 논고중 가장 빠른 시기에 발표된 것임을 볼 때 미학 및 미술사 연구실 조교로 임용된 후 석탑연구에 가장 중점을 두었음을 알 수 있는 대목이라 하겠다. 논문에서는「朝鮮의 造塔 起源」,「內容的 分類」,「材料的 分類」,「平面形式의 分類」로 구성되었는데, 석탑의 건립요건을 "첫째, 가람배치의 규약상 필수적으로 건립된 것, 둘째, 佛體와 동등가치의 것으로 취급되어 結緣追福을 위하여 일반승려의 손으로 인하여 건립된 것, 셋째, 高德을 表揚하기 위하여 墓標와 같은 것이 그것이다" 라고 분류해 다양한 요인에 의해 석탑이 건립되고 있음을 밝히고 있다. 이는 지금도 가람배치와 願塔 그리고 부도연구에 반드시 인용되는 성과임을 볼 때 선생께서는 양식사에만 치중한 것이 아니라 석탑이 건립되는 근본적인 원인의 규명에도 문제의식을 가지고 이를 해결했음을 알 수 있다. 뿐만 아니라 신라와 백제의 석탑이 발전되는 경로를 모두 목탑에 근원을 두면서도 신라는 전탑의 영향을 받아 석탑으로, 백제는 바로 석탑으로 발전되고 있음을 밝히고 있다. 아울러 조선석탑의 평면형식을 크게 9가지 형식으로 구분하고 있어 이 논문에서 현존하는 석탑의 특성을 대부분 파악했고, 이후 발표될「朝鮮塔婆의 硏究-其一·二」의 골격이 완성되었음을 알 수 있다.

여섯째, 석탑 연구에 불교 교리는 물론 가람배치까지 동원해 여러 측면에서 이를 조명하고 있다.

「朝鮮塔婆의 硏究-其一」이 우리나라 석탑 양식 발달사를 정립한 논문이라면 1943년 가을부터 임종 직전까지 집필하신「朝鮮塔婆의 硏究-其二」는 우리나라 석탑의 이론적인 면을 정리한 논문으로「塔婆의 意義」로부터「朝鮮의 工藝的 諸塔」에 이르는 7개항으로 구성되어 있다.

이 중「伽藍 造營과 堂塔 價値의 變遷」에서는『삼국사기』,『삼국유사』,『해동고승전』등의 문헌에 기록된 모든 사찰의 현황을 국가 및 시대별로 추출해 분석한 후, 당시에 진행된 발굴조사 성과를 더해 삼국의 가람배치를 규명하고 있다. 이 결과 고구려에서는 팔각목탑과 함께 3개의 금당이 존재한 一塔三金堂式 가람배치였음을 밝히고 있다. 백제는 一塔一金堂制가 확립되었고, 이는 일본의 가람배치에 영향을 주었음도 규명 했다. 아울러 미륵사지는「品자형」가람배치로 추정하고 있다. 뿐만 아니라 발굴조사된 결과를 바탕으로 금당과 탑지의 규모를 비교 분석해 "시대가 하강함에 따라서 금당면적에 대한 불탑의 면적이 축소되어 가는 현상"을 밝히고 있다. 결국 삼국시대의 사찰의 조영에서 堂·塔이 중심을 이루고 있음을 규명했음과 동시에 탑을 중심으로 가람이 배치되고 있음을 정확히 파악한 것이라 하겠다. 아울러 통일신라시대에는 쌍탑가람이 유행했음도 밝히고 있는 바, 이는 "金堂에 대한 탑의 價値의 低下에서 발생한 것으로 보았다." 뿐만 아니라 "쌍탑식 가람의 출현은 설사 그 本流는 唐朝 가람 형식의 영향에서 出所한 것이라 하더라도 그 관념은 도리어 法華 信仰의 流布에서 유래한 것이 아닌가"라 보고 있다 결국 선생은 통일신라시대에 나타는 쌍탑가람이 시대가 흐를수록 탑의 가치가 저하되고 있다는 점과 법화신앙의 유포라는 양 측면을 밝히고 있다. 하지만, 쌍탑의 출현배경에 후자의 견해에 더 많은 비중을 두면서, 석가탑과 다보탑에 "釋迦如來常住說法, 多寶如來常住證明"의 논리가 정착된 것으로 보았다.

오늘날 많은 사지에 대한 발굴조사가 진행되어 삼국 및 통일신라시대의 가람배치는 어느 정도 규명되었다. 하지만, 발굴조사 결과가 미미했던 당사의 상황에서 고고학적 성과, 문헌분석, 현지답사의 결과를 다각도로 분석해 내린 그 결론의 범주에서 크게 벗어나지 않음을 알 수 있다. 뿐만 아니라 석탑 연구에 교리에 대한 분석이 매우 중요한 사안임을 법화경을 중심으로 논증했다. 따라서 미술사학자였던 선생의 연구 방향은 양식사의 범주를 벗어나 고고학적 연구성과의 도입, 경전에 대한 해석으로 점차 확대되고 있음을 볼 수 있다.

「佛舍利와 伽藍創立緣起의 變遷」에서는 삼국시대 사리의 전래에 대한 기록을 상세히 소개해 탑의 건립에는 사리신앙이 필연적으로 내재되어 있음을 밝히고 있다. 뿐만 아니라 시대가 지날수록 "일종의 현세이익의 裨補 觀念에 의한 造佛 造寺業도 많이 행하여 져" 라고 기술해 탑을 건립하는 동기가 다양해지고 있음을 밝히고 있다. 이같은 선생의 주창은 1960년대 이후 많은 석탑에 대한 해체 보수시 출토된 탑지를 분석해 볼 때, 그의 연구가 얼마나 정밀했는가를 잘 알려주는 대목이라 하겠다. 왜냐하면 탑지의 분석을 통해 선생 석탑의 건립에 국왕, 왕족 및 귀족, 호족, 평민에 이르기 까지 실로 다양한 계층에 의한 참여가 이루어지고, 각 계층의 念願이 깃든 願塔의 건립이 성행하고 있는 것으로 파악되었기 때문이다.

이처럼 양식사와 더불어 진행된 일련의 연구는 석탑이 비록 문자로 남은 역사는 아니지만, 그 이상의 것을 내포하고 있는 건조물로써 다양한 시각에서 접근해야 본질에 다다를 수 있다는 점을 분명히 하고 있다.

III. 맺는말-탑파 연구의 원동력은 무엇이었을까?

앞서 언급한 바와 같이 선생의 탑파 연구는 무한대의 영역으로 펼쳐졌다. 만약 선생께서 더 오래 학문연구에 전념하셨더라면, 아마도 우리나라 미술사에 대한 전반적인 수준은 지금에 비해 한층 더 심화되었음은 분명할 것이다.

선생께서는 일제강점기하에서 탑파를 비롯한 우리의 미술문화에 대해 많은 업적을 남기셨다. 그중에서도 유독 탑파에 관해서는 후세의 미술사가들로 부터 공격을 받기 보다는 넘기 어려운 두터운 업적을 남기셨다. 때문에 무엇이 그토록 이 땅의 탑이 선생을 매료시키고 연구에 박차를 가할 수 있게 하였을까?에 대한 의문은 이 방면 공부를 하고 있는 필자 역시 오랜 숙제로 남아있다. 이 장에서는 이 부분에 대한 필자의 생각을 정리하면서 결론에 대하고자 한다.

선생은 1925년 3월 1일 보성고등보통학교를 우등으로 졸업하고, 그해에 경성제국대학 예과에 입학했다.[12] 그랬기에 자부심 또한 대담했을 것으로 생각된다. 졸업후 법문학부 미학 및 미술사연구실의 조교를 거쳐 1934년 4월에 개성박물관장으로 취임했고, 5월에는 진단학회의 발기인으로 참여했다. 탑파에 관한 연구는 개성박물관장 시절에 많은 진전을 본 것으로 보이는데, 이 시점은 일제에 의한 문화말살정책이 극성을 부리던 시기였다. 1930년대에 이르러 한글로 발간되던 동아일보와 조선일보가 폐간되었고, 조선어학회 사건, 진단학회의 학술활동 중지 등 그야 말로 우리문화와 연관된 것은 모두 숨을 죽이던 시기였다. 하지만, 1935년 12 월「朝鮮의 博塔에 對하여」를 필두로 1936년에 이르기 까지「조선탑파의 연구」가 연달아 발표되고 있다 이는 대부분의 문화활동이 중단된 상황에서 진행되고 있었으며, 그것도 우리문화의 우수성을 밝히는데 주력하고 있어 주목된다. 왜 선생은 그토록 어렵던 시절에 가장 시간과 노력이 소요되는 석탑 연구에 헌신했을까?

석탑은 전국적으로 산재되어 있기에, 다른 연구에 비해 조사범위가 전국적이어야 가능하다. 따라서 이같은 답사 여행은 암울한 시절의 정신적 고뇌를 떨치기에 더 없이 좋은 소재였을 것이라 생각된다. 하지만, 더 본질적인 것은 전국 도처에 산재한 석탑들이 지닌 순백의 색감과 당당함과 웅건함이 마치 민족정신과 기개를 대변하기에 충분했고, 이를 통해 시대상황을 극복하고자 했던 한 미술사가의 마음을 사로잡아 그랬을지도 모른다는 생각이다. 일제강점기에 활동했던 장지연, 박은식, 신채호 등의 사학자들은 역사상 위대한 인물을 부각시켜 민족의 기개와 자존심을 높이려 했다. 이같은 당시의 학문풍토는 선생도 예외는 아니었을 것으로 생각된

---

12 金英愛, 앞 논문, p.128.

다. 경성제국대학에 입학할 정도로 뛰어난 수재였던 선생이 민족이 처했던 상황을 방관하지 많은 않았을 것이라 짐작되기 때문이다. 게다가 민족의 정체성을 밝히는 것은 비단 이같은 영웅주의 사관만은 아니다. 가장 가까이 있어 누구나 보고 느낄 수 있는 문화유산 또한 같은 맥락에서 생각할 때 가장 훌륭한 소재가 될 수 있기 때문이다. 아마도 선생께서 석탑 연구에 매진했던 기본적인 사고는 '우리 문화유산의 우수성을 알려 민족의 자존심과 기개를 高揚하고자 했던' 의도가 내재된 것으로.생각된다. 1934년에 경성대학 강의실에서 개최했던「朝鮮의 塔婆寫眞展」이 어떠한 목적으로 개최되었는지 알 수 없다. 하지만, 선생께서 깊숙이 관여되어 있음은 전시회를 통해 조선사람들에게는 문화재를 통한 계몽과 자긍심의 고취를, 일본인에게는 우리문화의 우수함을 알릴 수 있는 한 계기가 되었을 것으로 짐작된다. 뿐만 아니라 황수영 선생께서 "선생과 고적을 찾아다니며 민족을 생각하였다"[13]고 하신 것은 개인적인 생각일 수도 있지만, 다분히 선생의 영향이었을 개연성도 있기 때문이다. 선생이 민족정신을 찾자는 취지로 결성된 五明會의 창단 멤버였음을 보아도[14] 충분한 타당성이 있는 것으로 생각된다. 뿐만 아니라 "선생 별세 직후 개성시만 사이에 떠돌았던 개성소주 때문에 세상을 떠났다는 소문은 그 까닭이 있는 것일까. 일제말의 시국을 생각해 볼 때 선생이 그 울적한 심정을 달래기 위하여 과음한 까닭도 있었을 것이다. 마지막 병석에서도 여러차례 일본의 패전과 우리의 新生을 예언하시면서 再起를 염원하신 보람도 없이 그달 26일 오후 40의 짧은 생애를 끝내셨다."라 회고한 황수영 선생의 화고담을 볼 때[15] 선생의 나라생각은 당신의 건강을 해칠 정도로 간절했던 것으로 짐작된다. 뿐만 아니라 선생의 주치의였던 박병호씨는 "又玄형이 한참 불혹의 나이로 학자적 의욕에 불타던 그가 단명한 원인도 술이 아니었던가 믿어진다. 그도 그럴것이 그 당시 일제의 斷末魔的 조작으로 조선어학회 사건이니 무어니 하여 애국지사, 학자, 청년들을 수없이 감옥으로 집어넣을 때 우현형만 평안히 서제에서 연구할 수는 없었을 것이다. 울분과 고독을 잊어버리려고 취한 길이 역시 술이 아니였던가. 그를 빼앗아 간 病「肝硬變症」은 이제나 그때나 한번 걸리면 완치시키기 어려운 병이다."[16]이라 회고하면서 황수영 선생과 같은 견해를 밝히고 있다. 선생은 당시의 많은 지식인들처럼 나라 잃은 설움과 울분을 끝내 술로 달래다 단명한 것이다. 하지만, 타계의 직접 원인이 과음으로 인한 肝硬變症이었다 하더라도 이는 나라의 운명을 애타게 바라보던 지식인의 절규였다고 생각한다.

13 黃壽永,「脫線本業.考古美術史學者가 된 經濟學者」,『京鄕新聞』1967.6.26. 김영애, 앞 논문에서 재인용.
14 金英愛, 앞 논문, p.135.
15 黃壽永,「又玄 50周忌에 생각나는 일 들」,『文化史學』창간호, 韓國文化史硏究會, 1994.6, p.12.
16 朴炳浩,「高裕燮先生을 追慕함-그의 20周忌를 맞이하면서」, 우현상위원회, 앞 책, p, 81,

그간 우현 선생에 대한 평가는 순수학문적인 측면에서만 진행되어 왔다. 하지만, 선생께서 집중적으로 연구하신 탑파연구는 문화의 암흑기와 같았던 1930년대에 집중적으로 이루어졌기에 좀 더 다양한 각도에서도 조명되어져야 할 것으로 생각한다. 선생은 탑파 연구를 통해 우리의 문화가 강건한 기반과 오랜 전통을 가지고 있음은 물론, 이를 통해 일본보다 더 우수한 문화가 이 땅에 있음을 당시의 지식층은 물론 일반인들에게 전파했다. 마치 독립군이 무기를 들고 일제에 대항하고, 사학자는 영웅주의 사관으로 국민의 정신을 계몽했듯이 선생은 문화유산을 통해 이를 실현시켰던 것이다. 때문에 동양 삼국 중 오직 이 땅에서만 그토록 발전했던 석탑 연구에 혼신의 힘을 다했다면 잘못된 해석일까?

선생의 탄신 100주기를 맞아 그의 학문세계에 대한 연구는 순수학문적인 평가에서 벗어나 當代에 활동했던 민족주의 사학자들과 같이 문화유산을 통해 민족의 기개와 자존심을 높이려 했던 측면에서도 규명되어야 할 것으로 생각한다.

(2005.12「고유섭과 탑파연구」,『美術史學硏究』제248호, 韓國美術史學會)

『백제계석탑 연구』
(천득염, 전남대학교 출판부, 2000)

| 목 차 |

Ⅰ. 구성

기왕의 석탑에 대한 연구는 주로 삼국 및 통일신라시대에 건립된 것들에 중점을 두어왔다. 때문에 이 시기의 석탑에 대한 여러 문제는 어느 정도 정리된 것으로 생각된다. 그렇지만, 고려시대의 석탑에 대한 연구성과는 아직도 초보적인 수준에서 맴돌고 있다. 이 같은 현상은 비단 석탑에 국한된 것이 아니라 석조미술사 전반에 걸쳐 나타나는 현상이라 하겠다. 이처럼 고려시대의 석조미술에 대한 연구가 활기를 찾지 못하는 주요 원인 중 하나가 연구자의 절대 부족에 기인하고 있다. 이 같은 학계의 상황에서 천득염 선생이 심혈을 기울여 저술한 백제계석탑 연구는 향후 고려시대의 석탑은 물론 석조미술사 연구에 중요한 지침이 될 것으로 생각된다.

전체 10장으로 구성된 이 책에서는 고려시대에 건립된 백제계석탑을 여러 측면에서 집중적으로 조명하고 있는데, 그 내용을 구체적으로 보면,

1장 [한국 석탑의 발생과 전개]에서는 석탑의 양식적인 발전사를 고찰했는데, 고구려 백제 신라시대의 석탑에 대해 고찰한 후 이를 바탕으로 고려시대의 석탑의 발전상에 대해 약술하고 있다.

2장 [백제계석탑 연구 서설]에서는 백제계석탑에 대한 연구 의의와 더불어 그간의 연구성과를 기술하고 있는데, 전체적인 구성에서 볼 때 서설에 해당한다고 하겠다.

3장 [백제의 건축문화와 탑 건축의 형성]에서는 백제시대의 역사와 여러 유적에서 확인된 塔址를 소개하고 있다. 그뿐만 아니라 고려시대에 이르러 고려시대에 이르러 건립되는 백제계석

탑의 건립 배경에 대해 서술하고 있는데, 이들은 羅末麗初의 시대적 상황과 백제 부흥 운동에 고무 자극된 백제지역 지방민들의 백제문화 의식에 대한 향수의 발로에서 건립된 것으로 파악하고 있다.

4장 [백제계석탑의 조형양식]에서는 백제계 석탑의 분포와 더불어 필자가 추출한 31기의 석탑에 대해 상세한 기술을 하고 있다. 그뿐만 아니라 각 석탑의 사진과 실측 도면을 제시해 시각적 효과를 얻고 있다. 특히 각 석탑에 첨부된 실측 도면은 대부분이 필자에 의해 작성되었음을 볼 때 이 연구를 위해 혼신의 노력을 기울였던 노력과 정성이 돋보인다.

5장 [백제계석탑의 구성요소 분석]에서는 31기의 석탑을 기단부, 탑신석, 옥개받침, 옥새석에 초점을 두어 분석하고 있다. 각 부분에서는 주로 실측 도면을 인용하여 체계적인 분류 및 논증을 가하고 있어 보는 이로 하여금 쉽게 백제계석탑의 속성과 특성을 이해할 수 있도록 배려하고 있다.

6장 [백제계석탑의 조형계획 고찰]에서는의 석탑의 건립에 사용된 用尺의 문제를 규명하고 있다. 필자는 미륵사지석탑, 정림사지오층석탑, 왕궁리오층석탑 건립에 사용된 용척을 밝히고, 이를 토대로 백제계 석탑에 사용된 용척 문제를 규명하고자 했다. 비록 이 계통의 석탑에 사용된 용척은 여러 문제로 인해 정확히 규명하지 못했지만, 대략적인 면을 밝혀 차후 이 방면 연구에 시금석을 놓았다.

7장 [백제계석탑의 양식분류]에서는 기왕의 한국 석탑의 양식분류에 대한 諸說을 소개하고, 백제계석탑을 시원양식, 전형양식, 과도양식, 순수 백제계승 양식, 백제 · 신라 절충양식의 5단계로 구분해 석탑의 양식을 분류하고 있다. 이 같은 방법론은 기존의 신라 석탑의 양식 발전단계 구분법을 기반으로 정리했는데, 그간 통념적으로 구분해 온 백제계석탑의 양식을 세분시켜 차후 이 계통 석탑에 대한 집중적이고도 치밀한 연구를 진행할 수 있는 기반을 조성했다.

8장 [백제석탑과 신라석탑의 비교고찰]에서는 기존의 통설과는 달리 양국에서의 석탑은 "하나의 석탑 양식에서 출발하여 지역을 달리하며 점차 두 가지의 탑 형식으로 발전했다."는 논리하에 백제탑과 신라탑의 양식적인 차이와 전형 석탑에 대한 비교고찰을 진행했다.

9장 [백제계석탑의 건립연대 추정]에서는 백제 및 백제계석탑에 대한 기왕의 연구성과를 모두 소개한 후 미륵사지석탑과 정림사지오층석탑 및 왕궁리오층석탑의 건립연대에 대한 필자의 견해를 밝히고 있다. 그뿐만 아니라 필자가 선정한 백제계 석탑의 대해 순수백제계석탑은 11세기 초반인 현종대 이전에 건립된 것으로, 나머지 석탑은 11세기 중엽으로부터 13세기에 걸쳐 조성된 것으로 구분하고 있다.

10장 [일본에서 나타난 백제계형식]에서는 일본 석탑사의 석탑을 예로 들어 백제석탑의 양식이 일본에까지 전파되고 있음을 밝히고 있다.

11장 [백제계석탑의 조형적 특성]에서는 앞서 기술했던 전체적인 내용에 대해 결론을 맺고 있다.

II. 내용

이 책에서는 고려시대에 건립된 백제계석탑을 중점적으로 조명했다. "백제계석탑"이란 용어의 정의가 가장 중요하면서 기본을 이루고 있는데, 필자는 이에 대해

> "본서에 있어 백제계 석탑이라 함은 백제시대에 건립된 석탑이거나 백제시대 이후에 백제석탑의 영향을 받아 조형 양식상 유사한 형태를 한 여러 석탑들을 지칭한 용어이다."

라고 정의하고 있다. 이 같은 필자의 판단은 백제석탑과 백제계석탑을 하나의 양식으로 본데서 비롯된 것으로 판단된다. 그렇지만, 미술사학계에서 통용되는 백제계석탑은 '백제시대에 건립된 미륵사지석탑과 정림사지오층석탑의 영향을 받아 고려시대에 백제의 옛 영토 내에 건립된 一群의 석탑'을 지칭하는 용어이다. 따라서 백제석탑과 백제계석탑은 분명한 차이점이 있다고 생각된다. 만약 필자의 정의대로라면 신라 및 통일신라시대에 건립된 석탑과 고려시대에 건립된 신라계석탑도 모두 신라계석탑의 정의하에 연구되어야 하는 모순이 대두된다. 따라서 백제계석탑의 범주에 백제시대에 건립된 석탑을 포함시키는 것은 현재까지 이룩된 연구성과와도 다른 양상이라 하겠다. 이같은 필자의 관점은 책의 전반에 걸쳐 미륵사지석탑과 정림사지오층석탑을 백제석탑의 양식적 근원으로 삼지 않고 주 내용으로 삼은 부분이 있어 상대적으로 필자가 의도했던 백제계석탑에 대한 집약적인 연구가 희석된 것으로 생각된다. 이는 6장 「백제계석탑의 조형계획 고찰」과 8장 「백제석탑과 신라석탑의 비교고찰」에서 잘 알 수 있는데, 전체적인 내용이 미륵사지석탑과 정림사지오층석탑을 부각시키지 못한 결과를 초래한 것으로 판단된다.

백제계석탑의 조성 배경 문제에 있어 필자는

> "羅末麗初의 시대적 상황과 견훤의 백제부흥운동에 자극 고무된 백제지역 지방민들의 백제문화 의식에 대한 향수의 발로로, 정치적으로 배제된 차령 이남이나 노령 이북에서는 공교롭게도 순수백제계승형식의 석탑들이 집중 배치"

된 것으로 파악하고 있다. 필자는 이 같은 판단을 바탕으로 백제계석탑의 양식을 始原樣式 · 典型樣式 · 純粹百濟繼承樣式 · 百濟系折衷樣式(탑신괴임대형 · 細長高峻形) · 新羅系折衷樣式의 5단계로 구분하고 있다. 이 같은 견해는 차후 고려시대에 건립되는 고구려계 및 신라계석탑의 발생 원인을 파악하는데 중요한 시사를 주는 탁견이라 생각된다. 특히 백제계석탑이 미륵사지석탑(시원양식)→정림사지오층석탑(전형양식)→왕궁리오층석탑(과도양식)의 단계를 거쳐 건립되었다는 양식 발전단계를 설정함으로써 고려시대의 석탑 중 신라계석탑의 양식 발전사를 추론 할 수 있는 초석을 놓았다고 생각된다.

이 같은 필자의 견해는 제7장 「백제계석탑의 양식분류」로 이어져 각 유형 석탑에 대한 상세한 고찰이 진행되었다. 이 장에서는 高裕燮 · 李瞭會 · 尹張燮 · 金禧庚 · 金正基 선생에 의해 연구된 양식 분류에 대한 결과를 일목요연하게 정리한 후 필자의 양식분류 안을 제시하고 있다. 기왕의 백제계석탑에 대한 연구는 내용에서 언급된 바와 같이 분류 및 자료적 한계성을 보이고 있어 더 이상 진전되지 못하고 있었다. 그러나 필자의 연구로 인해 백제계 석탑의 전모가 파악됨으로써 향후 우리나라 석탑의 전체적인 양식계보를 설정하는데 크게 기여할 것으로 생각된다.

이 장에서는 필자가 선정한 백제 및 백제계석탑에 대한 상세한 개별고찰을 진행하고 있다. 이 같은 방법론은 백제계석탑의 특성을 파악하기 위한 가장 기본적인 연구방법론으로 아마도 이 계통의 석탑에 대한 실측 도면을 첨가해 차후 이 방면 연구에 귀중한 자료를 보태고 있다. 그렇지만, 분류된 백제계 및 신라계절충양식을 지닌 석탑 가운데는 백제계석탑이라기보다는 신라계석탑 및 고려시대에 확립된 양식을 지닌 석탑도 포함되어 있어 자료의 선정에 약간의 문제를 보이고 있다. 이는 백제계석탑을 추출함에 있어 양식적인 면에서 국한한 것이 아니라, 지역적인 문제까지도 포함시킨 결과에서 비롯된 것으로 생각된다. 아울러 각 석탑의 사진을 첨부하고 있는데, 주로 전체적인 면에 치중되어 있어 세부 사진도 제시했더라면 하는 아쉬움이 남는다.

이 책의 5장 「백제계석탑의 구성요소 분석」은 7장 「백제계석탑의 양식분류」와 더불어 필자가 가장 노력을 기울였던 부분 중 하나로 생각된다. 이 장에서는 백제계석탑의 구성을 기단부 · 탑신석 · 옥개받침 · 옥개석의 4부분으로 나누어 고찰하고 있다. 기단부에 있어서는 초기적이중기단, 이중기단, 단층기단, 단일석기단의 4가지 유형으로 세분했다. 이 중 초기적이중기단으로 분류하고 있는 미륵사지석탑과 정림사지오층석탑은 그간 발굴조사 보고서에서 간간이 언급되던 2층 기단의 실체를 명문화함으로써 차후 신라석탑에서 나타나는 2층기단의 원형을 파악할 수 있는 단서를 제공하고 있다. 아울러 2중기단의 형식은 신라식 · 백제식으로 구분하고

있다. 이같은 구분에서 일단 수긍이 가는 면은 있지만, 성주사지삼층석탑과 금산사 심원암 북
강삼층석탑(현 심원암삼층석탑), 안국사지삼층석탑까지 백제계석탑의 범주에 포함시킬 수 있
을까? 하는 의문이 든다. 왜냐하면 이들 석탑이 지닌 양식은 전형적인 통일신라 및 고려시대 석
탑의 수법을 보이고 있기 때문이다. 탑신석에 있어 필자는 백제계석탑의 특성으로

> "우주와 면석의 짜임은 우주에 홈을 파서 그 안에 끼워 들어가게 하는 목조가구적 짜임을 하고
> 있다"

라고 기술하고 있다. 아울러 갑석과 초층탑신의 짜임 역시 신라계석탑은 받침을 조출하고 초층
탑신을 놓는 반면, 백제계석탑에서는 갑석 상면에 홈을 파고 탑신을 꽂는 형태로 파악하고 있
다. 이 같은 요인은 의성탑리오층석탑에서도 검출되고 있어 백제 및 백제계석탑이 목조건축의
재현에 치중하고 있음을 확실하게 보여주는 요소로, 필자의 석탑에 대한 양식적 관찰이 치밀하
게 전개되었음을 잘 보여주고 있다. 나아가 옥개받침의 구성에 있어 미륵사지 석탑은

> "일견 전탑적 적출기법으로도 볼 수 있으나 오히려 목탑의 긴 처마의 하중을 보다 넓은
> 부분으로 받치기 위한 구조적인 Corbel식 받침기법이거나 목탑을 석탑으로 번안해 가는
> 과정에서 공포를 간략화시킨 의장적 기법이라고 보아야 할 것이다."

라고 주장하고 있다. 우리나라 석탑 연구에 있어 옥개받침의 양식은 목조건축의 번안과 전탑의
영향이라는 두 가지 설로 양분되고 있다. 그런데 백제석탑 특히 미륵사지석탑의 경우는 공포의
간략화란 측면이 강조되고 있다. 그런데 필자는 건축학적 입장에서 처마의 하중을 받치기 위한
구조적인 방편으로 발생했다는 논리를 펴고 있어 이 석탑에서 옥개받침 발생 문제에 대해 전탑
의 영향을 완전히 배제하고 있다. 따라서 차후 미륵사지석탑의 옥개받침은 구조적인 안정성과
목조건축의 번안이라는 두 가지 측면이 고려되어 발생한 것으로 보아야 할 것으로 생각된다.
그렇지만, 옥개석의 유형분류에 있어 모든 양식의 출발을 미륵사지석탑에서 찾고 있는 점은 그
간 미술사학계에서 백제계석탑양식을 미륵사지석탑계와 정림사지오층석탑계로 구분한 것과
상치되고 있다. 이 같은 필자의 견해는 시원양식(미륵사지석탑)→전형양식(정림사지오층석탑)
으로 구분했던 데 기인한 것으로 생각된다. 그렇지만 고려시대 사람들이 백제문화에 대한 복고
의 일환으로 석탑을 건립하고자 했을 때 模本으로 선택할 수 있는 석탑은 2기에 불과했다. 따라
서 필자의 견해와는 달리 미륵사지석탑과 정림사지오층석탑의 양식이 모두 채용되었다고 보는
것이 더 합리적일 것으로 생각한다. 특히 왕궁리오층석탑의 경우는 여러 측면에서 미륵사지석

탑과 양식적 친연성을 보이고 있어 백제계석탑의 옥개석의 양식은 단일계통에서 分枝 한 것이 아니라 미륵사지석탑과 정림사지오층석탑의 두 가지 계통으로 보아야 할 것으로 생각된다. 아울러 「백제계석탑의 양식분류」에 있어 탑신괴임대형으로 분류한 점은 고려식석탑에서 많이 검출되는 양식인 점을 보아 이를 백제계석탑의 범주에 포함시켜야 할지 앞으로 연구해 볼 문제라 생각된다.

그간 석탑에 대한 연구는 백제 미륵사지석탑과 신라 분황사모전석탑을 기원으로 삼아 연구되어 왔다. 따라서 백제석탑은 목탑의 충실한 飜案, 신라석탑은 목탑과 전탑의 양식을 절충해 발생한 것으로 보고 있다. 그런데 필자는 이 문제에 대해

> "한국석탑의 시원은 출발에서부터 양분법적으로 구분해서 볼 것이 아니라 목조탑을 근간으로
> 한 하나의 석탑 양식에서 출발하여 지역을 달리하며 점차 두 가지의 탑 형식으로 발전하였을
> 것이다."

라는 견해를 제시하여 기존의 통설에 반론을 제기하고 있다. 본인은 분황사모전석탑이 중국 전탑의 영향에서 건립되었기보다는 인도의 석탑 양식이 신라에 직수입되어 기존의 목탑 양식과 절충되어 건립된 것이라는 견해를 발표한 바 있다. 그뿐만 아니라 분황사모전석탑의 뒤를 잇는 의성 탑리오층석탑과 감은사지 동·서삼층석탑에서는 전탑의 영향보다는 오히려 목탑을 충실히 모방해 석탑을 건립하고 있다. 결국 우리나라에서의 석탑은 목조건축의 충실한 재현이라는 궁극적인 목표가 백제와 신라에서 진행되어 각각 특색 있는 석탑을 건립했던 것으로 생각된다. 따라서 기존의 통설과 같이 백제와 신라의 석탑이 각각 별개의 양식을 근간으로 출발했다기보다는 필자의 견해와 같이 목조탑을 근간으로 하나의 석탑 양식이 백제와 신라에서 각기 특색 있는 탑 문화를 형성한 것으로 보아야 할 것으로 생각한다.

필자는 백제와 신라석탑을 시원과 전형양식으로 구분해 각기 양식적인 비교를 진행하고 있다. 물론 전자의 경우 미륵사지석탑과 분황사모전석탑의 양식을 비교함은 타당한 것으로 생각된다. 그러나 후자에 있어 정림사지오층석탑과 석가탑(불국사삼층석탑)의 양식 비교는 무리라 생각된다. 기왕의 신라석탑의 양식발달사는 시원양식→전형양식(감은사지 동·서삼층석탑과 고선사지삼층석탑)→정형양식(불국사삼층석탑)으로 분류되어 있는바, 이 중 8세기 중반에 건립된 불국사삼층석탑은 그간 축적된 신라석탑의 양식을 집대성해 향후 건립되는 모든 석탑의 規範을 확립한 것으로 평가되고 있다. 따라서 정림사지오층석탑과 석가탑은 양식적으로나 시기적으로 비교의 대상이 될 수 없다고 생각한다. 오히려 여러 가지 측면을 고려할 때 감은사지

동·서삼층석탑과 비교했더라면 필자가 주장한 바대로 우리나라의 석탑은 한 갈래에서 발전하고 변화되었음을 명확히 규명했을 것으로 생각된다.

　백제계석탑의 건립연대에 있어 미륵사지석탑·정림사지오층석탑·왕궁리오층석탑의 건립연대를 정리한 후 이를 기반으로 백제계석탑의 건립연대를 추정하고 있다. 필자는 기왕에 논란이 되었던 미륵사지석탑과 정림사지오층석탑의 先·後 문제에 있어 이의를 제기했던 尹武炳·文明大·洪再善의 견해를 정리한 후 정림사지오층석탑은 기존의 학설대로 미륵사지석탑 이후에 건립되었음을 밝히고 있어 이 문제에 대한 명확한 입장을 밝히고 있다. 그뿐만 아니라 왕궁리오층석탑에 대해서는

　　"최소한 고려 초이거나 혹은 후백제를 표방하여 백제를 부흥코자 한 견훤에 의한 국가적인
　　경영이 아니었는가 하는 추정도 가능하여 통일신라 말까지도 올려 볼 수 있겠다."

는 견해를 제시하고 있다. 이 중 후백제에 의한 건립 가능성은 비록 정선종의 견해를 따른 것이기도 하지만, 백제계석탑의 건립이 백제의 부흥이란 측면과 맞물려 있는 만큼 설득력이 있다고 생각된다. 나아가 미술사학계에서 간간이 거론되는 '후백제양식'이란 용어가 성립될 수 있는 한 근거를 조성한 것으로 평가된다. 필자는 이상의 세 탑에 대한 건립연대를 설정한 후 본격적으로 백제계석탑의 건립연대에 대한 견해를 피력하고 있다. 필자는 백제계석탑의 건립연대에 대해

　　"下限時期 역시 11세기 중엽이전인 고려 현종대 까지로 보는 것이 타당하다."

는 견해를 밝히고 있다. 이 같은 추론은 성종대(成宗代)에 지방관 파견과 현종대(顯宗代)의 지방세력에 대한 통제 강화책의 결과

　　"백제의 고토에서 백제유민들에 의한 백제문화의 재생·부흥의식이 현종대를 정점으로 하여
　　차츰 쇠퇴 되었다."

는 역사적 사실에 기인하고 있다. 필자의 이 같은 인식은 미술품의 연대를 규명 함에 있어 단순히 양식사를 통한 편년 설정에서 벗어나 역사적인 해석을 병행해 그의 주장에 설득력을 더해주고 있다. 이 같은 견해에 따라 필자는 신라계절충양식은 10세기, 순수백제계승양식인 비인오층석탑과 계룡산 남매탑은 11세기 초, 장하리삼층석탑은 11세기 중엽, 은선리삼층석탑은 13

세기, 죽산리삼층석탑과 귀신사삼층석탑은 14세기, 탑신괴임대형 석탑은 담양읍내리오층석탑 · 곡성가곡리오층석탑 · 남원 만복사지오층석탑의 순으로 11세기 후반에서 13세기, 세장고준형 석탑은 고려 후기에 운주사석탑은 11세기에서 14세기에 걸쳐 조성되었다는 연대관을 제시하고 있다.

그런데 앞서 언급한 바와 같이 필자는 백제계석탑의 건립 하한을 11세기 중엽 이전으로 보았는데, 이 시기에 해당하는 석탑은 순수백제계승양식인 비인오층석탑, 계룡산 남매탑, 장하리삼층석탑에 불과하고 나머지는 13세기 이후의 건립으로 보고 있다. 결국 일부 신라계절충양식과 순수백제계승양식의 석탑을 제외한 나머지 백제계석탑은 고려시대 전반에 걸쳐 폭넓게 건립되고 있음을 보여주고 있다. 그뿐만 아니라 신라계절충양식이 순수백제계 내지는 백제계절충양식보다 먼저 건립되는 이유에 대해서는 언급이 없다. 문화는 특정한 정책의 시행으로 소멸되는 것이 아니다. 다시 말해 연속성이란 중요한 특성을 무시할 수 없다고 생각한다. 따라서 백제계석탑은 그 유형과 관계없이 전체를 모방하는 것과 일부 양식만을 도입해 기존의 양식에 매치시키는 방법으로 지속적인 건립이 진행된 것으로 보아야 하지 않을까 하는 생각이다. 결국 백제의 옛 영토에서 진행된 백제로의 회귀는 문화로써 대변되었고, 이는 옛 백제의 영토 전 지역에서 고려시대 전반에 걸쳐 유지된 것으로 볼 때, 구태여 백제계석탑의 건립 하한을 못 박을 필요가 없다고 생각한다. 이 같은 예는 본문에서 거론한 1237년(고종 24)에 담양을 중심으로 일어난 李延年의 亂에서 보듯이 아무리 중앙정부에서 지방조직에 대한 정비를 통해 중앙집권정책을 시행한다 해도 면면히 이어지는 '백제에로의 회귀'라는 지역정서와 저항정신은 저지할 수 없었다고 생각한다. 이 같은 문제는 필자가 11세기에서 14세기에 걸쳐 건립된 것으로 주장한 운주사의 석탑에서 백제계 · 신라계 · 고려식 · 특수형 석탑 등 다양한 양식의 석탑이 검출되고 있어 이것을 반증하는 것으로 생각한다. 따라서 백제계석탑의 건립은 특정 시기에 국한된 현상이 아니라 고려시대 전반에 깔린 기층민의 의식을 대변하며 고려 전 시기에 걸쳐 건립된 것으로 보아야 하지 않을까? 하는 생각이다.

Ⅲ. 맺는말

우리나라의 석탑에 관한 연구는 우현 고유섭(高裕燮) 선생 이래 그 맥이 이어지면서 주로 삼국 및 통일신라시대에 집중되어왔다. 이 같은 경향에 따라 그간 발표된 석탑 관련 연구 실적은 이 시대의 것이 절대다수를 차지하고 있다. 그 때문에 고려시대의 석탑에 관한 연구는 그리 활발하지 못한 채 오늘에 이르고 있다. 이 같은 학계의 동향을 볼 때 천득염 선생의 역저인 『백제계석탑 연구』가 이 방면 연구에서 차지하는 비중은 실로 대단한 것으로 생각한다. 필자는 이 연구를 위해 실제로 현장을 답사하고, 각 유물에 대한 정밀 실측도를 작성해 미술사 연구에 있어 가장 기초적인 자료를 축적했다. 그뿐만 아니라 기존의 연구성과를 모두 소개하고, 이를 바탕으로 필자 나름의 명쾌한 논리를 전개해 누구나 백제계석탑의 실체에 접근할 수 있는 계기를 마련했다. 석조미술을 공부하는 후배의 한 사람으로서, 이 연구에 혼신의 힘을 기울였던 필자의 노고와 성의에 경의를 표한다.

누구를 평한다는 것은 쉬운 일이 아니다. 더욱이 아직도 학문에 더 매진해야 할 처지에 있는 본인보다 더 연륜이 깊고, 많은 업적을 남긴 분들의 글에 대해 이런저런 평을 가한다는 것 자체가 어려운 일이면서도 한편으로는 모순이라 생각된다.

이 글을 쓰면서 내내 머리에 맴돌았던 화두는 '이 원고는 쓰지 말았어야 할 것'이라는 생각뿐이었다. 본인의 짧은 소견으로 인해 이 연구를 위해 쏟았던 선생의 지대한 노력에 누가 되지 않았나 하는 죄책감이 든다. 책의 전반에 걸쳐 평을 한 내용은 아마도 건축학과 미술사학의 입장에서 바라본 관념의 차이라 생각한다. 많은 叱正을 바란다.

(2001.12 「백제계 석탑연구」, 『湖南文化硏究』 제29집, 全南大學校湖南文化硏究所)

한국 불탑 부조상의 기원 고찰

Ⅰ. 머리말

불교조형물은 석가모니의 가르침을 시각적으로 구현하고자 하는 목적 하에 조성된다. 때문에 유형을 막론하고 다양한 장엄조식을 베풀어 그의 세계가 아름다움을 보여주고자 한다. 이러한 경향은 불교의 발상지인 인도와 전파지인 중국 그리고 한국이 다르지 않은데, 이들 불교조형물 중에서 가장 많이 조성된 것은 단연 불탑이다. 그리고 불탑 표면에 가해지는 다양한 장엄조식은 그 이미지로써 화려한 부처님 세계를 표방한다. 따라서 일반 신도들에게 부처님 세계를 보여주는 시각매체라는 점에서, 사리가 봉안된 불탑은 석가모니의 무덤이라는 단순한 이미지를 뛰어넘어 불상과 함께 신앙의 대상으로 중요한 역할을 하는 것으로 이해된다.

이러한 불탑은 한국에서는 목탑과 석탑을 비롯한 다양한 유형으로 건립되었는데, 가장 많은 조형 예를 보이는 것은 석탑이다. 특히 통일신라시대에 건립된 석탑과 전탑의 기단과 초층 탑신에 장엄된 다양한 조각상은 일찍부터 관심의 대상이었고, 10종의 부조상이 등장하는 것으로 파악되고 있다. 석탑에 구현된 부조상에 대한 연구는 다양한 각도에서 진행되어, 장엄조식이 총체적으로 조명된 가운데[1], 사방불[2], 문비[3], 사천왕[4], 인왕[5], 팔부신중[6], 주악상[7] 등 각각의 상

---

1 張忠植, 1982, 「統一新羅石塔 浮彫像의 研究」, 『미술사학연구』 154·155合輯; 김정수, 2005, 「신라시대 목탑의 장엄조식에 관한 연구」, 『건축역사연구』14-1; 金煥大, 2006, 「한국석탑의 장엄 조식」, 『신라사학보』6.

에 대한 의의 및 전개과정과 이러한 상들을 불탑에 등장케 하는 소의경전의 역할이 상당 부분 구명되었다. 그런데 한국 석탑에서의 발전상과 등장배경 나아가 중국의 그것과의 비교 고찰에 집중된 탓에[8] 한국 석탑에 부조된 장엄조식이 과연 어디에서 시작된 것일까 하는 근본적인 문제제기가 활발히 이루어지지 않았다.

하지만 어떠한 형태의 문화이든 원형 탐구와 기원 규명은 양식 발전사 검토만큼이나 중요한 문제라 생각된다. 더욱이 불탑은 인도와 간다라 불교문화에 그 기원을 두고 있으며, 중국을 거쳐 한국에 전래된 것이라는 사실에 입각할 때 한국 불탑에 부조된 다양한 장엄조식 역시 이러한 범주에서 생각해 볼 수 있다고 생각한다. 이와 같은 맥락에서 지금까지 축적된 간다라 불교문화 연구 경향을 살펴보면, 주로 큰 틀에서 불상과 불탑 위주로 진행되는 가운데 상당한 성과를 얻었다.[9]

....

2　文明大, 1977, 「新羅四方佛의 起源과 神印寺(南山塔谷 磨崖佛)의 四方佛」, 『한국사연구』18; 조원영, 2006, 「신라 사방불의 형식과 조성 배경」, 『역사와 세계』30.

3　신용철, 2014, 「신라석탑 문비조각에 대한 고찰」, 『정신문화연구』37.

4　문명대, 「韓國四天王像의 研究: 韓國塔浮彫像의 研究(2)」, 『佛敎美術』5; 曺元榮, 1995, 「新羅下代 四天王浮彫像의 조성과 그 배경」, 『역사와 세계』19; 沈盈伸, 1997, 「통일신라시대 四天王像 연구」, 『미술사학연구』216; 姜三慧, 2006, 「나말여초 僧塔 塔身 神將像 연구」, 『미술사학연구』252.

5　문명대, 1979, 「韓國塔浮彫(彫刻)像의 研究(1): 新羅仁王像(金剛力士像)考」, 『佛敎美術』4; 임영애, 2011, 「신라 불탑 탑신(塔身) 부조상의 추이: 금강역사상에서 사천왕상으로」, 『先史와 古代』35.

6　조원영, 2000, 「신라 하대 팔부신중상 연구」, 『역사와 경계』39; 田正中, 2001, 「新羅石塔八部衆像의 樣式과 變遷」, 『문화사학』16; 申龍澈, 2003, 「統一新羅 八部衆像의 考察」, 『신라문화제학술발표논문집』24.

7　황미연, 1996, 「통일신라시대 주악상에 관한 고찰」, 『낭만음악』, 낭만음악사.

8　미술사 연구에서 가장 기본이 되는 사항은 양식사에 관한 연구일 것이다. 새롭게 발생한 조형은 시대를 계승하며 지속적으로 명맥을 유지해 다양한 발전상을 이룩하기 때문에 양식에 대한 분석은 바로 미술사 연구의 기본이 된다. 그래서 미술사 연구자들은 시대와 유형, 그리고 그것이 지닌 불교사적 의미를 규명하기 위해 경전과 연계시키는 등의 다양한 연구 방법론을 동원하게 된다. 이러한 맥락에서 한국 불탑 양식과 관련한 대부분의 연구는 일반적으로 중국의 유형들과 비교고찰을 시도한다. 그렇지만, 유념해야 점은 비록 불교미술작품의 절대다수가 중국에서 발전되고 만개했다 하여도, 그것의 발생지는 간다라를 포함한 인도라는 사실이다.

9　간다라 불상에 대한 대표적인 논고는 임영애, 1998, 「무장형 사천왕상의 연원 再考: 간다라 및 서역을 중심으로」, 『강좌미술사』11; 林玲愛, 2004, 「간다라(Gandharh)의 金剛力士」, 『中央 아시아 研究』9, 중앙아시아학회; ____, 2007, 「인도와 간다라의 執金剛神」, 『강좌미술사』29; 李柱亨, 1998, 「간다라 불상의 몇 가지 양식적 유형」, 『미술사학연구』219; 문명대, 2003, 「간다라(Gandharh) 불상론(佛像論)」, 『강좌미술사』21; 유근자, 2005, 「간다라 梵天勤請 佛傳 圖像의 地域別 比較研究」, 『강좌미술사』25; 양은경, 2005, 「불상과 중국 불상의 관계 비교: 五胡十六國時代 불상을 중심으로」, 『강좌미술사』25; 고정은, 2005, 「간다라와 마투라의 불전부조도 교류관계 연구」, 『강좌미술사』25; 金秄優, 2006, 「미술사의 작가와 유파: 조각: 탁실라 달라미지카 사원지 간다라 스투코 상의 연구」, 『강좌미술사』26; 문무왕, 2014, 「신라 불교문화 원형 연구: 실크로드와 경주를 중심으로」, 『강좌미술사』43 등이 있다. 불탑에 대한 대표적인 논고는 손신영, 2005, 「간다라 방형기단 불탑의 一考察」, 『강좌미술사』25 및 천득염·김준오, 2012, 「인도 쿠샨시대의

필자는 간다라와 인도지역의 여러 불적, 특히 간다라의 중심지인 탁실라 일대를 직접 답사하며, 다르마라지카와 쥬리안 등 여러 유적의 불탑에 부조된 조각상을 실견한 바 있다. 이러한 과정에서 한국 불탑 부조상의 연원이 바로 이곳에 닿아 있다는 생각을 품게 되었다. 그런데 이같은 發想에는 한국의 불교미술품 가운데서 간다라와 직접적인 연관성을 맺고 있는 조형물이 발견되지 않기 때문에, 한국 불교조형물의 기원을 이 지역으로 직접 소급할 수 없다는 난관 위에서 발전시켜야 하는 어려움이 존재한다. 비록 한국 불탑에 구현된 장엄조식의 양식을 인도·간다라의 그것과 직접 비교할 수는 없다, 하지만, 이들이 전파되는 길목에 있는 불탑과 그 양상을 살펴봄으로써 아이디어 내지는 모티프의 전파가 각국의 불탑에서 어떠한 방식으로 구현되었는가에 대한 규명과 더불어 새로운 양식의 창출이 가능하다고 판단된다.[10] 한국 불교문화의 원류를 논할 때 기존에는 중국과의 비교연구가 중심을 이루었다면, 이제는 그간 이룩된 간다라에 대한 연구 성과를 바탕으로 인도와 중국 그리고 한국을 연결하는 불교문화의 노정을 생각해야 할 단계에 이르렀다 여겨진다. 이에 본고에서는 인도 및 간다라와 중국 불탑에 대한 조사 결과를 바탕으로 한국 불탑에 등장하는 다양한 부조상의 연원이 간다라와 인도 지역에서 시작되고 있음을 다음과 같은 관점에서 밝히고자 한다.[11]

첫째, 간다라의 다르마라지카와 쥬리안유적 등의 불탑에서 확인되는 조각상과 아틀라스에 대해 살펴보고, 둘째, 간다라에서 확립된 부조상의 전통이 실클로드를 거쳐 운강석굴에 부조된 불탑에 영향을 미쳤고, 이어 唐代에 건립된 석탑에서 확인됨을 서술하고, 셋째, 통일신라시대 불탑에 등장하는 다양한 부조상은 간다라와 인도의 불탑에서 조식된 이래 중국을 경유해 신라에 이르는 긴 여정의 산물임과 동시에 이들과는 차별화된 장엄세계를 구축하고 있음을 논증하고자 한다.

II. 간다라 불탑의 장엄조식

간다라 지역에는 많은 석탑들이 건립되어 있지만, 가장 주목되는 것은 다르마라지카스투파, 쥬리안의 불탑 그리고 모라모라두 사원의 불탑이다. 이들 불탑에는 기단부에 모두 불상과 아틀

스투파 형식」, 『건축역사연구』21-6호 등이 있다.

10 아이디어의 전래가 새로운 양식을 창출할 수 있다는 견해는 김원룡 선생에 의해 주창된 바 있다. 김원룡, 1963, 「唐朝의 舍利塔」, 『考古美術』4-4.

11 본고에서는 간다라와 인도지역의 불탑에 부조된 장엄조식의 현황을 서술하는데 국한했다. 따라서 이 지역의 불탑과 불상이 지닌 양식에 대한 논의는 별고를 기약한다.

라스라는 공통점인 장엄이 부조되어 있다. 이들 불탑에서 파악되는 부조상의 유형을 정리해 보면 다음과 같다.

1. 다르마라지카 사원의 불탑

1) 메인탑[12](사진 1~2)

다르마라지카 사원의 중심에는 지름 45m, 높이 13m 규모인 원형 평면의 대탑이 위치한다. 이 석탑은 아쇼카왕대에 건립된 것으로 전하고 있는데, A.D. 1-2세기경에 진행된 대규모 공사로 인해 현재의 모습을 갖추게 된 것으로 보고 있다. 불탑의 주변으로는 圓形을 이루며 승방이 배치되어 탑과 이들 승방 사이에는 자연스럽게 답도가 형성되어 있다. 더불어 불탑의 주변에는 배탑으로 조성된 소형 원탑이 건립되어 있다. 불탑의 네 곳에는 기단을 오르는 계단이 마련되어 있고, 기단의 상면에는 탑신을 일주할 수 있는 답도가 조성되어 있다.[13]

불탑의 탑신에서 가장 주목되는 점은 계단석 상면에 조성된 테라스의 주변에 구비된 감실이다. 현재 동쪽면에 그 原形이 남아있는데, 테라스를 중심으로 왼쪽에 5개, 오른쪽에 3개소가 현존하고 있다. 왼쪽의 형상이 圓形일 것으로 추정된다. 감실은 사다리꼴과 2단 아치형[14]의 형태로 기둥을 중심으로 장방형의 구획을 구성한 후 각각 1개소씩 교대로 개설되었다. 이같은 감실의 내부에는 아무 장엄도 없지만, 본래는 불상이 봉안되어 있었을 것이다. 또한 감실과 테라스의 구조는 탑신의 벽면에 잇대어 조성되어 있어 창건기의 것인지 아니면 중수시의 것인지는 불확실하지만, 탑신이 semi-ashlar기법으로 축조된 점으로 보아 늦어도 5세기에는 조성된 것으로 추정된다.[15] 이를 통해 불탑에서 감실을 조성하고 불상을 봉안하는 법식은 같은 시기에 이루어진 것으로 파악된다.

....

12 김영애, 2004, 「달마라지카 사원구조와 불상조각」, 『강좌미술사』23; 金秄優, 2006, 「미술사의 작가와 유파: 조각: 탁실라 달라미지카 사원지 간다라 스투코 상의 연구」, 『강좌미술사』26; 손신영, 2005, 「간다라 방형기단 불탑의 一考察」, 『강좌미술사』 25.

13 이같은 답도의 구조는 산치 대탑에서도 확인된다. 불탑의 네 곳에 개설된 문 안쪽으로 개설된 원형의 답도 그리고 기단 상면에 개설된 동일한 구조를 볼 때 양 불탑은 동일한 구조를 지니고 있음을 알 수 있다. 아마도 아쇼카왕대에 건립되었다는 시대적인 상황이 양 불탑에서 공통적인 요인이 검출되는 것으로 판단된다.

14 이 양식에 대해 "三曲아치"라는 견해가 있다(손신영, 2005, 「간다라 방형기단 불탑의 一考察」, 『강좌미술사』 25). 하지만, 전체적으로 아치형을 이루고 있다. 정확히 반원형을 이루는 상단부, 중단의 여백 하면에 좌・우로 벌어지는 하단부를 볼 때 2단 아치형으로 보고자 한다. 더불어 간다라 지역의 불탑에 등장하는 감실은 모두 이 같은 양식을 보이고 있다.

15 semi-ashlar 조성기법을 5세기로 보는 이유는 탁실라박물관 전시되어 있는 이 지역 석조물에 구현된 석재쌓기 기법의 조성연대에 따른 것임을 밝힌다.

사진 1. 다르마지카 유적 매안탑 전경   사진 2. 메인탑 탑신부 감실

2) 봉헌탑

(1) 방형불탑(사진 3~4)

다르마라지타 사원지에는 앞서 대탑과 더불어 주면에는 많은 봉헌탑이 조성되어있다. 이들은 불탑을 중심으로 건립된 소형의 圓塔과 주변에 산재한 방형 기단을 구비한 불탑으로 구분된다. 그중 가장 주목되는 것은 N4로 명명된 방형불탑이다. 이 탑의 기단 네 면의 중앙에는 앞서 언급한 2단 아치형의 감실이 각각 1개소씩 개설되어 있다. 이 역시 내부에는 아무런 흔적도 없지만, 본래는 불상이 봉안되었을 것으로 추정된다. 이같은 면면을 볼 때 불탑의 기단에 불상을 장엄하는 전통은 간다라 불탑에서 시작되었음을 알 수 있다.

사진 3. 방형 봉헌탑 전경   사진 4. 남쪽면 감실 및 잔존 불상

(2) J1스투파(사진 5~6)

앞서 언급한 대탑의 남쪽 면에 위치한 장방형의 불탑은 J1스투파로 명명되어 있다. 이 탑 역시 방형의 기단을 구비하고 있는데, 기단의 중앙에는 아치형의 감실이 조성되어 있다. 감실의

사진 5. J1 스투파 전경

사진 6. J1 스투파 기단부 감실내 불상

내부에는 파손된 불상이 잔존하고 있어 앞서 언급한 두 탑의 감실 안에 불상이 봉안되었을 것임을 암시한다. 탑신 하면에는 아틀라스가 감입되어 있다. 이들은 기단 갑석 상면에 극히 좁은 공간에 띠를 이루면서 빼곡하게 조성되어 있다. 인물상이 중심을 이루는 가운데 낮은 기둥과 기둥 사이에 조성된 협소한 공간 내부에 조각되었는데, 머리와 양 어깨의 상면을 편평하게 만들어 상면을 받치거나 양 손을 이용해 받치고 있는 형상을 보이고 있다. 상단의 한 면에 감입된 별석으로 조성된 석주들은 사자와 코끼리로 추정된다. 이같은 정황을 모두 정리해 보면 이 불탑에서 확인되는 아틀라스는 인물상과 코끼리·사자로 대표되는 동물상이 상면의 부재를 받치는 역할을 담당하고 있다. J1 불탑에 등장하는 이러한 아틀라스는 그리스로부터 전래된 것으로 에레크테이온 신전의 女人柱像을 기원으로 한다는 견해가 발표된 바 있다.[16] 이를 보면 J1 불탑에서 등장하는 아틀라스의 형상은 그리스의 영향을 받아 이 지역 사람들에 의해 적용된 것으로 생각된다.

이상에서 다르마라지카 불탑에서 파악되는 장엄조식을 살펴보았는데, 탑신부에는 감실을 구비하여 불상을 조각했음이 확인되었다. 그리고 기단 면석 중앙에 불상이 1구씩 봉안된 흔적에서 불탑 표면에 불상이 장엄조식으로 등장한 점을 찾아볼 수 있었고, J1 스투파에서처럼 상면을 받치는 아틀라스도 파악된다.

---

16 에렉테이온 신전 포치의 여섯 女像柱와 같이 사람이 상부구조를 받치는 형식은 그리스 건축에서 시작되었지만, 불교적 맥락에서 하층에서 상층의 불상을 받드는 아틀라스의 기원은 간다라 불탑에서 찾아볼 수 있다(이해주, 2015, 「북제 향당산석굴 불상대좌 연구(1)」, 『동양학』 60, pp.19-24; 이해주, 2016, 「국립중앙박물관소장 금동반가사유상 대좌 人像柱 도상의 원류와 상징」, 『신라문화』 47, p.182).

2. 쥬리안 사원지의 불탑

쥬리안 사원지에는 메인탑과 그 주변에 23기의 봉헌탑이 건립되어 있다. 메인탑의 동벽, 남벽과 북벽의 기단 하면에는 스투코로 조성한 불상이 조성되어 있고, 봉헌탑의 네 벽에도 감실과 불상 그리고 아틀라스가 조성돼 불탑 부조상의 기원을 규명하는 데 중요한 단초를 제공하고 있다. 메인탑과 봉헌탑에 조성된 부조상에 대해 살펴보면 다음과 같다.

1) 메인탑(사진 7~8)

장방형의 기단을 구비한 메인불탑은 방형의 초석 상면에 주좌를 놓은 후 기둥을 표현하고 있는데, 불상은 기둥과 기둥사이의 면석에 스투코로 조성되어 있다. 각 면에 조식된 불상 대부분이 좌상인데 이들은 탑신 하단에 높직한 단을 조성하고 탑신 면석에 등이 부착된 부조상이다. 뿐만 아니라 동면, 남벽, 북면에서 모두 같은 양상을 띠고 있어 탑신부를 장엄하기 위한 배치로 판단된다. 더불어 불탑을 semi-ashlar기법으로 축조한 후 사면의 표면을 스투코로 바른 것이 확인되고 있어 이 불상들은 석탑이 건립된 이후 조성되었을 가능성도 배제할 수 없다. 그렇지

사진 7. 쥬리안사원지 메인탑 동벽 불상군   사진 8. 쥬리안 사원지 메인탑 동벽불상군 불상

만, 불상의 양식으로 볼 때 불탑과 동시에 조성된 것으로 판단해도 무방할 것으로 판단된다. 동쪽 면에는 8구, 남쪽 면에는 4구, 북쪽 면에는 3구의 불상이 조성되어 있다.

2) 봉헌탑(사진9~14)

메인스투파의 외곽에는 동·남·북 삼면의 외곽에는 모두 23기의 봉헌탑이 조성되어 있다. 이들의 평면은 모두 방형인데, 상면으로 갈수록 조금씩 면적이 좁아지는 양상이다. 전체적으로 층수를 파악하기에는 무리가 있어 정확한 규모를 알 수 없지만, 모두 낮은 기단을 구비하고 있다. 이들 중 동쪽 면에 건립되어 있는 3기의 봉헌탑의 경우, 네 면 모두에 기둥을 배치하고, 사다리꼴과 2중 아치형의 감실을 조성하여 불상을 봉안했다. 뿐만 아니라 하단과 중단의 여백에는 인물과 동물이 혼재된 아틀라스상이 조성되어 있다. 이같은 정황을 보면 3기의 불탑 사면에 불상과 아틀라스가 조식되었고, 대체로 기단-아틀라스-불상-아틀라스-불상의 순으로 부조되는 공통점이 보인다. 이같은 3기의 탑 외에 A1~A20으로 명명된 20기의 봉헌탑 역시 낮은 기단위에 방형의 탑신을 올린 형식을 보이고 있다. 이들 봉헌탑은 앞서 언급한 3기의 봉헌탑과 같

사진 9. 쥬리안 사원 불탑 1 전경

사진 10. 불탑 1 감실내 불상

사진 11. 쥬리안 유적 불탑 2전경

사진 12. 불탑 2 탑신부 감실내 불상

사진 13. 불탑 3 부조상 전경 | 사진 14. 쥬리안 사원 A15 봉헌탑

은 형식, 메인탑과 같이 탑신 네 면에 고부조의 스투코 불상을 조각한 형식으로 분류된다.

이상에서 살펴본 바와 같이 줄리안 사원지의 메인불탑과 봉헌탑에는 모두 탑신 표면에 불상이 부조되었다는 공통점이 있다. 뿐만 아니라 semi-ashlar기법으로 불탑을 조성하고 각 면에 회반죽을 발라 탑신을 보호하고 있다. 불상들은 스투코를 바른 벽에 부착되는 방식으로 고정되었고 모두 좌상이다. 쥬리안 유적이 AD 2C 후반, 혹은 AD 3C에 창건되어 AD 5C 경 화재로 폐허가 된 사지인 점을 고려할 때[17] 불탑과 부조상은 늦어도 5세기 이전에 건립된 것으로 판단된다. 실제 쥬리안사원지Ⅱ에 대한 발굴조조사가 동국대학교 학술조사단에 의해 2005년 1월 28일부터 2월 23일까지 진행된 바 있는데, 조사 결과 다양한 유물이 수습되었고, 봉헌탑에는 불상이 부조된 사실이 확인되었다. 당시 이 유적은 A.D 1-2세기 내지 3세기의 초기 쿠샨시대에 조성된 이른 시기의 사원으로 추정된 바 있다.[18]

3. 모라모라두유적

모라모라두 유적에는 중심 불탑과 이의 전면에 건립된 봉헌탑 1기가 현존하고 있다. 중심 불탑은 방형의 기단 위에 원형의 탑신이 올라갔다. 기단과 탑신에는 많은 수의 기둥이 일정한 간격을 두고 조성되어 마치 신전의 열주를 연상케 한다. 메인 불탑과 안내문에 VOTIVE STUPA라고 명명된 봉헌탑에는 많은 수의 불상이 조성되어 있다. 각각의 형상을 살펴보면 다음과 같다.

---

17 손신영, 2005, 앞 논문, 각주 33 재인용.
18 문명대, 2005, 「Jaulian Ⅱ 寺院址 發掘 報告」, 『강좌미술사』 25.

1) 메인탑(사진 15~19)

메인 불탑에는 기단을 돌아가며 많은 수의 스투코 불상이 조성되어 있다. 남쪽 면에는 7구의 불상이 배치되었는데, 불상은 모두 스투코상인 좌상이다. 이들은 소형으로 제작되어 높게 조성된 기단에 비해 왜소한 느낌을 준다. 북쪽 면에는 8구의 불상이 현존하고 있는데, 좌상과 입상이 공존한다. 이같은 정황을 보면 기단부의 장엄조식은 좌상과 입상이 병존함을 알 수 있다. 뿐만 아니라 탑신의 서쪽 면에는 세구의 불상이 배치된 것으로 보이는데, 중앙부의 불상은 비교적 완형을 유지하고 있다. 통견법의를 입고 선정인을 결한 자세인데, 장방형의 대좌 상면에 봉안되었다. 머리가 결실되어 정확한 형상을 알 수 없다.

이상에서 살펴본 바와 같이 모라모라두 메인 불탑에서는 기단부의 동면과 남면 그리고 원형 탑신의 동면에 불상을 봉안하고 있다. 뿐만 아니라 기단과 탑신의 표면에 강회를 바른 후 이에 덧붙여 불상을 조성했음도 확인된다.

사진 15. 모라모라두 유적 메인불탑

사진 16. 메인불탑 탑신부 부조상

사진 17. 모라모라두유적
메인탑 남쪽 부조상

사진 18. 메인탑 서쪽부조상

사진 19. 메인탑 북쪽
부조상

2) 봉헌탑(사진 20)

봉헌탑은 메인불탑의 전면에 위치하고 있
는바, 장엄은 한쪽 면에서만 확인된다. 기단
에는 4주의 기둥을 조성하고, 이로 인해 조성
된 3개의 공간 각각 스코투 소재의 불상을 조
성했다. 중앙면에는 5존불, 좌우에는 삼존불
의 형식을 배치하고 있다. 나머지 면에서는
불상의 흔적을 찾을 수 없지만, 파손된 흔적

사진 20. 봉헌탑 장엄조식

등으로 볼 때, 본래는 같은 형식의 불상이 조
성되었을 것으로 추정된다. 이 탑에 대해서는 봉헌탑의 기단으로 보는 견해와 그렇지 않은 경
우로 연구된 바 있는데,[19] 필자는 전자의 견해가 타당한 것으로 본다.[20]

3) 승원지 9굴 내 원형불탑(사진 21~22)

승원지의 9실 내에 봉안된 원형불탑은 기단으로부터 탑신 그리고 상륜부에 이르기까지 모두
圓形의 평면을 이루며 스투코로 조성되었다. 전체 5단으로 구성된 기단의 가장 하면에는 코끼
리와 사자로 추정되는 동물로 구획을 나눈 후 그 사이에 아틀라스를 배치하였다. 대부분 파손
되어 원형을 알 수 없지만, 그 흔적으로 보아 앞서 언급한 다르마라지카 J1 불탑과 쥬리안 사원
지의 배탑에서와 같이 다양한 인물상이 위치했을 것으로 보인다. 뿐만 아니라 2단에는 사다리
꼴과 2중 아치형의 감실을 조성한 후 내부에 선정인을 결한 좌상을 놓았다. 더불어 3단에서도
소형의 기둥으로 구획을 구분한 후 내부에 각각 선정인을 결한 좌상을 두었다. 이같은 면면을
보아 이 불탑은 가장 하면에서 코끼리와 사자 그리고 인물상의 아틀라스가 상면을 떠받치고,
상단의 각 면에는 불상을 조성해 기단 전체를 장엄했음이 확인된다. 모라모라두 사원지의 창건
연대는 대략 기원후 2세기 경, 주탑의 조성 연대는 3-4세기 경으로 추정된다.[21]

이상에서 살펴 본 바와 같이 간다라 지역의 불탑 장엄조식은 하층에 아틀라스를 배치하고
상면에 불상이 중심을 이루는 경우와 기단부의 각 면에 불상을 배치되는 두 가지 형식이 존재

19 손신영, 앞 논문, pp.128-129.
20 간다라의 불탑 주변에는 대부분이 봉헌탑이 조성되어 있다. 이들은 탑신의 네 벽으로부터 일정한 간격을
    두고 건립되어 있다. 그러나 모라모라두에서는 메인불탑 주변에 1기만의 봉헌탑만 조성되어 있다. 아로
    인해 그 성격에 이견이 존재하는 것으로 판단된다. 하지만, 1기만 건립되었다 하더라도 메인탑과 인접해
    있는 점으로 보아 봉헌탑의 성격을 지닌 것으로 추정된다.
21 손신영, 앞의 글, p.128.

사진 21. 사원터 9굴 불탑 　　사진 22. 9굴 불탑 기단부 　　사진 23. 아잔타 석굴 19굴 　　사진 24. 19굴 불탑
　　　　　　　　　　　　　　 장엄조식 　　　　　　　　 불탑 　　　　　 탑신부에 부조된 불상

함을 알 수 있다. 뿐만 아니라 조성된 불상은 스투코 소재이며, 기단의 규모와 관계없이 대부분
이 좌상이라는 점도 알 수 있다. 더불어 부조된 불상은 기단과 탑신의 외벽에 칠해진 석회벽에
잇대어 조성한 경우[22]와 감실을 조성하고 그 안에 부조한 두 가지의 형식으로 구분된다. 전자
는 주로 메인탑에 후자는 봉헌탑에서 확인된다. 더불어 전자의 경우 불탑에 가해진 부조상이
기단과 탑신의 규모에 비해 소형으로 조성된 점으로 볼 때 불탑의 장엄으로서의 성격[23]으로 이
해된다.

　이러한 맥락에서 볼 때 불탑 표면에 불상이 장엄으로 부조되는 양식은 간다라 지역에서 발원
한 것임을 알 수 있다. 그런데 이러한 양상이 인도 중부 지방에서도 나타난다. 5세기에 축조된
인도 아잔타 석굴 19굴과 26굴의 불탑이 대표적인 사례이다.[24] 19굴의 경우는 석주형으로 조
성된 불탑의 전면에 감실을 조성하고 내부에 입상을 배치했다. 상륜부는 인물형 아틀라스가 산
개를 받치고 있다(사진 23). 26굴에서는 탑의 기단부로부터 탑신부에 이르기까지 전체적으로
불상을 비롯한 장엄이 조식되었다. 먼저 기단부는 상·하 2단으로 구획했는데, 전면 양측에 기
둥을 세우고 입상을 부조했다. 상의 좌·우에는 코끼리 상면에 사자를 부조했으며, 상단에는
비천상을 양각했다. 이를 기점으로 원형으로 조성된 기단부를 돌아가며 상·하단에 불상과 보
살상을 장엄했다. 기단의 전면 상단부는 상·하 2단으로 구획한 후 하단에는 불·보살상을, 상
단에는 인물형 아틀라스를 빈틈없이 배치하고 있다. 이처럼 전면부의 조식을 중심으로 원형의

22 안병찬, 2005, 「간다라 건축물의 회벽 마감기법에 관한 試考」, 『강좌미술사』24.
23 천득염·김준오, 2012, 앞의 글.
24 SUSAN L. HUNTINGTON, *THE ART OF ANCIENT INDIA*, WEATHERHILL New York · Tokyo,
　 1993, pp.249-251.

사진 25. 아잔타석굴 26굴
불탑

사진 26. 26굴 불탑 기단부
정면 불상

사진 27. 26굴 불탑 기단부
부조상1

사진 28. 26굴 불탑 기단부
부조상2

평면을 따라 3단으로 구획한 후 하단과 중단에는 보주형의 감실을, 상단에는 기둥을 세워 구획
하여 그 내부에 불·보살 입상을 양각했다. 원구형 탑신부에는 비천상을 새겼다(사진 24~28).
즉, 26굴의 불탑에서는 불상과 보살상 그리고 아틀라스가 장엄조식으로 채택됨으로써 간다라
불탑에 등장한 장엄조식이 모두 구현되었다. 뿐만 아니라 간다라의 불탑과는 달리 기단 및 탑
신과 일체형으로 조성된 점은 간다라 지역의 봉헌탑에서와 같은 양식이라 하겠다.

이상에서 간다라 지역과 인도중부지역의 불탑에서 등장하는 장엄조식에 대해 살펴보았는데,
이 지역의 불탑 건립 시기를 정리해 보면 아래의 표 1로 집약된다. 이 표를 보면 간다라 지역에
서 AD1-4세기 사이에 시작된 불탑의 장엄조식은 5세기에 건립된 아잔타 석굴의 불탑에 이르
러 완성을 이룸을 알 수 있다.

〈표 1. 간다라·인도 불탑 장엄조식의 조성시기〉

불탑명	조성시기
다르마라지카불탑	AD 1-2세기
다르마라지카 방형탑	AD 1-2세기
다르마라지카 J1불탑	AD 1-2세기
쥬리안 사원지 불탑과 배탑	AD 2-3세기
모라모라두 불탑과 배탑	AD 3-4세기
아잔타석굴 19굴	AD 5세기
아잔타석굴 26굴	AD 5세기

III. 중국 불탑의 장엄조식

간다라와 인도의 불탑 부조상은 중국으로 전래되어 동아시아 전역으로 확대된다. 본 장에서는 중국 불탑의 장엄조식이 실크로드상의 천산남로를 통해 전파되어 운강석굴에 정착되고, 唐代에 건립된 석탑에 이르기까지 영향을 미치는 양상을 다루고자 한다.

1. 실크로드 상에 건립된 불탑의 부조상

간다라 지역에서 시작된 불탑과 이에 부조된 장엄조식은 실크로드를 통해 중국으로 전파되었다. 실크로드 상에는 많은 불교유적이 현존하고 있는 바, 이중 불탑이 건립되어 있는 유적과 현황을 정리해 보면 다음의 표로 집약된다.[25]

〈표 2. 실크로드 상에 건립된 불탑 현황〉

교통로	도시	유적	비고
天山南路	客什	莫尔佛寺遺址	불탑2기 현존
	阿克苏 柯坪縣	克牧勒塔格佛寺 佛塔	불탑 1기 현존
	庫車	蘇巴什遺蹟	불탑 3기 현존
	庫尔勒	七个星佛寺遺址	불탑 1기 현존
	吐魯番	高昌古城	大佛寺 佛塔
		交河古城	塔林, 中央大塔, 大佛寺佛塔, 東北小寺佛塔, 小塔 다수
		臺藏塔	
	哈密	白楊沟佛寺遺址	寺域內 佛塔 2기
오아시스路	和田	熱瓦克佛寺遺址	불탑 1기 현존
	民丰	泥雅遺蹟	불탑1기 현존
		安迪尔遺蹟	불탑1기 현존
	若羌	米蘭遺蹟	불탑 2기 현존
		樓蘭遺蹟	불탑 1기 현존

위의 표에서 볼 수 있듯이 불탑이 현존하고 있는 유적은 모두 13개소에 달하고 있는바, 이중 장엄이 가해진 불탑은 客什 모르불탑 중 東塔·和田 熱瓦克佛寺遺址의 불탑·투루판 고창고성 내 대불사 불탑·교하고성 내 대불사 불탑과 소불탑·동북소사 불탑 등이다. 여기에는 모두 기

---

25 이 표는 필자가 실제 답사를 진행했던 유적을 중심으로 작성했다. 이중 泥雅遺蹟, 安迪尔遺蹟, 樓蘭遺蹟의 불탑은 도록에 제시된 도판을 이용했음을 밝힌다. 더불어 실크로드상에는 "대략통계로 타림분지 남부라인 화전과 누란사이에 총 17처 대형불탑이 있다. 라와크불 이외에 다른 불탑은 모두 고대도시 안에 있어 지면 불사와 함께 세웠다. 북부라인 카스와 하미사이에는 총 210처 불탑이 있다."라 보고되어 있다.

사진 29. 喀什 莫尔佛寺遺址 東塔

사진 30. 莫尔佛寺遺址 東塔 감실부

단으로부터 탑신에 감실을 조성하고 불상을 봉안했던 흔적이 남아있다.

천산남로의 가장 서쪽에 자리한 喀什에 있는 莫尔佛寺遺址에는 현재 2기의 불탑만이 현존한다. 이중 동탑은 완벽한 간다라 불탑 양식인데, 3단으로 구축된 방형 기단의 상면에 원구형의 탑신을 올렸다(사진 29~30). 이들 불탑이 간다라 지역의 불탑과 다른 점은 석재가 아니라 진흙 벽돌로 기단과 탑신을 구축하고, 고운 진흙으로 탑 전체를 발랐다는 점이다. 불탑의 후면에는 지면으로부터 높직한 1단의 턱을 두고 상면에 예불행위가 가능한 공간을 확보했다. 기단의 벽면은 수직인데, 좌·우에 벽체가 형성되어 전체적으로 감실의 형태를 띤다. 그리고 지면으로부터 기단 상면에 오르는 계단이 설치됐다는 점에서, 본래는 대형 입상이 있었음을 짐작할 수 있다. 이 불탑은 漢 말기에 건립된 것으로 추정되고 있다.[26]

和田 熱瓦克佛寺遺址에 건립되어 있는 불탑은(사진 31) 斗出形 기단을 구비하고 있는데, 사방에는 탑신을 오를 수 있는 계단이 설치되어 있다. 상면에는 복발형의 탑신이 남아있어 간다라 지역의 불탑과 동일한 양식임을 알 수 있다. 불탑의 외곽에는 담장이 돌아가고, 네 벽에는 1,000여구의 불상이 부조되었던 것으로 보인다.[27] 이 불탑은 기단과 탑

사진 31. 和田 熱瓦克佛寺遺址 불탑

신에는 장엄조식이 직접 가해지지는 않았기에 본 논문의 주제에서는 벗어날 수 있지만, 부조된 불상이 모두 간다라 양식이고,[28] 담장의 하단부에 놓여 탑을 중심으로 불상이 배치된 간다라 닥

26 張馭寰, 2006,『中國佛塔史』, 科學出版社, p.7.
27 임영애, 1996,『서역불교조각사』, 일지사, p.111.

사진 32. 고창고성 대불사 불탑

사진 33. 대불사 불탑 서쪽감실부

트이바이 사원의 구조[29]와 같은 맥락으로 이해된다. 불탑에서 출토된 오수전은 회랑의 조각상과 벽화의 예술적 성격과 더불어 서기 3-4세기 작으로 보인다.[30]

천산남로와 오아시스로의 첫 번째 도시인 카스와 호탄의 유적에서 불탑 부조상은 더 이상 확인되지 않는다.[31] 하지만, 투루판의 교하고성과 고창고성의 사원지에서 명확한 실체를 드러내고 있다. 고창고성에는 크고 작은 불교유적지가 산재해 있는데, 이중 가장 주목되는 것은 大佛寺 佛塔이다. 성내 서남쪽에 위치하는 대불사 사역 안에 불탑이 건립되어 있다(사진 32~33). 높직한 방형의 기단 상면에 같은 형식의 탑신이 조성되어 있다. 전면에는 아치형의 감실이, 하면

....

28 임영애, 1996, 위의 책, pp.112-125.
29 박도화, 2004, 「닥트이바히 사원지 구조와 불상조각」, 『강좌미술사』 23. 이 사원지에는 중앙에 건립된 방형 기단의 불탑을 중심으로 사방을 돌아가며 불감이 조성되어 있는데, 이에는 모두 불상이 봉안되어 있었다.
30 陈晓露, 2010, 「西域回字形佛寺源流考」, 『考古』 11期.
31 표에서 언급한 대다수의 유적에는 모두 불탑이 현존하고 있고, 이들은 모두 간다라 불탑의 양식을 지니고 있다. 특히 스바시불사 유적의 서쪽 사원지 불탑은 방형의 기단위에 원구형의 탑신을 올리고 있어 이같은 현상이 확연함을 알 수 있다. 艾斯卡尔 외, 2015, 「丝绸之路新疆段佛塔特征研究」, 『學術論文전专刊』.

에는 불상의 대좌로 추정되는 장방형의 구조가 있다. 이를 통해 불탑의 전면에 거대한 불입상이 조성되어 있었음을 추정할 수 있다. 불탑의 좌·우와 후면의 하단에는 3구의 감실이, 이의 상단에는 각 면 7구씩의 감실이 3단으로 조성되어 있다. 각각의 감실에는 불상이 남아있지 않지만, 채색흔적을 통해 본래는 불상이 봉안되었음을 알 수 있다. 이로써 이 불탑은 전면에는 대형불상이, 나머지 면에는 24구씩 모두 73구의 불상이 안치되었을 것임이 파악된다. 이처럼 전면에는 대형불상이, 나머지 면에는 다양한 불상이 봉안되는 경우는 인도 아잔타 석굴 26굴에서 본 바와 같고, 기단의 하면에 불상을 봉안하는 수법은 간다라 지역의 여러 불탑과 궤를 같이한다. 더불어 불탑의 외곽에 담장을 쌓아 자연스레 탑을 일주할 수 있는 답도가 형성되는 패턴 역시 그러하다.

교하고성에는 앞의 표 2에서 보듯이 많은 불교유적지가 존재하는데, 이중 불상이 부조된 불탑은 大佛寺佛塔, 東北小寺佛塔과 곳곳에 산재해 있는 소형불탑들이다. 대불사 불탑은(사진 34~36) 사방이 흙벽돌로 구축된 담장 안에 건립되어 있다. 높직한 장방형 기단 상면에 방형의 탑신을 두고 다시 그 상면에 불감이 구비된 탑신을 두었다. 탑신에 조성된 불감은 동쪽 면 4개소, 북쪽 면에 6개소, 서쪽 면에 4개소가 남아 있다. 이 중 동쪽면의 왼쪽 상단의 불감에는 불상의 흔적이 남아있다. 북쪽면의 상단 2개소에도 불상이 현존하고 있다. 흙벽돌로 건립한 불탑에 고운 진흙을 발라 벽체를 정선했고, 불상 역시 소조불인 바 표면에는 고운 진흙을 도포했으며, 중심에는 木心으로 사용된 나무의 흔적이 관찰된다. 더불어 완전한 양식을 지닌 북쪽면의 불상은 통견법의를 입은 좌상으로 조성되었다. 이 불탑에서 확인되는 상층 탑신부에는 탑신 전면을 돌아가며 감실과 불상이 조성되었다. 불상은 불탑의 각 면에 등을 대고 있어 별도로 조성해 봉안한 것으로 보이는데, 이미 간다라 지역의 불탑에서 확인한 양식이기에 주목된다. 더불어 탑신의 전면에 감실을 조성하고 불상을 봉안한 점 역시 간다라 불탑과의 연관성을 엿볼 수 있는

사진 34. 교하고성 대불사 불탑

사진 35. 교하고성 대불사 불탑 정면 탑신부 감실

사진 36. 대불사 불탑 탑신부 감실 및 불상

대목이라 하겠다.

　동북 소불사에도 소형의 방형 불탑이 현존하고 있다(사진 37). 높직한 방형 기단 위에 탑신을 구축했는데, 상단부가 파괴되어 전모를 알 수 없다. 하지만, 사면의 탑신에 모두 감실의 흔적이 있어 본래는 사방불이 조각되었을 것이다. 이처럼 사방불이 조성되었을 것으로 추정되는 불탑은 대불사 서쪽 면에서도 확인된다(사진 38). 불탑은 삼면이 벽체로 둘러싸인 내부 중앙에 위치한다. 높직한 방형 기단 상면에 같은 형식의 탑신을 두었는데, 각 면에는 舟形의 감실이 조성되어 있다. 불상의 흔적은 찾을 수 없지만 감실이 조성된 점을 볼 때 본래는 사방불이 조성되어

사진 37. 교하고성 東北小寺佛塔

사진 38. 교하고성 소탑

사진 39. 쿠차 克孜爾石窟 38굴 불탑

사진 40. 쿠차 克孜爾石窟 171굴 불탑

사진 41. 투루판 吐峪溝石窟 44굴 불탑

있었을 것으로 추정된다. 뿐만 아니라 거대한 입상의 존재는 앞서 언급한 아잔타석굴 19굴, 26굴과의 영향을 고려케 한다. 한편, 불상이 봉안된 불탑은 조형 실물에서 뿐만 아니라 쿠차의 克孜爾石窟 38굴 및 171굴[32](사진 39~40)과 투루판의 吐峪溝石窟 44굴에 그려진 불탑 회화[33](사진 41)에서도 찾아볼 수 있다.

　지금까지 실크로드 상에 건립된 불탑 중 불상이 부조되거나, 있었던 것으로 추정되는 불탑만을 선별해 살펴보았다. 이들 불탑은 진흙 벽돌로 조성되었다는 점을 제외하면 간다라 불탑과 같은 양식을 지니고 있다. 더불어 감실 내에 봉안된 불상은 탑신과는 별개로 조성되어 간다라에서 시작된 불탑 부조 양상의 영향을 받은 것으로 판단된다. 실크로드 상에서 확인되는 불탑의 부조상은 불상에 국한되고 있지만, 불탑을 둘러싼 벽체에, 탑신의 전면(大佛)에, 탑신에 감실을 조성하고 봉안한 유형으로 구분된다. 결국 이같은 양상은 모두 간다라의 불탑에서 나타난다. 뿐만 아니라 다르마라지카 유적의 J1 스투파에서 확인된 사방불의 양상이 교하고성에서 확인되는 점은 더욱 주목된다.

2. 운강석굴 불탑의 부조상

　앞서 언급한 바와 같이 실크로드 상에서 확인되는 불탑의 양상은 간다라 지역의 불탑과 양식적으로 강한 친연성이 있음을 알 수 있었다. 그럼에도 불구하고 투루판 동쪽의 지역인 돈황 등지에서는 이같은 양식을 볼 수 있는 불탑이 파악되지 않는다. 석굴의 조성과 불상의 봉안은 인도 석굴의 양식을 따르고 있지만, 불탑에서는 간다라 및 인도양식의 불탑이 확인되지 않는 특수성이 존재한다. 그러나 張液을 중심으로 발흥했던 북량시대의 불탑에 불상이 조각되어 있음은 주지의 사실이다.[34] 돈황박물관과 감숙성박물관에 소장되어 있는 이 시기의 소형 석탑에서 모두 탑신에 새겨진 좌상을 볼 수 있다(사진 42). 하지만, 간다라 양식을 지닌 불탑은 이후 더 이상 확인되지 않는다. 더불어 소위 河西回廊

사진 42. 돈황물관 소장 북량석탑

32　新疆美術撮影出版社, 1995, 「克孜爾」, 『中國新疆壁畵全集』, p.102 및 p.195. 이들 불탑은 克孜爾石窟의 초창기인 3세기 말에서 4세기 중엽 사이에 조성된 것으로 연구되어 있다. 같은 책, p.3

33　新疆美術撮影出版社, 1995, 「吐峪溝」, 『中國新疆壁畵全集』, p.19. 불탑이 그려진 44굴은 고창국 시기인 327년에서 640년에 조성된 것으로 연구되어 있다. 같은 책, p.3

34　殷光明, 『北涼石塔研究』, 覺風佛敎藝術文化基金會, 2000.

이라 불리는 지역에서는 唐代의 전탑도 확인되지 않는다. 필자가 조사한 바로는 석굴과 그 안에 봉안된 불상에서는 간다라 양식이 확인되지만, 불탑은 건립되지 않았다. 그런데, 북위시대에 조성된 소형의 석탑과 운강석굴에 같은 양식의 불탑과 불상이 건립되고 있어 시선을 끈다.

이처럼 운강석굴에서 간다라 양식의 불교문화가 재현됨은 太武帝가 北涼을 멸한 후 그곳의 수천에 달하는 기능장인, 유명한 고승을 平城으로 이동시킨 사민정책에 힘입은 바 크다. 그중 玄高, 慧崇, 師賢, 曇曜 등 한 무리의 고승들은 불교 중심이 동쪽으로 이동하여 平城에 이른 후의 발전에 있어 중요한 역할을 하였다.[35] 더불어 "長安城의 工巧 이천 家를 京師로 옮겼다"[36]는 기록에서 점령지역 기능인의 이주에 많은 노력을 기울였던 것으로 판단된다. 뿐만 아니라 실크로드 상에서 발흥했던 鄯善, 焉耆, 龜玆, 疏勒, 粟特, 于闐, 渴槃陀, 罽賓 등은 모두 당시 불교가 성행하던 중요한 나라 및 지방이고, 북위와 밀접한 교류를 맺고 있던 곳이다.[37] 북위는 실크로드 상에서 중요한 거점을 이루었던 국가들과 교류를 통해 새로운 문화를 받아들였고, 북량의 장인들을 이주시킴으로써 그들이 향유했던 간다라 지역의 불교문화를 접할 수 있는 적극적인 계기를 마련한 것으로 파악된다.

〈표 3. 운강석굴 내 불탑 현황[38]〉

석굴	불탑 현황	비고
1굴	탑주식 석굴[39]. 중심부: 석탑, 벽면: 정각형 불탑 부조.	
2굴	탑주식 석굴. 중심부: 석탑, 벽면: 전각형 · 정각형 불탑 부조.	
3굴	석굴 정면 상단: 방형 석탑 2기 건립.	
5굴	석굴 내부 벽면: 고부조의 전각형 불탑 2기 조성.	코끼리가 받치고 있음.
6굴	석굴 내부 벽면: 전각형 5층탑 4기 부조.	
7굴	석굴 내부 벽면: 탑주식 5층탑 6기 부조.	하부: 역사가 받치고 있음
8굴	석굴 내부 벽면: 탑주식 5층탑 부조.	하부: 역사가 받치고 있음. 상면: 아칸토스 장식에서 솟아오르는 불상부조.

35 解金昌, 1994, 「北魏王朝與雲岡石窟」, 『北朝研究』總第15期, 平城北朝研究會.

36 三月, ……徙長安城工巧二千家於京師. 『魏書』 「世祖紀」 下

37 宿白, 1994, 「平城實力的集聚和云冈模式的形成与發展」, 『雲岡石窟』, 文物出版社.

38 불탑의 현황은 필자가 촬영한 사진을 분석한 것으로, 직접 내부에 들어가 확인한 것은 아니다. 때문에 수량에서는 오차가 발생할 수 있음을 밝힌다.

39 탑주식이라 함은 기왕의 불탑에 분류에 의한 것이 아니라, 필자가 편의상 붙인 명칭임을 밝힌다. 이 불탑은 방형의 탑신을 중첩해 올리고 상면에 연화문에서 솟아오르는 불상을 배치한 형식의 불탑이다.
이에 대해 長廣敏雄은 탑B(石造重層塔)으로 명명한 바 있다. 長廣敏雄, 1984, 「雲岡の中層塔」, 『中國美術論集』, 講談社. 张华는 이 유형을 층주탑(層柱塔)으로 분류한 바 있다. 张华, 2003, 「云冈石窟浮雕塔形浅议」, 『文物世界』.

9굴	석굴 입구 전면·측면: 탑주식 5층탑 4기 부조.	상면: 아칸토스 장식에서 솟아오르는 불상부조.
10굴	석굴 입구 전실 벽면: 탑주식 5층탑 7기 부조.	상면: 아칸토스 장식에서 서 솟아오르는 인물상 부조, 1기는 역사상이 받치고 있음.
11굴	석굴 입구 벽면 중 우측 석실 앞: 전각형 5층탑 2기, 좌측 석실 전면: 전각형 7층탑 2기 및 내부 측면: 전각형 3층 탑 6기 및 정각형 불탑 2기, 석굴 내 벽면: 10여구의 전각형 3층탑 부조.	
12굴	석굴 입구 세 벽면: 탑주시 3층탑 8구 부조.	상면: 연화문 가운데서 솟아오르는 불상부조.
13굴	석굴 내부 벽면: 전각형 3층탑 2구, 7층탑 1구 부조.	
14굴	석굴 내부 벽면: 다수의 정각형 불탑·전각형 3층탑 4구 부조.	
17굴	석굴 입구 측면: 전각형 3층탑 1구 부조.	
19굴	석굴 내부 좌측 하단: 전각형 불탑(층수미상) 2기 부조.	
37굴	석굴 내부: 탑주식 방형 5층석탑 1기 건립, 석굴 입구 벽면: 전각형 3층답 1기 부조.	

운강석굴에는 많은 수의 불탑이 석굴의 주탑으로 건립되거나, 석굴 내 벽면에 부조되었다. 불탑이 조성된 석굴과 그 특징을 간략히 정리해 보면 표 3과 같다.

운강석굴에는 표 3에서 보듯이 다양한 형식의 불탑이 건립되거나, 석굴의 벽면에 부조되어 있다. 전탑을 제외한 나머지 불탑의 양식이 대부분 표현되어 있고, 목조건축 양식을 기반으로 조성되었다.[40] 그리고 불상과 불탑에서 간다라 양식이 검출되고 있어 주목된다.[41] 필자 역시 이같은 의견에 대해 전적으로 공감하는데, 운강석굴의 불탑에 구현된 간다라와 인도 불탑의 영향을 정리해 보면 다음과 같다.

첫째, 모든 불탑의 탑신에는 각 면에 불상을 비롯한 부조상이 조식되었는데, 특정한 층에만 부가된 것이 아니라 전체적으로 부조되었다. 앞서 언급한 바와 같이 간다라 지역과 아잔타 석굴의 불탑에서 시작된 탑신에 불상을 부조하거나 봉안하는 방식이 실크로드 상의 불탑을 거쳐 이곳 운강석굴에 정착된 것으로 판단된다. 다만, 실크로드상의 불탑에서는 간다라의 경우처럼 불상을 별도로 조성해 봉안했지만, 운강에서는 탑신에 직접 장엄한 점이 다르다(사진 43~49).

둘째, 탑신 전면에 부조된 불상은 대부부분이 좌상으로 각 면에 1구 또는 2구의 불상이 독립된 불감 안에 봉안되어 있다.

셋째, 기단부의 하면에 역사상이 떠받치고 있는 불탑이 조성되고 있다. 이 유형은 탑주식 불탑

---

40 朴基宪, 2011, 「论云冈石窟所见楼阁式佛塔的起源及演变」, 『石窟寺研究』.
41 이는 주 31의 논문뿐만 아니라 王恒, 1999, 「从犍陀罗到雲岡-对云冈石窟雕刻艺术表现中有关片断的讨论」, 『文物季刊』1 및 朴基宪, 2011, 「论云冈石窟所见楼阁式佛塔的起源及演变」, 『石窟寺研究』에서도 한결같이 주장하고 있다.

사진 43. 운강석굴 1굴
전각형 불탑

사진 44. 운강석굴
2굴 불탑

사진 45. 운강석굴 6굴
전각형불탑

사진 46. 운강석굴 8굴
탑주식 불탑

사진 47. 운강석굴 13굴 7층전각형 불탑

사진 48. 운강석굴 14굴정각형 불탑

사진 49. 운강석굴 14굴정각형 불탑

사진 50. 운강석굴 8굴 탑주식 불탑 역사

에서 주로 확인되는데, 한 구의 力士가 양팔을 위로 올려 탑신 전체를 받드는 형상과, 두 구의 역사가 함께 탑을 받드는 두 가지 형식으로 나타난다. 이처럼 탑신 전체를 역사가 받치는 사례는 실크로드 상의 불탑에서는 볼 수 없는 것으로, 운강석굴에서 갑자기 등장하는 양식이다. 이같은 형식은 간다라 지역의 불탑 하단에 등장했던 아틀라스가 운강석굴의 불탑에 영향을 미친 것으로 보인다(사진 50).

사진 51. 운강석굴 13굴
7층전각형 불탑 번

사진 52. 마투라박물관 소장
불탑 판넬 번

사진 53. 마투라박물관 소장 불탑 판넬 번

넷째, 상륜부에 조식되는 幡이다. 운강석굴 불탑 상륜부에는 번이 휘날리는 모습이 표현되었
는데, 이는 인도 불탑 상륜부에서 확인되는 양식으로, 마투라박물관 소장 석조 판넬에 새겨진
불탑과 산치대탑 토라나에 부조된 불탑에서 그 실례를 볼 수 있다. 이로써 상륜부에 조식되는
번은 인도의 불탑에서 시작되었고,[42] 이것이 운강석굴의 불탑 상륜부에서 등장하고 있음이 확

사진 54. 운강석굴 8굴 탑주식 불탑 화생상

사진 55. 운강석굴 9굴 탑주식 불탑 화생상

사진 56. 페샤와르박물관 소장 화생상 석주1

사진 57. 페샤와르박물관 소장 화생상 석주

사진 58. 스와트박물관 소장 화생상 석주 『Gandhara Art of Pakistn』에서 전재

인된다. 이들은 석굴 벽면에 장엄된 전각형 및 정각형 불탑에 부조되었다(사진 51~53).

다섯째, 탑주식 석탑의 상륜부에 등장하는 아칸토스 장식 가운데서 솟아오르는 불상부조의 존재이다. 張华 선생은 이를 "화생상"으로 분류했는데,[43] 이 역시 간다라지역의 문화가 전파되었음을 보여주는 대표적인 요소이다. 파키스탄 페샤와르박물관과 스와트박물관에 전시된 건축부재의 동일한 조식은 이같은 추론을 입증해준다(사진 54~58).

3. 唐代 석탑의 장엄

당대에 건립된 석탑은 필자가 실견한 것만 20여기에 이른다. 이들 중에서 건립연대가 분명한 석탑은 산동성박물관 소장 天寶2년 석탑(743), 북경 운거사 太極 元年 석탑(710), 開元 10년 석탑(722), 開元 15년 석탑(727), 開元 18년 석탑(728), 양태사 석탑(750년), 영천사 석탑(728)으로 이들 석탑에는 모두 장엄조식이 부조되어 있다. 이들은 대체로 초층탑신에 집중되어 있는데, 감실을 조성하고 그 좌우에 신장상을 배치했다. 이의 상단에는 귀면문이 양각되었고, 상면에 비천과 용이 중심을 이루는 구도를 이루고 있다. 더불어 감실의 내벽 정면에는 삼존불이 조성되는 공통점을 지니고 있다.(사진 59-62)

이상에서 운강석굴의 불탑에서 확인되는 간다라의 문화의 영향과 당대에 건립된 석탑의 장엄조식에 대해 서술했다. 여러 측면에서 이를 논할 수 있지만, 가장 주목되는 부분은 불탑의 전면을 가득 채운 장엄조식이다. 운강석굴의 불탑과 소형 석탑들에서도 같은 양상이 확인되고 있어 이는 북위 불탑의 한 특성으로 이해된다. 뿐만 아니라 당대에 건립된 석탑의 장엄조식은 주로 초층탑신에 집중되는 경향을 보이고 있는데, 이는 절대 다수의 석탑에서 기단을 생략하거나 소략하게 조성했던 이 시대 석탑의 특성에서 기인한 것으로 판단된다.

....

42 林玲愛, 1991, 「古代 中國 佛敎幡의 樣式變遷考」, 『미술사학연구』 189, 1991.
43 张华, 앞 논문.

| 사진 59. 산동성박물관석탑 초층탑신 부조상 | 사진 60. 운거사 태극원년 석탑 초층탑신 부조상 | 사진 61. 양태사석탑 초층탑신 장엄조식 | 사진 62. 영천사석탑 초층탑신 장엄조식 |

Ⅳ. 한국 불탑에 부조된 장엄조식

간다라 불탑의 탑신에 불상을 부조함으로써 시작된 불탑 장엄은 실크로드를 거쳐 중국 운강 석굴의 불탑과 당대에 건립된 석탑에서 나타나고 있다. 중국의 장엄조식은 한편으로는, 간다라 와 인도불탑의 전통이 그대로 계승된 점도 있지만, 다른 한편으로는 중국화되어 변용된 것도 확인되고 있다. 운강석굴을 위시한 북위시대에 건립된 석탑의 전면에 걸쳐 불·보살상이 부조 되지만, 당대에 건립된 석탑에서 초층탑신에 장엄이 집중되는 현상이 그 특징이다. 더불어 인 도와 간다라의 장엄이 불보살에 국한되었다면, 중국에서는 이들과 함께 당대에 이르러 용과 신 장 등이 결합되는 경향이 나타난다. 그렇지만, 한국 특히 통일신라시대에 건립된 불탑에서는 이보다 한층 더 진전된, 구체적으로는 10가지 유형의 장엄조식이 베풀어졌다. 부조상 유형의 다양화와 더불어 조각 범위 역시 기단부와 초층탑신을 아우르는 방향으로 확장된 양상을 보인 다. 이를 통해 신라 석탑의 양식이 중국의 그것과는 다르듯이 장엄조식 역시 신라만의 독특한 체계를 완성했음이 파악된다.

이같은 양상을 볼 때, 불상의 기원이나 불탑의 기원을 간다라와 인도에서 구하는 방법론에 주목하지 않을 수 없다. 부조상의 연원 역시 이와 같은 전제가 가능할 것이라는 판단이 들기 때 문이다. 이러한 견해는 일찍이 문명대 선생에 의해 피력된 바 있다. 선생은 경주박물관 소장 사 암제 불상에 주목해 "이의 양식이 대체적으로 굽타-마츄라 불상양식과 대비해 볼 수 있으며, 나아가 운강양식과도 연결시킬 수도 있을 것이다"[44]라고 주장한 바 있다. 신라 석불의 조성에

44 文明大, 「慶州博物館 砂巖製 如來立像考」, 『美術史學研究』123 · 124, 한국미술사학회, 1974.12

인도불상과 운강석불의 양식이 영향을 미치고, 신라가 이를 수용한 것으로 보는 입장인데, 선생은 그 근거로 ① 인도와의 직접적인 교류, ② 인도-중앙아시아를 통하여 北方으로 전파된 것, ③ 중국을 매개로 한 것의 세 가지 루트를 추정하며 이중에서 중국을 매개로 한 것에 주목하고 있다.[45] 이러한 관점은 이후 임영애 선생에 의해 감산사석조아미타여래조상이나 경주박물관 소장 사암제불상과 같은 불상은 통일신라시대 조각을 서역문화의 직접 전래보다는 서역화 된 당 문화의 영향을 받아 조성된 것이라는 견해로 제시된 바 있다.[46] 더불어 통일시라시대에 조성된 천불천탑의 연구에서 인도에서 시작된 천불상의 조성이 통일신라시대에 성행하고 있음을 고증한 논고가 있지만, 이를 상호 연결하는 문제에 대해서는 거론하지 못한 한계를 노정한다.[47] 이러한 경향은 비록 중국화 된 서역양식의 전래라는 측면이 강조되고 있지만, 한국미술사의 지평을 넓히고자 했던 노력의 일환으로 여겨진다.

그러나 미술사 연구에서 상호교류라는 측면이 반드시 양식 그 자체에만 국한되어야 하는가 하는 문제제기가 필요하다고 생각한다. 왜냐하면 불상이든 다른 조형이든 간에 실물이 들어오거나 현장을 그린 화폭이나 도면이 들어오는 직접적인 전래만이 문화의 교류에 해당하는 것이 아니기 때문이다. 특정 조형이나 제작에 대한 아이디어나 모티프의 전래 역시 문화 교류의 한 양상임을 상기해야 할 것이다. 이러한 관점에서 신라 팔각원당형 석조부도의 기원을 논했던 김원룡 선생의 견해는 실로 탁견이라 여겨진다.

"8세기쯤 해서 中國式舍利塔의 아이디어가 들어왔고 그것을 받아들일 때 신라의 工匠들이 팔각탑신 밑에 在來式 佛臺座形式을 변화시켜 첨가해서 하나의 韓國式舍利塔을 만들어 냈다고 생각된다. 또 중국식을 따른 山雲文式에 있어서도 龍을 가하고 또 팔각형이라는 기본형을 망각하지 않은 한편 雲龍紋 자체를 自體內에서 변화시켜 마침내 순한국식형식으로 끌어갔다고 할 수 있다"[48].

선생에 따르면 아이디어의 전래만으로도 충분히 독자적인 형태의 양식과 조형이 이룩될 수 있다. 같은 맥락에서, 먼저 울산 태화사지석조부도를 예로 들어 살펴보면, 이 부도는 전체적인 양식에서 일견 간다라의 전형적인 불탑과 인도의 산치탑을 연상케 하는 측면이 있다. 그러나 자세히 보면 복발형의 탑신을 一石으로 조성했으며, 탑신에 개설된 감실과 십이지상의 부조는

---

45 문명대, 앞 논문.
46 임영애, 1996, 「통일신라 불교조각에 나타난 서역양식 시론」, 『미술사학』 8, 한국미술사학연구회.
47 이진호, 2015, 「통일신라시대 천탑 천불상연구」, 『先史와 古代』 44.
48 김원룡, 1963, 「唐朝의 舍利塔」, 『考古美術』 4권 4호, 考古美術同人會.

간다라와 인도의 탑과는 완전히 다른 일면을 보이는 요소임이 파악된다. '복발형 탑신이라는 아이디어 또는 모티프'의 전래가 통일신라의 장인들에 의해 완전히 새로운 양식으로 탄생된 것이다.[49] 또한 분황사 모전석탑 역시 인도불탑의 영향 하에 건립된 것으로[50], 형태면에서는 복발형이 아닌 방형의 형태를 취한 것이다.

이같은 관점에서 보면 장엄조식 즉, 부조상은 앞서 살펴본 간다라와 인도불탑에서 시작되어 실크로드를 거쳐 운강석굴에 정착되고, 다시 唐代석탑에 전승된 것으로 판단된다. 그리고 이같은 양상이 통일신라시대로 전파되었다. 이때 '불탑의 표면에 장엄이 가해질 수 있다는 모티브'의 전래는 통일신라시대 조탑공들에게 새로운 영감의 동력이 되었을 것이라 판단된다. 통일신라시대에 이르러 불탑 특히 석탑은 석가모니의 사리를 봉안한 구조물이라는 순수 신앙적인 축면을 넘어 호국적 이지미가 포함되는 등 건탑의 목적에서 다양성을 지니게 된다. 뿐만 아니라 통일 직후에 성행했던 신인종과 이를 뒷받침했던 금광명경이나 관불삼매해경의 유포와 신앙[51]은 불탑의 표면에 사방불 혹은 사천왕을 비롯한 다양한 제상이 부조될 수 있는 사상적 기반을 마련했다. 이에 중국을 거쳐 전승된 불탑에 직접적인 장엄이 가해질 수 있다는 모티프의 전래는 통일신라시대의 불탑에서 다양한 諸像이 부조될 수 있는 계기를 조성한 것으로 판단된다. 통일신라시대에 불탑에서 이룩된 장엄조식의 체계는 간다라와 인도, 실크로드와 중국의 그것과는 확연한 차이를 보이고 있는데, 각국에 부조된 장엄조식의 특성을 정리해 보면 다음의 표로 집약된다.

〈표 5. 석탑 부조상의 비교〉

지역	부조상의 유형	위치	방법
간다라	불상, 아틀라스	탑신부	별도로 조성해 봉안
인도	불상, 꽃줄	탑신부	탑신에 직접 조각
실크로드	불상	탑신부	별도로 조성해 봉안
운강석굴	불상 및 인물상	탑신 전체	탑신에 직접 조각
당대석탑	용, 비천, 귀면, 신장,	초층탑신	탑신에 직접 조각
통일신라	불상, 보살, 사천왕, 인왕, 문비, 팔부신중, 비천상, 사자, 십이지	기단부 및 초층탑신	탑신에 직접 조각

49 인도의 불탑양식인 복발형의 개념이 당시 무역항이던 開雲浦를 통해 수입되었다는 견해가 제기된 바 있다. 鄭永鎬, 1974, 『新羅石造浮屠研究』, 단국대 박사학위논문, pp.146-147.

50 이희봉, 「신라 분황사 탑의 '模塼石塔 說'에 대한 문제 제기와 고찰」, 『건축역사연구』20; 박경식, 2013, 「분황사 모전석탑의 양식 기원에 대한 고찰」, 『신라문화』41.

51 문명대, 「新羅四方佛의 起源과 神印寺(南山塔谷 磨崖佛)의 四方佛- 新羅四方佛研究 1」, 「한국사연구」18, 한국사연구회, 1977. 조원영, 2006, 「신라 사방불의 형식과 조성 배경」, 『역사와 세계』30, 효원사학회. 金煥大, 2006, 「한국석탑의 장엄 조식」, 『신라사학보』6, 신라사학회.

사진 61. 진전사지삼층석탑 장엄조식

사진 62. 원원사지 동삼층석탑 장엄조식

사진 63. 원원사지 서삼층석탑 장엄조식

사진 64. 화엄사 서오층석탑 장엄조식

위의 표를 보면 통일신라시대 석탑에 부조된 장엄조식은 간다라와 중국의 그것과는 명확한 차별성이 있다. 간다라와 중국에서는 불상이 중심을 이룬 반면, 통일신라에 이르러 나타나는 변화상은

첫째, 장엄된 부조상의 유형이 다양화되었다. 이 다양성은 바로 통일신라의 문화 역량에 근거한 것으로 이해된다. 즉, 간다라로부터 시작된 불탑의 장엄이 운강석굴을 거쳐 통일신라 석탑에 이르러 만개하는 양상이 파악되는데, 이는 단순히 불상을 봉안하거나 부조하는 장엄조식이라는 개념을 통일신라의 장인들이 변형·발전시켰음을 의미한다.[52] (사진 61~64) 다시말해 통일신라시대 불교문화의 자생력이 돋보이는 장면이라 하겠다. 간다라에서 시작된 불탑의 장엄조식은 운강석굴의 부조탑과 唐代에 건립된 석탑에서 그 잔영을 볼 수 있다. 하지만, 운강석

───────────────────────────

52 임영애는 이같은 현상에 대해 "주변문화로 폐쇄된 지역 안에서의 독자성이란 그 이상의 발전을 기대하기 어려운 반면, 적어도 일정한 자생적 지역요소를 갖춘 상태라면 항상 선진적 양식과의 교류를 통해 새로운 문화를 유입함으로써 도리어 선진양식과는 전혀 다른 요소를 더욱 발전시킬 수 있는 것이다."라고 견해를 피력한 바 있다. 임영애, 1996, 앞 논문.

굴에 부조된 다양한 불탑과 실제 북조시대에 건립된 석탑에서는 목조건축의 요소와 불상을 장엄하는데 그치고 있어 간다라 불탑에서와 동일한 양상이다. 당대의 석탑에서도 운강석굴 부조탑의 영향이 보이기는 하지만, 통일신라시대의 불탑에서와 같이 다양한 종류의 像들이 나타나지 않을 뿐만 아니라, 경전과 결합시키지는 못하고 있는 것으로 보인다. 하지만, 신라의 석탑공 내지 조각가들은 불탑을 건립함에 있어 실제 경전에 기록된 바를 그대로 적용하는데 그치지 않고, 이를 기반으로 하여 10여종에 달하는 다양한 부조상을 석탑 표면에 장엄하는 창의성을 발휘했다. 결국 중국의 불탑과는 달리 신라석탑에는 다양한 구조적 특징[53]이 나타나는 것처럼, 장엄조식에 있어서도 신라석탑의 독자성을 확립한 것으로 판단된다. 이같은 양상은 중국에서 목탑이 전탑으로 재료의 변환을 이룩할 때, 신라의 장인들은 석재를 사용해 건립한 석탑이라는 새로운 쟝르를 완성시킨 역사적 사실에 비견된다.

둘째, 부조상이 조식된 위치가 기단부와 초층 탑신에 집중되고 있다. 이러한 특징은 각국이 건립한 불탑의 조성방법에 기인한다. 앞서 살펴본 간다라와 인도의 불탑은 석재를 사용해 건립했지만, 판석형이 아니라 외면만을 가공한 자연석을 활용해 건립했다. 더구나 석재를 방형으로 가공한 것이 아니라 semi-ashlar기법을 적용해 건립한 탓에 석탑의 표면을 보호하기 위해 표면에는 강회를 바를 수밖에 없는 구조적인 취약점을 지니고 있다. 그로인해 간다라의 불탑에서는 방형으로 조성된 경우 탑신에 장엄이 가해진다. 이같은 방법은 실크로드 상의 불탑에서도 일치하고 있지만, 운강석굴과 북조시대의 불탑은 석재로 조성되어 석탑 전면에 걸쳐 장엄조식이 등장하게 된다. 더불어 석탑 전체에 장엄이 베풀어질 수 있는 요인은 규모가 비교적 소형이라는 데 있다. 때문에 석탑의 규모에 걸맞게 장엄 역시 소형으로 부조되었고, 다양성이라는 문제에 있어 소략함을 면치 못하고 있다. 하지만, 신라의 석탑 나아가 전탑을 비롯한 다양한 불탑은 규모에 있어 건축물로서의 위용을 보이고 있을 뿐만 아니라 화강암으로 조성되었다는 특수성이 존재한다. 이에 따라 신라의 조각공들은 장엄조식의 부조에 있어 탱주로 분할된 면과 초층탑신의 규모에 걸맞은 다양한 장엄을 창출하여[54] 당시 유행했던 경전들과 조화를 이루며 신라석탑만의 독특한 장엄체계를 구축한 것으로 이해된다.

셋째, 간다라 불탑의 장엄은 석탑표면에 직접 부조한 것이 아니라 스투코를 이용해 조성한 불상을 부착하는 방법을 택하고 있다. 이같은 양상은 흙벽돌을 이용해 건립한 실크로드상의 불

---

53 박경식, 2015, 「미륵사지석탑의 기술력이 신라석탑에 미친 영향」, 『新羅文化』 45, 2015.

54 신라석탑에 부조된 장엄조식은 탱주로 분할된 면석과도 일치하는 면면을 보인다. 즉, 탱주가 2주로 분할되는 경우 모두 12면이 생성되는데, 이에는 12지를, 탱주가 일주로 분할되는 경우 8면이 형성되는 바, 이에는 8부신중이 부조되고 있다. 뿐만 아니라 초층탑신의 경우에는 우주만 모각되기에 네 면이 형성되고 이에는 사천왕 또는 사방불이 부조되고 있다.

탑에서도 같은 양상을 보이고 있다. 이에 반해 운강석굴의 불탑은 석재로 조성된 탓에 석탑 표면에 직접 부조하고 있어 차별성을 보이는데, 이는 신라 석탑과 동일한 양상을 보인다. 이같은 현상은 건탑 재료의 차이에서 기인한 것으로 판단된다. 간다라와 실크로드상의 불탑은 가공된 소형의 석재나 흙벽돌을 사용하여 건립한 탓에 그 표면에 직접적인 장엄 부조가 불가능하다. 하지만 석재를 사용하는 경우나 석굴의 경우는 직접적인 조각이 가능하다. 이는 아잔타석굴과 운강석굴 및 당대의 불탑이 모두 석재로 조성되었다는 점에서 확인된다. 하지만, 통일신라시대의 석탑은 기단과 초층탑신에 밀집되는 차별성을 보이고 있다. 이는 기단이 상·하 2층으로 조성되었고, 화강암을 사용해 건립했기에 장엄의 위치 선정에 있어 차별성을 보이는 것으로 이해된다.

넷째, 간다라와 인도 그리고 중국의 불탑에 부조된 장엄조식은 불상의 존명이나 배치의 규칙성이 결여되어 있다. 이에 반해 통일신라시대의 불탑은 가장 많은 예를 보이는 사방불과 사천왕을 위시해 팔부신중에 이르기까지 경전에 입각한 상을 조성했기에 대부분 존명이 확인되고 있다. 뿐만 아니라 각종 장엄의 배치에 있어서도 하층기단으로부터 초층탑신에 부조상들의 위계질서가 명확히 지켜진다는 점을 들 수 있다.

이처럼 통일신라시대의 불탑에 부조된 다양한 장엄은 그 기원을 간다라와 인도의 불탑에서 찾을 수 있다. 이후 중국을 경유해 표면에 장엄이 부조될 수 있다는 아이디어 또는 모티프를 수용한 신라의 장인들은 그들만의 독특한 장엄체계를 일궈냈다. 결국, 통일신라시대의 불탑에 구현된 기술적인 특징과 더불어 예술과 신앙체계는 불탑의 장엄조식이 시작된 간다라와 인도, 그리고 이를 직접 계승했던 중국과는 확연히 다른 양상으로 전개되었음을 알 수 있다.

V. 맺음말

불탑에 부조된 장엄조식은 간다라의 불탑에서 시작되었다. 이 지역의 불탑은 가공하지 않은 석재로 구축했고, 이로 인해 발생한 공간에는 소형의 석재로 마감하는 semi-ashlar기법으로 탑신을 조성했다. 때문에 탑신 전체에 스투코 소재의 회를 덧칠해 회벽을 구성했다. 이같은 구조를 볼 때 간다라의 조탑공들이 탑에 대한 공경심으로 무엇인가 공양을 하고자 했다면 그림을 그리는 방법이 가장 적합했을지도 모른다. 하지만, 그들은 자신의 활동지역에서 탄생한 불상을 별도로 조성하여 봉안했다. 단순히 불상을 조성해 봉안한 것이 아니라 불상의 등과 탑신의 벽면을 접합시켰는데, 이것이 불탑 장엄의 시작이라 판단된다. 그리고 인도에서는 아잔타 석굴

363 한국 불탑 부조상의 기원 고찰

19굴 및 26굴의 불탑은 석재로 조성한 탓에 탑신 전면에 불상을 직접 조각했다. 원형의 탑신을 돌아가며 불·보살상을 직접 조각하거나, 전체에 다양한 상을 부조함으로써 불탑장엄조식 양식의 완성을 이루고 있다. 시기적으로 볼 때 간다라의 불탑들이 1-4세기에 건립되고, 아잔타 석굴의 19굴과 26굴이 5세기에 조성되었다는 점이 이를 입증한다. 이처럼 간다라와 인도에서 시작된 불탑의 장엄은 중국으로 전래된다.

실크로드를 구성하는 오아시스로와 천산남로에 존재한 불탑에서도 이러한 간다라와 인도불탑의 직접적인 영향이 확인된다. 라와크사원지에서와 같이 불탑을 둘러싼 담장에 불·보살상이 부조되거나, 카스와 모르유적과 투루판의 교창 및 교하고성의 불탑에서와 같이 전면에 거대한 입상을 조성하거나, 탑신에 불감을 조성하고 불상을 봉안하는 양식이 계승되고 있다. 이처럼 실크로드 상에서 확인되는 불탑의 장엄은 운강석굴에 그대로 적용되고 있다 다만, 불탑이 석재로 조성되거나 석굴 벽면에 부조된 탓에 표면에 직접 조각이 가해지는 변용이 나타날 뿐, 불상을 모티프로 하는 부조상의 유형에는 동질성이 간취된다. 이같은 양상은 唐代에 건립된 석탑에서 좀 더 다양한 양상으로 전개되지만 통일신라불탑에서와 같이 체계적이면서도 신앙과 결합된 데에는 미치지 못한 것으로 보인다.

통일신라시대에 이르러 간다라에서 시작된 불탑의 장엄은 중국의 불탑을 거쳐 마침내 만개되는 양상을 보인다. 비록 통일신라시대의 불교조형물에서 간다라의 그것과 직접적인 연관성을 논할 수 있는 유물이 존재하지는 않지만[55], 불탑에 표면에 장엄이 가해진다는 가다라 및 인도 불교도들의 아이디어는 실크로드와 중국을 통해 통일신라에까지 전해진 것으로 보인다. 더불어 간다라와 실크로드 그리고 운강석굴을 위시한 북조시대에 건립된 불탑은 5세기를 하한으로 하며, 당대 석탑 건립 시기는 8세기이다. 하지만 신라석탑의 부조상은 634년에 분황사 모전석탑에 인왕상이 최초로 등장한 이래 고선사지 삼층석탑의 초층탑신에 문비형이 조각되면서 시작되었다. 이후 8세기에 건립된 장항리사지오층석탑의 초층탑신에 나타나고 이어 9세기에 건립된 석탑에서는 10종이 부조될만큼 활발히 채용되었다. 이처럼 통일신라시대의 장인들은 간다라에서 태동한 아이디어, 즉 '불탑에 다양한 像을 부조함으로써 이를 더욱 숭앙할 수 있다는 아이디어'를 중국을 통해 수용하여 그들만의 예술적인 역량으로 발전시켰다. 결론적으로, 간다라에서 시작된 불탑의 장엄은 통일신라시대에 건립한 불탑에 이르러 사상과 양식적인 면에서 완성을 이룩한 것으로 판단된다.

(2017.01 「한국 불탑 부조상의 기원 고찰」, 『동양학』 67, 단국대학교 동양학연구원)

....

55 임영애, 1996, 위 논문.

【참고문헌】

1. 단행본

金理那, 1989,『韓國古代佛教彫刻史研究』, 一潮閣.

박경식, 2002,『통일신라 석조미술 연구』, 학연문화사.

_____, 2003,『석조미술의 꽃: 석가탑과 다보탑』, 한길아트.

임영애,『서역불교조각사』, 일지사, 1996.

殷光明,『北涼石塔研究』, 覺風佛教藝術文化基金會, 2000.

張馭寰,『中國佛塔史』, 科學出版社, 2006.

SUSAN L.HUNTINGTON, THE ART OF ANCIENT INDIA, WEATHERHILL New York
    · Tokyo, 1993.

2. 논문

姜三慧, 2006,「나말여초 僧塔 塔身 神將像 연구」,『미술사학연구』252, 한국미술사학회.

고정은, 2005,「간다라와 마투라의 불전부조도 교류관계 연구」,『강좌미술사』25, 한국불교
    미술사학회.

金秄優, 2006.「미술사의 작가와 유파: 조각: 탁실라 달라미지카 사원지 간다라 스투코 상의
    연구」,『강좌미술사』26, 한국불교미술사학회.

金煥大, 2006,「한국석탑의 장엄 조식」,『신라사학보』6, 신라사학회.

김영애, 2004,「달마라지카 사원구조와 불상조각」,『강좌미술사』23, 한국미술사연구소.

김원룡, 1963,「唐朝의 舍利塔」,『考古美術』4권 4호, 考古美術同人會.

김정수, 2005,「신라시대 목탑의 장엄조식에 관한 연구」,『건축역사연구』14권 1호. 한국건축
    역사학회.

문명대, 1977,「新羅四方佛의 起源과 神印寺(南山塔谷 磨崖佛)의 四方佛」,『한국사연구』18, 한
    국사연구회.

_____, 1978,「韓國四天王像의 研究 - 韓國塔浮彫像의 研究(2)」,『佛教美術』5, 東國大博物館.

_____, 1979,「韓國塔浮彫(彫刻)像의 研究(1)-新羅仁王像(金剛力士像)考」,『佛教美術』4, 東國
    大博物館.

_____, 2003,「간다라(Gandharh) 불상론(佛像論)」,『강좌미술사』21, 한국불교미술사학회.

_____, 2005,「JaulianⅡ 寺院址 發掘 報告」,『강좌미술사』25, 한국불교미술사학회.

문무왕, 2014, 「신라 불교문화 원형 연구: 실크로드와 경주를 중심으로」, 『강좌미술사』43.

박경식, 2013, 「분황사 모전석탑의 양식 기원에 대한 고찰」, 『신라문화』41, 동국대학교 신라
　　문화연구소.

朴基宪, 2011, 「论云冈石窟所见楼阁式佛塔的起源及演变」, 『石窟寺研究』.

박도화, 2004, 「닥트이바히 사원지 구조와 불상조각」, 『강좌미술사』23.

손신영, 2005, 「간다라 방형기단 불탑의 一考察」, 『강좌미술사』25. 한국불교미술사학회.

신용철, 2014, 「신라석탑 문비조각에 대한 고찰」, 『정신문화연구』37, 한국학중앙연구원

_____, 2003, 「統一新羅 八部衆像의 考察」, 『신라문화제학술발표논문집』24, 동국대신라문화
　　연구소.

심영신, 1997, 「통일신라시대 四天王像 연구」, 『미술사학연구』216, 한국미술사학회,

안병찬, 2005, 「간다라 건축물의 회벽 마감기법에 관한 試考」, 『강좌미술사』24, 한국불교미
　　술사학회.

양은경, 2005, 「Gandhara 불상과 중국 불상의 관계 비교-五胡十六國時代 불상을 중심으
　　로」, 『강좌미술사』25, 한국불교미술사학회.

임영애, 1991, 「古代 中國 佛教幡의 樣式變遷考」, 『미술사학연구』189, 1991.

_____, 1996, 「통일신라 불교조각에 나타난 서역양식 시론」, 『미술사학』8, 한국미술사학연
　　구회.

_____, 1998, 「무장형 사천왕상의 연원 再考 - 간다라 및 서역을 중심으로」, 『강좌미술사』
　　11, 한국불교미술사학회.

_____, 2004, 「간다라(Gandharh)의 金剛力士」, 『中央 아시아 研究』9, 중앙아시아학회.

_____, 2007, 「인도와 간다라의 執金剛神」, 『강좌미술사』29, 한국불교미술사학회.

_____, 2011, 「신라 불탑 탑신(塔身) 부조상의 추이-금강역사상에서 사천왕상으로」, 『先史와
　　古代』35, 한국고대학회.

유근자, 「간다라 梵天勤請 佛傳 圖像의 地域別 比較研究」, 『강좌미술사』25, 한국불교미술사학
　　회, 2005.

李柱亨, 1998, 「간다라 불상의 몇 가지 양식적 유형」, 『미술사학연구』219, 한국미술사학회.

이진호, 2015, 「통일신라시대 천탑 천불상연구」, 『先史와 古代』44, 한국고대학회.

이해주, 2015, 「북제 향당산 석굴 불상대좌 연구(Ⅰ)」, 『東洋學第』60, 檀國大學校東洋學研究院.

_____, 2016, 「국립중앙박물관소장 금동반가사유상 대좌 人像柱 도상의 원류와 상징」, 『신
　　라 문화』47, 동국대학교 신라문화연구소.

이희봉, 2011, 「신라 분황사탑의 '模塼石塔 說'에 대한 문제제기와 고찰」, 『건축역사연구』20.

張忠植, 1982, 「統一新羅石塔 浮彫像의 硏究」, 『考古美術』154·155合輯, 한국미술사학회.

전정중, 2001, 「新羅石塔八部衆像의 樣式과 變遷」, 『문화사학』16, 한국문화사학회.

鄭永鎬, 1969, 「韓國石塔의 特殊樣式考察」上, 『論文集』3, 檀國大學校.

_____, 1970, 「韓國石塔의 特殊樣式考察」下, 『論文集』4, 檀國大學校.

_____, 1974, 『新羅石造浮屠硏究』, 단국대 박사학위논문.

조원영, 1995, 「新羅下代 四天王浮彫像의 조성과 그 배경」, 『역사와 세계』19, 효원사학회.

_____, 2000, 「신라 하대 팔부신중상 연구」, 『역사와 경계』39, 부산경남사학회.

_____, 2006, 「신라 사방불의 형식과 조성 배경」, 『역사와 세계』30, 효원사학회.

秦弘燮, 1983, 「塔婆」, 『國寶』6, 藝耕産業社.

천득염, 김준오, 「인도 쿠샨시대의 스투파 형식」, 『건축역사연구』 제21권 6호, 2012.

황미연, 1996, 「통일신라시대 주악상에 관한 고찰」, 『낭만음악』, 낭만음악사.

宿白, 1994, 「平城实力的集聚和云冈模式的形成与发展」, 『雲岡石窟』, 文物出版社.

王恒, 1991, 「从犍陀罗到雲岡-对云冈石窟雕刻艺术表现中有关片断的讨论」, 『文物季刊』, 第1期.

長廣敏雄, 1984, 「雲岡の中層塔」, 『中國美術論集』, 講談社.

张华, 2003, 「云冈石窟浮雕塔形浅议」, 『文物世界』.

陈晓露, 2010, 「西域回字形佛寺源流考」, 『考古』11期.

解金昌, 1994, 「北魏王朝與雲岡石窟」, 『北朝研究』總第15期, 平城北朝研究會.

艾斯卡尔 외, 2015, 「丝绸之路新疆段佛塔特征研究」, 『學術論文전专刊』.

3. 도록

新疆美術撮影出版社, 1995, 「克孜爾」1, 『中國新疆壁畵全集』.

新疆美術撮影出版社, 1995, 「吐峪溝」, 『中國新疆壁畵全集』.

『The Route of Buddist Art』, 나라국립박물관, 1988.

『Gandhara Art of Pakistn』, NHK, 1984

新羅 9世紀 石塔의 特性에 關한 研究

Ⅰ. 序言

예술은 그 발전단계에 있어 자신의 독립적인 존재의 理法을 의식하여 만들어져가는 단계와 예술이외의 타입장의 충실을 위한 수단으로서 만들어진 단계[1] 로 구분될 수 있다. 이를 불교미술에 대비시켜 볼 때 前者는 사찰건립에 따르는 필연적인 造形物로서의 발건단계로, 후자는 비록 불교造形物이라 할 지라도 원래의 목적 이외에 정치.사회적 요구에 의하여 건립될 수 있음을 의미한다. 따라서 불교미술에 있어 어느 시대, 어느 장소를 막론하고 本意든 他意에 의하던 造形物의 건물에는 반드시 분명한 조형의식과 당연성이 내포되어 있다고 본다.

9세기에 건립된 석탑은 외형적으로 세부적인 양식의 변화, 莊嚴彫飾의 증가, 전국적인 건립 등 당양한 변화를 보이고 있는 바, 이 역시 반드시 조식되고 변화되어야 할 내적인 요인이 잠재되어 있다고 믿어진다. 이와 같은 관점에서 필자는 9세기에 건립된 석탑중 69기를 추출하여 양식적인 특징을 고찰한 바 있다.[2] 본고에서는 拙稿에서 규명된 諸樣式의 특징을 토대로 9세기 건립된 석탑의 내면적 특성을 신라하대의 정치, 사회등의 제요소 가운데서 규명하고 한다.

1　高裕燮,「佛教美術에 대하여」,『韓國美術史及美學論考』通文館, 1963, p.15.
2　朴慶植,「新羅9世紀 石塔의 樣式에 關한 研究」,『考古美術』173호, 韓國美術史學會, 1987, pp.16-44.

II. 時代的 背景

신라하대는 三國史記의 시대구분에 의하면 37대 宣德王(780-784)부터 56대 敬順王(927-935)때 까지를 지칭하는데,[3] 주지 하다시피 수많은 귀족들이 서로 죽이고 죽던 혼란의 시대였으며 이러한 정치적 혼란을 틈타 중앙귀족세력을 위협했던 地方豪族세력의 팽창시기였다. 통일 이후 中代왕권에 의한 정치.문화의 절정기는 景德王을 고비로 중대의 마지막 왕인 惠恭王(765-780)에 이르러 혼란이 시작되었다.[4] 惠恭王代의 정치적 혼란은 惠恭王4年(758)에 일어난 大恭의 亂[5]으로부터 비롯되었다. 이 亂은 전국에 걸쳐 96角干의 대립분쟁으로 확대되어 3개월동안 계속되었으며, 同王 16年에(780)伊찬 金志貞의 반란이 일어난 惠恭王은 이런 와중에서 피살되고 이 난을 진압한 上大等 金良相이 왕위에 즉위하여 宣德王이 되었다.[6]

宣德王은 奈物王의 10世孫이라 하였으니[7] 이로써 武烈王 直系의 中代王室은 단절되고 말았다. 실질적인 하대의 첫왕인 宣德王이 재위 6년만에 金敬信이 즉위하여 元聖王이 된 이후 왕위는 모두 元聖王系에서 계승하였다. 이러한 왕위쟁탈전과 더불어 왕권중심의 중앙집권 체제에 대한 반발로 성립된 하대는 왕권의 약화와 귀족세력의 강화로 특징지을 수 있는 바, 中代 전제왕권을 뒷받침했던 집사부 중시의 권한이 약화되고 上大等의 권한이 강화되었는데, 上大等은 귀족회의의 主宰者로서 정치의 실권을 장악하게 된 것으로 보인다.[8]

이러한 상황 아래서 왕권의 권위 확립과 중앙집권체제를 재확립하기 위한 元聖王으로부터 興德王代에 걸친 정치개혁[9]에도 불구하고 각지에서 중앙정부에 도전하는 반란이 빈번하게 일어났다. 이중 憲德王14년에 일어난 熊川州都督 金憲昌의 亂은 그의 父 金周元이 王이 되지 못

---

3 『三國史記』卷 12, 新羅本紀「敬順王」條에 "…國人, 自始祖至此分爲三代, 自初至眞德二十八王, 謂之上代, 自武烈至惠恭八王, 謂之中代, 自善德至敬順二十王, 謂之下代云"이라 기록되어 있어 下代는 37대 宣德王부터 시작되고 있음을 알 수 있으나 또 三國遺事에는 太宗武烈王 이후를 下古를 보고 있으나 (『三國遺事』「王曆」제1) 本考의 敍述은 三國史記의 시대구분을 따르기로 한다.

4 李基白,「惠恭王代의 政治的 變革」『新羅政治社會研究』一朝閣, 1981, p.229.

5 이 亂에 대하여 삼국사기에는 惠恭王四年條에 "…一吉찬大恭여제하찬대겸판, 집중위왕궁삽십삼일, 왕군평촌평지, 주구족…"이라 기록되어 있으며 삼국유사에는 혜공왕조에 "…칠월삼일, 대공각간적기, 왕도내오도주군병구십육각상전대란, 대공각간가망, 윤기가자보면우왕궁…"이라 기록되어 있는 바, 이 난에 대하여는 이기백선생의 상세한 고찰이 있다. 이기백, 전게서, pp.230-232.

6 『三國史記』卷 9, 新羅本記「惠恭王」16年條.

7 李基東「新羅奈物王系의 血緣意識」,『新羅骨品制社會와 花郎徒』一朝閣, 1984, p.88.

8 李基白,「上大等考」,『新羅政治社會研究』, 1981, p.128.

9 崔炳憲,「新羅下代의 動搖」,『韓國史』3, 國史編纂委員會, 1981, pp.437-460. 金東洙,「新羅興德王代의 政治改革-특히 興德王九年에 頒布된 諸規定의 背景에 대하여-」,『韓國史研究』39, 韓國史學會, 1982, pp.27-52.

하고 奈物王系인 元聖王이 즉위한 것에 복수하고자 일어난 반란으로 국호를 長安, 年號를 慶雲이라 하여 그 세력이 한때 忠淸, 全羅, 慶尙道 지방에까지 떨쳤으나,[10] 결국 慶州의 貴族聯合勢라 하여 그 세력에 의하여 패했으며, 그뒤 그의 아들 梵文이 다시 韓山에 入都하려다 역시 실패하였다.[11]

왕위쟁탈전은 興德王이 죽은 후 더욱 치열해졌다. 흥덕왕은 아들이 없는데다 후계자를 정하지 않고 사망하여 그의 從弟인 均貞과 조카 悌隆이 치열한 대결을 벌인 끝에 悌隆이 즉위하여 僖康王이 되었으나(836), 僖康王 역시 上大等 金明의 반란으로 재위 2년만에 죽임을 당하고 閔哀王이 즉위하였다(838). 이때 淸海鎭의 張保皐에 의거하고 있었던 均貞의 아들 祐徵이 張保皐의 원조를 받아 閔哀王을 죽이고 왕위에 올라 神武王이 되었다(839).[12]

그러나 반대세력과의 실력대결을 통해 왕위에 오른 왕은 그들 추종집단의 대표자일뿐 절대적인 지위를 지닌 통치자가 될 수는 없었다. 하대에 이르러 왕권의 하락과 더불어 왕위는 血統에 의해서가 아니라 실력으로 결정되었으며 中央執權的 律令體制는 허물어져 무력해진 왕권은 중앙귀족들 뿐만 아니라 지방의 豪族세력에 대하여도 통제력을 상실하고 되었다. 이에 따라 신라末에 이르러 중앙의 六頭品계열과 地方豪族의 대두에 의하여 중대왕실의 견고했던 골품제도가 와해되기 시작했다. 신라를 규제하고 있던 기본체제는 골품제라는 일종의 신분제였으며 이는 혈통에 의하여 모든 사회적 지위와 생활이 결정되는 제도였다. 이러한 체제는 왕권과 사회의 안정을 기본조건으로 이루어졌으며 신라중대까지는 유지시킬수가 있었으나, 신라통일기로부터 서서히 해체되기 시작하여[13] 하대에 이르러는 왕권을 잡고있는 眞骨과 六頭品만이 비교적 지위를 유지하고 있었다. 이중 六頭品은 신분적인 제약으로 말미암아 기껏해야 執事部의 侍郎이나 官.部의 卿 등 次官職에 임명되었으며,[14] 瑞書院과 崇文臺등의 文翰기구에 참여하여 國王의 近侍的인 역할을 하기도 하였다.[15] 그러나 眞骨체제 하에서 六頭品의 활동은 늘 제약을 받았으며 특히 당에서 실시하는 능력본위의 인재등용과 유교적 정치이념을 체험한 六頭品출신들에게 특히 문호를 개방한 것이 아니고 주로 天文, 技術등의 雜職에 이용하였고 외교사절이나 말단의 外職에 임명함으로써 미미한 사회참여의 길만을 허용했을 뿐이다. 때문에 정치적, 신분적 불

---

10 『三國史記』卷 10, 新羅本記, 「憲德王」14年條.

11 『三國史記』同王 17年條.

12 『三國史記』卷 10, 新羅本記「興德王, 僖康王, 閔哀王, 神武王」條 참조.

13 13) 新羅의 身分制였던 骨品制는 통일기에 이미 聖骨이 없어 졌으며 그후 1, 2, 3두품이 사라졌고 통일후에는 四頭品 역시 평민과 같은 지위로 전락했다.

14 邊太燮, 「新羅官等의 性格」, 『歷史教育』1, 歷史教育研究會, 1956, p.65. 李基白, 前揭書, p.38

15 李基東, 「羅末麗初의 近侍機構와 文翰機構의 확장-中世的 側近政治의 志向-」, 『新羅骨品制社會와 花郎徒』, 一潮閣, 1984, pp.247-267.

만에 예민했던 이들은 현실 사회에 비판적인 경향을 띠게 되었으며 그들의 학문과 지식을 통해 신라사회의 모순을 자각한 집단으로 화해갔던 것이다.[16] 이중 眞骨에서 六頭品으로 떨어진 金庾信系의 반발은[17] 중앙의 집권층에게 그들의 요구를 관철시킨 무시할 수 없는 도전 이었다.

그러나 六頭品 역시 眞骨체제하에서 지배층의 일부였기 때문에 이들의 골품제도에 대한 반발은 소극적일 수밖에 없었다.

따라서 신라의 기존질서에 정면으로 도전한 세력은 地方豪族이었으며 이로인해 신라의 眞骨체제는 와해되지 않을 수 없는 운명에 놓이게 되었다.하대에 이르러 중앙의 정치혼란과 六頭品 세력의 배제는 상대적으로 왕권의 약화와 眞骨제도를 붕괴시켰으며 다른 한편으로는 地方豪族 세력의 성장을 촉진 하였다.

地方豪族은 眞骨이나 六頭品의 중앙귀족들이 지방으로 내려가 토착화한 경우와 토착적인 지방세력으로 大別된다.토착적인 지방세력이란전부터 지방의 村主로 촌락민을 통제하였던 유력자들 가운데 중앙정부의 집권력이 미치지 못하자 점차 자립하여 세력을 확장시켜 나간 지방세력을 말한다.[18]

신라중대의 지방세력으로 또 하나의 중요한 존재는 淸海鎭, 浿江鎭으로 대표되는 軍鎭세력이었다. 軍鎭은 원래 邊方의 수비와 해적의 소탕을 위해 설치된 군사진영이었으나 중앙집권력이 약화된 하대에 와서는 왕권에 위협을 가할 정도로 그 세력이 확대되고 있었다. 특히 淸海鎭은 張保皐가 당으로부터 돌아와 해적을 소탕할 목적으로 흥덕왕3년(828)에 남서해안의 요충지인 完島에 설치한 軍鎭으로, 半 私兵化한 萬餘軍을 거느리고[19] 당의 해적을 소탕하는 한편 당과 일본에 무역하여 海上의 왕자가 되었다. 그러나 張保皐는 이러한 세력을 바탕으로 중앙정치에 참여하여 神武王이 즉위하는데 공헌하였지만[20] 文聖王때에는 그 딸을 왕비로 들이려는 문제를 계기로 해서 중앙귀족들에게 암살당하고[21] 이어서 淸海鎭도 폐지되고 말았다.[22]

浿江鎭은 선덕왕 4년에 예성강 이북지역에 대한 북방정책의 중심지로 설치되었으나[23]

16 申瀅植,『韓國古代史의 新研究』, 一朝閣, 1984, p.460.
17 李基白, 前揭書, pp.247-252
18 金周城,「新羅下代의 地方官司와 村主」,『韓國史研究』41, 韓國史學會, 1983, pp.68-71.
19 『三國史記』卷 10 新羅本紀,「興德王」3年條.
20 『三國史記』卷10, 新羅本紀,「閔哀王」元年 3月條.
21 『三國史記』권 11, 新羅本紀,「文聖王」8年條.
22 『三國史記』권 11, 新羅本紀,「文聖王」13年條. "春二月 罷淸海鎭 徒其人於碧骨郡…"
23 宣德王때에 浿江鎭을 중시했음은 삼국사기의 기록을 보아도 알 수 있다.「宣德王」二年條 "…秋七月 發使 安撫浿江南州郡…", 同王三年條 "…二月 王巡幸漢山州移民戶於浿江鎭…", 同王四年條 "…春五月 以阿찬體信 爲大谷鎭軍主…"

浿江鎭과 각지에 분산되어 배치되었던 그 산하부대들의 屯田兵的인 성격은 독자적인 軍閥세력의 성립을 가능하게 하였다. 그리하여 순수한 軍團적인 성격을 가진 심정이나 오주서와 같은 지방의 駐屯軍은 신라국가의 붕괴와 아울러 그 운명을 같이하지 않을 수 없었으나, 浿江鎭은 신라국가의 붕괴와는 반대로 더욱 독립된 군벌세력으로 성장하고 있었던 것이다.[24]

하대에서의 지방세력의 대두는 중앙정부의 지방에 대한 지배력을 약하게 하였을 뿐만 아니라 스스로 城主 또는 將軍이라 칭하며 군사력을 가지고 그 지방의 행정을 장악하고 있었으며[25] 광대한 농장과 막대한 수의 私兵을 거느리고 조직을 극대화시켜 중앙정부에 대항하는 세력을 형성할 수 있었다.

9세기중기의 文聖王이후부터는 왕권찬탈을 위한 정치적 혼란은 소강상태였으나 眞聖女王에 이르러 거듭된 失政과 귀족들의 소비성향이 늘어나 국가의 재정이 압박을 받자 재원조달을 위하여 지방조세를 독촉하게 되었다. 이에따라 흉년, 전염병에 시달린 농민과 地方豪族들의 반란은 당연한 귀결이었다. 첫 봉기는 899년에 일어난 尙州의 元宗과 哀奴였으며 한때 이들의 세력은 상당히 강하여 정부의 토벌군도 이를 평정할 엄두조차 내지못할 정도였다.[26] 그후 北原의 梁吉, 完山州의 甄萱등의 반란이 연이어 일어났으며[27] 國西에서는 赤예賊이라 하는 농민군의 반란이 잇달아 일어났다.[28] 이들은 각지에서 일어난 大小의 반란의 이용하여 세력을 확장하였으며 이중 甄萱과 弓裔는 각기 독립된 정부를 수립하여 후삼국을 탄생시켰다.

이와 같은 地方豪族의 등장 및 정권을 형성한 甄萱, 弓裔 및 王建에게의 투항과[29] 각지에서의

---

24 崔炳憲, 前揭書, p.480.
25 尹熙勉, 「新羅下代의 城主 將軍-眞寶城主 洪術과 載岩城將軍 善弼을 중심으로-」, 『韓國史研究』39, 韓國史學會, 1982, pp.53-71.
26 『三國史記』卷 11, 新羅本記「眞聖女王」三年條
27 同王 五, 六年條
28 同王 十年條
29 신라하대에 甄萱, 弓裔 및 王建에게 투항한 지방호족을 삼국사기에서 摘記하면 다음과 같다.
　　孝恭王四年…國原 菁州 槐壤賊師淸吉幸萱等 擧城投於弓裔…
　　景明王二年…秋七月 尙州賊師阿玆蓋遣使 降於太祖…
　　同王四年…二月 康州將軍開雄 降於太祖…
　　同王六年… 春正月 下枝城將軍元達 溟州將軍順式 降於太祖…
　　同王七年 秋七月 命旨城將軍城達 京山府將軍良文等 降於太祖…
　　景哀王二年 冬十月 高鬱府將軍能文 投於太祖…
　　同王四年…夏四月 康州所管突山等四鄕 歸於太祖.
　　敬順王二年…夏五月 康州將軍遣文 降於甄萱…
　　同王三年…秋七月…順州將軍元達 降於太祖…
　　同王四年 春正月 載岩城將軍善弼 降於高麗 太祖厚禮待之 稱爲尙父…秋九月 國東沿
　　海州郡部落 盡降於太祖.

반란은 중앙정부의 무능을 규탄하고 신라의 族的 기반인 골품제를 와해시키기에 이르러 신라는 고려의 王建에게 敬順王 9년(935)에 歸附함으로서 역사상에서 막을 내리게 되었다.

이와같은 정치적 혼란과 아울러 하대의 기록에 속하는 三國史記 卷 10-12의 내용중 천재지변의 기사는 8세기의 138건에 이어 102건의 두번째로 많은 기록을 남기고 있는 바[30]

많은 수의 천재지변 記事는 각기 그 정치적 사실과 연계된 의미를 내포하고 있다. 즉 彗星은 사건에 대한 예고로, 일식은 失政을 한 왕이나 통치자에게 주는 엄중한 하늘의 경고였고 하늘의 벌을 예견하는 징후로, 지진은 전쟁과 사망의 前兆였으며 동시에 그것은 그에 대한 하늘의 경고로서[31] 대부분의 천재지변의 記事는 혼란했던 하대의 사회상을 잘 대변해 주는 것으로 보인다.

이러한 정치적, 사회적인 혼란의 와중에서도 중앙정부의 꾸준한 佛寺를 볼 수 있다. 이는 계속되는 왕위쟁탈전과 각지에서의 반란으로 인하여 중앙귀족은 물론 평민에 이르기까지 겪고 있는 현실의 고통으로부터 탈피하기 위하여 적극적으로 불교에 歸依 한 결과로 보인다. 현실이 어려울수록 그 도피처로서 종교를 찾고 이에 의지하는 것을 예나 지금이나 동일한 현상으로 생각한다.

三國史記에 나타난 하대의 기록중 佛寺에 관한 내용은 12건인 바 이를 시대순을 摘記하면 다음과 같다.

元聖王 10年(794) 秋七月 始創奉恩寺

哀莊王 三年(802) 八月 創加耶山海印寺

哀莊王 七年(806) 春三月 …… 下教 禁新創佛寺 唯許修葺 又禁以錦繡佛寺 金銀爲器用

宣令所司 普告施行……

興德王 五年(830) 夏四月 王佛豫祀禾 仍許度僧 一百五十人.

景文王 四年(864) 王幸感恩寺望海.

景文王 六年(866) 十五日 幸皇龍寺看燈 仍賜燕百寮……

景文王 十一年(871) 春正月 王命有司 改造皇龍寺塔……

景文王 十三年(873) 春九月 皇龍寺塔成 九層高二十二丈.

憲康王 二年(876) 春二月 皇龍寺齊僧 設百高座 講經 王親幸聽之.

同王八年 秋九月 老人星見 運州界三十節軍縣 降於太祖.
이와같이 많은수의 지방호족이 甄萱, 弓裔, 王建에게 투항했다는 사실은 이미 중앙정부의 지방에 대한 통제력이 상실되고 地方豪族 나름대로의 자치권 및 결정권이 있었음을 의미한다. 이러한 현상은 통일신라가 더이상 지탱하지 못하고 王建에게 투항하는 결과를 초래했다고 볼 수 있다.

30 申瀅植,『三國史記研究』, 一朝閣, 1981, p.77 표 23참조.
31 申瀅植, 前揭書, pp 192-205,「天災地變記事의 政治的 意味」참조.

憲康王 十二年(886) ……夏六月 王佛豫 救國內嶽人 又於皇龍寺 設百高座 講經.

眞聖王 四年(890) 春正月 日부五重 十五日 幸皇龍寺看燈.

이상의 기록에서 우리는 정치, 사회적 혼란의 와중에서도 불교에 대한 관심은 여전하였음을 볼 수 있다. 이렇듯 중앙정부의 奉恩寺, 海印寺의 창건과 더불어 皇龍寺塔을 개수하고 또 많은 百高講座를 개설하여 왕이 직접 경청했음은 당시의 혼란의 불교를 통해 해결하고자 하는 왕실내지는 중앙귀족의 의지가 표출된 결과로 보인다. 이러한 현상은 8세기의 지방경영에 대응하는 사실로서 海印寺의 경제력과 皇龍寺의 佛力利用을 신라의 마지막 支柱로 삼았던 것이다.[32] 따라서 중앙정부의 불교에의 귀의는 중앙귀족은 물론 地方豪族 및 자연재해에 대하여 고통을 받는 평민층에게도 파급되었을 것이며 이러한 동향은 이미 흐트러진 민심을 수습하기 위한 중앙정부의 정책적인 차원에서 수행되었으리라 사료된다. 이와 같은 佛寺기록 이외에도 三國史記 권 11-12의 기록을 볼 때 일반평민의 참담한 생활을 볼 수 있는 바, 이를 摘記하면 다음과 같다.

元聖王 二年(786) 秋七月 旱, 九月 王都民饑 出栗三萬三千二百四十石 以賑給之 冬十

月 又出栗三萬三千石 以給之.

元聖王 五年(789) 春正月甲辰朔 日有食之 漢山住民饑 出栗以주之.

元聖王 六年(790) 五月 出栗賑漢山 熊川二州饑民.

元聖王 十二年(796) 春 京都飢疫 王發倉름賑恤之.

憲德王 七年(815) 秋八月己亥朔 日有食之 西邊州郡大飢 盜賊蜂起 出軍討平之.

憲德王 八年(816) ……年荒民飢 抵浙東求食者一百七十人.

憲德王 九年(817) ……冬十月 人多飢死 敎州郡發創穀存恤……

憲德王 十三年(821) ……春 民飢 賣子孫自活.

興德王 三年(828)……漢山州瓢川縣妖人 自言有速富之術 衆人頗惑之 王聞之曰 執在道

以惑者刑之 先王之法也 投界其人遠島……

興德王 七年(832) ……八月 飢荒 盜賊遍起, 冬十月 王命使安撫之.

興德王 八年(833) 春 國內大飢 ……冬十月 桃李再華 民多疫死……

文聖王 二年(840) ……冬饑.

憲安王 三年(859) 春 穀貴 人饑 王遣使賑救.

景文王 十三年(873) 春 民饑且疫 王發使賑救……

이상의 기록을 볼 때 일반인들의 생활이 얼마나 어려웠던가를 알 수 있으며 이러한 가운데

32 申瀅植, 前揭書, p.70.

草賊이라는 이름없는 농민의 반란이 끊임없이 일어났으며, 興德王 三年에 速富之術이 백성들의 믿음을 얻어 국가로부터 벌을 받았다는 기록은 당시 일반인의 생활상을 잘 반영한 기사로 보인다. 기근때마다 국가에서는 곡식를 풀어 이들을 구휼하였지만 이는 근본적인 대책이 될 수 없었다. 따라서 국가로서는 중앙귀족 자체가 안고 있는 모순을 불교를 통해 극복하려 했듯이 평민들 역시 그들의 현실적인 고통을 불교를 통해 해결하려 했을 것이다. 이 결과 신라하대의 평민들 역시 그들의 현실적인 고통을 불교를 통해 해결하려 했을 것이다. 이 결과 신라하대의 寺剎이 수도인 경주를 떠나 전국으로 확산되었으며 이에따라 석탑을 비롯한 많은 수의 불교조형물이 지방으로 확산되었다.

하대에 이르러 불교의 지방확산에는 새로 등장한 선종의 영향도 무시할 수 없다. 禪宗九山派의 창시자들이 모두 非眞骨的인 六頭品이하의 신분이었으며 사회적 기반이 왕실이나 중앙귀족이 아닌 지방세력이었던 것은[33] 당시의 불교조형물의 성립에 있어서 또다른 일면을 보여주고 있다. 즉 중앙정부로부터 유리된 六頭品들의 현실도피처 내지는 견고히 하는 도구로서, 흐트러진 민심을 수습하는데 선종이라는 신흥불교와 함께 이용하였다고 볼 수 있다. 이러한 상황 아래서 각지에 많은 사찰이 건립되었으며 탑, 불상등 사찰건립에 필수적으로 따르는 造形物도 동시에 건립되었다. 따라서 9세기에 건립된 수많은 석탑은 中央貴族 및 地方豪族들의 불교에 대한 자기 탈피적인 몰입과 더불어 天災와 飢饉에 시달리는 일반평민의 생활가운데서 파악될 때 새로운 생명력을 부여할 수 있다고 믿는다.

Ⅲ. 9世紀 石塔의 特性

9세기에 이르러 신라의 석탑은 점차 지방으로 퍼지게 된다. 그리하여 양식상으로는 큰 차이를 보이지 않으나 규모는 작아지고 섬약한 조법이 두드러지고 한편 基壇이나 塔身에 神將 등 조각장식이 많아져[34] 건축적인 웅대한 것으로부터 점차 공예적, 장식적인 것으로 되어간다[35]는 것이 현재까지의 정설이다. 그러나 9세기석탑이 규모가 축소되고 장식적인 면이 강화된다 하더라도 반드시 공예적이거나 사찰의 장식물이 아니라 오히려 석탑발생 초기와 마찬가지로 불상과 동등한 위치에서 건립되었으며, 따라서 신도들에게는 변함없이 신앙대상으로서의 지위를

33 崔炳憲,「新羅下臺 禪宗九山派의 成立」,『韓國史研究』7, 韓國史學會, 1972, p.109.
34 黃壽永,「新羅의 典型石塔」,『考古美術』158.159 合輯, 韓國美術史學會, 1983, p.7.
35 高裕燮,「朝鮮塔婆의 樣式變遷」,『東方學誌』2, 延世大東方學研究所, 1955, p.204.

차지하였다고 생각된다.

이와 같은 관점에서 볼 때 9세기에 이르러 나타난 석탑의 세부적인 양식의 변화는 외형적 즉 시각적인 변화일 뿐 석탑의 본질 자체에는 전혀 변화가 없었다고 믿는다. 따라서 이를 신라하대의 사회상과 결부시켜 9세기석탑의 내면적 특성을 유추하고자 한다.

9세기 석탑의 특징으로는

1. 願塔의 건립이 유행하고 있다.

탑은 원래 석가모니의 舍利를 봉안하기 위하여 사찰의 건립과 함께 필수적인 요소로 등장하여 불신도의 신앙물로서 중요한 비중을 차지하고 있었다. 그러나 9세기에 이르러 佛陀의 신성한 기념물이요 신앙의 대상인 탑이 국가의 안녕과 개인의 소원성취를 위하여 건립되게 되어 탑 자체가 지니는 종교적인 숭배물로부터 변환기를 맞이하게 된다. 석탑은 여러 요인에 의하여 건립되게 되는데 又玄先生은 이를 첫째, 가람배치의 규약상 필수적으로 건립된 것, 둘째, 佛體와 동등가치의 것으로 취급되어 結緣追福을 위하여 일반승려의 손으로 인하여 건립된 것, 셋째, 고덕을 표양하기 위하여 묘표와 같은 것이 그것이다[36]라고 분류하고 있다. 이를 토대로 할 때 하대에 있어서의 願塔은 佛體와 동등한 가치로 인정되어 國王, 中央貴族, 地方豪族등에 의하여 건립되었음을 알 수 있다.

9세기에 건립된 願塔은 法光寺址三層石塔(828年)을 선두로 慶州昌林寺址三層石塔(855年), 桐華寺毘盧庵三層石塔(863年), 鐵原到彼岸寺三層石塔(867年), 奉化鷲棲寺三層石塔(867年), 長興寶林寺南.北三層石塔(870年)등이 전국에 걸쳐 건립되었다. 이들 願塔은 대체로 銘文을 지니고 있어 절대연대 및 건립원인을 알 수 있는 바, 昌林寺址, 毘盧庵, 寶林寺三層石塔 국왕의 願塔으로 法光寺址三層石塔은 王族, 鷲棲寺三層石塔은 中央貴族, 到彼岸寺三層石塔은 地方豪族에 의하여 각기 건립되었음을 알 수 있다.[37]」

9세기에 이르러 도처에 願塔이 건립됨은 건립자의 특정목적에 의한 建塔이었지만, 내면으로는 왕족, 중앙귀족은 물론 지방호족에 이르기까지 탑에 佛과 同等의 의미를 부여하여 현실로부터의 구원을 석탑에 기원한 결과로 보인다.

이에따라 信者던 非信者던 어수선한 정국으로부터 자신들의 신변보호 및 질병, 기아로부터의 구원을 佛과 동격인 석탑을 통해 기원했을 것으로 보인다. 이와같은 상황은 9세기석탑이 장식

---

36 高裕燮, 『韓國美術史及美學論考』, 通文館, 1963, p.110.
37 金禧庚, 「韓國建塔因緣의 變遷-願塔을 중심으로-」, 『考古美術158 · 159합집, 한국미술사학회, 1972, pp.8-9.

물, 공예적인 것이 아니라 절대적인 신앙물로서 중요시 되었으며 아울러 석탑의 전국적인 확산에 큰 영향을 주었다고 믿는다.

2. 基壇 및 塔身部에서 양식적인 변화가 일어나고 있다.

우선 기단부에서의 변화를 살펴보면 佛座形式의 팔각형 기단이 나타나고 있다. 865년에 건립된 鐵原 到彼岸寺 三層石塔은 基壇이 上臺.中臺.下臺石을 갖춘 팔각형인 바 탑신부은 전형양식의 方形을 유지하면서 기단부만을 팔각으로 만들고 蓮華를 조식함은 탑신부에 안치는 佛舍利를 의식한 결과로 보여진다[38] 이와같은 舍利에 대한 숭앙은 8세기에 雙塔과 法身舍利의 출현으로 인하여 예배대상으로서 탑의 지위가 하락함을 보이나 9세기에 이르러 석탑발생 초기의 舍利=佛이라는 개념으로의 일대 변화를 의미하여 이는 佛=塔의 초기 개념으로 환원시킬수 있다고 생각한다. 따라서 9세기에 이르러 八角佛座形 石塔의 출현은 탑의 지위가 佛體와 동등의 가치로 인정되고 있음을 강력히 시사해 주고있는 것으로 사료된다.

八角佛座形 기단은 8세기에 조성된 石窟庵三層石塔에서 이미 나타나고 있다. 이 석탑은 上.下臺石만이 팔각이며 甲石은 圓形인 관계로 완전한 佛座形의 기단으로 볼 수 없지만 석탑에서 八角佛座形 기단의 원시양식으로 볼 수 있다고 생각한다. 이와같이 9세기에 정립된 팔각형 기단은 고려시대에 이르러 月精寺八角九層石塔, 光法寺八角五層石塔, 栗里寺八角五層石塔, 永明寺八角五層石塔에서 양식적으로 정착되어 조선시대의 水鐘寺八角五層石塔, 妙寂寺八角多層石塔[39]에 이르기까지 전시대에 걸쳐 나타나고 있다.

기단에서 또 하나의 변화는 단층기단의 출현으로 이제까지의 通式인 상.하 2층기단을 깨고 9세기후기에 이르러 등장하고 있다.[40] 단층기단을 지닌 석탑은 당시로는 특수한 일례에 속하지만 고려시대에 이르러서는 절대다수의 석탑이 단층기단을 이루고 있어 후대의 양식이 출현하고 있으며 이는 佛座形형식과도 연관이 있지 않을까 생각된다.[41]

이와같이 기단부에 있어서의 변화는 석탑의 중심부가 기단으로부터 탑신으로 옮아가고 있는

---

38 秦弘燮,「統一新羅時代 特殊樣式의 石塔」,『考古美術』158.159 합집, 한국미술사학회, 1983, p.20.
　　八角形基壇은 석탑뿐 아니라 석탑, 부도, 불좌등 타유물에서도 보이고 있는바, 모두 상.하대석에 연화문이 조식되어 있다. 이와같은 현상은 석탑과 같은 연유에서 기인한 것으로 보인다. 즉, 석등은 主空間인 火舍石을, 부도는 사리가 봉안되 탑신석을, 불좌는 바로 위에 안치된 불상을 崇仰하기 위한 등장으로 생각된다. 따라서 팔각형기단은 각각 상부에 안치된 주체는 다르지만, 세부양식의 차이에도 불구하고 주체부를 숭앙한다는 공통점을 갖고 있는 것으로 생각된다.
39 鄭永鎬,「朝鮮時代石塔의 研究試論」,「韓國佛敎美術史論」, 民族社, 1987, pp.289-310.
40 朴慶植, 前揭論文, p.28.
41 秦弘燮, 前揭論文, p.23.

것을 나타내 주는 것으로 이는 후술할 탑신에서의 변화와 밀접한 관련이 있다고 믿어진다. 이상과 같은 기단부의 변화와 아울러 初層塔身에 1매의 별석받침이 삽입되고 있다. 중대는 물론 하대에 이르기까지 탑신받침으로는 각형2단의 괴임대가 통례이지만 9세기후기에 들어와서 별석받침이 삽입됨은 欄干의 변형형태로서 난간을 설치하는 것과 같은 의도에서 삽입한 것으로서[42] 탑신이란 것은 더욱 기단위에 실린 장식적인 것의 의미를 갖게된 것으로 보고있다.[43] 그러나 별석받침의 출현은 전술한 바와 같이 탑의 주체가 기단으로부터 탑신으로 이행됨과 동시에 9세기의 석탑이 결코 공예적이거나 장식물로서의 전락이 아님을 보여주는 중요한 요소로 보여진다.

9세기석탑중 初層塔身에 별석받침이 삽입된 예는 847년 작으로 추정되는 聖住寺址石塔에서 볼수 있다.[44] 아울러 法光寺址三層石塔(828), 桐華寺毘盧庵三層石塔(863), 到彼岸寺三層石塔(865)에서는 비록 初層塔身받침이 별석은 아니지만 전체적으로 3단으로 구성된 별석받침의 형태를 이루고 있어 별석받침의 先行양식을 보여주고 있다. 또 鷲棲寺三層石塔(867)에서는 初層塔身받침이 角弧角形의 3단으로 구성되어 있어 별석받침으로의 이행단계로 생각드는데 聖住寺址에 건립된 4기의 석탑은 角弧角形의 3단받침위에 별석받침이 놓이고 있어 주목된다.

따라서 初層塔身에서의 변화는 9세기전기에 판석을 初層塔身의 받침으로 사용하기 시작하여[45] 중기에 들어와 별석받침 형태와 角弧角形의 형식으로부터 정형화된 별석받침이 初層塔身받침으로 등장하고 있다.

初層塔身받침의 변화는 9세기에 이르러 건립된 석탑의 절대다수가 初層塔身에 舍利를 안치하고 있으며[46] 初層塔身이 유난히 고대해지고[47] 특히 별석받침이 정형화된 聖住寺址의 석탑 4

---

42 杉山信三, 『朝鮮の石塔』, 彰國社, 1944, p.40.

43 高裕燮, 「朝鮮塔婆의 樣式變遷」, 『東方學誌』2, 延世大東方學研究所, 1955, p.206.

44 朴慶植, 前揭論文, p.27.

45 9C전기의 석탑중 초층탑신 받침으로 1매의 판석이 사용된 예는 慶州南山里東三層石塔, 西岳里三層石塔, 定慧寺址十三層石塔에서 볼 수 있다.

46 金禧庚선생의 조사에 의하면 신라석탑중 舍利臟置가 밝혀진 석탑은 32기에 달하고 있는데 이중 초층탑신에서 8기가 조사되었으며, 舍利孔이 밝혀진 65기의 석탑중 32기가 초층탑신에서 사리공이 조사되어 신라석탑에서는 대부분이 초층탑신에 사리가 봉안되었음을 알 수 있다. 김선생은 사리장치 및 사리공이 조사된 석탑의 명칭 및 시기에 대해서는 언급을 하지 않았지만 신라의 석탑이 9C에 들면서 지방으로 확산되고 전대에 비하여 수적으로 월등한 증가를 보인 점으로 보아 대부분이 9C석탑에서 조사된 것으로 보인다. 필자가 추출한 9C의 석탑 69기중 사리장치 및 사리공이 밝혀진 석탑은 20기에 달하고 있으며 이중 基壇部에 1기, 初層塔身에 14기, 2層塔身에 2기, 3층이상에서 3기가 조사되었다. 이와같이 대다수의 석탑이 초층탑신에 사리가 안치되고 있음은 9C에 이르러 탑의 주체가 기단으로부터 탑신으로 이행하고 있음을 강력히 시사해 주는 것으로 보인다. 金禧庚, 「韓國石塔의 舍利臟置小考」, 『考古美術』106.107합집, 한국미술사학회, 1970, p.19.

47 필자가 실측한바에 의하면 9C에 건립된 석탑의 초층탑신은 그 높이가 2층탑신에 비해 평균 2.7배의 비

기가 釋迦如來舍利塔, 定光如來舍利塔, 迦葉如來舍利塔, 藥師如來舍利塔으로 밝혀진 점으로 보아[48] 初層塔身에 안치된 舍利에 대한 숭앙의식의 결과로 해석된다.

아울러 9세기후기에 건립된 것으로 추정되는 實相寺 百丈庵三層石塔[49]의 탑신에 표현된 난간 역시 동일한 의미로 생각된다.

이와같은 기단 및 탑신부에서의 변화는 佛=舍利=탑의 개념으로 파악될 때 9세기의 석탑은 사찰의 장식물로의 전락이 아니라 羅末의 정치.사회적인 혼란의 와중에서 복잡한 교리보다는 누구나 쉽게 볼 수 있고 예배할 수 있는 석탑에 대해 현실로부터의 구원의지가 표현된 결과로 믿어진다.

이상과 같이 9세기에 성립된 初層塔身받침부의 별석받침은 고려시대에 이르러 고려석탑의 특수양식으로 정착되었다. 고려시대의 석탑에서 탑신받침석의 형식을 보면

Ⅰ형식: 初層塔身에만 받침석이 있는 것,

Ⅱ형식: 형식은 Ⅰ과 동일하나 받침석에 仰蓮이 조식된 것,

Ⅲ형식: 初層塔身 받침부에 伏蓮을 彫飾하여 별석받침의 효과를 나타낸 것.

Ⅳ형식: 각 塔身石마다 받침석이 있는 경우의 4유형으로 대별된다.

이상 4형식의 대표적인 석탑은 다음과 같다.

Ⅰ형식:普願寺址五層石塔, 金山寺五層石塔, 月精寺八角九層石塔.

Ⅱ형식:持寶寺三層石塔, 開心寺址五層石塔, 原城龍谷里三層石塔[50]

Ⅲ형식:求禮論谷里三層石塔, 昇安寺址三層石塔, 獅子頻迅寺址石塔.

Ⅳ형식:井邑隱仙里三層石塔, 庇仁五層石塔, 夫餘長蝦里三層石塔, 萬福寺址五層石塔,

서울洪濟洞五層石塔, 神福寺址三層石塔, 潭陽邑內里五層石塔이 있으며 조선

시대로 이어져 洛山寺七層石塔에 나타나고 있다.

3. 석탑의 높이가 전대에 비하여 낮아지고 있는 점이다.

신라는 삼국을 통일한 후 정치, 경제의 안정으로 찬란한 문화를 꽃피울 수 있었다. 따라서 각종 佛寺에는 국가의 모든 역량이 집결될 수 있었다. 이 결과 통일후에 조성된 불교조형물은 그 규모가 매우 웅장하였다. 이러한 면은 석탑에서 잘 나타나고 있는데 통일후에 건립된 각 석탑

율로 높다.

48 李殷昌, 「聖住寺址石塔考」, 『史學研究』21, 韓國史學會, 1969, p

49 徐延受, 『實相寺 百丈庵三層石塔의 表面莊嚴에 대한 硏究』, 梨花女大 碩士學位論文, 1972, p.68.

50 檀國大博物館, 『中原文化圈遺蹟精密調査報告書.-原州市.原城郡-』, 1985, p.203.

의 높이는 感恩寺址三層石塔이 9.65m, 高仙寺址三層石塔이 8.8m, 慶州九皇里三層石塔이 7.3m, 佛國寺三層石塔이 8.2m로서 평균 8.7m를 보이고 있는데 비해 9세기의 석탑은 평균 5m를 전후하여 건립되고 있어[51] 석탑에 있어 규모의 축소가 현저히 보이고 있다.

전술한 바와 같이 9세기에 이르러 중앙귀족으로부터 평민에 이르기까지 불교에의 귀의는 정치, 사회적인 혼란과 경제적 불안정 가운데서 자기도피적인 현상으로 생각되는데 이미 국력이 쇄잔한 신라는 佛寺에 총력을 기울일 수 없었다. 따라서 각지에 건립되는 사찰 역시 장기간에 걸친 대규모 佛寺보다는 소규모였을 것이며 建塔도 이러한 경향에 의하여 규모가 축소된 것으로 생각된다. 비록 전대에 비해서 탑의 규모가 작아졌지만 이는 시대적 상황에 따른 외형적 변화이지 탑자체가 갖고 있는 성격에는 전혀 변화가 없었다고 본다.

4. 伽藍配置에 있어 單塔伽藍이 출현하고 있다.

우리나라는 불교전래 이후 초기의 가람은 남북 일직선상에 중문탑, 금당, 강당의 순으로 정연하게 배치된 單塔伽藍이 通式적인 가람배치법이었으나 통일후에 이르러서는 雙塔伽藍이 등장하고 있다. 又玄선생은 이와 같은 쌍탑의 출현은 금당에 대한 탑의 가치의 저하와 쌍탑의 본류는 唐朝伽藍형식의 영향에서 出所한 것이라 하더라도 관념으로서는 法華信仰의 유포에서 유래되었다고 기술하고 있다.[52] 따라서 통일후 쌍탑의 출현은 탑이 사찰의 莊嚴物로 하락했다는 중요한 이유로 등장하고 있으나 9세기에 들어서는 單塔伽藍이 雙塔伽藍에 비하여 우세하게 건립되고 있다. 單塔伽藍은 이미 8세기에 건립되고 있는바 이는 慶州九皇里三層石塔, 淸道鳳岐洞三層石塔에서 볼 수 있다. 필자가 추출한 9세기석탑 69기중 雙塔伽藍은 14개 사찰임에 비하여 單塔伽藍은 41개 사찰로[53] 9세기에 이르러 사찰의 造營은 單塔伽藍이 우위를 차지하였음을 알 수 있다. 이렇듯 單塔伽藍이 유행한데는 禪宗의 發興으로 인하여 평지로부터 산지로 가람이 옮겨져 사찰의 규모가 외형적으로 축소된데도 이유가 있겠지만, 이보다도 석탑이 佛과 동등한 의미를 갖게된데 주요원인이 있는 것으로 보인다. 즉 기왕에 석탑이 佛과 동등한 의미를 가진 이상 建塔에 많은 시간, 인력, 경비가 소요되는 쌍탑보다는 下代라는 시대상황이 單塔의 건립을 촉진시킨 결과로 생각된다.

....

51 朴慶植, 前揭論文 표-1.2참조
52 高裕燮, 『韓國塔婆의 硏究』, 乙酉文化社, 檀紀 4281, pp.159-160.
53 註 52)와 同.

5. 앞의 도표에서 보다시피 9세기는 석탑이 전국적으로 건립된 시기로 이러한 현상 역시 신라 하대의 정치, 사회적 혼란에서 그 원인을 찾을 수 있다.

즉 중앙집권체제가 확립되었던 신라중대는 정치뿐 아니라 불교, 예술에 이르기까지 수자인 慶州에 집중되어 있었다. 그러나 9세기에 들면서 地方豪族의 등장은 굳건했던 골품제를 붕괴시키면서 신라왕실을 와해시키기에 이르렀다. 이와같은 정치변화와 더불어 평민들은 계속되는 재해에 시달리는 생활고를 겪고 있었다. 따라서 중앙정부로서는 상.하계층의 난국을 타개하기 위한 시책으로 지속적인 佛寺와 함께 불교에 적극적인 귀의를 했던 것으로 보이며 9세기석탑의 전국적인 확산은 이러한 연유에서 비롯된 것으로 보인다. 난국의 시기에 귀족이던 평민이던간에 불교에 쉽게 접근할 수 있는 것은 복잡한 교리보다는 조형물이 우선이었을 것이며, 이에 따라 많은 조형물중 佛과 동등한 개념을 지니고 있는 석탑에 대한 관심이 확충되어 전국으로 확산된 것으로 보인다. 이와 같은 양상은 9세기에 들면서 舍利信仰의 팽배로 인하여 佛=塔의 개념으로 석탑의 지위가 前代에 비하여 향상됨에 따라, 왕위재탈전으로 인하여 피로 얼룩진 중앙귀족은 물론 천재지변 및 정부의 수탈에 시달리는 평민에 이르기까지 현실적인 고통의 구원체로서 절대적인 숭배의 결과로 보인다.

6. 기단과 塔身表面에 莊嚴이 가해진 彫飾塔婆가 등장하고 있다.

한국조식탑파를 조각적으로 대별하면 浮彫와 丸彫의 탑파로 나뉘어지는데 우리 나라에서는 기단부와 柱廓을 丸彫로 대치한 四獅子三層石塔의 양식만을 제외하면 전부가 浮彫彫飾에 포함된다.[54]

9세기석탑의 表面莊嚴 역시 기단으로부터 탑신에 이르기까지 다양한 浮彫彫飾이 나타나는바 이와같은 莊嚴을 내용별, 위치별로 분류해 보면 다음의 표와 같다.

표에서 보듯이 9세기의 제석탑에 표현된 다양한 諸浮彫像은 공예적인 장식탑파로서의 요소라기 보다는 다른 조식배경이 있을 것으로 사료되며, 이의 규명을 위해 조식된 浮彫像에 대하여 살펴보고자 한다.

四天王은 東方 持國天, 東方 增長天, 西方 廣目天, 北方 多文天의 四天을 지칭하는 것으로 원래는 인도에서 신화시대부터 護世神으로 존재하였으나 불교에 섭취되어 護法神이 되었다.[55] 東方 廣目天은 수미산의 서방국토를 지키며 중생의 이익되게 해주는 신으로 北方 多文天은 부처님의 道場을 지키며 항상 說法을 듣는 神으로 각기 임무를 띠고 있다. 이처럼 四天王像은 佛國土를 수

54 柳宗閔, 「韓國彫飾塔婆에 대한 硏究」, 『關東大論文集』 8, 關東大學校, 1980, p.511.
55 秦弘燮, 『韓國의 佛像』, 一志社, 1976, p.47.

호하고 중생의 이익을 위해 활발히 조성되었던 가장 대표적인 신장상이었으며 특히 9세기에는 인왕상에 대신해서 대표적인 수호신으로 등장했던 것으로 생각된다.[56]

9世紀 石塔의 表面莊嚴表

彫飾	石塔名	彫飾位置	時代
四天王	慶州南山僧燒谷三層石塔	初層塔身	9세기 전기
	華嚴寺西五層石塔	初層塔身	9세기 전기
	英陽縣一洞三層石塔	初層塔身	9세기 전기
	禮泉東本洞三層石塔	上層基壇	9세기 후기
	義城觀德洞三層石塔	上層基壇	9세기 후기
	中興山城三層石塔	上層基壇	9세기 후기
	英陽化川洞三層石塔	初層塔身	9세기 후기
仁王	慶州西岳里三層石塔	初層塔身	9세기 전기
	中興山城三層石塔	上層基壇	9세기 후기
八部身衆	慶州 昌林寺址三層石塔	上層基壇	855年
	慶州 南山里西三層石塔	上層基壇	9세기 전기
	華嚴寺 西五層石塔	上層基壇	9세기 전기
	山清泛學里三層石塔	上層基壇	9세기 전기
	雲門寺東.西三層石塔	上層基壇	9세기 전기
	英陽縣一洞三層石塔	上層基壇	9세기 전기
	陳田寺址三層石塔	上層基壇	9세기 후기
	禪林院址三層石塔	上層基壇	9세기 후기
	永川新月洞三層石塔	上層基壇	9세기 후기
	寶城金芚寺址三層石塔	上層基壇	9세기 후기
四方佛	陳田寺址三層石塔	初層塔身	9세기 후기
	靑巖寺修道庵東三層石塔	初層塔身	9세기 후기
	靑庵寺修道庵西三層石塔	初層塔身	9세기 후기
菩薩	山清泛學里三層石塔	初層塔身	9세기 후기
	義城觀德洞三層石塔	上層基壇	9세기 후기
	寶城金芚寺址三層石塔	初層塔身	9세기 후기
十二支	華嚴寺西五層石塔	下層基壇	9세기 전기
	英陽縣一洞三層石塔	下層基壇	9세기 전기
飛天	陳田寺址三層石塔	下層基壇	9세기 후기
	義城觀德洞三層石塔	下層基壇	9세기 후기
龕室	慶州西岳里三層石塔	初層塔身	9세기 전기
	靑巖寺修道庵東三層石塔	初層塔身	9세기 후기

56 文明大, 「新羅四天王像의 研究-韓國塔彫像의 研究(2)-」, 『佛教美術』 5, 東國大博物館, 1980, p.18.

	慶州 昌林寺三層石塔	初層塔身	855年
門扉形	永川新月洞三層石塔	初層塔身	9세기 후기
	丹陽香山里三層石塔	初層塔身	9세기 후기
	寧國寺三層石塔	初層塔身	9세기 후기
	聖住寺址 中央三層石塔	初層塔身	9세기 후기
	聖住寺址東三層石塔	初層塔身	9세기 후기
	聖住寺址西三層石塔	初層塔身	9세기 후기
	寶城金芚寺址三層石塔	初層塔身	9세기 후기
眼 象	梵魚寺三層石塔	下層基壇	830年 추정
	安東玉洞三層石塔	下層基壇	9세기 전기
	무藏寺址三層石塔	上層基壇	9세기 전기
	漆谷箕城洞三層石塔	上層基壇	9세기 전기
	述亭里西三層石塔	上層基壇	9세기 전기
	慶州南山僧燒谷三層石塔	上.下層基壇 初層塔身	9세기 전기
	鐵原 到彼岸寺三層石塔	下層基壇	865年
	奉化鷲棲寺三層石塔	下層基壇	867年
	寧國寺三層石塔	下層基壇	9세기 후기

통일신라시대의 석탑중 四天王像이 조식된 예는 표에서 살펴본 7기 이외에도 화엄사 자三層石塔, 遠願寺址東.西三層石塔, 安東郡 臨河面 琴詔洞三層石塔, 皇龍寺址와 雁押址 사이에 있는 逸名寺址石塔등 12기의 석탑이 있는 바, 현존하는 四天王像중 석탑에 나타난 가장 오랜 것은 感恩寺址西三層石塔에서 조사된 舍利器의 四天王像으로 感恩寺址三層石塔은 感恩寺가 창건된 神文王 2年(682)作으로 추정됨으로 四天王像이 조성된 實例로서는 가장 빠른 작품으로 평가되고 있다.[57] 따라서 四天王像은 7세기후기에는 석탑내에 봉안된 舍利藏置의 수호신으로 造像되다가 8세기중엽의 작품인 華嚴寺四獅子三層石塔에 이르러 初層塔身에 彫飾된 것으로 보인다.

표에서 예시한 7기의 석탑중 四天王은 禮泉東本洞三層石塔, 義城觀德洞三層石塔, 中興山城三層石塔만이 上層基壇에 조식되었을뿐 나머지는 모두 初層塔身에 조식되고 있으며 9세기에 건립된 浮屠, 石燈등이 타유물에서 탑신에 조식됨을 볼 수 있다.

사천왕이 탑신에 조식됨은 9세기에 건립된 석탑의 대다수가 初層塔身에 사리를 안치하고 있는 점으로 보아 初層塔身 내지 身部가 바로 主建築공간이기 때문에 이 주공간의 사방을 수호하는 임무를 띠고 배치된 것으로 생각된다.[58] 아울러 국토와 대중을 위하고 부처님의 도장을 지키

---

57 金載元.尹武柄,『感恩寺址 發掘調査報告書』, 乙酉文化社, 1961, p.97 참조.
58 9C에 이르러 건립되기 시작한 부도역시 塔身에 四天王이 彫飾되고 있는바 廉居和尙塔, 雙峯寺澈鑒禪師塔, 實相寺秀澈和尙楞伽寶月塔, 實相寺證覺大師凝廖塔, 寶林寺普照禪師彰聖塔, 鳳巖寺智證大師寂妙塔, 燕

는 사천왕의 임무를 생각할 때 이는 하대의 혼란상에서 연유한 것으로 보인다. 즉 중앙정부로서는 정치적 혼란을, 평민은 계속되는 기근, 재해에 따른 생활고를 불력에 의지하고 사찰에서는 계속되는 농민, 草賊의 반란으로부터 사찰을 보호하기 위한 자구책으로서 당양한 기능을 지닌 사천왕을 탑에 조식하였다고 생각된다. 즉 수습할 수 없는 국면에 처한 하대의 시대적 상황이 四天王信仰을 성행시켰으며 따라서 9세기석탑은 상.하계층의 결속을 위한 구심점으로서의 기능을 지니고 있다고 볼 수 있다.

이상과 같이 여러 측면에서 볼 때 석탑에서의 사천왕 조식은 석탑의 莊嚴을 위한 조식이 아니라 석탑에 護國, 護法, 護佛의 기능을 부여해준 조식으로 생각된다.

仁王은 二王 또는 二天王이라 하기도 하고 金剛力士 또는 密迹金剛이라기도 하며 執金剛, 夜又, 那羅延天 또는 不可越의 上向이라고도 하는 등 다양한 명칭을 지니고 있으며 원래는 인도재래의 門을 지키던 神을 불교화시킨 護法神이다.[59] 仁王은 신라 善德女王 三年(634)에 건립된 芬皇寺模塼石塔에서 처음으로 석탑의 莊嚴에 사용된 이래 8세기에 이르기까지 계속 사용되다가 9세기에 이르러 四天王像으로 전환되고 있다. 신라시대에 건립된 석탑중 仁王像이 조식된 예는 모두 11기에 달하고 있다.[60] 대부분의 인왕상은 中興山城三層石塔과 安東의 傳法林寺址三層石塔을 제외하고는 모두 初層塔身에 배치되고 있는데 이 역시 初層塔身에 안치된 舍利守護의 강력한 의사표현이라 여겨진다. 분황사모전석탑에서 나타나기 시작한 인왕이 줄곧 탑신의 守門역을 하다가 9세기에 이르러 사천왕에 대체됨은 하대에 이르러 정치, 경제등의 상황이 단순히 守門의 기능을 지닌 인왕보다는 많은 기능을 지니고 시대적 요구에 부응할 수 있는 사천왕을 부각시키는데 있다고 생각한다.

따라서 9세기석탑은 전술한 바와 같이 사천왕의 등장으로 인하여 원래의 建塔목적 이외에 또 다른 임무를 지니게 되었으며 이로 인하여 절대적인 신앙물로서의 위치를 점유하게 되어 전국적으로의 확산을 보게 되었다고 생각한다.

八部身衆은 仁王, 四天王과 마찬가지로 인도의 고대신화에 나오는 신을 불교에서 수호신으로 흡수한 天, 龍, 夜又, 亂達婆, 阿修羅, 迦樓羅, 聚那羅, 摩짐羅加의 八神을 말하는바, 9세기 초기에 건립된 慶州南山里西三層石塔의 上層基壇에 처음으로 조식되면서[61] 일반형 석탑의 대표적인

谷寺東, 北浮屠, 石南寺浮屠에서 그 예를 볼 수 있으며, 淸凉寺石燈, 法住寺四天王石燈, 靈岩寺址雙獅子石燈, 陜川伯岩里石燈에서는 중심부인 火舍石에 四天王이 배치되고 있다.

59 文明大, 前揭書, p.18.

60 文明大, 「韓國塔浮彫(彫刻)像의 연구(1)-新羅仁王像(金剛力士像)考-」, 『佛教美術』4, 東國大博物館, 1979, p.30.

61 又玄先生은 南山里西三層石塔에 대한 기술중에 "…현재 이같은 八部身衆의 浮彫가 있는 석탑으로서 존립

莊嚴으로 등장하고 있다. 표에서 보듯이 팔부신중은 9세기에 이르러 上層基壇의 撑柱의 수가 12柱로 감소되면서 각면 2구씩 자연스럽게 배치되고 있다. 上層基壇에 팔부신중의 조식은 9세기석탑이 장식물화하는 것처럼 보이지만 팔부신중 역시 佛法의 守護神으로 석탑에 등장하였고, 사천왕과의 관계는 볼 때[62] 결코 석탑의 莊嚴만을 위해 조식된 것이 아니라 믿어진다. 즉 9세기에 이르러 고조된 탑신앙의일환으로 탑을 거룩하고 엄숙하게 표현하는데 따른 등장으로 해석해야 하리라 본다.

四方佛은 8세기중엽에 조성된 慶州南山 塔谷의 四方佛 조성을[63] 필두로 陳田寺址三層石塔에 등장하면서 9세기석탑의 表面莊嚴의 요소로 등장하고 있는데 표에서 보듯이 3기의 석탑에서 그 예를 볼 수 있다. 四方佛은 初層塔身의 사면에 각 1구씩 조식되고 있는데 신라가 최초로 불교의 사방불인 方位佛을 수용한 것은 四方으로 확장하여 가는 영토관념을 확고히 다지게 하는 계기를 마련한 점과 밀접한 관계를 보여주는 것이다.[64] 이렇듯 초기의 영토관념에 대한 四方佛은 9세기에 이르러 석탑의 初層塔身에 조식되고 있어 탑내에 안치된 舍利에 대한 守護佛로서의 의미를 볼 수 있다. 또 四方佛중 아미타불, 약사불의 조식은 혼란한 하대로부터의 구원과 함계 내세에 대한 상.하층의 염원이 석탑에 그대로 표출된 현상으로 보인다. 또 보살이 탑의 장엄요소로 등장하는데 보살은 上求菩提.下化衆生의 목표를 가지고 四弘誓願을[65] 세워 이를 실천하고자 하는자를 말한다. 이같은 중생제도를 목표로 하는 보살이 석탑에 등장할 때 앞의 사방불과 마찬가지로 塔=佛의 개념을 성립시킨 것으로 보인다 따라서 9세기석탑은 단순한 탑자체의 의미뿐만 아니라 佛의 개념까지도 포함하게 된 것으로 보인다.

十二支神將은 十二方位의 개념뿐 아니라 藥師佛의 十二大願에 응하여 그를 杜護하고 이를 실현시키고자 나선 神將이다.[66] 석탑에서는 遠願寺址三層石塔의 上層基壇에 처음으로 조식된 이래

하고 있는 중에서 考古한 一例인 것이다"라고 하여 南山里西三層石塔에서의 八部身衆 彫飾이 가장 先例임을 주목하고 있다. 아울러 이 석탑의 건립연대에 대해서는 8C후반으로 보고있다. 그러나 필자는 이 석탑의 제양식을 볼 때 9C전기에 이르러 浮彫되기 시작한 것으로 생각된다.
高裕燮, 『韓國塔婆의 硏究』, 同和出版公社, 1975

62 四天王은 위로는 帝釋天을 모시고 밑으로는 八部身衆을 거느리고 있는바 각 四天王에 소속된 四天王은 다음과 같다. 東方持國天:乾달婆, 毘舍閣, 西方廣目天:龍, 富單那, 南方增長天:鳩량茶, 薛분多. 北方多門天:夜叉, 羅刹.
張忠植, 『韓國의 佛像』, 東國大附設釋經院, 1983, pp.83-84.

63 文明大, 「新羅四方佛의 起源과 神印寺(南山塔谷磨崖佛)의 四方佛」, 『韓國史研究』18, 韓國史學會, 1979, p.70.

64 文明大, 前揭書, p.74.

65 四弘誓願은 1. 衆生無邊誓願도, 2. 煩惱無盡誓願斷, 3. 法門無量誓願學, 4.佛道無上誓願成을 말하는데 모두 중생을 제도하고 이를 모두 佛門으로 인도하려는 誓願이다

9세기의 석탑에서는 下層基壇에 처음으로 조식된 이래 9세기의 석탑에서는 下層基壇에 조식되고 있다. 석탑에 十二支神將의 등장은 당시에 유행된 藥師如來의 신앙에서 그 근원을 구할수 있다. 즉 藥師如來는 수행시에 十二大願[67]을 발하여 중생을 병고난으로 부터 구제하고, 제도하려는 誓願을 가진 부처님이다. 통일신라시대에 藥師如來像의 造像 내지 신앙이 성행한 시기는 하대의 전기와 중기이고 가장 성행한 것은 전기가 된다.[68] 따라서 9세기석탑에 十二支神將을 배치한 것은 당시에 만연된 藥師信仰의 구현으로서 나타난 것으로 사료된다. 석탑이 이와같이 藥師信仰과 병해되는 성격을 지닐 때 병고와 기아에 시달리는 평민들에게 있어서는 佛과 同等의 의미로 취급되어 절대적인 신앙의 대상이 되었던 것으로 믿어진다. 9세기석탑중 十二支神將이 조식된 華嚴寺西五層石塔, 英陽縣一洞三層石塔의 건립이 9세기전기로 추정되어,[69] 이는 藥師信仰이 만연된 시기와 병행됨으로써 당시의 藥師信仰과 동질성을 내포하고 있다고 믿어진다.

飛天은 陳田寺址三層石塔, 義城觀德洞三層石塔에서 보듯이 下層基壇이 조식되고 있어 탑이 天上界에 있음을 상징적으로 보여준다.

龕室 및 門扉形은 初層塔身에 배치되고 있으며 문고리와 자물쇠가 조각되어 있음은 탑신내에 舍利가 있음을 강력히 시사하고 있는 바, 義城塔里五層石塔, 高仙寺址三層石塔에서 각각 선례를 보이고 있다. 9세기후기의 석탑에 감실 및 문비형식이 유행한데는 동시기에 이르러 건립되기 시작하는 浮屠의 탑신에 조식된 門扉形과 같은 의미로 생각된다. 즉 조사의 舍利를 안치한 浮屠에 대한 숭앙 및 예배와 마찬가지로 사회가 혼란할 수록 佛과 동격인 舍利를 안치한 석탑에 대해 관심이 증대된 결과로 보인다. 아울러 석탑발생기의 舍利信仰으로의 회귀를 의미한다고 생각한다. 불상광배의 엽문양에 기원을 둔 眼象은 원래 床脚의 장식에서 출발한 것이지만 용도가 많아지면서 개방할 수 없는 석조물에도 이용되게 되어[70] 석탑을 비롯한 浮屠, 佛座, 石燈등 모든 유물에 걸쳐 나타나고 있다. 석탑에 있어 안상의 조식은 華嚴寺四獅子三層石塔에 표현되기 시작하여 9세기에 이르러 慶州南山僧燒谷三層石塔만이 상.중기단 및 탑신에 조식되었을 뿐 나머지는 모두 기단부에 조식되고 있다. 기단에 안상을 조식함은 건축적인 실제의 기단의식을 떠나 오히려 불단에서의 공예적인 것과의 관련을 가지고 조선석탑에 있어서 조형의사의 한 전변

66 高裕燮, 『韓國美術史及美學論考』, 通文館, 1963, p.59.
67 藥師如來의 12대 誓願은 1. 光明普照願, 2. 隨意成辨願, 3. 施無盡物願, 4.安立大乘願, 5. 具戒淸淨願, 6. 諸限具足願, 7. 除病安樂願, 8. 轉女得佛願, 9. 安立正具願, 10. 除難解脫願, 11.飽食安樂願, 12. 美衣滿足願 으로 대부분이 중생을 제도하는데 목적을 두고 있다.
68 文明大, 「新羅下代佛教彫刻의 硏究(1)-防禦山 및 實相寺藥師如來巨像을 中心으로-」, 『歷史學報』73, 歷史學會, 1977, p.34.
69 朴慶植, 前揭論文 표-1 참조.
70 秦弘燮, 「韓國의 眼象紋樣」, 『東洋學』4, 檀國大東洋學硏究所, 1974, p.250.

을 보이는 것으로[71] 한국에서의 眼象은 처음부터 장식문양으로서 이용되었으며 眼象의 原意를 살리려 하지 않았다.[72] 그러나 9세기석탑에서의 안상은 공예적이거나 장식적인 감도 없지 않으나 浮屠나 佛座의 협소한 공간내의 眼象과는 달리 기단부의 탱주까지도 생략하면서 나타나고 있다. 이러한 현상은 舍利守護信仰과 시대적 요구에 의하여 전대에 비하여 한층 다양한 기능을 지닌 석탑의 表面莊嚴으로 생각된다. 즉 석탑의 중심이 기단으로부터 탑신으로 옮아감에 따른 기단부의 약세를 보강하기 위한 표현으로 생각된다.

이제까지 9세기 석탑의 表面莊嚴으로 등장하는 諸像에 대하여 살펴 보았다. 불교에서는 堂塔이나 佛.菩薩을 장식하는 것을 梵語로 Vyuha라 하여 莊嚴이라고 한다. 석탑에서 기단과 塔身表面에 佛教像을 비롯하여 여러가지 물상을 조각하는 것도 물론 莊嚴이고 이를 嚴飾 또는 嚴淨이라 하여 세속적인 장식과 구별한다. 근본적인 뜻은 탑내에 봉안된 舍利의 수호 내지는 供養에 있다[73]는 관점에서 볼 때 신라석탑 浮彫像은 불탑 내부에 봉안된 불사리에 대한 外護的 기능에 1위적 목적을 지니고서 이룩되었다고 볼 수 있다.[74] 따라서 신라석탑에서의 莊嚴彫飾이 9세기 이르러 활발히 조성됨은 혼란한 시대상황에서 재발한 舍利숭앙의 결과로 등장한 것이며 이는 9세기전기보다는 후기에 이르러 더욱 성행하게 된 것으로 보인다.[75]

IV. 結語

이상에서 살펴본 바와 같이 9세기에 건립된 석탑은 비록 외형적으로 규모가 축소되고 많은 莊嚴彫飾으로 인하여 사찰의 장식물 내지는 공예화된 것처럼 보이지만 내적인 면에서는 오히려 전대에 비해 더욱 확고한 신앙의 대상이었다. 이러한 현상은 신라하대의 추이에 따른 것으로 미술사 연구에 있어서 양식적인 분류보다는 양식 자체가 포용하고 있는 내적 특성을 시대상황과 연결시켜 고찰할 때 미술품 하나하나에 대한 생명력을 부여할 수 있다고 생각한다. 미술품은 그 시대의 所産이요 반드시 조성되어야 할 필연성이 내재되어 있기 때문이다. 지금까지 서술한 9세기석탑의 특성을 요약해 보면

1. 王族, 中央貴族, 地方豪族등에 의한 願塔의 건립이 증가하고 있어 탑이 佛體와 동등의 위치

71 高裕燮, 『韓國塔婆의 研究』, 同和出版公社, 1975, p.226.

72 秦弘燮, 前揭書, p.269.

73 秦弘燮, 「塔婆」, 『國寶』6, 藝耕産業社, 1983, p.194.

74 張忠植, 「統一新羅 石塔浮彫像의 研究」, 『考古美術』154 · 155合輯, 韓國美術史學會, p.115.

75 朴慶植, 前揭論文, p.34.

로 변화하고 있음을 볼 수 있다.

2. 기단부에 있어서 종래의 이층기단에서 탈피하여 단층기단, 八角佛座形 기단이 출현하고 있어 고려시대 석탑의 先例가 9세기에 있음을 보여주며, 이는 初層塔身에 봉안되 舍利를 의식한 결과로 해석된다.

3. 初層塔身이 高大해지며 初層塔身의 받침부가 通式의 각형 2단으로부터 號角形3단, 별석받침형태, 별석받침으로 변화하고 있는바, 이는 기단의 변화와 아울러 初層塔身에 봉안된 舍利를 중시한 결과로 보인다. 아울러 이상의 변화는 9세기석탑이 佛과 동격임을 강력히 시사해 주는 것으로 믿어진다.

4. 석탑의 全高가 前代에 비하여 낮아지고 있는바, 이는 하대의 시대적 동향에 의한 것으로 믿어진다. 이미 국력이 쇄잔한 신라로서는 佛寺에 국력을 집결시킬 수 없었으며 이에 따라 석탑의 규모로 낮아진 것으로 추정된다. 아울러 가람배치에 있어서 8세기에는 대부분이 雙塔伽藍임에 비하여 9세기에 이르러 單塔伽藍이 월등히 증가하는 이유 역시 동일한 연유로 생각된다.

5. 8세기의 석탑은 首都인 慶州를 중심으로 건립되고 있지만 9세기에 이르러 전국적으로 확산되고 있다. 이와같은 현상은 전국에 걸친 九山禪門의 성립과 아울러 탑이 현실적 고통을 탈피하기 위한 예배의 수단으로 활용된데 기인한 것으로 보인다.

6. 석탑 표면에 莊嚴彫飾이 유행하고 있는 바 이는 9세기석탑의 장식화 내지는 공예화의 한 요소로 보이지만 조식된 諸像의 성격을 볼 때 장식적인 요소라기 보다는 9세기석탑에 새로운 생명력을 부여하기 위한 莊嚴으로 해석된다.

이상과 같은 석탑에서의 내외적인 변화는 하대의 불상이 8세기의 긴장감과 활력이 넘치던 이상적 사실주의가 보다 해이되고 활력이 감퇴된 현실적 사실주의로 변모함에 따라[76] 하대라는 시대적 상황에 부응할 수 있었던 불교조형물은 석탑이었음에 기인한다. 따라서 9세기석탑에 나타난 세부양식의 변화나 표면의 莊嚴은 9세기의 상황에 따른 결과로 표현된 것이며, 이는 결코 석탑이 사찰의 장식물이 아니라 탑이 지니고 있는 원의를 표현하기 위한 수단으로 등장한 것으로 믿는다. 아울러 부활한 사리숭배로 말미암아 佛과 동격의 위치를 확보하여 위로는 국왕으로부터 아래로 평민에 이르기까지 하대라는 전환기를 혼란 가운데서 절대적인 신앙물이 되었던 것이다.

『蕉雨黃壽永博士古稀紀念美術史學論叢』, 1988.

....

新羅 九世紀 石塔의 樣式에 關한 研究

| 목 차 |

Ⅰ. 序言

新羅下代는 정치, 경제, 사회, 문화등 모든 분야에 있어서 혼란의 연속인 시기였다. 견고했던 중대의 골품제도가 와해되고 왕권에 도전하는 중앙정부의 귀족과 호족 및 평민에 의한 반란이 끊임없이 일어나고 있었으며 이에 따라 일반 백성들의 생활은 말할 수 없을 정도로 비참한 상태였다. 이와같은 시대적 상황속에서도 불교는 王室, 귀족으로부터 평민에 이르기까지 정신적 지주였으며 전국에 九山禪門이 개창됨에 따라[1] 불교계는 물론 정계도 새로운 前期를 맞이하였고 사찰의 증가에 따라 많은 수의 불교造形物이 건립되었다. 이중 석탑은 삼국시대로부터 근년에 이르기까지 각시대, 지방에 따라 세부적인 양식의 변화를 보이며 끊임없이 건립되었다. 이와 같은 諸樣式의 변화는 각각 시대성, 지역성을 표출하고 있는데 어느 시대를 막론하고 미술품의 양식은 저절로 발생된 것이 아니라 필연코 그러한 유물이 탄생될 시대적 상황이 있기 마련이다. 따라서 新羅下代라는 시대적인 격동기에 탄생된 석조미술은 곧 그 시대를 대변하는 무언의 증인이며 우리는 이러한 미술품의 양식을 통해서 당시의 예술의식은 물론 시대정신의 변천 과정까지도 엿볼 수 있다고 믿는다.

우리나라에서의 석탑의 발생은 대략 서기 600년경으로 추정되고 있는데[2] 이로부터의 석탑

---

1 崔炳憲, 「新羅下代 禪宗九山의 成立-崔致遠의 四山碑銘을 中心으로」, 『韓國史研究』 七, 韓國史學會, 1972, pp.93-101.
2 黃壽永, 「우리나라의 塔」, 『思想界』 四, 五月號, 思想界社, 1961. 『韓國의 佛教美術』 同和出版公社, 1974에 所收, p.70.

에 관한 연구는 先學들에 의하여 꾸준히 진행되어 왔으나 대부분의 연구는 시대.양식별 연구에 집중되었다.[3] 뿐만 아니라 신라왕조가 소멸되어가는 정치, 사회적 과도기인 9C의 석탑에 관한 연구는 거의 없는 실정이다.[4]

기왕의 미술사 연구성과를 볼 때 9C를 정점으로 한 新羅下代의 예술과 문화는 쇠퇴기의 양식이라고 일변하고 있으며 특히 석탑에 있어서는 장식화 내지는 간략화란 단아로 규정짓고 있으나 과연 新羅下代의 문화를 퇴화라는 단어로 규정지을 수 있는가 하는데는 再考의 여지가 있다고 믿어진다.[5]

下代의 불교미술품은 비록 통일新羅 盛代와 같이 웅건하고 기상이 넘치지는 못했지만 나름대로의 특성을 가지고 꾸준한 발전을 보인 시기였다. 이러한 현상은 모든 불교造形物에 나타나고 있지만 특히 석탑에서는 고려시대에 볼 수 있는 모든 諸 樣式이 탄생되고 있을뿐 아니라 외형의 변화와 더불어 塔信仰 자체에도 변화가 오고 있다. 따라서 新羅下代 즉 9C는 문화의 쇠퇴기가 아니라 전.후시대를 연결시켜 주는 예술의식의 완충시기로서 상호 연결된 조형의식 및 감각 가운데서 새로운 창조를 위한 첫 시도가 이루어지고 있었다고 생각한다.

8C의 석탑은 경주를 중심으로 밀집되어 있지만 9C에 이르러서는 전국에 걸쳐 건립되고 있다.

---

3 현재까지 간행된 石塔에 關한 研究書로는

高裕燮, 「韓國塔婆의 研究」, 乙酉文化社 檀紀 四二八一.

高裕燮, 「韓國塔婆의 研究-各論草稿」, 『考古美術資料』 第十四號, 韓國美術史學會, 1967.

高裕燮, 『韓國塔婆의 研究』, 同和出版社, 1975.

金禧庚, 「塔」, 『韓國의 美術 二』, 悅話堂, 1962

鄭永鎬, 「石塔」, 『韓國의 美』九, 中央日報社, 1980.

秦弘燮, 『塔婆』, 『國寶』, 六, 藝耕産業社, 1983.

黃壽永, 『佛塔과 佛像』, 世宗大王紀念事業會, 1974.

黃壽永, 「石塔」, 『韓國美術全集』六, 同和出版公社, 1974.

文化財管理局, 『國寶圖錄』, 石塔篇, 1961.

이 있으며 研究論文으로는

金璟會, 「韓國石塔樣式과 그 變遷에 관한 系統的 研究」, 延世大學院 碩士學位論文, 1963.

鄭永鎬, 「韓國石塔의 特殊樣式考察」, 上.下, 『檀國大學校論文集』3, 4, 1969, 1970.

鄭永鎬, 「高麗時代 石塔의 特性에 관한 研究」, 『檀國大學校論文集』11, 1977.

韓正熙, 「韓國古代 雙塔의 研究」, 弘益大學院碩士學位論文, 1981.

黃壽永, 「우리나라의 塔」, 『思想界』四, 五月號, 思想界社, 1961 등이 있다.

4 9C의 石塔만을 다룬 논문은 全無한 실정이며 美術史 槪說書중 塔에 관한 부분에 소개되고 있으며 최근에 『考古美術158·159 合輯號에 실린 黃壽永先生의 「新羅의 典型石塔」에 비교적 상세히 다루어지고 있다.

5 이와 같은 생각은 필자뿐 아니라 李殷基씨도 이미 밝힌바 있다.

李殷基, 「新羅藝術精神의 變遷-龜趺碑와 浮屠樣式을 중심으로」, 『弘益大學院論考』 創刊號, 1974, pp.13-24.

이렇듯 전국에 걸친 많은 수의 9C에 건립된 석탑의 양식을 검토한 결과 9C석탑은[6] 연대편년이 이루어지지 못하고 있으며 대부분의 석탑도록에는 건립연대가 9C라고만 기록되고 있다. 그러나 필자는 9C에 건립된 석탑의 양식을 검토한 결과 9C석탑을 前期와 後期로 나눌 수 있다는 결론에 도달하여 9C에 건립된 석탑중 69기를 추출하여 이를 전.후기로 양분하여 각 시기의 양식을 살펴본 후 중대석탑과의 비교고찰을 통하여 9C석탑의 양식적 특징을 규명하고자 한다.

II. 九世紀 石塔의 樣式

1. 九世紀 前期의 石塔

1세기를 전.후기로 양분할 때 그 분기점을 대략 50년을 전후한 시기로 생각된다. 미술사에서 양식상의 시기분할은 사실상 많은 모순을 내포하고 있지만 양식이 어느 한 시대에 단절되지 않고 기본적인 구조는 항상 유지되기 때문에 석탑에서의 전.후기 분할은 세부적인 양식의 변화를 통하여 가능하리라 본다. 따라서 9C前期의 석탑이라 하면 신라중대의 석탑양식과 新羅下代라는 시대의 전개와 함께 정립된 신양식의 교체기 즉, 신.구양식이 혼재되어 나타나는 시기로 볼 수 있다. 필자가 추출한 9C의 석탑 69기중 前期에 건립된 석탑은 25기로 생각되는데 前期석탑의 세부양식을 정리해 보면 표-1로 집약된다.

표-1에서 보다시피 9C前期의 석탑은 중대석탑의 양식을 계승하면서 서서히 9C의 독특한 석탑양식을 형성해 나가는 신양식의 태동기로 볼 수 있는바 9C前期의 석탑중 중대석탑의 양식을 그대로 계승한 대표적인 석탑으로는 光州東五層石塔을 들 수 있다. 현재 광주시내에는 동, 서로 오층석탑이 건립되어 있는 바 석탑은 伽藍配置와 무관한 각기 시대를 달리한 석탑으로 보인다.[7]

동오층석탑은 이층기단 위에 오층탑신을 올린 평면방형의 석탑으로 下層基壇은 지대석과 중석을 붙여 수매의 석재로 조립하고 기단면석 각면에 우주와 撑柱가 2주씩 모각되어 있다. 8매

....

6 신라의 石塔은 8C後半경부터 초기석탑의 양식으로부터 차츰 변화하기 시작하여 9C에 이르러 소위 下代石塔의 양식이 나타나고 있는 바, 이를 통칭하여 9C 石塔이라고 부르고 있다. 따라서 本稿에서 다루고자 하는 모든 석탑은 9C 석탑이라 칭한다.

7 현재 東五層石塔은 光州市 東區 芝山洞에 있으며 西五層石塔은 西區 龜洞에 위치하고 있어 建立위치로 보아 雙塔의 배치가 아님을 보여주고 있으며 西塔은 고려시대에 건립된 석탑으로 생각된다.

의 판석으로 덮은 甲石上面에는 경사가 있으며 弧形과 角形 2단의 괴임이 있어 上層基壇을 받치고 있다. 上層基壇 중석 역시 수매의 판석으로 조립하고 각면에 우주와 撑柱가 각각 2주씩 모각되어 있다. 上層基壇 甲石은 4매로 결구되고 있으며 甲石 下面에는 副椽이 있고 上面은 약간 경사가 졌으며 초층탑신을 받치기 위하여 角形 2단의 괴임대가 조출되어 있다. 탑신과 屋蓋石도 각각 1석으로 구성되었고 탑신에는 우주형이 모각되었으며 초층탑신이 다른 층의 탑신에 비해 높아지고 있다.

屋蓋石은 추녀 사이가 좁아져서 두꺼워 보이며 추녀 밑은 수평으로 전각에 이르러 反轉을 보이고 낙수면은 평박하다. 옥개받침은 초층이 5단이고 2층부터는 4단으로 되어 있어 전대의 정연했던 角形 5단으로부터 변화가 일어나고 있다. 相輪에는 얕은 副椽이 있는 路盤과 覆鉢이 남아 있으나 모두 파손되어 있으며 그 중심에는 撑柱가 정상에 노출되어 있다.

초층탑신이 높고 屋蓋石의 폭이 단족하며 낙수면흉배의 직선화와 더불어 옥개받침 층수의 감소는 基壇部가 중심석탑과 동일한 양식임에도 불구하고 건립연대를 9C초로 추정케 하고 있다. 이 탑은 일찌기 1955년에 해체수리한 바가 있어 당시 제4층 屋蓋石 上面에서 사리장치가 발견되었다고 하나 현재는 그곳에서 발견되었다는 銅盒이 국립중앙박물관에 보관되어 있을 뿐 莊嚴具는 전하지 않는다. 당시 수리자의 말을 들으면 수리 당시에는 이미 아무것도 없었다고 한다. 그후 1961년에 다시 수리가 가해져서 일부 석재가 신조 보완되었다.[8] 이 탑은 9C에 이르러 新羅故土를 떠나 지방으로 확산된 일반형 석탑으로는 최초의 예로 볼 수 있으며 중대석탑의 세부양식을 그대로 답습하고 있어 9C前期에서도 초반에 건립된 것으로 보인다.

이와 같은 양식의 9C前期 석탑으로는 청송사지삼층석탑, 월광사지서삼층석탑, 안동옥동삼층석탑을 들 수 있는데 청송사지삼층석탑은 세부수법에 있어 중대의 석탑을 조금도 변화없이 직모했으며 월광사지서삼층석탑은 上層基壇 중석받침이 弧角形 2단으로 변하고 안동옥동삼층석탑에서는 상층 중석받침과 초층탑신받침이 모두 弧角形 2단으로 변모한 점 이외에는 중대석탑과 양식적인 면에서의 차이는 볼 수 없다.[9] 이와같이 중대석탑의 양식과 혼재를 보이는 가운데 9C석탑의 양식적 특징이 基壇部의 변화로부터 나타나고 있는바 上層基壇의 撑柱가 1개로 감소되면서도 그 여백에 팔부신중이 彫飾되고 있다.

....

8 文化財管理局, 『文化財大觀』寶物篇 中, 1968, pp374.
9 中代石塔의 樣式的인 공통점은 다음과 같다.

하 층 기 단	상 층 기 단	탑 신 부	상 륜
兩隅柱, 2撑柱, 弧角形 2단의 上層中石 받침	兩隅柱, 2撑柱, 甲石에 角形 副椽 角形 2단의 初層塔身 받침	塔身, 屋蓋石 각1석, 塔身에 兩隅柱, 屋蓋 받침 各層5단, 角形 2단의 塔身괴임대	副椽 있는 路盤

〈표-1〉 9세기 전기 석탑 양식표

石塔名	基壇部 下層基壇 中石	上層基壇 副椽柱	上層基壇 撑柱	初層塔身받침	塔身石	屋蓋받침	屋蓋石	수홈	相輪部	時代	高	所在地	備考
光州 東 五層石塔	弧角形 2	有	2	角形 2단	우굄 주형	1층 5단 이상 2층 4단	角形 2단 이상	無	露盤, 覆鉢	9C 前期	7.2m	光州市	1955년에 수리, 4층탑신에 사리공
靑松寺址 三層石塔	角形 2	有	2	角形 2단	주형 우굄	5	角形 2단	無	露盤	〃	5.5m	慶南 蔚州	1962년 해체수리, 상층기단에 사리장치
月光寺址 西 三層石塔	弧角形 2	有	2	角形 2단	주형 우굄	5	角形 2단	無	盤	〃	5.5m	慶南 陜川	
安東 玉洞 三層石塔	弧角形 2	有	2	孤角形 2단	우굄 扉門	1,2층 5단 3층 4단	角形 2단	有	露盤, 覆鉢	〃	5.8m	慶北 安東	하층기단 각면에 眼象 3, 상층기단 구석
慶州 南山里 西 三層石塔	弧角形 2	有	1	角形 2단	주형 우굄	5	角形 2단	有	露	〃	5.5m	慶北 慶州	2층기단에 八部神衆
山淸 泛鶴里 三層石塔	弧角形 2	有	1	角形 2단	우굄 각면에 보살 상 1구씩	4	角形 2단	有		〃	4.8m	慶南 山淸 (現 景福宮)	1947년 再建, 하층기단 수, 상층기단에 八部神衆
雲門寺 東・西 三層石塔	弧角形 2	有	1	角形 2단	우굄	5	角形 2단	無	露盤, 覆鉢, 仰花	〃	5.4m	慶北 淸道	하층기단 각면에 十二支像 조각, 상층기단에 八部神衆
華嚴寺 西 五層石塔	弧角形 2	有	1	角形 2단	주형 우굄	5	角形 2단	有	露盤	〃	6.4m	全南 求禮	하층기단 3구씩 十二支, 상층기단 단면에 八部神衆
大興寺 應眞殿前 三層石塔	弧角形 2	有	1	角形 2단	우굄	4	角形 2단	有	露盤, 覆鉢, 仰花, 寶輪	〃	4.3m	全南 海南	1967년 해체수리, 상층기단에서 동제 4대탑 1구 발견
浮石寺 三層石塔	弧角形 2	有	2	角形 2단	주형 우굄	5	角形 2단	無	露盤, 覆鉢	〃	5.3m	慶北 榮豊	1960년 해체수리, 3층 탑신에 사리공
斷俗寺址 東・西 三層石塔	弧角形 2	有	1	角形 2단	우굄 扉門	5	角形 2단	無	東塔:露盤, 覆鉢, 仰花 西塔:露盤	〃	5.3m	慶南 山淸	1967년 해체수리, 西塔 1층탑신에 사리공
慶州 昌林寺址 三層石塔	弧角形 3	有	1	角形 2단	우굄 扉門	5	角形 2단	有		大中九年 (文聖王 17年・855年)	4.5m	慶北 月城	1976년 복원, 1층탑신에 사리감, 사리장치 발견, 상층기단에 八部神衆

石塔名	下層基壇 撑柱	下層中石	上層中石 副樣	撑柱 副樣	初層塔身 副樣	塔身石 (우양)	屋蓋받침	塔身괴임수	낙수홈수	相輪部	時代	高	所在地	備考
洪川 物傑里 三層石塔	2	弧角形 2단	有	1	弧角形 2단	우양	5	角形 2단	無	露盤	9C 前期	4m	江原 洪川	
漆谷 箕城洞 三層石塔	2	弧角形 2단	有	無	角形 2단	우양	5	角形 2단	無	露盤	〃	5.2m	慶北 漆谷	2층옥개석 상면에 자연석 眼象 1
鰲藏寺址 三層石塔	2	弧角形 2단	有	無	角形 2단	우양	5	角形 2단	無	露	〃	5m	慶北 慶州	1962년 복원, 상층기단 자면에 眼象 2구씩. 상층탑신 사리공
述亭里 西 三層石塔	2	弧角形 2단	有	無	角形 2단	우양	5	角形 2단	無	露盤, 覆鉢	〃	4.5m	慶南 昌寧	상층기단 자면에 眼象 2
慶州 南山 僧燒谷 三層石塔	無	弧角形 2단	有	無	角形 2단	초층탑신에 舍利孔, 2·3층 우양	4	角形 1단	無			3.6m	現 國立 慶州博物館	1941년 이전. 기단·초층 탑신에 眼象. 3층은 後補
芬魚寺 三層石塔	無	弧角形 2단	有	無	角形 2단	우양	4	角形 2단	無	露盤	835년 추정	4m	釜山 金井山 設置	하층기단 상층기단에 眼象 3구씩. 상층탑신에 眼象 1구씩
慶州 南山 茸長寺谷 三層石塔	無	角形 2단	有	無	角形 2단	우양	4	角形 2단	無		9C 前期	4.4m	慶北 月城	1922년 再建, 2층탑身 사리공
慶州 南山里 東 三層石塔	無	無	無	無	角形 3단 별석	초층탑신에 方形龕室, 四王像 1구씩	1,2층 5단 3층 4단	無	無	露盤	〃	7m	慶北 慶州	基壇部가 塊石形
慶州 西岳里 三層石塔	無	無	無	無	1 별석단	우양	1,2층 5단 3층 4단	無	無	無	〃	5.1m	慶北 慶州	基壇部가 塊石形
香城寺址 三層石塔	1	弧角形 2단	有	2	無	우양	5	角形 2단	無	露	〃	4.3m	江原 束草	1966년 해체수리, 3층 신에 사리공
法光寺址 三層石塔	1	弧角形 2단	有	1	3단 별석굄	우양	5	角形 2단	有		大和二年 (興德王3년·828년)	2층옥개석까지 2.6m	慶北 迎日	1층탑신에 사리장치 및 석 원재. 2층옥개석까지 원재

基壇部 변화의 대표적인 석탑으로는 경주 남산리삼층석탑을 들 수 있다.

남산리3층석탑은 2기의 동.서로 건립된 쌍탑이나 그 양식이 상이한 관계로 분리시켜 우선 서삼층석탑만 서술하고자 한다. 南山里西三層石塔은 2층기단 위에 3층탑신을 올린 평면방형의 석탑이다. 下層基壇은 지대석과 면석을 붙여서 4매로 구성하고 면석에는 兩隅柱와 2撑柱를 표시하고 4매로 구성된 甲石 上面에 弧角形 2단의 받침이 각출되어 上層基壇을 받치고 있다. 上層基壇 중석은 각면 1매씩 4매로 구성되었으며 兩隅柱와 1撑柱로 양분하고 각구 안에 팔부신중을 1구씩 양각하였다. 2매석판으로 조립된 甲石하면에는 副椽이 있고 上面에는 角形 2단의 받침이 각출되어 초층탑신을 받치고 있다.

탑신과 屋蓋石도 각 1석으로 조성되었는바 탑신석에는 兩隅柱가 모각되어 있을뿐 다른 莊嚴은 없다. 屋蓋石은 비교적 넓게 뻗어 있으며 처마끝에서 직선을 이루다가 끝에서가서 반전되고 낙수면은 약간 안으로 깎여 굴곡을 이루고 있다. 하면에는 5단받침이 정연하며 낙수홈이 있는 露盤만이 남아있다. 이 탑은 석재의 결구수법이 중대의 석탑에 비해 약화되고 있지는 않으나 上層基壇의 팔부신중彫飾은 가장 큰 특징으로 나타나고 있는 바 중대석탑의 양식을 계승하면서 신양식으로 발전해가는 9C초기에 건립된[10] 대표적인 석탑으로 볼 수 있다. 南山里西三層石塔과 같은 양식계열의 전기석탑으로는 山靑泛鶴里三層石塔, 雲門寺東.西三層石塔, 華嚴寺西五層石塔, 大興寺應眞殿前三層石塔, 浮石寺三層石塔, 斷俗寺址東, 西三層石塔, 慶州昌林寺址石塔, 洪川物傑里三層石塔을 들 수 있다. 이러한 석탑은 전체적으로 보아 중대석탑의 양식 범위에서 크게 벗어나지 않고 있으나 基壇部에서의 撑柱가 하층 2, 상층 1로 중대석탑으로부터 변화하고 있으며 세부에 있어서 양식적인 변화가 일어나고 있다.

변화되는 세부양식을 살펴보면 山靑泛鶴里三層石塔은 上層基壇에 8부신중이 양각되고 초층탑신 각면에는 보살좌상이 1구씩 양각되고 있으며 옥개받침이 각층 4단씩 각출되어 있다. 華嚴寺西五層石塔은 下層基壇 각면에 3구씩 12지상이, 上層基壇에 8부신중이 양각되어 있으며, 대흥사응진전앞 삼층석탑은 옥개받침이 각층 4단씩으로 감소되고 있고 특히 屋蓋石의 추녀가 약간 두꺼운 편으로 추녀 밑은 직선으로 전각에 이르러 경쾌한 반전을 보이고 있어 9C前期석탑의 양식을 잘 보여주고 있으며 上層基壇 甲石은 1매 판석으로 구성되어 있다. 浮石寺三層石塔, 斷俗寺址東, 西三層石塔은 上層基壇 撑柱의 변화 이외에는 중대의 전통을 충실히 따르고 있다. 창림사지삼층석탑은 초층탑신에서 석탑기 및 사리장치가 조사되었는 바 석탑기에 의하면 대중 9년(문성왕 17년, 855)에 문성왕의 발원에 의하여 조성된[11] 9c前期의 석탑은 칠곡기성동삼층

---

10 又玄先生은 8C후반기 이후의 작품으로 보고 있다.
　　高裕燮, 『韓國塔婆의 硏究』, 同和出版公社, 1975, p.212.

석탑, 무장사지삼층석탑, 술정리서삼층석탑, 慶州南山僧燒谷三層石塔, 범어사삼층석탑, 안동옥
동삼층석탑이 있는데 基壇部로부터 탑신에 이르기까지 광범위하게 彫飾되고 있다. 이중 칠곡
기성동삼층석탑은 上層基壇의 撑柱가 없어지고 각면에 안상 1구씩을 彫飾하고 있으며 무장사
지삼층석탑과 술정리서삼층석탑에서는 上層基壇의 撑柱가 없어지고 대신 각면에 안상이 2구씩
彫飾되어 있을뿐 다른 양식의 변화는 보이지 않는다. 慶州南山僧燒谷三層石塔은 상.下層基壇의
撑柱를 모두 소멸시키고 下層基壇 각면에 세장한 안상 2구씩 배치하고 초층탑신에도 兩隅柱를
각면에 길이로 큼직한 안상 1구씩을 배치하고 있다. 범어사3층석탑은 승효곡3층석탑과 마찬가
지로 基壇의 撑柱를 생략하고 下層基壇 각면에 안상 3구씩 上層基壇 각면에 안상 1구씩을 彫飾
하고 있다. 이 탑의 건립연대에 대해서는 범어사사적기에 「大唐文宗大和十九年乙卯新羅興德王
所創也」라고 기록되어 있는바 대화19년은 태화9년의 잘못인듯 태화9년은 을묘년이 되며 新羅
흥덕왕 10년(835)에 해당한다.[12] 따라서 9c후기 석탑에서 안상이 彫飾된 예는 영국사삼층석탑,
到彼岸寺三層石塔에서만 볼 수 있고 범어사삼층석탑의 건립이 835년경으로 추정됨에 따라 안
상은 9c전기의 표면莊嚴으로 널리 이용되었다고 믿어진다.

이와 같이 9C前期석탑에 있어 基壇部에는 상2, 상1의 撑柱를 표현하고 있으나 후기석탑의
대표적 특징인 상, 하기단에 각각 1撑柱가 표현된 석탑도 출현하고 있다. 즉 法光寺址三層石塔
은 현재 사지 서남우의 높은 고대 위에 있는데 원위치는 현위치로 보아 중문과 금당 사이였을
가능성이 높다.[13] 현재는 4층의 형태지만 3층屋蓋石까지만 원재이며 나머지 부분은 신재를 보
강하여 원형을 손상시키고 있는데 탑옆에 3층屋蓋石으로 보이는 원형 찰주공이 있는 탑재가 있
는 것으로 보아 원래는 3층석탑으로 생각된다.

이 탑은 基壇部와 초층탑신에서의 변화 이외에는 前期석탑의 양식을 잘 보여주고 있다. 즉 基
壇部에 있어 撑柱가 상, 하 각1주씩 표시되고 있어 9C후기 석탑의 대표적 基壇형식의 최선례를
보이고 있다. 초층탑신에서의 변화는 종래의 角形2단 받침의 규율성을 깨뜨리고 형의 받침을
甲石上面에 표시하고 있는데 이는 후기석탑에 나타나는 별석받침의 선행양식으로 보이며 또 초
층탑신의 고가 2층탑신에 비해 월등히 높아지는 상황하에서의 출현으로 주목된다.[14]

11 이 탑은 도괴어 있던 것을 1976년에 복원하였는바 되괴시의 현상 및 실측도면과 석탑기의 내용이 『慶州
   南山の佛蹟』(朝鮮總督府, 昭和 15年) 본문 Pp.15-18, 도판 15-17에 상세히 실려있다.
12 文化財管理局, 『文化財大觀』, 寶物篇 中, 1968, p.481.
13 文明大, 金東賢, 「新羅法光寺址第一次實測調査槪要」, 『佛敎美術』1, 東國大學校博物館, 1973, p.122.
   이에 반해 黃壽永선생은 寺域중심에서 堂塔이 배치되는 자리가 아니라 따로 高臺를 설정하여 건립된 것
   이 확실하다고 현위치설을 주장하고 있다.
   黃壽永, 「新羅法光寺址石塔記」, 『白山學報』8.1972, 『韓國의 佛敎美術』, 東和出版公社, 1974에 所收,
   pp.198-199.

이 탑은 도굴되었다가 수습된 2개의 탑지석중 제1석은 장방형 대좌와 정상에 옥개가 있는 석비형으로 이를 통하여 김균정의 명복을 빌기 위하여 흥덕왕 3년(828)에 건립되었으며 문성왕 8년에(846)과 영조 23년(1747)두차례에 걸쳐 중수되었음이 밝혀졌다.[15]

법광사지3층석탑은 9C前期의 석탑으로서 후기석탑의 基壇양식을 보이고 있으며 초층탑신 괴임대의 변화와 함께 下代에 이르러 유행한 願塔인점, 그리고 건립연대가 확실한 석탑으로 9C 석탑의 성격을 규명하는데 중요한 자료로 생각된다.

법광사지3층석탑 이외에 基壇 및 탑신받침대에서 변화를 보이는 9C前期의 석탑으로는 향성 사지삼층석탑을 들 수 있다. 이 탑은 基壇에 있어 하2, 상1개의 撐柱가 모각되어 있고 甲石에는 초층탑신괴임대가 없는 점으로 보아 下代석탑에서의 양식적 규율성이 흐트러진 이례를 보이고 있으며 현재까지의 조사에 의하면 동해안에서는 가장 북쪽에 위치한 新羅석탑으로서 그 유존 의 의의가 크다고 보겠다.[16]

중대석탑의 양식을 유지하면서 基壇部의 일부가 변형된 석탑 이외에 基壇 전체에 변형을 가한 석탑으로 경주남산용장사곡삼층석탑을 들 수 있다. 이 탑은 남산 용장사곡 정상 가까이에 있는 돌출된 자연암석 상면에 角形 2단의 괴임대를 각출하고 그 위에 중대석탑양식의 上層基壇, 탑신을 올려놓은 형태이다. 전체적으로 볼 때 下層基壇이 생략되고 옥개받침이 4단인 점을 제외하고는 전형양식을 따르고 있는데 자연암석을 基壇으로 간주한 형식은 경주남산리동삼층 석탑과 慶州西岳里三層石塔의 석괴형 基壇으로 이어지는 것으로 생각된다. 양탑의 基壇은 각각 8매의 괴석을 2단으로 쌓은 점으로 보아 자연암석의 형태를 평지에 재현한 것이 아닌가 생각되며[17]이와같은 형태의 석탑이 고려시대에 이르러 자주 건립됨은[18] 고려시대에 이르러 유행하던 풍수도참설에 있을지 모르며 결국은 산천비보의 뜻이 담겨있지 않을까 생각된다.[19]

---

14 法光寺址3층석탑은 初層塔身의 높이가 57cm로서 2.7배의 차이를 보이고 있다. 9C 석탑에서 이와같이 초 층탑신이 높아지는 것은 초층탑신괴임대의 변화와 함께 초층탑신에 奉安된 舍利를 존중한 결과로 보인다.

15 出土된 塔誌石 2기의 내용은 다음과 같다.
法光寺石塔記「會昌六年丙寅九月移」建兼脩治願代代檀越生」淨土今上福命長遠」內舍利
卅二枚 上座道興」大和二年戊甲七月香」照師圓寂尼捨財建塔」寺檀越成德大王典香純」第二石
法光寺石塔記「乾隆十二年丁」卯二月日重修」主事明王談學」康熙三十七年戌」寅七月寺中生修」刻大言」
黃壽永,「前揭論文 및 韓國金石遺文」, 一志社, 1976, pp.145-147.

16 鄭永鎬,「香城寺址三層石塔」,『史學研究』21, 金聲均教授華甲紀念論文集, 韓國史學會, 1969, p.11.

17 秦弘燮,「統一新羅時代特殊樣式의 石塔」,『考古美術』158, 159合輯, 韓國美術史學會, 1981, p.20.

18 高麗時代의 石塔中 자연암반을 기단으로 삼아 건립한 예는 安東幕谷洞三層石塔, 安東泥川洞三層石塔, 寧 國寺望塔峰三層石塔, 洪川陽德院三層石塔, 靈岩月出山磨崖佛前方 龍巖寺址三層石塔이 있다.
秦弘燮,「異形石塔의 一基壇形式의 考察」,『考古美術』138, 139 合輯, 韓國美術同人會, 1978, pp.96-109.
秦弘燮,「異形石塔의 一基壇形式의 考察補」,『考古美術』146, 147合輯, 韓國美術同人會, 1980, pp.25-30.
成春慶,「靈岩地方의 佛教文化遺蹟」,『靈岩郡의 文化遺蹟』, 木浦大博物館, 1968, p.203.

이상에서 9C초기에 건립된 25기의 석탑에 대하여 고찰하였는바 초기의 석탑은 대체로 중대 석탑의 양식을 계승하면서 서서히 9C 석탑의 특성을 창출시켜 나가는 시기로 보여진다. 9C前 期의 석탑에 나타난 중대양식으로부터의 변화는

1. 下層基壇에 있어 撑柱는 2주로 유지되고 있으나 828년에 건립된 法光寺址三層石塔에서 1 주로 변하고 있어 9C후기 석탑양식으로의 이행이 보이고 있다.

2. 上層基壇에 있어서는 모두 撑柱의수가 1주로 줄오들고 있어 9C前期 석탑의基壇部에는 하 2, 상1의 撑柱가 공식화되고 있다.

3. 옥개 받침은 대체로 정형의 5단을 유지하고 있지만 4단내지는 각층의 받침수가 통일성을 잃고 있다.

4. 基壇 및 초층탑신에 팔부신중, 안상, 인왕, 門扉形의 彫飾이 나타나고 있는데 안상은 9C前 期에 집중적으로 彫飾되고 있다. 이와 같이 안상 및 諸像의 彫飾이 석탑에 등장함은 9C 석탑의 공예화 내지는 사찰의 장식물화에 중요한 요소로 보이지만 新羅下代라는 시대상황을 통하여 볼 때 정치, 사회적인 필요에 의하여 彫飾되어졌다고 생각된다.

5. 경주남산용자상곡삼층석탑과 같이 산천비보사상에 의한 건탑을 들 수 있는데 이는 基壇部 전체를 완전히 변형시킨 경주서악리, 남산리동삼층석탑의 종형으로 파악되었다.

6. 국왕 및 왕족에 의한 願塔이 출현하고 있다. 이는 중대석탑에서도 그 선례가 있으며[20] 下 代석탑의 특성을 밝히는데 중요한 요소로 보인다.

7. 중대의 석탑은 경주를 중심한 지역에 밀집되어 있었으나 9C前期에 이르러 경상도 전역에 건립되어 있으며 일부는 전라.강원도 지방으로 확산하고 있다. 따라서 9C前期는 석탑에 있어 지방으로의 확산이 시작된 시기로 이 역시 新羅下代의 시대동향에 의한 것으로 믿어진다.

2. 9세기 후기의 석탑

9C세기 후기는 前期에 이어 중대 석탑의 양식을 기본으로 변화를 보이면서 9C 석탑의 특징을 확립한 시기로 볼 수 있다. 즉 前期에 경상도지방을 중심으로 건립되던 석탑이 전국으로 확산되

---

19 秦弘燮, 前揭論文, p.109.
20 中代의 석탑 중 국왕의 發願에 의한 建塔은 神文王의 명복을 빌기 위하여 神睦王后와 孝昭王의 발원으로 건립한 慶州 九皇里三層石塔이 있으며 王族에 의해 건립한 願塔은 零妙寺 言寂法師와 照文皇太后君며와 敬信大王며 三男妹의 發願으로 763년에 건립된 葛項寺址三層石塔이 있다.
　　高裕燮, 『韓國塔婆의 研究』, 乙酉文化社, 단기4281.p.93.
　　黃壽永, 『韓國金石遺文』, 一志社, 1963, pp.140-141.

는 시기였으며 基壇部에 있어서는 하1, 상1의 撑柱를 갖는 基壇의 정형화와 고려시대에 유행하던 單層기단과 佛座形기단 및 초층탑신괴입대에서 별석받침이 출현한 시기였다. 이와 같은 양식상의 변화를 보이는 9C후기의 석탑은 필자가 표본으로 추출한 9C 석탑 69기중 44기에 달하고 있더 수적인 면에서도 前期석탑에 비해 두배로 증가되고 있다. 9C후기에 건립된 44기의 석탑을 정리하면 다음의 표2와 같다. 표2에서 보듯이 9C에서 후기의 석탑은 基壇部에서는 상·하층 基壇部의 撑柱가 각각 1주씩이며 上層基壇 중석받침이 弧角形의 2단을 유지하고 있고 탑신부에서는 탑신석에 兩隅柱가 모각되고 탑신괴임대가 角形2단인 점까지는 공통적인 양식을 보이고 있다. 이러한 현상은 마치 받침에서의 뚜렷한 변화는 9C후기 석탑의 양식적 특징을 명확히 해주고 있다. 따라서 필자는 9C후기의 석탑을 초층탑신받침의 변화에 따라 분류하여 서술하고자 한다.

우선 前期의 석탑과 동일하게 角形 2단의 받침을 갖는 석탑의 일군이 있는데 이러한 유형의 석탑으로는 경주효현리삼층석탑, 장연사지동·서삼층석탑·동화사동·서삼층석탑·청암사수도암 서삼층석탑, 영국사삼층석탑, 선림원지삼층석탑, 보성금둔사지삼층석탑, 양양진전사지삼층석탑을 들 수 있다. 이 유형의 석탑은 基壇部에서 撑柱가 상·하基壇에 각각 1주인 점을 제외하고는 前期의 석탑양식을 충실히 따르고 있다.

상·하1撑柱를 갖는 基壇은 앞에서 살펴본 828년에 건립된 法光寺址三層石塔에서 발생되어 후기석탑의 전형적인 基壇양식으로 공식화되고 있어 이 유형의 제석탑은 전, 후기의 완충적인 역할을 하고 있다.

이와 같은 전·후기양식의 혼재는 예술에 있어 새로운 양식은 갑자기 발생되는 것이 아니라 전대의 양식이 발전해 나가는 과정에서 종교 내지는 사회적 요구 작가의 의식 및 기예에 의해서 새로운 유형이 탄생되는 것으로 우현선생은 이에 대해 마치 부의 생명이 방종한 후에 자의 신생명이 출생하여 직선적 승계를 이룸이 아니요 부의 존명중에 자의 신생명은 생산되고 또 그속에서 손의 신생명이 나와 층위적으로 계열에서 전개됨과 같은 현상으로 기술하고 있다.[21] 따라서 9C후기의 석탑에서 前期와 대등한 석탑의 양식은 예술의 발생순위에서 보면 오히려 당연한 것이며 前期석탑에서 중대석탑과 동등한 양식을 볼 수 있음도 같은 연유에서이다.

이같은 基壇의 공식과와 함께 초층탑신에서는 前期의 角形 2단괴임대로부터 弧角形의 2단받침이 등장하고 있는데 이 계열의 석탑으로는 실상사동·서삼층석탑, 영천화남동삼층석탑, 영천신월동삼층석탑, 예천동본동삼층석탑, 의성관덕동삼층석탑, 월광사지동삼층석탑, 봉화서동리동·서삼층석탑·보림사남·북삼층석탑·단양향산리삼층석탑을 들 수 있다.

---

21 高裕燮, 前揭書, p.90.

〈표-2〉 9세기 후기 석탑 양식표

石 塔 名	基 壇 部 下層基壇 撐柱	上層中石	上 層 基 壇 撐柱 副橡	塔 身 石 初層塔身 塔身	身 部 屋身	屋蓋 屋蓋받침 塔身석받침	身 石 수우	相 輪 部	時 代	高	所 在 地	備 考
慶州 孝峴里 三層石塔	弧形 2	1	有 角形 2단 1	우주	4단	角形 2단	無		9C 後期	4.1m	慶北 慶州	
長淵寺址 東·西 三層石塔	角形 2단	1	有 角形 2단 1	우주	4단	角形 2단	有	露盤	〃	東塔 4.6m 西塔 4.8m	慶北 淸道	東塔 : 1984년 해체 보수 西塔 : 1979년 해체 보수
桐華寺 東·西 三層石塔	弧形 2	1	有 角形 2단 1	우주	4단	角形 2단	東塔 有 西塔 無	東塔:露盤,仰花,寶輪,寶珠 西塔:露盤	〃	東塔 5.6m 西塔 5.2m	大邱市	東塔 : 2층수 중석까지 西塔 : 초층탑신에서 99탑과 사리장치
靑巖寺 修道庵 西 三層石塔	角形 1단	無	無	우주 해체 복원시	5단	角形 1단	有	露盤, 寶輪, 寶珠	〃	4.2m	慶北 金陵	
等國寺 三層石塔	孤形 2	無	有 角形 2단 1	우주 이에門 편	4단	角形 1단	無	仰花, 寶輪, 寶蓋 水煙도 보아	〃	3.2m	忠北 永同	1942년 이전, 하층기단 각 면에 眼象 3구씩, 상층기 단 각면에 眼象 1구씩
禪林院址 三層石塔	孤形 2	1	有 角形 2단 1	우주	5단	角形 2단	無	露盤	〃	5m	江原 襄陽	상층기단에 人部神衆
金屯寺址 三層石塔	孤形 2	1	有 角形 2단 1	우주	5단	角形 1단	無		〃	3.9m	全南	상층기단에 人部神衆, 1979
寶相寺 東·西 三層石塔	孤形 2	1	有 弧形 2단 1	우주	4단	角形 2단	無	完	〃	8.4m	全北 南原	
陳田寺址 三層石塔	孤形 2	1	有 角形 2단 1	우주佛 方四	5단	角形 2단	有	露盤	〃	5m	江原 襄陽	하층기단에 人部神衆, 상층기 단에 八部神衆, 1986년 해체 보수
永川 華南洞 三層石塔	孤形 2	1	有 角形 2단 1	우주	4단	角形 1단	有		〃	2.7m	慶北 永川	주변의 토나든 塔材로 보 아 雙塔으로 추정됨
永川 新月洞 三層石塔	孤形 2	1	有 角形 2단 1	상층탑신4면에門隔形	4단	1층 2단 2,3층 1단	無		〃	4.6m	慶北 永川	상층기단에 八部神衆
醴泉 東本洞 三層石塔	角形 1단	無	有 孤形 2단 1	우주	1,2층5단 3층4단	角形 1단	無	露盤	〃	3.1m	慶北 醴泉	상층기단에 四天王像 1구 씩

石塔名	基壇部 下層基壇(撑柱)	上層中石(撑柱)	上層基壇(副柱)	塔身部 塔身石	身部 屋身(屋蓋받침 塔身과의 나수홈)	屋蓋(角形 나수층)	나수층(공)	相輪部	時代	高	所在地	備考
義城觀德洞三層石塔	弧角形 2	1	弧角形 2	양우, 각면에 보살상 1구씩	1,2층4단 3층3단	角形 2단	有	露盤	9C後期	3.7m	慶北 義城	하층기단에 비천상, 상층기단에 보살상, 사천왕상 각 1구씩
月光寺址東三層石塔	弧角形 2	1	弧角形 2	양	5단	角形 2단	無	露盤	〃	5.5m	慶南 陜川	
奉化西洞里東·西三層石塔	弧角形 2	1	弧角形 2	양	4단	角形 2단	有	露盤	〃	3.9m	慶北 奉化	東塔:초층탑신에 사리장치, 99塔 西塔:3층탑신에 사리공
寶林寺南·北三層石塔		2		양	5단	角形 2단	有	完	咸通11年(景文王10年·870年)	5.4m	全南 長興	1934년 보수시 초층탑신에서 사리장치, 탑지석
丹陽香山里三層石塔	弧角形 2	1	弧角形 2	양 남문 扁形	4단	角形 2단	無	全	9C後期	4m	忠北 丹陽	
奉化鷲棲寺三層石塔	弧角形 2 角形 1	1	弧角形 2	양	4단	角形 2단	有	露盤 仰花	咸通8年(景文王7年·867年)	現存 2.8m	慶北 奉化	최하층기단 각면에 眼象 구씩, 3층기단, 사리함이 명문
襄陽五色里三層石塔	弧角形 2	1	弧角形 2	양	4단	角形 2단	無	露盤 覆鉢 水煙	9C後期	2.5m	江原 襄陽	
浮石寺東方寺址三層石塔	角形 3 弧角形 2	1	角形 3	양	4단	角形 2단	有	露盤	〃	3.9m	慶北 榮豐	1958년 이건
仙巖寺東·西三層石塔	角形 3 弧角形 2	1	角形 3	양	4단	弧角形 2	無	露盤	〃	4.7m	全南 昇州	
桐華寺見盧庵三層石塔	別石받침형	1	角形 3 별석받침형	양	4단	角形 2단	有	露盤, 覆鉢寶珠	咸通4年(景文王3年·863年)	3.7m	大邱 市	초층탑신에서 舍利盒, 小土塔3, 紅色絹布
到彼岸寺三層石塔		1	別石받침형	양	1층4단 2,3층3단 半圓型	弧角形 1단	有	露盤	咸通6年(景文王5年·865年)	4.1m	江原 鐵原	하층기단 각면에 眼象 1구씩 八角佛座形 基壇部가
聖住寺址五層石塔	角形 3 弧角形 2	1	角形 위에예 별석받침	양	4단	角形 1단	無	露盤	847년 주정	6.4m	忠南 保寧	1971년에 해체 복원 1층탑신에 사리공

石塔名	基壇部 下層基壇 撐柱받침	下層基壇 中石	上層基壇 撐柱받침	上層塔身받침 (初層塔身석)	塔身石 塔身	우주·門扉	屋蓋석 屋蓋받침	落水홈	相輪部	時代	高	所在地	備考
聖住寺址中央三層石塔	1	弧角形 3단	1	弧角形 별석받침 위에 有	주形	양우주에 門扉	4단	有	露盤(西塔에서 이건)	847년, 추정	4.1m	忠南 保寧	1971년에 해체 복원 1층탑신에 사리공
聖住寺址西三層石塔	1	弧角形 3단	1	弧角形 별석받침 有	주形	양우주에 門扉	4단	有	露盤	〃	4.4m	忠南 保寧	1971년에 해체 복원 1층탑신에 사리공
聖住寺址東三層石塔	1	弧角形 3단	1	角形 별석받침 有	주形	양우주에 門扉	4단	無		〃	3.8m	忠南 保寧	1971년에 해체 복원 1층탑신에 사리공
鳳巖寺三層石塔	·	·	弧角形 2	角形 1단 有	주形	우 양	1,2층 5단 3층 4단	有	完形	881년, 추정	6.3m 上輪高 2.4m	慶北 聞慶	단층기단
尙州化達里三層石塔	·	·	弧角形 2	角形 1단 有	주形	우 양	1,2층 5단 3층 4단	無	完	9 C 後期	6.3m	慶北 尙州	단층기단
聞慶內化里三層石塔	·	·	弧角 2	有	주形	우	4단	有	露盤 우계석과 一石 3층 同	〃	4.3m	慶北 聞慶	단층기단, 1960년 所建
直指寺大雄殿앞東·西三層石塔	·	·	角形 2단	角形 2단 有	주形	우	1,2층 5단 3층 4단	無		〃	5.3m	慶北 (原)聞慶郡畫中面倉創部落 (現)直指寺	단층기단, 1974년 이건
直指寺毘盧殿앞三層石塔	·	·	角形 2단	角形 2단 有	주形	우	1,2층 5단 3층 4단	無		〃	5.3m	慶北 (原)聞慶郡畫中面倉創部落 (現)直指寺	단층기단, 1974년 이건
靑巖寺修道庵東三層石塔	·	·	無	方形佛龕 내에 佛像 1구 無	주形	양우주	無	有	露盤, 覆鉢	〃	3.8m	慶北 金陵	단층기단
華嚴寺東五層石塔	·	·	角形 1단	角形 1단 有	주形	우	4단	無	露盤, 覆鉢	〃	6.4m	全南 求禮	단층기단
表忠寺三層石塔	·	·	角形 2단	角形 2단 有	주形	우	4단	無	露盤, 覆鉢, 仰花, 寶輪, 水煙	〃	7.7m	慶南 密陽	단층기단
牛川里三層石塔	·	·	弧角 2	弧角 2 有	주形	우	4단	無		〃	4.5m	全南 寶城	단층기단

이중 실상사동.서삼층석탑은 상륜부가 완전하여 주목을 받고 있는데 실상사의 초창은 홍덕
왕 3년(828)홍법국사의 창건으로 전하고 있어 이 탑의 건립도 사찰 창건당시로 보고 있으나[22]
세부양식을 살펴볼 때 屋蓋石은 전각의 반전이 날카롭게 우동선은 물결형을 이루고 있으며 각
1매로 조성된 상.하甲石에 합각선이 뚜렷하고 초층탑신이 높은 점으로 보다 9C후기의 작품으
로 생각된다.

寶林寺三層石塔은 1934년 해체 복원시 초층탑신에 舍利莊嚴구와 함께 탑지석이 발견되어 건
립연대 및 중수사실이 확인 되었는데 그 내용은 다음과 같다.[23]

1. 함통11년(景文王 10년.870)에 건립.

2. 대순2년(진성왕 5년.891)舍利7매봉안

3. 성화14년(조선 성종9년.1478)1차 중수

4. 가정14년(조선 중종30년.1535)2차 중수

5. 숭정기원후 57년(조선 숙종10년.1684)3차 중수

또한 이와 같은 거탑에서부터 4차례에 걸친 중수사실 이외에 景文王10년에 헌안왕의 명복을
빌기 위하여 건립한 願塔임이 확인되었다.[24]

우현선생은 양탑에 대해 2층, 3층탑신에 있어서 우주형식이 갑자기 섬약하게 된 곳, 옥개
곡선이 매우 미약한 점, 下層基壇甲石에 있어서 상층신부받침의 조출에서 사복형이 소실하
여 버린 점등 후세의 개수의 결과인가도 생각된다. 혹은 대체의 양식 급 촌척만 고법을 따
라서 개조인가도 생각한다[25] 라고 하여 양탑의 개조사실을 지적하고 있는데 양탑지석의 내
용을 비교해 볼 때 성화14년과 가정14년의 개수기록이 주목된다. 즉 대순2년과 숭정기원
후57년의 기록은 남탑지에만 기록되고 있어 남.북석탑은 양기가 동시에 중수된 성화, 가정

22 知異山實相寺事蹟(上)沿革條에 新羅興德王3年(唐文宗太和2年)戊甲開山祖師 洪法國師의 創建하신 바로
써……라 기록되어 있으며 佛像及貴重品條에 廷中塔 二座新羅 興德王 3年 開山時에 建築한 바로서 李祖 高
宗8年에 華塋聚昕大師가 重修하니라……고 기록되어 있어 828년에 實相寺가 창건되고 동시에 석탑의 康
立되었음을 보여주고 있다.
   金映遂篇,「知異山實相寺事蹟(上)」,『考古美術』108, 韓國美術史學會, 1978, pp.18-19.
23 南.北石塔內에서 각각1매의 塔誌石과 靑銅盒이 1점씩 조사되었는바 銘文의 내용은 黃壽永,『韓國金石遺
文』, 一志社, 1976, pp.153-158에 실려 있으며 舍利具에 대한 내용은 鄭永鎬선생에 의하여 소개된바
있다.
   鄭永鎬,「寶林寺 石塔內發見 舍利具에 대하여」,『考古美術』, 123·124合輯, 韓國美術史學會, 1974.
pp.26-34.
24 北塔誌의 側面에『造塔時』咸通十一年」庚寅五月日」凝王 即位」十年矣」所由者」憲王往生」慶造址塔」……』의
기록이 있어 景文王十年(870)에 憲安王을 위해 건립된 원탑임을 알 수 있다.
25 高裕燮,「韓國塔婆의 研究-各論草稿-」,『考古美術資料』제14집, 考古美術同人會, 1967, pp.185-186.

연간의 중수시에 개조된 것으로 생각된다. 그러나 성화14년의 중수는 북탑의 기울어진 상태를 보수할 때 함께 개수된 것으로 추측되어 양탑은 가정14년(1535)의 중수시에 변조된 것으로 보인다.

왜냐하면 출토된 청동합의 명문을 볼 때 「…立塔」의[26] 구절이 동시에 보이고 있어 성화십사년의 개수이후 탑이 기울어졌거나 되괴되어 다시 중수되었음을 알 수 있으며 모든 개수기사가 탑지석에 기록되고 있음에 비해 가정십사년의 중수사실은 청동합에 기록되고 있어 특별한 사실이 있었음을 생각할 수 있다.

현재 이 탑은 초층탑신받침이 弧角形 2단인 점을 제외하고는 대체로 전기석탑의 범주에서 벗어나지 않고 있지만 下層基壇의 甲石에 통식의 上層基壇받침이 생략된 점으로 보아 가정십사년의 중수시 下層基壇을 개조한 것으로 보인다.

양탑의 屋蓋石은 넓고 추녀밑은 수평을 이루고 있으며 낙수면 전각의 반전은 강한 편으로 下代석탑의 양식을 잘 보여주고 있다.

초층탑신받침의 弧角形 2단 변화에 이어 角弧角形 3단의 변화가 보이고 있는데 이 계열의 석탑으로는 奉化鷲棲寺三層石塔, 부석사동방사지삼층석탑, 양양오색리삼층석탑, 선암사동.서 삼층석탑애 있다. 이중 奉化鷲棲寺三層石塔은 탑내에서 발견된 사리합의 명문에 의하여 景文王7년(867)에 이찬 김량종의 여 명단의 발원에 의해 건립된 석탑으로 밝혀졌다.[27] 이 탑은 1966년 2월에 실시된 新羅오악태백산지구 2차조사시에 조사됨으로서 주목을 받기 시작했는데 당시에는 탑재가 땅속에 묻혀 현상을 파악하지 못했으나[28] 최근 필자가 조사한 바에 의하면 8매의 장대석으로 지대석을 삼아 삼층기단을 구성하고 있는데 下層基壇은 4매의 장대석으로 하면에 角形3단의 받침위에 각면 4구씩의 안상이 배치되고 있다. 중층기단은 甲石하면에 얕은 副椽이 있으며 상면에는 弧角形 2단의 받침위에 2매로 구성된 별석의 上層基壇 甲石이

---

26 兩塔에서 출토된 靑銅盒에 嘉靖十四年乙未五月日立塔時主兪○」○○○○化主義根」(北塔) 및 嘉靖十四年乙未四月日立塔重修記化主義根」(南塔)의 기록이 있다.
   黃壽永, 前揭書, p.156. p.158.

27 舍利盒 表面에 釋彦傳」母親위明端」考伊찬金亮」宗公之季女」親自發弘誓」專起佛塔己」感淨土之業」兼利세國之」生孝順此志」建立玆塔在」佛舍利十粒」作牙垢淨一」稟稟師皇龍」寺僧賢矩」大唐咸通八年建」과 底部에 『石匠神努』의 銘文이 있다.
   朝鮮總督府博物館, 『博物館陳列品圖鑑』 8, 1936.

28 調査當時 탑에 대한 기록을 보면『현재는 2층탑신까지 올려 놓았으나 屋蓋石과 露盤등이 落下되어 雪中에 묻혀 있으며 기단은 中央撑柱 하나가 刻出되고 兩隅柱가 있는 通式의 基壇뿐인데 본래부터 단층기단이 되었는지 그렇지 않으면 하기단이 파손되어 再建時에 上基만 세웠는지 이것도 해방 후의 再調에 의하여 밝혀져야 할 것이다……』라 기술하고 있다.
   鄭永鎬,「奉化鷲棲寺의 塔像과 石燈」, 『考古美術』 7-4, 考古美術同人會, 1966.

있는 바 상면에 弧角形 2단의 받침이 있으며 4우에는 합각선이 뚜렷하다. 4매로 구성된 上層基壇은 각면에 兩隅柱와 1撑柱가 모각되어 있으며 甲石하면에는 副椽이 상면에는 각弧角形 3단의 받침이 있다.

탑신과 屋蓋石은 각 1석씩인데 탑신에는 兩隅柱가 모각되어 있으며 초층탑신의 높이가 55cm인데 반하여 1층屋蓋石위 탑신석의 높이가 16cm여서 이는 3층탑신으로 추정된다. 屋蓋石은 4단의 받침이 조출되어 있으며 하면에는 낙수홈이 상면에는 角形 2단의 탑신괴임이 있고 4우에는 풍광공이 있다. 낙수면의 경사가 급하고 4우의 반전이 예리한 점은 下代석탑의 특징을 잘 보여주고 있다. 탑정에는 副椽이 있는 露盤석이 올려져 있다. 이 탑에서의 특징은 基壇部에 있는 바 3층기단이 출현하고 있는데 현재의 상태가 학술적인 복원이 아니어서 3층기단이 확실 여부에 대해서는 일단 의심의 여지가 있지만 下層基壇석재에 角形3단의 받침과 안상이 彫飾되어 있으며 석재의 형태로 보아 다른 基壇의 부재라기보다 탑재의 성격이 강하게 보이고 있다. 따라서 취서사3층석탑의 기단양식은 고려시대에 건립된 연곡사3층석탑 3층기단의 선례로 볼 수 있다.

초층탑신받침에서의 또 다른 변화는 별석받침 형태의 괴임수법을 볼 수 있는데 이는 828년에 건립된 법광사지3층석탑에서 이미 출현하고 있으며 후기의 석탑중 동화사비로암3층석탑, 도피안사3층석탑에서 볼 수 있다.

동화사비로암3층석탑은 탑내에서 출토된 舍利석합의 명문에 의하여 景文王3년(863)에 민애대왕을 위해 건립된 언탑임이 밝혀졌다.[29] 이 탑은 基壇으로부터 탑신에 이르기까지 통식을 보이고 있지만 초층탑신받침에서 변화가 보이고 있다. 즉 甲石 상면에 형의 받침이 조출되어 있어 특이한 양식을 보이고 있다.

到彼岸寺三層石塔은 법당내에 안치된 철조비로사나불 광배에 있는 명문에 의하여 景文王 5년(865)에 지방호족의 발원에 의해 건립된 석탑으로 보여지는데[30] 基壇部가 八角形으로서 상.중.下代석을 구비하고 있으며 상.하대석에는 각각 앙련과 복련을 彫飾하고 있어 불좌와 동일한 양식을 보이고 있다. 이와 같은 八角形 基壇은 고려시대에 이르러 평안도지방을 지방으로 유행되는 八角形 석탑기단의 시원양식으로 볼 수 있다. 또한 초층탑신 받침이 비로암삼층석탑과 마찬가지로 별석받침의 형태을 이루고 있다. 옥개받침은 1층 4단 2.3층은 3단을 이루고 있으나 통식의 角形이 아니라 호형인 점이 특이하다.

....

29 桐華寺毘盧庵三層石塔記에 대해서는 黃壽永先生의 상세한 論考가 있다. 黃壽永, 「新羅敏哀大王石塔記1桐華寺毘盧庵三層石塔의 調査」, 『史學志』3, 檀國大學校史學會, 1969, pp.53-86.

30 文明大, 『韓國彫刻史』, 悅話堂, 1980, p.281, 到彼岸寺佛像造成銘文 참조.

초층탑신받침의 별석받침 형태는 聖住寺址에 건립된 4기의 석탑에 이르러 1매의 별석받침으로 정형화되며 특히 角弧角形의 3단받침위에 별석받침이 놓여있어 초층탑신받침 양식의 진전 과정을 볼 수 있는 바 나예화상무염이 847년에 聖住寺를 개창한 점으로 보아 건립하한을 개창 당시로 볼 수 있어[31] 별석받침은 9C중기에 완성된 것으로 보인다.[32]

4기의 석탑은 숭암산聖住寺사적기에 기록된 釋迦如來舍利塔, 定光如來舍利塔, 迦葉如來舍利塔, 藥師如來舍利塔으로[33] 대체로 공통된 양식을 보이고 있는데 이를 살펴보면 첫째, 상.下層基壇에 있어 撑柱는 1주씩이며 甲石 상면의 4우에 합각선이 뚜렷하며 각각 角弧角形의 3단받침이 있다. 둘째, 초층탑신괴임대에 1매의 별석받침이 있다. 셋째, 초층탑신에는 5층석탑을 제외하고는 모두 전.후 양면에 門扉形이 모각되어 있으며 屋蓋石은 4우에 이르러 反轉이 예리해지며 받침은 모두 4단을 유지하고 있는 점이다. 4기의 석탑중 5층석탑은 金堂址 정면에 건립되어 중문 석탑, 금당이 일직선상에 놓인 것으로 삼국시대 堂塔伽藍配置의 고제를 담습한 伽藍配置上의 석탑으로 그것이 석가여래舍利塔이라고 聖住寺事蹟記에 명시되어 있는 바와 같이 불탑이라는데서 상례적인 가람으로서의 탑파임을 알 수 있으며 3기의 석탑은 定光如來, 迦葉如來, 藥師如來의 三尊像이 多層方塔形의 석탑으로 배치된 이양특례를 보이고 있다.[34]

聖住寺址의 석탑은 모두 초층탑신받침이 별석으로 조성되고 탑이 불로 대용되는 변화를 보이고 있어 下代석탑의 특성을 규명하는데 중요한 예로 생각된다. 즉 下代에 이르러 석탑은 불상과 동등한 가치를 부여받아 불상을 대신하여 존명을 지닌 탑으로 대치 건립된 결과로 보인다.

9C후기의 석탑에 있어서 가장 큰 변화는 이제까지 통식인 상.하2층기단중 下層基壇이 완전히 생략된 단층기단이 출현하고 있는 점이다. 이 계열에 속하는 탑은 鳳巖寺三層石塔, 尙州化達里三層石塔, 聞慶內化里三層石塔, 直指寺大雄殿前三層石塔, 直指寺毘盧殿前三層石塔, 靑巖寺修道菴東三層石塔, 華嚴寺東五層石塔, 表忠寺三層石塔, 寶城牛川里三層石塔이 있다.

이들 석탑은 표2에서 보다시피 이제까지의 양식적인 통일성을 보이던 석탑과는 달리 불균형

---

31 崇岩山聖住寺事蹟記에 의하며『…唐宣宗大中元年丁卯冬十月月十日日 至鳥合寺 其夜雪下半腰, 假住數日 僧裕寂梵行志崇三人先居之 固請住止 文聖大王亦遣宰相魏昕請居因住錫거…』라고 기록되어 있어 聖住寺의 前身이 百濟의 鳥合寺였으며 大中元年(847)에 朗慧和尙無染이 이곳에와 住錫함으로써 聖住寺가 九山禪門의 하나로 開創된 것으로 보인다.
考古美術同人會篇,「崇岩山聖住寺事蹟」,『考古美術』九卷 九號.

32 석탑에서의 별석받침은 이미 9C전기의 석탑에서 나타나고 있다. 즉 慶州 南山里 東三層石塔에서는 角形 3단의 1매 板石이 초층탑신을 받치고 있으며 淨惠寺址 13층 石塔과 慶州西岳里三層石塔에서는 1매의 판석으로 초층탑신을 받치고 있는 바 이는 정형화된 탑신받침은 아니지만 초기적인 별석받침으로 볼 수 있다.

33 考古美術同人會篇,「崇岩山聖住寺事蹟」,『考古美術』9-9, 1968.

34 李銀昌,「保寧聖住寺址石塔考」,『史學硏究』21, 金聲均博士華甲紀念論文集, 韓國史學會, 1969, p.45

을 보이고 있다. 즉 鳳巖寺三層石塔에 있어서는 단층기단으로서의 변화 이외에도 옥개받침이 1, 2층은 5단인데 반하여 3층은 4단을 유지하고 있으며 屋蓋石 상면의 탑신괴임도 角形 1단을 조출하고 있다. 華嚴寺東五層石塔은 基壇部에서 撑柱가 완전히 생략되고 옥개받침은 각 4단씩 조출되고 있어 고려시대석탑의 양식으로 이행 되어가는 양상을 볼 수 있다.

단층기단을 보이는 석탑중 鳳巖寺三層石塔은 憲康王7년(881)에 왕이 승통 후공과 숙정사 배률문을 보내 寺域을 정하고 寺名을 鳳巖이라 하였다는 기록을 볼 때[35] 이 탑은 늦어도 881년 즉 9C후기에 건립되었을 것으로 추측된다. 따라서 단층기단을 지닌 석탑의 출현연대 추정에 큰 시사를 주고 있으며 內化里三層石塔, 尙州化達里三層石塔, 直指寺三層石塔[36] 新羅성대의 석탑이 거의 경주에 집중되어 있음을 볼 때 이는 9C에 이르러 등장한 지방양식의 한 부류로 보아야 할 것이다.[37]

이상에서 9C후기에 건립된 44기의 석탑에 대하여 고찰하였는데 후기의 석탑은 데체로 전기 석탑의 양식을 계승하면서 9C 석탑의 양식적 특징을 확립시킨 시기이며 고려시대의 석탑으로 이행되어 가는 시기로 보여진다. 9C후기 석탑에 나타난 전기석탑으로 부터의 변화는

1. 下層基壇에 있어 撑柱의 수는 1개로 정형화되고 있으며 鳳巖寺三層石塔에서 보듯이 下層基壇 전체가 소멸된 단층기단이 나타나 고려시대 석탑의 특징을 보이고 있다.

2. 上層基壇 역시 1撑柱를 표현하고 있어 후기의 석탑은 하1, 상1의 撑柱가 基壇部의 공식이 되고 있다. 이러한 양식의 基壇은 828년에 건립된 法光寺址三層石塔에서 최초로 발생되어 9C 후기에 이르러 정립된 基壇형식으로 보인다.

3. 9C후기의 석탑에서 가장 큰 변화는 초층탑신받침에서 보이고 있는데 前期의 석탑이 모두 角形 2단을 보이고 있는데 반해 후기석탑에서는 角形 2단→弧角形2단→角弧角形3단→별석받침형태→별석받침으로 변화를 보이고 있다. 角形 2단의 받침은 중대석탑으로 부터의 공통된 양식이며 弧角形 2단은 9C후기초반에 건립된 실상사삼층석탑에서 角弧角形 3단은 867년에 건립된 奉化鷲棲寺三層石塔에서 선례를 볼 수 있다. 별석받침형식은 828년에 건립된 法光寺址三層

---

35 鳳巖寺智證大師寂照塔碑에『中和辛丑年 教遺前安輪寺僧統後恭肅正使裵律文定彊域苟賜膀爲鳳岩…』라고 기록되어 있다.
　　朝鮮總督府,『朝鮮金石總覽』上, 大正8年, p.94.
36 直指寺의 석탑 3기는 모두 慶北 聞慶郡 山北面 書中里 熊創부락으로부터 1974년에 移建된 것이다.
37 통일신라시대에는 이미 지방적인 측색을 지닌 造形物이 등장하고 있다. 즉 강원도 원주지방의 諸遺物에 彫飾된 蓮華紋의 공통점이라든지 潭陽 開仙寺址石燈, 實相寺石燈, 任實 龍岩里石燈, 華嚴寺覺皇殿石燈, 禪林院址石燈, 陜川 淸凉寺石燈은 竿石이 鼓腹形인 특수양식인 바 이중 4기가 전북 남원지방에 집중되어 있어 이 지방에서 특히 유행한 부도의 기단에서 유래한 것으로 보이며 한 지역에 집중되어 있음은 독특한 지방양식을 지닌 一群의 石燈으로 보아야 할 것이다.

石塔에서의 조성을 시작으로 桐華寺毘盧庵三層石塔, 到彼岸寺三層石塔으로 이어지고 있으며 3 기의 석탑이 모두 願塔인 점도 이와 같은 양식이 시사하는 바는 크다고 하겠다. 별석받침은 聖 住寺址에 건립되어 있는 4기의 석탑에서 볼 수 있는데 이는 고려시대 석탑에 나타나는 별석받 침의 정형화된 선례로 9C후기에 이르러 이미 고려후대 석탑의 양식이 출현하고 있음을 보여주 고 있다.

4. 초층탑신받침의 변화에 따라 9C후기의 석탑은 前期에 이어 초층탑신이 특히 높아지고 있 는데 이는 9C석탑의 내적변화를 의미하는 것으로 보인다.

5. 前期에 이어 마찬가지로 基壇 및 탑신부에 莊嚴이 가해지고 있는데 下層基壇에는 안상.비 천상이 上層基壇에는 八部身衆, 眼象, 四天王, 菩薩이 초층탑신에는 四方佛, 門扉形, 보살이 주요 莊嚴으로 彫飾되고 있다.

6. 前期의 석탑은 경상도지방을 중심으로 확산되고 있지만 후기에 이르러 전국적으로 확 산되고 있는데 이와 같은 석탑의 전국적인 확산은 下代의 시대상황에 그 요인이 있다고 생각 된다.

7. 前期에 이어 願塔이 유행하고 있다. 즉 寶林寺三層石塔, 奉化鷲棲寺三層石塔, 桐華寺毘盧庵 三層石塔, 到彼岸寺三層石塔은 모두 景文王대에 건립된 절대연대가 있는 석탑으로 9C후기에 國 王, 貴族, 豪族에 의한 願塔이 유행했음을 알 수 있다.

이상에서 9C에 건립된 69기의 석탑에 대해 양식적인 문제에 한하여 고찰하였다. 9C에 건립 된 이 많은 석탑이 모두 사찰의 장식물 내지는 공예적인 탑이 될 수 없음을 명백한 사실로 생각 된다. 석탑에서의 세부적인 변화, 莊嚴彫飾의 성행은 9C 석탑의 대표적인 특징인데 여기에는 반드시 변화하고 彫飾되어야 할 필연성이 있을 것이며 이는 下代의 시대상황 가운데서 규명해 야 할 것이다.

3. 中代石塔과의 關係

우리나라 최초의 석탑 발생국인 백제는 중국의 목탑양식을 충실히 석재로 옮겨 미륵사지석 탑과 定林寺址五層石塔을 건립하였으며 新羅는 목탑과 전탑의 양식을 충실히 번안하여 善德王3 년(634)에 芬皇寺 模塼石塔을 조성하면서 우리나라 塔婆史의 一章을 열었다. 즉 한반도에 건립 된 수많은 석탑의 근원은 목탑과 전탑에 있으며 한국 석탑의 전형양식을 창출한 新羅는 목탑 전 탑의 양식을 잘 소화 정리하여 7C전반기에 이르러 義城塔里五層石塔을 건립하게 되었다.[38] 이

---

38 黃壽永, 「우리나라의 塔」, 『韓國의 佛教美術』, 同和出版公社, 1974, p.83.

와같은 類의 석탑은 모두 한국석탑의 始原樣式으로서 통일후 형성된 전형석탑의 조형이 되고 있다. 新羅의 삼국통일은 정치 사회적인 통일뿐 아니라 문화와 예술까지도 포함하는 전체적인 통일이었으며 이를 계기로 우리나라 독자적인 석탑문화를 발생시키게 되었다. 통일후 신라에 의해 건립된 석탑은 感恩寺址東.西三層石塔, 高仙寺址三層石塔, 羅原里五層石塔으로 이를 통칭 하여 전형적 탑파라 하는 바 조선탑파사상 제2기를 형성하며 세대적으로 문성왕부터 성덕왕까 지의 중대전기에 두어질 수 있다.[39]

感恩寺址三層石塔으로 대표되는 典型期의 석탑은 대체로 다음과 같은 양식상의 공통적인 특 징을 보이고 있다.

1. 基壇은 상.하2층기단으로 下層基壇에는 3주의 撑柱와 兩隅柱가 각각 별석으로 조립되고 있으며 甲石 하면에는 角形1단의 副椽이 있고 상면에는 角形 2단의 초층탑신 받침이 조출되어 있다.

2. 탑신석은 兩隅柱가 별석이며 1매판석으로 네벽을 이루고 있다.

3. 8매로 구성된 屋蓋石은 완만한 낙수면을 보이고 있으며 상면에 角形 2단의 탑신괴임이 하 면에 角形 5단의 옥개받침이 조출되어 있다.

4. 대부분의 석탑은 露盤 이외에는 상륜부를 결실했으며 감은사지 동.서삼층석탑은 철제찰주 를 남기고 있다.

이와같이 공통된 양식을 공식으로 갖은 전형석탑에 이어서 중대후기에 이르러 정형양식의 석탑이 등장하고 있는데 又玄先生은 이를 제3기의 작품으로 분류한 후 조성시대를 중대후기(孝 成王-惠恭王)으로 설정하고 있다.[40] 이 계열의 석탑으로는 獐項里오층석탑, 佛國寺三層石塔, 長 壽寺址三層石塔, 千軍里東, 西三層石塔, 明莊里三層石塔, 葛項寺址三層石塔, 淸道鳳岐洞三層石塔 을 들 수 있는데[41] 대체로 佛國寺三層石塔의 양식을 모형으로 건립되고 있어 다음과 같은 공통 점을 볼 수 있다.

1. 基壇은 상.하2층기단을 구비하고 있으며 각층의 撑柱는 각2주씩이다. 下層基壇 甲石 상면 에는 弧角形 2단이, 上層基壇 甲石上面에는 角形 2단의 괴임대가 조출되어 있다.

2. 塔身과 屋蓋石은 각 1석씩이며 塔身에는 兩隅柱가 모각되고 屋蓋石 하면에는 角形 5단의 받침이 上面에는 角形2단의 塔身괴임대가 조출되어 있다.

....

39 高裕燮,『韓國塔婆의 硏究』, 乙酉文化社, 단기4281, p.79.
40 高裕燮, 前揭書, p.87.
41 又玄先生은 동계열의 작품으로 慶州南山里三層石塔, 香城寺址三層石塔을 포함시키고 있으나 南山里三層 石塔과 香城寺址三層石塔은 양식으로 보아 9C전기의 작품으로 생각돈다.
   高裕燮, 前揭書, p.81.

3. 相輪은 대부분이 결실되었지만 副椽이 있는 1석으로 된 露盤이 있다.

이와 같은 양식적 특성 이외에 탑표면에 莊嚴이 가해지고 있는 바 이는 月城獐項里五層石塔, 遠願寺址三層石塔에서 볼 수 있다. 獐項里五層石塔은 초층탑신에 門扉形이 모각되어 있으며 좌.우에 인왕상이 연화좌 위에 조출되어 있다. 遠願寺址三層石塔은 초층탑신에 四天王을 彫飾하고 上層基壇 각면에는 연화좌 위에 十二支像을 彫飾하고 있다. 定型期의 석탑에 彫飾된 諸像은 後代石塔에서도 彫飾되고 있는데 앞에서 살펴본 2기의 석탑에 국한되고 있어 定型期의 석탑에서는 表面莊嚴이 활발히 유행되지 못했음을 알 수 있다.

석탑자체의 표면에 대한 직접적인 彫飾 이외에 특별한 장식물을 첨가하여 莊嚴한 석탑으로 金泉葛項寺址三層石塔을 둘 수 있다. 이 탑은 今陵郡 南面 梧鳳里에서 1916년에 이건된 석탑으로 앞에서 살펴본 定型期의 양식을 잘 보여주고 있다. 이 탑은 탑신전체에 정혈이 있어 장식이 있는 금동판으로 덮었던 것임을 보여주고 특히 초층탑신 면석의 요철 흔적은 四天王立像이 있었던 것으로 보인다.[42] 東塔의 上層基壇명문에 의하여 흥덕왕 17년(758)에 건립된 절대연대가 있는 석탑으로[43] 表面莊嚴의 특이한 예를 보여주고 있다.

이상에서 살펴본 바와 같이 典型期의 석탑에서 발생된 양식은 定型期에 이르러 한국석탑의 양식적인 확립을 보아 후대에 계승된 것으로 보인다.

전형, 定型期의 석탑과 9C석탑과의 세부양식을 비교해 보면 앞의 표3으로 집약되고 있다.

표3에서 보듯이 定型期에 와서 정립된 석탑의 諸樣式은 9C에 들어와서 많은 변화가 일어나고 있으며 특히 9C후기에 이르러서는 前期에 비해 뚜렷한 변화를 보이고 있어 9C 석탑의 변화 중 基壇部의 변화와 더불어 表面莊嚴 彫飾의 증가, 초층탑신 받침대의 변화는 9C석탑의 외형적인 변화 이외에 내적인 변화를 살필 수 있는 중요한 요소로 보인다. 즉 下代라는 시대가 부응하기 위한 彫飾 및 변화로서 건탑의 목적 및 숭배물로서의 변화를 살필 수 있다고 생각된다. 9C에 이르러 정립된 諸樣式은 고려시대 석탑으로 애행되어 고려시대에 건립된 많은 석탑의 조형이 되고 있다. 따라서 9C의 미술은 적어도 석탑의 경우에는 양식적 쇠퇴기가 아니라 전대의 양식을 계승하면서 새로운 양식을 창출시켜 후대로 이어준 문화의 태동기 내지는 전환기로 보아야 할 것이다.

---

42 高裕燮, 前揭書, p.87.

43 동탑은 上層基壇에 다음과 같은 銘文이 있어 天寶 17년(758)에 三男妹의 발원에 의한 願塔임을 알 수 있다. 二塔天寶十七年戊戌中立在之」남姉妹三人業以成在之」남子 靈妙寺言寂法師在며」姉者 照文皇太后君며在며」妹者 敬信大王며在也」

〈표-3〉 신라석탑양식비교표

時期 石塔細部名稱		7C後期~8C前期 (典型期)	8C後期 (定型期)	9 C 前 期	9 C 期	9 C 後 期
下層基壇	撐柱	3 (別石)	2	2	2	1
	副椽	角形	角形	角形	角形	角形
	上層中石 받침	弧角形 2단	弧角形 2단	弧角形 2단	弧角形 2단	弧角形 2단, 角弧角形 3단
	莊嚴彫飾		十二支(2)	十二支(1), 眼象(3)	十二支(1), 眼象	眼象(2), 飛天(2)
上層基壇	撐柱	2 (別石)	2	1	2	1
	副椽	角形	角形	角形	角形	角形
	初層塔身 받침	角形 2단	角形 2단	角形 2단	角形 2단	角形 2단, 弧角形 3단, 널 셋받침
	莊嚴彫飾		十二支(1)	眼象(4), 八部神衆(5)	眼象, 八部神衆	四天王(3), 八部神衆(4), 菩薩(1)
塔身	身石	우주 (別石)	우주	우주	우주	우주
	莊嚴彫飾	門扉形(1), 龕室(1)	門扉形(2), 四天王(1), 仁王(1)	仁王(1), 菩薩(1), 門扉形(1)	門扉形(1)	門扉形(7), 四方佛(2), 四天王(2), 菩薩(1)
	塔身 받침	角形 2단	角形 2단	角形 2단	角形 2단	角形 1~2단
	屋蓋 받침	5	5	5	5	4~5
屋蓋石	屋蓋	感恩寺址三層石塔(682年) "感恩寺"에서 轉載	佛國寺三層石塔 "韓國의 寺建築"에서 轉載	昌林寺址三層石塔(855年) "慶州南山의 佛蹟"에서 轉載		實林寺三層石塔(870年) "國寶 6"에서 轉載

4. 결론

이상에서 9C 건립된 69기의 석탑에 대하여 양식적인 면을 중심으로 고찰하였다.

8C가 신라석탑의 양식정립기였음에 비해 9C는 基壇部 및 초층탑신부에서의 변화와 함께 많은 莊嚴彫飾이 등장한 시기로 이상의 많은 변화는 前期에 비해 후기에 이르러 나타나고 또 9C 석탑의 양식으로 정립되었다.

9C석탑에 나타난 양식을 정리해보면

1. 基壇部에서는 중대석탑의 基壇撐柱가 하2.상2주였으나 9C前期는 하2, 상1주로 후기는 사이.하 각1주로 공식화되고 있다. 또 종래의 2층基壇으로부터 단층기단, 佛座形기단이 나타나고 있는데 단층기단은 鳳巖寺三層石塔의 건립이 881년으로 추정됨으로 9C후기에 문경, 상주지방을 중심으로 발생한 지방양식으로 보았으며 佛座形기단은 到彼岸寺三層石塔의 建立年인 865년 즉 9C후반에 이르러 완성된 것으로 파악되었다. 따라서 고려시대 석탑기단의 선례가 9C에 완성되었음을 알 수 있다.

2. 탑신부에서의 변화는 초층탑신괴임대에거 보이고 있는 바 종래의 角形 2단 받침에서 弧角形2단, 角弧角形3단, 별석받침형태, 별석받침으로 변하고 있는데 별석받침 형태는 828년에 건립된 法光寺址三層石塔에서 최초로 보이고 있으며 별석받침은 聖住寺址에 건립된 4기의 석탑이 847년작으로 추정됨에 따라 9C중기데 완성된 것으로 보이는데 초층탑신괴임대의 변화는 초층탑신에 안치된 舍利를 중시한 결과로 보인다. 또 屋蓋石에 있어서는 받침이 통식의 5단으로 부터 4-5단으로 변하고 있으며 전각의 반전이 예리하여 외형적으로 날씬하고 경쾌한 인상을 주고 있으며 屋蓋石 하면에는 낙수홈이 있다.

3. 9C의 석탑은 표면에 많은 莊嚴彫飾이 표현되고 있는데 9C前期에는 안상이 집중적으로 彫飾되고 있으며 후기에 이르러 四天王, 門扉形, 四方佛의 彫飾이 성행하고 있다. 9C 석탑에 표현된 많은 莊嚴彫飾은 석탑의 공예화를 위한 彫飾이 아니라 新羅下代라는 시대상황를 통하여 볼 때 정치, 사회적인 필요에 의하여 彫飾되어졌다고 생각된다.

4. 석탑의 분포면에서 볼 때 중대의 석탑은 경주를 중심으로 밀집되어 있으나 9C에 이르러 전국으로 확산되고 있는데 前期는 경상도 및 전라도지방으로 확산되고 있으며 후기에 이르러 전국적으로 건립되고 있다.

5. 願塔의 건립이 유행하고 있는 바 前期에 비해 후기의 건립이 많아지며 특히 후기에 건립된 願塔은 모두 景文王代에 건립되고 있어 이 역시 下代의 시대동향 가운데서 파악되어져야 하리라 믿는다.

6. 寶林寺南.北三層石塔은 嘉靖14년(1535)2차중수시 下層基壇이 변조된 것으로 보인다.

이상에서 나타난 제반 특징을 볼 때 9C는 중대석탑의 양식을 계승하면서 독자적인 양식을 창출한 시기이며 고려시대 석탑의 전형양식을 보인 시기였다. 따라서 9C는 적어도 석탑의 경우에 있어서는 문화의 쇠토기가 아니라 새로운 문화의 창출한 위한 잉태기로 보아야 하리라 믿는다.

(1987.03 「新羅 九世紀 石塔의 樣式에 關한 硏究」, 『미술사학연구』 173, 한국미술사학회)

도 1. 광주동오층석탑(현 광주 지산동 오층석탑)

도 2. 광주동오층석탑 기단부

도 3. 광주동오층석탑 탑신부

도 4. 안동 옥동삼층석탑(현 평화동 삼층석탑)

도 5. 경주 남산리 서삼층석탑(현 남산동 서삼층석탑)

도 6. 경주 남산리 서삼층석탑 기단부

도 7. 경주 남산리 서삼층석탑 탑신부

도 8. 산청 범학리삼층석탑

도 9. 화엄사 서오층석탑

도 10. 대흥사 응전전 앞 삼층석탑

도 11. 경주 창림사지 삼층석탑

도 12. 칠곡 기성동 삼층석탑(현 기성리)

도 13. 창녕 술정리 서삼층석탑

도 14. 창녕 술정리 서삼층석탑 기단부

도 15. 경주 남산 승소곡 삼층석탑

도 16. 창녕 술정리 서삼층석탑 기단부

도 17. 경주 남산 승소곡 삼층석탑 탑신부

도 18. 법광사지 삼층석탑

도 19. 법광사지 삼층석탑 기단부

도 20. 법광사지 삼층석탑 초층 탑신받침

도 21. 법광사지 삼층석탑 3층옥개석(현 복원)

도 22. 향성사지 삼층석탑

도 23. 경주 남산 용장사곡 삼층석탑

도 24. 실상사 삼층석탑

도 25. 보림사 삼층석탑

도 26. 보림사 삼층석탑 기단부

도 27. 봉화 축서사 삼층석탑(현 복원)

도 28. 봉화 축서사 삼층석탑 기단부

도 29. 동화사 비로암 삼층석탑

도 30. 철원 도피안사 삼층석탑

도 31. 철원 도피안사 삼층석탑 기단부

도 32. 철원 도피안사 삼층석탑 탑신부

도 33. 성주사지 오층석탑

도 34. 성주사지 오층석탑 초층탑신 별석받침

도 35. 봉암사 삼층석탑

도 36. 봉암사 삼층석탑 기단부

도 37. 봉암사 삼층석탑 탑신부

도 38. 화엄사 동오층석탑

도 39. 화엄사 동오층석탑 기단부

도 40. 감은사지 삼층석탑(서탑)

도 41. 불국사 삼층석탑

도 42. 갈항사지 삼층석탑

和順 雲住寺 石塔의 特殊性에 관한 考察

Ⅰ. 머리말

전남도 화순군 도암면 대초리와 용강리 일원에 건립되어 있는 운주사는 千佛千塔의 사찰로 알려져 있다. 가장 최근의 조사에 의하면 석불은 모두 101개체로 이중, 형태가 완전한 불상은 62구가 현존하는 것으로 파악된 바 있다.[1] 더불어 석탑은 발굴조사 등으로 인해 파악된 탑재까지 합치면 30여기 이상이 존재했을 것으로 추정되지만, 이중 완전한 형태를 갖추고 있는 것은 21기로 파악되고 있다.[2] 이처럼 많은 수의 석탑과 석불의 존재는 한국의 어느 사찰에서도 볼 수 없는 특이한 현상을 지닌 곳임은 분명하다. 이로 인해 『新增東國輿地勝覽』을 비롯한 다양한 문헌에서 "千佛千塔의 사찰"로 기록되어 있음을 볼 수 있는데,[3] 『綾州牧誌』와 『綾州邑誌』를 비롯해

---

* 이 논문은 2014년 1월 7일에 개최된 화순 운주사 세계문화유산 등재를 위한 국제학술대회에서 발표한 것을 수정·보완한 것임을 밝힌다.

1 전남대학교 박물관·화순군, 『雲住寺 資料集成』, 2009, 75쪽.
2 전남대학교 박물관·화순군, 앞 책, 123쪽.
3 雲住寺 在千佛山 寺之左右山背 石佛石塔各一千 又有石室 二石佛向背而坐(『東國輿地勝覽』卷四十, 綾城縣 佛宇條). 雲住寺 在千佛山西 寺舊廢 其左右崖塹 石佛石塔 大小甚衆 謂之千佛千塔 又有一石室 其中二石佛 隔壁相背坐 諺傳 新羅時所造 或謂高麗僧惠明 有徒衆數千 各令造成云(『東國輿地志』, 綾城縣 古蹟條). 雲住寺 在千佛山 今廢. 寺之左右山脊 石佛石塔 各一千 又有石室 二石佛相背而坐(『梵宇攷』全羅道 綾州條). 雲住 在州縣南二十五里千佛山 在石山脊 石佛石塔各一千 又有石室 二石佛相背而坐(『輿地圖書』下 全羅道 綾州 寺刹 및 古跡條.) 千佛山 南三十里. 開天寺 雲住寺 寺之左右山脊 石佛石塔 各一千 又有石室 二石佛相背而坐(『大東地志』卷十四 全羅道 綾州條.)

근세의 문헌자료에 이르기 까지 이와 동일한 내용의 기사가 전승되고 있다.[4]

운주사의 불탑과 불상에 대한 연구는 일제 강점기에 주목된 이래[5] 기초적인 연구가 진행되었다.[6] 이후 운주사의 실체에 구체적으로 접근하기 위해 1984년부터 1989년에 걸쳐 4차례의 발굴조사가 진행된 바 있다.[7] 이후 운주사에 연구는 발굴조사 결과를 바탕으로 산재한 유물과 유적을 통해 종합적인 조사가 진행되어 다양한 보고서와 단행본이 출간되었고,[8] 석탑과 석불을 비롯해 천문학은 물론 보존과학적인 연구에 이르기 까지 다양하게 진행된 바 있다.[9] 더불어 본 고의 주제인 석탑에 대해서는 천득염 선생에 의해 대부분 정리되었다.[10] 이처럼 일제강점기 이래 운주사의 불탑과 불상에 관한 연구는 지속적이면서도 다각적인 측면에서 究明되어왔지만, 이곳 석탑에 구현된 다양한 특수성만을 대상으로 한 연구는 진행된 바 없었다. 운주사에 현존하는 21기의 석탑은 한국석탑의 전형적인 양식 즉, 탑신부로 부터 상륜부를 구비하는 보편적인 양식을 지니고 있지만,[11] 대부분의 석탑에서 기단부는 물론 탑신부에 부조된 문양으로부터 배치 양상에 이르기 까지 다른 사찰에서는 볼 수 없는 특수성을 지니고 있다. 필자는 이같은 관점에서 기왕의 연구 성과를 바탕으로 운주사 석탑에 구현된 다양한 특수성에 대해 고찰하고자 한다.

---

4 운주사와 관련된 문헌자료는 주 1의 책, 225-325쪽에 상세히 기록되어 있다.
5 野村孝文,「全羅南道 多塔峰의 遺跡」,『朝鮮と建築』19輯 8號, 1940, 朝鮮建築會. 關野貞,『朝鮮の建築と藝術』pp.562-564, 1941, 巖波書店. 杉山信三,『朝鮮の石塔』, 章國社, 1944.
6 成春慶,「雲住寺의 千佛千塔」,『月刊全海』, 1980.전남대학교 박물관,「佛跡調査報告」,『雲住寺』, 1984, 5-94쪽. 金赫正,『和順 千佛洞의 石佛과 石塔』, 全南 大學校 敎育大學院 碩士學位論文, 1984. 朴慶植,「和順 雲住寺의 石塔에 관한 考察」,『박물관기요』 5, 단국대 중앙박물관, 1989.
7 崔夢龍·李榮文·朴春圭·趙現鍾,「發掘調査報告」,『雲住寺』, 全南大學校 博物館, 1984. 李榮文·朴慶植·黃鎬均,『雲住寺 II』, 全南大學校 博物館·和順郡, 1988. 朴慶植·黃鎬均,『雲住寺 III』, 全南大學校 博物館·和順郡, 1990. 崔仁善,『雲住寺 IV』, 全南大學校 博物館·和順郡, 1994.
8 운주와 연관된 다양한 연구 중 가장 주목되는 결과물은 全南大學校 博物館·和順郡,『雲住寺綜合學術調査』, 1991. (주)삼진건축사사무소, 雲住寺·和順郡,『雲住寺 石塔·石佛 精密實測調査報告書』, 2007.전남대학교 박물관·화순군,『雲住寺 資料集成』, 2009, 이태호·천득염·황호균,『운주사』, 대원사, 1994가 있다.
9 이같은 연구 성과물에 대해서는 주 1의 책 연구자료편(531-543쪽)에 상세히 소개되어 있다.
10 千得琰,「雲住寺石塔의 造形的 特性에 대한 考察」,『雲住寺綜合學術調査』, 全南大學校 博物館·和順郡, 1991. 천득염·이상준·정주성,「운주사 다탑봉 석탑의 조형특성에 관한 연구 I」,『大韓建築學會論文集』, 7권6호, 1991, 70-75쪽. 천득염·이상준·정주성,「운주사 다탑봉 석탑의 조형특성에 관한 연구 II」,『大韓建築學會論文集』, 8권1호, 1992, 69-75쪽. 천득염,『백제계석탑 연구』, 전남대출판부, 2000. 및「운주사 불탑의 세계문화유산으로서의 가치와 의미」,『운주사의 세계유산적 가치 세미나 발표 논문집』, 2013, 141-185쪽.
11 운주사 석탑에서 확인되는 양식적인 보편성 즉, 백제계 석탑의 양식의 등장을 비롯해 기단의 구성에 있어 일석과 여러장의 판석으로 조립한 것 등 기왕의 연구에서 논증된 부분은 논외로 했음을 밝힌다. 주 6과 10에 소개한 논문등이 대표적인 연구성과이다.

Ⅱ. 특수성

특수성이라는 용어의 사전적인 의미는 "사물의 특별히 다른 성질 즉 특이성"을 뜻한다. 이를 운주사의 석탑에 대입해 보면 기왕에 건립되는 석탑과의 차별성과 상통하는 것으로 이해할 수 있는데, 이 부분에 대해서는 천득염 선생에 의해 정리된 바 있다.[12] 따라서 운주사의 석탑이 지닌 특수한 면면에 대해 기왕의 연구에서 거론하지 않았던 면면에 대해 필자의 의견을 제시하고자 한다.

1. 배치와 성격

앞에서도 언급한 바와 같이 운주사에는 형태가 완전한 석불 62구와 석탑 21기가 현존하고 있다. 이처럼 많은 수의 석탑과 불상은 수적인 면에서도 이채롭지만, 보다 근본적인 것은 21기의 석탑은 천불산의 좌·우 봉우리를 중심으로 각각 능선과 계곡에 분포되어 있다는 점이다.(사진-1) 뿐만 아니라 어느 하나도 특정 조형물에 종속적이지 않은 독립적인 객체로 조성되었다. 이같은 속성은 공간적인 면에서 볼 때 전통적인 가람배치의 방식에서 완전히 벗어나는 특성을 보이고 있다. 한국의 석탑은 金堂과 조화를 이루며 반드시 그 앞에 건립되는 것을 원칙으로 삼았고, 이는 삼국시대 이래 전통적인 가람배치의 한 방식으로 정착되어 왔다. 그런데 운주사의 석탑에서는 천불상의 능선과 계곡에 탑이 들어설 만한 공간에는 어김없이 건립되는 양상을 보이고 있다. 더욱이 산비탈의 경사면에 이르기 까지 건립된 탓에 기왕의 가람배치의 방식을 완전히 깨뜨린 파격성을 보이고 있다. 이같은 면면은 비록 불탑과 불상의 일정한 군집을 이루며 독립된 예배공간을 이루고 있다는 견해[13]를 적극 수용한다 하더라도 석탑과 조화를 이룰만한 금당을 건립할 수 있는 공간이 넉넉하지 못하다는 점에서 더욱 그러하다. 천득염 선생의 견해처럼 "탑의 앞에 금당이 없이 빈 공간 그 대로, 예를 들면 그 자체가 금당공간이 되는 것"이라는 견해[14]는 바로 기왕에 확립된 가람배치의 형식을 깨뜨린 파격성을 지적한 것이라 생각된다. 이같은 多塔의 배치 방식은 아시아의 여러 나라에서도 찾아 볼 수 있지만, 이 역시 다른 양상을 보이고 있어 주목된다.

....

12 천득염, 「운주사 불탑의 세계문화유산으로서의 가치와 의미」, 『운주사의 세계유산적 가치 세미나 발표 논문집』, 2013, 172-181쪽.
13 전남대학교 박물관·화순군, 『雲住寺 資料集成』, 2009, 58-60쪽.
14 천득염·이상준·정주성, 「운주사 다탑봉 석탑의 조형특성에 관한 연구 I」, 『大韓建築學會論文集』, 7권6호, 1991, 152쪽 및 천득염, 앞 논문, p.176.

| 사진-1. 운주사 전경 | 사진-2. 보드가야 사원 | 사진-3. 나란다 유적 전경 |

불교를 신봉하는 아시아 여러나라의 유적중에서 운주사에서처럼 많은 불탑이 밀집해 있는 곳은 인도의 보드가야 사원(사진-2)과 나란다 유적(사진-3), 인도네시아의 보로부드르, 중국의 소림사 탑림, (사진-4) 캄보디아의 앙코르와트와 유적, (사진-5~9) 미얀마의 바간 유적등이 대표적이다. 보드가야 유적은 중앙에 건립된 불탑을 중심으로 주변에 配塔(奉獻塔)이 들어선 형태로, 메인탑의 내부에는 석가모니불이 봉안되어 있는 형태를 보이고 있다. 인도네시아의 보르부드르 사원은 10층의 구조물로 정상에는 공간이 구성된 불탑을 건립하고 있다. 뿐만 아니라 각층의 테라스에는 많은 수의 탑이 건립되어 있어 이 역시 배탑 또는 봉헌탑으로 생각된다. 앙코르와트와 바간 유적 역시 다양한 불탑이 건립되어 있지만, 대부분 중앙의 불탑에는 내부에 공간을 마련하고 神像을 봉안하고 있다. 따라서 동양의 여러 나라에서 확인되는 거대한 불교유적의 군락은 탑과 불상이 분리된 객체로 건립된 유적이 아니라 불탑이라는 거대한 구조체에 불상을 포함한 여러 신상을 봉안하는 구조이다. 뿐만 아니라 이들 유적에서는 순수 불교적이라기보다는 불교와 힌두교가 결합된 형태로 건립되었다는 점 역시 공통점을 지니고 있다.[15] 게다가 건축적인 면에서도 인도 남부지역에서 확인되는 다각의 평면을 지닌 구조체와도 공통점을 지니고 있어, 각국의 독특한 건축구조라기보다는 동남아시아를 아우르는 남방건축문화의 특성을 잘 보여주고 있다. 이에 반해 운주사의 석탑에서는 한국 전통 석탑의 양식을 그대로 계승하고 있을 뿐만 아니라 각각 독립적인 객체로서 건립되었기에 신앙적인 측면에서의 역할이 명확하다. 더욱이 석탑에서 사리공이 확인되는 점에서 볼 때[16] 온전히 불교적인 속성을 지닌 것으로

---

15 이상의 내용은 천득염 선생의 발표문을 토대로 필자의 견해를 첨가 참고했음을 밝힌다. 천득염, 「운주사 불탑의 세계문화유산으로서의 가치와 의미」, 『운주사의 세계유산적 가치 세미나 발표 논문집』, 2013, 173-174쪽. 이와 더불어 소림사의 탑림은 승탑만으로 조성되어 다른 유적과는 차별성을 보이고 있다.

사진-4. 소림사 탑림

사진-5. 앙코르와트 유적 전경

사진-6. 바이욘 유적 전경

사진-7. 바콩 유적 전경

사진-8. 프놈바켕 유적 전견

사진-9. 프레아코 유적 전덩

판단된다. 더불어 중국의 소림사 탑림은 경내의 한적한 곳에 수많은 불탑이 빽빽이 건립되어 있고, 이들은 다른 나라와는 달리 불교적인 속성을 지니고 있어 운주사의 石塔群과 비교의 대상이 될 수 있다. 물론 수적인 면에서 운주사의 석탑을 소림사의 탑림에 비교하는 것 자체가 모순

16 천득염, 앞 논문, 171쪽.

사진-10. 소림사 법완선사탑   사진-11. 소림사 보통탑(송대)   사진-12. 소림사 명대 탑

일 수 있다. 그렇지만, 운주사의 석탑이 부처의 사리를 봉안한 불탑의 성격이라면, 소림사의 그
것은 승려의 사리를 봉안한 승탑이다. 결국 운주사의 석탑과 소림사의 탑림은 불탑과 승탑이라
는 완전한 차별성을 지니고 있다. 뿐만 아니라 조형물의 건립에 있어 재료상으로는 석재와 벽
돌이라는 차별성 외에도 운주사의 석탑은 11세기 초반을 상한으로 건립이 시작되고 있지만[17],
소림사는 당나라때 건립된 법완선사탑(791년)으로부터[18] 송과 명 그리고 청대를 거치며 장기간
에 조성되었다는 차별성이 있다.(사진-10~12) 따라서 운주사와 소림사의 탑림은 비록 탑이라
는 큰 틀에서는 공통점을 찾을 수 있지만, 앞서 언급한 바와 같이 불탑과 승탑이라는 성격 외에
도 재료적인 측면에서 분명한 차이점을 확인할 수 있다.

2. 양식

한국의 석탑은 한국 석탑의 기본 형식인 기단부·탑신부·상륜부를 구비하고 있다. 이같은
구성은 미륵사지 석탑으로부터 조선시대에 건립된 것에 이르기 까지 모두 공통으로 지니고 있
다. 운주사의 석탑 역시 이같은 경향이 대체로 유지되고 있지만, 여러 석탑에서 기단부가 암반
으로 대체되어 건립된 탓에 풍수비보적인 영향으로 해석되고 있다.[19] 이같은 면은 석탑 건립의

17 朴慶植, 「화순운주사의 석탑에 관한 고찰」, 『博物館紀要』5, 단국대학교 중앙박물관, 1989. 7쪽.
18 朴慶植, 「隋·唐代의 佛塔研究(II)-亭閣型 塼造塔婆」, 『東洋學』53집, 단국대학교 동양학연구소, 2013.
19 운주사 석탑과 풍수지리설과의 연관성에 대해서는 앞서 언급한 연구에서 대부분의 연구자들이 공통적으
　로 지적한 바 있다.

사상적인 면에서 언급되는 부분이기도 하지만, 기단부가 암반으로 대체된 탓에 대부분의 석탑에서 탑신부가 세장하고, 고준해 지는 경향을 보이고 있다. 이에 따라 다른 지역의 석탑들에 비해 상승감이 부각되고 있는데, 주로 7층석탑에서 이같은 경향이 두드러지게 나타난다. 뿐만 아니라 이들 석탑에는 운주사 석탑에서만 보이는 마름모와 X자문이 조식되고 있어 특수한 일면도 나타나고 있는데, 이들에 대해서는 다음 항에서 논의를 진행하고자 한다. 이와 더불어 운주사에 소재한 석탑의 전체적인 양식을 방형석탑, 원형석탑, 모전계열석탑, 석주형 폐탑으로 구분하고 있다.[20] 본고에서는 이들 가운데서 특수한 양상을 지닌 원형석탑과 모전계열 석탑에 대해서 살펴보고자 한다.

운주사의 모전석탑은 옥개석에서 그 특성이 구현되고 있는데, 현재 2기가 확인되고 있다. 이 중 가장 완벽한 양식을 보이는 것은 대웅전 앞에 건립된 석탑이다.(사진-13) 4층까지 현존하고 있지만, 본래는 5층의 규모였을 것으로 추정된다. 이 석탑에서 모전석탑의 양식은 옥개석에서 찾아볼 수 있는데, 매 층 옥개석의 상·하단에 각형 3단의 받침이 조출되어 있다. 한국 석탑에서 모전석탑은 신라시대에 분황사모전석탑과(사진-14) 의성 탑리오층석탑(사진-15)을 필두로 건립되기 시작하는데, 이들 석탑은 양식은 물론 석재의 치석등에서 각각 차이점을 지니고 있다. 이후 고려시대에 이르러 양 석탑을 모방한 석탑들이 건립되고 있어 각각 분황사계 모전석탑과 탑리계 모전석탑으로 양분되고 있는데, 운주사의 모전석탑은 탑리석탑의 양식을 계승한 석탑이다. 따라서 의성 탑리 오층석탑에서 시작된 석탑계 모전석탑[21]은 통일신라시대에 건립

사진-13. 모전석탑

사진-14. 분황사모전석탑

사진-15. 의성 탑리오층석탑

20 천득염·이상준·정주성, 「운주사 다탑봉 석탑의 조형특성에 관한 연구 II」, 『大韓建築學會論文集』, 8권1호, 1992. pp.70-71.

21 문화재관리국, 『芬皇寺石塔 實測調査報告書』, 1992, 16쪽 표3-2 「전탑 및 모전탑의 분포위치」 및 박경식, 「新羅 始原期 石塔에 대한 考察」, 『文化史學』, 제19호, 韓國文化史學會, 2003. 92쪽.

사진-16. 월남사지석탑   사진-17. 원형다층석탑   사진-18. 양두산 석굴 원형석탑 전경

된 선산 죽장사지 오층석탑, 선산 낙산동삼층석탑, 경주 남산용장계삼층석탑, 경주 오야리삼층
석탑, 경주 남산리동삼층석탑, 경주 서악동삼층석탑을 거쳐 고려시대에 이르러 의성 빙산사지
오층석탑, 안동 하리동삼층석탑 등 주로 경주와 의성의 인근지역을 중심으로 건립되고 있다.[22]
이같은 경향을 볼 때 운주사에 건립된 모전석탑은 탑리 오층석탑의 양식을 계승한 석탑이 전라
남도에 까지 파급되고 있음을 보여주는 것으로 생각된다. 아울러 이 같은 유형의 옥개석은 지
닌 석탑은 康津 月南寺址石塔(사진-16)에서 찾을 수 있으나, 정림사지 오층석탑의 옥개받침과
혼용되고 있어 이와의 연관성을 찾기 보다는 오히려 신라석탑에서 그 기원을 찾아야 할 것으로
생각된다.[23] 이와 더불어 원형탑(사진-17)에 대해서는 중국 송나라와의 연관성을 언급한 바 있
다.[24] 그렇지만, 필자가 조사한 바로는 중국에서 원형탑은 당나라때 부터 조성되기 시작하고 있
다. 즉, 중국 山西省 長治市에 소재한 洋頭山 石窟에서 4기의 원형석탑이 확인된다.(사진-18~
23) 뿐만 아니라 河南省 運城市에 있는 泛舟禪師塔(822년, 사진-24)에서 선례를 확인할 수 있
다.[25] 그렇지만, 양두산 석굴의 원형석탑은 내부가 있는 소위 空筒式 석탑[26]이고, 후자는 벽돌로
조성된 전탑이다. 이에 반해 운주사의 원형탑은 탑신은 십각형이지만, 탑신과 옥개석은 모두
圓形으로 조성되었고, 통돌(一石)로 제작되었기에 중국 탑과의 연관성을 찾기에는 무리가 있는
것으로 판단된다. 결국 운주사의 원형석탑은 중국탑과의 영향하에서 건립된 것이 아니라 기왕

22 박경식, 앞 논문, 92쪽.
23 이같은 견해는 천득염 선생도 밝힌 바 있다. 천득염 외, 주 13의 논문, 71쪽.
24 천득염, 「운주사 불탑의 세계문화유산으로서의 가치와 의미」, 『운주사의 세계유산적 가치 세미나 발표
   논문집』, 2013, 164쪽.
25 張馭寰, 『中國佛塔史』, 科學出版社, 2006, 48-54쪽.
26 張馭寰, 『中國塔』, 山西人民出版社, 2000, 159쪽.

사진-19. 양두산 석굴 원형석탑 1

사진-20. 양두산 석굴 원형석탑 2

사진-21. 양두산 석굴 원형석탑 3

사진-22. 양두산 석굴 원형석탑 4

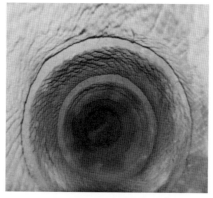

사진-23. 양두산 석굴 원형석탑 내부

사진-24. 범주선사탑

에 확립된 석탑에서 기원을 찾는 것이 타당할 것으로 생각된다.

한국 석탑에서 원형이 부재가 등장한 예는 석굴암 삼층석탑에서 찾을 수 있다.(사진-25) 이 석탑은 기단부에서 기왕에 건립된 석탑과는 완전히 다른 양식을 보이고 있는데, 2층으로 구성된 기단부는 팔각형이지만, 지대석과 상·하층 기단의 갑석은 圓形으로 제작해 새로운 기단 양식을 창출하고 있다.[27] 이같은 양상을 볼 때 운주사 석탑에서 확인되는 모전석탑과 원형의 평면을 지닌 석탑은 양식적 기원은 신라 및 통일신라시대의 석탑에서 찾을 수 있어 궁극적으로는 한국 석탑의 발전사라는 테두리 안에서 파악해야 할 것으로 생각된다. 이와 더불어 운주사 석탑에서 드러나는 가장 큰 특성은 양식적 파격성이다.

---

27 박경식, 『한국의 석탑』, 학연문화사, 2008, 351쪽.

사진-25. 석굴암 삼층석탑   사진-26. 동냥아치탑   사진-27. 석주형석탑

　　우현 고유섭 선생은 한국 곧 미술의 특색을 "無技巧의 技巧, 無計劃의 計劃, 質朴한 맛, 鈍厚한 맛, 純眞한 맛, 非整齊性, 無關心性, 구수한 큰 맛"으로 규정한 바 있다.[28] 운주사에 건립되어 있는 석탑에서는 다양한 층수의 석탑군, 기단부를 과감히 생략하고 암반을 그대로 활용한 점, 너비에 비해 높게 조성된 초층탑신, 다양한 양식의 옥개석과 특수한 문양, 배치 상황 등 여러 면에서 다른 석탑들과는 특이한 일면을 보이고 있다. 그럼에도 한국 석탑이 지닌 양식은 그대로 재현되고 있어 우현 선생께서 지적하신 한국 문화의 특색이 그대로 배어있다고 생각된다. 특히 "無計劃의 計劃, 質朴한 맛, 非整齊性, 無關心性"등의 정의와 부합되는 측면이 많은 것으로 생각된다. 이 같은 특성에 대해 천득염 선생 역시 "파격적인 조야함, 무작위적 조영, 천진난만한 개성, 파격미, 단순미, 토속적인 해학미" 등으로 규정하고 있다.[29] 필자 역시 선생의 견해에 적극적으로 동의하고 있는 바, 보다 근본적인 것은 파격성에 있다고 생각한다. 이같은 면면은 21기의 석탑이 하나의 사찰에 건립되어 있고, 전통적인 가람배치의 형식을 깨뜨리고 있다는 점 외에도 일명 동냥아치탑에서 보여준 옥개석에서 더욱 드러난다.(사진-27) 석탑에서의 옥개석은 목조건축의 지붕을 구현한 한 것이기에 낙수면과 합각선 등 지붕의 요소가 조성된다. 그러나 이 석탑에서는 판석형의 석재를 그대로 사용했다. 때문에 기존 석탑의 옥개석에서 확인되는 옥개받침은 물론 낙수면등에 이르기까지의 모든 요소가 생략되었다. 이로 인해 기단부와 탑신에서는 기왕의 석탑에서 이룩된 수법이 사용되고 있으면서도 옥개석만은 파격적으로 조성한 탓

28 高裕燮, 「朝鮮古代美術의 特色과 그 傳承問題」, 『韓國 美術史 及 美學論考』, 通文館, 1963, 3-13쪽.
29 천득염, 앞 논문, 183-184쪽.

사진-28. 난형석탑　　　　　사진-29. 7층석탑　　　　사진-30. 7층석탑 기단부

에 운주사의 석탑 중 가장 볼품없는 양식을 지녔지만, 파격성에서는 가장 돋보이는 석탑이라 하겠다. 이와 더불어 폐탑으로 분류되고 있지만, 석주형 석탑(사진-28) 역시 다른 지역에서는 볼 수 없는 새로운 조형으로 판단된다.

3. 평면구도

한국 석탑에서의 평면구도의 문제는 가장 먼저 건립된 미륵사지 석탑에서부터 방형이 중심을 이루고 있다. 이같은 전통은 통일시대에 건립된 특수형 석탑에서 다양한 평면 구도가 확인된다.[30] 그런데 운주사의 석탑에서도 방형의 평명을 유지하면서도 곳곳에서 다른 평면과의 조합이 이루어지고 있어 이채로움을 배가 시키고 있다. 즉, 한국은 물론 동아시아의 어느 나라에서도 볼 수 없는 원형탑과 원구형 석탑은(일명 바루탑. 사진-29) 물론 다양한 평면이 복합된 석탑이 건립되고 있어 주목된다.

일찍이 우현 고유섭 선생은 한국 석탑의 평면 구도를 9가지로 구분한 바 있다.[31] 선생께서 구분한 형식가운데 "3형식은 원형평면이 重疊된 것이니 이 중에는 圓板이 중첩된 것과 球形이 중첩된 것이 있으니 그 예는 다 능주천불탑에 있다"[32]라고 지적하고 있다. 다분히 원형탑과 난탑을 지칭한 것임을 알 수 있다. 그런데 선생께서는 원형의 중첩으로 파악하고 있지만, 이들 석탑은 십각과 원형, 방형과 원형의 평면이 조화를 이루고 있다. 즉, 기단부와 탑신부의 평면이 서로 다른 구조를 이루고 있다. 이와 더불어 제시된 7번째 도면은 방형과 원형 그

30　朴慶植,「新羅 九世紀 石塔의 樣式에 關한 硏究」,『考古美術』173, 韓國美術史學會, 1987.
31　高裕燮,「朝鮮塔婆槪說-朝鮮 美術史 草稿의 第二信」,『韓國 美術史 及 美學論考』, 通文館, 1963, 119쪽.
32　高裕燮, 앞 책 120쪽.

| 사진-31. 7층석탑 원형 받침 | 사진-32. 원형석탑 | 사진-33. 불국사 다보탑 |

리고 방형이 중복된 예를 제시하고 있는데, 이는 전라남도 유형문화재 276호로 지정된 7층 석탑을 지칭하는 것으로 판단된다.(사진-30~32) 이 석탑은 이 석탑은 일석으로 조성된 방형의 기단을 구비했는데, 바로 이 상면에 원형의 1단 받침을 조출해 탑신부를 받고 있다. 따라서 이 석탑의 평면 구성을 보면 방형의 기단부, 원형의 탑신 받침 그리고 방형의 탑신이 중첩되는 양상을 보이고 있다. 이와 더불어 마애불 앞에 건립되어 있는 석탑은 재조립한 것으로 추정되고 있지만, [33](사진-33) 기단부는 방형 탑신부는 원형의 평면을 이루고 있다. 이처럼 운주사의 석탑은 평면 방형의 구도가 중심을 이르고 있지만, 이 가운데서도 원형과 방형의 조화를 시도한 몇 기의 석탑에서 특수성의 일면을 찾을 수 있다. 그러나 한국 석탑의 발달사에서 다양한 평면이 혼용됨은 통일신라시대의 석탑으로부터 비롯된 양식이다. 즉, 불국사 다보탑에서 보듯이 十字形과 방형의 구도 그리고 팔각의 조화, (사진-34) 석굴암 삼층석탑에서 보듯이 원형과 팔각 그리고 방형의 조화, (사진-35) 철원 도피안사 삼층석탑(사진-36)에서 구현된 팔각과 방형의 구성 등 석탑에서는 이미 8세기와 9세기를 아우르며 나타나는 양식임을 알 수 있다. 뿐만 아니라 진전사지 도의선사승탑(사진-37)에서는 방형과 팔각의 평면 구성을 볼 수 있어 다양한 유물에서 전개되는 양상임도 확인된다. 뿐만 아니라 석등에 있어서도 평면 팔각형이 중심을 이루던 구도는 9세기에 이르러 고복형 석등의 건립되면서 팔각과 원형의 평면이 조화를 이루게 된다. 이 같은 추세는 고려시대에 이르러 더욱 다양한 조형물이 건립된다. 즉, 관촉사 석등과 개성 현화사지 석등에서 보듯이 방형과 원형 그리고 방형의 구도, 무량사 석등에서는 방형과 팔각, 자혜사 석등에서는 육각형, 정양사 석등에서는 원형과 육각, 중원 미륵리사지석등에서는 팔각과 사각형이 하나의 조형물에서 조화를 이루는 양상

33 전남대학교 박물관 · 화순군, 『雲住寺 資料集成』, 2009, 136쪽.

| 사진-34. 철원 도피안사 삼층석탑 | 사진-35. 진전사지 도의선사 승탑 | 사진-36. 정토사 흥법국사실상탑(복제품) |

이 확인된다.[34] 뿐만 아니라 승탑에 있어서도 정토사 흥법국사실상탑(사진-38)에서 보듯이 팔 각과 원형의 평면이 구성된 조형물도 등장하고 있다. 이상과 같이 다양한 석탑, 석등, 승탑등 다양한 석조물에서 확인되는 복합적인 평면구도의 운주사의 석탑에서만 확인되는 특수한 면 이 아니라 통일신라시대 이래 건립되는 석조물에서 확인되는 양상이 계승된 결과로 생각된다.

4. 장엄조식

석탑에는 봉안된 사리를 수호하고 공양하기 위한 다양한 장엄조식이 기단 및 탑신에 부조되는 것이 보편적인 현상이다. 이 같은 현상에 대해 근본적인 뜻은 탑내에 봉안된 舍利의 수호 내지는 供養에 있다[35]는 관점에서 볼 때 신라석탑 浮彫像은 불탑 내부에 봉안된 불사리에 대한 外護的 기 능에 1위적 목적을 지니고서 이룩되었다고 볼 수 있다.[36] 일반적으로 볼 때 통일신라시대의 석탑 에서 확인되는 조식은 비천, 팔부신중, 사천왕, 문비등 주로 불교의 수호신이거나 공간성을 구현 하는 조식에 국한되고 있다. 뿐만 아니라 이들은 나름대로 위계질서를 유지하며 석탑의 각 부에 조식되고 있다. 그런데 운주사의 석탑에서는 이 같은 면이 모두 무시되고, 그야말로 그 어느 불 교 조형물에서도 볼 수 없는 마름모와 X자문이 조식되어 기왕에 구축된 불교문양의 체계를 무너 뜨리는 새로운 양식이 등장하고 있다. 게다가 보조우주와 마름모 등의 문양은 각각 별개의 석탑

34 박경식, 『한국의 석등』, 학연문화사, 2013.
35 45) 秦弘燮, 「塔婆」, 『國寶』6, 藝耕産業社, 1983, 194쪽.
36 張忠植, 「統一新羅 石塔浮彫像의 研究」, 『考古美術』154·155 合輯, 韓國美術史學會, 115쪽.

에 조식된 것이 아니라 하나의 석탑에 동시에 조성되고 있다는 특성도 파악된다. 이 같은 면면은 통일신라시대 이래 석탑의 표면에 다양한 장엄이 조식되던 전통이 계승된 것이지만, 장엄조식의 성격이라는 측면에서 운주사의 석탑에서 파악되는 파격성이 돋보이는 측면이라 하겠다. 이 같은 면면은 "운주사 불상에 구현된 추상성"[37]이라는 측면에서 볼 때 운주사의 불사를 담당했던 석공들이 지녔던 그들만의 새로운 예술적 감각과 의식이 발현된 결과라 생각된다.

먼저 석탑에 부조된 장엄과 위치를 정리해 보면 다음의 표로 집약된다.

석탑과 문양의 유형과 조식 위치

석탑명	문양 유형	조식위치	사진
9층석탑 (보물제796호)	보조우주	탑신부	사진-39
	사선문	옥개석 하면	사진-40
	화문이 시문된 이중마름모	탑신석에 양각	사진-41
7층석탑 (도유형문화재 제276호)	보조우주	2층탑신	사진-42
7층석탑 (도유형문화재 제277호)	보조우주	기단부 측면	사진-43
	쌍X자문	1층탑신은 양각 탑신부는 음각	사진-44 · 45
	마름모	2층탑신	사진-45와 같음
7층석탑 (도유형문화재 제278호)	보조우주	1 · 2 · 3층 탑신부	사진-46
삼층석탑	마름모	탑신석에 음각	사진-47
7층석탑 (도유형문화재 제279호)	보조우주	기단부	사진-48
	X자문	탑신부에 양각	
6층석탑 (도문화재자료 제257호)	보조우주	기단부	사진-49
	밀집수직선문	탑신부	사진-50

사진-37. 9층석탑 보조우주

사진-38. 9층석탑 옥개석 받침부 조식

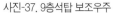

37 주수완, 「운주사 불상의 미술사적 의의」, 『운주사의 세계유산적 가치 세미나 발표 논문집』, 2013.

사진-39. 9층석탑 중첩 마름모

사진-40. 7층석탑 2층 탑신 보조우주

사진-41. 7층석탑 중첩 우주

사진-42. 7층석탑 X자 문양

사진-43. 7층석탑 탑신부 문양

사진-44. 7층석탑 탑신부 보조우주

사진-45. 삼층석탑 탑신부 마름모

사진-46. 7층석탑 보조 우주 및 미름모　　　사진-47. 6층석탑 탑신부 보조우주

　　삼국시대 이래 조선시대에 이르기 까지 한국의 석탑에서는 기단과 탑신의 가장자리에 부조되는 우주와 이들 사이에 배치되는 탱주가 배치되는 것이 통식이다. 그런데 운주사의 석탑에서는 기단과 탑신에서 양 우주 외에 다시 보조 우주가 조출되고 있다, 이 같은 양상은 대체로 7층 이상의 규모를 지닌 대형석탑의 기단부와 탑신부에서 확인되는 특징을 지니고 있다. 물론 우주는 아니지만, 탑리 오층석탑의 탑신부에서 상층에 이르기 까지 양 우주 사이에 탱주를 모각한 예를 볼 수 있다. 그러나 운주사 석탑의 그것은 탱주가 아니라 우주로 모각되어 있다. 뿐만 아니라 조형적으로 볼 때 안쪽에서 바깥쪽으로 나올수록 점점 돌출되는 현상을 보이고 있어 주목된다. 따라서 이를 안쪽으로부터 보면 바깥을 향해 벌어지는 현상을, 바깥쪽에서 보면 안쪽을 향해 좁아지는 착시 현상을 느끼기에 충분한 구조를 보이고 있다. 이 같은 조형은 공간성을 극대화하기 위한 조치로 생각된다. 부언하면, 운주사의 7층석탑들은 규모에 비해 기단부의 너비가 좁고 높게 조성되어 언뜻 보기에 왜소한 특성을 지니고 있다. 때문에 탑을 바라보는 信者의 입장에서 볼 때 탑에서 느껴지는 공간성과 중후함을 상실하기에 충분한 구조를 지니고 있다. 따라서 當代의 석공들은 이 같은 사각적인 문제를 보완하기 위한 조치로 양 우주와 보조 우주를 입체감 있게 조성함으로써 석탑에 공간성의 의미를 부여함과 동시에 기단과 탑신의 왜소함을 극복하고자 했던 것으로 판단된다.[38] 이 같은 면면은 탑신에 구현된 마름모꼴에서도 같은 양

----

38 이같은 현상은 양 우주 안쪽에 다시 2주의 보조우주를 조출함으로써 전체 5간 규모의 건물을 연상시키는 구조를 지니고 있는 것으로 해석된다. 뿐만 아니라 마름모와 X자 문양은 모두 중심으로부터 사방으로 뻗어 나가는 공간성의 확대를 의미학도 있다. 결국 다른 석탑들에 비해 상승감이 강조된 석탑을 구성하는 부재들

사진-48. 태안사 적인선사조륜청정탑   사진-49. 쌍봉사 철감선사탑   사진-50. 연곡사 동부도

상으로 판단된다. 기왕의 연구에 있어 운주사 석탑에 등장하는 마름모는 인도와 힌두교 사원의
외벽에 부조된 다이아몬드의 모습에 연관성을 두고 있다.[39] 이처럼 마름모꼴의 원형을 힌두교
사원의 부조에서 찾는다면, 운주사의 석탑과 불상에서 힌두교의 요인이 검출되어져야 이에 대
한 해석의 당위성이 적용될 수 있음에도 불구하고 문제는 힌두적인 요소가 확인되지 않는다는
점이다. 더불어 "마름모꼴 무늬는 원시 사냥꾼들에게 삶의 원천이나 풍속, 안녕을 상징하는 표
현 그리고 친족관계에 의해 부각되는 성스러운 여성 표현이라는 두 개의 중요한 개념을 제공하
고 있다"는 견해는[40] 필자의 주장에 설득력을 더해 준다. 왜냐하면 이 문양은 우리나라에서도
신석기 시대에 조성된 빗살무늬 토기에서 찾아볼 수 있고,[41] 삼국시대의 토기는 물론 고려시대
의 기와에 이르기까지 다양한 분야에서 활용되었기 때문이다.[42] 따라서 마름모 문양의 기원을
외래적 요인에서 찾기 보다는 전통적인 문양사 가운데서 확인되어져야 할 것으로 생각된다. 뿐
만 아니라 이 문양의 의미에 대해서는 "운주사의 마름모꼴 문양은 삶의 원천인 풍요와 다산을
의미하고 있다고 보여 진다. 또 다른 의미로서 땅의 상징은 풍요를 가져다주고 가난으로부터
평안과 안녕을 가져다주기를 염원하는 중생들의 소박한 기도의 표상으로도 볼 수 있다"[43]는 견

에 이같은 도형을 조식함으로써 양식이 지닌 문제점을 극복하고자 했던 의도가 내재된 것으로 생각된다.
39 전남대학교 박물관·화순군, 『雲住寺 資料集成』, 2009, 52쪽.
40 선미라, 「문화기호학으로 풀어보는 운주사의 문양들」, 『담론』 201, 한국사회역사학회, 2006, 113쪽.
41 강우방, 「우리 미술의 영원한 원형, 빗살무늬토기」, 『한국미술 그 분출하는 생명력』, 월간미술, 2001,
   44-46쪽.
42 林永周, 『韓國紋樣史』, 미진사, 1983 참조.
43 선미라, 앞 논문, 114쪽. 이와 더불어 X를 별개의 문양으로 인식해 "이 지역과 민중을 '수호'하자는 의지

해가 있지만, 보다 근본적인 것은 기단과 탑신에 내재된 공간성의 표현으로 이해된다. 더욱이 마름모꼴을 층단을 이루며 중복 부조한 것은 우주와 보조 우주의 표현과 같은 수법이어서 더욱 그러하다. 부언하면, 가장 외곽의 마름모로부터 안쪽으로 갈수록 작게 표현된 그것은 보는 이에 따라 안에서 밖으로, 또는 밖에서 안으로 공간이 축소되고 확대되는 착시효과를 받기에 충분한 3차원적인 공간성을 상징하는 것으로 판단된다. 이와 더불어 X자 문양은 마름모 문양의 연속선상으로 보고 있지만[44] "몽골전통 가옥인 천막집 게르(Ger)의 뼈대에서 차용된 문양"이라는 견해도 제시된 바 있다.[45] 그러나 전통적인 건축에서도 찾아볼 수 없는 게르의 뼈대가 유독 운주사의 석탑에서만 확인되는 데에 동의하기 어려운 측면이 있다. 이와 더불어 운주사의 발굴조사에서 출토된 명문기와를 통해 원나라 불교의 영향을 논증하고 있지만[46] 이 역시 운주사의 석탑과 석불을 외래적인 영향을 본 결과에서 비롯된 인식으로 생각된다. 고려시대에 건립된 석탑중 몽고군에 의해 건립된 것은 한 기도 없고, 원나라의 영향으로 볼 수 있는 것은 마곡사 오층석탑의 상륜부 등 일부분에 그치고 있다. 뿐만 아니라 "불상의 조성에 있어서도 라마불상 양식의 수용은 고려시대 불상 양식의 태두리 안에서 부분적으로 나타날 뿐 기본적인 조형에 변형을 가져오지 않았다는 견해[47]는 운주사의 불탑과 불상에 대한 외래설에 대해 신중한 접근이 이루어져야 할 대목으로 생각된다. 국내의 어느 유적에서도 완전한 형식의 원나라 양식의 석탑이나 불상이 확인되지 않는 상황에서 한반도의 가장 남쪽 지역에 그들의 양식을 지닌 불탑과 불상을 조성했다는 논리는 설득력이 없다고 생각하기 때문이다.[48] 더욱이 백제를 침공했던 소정

....

의 표현으로 볼 수 있다. 그러나 7층 석탑에서 자주 보이는 볼록한 엑스(X)자 문양, 볼록한 엑스 엑스(XX)자 문양, 엑스 엑스(××)자 문양 등은 '이중성'의 상징을 가지고 있다고 볼 수 있다. 그러나 이 이중성은 불교의 입장에서 보면 천불 천 탑을 건설하여, 이런 힘난한 삶의 역경과 연약한 민중들을 부처님으로부터 보살펴주고 지켜주기를 아주 간절히 염원하고 있는 심층구조에서의 '강한 표현'으로 보인다."라는 견해를 표방하고 있다. 깊은 논문, 112쪽.

44 주 39와 같음.

45 소재구, 「운주사 탑상의 조성불사」, 동원학술대회, 2001.

46 황호균, 「운주사와 천불천탑의 역사적 배경론」, 『운주사의 세계유산적 가치 세미나 발표 논문집』, 2013, 179쪽.

47 秦弘燮, 「高麗後期 金銅佛像에 나타나는 라마佛像樣式」, 『考古美術』166·167집, 韓國美術史學會, 1985, 17쪽.

48 이에 대해 "조형적 유사성을 간과하고 굳이 멀리 몽고나 돌궐의 석인상과 직접 연관지우는 것은 보다 신중할 필요가 있다. 물론 근원적으로는 이러한 조형성이 고대로부터 이어진 북방적 문화기류의 흔적일 수는 있지만, 고려시대 불상들에 나타나는 이러한 양상은 몽고의 영향이 없이도 해석할 수 있는 여지가 있기 때문이다."라는 견해는 매우 주목된다. 주수완, 「운주사 불상의 미술사적 의의」, 『운주사의 세계유산적 가치 세미나 발표 논문집』, 2013, 199쪽.

방이 그의 기공문을 정림사지오층석탑 초층탑신에 새겼음을 상기할 때 더욱 그러하다.[49] 게다가 몽고군에 의한 건탑과 불상의 조성이 이루어 졌다면 비단 문양에만 국한될 것이 아니라 전체적인 면에서 그들이 양식이 드러나야 하기 때문이다. 이와 더불어 운주사에서처럼 대규모의 유적이 조성되었다면, 다른 지역에서도 건립되어졌을 가능성이 충분하기 때문이다. 이같은 정황을 모두 고려해 볼 때 운주사 석탑에 구현된 문양을 몽고나 원나라와의 영향에서 찾는 것은 지나친 논리의 비약이 아닌가 하는 생각이다. 결국 석탑에 구현된 문양은 외래적인 요인이라기 보다는 운주사의 석탑 불사에 참여했던 집단의 조영의사가 반영된 결과로 판단된다. 이에 대해 문양적 특성을 "흔히 말하는 원관념과 보조관념은 양자의 유사성을 통해 하나가 다른 것을 대체하는 의미로만 간주되는 것이 아니라, 이들 간의 역동적 상호작용 자체가 중요한 의미를 갖는 것으로 간주된다. 또한 이러한 상호작용이 일어나는 어떤 맥락이나 기반이 고려됨으로써, 은유는 새로운 의미의 생성으로 나아가게 된다."[50]는 견해는 앞서 필자가 주장했던 문양의 공간성에 많은 시사를 주는 것으로 이해된다. 결국 우주와 보조우주, 마름모와 X자 문양의 상호 연관성은 역동적으로 상승작용을 일으키며 석탑이 목조건축의 충실한 재현이라는 측면을 강조하는 요인으로 이해된다. 따라서 운주사의 석탑에 구현된 마름모와 X자형의 문양들은 상승감이 강조된 석탑에 공간성을 부여함으로써 안정감를 부여하고자 했던 당시 장인들의 의도에서 비롯된 것으로 생각된다.

III. 맺음말 - 전남지역 문화의 특수성

운주사에 건립된 석탑은 그간의 다양한 연구 성과에도 불구하고 아직도 풀지 못하는 문제가 산적해 있다. 풍수지리설에 입각한 건탑이라는 점에서는 이 방면 연구자들의 대부분이 공감하는 문제이지만, 조성주체와 배경은 물론 건탑의 시기에 있어서도 서로 이견이 상존하고 있다.[51]

---

49 정림사지 오층석탑의 초층탑신 네 면에 소정방의 기공문이 각자되어 있음은 널리 알려진 사실이다. 소정방은 자신의 전공을 기념하기 위해 비석을 세우거나, 그들 양식의 불탑을 건립할 수 도 있었다. 그렇지만 그는 기왕에 건립되어 있던 석탑에 자신의 기공문을 새겼다. 이같은 행위는 백제인의 자존심에 큰 상처를 주는 행위이기도 하지만, 한편으로는 당 양식의 석비나 전탑을 건립하기에는 여러 문제가 있었음을 암시하는 것으로 생각된다.

50 송효섭, 「운주사에 대한 기호학적 담론」, 『한국문학이론비평』1, 한국문화와 이론비평학회, 1997, 213쪽.

51 이 방면 연구는 앞서 언급했던 주 5, 6, 7, 8, 10의 연구성과에서 모두 언급되어 있다.

이럼에도 불구하고 발굴조사의 성과를 바탕으로 볼 때 대부분의 석탑과 석불은 운주사가 창건되는 11세기 초반으로부터 조영되기 시작해 대부분의 건물이 건립되는 3차 중창기 즉, 12세기 말에서 13세기기 초반 사이에는 완성된 것으로 추정된다.[52] 이와 더불어 운주사에 이룩된 모든 불사의 창건의 주체는 이 지역을 기반으로 성장한 고려시대에 이르러 사찰의 건립에 지방호족 내지는 순수한 지방민의 참여가 활발했던 경향으로 미루어[53] 운주사 역시 이 지방에 뿌리를 둔 호족세력의 발원에 의한 건립으로 추정된 바 있다.[54] 뿐만 아니라 석탑과 석불에서 드러나는 독창적이면서도 다른 지역의 조형물과 차별화되는 현상은 이 방면 연구자라면 누구나 공감하는 부분이다.[55] 필자는 이같은 현상에 대해 호남지역에서 滿開되었던 불교문화의 동향 가운데서 찾아보고자 한다.

호남지역은 경상도지역에 이어 다음으로 불교조형물의 많이 건립된 지역이다. 이같은 현상은 통일신라시대 후기에 이르러 극대화 되고 있다.[56] 그런데 이 시기 불교문화의 동향 가운데서 보면 타 지역에서 먼저 건립된 조형물은 호남지역으로 유입되면서 예술적인 면에서 한 차원 높은 경지로 승화된다는 사실이다. 이같은 현상을 가장 극명히 보여주는 사례로는 승탑의 건립에서 그 예를 찾아볼 수 있다. 한국의 승탑은 강원도 양양에 있는 진전사지 도의선사탑에서 그 기원을 찾을 수 있다.[57] 이후 844년에 건립된 염거화상탑에서 팔각원당형으로 대표되는 신라승탑의 양식을 완성하게 되는데, 호남지역에 이르러 곡성 태안사 적인선사조륜청정탑, (사진-51) 인근에 있는 화순 쌍봉사 철감선사탑, (사진-52) 구례 연곡사의 동부도(사진-53), 보림사 보조선사창성탑(사진-54) 등에서 보듯이 기왕의 양식에서 진일보한 새로운 수법과 더불어 화려한 양식을 완성하고 있다.[58] 이같은 승탑의 발달은 자연스레 탑비의 발전을 가져왔는데, 연곡사동

52 전남대학교 박물관·화순군,『雲住寺 資料集成』, 2009, p.173 〈표-6〉 운주사 건물지 시기별 건물지 변천 현황 참조.

53 鄭永鎬,「高麗時代石塔의 特性에 관한 硏究」,『檀國大論文集』11집, 1977, p.92.

54 운주사의 佛事를 주도한 후원세력은 나주지역을 기반으로 문벌귀족으로 성장한 호족세력이었으며, 바로 이곳의 석탑에서 백제계석탑의 양식이 검출됨은 全南地方에 고조된 百濟文化意識의 所産으로 추론 된 바 있다. 朴慶植,「화순운주사의 석탑에 관한 고찰」,『博物館紀要』5, 단국대학교 중앙박물관, 1989.

55 이에 대해 천득염 선생은 "다양성과 무정제성", "무계획적이고 거친 무작위의 기법, 민예적이고 토속적인 모습에서 석불과 마찬가지로 일반적인 전형적인 탑과는 어긋나 파격적인 조야함을 느끼게 한다. 미학적 전형에 속박되어 있지 않고 불탑건립 자체에만 의미를 둔, 무작위적 조영에 의미를 둔 것이다."라고 정의를 내린 바 있다. 천득염,「운주사 불탑의 세계문화유산으로서의 가치와 의미」,『운주사의 세계유산적 가치 세미나 발표 논문집』, 2013, 183쪽.

56 박경식,『통일신라 석조미술 연구』, 학연문화사, 1994,

57 박경식,「9세기 신라 지역미술의 연구(1)-설악산의 석조 조형물을 중심으로」,『사학지』28잡, 단국사학회, 1995.

58 이들 부도에 등장하는 새로운 양식에 대해서는 鄭永鎬,『新羅石造浮屠研究』, 檀國大學院博士學位論文,

사진-51. 보림사 보조선사창성탑

사진-52. 연곡사 동부도비 귀부

사진-53. 화엄사 사사자삼층석탑

사진-54. 화엄사 각황전 앞 석등

사진-55. 개선사지석등

사진-56. 중흥산성 쌍사자석등

부도비에서는 귀갑 상면에 새의 날개를 두껍게 조각하고 있어 귀부 자체도 단순한 거북의 표현에서 다양한 변화를 주고 있음을 볼 수 있다.(사진-55) 뿐만 아니라 석탑에서도 화엄사 사사자 삼층석탑에서 보듯이 불상의 대좌에서 등장하기 시작한 사자상이 탑신을 받치는 부재로 변화하고 있다.(사진-56) 게다가 석등에 있어도 화엄사 각황전 앞 석등, (사진-57) 개선사지 석등, (사진-58)에서 보듯이 고복형석등이라는 특수한 쟝르로 발전시키고 있다. 뿐만 아니라 중흥산성쌍사지 석등(사진-59)에서 보듯이 기왕의 양식을 완전히 뒤바꾼 쌍사자 계열의 석등도 건립되고 있는 지역이다. 이렇듯 호남지역의 불교문화는 기왕에 완성된 양식을 단순히 계승하는 것

1974. 박경식, 『통일신라 석조미술 연구』, 학연문화사, 1994, 엄기표, 『신라와 고려시대의 석조부도』, 학연문화사, 2003.에서 상세한 고찰이 진행된 바 있다.

이 아니라 정형화된 양식에서 진일보한 새로운 것을 창출해 내던 지역이었다.

　문화는 어느 곳에서 전개되던 간에 보편성과 특수성이라는 측면이 공존한다. 이 가운데서 특수성의 현상은 이같은 문화를 창출하고 발전을 가능케 했던 문화적인 소양과 능력은 물론 이를 구체화 시킬 수 있는 경제적인 능력과 사회적인 분위기가 있었기에 가능했다고 생각한다. 이같은 면에서 운주사의 석탑에서 확인되는 다양한 특성들은 바로 호남지역의 불교문화에서 파악되는 다양한 특수성이 계승된 것으로, 이 지역 장인들이 지닌 예술적인 감각과 소양이 그대로 묻어난 결과로 판단된다. 이러한 측면에서 볼 때 호남지역의 문화동향과 예술적 능력은 국내는 물론 다른 나라의 불교문화에서도 찾아볼 수 없는 운주사만의 천불천탑을 탄생시킨 것으로 생각된다.

(2014.01 「和順 雲住寺 石塔의 特殊性에 관한 考察」, 『동양학』 57, 단국대학교 동양학연구원)

마곡사 오층석탑에 관한 고찰

.

| 목 차 |

Ⅰ. 머리말

마곡사에는 대웅보전(보물 제801호)과 대광보전(보물 제802호)그리고 5층석탑(보물 제799호)이 남북으로 일직선상에 배치된 가람배치를 보이고 있다. 더불어 주변에는 영산전(보물 제800호)을 비롯한 많은 건물들이 잔존해 있다. 뿐만 아니라 감지은니묘법연화경 권1(보물 제269호), 감지금니묘법연화경 권6(보물 제270호), 석가모니불괘불탱(보물 제1260호), 동제은입사향로(지방유형문화재 제20호), 동종(지방유형문화재 제62호) 등이 많은 문화유산을 지니고 있어 유서깊은 사찰임을 알 수 있다, 그렇지만, 이 많은 문화재 중 고려시대에 건립된 것은 5층석탑 한기에 불과하고 나머지 조형물은 대부분이 조선시대에 조성된 것임을 보아 사찰은 17세기 이후에 중창되었음을 알 수 있다.[1]

본고의 주제인 5층석탑은 고려시대에 건립된 다른 석탑들에 비해 그다지 주목되지 못했다.

....

※ 이 논문은 2014년 11월 14일에 개최된 "마곡사 5층석탑 상륜부의 금동보탑-현황과 활용방안"에서 발표한 것을 수정 보완한 것임을 밝힌다.

1 고려 문종 이후 100여 년간 폐사되어 도둑떼의 소굴로 이용되었으나 1172년(명종 2)에 왕명을 받아 보조국사가 그의 제자인 수우(守愚)와 함께 왕으로부터 받은 전답 200결(160만 평)에 중창했다. 당시 사찰의 규모는 지금의 2배가 넘는 대가람이었으나 임진왜란 때 대부분 소실되었다. 그 뒤 1650년(효종 1) 주지인 각순(覺淳)의 노력으로 어느 정도 옛 모습을 찾았으나 1782년(정조 6) 다시 큰 화재로 영산전과 대웅전을 제외한 1051여 칸의 건물이 소실되었다. 대광보전은 1788년(정조 12)에 재건되었고, 영산전과 대웅보전은 1842년(헌종 8)에 개수되어 현재에 이르고 있다. 또한 항일독립운동가 김구가 일본 헌병 중위를 죽이고 잠시 피신해 있었던 곳으로도 유명하다.

마곡사 오층석탑 전경

1918년의 마곡사 오층석탑
『조선고적도보』 권6에서 전재(1918년)

마곡사 오층석탑(정면에서)

마곡사 오층석탑(측면에서)

이는 석탑이 지닌 양식상의 문제뿐만 아니라 상륜부에 놓여진 풍마동으로 인해 라마불탑의 양식으로 구분된 것이 주된 원인이라 하겠다. 그간 이 석탑에 관한 연구는 윤장섭 선생이 주목[2]한 이래 이영택 선생의 연구[3]와 천득염 선생이 신라와 백제 양식을 공유하면서 절충한 고려 후기 양식의 작품으로 파악한 바 있다.[4] 이후 홍대한 선생에 의해 석탑에 대한 총체적인 연구가 진행된 바 있다.[5] 이처럼 마곡사 오층석탑에 대한 연구는 활발하지는 못했지만, 홍대한 선생의 연구로 인해 석탑이 지닌 다양한 문제들에 대해서는 대부분 해명되었다고 생각한다.

필자는 앞서 이룩된 연구 성과에 힘입어 본고에서는 다음과 같은 점에 주안점을 두고 서술하고자 한다.

첫째, 이 석탑에 배어 있는 다양한 양식에 대해 좀 더 집중적인 분석을 하고자 한다.

둘째, 상륜부에 올려진 풍마동을 소위 "라마양식"으로 판단하고 있는데, 이에 구현된 평면구도가 과연 이에 원나라때 로부터 시작된 불탑의 양식인가? 하는 문제에 대해 필자의 견해를 밝히고자 한다.

II. 기단 및 탑신부

1. 기단부

이 석탑의 기단부 양식에서 주목되는 점은 기단부의 양식과 안상, 그리고 각 모서리에 양각된 겹우주의 문제이다. 2층기단으로 조성된 기단부는 마치 너비가 같은 상자를 겹쳐 세워 놓은 듯 반듯하게 조성되었다. 때문에 전통적인 석탑에서 보여준 안정감 즉, 낮고 넓게 조성된 하층기단에 비해 이보다 좁고 높게 놓인 2층기단이 조화를 이루는 기단과는 완전히 다른 양식을 보이고 있다. 이 석탑에 구현된 기단의 양식은 모습은 신라 석탑에서는 볼 수 없는 것이지만, 백제시대에 건립된 정림사지 오층석탑에서 그 기원을 찾을 수 있다. 이처럼 상자를 쌓은 듯이 상·하층기단의 너비가 비슷한 규모를 지닌 기단은 통일신라시대의 석탑에서는 찾아볼 수 없다. 하지만,

2　尹張燮, 1965, 「麻谷寺에 對하야」, 『考古美術』 통권 63·64합집, 고고미술동인회.

3　이영택, 2002, 「高麗後記 石塔의 研究: 麻谷寺5層石塔과 敬天寺多層石塔을 中心」, 동국대학교 문화예술대학원 석사학위논문.

4　千得琰, 2000, 『百濟系石塔 研究』, 전남대학교 출판부, 92쪽.

5　이 연구에서는 상륜부에 놓인 푸마동이 과연 라마양식인가와 더불어 탑신부는 13세기 중엽 건립으로 추정했으며, 상륜은 14세기 말 또는 조선시대 新鑄說을 제시했다. 홍대한, 2013, 「麻谷寺 五層石塔의 樣式과 建立時期 研究 -라마양식 석탑구분에 대한 문제제기를 중심으로-」, 『동아시아문화연구』 53, 한양대학교 동아시아문화연구소, 175~213쪽.

고려시대에 이르러 건립되는 백제계 석탑에서 이같은 양식의 기단이 부활되고 있다. 즉, 마곡사 오층석탑과 같은 양식을 지닌 백제계 석탑은 나주 송제리오층석탑, 옥마리오층석탑, 계룡산 청량사 오층석탑, 은선리삼층석탑, 장문리오층석탑, 월남사지모전석탑 등이 대표적인데, 이중 송제리와 옥마리 오층석탑은 2층기단을 구비했지만, 나머지 석탑들은 단층기단을 구축하고 있다. 이럼에도 불구하고 이들 석탑은 기단부가 단층 이던 2층이건 관계없이 모두 상면의 부재에 비해 너비가 좁은 기단을 구비하고 있는 공통점을 찾을 수 있다. 따라서 단층과 2층기단의 조성에 따라 석탑의 건립 연대를 결정할 수 있는 결정적인 단서는 없지만, 이같은 양식은 백제계 석탑에서 나타나는 공통적인 양식임은 분명하다. 이같은 현상에 대해 신라와 백제 석탑의 양식이 혼재된 결과로 보는 견해가 있지만,[6] 2층기단이라 해서 반드시 신라 석탑의 양식이라 단정하기는 어렵다. 왜냐하면 2층 기단의 양식은 미륵사지 석탑에서도 조성되고 있기 때문이다.[7]

석탑의 지대석에는 규율성이 흐트러진 안상이 조식되어 있다. 불상광배의 焰紋樣에 기원을 둔 眼象은 원래 床脚의 장식에서 출발한 것이지만 용도가 많아지면서 개방할 수 없는 석조물에도 이용되게 되어[8] 석탑을 비롯한 浮屠, 佛座, 石燈등 모든 유물에 걸쳐 나타나고 있다. 석탑에 있어 안상의 조식은 화엄사사사자삼층석탑에 표현되기 시작한 것으로 보이는데,[9] 이후 건립된 석탑에서는 기단부와 탑신부에 주로 조식되는 공통점을 지니고 있다. 그런데 마곡사 오층석

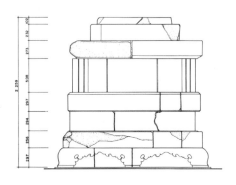

마곡사 오층석탑 기단부　　　　　　　　　　마곡사 오층석탑 기단부 실측도[10]

6 홍대한 2013, 앞의 논문, 185쪽.

7 미륵사지 석탑은 당초 단층기단으로 알려져 왔지만, 서탑의 주변과 기단부에 대한 발굴조사를 통해 2층기단임이 확인되었고, 천득염 선생에 의해 초기적인 이중기단으로 정의된 바 있다.
   국립부여문화재연구소, 2001, 『미륵사지 서탑-주변발굴조사 보고서』.
   국립문화재연구소・전라북도, 2012, 『미륵사지 석탑-기단부 발굴조사 보고서』.
   천득염, 2003, 앞의 책, 40쪽.

8 秦弘燮, 1974, 「韓國의 眼象紋樣」, 『東洋學』 4, 檀國大東洋學研究所, 250쪽.

9 박경식, 2002, 『통일신라 석조미술 연구』, 학연문화사, 135쪽.

10 文化財管理局, 1989, 『麻谷寺 實測調査報告書』, 284쪽에서 발췌한 것임을 밝힌다.

미륵사지 석탑 기단부

정림사지 오층석탑 기단부

나주 송제리 오층석탑 기단부

옥마리 오층석탑 기단부

청량사 오층석탑 기단부

은선리 삼층석탑 기단부

장문리 오층석탑 기단부

월남사지 모전석탑 기단부

마곡사 오층석탑 기단부 안상

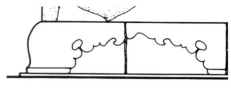

마곡사 오층석탑 기단부 안상 실측도면[11]

탑에서는 지대석에 조식된 점에서 다른 양상을 보이고 있다. 더욱이 다른 조형물에서의 안상은 중앙으로부터 좌·우 대칭의 규율성을 지니고 있음에 비해 이 석탑에서는 전통적인 특성이 무시된 채 자유롭고 활달하게 조식되어 있다.

이같은 양식의 안상은 진홍섭 선생에 의해 제IV 형식인 蟹目形으로 구분된 바 있는데, 가장 선구적인 예는 실상사 백장암 석등에서 찾고 있고, 상한은 9세기, 하한은 조선시대 전반기로 보고 있다.[12] 따라서 이 유형의 안상은 통일신라시대에 건립된 석등은 물론 고려 시대의 청자를 비롯해 조선시대의 불상과 수미단에 이르기 까지 다양하게 활용됨을 알 수 있다. 먼저 이 유형의 안상이 부조된 조형물과 안상의 양식을 정해 보면 다음과 같다.

유물명칭	시대	안상형식
실상사 백장암 석등	통일신라시대	
보림사 서부도	통일신라시대	
마곡사 오층석탑	고려시대	
청자 용두 필가	고려시대	
청자 饕餮文 향로	고려시대	
청자 상감 국화문 탁잔	고려시대	

11 文化財管理局, 1989, 284쪽에서 발췌한 도면을 편집한 것임을 밝힌다.
12 秦弘燮, 1974, 앞의 논문, 264쪽.

은제도금사리탑	고려시대	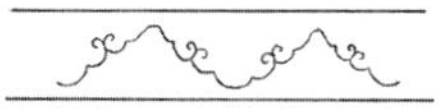
戊子銘 법천사광명대	고려시대	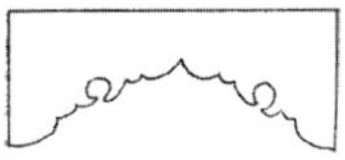
지림사 건칠보살반가상좌대	조선시대	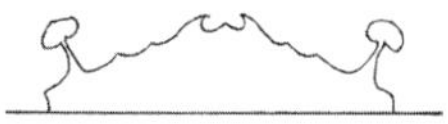
은해사 백흥암 극락전 수미단	조선시대	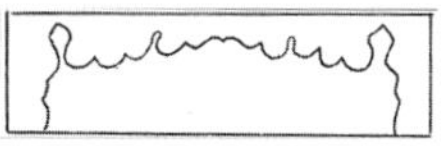
봉정사 극락전 수미단	조선시대	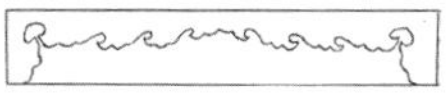

〈그림 1〉 다양한 조형물에 부조된 蟹目形 안상[13]

위의 표를 보면 해목형의 안상은 다양한 유물에서 활용되었음과 더불어 통일신라시대로부터 조선시대에 이르기까지 폭 넓게 활용된 것임을 알 수 있다. 그럼에도 현존하는 석탑에서 이같은 양식의 안상이 조식됨은 이 석탑이 최초의 예라 할 수 있다. 더욱이 석탑에 조식된 안상은 앞의 표면에서 보듯이 戊子銘 법천사광명대 및 지림사 건칠보살반가상좌대의 그것과 가장 유사한 양식을 보이고 있어 주목된다. 그럼에도 불구하고, 현재의 마곡사 오층석탑에서는 이같은 양식의 안상이 확인되지만, 조선고적도보에 게재된 사진을 보면 안상이 조식된 지대석을 확인하기 어렵다는 점이다. 사진상에서 지대석으로 판단되는 석재의 상면이 확인되지만, 상면의 각도로 보아 현재의 지대석인지는 불분명한 것으로 생각된다.[14] 나아가 기왕의 연구에서 지대석에 안상이 조식된 것으로 보고 이를 수미단의 조형으로 보는 견해가 있다.[15] 그러나 기단에 안상을 조식함은 건축적인 실제의 기단의식을 떠나 오히려 불단에서의 공예적인 것과의 관련을 가지고 조선석탑에 있어서 조형의사의 한 轉變을 보이는 것[16]이라는 견해는 이 석탑에 부조된 안상은 공예적인 면면이 강조된 것으로 이해할 수 있다. 더욱이 한국에서의 眼象은 처음부터 장식문양으로서 이용되었으며 眼象의 原意를 살리려 하지 않았다[17]는 견해는 안상은 특별한 의미를 지닌 것이 아니라 장식적인 면에 불과하다는 점을 강조하고 있다. 뿐만 아니라 이같은 양식

13 이 도면은 진홍섭, 1974의 논문에서 발췌한 것임을 밝힌다.
14 석탑의 현황을 보면 하층기단의 저석과 지대석의 상면이 거의 같은 면을 보이는 점으로 보아 지대석은 새로 조성해 삽입한 것으로도 추정된다.
15 홍대한, 2013, 앞의 논문, 188쪽.
16 高裕燮, 1975, 『韓國塔婆의 硏究』, 同和出版公社, 226쪽.
17 秦弘燮, 1974, 앞의 논문, 269쪽.

의 안상은 통일신라시대로부터 조선시대에 이르기 까지 조성된 다양한 유물에서 확인되는 점으로 보아 특별한 목적성 보다는 장식적인 요인으로 해석된다.[18]

　이와 더불어 기단에서 주목되는 점은 대다수의 석탑에서 양 우주와 탱주가 모각됨에 비해 이 석탑에서는 우주만이 모각되고 있다는 점이다. 이는 삼국시대 이래 조선시대에 이르기까지 한국의 석탑에서는 기단과 탑신의 가장자리에 부조되는 우주와 이들 사이에 탱주가 배치되는 것이 통식이다. 더불어 고려시대의 석탑에서 양 우주만 모각한 경우는 종종 볼 수 있지만, 이 석탑에서와 같이 바깥쪽에는 원형의 기둥을 두고 안쪽으로 겹우주가 표현된 수법은 다른 석탑에서는 볼 수 없는 특수한 양식이라는 점이다. 고려시대에 건립된 석탑에서 겹우주가 표현된 예는 운주사의 건립된 석탑에서 확인된다. 그런데 운주사의 석탑에서는 기단과 탑신에서 양 우주 외에 다시 보조 우주가 조출되고 있다. 이 같은 양상은 조형적으로 볼 때 안쪽에서 바깥쪽으로 나올수록 점점 돌출되는 현상을 보이고 있어 주목된다. 따라서 이를 안쪽으로부터 보면 바깥을 향해 벌어지는 현상을, 바깥쪽에서 보면 안쪽을 향해 좁아지는 착시 현상을 느끼기에 충분한 구조를 보이고 있다. 이 같은 조형은 공간성을 극대화하기 위한조치로 생각된다. 부언하면, 운주사의 7층석탑들은 규모에 비해 기단부의 너비가 좁고 높게 조성되어 언뜻 보기에 왜소한 특성을 지니고 있다. 때문에 탑을 바라보는 信者의 입장에서 볼 때 탑에서 느껴지는 공간성과 중후함을 상실하기에 충분한 구조를 지니고 있다. 따라서 當代의 석공들은 이 같은 사각적인 문제를 보완하기 위한 조치로 양 우주와 보조 우주를 입체감 있게 조성함으로써 석탑에 공간성의 의미를 부여함과 동시에 기단과 탑신의 왜소함을 극복하고자 했던 것으로 판단된다.[19] 이같은 면에서 보면 마곡사 오층석탑 역시 높은 탑신에 비해 기단이 높고 좁게 조성된 공통적인 특징으로 보아 운주사의 석탑에서와 같이 공간성과 안정감 그리고 목조건축의 충실한 재현이라는 의미라 생각된다. 이와 더불어 기단부에 대한 실측도면을 보면[20] 하층기단은 8매, 상층기단은 여러매의 판석을 사용해 조립했음을 알 수 있다. 더불어 석탑의 단면 역시 내부는 다른 석재로 충적되어 있음을 알 수 있다. 이처럼 기단부를 조립함에 판석을 돌리고 내부에 석재를 충적하는 방식은 미륵사지 석탑에서 시작된 이원식 구조체[21]의 축조방식이 통일신라시대를 거쳐 고

---

18 이는 지대석의 안상과 가장 유사한 양식이 지림사 건칠보살반가상좌대인 점과 이 석탑의 안상보다 더욱 자유 분망하게 조성된 은해사 백흥암 극락전 수미단 및 봉정사 극락전 수미단의 안상이 같은 유형으로 판단되기에 더욱 그러하다.

19 박경식, 2014, 「화순 운주사 석탑의 특수성에 대한 고찰」, 『동양학』 57집, 단국대학교 동양학 연구원, 135~158쪽.

20 文化財管理局, 1989, 앞의 책, 280 · 283쪽.

21 박경식, 2014, 「미륵사지석탑과 분황사모전석탑의 비교 고찰」, 『白山學報』 98호, 백산학회, 146쪽.

려시대에 이르기 까지 계승되고 있음을 보여주고 있다.

마곡사 오층석탑 상층기단 면석

마곡사 오층석탑 겹우주

운주사 7층석탑 중첩 우주

운주사 7층석탑 2층탑신 겹우주

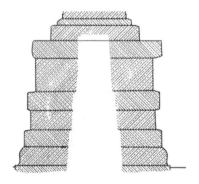

마곡사 오층석탑 기단부 남북단면도

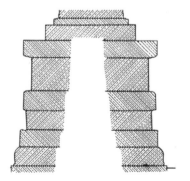

마곡사 오층석탑 기단부 동서단면도[22]

22 기단부의 남북 및 동서 단면도는 文化財管理局, 1989, 280쪽의 도면을 편집한 것임을 밝힌다.

2. 탑신부

마곡사 오층석탑은 5층의 탑신을 구비한 석탑이다. 기단부와 같이 세장 고준한 탑신과 반전이 강한 옥개석은 이 석탑의 특징이라 할 수 있다. 이같은 탑신부에서 주목되는 점은 초층탑신 받침부, 1층과 2층 탑신에 조식된 장엄과 2층 옥개석에서 확인되는 양식의 차이점이다.

먼저 초층탑신 받침은 높직한 각형 2단의 별석받침을 놓았는데, 하단이 높은 반면 상단은 낮게 조

마곡사 오층석탑 탑신부(정면에서) 마곡사 오층석탑 탑신부(측면에서)

성했다. 이처럼 석탑에서 초층탑신 하단에 각형 2단의 받침이 조성됨은 감은사지 동·서삼층석탑에서 시작된 양식으로, 통일신라시대 석탑의 공통 양식으로 조성되었다. 그러나 9세기에 이르러 나타나는 초층탑신 받침의 변화중 별석받침이 삽입되고 있다. 9세기 석탑중 초층탑신에 별석받침이 삽입된 예는 9세기에 건립된 경주 남산리 동삼층석탑, 서악리 삼층석탑, 남산 용장사계 폐탑 등에서 볼 수 있다. 이 석탑들에서는 단순히 판석만을 놓음으로써 탑신을 받고 있는데, 남산리 동삼층석탑에서만 각형 3단의 받침 양식을 보이고 있다. 따라서 마곡사 오층석탑의 별석 2단 받침은 갑자기 등장하는 것이 아니라 이미 9세기 석탑에서 시작된 양식임을 알 수 있다. 더욱이 각형 2단의 형식을 지니고 있어 전형석탑 이래 완성된 각형 2단의 받침으로부터 별석받침으로 변화된 양식이라 생각된다.

마곡사오층석탑 초층탑신 받침   경주 남산리 동삼층석탑   경주 서악리 삼층석탑
                            초층탑신 받침   초층탑신 받침

1층탑신 동쪽면 문비

1층탑신 서쪽면 문비

1층탑신 남쪽면 문비

1층탑신 북쪽면 문비

2층탑신 동쪽면 불상

2층탑신 서쪽면 불상

2층탑신 남쪽면 불상

2층탑신 북쪽면 불상

이와 더불어 이 석탑의 탑신부에서 주목되는 현상은 초층과 2층 탑신에 조식된 부조상이다.

즉, 초층탑신에는 네 벽에는 모두 문비형을 모각했는데, 남쪽면에는 자물쇠를 조식했다. 더불어 2층 탑신에는 사방불을 부조해 장엄성을 높이고 있다. 그럼에도 불구하고, 이같은 양상은 기왕에 확립된 장엄조식의 전형에서 벗어나고 있어 주목된다. 즉, 한국 석탑에서 장엄조식은 주로 기단과 초층탑신에 집중되는데, 초층탑신의 경우에는 문비와 인왕 및 사천왕이 조합되는 경우와 사천왕과 사방불만이 부조되거나 안상과 결합하는 형태가 보편적이 양식이다. 그런데 이 석탑에서는 1층에는 문비형을, 2층에는 사방불을 부조하고 있어 매우 특이한 일례를 보이고 있다. 기왕의 연구에서는 이에 대해 초층과 이층의 탑신부 彫飾은 사리 외호의 기능을 반복적으로 상징한 것으로 보고 있다.[23] 더불어 기단과 탑신에 가해진 다양한 장엄 조식의 근본 목적은 탑내에 봉안된 舍利의 수호 내지는 供養에 있다[24]는 관점에서 볼 때 신라석탑 浮彫像은 불탑 내부에 봉안된 불사리에 대한 外護的 기능에 1위적 목적을 지니고서 이룩된 것으로 보고 있다.[25] 이같은 견해들을 수용해 보면 1층과 2층 탑신에 부조된 문비와 사방불은 사리의 수호와 고양에 있음을 부인할 수 없다. 그렇지만, 언급한 바와 같이 한국 석탑에서의 장엄조식은 기단과 탑신[26] 아니면 석탑 전체에 장엄이 가해지고 있어[27] 이 석탑에서와 같은 경우는 없다는 점이다. 이

23 홍대한, 2013, 196쪽.

24 秦弘燮, 1983, 「塔婆」, 『國寶』 6, 藝耕産業社, 194쪽.

25 張忠植, 1982, 「統一新羅 石塔浮彫像의 研究」, 『考古美術』 154·155合輯, 韓國美術史學會, 115쪽.

26 전통적인 석탑서는 기단부에는 주로 안상과 팔부신중, 탑신부에는 문비형, 인왕,사천왕,사방불등이 부조되는 경우가 일반적인 양식이다.

27 이같은 경우는 실상사 백장암 삼층석탑이 유일하다.

〈표 1〉 탑신석의 높이와 너비(단위 : mm)

	높이	너비	우주
1층탑신	794	1060	245
2층탑신	641	852	135
3층탑신	529	819	121
4층탑신	458	718	95
5층탑신	342	680	92

에 대해 필자는 2층 탑신석과 옥개석의 양식으로 보아 새로운 부재가 사용된 결과로 판단된다. 먼저 『麻谷寺 實測調査報告書』에 제시된 탑신석의 실측치 중 동쪽면의 높이와 너비를 정리해 보면 〈표 1〉과 같다.[28]

〈표 1〉을 보면 탑신석은 높이에 있어서는 수치상으로는 큰 변화를 보이지 않고 있다. 그렇지만, 2층과 3층은 높이와 너비에서 그다지 변화가 없다는 점이다. 물론 사방불을 부조하기 위한 조치라 생각할 수 있지만, 이로 인해 석탑은 상자형으로 구축된 기단과 더불어 석탑에 상승감을 더해 주는 결과를 가져왔다. 이같은 차이는 우주에서도 마찬가지로 적용되었는데, 3층과 4층 그리고 4층과 5층에 비해 축소되는 규모가 비교적 적다는 점이다. 이와 더불어 옥개석을 보면 옥개받침, 처마의 흐름과 반전 그리고 낙수면 등 모든 점에서 다른 층의 그것과는 확연히 다른 양식을 보이고 있다. 이같은 점은 옥개석의 실측도면을 보면 더욱 명확해 지는데, 이를 제시하면 〈그림 2〉와 같다.[29]

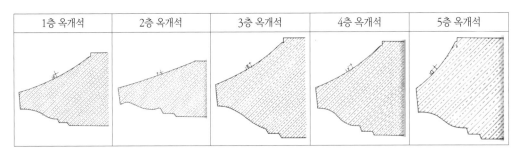

〈그림 2〉 마곡사 오층석탑 옥개석 상세 도면

1층으로 부터 5층까지 옥개석에 관한 상세도면을 보면 다른 층에 비해 2층 옥개석에서 확연한 차이가 확인된다. 먼저 다른 층의 옥개서 상면에는 모두 각형 1단의 탑신 받침이 있지만, 2층 옥개석에서는 생략되었다. 낙수면의 경사 역시 다른 층에 비해 현저히 완만함은 물론 옥개받침 역시 다른 양상을 보이고 있다. 이같은 면면을 보면 2층 옥개석 역시 다른 부재와는 조성시기가 달랐음을 보여주고 있다. 기왕의 연구에서는 이에 대해 "다른 층의 옥개석과 구별되는 이질적인 표현에도 불구하고 전체적인 체감율과 기본 형식에서는 구색을 맞추고 있어 의도적

28 보고서에는 사면 모두의 실측치가 제시되어 있지만, 명확한 비교를 위해 동쪽면 만을 기준으로 했음을 밝힌다. 文化財管理局, 1989, 286~287쪽.
29 文化財管理局, 1989, 앞의 책, 292쪽.

인 구상으로 판단된다. 2층 탑신의 사방불 조각을 고려한다면 의도적으로 2층 옥개석을 강조함으로써 불전내부에 설치되는 천개나 닫집의 모티브 표현으로 추정된다."[30]견해가 있다. 뿐만 아니라 조성재료에 있어 "화강암이 아닌 청석계통이라는 점과 더불어 이들 부분이 候補物이냐 아니냐에 대한 논란은 어떤 확고한 고증이 없는 한 어느 한쪽으로 단정지을 수 없다."라는 견해도 있다.[31] 이에 반해 "특히 제2층 탑신과 최상부 風磨銅을 받는 기단부는 석재의 재질과 형태가 판이하게 다른 것을 보아 만든 시대가 다른 것이 아닌가 혹은 다른 것으로 보아 보완한 것이 아닌가 하는 추측된나."[32]라는 견해도 있다. 이상의 모든 모든 면을 종합해 보면 2층 탑신에 대해서는 당초 조성설, 후보설, 신중설등 다양한 견해가 제시됨을 알 수 있는데, 필자는 재질상의 차이에서 보다는 양식적인 면에서 서로 다른 수법이 존재하는 점으로 보아 윤장섭 선생의 견해와 같이 候補된 것으로 생각된다. 현존하는 석탑에서 각 층이 석질이 다른 경우는 간혹 확인되고 있어 이를 통해 2층 탑신석을 후보했다고 보기에는 문제가 있다. 하지만, 이 석탑에서와 같이 양식적으로 확연한 차이를 보이는 것은 찾아보기 어렵다는 점이다. 물론 각기 다른 조탑공에 의해 조성되었다고 할 수는 있겠지만, 이에도 전체적인 균형과 조화는 동반되기 때문이다. 이와 더불어 홍대한선생의 지적과 같이 2층 옥개석 상면에 홈을 조성하고, 탑신이 물리도록 한 방식은[33] 백제계 석탑에서만 등장했던 방법은 아니다. 이같은 수법은 미륵사지 석탑에서 시작된 결구방식이라는 점이다.[34] 이는 신라 시원기 및 정형기 석탑에서도 확인될 뿐만 아니라 고려시대에 건립된 백제계 석탑에서 확인되는 전통적인 기술력이라는 점이다.[35] 이같은 면면을 고려해 보면 마곡사 오층석탑의 2층 탑신은 건탑 이후 고려시대에 새로 제작된 것으로 추정된다. 이와 더불어 옥개석의 하면이 살짝 들려진 모습이라든가, 낙수면의경사가 급한 점과 전각의 반전등에서는 고려시대 석탑의 특성도 보여주고 있다. 뿐만 아니라 매 층 옥개석 하면에 표현된 사래와 탑신 네 벽에 부조된 장방형의 額은 이 석탑에 배어있는 목조건축의 잔영이라 하겠다.

　　이상과 같이 탑신부에서 확인되는 특성은

　　첫째, 초층탑신 받침에 등장하는 별석의 각형 2단 받침

30　홍대한, 2013, 앞의 논문, 195쪽.
31　文化財管理局, 1989, 앞의 책, 277쪽.
32　尹張燮, 1965, 앞의 논문.
33　홍대한, 2013, 앞의 논문, 199쪽.
34　박경식, 2012, 「미륵사지 석탑과 수·당대 정각형 불탑과의 비교」, 『백산학보』 92호, 백산학회, 156쪽.
35　미륵사지 석탑에서는 목조건축에서 사용되는 결구수법이 확인되고 있다. 이중 하나가 우주가 놓이는 초석의 상면에 기둥의 바닥 너비 만큼의 홈을 파서 서로 꼽히도록 한 것이다. 이같은 석재의 결구방법은 각각 별개의 석재로 구성된 탑신부에서 석재의 이탈을 방지함과 동시에 인장력을 배가시키기 위한 방식으로 판단된다. 이처럼 석탑에 구현된 목조건축의 결구수법은 그대로 신라석탑에 전승되어 의성 탑리오층석탑과 감은사지삼층석탑은 물론 고려시대의 석탑에 이르기까지 널리 활용되고 있다.

둘째, 1층과 2층 탑신에서 각각 부조된 장엄조식

셋째, 2층 탑신부의 양식이 다른 층과 다르다는 점

넷째, 곳곳에서 검출되는 백제계 석탑의 양식

다섯째, 옥개석에서 확인되는 고려시대 석탑의 양식

여섯째, 양식적인 면 외에도 목조건축의 잔재가 곳곳에서 확인된다는 점이다.

이같은 사실을 보면 이 석탑은 신라계, 백제계, 고려시대 석탑의 양식이 모두 확인되고 있음을 알 수 있다. 이같은 양상은 다양한 양식의 석탑이 건립되던 고려시대의 문화적 성격을 잘 대변하는 것으로 생각되는데, 전체적인 양식으로 보아 고려시대 후기에 건립된 석탑으로 추정된다.[36]

Ⅲ. 상륜부

마곡사 오층석탑에서 가장 주목되는 부분은 바로 상륜부에 놓인 風磨銅이다. 이로 인해 마곡사 오층석탑은 그간 라마탑의 영향을 받아 건립된 석탑으로 이해되어 왔다. 그렇지만, 앞서 언급한 바와같이 기단부와 탑신부에서는 익히 알려진 라마탑의 영향은 그 어느 곳에서도 찾을 수 없었다. 이 보다는 앞대에 건립되었던 백제 및 신라석탑의 양식과 목조건축의 충실한 번안이라는 측면이 강조된 석탑임이 파악되었다.

그렇다면, 마곡사 오층석탑의 상륜부는 과연 라마탑의 양식인가를 구명하는 것이 마지막 과제로 남는다. 상륜부에 놓인 풍마동의 양식에 대해서는 이미 홍대한 선생에 의해 상세한 분석이 이루어진 바 있어[37] 이 보다는 평면 형식에 대한 문제를 적극적으로 검토하고자 한다.

일찍이 우현 고유섭 선생은 한국 석탑의 평면구도를 9가지 형식으로 분류한 바 있는데, 이중 마곡사 오층석탑은 제9형식으로, "四方形 위에 斗出形이 중첩된 형식이니 공주 마곡사 탑이 그 것이다. 이는 정방형 오층석탑 위에 두출형 평면 覆石을 받고 그 위에 라마식 鐵塔을 봉재하였다." 더불어 斗出形式이라 함은 "대개 元代 이후에 생긴 것이니 대게 조선 諸寺刹에 불상위에 걸친 보개가 이렇다"[38]라고 정의 한 바 있다. 이처럼 선생께서 斗出形式을 원대 이후에 발생한 것으로 본 견해는 라마탑의 양식으로 수용되어 오늘에까지 그대로 계승되고 있다. 이로 인해 경천사 13층석탑과 원각사지 10층석탑 역시 라마탑의 양식으로 규정되어 왔다. 그렇지만, 두출

36 千得琰, 2000, 앞의 책, 92쪽.

37 홍대한, 2013, 앞의 논문, 201~205쪽.

38 高裕燮, 1963, 「朝鮮塔婆槪說 -朝鮮 美術史 草稿의 第二信」, 『韓國 美術史 及 美學論考』, 通文館, 121쪽.

화전 라와크 사원지 불탑 평면도   화전 라와크 사원지 불탑

형식의 평면구도는 원대 이후에 발생한 양식이 아니라는 점이다. 이같은 양식의 평면구도는 키나슈카 대탑이 후대에 그런 모양으로 변형되었고, 탁실라의 바밀라 탑도 마찬가지 형상이다. 이러한 평면은 상당히 늦은 시기(7세기 이후)에 등장했다.[39] 이같은 평면은 실크로드 상의 불탑에서도 확인된다. 먼저 오아시스 남로의 주요 거점 도시인 和田의 라와크 사원지 불탑이 그것이다. 이 불탑에서 출토된 오수전은 회랑의 조각상과 벽화의 예술적 성격과 더불어 모두 서기 3~4세기에 속한다.[40]

和田 熱瓦克 사원지에 소재한 불탑의 평면은 우현선생께서 분류한 斗出形에 해당하는 것으로 상면의 탑신은 원구형 이었던 것으로 판단된다. 이같은 양식의 불탑은 투루판의 고창고성내 사원에서도 확인된다. 즉, 성내의 東南小寺의 유적으로, 사원을 앞에 두고 후면에 불탑이 배치된 형식이다. 이 불탑은 12~13세기에 축조된 것으로 추정되고 있는데,[41] 방형의 기단 상면에 다시 원형의 기단을 축조하고, 상면에 두출형 탑신을 구축하고 있다. 이같은 양식의 불탑은 돈황 인근의 瓜州에 위치한 塔尔寺에 있는 불탑에서도 확인된다. 이 탑 역시 탑신에서 斗出形의 양식을 보이고 있는데, 사찰은 唐으로부터 西夏때까지 존속한 것으로 알려져 있다.[42] 방형의 기단 상면에 올린 복발형의 탑신에서 斗出形의 평면을 보이고 있다. 게다가 영하회족자치구의 오충에서도 같은 양식의 불탑은 확인된다.

---

39 이주형, 2003, 『간다라 미술』, 사계절, 117쪽.
40 陈晓露, 2010, 「西域回字形佛寺源流考」, 『考古』11期. 도면은 논문에서 발췌한 것임을 밝힌다. 사진은 필자 촬영.
41 필자는 이 불탑을 세 차례에 걸쳐 답사를 한 바 있는데, 이와 연관된 논문은 아직도 확인하지 못하고 있다. 이로 인해 건탑의 시기에 대해서는 유적 안내문을 참고 했음을 밝힌다.
42 필자는 이 불탑을 두 차례에 걸쳐 답사를 한 바 있는데, 이와 연관된 논문은 아직도 확인하지 못하고 있다. 이로 인해 건탑의 시기에 대해서는 유적 안내문을 참고 했음을 밝힌다.

투루판 고창고성 동남소사 전경

동남소사 불탑 전경

瓜州에 위치한 塔尔寺 전경

塔尔寺 佛塔

오충 108탑 전경[43]

108탑 세부

　이처럼 실크로드 상에서 확인되는 두출형식의 불탑은 돈황에 이르러 원대에 건립된 불탑이 등장하게 되고, 이어 하서주랑을 통해 전국으로 파급되는 양상을 보이고 있다.

43 서하시대에 조성된 불탑으로 보고되어 있다. 郭學忠 2001, 『中國名塔』, 中國攝影出版社, 417쪽.

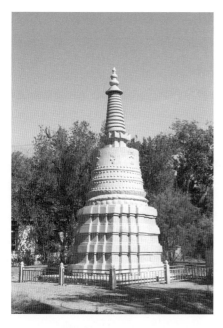

돈황 막고굴내 원대 승탑[44]

돈황 백마사 불탑

무위 백탑사 불탑

북경 묘응사 불탑

44 羅哲文, 1991, 『中國古塔』, 河北少年儿童出版社, 161쪽. 사진은 필자 촬영.

프레아코   바콩   롤레이

반데스레이   프놈바켕   바이욘

바푸온 기단부   앙코르와트   타프롬

이상에서 대략적으로 두출형의 평면을 지닌 불탑의 전개 양상을 살펴보았는데, 앞서도 언급한 바와 같이 이 형식의 평면은 원나라때 발생한 것이 아니라 간다라의 불탑에서 시작된 이래, 실크로드를 따라 전래된 서역 양식에 근원을 두고 있다는 점이다. 뿐만 아니라 이같은 양식의 평면구도는 앙코르와트의 여러 유적에서도 확인된다. 즉, 프레아코(879년), 바콩(881년), 롤레이(893년), 반데스레이(967년), 프놈바켕(10세기), 바이욘(12~13세기), 바푸온(1060년), 앙코르와트(12세기), 타프롬(12세기) 등 대부분 유적의 중앙탑 또는 기단에서 모두 두출형의 양식이 확인되고 있다는 점이다.[45] 이들 유적은 대부분이 힌두교적인 경향을 보이고 있는데, 건립연대가 8세기에서 13세기에 이르기 까지 다양하게 분포되어 있다. 더욱이 8세기의 유적에서 이같은 평면구도가 확인됨은 두출형식의 기단양식이 더 이상 元代의 전유물이 아니었음을 분명히 보여주고 있다. 이상과 같은 실크로드상에 건립되어 있는 불탑과 캄보디아에 소재한 유적들의 정황을 보면 두출형식의 평면 기단은 원나라의 양식이 아니라 간다라 불탑에서 시작된 양식이 실크로드를 통해 중국 내륙으로 전파된 기단의 한 양식이었음을 알 수 있다.[46]

이와 더불어 원나라때 건립된 소위 라마양식의 불탑의 탑신부에서는 마곡사 오층석탑의 風磨銅처럼 화려한 장엄이 조식된 예는 거의 없다는 점이다. 원대이후에 건립된 소위 라마양식의 불탑은 탑신이 호리병형이나 밑변이 길이가 상단에 비해 넓은 원구형의 형태가 대부분이다.[47]

마곡사 오층석탑 탑신부

무위 백마사 불탑 상륜부

북경 묘응사 불탑 상륜부

45 각 유적의 연대는 한국문화재보호재단, 2012, 『동아시아 크메르 유적 기초조사 및 라오스 세계유산 복원 종합계획 수립 연구』에서 참고 했음을 밝힌다. 사진은 필자 촬영.
46 라마식 불탑의 탑신부 양식 역시 원대의 창안이라기보다는 인도 불탑의 원구형 탑신이 변형된 결과로 판단된다. 본고에서는 이 문제는 논의 대상이 아니라 판단되어 다른 기회로 미루고자 한다.
47 박경식, 2013, 「회암사지 부도탑에대한 고찰」, 『회암사지 부도탑』, 회암사지박물관, 60쪽.

마곡사 오층석탑의 상륜부를 구성하는 탑신은 후자의 예에 속하고 있다.

앞의 표에서 제시한 무위 백마사 및 묘응사 불탑은 마곡사 오층석탑 상륜에서와 같이 원구형의 탑신을 지닌 불탑이다. 그런데 이들 탑의 상륜부는 마곡사 오층석탑의 상륜부와 비교해 볼 때 두출형의 기단과 보륜 및 원형의 화개를 두고 있다는 공통점 있다. 이와 더불어 양 탑의 상륜부는 완전한 불탑의 형식이 아니라는 점이다. 이에 반해 마곡사 오층석탑의 상륜부는 무위 백마사 및 묘응사 불탑과 완전히 같은 양식을 보이고 있다. 이를 보면 마곡사 오층석탑에서는 당초부터 상륜부로 제작된 것이 아님을 알 수 있다. 즉, 별개의 석재로 조성된 5층석탑과는 달리 별개의 공예탑으로 조성되었을 것으로 추정된다.[48] 이같은 양상은 "5층 옥개석의 상면과 노반석의 하부면이 정확히 일치 한다는 점은 의도적인 수법임을 짐작케 한다"[49]는 견해를 보아도 더욱 그러하다. 즉, 한국의 석조 조형물에서 부재와 부재가 맞닿은 면은 이처럼 정확히 일치하는 것이 아니라 약간의 간격을 두고 놓인다는 점이다. 뿐만 아니라 노반석의 양식 역시 높직한 면석과 각형의 부연이 있는 것이 공통적인 양식임에 비해, 이 석탑에서는 두출형의 평면을 지녔고, 높이 또한 142mm에 불과하다는 점이다.[50] 따라서 마곡사 오층석탑으 상륜부는 전형적인 원대 라마양식의 불탑을 모방해 조성한 공예탑으로 판단되는데,[51] 마곡사 또는 다른 사찰에

| 남경박물과 소장 라마탑 | 남경박물관 소장 라마탑 | 돈황 박물관 라마탑(명대) |

48 이같은 견해는 홍대한 선생도 밝힌 바 있다. "상륜부의 상태가 너무 완전하고, 1650년과 1844년의 보수기록을 들어 "상륜은 오층석탑 탑신과 달리 후대에 추가되었으며, 제작시기 역시 석탑 훼손 등을 고려한다면 조선시대 新鑄 가능성도 배제할 수 없다고 본다"라는 견해를 표방한 바 있다. 홍대한, 2003, 앞의 논문, 211~212쪽.

49 文化財管理局, 1989, 앞의 책, 298쪽.

50 文化財管理局, 1989, 앞의 책, 302쪽.

51 이는 원대에 조성된 라마 양식의 불탑에서는 탑신에 장엄이 가해진 예가 없다는 점에서 더욱 그러하다.

있던 것을 석탑이 건립된 이후 상륜부재로 활용된 것으로 판단된다. 이같은 추론은 중국의 박물관에서 확인되는 소형의 금속제 라마탑은 비록 淸과 明代에 조성된 것들이 대부분이지만, 이들은 상륜부재가 아니라 공예탑으로 조성된 것으로 판단되기 때문이다. 이상과 같은 관점에서 보면 경천사지 십층석탑과 원각사지십층석탑 역시 기단의 평면 구조만으로 라마탑의 영향을 받아 건립되었다는 점은 재고되어져야 할 것으로 생각된다.

Ⅳ. 맺음말

마곡사 오층석탑은 상륜부에 놓인 풍마동으로 인해 그간 라마탑의 영향을 받은 석탑으로 이해되어 왔다. 그러나, 앞서 서술한 바와 같이 기단부와 탑신부에서 확인되는 제반 양식은 삼국 및 통일신라시대에 건립된 석탑에서 양식적인 근원을 모두 확인할 수 있었다. 즉, 백제와 신라는 고려시대 석탑의양식이 모두 혼재되어 건립된 석탑이지만, 전체적인 면에서는 백제계 석탑의 양식이 가장 많이 확인되었다. 이와 더불어 상륜부를 구성하고 있는 두출형의 평면은 비난 元代에 건립된 불탑에서 시작된 양식이 아니라 간다라의 불탑으로부터 실크로드상의 불탑은 물론 캄보디아의 앙코르와트 유적 등에서 확인되었었다. 이들 불탑들은 모두 원대 이전에 건립된 점으로 보아 두출형의 기단 평면만으로 "원대 양식 영향"이라 단정했던 관행은 분명 재고되어져야 할 것으로 보았다. 뿐만 아니라 원대에 건립된 불탑과 풍마동을 비교해 볼 떼 이는 본래부터 상륜부로 제작된 것이 아니라 사찰의 공예탑으로 제작되었던 것을 후대에 상륜부재로 활용한 것으로 보았다. "불상의 조성에 있어서도 라마불상 양식의 수용은 고려시대 불상 양식의 태두리 안에서 부분적으로 나타날 뿐 기본적인 조형에 변형을 가져오지 않았다는 진홍섭 선생의 견해[52]가 새삼 주목된다.

(2015.02 「마곡사 오층석탑에 관한 고찰」, 『百濟文化』 제52집, 공주대학교 백제문화연구소)

....

아울러 중국내 발물관에는 공예적인 성격의 라마탑이 전시되어 있지만, 대부분이 주로 명과 청대에 조성된 것으로 판단된다.

52 秦弘燮, 1985, 「高麗後期 金銅佛像에 나타나는 라마佛像樣式」, 『考古美術』 166 · 167집, 韓國美術史學會, 17쪽.

【참고문헌】

1. 단행본 및 보고서

高裕燮, 1975, 『韓國塔婆의 硏究』, 同和出版公社.

국립부여문화재연구소, 2001, 『미륵사지 서탑-주변발굴조사 보고서』.

국립문화재연구소 · 전라북도, 2012, 『미륵사지 석탑-기단부 발굴조사 보고서』.

文化財管理局, 1989, 『麻谷寺 實測調査報告書』.

박경식, 2002, 『통일신라 석조미술 연구』, 학연문화사.

이주형, 2003, 『간다라 미술』, 사계절.

秦弘燮, 1983, 「塔婆」, 『國寶』 6, 藝耕産業社, 194쪽.

千得琰, 2000, 『百濟系石塔 硏究』, 전남대학교 출판부.

한국문화재보호재단, 2012, 『동아시아 크메르 유적 기초조사 및 라오스 세계유산 복원 종합
　　　　계획 수립 연구 보고서』.

2. 논문

高裕燮, 1963, 「朝鮮塔婆槪說-朝鮮 美術史 草稿의 第二信」, 『韓國 美術史 及 美學論考』, 通文館.

박경식, 2012, 「미륵사지 석탑과 수 · 당대 정각형 불탑과의 비교」, 『백산학보』 92호, 백산학회.

박경식, 2013, 「회암사지 부도탑에 대한 고찰」, 『회암사지 부도탑』, 회암사지박물관.

박경식, 2014, 「화순 운주사 석탑의 특수성에 대한 고찰」, 『동양학』 57집, 단국대학교 동양학
　　　　연구원.

박경식, 2014, 「미륵사지석탑과 분황사모전석탑의 비교 고찰」, 『白山學報』 98호, 백산학회.

尹張燮, 1965, 「麻谷寺에 對하야」, 『考古美術』 통권 63 · 64합집, 고고미술동인회.

이영택, 2002, 「高麗後記 石塔의 硏究: 麻谷寺5層石塔과 敬天寺多層石塔을 中心」, 동국대학교
　　　　문화예술대학원 석사학위논문.

張忠植, 1982, 「統一新羅 石塔浮彫像의 硏究」, 『考古美術』 154 · 155合輯, 韓國美術史學會.

秦弘燮, 1974, 「韓國의 眼象紋樣」, 『東洋學』 4, 檀國大東洋學硏究所.

秦弘燮, 1985, 「高麗後期 金銅佛像에 나타나는 라마佛像樣式」, 『考古美術』 166 · 167집, 韓國
　　　　美術史學會, 17쪽.

홍대한, 2013, 「麻谷寺 五層石塔의 樣式과 建立時期 研究 -라마양식 석탑구분에 대한 문제제
기를 중심으로-」, 『동아시아문화연구』 53, 한양대학교 동아시아문화연구소.

陈晓露, 2010, 「西域回字形佛寺源流考」, 『考古』 11期.

【국문초록】

마곡사 오층석탑에 관한 고찰

　마곡사 대웅전 앞에 건립되어 있는 오층석탑은 상륜부에 놓인 풍마동으로 인해 그간 라마탑의 영향을 받은 석탑으로 분류되어 왔다. 그러나 이 석탑에 구현된 여러 양식들을 세세히 살펴본 결과 삼국시대 이래 확립된 한국 석탑의 전통적인 양식은 물론 고려시대에 이르러 유행했던 백제계 석탑의 다양한 기법이 확인되었다. 이같은 양상은 특히 기단부에서 확인되었는데, 상자를 포개어 놓은 듯한 기단의 축조방법은 물론 면석에 부조된 중첩된 우주, 이원식 구조체등에서 그 특성이 파악되었다. 탑신부에 있어서도 초층과 2층 탑신에 부조된 문비와 사방불 그리고 2층 옥개석에서 특이한 양상이 파악되었다. 즉, 기왕의 석탑에서는 초층탑신에 방업조식이 집중되는 반면, 이 석탑에서는 초층과 2층에 걸쳐 부조되어 전통적인 석탑과는 다른 수법이 파악되었다. 더불어 2층탑신과 옥개석은 건탑 이후 고려시대에 다시 제작된 것으로 보았다.

　이 석탑이 라마식 불탑으로 분류되는데 결정적인 역할을 한 상륜부재 즉, 風磨銅의 평면구도를 분석했다. 그 결과 이에 구현된 斗出形의 평면은 원나라 불탑의 특징이 아니라 간다라 지역의 불탑에서 시작된 양식이 실크로드를 거쳐 전래된 것으로 파악되었다. 뿐만 아니라 원대에 건립된 라마식 불탑과 풍마동을 비교해 볼 때 이는 본래부터 상륜부로 제작된 것이 아니라 사찰의 공예탑으로 제작되었던 것을 후대에 상륜부재로 활용한 것으로 보았다.

주제어 : 라마식 불탑, 백제계 석탑, 간다라 불탑, 장엄조식, 風磨銅

【abstract】

Consideration of Five-Storied Magoksa Temple Stone Pagoda

Five-Storied Magoksa Temple Stone Pagoda has been regarded as a stone pagoda influenced by Lamaistic pagoda due to Poongmadong(風磨銅) on steeple. As a result to investigate various styles for the stone pagoda in detail, traditional styles of Korean stone pagoda that have been established since the period of the Kingdoms, and various Baekje styles that were popular during Koryo Dynasty were figured out. In particular, the styles were shown on stylobate, they are not only a way to build stylobate that seems boxes are overlapped but also an overlapped corner pillar that is a relief on facing stone, and two stage structures. When it comes to pagoda body, unique styles were investigated through a door plate and four-directional Buddha that is a relief on the basic story and pagoda body of second story, and roof stone on second story. That is, as for previous stone pagoda, basic story of the pagoda body focus on severe-ornament. One the other hand, the Magoksa temple stone pagoda shows a relief on the basic story and second story, that is a difference from styles of traditional stone pagoda. Besides, it seems pagoda body on second story and roof stone were rebuilt during Koryo Dynasty after building the pagoda. After analyzing the flat surface of Poongmadong that is a part of steeple to consider the pagoda as Lamaistic pagoda, the flat of bulging pagoda part comes from not Yuan Dynasty's pagoda but Gandhara pagoda through Silk road. Furthermore, in comparison between Lamaistic pagoda and Poongmadong built during Yuan Dynasty, it was originally produced not for steeple but for craft pagoda of a temple and used for the part of steeple later.

Key words : Lamaistic pagoda, Baekje styles, Gandhara pagoda, craft pagoda, ornament, Poongmadong

정암사 수마노탑에 관한 고찰

Ⅰ. 머리말

정암사는 서기 645년(신라 선덕여왕 14)에 자장율사가 창건하였는바, 당시에 수마 노보석(水瑪瑙寶石)으로 탑을 조성하고, 사리(舍利)와 불지절(佛指節) · 치아(齒牙) · 염주패엽경(念珠貝葉經) 등을 봉안하였다고 한다.[1] 사찰에는 당시의 창건 당시의 조형물은 현존하지 않지만, 7층 모전석탑이 현존하고 있다. 이 석탑은 현재 사역의 동쪽 산기슭에 건립되어 있는데, 1960년 정영호선생에 의해 조사가 이루어져,[2] 1964년 9월 3일에 보물 제410호로 지정되었다. 이후 1972년에 문화재관리국이 진행한 보수공사 때 탑 내에서 5매의 탑지석(塔誌石)과 함께 사리장엄구가 출토되었다. 당시 수습된 전체 유물에 대해서는 정영호 선생에 의해 상세한 고찰이 이루어진 바 있고,[3] 탑지석의 명문이 황수영 선생에 의해 정리된 바 있다.[4] 이와 더불어 1996년에 실시한 정선군 문화유적 지표조사 시 필자에 의해 그간의 전체적인 연구 성과와 석탑의 특성

※ 이 논문은 2012년 4월 26일에 개최된 「수마노탑의 특징과 그 가치」 학술대회에서 발표한 것을 수정 보완한 것임을 밝힌다.

1 정암사에 관한 기록은 「江原道旌善郡太白山淨岩寺事蹟」와 「太白山淨岩寺重修記」에 상세히 전하 고 있는데, 이들은 李種益, 『水瑪瑙塔과 淨岩寺』(강원: 淨岩寺, 1997), pp.18-34 및 pp.41-42에 수록되어 있다.

2 당시의 내용을 보면 事蹟記를 비롯하여 연화대석 1기, 파손된 광배가 현존하는 것으로 기록되어 있다(鄭永鎬, 「淨岩寺 水瑪瑙塔의 調査」 『考古美術』 3 (考古美術同人會, 1960)).

3 鄭永鎬, 「淨岩寺 水瑪瑙塔 發見 舍利具에 대하여」 『東洋學』 5 (檀國大東洋學研究所, 1975), pp.415-429.

4 黃壽永, 『增補 韓國金石遺文』(서울: 一志社, 1978), pp.209-222.

에 대해 정리된 바 있다.[5] 이후 이 석탑에 대해서는 모전석탑에 대한 연구라는 통시적인 안목에서 고찰되어왔는데, 모두 분황사 모전석탑의 전통을 계승한 석탑임에 동의하고 있다.[6] 이처럼 연구가 진행되어왔음에도 불구하고 건립 이후 조선시대로부터 현대에 이르기까지 이래 진행된 여러 차례의 보수를 거친 탓에 창건 이래의 원형을 어느 정도 유지하고 있는지에 대한 의문이 제기된 바 있다.[7] 아마도 건탑 이래의 보수공사를 통해 상당 부분에서 변형이 발생했을 것이라는 의식이 바로 이 같은 문제의 발단이라 생각된다.

본고에서는 이 같은 점에 대해 문헌과 탑지석에 기록된 보수 내용의 분석과 더불어 수마노탑이 지닌 양식상의 문제점을 살펴보고, 이를 바탕으로 역사·미술사적인 가치에 대해 살펴보고자 한다. 왜냐하면 수마노탑이 어느 정도의 원형을 유지하고 있는가 에 대한 양식 규명은 바로 이 석탑이 지닌 석조미술사적 가치성을 부여할 수 있다고 믿기 때문이다.

II. 원형 문제

수마노탑의 원형을 파악하기 위해서는 먼저 보수 기록의 검토와 더불어 기단부와 상륜부의 양식을 고찰함으로써 확인할 수 있다고 생각한다. 이 같은 판단의 근거는 먼저 보수 기록은 사적기에 전하는 바도 있지만, 탑 내에서 출토된 사리기와 사리구가 있어 이를 통해 시기와 보수된 범위를 파악할 수 있기 때문이다. 이와 더불어 기단부와 상륜부에 대한 양식적인 비교는 바로 이 석탑의 원형에 조금 더 접근할 수 있다고 믿기 때문이다.

1. 보수기록의 검토

(1) 문헌 검토

수마노탑에 대한 보수는 사적기 등의 문헌자료와 1972년 보수공사 시 출토된 탑지석을 통해 확인할 수 있다. 먼저 문헌 사료는 『鄭岩寺와 水瑪瑙塔』 중 「水瑪瑙塔重修 事蹟」, 「水瑪瑙寶塔重

---

5 1996년에 실시한 정선군 문화유적 지표조사 강릉대학교 박물관에 의해 진행되었는데, 필자는 불 교유적 편을 의뢰받아 조사한 바 있다(강릉대학교박물관, 『정선군의 역사와 문화유적』 (강원: 강릉대학교박물관, 1996)).

6 박흥국, 『한국의 전탑연구』 (서울: 학연문화사, 1998) 및 김지석, 「고려시대 모전석탑 연구」 (서울: 단국대학교대학원 석사학위논문, 2006).

7 文化財管理局, 『文化財大觀』 寶物編(上) (서울: 文化財管理局, 1968), p.528.

修誌」, 「寶塔重修有功記」 등이 기록되어 있는데,[8] 이를 살펴보면 다음과 같다.

먼저 「水瑪瑙塔重修事蹟」은 수마노탑과 관련해 가장 많은 내용을 전해주고 있다. 특히 보수에 관한 내용이 순차적으로 기록되어 있는데, 이를 정리해 보면 다음의 표로 요약된다.

〈표 1〉 水瑪瑙塔重修事蹟을 통해 본 보수내용

연번	보수연대	내용
1	康熙52년 癸巳(1713)	하층에 석불과 석금강, 상층에 범승의 사리 안치, 이후 벼락으로 파손
2	康熙58년 乙亥(1719)	5층탑으로 건립
3	乾隆35년 庚寅(1770)	刹竿建造 천지진동 후 찰간이 뽑힘
4	乾隆37년 壬辰(1772)	보탑 7층, 銅鑰 5층, 風磬 32구
5	乾隆38년 癸巳(1773)	지진에 쓰러진 간찰대를 팔았다는 내용으로 보아 이를 보수한 것으로 추정
6	乾隆40년 乙未(1775)	미상
7	乾隆43년 戊戌(1778)	깨기름과 석회를 방아로 찧어 탑 틈에 발라 長久保存을 도모

위의 표를 보면 수마노탑은 1713년 이래 모두 7차례의 보수가 이루어졌음을 보여주고 있다. 이 가운데서 석탑의 층수에 있어 1729년에 5층으로 건립했다가, 1772년의 기록에서는 7층으로 기록되어 있어 석탑의 층수에 있어 혼란을 보이고 있다. 이럼에도 불구하고 대부분의 보수가 철간으로 집중되어 있고, 지진과 벼락으로 파손되었음을 알려주고 있다. 이와 더불어 1778년의 보수에서는 깨기름과 석회를 섞어서 탑의 틈에 발랐다는 내용은 석재와 석재 사이에 간극이 발생함에 따른 조치라 생각된다.

「水瑪瑙寶塔重修誌」, 「寶塔重修有功記」에 기록된 보수 내용을 정리해 보면 다음과 같다.

〈표 2〉 水瑪瑙寶塔重修誌와 寶塔重修有功記를 통해 본 보수내용

보수연대	보수내용
康熙52년癸巳(1713)	天密師가 오층탑 조성
乾隆36년庚寅(1770)	半은 기울어지고 무너져 보수
同治13년갑술(1874)	8층보탑과 5층 찰간, 49寶鈴 설치. 念珠 82枚와 金株 5枚는 옛 그릇과 같이 第一層地帶 위에 안치

이 기록을 보면 이 석탑은 1713년에 천밀사에 의해 5층탑으로 건립했다고 하는데, 1770년의 기록으로 보아 건립 이후 50여 년 만에 상당 부분이 파손된 것으로 생각된다. 더욱이 "반은

---

8 李種益, 『水瑪瑙塔과 淨岩寺』, pp.18-34, 41-42.

기울어지고 무너졌다"는 기록으로 보아 기단부를 제외한 탑신 전체에 대한 보수가 있었음을 알려주고 있다. 이후 1874년에 이르러 대대적인 보수가 이루어졌음을 알 수 있다. 이때의 보수는 8층 보탑과 5층 찰간에 이르기까지의 광범위한 보수였고, 더욱이 "옛 그릇"이라는 용어로 보아 앞 대의 사리장엄구가 모두 봉인되었음은 물론, "제1층 지대에 안치"했음을 보아 기단부를 포함한 석탑 전체에 대해 대대적인 보수가 있었음을 알려주고 있다.

(2) 탑지석 검토

1972년 보수 시 5매의 탑지석이 출토되었는데, 이는 정확한 연대를 알 수 있어 석탑의 보수 사실을 확인하는데, 매우 중요한 자료이다. 출토된 탑지석을 연대순으로 정리해 보면 다음과 같다.

〈표 3〉 水瑪瑙塔 塔誌石의 출토위치와 연대

탑지석	출토위치	연 대
4석	2층탑신 20단 적심	崇禎紀元後癸巳五月, 朝鮮孝宗4年(1653)
1석	3층탑신 12단	康熙58年 己亥 六月, 朝鮮肅宗45年(1719)
2석	3층탑신 9단 중심부	朝鮮英祖49年(1773)
3석	3층탑신 6단	大廳同治十三年甲戌, 朝鮮高宗11년(1874)
5석	기단부 상층 2단 중심부	大廳同治十三年甲戌, 朝鮮高宗11년(1874)

출토된 탑지석은 모두 정확한 연대를 지니고 있어 앞의 문헌 기록에 비해 보다 명확한 보수 사실을 알 수 있다. 뿐만 아니라 출토된 위치를 통해 대체적인 보수의 범위를 파악할 수 있는 절대적인 단초를 제공하고 있다. 5매의 탑지석 중 4매는 탑신부에서, 1매는 기단부에서 출토되고 있어 주목된다. 먼저 출토 위치에서 볼 때 2층 탑신 1매, 3층 탑신 3매, 기단부에서 1매의 판석이 출토되고 있음을 보아 석탑에 대한 보수는 탑신부 전체에 대해서 이루어지고 있음을 알 수 있다. 이 같은 추정은 석탑의 층수에 관계없이 모전석탑이라는 특수성을 고려할 때 가장 상층부로부터 석재를 해체해야만 지석을 봉안할 수 있기 때문이다. 더욱이 최초의 보수 기록인 탑지석 4석이 2층 탑신에서 출토된 점으로 보아 적어도 기단부와 1층 탑신은 그대로 유지하고 있음을 알 수 있다. 이후의 보수 기록은 1·2·3석이 모두 3층 탑신에서 출토되고 있어 이 역시 기단부는 크게 문제가 되지 않았음을 추정할 수 있다. 아울러 3점의 탑지석이 모두 3층 탑신에서 출토된 점으로 보아 3층 또는 상층부에서 문제가 있었던 것으로 추론된다. 이처럼 4차례의 보수는 주로 탑신부에 집중되었음에 비해 1874년에 이루어진 보수는 명문의 내용으로 보아 기단부까지 해체해야 할 만큼 석탑의 훼손 상태가 심각했음을 알 수 있다.

이상과 같이 각각의 자료에서 파악된 보수 내용을 종합해 보면 다음의 표로 집약된다.

〈표 4〉 문헌기록과 탑지석을 통해 본 수마노탑 보수 총괄 표

연번	보수연대	근거	비 고
1	崇禎紀元後祭巳五月 朝鮮孝宗4年(1653)	탑지석 4석	2층탑신 20단 적심에서 출토
2	康熙52년癸巳 朝鮮肅宗39年(1713)	중수사적, 중수지	天密師가 오층탑 조성 하층에 석불과 석금강, 상층에 범승의 사리 안치. 이후 벼락으로 파손
3	康熙58년乙亥 朝鮮康熙45年(1719)	중수사적 탑지석 1석	5층탑으로 건립 3층탑신 12단에서 출토
4	乾隆35庚寅 朝鮮英祖46年(1770)	중수사적, 중수지	半은 기울어지고 무너져 보수 刹竿建造. 천지진동 후 찰간이 뽑힘
5	乾隆37년壬辰 朝鮮英祖48年(1772)	중수사적	보탑 7층, 銅瑜 5층, 風磬 32구
6	乾隆38년癸巳 朝鮮英祖49年(1773)	중수사적 탑지석 2석	지진에 쓰러진 간찰대를 팔았다는 내용으로 보아 이를 보수한 것으로 추정 3층탑신 9단 중심부에서 출토
7	乾隆40년乙未 朝鮮英祖51年(1775)	중수사적	미상
8	乾隆43년戊戌 朝鮮正祖2年(1778)	중수사적	깨기름+석회를 방아로 찧어 탑 틈에 발라 長久保存을 도모
9	同治17년甲戌 朝鮮高宗11年(1874)	중수지 탑지석 3석 탑지석 5석	8층 보탑과 5층 찰간, 49寶齡 설치. 念珠 82枚金珠 5枚는 옛 그릇과 같이 第一層地帶 위에 안치 3층탑신 6단 및 기단부 상층 2단 중심부 출토
10	1972년		기단부까지 완전 해체 보수. 탑지석과 사리장엄 출토
11	1995년		탑 주면의 펜스 철거 및 석축, 석제난간, 진입계단 신축
12	1999년		상륜부 철쇄교체

위의 표를 보면 수마노탑은 1653년에 이루어진 1차 보수 이래 1999년에 이르기까지 모두 12차례의 보수공사가 진행되었음을 알 수 있다. 이 같은 결과를 보아도 이 석탑이 어느 정도의 원형을 유지하고 있을까에 대한 의문의 제기는 당연한 결과라 하겠다.

위의 표를 통해 파악되는 보수 원인과 내용을 살펴보면 다음과 같다.

첫째, 탑지석 1석을 볼 때 이 석탑은 1653년에 건립된 것으로 볼 수 있다.[9] 그러나 다른 기록과 대조해 볼 때 이는 건탑 시 봉안한 것이 아니라 보수 후에 매납한 것으로 생각된다. 탑지석

....

9 일반적으로 탑지석은 석탑의 준공 또는 보수시 사리장엄과 함께 봉안하는 것이 보편적인 현상 이다. 게다가 수마노탑에 관한 기록 중에서 탑지석 4석의 내용이 가장 빠른 시기에 작성되었음 에서 건탑시 봉안한 것으로 판단할 수 있다.

의 1석 명문의 내용이 자장율사가 봉안해 온 진신사리를 봉안하게 된 경위와 더불어 "癸巳三月
二十五日虔禱始役以同年閏 五月 日完役後考以記之"라 기록되어 있는 점으로 보아 3월에 시작해
서 5월에 마친 공역임을 알 수 있는데, 지석의 연대를 석탑의 건립으로 본다면 이 석탑은 1653
년 2월 15일에 시작해 5월에 걸쳐 불과 3개월 만에 건립되었음을 알 수 있다.

그런데 건륭(乾隆) 35년의 보수공사 내용 보면

"경인(庚寅) 4월에 기도(祈禱)를 시작하고 목석공장(木石工匠)을 모집하여 보탑과 보궁과
승당을 일시에 건설하기로 공사를 착수하니 역인(役人)이 백여 명이다. … (중략)… 그때에
원휴당시연(愿休堂時演)이 루백금(屢百金)을 모집하고 또 사(私)의 저축을 기울여 도와서 7월
만에 준공하였다. 그리고 상경(上京)하여 관동(官銅) 백조 근(百鰷斤)을 얻었다. 서월(瑞月)과
서로 뜻을 합하였는데 망월사에 들어가 찰간(刹竿)을 건조(建造)하는데 관군(官軍)의 힘을 빌려
교체(交替)하고 운반하여 11월에 봉안하고 신묘(辛卯)에 비석(碑石)을 쌓아 4월 28일에
낙성(落成)하였는데… (후략)"[10]

보탑 · 보궁 · 승당의 건립은 7개월 만에 완성되었고, 상륜부까지 조성했음을 알 수 있다. 상
륜부에 대해서는 "망월사에 들어가 찰간(刹竿)을 건조(建造)하는데 관군(官軍)의 힘을 빌려 교체
(交替)하고 운반하여 11월에 봉안하고, 신묘(辛卯)에 비석(碑石)을 쌓아 4월 28일에 낙성(落成)
하였는데"라는 기록으로 보아 탑신부의 재건보다는 오랜 기간이 소요된 것으로 보인다. 결국
보궁과 승당의 건립은 7개월 이내에 완성되었지만, 탑의 완성에는 오랜 시간이 소요되었음을
알려주고 있다.

뿐만 아니라 1874년의 보수공사는

"갑인(甲寅) 2월에 착공하여 공장(工匠)을 모집하고 3월 12일에 탑(塔)을 열었다. 이날 저녁에
풍우(風雨)가 대작(大作)하고 풍박(風雹)이 퍼부었다. 4월초 5일에 다 허는 데 뇌성이 진동하며
운은(雲隱)이 캄캄하였다. 5월 초 7일에 역사(役事)를 마치는데 저녁에 우레가 진동하고 비가
퍼부어 남은 먼지를 깨끗이 씻었다."[11]

위의 기록을 볼 때 2월에 착공해 3월 12일에 개탑하고, 5월 7일에 마친 점으로 보아 약 3개월
이 소요되었음을 알 수 있다. 더욱이 "4월 5일에 헐고 5월 7일에 마쳤다"는 기록은 탑의 재건

10 李種益, 『水瑪瑙塔과 淨岩寺』, pp.18-34, 41-42.
11 李種益, pp.18-34, 41-42. 정암사 수마노탑에 관한 고찰.

걸린 기간이 불과 한 달이라고 명시하고 있다. 이처럼 보수 기간이 짧은 것은 아마도 새로이 석재를 채취하고, 치석한 것이 아니라 기존의 부재를 사용한 탓에 기간이 단축된 결과라 생각된다.

일반적으로 탑의 낙성이 기단부터 상륜부에 이르기까지의 전 과정을 마친 것으로 이해한다면, 탑지석 1석에서와 같이 3개월 만에 완성했다는 것은 무리가 있다고 생각된다. 뿐만 아니라 탑지석은 석탑의 준공 또는 보수 시 사리장엄과 함께 봉안하는 것이 보편적인 현상이다. 이 같은 관점에서 보면 앞의 기록에서 수마노탑은 불과 1-2개월에 건립되었음을 알려주고 있지만, 상륜부를 포함하면 건륭 35년의 기록에서 더 오랜 시간이 소요됨은 당연하다고 생각된다. 탑비석과 문헌 기록의 여러 정황을 볼 때 수마노탑에 관련된 가장 오래된 자료인 탑지석 1석은 1653년의 보수 공사 시 매납된 것으로 생각된다.

더욱이 석탑 보수에 소요된 기간은 탑지석에 기록되어 있어 사료의 신뢰성에 문제가 없다고 생각한다. 이 같은 내용을 볼 때 수마노탑에 있어 가장 먼저 보수가 이루어진 시기는 4석에 기록된 바와 같이 1653년에 이루어진 것으로 판단된다. 따라서 탑지석 4석은 수마노탑의 건탑 후 봉안한 것이 아니라 보수공사를 진행하고 매납한 것으로 보는 것이 타당할 것으로 판단된다.

둘째, 석탑의 규모가 5층과 7층으로 기록되고 있는 점이다. 먼저 5층은 1713년과 1719의 기록에서 보이고 있다. 이 중 1719년의 보수는 탑지석 1석과 연대가 일치하고 있다. 이럼에도 불구하고 석탑의 층수는 문헌에만 기록되어 있을 뿐 탑지석에서는 찾을 수 없다. 그러나 1772년의 기록에서는 "보탑 7층, 동유(銅鍮) 5층, 풍경(風磬) 32구" 라 기록되어 구체적인 탑의 형상을 기록하고 있는데, 탑신이 7층 상륜부가 5층이라 기록되어 있어 현재의 규모와 일치하는 면을 보이고 있다. 따라서 1772년의 보수 기록은 석탑에 대해 가장 정확한 면면을 보여주고 있다 하겠다. 더불어 1874년의 기록에서 "8층 보탑"이라고 한 점은 기단부까지를 층수에 포함한 결과로 생각된다. 따라서 이상의 결과를 볼 때 정암사 수마노탑은 5층과 7층설로 구분될 수 있다. 현존하는 모전석탑과 전탑의 층수를 볼 때 분황사 모전석탑(3층, 본래는 9층), 송림사 5층전탑, 신세동 7층전탑, 조탑동 5층모전석탑, 동부동 5층전탑, 장락동 7층모전석탑, 신륵사 전탑 등에서 보듯이 주로 5층과 7층이 주류를 이루고 있다. 그러나 1713년에 문헌에는 "천밀사(天密師)가 오층탑을 조성"했다고 기록되어 있지만, 이보다 앞선 1653년에 보수 사실을 기록한 탑지석이 출토된 점으로 보아 5층탑으로 조성했다는 기록은 신빙성이 떨어지는 것으로 판단된다. 따라서 5층설은 아마도 가장 피해가 심했던 것으로 추정되는 상륜부에 대한 기록이라 추정된다. 아울러 1772년의 기록에서 풍경이 32구라 기록된 점은 현재 이 석탑에 달려 있는 그것과도 같은 개체수를 보이고 있어 이 석탑은 당초 7층으로 건립되었을 것으로 생각된다.

셋째, 보수공사의 원인이 주로 벼락, 천지진동, 지진 등으로 기록되어 있는데, 이를 통해 지속적으로 석탑이 파손되고 더불어 상륜부까지도 손상이 심했던 것으로 추정된다. 이처럼 수마노탑이 자연재해에 취약했던 이유는 석재를 벽돌과 같이 다듬어 건립한 모전석탑이라는 구조적인 한계성과 더불어 높게 조성된 상륜부가 지닌 취약성이 반영된 결과라 생각된다. 이 같은 점은 탑지석의 대부분이 3층 탑신에서 출토되고 있는 점으로 보아 그간 진행한 보수공사의 대부분은 상륜부와 탑신부가 완전 해체되는 수준에서 진행된 것으로 추정된다. 이와 더불어 상륜부가 일반형 석탑과는 달리 청동 제로 높게 조성된 점으로 보아 특히 벼락에 취약했을 것으로 생각된다. 더욱이 석탑의 위치가 사역 내에서 적멸보궁 뒷산 정상부 가까이에 위치한 점은 벼락을 비롯한 자연재해를 받을 수 밖에 없는 숙명을 지니고 있었다. 문헌과 탑지석을 통해 확인되는 1653년부터 1874년에 이르기까지 진행된 9차례의 보수공사에서 상륜부가 기록된 것이 5번이 확인됨은 이 같은 추정을 반증하는 것이라 생각 된다. 이와 더불어 1874년의 보수공사는 기단부에 사리장엄구를 매납한 점으로 보아, 보수의 범위가 탑신에 그치지 않고 기단 전체에까지 이루어진 대대적인 보수공사가 진행되었음을 알 수 있다.

넷째, 현대에 이루어진 3차례의 보수공사를 제외하면 모두 효종에서 정조대에 걸쳐 진행되고 있는데, 특히 숙종 대에 2차례, 영조 대에 4차례의 보수가 있었음을 알 수 있었다. 특히 영조대의 집중적인 보수는 당시의 문화적인 동향과 무관하지 않을 것으로 생각된다.

2. 양식검토

수마노탑(사진 1)은 앞에서도 살펴보았듯이 12차례에 걸쳐 진행된 보수공사로 인해 상당 부분에서 원형이 왜곡되었을 가능성은 충분하다. 하지만, 이는 막연한 추론에 그치고 있을 뿐 앞 시대에 건립된 같은 유형의 불탑은 물론 중국의 전탑 양식과 비교는 이루어진 바 없었다. 정암사 수마노탑에서 양식 비교가 가능한 부분은 기단부와 1층 탑신 및 상륜부라 생각한다. 왜냐하면 2층 이상의 탑신부는 석재를 벽돌과 같이 다듬어 축조했기에, 설사 여러 차례의 보수를 거쳤다 해도 큰 변화는 없었을 것으로 예상되고, 시대에 따른 변화를 찾아보기 어렵기 때문이다. 그러나 기단부 및 1층 탑신과 상륜부는 석탑에서 가장 기초가 되는 부분과 상층에 해당하기에 설사 변형이 되었다 하더라도, 원형을 찾아볼 수 있다고

[사진 1] 정암사 수마노탑

생각된다. 이 같은 판단에 따라 본 장에서는 수마노탑의 기단부와 상륜부에 대해 앞 시대에 건립된 모전석탑 및 전탑은 물론 중국의 불탑과 비교고찰을 진행하고자 한다.

(1) 기단부

수마노탑은 방형기단으로 화강암을 사용해 전체 6단으로 구축되어있다(사진 2). 가장 아랫단으로부터 상단으로 갈수록 한 단씩 들여쌓아 상면으로 갈수록 너비가 좁아지고 있다. 정영호 선생의 조사에서는 "상하 각 3층의 석질과 구성에 있어 차이가 보이는 것은 창건이후(創建以後) 개수(改修)로 인한 듯 하였다."[12]라 기술하고 있다. 이 같은 석질 구성의 차이는 보수공사 시 신부재

[사진 2] 수마노탑 기단부

와 구자재를 혼용한 탓에 드러난 현상으로 생각된다. 이같이 수마노탑의 기단은 면석과 갑석 그리고 우주와 탱주로 구성되는 일반형 석탑과는 완전히 다른 양상을 보이고 있다.

이처럼 화강암을 사용해 하단부로부터 들여쌓기 수법으로 기단을 구축한 예는 통일신라시대에 건립된 안동 동부동 5층전탑(3단)과 안동 조탑동 모전석탑(5단)에서 이미 등장하고 있는 양식일 뿐만 아니라 다층의 형식은 아니더라도 분황사 모전석탑이래 봉감 모전석탑, 송림사 5층전탑, 장락동 7층모전석탑, 현2동 모전석탑에서는 화강암으로 조성된 높직한 1단의 받침 위에 탑신을 구축하고 있음을 볼 수 있다. 따라서 수마노탑의 기단 양식은 상면의 너비와 1층 탑신의 비례가 적절하고, 신라시대 이래 모전석탑과 전탑에서 구출된 화강암으로 기단을 구성하던 전통적인 양식이 계승되고 있음을 볼 수 있다. 따라서 부재의 결실에 따라 신재가 보충된 상황이라 하더라도 양식적인 면에서는 변형된 부분은 없는 것으로 추정된다.

(2) 1층 탑신

1층 탑신(사진 3-5)은 높이 103cm, 넓이 178cm로서 남쪽 면 중앙에는 너비 13cm 화강암 석주를 사용해 양쪽 기둥과 상인방을 놓은 문틀을 조성했다. 내부에는 1매 판석으로 음각선으로 양분한 문짝을 달았는데, 양 문짝에는 문고리를 달았던 구멍과 철심이 남아있다. 이처럼 1층 탑신에 감실을 조성하고 문을 설치하는 것은 미륵사지 석탑과 분황사 모전석탑 등 한국의 초기

---

12 鄭永鎬, 「淨岩寺 水瑪瑙塔의 調査」.176

[사진 3] 수마노탑 1층 탑신

[사진 4] 수마노탑 1층탑신 문비

[사진 5] 수마노탑 탑신부

석탑에서 등장하는 양식이었고, 통일신라시대에 조성된 안동 동부동 5층전탑, 조탑동 5층모전석탑, 신세동 7층전탑, 제천 장락동 7층모전석탑 등 대부분의 전탑이나 모전석탑에서 공통적으로 등장하고 있다. 그런데, 대부분의 석탑에서는 문짝을 달았던 지도리구멍이 있거나, 장락동 7층모전석탑과 같이 실제로 문짝이 남아있다. 뿐만 아니라 문짝을 구성하는 상인방과 하인방 그리고 기둥은 물론 문짝에 이르기 모두 화강암으로 조성되는 것이 보편적인 양식이다. 그

런데 수마노탑에서는 문짝을 1매 판석의 석회암을 사용해 같은 유형의 석탑들과는 다른 양상
을 보이고 있다. 게다가 왼쪽 문짝의 귀퉁이에는 보수한 흔적이 역력하다. 아울러 다른 석탑에
서는 상인방이 양 기둥의 너비보다 조금 더 넓게 조성돼있는 반면, 이 석탑에서는 너비가 짧고
기둥보다 높이도 낮아 1874년에 시행된 대대적인 보수공사 시 변형되었을 가능성이 있는 것으
로 생각된다. 이럼에도 불구하고 초층 탑신에 감실을 조성하고 문을 달았던 것은 후대에 변형
에 의한 것이 아니라 이 계통 석탑의 양식을 충실히 계승하고 있는 것으로 판단된다.

(3) 상륜부

수마노탑은 완전한 상륜부를 구비하고 있는 모전석
탑이다.(사진 6) 이에 대해 가장 이른 시기의 기록은 앞
서 제시한 '문헌 기록과 탑지석을 통해 본 수마노탑 보
수 총괄표'에서 보듯이 1770년의 기록에서 "찰간(刹
竿)"이라는 용어가 보이고, 1772년의 기록에서는 "동유
(銅鍮) 5층"이라는 구체적인 표현이 이루어지고 있다.
이어 1874년의 보수 기록에서도 "5층 찰간"이라고 기
록되어 있어 상륜부는 5층으로 구성되었음을 알 수 있
다. 이후 상륜부에 대한 상황은 정영호 선생에 의해 기
록되어졌다. 선생은 "상륜은 청동제로서 노반으로부터
높이 170cm의 찰주에는 화판형(花瓣形)을 돌린 보륜 5
단과 보개 보주가 남아 있어 거의 완전한 모습을 이루고
있다. 또한 찰주로부터 4층 옥개(屋蓋)에 이르기까지 철

[사진 6] 수마노탑 상륜부

쇄를 걸어 놓은 것은 법주사 팔상전의 상륜부와도 유사하다."[13] 이 내용은 수마노탑의 상륜부에
대한 가장 상세한 기록이라 판단되는데, 앞서 언급했다고 기술하고 있다. "동유(銅鍮) 5층", "5
층 찰간"이라 기록한 것과 보륜 5단 이 정확히 일치하고 있어 주목된다. 이와 더불어 찰주로부
터 4층 옥개석에 이르기까지 철쇄가 걸어놓고 있음을 알려주고 있다.

앞서 수마노탑의 보수 내용을 정리하면서 이 석탑에 대한 피해가 찰주에 집중되고 있으며,
층수 또한 이와 무관하지 않았을 것으로 추정한 바 있다. 때문에 찰주에 대변형 여부는 이 석탑
의 얼마만큼 원형을 유지하고 있는가를 밝히는 단초가 될 것으로 생각된다. 먼저 상륜부에 대
한 현상을 살펴보면 다음과 같다.

---

13 정영호, 윗글

7층 옥개석의 상면에는 탑신과 같이 석회암을 3단으로 쌓아 기단을 조성한 후, 상면에 2매의 판석으로 갑석을 삼아 노반을 조성한 후 상륜부를 놓았다. 상륜은 원통형의 찰간을 놓은 후 5단의 보륜과 호리병형의 장엄, 십자형의 장식 및 금강저의 형태의 장엄으로 구성되어 있다. 이를 구체적으로 살펴보면 5단의 보륜은 모두 하단에 복발형의 받침을 두고, 상면에 화형(花形)의 판을 보륜으로 삼았다. 보륜의 가장 하단은 화판이 하면을 향하고 있으며, 범자문을 투각했다. 나머지 보륜에는 아무런 조식이 없고, 상면으로 갈수록 규모가 작아지고, 화판 역시 상면을 향하고 있어 안정된 구도를 보이고 있다. 이와 더불어 가장 상면의 보륜은 화판이 상면을 향하게 하고, 그 중앙에 호리병형의 부재를 놓았다. 병의 상면에는 원형의 팔간을 덧씌워 보강하고, 하단에 고리를 부착해 이로부터 철쇄가 탑신으로 이어지고 있다. 현상으로 볼 때 보강된 부분은 청동제는 아닌 것으로 판단되는데, 철제 볼트로 조여진 점을 볼 때 본래부터 있었던 것인가에 대한 문제는 의문으로 남는다. 상면에는 찰간을 관통해 원형의 막대를 십자형으로 관통시키고, 끝에는 각각 1개씩의 풍경을 달았다. 금강저 형태의 장엄은 하단부의 지름을 찰간보다 조금 넓게 조성해 꼽은 것으로 보인다. 이와 더불어 중단부에 배치된 화판형의 장식은 보륜의 그것과 동일한 양식을 보이고 있다. 이상의 양상을 정리해 보면 수마노탑의 상륜부는 노반, 복발, 보륜, 호리병, 십자형의 장식 그리고 금강저의 순으로 구성되어 있음을 볼 수 있다.

이상과 같은 양식을 지닌 상륜부의 원형 문제는 이보다 먼저 조성된 탑의 상륜부와의 비교를

[사진 7] 경주 남산 탑곡마애조상군의 마애탑 노반 및 복발

[사진 8] 탑곡마애조상군의 마애탑 보륜과 수연

통해 파악될 수 있을 것으로 생각된다. 먼저 상륜부가 가장 완벽하게 보존되어 있는 예로는 실
상사 동·서 삼층석탑을 들 수 있다. 하지만, 이보다 먼저 조성된 경주 남산 탑곡 마애조상군의
마애탑에서 상륜부의 양식을 확인할 수 있다(사진 7-8). 이를 보면 갑석이 있는 노반 상면에 찰
주를 꼽고 복발, 보륜, 보개, 수연, 용차, 보주의 순으로 구성되어 있음을 볼 수 있다.[14]

이와 더불어 실상사 삼층석탑에서는(사진 9) 철제 찰주를 꼽고 노반, 복발, 앙화, 보륜, 보개,
수연, 용차, 보주의 순으로 구성되어 있고, 봉암사 삼층석탑(사진 10)의 경우는 찰주를 꼽고 노
반, 복발, 앙화 보륜, 보개, 수연(추정), 용차, 보주의 순으로 구성되어 있어 이들보다 앞서 조성
된 탑곡 마애조상군과 큰 차이가 없음을 알 수 있다. 더불어 통일신라시대에 조성된 송림사 오
층전탑에서 완전한 상륜부를 볼 수 있다(사진 11). 이 전탑은 수마노탑과 같이 청동제로 조성되
었는데, 노반, 복발, 앙화, 보륜, 용차, 보주의 순으로 구성되어 있어 석탑의 상륜부와 큰 차이가
없는 것으로 판단된다. 이처럼 상륜부가 완전한 통일신라시대에 몇몇 탑에서 확인되는 상륜부
를 살펴보았는데, 대체로 노반, 복발, 앙화, 보륜, 보개, 수연, 용차, 보주의 순으로 구성되어 있
음을 볼 수 있었다.

이처럼 통일신라시대의 석탑에서 보이는 상륜부의 양식은 고려시대의 석탑에서도 볼 수 있
다. 먼저 상륜부가 비교적 완전한 순천 동화사 삼층석탑의(사진 12) 경우는 석 제 찰간을 중심으
로 노반, 복발, 앙화, 보륜, 보개의 순으로, 군산 발산리 오층석탑(사진 13) 역시 노반, 복발, 앙화,

[사진 9] 실상사 삼층석탑 상륜부

[사진 10] 봉암사 삼층석탑 상륜부

[사진 11] 송암사 오층전탑 상륜부

14 경주 남산 탑곡마애조상군은 7세기에 조성된 작품으로 알려져 있는데, 전면에 2기의 목탑양식 이 양각
되어 있어 한국 석탑의 원형을 파악하는데 귀중한 자료로 평가가 되고 있다.

[사진 12] 순천 동화사 삼층석탑 상륜부   [사진 13] 군산 발산리 오층석탑 상륜부   [사진 14] 월정사 팔각구층석탑 상륜부

보륜, 보개의 순으로 조성되어 있다. 이와 더불어 청동제 상륜이 완벽하게 보존되어 있는 월정사 팔각구층석탑의(사진 14) 경우는 노반, 복발, 보륜, 보개, 수연, 용차, 보주의 순으로 구성되어 있다. 이처럼 상륜부가 완전하게 남아있는 통일신라시대와 고려시대의 석탑과 전탑을 구성하는 상륜부를 보면 대체로 경주 남산 탑곡 마애조상군에서 구현된 양식을 계승하고 있는 것으로 파악된다. 이를 정암사 수마노탑에 대입해 보면 노반, 복발, 보륜의 공통 양식과 더불어 호리병과 금강저가 새로이 첨가된 상륜부를 구성하고 있다. 따라서 정암사 수마노탑의 상륜부 역시 앞 시대의 전형 양식을 그대로 계승하면서 호리병 등의 새로운 소재를 첨가한 것으로 판단된다.

이와 더불어 상륜부에 호리병이 등장하는 경우는 한국에서는 볼 수 없지만, 당대(唐代)에 건립된 정주 개원사 탑(사진 15), 장치 명혜대사탑(사진 16), 서안 화엄사지 두 순탑(사진 17)을 비롯해 북경 운거사 석탑(사진 18)에서도 볼 수 있다. 아울러 고려시대에 조성된 불탑의 상륜부에서 철쇄를 설치한 경우는 정암사 수마노탑이 유일하지만, 중국에서는 당과 송대에 건립된 태원 각원사전탑, 서안 묘락사전탑, 응현목탑 등에서 확인되고 있다. 물론 앞서서도 언급한 바와 같이 철쇄를 연결하는 부분이 찰간에 더 추가되었지만, 이에 대해서는 원래부터 있었는지 알 수 없다. 이 같은 추론은 같은 규모의 상륜부를 지닌 송림사 전탑이나, 월정사 팔각구층석탑에서는 철쇄의 흔적을 볼 수 없기 때문이다. 그럼에도 불구하고, 중국의 예에서 보듯이 상륜 부재로서 호리병이나 높게 조성된 청동제 상륜부에서 철쇄가 확인되고 있어, 이 역시 상륜부의 조형에서 크게 벗어난 양식은 아닌 것으로 판단된다. 아울러 철쇄는 법주사 팔상전 상륜부에서도 확인된다. 따라서 상륜부를 고정하기 위한 철쇄는 건립 당시에 설치되었을 가능성도 있지만,

법주사 팔상전을 제외하면 그 예를 볼 수 없다. 따라서 계속된 상륜부의 파손으로 인해 어느 시기에 보완되었을 가능성도 충분한 것으로 생각된다.

　이상에서 정암사 수마노탑에 구현된 양식을 기단부, 1층 탑신, 상륜부의 순으로 고찰해 보았다. 건립 이후 조선시대에만 9차례의 보수를 거친 탓에 상당 부분에서 변형이 가해졌을 것으로 예상되었지만, 앞 시대나 동시대의 양식이 그대로 베어있는 것으로 확인되었다. 결국 수마노탑은 분황사 모전석탑에서 확립된 전탑계 모전석탑의 양식을 충실히 계승한 석탑으로 생각된다.

[사진 15] 정주 개원사전탑 상륜부

[사진 16] 장치 명혜대사탑 상륜부

[사진 17] 서안 화엄사지두순탑 상륜부

[사진 18] 북경 운거사 석탑 상륜부

Ⅲ. 수마노탑의 역사 · 미술사적 의의

수마노탑에서 주목되는 것은 우선 모전석탑이란 양식을 들 수 있다. 우리나라에서 모전석탑의 효시는 분황사석탑을 들 수 있다. 이후 의성 탑리 오층석탑에서 이 양식은 옥개석에서만 그 특성을 남기고 있고, 통일신라시대 전반에 걸쳐 건립된 석탑에서도 옥개석에서만 그 잔재를 남기고 있으며, 모전석탑의 건립은 활발히 이루어지지 않고 있다. 그러나 고려시대에 이르러는 안동과 영양을 중심으로 한 경상북도 북부지역에서 분황사 모전석탑의 계통을 따르는 모전석탑이 조성되고 있음을 볼 수 있다. 이 같은 현상은 고려시대에 이르러 충청도와 전라도 지역에서 활발히 건립되던 백제계 석탑에 대비되는 것으로 볼 수 있다고 생각된다. 그러므로 이 석탑역시 탑신과 옥개석에서 모두 석재를 벽돌과 같이 다듬어 건립했다는 외형상의 양식이 경상도 지역을 중심으로 건립되던 신라계 석탑군의 하나로 보아야 할 것으로 생각된다.

둘째로 진신사리를 봉안한 석탑이라는 점이다. 이 석탑은 적멸보궁은 깊은 관계가 있음을 암시하고 있다고 생각되는데, 법당의 내부에 불상을 봉안하지 않은 점에서 더욱 그러하다. 우리나라에는 소위 5대 적멸보궁이라 불리는 사찰이 있다. 이들은 영취산 통도사, 오대산 상원사, 사자산 법흥사, 태백산 정암사, 설악산 봉정암을 일컫는데, 정암사가 바로 이 중 하나이다. 이들 사찰의 창건은 모두 자장율사와 깊은 관련을 맺고 있고, 통도사의 경우에 있어서는 그가 귀국할 때 가지고 왔다는 진신사리가 봉안되었다는 점에서 가장 대표적인 적멸보궁으로 알려져 있다. 나아가 법당 내에는 불상을 봉안하지 않고 창을 내어 금강계단을 바라보게 되어 있다. 즉, 금강계단에 진신사리가 봉안되어 있다는 신앙이 이같이 구도를 형성했다고 하겠다. 따라서 정암사 역시 자장율사에 의해 창건되었고, 비록 진신사리의 봉안 여부는 알 수 없지만 조선시대에만 4차례의 중수를 거친 사실만 보더라도 이 탑이 지녔던 중요성을 짐작할 수 있다고 하겠다. 그러므로 수마노탑은 정암사에 있어 통도사가 그러하듯이 사찰의 주존불로서의 기능을 수행했던 석탑으로 생각된다.

셋째로 적멸궁 뒤편의 높은 암벽 위에 건립되어 있다는 점을 들 수 있다. 이 같은 탑의 위치 선정은 신라하대인 9세기에 건립된 경주 남산 용장사곡 삼층석탑에서 양식적 근원을 찾을 수 있다. 이후 이 전통은 경주 남산리 삼층석탑, 서악리 삼층석탑에 이르러서는 평지에 자연 암반을 구함으로써 그 양식적 확립을 이루게 된다. 따라서 수마노탑이 지닌 위치상의 문제는 일단 신라에서 그 연원을 구할 수 있다고 하겠다. 이상과 같이 자연 암반을 기단으로 삼아 석탑을 건립함은 불사리(佛舍利)를 봉안한 불탑 자체를 우주(宇宙)의 축(軸)으로 생각하는 신앙적 형태에서 볼 때 기단 자체를 불교의 우주관에서 말하는 수미산(須彌山)으로 볼 수도 있지 않을까 한다.[15] 나아가 평지에 괴체형 석재를 쌓고 탑신부를 올린 형태의 석탑 역시 용장사곡 3층석탑에서 보인 자연암 석의 형태를 평지에 재현한 것이 아닌가 추정되며,[16] 궁극적으로는 9세기 이후에 성행하는 산천비보사상(山川裨補思想)과 밀접한 연관이 있었던 것으로 추정된다.[17] 따라서 자연 암반에 석탑을 건립한 것은 신라 말기인 9세기에서 그 양식적·사상적 근원을 구할 수 있다고 생각한다. 이같이 통일신라시대 말기에 확립된 석탑 건립의 또 다른 규범은 고려시대에 이르러 안동 막곡동 삼층석탑, 안동 이천동 삼층석탑, 영동 영국사 망탑봉 삼층석탑, 홍천 양덕원 삼층석탑, 영암 월출산 마애불 전방 용암사지 삼층석탑, 안동 대사동 모전석탑, 법계사지 삼층석탑, 영양 삼지동 석탑을 비롯하여 전국 도처에 이 같은 양식의 석탑이 건립되게 된다.

이상과 같이 일군(一群)의 석탑은 건립 위치에 있어 높은 지대이거나 강을 끼고 있어 넓은 시계(視界)를 확보하고 있다. 따라서 이들 유형의 석탑이 건립되는 사상적 근원은 9세기에 등장하여 고려시대에 유행했던 풍수도참설에 그 근원을 둘 수 있고, 결국은 불력(佛力)에 의한 산천비보사상의 뜻이 담겨 있는 것으로 보인다.[18] 아울러 자연 암반을 기단으로 삼아 모두 일반형식의 3층 탑신을 올리고 있는 공통점을 지니고 있다. 그러나 영양 삼지동 석탑에서는 자연 암반 위에 모전석탑을 올리고 있어 경주 남산리 동삼층석탑과 서악리 삼층석탑에서 보여준 모전석탑계열의 탑신이 고려시대에 이르러 완전한 모전석탑으로 바뀌는 현상도 볼 수 있다. 따라서 수마노탑은 비록 자연 암반을 기단으로 활용하지는 않았지만, 건립된 위치가 사찰을 한눈에 볼 수 있는 곳이라는 점에서 일단 같은 맥락을 확인할 수 있고, 삼지동 석탑과는 모전석탑이란 점에서 공통점을 찾을 수 있다고 하겠다. 따라서 수마노탑의 건립에는 산천비보사상이 내재되어 있었던 것으로 믿어진다.

넷째, 건탑의 재료로 인근에서 생산되는 석회암의 일종인 괴회암(돌로마이트)[19]이 사용되고 있다는 점이다. 한국에서 석탑 건립에 사용된 주재료는 화강암으로 이로 인해 중국을 비롯한 불교문화를 향유하는 다른 나라와는 확연히 다른 석조문화를 지니게 되었다. 이는 화강암이 풍부하다는 자연환경과도 밀접한 연관이 있음과 동시에 건탑 시 재료의 선택에 있어 자연환경이 가장 먼저 고려되었음도 의미하고 있다. 이 같은 사실을 반증하듯이 정암사 수마노탑은 석회암이 사용되었다. 이는 정선일대가 석회암 분포지대라는 사실과 일치하고 있다. 따라서 정암사

15 長忠植, 『新羅石塔硏究』 (서울: 一志社, 1987), p.97.

16 秦弘燮, 「統一新羅時代特殊樣式의 石塔」 『考古美術』 158·159合輯 (韓國美術史學會, 1981), p.24.

17 윗글, p.27.

18 秦弘燮, 「異形石塔의 一基檀形式의 考察」 『考古美術』 138·139合輯 (韓國美術同人會, 1978), pp.96-109.

19 우경식, 「정선군 정암사 수마노탑의 재질분석」 『수마노탑의 특징과 그 가치 – 학술대회 논문집』 (강원대학교 인문과학연구소, 2012), p.107.

수마노탑은 재료 상에서 같은 시대에 조성된 모전석탑과는 다른 양상을 보이고 있다.[20] 이처럼 석회암을 사용해 건탑한 예는 통일신라시대에 건립된 삼화사 삼층석탑에서도 볼 수 있는데, 이 역시 현존하는 절대다수의 석탑이 화강암을 건탑의 주재료로 선택했음과는 완전히 다른 양상을 보이고 있다. 결국 양 탑이 건립되어 있는 동해와 정선이 석회암의 분포지대라는 자연환경과 무관하지 않음을 알 수 있다. 뿐만 아니라 전자는 모전석탑으로, 후자는 일반형 삼층석탑으로 건립되어 있어 한국 석탑의 재료적인 측면에서 특수한 현상을 보이고 있다. 아마도 삼화사 삼층석탑에서 시도된 재료상의 변화가 정암사 수마노탑으로 영향을 주었을 것으로 추정된다.

다섯째, 상륜부가 완전한 모전석탑이라는 점이다. 한국 석탑에서 상륜부가 완전한 예는 극히 드물다. 아마도 철제 찰주가 중심을 이룬 탓에 이의 파손은 전체로 이어져 대부분의 상륜부는 파손된 것으로 보인다. 이는 현존하는 대부분의 석탑을 볼 때 상륜부에서 가장 안정적인 부재인 노반석만이 주로 남아 있음에서 확인된다. 현존하는 석탑에서 가장 완전한 상륜부는 통일신라시대의 것으로는 실상사 삼층석탑과 송림사 오층전탑에서, 고려시대의 것으로는 월정사 팔각구층석탑에서 예를 볼 수 있다.[21] 그런데 실상사의 그것은 철제 찰주를 꽂고, 모든 부재를 화강암으로 조성했다. 뿐만 아니라 월정사 팔각구층석탑에서는 보륜까지는 화강암으로 나머지 부재는 금동제로 조성했다. 반면에 송림사와 정암사에서는 청동제로 상륜부를 조성했다. 그런데 상륜부가 상실된 안동 신세동 칠층전탑에서도 "전탑의 위에 있던 금동장식물을 헐어서 객사(客舍)에서 쓰이는 물건을 만들었다."는 기록을 볼 수 있는 점으로 보아[22] 이 탑에서도 금동제로 조성된 상륜부가 있었음을 알 수 있다. 이상과 같은 면을 볼 때 청동제 상륜부는 석탑에서 보다는 전탑이나 모전석탑에서 주로 활용된 것임을 알 수 있다. 아마도 통석으로 조성된 석탑에서 보다는 전탑이나 모전석탑의 경우는 찰주를 꽂을 수 있는 구멍을 더 깊게 조성할 수 있었던 구조적인 특징에서 그러했을 것으로 추정된다. 이와 더불어 금동제 상륜부는 주로 5층 이상의 탑에서 볼 수 있고, 평면이 팔각이거나 전탑 혹은 모전석탑에서 주로 사용된 양식임을 알 수 있다. 현존하는 모전석탑 중 정암사 탑만이 유일하게 상륜부가 완전한 것은 앞서 살펴보았듯이 지속적인 보수공사의 결과라 하겠다. 이와 더불어 완전하거나 혹은 부분적으로 상륜부가 남아 있는 석탑은 주로 통일신라시대에 건립된 것들이 중심을 이루고 있다. 이에 반해 고려시대 석

----

20 현존하는 모전석탑은 대체로 안산암(분황사 모전석탑), 점판암(장락동 칠층모전석탑, 현이동 5층모전석탑), 사암(봉감 모전석탑), 화강암(군위삼존석굴 앞 모전석탑, 삼지리 모전석탑, 대사동 모전석탑, 도리사 석탑)으로 조성되었다.

21 상륜부가 완전하거나, 부분적으로 남아있는 예는 본 논문 양식편에서 소개한 내용을 참고하기 바람.

22 高裕燮, 『韓國塔婆의 硏究』(서울: 乙酉文化社, 1948); 『韓國塔婆의 硏究 – 各論草稿』 考古美術 資料 第14輯 (韓國美術史學會)

탑의 경우는 순천 동화사 삼층석탑에서 비교적 완전한 양식을 볼 수 있을 뿐, 거의 그 예를 남기지 못하고 있다. 이 같은 면에서 볼 때 정암사 수마노탑은 앞서 살펴본 바와 같이 통일신라시대에 이룩된 상륜부의 양식을 계승하고 있다는 점에서 매우 귀중한 이례라 하겠다.

이상과 같은 특징 외에도 석가모니의 진신사리가 봉안되었다는 점, 지속적인 보수 기록이 확인된다는 점에서도 그 의의가 큰 것으로 생각된다.

Ⅳ. 맺는말

정암사 수마노탑은 고려시대에 건립된 모전석탑으로 석회암을 사용했다는 재료적 인 측면과 더불어 상륜부가 완전한 탑으로 알려져 있다. 그럼에도 불구하고 문헌과 탑지석을 통해 여러 차례의 중수내용이 파악됨으로 인해 과연 건립 당시의 원형이 유지되고 있는가에 대한 문제가 일찍부터 제기된 바 있었다. 특히 상륜부가 완전한 석탑이 드문 한국 석탑의 현실에서 볼 때 이에 대한 변형 여부는 수마노탑의 양식문제에 있어 더욱 중요한 요인으로 파악되었다.

현재에도 많은 불교 조형물에 대한 보수가 진행되고 있지만, 앞 시대의 양식을 그대로 유지하는 선에서 이루어지고 있다. 이 같은 측면에서 볼 때 수마노탑 역시 조선시대에만 9차례의 보수가 있었음에도 불구하고 같은 양상이었을 것으로 추정된다. 수마노탑의 기단부와 초층 탑신, 상륜부에 대해 양식분석을 한 결과 모두 통일신라시대의 석탑에 구현된 그것에서 크게 벗어나지 않고 있음을 보아 더욱 그러하다고 생각한다. 결국 수마노탑에 대해 수차례의 보수는 이 탑이 산비탈에 건립되었다는 지형적인 면과 모전석탑으로 구조적인 특징, 높게 조성된 청동제 상륜부가 주된 원인을 생각된다. 아마도 진신사리가 봉안되어 있다는 신앙이 건탑 이래 지속적인 관심의 대상이 되었을 것으로 생각되는데, 탑지석 3석(1874년)에 기록된 화주 명단에서 경기로부터 호남, 관동 등 전국을 아우르고 있다는 점에서 명확히 드러나고 있다.[23] 석탑이 지닌 역사와 미술사적인 특성으로는 건탑 위치를 통해 산천비보사상이 내재되었음과 동시에 석회암을 사용했다는 재료적인 면과 더불어 상륜부를 지닌 고려시대의 귀중한 석탑으로 파악되었다.

(2012.06 「정암사 수마노탑에 관한 고찰」, 『史學志』 제44집, 檀國大學校 史學會)

23 鄭永鎬, 「淨岩寺 水瑪瑙塔 發見 舍利具에 대하여」, pp.415-429; 黃壽永, 『增補 韓國金石遺文』, pp.209-222.188

【국문초록】

정암사 수마노탑에 관한 고찰

정암사는 서기 645년(신라 선덕여왕 14)에 자장율사가 창건하였다고 전하는데, 당시에 수마노보석(水瑪瑙寶石)으로 탑을 조성하고, 사리(舍利)와 불지절(佛指節)·치아(齒牙)·염주패엽경(念珠貝葉經) 등을 봉안하였다고 한다. 여기서 수마노보석으로 조성한 탑은 보물 제410호로 지정되어 있는 정암사 수마노탑을 지칭한다. 이 석탑은 건립 이후 12차례에 걸친 보수가 이루어져 왔기에 과연 원형을 유지하고 있는가에 대한 문제가 제기되어 왔다. 이에 대해 문헌 조사와 더불어 석탑에 구현된 제반 양식에 대해 검토해 보았다.

가장 쟁점이 되고 있는 상륜부에 대해서 한국은 물론 중국의 그것과 비교 고찰을 진행 한 결과, 전통적으로 조성되던 상륜부의 양식이 유지되고 있음이 분명한 것으로 확인되었다. 이와 더불어 탑신부 역시 기왕에 건립된 모전석탑과 비교해 볼 때 양식적으로 변형이 이루어진 부분은 없었다. 결국 수마노탑은 12차례에 걸쳐 보수가 진행되었지만, 대체로 원형을 유지하는 선에서 이루어진 것으로 판단된다. 아울러 석탑이 지닌 양식 특성을 분석한 결과 분황사 모전석탑의 양식을 계승해 고려시대에 건립된 모전석탑임은 물론 건탑 위치를 통해 산천비보사상이 내재되었음을 알 수 있었다. 특히 조성재료에 있어 인근에서 생산되는 석회암의 일종인 괴회암(돌로마이트)을 사용했음도 확인되었다.

정암사 수마노탑은 고려시대에 건립된 석탑 중 완전한 상륜부를 지닌 국내 유일의 모전 석탑으로, 진신사리 신앙의 실체로서 그 의의가 크다고 하겠다.

주제어 : 정암사, 정암사 수마노탑, 기단부, 문비(門扉), 상륜부, 산천비보사상(山川裨補思想), 석회암, 진신사리

2012.06 「정암사 수마노탑에 관한 고찰」, 『史學志』 제44집, 단국대학교 사학회

【abstract】

A Study on the Quartz Pagoda at Jeongam-sa Temple

It is reported that Jeongam-sa temple was founded by Jajang in 645(Silla Queen Sundeok 14) then he built a quartz pagoda in order to enshrine Buddhist sariris, knuckles, teeth, rosaries and Pattra. This quartz pagoda refers to the Quartz pagoda at Jeongam-sa temple designated as Treasure No. 410. It has brought questions whether the pagoda retains its original form, because it has had 12 times repairs since its construction. In this question, it is understood that there is no problem on style as a result of literature examinations and the comparison of its steeple style with that of korean stone pagodas and chinese brick pagodas. Eventually it is considered that repairs proceeded, however; it was mainly under its original form. In addition, it is regarded that the Quartz pagoda is a stone-brick pagoda in Goryeo Period, which is inherited the style of the stone-brick pagoda at Bunhwang-sa temple in the result of feature analysis. Furthermore, it is verified that the Quartz pagoda has an idea of Sanchun Bibo(山川裨補: Topographic defect-complementing) by its positioning and also in material the pagoda is made of dolomite, a sort of limestone, produced in vicinity. Moreover, this Quartz pagoda as well as the Octagonal nine-storeyed stone pagoda at Woljeong-sa temple have the whole steeple part from Goryeo Period.

Key Words : Jeongam-sa temple, the Quartz pagoda in Jeongam-sa temple, stylobate part, Munbi, steeple, Sanchun Bibo: topographic defect-complementing, limestone, Buddhist Sarira

천보사오층석탑에 대한 고찰

Ⅰ. 머리말

경기도 남양주시에 소재한 불암산은 화강암을 기반으로 생성된 높이 508m의 봉우리로, 서쪽으로는 북한산이, 북쪽으로는 도봉산과 수락산이 이웃하고 있다. 정상부에는 순백의 화강암벽이 장관을 이루고 있는데, 필암산(筆巖山)·천보산(天寶山)이라 불리우기도 했다.

불암산에는 예로부터 불암사가 가장 잘 알려져 있지만, 바로 이웃한 능선상에 천보사가 자리하고 있어 예로부터 같은 소속의 사찰이었을 것으로 짐작된다. 천보사는 869년(경문왕 8)에 도선국사가 창건한 것으로 사찰로 소개되어 있지만, 창건 당시로 볼 수 있는 유물은 한 점도 없다. 하지만, 천보사의 가장 상단부인 속칭 코끼리 바위 하단부에 근년에 조성한 미륵불과 나란히 건립되어 있는 오층석탑 한 기가 주목된다. 이 석탑은 천보사의 寺格을 파악하는데 중요한 단서를 제공하고 있을 뿐만 아니라 외형적인 면에서 조선 후기 석탑의 양식을 지니고 있기 때문이다.

기왕에 연구된 조선시대 석탑에 대해서는 정영호 선생의 종합적인 논고가 있지만, 전체적으로는 지정된 석탑과 양식적으로 우수한 예에만 집중되었다.[1] 때문에 조선시대 후기에 조성된 석탑에 대해서는 주목된 바 없었고, 이 석 탑 역시 이같은 연구경향에 따라 그간 학계의 관심을 받은바 없었다. 하지만, 석탑 곳곳에 배어있는 양식과 더불어 전통적인 석탑 건립에 따른 기술

────────────────────────

1 鄭永鎬, 「朝鮮時代의 佛塔硏究」, 『綠圓스님古稀紀念學術論叢-韓國佛教의 座標』, 刊行委員會, 1977, pp.438-440.

사적인 측면을 살필 수 있어 조선시대 후기에 건립된 석탑에 대해 새로운 시각에서 접근해야 할 필요성이 제기된다. 본고에서는 석탑의 양식을 살펴 본 후 이에서 파악되는 특성을 다양한 각도에서 고찰하고자 한다.

II. 석탑의 현황

천보사 후방의 장엄을 이루는 거대한 암벽, 속칭 코끼리바위 하단부에 건립되어 있는데, 방형의 낮은 기단위에 5층의 탑신을 올린 높이 2.5m 규모의 일반형 석탑이다.(사진-1 · 2) 높이 약 30cm 정도의 편평한 자연 암석 상면에 조성되어 있는데, 높이 16cm 정도의 낮은 판석을 기단으로 삼아 5층의 탑신부를 놓았다. 기단의 상면에는 초층탑신의 하단부와 일치되게 홈을 파고 1층 탑신석을 꼽고 있다.(사진-3 · 4)

각층을 구성하는 탑신석과 옥개석은 각각 일석으로 조성되었는데, 5층 옥개석은 보주와 일석으로 조성했다. 1층으로부터 5층에 이르기기 까지의 탑신석에는 대부분의 석탑에서 보이는

| 사진-1. 천보사 오층석탑(정면) | 사진-2. 천보사 오층석탑(측면) |

사진-3. 자연 암반 및 기단부

사진-4. 기단과 초층탑신의 결구

사진-5. 탑신석과 옥개석의 결구

사진-6. 옥개석(정면)

사진-7. 옥개석(측면)

사진-8. 옥개석(상면)

사진-9. 4층탑신 및 5층 탑신석

사진-10. 5층 옥개석

양 우주가 모두 생략되어 이채롭다. 뿐만 아니라 옥개석 역시 기왕의 전형적인 양식은 물론 이로부터 벗어난 파격성을 보이고 있어 주목된다. 옥개석의 하면은 전형적인 석탑에서 확인되는 옥개받침을 모두 생략하고 편형하게 조성했고, 탑신의 상단부 만큼 홈을 파서 양 부재가 밀착되도록 조성했다. 뿐만 아니라 처마 역시 중앙부와 좌·우 전각부의 두께가 동일한 양식을 보이고 있고, 전각부의 하단이 상단과 동일한 각도로 반전을 이루고 있다.(사진-5-8)

이 석탑은 5층석탑으로 조성되어 있지만, 4층 탑신석과 옥개석 그리고 5층 탑신석은 치석수법과 전체적인 비례를 볼 때 건탑 이후 새로 조성한 부재로 판단된다.(사진-9) 일석으로 조성된 5층 옥개석의 상면에는 보주가 조성되어 있다.(사진-10) 석탑에 구현된 전체적인 양식, 그중에서도 옥개석의 양식과 수법을 볼 때 조선시대 후기인 17-18세기에 조성된 5층석탑으로 추정된다.

Ⅲ. 특성

천보사 오층석탑은 층수에서 주는 웅장함과는 달리 높이 2.5m에 불과한 소형의 석탑이다. 뿐만 아니라 앞서 언급했듯이 석탑에 구현된 여러 양식을 고려해 볼 때 17-18세기에 건립한 석탑으로 추정한 바 있다. 때문에 이 석탑의 특성을 구현하기 위해서는 조선시대에 건립된 석탑과의 비교를 통해 그 특성을 유추할 수 있다고 생각한다. 조선시대에 건립된 석탑은 삼국시대 이래 유지된 일반형석탑과 특수형석탑의 2가지 형식으로 대별된다. 일반형석탑은 양양 낙산사 칠층석탑(사진-11), 여주 신륵사 다층석탑(사진-12), 의정부 회룡사 오층석탑(사진-13), 안성 청원사 칠층석탑(사진-14), 가평 현등사 오층석탑(사진-15), 청주 보살사 삼층석탑(사진-16), 함양 벽송사 삼층석탑(사진-17), 산청 대원사 다층석탑(사진-18) 등을 대표적인 예로 들 수 있다. 이들 석탑은 불국사삼층석탑(사진-19에서 확립된 평면 방형의 형식을 잘 견지하면서 건립되고 있어 앞 시대에 확립된 문화의 전통이 비록 시대와 왕조를 달리하고 있지만 끈질긴 생명력을 지니고 있음을 보여주고 있다. 아울러 특수형석탑으로는 원각사지십층석탑(사진-20 수종사팔각오층석탑(사진-21), 묘적사팔각다층석탑(사진-22)을 들수 있다. 이같은 계통적 분류를 보면 천보사오층석탑은 평면방형의 형태를 유지하고 있어, 일반형석탑으로 분류됨을 알 수 있다. 뿐만 아니라 석탑에서 파악되는 양식과 기술력은 한국 석탑의 발전사상에서 볼 때 일반적인 양식과 기술력의 전승과 더불어 신양식이 발현되고 있어 주목된다. 이를 통해 천보사 오층석탑에서는 전통양식의 계승과 파격성이라는 두 가지 측면이 모두 확인되는바, 이를 살펴보면 다음과 같다.

사진-11. 양양 낙산사 칠층석탑

사진-12. 여주 신륵사 다층석탑

사진-13. 의정부 회룡사 오층석탑

사진-14. 안성 청원사 칠층석탑

사진-15. 가평 현등사 오층석탑

사진-16. 청주 보살사 삼층석탑

사진-17. 함양 벽송사삼층석탑

사진-18. 산청 대원사다층석탑

사진-19. 가평 현등사 오층석탑

사진-20. 원각사지 십층석탑

사진-21. 수종사 팔각오층석탑

사진-22. 묘적사 다층석탑

먼저 전통적인 양식의 계승은

첫째, 기단부·탑신부·상륜부로 구성되는 전통적인 한국 석탑의 요건을 갖추고 있다. 인도에서 건립되기 시작한 석탑은 기단부·탑신부·상륜부의 3부분으로 구성되었다.(사진-23) 이처럼 인도에서 확립된 석탑의 구조적인 전통은 실크로드와 중국을 거쳐 한국으로 전래되었다.(사진-24) 때문에 삼국시대에 건립된 석탑에서부터 기단부·탑신부·상륜부의 세 부분으로 건립되었고, 이는 통일신라에 완성된 일반형 석탑의 양식적 완성과 더불어 고려시대를 거쳐 조선시대에 건립된 석탑에 이르기까지 계승되고 있다. 천보사 오층석탑이 바로 한국 석탑의 구조적인 전통이 조선후기까지 계승되고 있음을 반증하고 있다.

둘째, 미륵사지 석탑에 구현된 이래 한국 석탑의 전통적인 양식중 하나인 안정적인 체감비가 확인된다. 고층목조건축에서 사용되던 기법인 체감비는 중국의 전탑에 비해 한국 석탑만이 지닌 특성 중 하나로 평가된다. 이 기법은 삼국시대 이래 조선시대에 건립된 석탑에 이르기까지 모두 확인되고 있기 때문에 한국 석탑이 지닌 특성의 하나로 파악되고 있다. 따라서 천보사 오층석탑에서 확인되는 체감비의 기법은 한국 석탑의 건립에 목조건축의 재현이라는 명제와 더불어 그 기술력이 지속적으로 계승되고 있음을 보여주고 있다.

셋째, 기단의 상면에 초층탑신의 규모만큼 홈을 파고 초층 탑신석을 꽂은 후 탑신부를 조성했다. 이처럼 하면의 부재에 홈을 파고 상면의 부재를 꽂히도록 하는 수법은 미륵사지 석탑에서 최초로 시도되었다. 즉, 우주가 놓이는 초석의 상면에 기둥의 바닥 너비만큼의 홈을 파서 서로 꽂히도록 한 기술력이 확인된다.(사진-25) 이처럼 미륵사지 석탑에서 확인되는 기법은 신라 및 통일신라는 물론 고려시대 석탑에 이르기 까지 지속된 한국 석탑이 지닌 기술력이었다. 특히 고려시대에 조성된 백제계 석탑에서 주로 사용된 기법이지만, 조선시대에 이르러는 거의 활용되지 않는 기술력이었다. 하지만 이 석탑에서 백제 미륵사지 석탑에서 시도된 목조건축의 결구수법이 이 석탑에서 확인됨은 한국 석탑에 적용된 목조건축의 결구 수법이 지속되고 있음을 반증하는 것이라 하겠다. 이와 더불어 옥개석의 하면에서도 탑신석의 규모만큼 얕은 홈이 조성되어 있음을 볼 때 삼국시대 석탑에서 구현된 기술력이 조선시대 후기에 이르기까지 전승되어져 온 면면이 확인된다.

넷째, 옥개석의 처마선이 동일한 두께를 이루고 있어 전각의 반전이 둔중한 일면을 보이고 있다. 옥개석의 처마선은 중앙부에서 조우 전각부로 가면서 반전을 이룸과 동시에 조금 두꺼워 지는 것이 보편 적인 양식이다 하지만, 이 석탑은 중앙부와 전각부의 두께가 동일하게 조성되는 특성을 보이고 있다. 이같은 양상은 고려시대에 건립된 석탑의 옥개석에서 시작된 양식으로, 남계원칠층석탑(국보 제100호. 사진-26)을 필두로 이 시대에 건립된 여러 석탑에서 확인된다. 뿐만 아니라 조선시대에 건립된 산청 대원사칠층석탑(사진-27), 안성 청원사칠층석탑(사

사진-23. 인도 산치 대탑

사진-24. 경주 감은사지 삼층석탑

사진-25. 미륵사지석탑 초석의 홈

사진-26. 남계원 칠층석탑 옥개석

사진-27. 산청 대원사 다층석탑 옥개석

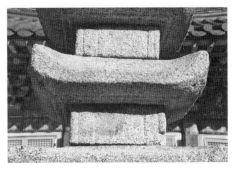

사진-28. 안성 청원사 칠층석탑 옥개석

진-28), 여주 신륵사다층석탑, 가평 현등사삼층석탑, 청주 보살사삼층석탑은 물론 같은 시대에 조성된 승탑과 석등의 옥개석에서도 확인되는 보편적인 양식이다. 이를 통해 이 석탑의 옥개석에 채용된 양식은 조선시대 후기라는 시대적 상황에서 조성된 것이 아니라 고려시대 석탑에서 확립된 석탑의 양식이 전승되고 재현된 결과로 판단된다. 따라서 이같은 옥개석의 양식을 통해 석탑의 건립 연대는 물론 고려시대 이래 조선시대에 이르기까지 지속된 양식적인 특성과 변화상을 파악하는 중요한 단서를 제공하는 것으로 판단된다.

다섯째, 사찰의 위치에 따른 석탑의 특성 역시 주목된다.

즉, 현재의 오층석탑이 본래부터 이 자리에 있었다고 한다, 이같은 사실은 주지스님과 사찰 측 관계자들의 한결같은 증언을 통해 확인된다. 더불어 현재 사찰을 구성하는 대부분의 佛事가 현 주지인 圓宗스님의 주도하에 이루어진 점을 볼 때 석탑은 본래부터 이 자리에 건립되어 있었음이 분명하다, 이같은 사실을 고려할 때 석탑의 건탑 위치는 중요한 시사점을 제공하다. 불암산 자락에 자리한 천보사는 한강을 포함해 서울의 동쪽 지역을 한 눈에 굽어볼 수 있는 조망권을 확보하고 있는 사찰이다. 이를 통해 천보사에 건립되어 있던 이 석탑 역시 사찰과 같은 시계를 확보하고 있음은 당연한 이치라 하겠다.

이같은 조망권을 확보하는 탑의 위치 선정은 신라하대인 9세기에 건립된 慶州 南山 茸長寺谷 三層石塔(사진-29)에서 양식적 근원을 찾을 수 있다. 이후 이 전통은 경주 南山里三層石塔, 西岳里三層石塔에 이르르는 평지에 자연 암반을 구함으로써 그 양식적 확립을 이루게 된다. 따라서 천보사오층석탑이 지닌 위치상의 문제는 일단 통일신라시대에 건립된 석탑에서 그 연원을 구할 수 있다고 하겠다. 이상과 같이 자연 암반을 기단으로 삼아 석탑을 건립함은 佛舍利를 봉안한 불탑 자체를 宇宙의 軸으로 생각하는 신앙적 형태에서 볼 때 기단 자체를 불교의 우주관에서 말하는 須彌山으로 볼 수도 있다. 더불어 평지에 괴체형 석재를 쌓고 탑신부를 올린 형태의 석탑 역시 용장사곡3층석탑에서 보인 자연암석의 형태를 평지에 재현한 것으로 궁극적으로는 9세기 이후에 성행하는 山川裨補思想과 밀접한 연관이 있었던 것으로 추정된다. 따라서 자연암반에 석탑을 건립한 것은 신라말기인 9세기에서 그 양식적 · 사상적 근원을 구할 수 있다고 생각한다. 이처럼 통일신라시대 말기에 확립된 석탑 건립의 또 다른 규범은 고려시대에 이르러 안동 막곡동삼층석탑, 안동 니천동삼층석탑, 영동 영국사 망탑봉삼층석탑(사진-30), 홍천 양덕원삼층석탑, 영암 월출산마애불 전방 용암사지삼층석탑, 안동 대사동모전석탑, 산청 법계사지삼층석탑, 영양 삼지동석탑을 비롯하여 전국 도처에 이 같은 양식의 석탑이 건립되게 된다.[2]

---

2 秦弘燮,「異形石塔의 一基壇形式의 考察」,『考古美術』138 · 139 合輯, 韓國美術同人會, 1978, pp.96-109. 및「異形石塔의 一基壇形式의 考察補」,『考古美術』146 · 147 合輯, 韓國美術同人會. 1980, pp.25-30. 成春慶,「靈岩地方의 佛教文化遺蹟」,『靈岩郡의 文化遺蹟』, 木浦大博物館,1968, p.203.

사진-29. 경주 남산 용장사곡 삼층석탑

사진-30. 영국사 망탑봉 삼층석탑

사진-31. 실상사 백장암 삼층석탑

사진-32. 화순 운주사 칠층석탑

이상과 같은 一群의 석탑은 건립 위치에 있어 높은 지대이거나 강을 끼고 있어 넓은 視界를 확보하고 있다. 따라서 이들 유형의 석탑이 건립되는 사상적 근원은 9세기에 등장하여 고려시대에 유행했던 風水圖讖說에 그 근원을 둘 수 있고, 결국은 佛力에 의한 山川裨補思想의 뜻이 담겨져 있는 것으로 판단된다. 아울러 자연 암반을 기단으로 삼아 모두 일반형식의 3층탑신을 올리고 있는 공통점을 지니고 있다. 이처럼 고려시대에 성행한 산천비보사상에 의한 건탑은 조선시대에 이르러는 확인된 바 없는데, 천보사 오층석탑에서 확인된다. 이 석탑은 자연 암반을 기단으로 삼아 건립되었고, 석탑에서 전면을 바라보면 한강을 굽어보는 넓은 시계를 확보하고 있다는 점에서 앞 시대에 건립된 석탑들과 동일한 자연조건을 구비하고 있다. 이같은 지정학적 관점에 볼 때 이 석탑은 통일신라시대에 건립된 경주 남산 용장사곡 삼층석탑에서 시작되어 고려시대에 성행한 산천비보신앙에 의해 건립된 일련의 석탑을 계승한 것으로 판단된다.

이상에서 살펴본 바와같이 천보사오층석탑에는 한국 석탑의 전통적인 양식과 기술력이 계승되고 있음을 알 수 있었는데, 앞 시대와는 확연히 다른 양식도 구현되어 있어 주목된다. 즉, 이 석탑에서 확인되는 양식상의 특수성은 옥개석의 하면을 조성한 수법이다. 전통적인 한국석탑의 옥개석의 하면에는 층단형을 이루는 옥개받침을 조출하는 것이 보편적인 양식이다. 하지만, 이 석탑에서는 이같은 옥개석 받침이 모두 생략되어 이채롭다. 이처럼 옥개석의 하면에서 받침을 생략하는 경우는 통일신라시대에 조성된 실상사 백장암 삼층석탑(사진-31)에서 그 기원을 찾을 수 있다. 이후 고려시대에 이르러 운주사 7층석탑(사진-32) 및 9층석탑(사진-33), 정읍 천곡사지 7층석탑으로 그 계보가 이어진다. 하지만 이들 석탑에서는 층단형의 옥개석 받침이 생략되었지만, 하면에 경사를 이루며 연화문 또는 기하문이 부조되는 것이 보편적인 양상이다. 따라서 천보사오층석탑에서와 같이 옥개석의 하면이 수평을 이루면서, 옥개석 받침이 완전히 생략된 양식은 한국 석탑의 보편적인 양식사에서 볼 때 매우 특수한 일면이라 하겠다. 하지만, 이같은 양상은 조선시대에 건립된 석탑의 옥개석받침에서 확인되는 변화상을 보면 시대적인 변화상의 추이를 반영한 것으로 추정된다. 즉, 조선시대에 건립된 석탑 중 양양 낙산사칠층석탑, 산청 대원사칠층석탑, 의정부 회룡사삼층석탑, 안성 청원사칠층석탑, 문경 감룡사삼층석탑, 서울 원지동삼층석탑, 여주 신륵사다층석탑, 가평 현등사삼층석탑, 청주 보살사삼층석탑 등에서 옥개받침이 매우 낮게 조출되어 거의 생략화 되는 경향을 볼 수 있다. 하지만, 이같은 양상은 조선시대에 이르러 갑자기 생성된 양식이 아니라 이미 고려시대에 건립된 석탑에서도 그 시원적인 양상을 볼 수 있다. 즉, 옥개석 하면이 완전히 평면으로 조성된 운주사 원형다층석탑(사진-34)과 제주 불탑사 오층석탑(사진-35), 낮은 옥개받침이 4-5단씩 조출되어 거의 평박한 하면을 이룬 운주사 칠층석탑에서 옥개받침석이 퇴화되어 가는 양상을 볼 수 있다. 뿐만 아

사진-33. 화순 운주사 구층석탑

사진-34. 화순 운주사 원형다층석탑

사진-35. 제주 불탑사 오층석탑

사진-36. 함평 용천사 삼층석탑

니라 천보사오층석탑과 같은 시기에 조성된 것으로 추정되는 함평 용천사 삼층석탑(사진-36)의 경우에는 옥개받침을 생략하고, 이를 경사지게 처리한 면면을 볼 수 있다. 따라서 옥개받침을 생략한 옥개석은 조선시대에 이르러 이를 낮게 조출해 거의 수평면에 가깝게 처리하거나, 완전히 생략하는 양식으로 조성되는 두가지 계통이 존속했음을 알 수 있다.

IV. 맺음말 - 석탑의 문화재적 가치

천보사를 감싸고 있는 속창 코끼리바위 하단부에 건립되어 있는 오층석탑은 전체적인 양식을 볼 때 소략한 기단부와 4층 탑신부와 5층 탑신석에서 새로 조성된 신재가 감입된 것으로 추정된다. 때문에 석탑이 지닌 문화재적 가치는 미미한 것으로 판단될 수 있다. 하지만, 이 석탑에 구현된 양식상의 특성을 보면 전통적인 양식의 계승과 전형적인 석탑의 양식에서 탈피한 새로운 양식이 공존하고 있음을 알 수 있다.

전자는 기단부 · 탑신부 · 상륜부로 구성되는 전통적인 한국 석탑의 요건이 구비됨과 동시에 체감비가 형성되고, 기단의 상면에 초층탑신의 규모만큼 홈을 파고 초층 탑신석을 꽂은 후 탑신부를 조성했으며, 옥개석을 구성하는 처마와 낙수면의 양식 및 산천비보신앙에 의한 건탑임을 확인할 수 있었다. 뿐만 아니라 부재를 결구함에 있어 하면에 홈을 파고, 탑신과 결합시킨 면면은 한국 석탑의 전통적인 조립수법이 조선시대 후기에 이르도록 지속된 기술력의 일단을 잘 보여주고 있다. 이와 더불어 옥개석의 하면에서 전통적인 받침부를 과감히 생략하고 수평면을 구성한 점은 기왕에 건립된 석탑에서는 볼 수 없었던 파격성이 돋보이는 양식이라 생각된다. 즉, 고려시대 후기에 건립된 석탑에서 시도된 양식이 조선시대에 이르러 옥개받침이 약화되어 수평에 가까운 양식을 이루다가 후기에 이르러 완전히 생략되는 변화과정을 잘 보여주고 있다. 따라서 천보사 오층석탑의 옥개석 하면에서 확인되는 양상은 양식상의 퇴화가 아니라 조선시대 석탑의 양식 변화에 따른 추이와 신양식에 대한 창의성이 결합된 결과로 판단된다. 더불어 옥개석 전체에서 확인되는 투박하고, 둔중한 양식은 조선시대 후기에 건립된 석탑과 석등은 물론 승탑에서도 확인되는 보편적인 양식이다.

이상과 같은 관점에서 볼 때 이 석탑은 현존하는 예가 희귀한 조선시대 후기(17-18세기)에 조성된 5층석탑으로, 향후 경기도 유형문화재로 지정해 보존하는 것이 타당한 것으로 판단된다.

安養寺의 龜趺와 七層塼塔에 관한 考察

Ⅰ. 序言

安養寺는 경기도 안양시 만안구 석수동 산 27 번지에 소재한 태고종 사찰로, 서울시 옥수동에 소재한 용운암을 본사로 두고 있다. 이 사찰은 고려시대에 能正이란 스님이 건립한 것으로 전하고 있는데, 대웅전을 비롯한 현재의 寺勢는 1960년대 이후에 이루어 졌다고 한다. 사찰내에는 근년에 건립한 요사체, 명부전, 심검당, 대웅전, 번종각, 미륵불, 천불전 등의 전각과 고려시대에 조성된 것으로 추정되는 부도재 및 龜趺가 전하고 있다. 그런데 안양사에는 고려시대 조성된 七層塼塔이 있었다는 기록이 여러 문헌에서 보이고 있다. 그러나 현재는 이와 관련된 유적은 흔적조차 찾을 수 없다. 때문에 전탑에 관한 문제는 고유섭 선생이 주목한 이래[1] 한번도 거론된 바 없었다.

필자는 그간 안양사에 있던 칠층전탑의 문제를 생각해왔다. 뿐만 아니라 안양사 일대를 샅샅이 조사해 이 전탑이 어느곳에 위치했었는가를 찾고자 하였다. 그러나 전탑과 관련된 그 어떤 단서도 찾을 수 없었다. 그렇지만, 문헌기록과 더불어 현존하는 龜趺를 통해 7층전탑의 문제에 어느 정도 접근할 수 있는 실마리를 찾을 수 있었다.

본고에서는 안양사에 관련된 문헌기록을 검토하고, 이를 통해 현존하는 귀부의 성격 및 칠층전탑에 관해 서술하고자 한다.

---

1 高裕燮, 「朝鮮의 塼塔에 對하여」, 『韓國美術史 及 美學論攷』, 通文館, 1972, p.131.

II. 文獻記錄의 檢討

안양사에 대해서는 조선시대에 편찬된 각종 지리지와 문헌에도 소개되고 있다. 이를 모두 정리해 보면 다음과 같다.

『新增東國輿地勝覽』에는 안양사와 관련된 여러 기록이 전하고 있는데, 이의 전문을 옮겨보면 다음과 같다.

安養寺 : 三聖山에 있다. 절 남쪽에 고려 태조가 세운 7층 벽돌 탑이 있고, 金富軾이 지은 비명은 글자가 缺洛되었다. 李崇仁이 지은 重新記에, "불교가 중국에 들어온 것은 漢나라 竺法蘭 부터였다. 드디어, 천하에 蔓延하여졌고, 우리 동방에는 阿道가 시작하였는데, 실상 신라때였다. 그 설법이 宏大하고, 또 禍福으로써 사람의 마음을 움직이므로, 천하가 다 붙좇는다. 비록 英明한 임금과 충의한 신하라도 가끔 절 집을 건립하여, 그 교를 드날렸다. 대개 국가를 위해서 복과 이익을 구하고자 한 것이니, 또한 군자의 마음 씀이 후한 것이다. 우리 태조가 개국한 초기에 불법 있는 자가, 큰 도움이 있을 것이라고 말하는 자가 있어서, 그들의 말을 꽤 採用하여, 塔廟를 많이 설치하였는데, 지금 衿州 안양사 탑같은 것도 그중에 하나이다. 慈恩宗師兩街都僧統林公이 와서 나에게 말하기를, '안양사 탑은 聖祖께서 옛적에 세운 것이다. 벌써 무너졌으므로, 門下侍中鐵原府院君崔公과 지금 住持大師惠謙이 중수하여 새롭게 하였다. 겸은 나의 門徒이다. 나를 소개로 하여 선생에게 기문을 구하는 바, 자세한 것은 반드시 겸이 말할 것이다.' 하였다. 이튿날 겸이 왔는데, 그는 말하기를, 겸이 이 절에 머문 지가 몇 해째입니다. 절 역사를 상고하니, 옛적에 태조께서 조공하지 않는 자를 정벌할 참인데, 여기를 지나다가 산 꼭대기에 구름이 五彩를 이룬 것을 바라보았습니다. 이상하게 여겨서 사람을 보내어, 살피게 하였습니다. 과연 늙은 중을 구름밑에서 만났는데, 이름은 能正이었습니다. 더불어 말해보니, 뜻에 맞았습니다. 이것이 이 절이 건립하게 된 연유입니다. 절 남쪽에 있는 탑은 벽돌로 7층을 쌓았고 기와로 덮었습니다. 제 1 밑층은 행각이 빙 둘렸는데, 12간입니다. 벽마다 부처와 보살과 사람과 하느님의 화상을 그렸습니다. 밖에는 난간을 세워서 드나드는 것을 막았는데, 그 거창하고 장려한 모습은 딴 절에는 없습니다. 그러나 오랜 세월과 풍우에 거의 무너지게 되었습니다. 겸은 아침저녁으로 보고 마음이 상했습니다. 진실로 다시 새롭게 하고자 한 것이 오래였으나, 힘이 모자랐습니다. 辛酉年 가을 7월에 侍中 崔公을 뵙고 이 일을 고했더니, 공이 말하기를, '내 젊었을 때 한 번 탑 밑에 유숙하면서 성조께서 처음으로 경영하심을 우러러 생각하고 사사로 맹세하기를 신이 타일에 진실로 출세한다면, 이 탑을 새롭게 하지 않으면, 하늘에 성조의 영에 죄받으리라. 하였다. 지금에 와서 벼슬이 뭇 官僚의

위에 있으니, 출세하였다 할 것이다. 내 마땅히 나의 맹세를 저버리지 않으리라.' 하고, 곧 양주, 광주 按察使에게 통첩을 보내어 軍租를 털어서 그 비용에 충당하고, 壯丁을 불러서 그 역사를 맡겼습니다. 겸도 囊橐을 다 대고 檀越의 喜捨를 받아서, 쌀·콩·돈·베 약간을 얻었습니다. 또 놀고 있는 겸 같은 자 약간을 청하였습니다. 공사를 시작하기는 이 해 8월 모일이었고, 일손을 끊기는 9월 모일이며, 落成은 10월 모일이었습니다. 이 날 전하께서 內侍 朴元桂를 보내어 향을 내렸습니다. 승려 천 명을 모아 크게 佛事를 올리고, 舍利 열둘과 佛牙 하나를 탑 속에 봉안하였는데, 四部大衆에게 널리 시주 한 것이 무려 3천 명이었습니다. 그 丹臒은 임술년 봄 3월에 하였고, 그 畫像은 계해년 가을 8월에 하였습니다. 탑안 네 벽 중 동쪽은 藥師會, 남쪽은 釋迦涅槃會, 서쪽은 彌陀極樂會, 북쪽은 金經神衆會像을 그렸습니다. 행각이 12간인데 벽마다 한 간씩 그린 것은 소위 十二行年佛입니다. 무릇, 역꾼이 4백명이 넘었으며, 쌀이 5백 95섬, 콩이 2백섬, 베가 1천 1백 55필이 소용되었습니다. 아, 이것은 큰 비용이며 큰 공역인데, 마침내 능히 완성한 것은 모두 우리 시중께서 發願하기를 맹세한 소치로 그렇게 된 것입니다. 공은 오직 국가 복리만을 구한 것이고, 어찌 자기 일신만을 위한 것이겠습니까. 만약, 영구하기를 도모하려면, 文辭에 의탁하지 않으면 인연할 길이 없으니, 선생이 짓기를 원합니다.' 하는 것이었다. 내 佛氏에 미쳐 入門하지 못한 자이다. 감히 무엇을 말할 수 있으리요. 비록 그러나, 내가 太史氏로 되어, 무릇 興作한 것이 있으면, 반드시 적는 것이 직분이다. 하물며, 이 탑에서 성조와 賢相의 두터운 마음씀을 볼 수 있음에랴. 이것을 적을 뿐이다." 하였다. 金克己의 시에, "붉은 다리를 지나 紺色 佛宮에 이르니, 조촐한 놀이가 다행히 부처 있는 곳과 함께 했다. 푸른 못에는 교교하게 가을 달이 잠겼고, 붉은 잎사귀에는 쓸쓸하게 밤 바람이 운다. 佛社 안에는 일찍이 謝客을 용납하지 않았고, 시냇가에서 다행히 陶翁을 맞이한다. 서로 이끌어 웃음 띠며 돌아가기를 늦추는데, 지는 해가 서쪽에 넘어가니 재가 반쯤 붉다." 또, "파리한 말 몰아 서울을 지향하다가, 우연히 안양사에 들어 유숙한다. 새벽닭이 처음으로 소리치는데, 데운 밥 먹고 그윽한 골에서 나온다. 조각달은 옥 고리처럼 나지막하고, 성긴 별은 금 좁쌀을 흩은 듯하다. 깊은 골짝 길은 성난 뱀이 오듯 꾸불꾸불 3백 굽이여라. 시냇물 얼음되니 새로 흰 것이 보태였고, 잿마루에 구름 끼니 본디 푸름이 없어졌다. 여윈 말은 고슴도치 털처럼 까칠하고, 파리한 아이는 거북이 등처럼 움추린다. 내 본디 풍진 바깥 사람으로서, 평생에 얽매임이 적었다. 10년 동안 山林에 놀 제, 巾屨로서 사슴을 좇았었네. 문득 造物의 속임을 만나 내 한가함을 오로지 하지 못했다. 그러므로, 名利 속에서 천리 길 行役이 괴롭구나. 어느 때나 人佩를 던지고 阮籍이 窮途에서 울던 꼴 면하리."하였다.[2]

---

2 『新增東國輿地勝覽』, 券 10, 衿川縣 佛宇條.

『輿地圖書』安養寺古基 : 在三聖山南有李崇仁記 塔 : 七層甎麗太祖所立在寺內 碑 : 普照國師碑 在寺內新羅金富軾撰李元符書[3]

『梵宇攷』: 寺剎安養寺 今廢. 寺之南有高麗太祖所建七層甓塔碑金富軾撰員外郞李元符書宋紹興 元年立. 高麗侍中崔瑩使僧惠謙重修李崇仁記略曰高麗太祖將征不庭行過此望山頭雲成五彩異之使人 往視果得老浮屠於雲下名能正與之言稱旨此寺所由立云[4]

『大東地志』衿州山 : …… 山之南古有安養寺寺之南高麗太祖所建甎塔……[5]

이같은 지리지외에도 안양사에 대해서는 『朝鮮王朝實錄』에서 그 자취를 찾을 수 있다. 즉,

● 어가가 衿州 安養寺 南郊에 머물렀다. 좌정승 河崙 등이 어가를 기다려서 향연을 베풀고자 하였는데, 임금이 먼저 사람을 보내어 중지시키고, 또 하윤 등을 도성으로 돌아가게 하였다.[6]

● 上王이 衿州 安養寺에 거동하였으니, 湯沐하고자 함이었다. 처음에는 충청도 溫水에 가고 자 하였으나, 정부에서 정지하기를 청하는 뜻을 알고 드디어 금주로 나갔다. 世子가 강가에서 전송하고 인하여 東郊에 나갔다.[7]

● …… 윤돈이 果川縣監에서 교대되어 서울로 돌아올 때, 박강생과 衿川縣監 金汶 등이 윤돈 을 安養寺에서 餞別하였더니, 김문이 燒酒에 傷하여 갑자기 죽었다…….[8]

● …… "정여와 원욱은 守令의 非法을 규찰하는 직임을 띠고서 농사철을 당해 禁酒하는 때 에, 먼저 자신이 금령을 범해 가면서 도리어 수령과 더불어 飮酒하고 歌舞하여 감히 비법을 행 하였으니 특히 行臺의 뜻을 잃었습니다. 朴剛生은 지난번에도 이웃 고을 守令과 境內를 벗어나 安養寺에서 聚會하여 燒酒를 강권하다가 김문(金汶)을 죽게 하였는데 아직도 개전하지 못하고, 이제는 또 敎旨를 준수하지 아니하고 臺監과 더불어 술 마시며 활 쏘기를 하였으니, 그 행위는 부당하기 막심합니다 ……[9]

● …… 또 들으니, 三聖山 安養寺 터에 큰 절을 다시 창건한다는데 이것이 모두 전하께서 알 지 못하시는 것입니다. 불법이 다시 일어나는 것이 참으로 두렵습니다. 백성이 또 새로 內佛堂 을 창건한다는 말을 들으면 뒤를 이어서 萬計가 되지 못할 것입니다.……[10]

● …… 정인지가 말하기를, 그렇다면 下三道에는 山林의 골짜기 사이에 모두 古塔이 있으니,

---

3 『輿地圖書』, 京畿道 衿川 古蹟條.
4 『梵宇攷』, 衿川 寺剎條.
5 金正浩, 『大東地志』, 卷 4, 始興 山水條.
6 『조선왕조실록』, 「태종공정대왕실록」 권 11, 태종 6년 3월 2일조.
7 『조선왕조실록』, 「태종공정대왕실록」 권 22, 태종 11년 9월 12일조.
8 『조선왕조실록』, 「태종공정대왕실록」 권 33, 태종 17년 5월 4일조.
9 『조선왕조실록』, 「태종공정대왕실록」 권 33. 태종 17년 5월 22일조.
10 『조산왕조실록』, 「세종장헌대왕실록」, 권 121, 세종 30년 7월 21일조.

다 옛 절의 터입니다. 우선 所聞을 가지고 말한다면 安養寺·龍門寺 두 절은 다 황폐된 지 오래 되어서 草幕으로 되고 조금도 間架는 없었습니다. 소문에 들으니, 그 초기에 한 늙은 중이 있어 서 이 절 아래에서 죽었는데, 그 제자 중들이 이 절의 골짜기 중에서 시체를 불태우고, 인하여 부도浮屠를 세워서 香火를 받들고, 드디어 草幕을 지어서 거처하였습니다. 무식한 무리들이 靈 異하다고 생각하여 다투어 米布를 내어 重創하여, 이로 인하여 巨刹이 되었습니다. 비록 옛터에 따라 修創하였다고 하더라도 새로 창건하는 것과 다를 것이 없습니다. 만약 금지하지 않는다면 寺社를 창건하는 것을 금지하는 법이 한갓 형식이 될 것입니다."……[11]

이상과 같은 기록을 볼 때 안양사는 고려초에 창건되었고, 寺內에는 칠층전탑이 있었음을 알 수 있다. 이후 칠층전탑에 대한 중창이 있었고, 『朝鮮王朝實錄』의 기록에서 보듯이 1417년(태 종 17)에도 사세를 유지하고 있었던 것으로 보인다. 그러나 1448년(세종 30)의 기록에서 절을 다시 중창하였고, 1450년(문종 1)에 이의 폐단이 정인지 등에 의해 보고되는 점을 볼 때, 1417 년 이후 1448년 사이에 대구모의 중창불사가 이루어졌던 것으로 보인다. 이후 사세는 『新增東 國輿地勝覽』에 안양사가 존속하는 것으로 보아, 이 책이 편찬되던 1530년(중종 25)까지는 존속 하였던 것으로 생각된다. 그러나 『輿地圖書』에는 "古基"라 기록되고, 『梵宇攷』에는 "今廢"라 표 기된 점으로 보아 16세기 후반경에 폐사되었다가 근세에 들어 다시 복구된 것으로 추정된다.

III. 龜趺

대웅전 앞에 부도와 나란히 위치하고 있는데, 본래의 위치는 알 수 없으나 오래전부터 이 곳 에 있었다고 한다. 비신과 이수는 결실되었지만, 귀부는 완전한 형태를 유지하고 있어 경기도 유형문화재 제93호로 지정되어 있다. 전하는 말에 의하면 어떤 농부가 비신을 부수어 숫돌을 만들어 팔았는데, 그후 얼마 안가서 전가족이 멸족했다고 한다.

수매의 장대석으로 220cm×287cm 규모의 지대석을 구축했는데, 상면에 일석으로 조성된 지대석과 귀부가 놓여있다. 지대석은 184cm×248cm의 규모이다. 귀부의 앞발은 전면을 향 하여 가지런히 놓았는데, 각각 4조의 발톱이 묘사되어 있다. 뒷발 역시 전면을 향해 가지런히 놓인 자세인데, 2조의 발톱만이 묘사되어 있는데, 꼬리는 남쪽을 향하고 있다. 앞 뒷발에는 모

11 『조선왕조실록』, 「문종공순대왕실록」 권 4권, 문종 1년 10월 19일조.

두 비늘이 시문되어 있다. 귀부의 머리는 바짝 움츠려 목은 거의 표현되지 않았다. 얼굴에는 양눈과 이빨등이 묘사되어 있는데, 코는 결실되었다. 양 뺨에는 갈귀가 있고, 목에는 인갑문이 표현되어 있다. 귀부의 등에는 육각형의 2중 귀갑문이 촘촘히 시문되었고, 중앙에는 장방형의 비좌가 마련되어 있다. 비좌는 56cm×173cm×40cm의 크기로 중앙에는 129cm×17cm, 깊이 32cm의 비신공이 마련되어 있다. 비좌의 측면에는 장방형의 額 내에 雲紋이 조식되었고, 상면에는 단엽 24판의 복연이 시문되어 있다.

이 귀부는 전체적인 조각수법으로 보아 고려시대에 조성된 것으로 추정된다. 그런데 이 귀부에 어떤 비석이 꼽혀 있었는 가는 알 수 없다. 앞서 살펴본 안양사의 여러 문헌기록 중 『新增東國輿地勝覽』에는 "金富軾이 지은 비명은 글자가 缺洛되었다."라고 하고, 『輿地圖書』에서는 "碑 : 普照國師碑在寺內新羅金富軾撰李元符書" 라 했고, 『梵宇攷』에서는 "…… 寺之南有高麗太祖所建七層甓塔碑金富軾撰員外郎李元符書宋紹興元年立 ……"라 기록되어 안양사에 비석이 있었음을 알려주고 있다.

이상의 기록을 볼 때 안양사의 비석은 『東國輿地勝覽』의 김부식이 찬한 비, 『輿地圖書』의 김부식이 찬하고 이원부[12]가 쓴 보조국사의 비, 『梵宇攷』의 김부식이 찬하고 이원부가 써 1131년(고려 인종 9)에 건립된 칠층전탑비 그것임을 확인할 수 있다. 따라서 기록마다 동일한 인물이 등장하고 있음에 비해 비석의 명칭이 각각 다르다는 사실은 결국 각 기록의 撰者가 혼동하고 있음을 보여주는 것이다. 이같은 사실은 더욱 『여지도서』의 기록을 통하여도 입증된다. 여기에서는 "普照國師碑가 寺內에 있고 이를 新羅의 김부식이 찬하고 이원부가 썼다"고 하고 있다. 그러나 普照 知訥의 활동기간은 1158년부터 1210년간의 52년 동안이다. 그렇다면 이미 1151년에 죽은 김부식이 찬자일 수는 없는 것이다. 이원부 역시 인종대(1122~1146)에 활동했다는 점을 고려한다면, 이는 보조 지눌이 아닌 또 다른 보조국사의 碑일 가능성과 아니라면 찬자의 오류가 분명할 것이다. 그런데 고려시대의 국사 가운데 비가 세워지는 1131년 이전에 활약했거나 추증된 국사 중에는 보조국사로 지칭되는 인물이 없다. 다만 誤字의 가능성을 고려한다면 1114년에 국사로 활동했던 慧照國師 曇眞[13]이 있을 뿐이다. 그러나 이것이 아니라면 찬자의 오류가 분명하다. 결국 안양사에 있던 비석은 『梵宇攷』에 기된 바와 같이 7층전탑과 관련된 중수비였음을 알 수 있다.

한편, 『大東金石書』에 실려 있는 「安養寺七層塔銘」의 탑본 일부[14]는 비의 성격을 파악하는데

12 고려 인종때의 명사이다. 虞世南의 필체를 본받아 楷書에 능했다. 고려 예종때 합천 가야산의 般若寺元景王師碑를 썼으며, 인종때에는 安養寺七層塔碑를 썼다.
13 『高麗史』 卷13, 世家 睿宗 9年 3月 癸巳 "王如奉恩寺 以曇眞爲國師 樂眞爲王師"

커다란 도움을 준다. 말미에 실린 『大東金石目』에 "安養碑 在 衿川三聖山 尙書 金富轍文, 安養寺 七層塔銘 李元符書 南宋高宗紹興元年辛亥立 麗仁宗九年也" 라 기술되어 있다.[15] 이를 보면 안양사에는 마치 김부철이 찬한 「安養碑」와 이원부가 쓴 「安養寺七層塔銘」의 2기가 있는 것처럼 되어 있고 건립연대는 1131년(고려 인종 9)라 하고 있다. 그러나 『大東金石目』의 전체 편제를 볼 때 이는 동일한 유물을 지칭하는 것이 분명하다. 그렇다면 결국 碑銘의 내용으로 그 성격을 파악할 수밖에 없는데, 『大東金石書』에 실린 일부의 내용만으로 볼 때는 칠층전탑과 관련된 비석으로 생각된다. 왜냐하면 비문에 보이는 "東州의 利川人 高氏"의 존재가 전탑의 중수와 관련된 단월일 가능성이 높기 때문이다. 뿐만 아니라 후술할 칠층전탑에 관한 내용중 칠층전탑의 중수자가 『東國輿地勝覽』에 "門下侍中鐵原府院君崔公"이라 기록된 점을 들 수 있다. 양 기록에서 철원과 동주라는 지명이 보이고 있는데, 鐵原이 고려태조가 즉위하여 수도를 서악으로 옮긴후, 철원을 고치어 동주로 하였다는 기록을 볼 때,[16] "門下侍中鐵原府院君崔公"과 "東州의 利川人 高氏"는 철원에 지역기반을 두었던 인물로 생각되며 이들에 의해 칠층전탑이 중수되었음을 파악할 수 있다. 따라서 『大東金石書』에 등재된 안양사의 비는 칠층전탑과 관련된 비석임을 알 수 있다. 결국 이 기록은 칠층전탑 중수비의 한 부분이라 생각된다.

이상과 같이 비석이 지닌 양식과 여러 문헌기록을 검토한 결과 현재 안양사 대웅전 앞에 있는 귀부는 7층전탑의 중수비가 꼽혀있던 碑座였음을 알 수 있다.

Ⅳ. 七層塼塔

앞에서 살펴본 바와 같이 안양사에는 대부분의 유물이 근세에 조성되어 기록에 나타난 바대로 16세기 후반경에 폐사되었다가 근세에 들어 다시 복구된 것으로 추정된다. 그러나 대웅전 앞에 위치한 부도와 귀부의 존재는 이 사찰이 기록과 같이 고려시대에 창건되었음을 명확히 하고 있다고 하겠다. 나아가 지금은 흔적도 없지만 이곳에 있었다는 칠층전탑의 존재는 경기도 지역에서 신륵사전탑을 제외하고는 찾을 수 없는 귀중한 유적이었다. 이 전탑에 대해서는 『新增東國輿地勝覽』에 상세히 전하고 있어 그 위용과 더불어 고려초 안양사의 사세를 짐작할 수 있

---

14 비문의 내용은 다음과 같다. 李元符 宣書」 …… 吾□成佛已來種種因緣……」 …… 矛盾論議紛然使學者 亡……」……以爲終華嚴如實亦具四……」 …… 姓高氏東州伊川人也父……」……至東始小終大覺而語 之……」 李俁, 『大東金石書』, 亞細亞文化社, 1976, P.65.

15 李俁, 『大東金石書』 및 『大東金石目』, 亞細亞文化社, 1976, P.65 P.8.

16 『新增東國輿地勝覽』, 卷 47, 鐵原都護府 建置沿革條.

는 좋은 단서를 제공하고 있다.

이 전탑에 대해서는 고유섭 선생에 의해 일찍이 주목되었는데 이를 살펴보면 다음과 같다.

"又 時代的으로도 限定하여서는 아니될 例로서 輿地勝覽 卷十 衿川佛宇條 安養寺에
「寺之南有高麗太祖所建七層甎塔」이라 있어 李崇仁의 重修記가 실려있다. 그 一句에
「昔太祖獎征不庭 行過此 望山頭 雲成五采 異之 使人往視 果得老浮屠雲下 名能正 與之言稱旨
此寺之所由立也 寺之南有塔 累甎七層 蓋以瓦最下一層 環以周廡十又二間 每壁繪佛扶薩人天之像
外樹欄楯 以限出入 其爲巨麗他寺未有也」云々 이라하였다. 即 高麗에도 塼塔은 훌륭히 있었다.
現在 總督府博物館에 그 塔에서 崩壞된 塼片이 保存되어있는데 그곳에는 新羅塔塼의 一樣式을
模하여 佛像을 浮彫하고 있다. 이같은 例에서도 驪州의 塼塔을 곧 羅代의 것으로 하는 理由는
없는 것으로 다시 한번 愼重한 考察을 必要로 할 것이다.[17]

여기에서 주목되는 사실은 조선총독부박물관에 보관되어 있다는 전탑의 벽돌부재로 불상을
조각하고 있다는 점인데, 이처럼 벽돌에 탑·상을 부조하여 전탑의 재료로 사용하는 경우는 신
라시대 이래의 전통으로 그 예가 흔치 않은 것으로 알려져 있다.[18] 그런데 안양사의 전탑에 이
같은 벽돌이 사용되었다 함은 이 탑이 지닌 아름다움과 품격을 가히 짐작할 수 있다고 하겠다.

안양사의 전탑에 대해서는 『新增東國輿地勝覽』에 기재된 이숭인의 기문에 자세히 기록되어
있는 바, 이를 정리해 보면 다음과 같다.

먼저 안양사의 창건과 당시 탑의 규모를 밝히고 있는데, 이를 적기해 보면

"옛적에 태조께서 조공하지 않는 자를 정벌할 참인데, 여기를 지나다가 산 꼭대기에 구름이
五彩를 이룬것을 바라보았습니다. 이상하게 여겨서 사람을 보내어, 살피게 하였습니다. 과연
늙은 중을 구름밑에서 만났는데, 이름은 能正이었습니다. 더불어 말해보니, 뜻에
맞았습니다.이것이 이 절이 건립하게 된 연유입니다. 절 남쪽에 있는 탑은 벽돌로 7층을 쌓았고
기와로 덮었습니다. 제 1 밑층은 행각이 빙둘렀는데, 12간입니다. 벽마다 부처와 보살과 사람과
하느님의 화상을 그렸습니다. 밖에는 난간을 세워서 드나드는 것을 막았는데, 그 거창하고
장려한 모습은 딴 절에는 없습니다."

---

17 高裕燮,「朝鮮의 塼塔에 對하여」,『韓國美術史 及 美學論攷』, 通文館, 1972, p.131.
18 여주 신륵사의 전탑에는 당초문이 시문된 벽돌이 사용되고 있어 有紋塼은 고려시대에도 사용되었음을
알 수 있다.

이상의 기록을 볼 때 다음과 같은 사실을 알 수 있다.

첫째, 안양사는 고려태조시 能正이란 스님과 왕건에 의해 건립되었다.

둘째, 전탑은 일면 3간 규모의 정방형의 규모를 지닌 칠층의 규모였다.

셋째, 각 층의 지붕은 기와로 덮었다.

넷째, 매 칸의 벽마다 많은 그림 및 조각을 했고, 난간을 돌렸다.

이를 통해 왕건은 집권 초기 개경을 중심으로 10개의 사찰을 세웠음은 잘 알려진 사실이다. 그런네 안양사 역시 그의 장건이라고 기술한 점은 왕건의 佛事가 개경뿐만 아니라 전국적으로 시행했음을 알 수 있다. 뿐만 아니라 고려시대의 전탑에서도 기와를 덮었음을 알 수 있는데, 이 같은 사실은 경상북도 안동지방을 중심으로 전개된 전탑에서도 일부 기와가 노출되고 있음을 때 전탑에서도 목조건축의 영향이 지속되고 있음을 알 수 있다. 뿐만 아니라 매칸의 벽마다 그림을 그렸다는 사실은 전탑의 표면에 회를 칠했을 가능성을 충분히 대변하고 있다. 필자는 전탑의 효시로 보고 있는 분황사모전석탑 역시 표면에 회를 칠했을 가능성을 제시한 바 있다.[19] 뿐만 아니라 경상북도 상주군 외남면에 있던 石心灰皮塔에서도 회를 칠했던 흔적이 있었음을 볼 때[20] 전탑과 모전석탑에서 표면에 회를 칠하는 것은 보편적인 현상이었던 것으로 생각된다.

이처럼 웅대했던 전탑은 이후 세월이 흐름에 따라 황폐화 되어 門下侍中鐵原府院君崔公과 住持大師惠謙이 중수하였음을 알 수 있는데, 중수한 탑의 모습에 대한 기록이 『新增東國輿地勝覽』에 있어 이를 적기해 보면 다음과 같다.

"그러나 오랜 세월과 풍우에 거의 무너지게 되었습니다. 겸은 아침 저녁으로 보고 마음이 상했습니다. 진실로 다시 새롭게 하고자 한 것이 오래였으나, 힘이 모자랐습니다. 辛酉年 가을 7월에 侍中 崔公을 뵙고 이 일을 고했더니, 공이 말하기를, '내 젊었을 때 한 번 탑 밑에 유숙하면서 성조께서 처음으로 경영하심을 우러러 생각하고 사사로 맹세하기를 신이 타일에 진실로 출세한다면, 이 탑을 새롭게 하지 않으면, 하늘에 성조의 영에 죄받으리라. 하였다. 지금에 와서 벼슬이 뭇 官僚의 위에 있으니, 출세하였다 할 것이다. 내 마땅히 나의 맹세를 저버리지 않으리라.' 하고, 곧 양주, 광주 按察使에게 통첩을 보내어 軍租를 털어서 그 비용에 충당하고, 壯丁을 불러서 그 역사를 맡겼습니다. 겸도 囊橐을 다 대고 檀越의 喜捨를 받아서, 쌀·콩·돈·베 약간을 얻었습니다. 또 놀고 있는 겸 같은 자 약간을 청하였습니다. 공사를 시작하기는 이 해 8월 모일이었고, 일손을 끊기는 9월 모일이며, 落成은 10월 모일이었습니다. 이 날 전하께서 內侍 朴元桂를 보내어 향을 내렸습니다. 승려 천 명을 모아 크게 佛事를 올리고,

19 朴慶植, 「芬皇寺模塼石塔에 대한 考察」, 『芬皇寺의 諸照明』, 新羅文化祭學術發表會論文集, 1999.
20 朝鮮總督府, 『朝鮮古蹟圖譜』, 4, 도판 1552. 및 高裕燮, 『韓國塔婆의 研究』, 을유문화사, p.28.

舍利 열둘과 佛牙 하나를 탑 속에 봉안하였는데, 四部大衆에게 널리 시주 한 것이 무려 3천 명이었습니다. 그 丹艧은 임술년 봄 3월에 하였고, 그 畵像은 계해년 가을 8월에 하였습니다. 탑안네 벽 중 동쪽은 藥師會, 남쪽은 釋迦涅槃會, 서쪽은 彌佗極樂會, 북쪽은 金經神衆會상을 그렸습니다. 행각이 12간인데 벽마다 한 간씩 그린 것은 소위 十二行年佛입니다. 무릇, 역꾼이 4백명이 넘었으며, 쌀이 5백 95섬, 콩이 2백섬, 베가 1천 1백 55필이 소용되었습니다. 아, 이것은 큰 비용이며 큰 공역인데, 마침내 능히 완성한 것은 모두 우리 시중께서 發願하기를 맹세한 소치로 그렇게 된 것입니다. 공은 오직 국가 복리만을 구한 것이고, 어찌 자기 일신만을 위한 것이겠습니까.˝

이상의 기록은 칠층전탑의 중수사실을 전하고 있는데, 이를 통해 다음의 사실을 확인할 수 있다.

첫째, 탑이 무너질 정도로 황폐화 되어 중수하게 되었다.

둘째, 탑에 대한 중수는 住持大師惠謙이 門下侍中鐵原府院君崔公에게 탑의 현상을 설명하여 辛酉年 7월에 계획되었다.

셋째, 탑의 중수는 신유년 8월에 시작하여 10월에 낙성했다고 한 점을 보아 공사기간이 3개월이었음을 밝히고 있다. 그런데 다음해인 임술년 3월에 丹艧을 하고, 계해년 가을 8월에 畵像을 하였다는 점을 볼 때 신유년의 공사는 탑의 전체적인 규모에 국한하여 진행된 것임을 알 수 있다. 뿐만 아니라 임금이 內侍 朴元桂를 보내어 향을 내렸다는 점을 볼 때 국가와 왕실에서 이 탑의 중수에 큰 관심을 가졌음을 알 수 있다.

넷째, 탑의 낙성시 승려 천 명을 모아 크게 佛事를 올리고, 舍利 열둘과 佛牙 하나를 탑 속에 봉안하였는데, 四部大衆에게 널리 시주 한 것이 무려 3천 명이었음을 밝히고 있다.

다섯째, 탑의 중수에 소요된 비용은 양주, 광주의 軍租를 그 비용을 충당하였고, 역꾼이 4백명이 넘었으며, 쌀이 5백 95섬, 콩이 2백섬, 베가 1천 1백 55필이 소용었음을 밝히고 있다.

여섯째, 완공된 탑은 창건시의 규모 그대로 일면 12간의 칠층탑이었음을 알 수 있는데, 탑의 네 벽중 동쪽은 藥師會, 남쪽은 釋迦涅槃會, 서쪽은 彌佗極樂會, 북쪽은 金經神衆會像을 그려 十二行年佛의 모습을 갖추었다.

일곱째, 탑의 중수는 개인의 일신을 위해서가 아니라 국가의 복리를 구하는 것이 주된 목적이었다.

이같은 기록을 통해 고려시대에 있어 안양사가 지니고 있었던 寺格과 중요성을 짐작할 수 있는데, 한가지 더 생각할 일은 과연 어느 시기에 누구에 의해 중수가 이루어 졌는가 하는 문제이다. 이 문제를 해결하는 실마리는 일단 『梵宇攷』와 『新增東國興地勝覽』의 기록에서 찾을 수 있다. 즉, 『梵宇攷』에는 "高麗侍中崔瑩使僧惠謙重修"라 기록된 점으로 보아 안양사7층전탑은 崔瑩과 惠謙에 의해 중수되었음을 밝히고 있다. 아울러 『新增東國輿地勝覽』에는 "辛酉年 가을 7월에 侍中 崔公을 뵙고 이 일을 고했더니" 라 기록되어 있음을 보아 신유년 7월에 당시 주지 혜겸과 門下侍中鐵原府院君崔公이 7층전탑 중수의 檀越이었음을 밝히고 있다. 따라서 양 기록에서 일치하는 점은 혜겸이란 승려와 崔瑩또는 門下侍中鐵原府院君崔公이란 인물이 이 탑의 중수에 관여했다는 점이라 할 수 있겠다. 결국 탑의 중수에 있어 주된 역할을 했던 최영이 門下侍中鐵原府院君崔公과 같은 인물이었음을 밝히면 중수의 주체는 물론 그 시기 또한 밝혀질 수 있다고 생각한다.

우선 중수연대인 辛酉年은 최영 또는 鐵原府院君崔公의 관직명이 門下侍中으로 표기된 점을 보아 1381년(고려 우왕 7)으로 생각된다. 왜냐하면 고려시대에 있어 문하시중의 변천을 볼 때 성종때까지 존속하다가 이후 관제의 개혁으로 명칭이 바뀐 후, 1356년 공민왕의 관제개혁으로 그 직명이 부활되기 때문이다. 따라서 7층 전탑의 중수는 문하시중이 부활된 1356년 이후로 볼 수 있다고 생각한다. 아울러 重修記를 지은 李崇仁이 1349(충정왕 1) - 1392(태조 1) 사이에 생존했던 인물인 점을 고려할 때 안양사 칠층전탑은 1381년(고려 우왕 7)에 중수되었음이 분명하다고 하겠다. 이같은 사실을 기반으로 볼 때 안양사칠층전탑의 중수를 주도했던 門下侍中鐵原府院君崔公은 崔瑩임이 분명한 것으로 보인다. 이는 최영이 1376년 연산 개태사에 침입한 왜구를 무찌른 공로로 鐵原府院君에 봉해지고[21] 관직이 문하시중에 이르고 있으며, 당시의 문하시중을 거친 인물가운데 최씨성을 가진 이는 최영밖에 없음을 볼 때 이같은 추정을 가능케 하고 있다.

이상과 같은 문헌고찰을 통해 볼 때 안양사7층전탑은 1381년(고려 우왕 7)에 안양사 주지 惠謙과 최영의 주도하에 앞서 고찰한 東州의 利川人 高氏와 더불어 국가의 안녕과 복리증진이라 목적하에 중건되었음을 알 수 있다고 하겠다.

V. 結論

미술사 연구에 있어 유적과 유물이 가장 기초적인 자료가 됨은 주지의 사실이다. 그러나 문헌에만 그 존재가 입증될뿐, 실물이 없는 경우에 있어 연구는 더 이상의 진척을 거두지 못하고 있다. 안양사에 있던 7층전탑 역시 같은 맥락에서 이해되어 왔다.

---

21 『高麗史』, 권 113, 「列傳」 26, 崔瑩 條.

필자는 학부시절 고유섭선생의 논문을 읽고 수 차례 안양사를 찾아 7층전탑의 문제를 해결하고자 노력해왔다. 현지 조사에서는 아무 것도 확인할 수 없었지만, 문헌기록을 바탕으로 전탑의 실체에 조금은 접근할 수 있었다. 그러나 국립박물관에 소장되어 있을 전탑의 부재를 확인하는 문제와 건립되어 있던 위치에 관해서는 앞으로도 많은 노력이 뒤따라야 할 것을 생각한다.

안양사는 문헌기록을 볼 때 고려초 왕건과 能正이란 스님에 의해 건립된 사찰로 1381년(고려 우왕 7)에 안양사 주지 惠謙과 최영의 주도하에 칠층전탑이 중수되는 등 번창했던 것으로 보인다. 조선시대에 이르러도 1417년 이후 1448년 사이에 대구모의 중창불사가 이루어졌던 것으로 확인되나. 16세기 후반경 폐사되었다가 근년에 이르러 다시 복구된 것으로 추정되었다. 현존하는 귀부는 양식과 문헌기록을 검토한 결과 7층전탑 중수비의 碑座로 파악되었다. 아울러 7층전탑은 1381년(고려 우왕 7)에 안양사 주지 惠謙과 최영의 주도하에 東州의 利川人 高氏와 더불어 국가의 안녕과 복리증진이라 목적하에 중건되었음이 확인되었다.

(1999.12 「安養 安養寺의 七層塼塔과 龜趺」, 『문화사학』 11 · 12 · 13, 한국문화사학회)

사진 1. 안양사 龜趺

사진 2. 귀부의 龜頭部

사진 3. 귀부의 後面

사진 4. 귀부의 碑座

육지장사 삼층석탑에 관한 고찰

Ⅰ. 머리말

울산광역시 중구 유곡동 864-1번지에 위치한 육자장사에는 통일신라시대에 조성된 석조여래좌상과 삼층석탑 1기가 현존하고 있다. 이 유물은 본래 안동시 임하면 금소리 560번지 일원에 소재한 개인주택에 위치하고 있었다고 한다. 이후 일제강점기를 거치며 대구의 사찰로 이전되었다가, 다시 금소동으로 옮겨졌다고 한다. 이후 2014년에 육지장사의 주지 스님인 여여스님이 소장자로 부터 기증받아 현 위치에 복원했다고 한다.[1]

삼층석탑과 석불은 사찰의 마당에 남·북방향으로 건립되어 있는데, 석불이 석탑 앞에 복원되어 있다. 본고에서는 양 유물중 삼층석탑에 한해 고찰하고자 한다.

이 석탑은 복원되기 이전의 상황에 대해서는 손신영 선생에 의해 자세한 고찰이 진행된 바 있다.[2] 이 연구는 육지장사가 학성동에 있을 당시 즉, 석탑의 복원이 이루어지기 전에 진행되었는데, 남아있는 석탑부재 하나하나에 대한 자세한 고찰이 이루어 졌다. 이같은 연구로 인해 육지장사의 석탑은 현재의 모습으로 복원이 가능했던 것으로 판단된다.

본고에서는 복원이 이루어진 3층석탑의 양식과 특성에 대해 고찰하고자 한다.

---

1 문명대 외, 『울산육지장사 통일신라 석불좌상과 삼층석탑』, 한국미술사연구소, 2016, p.24.
2 손신영, 「울산학성동 육지장사 3층석탑에 대한 일 고찰」, 『울산육지장사 통일신라 석불좌상과 삼층석탑』, 한국미술사연구소, 2016, pp.23-36.,

II. 삼층석탑의 양식

2층기단위에 3층탑신을 올린 평면 방형의 일반형 삼층석탑이다. 6매의 장방형 형태의 장대석을 지대석으로 삼아 2층 기단을 구축했다.

하층기단은 6매의 판석으로 하대 저석을 놓고, 8매의 장대석으로 기단면석을 구축했다. 기단의 네 면 중 남쪽면만 본래의 부재이고, 나머지 부분은 신재로 보충했다. 원형을 지니고 있는 남쪽면의 형상을 볼 때 각 면에는 양 우주와 1주의 탱주를 모각했다. 더불어 각 면에는 12지상을 양각하고 있다.[3] 각 면이 탱주 1주로 분할되어 문양이 조식될 수 있는 공간이 8면인 점을 볼 때 12지상으로 보기에는 무리가 있는 따르는 것으로 생각된다. 하지만, 비록 마멸이 심해 정확한 동물의 명칭

육지장사 석조여래좌상과 삼층석탑

을 파악하기 어렵지만, 남쪽면의 왼쪽 상은 무기를 들고 있는 동물상으로 보이기 때문에 이 역시 부정할 수 없는 일면이 있다.[4]

상면에는 4매의 판석으로 조성된 갑석을 놓았는데, 부분적으로 신재를 보충했다. 갑석의 상면은 바깥쪽을 향해 약간의 경사를 두었고, 상면에는 호각형 2단의 받침을 조출해 상층기단을 받고 있다. 상층기단 역시 8매의 판석으로 조성했다. 각 면에는 양 우주와 1주의 탱주를 모각했고, 이로 인해 구성된 8면에는 각각 2구씩의 신장을 부조했다. 당초 8구의 신장이 조성되어 8부신중으로 판단된다. 현재는 남쪽면에 2구, 북쪽면에 1구, 동쪽면에 2구등 모두 5구의 신장상만이 남아 있는데, 입상으로 조성된 점이 주목된다. 상층기단 갑석은 2매의 판석으로 조성했다. 갑석의 하면에는 각형 1단의 부연과 물끊기 홈이 조성되었고, 상면에는 각형 2단의 초층탑신

---

3 손신영, 앞 글, p.30.
4 하지만, 오른쪽면의 도상에서는 보기에 따라 비천상으로도 해석할 수 있어 다양한 도상이 조식되었을 가능성을 배재할 수 없다. 이같은 면면은 9세기에 조성된 석불의 대좌 하대석에 동물상과 더불어 다양한 향로를 비롯한 도상이 결합되는 양상을 볼 수 있기 때문이다. 이 같은 양상은 영주 부석사 자인당에 봉안되어 있는 석불의 대좌에서 볼 수 있다.

받침을 조출했다.

탑신부는 탐신석과 옥개석을 각각 일석으로 조성했다. 3층을 구성하는 탑신 중 초층탑신만 본래의 부재로 판단되는데, 상면에는 일변 22cm. 깊이 5cm 크기의 사리공이 개착되어 있다.[5] 각 면에는 양 우주만 모각되어 있다. 2층과 3층탑신석은 신재로 보충한 것으로 판단되는데 적절한 비례를 이루도 있다. 옥개석은 1층과 2층은 파손이 심하지만, 3층 옥개석의 남쪽면이 비교적 원형을 유지하고 있어 본래의 양식을 살펴볼 수 있다. 먼저 옥개석의 하면에는 매층 각형 4단의 받침이 조출되어 통일성을 유지하고 있는데, 치석수법이 동일한 점으로 보아 본래의 부재임이 분명하다. 뿐만 아니라 처마의 하단에는 낙수홈이 개착되어 있어 목조건축의 양식을 충실히 재현라고 있음도 알 수 있다. 이와 더불어 옥개석의 대부분은 파손이 심하지만, 1층 옥개석의 동쪽면과 3층 옥개석 남쪽면의 양식을 볼 때 처마는 수평을 이루다가 전각에 이르러 경쾌한 반전을 이루고 있다. 더불어 전각부에 구멍의 흔적이 있는 점으로 보아 풍경을 달았음을 알 수 있다. 뿐만 아니라 낙수면의 경사도는 1층과 2층은 비교적 급한 것으로 추정되지만, 3층옥개석에서는 평박하기 보다는 곡선미를 지니고 있어 9세기 석탑의 양식을 잘 보여주고 있다. 이를 통해 이 석탑의 옥개석에서는 통일신라시대 석탑과 고려시대 석탑의 양식이 공존함을 알 수 있다. 옥개석의 상면에는 각형 2단의 탑신받침이 조출되어 있다.

정상에는 노반석이 놓여있는데, 중앙에는 지름 2.5cm[6]의 찰주공이 개착되어 있다.

이 석탑은 2층기단을 구비했으며, 상·하층 기단에 장엄조식이 있는 점과 더불어 옥개석의 양식을 볼 때 9세기 후기에 건립된 삼층석탑으로 추정된다.

Ⅲ. 삼층석탑의 특성

본래 건립되어 있던 안동시 금소동을 떠나 울산광역시 유곡동에 소재한 육지장사에 이전 복원되어 있는 삼층석탑은 여러 측면에서 문제점을 지니고 있다. 즉, 본래의 위치를 떠나 이동되었고, 기단과 탑신부에서는 본래의 부재가 유실되어 신재로 보충되었고, 석탑의 각 부분에서는 파손이 심하다. 때문에 보기에 따라서는 문화재적으로 가치가 상실된 것으로 판단할 수 있다. 하지만, 전체적인 양식을 살펴볼 때 9세기 후기 석탑의 양식이 잘 구현되어 있어 앞서 제기한 문제점을 상쇄하고도 모자람이 없다.

5 손신영, 앞 논문, p.27.
6 손신영, 앞 논문, p.26.

이 석탑이 지닌 특성을 살펴보면

첫째, 석탑을 구성하는 각 부의 양식요소가 신라석탑의 전형에서 벗어남이 없다는 점이다.

일반적으로 건립 위치가 변동되거나 신재로 보수가 이루어질 경우 모작으로 오해되기 쉬운 경향이 있다. 하지만, 이 석탑에서는 기단부를 구성하는 면석과 갑석의 수법, 특히 하층기단 갑석에서의 호각형 2단 받침과 상층기단 갑석 상면의 각형 2단 받침과 하면의 각형 1단의 부연은 7세기 이래 신라석탑에서 줄 곧 지켜온 전통이다. 뿐만 아니라 옥개석에서 낙수면의 경사와 잔각에서 이루어지는 추녀의 반전은 옥개받침이 각형 4단으로 축소되는 시대적인 변화상과 정확히 일치하고 있다. 더불어 옥개석 상면에 조출된 각형 2단의 받침은 앞서 언급한 바와 같이 7세기 신라석탑에서 이룩된 전형적인 양식이다. 이같은 면면을 볼 때 이 석탑은 비록 부재가 파손되고, 부분적으로 신재가 사용되어 복원되었지만, 통일신라시대 석탑의 양식을 충실히 지닌 것으로 판단된다.

둘째, 석탑의 건립 연대가 통일신라시대 말기인 9세기 후반으로 추정된다는 점이다.

이같은 시대 편년은 다음과 같은 요인에서 기인한다. 즉, 기단의 탱주가 하층 1주, 상층 1주로 축소되고 있다. 이는 기단의 규모가 축소되고 이로 인해 석탑의 규모가 작아지는 경향을 반영하는 것으로 이해된다. 뿐만 아니라 갑석의 상면이 평박한 것이 아니라 바깥쪽을 향해 약간의 경사를 지니고 있다는 점이다.[7] 탑신부에서는 옥개석에서 옥개받침이 4단으로 축소 통일되고, 낙수면이 약간 패이면서 이로 인해 전각의 반전이 경쾌하게 이루어진다는 점에서 그러하다. 이처럼 양식상의 변화와 규모의 축소는 9세기 석탑에서 나타나는 공통적인 양상인데, 탱주와 옥개석에서의 변화상을 볼 때 9세기 후기에 조성된 석탑으로 판단된다.[8]

셋째, 석탑의 상층기단 갑석과 옥개석의 하면에 낙수홈이 개설되어 있다는 점이다.

백제시대에 건립된 미륵사지 석탑으로부터 조선시대의 석탑에 이르기까지 한국 석탑에 구현된 양식의 시원은 목조건축의 충실한 재현에 있음은 주지의 사실이다. 이는 체감비의 구현으로 인해 외관에서 주는 안정감, 기단부의 존재와 더불어 탱주와 우주의 기둥들, 탑신부에서 초층탑신이 높다는 점, 옥개석의 낙수면과 전각의 반전등에서 잘 드러나고 있다. 이와 더불어 또 하나의 목조건축적 요소를 꼽으라면 바로 낙수홈의 존재이다. 이는 지붕이나 갑석의 상면에서 흐르는 우수가 기단과 탑신의 내부로 감입되는 것을 방지하는 물끊기 홈의 역할을 수행하고 있

....

7 이같은 양상은 8세기 중반에 건립된 것으로 추정되는 보령 성주사지 석탑에서 나타난 이래 9세기에 건립된 대부분의 석탑에서 공통적으로 검출되는 양식이다.

8 이같은 건립 시기의 추정은 석탑이 지닌 양식만으로 추론했지만, 같은 사역에 있었던 석조여래좌상 역시 860년을 전후한 시기에 조성된 것으로 추정됨을 볼 때 더욱 그러하다. 문명대, 앞 논문, p.22.

다. 이 시설은 석제로 내부를 충적한 기단부와 일석으로 조성된 탑신을 지닌 석탑의 구조를 볼 때 없어도 될 그런 시설이다. 즉, 설사 기단과 탑신의 내부로 물이 감입되어도 석탑의 존립에는 크게 영향을 미치지 않음에도 낙수홈이 개설되었음은 이 석탑이 목조건축의 재현에 충실했던 한국 석탑의 전통성이 잘 드러나는 부분이라 하겠다. 특히 낙수홈은 주로 옥개석의 하면에서 확인되는데, 이 석탑은 상층기단 갑석에서도 개설되어 있어 주목된다.[9] 더불어 상층기단에 시설된 낙수홈은 이 시기에 건립된 다른 석탑에서 볼 수 없는 특이한 양상으로 주목된다.[10]

넷째, 석탑의 기단에 장업조식이 부조되고 있다는 점이다. 즉. 하층기단에는 각 면 2구씩의 십이지상이[11] 상층기단에는 각 면 2구씩의 팔부신중이 부조되었다.

한국 석탑에서의 장업조식은 634년에 건립된 분황사모전석탑의 각 문에 부조된 인왕상에서 시작된다. 이후 감실에서 문비로의 변화를 거치며 9세기 석탑에 이르러 다양한 부조상이 등장한다. 즉, 9세기 건립된 석탑에서는 사천왕, 인왕, 필부신중, 사방불, 보살, 십이지, 비천, 문비, 안상 등 모두 10종의 유형이 확인되는데,[12] 불교에서는 堂塔이나 佛·菩薩을 장식하는 것을 梵語로 Vyuha라 하여 莊嚴이라고 한다. 석탑에서 기단과 탑신 표면에 불교상을 비롯하여 여러 가지 물상을 조각하는 것도 물론 莊嚴이고 이를 嚴飾 또는 嚴淨이라 하여 세속적인 장식과 구별한다.

삼층석탑에 부조된 장업조식은 하층기단과 상층기단 면석에 남아있다. 먼저 하층기단에 새겨진 문양은 십이지상으로 보는 견해가 발표된 바 있다.[13] 하지만, 이 조식은 하층 기단의 남쪽 면에만 남아 있고, 마멸이 심해서 정확한 명칭을 파악하는데 어려움이 있다. 뿐만 아니라 기왕에 알려진 12지가 부조된 석탑은 면석이 2주의 탱주로 분할되어 전체 12면을 형성하고, 각 면에 1구씩 십이지상을 부조했다. 하지만, 이 석탑에서는 탱주 1주로 분할되어 전체 8면만을 형성했기에 이를 12지상으로 보기에는 무리가 있다고 판단된다.[14] 남쪽 기단 면석에 남아있는 2

---

9 낙수홈은 9세기에 이르러 등장하는 양식으로 추정되는데, 9세기 전기의 석탑은 필자가 추출한 40기의 석탑 중 19기에서, 후기의 석탑은 69기중 40기에서 확인되고 있다. 이같은 정향을 볼 때 낙수홈은 9세기 석탑에서 등장하는 목조건축의 양식으로 이해된다. 박경식,『통일신라 석조미술 연구』, 학연문화사, 2002, pp.62-64 및 pp.83-87.

10 대부분의 석탑에서는 상층기단 갑석 하면에 각형 1단의 부연이 조출되어 있다. 따라서 부연으로 인해 물 끊기가 자동적으로 시행되어 때문에 낙수홈이 시설되지 않은 것으로 이해된다. 하지만, 이 석탑에서는 각형 1단의 부연과 낙수홈이 함께 시설되어 우수로부터 기단을 보호하고자 했던 당시 사람들의 의도가 잘 드러나고 있다. 이처럼 상층기단 갑석 하면에 낙수홈이 설치된 예로는 이 석탑에서 처음 확인되는바, 향후 이 방면에 대한 면밀한 조사가 요망된다.

11 손신영, 앞 논문, p.31.

12 박경식, 앞 책, pp.128-129.

13 각주 3과 같음.

14 9세기에 건립된 석탑 중 하층기단에 십이지상이 부조된 석탑은 화엄사서오층석탑, 영양 현일동삼층석

구의 상을 보면 오른쪽은 전체 면적을 여백 없이 활용하고 있고, 상면으로 흐르는 문양의 선을 볼 때 비천상으로 추정된다. 이와 더불어 왼쪽의 상은 오른손에 무기를 들고 있는 좌상이 부조되었는데, 생동감 있게 표현되었다. 이상과 정황을 볼 때 하층기단의 부조상은 십이지상이 아니라 비천상으로 보아도 무리가 없을 것으로 판단된다.[15]

상층기단의 면석에는 하층기단에서처럼 각 면을 1주의 탱주로 분할하고 각 면 1구씩의 팔부신중을 부조했다. 남쪽과 동쪽 면석에에 각 2구씩, 북쪽면석에 1구등 모두 5구만이 남아있다.

八部身衆은 인왕, 사천왕과 마찬가지로 인도의 고대신화에 나오는 신을 불교에서 수호신으로 흡수한 천, 용, 야차, 건달바, 아수라, 가루라, 취나라, 마후라가의 八神을 말하는바, 9세기 초기에 건립된 경주 남산리서삼층석탑의 상층기단에 처음으로 조식되면서[16] 일반형 석탑의 대표적인 장엄으로 등장하고 있다. 이 석탑에 부조된 팔부신중은 9세기 석탑에 유행했던 조류를 따라 부조된 것으로 이해되는데[17] 입상의 자세를 취하고 있을 뿐만 아니라, 도상적으로 새로운 양식이 구현되어 있어 주목된다.

9세기에 건립된 석탑에서 부조된 팔부신중은 대부분이 좌상으로 부조되어 있는데, 이 석탑에서처럼 입상으로 부조된 경우는 화엄사 서오층석탑, 영양 현일동삼층석탑, 영양 화천동삼층석탑, 안동 임하동십이지삼층석탑, 순천 금둔사지삼층석탑에서만 볼 수 있다. 따라서 육지장사삼층석탑의 경우는 팔부신중이 부조된 9세기의 석탑에서도 매우 희소성이 있는 경우라 하겠다. 이처럼 팔부신중을 입상을 부조한 경우는 좌상으로 조각했을 때 보다 기단의 너비는 좁아지면서 높이는 조금 증가하는 것으로 보인다. 이는 9세기에 이르면 석탑의 높이가 앞 시대에 비해 낮아지는 경향을 극복하기 위한 조치로 생각된다. 즉, 기단부의 규모가 축소되고, 높아지게 됨에 따라 석탑 전체에 상승감을 부여하는 변화의 일면으로 이해된다. 뿐만 아니라 남쪽면의

탑, 임하동십이지삼층석탑, 영양 화천동삼층석탑이 있다. 이 석탑들은 모두 하층 기단의 면석에 2주의 탱주를 모각해 12면으로 구분하고 각 면에 1구씩 십이지상을 부조했다.

15 9세기에 건립된 석탑 중 하층기단에 비천상이 부조된 예로는 9세기에 건립된 석탑 중 하층기단에 비천상이 부조된 경우는 의성 관덕동삼층석탑과 진전사지삼층석탑이; 있다.

16 62) 又玄先生은 南山里西三層石塔에 대한 기술중에 "…현재 이같은 八部身衆의 浮彫가 있는 석탑으로서 존립하고 있는 중에서 考古한 一例인 것이다"라고 하여 南山里西三層石塔에서의 八部身衆 影飾이 가장 先例임을 주목하고 있다. 아울러 이 석탑의 건립연대에 대해서는 8C후반으로 보고있다. 그러나 필자는 이 석탑의 제양식을 볼 때 9C전기에 이르러 浮彫되기 시작한 것으로 생각된다. 高裕燮, 『韓國塔婆의 研究』, 同和出版公社, 1975

17 9세기에 건립된 석탑 중 팔부신중이 부조된 예로는 경주 창림사지삼층석탑, 경주 남산리서삼층석탑, 화엄사 서오층석탑, 산청범학리삼층석탑, 운문사동·서삼층석탑, 영양 현일동삼층석탑, 임하동십이지삼층석탑, 영양 화천동삼층석탑, 금둔사지삼층석탑, 진전사지삼층석탑, 선림원지삼층석탑, 영천신월동삼층석탑, 중금리동·서삼층석탑을 들 수 있다.

상은 갑옷을 입고 한 손에는 칼을 다른 손은 탑을 들고 있어 주목된다. 이같은 형상의 상은 주로 사천왕상 중 북방신인 다문천과 같은 양식을 보이고 있다. 이같은 양식을 지닌 상은 강릉 시립박물관에 전시중인 석탑부재에서도 확인되고 있어 주목된다.[18] 따라서 이 석탑에 구현된 부조상은 사천왕과 다른 신중과의 결합 즉, 다양한 상이 부조된 것으로 볼 수도 있다. 이같은 경우는 의성 관덕동삼층석탑에서 볼 수 있다. 즉, 이 석탑에선 하층기단에 비천상을 부조하고, 상층기단에는 각면 2구씩의 입상이 부조되어 있는데, 각각 사천왕과 천부상을 조식했다. 따라서 육지장사석탑 상층기단의 남쪽 면석에서 보이는 탑을 든 산장은 사천왕의 북장 다문천으로 다른 상은 천부상으로 볼 수 있는 개연성도 있다. 이 석탑이 본래 안동에 있었던 점을 감안하면, 지역성을 지닌 석탑의 예로서도 주목된다. 이와 더불어 상층기단에 부조된 상이 입상이라는 점은 한국 석탑 전체를 통털어 매우 희귀한 예로 생각된다. 이 석탑은 하층기단에 비천상을, 상층기단에는 팔부신중(사천왕과 천부상)을, 초층탑신에는 사리를 봉안했던 사리공이 남아있다. 이같은 정황을 볼 때 비천상이 가장 하층에 있음은 석탑은 이미 천상계에 있음을 보여주고 있고, 이를 팔부신중이 지키고 있는데, 초층탑신에 봉안된 사리가 중심을 이루고 있어 비천상→팔부신중→사리로 연결되는 층위적인 개념을 형성하고 있음을 알 수 있다. 이첨럼 하층기단에 비천상, 상층기단에 팔부신중이 조식된 예로는 진전사지삼층석탑이 있고, 비천상과 사천왕 및 천부상이 결합된 예로는 앞서 언급한 의성 관덕동삼층석탑이 유일한 예라 하겠다. 더불어 비천상과 팔부신중(사천왕과 천부상)이 결합된 경우는 통일신라시대에 건립된 석탑중 2기에 불과하다는 점에서 이 석탑이 지닌 특성을 잘 드러내고 있다.[19]

이처럼 9세기에 이르러 석탑에 다양한 신장상이 장엄조식으로 부조됨은 탑내에 봉안된 사리의 수호 내지는 공양에 있다[20]는 관점에서 볼 때 신라석탑 부조상은 불탑 내부에 봉안된 불사리에 대한 外護的 기능에 1위적 목적을 지니고서 이룩되었다고 볼 수 있다.[21] 따라서 육지장사에 건립된 삼층석탑의 기단에 부조된 십이지와 팔부신중은 이같은 시대의 동향에 의해 조성된 것으로, 초층탑신에 봉안된 사리의 수호에 그 목적이 있다고 하겠다.

18 이 부재는 강원도 문화재자료 제 4호로 지정되어 있는데, 1940년 추정 무진사지에서 발견되어 관음사 경내로 이전되었다가 1992년에 현 위치로 이전 보관되고 있다. 손신영, 앞 논문, 각주 14 재인용. p.31.
19 석탑에 부조된 장엄조식은 손신영 선생의 연구결과를 수용해 십이지상과 팔부신중으로 보았다. 하지만, 이 경우 다른 문제점이 야기될 소지가 있어 비천상 및 사천왕과 천부상이 부조되었다는 필자의 견해도 제시했다. 장엄조식이 부조된 부재의 마멸이 심해 육안으로 정확한 도상명을 확정하기 어려운 점이 있어 훗날 정밀한 조사가 요망된다. 그럼에도 불구하고, 어떠한 경우라도 이 석탑에 부조된 장엄조식의 배열과 도상은 통일신라시대의 석탑에서 매우 희구한 예 임은 분명하다.
20 秦弘燮, 「塔婆」, 『國寶』 6, 藝耕産業社, 1983, p.194.
21 張忠植, 「統一新羅 石塔浮彫像의 硏究」, 『考古美術』 154·155 合輯, 韓國美術史學會, p.115.

　다섯째, 기단부와 더불어 옥개석에서도 9세기 석탑의 양식을 잘 보여주고 있다.

　석탑의 구성 요건 중에서 건탑연대를 파악할 수 있는 단서는 기단부와 더불어 옥개석에서도 잘 드러난다. 이 석탑은 3개층을 구성하는 옥개석이 대부분 파괴되어 원형을 유지하고 있는 것은 한 점도 없다. 하지만, 1층 및 3층옥개석에서 원형을 유추할 수 있는 단서가 있어 이를 통해 석탑의 건립연대를 추정해 볼 수 있다. 즉, 옥개석에서의 변화상으로는 옥개받침이 매층 각형 4단을 유지하고 있는 점, 얇게 조성한 추녀가 수평을 이루다 전각에 이르러 날렵한 반전을 보이는 점, 낙수면이 평박하지 않고 중간부가 살짝 패인 탓에 완만한 곡선을 지니고 있다는 점, 하면에 낙수홈이 개설되었다는 점 등에서 이 석탑이 9세기 후기에 건립된 것임을 분명히 보여주고 있다.

　여섯째, 통일신라시대의 전형적인 양식과 고려시대석탑의 양식이 혼재되어 있다는 점이다.

　일찍이 又玄선생은 이같은 현상에 대해 마치 "父의 생명이 方終한 후에 子의 新生命이 출생하여 直線的 承繼를 이룸이 아니요 父의 存名中에 子의 신생명은 생산되고 또 그 속에서 孫의 신생명이 나와 層位的으로 계열이 전개"됨과 같은 현상으로 기술한 바 있다.[22] 즉, 특정 양식은 갑자기 발생하는 것이 아니라 앞 시대에 태동되어 새로이 도래한 시대 양식과 어우러지면 정착된다는 것으로, 이 석탑에서는 옥개석의 낙수면에서 잘 드러난다. 즉, 낙수면의 경사도에 있어 1층와 2층이 급하고 짧은 반면 3층은 비교적 완만한 경사도를 지니고 있다는 점에서 통일신라시대와 고려시대 석탑의 양식이 혼재하고 있다는 점을 들 수 있다. 이를 통해 고려시대 석탑이 지닌 옥개석의 양식은 9세기 후기 석탑에서부터 변화가 시작되어 완성된 것을 알 수 있는데, 이 석탑에서 이같은 시대적인 양상을 잘 살펴볼 수 있다.

　일곱째, 이 석탑은 석불과 함께 존재하는 점을 고려할 때 일탑일금당식의 가람배치를 이루었던 것으로 판단된다. 현재 육지장사에는 석탑의 전방에 석불이 봉안되어 있지만, 본래는 마당에 석탑이 건립되고 후면에 건립된 법당안에 석불이 봉안되어 있었다. 통일신라시대에는 쌍탑가람이 많이 조성된 것으로 알려져 있지만, 이 시기 석탑의 건립상황을 보면 필자가 확인한

　115기의 석탑 중 쌍탑가람은 17개 사찰임에 비해 단탑가람은 83개로 절대다수의 사찰이 단탑가람이었음을 알 수 있다.[23] 이같은 양상은 주로 9세기 후기에 집중되는 현상을 보이고 있는 바, 이를 통해서도 이 석탑의 건립연대를 유추할 수 있다.

22　高裕燮, 『韓國塔婆의 研究』, 乙酉文化社, 단기4281. p.90.
23　박경식, 앞 책, p.145.

IV. 맺음말

안동시 금소동의 폐사지에 있던 삼층석탑은 2014년에 울산의 육지장사에 복원되었다. 기단부 및 탑신부를 구성하는 부재의 일부가 신재로 보충되었고, 그마나 남아있는 구 부재는 파손과 마모가 심해 과연 문화재로서의 가치를 논할 수 있겠나? 하는 의구심이 들 수도 있다. 하지만, 앞서 살펴본 바와 같이 이 석탑에 구현된 다양한 특성은 신재의 보충과 구 부재의 파손으로 인해 문화재로서의 가치가 반감되는 외관상의 여러 문제를 상쇄하고도 모자람이 없다고 생각한다. 현재 파악되는 석탑의 양식만으로도 통일신라 말기인 9세기 후기 석탑의 양식이 충실히 구현되고 있을 뿐만 아니라 앞 시대 석탑의 양식에서 벗어난 새로운 시도가 이루어지고 있기 때문이다.

이 석탑은 2층기단 위에 삼층탑신을 올린 일반형 삼층석탑이다. 기다부와 탑신에 구현된 양식 즉, 탱주가 상하 기단에 각 1주씩 모각되고, 옥개석의 받침이 매층 각형 4단으로 구성된점, 낙수면에 구현된 곡선미로 인해 전각의 반전이 경쾌한 점, 시대를 이어주는 신·구양식이 존재한다는 점은 이 석탑이 9세기 후반에 건립되었음을 분명히 보여주고 있다, 그럼에도 불구하고 기단부에 부조된 장엄조식은 석탑이 양식적인 보편성에서 벗어나 특수성을 지니고 있음을 잘 보여주고 있다. 9세기에 이르러 석탑을 비롯해 다양한 조형물에 부조되는 장엄조식은 경전에 근거한 위계질서를 유지하고 있다. 하지만 이 석탑의 하층기단에는 비천상(십이지)가 상층기단에는 사천왕과 천부상(팔부신중)이 부조되어 일반적인 장엄조식과는 특이한 일례를 보이고 있어 주목된다. 9세기에 건립된 석탑으로 하층기단에 비천상이 부조된 예는 의성 관덕동삼층석탑과 양양 진전사지 삼층석탑의 2기에 불과하다. 더불어 상층기단에 팔부신중이 부조된 석탑 중 입상으로 부조된 예는 화엄사 서오층석탑, 영양 현일동삼층석탑, 영양 화천동삼층석탑, 임하동십이지삼층석탑, 금둔사지삼층석탑에서만 볼 수 있다. 특히 상층기단의 장엄조식을 팔부신중이 아닌 사천왕과 천부상을 볼 경우에는 관덕동삼층석탑에서만 볼 수 있는 매우 희귀한 예를 보여주고 있다. 결국 육지장사삼층석탑과 관덕동삼층석탑은 의성과 안동이라는 지역적인 특성과 더불어 하층기단에 부조된 비천상과 상층기단의 사천왕 및 천부상이 초층탑신에 봉안된 사리의 수호라는 목적성까지도 일치하는 양상을 보이고 있어 주목된다. 따라서 육지장사삼층석탑 상층기단의 장엄조식을 사천왕과 천부상이 결합된 양상으로 볼 경우에는 전국적으로 건립된 9세기 석탑을 통틀어서 단 2기에서만 확인되는 장엄조식을 구비한 석탑이라는 특수성이 돋보인다. 뿐만 아니라 기왕의 견해대로 팔부신중으로 보는 경우에 있어서도 통일신라시대의 석탑중 5기에 불과한 석탑이라는 점에서 그 의의가 크다고 하겠다.

이상과 같은 면면을 고려할 때 비록 신재가 보완되고, 석탑을 구성했던 본래의 부재는 마멸되고, 파손이 심하지만 이 석탑이 지닌 한국석탑사에서 지닌 위상을 실로 막중하다 하겠다. 따라서 육지장사삼층석탑은 향후 울산광역시 유형문화재로 지정해 보존하는 것이 타당할 것으로 사료된다.[24]

---

24 일부에서 문제점으로 제기된 기단부와 탑신에 사용된 신재와 파손부에 대해서는 근년에 보물 1928호로 지정된 경주 미탄사지삼층석탑이 좋은 참고가 될 것으로 사료된다. 이 석탑은 지정 당시에 기단부 및 탑신부에 신재로 수리한 부분이 문제로 제기되었지만, 석탑이 지닌 양식과 의의들을 고려해 보물로 지정했다.

檜巖寺址 浮屠塔에 대한 考察

Ⅰ. 머리말

12세기 후반 이전 창건된 것으로 보이는 회암사지는 고려말 나옹화상의 중창으로 10,000여 평에 달하는 넓은 사역(寺域)을 지니고 있음은 익히 알려진 사실이다. 목은(牧隱)이 찬(讚)한『천보산회암사수조기(天寶山檜巖寺修造記)』에 의하면 모두 262칸의 건물과 더불어 높이가 15척이나 되는 부처가 7구, 10척 높이의 관음상(觀音像)이 있었다고 한다.[1] 이처럼 넓은 사역과 수많은 건물과 불상이 존재했던 사지(寺址)에 대해서는 1997년부터 현재까지 경기도박물관과 경기문화재연구원에 의해 발굴조사가 진행되고 있다.

사역 내에는 회암사지 맷돌(경기도 민속자료 제1호), 화암사지 부도탑(경기도 유형문화재 제52호), 당간지주(양주시 향토유적 제13호) 등 다양한 석조조형물이 건립되어 있다.[2] 이들 석조물들은 발굴조사를 통해 드러난 회암사의 규모와 걸맞게 고려시대 후기부터 조선시대 전기에 걸쳐 조성된 것으로, 당시 석조조형물의 일단을 파악하는데 귀중한 자료로 평가되고 있다.[3] 이

---

1 경기도박물관 외,『회암사 Ⅱ-7 · 8단지 발굴조사보고서』

2 회암사지의 외곽인 천보산 기슭에 있는 회암사에는 나옹화상 부도 및 석등(경기도 유형문화재 제50호), 지공선사 부도 및 석등(경기도 유형문화재 제49호), 무학대사탑(보물 제 388호), 쌍사자석등(보물 제289호), 무학대사비(경기도 유형문화재 제51호), 선각왕사비(보물 제387호)등이 있다.

3 회암사지의 석조물에 대한 연구로는 먼저 부도에 대해서는 鄭永鎬,「朝鮮前期 石造浮屠 樣式의 一考」,『東洋學』第三輯(檀國大學校 東洋學硏究所, 1973), pp.339~344. ; 쌍사자석등에 대해서는 鄭明鎬,『韓國의 石燈』(민족문화사, 1994), pp.273~274에서 상세한 고찰이 진행된 바 있다. 이와 더불어 회암사 권역에 산재한 모든 석조물에 대해 총괄적으로 연구한 성과로는 嚴基杓,「檜巖寺址의 石造浮屠와 塔碑에 대한 考察」,

들 중 본고(本考)의 주제인 회암사지 부도탑은 회암사지의 8단 석축에 건립된 다양한 건물지와 인접해 있다. 이 부도탑은 조선 전기 석조부도의 양상을 살피는데 귀중한 자료임에도 불구하고 그동안 크게 주목되지 못하고 있다.[4] 아마도 주인공을 알 수 없다는 것이 주된 원인이라 생각된다. 그렇지만 이 부도는 건립 위치와 성격, 양식에서 드러나는 여러 문제에 대한 다양한 측면의 검토가 요망된다.

본고에서는 선학들의 연구 성과를 바탕으로 다음과 같은 관점을 가지고 서술하고자 한다.

첫째, 회암사지 부도탑의 건탑위치 및 성격에 대해 규명하고자 한다.

둘째, 회암사지 부도탑이 지닌 양식을 바탕으로 평면구도, 기단부, 진신사리 봉안탑과의 비교, 라마탑의 영향 문제에 대해 검토해 보고자 한다.

II. 건탑 위치 및 성격

회암사가 전체 8단으로 구성된 사찰임은 익히 알려져 있었지만, 2차 발굴조사를 통해 이를 확인하게 되었다.[5][圖 1 · 2] 발굴조사 결과를 보면 회암사지에서 가장 상단에 자리한 8단 석축은 입구로부터 가장 멀리 떨어진 지역이기 때문에 사찰에서 가장 중요한 건물들이 배치되었음은 당연하다 하겠다. 이러한 사실을 입증하듯이 8단 석축 위에는 중앙에 자리한 정청지(政廳址)를 중심으로 동방장지(東方丈址)·서방장지(西方丈址)·나한전지(羅漢殿址)·대장전지(大藏殿址) 등 주요 건물들이 건립되어 있다.[6] 이들 건물지 중 정청지는 건물지의 특성상 실제로는 왕이 거주하는 곳이므로 객사(客舍)보다 격을 높여 건립하였다.[7] 방장지도 역시 주지(住持)의 거실로 사용되었을 것이므로 8단 지역은 사찰에서 중요한 역할을 하는 장소였음을 알 수 있다. 부도의 건립 위치는 일반적인 관점에서 볼 때 사역에서 가장 한적한 곳이나 부도전(浮屠田)에 건립

....

『文化史學』 21호(韓國文化史學會, 2001), pp.765~805가 있다.

4 회암사지 부도탑에 대해서는 崔成鳳, 「檜巖寺의 沿革과 그 寺址 調査—伽藍配置를 中心으로」, 『佛教學報』 9집(東國大學校 佛教文化研究所), pp.159~201. ; 崔宗秀, 「檜巖寺址 舍利塔의 建立緣起」, 『考古美術』 87호, 考古美術同人會, 1972. ; 姜炳喜, 「興天寺 舍利塔과 舍利殿에 관한 연구—朝鮮初期 漢城의 塔婆」, 『講座美術史』 19호(韓國佛教美術史學會, 2002), pp.237~267. ; 嚴基杓 「朝鮮 世祖代의 佛教美術 研究」, 『韓國學研究』 26집(인하대학교 한국학연구소, 2012), pp.463~506에서 논의가 진행되었다.

5 주1)의 발굴조사보고서 참조.

6 주1)의 발굴조사보고서 참조.

7 주1)의 발굴조사보고서, p.371.

圖 1_ 회암사지 7 · 8단 건물지 전경

圖 2_ 회암사지 부도탑에서 바라본 사지 전경

되는 것이 보편적이다.[8] 그런데 이 부도탑은 회암사에서 가장 북단인 8단 석축에 자리한 건물지들 중 나한전과 인접한 지역에 건립되었다. 이같이 회암사지 부도탑의 건립 위치를 볼 때, 정청지나 동·서방장지와 같이 중요한 의미가 있었음을 직접 암시하는 것으로 생각된다. 더욱이 부도탑의 높이가 5.9m에 달하여 현존하는 석조부도 중에서도 가장 큰 규모를 지니고 있다. 뿐만 아니라 부도탑은 사역 전체를 한눈에 조망할 수 있는 위치에 건립되어 있다. 따라서 사찰에 들어서면서 이 부도탑의 존재 바로 확인될 수 있다. 이러한 사실을 볼 때 이 부도탑은 보편적인 승려의 사리탑이 아닌 특수한 용도로 건립된 것으로 추정된다.

그런데 회암사의 발굴조사에서 확인된 수많은 건물지 중 가장 주목되는 곳이 있다. 바로 7단 건물지에서 확인된 사리전지(舍利殿址)이다. 이 건물은 명칭 그대로 석가모니의 진신사리를 봉안한 전각을 지칭하는데, 전체 가람의 중심축 선상에 위치하고 있다. 이 건물지에 대한 발굴조사 보고서에는 "고맥이가 확인되지 않는 점으로 보아 독립적인 건물지라기보다는 설법전과 정청을 연결하는 천랑의 역할을 한 것"으로 보고 있다.[9] 그렇지만 이 건물지의 내부 하층에서 확인된 석렬은 당초 이곳에 사리전이 있었음을 보여주는 증거라 생각된다. 이에 대해 발굴조사 보고서에서 "사리전이 처음 건립되었을 때에는 독립된 건물로서, 사리 또는 사리탑을 그 안에 모신 전각이었으나, 후에 사리탑을 다른 곳으로 이전시키고 이 건물을 설법전과 정청을 연결시켜주는 청랑의 기능을 하게 된 것"으로 기술하고 있다.[10]

발굴조사 결과를 통해 제시된 사리전지에 대한 견해는 이 부도탑의 성격을 규명하는데, 중요한 단서를 제공하고 있다. 즉 회암사의 중심 축선의 후방에 대하는 7단 석축의 중심에 사리전이 있음을 알 수 있는데, 보고서의 기술과 같이 진신사리가 봉안되었던 전각으로 생각된다. 사리전은 건립 이후 어떤 이유로 인해 천랑으로 그 성격이 변화함에 따라 그곳에 봉안되었던 진신사리 역시 다른 곳으로 이동되었을 가능성이 있다. 더불어 회암사지 부도탑이 건립되어 있는 위치를 이러한 가능성과 연결해보면 창건 당시의 사리전이 본래의 기능을 상실하게 됨에 따라 그곳에 있던 사리를 다시 봉인하기 위한 새로운 시설물을 필요로 했을 것으로 생각된다. 그리

---

8 부도가 본격적으로 건립된 통일신라시대의 예를 볼 때 양양 진전사지에 있는 도의선사부도, 곡정 태안사 적인선사조륜청정탑, 실상사 수철화상 및 증각대사응료탑 등 대부분의 부도는 사찰의 중심에서 벗어나 한적한 곳에 건립되고 있다. 뿐만 아니라 곡성 태안사 광자대사탑의 경우는 사찰입구에 조성된 부도전에 건립되고 있다. 이와 더불어 회암사에 건립되어 있는 지공·나옹·무학대사의 부도 역시 사지에서 상당한 거리를 두고 건립되어 있다. 이같은 상황에서 보면 본고의 주세인 회암사지 부도탑은 다른 사찰과는 분명히 구별되는 건탑위치를 갖고 있음을 알 수 있다.
9 주1)의 발굴조사보고서, p.63.
10 주1)의 발굴조사보고서, p.373. 뿐만 아니라 당초에는 정방형의 평면을 지닌 사모지붕의 건물이었을 것으로 추정하고 있다.

고 불가(佛家)에서 진신사리가 갖고 있는 신앙적인 위치를 고려해 볼 때, 사리를 봉안하기 위한 시설물은 사찰 내에서도 가장 중요한 위치에 건립되었을 것이다. 이 같은 추정을 종합해보면 회암사지 부도탑은 건립 위치로 보아 당초 사리전에 봉안되었던 진신사리와 밀접한 연관이 있을 것으로 판단된다.

資料 1_ 회암사지 출토 '효령대군정통병진'명 수막새
(사진: 『회암사 II』, p.250.)

회암사지 부도탑을 진신사리의 봉안처로 본 견해는 일찍이 최완수(崔完秀) 선생에 의해 제기된 바 있다.[11] 선생은 회암사지 부도탑이 1465년(조선, 세조10년)에 세조(世祖)와 효령대군(孝寧大君)의 불교중흥책에 의해 건립되었을 것으로 보았다.[12] 이와 같은 추정은 앞서 살펴본 회암사지 부도탑의 건립 위치와 함께 회암사지 출토유물을 비견해 볼 때,[13] 더욱 설득력

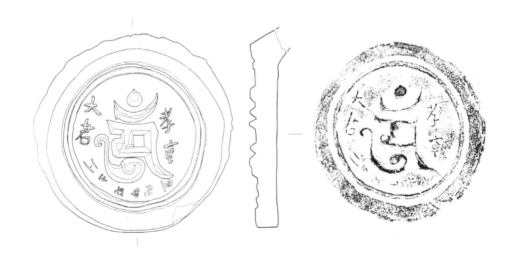

資料 2_ 회암사지 출토 '효령대군정통병진'명 수막새 실측도명 및 탑본(사진: 『회암사 II』, P33.)

---

11 崔完秀, 「檜巖寺址 舍利塔의 建立緣起」, 『考古美術』87호, 考古美術同人會, 1972.

12 주11과 같음.

13 효령대군이 회암사의 불사에 깊게 관여했음은 출토유물에서도 확인된다. 발굴조사에서 출토된 많은 유물 중 '孝寧大君正統丙辰' 銘 범자문 수막새기와가 그것이다. 이 기와는 8단 건물지 부근에서 출토되었는데, 1436년에 조성된 것으로 보인다. 김정희, 「孝寧大君과 朝鮮 初期 佛教美術 : 後援者를 통해 본 朝鮮初期 王室의 佛事」, 『美術史論壇』 제25호(한국미술연구소, 2007), p.132 및 주1의 보고서 유물·사진·도판편 p.33 및 250.

을 갖게 된다.[資料 1 · 2] 한편 이 부도탑에 진신사리가 봉안되어 있음은 원각사비(圓覺寺碑)와
『세조실록(世祖實錄)』에서 확인되는데, 이를 적기해 보면

① 여름 4월 경술일(庚戌日)에 효령군(孝寧君) 보(補)께서 천보산(天寶山) 회암사(嚴寺) 동쪽
언덕에 석종(石鍾)을 세워 석가여래의 사리를 안치하고, 이에 법회를 열어 원각경(圓覺經)을 강
의하였다. 이날 저녁에 여래가 공중에서 모습을 나타내고 신승(神)이 단상(壇上)을 왔다 갔다 하
며, 서기(瑞氣)가 넘쳐흘러 방광(放光)하고, 감천(甘泉)이 널리 젖어 사리가 분신(分身)하여 8백
여 개가 되었다. 5월 갑인일(甲寅日)에 효령군 보께서 영적(靈跡)을 갖추고 사리를 받들어 아뢰
니, 전하께서는 왕비전하와 더불어 함원전(含元殿)에서 예불(禮佛)을 드렸는데, 사리가 또 4백
여 개를 분신(分身)하였다.[14]

② 영순군(永順君) 이부(李海)에 명(命)하여 승정원에 전지하기를, "근일에 효령대군이 회암
사에서 원각법회(圓覺法會)를 베푸니 여래(如來)가 현상(現相)하고 감로(甘露)가 내렸다. 황가사
(黃製裟)의 승(僧) 3인이 탑을 둘러싸고 정근(精勤)하는데 그 빛이 번개와 같고, 또 빛이 대낮과
같이 환하였고 채색(彩色) 안개가 공중에 가득 찼다. 사리분신(舍利分身)이 수 백개였는데, 곧
그 사리를 함원전(含元殿)에 공양하였고, 또 분신(分身)이 수 십매였다. 이와 같이 기이한 상서
(祥瑞)는 실로 만나기 어려운 일이므로 다시 흥복사(興福寺)를 세워 원각사(圓覺寺)로 삼고자 한
다"…(中略)… 효령대군 이보가 부처를 만드는데 매우 독실하여 어릴 때부터 늙기에 이르도록
더욱 열심인데, 회암사를 원찰(願刹)로 삼고 항상 왕래하면서 재(齋)를 베풀더니, 이 때에 이르
러 여래(如來)가 현상하였고, 신승(神)이 탑을 둘러쌌다. 다른 사람은 보지 못하였으나, 오로지
이보만이 이를 보았다고 스스로 말하였다.[15]

③ 회암사에서 분신사리(分身舍利)를 바치니, 감옥에 닫혀있는 관리를 용서하였다.[16]

④ 효령대군 이보가 아뢰기를 원각사(圓覺寺) 위에 황운(黃雲)이 둘러쌌고, 천우(天雨)가 사방
에서 꽃피어 이상한 향기가 동중에 가득 찼습니다. 또 서기(瑞氣)가 회암사에서부터 경도사(京
都寺)까지 잇달아 뻗쳤는데, 절의 역사(役事)하던 사람과 도성(都城)의 사람, 사녀(女)들이 이 광

---

14 崔完秀, 주)11의 논문에서 재인용.
15 『世祖實錄』 10년 5월 2일 修.
16 『世祖實錄』 10년 5월 10일 修.

경을 보지 않은 자가 없었습니다.[17]

①의 기록을 보면 일단 회암사지 부도탑은 1464년 4월 효령대군에 의해 건립되었음을 알 수 있다. 여기에서 석종(石鐘)이라는 명칭은 이 부도탑을 지칭하는 것으로 여겨진다. 회암사지 부도탑은 탑신부를 구형(求刑)으로 조성했기에 엄밀한 의미에서 석종이라는 명칭을 붙이기에는 어색한 감이 있다. 하지만 위의 기록을 보면 진신사리를 봉인한 부도탑의 건립 위치를 "회암사(檜巖寺) 동강(東岡)"이라고 구체적으로 언급하고 있다. 현재 회암사지에 건립되어 있는 부도탑 중 사역의 동쪽에 위치한 것은 본고에서 다루고 있는 이 부도탑이 유일하다. 만약 이 부도탑이 일반적인 부도와 마찬가지로 승려의 사리가 봉안되었다면, 회암사에서 가장 중심을 이루는 정청 등 주요 건물이 배치된 8단 건물지 인근에 건립될 이유가 없다. 따라서 이 부도탑은 8단 석축 위에 건립된 주요 건물들과 동일한 격을 지녔던 것으로 생각된다. 더욱이 회암사에서 현존하는 지공·나옹·무학대사의 부도탑이 건립된 위치와 대비해 볼 때 더욱이 그러하다.

이처럼 회암사지 부도탑이 매우 특례적인 위치에 건립된 이유는 문헌에 기록된 바와 같이 석가여래의 사리가 봉안되었기 때문이라고 생각된다. ①~④까지의 모든 기록에는 진신사리가 보여주는 신비한 현상들이 묘사되어 있다. 즉 방광(放光)·서기(瑞氣)·사리분신(舍利分身) 등의 상황이 진신사리가 지닌 신비성을 분명히 보여주고 있다. 이 중에서 방광은 진신사리가 보여주는 가장 특징적인 요소인데, 스스로 빛을 내는 능력과 동시에 빛의 색채와 밝기가 해보다 밝고 찬란함을 보임으로써 초자연적인 우월함을 강조한 신이한 능력을 의미한다.[18]

따라서 진신사리를 봉안했다는 기록과 더불어 이것이 일으키는 각종 신이한 현상들을 모두 고려해 볼 때 회암사지 부도탑은 석가모니의 진신사리가 봉안된 진신사리탑이 분명한 것으로 생각된다. 또한 진신사리가 보여준 신이한 능력을 왕과 왕비는 물론 도성의 모든 사람들이 목격했다는 사실은 불교가 지닌 신비성을 강조하기에 충분한 효과를 거두었을 것으로 생각되는 바, 이는 세조대에 이르러 원각사를 건립하는 등 불교가 발흥할 수 있는 토대를 구축하는 한 계기가 되었을 것으로 생각된다. 따라서 진신사리가 봉안된 부도탑의 건립은 효령대군에 의해 회암사의 위상을 높이고, 사원으로 서의 성격을 분명히 하기 위하여 석가모니의 사리를 모셔와 안치한 것으로 보인다.[19]

---

17 『世祖實錄』10년 6월 19일 修.
18 주경미, 『중국 고대 불사리장엄 연구』(일지사, 2003), p61.
19 嚴基杓, 「檜巖寺址 石造浮屠와 塔碑에 대한 考察」, 『文化史學』21호(韓國文化史學會, 2001), p.795.

Ⅲ. 양식특성

회암사지 부도탑은 다층(多層)의 기단부와 원구형(圓求刑)의 탑신을 지닌 탑신부 및 상륜부로 구성되어 있다. 뿐만 아니라 기단부 전체에는 다양한 문양이 시문되어 있어 주목된다. 본 장에서는 이전의 연구에서 부도탑이 지닌 양식에 대해서는 이미 세세하게 고찰된 바 있기 때문에, 이에 구현된 평면 구도, 기단부와 더불어 진신사리를 봉안한 다른 탑의 비교 및 라마탑의 영향 문제에 대한 고찰을 진행하고자 한다.

1. 평면 구도

회암사지 부도탑은 팔각원당형의(八角圓堂形)을 기본으로 하면서도 원구형의 탑신을 올린 구조이다.[圖 3] 때문에 팔각형과 원형이 중첩된 평면구도를 보이고 있다. 이러한 구도는 삼국 및 통일신라시대 이래 건립되던 석탑(石塔)과 석조부도(石造浮屠)와는 완전히 다른 양상을 보인다. 즉 일반적인 석탑에서는 기단으로부터 탑신에 이르기까지 방형(方形)이 중심을 이루고 있고, 석조부도는 팔각원당형이 중심을 이루고 있기 때문이다. 그렇지만 회암사지 부도탑과 같이 다양한 평면 구도가 하나의 조형물에 등장하는 것은 다보탑(多寶塔)에서 그 기원을 찾을 수 있다. 다보탑은 방형의 기단과 팔각형의 탑신부가 결합된 형태인데,[20] 이와 같은 양상은 도피안사(到彼岸

圖 3_ 회암사지 부도탑

寺) 삼층석탑에서는 팔각과 방형이, 석굴암(石窟庵) 삼층석탑에서는 원형과 방형이 결합된 평면 구도를 보인다. 따라서 회암사지 부도탑에서 보이는 팔각과 원향이 결합된 평면 구도는 갑자기 등장하는 것이 아니라 이미 통일신라시대의 석탑에서 등장하는 양식임을 알 수 있다.

반면에 부도는 팔각원당형과 석종형(石鐘形) 모두 동일한 평면 구도가 중심을 이루다가, 정토

---

20 黃壽永, 「多寶塔과 新羅八角浮屠」, 『考古美術』 123 · 124合輯(韓國美術史學會, 1974), pp22~25.

사(淨土寺) 홍법국사실상탑(弘法國師實相塔)
에서 변화가 나타나고 있다. 이 탑은 기단과
옥개석은 팔각이지만, 탑신을 구형(求刑)으로
제작해 회암사지 부도탑의 양식적인 시원(始
原)이 되고 있다. 이후 조선 전기에 제작된 석
조부도에서 팔각과 원형이 결합된 구도를 많
이 볼 수 있다.[21] 따라서 팔각의 기단과 원구
형의 탑신이 결합된 평면구성은 조선 전기 석
조부도의 특징적인 양식으로 생각된다.

　또한 발굴조사 시 해체 조사한 결과를 보
면, 부도탑의 기초를 구성했던 적심석과 탑
신부에서 원형의 사리공이 확인된 바 있다.
먼저 적심석을 보면 외곽에는 원형의 평면으
로 부석(斧石)을 깔았지만, 중심부는 장방형
의 석재를 중심으로부터 바깥쪽을 향해 벌어

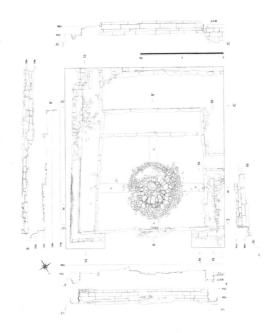

資料 3_ 회암사지 부도탑 적심석 실측도
(사진:『회암사 II』, P99.)

지게 하면서 축조한 탓에 전체적으로 팔각형을 이루고 있다.[資料 3] 이 같은 구조는 부도탑이
대형인 점을 고려해 중심 하중을 분산하기 위한 의도라 생각된다. 뿐만 아니라 당초부터 기단
을 팔각으로 조성하고자했음도 알 수 있다. 한편 사리공(舍利孔)은 원형의 탑신 주연을 따라가
며 비교적 넓게 조성했는데, 내부에서는 일제 강점기의 동전 146개를 비롯해 은비녀, 은반지,
청동 그릇 등이 수습되었다고 한다.[22] 이와 같이 지대석은 기단의 구조와 동일한 팔각형을, 사
리공은 탑신석과 동일하게 원형으로 조성했음을 알 수 있다. 이러한 구조는 평면 구도와도 연
관이 있겠지만, 궁극적으로는 부도탑의 안정성과 사리공의 면적을 넓히기 위한 방편이라 생각
된다.

　이상에서 살펴본 것처럼 이 부도탑에 구현된 평면 구도는 통일신라시대에 석탑에서 시도된
다양한 평면 구도의 결합이 고려시대에 조성된 홍법국사탑에서 부도로 전이(轉移)되고, 조선 전
기에 이르러 석조부도와 한 양식으로 정착된 것으로 생각된다.

21　鄭永鎬, 「朝鮮前期 石造浮屠 樣式의 一考察」, 『東洋學』 3輯(檀國大學校 東洋學硏究所, 1973),
　　pp.329~362.
22　적심과 사리공에 대한 내용은 발굴조사 보고서에 수록된 내용을 정리한 것임을 밝힌다. 주1)의 발굴조사
　　조고서, pp.98~100. ; 본문에 수록된 도면은 같은 보고서 p.99에서 전재했음을 밝힌다.

2. 기단부

회암사지 부도탑에 대한 양식 고찰은 이미 상세한 고찰이 진행된 바 있다.[23] 따라서 이를 다시 부연하기보다는 이 부도탑에서 가장 특징적인 부분에 대해 좀 더 비중 있는 고찰을 진행하는 것이 타당할 것으로 생각된다. 회암사지 부도탑은 기단부 · 탑신부 · 상륜부로 구성되었는데, 이 중 다른 석조물들과 두드러지게 구별되는 부분은 유달리 높게 조성된 기단부이다.[圖 4]

기단은 건축물이나 구조물에서 중심체를 받치는 부분을 지칭한다. 석조물에서 기단의 등장은 석탑에서 그 기원을 둘 수 있다. 삼국시대 이래 통일신라시대와 고려시대를 가치며 조성된 석조물에 보이는 기단은 단층 혹은 2층 기단이 중심을 이룬다. 그리고 석조부도

圖 4 _ 회암사지 부도탑 기단부

에 있어서는 기단부가 하대석 · 중대석 · 상대석으로 구성되는 것이 통식이다. 그런데 회암사지 부도탑은 지대석 상면에 2층으로 조성된 기단을 구축했다. 뿐만 아니라 이전에 건립되던 석조부도에 비해 기단 면석은 높게, 갑석은 두텁게 치석한 탓에 기단이 높게 조성되었다. 이처럼 기단을 높게 조성한 이유는 탑신을 높이고, 이를 숭앙한다는 의미가 내포되어 있는 것으로 생각된다. 특히 회암사지 부도탑은 석가모니의 진신사리가 봉안되었기 때문에 기단부를 더욱 높였을 것으로 생각된다.

회암사지 부도탑이 건립된 위치 역시, 기단을 높게 만드는 한 원인이 되었을 것으로 생각된다. 앞에서도 언급한 바와 같이 부도탑은 회암사의 가장 북단인 8단 석축의 동쪽 끝자락에서 더 안쪽으로 대지를 마련하고 건축되었다. 이 때문에 회암사지 부도탑에서 바라보면 회암사지 전체를 조망할 수 있다. 뿐만 아니라 사찰의 입구에 들어서면서도 가장 높은 곳에 위치하고 있기에 이 부도탑은 바로 시야에 들어왔을 것으로 생각된다.

물론 당시 회암사는 수많은 건물이 존재했기 때문에 지금과는 차이가 있었겠지만, 부도탑의

23 엄기표 주19)의 논문

圖 5_ 봉화 취서사 삼층석탑 기단부

圖 6_ 구례 연곡사 삼층석탑 기단부

圖 7_ 강릉 신복사지 삼층석탑 기단부

圖 8_ 월정사 팔각구층탑 기단부

건립 위치를 감안하면 최적의 조망권이 확보되었을 것으로 생각된다. 이러한 여건을 고려해 볼 때 기단을 2층으로 높게 조성하고 사찰 내에서 가장 높은 곳에 건립한 점은 회암사지 부도탑이 갖고 있는 위상을 나타내고자 의도했기 때문으로 여겨진다.

기단부는 조형물의 전체적인 높이와 규모를 결정하는 중요한 요인 중에 하나이다. 뿐만 아니라 상부에 놓인 중심부를 부각시키는데 중요한 요소이기도 하다. 이런 이유로 인해 기단부를 높이려는 의도는 석탑에서부터 나타나는데, 통일신라시대에 건립된 봉화 취서사(鷲棲寺) 삼층석탑, 구례 연곡사(燕谷寺) 삼층석탑, 태백 흥전리사지(興田里寺址) 삼층석탑의 3층 기단에서[24] 그 근원을 찾을 수 있다.[圖 5 · 6] 이러한 양상은 고려시대에 이르러 강릉 신복사지(神福寺址) 삼층석탑과 월정사(月精寺) 팔각구층석탑의 기단부에서도 나타난다.[圖 7 · 8] 특히 신복사지와

24 강원문화재연구소, 『三陟 興田里寺址 地表調査 및 三層石塔材 實測 報告書』, 2003.

월정사 석탑은 2층 기단을 유지하면서 별석의 받침을 삽입해 기단부를 높게 조성해 기단부 전체를 높이고 있다. 그리고 조선시대에 건립된 신륵사(神勒寺) 다층석탑 역시 하층기단 갑석을 높게 조성해 기단부 전체를 높이고 있다.[圖 9] 따라서 회암사지 부도탑에 나타나는 높은 기단과 두텁게 조성된 갑석은 탑신부 전체를 높이고 숭앙한다는 높이려는 의도에서 비롯된 것이며, 그 연원은 석탑에 있는 것으로 생각된다. 이와 더불어 기단부에는 다양한 장엄이 조식되어 있는데, 이를 정리해 보면 [표 1]과 같다.

〈표 1_ 장엄조식의 위치와 유형〉

위 치	장엄조식	위 치	장엄조식
하층기단 대석	용과 기린	상층기단 면석	팔부신중
하층기단 면석	초화문	상층기단 갑석	당초문
하층기단 갑석	당초문		

圖 9_ 신륵사 다층석탑 기단부　　　　圖 10_ 회암사지 부도탑 기단부의 기린

　앞의 [표 1]에서 제시한 바와 같이 회암사지 부도탑은 기단 전체에 묘면 장엄이 가해지고 있는데, 이러한 현상은 통일신라시대에 건립된 석탑과 석조부도에서도 찾을 수 있다. 회암사지 부도탑에 조식된 장엄 중에서 주목되는 것은 하층기단에 조식된 용(龍)과 기린(麒麟)이다. 이들 동물상은 하층기단 대석의 각 면에 장방형의 액(額)을 두고 그 내부에 각각 1구씩 교대로 조식했는데, 좌·우 운문(雲文)을 배치하였으며, 공중을 나는 듯이 생동감 있게 표현했다. 특히 천마의 형상을 지닌 동물은 앞발과 뒷발의 표현을 보면 앞을 향해 매우 빠른 속도를 달리는 모습이다. 그런데 이 동물은 얼핏 보면 천마의 형상을 지니고 있지만, 몸 전체에 시문된 비늘과 머리에 솟은 뿔을 볼

때 말(馬)이 아님을 알 수 있다.[圖 10] 이 동물을 천마로 보는 견해도 제시되었지만,[25] 비늘이나 뿔을 볼 때 기린으로 보는 견해다 타당할 것으로 생각된다.[26] 기린(麒麟)은 성군(聖君)이 세상에 등장할 때 나타나는 태평성대(太平聖代)를 상징하는 상서로운 동물로 알려져 있다. 조형물에 조식된 기린의 유형은 ①사슴(鹿身)+기린형 ②말(馬身)+기린형 ③사자(死者身)+기린형으로 변화되는 것으로 보고 있는데,[27] 회암사지 부도탑에 새겨진 기린은 ②항에 해당한다. 전체적으로는 말과 비슷한 형상이지만, 머리의 뿔이 있고 몸 전체에 비늘이 시문되어 있기 때문이다.

기린이 도교는 물론 유교나 불교적인 속성도 갖고 있는 동물이지만,[28] 통일신라시대 이래 조선에 이르기까지 조성된 석조부도 중에서 기린이 등장하는 예는 회암사지 부도탑이 유일하기 때문에 매우 이례적이다. 물론 회암사지 부도탑이 건립된 조선시대에 이르면 기린은 문헌 기록에도 많이 나오고 있고, 왕실에서부터 민간에 이르기까지 문양으로 두루 활용되는 동물이다.[29] 더욱이 기린은 조선의 개국신화(開國神話)에서 등장한 이후 단순한 영수(靈獸)가 아니라 조선 왕족들의 통치이념(統治理念)이자 유교적 미의식을 나타내는 중요한 모티브가 되어 문양으로 줄곧 표현되었다.[30]

이 같은 면면을 고려해 볼 때 아마도 기린이 상서로운 동물이라는 인식은 바로 회암사지 부도탑에 봉안된 진신사리가 일으킨 방광(放光)·서기(瑞氣)·사리분신(舍利分身) 등의 현상과 연결 지어 볼 수 있다. 즉, 진신사리가 일으킨 다양한 상서로움을 기린에 대비시켜 불교가 지닌 신비성을 강조함과 동시에 회암사의 위상을 높이고자 했던 의도를 지닌 것으로 여겨진다.

기린과 함께 조식된 용 역시 구름 사이를 나는 듯이 묘사된 신체와 얼굴의 모습에서 섬세하고 사실적인 작품을 보이고 있다.[31][圖 11] 조선 전기에 건립된 석조물 중 기단부에 용이 조식된 예는 1472년(조선 성종3)네 건립된 신륵사 다층석탑에서 볼 수 있다. 회암사지 부도탑의 하층

25 嚴基杓, 주19)의 논문, p.791.
26 이재중, 「中國 麒麟 圖像 硏究」, 『歷史民俗學』 10호(역사민속학회, 2000), pp.52~53.
27 이재중, 앞 논문, p33.
28 이재중, 「麒麟考」, 『미술사연구』 16호(미술사연구회, 2002), pp.423~431.
29 이재중, 「조선후기 王室·上層문화의 세속화 과정과 고찰-麒麟모티브를 중심으로」, 『歷史民俗學』 11호 (역사민속학회, 2000), pp.293~329
30 이재중, 주26)의 논문, p.440.
31 조선 전기에 조성된 조형물 중에서 용이 등장하는 예는 회암사 무학대사탑의 탑신부와 신륵사 다층석탑 의 기단에서 볼 수 있다. 이 중 무학대사탑은 1397년에 건립되었고, 신륵사 다층석탑은 1472년에 건립 된 것으로 추정되고 있다. 鄭永鎬, 「洲國石塔의 特殊樣式 考察(下)」, 『論文集』 4(檀國大學校, 1970), pp.95~98. 및 「鮮時代의 佛塔硏究」, 『綠圓스님古稀紀念學術論叢-林國佛教의 座標』, (刊行委員會, 1977), pp.438~440. 이상의 조형물을 살펴보면 조선 전기에 이르러서 용은 부도와 석탑에서 중요한 조식의 하 나로 자리 잡고 있음을 알 수 있다.

기단 면석에 조식된 초화문(草花文)은 중앙에 화문을 배치하고 이로부터 사방에서 줄기가 뻗어 나오는 형상인데, 매우 환상적인 모습이다.[圖 12] 또한 상층기단 각 면에 새겨진 팔부신중(八部神衆)은 갑옷을 입고 무기를 들고 있다. 'S'자형 혹은 완만한 곡선형의 신체와 더불어 휘날리는 천의 자락은 매우 생동감 있는 자태를 보이고 있다.[圖 13 · 14] 하층 및 상층기단 갑석의 각 면에는 장방형의 액(額)을 조성하고 내부에 굵은 선으로 당초문(唐草文)을 조식했다. [圖 15]

불교에서는 당탑(唐塔)이나 불(佛) · 보살(菩薩)을 장식하는 것을 범어(梵語)로 Vyuha라 하며 장엄(莊嚴)이라고도 한다. 석탑에서도 기단과 탑신표면(塔身表面)에 불교상(佛敎像)을 비롯하여 여러 가지 물상(物像)을 조각하는 것을 장엄, 또는 엄식(嚴飾) 또는 엄정(嚴淨)이라 하여 세속적

圖 11_ 회암사지 부도탑 기단부의 용

圖 12_ 회암사지 부도탑 기단부의 초화문

인 장식과 구별한다. 그 근본적인 뜻은 탑 내에 봉안된 사리(舍利)의 수호(守護) 내지는 공양(供養)에 있다는 관점으로 볼 때,[32] 부조상(浮彫像)을 조각하는 것은 불탑 내부에 봉안된 불사리에 대한 외호적(外護的)기능이 가장 중요한 목적이라고 할 수 있다.[33] 이 같은 관점으로 볼 때 회암사지 사리탑의 기단부에 조식된 각종 장엄은 탑신에 봉안된 진신사리를 수호하고 공양한다는 목적과 함께 탑 전체를 화려하게 보이고자 했던 것으로 생각된다.

圖 13_ 회암사지 부도탑 기단부의 팔부신중상 1

圖 14_ 회암사지 부도탑 기단부의 팔부신중상 2

圖 15_ 회암사지 부도탑 기단부의 당초문

圖 16_ 통도사 금강계단

32 秦弘燮, 「塔婆」, 『國寶』 6(藝耕産業社, 1983), p.194.
33 張忠植, 「統一新羅 石塔浮彫像의 硏究」, 『考古美術』154·155合輯(韓國美術史學會, 1982), p115.

3. 진신사리 봉안탑과의 비교

진신사리는 석가모니의 몸에서 나온 사리를 의미한다는 것은 주지의 사실이다. 더불어 신라 선덕왕(宣德王) 14년(645)에 자장율사(慈裝律師)가 당(唐)나라에서 석가모니 부처님의 정골(頂骨)과 사리(舍利) 100과를 갖고 귀국하였다는 사실도 잘 알려져 있다. 따라서 이를 어떻게 봉안하는가는 시대를 막론하고 주요한 현안이었을 것으로 생각된다. 현재까지 진신사리가 봉안되었다고 전하는 석조물로는 통도사(通度寺) 금강계단, 금산사(金山寺) 금강계단, 용연사(龍淵寺) 금강계단, 안심사(安心寺) 금강계단, 정암사(淨岩寺) 수마노탑, 봉정암(鳳頂庵) 사리탑, 법주사(法住寺) 세존사리탑, 낙산사(落山寺) 사리탑, 건봉사(乾鳳寺) 치아사리탑 등이 있다. 이들이 지닌 특징을 정리해 보면 다음의 표로 집약된다.

〈진신사리가 봉안된 사리탑〉

명 칭	양 식	건 립 시 기	도 판
통도사 금강계단	계단과 석종형 탑신	신라시대	[圖 16]
금산사 금강계단	계단과 석종형 탑신	고려시대	[圖 17]
용연사 금강계단	계단과 석종형 탑신	1613년(조선, 광해군5)	[圖 18]
안심사 금강계단	계단과 석종형 탑신	1759년(조선, 영조35)	[圖 19]
정암사 수마노탑	7층 모전 석탑	고려시대	[圖 20]
봉정암 사리탑	5층 석탑	고려시대	[圖 21]
법주사 세존사리탑	원구형 탑신을 구비한 8각부도탑	1362년(고려, 공민왕11)	[圖 22]
화엄사지 부도탑	**원구형 탑신을 구비한 8각부도탑**	**1465년(조선, 세조10)**	[圖 23]
낙산사 사리탑	원구형 탑신을 구비한 8각부도탑	1692년(조선, 숙종18)	[圖 24]
건봉사 치아사리탑	원구형 탑신을 구비한 8각부도탑	1724년(조선, 영조1)	[圖 25]

위 표를 보면 진신사리가 봉안된 것으로 알려진 조형물은 석종형 부도탑과 석탑, 그리고 원구형 탑신을 구비한 8각 부도탑 등 3가지 유형이 건립되고 있음을 알 수 있다. 먼저 계단을 구축하고 석종형 부도탑을 올린 형태는 통도사 금강계단에서 비롯되어 금산사 금강계단으로 이어지고 조선시대에도 용연사와 안심사에서 그 유례를 볼 수 있다. 이들은 모두 방형의 계단을 구축하고 상면에 석종형 부도탑을 조성한 공통점이 있다. 뿐만 아니라 기단의 주변에는 이를 수호하기 위한 신장상을 배치하고 있다. 따라서 계단과 석종형 부도탑이 복합된 양식은 진신사리의 봉안처로서 가장 전통적인 방식이었음을 알 수 있다.

고려시대에 이르면 불탑(佛塔)을 진신사리의 봉안처로 활용하고 있다. 정암사 수마노탑과 봉정암 사리탑이 그 예이다. 먼저 정암사 수마노탑은 인근에서 생산되는 석회암의 일종인 괴회암

圖 17_ 금산사 금강계단

圖 18_ 용연사 금강계단

(돌로마이트)을[34] 사용해 건립한 7층의 모전석탑이다.[35] 이 탑에는 진신사리를 봉안하고 그에 대한 신앙이 지금까지 이어지고 있으며, 그 때문에 적멸보궁(寂滅寶宮) 안에는 불상을 봉안하지 않고 있다. 또한 수마노탑은 적멸보궁의 뒤편 높직한 봉우리 중턱에 건립되어 사방으로 조망권이 확보되고 있는데, 건탑의 위치를 볼 때 매우 특이한 경우이다.[36] 다음으로 봉정암 사리탑 역시 진신사리의 봉안처로 알려진 불탑으로, 화강암으로 건립된 오층석탑이다. 이 석탑 역시 내설악의 비경(祕境) 중 하나인 용아장성과 공룡능선을 한눈에 조망할 수 있는 높은 암봉(岩峰) 위에 건립되어 있다. 이 같은 정황을 볼 때 고려시대에 이르러 진신사리는 금강계단뿐만 아니라 모전 석탑과 석탑들의 불탑에도 봉안되었음을 알 수 있다.

그러나 삼국시대부터 고려시대에 이르기까지 확립된 진신사리 봉안과 그를 신앙하는 의식은 1362년(고려, 공민왕11)에 건립된 법주사 세존사리탑에 이르러 사리의 봉안처와 건립 위치의

---

34 우경식, 「정선군 정암사 수마노탑의 재질분석」, 『수마노탑의 특징과 그 가치-학술대회 논문집』, (강원대학교 인문과학연구소, 2012), p.107.

35 이 석탑에서는 1972년에 문화재관리국이 진행한 보수공사 때 탑 내에서 5매의 塔誌石과 함께 사리장엄구가 출토되었다. 당시 수습된 전체 유물에 대해서는 정영호 선생에 의해 상세한 고찰이 이루어진 바 있고, 탑지석의 명문은 황수영 선생에 의해 정리된 바 있다. 이와 더불어 1996년에 실시한 정선군 문화유적 지표조사 시 필자에 의해 그 동안의 전체적인 연구 성과와 석탑의 특성에 대해 정리된 바 있다. 鄭永鎬, 「淨岩寺 水瑪釉塔 發見 舍利具에 대하여」, 『東洋學』5(檀國大 東洋學研究所, 1975), pp.415~429 ; 黃壽永, 『增補 韓國金石遺文』(一志社, 1978), pp.209~222. 그리고 1996년에 실시한 정선군 문화유적 지표조사가 강릉대학교 박물관에 의해 진행되었는데, 필자는 불교유적편을 의뢰받아 조사한 바 있다. 강릉대학교 박물관, 『정선군의 역사와 문화유적』, 정선군, 1996. 또한 2012년에는 강원대학교 인문학연구소와 정선군 주관으로 "수마노탑의 특징과 그 가치"라는 주제로 학술대회를 개최한 바 있다.

36 이처럼 높은 지형에 탑을 건립하는 것은 고려시대에 성행한 山川裨補思想이 내재되었기 때문으로 보고 있다. 강릉대학교 박물관, 『정선군의 역사와 문화유적』, 정선군, 1996.

圖 19_ 안신사 금강계단

圖 20_ 정암사 수마노탑

圖 21_ 봉정암 오층석탑

圖 22_ 법주사 세존사리탑

변화가 생긴다. 법주사 세존사리탑은 팔각원당형을 유지하고 있으면서도 탑신부는 원구형으로 조성하고 있어, 조선 전기에 유행하는 새로운 석조부도탑의 양식을 보여준다.[37] 즉, 기단부와 옥개석에서는 석조부도의 전형적인 팔각원당형 양식이지만, 탑신부는 원구형을 띠고 있어 금강계단이나 불탑 양식을 지닌 이전의 사리탑과는 구별된다. 이와 같은 양식은 이후 건립되는 낙산사 사리탑과 건봉사 치아사리탑에도 그래도 적용되어 조선시대 불사리 봉안탑의 한 계보

37 鄭永鎬, 주21) 논문.

圖 23_ 회암사지 부도탑   圖 24_ 낙산사 사리탑

를 형성하고 있다.

　이처럼 탑신부를 원구형으로 조성한 예로는 1017년 건립된 정토사 홍법국사실상탑이 그 계보의 시원작(始原作)이다.[圖 26] 이 부도탑은 홍법국사의 사리를 봉안한 승려의 묘탑(廟塔)으로 탑신부가 완전한 원구형을 이루고 있다. 앞서 언급한 조선시대의 진신사리를 봉안한 탑은 홍법국사실상탑과 유사한 양식을 지니고 있지만, 원형으로 조성된 탑신부의 상·하면을 수평으로 다듬은 원구형을 취하고 있다는 점에서 양식적인 차이가 있다. 이와 더불어 건탑 위치도 법주사 세존사리탑은 법주사 경내 금동미륵불 왼쪽 뒤편으로 20여m 떨어진 곳에 자리하고 있다. 따라서 계단형 사리탑과는 달리 진신사리 신앙을 위한 별도의 공간을 구성하고 있음을 알 수 있다. 이와 같은 건탑의 위치 변화는 봉정암 오층석탑, 낙산사 사리탑, 건봉사 사리탑과 마찬가지로 사찰의 중심에서 벗어난 한적한 지역을 택해 건립되고 있다는 공통점을 보이고 있다.

　이와 같이 조선시대에 이르러 건립되는 진신사리 봉안탑은 계단형과 팔각원당형 석조부도탑의 양식을 계승한 2가지 계통이 성립되고, 건탑의 위치에서 또 다른 변화를 보이고 있음이 확인된다. 이러한 점에 주목해보면, 회암사지 부도탑은 고려시대에 이르기까지 진신사리 봉안탑에서 확인되는 모든 변화양상이 수용되어 있다. 즉, 건탑 위치에 있어서 불전지(佛殿址)의 후방(後方)이 아닌 사역의 가장 북단인 8단 석축 건물지와 인접해 자리하고 있어서 사리신앙을 위한 별도의 공간이 조성되었음을 보여주고 있다. 뿐만 아니라 기단부에서부터 옥개석에 이르기까지 팔각원당형의 양식을 유지하면서 탑신부만을 원구형(圓求刑)으로 조성했다는 점은 정토사 홍법국사실상탑의 양식을 계승함과 동시에 이후 건립되는 진신사리 봉안탑의 양식을 선도하고 있다.

圖 25_ 건봉사 치아사리탑

圖 26_ 정토사 홍법국사실상탑

圖 27_ 무위(武威) 백탑사(白塔寺) 중심 불탑

圖 28_ 북경(北京) 묘응사(妙應寺) 백탑(白塔)

4. 라마양식 불탑과의 관계

회암사지 부도탑의 양식을 라마불탑(喇嘛佛塔)의 영향으로 보는 견해가 있다.[38] 그렇다면 이 부도탑에 구현된 라마양식은 무엇일까에 대한 의문이 대두된다. 중국에는 원(元)에서부터 명(明)·청대(淸代)를 이어오며 다양한 양식의 라마불탑이 현존하고 있는데, 이들은 대체로 다음과 같은 공통점을 지니고 있다. 즉, 기단이 높고 크게 건축되어서 전체 탑의 규모의 1/3 정도의 높이를 이르며,[39] 사방두출(四方斗出)의 '亞'자형 평면을 띠고 있다. 탑신은 대체로 호리병의 형태를 지니고 있으며, 상륜부는 '亞'자형의 평면을 지닌 받침 상면에 다층의 복발을 놓고 금속제 화개장을 놓았다.

중국에 현존하는 대표적인 라마탑은 북경(北京) 묘응사(妙應寺) 백탑(白塔)이나 무위(武威) 백탑사(白塔寺) 중심 불탑, 돈황(敦煌) 백마탑(白馬塔)을 들 수 있다. 먼저 기단부를 보면 이들 탑은 모두 '亞'자형의 평면을 지니고 있다. 탑신은 상·하면이 원형을 이루고 있지만 중심부는 위에서 아래를 향해 안쪽으로 사선을 이루고 있어 엄밀한 의미에서 원구형이라 보기에는 무리가 있다.[圖 27~31] 오히려 입면 상으로 볼 때 역사다리꼴의 형태로 보는 것이 합당하다. 한편 북경(北京) 벽운사(碧云寺) 금강보좌탑(金剛寶座塔)의 배탑(背塔)의 탑신부는 호리병을 이루고 있다.[圖 32] 뿐만 아니라 상륜부를 받기 위해 '亞'자형의 평면을 지닌 받침을 놓았다. 더욱이 보륜의 구성에 있어서도 라마탑은 상면으로 갈수록 지름이 좁고 두께가 얇은 원형의 보륜이 연속

圖 29_ 무위(武威) 백탑사(白塔寺) 중심 불탑 상륜부

圖 30_ 돈황(敦煌) 백마탑(白馬塔)

38 이 같은 관점은 회암사지 부도탑을 고찰한 대부분의 연구에서 지적하고 있다.
39 朱耀廷 外, 『古代名塔』, (遼寧師範大學出版社, 1996), p.35.

圖 31_ 돈황(敦煌) 백마탑(白馬塔) 상륜부

圖 32_ 북경(北京) 벽운사(碧云寺) 금강보좌탑 배탑

적으로 중첩된 탓에 전체적으로 삼각형의 입면을 보이고 있다. 게다가 정상에는 모두 금속으로 조성된 평면 원형(圓形)의 화개장을 놓고, 그 상면 중에 호리병형의 부재를 배치한 공통점을 지니고 있다.

이와 같은 라마탑에 나타난 공통적인 양식과 회암사지 부도탑을 다음과 같이 비교할 수 있다. 첫째, 라마탑과 회암사지 부도탑은 모두 탑신에 비해 기단이 높은데, 라마양식은 기단부가 '亞'자형의 평면인 반면 회암사지 부도탑은 팔각형의 평면을 지니고 있다. 둘째, 탑신부의 양식은 라마탑이 호리병형이나 밑변의 길이가 상단에 비해 넓은 원구형의 형태가 대부분인데 반해 회암사지 부도탑은 상·하면의 너비가 같은 형태의 원구형이다. 셋째, 상륜부를 받치기 위해 라마탑에서는 '亞'자형의 평면을 지닌 받침이 놓인 반면, 회암사지 부도탑은 단엽복판 8엽의 앙련이 조식된 받침석을 놓았다. 넷째, 라마탑은 다층의 복발이 중첩된 상면에 금속제 화개장을 놓아 상륜부를 구성한 반면 회암사지 부도탑은 중간에 원형의 띠가 있는 5구의 보륜을 놓았다. 그리고 정상에는 복엽이 조식된 보개를 놓았다.

이처럼 라마탑과 회암사지 사리탑은 양식적인 면에서 서로 다른 양상을 보이며, 특히 뚜렷한 차이점은 옥개석의 유무(有無)이다. 라마탑에서는 탑신 상면에 팔각으로 조성된 옥개석을 놓고 상륜부를 놓았다. 이와 같이 라마탑과 회암사지 부도탑을 세부적으로 비교해봐도 양 탑 간의 양식적인 공통점은 찾을 수 없다. 따라서 회암사지 사리탑이 라마탑의 영향을 받아 건립되었다는 아전의 견해는 수정되어져야 할 것으로 생각된다.

이 같은 관점에서 볼 때 회암사지 부도탑은 라마탑의 영향을 받았기보다는 통일 신라시대에 완성된 팔각원당형 석조부도의 전형적인 양식과 고려시대에 건립된 정토사 홍법국사실상탑의 탑신에서 양식적인 연원을 찾는 것이 타당할 것으로 생각된다. 현존하는 부도탑 중 라마탑과 가장 유사한 양식을 지닌 예는 개성시 소재 화장사(華藏寺) 지공선사탑(指空禪師塔)과 강원

圖 33_ 개성화장사 지공선사탑
(사진 : 『북한문화재해설집 Ⅰ』, p.118.)

圖 34_ 강원도 금강군 내강리 금장암지 부도탑
(사진 : 『북한문화재해설집 Ⅰ』, p.118.)

圖 35_ 경천사 십층석탑 기단부

圖 36_ 마곡사 오층석탑 상륜부

도 금강군 내강리 소재 금장암지(金藏菴址) 부도이다.[40][圖 33 · 34] 금장암지 부도탑은 기단이 6각형의 평면으로 매우 낮게 조성되었지만, 호리병형의 탑신과 중첩된 보륜의 구성을 볼 때 분명 라마탑의 양식을 따르고 있다. 화장사 지공선사탑과 금강암지 부도는 기단부가 낮게 조성되었음에도 불구하고, 탑신과 상륜부에 구현된 양식은 라마탑의 영향을 받아 건립된 것으로 생각된다.

따라서 회암사지 부도탑과 화장사 지공선사탑 및 금강암지 부도탑의 양식을 비교해 보면 전자는 라마탑과 무관한 조형물임이 분명하다. 고려 말과 조선 전기에 걸쳐 조성된 불교 조형물 중 라마교의 영향은 부도에만 국한된 것은 아니다. 이 같은 경향은 거의 같은 시기에 제작된 불상이나 석탑에서도 보이고 있다. 그렇지만, 라마불상 양식의 수용은 고려 후기 불상의 테두리 안에서 부분적으로만 나타날 뿐, 기본적인 조형에 변형을 가져오지 않았다.[41] 석탑의 경우에서도 라마탑의 영향을 받아 건립된 것으로 알려진 경천사지(敬天寺址) 삼층석탑이나 마곡사(麻谷寺) 오층석탑의 경우 라마탑을 직모(直模) 한 것이 아닌 당시 라마 불교의 고려 유입에 따른 일시적이고, 부분적인 영향만이 확인 된다.[圖 35 · 36]

이상의 비교 · 고찰을 통해 볼 때 회암사지 부도탑이 지닌 양식은 라마탑의 영향을 받았다기보다는 통일신라시대에 이룩된 팔각원당형 석조부도의 양식과 고려시대에 나타난 탑신부의 변화를 모두 수용해 건립된 것으로 생각된다.

IV. 맺는말

회암사지에 건립되어 있는 석조부도탑은 높이 5.9m로 현존하는 부도탑들 중 가장 큰 규모를 보이고 있다. 또한 진신사리를 봉안한 부도탑으로 알려져 왔으며, 1465년(조선, 세조10)에 건립되었다는 기록이 있어 조선 전기 석조부도탑의 양식을 살피는데 기준작(基準作)이 되고 있다. 본고에서는 이처럼 중요한 의의를 갖고 있는 회암사지 부도탑에 대하여 다양한 측면으로 고찰해 보았는데, 그를 간략히 정리하면 다음과 같다.

첫째, 회암사지 부도탑은 회암사지의 8단 석축 동쪽 뒤편에 대지를 마련하고 건립되었다. 발굴조사에서 밝혀졌듯이, 이 석축의 상면에는 중앙에 정청지를 중심으로 동방장지, 서방장지,

40 국립문화재연구고, 『북한문화재해설집 I -석조물편』, 1997, p.118 및 p.121.
41 秦弘燮, 「高麗後期 金銅佛像에 나타나는 라마佛像樣式」, 『新羅 · 高麗時代 美術文化』(一志社, 1997), p.521.

나한전지, 대장전지 등 주요 건물들이 건립되어 있기 때문에 사찰의 가장 중요한 지역이라 할 수 있다. 또한 이 부도탑이 건립된 것은 회암사의 전체를 조망할 수 있는 위치이다. 이와 더불어 『세조실록(世祖實錄)』에 기록되었듯이 진신사리의 특징인 방광(放光)·서기(瑞氣)·사리분신(舍利分身)의 내용을 볼 때 이전의 연구에서 밝혀진 바와 같이 진신사리를 봉안한 사리탑이 분명한 것으로 보았다.

둘째, 회암사지 부도탑에 나타난 여러 특징들에 대해 살펴보았다. 먼저 부도탑이 지닌 평면은 원형과 팔각이 조화를 이루고 있다. 이는 통일신라시대에 건립된 석탑에서 시도된 다양한 평면 구도의 결합이 고려시대 조성된 홍법국사탑에서 부도탑으로 전이되고, 조선 전기에 이르러 석조부도탑의 한 양식으로 정착된 것으로 보았다. 이와 더불어 이 부도탑에서 가장 특징적인 양식을 보이고 있는 기단과 그에 부조된 조식에 대해 살펴보았다. 그 결과 기단부에 등장하는 다양한 조식은 탑신에 봉안된 진신사리의 수호와 동물상은 그 목적이 있음을 밝혔다. 뿐만 아니라 다양한 부조상 중 그동안 천마로 보았던 동물상은 기린이었음을 확인했다. 또한 신라시대 이래 건립된 10기의 진신사리탑에 대해 살펴본 결과 조선시대에 이르러서는 계단형과 불탑, 팔각원당형 석조부도의 양식을 계승한 3가지 유형의 진신사리탑이 건립되었다. 이와 더불어 건탑의 위치에서 이전에는 금당과 같은 축선에 건립되었음에 비해 조선시대에 이르면 사찰의 한적한 곳에 별도의 공간을 마련하고 조성했음이 파악되었다. 따라서 회암사지 부도탑은 사역의 가장 북단에 자리하고 있다는 건탑 위치와 더불어 팔각원당형의 양식을 계승하면서 탑신부만 원구형으로 조성했다는 점에서 고려시대부터 조선 전기에 건립된 석조부도에서 나타나는 새로운 변화상이 모두 수용된 것으로 보았다.

마지막으로 회암사지 부도탑에 구현된 양식을 중국의 라마탑과 비교해 본 결과 이전의 견해와는 달리 각기 독자적인 계통의 조형물임을 확인했다. 따라서 회암사지 부도탑은 통일신라시대에 이룩된 팔각원당형 석조부도의 전형 양식과 고려시대에 건립된 정토사 홍법국사실상탑의 탑신에 그 연원을 두는 것이 타당한 것으로 보았다.

이상에서 정리된 바와 같이 회암사지 부도탑은 조선 전기 석조부도탑 연구에 있어 귀중한 조형물로 판단된다. 즉 건립연대가 분명하고, 양식적인 면에서 있어서도 조선 전기 석조부도의 공통 양식인 원구형 탑신을 지니고 있다는 점에서 그 가치가 더욱 중요하다. 회암사지 부도탑은 진신사리가 봉안된 것이 분명히 확인된 만큼 그 명칭 또한 "회암사지 사리탑"에서 "회암사지 석가여래 진신사리탑"으로 수정해야 할 것으로 생각한다.

(2013.02 「회암사지 부도탑에 대한 고찰」, 『양주 회암사지 사리탑』, 회암사지박물관)

9世紀 新羅 石造浮屠에 關한 考察

Ⅰ. 緖言

불교는 고구려에 初傳된 이래 백제와 신라로 전파 되면서 각국은 사찰의 건립과 이에 따른 조형물의 건립에 주력했음은 현존하는 유물을 보아도 가히 짐작할 수 있다. 그런데 佛家의 조형물은 대부분이 부처님과 관련된 내용물이 주종을 이룸에 비해 본 장에서 고찰하고자 하는 부도는 승려 개인의 것이라는데 특수성을 지니고 있어 다른 조형물과는 건립의 동기에서부터 차이를 보이고 있다. 즉, 부도는 불가의 조형물이라 할 지라도 승려의 묘탑이란 목적성을 띄고 있어 석탑이나 불상이 부처님의 공양이란 차원에서 건립됨과 대조적인 면을 보이고 있다. 그리고 대부분이 주인공을 알 수 있는 탑비의 건립이 수반되어 건립연대를 알 수 있어 당대의 예술의식 및 사회현상 까지도 파악할 수 있는 단서를 제공해 주고 있다. 더욱이 평면구도에 있어 팔각이란 형식을 취하고 있으며 각면에 부조된 다양한 조식은 미술사 연구에 있어 중요한 대상이 되고 있다. 이와 같은 부도는 한국 미술사의 한 부분을 차지하며 지속적으로 건립 되었는데 신라시대에 건립된 부도에 관하여는 그간의 연구를 통하여[1] 연대가 확실한 8기와 同 時期의 作으

---

1 鄭海昌, 「浮圖의 樣式에 關한 考略-新羅時代 8角圓堂에 對하여」, 『白性郁博士頌壽記念論文集』, 東國大學校, 1957.
   黃壽永, 「蔚山의 十二支像 浮屠」, 『美術資料』5, 國立中央博物館, 1962.
   _____, 「新羅聖住寺 大朗慧和尙 白月保光塔의 調査」, 『考古美術』9-11, 考古美術同人會, 1968.
   _____, 「多寶塔과 新羅八角浮屠」, 『考古美術』123 · 124合輯, 韓國美術史學會, 1974.
   鄭永鎬, 「襄陽 陳田寺址 三層石塔과 石造浮屠」, 『考古美術』83, 考古美術同人會, 1963.

로 추정되는 10기 등 모두 18기가 현존하고 있음이 확인 되었다. 이 중 9세기에 건립된 부도는 모두 16기로 파악되어 이 시기가 부도라는 형식의 조형물이 정착된 때 였음을 알 수 있다. 주지 하다 시피 신라의 석조부도는 그 구성에 있어 팔각을 평면구도로 하여 지대석 위에 基壇部 · 塔身部 · 相輪部로 구성 되어 있는데 이들 각 부위에는 다양한 조식이 등장하고 있어 禪師의 墓塔이라는 특성 이외에 美的으로도 화려함을 보이고 있다. 나아가 부도에 표현된 제반 양식은 같은 시기의 작인 석탑 · 석불 · 석등과 일맥 상통하는 요인을 볼 수 있어 9세기 불교미술의 특성을 명확히 보여주는 중요한 조형물로 보여진다. 본 장에서는 선학의 연구성과를 바탕으로 다음과 같은 주안점을 가지고 필자가 추출한 9세기의 석조부도에 관해 서술 하고자 한다.

첫째, 우리나라 석조부도의 발생과 그 의의에 관해 고찰하고자 한다.

둘째, 필자가 추출한 9세기 석조부도에 표현된 양식에 관해 종합 정리하고자 한다. 이를 위해 16기의 부도에 대한 양식표를 작성한 후 이를 일반형과 특수형 석조부도로 분리하여 각각 고찰하고자 한다.

Ⅱ. 石造浮屠의 發生原因 및 意義

浮屠는 浮屠, 浦圖, 佛圖 등 여러 가지로 표기되는데 원래는 佛陀와 같이 Buddha를 번역한

_____,「襄陽 陳田寺址遺蹟調査-石塔과 浮屠의 復元을 契機로」,『歷史敎育』11 · 12合輯, 歷史敎育硏究會, 1969.

_____,「蔚州 望海寺 石造浮屠의 建立年代에 대하여」,『又軒丁仲換博士還曆紀念論文集』, 1973.

_____,『新羅石造浮屠硏究』, 檀國大學院博士學位論文, 1974.

_____,「雙谿寺 眞鑑禪師大空塔의 推定」,『古文化』12, 韓國大學博物館協會, 1974.

_____,「禪林院 弘覺禪師塔의 推定」,『하성이선극박사고희기념한국학논총』, 1974.

_____,「新羅石造浮屠의 一例」,『史學志』, 檀國大學校史學會, 1976.

_____,「月岳山 月光寺址와 圓郞禪師大寶禪光塔에 대하여」,『考古美術』129.130合輯, 韓國美術史學會, 1976.

_____,「浮屠」,『考古美術』158 · 159 합집, 韓國美術史學會, 1983.

_____,「日本 八角堂佛殿의 原流」,『韓國史論』16, 國史編纂委員會, 1986.

金和英,「新羅澈鑑禪師塔과 塔碑에 대한 考察」,『白山學報』9, 白山學會, 1970.

李銀基,「新羅末 高麗初期의 龜趺碑와 浮屠硏究」,『歷史學報』71, 歷史學會, 1976.

김향숙,「羅末麗初의 八角圓堂型 石造浮屠의 圖像 및 紋樣의 特徵에 관한 考察」,『博物館紀要』5, 檀國大中央博物館, 1989.

柳宗昊,「襄陽地區塔婆 및 浮屠硏究」,『關東大論文集』7, 關東大學校, 1979.

리기웅,「렴거화상부도의 평면구성에 대하여」,『조선고고연구』71, 사회과학원 고고학연구소, 1989.

_____,「부도의 류형과 변천에 대하여(1)」,『조선고고연구』73, 사회과학원 고고학연구소, 1989.

것이라 하고 또는 수堵婆(st▼pa), 즉 塔婆의 轉音으로서 이도 부도라고 한다 하여[2] 광의적인 의미를 내포하고 있다. 일반적으로 부도라 함은 일반승려의 墓塔을 가리키는 극히 한정된 조형물에 사용되고 있어 미술사에서는 승려의 묘탑을 가리켜 부도라 칭하고 있다.

이와같은 승려의 묘탑으로서의 부도는 844년 작인 廉居和尙塔을 최초의 실물로 남긴이래 우리의 전 역사를 거치면서 꾸준히 건립되어 왔다. 이 중 신라시대에 건립된 부도에서는 평면 팔각의 형식이 정립되어 이를 八角圓堂型石造浮屠라 부르고 있다. 이는외형적으로 볼 때 8각이 원형에 가깝기 때문에 8각의 건축물을 八角圓堂型의 건물이라 하고 한편 불교적인 내용에서 볼 때는 阿彌陀와 觀音의 殿堂이 대개 팔각원당 이었음을 알 수 있다. 그러므로 팔각원당형의 부도라 함은 조형으로 보아 그 형태가 8각의 평면이기 때문에 부쳐진 용어인 동시에 불교적인 입장에서 본다면 하나의 전당이란 뜻에서 불리원진 명칭이라 하고 있다.[3]

우리나라에 있어 부도 건립의 시발은 신라에 있으며 시기적으로는 9세기 후반에 八角圓堂型이란 양식적 완성을 함께 이루었음은 주지의 사실이다.[4] 아울러 실물로서도 844년에 건립된 염거화상탑을 최초의 예로 들고 있어 부도 역시 9세기 만이 완성할 수 있었던 독특한 형식의 조형물로 생각된다. 그러나 문헌에 전하는 바에 의하면 貞觀年間에 이미 부도의 조영이 있었음을 알 수 있다.[5] 따라서 우리나라에서는 이미 7세기에 승려의 묘탑이 건조되기 시작한 것으로 보이는데 이 역시 『三國遺事』卷 5 惠現求靜條에「道俗敬之 藏于石塔」이란 문구가 보이는 점으로 보아 석재로써 건립한 것으로 생각된다. 그런데 이 시기에 부도의 資材로 석재가 채용됨은 이미 석탑을 건립하기 시작했던 신라로서는 당연한 귀결 이었을 것으로 보인다. 즉, 석탑의 시원이 목탑에 있었으나 곧 내구성이 강하고 전국 어디서나 구하기 쉬운 화강암을 건탑의 재료로 채택했듯이 부도의 건립에 있어서도 이와 같은 생각이 작용했을 것으로 보인다. 이 시기에 건립된 부도의 양식에 관해서는 실물이 없어 알 수 없지만 현존하는 신라석조부도의 양식이 팔각원당형을 기본으로 하고 있는 점으로 보아 7세기의 부도 역시 이를 기본으로 했을 것으로 짐작되고 있다. 그러나 현존하는 부도 중 가장 오래된 廉居和尙塔이 844년에 가서야 건립을 보게 됨에 따라 貞觀年으로부터 약 200년의 공백이 생기게 되는데 이는 이 시기가 墓塔을 건립할 수 없는 제 여건을 가지고 있지 않았던 때문으로 보고 있다.[6] 그런데 정영호 선생은 이와 같은 견해를 서술하기 전에 孝成王의 東海散骨, 경주 남산 등지에서 발견되는 骨壺, 文武王의 水中陵 등의 葬法을

---

2 鄭永鎬,「浮屠」,『考古美術』158 · 159 합집, 한국미술사학회, 1983, p.37. 주1에서 재인용.

3 鄭永鎬, 앞 박사학위논문, p.20.

4 鄭永鎬,「浮屠」,『考古美術』158 · 159합집, 韓國美術史學會, 1983, p.38.

5 『三國遺事』권 4, 圓光西學條 및 二惠同塵條 참조.

6 鄭永鎬,『新羅石造浮屠研究』, 檀國大學院 博士學位論文, 1974, p.12.

소개하고 있는데 필자는 이와 같은 葬法의 유행이 바로 석조부도의 발생을 지연시킨 가장 큰 요인이었을 것으로 생각한다. 아울러 우리나라 부도의 양식적 근원을 800년을 전후한 시기의 건립으로 보이는 唐鳩摩羅什舍利塔에 있을 것으로 보고 있다.[7] 그러나 이 사리탑은 탑신을 제외한 부분은 팔각이 아닌 圓形일 뿐만 아니라 옥개석이 합각지붕의 형식을 보이고 있어 현존하는 우리의 부도와는 양식상 많은 차이를 보이고 있다. 따라서 팔각의 평면구성은 염거화상탑보다 약 50년이 앞서 건립된 이 사리탑에서 구하기 보다는 현존하는 국내의 유물에서 찾는 것이 더 합리적일 것으로 생각한다. 우리나라에서 팔각형의 평면을 가진 실례로는 각 국가별로 다음과 같은 실례를 들 수 있다.

고구려 : 청암리사지 · 원오리사지 · 정릉사지 · 토성리사지의 팔각목탑지, 쌍영총 · 안악3호분 · 요동성총 · 태성리1호분의 팔각석주를 비롯한 각 건물지의 팔각주초석[8],

신라 : 경주시 사정동 팔각목조건물지, 감은사지 서삼층석탑의 청동제 사리기[9] 와 불국사 다보탑의 탑신부[10]와 삼국시대 부터 8세기에 걸쳐 조성된 금동불 및 석불의 대좌에 보이는 팔각형의 대석등[11] 많은 예에서 볼 수 있어 팔각형의 구도는 일찍부터 불가의 조형물에 채택 되었음을 알 수 있다. 따라서 필자는 부도의 평면 구성으로 팔각형을 채택함은 唐鳩摩羅什舍利塔의 영향도 무시할 수 없지만 이 보다는 그 간 축적된 팔각형에 대한 조형의식이 더 작용했을 것으로 보인다.[12] 아울러 부도의 각 면에는 다양한 조식이 빈틈없이 부조되고 있는 점으로 보아 사각형이나 圓形보다는 多角의 평면이 건립자의 의도에 부합되었기 때문이라 생각한다. 따라서 부도에 있어서는 다른 어느 조형물 보다도 다양한 조식이 가해질 수 있는 많은 공간을 확보함으로써 더욱 화려함을 보이고 있다.

이와 같은 팔각원당형의 석조부도는 9세기 중엽에 등장함과 동시에 양식적인 완성을 보이고 있는데 이는 禪宗의 발흥과 밀접한 연관이 있다. 「不立文字 敎外別傳 直指人心 見性成佛」을 강조하고 華嚴宗, 法相宗으로 대표되던 중대신라의 불교계를 타파하며 등장한 禪宗은 기존의 사회

---

7 金元龍, 「塘朝의 舍利塔」, 『考古美術』 4권 4호, 考古美術同人會, 1963.
8 리기웅, 「렴거화상부도의 평면구성에 대하여」, 『조선고고연구』71, 사회과학원 고고학연구소, 1989, p.27.
9 鄭永鎬, 앞 박사학위 논문, p.23. 및 「日本 八角堂佛殿의 原流」, 『韓國史論』16, 國史編纂委員會, 1986, p.156.
10 黃壽永, 「多寶塔과 新羅八角浮屠」, 『考古美術』123 · 124合輯, 韓國美術史學會, 1974, pp.22-25.
11 평면 팔각의 대좌는 금동보살입상(국보 183호) · 금동여래입상(보물 284호) · 금동여래입상(보물 779호)에서는 대좌의 하단에서 볼 수 있으며, 경주남산미륵곡석불좌상 · 석굴암본존여래좌상은 완전한 형식의 팔각형대좌를 구비하고 있다. 이 밖에 석굴암의 팔각석주를 들 수 있다.
12 리기웅은 이미 이와 같은 견해를 발표한 바 있다. 앞 논문, p.30.

질서를 否認하며 九山禪門의 개창과 함께 확고한 기반을 구축할 수 있었다. 이들에게 있어서는 복잡한 교리, 예불의식에 얽매이지 않고 오직 禪師의 가르침과 坐禪만이 중시되었던 까닭에 禪師의 入寂은 마치 부처의 入寂에 버금가는 중대사였다. 이에 따라 祖師는 그들 門徒들에게는 이제 부처님 격으로 절대시 되었던 것이고 그 힘으로 문파의 융성을 꾀하게끔 되었다는 것을 뜻한다.[13] 따라서 文字에 의하지 않고 그들의 敎理를 전달해야만 하는 門派에서는 祖師의 墓塔에 온갖 정성을 다해 조성함으로써 평민은 물론 중앙귀족에 이르기까지 폭넓은 지지기반을 확립하고자 했던 것이다. 이와 같이 조형물을 통한 禪宗의 布敎는 신라하대의 정치, 사회적인 혼란 가운데서 그들이 표방하는 바 대로 문자나 복잡한 교리에 의존하지 않고 누구나 쉽게 예배할 수 있는 조형물을 통하여 祖師의 大德과 가르침을 전달 하고자 했던 발상에서 비롯된 것으로 생각한다. 이에 따라 당시의 종교와 문화가 조화를 이루며 극치의 아름다움과 종교적 신비를 표현 했다고 생각하는데 같은 시기에 조성된 모든 유형의 유물에서도 이러한 현상을 볼 수 있다고 생각한다. 이러한 관점에서 볼 때 9세기에 건립된 부도에 등장하는 다양한 조식은 당대의 시대의식이 조형물을 통하여 표현된 것이며 9세기 美的 감각의 새로운 일면을 보여주는 것으로 생각한다.

III. 石造浮屠의 樣式

신라시대에 건립된 부도는 18기로 이 중 16기가 9세기에 건립된 것으로 확인되었다. 이들은 전형적인 팔각원당형부도와 특수형식의 부도가 공존하고 있어 이후 건립되는 모든 부도의 형식이 이 시기에 완성되고 있음을 알 수 있다. 9세기에 건립된 16기의 부도는 陳田寺址浮屠(9세기 중엽), 廉居和尙塔(844년), 大安寺寂忍禪師照輪淸淨塔(861년), 雙峰寺澈鑒禪師塔(868년), 寶林寺普照禪師彰聖塔(880년), 鳳巖寺智證大師寂照塔(883년), 雙谿寺眞鑑禪師大空塔(885년 추정), 望海寺址浮屠(875-885년 추정), 禪林院址弘覺禪師塔(886년 추정), 聖住寺朗慧和尙白月保光塔(890년), 實相寺證覺大師凝蓼塔(861-893년 추정), 實相寺秀澈和尙楞伽寶月塔(893년 추정), 太和寺址十二支像浮屠, 石南寺浮屠, 鵝谷寺東浮屠, 寶林寺東浮屠(이상 4기는 880-900년 추정)로 이에 표현된 양식을 정리해 보면 다음의 〈표-1〉로 집약된다. 본 장에서는 이상의 부도를 외형상의 구분에 따라 일반형석조부도[14]와 특수형석조부도[15]로 나누어 고찰하고자 한다.

---

13 文明大,『韓國彫刻史』, 悅話堂, 1980, p.245.
14 일반형 석조부도라 함은 기단으로부터 상륜에 이르기까지 신라석조부도의 전형적 구도인 팔각형을 구비하고 있는 八角圓堂型浮屠를 말한다.

1. 一般形 石造浮屠

9세기에 건립된 16기의 부도 중 八角圓堂型의 전형적 양식을 보이고 있는 것은 모두 14기이다. 이 중 진전사지부도는 기단부가 석탑과 같이 방형 중층의 2층기단을 형성하고 있으며 탑신과 옥개석만 팔각형의 형식을 보이고 있어 주목된다. 이 부도에 관해서는 정영호선생의 상세한 논고가 있어[16] 더 이상의 언급이 필요 없으나 다만 각부의 양식을 볼 때 완전한 형식의 팔각원당형으로 진전되어 가는 과도기적인 작품으로 볼 수 있다고 생각한다. 왜냐하면 기단부의 형식은 석탑에서, 탑신과 옥개석에서의 팔각형은 석등에 그 연원이 있다고 보여지기 때문이다.[17] 따라서 이 부도는 석탑과 석등의 양식이 혼재된 양상을 보이고 있음을 알 수 있다. 이것은 부도라는 새로운 조형물을 창작하는 과정에서 기단은 안정성을 필요로 하는 까닭에 석탑과 같은 방형의 형식을 취하고, 탑신은 부도에서 가장 중심이 되는 尊崇한 부분으로서 八角圓堂의 그것을 구현하고 있기 때문에 8각형을[18] 취하게 됨에 따라 석등의 화사석을 그대로 채용한 것으로 보인다. 더욱이 이 부도를 廉居和尙의 스승이었던 道義禪師의 부도로 상정해 볼 때[19] 禪師의 입적후 그를 기리기 위한 조형물의 건립에 當代의 유물 중 가장 좋은 점만을 골라 건립에 임했음은 당연한 일로 여겨진다. 따라서 이 부도는 신라석조부도 중 가장 먼저 건립된 시원양식으로 생각한다. 진전지부도에 이어 염거화상탑에 이르러 전형적인 팔각원당형의 석조부도가 건립되고 있는데 이들은 양식표를 볼 때 대체로 다음과 같은 공통점을 지니고 있는 것으로 파악 되었다.

첫째, 지대석은 방형과 8각형이 보이고 있는데 형태를 알 수 있는 것은 12기로 양자의 형식이 모두 6기씩 현존하고 있다. 이 중 진전사지부도와 대안사적인선사조륜청정탑이 방형의 형식을 유지하고 있는 점으로 보아 부도 건립의 초기적인 입장에서는 최 하면에 이 형식의 지대석을 놓음으로써 상면에 놓인 부재에 대한 안정감을 주고자 의도했던 것으로 생각된다. 그러나 쌍봉사철감선사탑에 이르러는 완전한 형식의 팔각형 지대석이 사용되어 팔각원당형이란 용어에 걸맞는 형식의 부도를 창출해 내고 있다. 따라서 이 부도에서 처음으로 채택된 팔각형의 지

---

15 특수형석조부도는 신라석조부도의 전형양식인 八角圓堂型에서 벗어나 다른 형식이 가미된 부도를 말한다.

16 鄭永鎬, 「襄陽 陳田寺址 三層石塔과 石造浮屠」, 『考古美術』83, 考古美術同人會, 1963.
　　　, 「襄陽 陳田寺址遺蹟調査-石塔과 浮屠의 復元을 契機로」, 『歷史敎育』11·12合輯, 歷史敎育研究會, 1969.

17 李銀基는 옥개석의 양식이 四天王寺址에서 발견된 석등의 옥개석과 공통점을 지니고 있음을 지적한 바 있다. 앞 논문, p.94.

18 鄭永鎬, 앞 박사학위논문, p.28.

19 鄭永鎬, 앞 박사학위논문, p.126.

대석과 전자의 방형 지대석은 이후 건립되는 부도에서는 혼재되어 나타나고 있는데 이는 방형의 형식이 주는 안정감과 쌍봉사철삼선사탑에서 보여준 팔각형지대석에 대한 자신감이 이와 같은 현상을 낳은 것으로 생각된다.

둘째, 하대석은 상·하 2단으로 구성되어 있다. 그런데 염거화상탑, 봉암사지증대사적조탑, 실상사수철화상능가보월탑, 쌍계사진감선사대공탑은 하단석이 없이 바로 상단석이 하대석으로 사용되고 있음을 볼 수 있다. 따라서 이 형식은 대안사적인선사조륜청정탑에서 시작된 것으로 보인다. 하단석을 구비한 부도 중 석남사부도만을 제외 하고는 모두 조식이 있는데 안상이 가장 많은 비중을 차지하고 있다. 그런데 이 안상은 하대 하단석의 각면에 조식되고 있는데 앞서 살펴본 9세기 후기의 석탑에 등장하는 그것과 조식 수법이 같음을 볼 수 있어[20] 후기의 조형물에서도 전기의 조형과는 다른 양상을 보이고 있다. 이밖에 쌍봉사철감선사탑에서는 圈雲紋 사이에 雙龍이 부조되어 있어 마치 구름위에 용이 꿈틀거리는 듯한 장면을 묘사하고 있다. 상단석에는 사자 및 伏蓮이 주로 장식되고 있다. 부도의 기단부에 사자가 조식됨은 844년에 건립된 염거화상탑에서 선례를 볼 수 있다. 사자가 조식된 부도 중 雙峰寺 철감선사탑은 팔각의 모서리에 蓮葉기둥을 세우고 각 면에 생동감 있게 묘사되고 있는데 얼굴만은 모두 정면을 향하고 있음이 흥미롭다.[21] 연곡사동부도에서는 굵은 선으로 額을 만든 후 내부에 조식하고 있다. 불교 조형물에서 사자의 조식은 우리나라 최고의 불상인 뚝섬출토 銅造如來坐像의 대좌에서[22] 채택된 이래 9세기에 조성된 다수의 석불 대좌에서도 검출되고 있다.[23] 그런데 석불에서 하대 하단석에 사자가 조식된 예 중 가장 빠른 시기의 것이 奉化 鷲棲寺石造毘盧舍那佛坐像(867)인 점을 보아 석조 조형물에서 기단의 장엄으로 조식된 사자는 부도에서 처음 채용되어 다른 유물에 영향을 준 것으로 보인다. 이밖에 伏蓮은 형식에 있어 單葉과 複葉이 모두 사용되고 있으며 판수 또한 8판과 16판이 모두 보이고 있다. 그런데 이들 伏蓮은 쌍계사진감선사탑을 제외 하면 모두 귀꽃의 장식을 볼 수 있는데 이는 到彼岸寺鐵造毘盧舍那佛座像의 하대석에서 처음으로 보인 점으로 보아[24] 불상에서 비롯된 장엄이 부도에도 동일한 장소에 채택 되었음을 알 수 있다.

....

20 석탑에서 안상은 전·후기 모두 기단의 조식으로 사용되고 있는데 전기에는 기단부 전체에 조식된 반면 후기에는 하층기단의 각면에 조식되고 있어 각각의 사용례가 다름을 볼 수 있다. 따라서 부도에서도 하대석의 하단에 주로 조식되고 있는 점으로 보아 이 또한 9세기 석조유물에 나타난 장엄의 특징으로 보인다.

21 鄭永鎬, 앞 박사학위논문, p.60.

22 金元龍,「뚝섬 出土 金銅佛坐像」,『韓國美術史研究』, 一志社, 1987, pp.150-154.

23 9세기에 조상된 석불의 대좌중 하대석에 사자가 조식된 예는 봉화 취서사석조비로사나불좌상(867), 양양 황이리 석조비로사나불좌상, 부석사 자인당내 석불 3구, 경북대 석조비로사나불좌상, 임실 용암리사지 불좌, 창원 불곡사석조비로사나불좌상등을 볼 수 있다.

24 金和英,「韓國 佛像臺座形式의 研究(II)-石造臺座(1)」,『史學志』4집, 檀國大 史學會1970. p.152.

셋째, 중대석의 받침으로 굽형괴임대 및 圈雲紋臺가 등장하고 있다. 그런데 중대석에 등장하는 이와 같은 유형의 받침은 염거화상탑에서는 각형 3단의 받침이 조출되고 있으나, 대안사 적인선사조륜청정탑에 이르러는 높은 각형 1단 위에 낮은 각형 3단의 받침이 마련되어 있다. 그러므로 대안사 부도의 받침은 분명한 중대받침석의 의미로 刻出한 것으로 부도에서 중대받침의 출현은 이 부도가 선례임을 알 수 있다.[25] 이러한 초기적인 형식의 각형 받침은 망해사지부도, 실상사 수철화상능가보월탑, 연곡사동부도, 보림사동부도, 성주사 낭혜화상백월보광탑에서도 볼 수 있어 다른 형식의 출현에도 불구하고 지속적으로 활용되었던 것으로 보인다. 따라서 중대석 받침으로서의 위의 2가지 형식은 前代에서는 볼 수 없었던 매우 새로운 형식으로 이는 9세기 석조미술의 한 특성을 잘 대변해 주고 있는 좋은 예라 생각한다. 굽형받침은 쌍봉사철감선사탑에서 시도된 이래 쌍계사진감선사탑과 특수형 부도인 선림원홍각선사탑에서만 볼 수 있어서 크게 활용된 형식은 아닌 것으로 보인다. 그러나 9세기에 조성된 多數의 불상에서 예를 볼 수 있고,[26] 이 중 동화사 비로암석조비로사나불좌상, 철원 도피안사철조비로사나불좌상, 봉화 취서사석조비로사나불좌상의 건립이 모두 쌍봉사철감선사탑 보다는 앞서고 있어 이미 불상에서 정착된 이 양식이 뒤늦게 부도에서 시도된 것으로 보인다. 圈雲紋臺는 별석의 받침 전면에 운문이 부조된 형식으로 보림사보조선사청성탑에서 사용된 이래 봉암사지증대사적조탑, 석남사부도에서 보이고 있는데 다른 형식의 조형물에서는 그 예를 볼 수 없고 고려시대에 건립된 부도에서만 볼 수 있는 점으로 보아[27] 부도만이 지닌 독특한 형식의 받침으로 보인다. 이 중 봉암사지증대사적조탑의 경우는 권운문대 상면에 1매의 별석받침을 놓고 있는데 각 모서리에 蓮葉기둥을 세우고 각면에 迦陵頻伽를 1구씩 배치하여 한층 화사한 괴임대 형식을 보여주고 있다. 석조부도에 있어 중대석 받침으로 위와 같은 형식이 등장함은 탑신에 비해 상대적으로 낮은 중대석을 높게 보이고자한 의도에서 비롯된 것으로 생각한다.

넷째, 중대석의 각 면에는 眼象이 공통적으로 등장하고 있는데 내부에 부조된 조식에 따라 (1) 안상만을 조식한 것, (2) 안상 내에 花紋을 조식한 것, (3) 안상내에 각종 佛具 및 神將像을 조식한 것 등의 3가지 형식으로 구분될 수 있다. (1)의 형식은 보림사보조선사창성탑, 쌍계사

----

25 鄭永鎬, 앞 박사학위논문, p.50.
26 9세기의석불중 중대석 받침으로 굽형괴임대가 사용된 예는 동화사 비로암석조비로사나불좌상, 도피안사철조비로사나불좌상, 봉화 취서사석조비로사나불좌상, 선산 해평동석조여래좌상, 영천 화남동석조비로사나불좌상, 청룡사석조여래좌상, 불곡사석조비로사나불좌상, 부석사 자인당내석불좌상3구, 용암리 사자석불대좌에서 볼 수 있다.
27 고려시대에 건립된 부도중 중대석 받침에 권운문대가 사용된 예는 甲寺浮屠, 鳳巖寺靜眞大師圓悟塔, 普願寺法印國師寶乘塔, 慶北大 石造浮屠에서 볼 수 있다.

진감선사대공탑에서 볼 수 있는데 前者의 경우는 3중의 안상을 표현하고 있다. (2)의 형식은 대안사적인선사조륜청정탑, 석남사부도에서 볼 수 있다. 이 중 석남사부도에서는 2조의 橫帶 사이에 화문이 조식되고 있는데 형태상 鼓腹形을 보이고 있어 當代에 건립된 鼓腹形石燈의 양식과 일맥상통하는 일면을 보이고 있다.[28] (3)의 형식은 염거화상탑, 쌍봉사철감선사탑, 봉암사지증대사적조탑, 실상사증각대사응료탑, 실상사수철화상능가보월탑, 연곡사동부도가 있다. 이 중 쌍봉사철감선사탑에서는 각 모서리에 蓮葉의 기둥을 마련하고 각면 안상내에 가릉빈가를 1구씩 배치하고 있는데 신라시대에 조성된 석조미술에서 가릉빈가문이 조식의 요소로 채용된것은 이 부도에 이르러 처음으로 나타나고 있다.[29] 그리고 염거화상탑에서는 輦, 香爐등의 佛具만 浮彫되다가 나머지 4기에서는 舍利盒, 供養像, 奏樂像, 菩薩像, 八部神衆등이 조식으로 채택되어 시대가 늦을수록 다양한 조식이 등장함을 볼 수 있다.

다섯째, 상대석은 연화대석과 탑신괴임대의 2부분으로 구성되고 있다.

연화대석은 하면에 모두 층단형의 받침을 구비하고 있는데 角形 3단의 받침이 주종을 이루고 있다. 연화문은 모두 單葉 仰蓮으로 瓣數는 8판으로부터 24판까지 다양하게 표현 되었는데 16판 앙연이 가장 많은 비율을 차지하고 있다. 그런데 연화문의 표현에 있어 2중, 3중으로 중첩 시문된 형식이 등장하여 종래의 1열로 배치되던 것에서 변화를 보이고 있다. 물론 이와 같은 예는 전자는 염거화상탑과 망해사지부도에서, 후자는 대안사적인선사조륜청정탑, 실상사 증각대사응료탑 및 수철화상능가보월탑에서만 볼 수 있는 특이한 경우에 속하지만 이러한 연화문의 표현은 9세기의 조형물에서는 보편적으로 시문되고 있다.[30] 그러나 이 형식의 연화문은 시기적으로 염거화상탑과 대안사적인선사조륜청정탑에서 가장 먼저 등장하는 점으로 보아 이들 부도에서 시도되어 같은 시기의 다른 유물에 파급된 것으로 보인다. 아울러 연화문내에 화문을 배치하여 화사한 연화문대석을 구성하고 있는데 이는 쌍봉사철감선사탑, 보림사보조선사창성탑, 봉암사지증대사적조탑, 석남사부도, 연곡사동부도에서 볼 수 있다. 이 형식은 같은 시기의 佛像

---

28 9세기에 건립된 鼓腹形石燈중 竿柱石에 橫帶를 두르고 花紋을 배치한 것은 淸凉寺石燈, 任實 龍巖里石燈, 禪林院址石燈, 實相寺石燈이 있다.
29 金和英, 「新羅澈鑑禪師塔과 塔碑에 대한 考察」, 『白山學報』 9, 白山學會, 1970, p.49.
30 9세기의 조형물중 상대석에 2중 앙연이 조식된 예는 불상의 경우 봉화 취서사석 조비로사나불좌상, 동화사 비로암석조비로사나불좌상, 도피안사철조비로사나불좌상, 선산 해평동석조여래좌상, 청룡사석조여래좌상, 불곡사석조비로사나불좌상, 경북대 석조비로사나불좌상, 심복사석조비로사나불좌상, 홍천 물걸리석조비로사나불좌상, 홍천 물걸리불대좌, 경주 남산용장사계석조여래좌상, 상동리석조여래좌상, 관룡사 용선대석조석가여래좌상, 부석사 자인당내 석불 3구가 있고, 석등은 법주사 쌍사자석등, 성주사지석등, 보림사석등, 부인사석등이 있다. 3중의 앙연이 조식된 상대석은 홍천 물걸리석조여래좌상 및 불좌, 영천 화남동석조비로사나불좌상에서 볼 수 있다.

및 石燈의 상대석에서 공통적으로 보이고 있어 9세기 조형물의 한 특징으로 볼 수 있다고 생각한다.[31]

이와 같은 연화대석 상면에 탑신괴임대가 마련되어 탑신석을 받고있다. 탑신괴임대는 중대석과 더불어 가장 화사한 조식이 부조된 부분으로 이는 별석으로 조성된 것과, 연화대석과 同一石으로 조성된 것의 2종류로 나뉘어 진다. 우선 별석의 탑신받침부는 9세기 중반에 조성된 陳田寺址 浮屠에서 볼 수 있다. 이 浮屠의 탑신 받침석은 중앙의 角形突起를 중심으로 하면에는 판내에 화문이 있는 단엽 16판의 연화문을 조식하고 상면에는 角弧角形의 3단 받침을 조출하여 8각탑신을 받고 있어 소박한 초기 형태의 괴임수법을 보이고 있다. 그러나 염거화상탑에 이르러는 각면에 조식된 眼象內에 연화좌에 앉은 天部像을 1구씩 배치하고 있으며, 실상사수철화상능가보월탑에서는 화문이 조식된 안상 1구씩을 배치하고 있고, 증각대사응료탑에서는 각 모서리에 동자주만을 모각하고 각면에 아무 조식이 없는 안상을 1구씩 배치하고 있다. 쌍계사진감선사대공탑에서는 전면에 권운문만을 조식하고 있다. 이와 같이 조식이 있는 별석괴임대가 있는 반면 보조선사창성탑과 같이 중간에 橫으로 1條의 細線을 양각하고 상·하단은 낮게 갑석형을 돌리고 있을 뿐 아무 조식이 없는 별석받침도 보이고 있다. 여기서 또한 주의를 끄는 것은 측면이 수직으로 내려온 것이 아니라 중간의 橫線을 경계로 하여 상·하단에서 反轉을 이루고 있으니 마치 중대석의 배흘림 意匠과도 통하는 점이 있다고 보겠으며 그리고 괴임대 상면에 괴임단이 없이 탑신석을 안치한 것은 상대석 상면과도 같은 형식이라 하겠다.[32] 이상과 같이 별석의 괴임대는 모두 7기에서 볼 수 있는데 염거화상탑을 제외하면 주목할 만한 조식이 없어 이 유형의 괴임대는 단순히 탑신을 높인다는 의미외에는 다른 의사를 볼 수 없다.

이와 같은 별석괴임대외에 연화대석과 同一石으로 조성된 받침대를 구비한 부도가 등장하고 있다. 이 형식은 대안사적인선사조륜청정탑에서 처음으로 시도되었는데, 내부에 화문이 있는 안상이 2구씩 조식되고 있다. 그러나 쌍봉사철감선사탑에서는 각 모서리에 상다리 모양의 동자주를 모각하고, 각 면에 가릉빈가문이 배치된 안상이 1구씩 조식되고 있다. 아울러 이 형식의 괴임대는 연곡사동부도에서도 볼 수 있어 양 부도의 양식적 친연성을 느끼게 한다. 봉암사지증대사적조탑에서는 원통형의 동자주가 모각되고 있으며, 보림사동부도에서는 높은 각형 1단의 받침위에 낮은 각형 3단의 받침이 조출되어 같은 형식의 괴임대라 하더라도 조성 수법이 다양함을 볼 수 있다.

....

31 필자가 추출한 불상 및 석등을 볼 때 이 연화문은 대부분의 조형물 상대석에서 검출되고 있어 9세기에 창안된 새로운 형식으로 보인다.
32 鄭永鎬, 앞 박사학위논문, p.66.

이상에서 살핀 바에 의하면 탑신괴임대에는 안상을 중심으로 天部像, 花紋, 迦陵頻伽紋이 주요한 조식으로 채택되고 있음을 볼 수 있는데 이와 더불어 괴임대 상면의 蓮華紋臺가 또 하나의 특징으로 대두되고 있다. 이는 대안사적인선사조륜청정탑에서 처음으로 나타난 이래 쌍봉사철감선사탑, 봉암사지증대사적조탑, 망해사지부도, 실상사증각대사응료탑, 연곡사동부도등 6기에서 보이고 있는데 각각 괴임대의 면을 따라 화사한 伏蓮을 표현하고 있다. 그런데 이 괴임대는 단순한 별석괴임대에 비해 다양한 조식이 부조되고 있는 점으로 보아 탑신에 대한 崇仰意識은 연화석과 괴임대가 同一石으로 조성된 형식이 더욱 밀도있게 표현된 것으로 보인다.

이상에서 상대석의 양식에 대해 살펴보았는데 仰蓮과 탑신괴임대의 형식 및 이에 표현된 조식, 연화문대등이 다양하게 표현되고 있음을 알 수 있었다. 부도의 구성에서 볼 때 상대석은 탑신석을 받치는 가장 중요한 부분으로서 이에 표현된 모든 요소는 禪門에서 佛陀에 못지않게 중시하는 禪師에 대한 崇仰과 崇慕의 의지에서 기인한 것으로 생각한다.

여섯째, 탑신석은 모두 팔각의 典型을 유지하고 있는데, 각 면에는 門扉形과 四天王像이 집중적으로 조식되고 있으며 목조건축의 요소가 나타나고 있다. 탑신은 부도에 서 가장 중심이 되는 부분으로서 八角圓堂의 그것을 구현하고 있기 때문에 8각의 형식을 갖추고 있다.[33] 즉, 사리가 안치되어 선사의 가르침과 그에 대한 숭앙을 상징적으로 보여주는 부분으로 석탑의 탑신부또는 석등의 화사석에 해당하는 의미를 지니고 있는 곳으로 볼 수 있다. 따라서 이 부분에 문비형, 사천왕상 등의 조식이 등장함은 내부에 안치된 사리에 대한 숭배의 의미를 지니고 있다고 하겠다.

門扉形은 진전사지부도에서 조식된 이래 쌍계사진감선사대공탑을 제외한 모든 부도에 표현되고 있는데 (1) 문비형만 조식된 것, (2) 문비형내에 자물통을 조식한 것, (3) 문비형내에 자물통 및 문고리까지 표현된 것, (4) 문비형 상면에 화형문이 장식된 반원형이 새겨진 것의 4가지 형식으로 분류될 수 있다.[34] 탑신에 표현된 문비형은 이와 같이 미세한 양식의 차이는 있지만 자물통과 문고리까지 표현하고 있는 점으로 보아 말 뜻 그대로 문을 의미하고 있다. 더욱이

---

33 鄭永鎬, 앞 박사학위논문, p.28.
34 김향숙은 문비형의 형식을 크게 2가지로 구분하고 있으며, (4)의 형식을 호남지역양식이라 규정짓고 있다. 앞논문, p.50. 필자가 추출한 16기의 부도중 문비형의 조식이 있는 것은 12기인데 이 중 (1)형식은 진전사지부도, 망해사지부도, (2)형식은 대안사적인선사조륜청정탑, 쌍봉사철감선사탑, 실상사수철화상능가보월탑, (3)형식은 염거화상탑, 보림사보조선사창성탑, 봉암사지증대사적조탑, 실상사증각대사응료탑, 연곡사동부도, 보림사동부도, 석남사부도, (4)형식은 염거화상탑, 보림사보조선사창성탑, 실상사증각대사응료탑, 실상사수철화상능가보월탑, 연곡사동부도, 보림사동부도에서 볼 수 있다. 따라서 (3)·(4)형식은 가장 많은 수를 차지하고 있을 뿐 아니라 대부분이 중복되는 점으로 보아 탑신에 대한 공간의 표현에 많은 노력을 기울였음을 알 수 있다.

이 조식이 추상적이 아닌 현실적으로 문을 열고 닫을 수 있을 만큼 정교한 意思가 표현 되어 있는 점으로 보아 석재로 조성된 탑신에 공간성을 투시하여 내부공간의 의미를 부여하고, 이 안에 사리가 있음을 강력히 시사해 주고 있다. 사천왕은 문비형의 좌·우에 각각 1구씩 배치하고 있는데 표에서 보듯이 일반형석조부도중 8기에 浮彫되고 있어 부도에 있어서는 절대적인 莊嚴彫飾이었음을 알 수 있다. 이같이 사천왕이 부도의 탑신에 조식된 것은 석탑에서 초층탑신에 등장한 것과 같은 이유라고 생각한다. 즉, 사천왕으로 하여금 탑신의 사방을 지키게 하여 부도의 주인공인 禪師의 수호에 주목적이 있음을 알 수 있다. 아울러 대부분의 부도가 開山祖의 것임을 보아 타계한 선사가 바로 사찰을 지키고 있다는 의미도 지니고 있다고 보아진다. 왜냐하면 사천왕이 佛國土를 수호하고 중생의 이익을 대변했던 9세기의 대표적인 신장상이었고, 부도의 건립이 주인공의 사리를 통하여 육신과 영혼이 항시 공존하고 있다는 상징성을 지니고 있음을 볼 때 양자는 조식과 건립의 목적이 일치하고 있다고 보여지기 때문이다. 따라서 부도에 표현된 사천왕은 석탑에서 의도된 바 대로 불가의 조형물을 수호하는데 주 목적을 두고 있지만, 한편으로는 禪師의 實存을 상징하여 사찰의 수호는 물론 항시 신도들에게 無言의 가르침을 전파하고 있음을 구현하기 위하여 조식된 것으로 보인다. 탑신에는 사천왕상과 더불어 빈 여백에 供養飛天像, 香爐 등이 조식되고 있는데 쌍봉사철감선사탑과 연곡사동부도에서 볼 수 있어 외관상 화려함과 함께 이 부분이 지닌 상징성의 표현에 주력했음을 분명히 보여주는 요인으로 생각한다. 이와 같은 諸 像의 조식과 함께 兩隅柱 상면에는 인방, 창방, 주두 등의 목조건축의 요소가 모각되어 있어 이 역시 앞서 언급한 彫飾과 더불어 탑신에 공간의 깊이를 부여해 주는 요소로 생각한다. 즉, 부도 역시 석탑과 같이 목조건축에서 조형의 동기를 구했음을 알 수 있다.

일곱째, 옥개석 역시 팔각의 형식을 유지하고 있는데 목조건축의 요소가 상·하면에 표현되고 있다. 즉, 옥개석의 하면에는 연목이 목각되어 목조건축의 서까래목을 표현하고 있음을 알 수 있다. 상면에는 대부분이 隅棟 및 기와골을 표시하고 있으며 처마에는 암막새, 수막새기와는 물론 望瓦까지 표현하고 있다. 이와같이 옥개석에 나타난 목조건축의 의장은 딱딱하고 강인한 느낌을 주는 석재에 부드러움을 주고 바로 밑에 놓인 탑신에 더욱 공간의 깊이를 부여해 주고 있는 것으로 생각한다. 즉, 탑신이 건물에 있어 생활공간을 의미한다고 볼 때 옥개석은 바로 지붕을 표현한 것으로 보인다. 아울러 염거화상탑, 쌍봉사 철감선사탑에서와 같이 하면에 조식되는 飛天像과 연곡사동부도의 雲紋은 바로 부도의 주인공이 천상의 세계에 존재하고 있음을 보여주기 위한 상징으로 등장하고 있는 것으로 생각한다. 추녀는 완만한 곡선을 이루다가 합각부에 이르러 반전을 보이고 있어 마치 9세기석탑의 옥개석을 연상 시키고 있다. 정상에는 상륜을 받기 위한 8각의 괴임이 조출되어 있다.

여덟째, 상륜부는 대부분이 결실되어 원형을 알 수 없지만 대안사적인선사탑의 경우를 볼 때 仰花, 覆鉢, 寶輪, 寶珠의 순으로 놓였던 것으로 추정된다. 그리고 연곡사동부도에는 날개를 활짝 편 새가 등장하고 있다. 이 새는 봉황으로 추정되고 있는데[35] 이는 부도장식에 사용되는 가릉빈가, 비천 등의 유행과 함께 모두 날개가 달렸다는 공통점을 가지고 있다.[36] 그런데 이러한 조식이 가해진 부도는 승려의 묘탑이란 성격을 띄고 있고, 특히 이들 조식이 佛家에서 말하는 극락세계를 구현하고 있는 점으로 보아 선사는 이를 통해 지상과 천상을 마음대로 오가며 그들의 가르침을 전파하고 불법을 수호한다는 의미를 상징적으로 부여하고 있었던 것이라고 생각한다.

2. 特殊形 石造浮屠

이 형식의 부도는 앞서 고찰한 八角圓堂型에서 벗어나 특이한 구도를 지닌 것을 말한다. 즉, 건립계획에서부터 평면 팔각의 전형을 추구했던 것이 아니라 조각가 내지는 발원자에 의하여 색다른 감각이 요구되었고, 또 건립의 과정에서 그들의 요구가 그대로 실행된 부도로 9세기 조형물이 다양한 양식을 지니고 있음을 잘 보여주는 것으로 생각한다. 필자가 추출한 9세기 석조부도 16기중 이 형식은 2기에 불과하나 兩者는 완전히 다른 양식을 보여주고 있다. 이 형식의 부도로는 먼저 禪林院址弘覺禪師塔을 들 수 있다. 이 부도는 현재 탑신괴임대 까지만 현존하고 있는데 하대 하단석의 사자조식, 상단석의 복엽8판복연문, 중대받침의 굽형괴임대, 상대석의 複葉8瓣仰蓮까지는 앞서 고찰한 일반형부도와 차이점을 볼 수 없다. 그러나 중대석에서 평면 팔각의 형식을 완전히 무시하고 圈雲紋속에 사실적으로 묘사된 3마리의 용이 조식되고 있다. 이러한 형식의 중대석은 신라시대 전반을 통털어 그 유례를 볼 수없는 것으로 고려시대에 건립된 부도에서 볼 수 있을 뿐이다.[37] 그런데 이 부도에서 표현된 용은 9세기의 조형물중 비석의 이수에만 등장하고 있다. 따라서 이 조식은 禪門에서 건립한 조형물에서만 등장함을 볼 수 있는데 圈雲紋과 함께 부조되고 있는 점으로 보아 死身은 天上의 세계에 존재하고 있음을 의미하고 있는 것으로 생각된다. 이 같이 팔각원당형의 형식을 기본으로 하면서 중대석에서만 변화를 보인 것 외에 전체적인 면에서 완전히 변형을 시킨 부도가 출현하고 있는데 鐘形의 형식을 띤 太和寺址十二支像浮屠를 말한다. 이 부도는 탑신석이 鐘型을 보이고 있어 石鍾型浮屠라 불리우고

---

35 정영호,『석조』, 예경산업사, p.238, 연곡사동부도 설명문.
36 이은기, 앞 논문, p.106.
37 고려시대에 건립된 부도중 이 형식의 중대석은 고달사지부도, 고달사원종대사혜진탑, 경북대 석조부도에서 볼 수 있다.

있는데 지대석과 탑신의 2부분으로만 구성되었을 뿐 하대석·중대석·상대석은 모두 생략 되었다. 지대석은 전면에 각면 3구씩, 측면에는 각면 2구씩의 안상이 배치되고 있다. 이같이 지대석의 상면에 종형의 탑신이 바로 놓이고 있는데 중간 아래의 표면에 십이지를 조각하였다. 그리고 중간부 이상은 차차 緩曲되면서 半球形을 이루고 정상에는 작은 돌기를 남기고 있는데 이러한 형태는 마치 寶珠形光背의 상면곡선과도 같다. 탑신의 남면 상부에 龕室이 마련되어 있는데 이 부도에 있어서 사리공은 바로 이 감실일것으로 이곳에 사리구가 장치 되었을 것으로 이러한 위치의 사리공 시설은 후대에 건조된 同系의 부도가 모두 대좌 중앙과 塔身底面에 사리공을 마련한 것과는 전혀 다른 점으로서 이와 같은 龕形 사리공은 우리나라 석종형부도에서 처음 보는 형식이라 하겠다.[38]

이와 같이 선림원지홍각선사탑 및 태화사지십이지상부도에서 탄생된 특수형부도는 신라대를 통털어 보아도 그 예를 찾을 수 없는 특이한 형식으로서 9세기인의 새로운 창의성과 의욕을 잘 보여주는 조형물로 보여진다.

IV. 結語

이상에서 9세기에 건립된 16기의 부도에 표현된 양식에 관하여 정리해 보았다. 앞에서도 언급했듯이 부도는 佛家의 조형물중에서도 승려의 묘탑이라는 특이성 때문에 더욱 화려하고 의미있는 조식이 등장하여 9세기 불교미술의 또다른 면모를 보여주고 있는 것으로 파악 되었다. 이와 같은 양식상의 문제외에 이들의 건립이 모두 문성왕 이후에 진성여왕대에 걸쳐 이루어지고 이는데 이를 구분해 보면 문성왕대 1기, 경문왕대 2기, 헌강왕대 4기, 정강왕대 1기, 진성여왕대에 7기가 건립고 있음을 알 수 있다. 그런데 이는 前代에서는 볼 수 없었던 새로운 형식이고, 다른 조형물과는 달리 墓塔이란 성격을 띄고 있음을 보아 9세기에 있어서도 후기는 새로운 성격과 양식을 지닌 조형물이 탄생되고 있음을 알 수 있다. 나아가 9세기의 부도는 강원도 2기, 충청남도 1기, 경상북도 1기, 경상남도 4기, 전라북도 2기, 전라남도에 5기가 분포되어 있는데 이중 호남지역에 7기가 분포되어 있음을 볼 수 있다. 앞의 표에서도 보다시피 현존하는 실물만으로 볼 때 부도는 일단 강원도에서 건립의 시발이 있었음을 알 수 있다. 그런데 이 부도는 초

---

38 정영호, 앞 박사학위논문, 145. 아울러 이 형식의 부도는 고려시대 및 조선시대에 걸쳐 가장 많이 건립된 것으로 보이는데 그 예로는 신륵사보제존자석종, 금산사석종, 통도사금강계단, 용연사석조계단이 있다. 이외에 각 사찰의 부도전에 건립되어 있는 부도중 대다수가 석종형의 형식을 취하고 있음을 볼 수 있다.

기적인 형식을 보이고 있어 진정한 의미에서 부도의 양식을 완성시켰다고는 볼 수 없다. 따라서 부도에 있어 양식상의 완성은 염거화상탑을 거쳐 대안사적인선사조륜청정탑과 쌍봉사철감선사탑에서 이루어지고 있으며, 더욱이 연대상으로도 나머지 부도에 비해 앞서고 있을 뿐만 아니라 호남지방에 존재하고 있는 점으로 보아 신라석조부도는 대안사 및 쌍봉사에서 양식적인 완성을 이루어 다른 지역으로 전파된 것으로 보인다.

(1994.06 「9世紀 新羅 石造浮屠에 關한 考察」, 『文化史學』 제1호(창간호), 韓國文化史學會)

양양 진전사지부도에 대한 고찰

Ⅰ. 서언

진전사지는 강원도 양양군 강현면 둔전리에 소재한 절터로 통일신라시대에 조성된 석조부도와 삼층석탑이 현존하고 있다. 이 절터는 비록 산간 벽지에 위치하고 있지만, 迦智山門의 開山祖인 道義禪師가 은거했던[1] 유서 깊은 곳으로 사지의 현황과 유물에 대해서는 정영호선생에 의해 상세한 고찰이 진행된 바 있다.[2] 뿐만 아니라 1219년(고려 고종 6)에 당시 14세 였던 一然禪師가 당시 진전사의 長老였던 大雄으로부터 剃度했던 곳이기도 하다.[3] 이 절터는 단국대학교 중앙박물관에 의해 1974년부터 6년간에 걸쳐 시굴조사가 진행된 바 있고,[4] 최근 강원문화재연구소에 의해 발굴조사가 진행된 바 있다.[5] 그간 축적된 문헌과 발굴조사 결과를 종합해 볼 때 진전사는 늦어도 8세기 후반경에 창건되어 여러 차례의 증 개축을 거치며 법등을 이어오다가 조선시대 후기에 이르러 廢寺된 것으로 밝혀졌다.

본고에서 고찰하고자 하는 부도는 冠山으로부터 흐르는 구릉상에 위치하고 있는데, 이로부터 동쪽으로는 삼층석탑이 있는 寺址와 더불어 멀리 동해바다가 조망되고 있다. 이 부도에 대해

---

1 『祖堂集』卷 第17, 4丈.
2 鄭永鎬, 「襄陽 陳田寺址 三層石塔과 石造浮屠」, 『考古美術』83, 考古美術同人會, 1963. 「襄陽 陳田寺址遺蹟調査-石塔과 浮屠의 復元을 契機로」, 『歷史敎育』11·12合輯, 歷史敎育硏究會, 1969.
3 朝鮮總督府, 「義興麟角寺普覺國師靜照塔碑」, 『朝鮮金石總覽』, p.470.
4 檀國大學校 中央博物館, 『陳田寺址發掘報告』, 1989.
5 강원문화재연구소, 『양양 진전사지 발굴조사 지도위원회의 자료』, 2000.

서는 일제강점기에 주목된 된 바 있고,[6] 정영호 선생에 의해 상세한 양식적 고찰이 진행된 바 있다.[7] 이같은 일련의 연구의 내용은 부도에 대한 간략한 소개내지는 주로 양식적인 분석에 중점을 둔 까닭에 이 부도가 지닌 석조미술사상의 중요성과 주인공에 대한 내용은 소략하게 취급된 감이 있다. 때문에 신라석조부도중에서 가장 먼저 건립되었고, 초기적인 양식을 지닌 이 부도가 지닌 의의는 물론 양식적인 면 역시 평면적인 서술에 그칠 것이 아니라 다각도에서 조명되어야 할 필연성이 제기된다. 뿐만 아니라 부도의 주인공 역시 규명해야 할 문제라 생각되는 바, 본고에서는 그간 진행되었던 선학의 연구성과에 힘입어 다음과 같은 주안점을 가지고 기술하고자 한다.

첫째, 진전사지부도가 지닌 양식의 특성을 규명함으로써 이 부도가 당시 사람들의 창안이었음은 물론 신라석부도의 발달에 선구적인 역할을 수행했음을 규명한다.

둘째, 부도가 지닌 양식과 관련 문헌을 검토해 이 부도의 주인공이 道義禪師였음을 명확히 밝고자 한다.

Ⅱ. 양식과 특성

1. 양식

방형의 2층기단과 팔각형의 탑신을 구비한 높이 317cm 규모의 석조부도로 보물 439호로 지정되어 있다.(사진- 1 · 2) 6매의 장대석으로 지대석을 구축하고 호각형 2단의 받침을 조출한 후 2층기단을 놓았다. 하층기단은 4매의 장대석으로 조립되었는데, 각 면에는 양 우주와 1탱주가 모각되었다. 4매의 판석으로 조성된 하층기단 갑석의 상면은 약간의 경사를 두어 같은 시기에 건립된 석탑의 갑석과 같은 양식을 보이고 있다.[8] 중앙에는 각호각형 2단의 받침을 조출해 상층기단을 받고 있다. 이 역시 4매의 판석으로 조립했는데, 양 우주와 1탱주가 모각되어 하층기단과 같은 양상을 보이고 있다. 상면에는 2매의 판석으로 조립된 상층기단 갑석을 놓았다. 갑석의 하면에는 각형 1단의 부연이, 상면에는 각호각형 3단의 받침을 조출해 탑신부를 받고 있

---

6 朝鮮總督府, 『朝鮮寶物古蹟調査資料』, 1942, p.542에 "屯田里部落ノ西方約三百五十間ノ小峰筋ニ在リ舍利塔一基アリ完全"이라 보고되어 있다.

7 주 1과 같음.

8 이같은 양식은 9세기에 건립된 석탑의 상 · 하층 기단의 갑석에서 뚜렷이 보이고 있어 당시 석조물에 유행했던 양식으로 생각된다.

사진-1. 진전사지부도(정면에서)

사진-2. 진전사지부도(측면에서)

사진-3. 진전사지부도 기단부(정면에서)

사진-4. 진전사지부도 기단부(측면에서)

다.(사진 -3 · 4)

탑신부는 탑신받침석, 탑신석, 옥개석으로 구성되어 있다.(사진 -5)

탑신받침석(사진 -6)은 평면 팔각형의 1석으로 조성되었는데, 하면에는 중앙과 각 모서리에 각각 1구씩 모두 16판의 仰蓮이 조식되었다. 이 연화문은 판 내에 5엽으로 구성된 화문이 새겨져 있어 한 층 화사한 앙연대를 이루고 있는데, 이처럼 판내에 화문을 조식한 연화문은 9세기에

사진-5. 진전사지부도 탑신부

사진-6. 진전사지부도 탑신석 받침

사진-7. 진전사지부도 탑신석 문비형

조성된 석조물에서 보편적으로 등장하는 양식으로 파악된 바 있다.[9] 상면에는 각호각형 3단의
받침을 조출해 탑신을 받고 있는데, 중앙에는 26.5cm x 29cm, 깊이 9.5cm 규모의 방형 사리
공이 마련되어 있다.[10] 탑신석 역시 평면 8각형의 一石으로 조성되었는데, 남쪽면에는 門扉形이
모각되어 있다.(사진-7)

옥개석 역시 평면 8각형으로 일석으로 조성되었다. 하면에는 탑신석 보다 조금 넓은 규모로
각형 1단의 받침을 마련해 탑신석에 올려놓았고, 처마의 하단에는 방형의 낙수홈을 조성했다.
낙수면의 경사가 완만하고 합각선이 뚜렷한데, 처마는 수평을 이루다 전각에 이르러 예리한 반
전을 이루고 있어 9세기 석탑의 옥개석과 같은 양식을 보이고 있다.(사진 -8) 정상에는 복엽 8
판의 伏蓮帶를 마련하고, 중앙에는 찰주공이 관통되어 있다. 상륜부는 하면에 단엽 8판의 앙연
이 조식된 연봉형의 圓形 보주가 찰주에 꼽혀있다.

부도의 남쪽에는 장방형으로 조성된 拜禮石이 놓여있다.(사진 -9) 이 배례석은 다른 예와는
달리 측면에는 아무런 조식이 없고, 상면 중앙에만 큼직한 연화문을 조각하고 있다. 연화문은
지름 11.5cm 크기의 圓座를 중심으로 단엽 8판의 화문을 배치하고 있는데, 전체적인 모습에서

9 朴慶植,「蓮花紋의 種類 및 現況」,『統一新羅 石造美術 研究』, 學研文化社, 1994, p.357.
10 鄭永鎬,「襄陽 陳田寺址遺蹟調査-石塔과 浮屠의 復元을 契機로」,『歷史教育』11·12合輯, 歷史教育研究會,
1969, p.319.

사진-8. 진전사지부도 옥개석의 처마 및 반전

사진-9. 진전사지부도 배례석

당시의 作風을 볼 수 있다.

이 부도는 팔각원당형으로 조성되던 신라 석조부도의 통식과는 달리 방형의 기단부와 팔각형의 탑신을 놓아 현존하는 석조부도중 가정 먼저 건립된 것으로 추정되고 있다. 뿐만 아니라 기단에 모각된 탱주의 수, 옥개석에 표현된 여러 양식과 더불어 도의선사와 관련된 기록으로 보아 9세기 중엽에 조성된 것으로 추정되고 있다.[11]

2. 특성

앞서 고찰한 바와 같이 진전사지 부도는 여러 가지 면에서 始原的인 양식을 보이고 있고, 이어 신라석조부도의 典型으로 정착되는 八角圓堂型 석조부도와는 완전히 다른 모습을 보이고 있다. 따라서 이 부도에 구현된 여러 양식은 부도를 처음으로 조성하던 당시 사람들의 고뇌와 노력의 일단이 배어있을 것으로 생각된다. 왜냐하면 팔각원당형 석조부도는 기단으로부터 상륜부에 이르기까지 모두 팔각형의 평면을 구성하고, 각 부위에는 다양하고 많은 조식이 등장함에 비해 이 부도에서는 평면구도는 물론 특별한 장엄 없이 소박하고 깨끗한 느낌을 주기 때문이다. 그렇기 때문에 진전사지부도에 나타난 양식의 특성을 면밀히 규명하면 이 부도가 지닌 석조미술사상의 의의는 물론 이어 건립되는 팔각원당형 석조부도의 연원을 찾을 수 있을 것으로 생각된다.

진전사지 부도에 구현된 제반 양식의 특성은 다음의 몇 가지로 집약될 수 있다.

첫째, 평면구도상에 있어 방형과 팔각형이 조화를 이루고 있다.

현존하는 신라시대의 석조부도는 모두 18기로 이 중 9세기에 건립된 것은 16기로 알려져 있

---

11 鄭永鎬, 주 10의 논문, p.322.

사진-10. 염거화상탑

다. 이들 중 가장 먼저 건립된 것은 844년에 건립된 廉居和尙塔(사진-10)이다. 이 부도는 기단으로부터 옥개석에 이르기까지 완전한 평면팔각의 형태를 띠고 있어 전형적인 八角圓堂型의 양식을 보이고 있다. 뿐만 아니라 같은 시기에 건립된 석조부도는 모두 동일한 양식을 지니고 있어 신라석조부도는 팔각원당형이라는 等式이 성립되어 있다. 그런데 진전사지 부도는 기단부는 방형으로 탑신부는 팔각형으로 조성되어 있어 완전히 다른 양상을 보이고 있다. 때문에 양식의 발전상 이 부도를 가장 먼저 건립된 始原樣式으로 보고 있는 것이다. 결국 서로 다른 평면이 조화를 이루며 부도라는 새로운 형태의 조형물이 탄생되었음을 알 수 있는데, 기단부의 모습은 석탑과, 탑신부는 석등의 그것과 같은 양식임을 알 수 있다.[12]

먼저 기단부의 양식을 보면 하층 및 상층기단 모두 4매의 판석으로 면석을 조립하고, 각 면에는 양 우주와 1탱주를 모두 모각하고 있다. 뿐만 아니라 기단의 갑석은 조립방법과 특히 상층기단 갑석에서의 부연과 탑신받침대의 조출은 완전히 9세기 후기 석탑의 그것과 같은 양상을 지니고 있다.[13]

탑신부를 구성하는 탑신석과 옥개석의 양식과 조립수법은 석등에서 그 원형을 찾을 수 있다. 현존하는 우리나라 最古의 석등은 三國末 百濟下代의 도읍인 부여와 그 以南의 익산지구의 사원 건립에서 조형되었으며 方臺 위에서 8각을 기본으로 삼아 上·下에 八瓣蓮花臺石과 八角四面方窓의 火舍와 八角屋蓋를 각 1석으로써 결구 하면서 건립되었다.[14] 따라서 우리나라 석등의 시원은 백제에 있음을 알 수 있는데, 화사석과 옥개석은 평면 팔각형으로서 각각 별개의 석재로 조성해 조립하고 있다. 이처럼 백제에서 건립되기 시작한 석등은 통일신라시대에 들어 상당수가 건립되는데[15], 모두 삼국시대 이래의 양식을 유지하고 있다. 따라서 이 부도를 구성하는 탑신부의 구성과 양식은 석등의 화사석 및 옥개석과 동일한 방법임을 알 수 있다. 그러므로 진

12 李銀基는 옥개석의 양식이 四天王寺址에서 발견된 석등의 옥개석과 공통점을 지니고 있음을 지적한 바 있다. 「新羅末 高麗初期의 龜趺碑와 浮屠研究」, 『歷史學報』71, 歷史學會, 1976, p.94.

13 朴慶植, 앞 책, P.90.

14 黃壽永, 「彌勒寺址石燈資料」, 『韓國의 佛敎美術』, 同和出版公社, 1974, p.150.

15 통일신라시대에 건립된 석등은 크게 일반형석등·고복형석등·쌍사자석등으로 구분되는데 모두 26기가 확인된 바 있다. 朴慶植, 앞 책, p.35. 8·9세기 석조물 도별 통계표 참조.

전사지부도를 구성하는 양식은 새로운 창안이라기 보다는 삼국시대 이래 축적되어온 석탑과 석등 그리고 다양한 석조물을 조성했던 전통과 기술적 능력이 집결되어 나타난 현상으로 생각된다.

이와 더불어 방형과 팔각형의 조화는 앞서의 견해외에도 부도라는 새로운 조형물을 창작하는 과정에서 안정성을 최우선으로 여긴 까닭에서 기인한 것으로 볼 수 있다.

선종 전래후 처음으로 도의선사의 묘탑을 조성함에 있어 당대인들은 많은 고심을 했을 것으로 생각된다. 그렇지만, 이들은 그간 축적된 석조물을 다루는 기술과 예술적 능력, 기존의 문화적 양상을 모두 집결시켜 가장 안정적이면서도 교리에도 충실한 부도의 양식을 창안했던 것이다. 따라서 기단은 석탑과 같이 방형의 형식을 함으로써 안정감을 확보하고, 탑신은 부도에서 가장 중심이 되는 尊崇한 부분으로서 八角圓堂의 그것을 구현하고 있기 때문에 8각형을[16] 취하게 됨에 따라 다른 나라와는 달리 신라만이 지닐 수 있는 독특한 양식의 석조부도를 건립했던 것이다. 한편 석조부도를 조성했던 당시 사람들의 머리에는 팔각원당형이 자리잡고 있었을 것으로 생각된다. 이는 844년에 염거화상탑이 건립되었고, 진전사지부도가 9세기 중반경에 조성된 것으로 추정됨에서 더욱 그러하다. 결국 양 부도의 時差가 멀지 않음을 추정할 수 있는데, 처음부터 한 번도 조성하지 않았던 팔각원당형의 양식보다는 이미 충분한 조성 능력과 안정성이 확보된 석탑과 석등의 양식을 절충해 진전사부도를 완성하고 이어 염거화상탑을 조성했을 것으로 생각된다.

이상과 같은 생각은 팔각원당형부도의 근원을 불국사 다보탑의 탑신부에서 찾을 수 있다는 견해에 비추어 볼 때[17] 진전사지부도가 지닌 평면구성의 당위성을 뒷받침하고 있다. 한편 신라 석조부도의 양식적 근원을 800년을 전후한 시기에 건립된 것으로 추정하는 唐 鳩摩羅什舍利塔(사진 -11)에 있을 것으로 보는 견해가 있다.[18] 그러나 이 사리탑은 탑신을 제외한 부분은 팔각

사진-11. 당 구마라십부도

16 鄭永鎬, 『新羅石造浮屠研究』, 단국대 대학원 박사학위논문, 1974, p.28.
17 黃壽永, 「多寶塔과 新羅八角浮屠」, 『考古美術』 123 · 124合輯, 韓國美術史學會, 1974, pp.22-25.
18 이 부도에 대해 처음으로 학계에 소개한 金元龍 선생은 "8세기쯤해서 중국식사리탑의 아이디어가 들어왔고 그것을 받아들일 때 신라의 工匠들이 팔각탑신 밑에 재래식의 佛臺座形式을 변화시켜 첨가해 하나의 한국식사리탑을 만들어 냈다고 생각한다."는 견해를 제시해 직접적인 영향보다는 신라석조부도 건립

이 아닌 圓形일 뿐만 아니라 옥개석이 사각지붕의 형식을 보이고 있어 현존하는 신라석조부도
는 물론 진전사지 부도와는 완전히 다른 양상을 보이고 있다. 그러므로 진전사지부도는 김원룡
선생의 견해와 같이 부도의 건립에 따른 아이디어는 唐으로부터 전래되었다 하더라고 직접적
인 조형은 당시 사람들의 창안이었다고 생각된다. 따라서 통일신라시대의 조형물 가운데서 가
장 독창적이고 뛰어난 예술적 감각은 물론 교리적인 면까지도 포용하고 있는 부도는 진전사지
에서 시작되었음을 알 수 있다.

둘째, 팔각형 탑신의 괴임대로 별석받침이 처음으로 채택되고 있다는 점이다.

이 형식의 받침은 9세기의 석조물중 석탑·부도·고복형석등에서 쓰인 일반적인 수법이
다.[19] 이같은 받침은 석탑에서는 847년 作으로 추정되는 성주사지의 석탑 4기에서, 부도에서는
844년에 건립된 염거화상탑에서 채택되고 있다. 따라서 이 형식의 받침은 9세기 중반에 석조
물의 받침으로 채용되기 시작한 것으로 보이는데, 현존하는 석조물의 건립연대순에서 보면 석
탑보다는 부도에서 먼저 사용된 것으로 보인다. 그런데 양식의 발달과정상에서 볼 때 진전사지
부도가 염거화상탑 보다 초기적인 형식을 지니고 있기 때문에 별석받침의 탑신괴임 수법이 바
로 진전사지부도에서 비롯되었음을 시사해 주고 있다고 생각된다.

셋째, 별석받침에 조식된 연화문은 판내에 화문이 있는 單葉 仰蓮이라는 점이다.

연화문은 불교를 상징하는 절대 불변의 조식이다. 때문에 불교조형물에서는 유형에 관계없
이 공통적으로 등장하고 있다. 그런데 9세기에 들어서면 연화문의 양식에 다양한 변화를 보이
고 있다.

삼국시대로부터 조형물에 조식되기 시작한 연화문은 9세기에 이르면 단순히 연꽃을 조각하
던 차원을 넘어 2중·3중의 연화문의 등장과 더불어 내면에 화문을 첨가하는 새로운 양식이 유

의 촉진제 역할을 한 것으로 보고 있다. 金元龍,「塘朝의 舍利塔」,『考古美術』4권 4호, 考古美術同人會,
1963. 반면 정영호선생은 팔각원당형 석조부도의 시발에 보다 직접적인 영향을 준 것으로 파악하고 있
다. 鄭永鎬,『신라석조부도 연구』, 단국대 대학원 박사학위 논문, 1974, p.23.

19 별석의 받침으로 탑신을 받친 경우는 9세기에 건립된 석탑, 부도, 고복형석등에서 공통적으로 나타나는
현상으로 이를 구체적으로 제시하면 다음과 같다. 석탑으로는 경주 서악리삼층석탑, 경주 남산리동삼층
석탑, 법광사지삼층석탑, 성주사지동삼층석탑, 성주사지서삼층석탑, 성주사지중앙삼층석탑, 성주사지오
층석탑, 탑동삼층석탑, 철원 도피안사삼층석탑, 동화사 비로암삼층석탑, 화엄사 구층암삼층석탑, 약사사
삼층석탑에서 볼 수 있다. 부도에서는 염거화상탑, 보림사 보조선사창성탑, 쌍계사 진감선사대공탑, 망
해사지부도, 실상사 증각대사응료탑, 실상사 수철화상능가보월탑, 대안사 적인선사조륜청정탑, 쌍봉사
철감선사탑, 봉암사 지증대사적조탑, 연곡사동부도, 선림원지 홍각선사탑이 있다. 고복형석등에서는 개
선사지석등, 화엄사 각황전 앞 석등, 선림원지석등, 임실 용암리석등에서 그 예를 볼 수 있다.

행을 하게된다. 이같은 유형의 연화문은 719년에 조성한 감산사석조미륵보살입상에서 볼 수 있어 8세기 초반에 이미 등장하고 있음을 알 수 있다. 그러나 당시의 佛座에서는 더 이상 나타나지 않고 있으며, 9세기에 이르러 모든 유형의 조형물에 골고루 등장하고 있다. 따라서 이 형식의 연화문은 같은 유형의 2중 및 3중의 仰蓮이 등장할 수 있는 양식적 기반과 조형감각을 마련한 것으로 보인다.

이같은 추세는 진전사지 부도에서도 예외는 아니었다. 부도에서 가장 중시되는 부분은 탑신이다. 때문에 기단부로부터 탑신에 이르는 全面에 많은 장엄조식이 순차적으로 조식되고 있다. 그렇지만, 진전사지부도는 기단부가 평면 방형인 점과 초기적인 부도인 까닭에 화사함보다는 단순함과 소박함을 택한 것으로 보인다. 즉 이 부도에서 느낄 수 있는 미적 감각은 기교와 화려함보다는 안정감과 질박함 그리고 정제된 깔끔함이다. 그렇지만, 탑신부에 이르르는 당시의 유행하던 양식을 일부 수용했다. 때문에 탑신석을 받치는 받침대에 화문이 내재된 연화문을 조각한 것으로 이는 9세기의 조형물에서는 보편적인 현상이었다.[20] 여기서 주목되는 점은 이어 건립되는 팔각원당형 석조부도에서 공통적으로 탑신 하면에 연화문를 조식하거나, 더욱 화려한 별석받침을 조성하는데, 진전사지부도가 선구적인 역할을 하고 있다는 점이다.

넷째, 탑신부에 門扉形이 모각되고 있는 점이다.

門扉形은 말 그대로 표면에 문을 표현함으로써 내부에 공간이 있고, 실제로 출입할 수 있다는 것을 강력히 암시하는 조식이다. 다시 말해 괴체형의 돌덩어리에 3차원적인 공간의 개념을 부여하고 있는 것으로서, 통일 직후에 건립된 고선사지삼층석탑에서 처음 등장한 이후 8세기에 건립된 경주 장항리사지오층석탑 등에서 그 예를 볼 수 있다. 따라서 문비형은 석탑에서 처음으로 채택한 장엄조식 이었음을 알 수 있다. 부도에서는 진전사지부도에서 채용된 이래 신라시대에 조성된 절대다수의 부도에서 그 예를 볼 수 있다.[21] 이같은 양상은 양 조형물이 목조건

---

20 판내에 화문이 있는 단엽 연화문은 8판과 16판의 2종류가 보이는데, 모두 9세기에 조성된 석불, 부도, 석등에서 확인되고 있다. 이를 구체적으로 제시해 보면 석불은 부석사 자인당석조여래좌상, 선산 해평동 석조여래좌상, 예천 청룡사석조여래좌상, 횡성 상동리석조여래좌상, 관룡사 용선대석조석가여래좌상, 서혈사석조여래좌상, 경주 남산용장사계석조여래좌상, 상주 증촌리석조여래좌상, 석조비로사나불좌상(국박), 동화사 비로암석조비로사나불좌상, 봉화 취서사석조비로사나불좌상, 경북대석조비로사나불좌상(보물335), 불곡사석조비로사나불좌상, 영주 북지리석조비로사나불좌상(2기), 각연사석조비로사나불좌상, 안동 마애동석조비로사나불좌상, 원주군청내 석조비로사나불좌상 1이 있다. 부도와 석등은 각각 봉암사지증대사적조탑, 연곡사동부도와 부인사동방사지석등, 보림사석등에서 볼 수 있다.

21 9세기에 건립된 석탑에서는 성주사지 중앙삼층석탑, 성주사지동삼층석탑, 성주사지서삼층석탑, 경주 창림사삼층석탑, 안동 옥동삼층석탑, 영천 신월동삼층석탑, 단양 향산리삼층석탑, 영국사삼층석탑, 보성 금둔사지삼층석탑, 신구동삼층석탑이 있다. 부도에서는 진전사지부도에 이어 건립되는 염거화상탑, 대

축의 충실한 재현에 중점을 두고 있고, 모두 사리를 봉안하고 있다는데 그 원인이 있는 것으로 생각된다. 나아가 모두 탑신에 조식되는 공통성을 보이고 있는데, 따라서 문비형은 탑신에 사리를 안치하고 있는 석탑과 부도가 지닌 종교적인 속성을 한층 부각시키는 역할을 한 조식으로 생각된다.

III. 도의선사부도의 추정

부도는 승려의 墓塔인 관계로 대부분은 그 주인공을 알 수 있다. 특히 신라석조부도의 경우는 부도와 이에 딸린 塔碑의 존재로 말미암아 부도의 건립연대를 비롯해 승려의 행적은 물론 당시의 정치·사회·경제적인 동향까지도 파악할 수 있는 단서를 제공하고 있다. 그런데 진전사지 부도는 탑비가 파괴된 까닭에 주인공에 대해서는 전혀 파악할 단서가 없었다. 다만 정영호 선생에 의해 道義禪師의 부도로 상정된 바 있었고,[22] 필자를 비롯한 대다수의 연구자가 같은 생각을 하고 있었다. 그럼에도 불구하고 이를 확증할 만한 기록이나 단서를 제시하지 못하고 있었다. 그렇지만, 부도가 지닌 양식과 더불어 다음의 기록을 통해 도의선사의 부도임을 입증하고자 한다.

먼저 양식적인 면을 고려해 볼 때 이 부도는 844년에 조성된 염거화상탑보다 초기적인 양식을 구비하고 있다는 점을 들 수 있다. 염거화상탑은 완벽한 팔각원당형의 양식을 지닌 석조부도이며, 이를 기반으로 신라 석조부도가 발전되고 있음은 익히 알려진 사실이다. 그렇지만, 앞서 언급한 바와 같이 진전사지부도는 기단부와 탑신부에서 파악된 방형과 팔각형의 평면구도와 더불어 탑신받침, 문비형 등에서 다른 부도의 선구적인 모습을 지니고 있었다. 양식은 원초적인 것으로부터 출발해 점차 완성을 향해 발전해 가는 양상을 볼 때 염거화상탑이 진전사지부도 보다 앞서 건립될 수 없다. 더욱이 보림사 보조선사창성탑비문에 염거화상은 雪山 億聖寺에 居하면서 도의선사의 가르침을 받았을 뿐만 아니라 "我國則以儀大師爲第一祖居禪師爲第二祖我師第三祖"라[23] 기록되어 있어 염거화상이 도의선사의 제자임을 밝히고 있다. 따라서 양식적인 면과 門徒의 개념을 형성한 선종의 특성을 감안해 볼 때 진전사지의 부도는 염거화상부도 보다 앞서 건립

안사 적인선사조륜청정탑, 쌍봉사 철감선사탑, 보림사 보조선사창성탑, 봉암사 지증대사적조탑, 망해사지부도, 실상사 증각대사응료탑, 실상사 수철화상능가보월탑, 석남사부도, 연곡사 동부도, 보림사 동부도에서 확인되고 있다.

22 鄭永鎬, 앞 박사학위논문, p.126.
23 朝鮮總督府, 『朝鮮金石總覽』上, 1911, pp.62-63.

되었음은 분명한 사실이라 생각된다.

　이같은 양식상 도의선사부도가 844년에
조성된 염거화상탑보다 먼저 건립되었을 가
능성은 이 부도의 주인공이 도의선사일 가능
성을 높여주는 한 요인이 되고 있다. 이와 더
불어 부도에 딸린 탑비의 존재는 찾을 수 없
지만, 사시에는 이수로 추정되는 석재가 남
아있어 주목된다.(사진 -12) 이 석재는 파손
이 심해 세세한 조식은 알 수 없다. 그러나 前

사진-12. 진전사지부도 이수(추정)

面에서는 雲紋의 일부가 확인되고, 이의 중앙에는 평평하게 다듬어 題額으로 볼 수 있는 부분이
남아있다. 이 부재는 부도의 서쪽 옆 평평한 대지에 대한 발굴조사에서 출토되었는데, 강회다
딤의 기초부와 함께 수습되어 부도에 딸린 탑비의 가능성이 높은 것으로 추정된다.

　이상과 같은 양식적인 추론 외에 부도의 주인공을 명확히 밝혀주는 명문이 확인되었다. 즉,
939년(고려 태조 22)에 건립된 豊基 毗盧寺 眞空大師 普法塔碑의 碑文에

　　…… 그 후 엄명을 받들고 진전사에 도착하니, 기꺼운 바는 직접 도의국사의 유허를 답사하며
　　그 영탑에 예배하고 스님의 진영을 추모하여 영원히 제자의 의식을 편 것이니……[24]

라는 기록이 있다. 여기에서 진공대사가 진전사를 찾아 도의선사의 영탑에 예배하고 그의 진영
을 추모한 것은 바로 이곳에 도의선사의 부도가 존재하고 있었다는 것을 의미한다고 생각된다.
만약 이때 예배한 탑이 삼층석탑이었다면 「靈塔」이란 용어를 사용했을 리 없다. 「靈」자는 신령,
혼백등을 의미하고 있음을 볼 때,[25] 「靈塔」이란 바로 도의선사의 혼이 있는 탑을 지칭하는 것
으로 생각된다. 진전사지에 현존하는 유적 중 도의선사와 관련을 맺을 수 있는 조형물은 부도
외에는 찾을 수 없다. 왜냐하면 승려의 신분으로 삼층석탑을 영탑이라 기록했다고 보기에는 어
딘가 무리가 있다고 생각되기 때문이다. 그러므로 진공대사가 예배했던 영탑은 현재의 부도임
이 분명하고, 眞空大師가 이곳을 찾았을 것으로 추정되는 고려시대 초반에는 이 부도의 주인공
이 도의선사임을 알려주는 비석이나 사찰에서 전하는 내용이 있었을 것으로 짐작된다. 따라서

24　…… 奉遵嚴命得到陳田所喜親踏遺墟禮其靈塔追感眞師之影永申弟子之儀 ……
　　「毗盧庵 眞空大師 普法塔碑」, 『朝鮮金石總覽』 上, 朝鮮總督府, 1919, p.136.
25　張三植 編著, 『大漢韓辭典』, 進賢書館, 1980.

부도가 지닌 시원적인 양식과 더불어 眞空大師 碑文을 볼 때 진전사지부도는 통일신라시대에 선종을 처음으로 전래한 도의선사부도임이 명백하다고 생각한다.

Ⅳ. 맺는말

진전사지부도는 신라석조부도의 발달사상에서 가장 시원적인 양식을 지닌 부도이다. 이는 기단부와 탑신부에 구현된 여러 양식과 더불어 844년에 건립된 염거화상탑과는 완전히 다른 모습을 지니고 있기 때문에 더욱 그러하다. 더욱이 별석으로 조성된 탑신받침과 문비형은 이후 건립되는 신라석조부도의 祖形으로 정착되었을 뿐만 아니라 기단부와 연화문을 비롯해 옥개석의 양식은 9세기에 건립된 다른 석조물과 같은 양식을 지니고 있었다. 뿐만 아니라 선사의 입적에 따라 새로운 조형물을 창안해야만 했던 신라인들은 그간 축적된 석조물에서 확립된 양식을 절충해 唐 鳩摩羅什舍利塔과는 완전히 다른 새로운 양식을 창안했다. 따라서 진전사지부도는 신라부도는 물론 현존하는 모든 석조부도에서 가장 먼저 건립된 始原期의 작품으로 평가된다. 뿐만 아니라 양식적인 면과 豐基 毗盧寺 眞空大師 普法塔碑 비문의 내용으로 보아 진전사에 은거했던 도의선사의 부도가 분명하다고 하겠다. 그러므로 현재 통용되고 있는 진전사지부도에서 도의선사부도로 그 명칭 또한 바뀌어야 할 것으로 생각된다.

(2002.06 「양양 진전사지 부도에 대한 고찰」, 『社會政策論叢』 제14집 제1권, 한국사회정책연구원)

경기도의 석등에 관한 고찰
- 지정된 석등을 중심으로

Ⅰ. 서언

석등은 사찰에서 어둠을 밝혀준다는 실용적인 기능 이외에 석가모니의 가르침을 세상에 전파하여 중생을 제도하고자 하는 상징적 의미를 지닌 佛家의 중요한 상징물이다. 때문에 사찰에서는 석탑과 불상과 함께 석등 역시 필수적으로 조성되는 조형물의 하나였다. 현재까지 확인된 석등은 부재만 남아있는 것을 포함해 모두 270餘基가[1] 전하고 있는데, 대부분이 현존하는 寺刹 혹은 廢寺址에 남아 있음을 보아 사찰을 구성하는 중요한 요인이었음을 알 수 있다. 때문에 석등에 대한 연구는 다른 조형물에 못지 않게 학계의 주목을 받아왔다.[2] 그렇지만, 이같은 일련의

* 이 논문은 2002년도 단국대학교 대학연구비의 지원으로 연구되었음.

1 鄭明鎬,「韓國의 石燈小考」,『東國思想』15輯,東國大學校 佛教大學, 1982, p.71.
2 석등에 관한 대표적인 논고는 다음과 같다.
　國立文化財研究所,『石燈調査報告書Ⅰ-竿柱石 編』, 1999.
　＿＿＿＿＿＿,『石燈調査報告書Ⅱ-異形式 編』, 2001.
　朴慶植,「新羅下代의 鼓腹形石燈에 關한 考察」,『史學志』23,檀國大 史學會, 1990.
　申榮勳,「覺皇殿 前 石燈工事槪要」,『考古美術』6 - 9,考古美術同人會, 1965.
　李蘭英,「天冠寺 石燈에 보여지는 樣式的 要素에 대하여」,『昔步 鄭明鎬 教授 停年退任紀念論叢』, 혜안, 2000.
　張忠植,「統一新羅時代의 石燈」,『考古美術』158 · 159合輯,韓國美術史學會, 1983.
　鄭明鎬,「光州有銘石燈」,『考古美術』37, 한국미술사학회, 1963.
　＿＿＿,『韓國石燈目錄』,考古美術資料 第13輯,考古美術同人會, 1967.
　＿＿＿,「尙州柳谷里三層石塔과 石燈材」,『考古美術』96, 한국미술사학회, 1968.
　＿＿＿,「百濟時代의 石燈 - 彌勒寺址 石燈을 중심으로」,『馬韓 · 百濟文化』창간호, 馬韓 · 百濟文化研究所, 1975.

연구는 대부분이 통일신라시대에 집중되었고, 더욱이 지역적인 분포양상과 특성에 대해서는 연구된 바 없었다.

필자는 그간 경기도의 석조물에 대한 연구 결과를 발표한 바 있다.[3] 이 논문 역시 경기도에 현존하는 석조물의 현황과 특성을 규명 하고자 하는 일련의 작업가운데서 이루어졌다. 미술사에 연구에서 통시대적인 연구도 중요하지만, 그간의 연구 성과를 바탕으로 지역적인 특성을 규명하는 것 또한 중요한 작업이라 판단되었기 때문이다.

본고에서는 경기도에 존재한 석등 중 문화재로 지정된 석등의 양식에 대해 상세히 고찰하고, 이들이 지닌 우리나라 석등에서 지닌 특성과 위상을 규명하고자 한다.

II. 양식

경기도에 건립되어 있는 석등 중 지정된 것은 고달사지석등(보물 282호), 신륵사 보제존자석종 앞 석등(보물 보물 231호), 화암사지쌍사자석등(보물 389호), 회암사지 지공선사부도 앞 석등(유형문화재 제49호), 회암사지 나옹화상부도 앞 석등(뮤형문화재 제50호)의 5기이다. 이들은 모두 고려시대로부터 조선시대에 걸쳐 조성된 것으로 전형적인 석등의 양식을 보여주고 있다. 그러나 전체적인 면 또는 부분적인 면에서 특수형석등의 양식도 지니고 있어 매우 다채로운 양식을 볼 수 있다. 본 장에서는 이들 석등이 지닌 양식에 대해 구체적으로 살펴보고자 한다.

_____, 「浮石寺石燈에 對하여」, 『佛敎美術』 3, 東國大 博物館, 1977.

_____, 「長興天冠寺 新羅石燈」, 『考古美術』 138 · 139 合輯, 韓國美術史學會, 1978.

_____, 「韓國石燈小考」, 『東國思想』 15, 1982.

_____, 「彌勒寺址 石燈에 대한 硏究」, 『馬韓 · 百濟文化』 6, 馬韓 · 百濟文化研究所, 1983.

_____, 「韓國의 石燈小考」, 『東國思想』 15, 東國大學校 佛敎大學, 1982.

_____, 「符仁寺 東便 金堂庵址 雙火舍石燈에 관한 考察」, 『龍巖車文燮博士華甲紀念 史學論叢』, 1989.

_____, 「高麗時代 石燈 造形에 대한 硏究」, 『中齊張忠植博士華甲紀念論叢 歷史學編』, 1992.

_____, 「通度寺 觀音殿 앞 〈不等邊八角石燈〉에 관한 考察」, 『伽山李智冠스님 華甲紀念論叢 韓國佛敎文化思想史』 卷下, 1992.

_____, 『韓國石燈의 研究』, 檀國大學院 博士學位論文, 1992.

_____, 『석등』, 대원사, 1992.

_____, 『韓國石燈樣式』, 民族文化社, 1994.

鄭永鎬, 「鷲棲寺의 塔像과 石燈」, 『考古美術』 7 - 4, 考古美術同人會, 1966.

黃壽永, 「百濟 彌勒寺址出土 石燈資料」, 『韓國의 佛敎美術』, 同和出版公社, 1974.

3 朴慶植, 「京畿道의 石造美術에 대한 考察」, 文化史學 9집, 韓國文化史學會, 1998.

_____, 「京畿道의 石塔에 대한 考察-指定된 石塔을 中心으로」, 文化史學 10집, 韓國文化史學會, 1999.

1. 고달사지석등(사진- 1~5)

이 석등은 본래 경기도 여주군 북내면 상교리에 자리한 고달사지에 있었으나, 1959년에 현재의 서울특별시 종로구 세종로 경복궁으로 옮겨졌다. 하대석에는 쌍사자를 배치하고 있을 뿐만 아니라 간주석에서도 전형적인 양식과는 다른 면을 보이고 있어 특수형석등으로 분류되고 있다.

전체적으로 볼 때 상륜부만을 상실했을 뿐 기단으로부터 옥개식에 이르기까지 완전한 양식을 보이고 있다.[4] 지대석은 방형으로 각 면에는 6괄호형의 안상이 각각 2구씩 조식되었을 뿐이다. 상면에는 방형 받침과 쌍사자가 일석으로 조성된 하대석을 놓았다. 사자는 2마리 모두 판석형의 받침에 붙여서 좌·우에서 앞발을 앞으로 내밀고 웅크리고 앉아 서로 마주보는 형상을 보이고 있다. 가지런하게 표현된 네 발과 단정하게 표현된 갈귀와 꽉 다문 입과 이빨의 표현등을 보아 動的인 모습이라기 보다는 매우 靜的인 느낌을 주고 있다. 때문에 통일신라시대에 조성된 쌍사자 석등은 모두 두마리의 사자가 뒷발로는 하대석을 딛고, 앞발로는 상대석을 받치며 힘차

사진 - 1. 고달사지쌍사자석등(복원 전)

사진 - 2. 고달사지쌍사자석등(복원 후)

4 본래 석등의 옥개석이 결실된채 이전되어 있었으나, 2000년 기전매장문화재연구원에서 실시한 고달사지 발굴조사에서 수습되어 현재는 완전한 모습으로 복원되어 있다.

사진 - 3. 고달사지쌍사자석등 기단부

사진 - 4. 고달사지쌍사자석등 화사석

게 조성된 것과는 다른 면을 보이고 있다.[5] 이같은 차이는 사자가 배치된 위치와 더불어 안정감의 확보에 따른 결과라 생각된다. 즉 간주석 전체를 사자로 대치할 경우 상부의 화사석을 받치기 위해서는 사자의 모습에서 앞 · 뒤발에 힘을 주어야 하는 까닭에 자연스레 힘찬 표현이 이루어지게 되어 있다. 그러나 이 석등의 경우는 하대석에 배치된 관계로 통일신라시대의 양식을 계승할 경우 간주석의 처리가 문제로 대두될 것은 자명한 사실이다. 다시 말해 간주석이 놓일 공간의 확보는 물론 전체적으로 석등이 너무 높게 조성되는 결과를 초래했을 것으로 판단된다. 때문에 하대석에 놓인 사자의 모습은 자연스레 웅크린 모습으로 변화되어, 등에 간주석을 놓을 수 있도록 배려한 것이라 생각된다. 이럴 경우 포효하는 사자의 모습으로 조각되었다면 상면에 놓인 부재 전체가 불안정한 느낌을 주었을 것으로 보인다. 따라서 단정하고 정적인 느낌을 주도록 사자를 조각하고 웅크린 자세로 배치해 쌍사자석등의 양식을 계승하면서도 또 다른 변화를 주어 새로운 양식의 석등을 조성했다. 사자의 등 사이에와 뒷면의 공간에는 운문를 가득 양각한 높직한 단을 마련해 간주석이 놓일 수 있는 안정적 면을 확보했다. 따라서 전체적으로 볼 때에 간주석은 사자가 받치고 있지만, 실제로는 운문이 받치고 있는 모습을 구현하고 있어 이채롭다.[6]

간주석은 2매의 석재로 구성되었다. 운문대 위에 놓인 부재는 일석으로 조성하였는데, 하면을 널찍하게 조성해 안정감을 부여하고, 상면에는 주변에 운문이 조식된 높직한 괴임을 조출해

---

5 통일신라시대에 조성된 쌍사자석등은 법주사쌍사자석등, 영암사지쌍사자석등, 중흥산성쌍사자석등이 있는데 모두 간주석에 쌍사자를 배치한 공통점을 지니고 있다.

6 이처럼 하대석에 운문을 조각해 간주석을 받는 예는 평면 팔각의 일반형석등에서는 그 예를 볼 수 없다. 그렇지만 9세기에 건립된 선림원지석등, 임실 용암리석등, 화엄사각황전앞 석등에서 볼 수 있다. 뿐만 아니라 같은 시기에 건립된 보림사 보조선사창성탑(880년), 봉암사 지증대사적조탑(883년), 쌍봉사 철감선사탑(868년), 실상사 수철화상능가보월탑(893년), 석남사부에서 볼 수 있어 9세기에 건립된 부도와 고복형 석등에서 발생된 양식이 계승되고 있음을 볼 수 있다.

간주석을 받고 있다. 간주석은 중앙에 돌출된 방형의 부재를 중심으로 상·하면이 대칭을 이루고 있어 9세기에 조성된 고복형석등의 간주석과 유사함을 보이고 있다.[7] 하면에 조성된 부재는 사다리꼴의 형상으로 상면을 편평하게 다듬어 부재를 받도록 조성되었다. 네면에는 운문이 조식되었다. 상면에 놓인 부재는 방형으로 간주석의 상·하면에 놓인 부

사진 - 5. 고달사지쌍사자석등 기단부 사자

재보다 넓게 조성해 안정감을 부여하고 있다. 상면에는 낮은 각형 1단의 받침을 조출해 상면의 부재를 받고 있다. 간주석의 상면에 놓인 부재는 역사다리꼴의 형상으로 네면에는 보상화문[8]을 측면에 초화문을 조각하고 있어 전체적으로는 부등변팔각형의 형태를 보이고 있다. 상대석은 一石으로 조성되었는데 부등변팔각형의 형상을 지니고 있다. 하면에는 가장 하면에 각형 2단의 받침을 조출한 후 각 면 중앙과 모서리에 각각 1구씩 모두 8판의 복엽 앙연을 조식했고, 화문의 사이에는 간엽을 배치했다. 상면에는 낮은 각형 1단의 받침을 조출했다. 화사석 역시 부등변 팔각형의 형태로 8면중 넓은 면에는 화창을 개설했다. 아울러 좁게 표현된 면은 안쪽으로 석재의 면을 깎아 우주를 표현하고 있다. 옥개석은 화사석과 같이 부등변팔각형의 모습이라는 점을 제외하면 일반형석등의 그것과 같은 양식을 지니고 있다. 대부분의 모서리가 파손되어 원형을 상실했지만, 부분적인 모습을 본래의 모습을 학인할 수 있다. 하면에는 각호각형 3단의 받침을 조출했을 뿐, 처마의 하단에는 아무 조식이 없다. 낙수면의 경사가 완만하고 합각선이 뚜렷해 전각의 반전이 경쾌하다. 상면에는 복엽 16판의 伏蓮臺를 조출했다. 상륜부는 모두 결실되었다.

이 석등은 통일신라시대에 완성된 쌍사지석등과 고복형석등의 양식을 계승하면서도 방형과 팔각형의 평면구도를 지니고 있어 고려 나름대로의 석등양식을 창안한 것으로 보인다. 전체적인 양식으로 보아 고려시대 초기에 건립된 것으로 추정된다.

2. 신륵사 보제존자석종 앞 석등(사진- 6~10)

평면 팔각형의 구도를 지닌 석등으로 나옹스님의 사리탑 앞에 건립되어 있다. 팔각형의 높직

7 9세기에 건립된 고복형석등은 청량사석등, 개선사지석등,,선림원지석등, 화엄사 각황전앞 석등, 실상사석등, 임실 용암리석등의 6기로 이들은 모두 간주석이 상·하대칭을 이루는 공통점을 지니고 있다. 朴慶植, 『統一新羅石造美術研究』, 學研文化社, 2002. p.248, 고복형석등양식표 참조.

8 정명호, 『韓國石燈樣式』, 民族文化社, 1994, p.256.

사진 - 6. 신륵사 보제존사석종과 석등 전경

사진 - 7. 신륵사 보제존사석종 앞 석등

사진 - 8. 신륵사 보제존사석종 앞 석등 기단부

한 지대석 상면에 각각 1석으로 조성한 기단부 · 화사석 · 옥개석 · 상륜부를 순차적으로 놓아 모두 5매의 석재로 구성되었음을 알 수 있다. 이 중 기단부가 다른 석등에 비해 낮게 조성되어 마치 팔각원당형 석조부도의 기단을 보는 듯 하다. 지대석은 평면 8각의 형태로 아무런 조식이 없다. 1석으로 조성된 기단부는 하대 · 중대 · 상대의 3부분으로 구성하였는데, 전체적으로 낮게 조성되어 부도 및 부상의 대좌와 같은 느낌을 주고 있다. 하대석에는 복엽 16판의 伏蓮이 조식되었고, 잘룩한 간주석에는 각 모서리에 蓮珠紋으로 구획을 나눈 후 내면에 亞자형의 안상을 배치하고 있다. 상대석에는 복엽 16판의 앙연을 조식했는데, 상면에는 아무 받침없이 편평하게 다듬어 화사석을 놓았다.

팔각형의 평면을 지닌 일반형석등의 화사석은 다른 부재와 같이 화강암을 사용하고 있음에 비해 이 석등에서는 납석제를 사용해 높게 조성되어 특이한 면을 보이고 있다. 화창은 각 면에 1개씩 모두 8개을 개설했는데, 사라센계통의 완만한 곡선의 花頭窓 양식을 따르고 있다.[9] 각 면

---

9 鄭明鎬, 주 9의 책, p.252.

의 모서리에는 원형의 기둥을 두고 율동감 넘치는 蟠龍紋을 섬세하게 양각했고, 상면에는 평창과 창방을 조각해 목조건축의 의도를 표현하고 있다. 뿐만 아니라 창방과 화창 상면의 공간에는 하강하는 형태의 비천을 高浮彫로 양각했다. 화사석에 다른 석등과는 달리 목조건축의 표현과 더불어 반용과 비천을 배치하고 있음은 납석을 재료로 선택한 까닭에 섬세한 조각이 쉬웠기 때문이라 생각된다.

사진 - 9. 신륵사 보제존사석종 앞 석등 화사석

팔각형의 옥개석은 비교적 낮게 조성되었는데, 우동이 두툼하게 표현되었다. 반원형을 이루는 처마는 높직한데, 轉角의 반전이 예리해 둔중감을 면하고 있다. 하면에는 1단의 옥개받침과 낙수홈이 마련되어 있다. 정상에는 옥개석과 1석으로 조성한 覆鉢위에 연봉형의 寶珠을 놓아 상륜부를 구성하고 있다.

이 석등은 나옹화상의 부도 바로 前面에 위치하고 있어 가람배치상의 석등과는 다른 일면을 보여주고 있다. 이같은 상황은 조선시대에 이르러 부도 앞에 건립되는 석등의 조형일 뿐만 아니라[10] 조선시대의 무덤에 등장하는 장명등의 조형을 이루는 고려말기의 대표적인 석등이라 하겠다.[11] 전체적인 양식으로 보아 나옹화상의 부도와 탑비가 건립되던 1379년(고려 우왕 5)에 건립된 것으로 추정된다.

사진 - 10. 신륵사 보제존사석종 앞 석등 화사석의 비천상

---

10 조선시대에 이르러 부도 앞에 건립된 석등으로는 가평 현등사 부도 앞 석등, 회암사 지공 · 나옹 · 무학대사 부도 앞 석등, 중원 청룡사 보각국사정혜원융탑 앞 석등이 있다.

11 鄭明鎬, 앞 책, p.253.

3. 회암사지쌍사자석등(사진- 11~14)

무학대사의 부도 앞에 건립되어 있는 석등으로 전체적으로 평면 방형의 형태를 보이고 있는데, 간주석에 2마리의 사자가 배치되어 쌍사자석등이라 불리우고 있다. 방형의 지대석과 하대석을 한 돌로 조성했다. 하대석의 상면에는 8판의 단판복연을 조각하였는데, 내면에는 여의두문을 조식하고 있다. 상면에는 각형 1단의 받침을 조출해 간주석을 받고 있다.

간주석에는 2마리의 사자가 마주보며 상대석을 받치고 있다. 양 사자는 꿇어앉은 형상으로, 뒷발은 하대석을 딛고, 앞발과 머리는 상면을 항해 상대석을 떠받치고 있는 형상이다. 바깥쪽을 향한 머리에는 운문과 유사한 두발과 더불어 눈과 코가 묘사되었고, 하면에는 같은 3개의 운문이 고사리형을 이루며 형성한 꼬리와 화염보주 형태의 털이 조각되어 있다. 이처럼 두 마리의 사자가 간주석을 구성하는 것은 통일신라시대에 조성된 쌍사자석등에서 확립된 양식이지만, 힘차고 생동감있게 조각되었던 당시의 사자에 비해 둔감한 모습을 보이고 있다. 그러나 한

사진 - 11. 화암사지 무학대사 부도와 쌍사자석등 전경

사진 - 12. 회암사지 쌍사자석등 기단부

사진 - 13. 회암사지 쌍사자석등

번 확립된 조형물의 양식은 時空을 넘어 계승되고 있음을 확인할 수 있는 좋은 예라 생각된다. 상대석의 하면에는 각형 1단의 받침이 조출되었고, 측면에는 각면 중앙과 모서리에 각 1구씩 모두 복엽 8판의 앙연이 조식되었다. 화사석은 2매의 판석을 세워 구성한 까닭에 2면에만 화창이 개설되었고, 나머지 면에는 아무런 조식이 없다.[12] 화사석의 네 모퉁이에는 원형 기둥이 표현되어 있다.

사진 - 14. 회암사지 쌍사자석등 화사석

옥개석은 사모지붕의 형태로 가장 상면에 놓인 보주까지 일석으로 조성되었다. 옥개석의 하면에는 평방과 뺄목 등 목조건축의 구조를 간략하게 표현하고 있는데, 추녀는 완만한 원형을 그리며 전각에 이르고 있다. 낙수면의 경사는 급한 편으로 각 모서리의 합각선은 두툼하게 추녀마루를 구현했다. 때문에 완만한 곡선을 이루는 처마선과 조화를 이루며 비교적 날렵한 반전을 이루고 있다. 정상에는 2단의 圓座 상면에 보륜과 보주를 놓았다.

이 석등은 앞서 언급한 바와 같이 9세기에 확립된 쌍사자석등의 양식을 계승하고 있어 이 계통의 석등이 넓은 시간폭을 지니며 건립되었음을 잘 보여주고 있다. 뿐만 아니라 고려시대 말기에 확립된 양식을 계승하면서 조선시대 석등의 양식을 잘 보여주고 있다. 아울러 앞서 언급한 신륵사 보제존자석종 앞 석등에서와 같이 부도 앞에 건립됨으로써 기존의 배치법을 벗어난 특이한 일면을 보이고 있다. 이 석등은 무학대사의 입적이 1405년임을 보아 조선시대 초기에 건립된 것으로 추정된다.

4. 지공선사부도 앞 석등(사진- 15~16)

회암사의 능선에는 지공 · 나옹 · 무학대사의 부도가 위로부터 순차적으로 건립되어 있는데, 가장 상면에 위치한 지공선사의 부도 앞에 건립되어 있는 석등이다. 하대석으로 부터 옥개석에

---

12 이같은 2매의 판석을 사용해 완성한 화사석은 같은 사역 내에 있는 지공선사부도 앞 석등과 나옹선사부도 앞 석등 및 청룡사 보각국사정혜원융탑 앞 석등에서도 볼 수 있어 조선시대 초기에 유행했던 양식임을 알 수 있다. 그러나 공민왕릉에 있는 장명등에서 이미 이같은 양식의 화사석을 볼 수 있어 고려말기에 시작된 양식이 조선시대 전기에 석등의 한 양식으로 정착되었음을 알 수 있다.

사진 - 15. 회암사지 지공선사부도와 석등 전경　　　　사진 - 16. 회암사지 지공선사부도 앞 석등

이르기까지 평면 방형의 형태를 보이는 석등이다. 기단부는 하대석·중대석·상대석을 모두 구비하고 있다. 하대석은 다른 석등과는 달리 지대석을 놓지 않은 것으로 판단되는데, 측면이나 상면에는 아무런 장식 없이 소박하게 조성했다. 간주석 역시 정방형의 형태로 각 면에는 아무 조식이 없다. 상대석은 하면을 경사지게 처리하였고, 상면은 편편하게 치석했는데, 각 면의 모를 약간 죽였다.

　　화사석은 2매의 판석을 놓아 조성한 까닭에 화창은 2개소에만 개설되어 경내에 건립된 다른 석등과 같은 양식을 보여주고 있다. 옥개석은 사모지붕의 형태로 낙수면의 경사가 완만하고, 합각선이 두툼하게 표현되었다. 추녀는 수평을 유지하고 있다. 정상에는 1단의 받침을 조출한 후 노반과 一石으로 조성된 보륜 및 보주를 놓았다. 이 석등은 방형의 전형양식으로 공민왕릉의 장명등의 전통을 계승한 양식으로[13] 1372년에 부도가 건립된 점으로 보아[14] 같은 시기에 조성된 것으로 추정된다.

13　鄭明鎬, 앞 책, p.271.
14　지공선사의 부도 앞에는 탑비가 건립되어 있는바, 비문에 " (전략) 壬子九月十六日 以 王命樹浮屠於檜岩寺 (후략)"라 기록되어 있어 석등의 건립연대를 추정할 수 있다. 京畿道, 『京畿金石大觀』, 「檜岩寺提納溥陀尊 者指空浮屠碑」, 1982, p.36.

5. 나옹선사부도 앞 석등(사진- 17~18)

나옹선사의 부도 앞에 건립되어 있다. 지
대석으로 부터 옥개석이 이르기까지 모두 평
면 방형의 형태를 지니고 있어 앞서 고찰한
지공선사부도 앞 석등과 같은 양식임을 알 수
있다.

사진 - 17. 회암사지 나옹선사부도와 석등 전경

기단부는 지대석·하대석·중대석·상대
석을 모두 구비하고 있는데 각각 일석으로 조
성되었다. 지대석은 상면 바깥면의 모를 죽
여 약간 경사지게 처리하였다. 하대석 역시
각 면 상면의 모를 죽였는데, 아무런 조식을
하지 않은 괴체형의 모습을 지니고 있다. 중
대석 역시 정방형의 형태로 아무 조식이 없어
소박한 면을 보이고 있다. 상대석은 하면을
경사지게 처리하였고, 상면은 편평하게 다듬
었을 뿐 아무런 조식이 없다.

화사석은 2매의 판석을 놓아 조성한 까닭
에 화창은 2개소에만 개설되어 경내에 건립
된 다른 석등과 같은 양식을 보여주고 있다.
화창의 전면에는 기둥이 모각되어 있다. 옥개

사진 - 18. 회암사지 나옹선사부도 앞 석등

석은 사모지붕의 형태로 낙수면의 경사가 완만하고, 합각선에는 추녀마루가 두툼하게 표현되
었다. 추녀는 완만한 U자형을 그리다 전각에 이르러 반전되어 비교적 날렵한 반전을 보이고 있
다. 정상에 놓인 상륜부는 일석으로 조성되었는데, 연화문이 새겨진 받침과 복발 및 보주가 순
차적으로 구성되어 있다.

부도 앞에 건립된 선사의 탑비가 1381년에 건립된 점으로 보아[15] 석등 역시 비슷한 시기에
건립된 것으로 추정된다.

---

15 京畿道, 앞 책, 「檜岩寺禪覺王師懶翁浮屠碑」, p.55.

Ⅲ. 특성

이상에서 도내에 건립되어 있는 석등 중 유형문화재로 지정된 석등 4기에 대해 살펴보았다. 분명 4기라는 숫자는 전국적으로 파악된 270여기[16]에 비해 적은 예임은 분명하다. 하지만, 4기의 석등은 麗末鮮初라는 시대적 변환기의 독특한 양식은 물론 성격 변화까지 보여주고 주목된다. 이 장에서는 앞서 고찰한 개별적인 양식을 통해 경기도에 건립되어 있는 석등의 특성에 대해 고찰하고자 한다.

먼저 경기도내에 건립되어 있는 석등을 정리해 보면 다음의 표로 집약된다.

석등명	소재지	건립시기	지정번호
고달사지 쌍사자석등	원) 여주군 고달사지 현) 경복궁	고려초	보물 282호
신륵사 보제존자석종 앞 석등	여주군 신륵사	1379년(고려 우왕5)추정	보물 제231호
회암사지 지공선사부도 앞 석등	양주군 회암사지	1372년(고려 공민왕5)추정	유형문화재 제49호
화암사지 나옹화상부도 앞 석등	양주군 회암사지	1381년(고려 우왕7)추정	유형문화재 제50호
회암사지 쌍사자석등	양주군 회암사지	1405년(조선 태종3) 추정	보물 제389호

위의 표에 나열된 4기의 석등은 나름대로 양식과 위치상의 문제에 있어 독특함을 보이고 있는데, 이를 통해 경기도내에 구체적으로 살펴보고자 한다.

첫째, 4기의 석등에 표현된 양식상의 독특함을 들 수 있다. 이들 석등은 양식적으로 공통점을 지녔다기 보다는 나름대로의 특성이 한껏 발휘되어 있는데, 각각의 석등이 지닌 특성을 살펴보면 다음과 같다.

고달사지쌍사자석등과 회암사지쌍사자석등은 일단 통일신라시대에 확립된 이 계열의 양식식이 고려와 조선시대에 걸쳐 조성됨으로써 문화의 연속성이라 면을 잘 보여주는 조형물이다. 본래 석등의 간주석에 쌍사자를 배치하는 경우는 신라말기인 9세기에 이르러 건립된 것으로 법주사쌍사자석등, 영암사지석등, 중흥사지쌍사자석등이 남아있다. 이 유형의 석등은 고려시대에 이르러 고달사지에 단 한기만 조성되었고, 조선시대에도 앞서 언급한 것 외에 화암사와 중원 청룡사지의 석등의 예에서만 찾을 수 있는 독특한 양식이다. 따라서 우리나라 쌍사자석 등의 맥은 신라말기에 발생되어 고려시대의 고달사지, 조선시대의 회암사지로 이어지고 있음을 알 수 있다. 비록 분분적으로 조형감각이 통일신라의 그것에 미치지는 못하지만 나름대로

---

16 주 2와 같음.

의 개성과 창의성을 발휘하고 있음에서 문화의 계승과 발전이란 측면에서 주목된다. 뿐만아니라 쌍사자가 배치된 특수형 석등은 통일신라시대의 것을 제외하면 단 3기만 조성되었는데, 이 중 2기가 존재한다는 것은 경기도의 불교문화가 지닌 특수성의 일단을 명확히 보여주는 예라 생각된다.

고달사지 석등은 사자의 배치 방식에 있어서 통일신라시대에 확립된 획일적인 양식에서 탈피해 웅크리고 앉은 모습으로 변화시킴으로써 고려 나름대로의 새로운 양식을 창안했다. 이는 앞·뒷발로 힘있게 화사석을 받치는 자세보다는 웅크리고 앉음으로써 더 안정적인 자태를 유지할 수 있다는데 착안한 것으로 생각한다. 더욱이 통일신라시대의 쌍사자석등은 사자가 간주석의 역할을 하지만, 고달사지석등은 별도의 간주석을 조성했기 때문에 설계 당시부터 이에 대한 배려가 있었던 것으로 예측된다. 나아가 통일신라시대의 것은 쌍사자가 마주보는 자세라면 고달사지의 것은 웅크리고 앉아 고개만 살짝 틀어 서로 대화를 나누는 듯 정감있는 자태를 보이고 있다. 따라서 석등의 건립에 쌍사자의 배치라는 아이디어는 통일신라시대에서 빌려왔지만, 고려인의 석조물에 대한 새로운 감각을 엿볼 수 있는 예라 생각된다. 이같은 여러 측면에서 볼 때 고달사지석등은 신라 양식의 계승적인 면과 더불어 이를 조형물의 특성에 맞게 변화시킨 독특한 예라 생각된다.[17] 아울러 간주석에서 고복형석등의 양식을 채용해 다신 변화시킨 점 또한 주목된다. 고복형석등 역시 9세기에 건립된 새로운 양식의 석등이다. 하지만, 이 계열 석등의 간주석에서 확립된 원형의 평면에 상·하대칭의 원칙은 고달사지쌍사자석등에서 평면을 방형을 바꾸는 변화를 보이고 있다. 따라서 고달사지쌍사자석등은 9세기에 확립된 쌍사자 및 고복형석등의 양식을 총체적으로 종합해 고려인 나름대로의 예술성과 감각을 살려 조성한 석등으로 생각된다.

회암사 쌍사자석등은 비록 사자의 형상은 단순화되었지만, 정통적인 이 계통 양식을 계승하고 있다는 점에서 그 의의를 찾을 수 있다. 특히 고려시대에 건립된 고달사지쌍사자석등에서 보여준 변화를 따르지 않고 있어 時空을 넘어 연결되는 문화의 끈질긴 생명력을 보여주는 작품이라 생각된다. 뿐만 아니라 화사석에서 기존의 전형적인 양식을 탈피해 전·후면에만 화창을 개설하고 모서리에 원주를 모각한 양식은 화암사의 석등에서만 볼 수 있는 특수한 면으로 생각된다.[18] 더욱이 옥개석 하면에 모각된 목조건축의 양식은 다른 석등에서는 표현되지 않았던 수법이어서 더욱 주목된다. 물론 조선초기에 건립된 원각사지10층석탑에서도 완벽하게 구현한

---

17 이같은 면은 조선시대에 건립된 청룡사 보각국사정혜원융탑 앞 사자석등에서도 볼 수 있다.
18 이같은 수법은 공민왕릉장명등이나 같은 사역에 건립된 나공 및 나옹선사부도 앞 석등에서도 볼 수 있어 麗末鮮初에 들어 경기도지역에서 새롭게 성립한 새로운 양식으로 생각된다.

목조건축의 양식을 볼 수 있다. 그렇지만, 삼국시대 이래 석조 조형물의 저변에 구축된 목조건축의 재현이란 측면이 조선시대 이르기까지 변함 없이 지속되고 있음을 볼 수 있다.

보제존사석종 앞 석등이 지닌 양식에서 종래의 전형적인 석등에서 변화되는 모습으로는 기단부의 축소, 화사석의 사용된 석재 및 양식 그리고 성격의 변화를 들 수 있다.

먼저 기단부의 변화로는 종래의 전형적인 석등에서는 간주석을 높게 조성했음에 비해 이 석등에서는 전체적으로 낮게 조성하고 상대석과 하대석을 넓게 조성해 마치 부도의 기단을 연상케하고 있다. 뿐만 아니라 고복형석등을 제외한 평면 팔각의 석등에서는 간주석에 아무 조식이 없는 반면, 이에서는 연주문과 안상을 조각하고 있다. 따라서 기존의 석등 간주석에서 완전히 탈피한 새로운 양식을 보여주고 있는데, 이는 부도 및 불상대좌와 같은 양상을 보이고 있다.[19] 이같은 양상은 동일한 종교적 목적하에 건립된 조형물은 비록 장르를 달리하면서도 서로 유기적인 관계를 맺고 있음을 직접 보여주는 예라 생각된다.[20]

화사석에 있어 기존의 석등에서는 기단부와 같은 재질의 석재를 사용하고 있음에 비해 이에서는 납석을 사용하고 있어 이채롭다. 이는 석등의 조성시 이미 화사석에 많은 장엄을 가하기 위해 사전에 계획된 조치라 생각된다. 더욱이 화사석에 베풀어진 많은 조각을 보아 단단한 화강암을 사용하기보다는 비교적 무른 납석을 채용하는 것이 더 유리하다는 판단이 작용했을 것으로 보인다. 뿐만 아니라 삼국시대 이래 건립되던 전형적인 석등의 화사석에 표현된 조식은 사천왕상과 보살상이 전부인데 반해[21] 이에서는 隅柱, 蟠龍, 飛天像을 비롯해 목조건축의 요소인 창방과 평방까지 표현하고 있어 다른 석등에서는 볼 수 없는 유일한 예를 보이고 있다. 아울러 화창에 구현된 사라센 양식[22]은 당시 서역과의 문화교류가 활발했음을 보여주는 증거로 신륵사가 남한강변에 위치하고 있다는 지리적 여건에서 등장한 것으로 생각된다. 즉 남한강은 서해로 연결되어 항시 수로를 통해 새로운 문화를 수입하기 쉬운 조건을 지니고 있었다. 따라서

---

19 부도 · 불좌 · 석등은 서로 유형을 달리한 조형물이지만, 기단부에서는 양식상 일맥상통하는 현상을 보이고 있다. 같은 양상은 이미 통일신라시대의 조형물에서 나타나는 것으로 필자가 그 관계를 고찰한 바 있다. 朴慶植, 『統一新羅石造美術硏究』, 學硏文化社, 1994, p.299.

20 이같은 예는 이미 통일싱라시대에 조성된 조형물에서 볼 수 있는데, 특히 기단부에서 잘 몰 수 있다. 박경식, 앞 책, pp.283-303 참조.

21 전형적인 석등에서 사천왕상이 조각된 것은 법주사사천왕석등, 해인사석등, 합천 백암리석등과 더불어 청량사석등과 영암사지쌍사석등과 같은 특수형 석등에서 그 예를 볼 수 있다. 보살상은 부석사 무량수전 앞 석등이 유일한데 이들은 모두 9세기에 건립되었다는 시대적인 공통점을 지니고 있다. 그렇지만 고려시대의 석등에서는 옥구 발산리석등에서만 화사석에 사천왕이 조식된 예를 볼 수 있어 이 시대에는 석등의 화사석에 佛敎像을 조식하지 않는 것이 보편적인 상황이었음을 알 수 있다.

22 주 20과 같음.

여주는 당시 수도인 개성과 가깝다는 점과 더불어 남한강변에 있어 인근 지역에서와 같이 새로운 문화를 수용하기 쉬운 지리적 이점을 확보하고 있었다.[23] 그러므로 신륵사석등에 서역문화의 영향이 나타남은 지극히 당연한 결과로 이는 당시 여주가 지녔던 새로운 문화수용의 한 양상을 보여주는 예라 하겠다. 뿐만 아니라 부도의 전면에 배치됨으로써 불교적인 성격의 석등이 장명등으로 전환하는 결정적인 계기를 조성함과 동시에 이같은 유형의 한 규범을 완성했다는 데 성격상의 변화를 볼 수 있다.

회암사시에 건립된 지공 및 나옹선사의 부도 앞에 건립된 석등은 사각형의 평면을 지니고 있다. 현존하는 우리나라 最古의 석등은 삼국말 百濟下代의 도읍인 부여와 그 以南의 익산지구의 사원 건립에서 조형되었으며 方臺 위에서 8각을 기본으로 삼아 上·下에 八瓣蓮花臺石과 八角四面方窓의 火舍와 八角屋蓋를 각 1석으로써 결구 하면서 건립 되었다.[24] 따라서 발생 초기에 확립된 평면 8각의 형식은 통일신라시대에 이르러 건립된 절대다수의 석등에서 이 양식을 채용함으로써 절대적인 구도로 정착하게 되었다. 이 시기에 건립된 석등에서는 고복형석등의 간주석에서 변화를 보일 뿐 팔각형이 주류를 이루고 있다. 그런데 고려말에 건립된 회암사지의 양 석등에서는 지대석으로부터 옥개석에 이르기까지 모두 사각형의 평면을 지니고 있어 전형적인 양식과는 완전히 다른 면을 보이고 있다. 현존하는 석등의 양식을 볼 때 크게 3종류로 분류되는데 제1양식은 8각이요, 제2양식은 6각, 제3양식은 4각으로 나뉘고 있으며, 석등의 중간 구성부인 竿柱石의 형태에 따라 鼓腹石으로 된 것, 雙獅子로 된 것, 八角柱石으로 나뉘고 있다.[25] 이같은 분류에 의하면 이들 석등은 제3양식에 속하는 것으로서 앞 시대에서는 그 예를 찾을 수 없는 점으로 보아 회암사지에서 확립된 양식이라 생각된다.[26] 뿐만 아니라 화사석에서는

---

23 남한강변에 건립된 조형물에서 서역문화의 영향을 볼 수 있는 대표적인 석조물로는 경복궁에 이전되어 있는 법천사지광국사현묘탑을 들 수 있다. 이 탑은 본래 강원도 원주시 부론면 법천리의 법천사지에 있었는 바, 이 사지 역시 남한강변에 위치하고 있다. 이 탑의 표면에는 많은 장엄이 조각되어 있는데, 이 중 사리용기, 연주문, 보상화문, 아치형창 등은 서역문화와 영향으로 보고 있다. 李榮姬, 「法泉寺智光國師玄妙塔에 關한 硏究」, 『考古美術』173호, 韓國美術史學會, 1987, pp.62-63.

24 黃壽永, 「彌勒寺址石燈資料」, 『韓國의 佛敎美術』, 同和出版公社, 1974, p.150.

25 金元龍, 『韓國美術史』, 汎文社, 1968, p.202.

26 평면방형의 석등은 고려 공민왕릉의 장명등과 칠릉동 고려왕 제 1능에서 볼 수 있지만, 이들은 엄밀한 의미에서 볼 때 장명등이지 불교적인 의미의 석등이 아니므로 논외로 한다. 뿐만 아니라 고려시대에 건립된 석등 중 중원 미륵리사지사각석등, 개성 현화사지사각석등·개성 개국사지사각석등, 논산 관촉사석등, 고령읍내 사각석등이 사각석등으로 분류되고 있다 하지만, 이들은 간주석과 하대석 등에서 부등변팔각형, 또는 팔각형의 구도를 볼 수 있어 엄밀한 의미에서 볼 때 여러 양식이 절충된 것이지, 평면방형의 석등은 아니라 생각된다. 아울러 조선시대에 건립된 양산 통도사 세존비각 사주형 방형석등이 있으나 이 역시 간주석에서 부등변팔각형의 형상을 볼 수 있다. 반면 가평 현등사부도 앞 석등은 완전한 사각형의 평면을 지니고 있다. 정명호, 앞 책, pp.241-248 및 p.260 참조.

평면이 방형으로 바뀜과 동시에 양면에 판석을 놓아 2개의 화창만을 개설하고 있다. 전형양식이라고 하는 팔각형의 석등에서는 화사석이 기단에 비해 짧을 뿐만 아니라, 1매의 原石을 다듬어 팔각형의 평면을 구성한 후 안쪽을 파내 4개의 화창을 개설하고 나머지 4면에는 일부에 한하여 菩薩이나 四天王을 조각하고 있다. 이같은 양식은 전체 평면을 방형으로 구성한 것과 더불어 앞 시대의 석등과는 확연히 구분되는 변화상임과 동시에 도내 석등이 지닌 특수성과 양식적인 파격성을 잘 보여주는 예라 하겠다.

둘째, 통식과는 달리 부도의 앞에 건립됨으로써 長明燈으로 그 성격이 변화하고 있음을 보여주고 있다.

우리나라의 가람배치상 석등은 발생초기부터 대웅전이나 석탑의 전면에 위치하는 것이 하나의 규범이었다.[27] 그런데 道內의 석등은 모두 부도의 전면에 놓여 있어 가람배치와는 무관한 성격을 보이고 있다. 이처럼 석등에서 규범을 벗어난 배치는 양양 선림원지에서 비롯된 것으로 보고 있다. 즉 선림원지석등은 홍각선사탑비 앞에 건립되어 있으며, 탑비의 귀부 머리가 석등을 향하고 있어 이는 선사의 명복을 비는 獻燈으로 이용된 것으로 파악하고 있다.[28] 이를 보아 석등이 가람배치의 규범에서 벗어나 다른 용도로 사용된 것은 9세기에 이르러 발생한 것은 분명하다. 그러나 통일신라시대에 건립된 것으로 파악된 25기의 석등[29]중 선림원지석등을 제외하면 불교전래 이래 확립된 가람배치의 원칙을 유지하고 있다. 그러므로 선림원지에서 시작된 석등 배치의 파격적인 변화는 설악산지역 석조물이 지닌 특수성으로 이해할 수 있다.[30] 그런데 경기도내의 석등은 고달사지의 것을 제외하면 모두 부도의 전면에 위치하고 있어 앞 서 시도된 파격적인 변화가 정착되고 있음을 명확히 보여주고 있다.

부도는 승려의 사리를 봉안한 구조물임을 볼 때 일반적인 개념으로는 무덤이다. 다시 말해 佛家만이 지닐 수 있는 독특한 무덤의 한 양식으로 이해할 수 있다. 반면 석등은 부처님의 진리와 자비가 불빛을 통해 사바세계로 뻗어나 모든 중생을 구원한다는 개념을 지니고 있다. 결국 등이 지닌 밝음의 속성은 부처님이라는 등식과 함께 이를 통해 모든 이의 마음을 선한 것으로 바꾼다는 의미를 지닌 것으로 이해할 수 있다. 이같은 성격을 지닌 석등이 부도 앞에 건립됨으로써 본래의 성격과는 다른 일면을 지니게 된 것이다. 결국 무덤 전면에 들어선 장명등과 같

27 이같은 가람배치의 규범은 미륵사지에서 처음 시도된 이래 그대로 정착된 것으로 생각된다.
28 정명호, 앞 책, p.176.
29 박경식, 앞 책, p.38 참조.
30 朴慶植, 「9世紀 新羅 地域美術의 硏究-雪嶽山의 石造造形物을 中心으로」, 『史學志』28집, 1995, pp. 585-615 참조.

은 성격으로 변화한 것으로 이해된다. 장명등은 무덤 앞에 건립됨으로써 죽음의 세계를 밝힘으로써 時空의 흐름이 사후에도 연장됨과 동시에 墓域을 밝힌다는 조명의 역할을 겸비하고 있다. 따라서 부도 앞에 건립되는 석등은 선사의 묘역을 밝힘과 동시에 비록 육신은 죽었지만, 그의 말과 가르침은 항상 존재하며 우매한 대중을 일깨우고 있다는 면으로 이해될 수 있다고 생각한다. 결국 부도앞 에 건립된 석등은 일반적으로는 장명등으로 그 성격이 변화한 것으로 생각된다. 나아가 불교적으로는 부처님의 가르침이 영원하듯이 부도 주인공의 가르침 역시 永遠不滅 하나는 것을 상징적으로 보여주는 것이라 생각한다.

이상과 같은 관점에서 생각할 때 경기도에 건립되어 있는 석등에서는 기존의 틀을 깨고 무덤 앞에 건립되는 장명등으로 그 성격이 변화하고 있음을 명확히 보여주고 있다고 생각된다.

Ⅳ. 결론

석등은 동양 삼국중 우리나라에서 가장 발달했던 불교 조형물의 하나이다. 뿐만 아니라 삼국시대에 양식과 건립 위치가 완성되어 전국적으로 270여기가 확인될 만큼 우리의 역사와 함께 궤를 같이해 왔던 문화유산의 하나이다.

본고에서 중점적으로 고찰했던 경기도의 석등 역시 주로 고려시대와 조선시대 초기에 건립된 것으로 비록 수적으로는 4기에 불과하다, 하지만, 고찰한 바와같이 앞 시대의 양식을 계승하면서도 나름대로는 새로운 변화를 시도했던 매우 독특함을 지닌 것으로 파악되었다.

먼저 양식의 계승이란 측면을 보면 전형석등의 평면이 팔각형이 유지되면서, 통일신라시대에 확립된 쌍사자석등이 건립되고 있다. 이같은 양상은 고려와 조선시대를 아우르며 건립되고 있음을 보아 경기도 지역의 석조문화는 앞 시대의 전통을 계승하면서 개혁과 변화를 추구하고 있음을 알 수 있다.

이에 반해 새로운 변화로는 앞 시대의 양식을 계승하면서도 다양한 면에서 찾을 수 있어 매우 주목되는 현상으로 생각된다. 이는 고달사지석등의 경우 사자를 웅크리고 앉힘으로써 전체적으로 석등에 안전감을 부여함과 동시에 간주석에서는 고복형석등의 그것을 변화시켜 석등 전체적으로 볼 때 전형적인 팔각형의 석등에 쌍사자와 고복형의 간주석이 결합된 새로운 양식을 탄생시켰다. 뿐만 아니라 신륵사 보제존자석종 앞 석등에서는 화사석을 기존에 사용하던 화강암 대신 납석을 사용해 전례없는 다양한 조식을 가했다. 뿐만 아니라 이에서 사라센 양식이 찾아지는 점은 남한강을 통한 새로운 문화가 지속적으로 유입되어 정착되고 있음도 잘 보여주고 있다. 이와 더불어 회암사지에서는 평면구도가 완전히 사각형으로 조성된 석등이 조성되고 있어 종래에 확립된 팔각형의 평면구도에서 새로운 형태의 석등이 건립되고 있음도 파악되었다. 뿐만 아니라 가람배치상 금당과 석탑의 관계속에서 자리하던 석등이 이제는 부도의 전면에 건립됨으로써 장명등으로 그 성격이 이행되고 있음을 명확히 보여있다. 결구구 고려시대 말부터 무덤 앞에 등장해 조선시대에 이르러 보편화되는 장명등의 건립 근원이 바로 경기도의 석등에서 이룩되었음을 알 수 있었다.

이상과 같은 결과를 볼 때 경기도에 건립되어 있는 석등에서는 다른 조형에서와 같이 앞 시대의 전통을 유지하면서도 지속적으로 새로운 변화를 추구하고, 이를 정립한 것으로 생각한다. 더불어 이같은 변화는 고려 및 조선시대의 왕도가 도내에 자리하고 있다는 당시의 정치 · 사회적 분위기와 문관하지 않았을 것으로 생각된다.

(2002.12 「京畿道의 石燈에 관한 考察 : 지정된 석등을 중심으로」, 『文化史學』 제18호, 韓國文化史學會)

新羅下代의 鼓腹形石燈에 關한 考察

Ⅰ. 序言

　인류가 출현한 이래 이들에게 있어 가장 중요한 발견을 꼽으라면 아마도 불의 사용을 첫번째로 주목하리란은 것은 당연한 일로 여겨진다.인간에게 있어 불은 대체로 취사, 난방, 조명의 3가지 목적을 충족시켜 주는 중요한 역할을 한 것으로 보여진다.

　이렇듯 인류의 실생활에 이용된 불은 종교에 있어서도 중요한 역할을 한 것으로 보이는데 오늘날에도 어느 종파를 막론하고 예배의식에 중요한 요소로 등장함은 본래의 기능 이외에 교리에 대한 신성과 신비를 포용하고 아울러 이의 전파를 상징하고 있음을 짐작할 수 있다.

　本稿에서 다루고자 하는 석등 역시 각 寺刹에서 어둠을 밝혀준다는 실용적인 기능 이외에 석가모니의 가르침을 세상에 전파하여 중생을 제도하고자 하는 상징적 의미를 지닌 佛家의 중요한 상징물이었다.

　한반도에 불교가 전래된 이래 사찰의 건립에는 불상, 석탑과 함께 석등이 건립 되었는 바, 部材만 전하는 것을 포함하여 모두 270餘基가[1] 전하고 있으며 대부분이 현존하는 寺刹 혹은 廢寺址에 남아 있음을 보아 사찰을 구성하는 중요한 요인이었음을 알 수 있다.그러나 이에 대한 연구는 석탑, 불상등 다른 조형물에 비해 밀도있게 진행되지 못하고 있는 실정이다. 더우기 필자가 논제로 삼은 고복형석등은 신라하대인 9세기에 이르러 발생한 새로운 양식계열의 석등임에

1　鄭明鎬,「韓國의 石燈小考」,『東國思想』15輯, 東國大學校 佛敎大學, 1982, p.71.

도 불구하고 이에대한 본격적인 논의는 진행된 바 없었다.[2]

주지하다시피 신라하대는 수많은 귀족들이 서로 죽고 죽이며 왕위를 찬탈하던 정치적 혼란기였으며 이러한 혼란을 틈타 지방호족의 세력이 팽창하고, 일반백성은 이러한 혼란가운데서 신음하던 시기였다.따라서 이 시기의 조형미술의 내면에는 겉으로 드러난 美的인 요소외에 당시의 긴박했던 상황을 내포하고 있다고 생각된다.즉, 신라성대의 조형미술이 경제적 풍요와 정치적 안정을 포용하고 있다면 하대의 미술에서는 점차 멸망의 길을 걷고있는 신라의 숨결과 다시한번 영화를 되찾고자 했던 몸부림이 내포되어 있다고 생각한다.본고에서 고찰하고자 하는 고복형석등 역시 이와같은 맥락 가운데서 건립 되었다고 믿어지는 바, 필자는 현존하는 淸凉寺石燈, 開仙寺址石燈, 禪林院址石燈, 華嚴寺 覺皇殿앞 石燈, 實相寺石燈, 任實 龍巖里石燈등 6기의 석등에 다음과 같은 주안점을 가지고 서술하고자 한다.

첫째, 현존하는 6기의 고복형석등이 지닌 공통적인 양식을 파악하고,

둘째, 고복형석등의 양식은 갑자기 발생한 것이 아니라 당시에 조성된 불교적 조형물과 밀접한 관련이 있음을 밝히고,

세째, 이러한 유형의 석등이 9세기에 이르러 등장함은 당시의 시대상황과 밀접한 관련이 있었음을 규명하고자 한다.

II. 鼓腹形石燈의 樣式

현존하는 우리나라 最古의 석등은 三國末 百濟下代의 도읍인 부여와 그 以南의 익산지구의 사원 건립에서 조형 되었으며 方臺 위에서 8각을 기본으로 삼아 上·下에 八瓣蓮花臺石과 八角四面方窓의 火舍와 八角屋蓋를 각 1석으로써 결구 하면서 건립 되었다. 아울러 신라에 있어서도 현존하는 부재로 보아 같은 양식의 석등이 건립된 것으로 보이는데, 완형의 실물을 남기지 못한 까닭에 통일신라시대에 건립한 석등에서부터 遺品을 볼 수 있다.

2 9세기의 석등에 대해 연구분석한 논문으로는
申榮勳, 「覺皇殿 前 石燈工事槪要」, 『考古美術』6-9, 考古美術同人會, 1965.
鄭永鎬, 「鷲棲寺의 塔像과 石燈」, 『考古美術』7-4, 考古美術同人會, 1966.
鄭明鎬, 『韓國石燈의 樣式變遷』, 東國大學校大學院碩士論文, 1970.
_____, 「浮石寺石燈에 對하여」, 『佛敎美術』3, 東國大學校 博物館, 1977.
_____, 「長興天冠寺 新羅石燈」, 『考古美術』138·139 合輯, 韓國美術史學會, 1978.
_____, 「韓國의 石燈小考」, 『東國思想』15輯, 東國大學校 佛敎大學, 1982.
張忠植, 「統一新羅時代의 石燈」, 『考古美術』158·159 合輯, 韓國美術史學會, 1983.

사진-1. 청량사 석등

사진-2. 개선사지 석등

사진-3. 선림원지 석등

사진-4. 화엄사 각황전 앞 석등

　석등의 양식은 크게 3종류로 분류되는데 제1양식은 8각이요, 제2양식은 6각, 제3양식은 4
각으로 나뉘고 있으며[3], 석등의 중간 구성부인 竿柱石의 형태에 따라 鼓腹石으로 된 것, 雙獅子
로 된 것, 八角柱石으로 나뉘고 있다.[4] 본고에서 고찰하고자 하는 고복형석등은 석등을 구성하
는 基壇部, 火舍石, 相輪部의 3요소중 기단부에 속한 竿柱部의 변화에 의하여 붙여진 이름으로
이들의 양식계열은 기본평면 구도가 모두 8각을 유지하고 있는 점으로 보아 8각형석등의 양식
계열에 속한다고 보아야 할 것이다.

3　鄭明鎬, 「浮石寺 石燈에 대하여」, 『佛教美術』 3, 東國大學校博物館, 1977, p.34.
4　金元龍, 『韓國美術史』, 汎文社, 1968, p.202.

사진-5. 실상사 석등

사진-6. 임실 용암리 석등(현 진구사지 석등)

사진-7. 청량사 석등 하단석 조식

사진-8. 화엄사 각황전 앞 석등 간주석 받침

9세기에 이르러 건립된 鼓腹形石燈은 앞서 열거한 6기의 석등이 현존하고 있는 바, (사진 1-6) 이들이 보여주고 있는 양식을 정리해 보면 다음의 표-1 로 집약된다.

표를 통하여 볼 때 6기의 석등이 지니고 있는 양식적 공통점은 다음과 같다.

먼저 석등의 基壇部는 下臺石, 竿柱石, 上臺石의 3부분으로 구성되고 있는 바, 下臺石은 地臺石, 下段石, 上段石, 竿柱石받침의 4요소로 구성됨을 볼 수 있다.

지대석은 현재 매몰되어 형태를 알 수 없는 華嚴寺 覺皇殿 앞 石燈을 제외하면 방형과 8각형이 고루 사용되고 있음을 알 수 있다.

표 1. 고복형 석등 양식표

石燈名	基壇部 下段石 — 地臺石	下段石 — 下石	上段石	壇 — 竿柱石 받침	竿柱部 — 竿	火舍石(石)
淸凉寺石燈	방형	방각형에 香爐, 眼象內 獅子 彫飾	방각형, 瓣伏蓮 귀꽃 / 複葉 8瓣端에	상면에 24葉 單瓣伏蓮과 孤形 2단의 받침 괴임대	상·중·하의 3부분으로 구성, 상은 각각 16엽 單瓣蓮華紋, 중단은 2條의 羅紋帶, 하단은 2條의 羅紋帶	상·중·하의 3부분으로 구성
實相寺石燈	팔각형	팔각형, 眼象	방각형, 瓣伏蓮, 귀꽃 / 複葉 8瓣端에	2단의 圓形 받침	중단은 3조의 線紋을 매치고 하단은 16瓣蓮華를 돌리고 상단과 동일	상·하에 複瓣蓮華, 8瓣
開仙寺址石燈	방형	缺손	방각형, 瓣伏蓮 귀꽃 / 複葉 8瓣端에	角形 괴임대	상단은 雲紋있는 圓形이며 중심으로 상·하에 각각 圓形 괴임, 하단은 無紋	圓形
華嚴寺覺皇殿앞石燈	배(방형)	팔각형, 眼象	방각형, 瓣伏蓮 귀꽃 / 複葉 8瓣端에	각형 1단, 渦紋帶 상면에 굴림형 받침	상단은 모를 세운 8각의 平板, 중단은 扁球形 子房있는 2條의 帶, 4葉花紋 매치	상·하의 複葉 8瓣 火紋 8
禪林院址石燈	방형	방각형, 眼象	방각형, 瓣伏蓮 귀꽃 / 複葉 8瓣端에	渦紋帶 상면에 굴림형 받침	중단은 圓形帶의 渦紋帶로 상·하 구성, 8곳에 花紋 배치	火窓 8곳에 花紋 8
任實 龍巖里石燈	팔각형	방각형, 眼象	방각형, 瓣伏蓮, 귀꽃 / 複葉 8瓣, 귀꽃	角形 1단의 받침위에 渦紋帶	중단은 상·하에 複瓣 8瓣의 蓮華帶, 상·하단은 각각 2단의 圓形 渦紋帶	複瓣 8瓣 2단의 蓮華紋, 圓形

石燈名	上臺			火舍石		屋蓋部		相輪部	年代	높이
	下面받침	蓮華紋	火舍石받침	火窓	表面彫飾	屋身	蓋石			
淸涼寺石燈	角形 2 단	8葉單瓣仰蓮端에 각각 2개의 突起 上蓮端瓣	角形 2 단	4	四天王像, 火窓 사이에 突起 및 구멍	각형 2 단 받침, 낙수홈, 정교한 처마반전, 상면에 8葉單瓣伏蓮臺, 및 구멍		寶蓋 1 석	9C 중기	3.4m
實相寺石燈	圓形 2 단	花單瓣仰蓮	無	8	火窓 사이에 門扉形 模刻	角形괴임을 조각한 8葉單瓣伏蓮 彫飾	2重 8瓣伏蓮	露盤, 寶蓋, 寶珠	9C 중기	5m
開仙寺址石燈	渦紋있는 圓形받침 및 角形 1단	瓣內에 花紋있는 複葉 8葉仰蓮	궁형괴임대	8	銘文	귀꽃蓮蓬	16각, 單葉 8瓣伏	소형 석제 重積	868	3.5m
華嚴寺覺皇殿앞 石燈	角弧角형 3단	瓣內에 花紋있는 單葉 8葉仰蓮	궁형괴임대	4	無紋	낙수홈, 귀꽃, 상면에 單葉 8瓣伏蓮臺		露盤, 仰花, 寶蓋, 덮음	9C 후기 (880~900)	6.36m
禪林院址石燈	角弧角形 3단	複葉 8瓣仰蓮	궁형괴임	4	門扉形, 각 단을 하나의 장방형 額緣內에 眼象 1구씩 음각	角弧角形 3단받침, 귀꽃, 複葉 8瓣의 伏蓮臺, 複葉 8瓣의 蓋石		결실	9C 후기 (880~900)	2.92m
任實 龍巖里 石燈	1단의 圓形괴임대	瓣내에 花紋있는 單葉 8葉仰蓮	궁형괴임대	8	無	3단 각형괴임, 귀꽃, 낙수홈, 伏蓮帶		露盤, 仰花	9C 후기 (880~900)	5.18m

下段石은 모두 8각형을 기본평면으로 각 측면에는 모두 각면 1구씩의 眼象이 조식되어 있는 바, 淸凉寺石燈에서는 眼象內에 獅子 및 香爐가 조식되어 있다.(사진 -7) 8각형의 하단석에 조식된 眼象은 당시에 건립된 대부분의 불상 및 부도의 대좌에서 공통적으로 보이는 현상이다.그러나 淸凉寺石燈에 보이는 獅子와 香爐는 다른 석등에서는 볼 수 없는 조식으로[5] 당시에 건립되는 대부분의 부도 및 불상의 기단에서 조식되고 있다.上段石 역시 8각을 기본평면으로 複葉8瓣의 伏蓮이 조식되어 있는 바, 각 蓮瓣의 간지에는 연판의 중앙부가 촘촘히 조식되어 있으며 끝부분에 이르러는 모두 큼직한 귀꽃을 조식하고 있는 바, 이 역시 같은 시기에 조성된 대부분의 조형물에서 볼 수 있다.[6] 上段石의 상면에는 모두 간주석을 받기위한 받침이 마련되어 있는데 開仙寺址石燈과 實相寺石燈, 任實 龍巖里石燈을 제외한 3기의 석등에는 모두 굽형괴임대가 마련되어 있으며 이중 華嚴寺 覺皇殿 앞 石燈과 禪林院址石燈은 渦紋臺 상면에 굽형받침을,

(사진-8, 9) 任實 龍巖里石燈에서는 각형 1단의 받침위에 渦紋臺를 마련하여 간주석을 받고 있다.(사진-10) 이와같은 간주석받침에서 우선 주목되는 것은 굽형괴임대의 출현인데, 기단부의 하대석에서 중대석을 받기위한 굽형괴임대는 함통연간에 건립된 모든 조형물에서 나타나는 공통적인 현상으로 파악된 바 있다. 즉 9세기에 건립된 조형물중 중대석 받침으로 굽형괴임대를 사용한 예는 불상및 부도, 석등의 대좌에서 볼 수 있는 바, 불상에서는 桐華寺 毘盧庵 石造毘盧舍那佛坐像, 到彼岸寺 鐵造毘盧舍那佛坐像, 奉化 鷲棲寺 石造毘盧舍那佛坐像, 永川 華南洞 石佛坐像, 慶北大學校藏 石造毘盧舍那佛坐像, 法住

사진-9. 선림원지 석등 간주석 받침

寺 石佛坐像, 浮石寺 石造毘盧舍那佛坐像, 靑龍寺 石佛坐像, 榮州 北枝里 石造如來坐像2基, 善

5 석등의 하단석에는 대부분이 眼象을 조식하고 있으나 陜川 靈岩寺址雙獅子石燈만은 사자를 조식하고 있다.

6 上段石에서 귀꽃이 조식됨은 鐵原到彼岸寺 鐵造毘盧舍那佛坐像의 대좌에서 처음으로 등장하여 이후의 각종 대좌에 등장하고 있으며, 複葉8瓣의 伏蓮은 9세기에 조영된 대부분의 불상 및 부도의 대좌에서 나타나는 공통적인 형상이다.

金和英,「韓國 佛像臺座形式의 硏究(2)-石造臺座(1)」,『史學志』4輯, 1970, p.152.

拙稿,「新羅 景文王代의 石造美術에 關한 硏究-基壇部樣式을 中心으로」,『史學志』22輯 1989, PP.85-136 참조.

사진-10. 실상사 석등 간주석

사진-11. 임실 용암리 석등(현 진구사지) 간주석 받침

山 海平洞 石造如來坐像, 佛谷寺 石造如來坐像, 順興 聖穴寺 石造毘盧舍那佛坐像, 豊基 毘盧寺 石造如來坐像 및 毘盧舍那佛坐像이 있으며, 부도로는 雙峯寺 澈鑒禪師塔, 禪林院址 浮屠, 雙谿寺 浮屠, 聖住寺 朗慧和尙白月保光塔이 있다. 석등에서 굽형받침대를 구비한 예는 浮石寺 無量壽殿앞 석등과 長興 天冠寺의 석등이 있다.[7] 아울러 동시에 등장하는 渦紋臺는 주로 부도의 기단에서 볼 수 있다.[8]

간주석은 불상 및 부도의 中臺石에 해당하는 부분으로 종래의 단순한 8각형의 구도에서 탈피하여 많은 변형을 가한 부분으로서 고복형석등이란 명칭은 바로 이 부분에서 비롯된 것이다.

본고에서 고찰하는 6기의 석등은 모두 간주석이 상 · 중 · 하의 3부분으로 구성되어 있는 바, 상 · 하단은 대부분이 연화문을 조식하고 있으며 중단은 가장 많은 변형을 보이는 부분으로 다음과 같이 2종류로 나눌수 있다.즉, 중간부에 橫帶를 형성하여 화문을 배치한 것과(사진-11), 연화문을 상 · 하에서 마주보게 배치한 경우인 바(사진-12), 前者는 淸凉寺石燈, 華嚴寺 覺皇殿 앞 石燈, 實相寺石燈, 禪林院址石燈에서 後者는 開仙寺址石燈과 任實 龍巖里石燈에서 볼 수 있다.아울러 이들 중간부는 전체적인 면에서 偏球形의 형식을 취하고 있는데 이는 부도의 중대석에서도 볼 수 있어 주목된다.즉, 9세기에 이르러 건립된 石造浮屠中 寶林寺普照禪師彰聖塔

7 黃壽永,「新羅 聖住寺大朗慧和尙白月保光塔의 調査」,『考古美術』9권 11호, 考古美術同人會, 1968.
　金和英,「韓國 佛像臺座形式의 硏究(2)-石造臺座(1)」,『史學志』4집, 檀國大學校 史學會, 1970.
　鄭明鎬,「長興天冠寺新羅石燈」,『考古美術』138 · 139 합집, 韓國美術史學會, 1978.p.p. 112-115 참조.
　____,「浮石寺 石燈에 對하여」,『佛敎美術』3, 東國大學校博物館, 1977, pp.34-36.
　拙稿, 前揭論文, p.100.
8 9세기에 건립된 부도의 기단에서 渦紋臺가 조식되어 중대석을 받고있는 경우는 雙谿寺浮屠, 寶林寺普照禪師彰聖塔, 實相寺秀澈和尙楞伽寶月塔, 石南寺浮屠에서 볼 수 있으며 이후 건립되는 고려시대의 부도에서도 다수의 예가 있다.

(880년)의 중대석에는 眼象과 橫線紋이, 石南寺浮屠와 鳳林寺眞鏡大師寶月凌空塔에서는 眼象과 그 중간에 2條의 띠를 두르고 각 면에 花紋을 배치하여 고복형석등에서 보이는 意匠과 동일한 형식을 보이고 있어 주목된다.

상대석은 기단부의 가장 윗부분으로 석등의 중심부인 火舍石을 받고 있는 부분이다.

이 부분의 하면에는 받침으로 角形, 角弧角形 또는 圓形의 괴임이 다양하게 표시되어 바로 윗면의 仰蓮臺를 받고 있다. 仰蓮은 대부분이 모두 瓣內에 花紋이 있는 單葉 혹은 複葉8瓣의 蓮華紋으로 간지에는 모두 연판의 중앙부가 촘촘히 조식되고 있는 바, (사진-13) 이 역시 같은 시기의 조형물에 나타나는 上臺石의 仰蓮과 일치하고 있다.[9] 仰蓮臺의 상면에는 화사석을 받기위한 받침이 조출되어 있는 바, 開仙寺址石燈(사진-14), 禪林院址石燈(사진-15), 華嚴寺 覺皇殿 앞 石燈(사진-16), 任實 龍巖里石燈(사진-17)에서는 모두 굽형괴임대를 마련하여 火舍石을 받고 있다. 이와같

사진-12. 개선사지 석등 간주석

사진-13. 임실 용암리 석등(현 진구사지) 상대석 앙련

사진-14. 개선사지 석등 화사석 받침

은 굽형괴임대는 같은시기에 조형된 석탑, 부도의 탑신괴임대에서도 공통적으로 나타나는 수법으로[10] 석등에서는 고복형의 유형에서만 볼 수 있다. 따라서 이와같은 굽형받침의 등장은 다른 유물과의 비교를 통해 이들 고복형석등의 건

----

9 瓣內에 花紋이 조식된 蓮華紋은 9세기 전기에 발생되어 景文王代(咸通年間)에 이르러 臺座의 한 양식으로 정착된 것으로 보이는 바, 이 시기의 仰蓮은 대부분이 重瓣仰蓮임에 비해 鼓腹形石燈은 單瓣仰蓮인 점이 다르나 造形意思는 동일한 것으로 보인다.
　　拙稿, 前揭論文, pp.118-119의 표 참조.

10 석탑에서 탑신괴임으로 굽형괴임대의 형식이 등장함은 828년에 조성된 法光寺址3層石塔에서 초기적인 형식이 등장하여 大中年刊에 건립된 聖住寺址의 석탑에서 정착되고 있다. 아울러 부도에서는 9세기 중반에 건립된 陳田寺址浮屠에서의 등장을 시작으로 대부분의 신라부도에서 조형되고 있다.
　　鄭永鎬, 『新羅石造浮屠研究』, 檀國大學校大學院 博士學位論文, 1974, pp.30-31참조
　　拙稿, 「新羅9世紀 石塔의 樣式에 關한 研究」, 『考古美術』173, 韓國美術史學會, 1987, p.21, 27 참조.

사진-15. 선림원지 석등 화사석 받침

사진-16. 화엄사 각황전 앞 석등 화사석 받침

사진-17. 임실 용암리 석등(현 진구사지) 화사석 받침

사진-18. 청량사 석등 화사석

립연대를 추정할 수 있는 근거를 제시하고 있다고 믿는다.

이상과 같이 鼓腹形石燈의 基壇部에서 보이는 眼象, 複葉8瓣의 蓮華紋, 竿柱石을 받기 위한 굽형괴임대 와 渦紋臺, 간주석에 보이는 偏球形의 형식 및 이에따른 조식, 상대석의 연화문과 굽형받침은 같은 시기에 조형된 불상 및 부도, 석탑의 기단에서도 공통적으로 나타난 양식인 점으로 보아 고복형석등은 이들과의 상호 밀접한 연계 가운데서 탄생한 양식임을 보여주는 중요한 요인으로 생각한다.

석등에서의 탑신부는 화사석과 옥개석의 2부분으로 구성 되는 바, 이중 화사석은 불을 밝히는 부분으로 석등에 있어 가장 중심을 이루는 부분이다.즉 부처님의 진리를 중생에게 널리 전파한다는 의미를 지닌 곳으로 당연히 진리의 실체가 뻗어 나갈수 있는 출구가 마련되어 있는데, 대부분의 석등이 4개의 火窓을 구비한 반면 開仙寺址石燈, 實相寺石燈, 任實 龍巖里石燈에서는 8개의 火窓을 개설하고 있다.아울러 淸凉寺石燈에서는 각 화창의 간지에 四天王立像을 배치하고 화창의 주위에는 많는 수의 못구멍이 있는 점으로 보아 화사석에 장엄조식을 했었음을 알 수 있으며, (사진-18) 禪林院址石燈에서는 화창의 간지에 門扉形을 모각하고 全面의 하단에 장방형의 額內에 眼象을 1구씩 조식 하였다.(사진-19) 實相寺石燈에서는 火窓의 주위에 다시 門扉形을 모각하여 내부의 공간성을 투시하고 있다.(사진-20) 이와같이 석등의 중심부인 화사석에 등장하는 조식은 대부분의 석탑, 부도의 탑신에서 볼 수 있는 意匠으로 이는 단순한 조형물에서 벗어나 예배물로서의 의미를 갖게하는 중요한 요인으로 생각한다.즉, 석등의 중심부인 화사석에 守護와 공간의 깊이를 부여함으써 부처의 진리 그 자체가 이곳에 있으며, 바로 그 신리가 이곳으로 부터 중생을 향하여 나아간다는 崇仰, 崇拜의 개념을 부여한 조식으로 생각한다.

옥개석 역시 정형의 8각을 유지하면서 하면에는 다양한 형식의 받침과 낙수홈이 마련되어 있으며 8각의 각 隅棟 끝에는 귀꽃이 조식되어 있다.蓋石의 상면에는 8瓣복연의 복연대가 마련되어 한층 화사한 屋蓋石을 형성하고 있는 바, 이러한 伏蓮臺는 석등에서만 볼 수 있는 특이한 양식이다.[11]

相輪部는 현재 대부분이 결실되었으나 華嚴寺 覺皇殿 앞 石燈에서 路盤, 仰花, 寶蓋, 蓮峯까지의 비교적 완형인채로 남아있어 다른 석등의 상륜 역시 이와같은 범주내에서 구성되었을 것으로 추정된다.(사진-21)

이상에서 현존하는 6기의 고복형석등에 나타난 양식에 관하여 고찰 하였는 바,

기단 및 탑신부에서 다른 유형의 석등에서는 볼 수 없는 많은 양식이 검출 되었으며

사진-19. 선림원지 석등 화사석

사진-20. 실상사 석등 화사석

아울러 이들은 같은 시기에 조성된 부도, 석탑, 불상과 양식적으로 친연성이 있음이 확인 되었다.따라서 고복형석등은 9세기에 이르러 갑자기 등장한 새로운 양식이 아니라 불교전래 이후 수세기에 걸쳐 많은 수의 조형물을 건립하면서 축적된 기술과 신앙이 당시의 시대상황과

11 9세기에 건립된 신라시대의 부도에서는 이와같은 예를 볼 수 없으며, 석등에서는 8세기에 건립된 것으로 추정되는 佛國寺 大雄殿 앞 石燈에서 나타난 이래 9세기에 이르러 보편화되고 있다.

어울려 이룩해낸 새로운 양식의 석등계열임을 알 수 있었다.따라서 필자는 고복형석등은 이와같은 맥락 가운데서 발생 되었다고 생각하는 바, 이에대하여는 다음장에서 구체적으로 고찰 하고자 한다.

　고복형석등의 양식을 고찰함에 있어 마지막으로 문제가 되는것은 이들 석등의 건립연대로서, 이에 대하여는 先學에 의하여 상세한 고찰이 진행된 바 있으나[12] 이에 필자의 淺見을 더하고자 한다.

　먼저 청량사석등은 고복형석등중 가장먼저 건립된 초기적인 형태의 석등임에는 틀림이 없으나 건립연대에 관해서는 9세기 초엽[13]과 8세기 후반에서 9세기로 보는 설[14] 및 9세기말로 보는 견해[15]가 제기되고 있다. 그러나 필자는 이 석등에 나타난 下臺石의 眼象內에 조식된 獅子 및 香爐, 蓮瓣의 귀꽃 장식, 굽형받침의 竿柱石 괴임, 竿柱石 중단에 조식된 2조의 線紋과 花紋, 瓣內에 花紋이 있는 上臺石의 蓮華紋, 火舍石의 四天王像, 屋蓋石의 처마선 등 諸般 彫飾과 같은 시기에 조성된 부도, 불상 및 석탑의 조식과 비교해 볼 때 景文王代를 전후한 9세기 중엽으로 추정한다.[16]

　開仙寺址石燈은 火舍石에 음각된 銘文에 咸通9年(868-景文王 8年)과 龍紀3年(891-眞聖女王5年)의 造燈記가 있어 이 석등의 건립연대 추정에 혼동을 주고 있다. 그러나 석등이 구비하고 있는 제반 양식이 같은 시기에 건립된 불상 및 부도에서도 동일하게 나타나고 咸通9年의 기록에 建立石燈이란 句節이 있음을 보아 咸通9年에 石燈이 제작되고 龍紀3年에 이르러 寺刹의 重修 혹은 다른 緣由가 발생되어 이 시기에 이르러 建燈의 사실까지 기록한 것으로 생각한다.[17]

　華嚴寺 覺皇殿 앞 石燈은 事蹟記와 願文에 의해 각황전이 건립되었을 것으로 추정된 憲康王代

12　鄭明鎬, 前揭 碩士學位論文, pp.47-64 참조.
　　張忠植,「統一新羅時代의 石燈」,『考古美術』158 · 159 합집, 韓國美術史學會, 1983, pp.68-69 참조.
13　鄭明鎬, 前揭 碩士學位論文, p.58.
14　張忠植, 前揭論文, p.69
15　金元龍, 前揭書, p.203.
16　拙稿, 주 6의 論文, p.115.
17　이 석등의 건립연대에 관해서 咸通9年의 건립설은 金元龍, 鄭明鎬先生이, 龍紀3年은 鄭永鎬, 張忠植, 秦弘燮先生이 주장하고 있다.
　　金元龍,『韓國美術史』, 汎文社, 1968, p.202.
　　鄭明鎬, 前揭 碩士學位論文, p.56.
　　鄭永鎬,「石造」,『國寶』7, 藝耕産業社, 1983, 圖版 133 및 解說 p.254.
　　張忠植, 前揭論文, p, 69.
　　秦弘燮,『韓國美術史資料集成(1)』, 一志社, 1987, p.281 開仙寺址石燈銘記.

(886-887)에 건립 된것으로 보는 설과[18] 8세기 후반으로 보는 견해[19]가 제기된 바 있다. 그러나 이 석등에 보이는 제반양식중 간주석 및 화사석의 굽형받침이 함통연간에 정착한 양식이고, 특히 下臺 伏蓮石 상면의 渦紋臺와 같은 조형이 實林寺普照禪師彰聖塔(880년), 鳳巖寺智證大師寂照塔(883년)에서 보이고 있다. 아울러 900년경의 조성으로 추정되는 石南寺浮屠에서는[20] 동일한 형식의 중대석이 등장하는 점으로 보아 이 석등은 880년-900년 사이에 건립된 것으로 추정한다. 따라서 이와 동일한 양식의 渦紋臺 및 竿柱石이 보이는 任實 龍巖里石燈과 禪林院址石燈 역시 같은 시기의 작품으로 보아도 될 것으로 생각한다.[21]

實相寺石燈은 實林寺石燈이 건립된 870년 부터 秀澈和尙碑가 건립된 893년 사이의 作으로 추정되고 있으나[22] 이 석등의 구성은 開仙寺址石燈에 가깝고, 境內에 현존하는 鐵造藥師如來坐像이 858년에서 865년 사이로 추정되고 있으며[23] 實相寺의 開山祖의 墓塔인 證覺大師凝廖塔이 861-880년의 作으로 추정됨으로[24] 이 석등의 건립은 그 상한을 9세기 중반으로 보아야 될 것으로 믿는다.

이상에서 살펴본 바와 같이 현존하는 고복형석등의 건립은 대체로 그 上限을 9세기 중반으로 볼 수 있다. 특히 竿柱石 및 火舍石받침으로 등장한 굽형괴임대는 咸通年間(860-874)에 이르러 석조물의 한 양식으로 정착된 점으로 보아[25] 이들의 建立上限을 이 시기로 좁힐 수 있을 것으로 생각한다.

---

18 鄭明鎬, 前揭 碩士學位論文, p.63.

19 金元龍, 前揭書, p.203

20 鄭永鎬, 前揭論文, p.135.

21 鄭明鎬先生은 禪林院址石燈은 開仙寺址石燈이 건립된 868년에서 弘覺禪師의 碑가 건립된 886년 사이의 作으로 보았으며, 任實 龍巖里石燈은 고려시대의 作으로 보고 있다.
　鄭明鎬, 前揭 碩士學位論文, p.61 및 p.64.

22 鄭明鎬, 前揭 碩士學位論文, p.64.
　金元龍先生은 이 석등의 연대를 華嚴寺 覺皇殿 앞 石燈과 동일하게 보고 있으나 文脈으로 보아 百丈庵石燈을 가리킨 것으로 보인다.
　金元龍, 前揭書, p.203

23 文明大, 「新羅下代佛教彫刻의 研究(1)-防禦山 및 實相寺 藥師如來巨像을 中心으로」, 『歷史學報』 73, 1977, p.26.

24 鄭永鎬, 前揭論文, p.79.

25 拙稿, 前揭 註6의 論文, p.117 및 122.

Ⅲ. 鼓腹形石燈과 浮屠, 石塔, 佛座와의 關係

앞서 고찰한 고복형석등은 종래의 일반형석등에서 보여준 단순하고 소박한 양식에서 벗어나 좀더 복잡하고 화사한 장식이 있는 것이 외견상 하나의 특징으로 확인 되었다. 이와같은 요소는 특히 기단부에서 확연히 부각되고 있는 바, 典型의 단순한 8각의 기단에서 화려한 장엄이 가해진 고복형기단이 출현하고 있다.따라서 필자는 이와같은 변형의 裏面에는 반드시 변화 되어야만 할 원인과 아울러 이러한 양식이 탄생될 수 있는 母胎가 있었을 것으로 생각한다.

고복형석등의 발생원인에 대해서는 다음과 같은 3가지의 견해가 발표된 바 있다.

첫째, 8각간주 자체의 형태와 불안전한 감 즉, 上臺 이상에서 주는 荷重과 지상에서의浮力의 영향을 완충시키기 위해서 발생 되었다는 견해, [26]

둘째, 불교의 宇宙觀과 결부시켜 석등의 火舍石은 수미산을 상징하고, 수미산과 지상 사이의 공간이 간주석이 되며, 간주 중간에 마련된 內曲面이 太陽과 月의 운행을 묘사한 것으로 보는 견해, [27]

셋째, 부도의 기단과 연관관계 속에서 찾는 견해[28]가 있다. 그러나 필자는 咸通年間에 조성된 석조물의 양식을 검토한 결과 고복형석등의 양식은 반드시 어느 특정유물의 영향을 받아 발생한 新樣式이 아니라 同 時代의 문화동향에 의해 別種의 유물이 상호 유기적인 연관 속에서 변화하고 발전해가는 복합적인 요인 가운데서 등장한 것으로 파악한 바 있다.[29] 이러한 필자의 견해는 前項에서 파악한 바와같이 고복형석등의 建立上限을 咸通年間으로 보았을 때 이 시기에 건립된 석조물 중 건립연대가 확실한 유물과의 비교검토를 통해서 확실히 밝힐 수 있다고 믿는다.

咸通年間에 건립된 석조물중 건립연대가 확실한 유물로는 大安寺寂忍禪師照輪淸淨塔 (861), 桐華寺 毘盧庵3層石塔 및 石塔 出土 金銅版毘盧舍那佛坐像과, 石造毘盧舍那佛坐像(863), 到彼岸寺3層石塔(865), 鷲棲寺3層石塔 및 石造毘盧舍那佛坐像 과 石燈(867), 雙峯寺澈鑒禪師塔(868), 寶林寺石燈 및 南·北3層石塔(870)이 있는 바, 兩者에서 가장 공통점을 보이는 기단부의 양식을 비교해 보면 다음의 표-2로 집약된다.

---

26 鄭明鎬, 前揭 碩士學位論文, p.49.
27 鄭明鎬, 「韓國의 石燈小考」, 『東國思想』15, 東國大學校 佛敎大學, 1982, p.68.
28 金元龍, 前揭書, p.202.
　　張忠植, 前揭論文, p.72.
29 拙稿, 註 6의 論文, p.121.

표-2 咸通年間의 造形物과 鼓腹形石燈의 基壇樣式 比較表

		咸通年間의 造形物	鼓腹形石燈
下臺石	地臺石	方形, 八角形	方形, 八角形
	下段石	眼象	眼象
	上段石	複葉8瓣伏蓮, 귀꽃	複葉8瓣伏蓮, 귀꽃
	中臺石받침	굽형괴임대	굽형괴임대, 渦紋臺
中臺石	中臺石 (竿柱石)	眼象, 雲紋, 寶相花紋 獅子, 迦陵頻伽	상·중·하로 3구분 8·16瓣 仰·伏蓮 線紋, 花紋
上臺石	下面받침	角形, 角弧角形, 圓形	角形, 角弧角形, 圓形
	蓮華紋	花紋있는 8·16瓣 仰蓮	花紋있는 8瓣仰蓮
	塔身괴임	角形, 굽형괴임대	角形, 굽형괴임대

위의 표를 통하여 볼 때 兩者의 차이점은 中臺石에 조식된 문양 과 상대석에 조식된 蓮華紋에 서 보이는 근소한 차이점[30]을 제외 하면 각 部材를 이루는 구성요인은 동일함을 알 수 있다.즉, 하대석에 있어 우선 지대석은 방형과 8각형이 기본형식으로 등장하고 있으며, 하단석에서는 안상이, 상단석에서는 8판복연과 귀꽃이 공통적으로 조식 되고 있다.이중 귀꽃은 鐵原 到彼岸 寺鐵造毘盧舍那佛坐像에서 처음으로 장식된 이래[31] 주로 석등에서 彫飾되고 있다.중대석의 받 침으로는 굽형괴임대가 동일하게 조식되고 있는 바, 이는 大安寺寂忍禪師照輪淸淨塔(861)에서 초기의 형식인 각형1단의 받침으로 등장한 이래[32] 桐華寺 毘盧庵石造毘盧舍那佛坐像(863)의 대 좌에 이르러 정착되어 이후 9세기에 건립된 석조물의 下臺石에 공통적으로 등장하고 있다. 上 臺石의 하면에는 角形, 角弧角形, 圓形의 범주내에서 조출되고 있으며, 연화문 역시 瓣內에 花紋 이 있는 화사한 蓮瓣을 공통적으로 조식하고 있다.이러한 유형의 蓮瓣은 719년 作인 甘山寺石 造彌勒菩薩立像에서 볼 수 있어[33] 8세기 초반에 등장함을 알 수 있다.그러나 당시의 조형물에서 는 더 이상 나타나지 않고 있으며 9세기 중반 이후에 건립되는 모든 석조물에 공통적으로 나타

---

30 함통연간에 조성된 석조물의 상대석에 조식된 蓮華紋은 瓣數에 있어서 8瓣과 16瓣이 고루 보이고 있으 나 고복형석등에서는 모두 8瓣인 점만이 다르다.아울러 중대석에서의 서로 다른조식이 보이는 것은 고 복형석등의 간주석이 평면8각의 전통을 유지 하면서도 중간부가 偏球形을 이루고 있는 것에 원인이 있을 것으로 생각한다 그러나 비록 조식의 차이는 있어도 華嚴寺 覺皇殿 앞 石燈과 任實 龍巖里石燈의 竿柱石 받침에서 보이는 渦紋臺는 中臺石 전체를 조각으로 메꾼 桐華寺 毘盧庵石造毘盧舍那佛坐像의 臺座와 연관 이 있을 것으로 생각한다.

　拙稿, 註 6의 論文, pp.118-119의 景文王代의 石造美術 基壇 樣式表 參照.

31 金和英, 前揭論文, p.152.

32 鄭永鎬, 前揭論文, p.50.

33 黃壽永,「石佛」,『國寶』4, 藝耕産業社, 1986, 圖版 39 및 p.196.

나고 있다. 상대석의 상면에는 각형 및 굽형받침을 조성하여 탑신을 받고 있는데 특히 굽형받
침은 당시에 조성된 佛座를 제외한 모든 석조물에서 공통적으로 등장하고 있다. 탑신괴임으로
서의 굽형받침은 828년에 건립된 法光寺址3層石塔에서 초기적인 양식으로 나타나[34] 9세기 중
엽의 건립으로 추정되는 聖住寺址石塔의 초층탑신 받침[35] 및 陳田寺址浮屠에[36] 이르러 양식적
으로 완성된 이래 이후 건립되는 대부분의 석조물의 탑신받침으로 사용되고 있다.

따라서 필자는 이와같은 양식적 공통점을 보아 고복형석등은 단순히 특정한 유물의 영향으
로 발생되었다기 보다는 당시에 조성된 부도, 불상, 석탑등의 유물과 상호 유기적인 관계속에
서 탄생되고 발전해 나갔다고 생각한다.

이상과 같이 고복형석등에서 나타난 모든 조형은 당시의 조형물이 모두 그러하듯이 중심부
에 대한 崇仰意識의 결과에서 비롯된 현상으로 생각한다.즉, 석탑, 부도의 경우는 각각 부처님
및 先師의 舍利가 봉안된 塔身을, 佛座는 부처 그 자체를 받들고 있는 점으로 보아 기단에 보이
는 모든 조식은 바로 이 위에 올려진 중심부를 향하여 조형되고 있다고 믿는다.따라서 고복형
석등의 경우도 화사석에서 부처의 진리가 사바세계로 퍼져나가 세상을 밝게 비추어 준다는 신
앙에 따라 중심부인 火舍石를 좀더 높고, 화려하게 보이기 위하여 당시의 조형물에 등장한 모든
莊嚴을 彫飾한 것으로 생각한다.

IV. 鼓腹形石燈 建立의 社會的 背景

어느 시대를 막론하고 조형물의 건립에는 그 당시의 정치, 경제, 사회, 문화 등 모든 요소의
역량이 집결되어 있음을 생각할 때 이는 단순히 시각적인 미의 전달 이외에 당시의 시대상황을
우리에게 전하고 있다고 생각한다. 즉, 문헌에 전하는 표면적인 현상 이외에 말로 형용할 수 없
는 당시의 상황이 내포되어 있다고 생각한다. 따라서 불교조형물에 나타나는 본의는 佛陀 그 자
체의 崇仰에 있겠지만, 한편으로는 우수한 예술품을 통해서 佛陀의 가르침을 설파함은 물론 佛
力에 의해 국난을 극복하고자 했던 救願의 意志가 깃들여 있다고 믿는다. 이와같은 현상은 특히
정치, 사회등 제반요인에 있어 불안이 극대화 되었던 신라하대 즉, 9세기에 이르러 건립된 불교

---

34 拙稿, 註 10의 論文, p.21.
35 拙稿,「新羅 9世紀 石塔의 特性에 關한 硏究」,『蕉雨黃壽永博士古稀紀念美術史學論叢』, 通文館, 1988,
    p.336.
36 鄭永鎬, 前揭論文, pp.114-127.

조형물에서 찾아볼 수 있다고 믿는다. 新羅下代는 三國史記에 의하면 37대 宣德王(780-784)부터 56대 敬順王(927-935)때 까지를 지칭하는 데[37] 정치적인 변동의 측면에서는 惠恭王代 부터를 下代로 보고있다.[38] 이 시기에 이르러는 무려 20명의 왕이 교체되어 한 왕의 재위가 평균 8년도 되지 않아 신라가 멸망의 길을 걸었던 극심한 정치적 혼란기 였음은 주지의 사실이다.

그러나 최초로 삼국을 통일하여 확고한 정치적 기반과 경제, 군사력을 지녔던 신라가 中代의 찬란했던 영화를 되찾고자 하는 정치적 갈등도 없이 멸망했다고 보기에는 많은문제점을 내포하고 있다고 믿는다. 즉, 국가의 멸망이라는 절대절명의 위기 속에서도 다시한번 찬란했던 신라의 영광을 되찾고자 했던 시기가 있었을 것으로 생각 되는 바, 필자는 新羅의 國家體制動搖期인 제 4기중 2기에 속하는 文聖王 으로부터 定康王(839-887)에 이르는 貴族間의 妥協期를[39] 이 시기로 보고자 한다.

이 시기에 이르러는 우선 왕권의 계승이 惠恭王 부터 神武王에 이르기 까지는 주로 簒奪의해 이루어 졌음에 비해 모두 정상적인 절차에 의해 계승되고 있으며, 5명의 왕중 文聖王, 景文王, 憲康王은 모두 10년을 넘게 在位하고 있다.[40] 이 중 경문왕은 花郞 출신으로서 국왕의 지위에 오르게 되는데 이에는 그가 거느리는 郞徒들의 잠재적인 군사력이 작용했을 것으로 보이며, 伊찬 近宗의 반역시 禁軍으로 이를 진압한 점으로 보아 私兵을 거느렸던 것으로 보여[41] 강력한 왕권을 구축했을 것으로 생각된다. 아울러 귀족의 대표적 존재였던 上大等은 재임기간이 확실한 文聖王代의 禮徵은 9년, 景文王代의 金正은 12년간이나 국정의 전반을 관장하고 있어[42] 이 시기는 王權의 專制的 경향에 대한 반항에서 오는 하대 상반기의 혼란이 수습되고 王權 및 貴族勢力 간의 타협이 이루어졌음을 뜻하는 것으로 풀 된다.[43]

이상과 같은 政治的안정을 바탕으로 唐 및 日本과 활발한 외교활동을 전개하여[44] 대외적으로

---

37 『三國史記』卷 12, 新羅本紀「敬順王」條에 "……國人, 自始祖至此三分爲三代, 自初至眞德二十八王, 爲之上代, 自武烈至惠恭八王, 爲之中代, 自宣德之敬順, 二十王, 爲之下代"라 기록되어 있어 下代를 宣德王 부터 보고 있으며, 『三國遺事』에서는 太宗武烈王 이후를 下古로 보고 있다.(『三國遺事』, 「王曆」第 1).

38 李基白,「新羅 惠恭王代의 政治的 變革」,『新羅政治社會史研究』, 一朝閣, 1981, pp.228-254.

39 申瀅植,『三國史記 研究』, 一朝閣, 1981, p.87, 表 31「新羅의 時代區分」참조.

40 각 왕의 在位期間은 文聖王이 19년, 憲安王이 5년, 景文王이 15년, 憲康王이 12년, 定康王이 2년이다.
申瀅植, 前揭書, p.166.表 10「新羅王系表」참조.

41 李基白, 前揭書, pp.260-261.

42 李基白, 前揭書, p.113, 表 다「新羅 下代 上大等 一覽表」참조.

43 李基白, 前揭書, p.128.

44 이 시기에 속하는 三國史記 卷 11의 내용을 볼 때 文聖王代에는 唐과 4건, 景文王代에는 唐과 8건 日本과 1건등 9건의 기사가 수록되어 있으며, 憲康王代에는 8건으로 唐과 5건, 日本과 2건, 北國과 1건이다.
申瑩植, 前揭書, p.69, 표 18「第 11卷의 內容分析」참조.

왕권의 건재함을 과시하는 동시에 국가부흥의 정신적인 지주로서 불교에 지대한 관심을 표명하고 있다.[45] 아울러 景文王과 憲康王代에 이르러 황룡사에 관심이 집중됨은 황룡사의 불력을 신라의 마지막 정신적 지주로 삼았음은 물론, 哀莊王의 적극적인후원으로 창건된 海印寺가[46] 왕권이 위축되어 그와의 연결이 불가능하게 되면서 어느정도 독자세력으로 성장되었기 때문에, 왕실의 관심은 皇龍寺에 집중될 수 밖에 없었다.따라서 景文王 11년의 皇龍寺塔 改築은 國家再建에의 정신적 욕구의 산물이었다.[47]

아울러 文聖王과 憲康王이 각각 大安寺와 興寧寺의 檀越 이었으며[48] 경문왕대에 이르러는 그의 治世期間에 걸쳐 석탑, 부도, 불상, 석등등의 모든 불교조형물이 고루 건립되고 있음을 보아[49] 조형물의 양식에 나타나는 의미는 단순한 美의 전달에 그치는 것이 아니라 불교를 통해 정치적 혼란에서 벗어나 국가의 安寧을 추구했던 그 시대의 상황 및 종교적인 염원이 내포되어 있다고 믿는다.

앞에서 고찰한 바와 같이 고복형석등에 표현된 모든 양식은 당시에 유행했던 다른 조형물과의 상호 연계속에서 출현 하였으며, 이들에 표현된 모든 조식은 중심부인 火舍石에 대한 숭앙의식에서 비롯된 것으로 생각한다. 즉, 부처의 진리를 세상에 전파시켜 준다는 상징적인 의미를 지닌 화사석을 좀더 높고 화려하게 장식하고자 했던 조각적인 욕구 외에 부처의 진리를 더 먼 곳까지 전달하여 정치적 불안의 소용돌이에 휘말려 있던 중생을 구제하고 불교라는 하나의 정신적 획일점을 구축하고자 했던 당시의 정치적 염원에서 비롯된 것으로 생각한다. 필자가 이와 같이 추정하는 이유는 9세기에 이르러 석탑이 현실적 고통을 탈피하기 위한 예배의 수단으로 활용 되었고,[50] 文聖王代에 이르러 등장하는 浮屠[51] 역시 祖師의 舍利를 안치하여 下代의 정치

---

45 『三國史記』卷 10-12에 기록된 下代의 기사중 불교관계는 모두 12건이 수록되어 있는 바, 이중 7건의 기사가 이에 속해 있는데 이를 摘記하면 다음과 같다.

　　文聖王 十三年(851) ……夏四月 隕霜 入唐使阿찬元弘 재佛經幷佛牙來 王出郊迎之.

　　景文王 四年(864) 王幸感恩寺望海.

　　六年 十五日(866) 幸皇龍寺看燈 仍賜燕百寮…….

　　十一年(871) 春正月 王命有司 改造皇龍寺塔…….

　　十三年(873) 秋九月 皇龍寺塔成 九層高二十二丈.

　　憲康王 二年(876) 春二月 皇龍寺齊僧 設百高座 講經 王親幸聽之.

　　十二年(886) …… 夏六月 王不* 赦國內獄因 又於皇龍寺 設百高座 講經.

46 李弘稙,「羅末의 戰亂과 緇軍」,『韓國古代史의 硏究』1987, 新丘文化社, p.522.

47 申瀅植, 前揭書, p.70.

48 崔炳憲,「新羅下代 九山禪宗派의 成立」,『韓國史硏究』7, 1972, 韓國史學會, p.105.

49 拙稿, 註 6의 論文 pp.118-119의 表 참조.

50 拙稿, 註 35 의 論文, p.349.

51 鄭永鎬, 前揭論文, p.47.

적 혼란 가운데서도 祖師의 가르침과 능력을 유지시켜 평민은 물론 중앙귀족에 이르기까지 폭
넓은 지지기반을 구축하려 했으며, 불상에 있어서도 9세기 후반에 이르러 화사하고 다양한 기
단위에 毘盧舍那佛이 주로 봉안된 점을 볼 때 이러한 양상은 신라하대의 사회, 종교적인 변혁과
직결되고 있음을 시사하는 것으로 생각한다.[52] 따라서 9세기 중반 이후에 등장하는 고복형석등
역시 석탑, 부도, 불상과 같은 권능과 기능을 지니고 탄생되는 것으로 믿는다. 아울러 고복형석
등의 기능은 先代에 4개이던 火窓이 8개로 늘어나고, 높이 역시 3m 이상을 유지하고 있으며 기
단부에 화사한 조식은 물론 평면구도 까지도 변화시키는 점으로 보아 燈火供養의 상징적 의미,
또는 聖所에 대한 위치 강조의 개념이 더욱 짙었다고 하겠다.[53]

V. 結語

　일반적으로 9세기를 일컬어 정치적으로는 신라왕조의 붕괴기로, 미술사적으로는 이에따른
양식적 쇠퇴기로 규정짓고 있다.그러나 9세기에 이르러 제작된 조형물의 양식을 면밀히 관찰
해 보면 오히려 盛代인 8세기에 비해 더욱 다양한 종류의 유물이 건립되고 있으며 각 조형물간
에 보이는 공통적인 세부조식은 상호 고려시대에 건립되는 조형물의 양식적 母胎가 되고 있음
이 규명된 바 있다.[54] 아울러 이 시기에 건립된 조형물의 양식에 나타난 특성을 통하여 9세기
중반에 이르러 정치, 사회적으로 신라의 부흥을 시도했던 시기가 있었음도 알 수 있었다.[55]
　본고에서 고찰한 고복형석등 역시 불교를 통한 국가의 부흥이라는 정치, 사회적인 맥락속에
서 건립된 것으로 생각되는 바, 이에 나타난 특성으로는
　첫째, 양식적인 면에서 신라 盛代에서는 그 유례를 찾아 볼 수 없는 특수한 형식을 지닌 석등
인 점이다.즉 基壇 부터 相輪에 이르기 까지 종래의 석등에서는 볼 수 없었던 다양한 彫飾이 등
장하여 한층 화사한 형식을 보이고 있다.아울러 석등에 보이는 다양한 조식과 竿柱石 및 火舍石
받침으로 등장한 굽형받침이 咸通年間에 조성된 조형물과 일치하는 점으로 보아 鼓腹形石燈의
건립은 咸通年間을 上限으로 9세기 중반에 이르러 건립된 것으로 보았다.

52　文明大,「新羅下代 毘盧舍那佛像彫刻의 硏究(續)」,『美術資料』22, 國立中央博物館, 1978, p.34.
53　張忠植, 前揭論文, p.65.
54　李殷基,「統一新羅 藝術精神의 變遷-龜趺碑와 浮屠樣式을 中心으로」,『弘益大學院論考』創刊號, 1974,
　　pp.13-24.
　　拙稿, 前揭 註 10 의 論文, p.32.
55　拙稿, 註 6의 論文, pp.123-125.

둘째, 鼓腹形石燈은 그 자체에 표현된 모든 彫飾으로 보아 특정한 유물의 영향에 의한건립이 아니라 당시에 건립된 浮屠, 石塔, 佛座등 과의 상호 유기적인 관계 속에서 발생한 것으로 파악 되었다.

세째, 신라하대의 政治史的인 면에서 볼 때 鼓腹形石燈이 등장하는 9세기 중반은 일시적으로 나마 정치적 안정을 누리면서 불교를 통해 國難을 극복하고자 했던 의지가 강렬히 표출된 시기 였다.아울러 美術史的으로 볼 때도 다양한 양식의 유물이 건립되어 다시한번 중대신라에 버금 가는 불교문화의 황금기를 맞이할 수 있었던 시기였다.따라서 신라하대에 있어 咸通年間을 기 점으로한 시기는 불교라는 사상적 합일점을 통해 정치와 문화가 같은 의식속에서 中代新羅의 번영과 영광을 되찾기 위한 노력이 시도되었던 시기로 파악 되었다.

(1990.07 「신라하대의 고복형 석등에 관한 고찰」, 『史學志』 23, 단국대학교 사학회)

경기도 포천군의 불교유적에 관한 고찰

Ⅰ. 서언

포천군은 1읍과 12개의 면을 거느린 경기도 동북단에 위치한 郡이다. 포천군의 지명은 삼국
사기 지리지에 의하면 본시 고구려의 馬忽郡이었는데, 경덕왕이 堅城郡으로 개명한 이래 고려
시대에는 抱州라 불렀음을 알 수 있다.[1] 이같은 삼국사기의 기록은 군내면 구읍리에 위치한 반
월산성에 대한 발굴조사에서도 입증된 바 있다. 즉, 단국대학교 사학과에서 실시한 산성에 대
한 1차발굴조사시 「馬忽受解空口單」銘의 명문기와가 출토됨으로써 삼국사기 지리지의 정확성
이 확인되었다.[2] 아울러 반월산성은 삼국시대로부터 조선시대에 이르기 까지 정치·군사적인
면에서 포천의 중심적인 역할을 수행했음을 알 수 있었다.

반월산성에 대한 조사가 계속 진행됨에 따라[3] 주변의 유적에 대한 관심이 증대되었고, 필자
는 포천군으로부터 군내에 분포된 문화유적 전체에 대한 지표조사를 의뢰받게 되었다. 이에 따
라 1996년도부터 금년에 이르기 까지 십여차례에 걸쳐 군 전체지역에 대한 조사를 진행하였
다. 조사가 진행될수록 기존에 알려진 것 보다 더 많은 수의 유적이 분포되어 있음이 확인되었
는데, 본고의 대상인 불교유적 또한 같은 상황이었다.

기왕의 미술사연구에 있어 한강을 중심으로 볼 때 경기도 남쪽지역에 대해서는 안성군의 불

---

1 『三國史記』 卷 第35, 雜志 第 4 地理 二.
2 단국대학교 사학과, 『포천반월산성1차발굴조사보고서』, 1996.
3 반월산성은 단국대학교 사학과에 의해 1996년도에 2차발굴조사가 진행된 바 있고, 금년도에 3차발굴조
  사가 준비중에 있다.

교유적에 대한 소개가 이루어진 바 있다.[4] 이에 반해 북부지역의 불교유적에 대한 소개는 이루어 진 바 없었다. 이같은 현상은 이 지역의 대부분이 군사활동으로 인해 조사의 제약이 있었고, 이에 따라 학계의 발길이 미치지 못했던 데서 기인한 것으로 생각된다. 그러나 근년에 이르러 문화재연구소에 의해 실시된 비무장지대에 대한 조사와 더불어 산성과 선사유적에 대한 주목이 이루어 지면서 북부지역에 형성되었던 문화유산에 대한 관심이 증대되고 있다.[5]

본고에서 표제로 삼은 포천군의 불교유적이 경기도 북부지역의 불교문화를 대변할 수는 없다고 생각한다. 그러나 이 지역에 대한 조사와 연구가 이제 시작되느니 만큼 포천지역에 산재한 불교유적을 통해 경기도 북부지역에서 전개되었던 불교문화의 한 면을 살필 수 있다고 생각한다.

본고에서는 그간 조사된 포천군의 여러유적 중 불교유적에 국한하여 고찰함으로써 본고의 목적에 근접하고자 한다.

II. 포천군의 불교유적

1. 寺址

포천군에 대한 지표조사에서 확인된 사지는 모두 17개소이다. 각각의 현황을 살펴보면 다음과 같다.

(1) 新興寺址(사진 - 1-3)

관인면 중리에 위치한 보가산성을 지나 죽동을 향해 오르는 군용 도로변에 위치하고 있다.

---

4 鄭明鎬,「安城의 石佛」,『考古美術』12호, 考古美術同人會, 1961. 申榮勳,「安城의 石塔」, 같은 책. 李永樂,「安城 石南寺 銅鍾」,『考古美術』14호, 考古美術同人會, 1961. 申營勳,「安城郡의 石塔(2)」, 같은책. Harrict,「安城郡 二竹面의 菩薩立像과 臺座」,『考古美術』28호, 考古美術同人會, 1962. 申榮勳,「安城郡 七長寺의 調査」,『考古美術』53호, 考古美術同人會, 1964. 崔性鳳,「安城 竹山의 石塔」,『考古美術』113호, 韓國美術史學會, 1973. 黃壽永,「安城 淸源寺의 高麗寫經」,『東洋學』5, 檀國大 東洋學研究所, 1975.

5 경기도 북부지역의 산성과 유적에 대한 대표적인 보고서로는 다음과 같은 책을 들 수 있다. 문화재연구소,『연천남계리구석기유적발굴조사보고서』, 1991. 경희대 고고미술사연구소,『오두산성』I, 1992. 문화재연구소,『연천 삼중이 백제적석총발굴조사보고서』, 1994. 육군사관학교박물관,『경기도 파주시 군사유적 지표조사보고서』, 1994. 한양대박물관,『영송리선사유적 발굴조사보고서』, 1995. 강남대 한국학연구소,『포천 반월산성 지표조사보고서』, 1995. 단국대 사학과,『포천 반월산성 1차발굴조사 보고서』, 1996 및『포천 반월산성 2차발굴조사 보고서』, 1997.

寺址의 전면에는 작은 계곡이 있어 많은 유람객이 찾고 있다. 전 지역에는 낙엽송이 촘촘히 심어져 있는데, 법당지로 추정되는 지역에는 지금도 플라스틱 불상 1구 및 촛불을 밝혔던 흔적이 있는 점으로 보아 현재에도 불공을 드리고 있음을 알 수 있다. 사지는 남북으로 길게 늘어진 장방형의 형태로 약 1,500평 정도의 규모였던 것으로 추정된다. 사역에는 건물지의 초석, 석탑재 및 팔각형의 불상대좌가 남아있다.

사진 - 1. 신흥사지 전경

초석은 73cm×73cm×20cm 크기로 가공하지 않은 자연석의 판판한 면을 상면으로 사용하고 있는데, 각 주간거리는 2.5m이다. 현존하는 초석의 상황으로 보아 남북을 장축으로 하는 정면 5간, 측면 3간 크기의 건물이 있었던 것으로 추정된다.

塔材 및 불상의 대좌는 2개소에 중첩되게 놓여져 있다. 이중 탑재는 탑신석 1기와 굽형괴임대 형식의 초층탑신 받침이 있는 상대갑석 1기가 현존하고 있다. 탑재는 일변 길이 34.5cm, 높이 23cm의 크기로 좌우에는 兩 隅柱가 모각되어 있다. 상대갑석 부재는 4모퉁이가 모두 파손되었는데, 상면에는 하단이 弧形으로 내반되고, 상면에 평평한 일변 40cm 크기의 굽형괴임대가 갑석과 한돌로 造出되어 있다.

사진 - 2. 신흥사지 석탑재

사진 - 3. 신흥사지 불상대좌

석불의 부재로는 팔각형의 하대석 및 중대석과 또 다른 팔각형의 부재등 모두 3기가 남아있다. 하대석은 지름 90cm, 높이 40cm의 크기로, 각 면에는 좌우로 벌어지는 3괄호형의 안상이 1구씩 조식되어 있다. 현재 2판의 複葉複辦 伏蓮만이 남아있는데, 현상으로 보아 본래는 8판의 연화문이 조식되었던 것으로 추정된다. 상단에는 각형 2단의 받침이 조출되어 있다. 하대석의 상면에 놓인 중대석은 평면 8각형으로 지름 49cm, 높이 16.5cm의 크기이다. 파손이 심하여 4면에서만 원형을 볼 수 있는데, 각 면의 모서리에는 너비 3.5cm의 隅柱가 모각되어 있다. 또 다른 팔각형의 부재는 앞서 서술한 탑재의 하단에 매몰되어 있다. 평면 8각형으로 높이 20cm, 일변 길이 53cm의 크기로 각 면에는 아무런 조식이 없다.

사역은 이같은 석조물이 있는 지역으로부터 남쪽으로 연장되고 있다. 사지의 동쪽과 남쪽에서는 남북방향의 기단석렬이 노출되어 있다.

이 사지에 관해서는 일제강점기에 조사된 자료에 의하면 "新興寺址卜稱シ東西約十五間南北約四十間礎石及古瓦片見當ラス"라 기록되어 있고,[6] 1977년에 발간된 문화유적 총람에는 "保架山 절터 또는 深原寺址라고도 하며 고려초부터 6.25 이전까지 있었다고 전하는데, 寺址 약 93평 정도에 주초석(39cm×39cm) 1개와 목과 右脂가 파손된 석불좌상(흉폭 43cm, 좌고 61cm) 1구가 있다"라고 보고되어 있다.[7] 이같은 기록은 비록 근세의 것이지만, 『新增東國輿地勝覽』을 비롯한 다른 문헌에서 기록되지 않은 점으로 보아 일찍 폐사된 것으로 보인다. 그러나 현존하는 석탑과 석불대좌가 비록 파괴되기는 하였지만 일부 양식으로 보아 고려시대 초반에 건립된 사찰로 추정된다. 아울러 이곳에 있던 석조여래좌상이 인근에 신축한 신흥사로 옮겨 봉안되고 있는데 이에 대해서는 후술하고자 한다.

(2) 安養寺址 (사진 - 4-5)

내촌면 음현 2리에 위치하고 있다. 현상으로 보아 사찰의 전면에 일단의 석축을 쌓아 대지를 구축한 후 중앙에 계단을 놓고, 동·서쪽이 돌출된 ㄷ형의 가람배치를 이루었던 것으로 생각된다. 전체적인 사역의 규모는 약 500평정도의 규모였던 것으로 추정된다.

전면의 석축은 길이 26m, 높이 2m의 규모로 70cm×35cm - 140cm×70cm×35cm크기의 가공하지 않은 자연석재를 사용하여 고른층쌓기로 축조하였다.

석축의 상단에 구축된 대지에는 2기의 초석이 있어 법당이 있었던 것으로 보인다. 초석은 장방형의 형태로 90cm×60cm의 크기인데, 주간거리는 2.7m이다. 법당은 길이 7.6m의 기단 상면에 위치하였는데, 기단의 중앙에는 너비 1.7m의 계단을 개설하여 출입을 하였던 것으로 보인다. 그리고 법당의 좌우에는 서로 정면간을 마주한 건물이 각각 1개동씩 있었던 것으로 추정되어 전체적으로 3동의 건물이 있었던 것으로 생각된다. 이들 건물은 법당의 중앙기단으로부터 각각 6.8m×6.4m, 7.3m×7.8m씩 돌출된 기단을 구축하여 건립했던 것으로 보인다.

---

6 朝鮮總督府,『朝鮮寶物古蹟調査資料』, 1942, p.45.
7 문화재관리국,『文化遺蹟總覽』上, 1977, p.248.

사진 - 4. 안양사지 전경

사진 - 5. 안양사지 석축

安養寺址에 대해서는 "俱在香積山"[8], "在 鑄金山今廢"[9], "(前略) 安養寺 載在舊誌而見今一無所存亦無基址 (後略)"[10], "在 鑄金山今無"[11] 등의 기록이 전하고 있다. 신증동국여지승람이 1530년(조선 중종 25)에 편찬되었고, 견성지가 영조34년(1758)년 李世旭이 편찬한 포천군 읍지임을 볼 때, 안양사는 1530년 이전에 廢寺된 것으로 추정된다. 아울러 여지승람에는 향적산에 있다고 했고, 다른 문헌에는 주금산에 있는 것으로 기록되어 있어 약간의 혼동이 일고 있다. 이 사지는 일제강점기에 조사된 기록에 의하면 "內村面面事務所ヲ距ル南方約二里內里ニアリ地域內ニ瓦ノ破片砂器篇等散在スル外礎石一部殘存ス地元民ハ安養寺址ト傳稱ス"이라 보고되어 있다.[12] 1977년에 발간된 문화유적 총람에는 "寺域 內에 瓦片 및 磁器片이 散在하며 礎石으로 여겨지는 石塊가 殘存한다. 安養寺址라 俗稱될 뿐 由來나 造成年代는 未詳인데 조선시대에 安養寺로서 有名하였으나 李敬輿의 墓를 安置한 후 서울로 이전하였다고도 전한다."라고 기록되어 있다.[13]

이상의 기록을 볼 때 이 사지는 본래 안양사였음이 분명하다고 하겠다.

寺址의 뒷편에는 李敬輿의 무덤이 있고, 寺域 內에 근년에 조성한 이기영과 윤순녀의 묘가 있어 전체적으로 파괴가 심하다.

(3) 金峴里寺址(사진 - 6)

가산면 금현리 죽엽산의 북쪽 기슭에 형성된 평지에 위치하고 있다. 현재 寺址內에는 畜舍와 과거에 기도원으로 사용되었던 민가 1채만이 있을 뿐 사찰과 연관이 있는 유적은 찾을 수 없다.

8 『新增東國輿地勝覽』 抱川郡 佛宇條.
9 『堅城志』 佛宇條.
10 『京畿道抱川郡邑誌幷地圖』, 寺刹條.
11 『抱川郡邑誌』, 佛宇條.
12 朝鮮總督府, 앞 책, p.45.
13 문화재관리국, 앞 책, p.250.

사진 - 6. 금현리사지 전경

지세로 보아 북서향의 사찰로 약 500평 정도의 규모였던 것으로 추정된다.

이 寺址에 관해서는 신증동국여지승람을 비롯한 문헌에서는 찾을 수 없고, 일제강점기에 조사한 기록을 보면 "金峴里ノ西南方約四町全部耕作卜化シ竹葉山ノ北麓ニアリ瓦片ノ散在スル外礎石ノ一部殘存ス"라 보고되어 있다.[14] 그리고 1977년에 편찬한 『文化遺蹟總攬』에 "竹葉山의 北麓에 있는데 瓦片이 散在하고 礎石 一部가 殘存한다. 寺名과 由來는 未詳이다."라고 기록되어 있다.[15] 그런데 新增東國興地勝覽을 비롯한 문헌에 성불사란 사찰이 注葉山에 있다고 기록되어 있다.[16] 아울러 주엽산은 현재의 지명은 물론 지도에서는 찾을 수 없고, 다만 죽엽산이 보일뿐이다. 그러나 각 지리지에 표기된 주엽산의 위치가 현재의 죽엽산과 동일함을 볼 때 이곳의 사지는 문헌에 기록된 成佛寺址일 가능성이 짙다고 생각된다. 아울러 기록을 종합해 볼 때 신증동국여지승람이 편찬된 1530년 이전에 폐사된 것으로 보인다.

(4) 善積寺址(사진 - 7-9)

이동면 백운동에서 廣德峴으로 올라가는 도로변 왼쪽 산기슭에 위치하고 있다. 寺址는 남동향으로 寺域 내에는 밤나무숲이 조림되어 있는데 약 1,000평 정도의 규모로 추정된다. 사역 내에는 평기와 및 자기편이 산재한데, 초석을 비롯하여 팔각형 석조부도의 부재 및 석탑의 옥개석과 2매의 판석이 확인되었다.

건물지의 초석은 2기가 노출되어 있는데, 68cm×55cm×23cm의 크기의 장방형으로 판판한 면을 상면으로하여 기둥을 받치게 했던 것으로 보인다. 초석간의 거리는 4.1m이다.

팔각형의 부도재는 지름 173cm, 높이 28cm의 크기로 하단이 모두 파괴되어 원형을 상실하고 있다. 대좌의 상단에는 1단의 팔각형 받침이 조출되어 있는데, 이의 한 변을 중심으로 끝이 뾰족한 伏蓮이, 받침의 한 변이 꺽이는 부분에는 여의두문이 1구씩 조식되어 있고 일부에서는 渦紋도 보이고 있다. 팔각형의 받침 상단에는 석재를 다듬은 흔적이 남아있다. 현상으로 보아 상대석으로 추정된다.[17]

14 朝鮮總督府, 앞 책, p.44.
15 문화재관리국, 앞 책, p.252.
16 『新增東國興地勝覽』 抱川郡 佛宇條, 『東國興地誌』 寺剎條, 『京畿邑誌』 佛宇條.

사진 - 7. 선적사지 전경

사진 - 8. 선적사지 부도재

옥개석은 일변 길이 105cm, 높이 40cm
의 크기인데, 하면은 매몰되어 옥개받침의 수
는 확인할 수 없었다. 처마는 수평으로 전각
에 이르러 약간의 반전을 이루고 있다. 낙수
면은 경사가 급하고 짧은데, 정상에는 각형 1
단의 탑신받침이 조출되어 있다. 전체적으로
보아 고려시대 석탑의 양식을 보이고 있다.

판석은 2기로 그간 비석으로 전해져 왔는

사진 - 9. 선적사지 석탑 옥개석

데, 주변을 정리하고 뒤집어 본 결과 아무런 글씨도 확인할 수 없었다. 이중 1기는 121cm×
67cm×18cm의 크기로 각 면의 하단을 다듬었고, 높이 5cm의 턱을 형성하고 있다. 나머지 1
기는 68cm×59cm×18cm의 크기로 일면에 지름 7.5cm, 깊이 2.5cm의 구멍이 있다.

사역의 전면에는 길이 22m, 높이 1m의 기단이 구축되어 있다.

선적사지에 관해서는 기록에 전하는 바가 없어 정확한 寺名 및 유래를 알 수 없다. 그러나 일
제강점기에 조사된 기록에 의하면 "全部耕地ト化シ基地全ワ不明三層ノ石搭一箇稍完全其ノ他
瓦ノ破片無數ニ散在シ善積寺ト稱ス."라 보고되어 있다.[18] 그리고 1977년에 편찬한 『文化遺蹟
總攬』에 "이 寺址는 신라 末年에 創建한 善積寺址라고 傳하여 오지만 확실한 것은 알 수 없고 높
이 約 1m인 3층석탑이 있으며 주위에 瓦片이 散在되어 있다."라고 기록되어 있다.[19] 이상의 가
록을 볼 때 1942년 당시에는 3석탑이 있었음을 알 수 있는데, 현재는 옥개석 1기만이 이의 존

17 경기도, 『畿內寺院誌』, 1988, p.512.
18 朝鮮總督府, 앞 책, p.43.
19 문화재관리국, 앞 책, p.255.

재를 알려주고 있다. 이 사찰은 현존하는 석조물의 양식과 주변에 산재한 유물을 통하여 볼 때
고려시대 초반에 건립되어 조선시대에 이르기 까지 법등을 이었던 것으로 추정된다.

(5) 都平里寺址(사진 - 10-11)

이동면 도평리 662-1번지에 거주하는 주민 吳石筠씨가 경작하는 경작지 약 3,400평 규모의
南西向한 寺址이다. 사역내에서는 간간히 기와편이 모이고 있을 뿐 사찰과 관련된 유적과 유물은
하나도 찾을 수 없었고 다만 이 사지의 규모를 알려주는 석축만이 부분적이나마 잔존하고 있다.

寺址 전체에서 비닐하우스농사를 짓고 있는 吳氏에 의하면 30여년전 이곳을 경작지화 할 당
시 불도져를 사용하는 바람에 사찰과 관련된 유적과 유물이 모두 망실되었다고 한다.

오석균씨가 전하는 30여년전 이곳 사지의 상황은 다음과 같다.

본래 이곳에는 본래 고려시대에 건립한 藥寺란 절이 있었다고 전한다. 개간당시에는 주춧돌
이 노출되어 있었고, 일부에서는 나란히 놓인 8개의 주춧돌을 보았다고 한다. 이중 한 초석은 5
명이 앉아서 술상을 놓아도 될 만큼 컸는데, 석공을 불러다 쪼아 버렸다고 한다. 부엌으로 생각
되는 건물의 터는 개울돌을 사용하여 건립하였는데, 많은 수의 부식된 놋그릇편이 나왔다고 한
다. 사역의 일곽에는 우물이 있었다고 한다. 아울러 철제로 조성된 부처님의 손이 출토되었는
데, 금으로 도금이 되어 있었다고 한다. 손의 무게는 약 5kg정도 였던 것으로 기억된다고 한는
데, 손목에 끼울 수 있도록 구멍이 있었다고 한다. 당시 출토된 유물 중 놋그릇과 부처님의 손
은 포첨군 공보실로, 다른 유물은 용화동의 한 가정집으로, 석조물들은 전국으로 옮겨지거나
반출되었다고 한다.

이상과 같은 오석균씨의 중언을 바탕으로 도평리사지의 현황을 추론해 보면,

첫째, 약 30여전 전에는 사찰의 규모를 짐작할 만한 유구와 유물이 노출되어 있었고,

둘째, 8개의 주춧돌이 있었다는 증언은 이곳 寺址에 적어도 7간 규모의 건물이 있었음을 암

사진 - 10. 도평리사지 전경　　　　　　　　　　　사진 - 11. 도평리사지 석축

시해 주고 있고,

셋째, 5명이 앉아서 술상을 보아도 될 만큼 큰 돌은 바로 불상대좌였음을 추론케 하고, 이는 개간시 출토되었다고 하는 철제 손을 지녔던 부처의 대좌로 추정된다.

넷째, 개간 당시 출토되었다는 부처의 손이 금으로 도금된 철제였다는 점은 바로 이곳에 철불이 있었음을 강력히 제시하고 있다고 하겠다. 더욱이 사찰의 명칭이 「藥寺」였다는 점은 이 불상이 藥師如來가 아니었을까 하는 생각을 갖게한다. 아울러 손의 무게만 약 5kg정도 였다는 점은 이 불상의 규보가 거대했음을 암시해 주고 있다고 하겠다.

寺域의 전면에 간간이 보이는 석축은 높이 2m 정도의 규모로 사찰과 같은 남서향을 보이고 있는데, 90cm×30cm - 100cm×170cm크기의 석재를 사용하여 구축하였다.

도평리사지에 대해서는 기록에 전하는 바가 없어 정확한 寺名을 알 수 없다. 다만 인근의 地名에 「약사골」, 「약사령」이 있는 점으로 보아 전하는 바대로 「藥寺」가 있었다고 추론될 뿐이다.

1977년에 편찬된 『文化遺蹟總攬』에 "신라末葉에 세운 藥寺址에 3층석가탑이 遺存했다고 傳하나 寺址는 耕作地化되어 있고 가로 40cm, 세로 30cm의 石燈 下臺石으로 判斷되는 石物 2基가 殘存하고 있을 뿐 由來는 未詳이다."라고 기록되어 있다.[20] 경기도에서 발간한 『畿內寺院誌』에도 부도의 대좌가 있음을 언급하고 있다.[21] 이같은 기록을 볼 때 1988년도 이 석조물이 존재했음을 알 수 있는데, 현지 조사시에는 이를 찾을 수 없었다.

(6) 竹葉山寺址(사진 - 12)

소흘면 고모2리 죽엽산 아래에 위치한 석원사에서 등산로를 따라 약 1km 정도 오른 9부능선상에 위치하고 있다. 사지는 정상부의 암반을 배경으로 3단의 석축을 구축하여 62m×20m 규모의 대지를 형성하고 있다. 동남 45도의 축선을 보이고 있는 사지는 가장 아랫단의 석축으로 사찰의 외곽을 구성하고 있고, 나머지 2단으로 대지를 구축하였는데, 석축의 사이사이와 주변에는 와편이 산재하다.

가장 하단에 위치한 석축은 길이 15.3m, 높이 80cm 정도만 남아 있다. 석축의 하단에는 가파른 산세가 형성되어 있어 사역을 구성하기 위해 가장 먼저 쌓았던 것임을 알 수 있다. 석축의 구성에 사용된 석재는 16cm×13cm - 65cm×32cm의 크기이다. 중단의 석축은 길이 10.7m, 높이 64cm의 규모로 3단 11열이 잘 남아있다. 석축의 오른쪽에는 각을 이루며 길이 2.5m, 높이 58cm, 너비 1.5m의 석축이 마련되었는데, 내부에는 건물지의 흔적이 남아있다.

---

20 문화재관리국, 앞 책, pp.255-256.
21 경기도, 앞 책, p.513.

사진 - 12. 죽엽산사지 전경

석축의 조성에 사용된 석재는 54cm×25cm - 90cm×25cm의 크기이다. 상단의 석축은 자연암반의 전면에 위치하고 있는데, 길이 8.9m, 높이 40cm 정도가 남아있는데, 상면에서는 10.7m×7.5m 규모의 건물지가 확인되었다. 이 석축을 구성하고 있는 석재는 34cm×9cm - 90cm×40cm의 크기이다.

전체적인 규모와 형상으로 보아 소규모의 암자가 있었던 것으로 추정된다.

(7) 선단리사지(사진 - 13)

포천읍 선단리에 있는 전계대원군의 묘소 뒷편 왕방산과 해룡산 사이에 개설된 등산로를 따라 약 800m정도 오른 동남쪽 경사면에 위치하고 있다. 사지에는 약 300평 정도의 대지가 형성되어 있는데, 잡목과 수풀이 우거져 지표상의 유구나 유물은 수습할 수 없었다. 사지는 동남 45도의 축선을 보이고 있다.

(8) 해룡산사지(사진 - 14)

포천읍 설운2리 해룡마을에 위치한 무지개무덤에서 오른쪽 골짜기를 따라 200여m 오른 지점에 위치하고 있다. 전체적으로 3단의 석축을 형성하여 대지를 마련하였다. 마을에서는 이곳을 절골이라고 부르고 있는데, 3-4년전에 이 지역을 개간하기 위하여 시멘트와 寺城내에 흩어져 있던 석재를 사용하여 현재의 모습을 만들었다고 한다. 개간된 지형은 현재 경작지로 활용

사진 - 13. 선단리사지 전경

사진 - 14. 해룡산사지 전경

되고 있는데, 청자편 및 기와편이 산란한 점으로 보아 고려시대에 조성된 절터로 추정된다. 남동 10도의 축선을 이루었던 사지로 보인다.

이 사지에 대해서는 『新增東國輿地勝覽』과 『東國輿地誌』에는 "海龍寺 在海龍山鑑池傍"이라 기록되어 있고,[22] 『京畿邑誌』와 『堅城誌』에는 "海龍寺 在海龍山鑑池傍 惑稱安國寺今廢"라 기록되어 있다.[23] 이같은 기록을 볼 때 해룡사의 또 다른 명칭은 안국사였음을 알 수 있다. 그간의 조사 결과 해룡산의 주변에서 이곳 이외에서는 사지가 확인되지 않고 있다. 따라서 비록 개간으로 인해 사역이 모두 파괴되었지만, 전체 규모가 약 1,100여평에 달하고, 고려청자편등이 수습되는 점을 볼 때, 문헌에 전하는 해룡사 혹은 안국사가 이곳에 있었던 것으로 추정된다.

(9) 무봉리사지(사진 - 15)

소흘면 무봉리 향적산의 남사면 아래 절골에 위치하고 있다. 약 2,000평 정도의 평탄대지가 형성되어 있는데, 전면의 왼쪽에는 향적산으로 부터 흐르는 작은 계곡이 형성되어 있다. 사지의 全域에는 잡목과 수풀이 우거져 있는데, 일부는 옥수수밭으로 경작되고 있다. 전 지역에서 조선시대의 조성으로 추정되는 백자편과 기와편이 산란해 있는데, 남동 10도의 축선을 보이고 있다.

사진 - 15. 무봉리사지 전경

이 사지는 앞서 언급한 바와 같이 향적산 아래에 위치하고 있는데, 여러 문헌에 "香積寺 在 香積山"이라 기록되어 있어[24] 이곳이 향적사의 옛터임을 알 수 있다. 그런데 『新增東國輿地勝覽』과 『東國輿地誌』에는 사찰의 존재를 알리고 있음에 비해 『京畿邑誌』와 『堅城誌』에서는 "今無" 또는 "今廢"라 기록되어 있다. 따라서 이 사지는 신증동국여지승람이 편찬된 1530년(조선 중종 25)에서 견성지가 편찬된 1758년(조선 영조34) 사이의 어느 시기에 폐사된 것으로 보인다.

(10) 추동리사지 Ⅰ(사진 - 16)

창수면 추동리 추동초등학교 북서쪽에 있는 청해사의 뒷편 경작지 일대이다. 추동리 81번지

---

22 『新增東國輿地勝覽』抱川郡 佛宇條, 『東國輿地誌』寺刹條.
23 『京畿邑誌』佛宇條, 『堅城誌』佛宇條.
24 『新增東國輿地勝覽』抱川郡 佛宇條, 『東國輿地誌』寺刹條, 『京畿邑誌』佛宇條, 『堅城誌』佛宇條

사진 - 16. 추동리사지 I 전경   사진 - 17. 추동리사지 II 전경

에 거주하는 조원식(78세), 허훈(61세)씨의 증언에 의하면 본래 이곳은 절터였고, 경작중 많은 양의 기와가 출토되었다고 한다. 주변지역이 모두 논으로 활용되고 있어 사역의 규모를 추정하기가 불가능하다.

(11) 추동리사지 II(사진 - 17)

창수면 추동 1리 811-1번지에 위치한 한나기도원 일대이다. 약 1,000여평의 대지가 형성되어 있는데, 기도원의 관계자에 의하면 1992년 기도원 신축시 부지를 정리하던중 많은 양의 꽃그림이 새겨진 기와가 출토되었다고 한다. 현재 기도원의 곳곳에서 파상문이 새겨진 회청색의 기와편을 찾을 수 있는데, 남동 70도의 축선을 지닌 사찰이었던 것으로 보인다.

(12) 절취미부락 사지(사진 - 18)

창수면 주원리 절취미약수터 오른쪽의 경작지이다. 약 700평의 대지가 형성되어 있는데, 백자편과 토기편이 수습되고 있다. 마을에서는 이곳에 절이 있었다고 하는데, 약수터의 이름 또

사진 - 18. 절취미부락사지 전경   사진 - 19. 자일리사지 전경

한 절집약수터라고도 하여 사찰이 있었음을 알려주고 있다.

(13) 자일리 사지(사진 - 19)

포천군과 철원군의 접경인 영북면 자일리 중군봉 아래 동쪽 경사면 경작지에 위치하고 있다. 약 200평 정도의 대지가 형성되어 있는데, 청자편과 백자편 및 기와편이 수습되고 있다. 사찰은 남동 60도의 축선으로 건립되었던 것으로 보인다.

(14) 고일리사지 (사진 - 20-22)

신북면 고일 2리에 위치한 성석린의 묘소 입구와 텃골과 방축골사이의 인삼경작지등 2개의 사지가 조사되었다.

성석린묘소 입구에 위치한 사지는 1,400평 정도의 규모로 현재 경작지로 활용되고 있다. 주변에서는 토기 및 기와편과 분청사기편이 수습되고 있다. 동향의 사찰이었던 것으로 추정된다.

텃골과 방축골사이의 사지는 전 지역이 인삼밭으로 경작되고 있는데, 동서로 길쭉한 1,100평 정도의 규모로 남동 25도의 축선을 보이고 있다. 사역내에서는 기와편, 자기편, 토기편이 수습되고 있다. 사지의 북쪽에 위치한 암벽의 하단에서는 우물이 확인되었다. 우물은 현재 고갈되었는데, 규모는 75cm×55cm의 크기에 깊이 80cm로 상면에는 160cm×90cm×25cm 크기의 부식된 화강암 개석이 놓여 있다. 우물의 전면에는 길이 80cm, 너비 60cm

사진 - 20. 고일리사지Ⅰ 전경

사진 - 21. 고일리사지Ⅱ 전경

사진 - 22. 고일리사지Ⅱ 우물

사진 - 23. 초과리사지 석굴

사진 - 24. 초과리사지 요사채 터

의 배수로가 개설되어 있고, 주변에는 100cm×90cm×14cm, 53cm×20cm×8cm, 30cm ×15cm×13cm 크기의 화강암재가 불규칙하게 놓여 있다.

(15) 초과리 사지(사진 - 23-24)

관인면 초과 2리에 있는 군부대의 뒷편 야산에 위치하고 있다. 이 사지는 길이 50m, 높이 20m의 암반을 뚫어 굴착한 석굴과 요사채로 구성되어 있다. 동향한 석굴은 길이 16.7m, 높이 2.4m, 깊이 10.2m의 규모로 상면과 하면이 타원형의 형태를 이루며 교차되고 있다. 석굴의 벽과 천장에는 굴착한 흔적이 역력히 보이고 있고, 하면에는 굵은 모래가 깔려 있다.

석굴의 남쪽에는 요사채로 추정되는 정방형의 건물지와 석축이 남아있다. 요사채는 일변 11m의 정방형의 형태를 보이고 있고, 전면의 석축은 길이 10.3m, 높이 1.2m의 규모로 20cm ×20cm - 110cm×40cm 크기의 석재를 사용하여 구축하였다. 석굴내에는 석불이 안치되어 있었다고 하나, 대좌를 비롯한 내부 시설의 흔적은 찾을 수 없었다. 이곳에 있었다는 석불은 초과2리 풍림농장으로 옮겨져 있는데, 이에 대해서는 후술하고자 한다.

(16) 구읍리사지(사진 - 25)

반월산성이 있는 청성산 서남록의 포천향교 뒷편에 위치하고 있다. 석불이 있는 寺址는 약 700평 정도의 규모로 보이는데, 석불의 전면에 2단의 기단을 구축하고 남서향의 사찰을 건립했던 것으로 추정된다. 하단의 기단은 길이 22m, 높이 80cm, 상단은 길이 20m, 높이

사진 - 25. 구읍리사지 전경

90cm의 규모로 생각된다. 이곳에 있는 석불에 대해서는 후술하고자 한다.

(17) 왕방산사지

왕방산의 남쪽 기슭에 위치한 남동향의 寺址이다. 사역의 북단에는 석불입상 1구가 현존하고 있고, 남쪽에는 길이 10m, 높이 1.1m의 석축 상면에 약 150평 규모의 대지가 구축되어 있다. 이 사지는 석불과 가까운 지점에 위치하고 있어 이와 관련된 사찰이었던 것으로 보이는데, 문헌에 전하는 바가 없어 정확한 寺名을 알 수 없다. 석불에 대해서는 후술하고자 한다.

2. 佛像

(1) 舊邑里寺址立像(사진 - 26)

앞서 언급한 구읍리 사지의 북동쪽에 위치하고 있는데 鄕土遺蹟 第 5號로 지정되어 보존되고 있다. 석불은 높이 50cm, 길이 5m의 불단위에 건립되었는데, 주변에는 기와외 토기편이 산재한 점으로 보아 본래 이 석불을 봉안했던 불당이 있었던 것으로 추정된다.

석불입상은 1석의 화강암으로 조성되어 있다. 머리는 素髮로 정상에는 큼직한 육계가

사진 - 26. 구읍리사지 석불입상

솟아있다. 상호는 원만한 편으로 양 눈, 코, 입등이 표현되었으나 인위적으로 파손된 흔적이 역력하다. 양쪽 귀는 길게 흘러 어깨에 닿았고, 목에는 3도의 흔적이 약간 남아있다.

양 어깨는 당당하여 상호와 함께 불상으로서의 자비와 위엄이 보인다. 법의는 통견으로 의문역시 두렷하지 못하다. 수인 역시 마멸이 심하나 현상으로 보아 오른손은 가슴에 들어 외장하였고, 왼손은 배 부분에서 내장했던 것으로 보인다.

현재 허리 부분이하는 매몰되어 있어 하부의 상황은 알 수 없는데, 석불이 지닌 양식으로 보아 고려시대 초반에 건립된 것으로 추정된다.

이 사지에 대해서는 전하는 기록이 없어 정확한 寺名과 유래를 알 수 없다. 문화재관리국에서 편찬한 『文化遺蹟總攬』에는 "靑城山 西南端에 위치한 石佛立像은 신라말기의 것으로 전해지며 抱川 半月城址와 같은 年代로 추정하고 있다. 얼굴이 거의 마모되어 있고, 全體의 모습은 肉髻가 큰 편이며 목에는 三道가 보이나 磨滅이 심해 區別이 어렵다. 現高 2m 洞里에서는 彌勒佛

이라 부른다."라고 기록되어 있다.[25]

석불의 실측치는 다음과 같다.

현재 높이 : 2m, 머리 높이 : 70cm, 어깨 너비 : 80cm, 가슴 너비 : 28cm

(2) 舊邑里彌勒佛立像(사진 - 27-29)

군내면 구읍리에 소재한 용화당의 법당내
에 봉안되어 있는데,.. 향토유적 제 6호로 지
정되어 보존되고 있다. 거대한 괴체형의 석불
입상으로 신체 일부에 석고를 발라 원형을 손
상하고 있지만 비교적 보존상태가 양호하다.

寶蓋를 제외한 전체 화강암 1석으로 조성
된 이 석불입싱은 규모가 거대하고 후덕하면
서도 위엄있는 인상을 보여주고 있다. 머리에
쓰여진 보개는 1매 판석으로 구성된 장방형
의 형태인데, 4모퉁이에 이르러 약간의 反轉
이 있고, 하면은 平薄하다. 머리에는 渦紋이
가득한 관모형의 보관을 쓰고 있는데, 중앙에
는 1구의 화불이 조각된 하트형의 연화문이
조식되어 있다.

사진 - 27. 구읍리미륵불입상

相好는 원만상으로 약간의 미소를 머금고
있어 후덕한 느낌을 준다. 이마의 중앙에는
백호가 있고, 앙 문은 초승달형으로 반개하였
는데, 눈꼬리가 수평으로 처리되었다. 오똑한
코는 다른 분분에 비해 비교적 큰편이고, 입
은 가는 1조의 선으로 상 · 하의 입술을 구분
하고 있다. 양쪽 뺨의 살이 빠져 광대뼈가 튀
어나왔고, 주걱턱의 형상을 보이고 있다. 양
어깨에 닿을 정도로 길게 늘어진 양 귀는 귓

사진 - 28. 구읍리미륵불입상 상호

25 문화재관리국, 앞 책, p.250.

볼이 고리형의 모습을 하고 있는데, 중앙으로 1조의 굵은 보발이 흐르고 있다. 목에는 굵은 선으로 3도를 표현하고 있는데, 하단에는 3개의 물방울형 무늬가 양각되어 있다.

법의는 통견으로 의문은 양 어깨로 부터 가슴을 향하여 우려하게 흐르고 있고, 다시 양 팔의 팔뚝으로 부터 하단을 향해 직선형으로 묘사되어 있다. 왼손의 하단에는 弧形의 소략한 으문이 양각되어 있다.

수인은 오른손은 가슴에서 검지와 약지를 바로 세우고 중지와 곤지를 구부려 엄지와 맛대어 외장하였고, 왼손은 배에서 손가락을 곧게 편채 외장하고 있다.

하단은 불단에 가려 있는데, 신체와 발이 별도로 조성되어 있다. 발은 평판적으로 묘사되었는데, 장방형의 대좌와 한돌로 조성되어 있다. 석불의 배면에는 아무런 조식이 없다.

사진 - 29. 구읍리미륵불입상 신체부

이 석불에 대해서는 일제강점기에 조사된 자료에 의하면 "立像ノ石佛ニシテ高サ二間幅二尺佛體ハ全身白亞ヲ以テ塗ラレ頭部ハ三尺大ノ石冠ヲ載ケリ"라 기록되어 있다.[26] 아울러 문화재관리국에서 편찬한 『文化遺蹟總攬』에는 "신라시대 어느날 밤 男·女 미륵불이 옥계천을 中心으로 솟아 났다는 전설이 얽혀있는데, 지금은 女 미륵불만 남아있다. 韓末 明成皇後가 이 石佛에 불공차 3년간을 다녔다 한다 전하며 높이는 4.23m이다"라고 기록되어 있다.[27]

이 석불은 규모의 거대함 뿐만 아니라 세부적인 수법을 보아 고려시대 중기에 건립된 것으로 추정된다. 아울러 현존하는 고려시대 巨石佛이 경기도 안성으로 부터 충청도와 전라도에 걸쳐 분포되어 있음에 비해 개성과 가까운 경기도 북부지역에 건립되어 있어 이들 석불의 발생 및 계보를 파악하는데 중요한 자료로 생각된다.

석불의 실측치는 다음과 같다.

높이 : 4.4m, 머리 높이 : 1.2m, 어깨 너비 : 1.2, 가슴 너비 : 80cm

---

26 朝鮮總督府, 앞 책, p.45.
27 문화재관리국, 앞 책, p.250.

(3) 어룡리사지석불입상(사진 - 30-31)

포천읍 어룡리 왕방산의 남쪽 기슭에 위치한 남동향 寺址의 북쪽에 건립되어 있다.

석불은 4m×1.6m, 높이 70cm의 규모의 기단위에 세워져 있는데, 아무런 조식이 없는 舟形 巨身光背와 신체가 一石으로 조성되어 있다.

素髮의 頭頂 큼직한 肉髻가 표현되었는데, 머리에 비해 높고 큰편이다. 상호는 역삼각형으로 이마에는 백호가 표현되었고, 깊게 패인 눈썹으로 부터 내려오는 코는 얼굴에 비해 큰 편이고, 눈은 가는 음각선으로 처리하였다. 두툼한 입술의 상면에는 인중이 표현되었는데, 전체적으로 볼 때 양 뺨의 살이 빠져 광대뼈가 나오고 주걱턱의 형상을 보이고 있다. 귀는 귓볼이 길게 느리워져 양 어깨에 닿을 듯하다. 목에는 삼도가 표현되어 있다.

법의는 통견으로 배의 하단에 표현된 U자형의 의문이 유려하게 흐르고 있고, 양 소매에서 내려온 의문은 좌우 대칭을 이루고 있다. 수인은 오른손은 施無畏印으로 내장하였고, 왼손은 與願印의 형태로 외장하였다. 발목부분 부터는 매몰되어 있어 정확한 형상을 파악할 수 없다.

석불의 주변에는 약 60평 정도의 대지가 있고, 주변에 공양물이 있는 점으로 보아 최근에도 공양을 드렸음을 알 수 있는데, 인적이 드문 산간에 위치한 관계로 보존 상태가 양호하다.

이 석불은 전체적으로 보아 얼굴에 살이 빠지고, 양 손의 길이가 서로 다르게 표현되었고, 의

사진 - 30. 어룡리사지석불입상　　　　사진 - 31. 어룡리석사지석불입상 상호

문의 처리가 소략한 점으로 보아 고려시대 중기에 조성된 것으로 추정된다.

　석불의 실측치는 다음과 같다.

　전체 높이 : 263cm, 광배 너비 : 120cm, 광배 두께 : 11cm, 불상 높이 : 230cm, 머리 높이 : 64cm, 어깨 너비 : 79cm, 가슴 너비 : 28cm

(4) 영평석조여래입상(사진 - 32)

　영중면 영평리 영평초등학교 교정에 있다.

　전체높이 191cm의 입상으로 相互는 원만상인데, 素髮의 머리에는 肉髻를 표현하지 않고 편평하게 처리하였다. 양 눈은 파여졌는데, 긴 코의 등은 낮게 조성되었지만 볼이 넓게 조성되었다. 입은 상호에 비해 작게 조성되었는데, 눈과 같이 마멸이 심하다. 양 귀는 비교적 크게 조성하였는데, 상호의 후반부에 치우쳐 조성한 까닭에 뒤통수에 맞닿아 있는 형상이다.

　신체는 어깨에 비해 하단이 넓은 직사각형의 형태를 보이고 있다. 오른손은 신체와 같이 평행을 이루며 내려오다가 가슴에서 꺾어 내장하였다. 왼손역시 오른손의 하단에서 내장하고 있다. 법의는 통견으로 의문은 전체적으로 생략되었는데, 왼손의 하단에서 3조의 음각선이 타원형을 그리며 묘사되어 있다.

사진 - 32. 영평석조여래입상

　머리에 비해 신체가 크게 조성되었고, 일부 표현된 의문등으로 볼 때 조선시대의 문관석과 같은 느낌을 준다. 전체적인 양식을 볼 때 고려시개 후반 내지는 조선시대 초반에 조성된 것으로 추정된다.

　안내문에 의하면 1985년 7월 남대천변 지하 2m 지점에서 공사중 얼굴과 신체부분이 따로 발견되었는데, 자매부대의 지원으로 현재 이곳에 건립되었다고 한다. 불상의 실측치는 다음과 같다.

　높이 : 191cm, 머리 높이 : 45cm, 머리 너비 : 45cm, 어깨 너비 : 75cm,

(5) 초과리사지석조약사여래좌상(사진 - 33)

본래 초과리사지 석굴내에 봉안되어 있던 것으로 6.25전에 반출되어 여러마을을 전전하다가 현재는 초과2리 풍림농장에 안치되어 있다.

석불의 머리는 결실되었고, 가부좌를 튼 좌상이나 하부가 매몰되어 정확한 형상은 알 수 없다.

목의 상면에 지름 13cm, 깊이 5cm의 원

사진 - 33. 초과리사지석조약사여래좌상

형홈이 개설된 점으로 보아 머리는 따로 조성하여 꼽았던 것으로 추정된다. 통견의 법의에는 두꺼운 3조의 의문이 목의 뒤로부터 흘러내려 가슴의 하단에서 반전되었는데, 특히 왼쪽팔목에서 흐르는 4조의 의문은 무릎을 향하여 길게 흐르고 있다. 배면에는 왼쪽어깨로부터 흐르는 의문이 팔꿈치의 윗단에 이르기 까지 2조의 양각선으로 길게 묘사되어 있다. 가슴이 심하게 돌출되어 불안전한 느낌을 주고 있는데, 오른손은 엄지와 중지를 맞잡은채 가슴에서 외장하였다. 왼손은 오른쪽 무릎위에 놓았는데, 약합으로 추정되는 지물을 들고있다.

전체적인 양식으로 보아 고려시대 중반에 조성된 것으로 추정된다. 불상 각 부의 실측치는 다음과 같다. 현재 높이 : 50cm, 어깨 너비 : 50cm, 가슴 너비 : 34cm, 무릎 너비 : 72cm,

(6) 부처골석조여래좌상(사진 - 34)

영중면 성동3리 영평천가의 부처골에 있다. 이 불상은 성동검문소에서 121번 국도를 통해 이동으로 약 200m 거리에 위치한 상록수장모텔에서 영평천을 건너 보이는 암벽 하단에 형성된 소형의 석굴내에 봉0안되어 있다. 석굴은 길이 15m, 높이 10m의 암반 하단을 굴착하여 너비 2.6m, 높이 3.5m, 깊이 4m의 규모로 조성되어 있다. 석불은 좌상으로 근년에 조선한 방형의 대좌에 봉안되어 있는데, 머리는 새로 조성한 것으로 보인다.

법의는 통견으로 양손은 배앞에서 모으고 있다.

사진 - 34. 부처골석조여래좌상

가슴에는 2개의 타원형이 조각되었는데, 현상으로 보아 연화문으로 추정된다.

하체에 비해 상체가 넓고 높아 조성비례를 볼 수 없고, 의문이 모두 생략되어 있다. 뿐만 아니라 석굴의 전면이 바로 영평천으로 이러져 절벽을 이루고 있어 사찰의 흔적 또한 찾을 수 없었다. 이같은 상황을 볼 때 이 석불은 조선시대 후반에 이르러 민간신앙의 차원에서 조성된 것으로 추정된다. 석불의 실측치는 다음과 같다.

현재 높이(머리 제외) : 66cm, 어깨 너비 : 49cm, 가슴 너비 : 30cm, 무릎 너비 : 42cm, 무릎높이 : 20cm

(7) 신흥사지석조여래좌상(사진 - 35)

앞서 언급한 신흥사지에 봉안되었던 석조여래좌상으로 현재는 관인면 중1리 신축중인 신흥사의 목조가건물내에 봉안되어 있다. 수년전에 포천군외로 이반되었으나, 현 주지인 서청담스님이 1년전에 다시 찾아 이곳에 봉안하였다고 한다.

현재 시멘트로 조성한 대좌에 봉안되었는데, 머리는 새로 만들었다. 우견편단의 법의를 착용하였는데, 가슴과 팔에서 희미한 옷주름을 볼 수 있고, 배면에는 왼쪽어깨에서 오른쪽 둔부에 이르기 까지 4조의 음각된 의문이 사선형으로 표현되어 있다.

왼손은 신체의 선을 따라 내려 오른쪽 부릎에서 외장하였고, 오른손은 파손되어 시멘트로 보수하였으나, 가슴에서 내장한 것으로 보인다. 어깨에 비해 가슴이 넓게 조성되었고, 가슴의 선은 하단부로 내려올

사진 - 35. 신흥사지석조여래좌상

수록 돌출되어 배가부른 형상을 보이고 있어 불균형한 구도를 보이고 있다. 전체적인 양식을 볼 때 고려시대 중반에 조성된 것으로 추정된다. 석불의 실측치는 다음과 같다.

현재 높이(머리 제외) : 55cm, 어깨 너비 : 50cm, 가슴 너비 : 30cm, 무릎 너비 : 70cm, 무릎높이 : 40cm

(8) 東和寺 木造如來坐像(사진 - 36)

이동면 장암리에 소재한 동화사의 대웅전내에 주존불로서 봉안되어 있다. 목조여래좌상으로

사진 - 36. 동화사목조여래좌상

금도금이 되어있다.

螺髮의 둥근 머리 정상에는 연봉형의 육계가 있고, 중단에는 髻珠가 있다. 상호는 넓적하여 원만상을 보이고 있는데, 이마에는 작은 백호가 있다. 반개한 눈은 눈꼬리가 위로 살짝 치켜 올라갔고, 둥근 눈썹으로부터 이어지는 코는 오똑하여 마치 삼각형의 형상을 이룬 듯 하다. 귀는 비교적 큰 편으로 양 옆으로 넓게 벌어져 상호에 비해 큰 느낌을 주고 있다. 목에는 삼도가 표현되어 있다.

법의는 통견으로 어깨를 두껍게 덮은 법의는 팔목을 거쳐 무릎으로 흐르고 있고, 가부좌를 튼 양 무릎 사이로는 부채꼴형의 옷주름이 유려하게 흐르고 있다. 가슴과 배의 사이에는 단엽 6판의 앙연이 조각된 衣帶가 있다.

양손은 別造로 조성하여 팔목에 꼽도록 되어 있는데, 오른손은 팔꿈치까지 별도로 조성하였다. 수인은 오른손은 무릎위에 올려 손가락을 아래로 내린 촉지인의 형상이고, 왼손은 무릎위에 올린채 검지와 중지를 안으로 구부려 엄지와 맞닿은 형상이다.

전체적으로 보아 신체의 비례가 균형을 이루지 못하고, 의문이 소략한 점으로 보아 조선시대 후기에 조성된 목조여래좌상으로 추정된다.

불상이 봉안된 대웅전은 전면 3간, 측면 2간의 규모로 팔작지붕의 양식을 보이고 있는데, 전면에는 근년에 조성한 3층석탑과 2기의 석등이 배치되어 있다.

동화사에 대해서는 기록에 전하는 바가 없으나, 『抱川郡誌』에 "포천군 이동면 장암리 동화사 대웅전에 안치되어 있는 大佛像은 木佛로서 大淸 順治 6年 歲在 黃牛 7월에 제작된 것이라고 전해지고 있다. 스님의 말에 의하면 본래 이 목불상은 李厚洛이 소유하고 있던 것으로서 동화사가 창건된 후 邊熙俊 스님을 위해 이곳에 寄贈되었다고 한다"라고 기록되어 있다. [28]

불상의 실측치는 다음과 같다.

전체 높이 : 90cm, 머리 높이 : 31cm, 머리 너비 : 24cm, 어깨 너비 : 48cm, 가슴 너비 : 22cm, 무릎 너비 : 67cm, 무릎 높이 : 18cm

---

28 抱川郡誌編纂委員會, 『抱川郡誌』, 1984, p.950.

3. 浮屠

(1) 興龍寺石造浮屠

이동면 성동리 38번지에 위치한 흥룡사의 대웅전 옆에 2기의 石造浮屠가 위치하고 있다. 흥룡사는 문화재관리국에서 편찬한 『文化遺蹟總攬』에 "고려 太祖때 道詵國師가 창건했던 절이라 하나 지금의 大雄殿은 6.25동란 이후에 건립했다고 한다. 寺內에는 淸岩스님의 부도가 있다." 라고 기록되어 있고, 부도에 대해서는 "1922년 설하스님이 重修한 후 興龍寺라고 했는데 淸巖스님의 舍利를 모신 곳으로 전해지는 8角圓堂型의 浮屠로서 彫刻은 거칠고 조선후기에 많이 볼 수 있는 형식이다. 높이 1.7m, 둘레 3.2m이다."라고 기록되어 있다.[29]

2기의 석조부도가 지닌 현상을 보면 다음과 같다.

① 淸巖堂浮屠(사진 - 37)

8각형 하대석 상면에 원구형 탑신과 옥개석을 차례로 놓았다. 하대석에는 각 면에 판단이 아래로 향항 如意頭紋을 1구씩 배치하고, 상면에는 단엽 14판의 伏蓮을 조식하고 있다. 탑신은 원구형으로 표면에 자경 15cm의 크기로 「淸巖堂」이라 음각되어 잇어 부도의 주인공을 알 수 있다. 옥개석은 탑신에 비해 높은편으로 합각선이 두툼하게 표현되었고, 추녀역시 두껍게 조성되어 둔중한 느낌을 주고 있다. 옥개석의 하면에는 여의두문이 각 면 1구씩 배치되어 있고, 합각부에도 線刻의 화문이 1구씩 조식되어 있다. 옥개석의 정상에는 파상문이 음각된 보주 받침이 조출되어 있다.

부도의 실측치는 다음과 같다.

전체 높이 : 158cm, 탑신석 높이 : 61cm, 탑신석 지름 : 21cm, 옥개석 높이 : 83cm

사진 - 37. 흥룡사 淸巖堂 부도

---

② 妙化堂浮屠(사진 - 38)

팔각형의 지대석 상면에 석종형부도를 놓았다. 지대석의 상면에는 복엽 16판의 복연을 조식하고 있다. 석종형의 탑신 전면에는 妙化堂 冥熙(?)」康熙二十年」의 명문이 자경 8cm의 크기로 음각되어 있어 부도의 주인공 및 조성연대를 알 수 있다. 따라서 이 부도는 조선 숙종 7년(1681)에 건립된 것임을 알 수 있다. 탑신의 정상에는 1조의 원형 돌대 상면에 연봉형보주를 놓았다.

부도의 실측치는 다음과 같다.

전체 높이 : 153cm, 탑신 높이 : 146cm

사진 - 38. 흥룡사 妙化堂 부도

(2) 음현리사지석조부도(사진 - 39)

내촌면 음현리 이경여신도비 앞 약수터에 있으나, 인근에 안양사지가 있는 점으로 보아 본래 이 사찰에 소속되었던 것으로 추정된다. 탑신부와 기단의 일부가 남아있다. 탑신은 원통형으로 상면 바닥에 28cm×12cm×4cm의 장방형 사리공이 있는데, 내면에는 지름 16cm, 깊이 6cm의 원형 구멍이 개설되어 있다.

기단은 8각형의 평면으로 2단으로 구성되어 있다. 하단에는 아무런 조식도 표현하지 않았고, 상단에는 각 면에 26cm×7cm의 장방형 額內에 眼象을

사진 - 39. 음현리사지 석조부도

음각하였다. 현상으로 보아 조선시대에 조성된 석종형부도였던 것으로 추정된다. 각 부의 실측치는 다음과 같다.

탑신높이 : 46cm, 탑신 너비 : 60cm, 기단 높이 25cm

III. 결론

이상에서 포천군에 산재한 불교유적의 현황에 대해 고찰해 보았다. 현재까지 밝혀진 유적의 수는 사지 17개소, 불상 8구, 부도 3, 석탑재등으로 파악되었다. 앞으로 조사가 더 진행되면 상당수의 유적이 더 찾아질 것으로 기대된다.

포천군에 산재한 寺址는 대체로 寺名을 확인할만한 유물이 출토된 바 없었다. 따라서 문헌에 선하는 기록과 주변의 상황을 종합하여 추정을 하였다. 결과 新興寺址, 安養寺址, 善積寺址, 金峴里寺址(成佛寺址), 都平里寺址(藥師址), 해룡산사지(海龍寺址), 무봉리사지(香積寺)등이 확인되었다. 아울러 초과리사지와 부처골석불좌상은 석굴사원의 존재를 알려주고 있다. 특히 초과리사지는 봉안되었던 석불이 약사여래로 추정됨과 동시에 대형의 석굴을 굴착했다는 점에서 이 방면의 연구에 좋은 자료라 생각된다.

불상에 있어서는 舊邑里彌勒佛立像, 舊邑里石佛立像, 어룡리석불입상, 영평석조여래입상 등이 대형 석불임이 주목된다. 아울러 이들의 대부분이 고려시대 초반에 조성되었고, 미륵불로 지칭되고 있다. 이같은 유형의 대표적인 불상으로는 은진 관촉사석조미륵불상(968년, 고려 광종 19 추정)을 들 수 있다. 이들 일군의 석불들은 대체로 고려시대 초반에 조성되어 신흥국가의 기상을 대변하는 조형물로 파악되고 있다. 뿐만 아니라 당시 사림들의 의식의 저변에 깔려있는 토속신앙과 불교와의 습합현상, 풍수도참사상과 관련된 민중 감정의 표출로 그 지방의 호족과 관계가 있는 것으로 보고 있다.[30] 그런데 이같은 유형을 지닌 불상의 분포에 있어 우리에게 잘 알려진 석불들은 주로 충청도와 전라도에 분포되어 있다. 그러나 이에 못지 않게 많은 수가 집중적으로 분포되어 있는 지역이 바로 경기도이다. 특히 이 지역의 대형석불은 안성과 이천을 중심으로 밀집되어 있는데, 포천군에서 확인된 석불은 이들의 전파경로의 추정은 물론 이 지역을 중심으로 미륵신앙이 유포되었음을 알려주는 일례라 생각된다.

부도에 있어서는 선적사지의 부도재를 비롯하여 흥룡사 및 안양사지 입구에서 조사되었는데, 전자의 것은 대형의 상대석 부재일 뿐만 아니라 조각이 우수하여 고려시대 전기에 수작의 부도가 존재했음을 알려주고 있다. 아울러 흥룡사의 妙化堂浮屠는 康熙二十年(조선 숙종 7년, 1681)에 건립되었다는 명문을 지니고 있어 조선시대 후기 부도의 연구에 기준을 제시하고 있다.

이상과 같이 포천군내에서 확인된 불교유적은 조사된 사지에 비해 석조유물의 수가 적음을

---

30 金吉雄, 『高麗의 巨石佛』, 法仁文化社, pp.78-79.

알 수 있다. 이같은 현상은 지금도 군내에 여러지역에서 화강암을 채취하고 있음을 볼 때, 조성을 하지 않았다기 보다는, 6.25전쟁으로 인해 모두 파괴된 것으로 생각된다. 아울러 절대다수의 유적이 고려시대에 조성된 것임을 볼 때 포천군에서의 佛事는 이 시기에 이르러 집중적으로 이루어진 것으로 추정된다. 이같이 고려시대에 이르러 많은 불사가 이루어진 것은 수도였던 개성이 바로 인접하고 있다는 지리적인 면이 작용한 결과로 해석할 수 있다고 하겠다.

(1997.06 「京畿道 抱川郡의 佛教遺蹟에 關한 考察」, 『문화사학』 6 · 7, 한국문화사학회)

신륵사의 석조유물에 관한 고찰

Ⅰ. 서언

경기도 여주군 북내면 천송리의 봉미산 자락에 위치한 신륵사는 신라 진평왕때 원효대사가 창건한 사찰로 전해오고 있다. 그렇지만, 현존하는 삼국 및 통일신라시대에 조성된 유물이 없는 점으로 보아 고려시대에 창건된 사찰로 생각되는데, 나옹화상의 입적과 이에 수반된 여러 異蹟은 신륵사의 寺勢를 확장시키는데 큰 기여를 한 것으로 보인다. 이후 조선시대에 이르러 英陵의 願刹로 확정됨에 따라 대대적인 佛事가 진행되면서 전성기를 구가했던 것으로 보인다. 결국 신륵사는 고려 말에 역사의 무대에 등장하면서 조선시대에 이르러 大刹로서의 면모를 지니게 된 것으로 판단된다. 이렇듯 고려와 조선시대를 아우르며 번성했던 신륵사에는 다양한 유물이 전하고 있다. 이를 구체적으로 보면 조사당(보물 180호), 다층석탑(보물 225호), 다층전탑(보물 226호), 보제존자석종(보물 228호), 보제존자석종비(보물 229호), 대장각기비(보물 230호), 보제존자석종 앞 석등(보물 231호), 극락보전(경기도 유형문화재 128호)을 비롯해 삼층석탑과 석조부도 2기가 현존하는 바, 이들은 바로 신륵사의 寺格을 보여주는 직접적인 史料라 하겠다.

현존하는 사찰의 대부분은 事蹟記가 없음으로 인해 정확한 연혁을 파악하지 못하고 있다. 그렇지만, 경내에 남아있는 각종 유형의 유물은 사찰의 창건으로부터 변화되는 과정을 파악할 수 있는 단서를 제공하고 있다. 때문에 유물에 대한 미술사적 접근은 문헌기록이 영세한 면을 보충할 수 있는 가장 최선의 방책이라 생각된다. 본고에서는 신륵사에 현존하는 많은 유물 중 석탑, 부도, 석등에 대해 다음과 같은 주안점에서 서술하고자 한다.

첫째, 석탑, 석조부도, 석등의 개별 양식과 특성에 대해 고찰한다.

둘째, 각 유형별 석조유물이 지닌 특성을 파악해 불교미술사상 신륵사가 지닌 위상을 규명한다.

II. 석조유물

1. 탑파

1) 多層塼塔(사진 1~5)

신륵사 경내의 동남편 강가에 위치하고 있다. 높이 9.4m의 규모로 현존하는 국내 유일의 고려시대 전탑이다.[1] 基壇部는 화강암을 이용하여 7단으로 구축했는데, 3·5·6·7단에서 체감을 이루며 층단형을 이루고 있다. 이 중 2층과 4층의 석재는 다른 부재보다 높게 조성되어 우리나라 일반형석탑에서와 같이 2층기단의 형상을 보이고 있다. 이처럼 기단 전체를 화강암으로 축조한 경우는 통일신라시대의 전탑에서는 볼 수 없는 특수한 용례라 생각된다. 기단의 상면에는 여러장의 화강암으로 구축한 낮은 1단의 탑신받침이 놓여있다.

탑신부는 모두 6층으로 마지막 층만 높이와 너비가 축소되었을 뿐 나머지 층에서는 일정한 체감비를 볼 수 없어 전체적으로 안정감이 결여된 채 高峻한 감만을 주고 있다. 아울러 탑신부를 구성하는 벽돌은 연주문이 시문된 반원내에 당초문을 새긴것과 無紋의 2종류가 불규칙하게 구축되어 있는데, 벽돌의 조립에 있어 통일신라시대의 전탑과 같이 촘촘히 놓인 것이 아니라

| 사진 1. 다층전탑 기단부 | 사진 2. 다층전탑 기단부 | 사진 3. 다층전탑 탑신부 |

---

1 이밖에도 안양사에 고려시대에 건립된 칠층전탑이 있었는 바, 이에 대해서는 『新增東國輿地勝覽』, 卷 10, 衿川縣 佛宇條에 기록되어 있다.

사진 4. 다층전탑 상륜부

사진 5. 다층전탑의 문양전

벽돌 사이를 벌리고 그 사이에 白土를 발랐다. 옥개석의 받침은 3층까지는 2단이며, 나머지 층
은 1단씩 두었다. 낙수면 역시 1층은 4단임에 비해 나머지 층은 모두 2단씩 되어 있어 각 층의
경계선 정도의 역할만 하고 있다. 상륜부에는 벽돌로 조성한 露盤 상면에 화강암으로 조성된 覆
鉢 · 仰花, 寶輪 · 寶蓋 · 寶珠가 놓여있다.

이 전탑에 대해서는 今西龍이 고려말의 건립설을 제기한 이래[2] 고유섭선생도 이를 지지하고
있는데,[3] 인근에 위치한 「神勒寺東臺塔修理碑」로 보아 1726년(조선 영조 2)에 수리한 것임을
알 수 있다. 아울러 비문의 내용 중 이 전탑의 일단을 파악할 수 있는 기록이 있는데, 이를 적기
해 보면 다음과 같다.

"(전략) 옛부터 벽돌탑이 있어 그 山頂을 누를 듯 한데 이를 나옹탑이라 전해지고 있다. (중략)
허물어진 때문에 절의 스님이신 德輪과 琢璉이 모든 신도들이 모금을 하여서 새로 보수한
기둥만도 백여개가 되었지만, 오직 탑만은 보수하지 못했다." (중략) 스님 英淳과 법밀 등이
발원하여 재물을 모아 금년 봄에 수리하기 시작하여 탑을 헐어 내려가다 밑바닥에 이르러
간직해 두었던 사리 5개를 얻었고 (마멸) 말하기를 부처님 사리도 文殊께서 보관하지 않으셨다.
그러나 普濟는 本寺에서 입적하시었고, 다비식도 이 언덕에서 거행하였으니 이 사리가 다른
사람의 것이라 할 수 없을 것이다. (마멸) 상고해 보면 거기에 이르기를 사리를 얻은 것이 그

2 「神勒寺」,『大正五年度古蹟調査報告』, 朝鮮總督府, p.128, 1916.
3 高裕燮, 「朝鮮의 塼塔에 對하여」,『韓國美術史及美學論攷』, 通文館, p.129, 1972. 선생은 이 탑이 속전과 같
   이 신라에 건립되지 않음을 첫째, 문헌과 중수비의 기록에 고려말 이전의 사실이 기록되지 않았고, 둘째,
   사찰내에는 신라시대에 건립된 것으로 볼 수 있는 유물이 한 점도 없고, 셋째, 전탑은 통일신라시대의 전
   유물이 아니라 고려시대에도 있었다는 점, 넷째, 양식적으로도 고려말기의 건립으로 보는 것이 타당하다는
   견해를 제시하고 있다.

수를 헤아릴 수 없다고 했으니, 覺信의 무리가 아니었더라면 어찌 북쪽언덕에 정골사리를 봉안하였을 것이며 다시 그 나머지를 화장한 장소에 탑을 세워 간직하고 석종을 만들어 보관할 수 있었을 것인가? (마멸) 마침내 4월 8일에 맨 먼저 아래 石臺를 수리하고 다시 瓊龕을 안치하고 이어서 벽돌을 쌓아올려서 (마멸) 그 또한 성실하고 전력을 다한 것이다. (중략) 옛사람이 전한대로 모방하고 전후에 보수한 수고로움도 다 기록하기 어렵다. 영능을 옮기고 이 절을 영릉 원찰로 삼고는 조정에서 報恩한다는 의미로 報恩寺라는 현판을 내리셨다고 塔誌에 기록되어 있다. 成化 · 萬曆간에도 관에서 재차 수리한 것도 이 때문일 것이다.[4]

위의 기록은 다층전탑의 수리내용을 기록하고 있는데, 이를 통해 다음과 같은 사실을 확인할 수 있다.

첫째, 나옹탑이라 불리웠다는 기록은 전탑의 건립이 나옹화상과 연관이 있음을 암시하는 것으로 생각된다. 나옹화상은 1376년 4월(禑王 2)에 회암사에서 文殊會를 열었는데, 이로 인해 경상도 密城郡으로 추방되어[5] 이송되던 중 신륵사에 이르러 5월 15일에 입적하게 된다.[6] 따라서 나옹이 신륵사에 머문 기간은 길어야 한 달에 불과한 극히 짧은 시간이었음을 알 수 있는데, 이 기간내에 전탑을 건립하는 것은 불가능한 것으로 판단된다. 오히려 나옹의 입적 후 일어났던 신비로운 異蹟은 신륵사의 寺勢를 확장시키는 계기를 가져왔고, 이로 인해 전탑이 건립된 것으로 보는 것이 타당할 것으로 생각된다. 따라서 다층전탑은 신륵사와 나옹과의 관계를 보아 1376년을 건립하한으로 설정해도 무리가 없을 것으로 생각된다.

둘째, 신륵사의 연혁을 기록한 塔誌가 봉안되어 있었다.

셋째, 사리는 밑바닥에서 수습했다는 기록을 보아 기단하부에 사리를 봉안했음을 알 수 잇다.

넷째, 1726년(조선 영조 2)의 수리시 瓊龕을 안치하고 다시 벽돌을 쌓아올렸다는 기록을 보아 이 때에도 사리는 기단부에 봉안했을 것으로 추정된다.

다섯째, 제일 먼저 石臺를 수리했다는 기록을 보아 1726년 당시까지도 기단부의 모습은 현재와 같이 화강암으로 조성했던 것으로 보인다.

여섯째, 成化 · 萬曆年間에도 관의 주도로 수리가 진행되었다. 따라서 이 전탑은 건립이래 成化年間(1465-1487), 萬曆年間(1573-1620)에 이어 1726년(조선 영조 2)등 모두 3차례에 걸쳐 수리된 것으로 보인다.

일곱째, 전탑의 명칭은 비문의 내용으로 보아 조선시대에 이르기까지 지금의 신륵사다층전

4 「神勒寺東臺塔修理碑」, 『朝鮮金石總覽』 下, 朝鮮總督府, 1919, pp.1110-1111.
5 『高麗史』 卷 133 禑王 2년 4월 조.
6 「檜巖寺禪覺王師碑」, 주 4의 책, pp.498-502.

탑이 아니라 「神勒寺東臺塔」이었음을 알 수 있다.

이밖에 현재는 6층의 모습을 취하고 있지만, 건립당시의 모습이 변화된 까닭에 층수가 불분명하여 多層塼塔이라 불리우고 있다. 이에 대해 우현 고유섭선생은 "7층으로 보아야 할 것인지? 6층으로 보아야 할 것인지 매우 애매한 자태를 이루고 있다"고 하면서 제목은 「麗州神勒寺五層塼塔」으로 소개하고 있다.[7] 필자는 이 전탑은 본래 7층으로 건립된 것으로 추정한다. 왜냐하면 우리나라의 탑파는 신라시대 모두 홀수의 층수를 이루고 있고, 고려말에 건립된 안양사의 전탑 역시 칠층으로 기록되어 있다.[8] 뿐만 아니라 현재 6층의 모습에서 部材를 체감해 층수를 조절해 볼 때 7층으로 건립되었을 가능성이 높다고 판단되기 때문이다. 나아가 남한강변에 인접한 암반 위에 건립되어 있어 전통적인 가람배치에 의한 것이 아님을 알 수 있는데, 이에 대해서는 후술하고자 한다.

2) 3층석탑(사진 6~9)

다층전탑 인근의 강변 암반에 건립되어 있는 단층기단을 구비한 평면방형의 3층석탑이다. 넓직한 1매판석으로 구성된 지대석의 외곽에는 높직한 1단의 각형 받침을 마련한 후 중앙에 호각형 2단의 받침을 조출해 기단을 놓았다. 기단은 1매의 석재로 조성했는데, 각 면에는 양 우주와 탱주를 모각했다. 갑석 역시 1매의 석재로 놓았는데, 각 면 3구씩 그리고 모서리에 1구씩 모두 복엽 16판의 복연을 조식했다. 중앙에는 낮고 높은 각형 2단의 받침을 조출해 탑신부를 놓았다.

사진 6. 삼층석탑 전경

사진 7. 삼층석탑 기단부

7 高裕燮, 『韓國塔婆의 硏究-各論草稿』, 「麗州 神勒寺五層塼塔」, 考古美術同人會, 1967, pp.43-44.
8 주 1과 같음.

사진 8. 삼층석탑 탑신부   사진 9. 삼층석탑 탑신부

탑신석과 옥개석은 각각 1석으로 조성되었다. 매층 탑신석에는 양 우주가 모각되었는데, 1층 탑신은 2층에 비해 3배정도 높게 조성되었다. 현재 3층 탑신석은 결실되었다. 옥개석은 3층 모두 잔존하고 있다. 낙수면의 길이가 짧고 경사가 급해 둔중한 느낌을 주고 있다. 하면에는 1·2층은 각형 3단, 3층은 각형 2단의 받침이, 상면에는 각형 2단의 탑신받침이 조출되었다. 상륜부는 모두 결실되었다. 이상과 같은 석탑의 양식으로 보아 고려시대 후기에 건립된 것으로 추정된다.

이 석탑은 앞서 언급했던 수리비에 언급되어 있는데 이를 다시 적기해 보면 다음과 같다.

그러나 普濟는 本寺에서 입적하시었고, 다비식도 이 언덕에서 거행하였으니 이 사리가 다른 사람의 것이라 할 수 없을 것이다. (마멸) 상고해 보면 거기에 이르기를 사리를 얻은 것이 그 수를 헤아릴 수 없다고 했으니, 覺信의 무리가 아니었더라면 어찌 북쪽언덕에 정골사리를 봉안하였을 것이며 다시 그 나머지를 화장한 장소에 탑을 세워 간직하고 석종을 만들어 보관할 수 있었을 것인가?[9]

이 기록을 볼 때 나옹스님을 다비한 장소가 바로 전탑과 석탑이 있는 지역임을 알 수 있는데, 당시 수습된 사리로 부도를 조성하고, 그 나머지를 화장한 장소에 탑을 세웠음을 알려주고 있다. 따라서 다비식을 거행한 장소에 건립된 탑은 앞서의 전탑과 이 석탑을 지칭하고 있음을 알

9 주 4와 같음.

수 있다. 그러나 스님의 다비처에 건립한 탑은 3층석탑이라 생각된다. 왜냐하면 나옹화상의 사리를 모신 부도가 화강암으로 조성되었고, 석탑 역시 같은 재료로 건립되었다. 아울러 화강암과 벽돌은 여러 가지 사유에 의한 훼손시 석탑은 내구성이 보장되지만, 전탑은 흔적도 없이 소멸된다는 재료상의 차이를 지니고 있기 때문이다. 따라서 비문에 명시된 다비처에 건립된 탑은 석탑이 더 유력한 것으로 생각된다. 뿐만 아니라 화장이라는 장례법식을 보아 스님의 다비식을 거행한 장소로는 전탑의 위치보다는 석탑이 건립되어 있는 암반이 더 유력한 것으로 생각된다.[10] 따라서 이 석탑 역시 전통적인 가람배치법에 의해 건립된 것이 아니라 나옹의 자취를 기념하고 그의 덕을 기리기 위해 화장지에 세워진 일종의 기념탑이라 하겠다.[11]

3) 多層石塔(사진-10~13)

극락보전 앞에 건립되어 있는 석탑으로 2층기단 위에 탑신을 올린 평면 방형의 석탑이다. 따라서 외형적인 면에서는 신라시대 이래 확립된 일반형석탑의 양식을 따르고 있는데, 층수가 불분명한 관계로 다층석탑이라 불리우고 있다. 한편, 현존하는 석탑의 절대다수가 화강암을 사용하고 있음에 비해, 白大理石을 주성재료로 사용한 점이 기존의 석탑과 다르다. 이 석탑에 대해서는 일찍이 정영호 선생에 의해 상세한 고찰이 진행된 바 있다.[12]

基壇에서 塔身에 이르기까지의 각 층 부재는 각각 一石으로 조립되었는데, 이는 석재가 구하기 어려운 백색 대리석인데 기인한 것이 아닌가 한다.[13] 방형의 地臺石 상면에 2층기단을 놓았다. 하층기단의 下臺石에는 單葉 40판의 伏蓮이 조식되었고, 中臺石의 각 모서리에는 花紋으로 장식하였는데, 각 면에는 파도문을 조식하였다. 甲石의 상·하면에는 仰蓮과 伏蓮을 조식하였고, 중간에는 넓은 突帶를 형성하고 있다. 상층기단의 네 모서리에는 花形과 連珠紋으로 장식한 隅柱를 모각한 후, 각 면에는 생동감이 넘치는 雲龍紋을 조각하였다. 특히 구름무늬의 유려함과 용의 얼굴과 발가락과 더불어 몸체의 비늘에서 주는 사실적인 감각은 마치 승천하는 용이라 생각될 만큼 활기차게 조각하였다. 이처럼 상층기단 면석에 문양을 조식한 경우는 신라시대이

---

10 이처럼 강변에서 화장을 하는 경우는 인도의 전통적인 장례의식에서 볼 수 있다. 인도에서는 갠지스강변에 "Gath"라는 화장터를 마련하고 이에서 화장한 시신을 갠지스강에 뿌리고 있다. 따라서 강변에 위치한 사찰에서는 이와 유사한 장소를 택했을 것으로 생각된다. 나아가 화장이 승려들이 택하는 전통적인 장례법임을 감안할 때 나옹스님 역시 강변을 택해 다비식을 거행했을 가능성이 높기 때문이다.

11 韓國佛敎硏究院, 『神勒寺』, 一志社. p.84.

12 鄭永鎬, 「韓國石塔의 特殊樣式 考察(下)」, 『論文集』 4, 檀國大學校, 1970, pp.95-98. 및 「朝鮮時代의 佛塔 硏究」, 『綠圓스님古稀紀念學術論叢-韓國佛敎의 座標』, 刊行委員會, 1977, pp.438-440.

13 주 12와 같음.

사진 10. 다층석탑 전경

사진 11. 다층석탑 기단부

사진 12. 다층석탑 탑신부

사진 13. 다층석탑 기단부 용문

래 건립된 석탑에서 흔히 볼 수 있다. 그런데 대다수의 석탑에서는 八部神衆을 조식하고 있음에
비해, 이 석탑에서는 용과 雲紋을 가득히 조각해 특이한 면을 보이고 있다. 이같은 일면은 9세
기에 건립된 석조부도와 불상대좌에서 그 연원을 찾을 수 있고, [14] 조선시대에 이르러는 부도의

----

14 석불에 있어 대좌의 중대석을 구름과 용을 장식한 예는 대구 동화사 비로암석조비로사나불좌상(863년)
    이 있다. 부도의 경우는 강원도 양양 선림원지부도(886년)을 필두로 고려시대에 건립된 경기도 여주 고
    달사지부도(구려 초) 및 고달사원종대사혜진탑(977년), 경북대학교 소장 석조부도와 흥법사진공대사탑
    (940년)이 있다.

탑신부를 용과 구름으로 가득 메꾼 경우를 볼 수 있어[15] 비록 시대를 달리하는 석조물이지만, 양식상의 친연성을 엿볼 수 있다. 갑석의 하면에는 仰蓮이 조식되었고, 상면은 편평하게 처리하여 탑신을 받고 있다.

탑신석은 현재 8층까지 남아있는데 매층 隅柱가 모각되어 있다. 屋蓋石은 평박하고, 옥개받침이 낮게 조출되었으며, 상면에는 각형 1단의 탑신괴임대가 마련되어 있다. 추녀는 수평으로 흐르다 轉角에 이르러 反轉을 보이고 있는데, 각 층의 체감율이 완만하다. 찰주가 관통된 8층 옥개석의 상면에 소형의 탑신석이 있는 점으로 보아 본래는 더 많은 층수를 이루었던 것으로 보인다.

신륵사가 世宗 英陵의 資福寺로서 成宗 3년(1472)에 중흥한 사찰인 점과 世祖 13년(1467)에 낙성한 圓覺寺址10層石塔과 같은 石質인 점을 고려 할 때 대략 늦어도 1472년에는 건립된 것으로 추정된다.[16]

2. 석조부도

1) 普濟尊者石鍾(사진 14~17)

신륵사에서 入寂한 나옹스님의 사리탑이다. 양식상에 있어 우리나라 석조부도의 전형인 八角圓堂形의 형식이 아니라 石鍾形浮屠의 모습을 보이고 있다. 박석을 깔아 마련한 묘역에 방형

사진 14. 보제존자석종 전경

사진 15. 보제존자석종 전경

15 경기도 양주 회암사지에 있는 무학대사부도(1407년)를 들 수 있다. 이 부도는 탑신부를 원구형으로 조성한 후 全面에 구름과 용을 가득 조각했다.

16 주 12와 같음.

사진 16. 보제존자석종 기단부

사진 17. 보제존자석종 탑신부

의 넓은 基壇을 마련하였는데, 상면에도 박석을 깔고 중앙에 2매의 판석으로 기단을 형성한 후 석종형의 탑신을 놓았다. 기단의 전면과 양쪽면에는 계단을 설치하였는데, 면석에는 문양을 새겨 변화를 주고 있다. 석종의 身部는 위로 갈수록 원만한 타원형을 이루다가 어깨 부분에서 수평되게 처리하였는데, 상면에는 寶珠를 조각하였다.

전체적으로 둔중하면서도 균형을 잃지 않고 있어 당시의 건축양식을 잘 보여주고 있을 뿐만 아니라 이후 건립되는 석종형부도의 선구적인 예로 평가된다.

나옹화상의 부도는 화암사와 신륵사에 각각 건립되어 있다. 양 부도의 건립에 대해 「禪覺王師碑」에는

"8월 15일 부도를 寺의 北岸에 세우고 頂骨舍利는 신륵사에 모시니 그의 입적하신 곳을 표시하려는 뜻이요 石鍾으로 덮었으니 감히 訛傳되는 일이 없기 위해서이다."[17]

라고 기록되어 있다. 이를 통해 나옹화상의 부도는 회암사와 신륵사 각각 두 곳에 건립되었고, 이 중 신륵사의 것은 석종으로 덮었음을 알 수 있다. 따라서 회암사의 부도는 선사의 입적후 3개월만인 1376년에 건립되었음을 알 수 있는데, 신륵사의 부도는 명확하지 않다. 그러나 인근에 건립되어 있는 「普濟尊者舍利石鐘記」가 1379년(高麗 禑王 5)에 覺信, 覺珠등의 주관으로 1379년(고려 우왕 5)에 건립된 것으로 점으로 보아[18] 이 부도 역시 같은 시기에 건립된 것으로 추정되고 있다.

2) 팔각원당형석조부도(사진 18~20)

경내의 서쪽 언덕에 2기의 부도가 있다. 본래는 조사당 뒤 북쪽 구릉 너머에 있었다고 하는

17 주 6과 같음.
18 「神勒寺普濟禪師舍利石鍾碑」, 주 4의 책, 상, pp.514-519 참조.

데, 1966년 11월 17일 현재의 위치로 이전되었다고 한다. 이 중 주목되는 것은 팔각원당형의 양식을 지닌 석조부도이다.

방형의 지대석 상면에 평면 팔각의 기단부·탑신부·상륜부를 차례로 중첩하였다. 지대석의 하대석은 일석으로 조성되었는데, 하대석에는 8판복엽의 伏蓮을 조식했다. 중대석은 낮은 원통형으로 조성되었는데, 표면에는 아무 조식이 없다. 상대석에는 8판의 앙연을 조식했다. 탑신부 역시 평면8각의 형태로 문비형을 새기고 梵字를 양각했다. 옥개석의 하면은 편평하게 처리하였고, 두툼하게 조성한 기와골의 끝에는 큼직한 귀꽃을 배치했다. 상면에는 복발, 보륜, 보주가 차례로 놓여있어 비교적 완전한 형태를 취하고 있다. 이 중 보주는 앞서 살펴 본 보제존자석종의 그것과 유사한 점으로 보아 석종의 상륜을 모방한 것으로 보인다. 이 부도에서는 이전 시 사리합이 수습되어 있는데, 이에 대해서는 정양모선생에 의해 상세한 고찰이 진행된 바 있는데,[19] 이를 정리해 보면 다음과 같다.

사리합은 뚜껑과 몸체로 구성되어 있는데, 측면에서 상·하에 이르는 면은 둥글게 처리하고 뚜껑의 상면에 이르는 부분은 약간의 경사를 두어 상면이 약간 불룩한 모습을 보이고 있다. 중앙에는 큼직한 국화문을 白象嵌하고 이를 중심으로 2중 원문으로 전체면을 3등분 한 후 蓮珠, 蓮花, 雨點, 重圈紋등을 黑象嵌하였다. 측면은 음각선으로 2등분 한 후 상면에는 鋸齒形의 국화문을 하면에는 완자문을 새겼다. 합의 하면에는 竹節굽을 두었는데, 구연부로 부터 와자문, 국화문, 연화문대을 黑白象嵌 기법으로 새겼다. 이같은 문양중 상·하면의 연화문내에는 2-3점의 백색상감을 찍었다. 전체적으로 연회색을 머금은 청자유를 施釉했는데, 미세한 빙열이 있다. 뚜껑과 합의 일부에서는 시유상태가 불량함을 볼 수 있다. 이 사리합은 부도의 하부와 상대석의 중간에서 수습되었다고 하는데, 정확한 형상은 알 수 없다. 전체적인 양식으로 보아 1392년을 전후 십 수년간에 만들어진 것이 아닌가 한다.

사진 18. 팔각원당형 석조부도 전경

사진 19. 팔각원당형 석조부도 기단부

사진 20. 팔각원당형 석조부도 탑신부 문비

19 鄭良謨, 「驪州 神勒寺 逸名浮屠內 發見 舍利盒」, 『考古美術』 9권 5호, 考古美術同人會, 1968.5.

이 부도는 전체적인 양식과 더불어 사리합의 조성시기 등을 감안할 때 조선시대 초반에 조성된 것으로 추정된다.

3. 普濟尊者 앞 석등(사진 21~25)

평면 팔각형의 구도를 지닌 석등으로 나옹스님의 사리탑 앞에 건립되어 있다. 팔각형의 높직한 지대석 상면에 각각 1석으로 조성한 기단부·화사석·옥개석·상륜부를 순차적으로 놓아 모두 5매의 석재로 구성되었음을 알 수 있다. 이 중 기단부가 다른 석등에 비해 낮게 조성되어 마치 팔각원당형 석조부도를 보는 듯 하다. 지대석은 평면 8각의 형태로 아무런 조식이 없다. 1석으로 조성된 기단부는 하대·중대·상대의 3부분으로 구성하였는데, 전체적으로 낮게 조성되어 부도 및 부상의 대좌와 같은 느낌을 주고 있다. 하대석에는 복렵 16판의 伏蓮이 조식되었고, 잘룩한 간주석에는 각 모서리에 蓮珠紋으로 구획을 나눈 후 내면에 亞자형의 안상을 배치하고 있다. 상대석에는 복엽 16판의 앙연을 조식했는데, 상면에는 아무 받침없이 편평하게 다듬어 화사석을 놓았다. 팔각형의 평면을 지닌 일반형석등의 화사석은 다른 부재와 같이 화강암을 사용하고 있음에 비해 이 석등에서는 납석제를 사용해 높게 조성되어 특이한 면을 보이고 있다. 화창은 각 면에 1개씩 모두 8개을 개설했는데, 사라센계통의 완만한 곡선의 花頭窓 양식을 따르고 있다.[20] 각 면의 모서리에는 원형의 기둥을 두고 율동감 넘치는 蟠龍紋을 섬세하게 양각했고, 상면에는 평창과 창방을 조각해 목조건축의 의도를 표현하고 있다. 뿐만 아니라 창방과 화창 상면의 공간에는 하강하는 형태의 비천을 高浮彫로 양각했다. 화사석에 다른 석등과는 달

사진 21. 보제존자석종 앞 석등 전경   사진 22. 보제존자석종 앞 석등 기단부   사진 23. 보제존자석종 앞 석등 화사석

---

20 鄭明鎬, 『韓國石燈樣式』, 民族文化社, 1995, p.252.

리 목조건축의 표현과 더불어 반용과 비천을 배치하고 있음은 납석을 재료로 선택한 까닭에 섬세한 조각이 쉬웠기 때문이라 생각된다.

팔각형의 옥개석은 비교적 낮게 조성되었는데, 우동이 두툼하게 표현되었다. 반원형을 이루는 처마는 높직한데, 轉角의 반전이 예리해 둔중감을 면하고 있다. 하면에는 1단의 옥개받침과 낙수홈이 마련되어 있다. 정상에는 옥개석과 1석으로 조성한 覆鉢위에 연봉형의 寶珠을 놓아 상륜부를 구성하고 있다.

이 석등은 나옹화상의 부도 바로 前面에 위치하고 있어 가람배치상의 석등과는 다른 일면을 보여주고 있다. 이같은 상황은 조선시대에 이르러 부도 앞에 건립되는 석등의 조형일 뿐만 아니라[21] 조선시대의 무덤에 등장하는 장명등의 조형을 이루는 고려말기의 대표적인 석등이라 하겠다.[22] 전체적인 양식으로 보아 나옹화상의 부도와 탑비가 건립되던 1379년(고려 우왕 5)에 건립된 것으로 추정된다.

사진 24. 보제존자석종 앞 석등 화사석 비천상

사진 25. 보제존자석종 앞 석등 옥개석

III. 석조유물의 특성

앞서 살펴본 바와 같이 신륵사에 건립되어 있는 많은 조형물 중 전탑과 석탑 2기, 부도 2기, 석등 1기는 나름대로는 당대를 대표할 수 있는 걸작임에 틀림없다. 뿐만 아니라 이들의 대부분은 고려말에 조성되었고, 나옹화상과 연관을 맺고 있는 점으로 보아 당시 신륵사의 위용을 짐작할 수 있는 중요한 단서를 제공하고 있다.

본 장에서는 앞 서 거론했던 각각의 조형물이 지닌 특성을 파악해 보고자 한다.

첫째, 탑파에서는

21 조선시대에 이르러 부도 앞에 건립된 석등으로는 가평 현등사 부도 앞 석등, 회암사 지공·나옹·무학대사 부도 앞 석등, 중원 청룡사 보각국사정혜원융탑 앞 석등이 있다.
22 鄭明鎬, 앞 책, p.253.

1. 전탑이 건립되고 있다.

우리나라는 석탑 발생기로부터 전탑이 조성되기는 했지만,[23] 실물로 전하는 것은 통일신라 시대부터이다. 뿐만 아니라 현존하는 전탑의 대부분은 경상북도 선산과 안동을 중심으로 한 지역에[24] 집중되고 있음에 비해 고려시대에 이르러 경기도 여주에 건립되고 있다. 이처럼 다른 지방에서는 그 예를 볼 수 없는 전탑이 앞서 언급했던 안양사 전탑과 더불어 2기가 건립되고 있고, 이들은 모두 문양전을 사용하고 있어 주목된다. 신륵사 전탑에 문양전이 사용되었음은 이미 밝힌바 대로이고 안양사의 전탑에 대해서는 우현 고유섭선생에 의해 그 편린이 소개된 바 있다.

" 現在 總督府博物館에 그 塔에서 崩壞된 塼片이 保存되어있는데 그곳에는 新羅塔塼의 一樣式을 模하여 佛像을 浮彫하고 있다.[25]

여기에서 주목되는 사실은 조선총독부박물관에 보관되어 있다는 안양사 전탑 부재에는 불상을 조각하고 있다는 점인데, 이처럼 벽돌에 탑·상을 부조하여 전탑의 재료로 사용하는 경우는 신라시대 이래의 전통으로 그 예가 흔치 않은 것으로 알려져 있다.[26] 따라서 신륵사의 다층전탑은 신라시대 이래 有紋塼을 사용해 전탑을 건립하던 전통이 유지되고 있어 당시 신륵사의 寺格을 보여주는 한 예라 생각된다.

2, 강변에 건립되어 전통적인 가람배치와는 다른 배치법을 보이고 있다는 점이다.

又玄 先生은 석탑의 건립 요인을

"첫째, 가람배치의 규약상 필수적으로 건립된 것, 둘째, 佛體와 동등가치의 것으로 취급되어 結緣追福을 위하여 일반 승려의 손으로 인하여 건립된 것, 셋째, 高德을 表揚하기 위하여 墓標와 같은 것이 그것이다."

---

23 비록 신라시대의 전탑은 실물로써 전하는 것이 없지만, 이미 기와와 벽돌을 만드는 축적된 기술이 있었고, 『三國遺事』券 4 良志 使錫條에 기록된 바대로 영묘사의 殿塔에 덮은 기와나 벽돌로 작은탑을 만들어 절내에 안치하고 예배했다는 기사는 이미 전탑이 존재하고 있음을 보여주고 있는 것으로 생각된다. 『한국의 전탑 연구』, 學研文化社, 1998. p. 47 참조.

24 현존하는 전탑으로는 청도 불영사전탑, 대구 송림사5층전탑, 안동 신세동칠층전탑 · 동부동5층전탑 · 조탑동5층전탑 · 금계동전탑 등이 있는 바 대부분 통일신라시대에 건립된 것으로 추정되고 있다.

25 高裕燮, 앞책, p.131.

26 현존하는 전탑 중 문양이 새겨진 벽돌을 사용한 예는 청도 불영사전탑과 안동 조탑동5층전탑에 불과하다. 이밖에 문양이 새겨진 전탑재가 확인된 곳은 경주 인왕동사지, 경주 석장사지, 울산 농소읍 증산리사지, 안동 임하사 전탑지에 불과하다. 박흥국 앞 책, pp.64-101.

라고 분류하고 있다.[27] 탑은 원래 석가모니의 사리를 봉안하기 위해 건립되던 불가의 중요한 상징물이었다. 따라서 불교도에 있어서는 신앙의 대상으로 건립초기에서부터 신앙의 대상이 되어 왔다. 그러나 시대의 변천에 따라 탑의 건립에는 반드시 불교와 연관이 없다 하더라도 건립되는 양상을 볼 수 있는데, 신라석탑에 있어서는 9세기에 이르러 이같은 현상을 볼 수 있다. 즉, 왕실 혹은 개인의 번영을 기원하는 목적에서 건립하는 願塔[28]과 풍수지리설에 의해 건립된 예를 볼 수 있다. 후자의 경우는 9세기 전기에 건립된 것으로 추정되는 慶州 南山茸長寺谷三層石塔의 건립을 시발로 慶州 南山里東三層石塔, 慶州 西岳里三層石塔, 慶州 南山茸長寺溪廢塔[29]의 石塊形基壇으로 이어지는 것으로 생각된다. 이와 같은 형태의 석탑이 고려시대에 이르러 상당수가 건립되고 있다.[30] 따라서 이들 석탑의 건립은 고려시대에 이르러 팽배했던 山川裨補의 사상에[31] 의해 건립되고 있음을 알 수 있다. 산륵사다층전탑은 앞서 언급한 바와 같이 전통적인 가람배치에서 벗어난 지점에 위치하고 있다. 즉 사찰의 동쪽 남한강변에 위치한 東臺에 건립되어 있어 이 곳에서 바라보면 남한강을 조망할 수 있는 조망권을 확보하고 있다. 한편 강에서 바라 볼 때 사찰은 가리워져도 전탑만은 시야에 들어오는 위치를 점하고 있다. 따라서 이 전탑이 지닌 입지조건은 통일신라시대의 석탑 중 풍수사상에 의해 건립된 慶州 南山茸長寺谷三層石塔에서와 같은 역할을 한 것으로 추정 할 수 있는 단서를 제공해 주고 있다. 신륵사가 위치한 남한강은 삼국시대 이래 충주와 연결되는 주요한 교통로의 하나였고, 이후 경상도 북부와 충청북도 지역의 산물과 세조미의 수송을 전담했던 주요한 水運이었다. 때문에 이 강을 통해 많은 배가 드나들었고, 이들에게 있어 가장 두려운 대상 역시 강이었다고 생각된다. 이같은 생각은 이 지역에 전해오는 馬巖의 전설을 통해서도 추정할 수 있는데, 그 내용은 다음과 같다.

---

27 高裕燮, 앞 책, p.110.

28 9세기에 건립된 願塔은 法光寺址三層石塔(828年)을 선두로 慶州 昌林寺址三層石塔(855年), 桐華寺 毘盧庵三層石塔(863年), 鐵原 到彼岸寺三層石塔(867年), 奉化 鷲棲寺三層石塔(867年), 長興 寶林寺南·北三層石塔(870年)등이다. 이들 願塔은 대체로 銘文을 지니고 있어 절대연대 및 건립원인을 알 수 있는데 昌林寺址·毘盧庵·寶林寺三層石塔은 국왕의 願塔으로, 法光寺址三層石塔은 王族, 鷲棲寺三層石塔은 中央貴族, 到彼岸寺三層石塔은 地方豪族에 의하여 각기 건립되었음을 알 수 있다. 金禧庚,「韓國建塔因緣의 變遷-願塔을 중심으로-」,『考古美術』158·159合輯, 韓國美術史學會, 1972, pp.8-9.

29 張忠植,『新羅石塔研究』, 一志社, 1987, p.84.

30 高麗時代의 石塔중 자연암반을 기단으로 삼아 건립한 예는 安東 幕谷洞三層石塔, 安東 泥川洞三層石塔, 寧國寺望塔峰三層石塔, 洪川 陽德院三層石塔, 靈岩月出山磨崖佛 前方 龍巖寺址三層石塔이 있다.
    秦弘燮,「異形石塔의 一基壇形式의 考察」,『考古美術』138·139 合輯, 韓國美術同人會, 1978, pp.96-109 및「異形石塔의 一基壇形式의 考察補」,『考古美術』146·147 合輯, 韓國美術同人會, 1980, pp.25-30. 成春慶,「靈岩地方의 佛敎文化遺蹟」,『靈岩郡의 文化遺蹟』, 木浦大博物館, 1968, p.203.

31 秦弘燮, 앞 논문, p.30.

"고려 고종때 건너편 마을에서 용마가 나타나 걷잡을 수 없을 정도로 사나우므로 사람들이 붙잡을 수 없는데, 仁塘大師가 나서서 고삐를 잡으니 말이 순해졌으므로 神力으로 제압하였다 하여 절의 이름을 神勒寺라 했다."[32]

여기서 용마의 출현은 바로 강물의 범람을 의미하는 것으로 추리해 볼 때 신륵사의 주변을 흐르는 남한강의 물줄기는 분명 인근 주민과 뱃길의 안전에 많은 위험 요인이었을 것으로 생각된다. 따라서 뱃사공과 인근주민은 이 탑을 바라보면서 강물의 평안함과 뱃길의 안전운행을 기원했을 것으로 생각된다. 따라서 신륵사다층전탑의 건립에는 당시에 성행했던 산천비보사상을 기반으로 佛力에 의해 남한강을 오르내리는 뱃길의 안전운행과 강물의 평안함을 기원하고자 하는 목적이 내재되어 있는 것으로 생각한다.[33]

나옹화상의 다비처에 건립된 3층석탑 역시 선사의 遺墟를 기념함과 동시에 상기와 같은 목적에 의해 남한강변에 건립된 것으로 생각된다.

3, 조선시대의 석탑이 건립되고 있다.

조선시대에 건립된 석탑으로는 전국적으로 13기가 확인되고 있고, 경기도 지역에는 앞서 기술한 다층석탑외에 회룡사오층석탑, 원각사지십층석탑, 묘적사팔각다층석탑, 용주사 천보루 앞 오층석탑, 묘적사팔각다층석탑 등이 현존하고 있다. 이 중 신륵사다층석탑의 기단에 새겨진 雲龍紋은 당대의 석탑과 문양사 연구에 귀중한 자료로 평가되고 있다. 일반적으로 볼 때 석탑의 기단에는 八部神衆을 비롯한 비천상·안상·사자상등 불교와 연관된 조각이 등장하는 것이 통일신라시대 이래의 전통이다. 그런데 이 석탑에서는 이같은 전통에서 벗어나 구름과 용이라는 조식이 등장하고 있다. 이들은 주로 석비에서 귀부와 이수에서 등장했던 것으로 석탑에서 채용됨은 특수한 일례라 생각된다. 특히 운용문은 조각기법에 있어 얼굴과 비늘 그리고 발톱 등의 묘사에 있어 매우 정교하고 세련되었을 뿐만 아니라, 생동감 있는 표현은 구름무늬와 잘 조화를 이루어 뛰어난 作例를 보이고 있다. 그런데 이 시기에 있어 용은 국왕을 상징하는 중요한 문장이었음을 볼 때, 신륵사가 지녔던 寺格의 한 단면을 보여주는 것으로 판단된다. 즉, 신륵사

---

32 주 11의 책 p.14에서 인용.
33 이처럼 남한강 水運의 안전을 위한 석탑으로는 중원 탑평리칠층석탑을 들 수 있다. 이 석탑은 발굴조사 결과를 볼 때 사찰과는 무관한 것으로 파악되었고, 기존의 전설이 모두 풍수설과 연관이 있으며, 높은 土壇위에 건립되어 있어 남한강의 수계를 굽어보고 있다. 이같은 여러 가지 상황을 볼 때 당시에 성행했던 풍수사상에 의해 건립된 것으로 추정된 바 있다. 韓國敎員大學校 博物館, 『'93中原 塔坪里遺蹟 發掘調査報告書』, 1994.

는 나옹화상의 부도와 대장경을 봉안했다는 「神勒寺大藏閣記」 등으로 보아 고려시대 말기에 창건된 것으로 추정된다. 이후 조선시대 초기에 英陵의 願刹로 확정되어 1472년(성종 3) 2월부터 10월까지 진행된 중수공사에서 200간의 건물이 완공되었다는 기록을 볼 때[34] 신륵사의 寺勢는 이 때가 최고 전성기였던 것으로 추정된다. 따라서 앞서 서술한 바와 같이 신륵사다층석탑은 1472년에 건립된 것으로 추정되는데, 운용문을 비롯한 여러 양식은 영릉의 원찰로서 국가의 보호를 받았던 당시의 시대상황에서 조성된 것임을 알 수 있다.

둘째, 석조부도에서는 석종형부도의 선구적인 양식과 더불어 팔각원당형석조부도가 건립되었다.

보제존자의 석종은 외형상 방형의 기단위에 탑신을 안치함으로써 戒壇塔의 형상을 따르고 있지만, 2층의 방형기단을 구비한 점에서 慈藏이 확립한 전통적인 戒壇의 양식을 따르고 있다.[35] 이같은 양식은 진전사지부도와 궤를 같이하는 것으로서 김제 금산사계단을 비롯해 불일사지계단, 달성 용연사부도로 이어지는 양상을 보이고 있다.[36] 따라서 신륵사 보제존자석종은 통일신라시대에 확립된 八角圓堂型의 양식에서 탈피해 통도사 금강계단의 양식을 계승한 부도의 양식이라 하겠다. 아울러 주인공을 알 수 없는 팔각원당형석조부도 역시 조선초기의 건립으로 추정됨에 따라 신라시대 이래 확립된 전형적인 부도가 건립되고 있음을 알 수 있다. 즉 조선시대에 건립된 석조부도의 주류는 석종형부도가 중심을 이루고 있고, 전형적인 팔각원당형석조부도의 예가 많지 않음을 볼 때 이 부도가 지닌 우리나라 석조미술사상에서 중요한 위치를 차지하는 평가된다.[37]

셋째, 석등에 있어 여러 측면에서 변화를 보이고 있다.

보제존사석종 앞 석등이 지닌 양식에서 종래의 전형적인 석등에서 변화되는 모습으로는 기단부의 축소, 화사석의 사용된 석재 및 양식 그리고 성격의 변화를 들 수 있다.

먼저 기단부의 변화로는 종래의 전형적인 석등에서는 간주석을 높게 조성했음에 비해 이 석등에서는 전체적으로 낮게 조성하고 상대석과 하대석을 넓게 조성해 마치 부도의 기단을 연상케하고 있다. 뿐만 아니라 고복형석등을 제외한 평면 팔각의 석등에서는 간주석에 아무 조식이

34 『新增東國輿地勝覽』 卷 7, 麗州牧 佛宇條.
35 張忠植, 「韓國石造戒壇考」, 『佛教美術』 4, 東國大學校博物館, 1979, p.114.
36 주 35의 논문, pp.138-139.
37 조선시대에 건립된 팔각원당형석조부도로는 청룡사보각국사정혜원융탑(1393년), 회암사지부도(1407년), 연곡사서부도(1650) 등 소수에 불과하다.

없는 반면, 이에서는 연주문과 안상을 조각하고 있다. 따라서 기존의 석등 간주석에서 완전히 탈피한 새로운 양식을 보여주고 있는데, 이는 부도 및 불상대좌와 같은 양상을 보이고 있다.[38] 화사석에 있어 기존의 석등에서는 기단부와 같은 재질의 석재를 사용하고 있음에 비해 이에서는 납석을 사용하고 있어 이채롭다. 이는 석등의 조성시 이미 화사석에 많은 장엄을 가하기 위해 사전에 계획된 조치라 생각되는데, 실제로 화사석에 베풀어진 많은 조각을 보아 단단한 화강암을 사용하기보다는 비교적 무른 납석을 채용하는 것이 더 유리하다는 판단이 작용했을 것으로 보인다. 뿐만 아니라 전형적인 석등의 화사석에 표현된 조식은 사천왕상이 전부인데 반해 이에서는 隅柱, 蟠龍, 飛天像을 비롯해 목조건축의 요소인 창방과 평방까지 표현하고 있어 다른 석등에서는 볼 수 없는 유일한 예를 보이고 있다. 아울러 화창에 구현된 사라센 양식[39]은 당시 서역과의 문화교류가 활발했음을 보여주는 증거로 신륵사가 남한강변에 위치하고 있다는 지리적 여건에서 등장한 것으로 생각된다. 즉 남한강은 서해로 연결되어 항시 수로를 통해 새로운 문화를 수입하기 쉬운 조건을 지니고 있었다. 따라서 여주는 당시 수도인 개성과 가깝다는 점과 더불어 남한강변에 있어 인근 지역에서와 같이 새로운 문화를 수용하기 쉬운 지리적 이점을 확보하고 있었다.[40] 그러므로 신륵사석등에 서역문화의 영향이 나타남은 지극히 당연한 결과로 이는 당시 여주가 지녔던 새로운 문화수용의 한 양상을 보여주는 예라 하겠다. 뿐만 아니라 부도의 전면에 배치됨으로써 불교적인 성격의 석등이 장명등으로 전환하는 결정적인 계기를 조성함과 동시에 이같은 유형의 한 규범을 완성했다는데 성격상의 변화를 볼 수 있다.

IV. 맺음말

신륵사에는 앞서 살펴본 바와 같이 석탑과 전탑, 석조부도, 석등이 현존하고 있어 일반적으로 사찰의 조영에 따르는 석조물의 대분이 건립되었음을 알 수 있다. 이들은 크게 고려말 나옹

---

38 부도 · 불좌 · 석등은 서로 유형을 달리한 조형물이지만, 기단부에서는 양식상 일맥상통하는 현상을 보이고 있다. 같은 양상은 이미 통일신라시대의 조형물에서 나타나는 것으로 필자가 그 관계를 고찰한 바 있다. 朴慶植, 『統一新羅石造美術研究』, 學研文化社, 1994, p.299.

39 주 20과 같음.

40 남한강변에 건립된 조형물에서 서역문화의 영향을 볼 수 있는 대표적인 석조물로는 경복궁에 이전되어 있는 법천사지광국사현묘탑을 들 수 있다. 이 탑은 본래 강원도 원주시 부론면 법천리의 법천사지에 있었던 바, 이 사지 역시 남한강변에 위치하고 있다. 이 탑의 표면에는 많은 장엄이 조각되어 있는데, 이 중 사리용기, 연주문, 보상화문, 아치형창 등은 서역문화와 영향으로 보고 있다. 李榮姬, 「法泉寺智光國師玄妙塔에 關한 研究」, 『考古美術』173호, 韓國美術史學會, 1987, pp.62-63.

의 입적과 조선초의 중창에 따른 건립으로 크게 구분될 수 있는데, 이를 통해 여말선초라는 역
사적 변화기 조형물의 양상을 살필 수 있는 중요한 위치를 점하고 있는 것으로 생각된다. 즉 新
·舊양식이 혼재되어 나타남으로써 앞시대에 이룩한 조형물의 양식을 계승하면서도 새로운 양
식을 탄생시키며 우리나라 미술사상 중요한 위치를 차지하고 있음을 알 수 있었다. 이같은 면
은 전탑의 경우 문양전이 사용되고 있어 신라시대 이래 有紋塼을 사용하던 전통이 유지되고 있
고, 사상적으로는 산천비보사상을 기반으로 건립되었음에서 확인할 수 있었다. 나아가 부도의
경우 역시 통일신라시대에 확립된 팔각원당형석조부도가 건립됨과 동시에 통도사 금강계단의
양식을 계승한 석종형부도가 건립되어 조선시대 부도의 한 규범이 탄생되고 있음을 볼 수 있었
다. 그리고 석등에서는 전형적인 양식을 유지하면서도 기단부의 변화, 화사석에 구현된 각종
장엄과 더불어 서역문화의 영향과 더불어 장명등으로의 전환은 신륵사의 조형물이 지닌 파격
성을 잘 대변하는 것으로 생각한다.

(2001.12 「신륵사의 석조유물에 관한 고찰」, 『鳳尾山 神勒寺의 綜合的 考察』,
동국대학교 부설 사찰조경연구소)

安養 中初寺址에 대한 考察

Ⅰ. 序言

中初寺址는 경기도 안양시 만안구 석수동에 위치한 절터이다. 현재는 1960년에 건립된 유유산업이 위치하고 있어 정확한 寺域과 규모를 알 수 없지만, 3층석탑과 당간지주와 주변의 현황을 볼 때 대단한 규모의 사찰이었음을 짐작케하고 있다.

이 사지에 관해서는 寺域의 대부분이 유유산업의 소유로 되어 있어 삼층석탑과 당간지주에 대해서만 각종 圖錄에 소개가 있었을 뿐[1] 발굴조사를 비롯한 실질적인 의미에서 학계의 조명을 받을 바 없었다. 그러나 공장신축시 寺域內에서 출토된 각종 유물의 양상을 볼 때 중초사지 역시 경기도내에서는 상당한 역할과 규모를 지녔던 사찰로 생각된다. 왜냐하면 아직 학계에 소개되지 않은 채 社內에 보관되고 있는 각종 유물의 양상이 통일신라시대로부터 조선시대에 이르기까지 폭 넓은 시대상을 보이고 있기 때문이다. 뿐만 아니라 그간의 조사 결과를 볼 때 중초사지의 인근에서는 여러 곳에서 寺址가 확인되고 있어[2] 현재는 유원지로 각광을 바고 있는 지역이 羅末麗初는 물론 조선시대에 이르기까지 불교적으로 중요한 비중을 차지하고 있었음을 알 수 있다.

---

1 당초 삼층석탑은 보물 5호로 지정되어 있었으나, 1997년 12월 24일 경기도 유형문화제 제164호로 격하되었고, 당간지주는 보물 4호로 지정되어 있다.
2 중초사지 인근에서 확인되는 寺址로는 평화보육원 사지, 장석광사지, 삼막골사지 등 3개소이다. 이같은 사실은 현재 단국대학교 매장문화재연구소에 의해 진행중인 안양시 문화유적 지표조사에서 확인된 내용인 바, 조사된 내용은 추후 보고서로 발간할 예정이다.

본고에서는 중초사지에 남아있는 석탑과 당간지주 및 석조물의 현황과 유유산업에서 보관중인 출토유물을 소개하고, 이를 통해 중초사의 변화과정을 유추하고자 한다.

II. 石造遺物

중초사지는 1960년 건립된 유유산업 구내와 주변지역으로 추정된다. 사찰의 이름은 당간지주에 새겨진 명문에 의해 확인되고 있다. 사역내에는 석탑과 당간지주를 비롯해 곳곳에 석조물이 산재해 있다.

이들의 현황을 살펴보면 다음과 같다.

1. 三層石塔 (사진 1~3)

단층기단위에 삼층탑신을 올린 높이 365㎝ 규모의 일반형석탑이다. 수매의 판석으로 지대석을 마련하고 그 위에 6매의 석재를 사용하여 기단 하대석을 형성하고 있다. 하대석은 2단 괴임이 있는 별석을 놓아 기단 면석을 받치고 있다. 기단 면석은 4매의 판석으로 구성되었는데 양 우주만이 模刻되어 있다. 현재 남면과 북면은 동·서 면석의 단면이 노출되어 우주를 대신하고 있다. 2매로 석재로 구성된 갑석의 하면에는 부연을 마련하였고, 상면에는 얕은 각형 1단의 탑신괴임이 마련되어 있다.

탑신석과 옥개석은 각각 1석으로 조성되었다. 초층탑신석은 1석으로 조성되었는데, 양 우주가 模刻되었고, 나머지 2·3층 탑신석은 결실되었다. 1층탑신석은 옥개석에 비하여 빈약하여 전체적으로 부

사진-1. 중초사지 삼층석탑

조화를 보이고 있다. 옥개석은 처마가 두껍게 조성되었는데, 전각에 이르러 약간의 반전을 보이고 있다. 옥개받침은 1·2층은 4단임에 비해 3층은 3단이 조출되어 거라시대 석탑의 특징을 잘 보여주고 있다. 옥개석 상면에는 각형 2단의 탑신 받침이 마련되어 있다. 상륜부는 모두 결

사진-2. 중초사지 삼층석탑 기단부

사진-3. 중초사지삼층석탑 탑신부

실되었다.

이 석탑은 본래 회사 내 노동조합사무실 위치에 있던 것을 1960년에 현재의 위치로 옮겨졌다고 하는데, 전체적인 양식으로 보아 고려시대 중기에 건립된 것으로 추정된다.

2. 幢竿支柱 (사진 4~5)

당간지주는 현재 620㎝×675㎝ 규모의 석축기단 위에 있는데, 동쪽의 지주가 기울어져 있는 상태이다. 동·서로 마주 서 있으며 장식적인 意匠은 없었던 것으로 보이나 상면에서는 가공한 흔적을 볼 수 있다. 양 지주의 상부는 안쪽 측면의 상단에서 바깥면으로 내려오면서 弧線을 그리며 깎여졌는데, 굴곡이 없이 둥글다. 그리고 위로부터 아래로 121㎝ 지점까지는 6㎝의 두께로 전면을 고르게 다듬었다. 따라서 양지주의 바깥에서 보면 정상부에서 길이로 널찍하게 額이 음각된 것 같고 앞·뒷면에서 보면 상단부가 유려하게 圓弧를 이루면서 상부만을 정교하게 치석한 것처럼 보인다.

당간을 고정시키는 杆은 상·중·하의 세곳에 杆構를 마련하여 장치하였다. 상부는 내면 상단에 장방의 공을 마련하여 간을 장치하였고, 중·하부에는 관통된 지름 15㎝의 구멍을 마련하여 간을 설치하게 되어 있다.

기단부는 장대석을 양 지주사이와 바깥쪽에 각각 한 장씩의 장대석을 놓아 마련하고 있다. 竿臺는 지주 사이에 놓인 60㎝×185㎝×38㎝ 크기의 장방형의 석재로 중심부에 직경

사진-4. 중초사지 당간지주

사진-5. 중초사지 당간지주 기단부

35㎝, 깊이 15㎝의 둥근 구멍을 施孔하고 그 주위로 직경 50㎝ 크기의 둥근띠를 돌려서 마련하였다. 또한, 간대석과 양 지주의 기반석 높이가 같은 것으로 보아 다른 구조물은 없었던 것 같다.

서쪽 지주의 외면에 45㎝×146㎝의 방형 額을 마련하고 刻字한 銘文이 있는데, 이를 통하여 寺名이 中初寺址였음과 동시에 신라 제 42대 興德王 元年 8월 6일에 채석하여 이듬해인 827년 2월 30일에 완성했음을 알 수 있다. 명문은 자경 6~7㎝의 크기로 모두 6행인 바, 내용은 다음과 같다.

寶曆二年歲次丙午 八月朔六辛丑日 中初寺東方僧岳 一」

石分二得 同月卄八日 二徒作初 奄九月一日 此處至 丁未年」

二月卄日了成之 節州統 皇龍寺恒昌和上 上和上」

眞行法師 貞坐 義說法師 上坐 年嵩法師 史師二」

妙凡法師 則永法師 典都唯乃二 昌樂法師」

法智法師 徒上二 智生法師 眞方法師 作上 秀南法師」[3]

3. 周邊 石造物

석조물들은 1960년대에 유유산업의 서쪽 밭에서 옮겨놓은 것으로 석탑 북쪽 벤치와 본관 앞 국기게양대 옆, 본관 뒤 등나무 벤치 의자로 사용되고 있다.

석탑 북쪽 벤치와 본관 앞 국기게양대 옆의 것은 124㎝×128㎝×30㎝, 127㎝×128㎝×20㎝로 크기에 있어 비슷한 형태를 보이고 있는데, 모두 상면에 장방형으로 1단 받침이 마련되어 있는데 크기는 97㎝×128㎝×5㎝로 같다.

---

3 韓國古代社會硏究所, 譯註『韓國古代金石文』3, 駕洛國史蹟開發硏究院, 1992, pp.285~287.에서 轉載

본관 뒤 등나무 벤치에는 7매의 장방형 석재가 의자형태로 놓여있는데, 50㎝×15㎝×31㎝, 50㎝×255㎝×29㎝, 30㎝×130㎝×35㎝ 크기이다. 그중 1매는 상면에 1단의 턱이 마련되어 있는 것도 있다.

Ⅲ. 出土遺物

유유산업 공장 신축 당시 출토된 유물로 회의실 내에 보관되어 있다. 진열장에 부착된 안내문에는 동빈 김상기선생이 감정한 것으로 기록되어 있다. 이들 유물은 통일신라 말에서 조선시대에 걸쳐 제작된 것으로 이를 통해 중초사의 역사를 짐작케 한다. 보관된 유물은 모두 9종 43점으로, 수막새기와 14점, 암막새 기와편 1점, 평기와 5점, 치미편 3점, 전 4점, 토기 4점, 백자 5점, 청동제품 4점, 금동용두를 포함한 기타 유물 3점이다. 각 유물의 현상을 살펴보면 다음과 같다.

1. 수막새기와

1) 연화문수막새기와 (사진- 6)

수막새기와가 부착된 완형의 망새기와이다. 주연부는 고 1㎝, 폭 1.3㎝의 素紋의 주연대를 형성하였다. 연화문은 복엽 8판의 연판으로 볼륨이 강하고, 판단이 뾰족하게 시문되었다. 복엽화문이 끝나는 지점으로부터 판단이 날카로운 꽃잎이 피어 있다. 간지에는 간엽이 표현되어 있으며, 판단이 높직한 주연부쪽으로 따라 올라가는 형상이다. 자방은 지름 3.1㎝ 크기로 외곽에 폭 0.3㎝의 대를 마련하고, 연주문을 시문하였다. 내면에는 1+8과의 연자를 배치하였다.

사진-6. 연화문수막새기와

망새기와로 뒤에는 길이 12㎝의 수키와가 부착되어 있으며, 등에는 직선문이 시문되어 있다. 태토는 가는 석립이 섞인 점토로 회청색 경질기와이다. (현상 : 지름 10.3㎝, 두께 2.2㎝)

2) 연화문수막새기와 (사진 7)

전체의 ⅔정도 남아 있는데 내림새 부분이 파손되었다. 주연부는 1조의 선으로 폭 1㎝의 주연대를 형성하고 연주문을 시문하였다. 연화문은 판내에 화문이 있고, 현재 7판만 남아 있다. 본래 8판으로 추정되며 간지에는 간엽이 있다. 자방은 지름 4.8㎝ 크기로 연판에 비해 약간 높게 형성되었다. 자방안에는 1+6과의 연자가 있다. 뒷면에 L자형의 홈을 만들어 부착 내외부에 점토로 보강한 흔적이 보이며, 내측에 대칼을 사용하여 접착이 용이하도록 한 흔적이 있다.

태토는 가는 모래가 섞인 점토로 회백색의 연질기와이다. (현상 : 지름 15.3㎝, 두께 2㎝)

3) 연화문수막새기와 (사진 8)

전체의 ⅔정도 남아 있다. 주연부는 폭 1.4㎝의 주연대에 지름 0.5㎝의 연주문을 촘촘히 시문하였다. 연화문은 판내에 화문이 있는 단엽 8판으로 간지에 간엽이 있다. 자방은 지름 4.7㎝ 크기로 연판에 비해 약간 높게 마련되었으며, 자방내에는 1+6과의 연자가 있다. 배면에는 ㄷ자형의 홈을 내고 수키와를 부착한 것으로 보인다.

태토는 가는 석립이 섞인 점토로 회백색의 연질기와이다. (현상 : 지름 15.6㎝, 두께 2.1㎝)

4) 연화문수막새기와 (사진 9)

수막새기와의 드림새 부분이 파손되었을뿐 거의 완형에 가깝다. 주연부는 고 1.3㎝, 폭 1.5㎝~2㎝로 소문의 주연대를 형성하고 있다. 연화문은 복엽 9판으로 판단의 볼륨이 강하다. 연판의 크기와 모양은 일정하지 않다. 자방은 지름 4㎝로 연판에 비하여 높직하며, 내부에 1+7과의 연자가 있다. 수키와를 위에서 아래로 부착한 것으로 보인다.

태토는 굵은 석립 섞인 점토로 회백색의 연질기와이다. (현상 : 지름 15㎝, 두께 2.6㎝)

사진-7. 연화문수막새기와   사진-8. 연화문수막새기와   사진-9. 연화문수막새기와

5) 연화문수막새기와 (사진 10)

완형 수막새기와이다. 주연부는 높이 0.7㎝, 폭 1.5㎝로 형성한 후 연주문을 드문드문 시문했다. 연화문은 단엽 8판으로 주위에 선각문으로 판곽을 구성한 후 내부에 볼륨이 강한 연판을 조식하였다. 연판은 판단이 뾰족하고 간지에는 내부에 1조의 양각선이 있는 연화문을 배치하였다. 중앙에는 3㎝ 크기의 도드라진 휘안문으로 주위에 2조의 선각원문을 돌려 자방을 형성하였다. 드림새에는 L자형의 턱을 마련하고 수키와를 부착하였다. 태토는 가는 모래가 섞인 점토로 회백색의 연질기와이다.

(현상 : 지름 16.3㎝, 두께 2.4㎝)

6) 연화문수막새기와 (사진 11)

완형의 수막새기와이다. 주연부는 높이 0.7㎝, 폭 0.8㎝로 형성한 후 연주문을 시문하였다. 연화문은 1조의 선으로 판곽을 형성한 후 중심부에 1조의 선으로 양분한 복엽 8판을 조식하였다. 판단은 주연부와 밀착되어 있고, 간지에는 간엽이 보인다. 중앙에는 1조의 선으로 지름 3.8㎝ 크기의 자방을 형성하고 내부에 1+4+8과의 연자가 있다. 상면에는 L자형의 홈을 파고 수키와를 부착한 것으로 보이며 내·외측에 점토로 보강한 흔적이 보인다.

태토는 가는 모래가 섞인 점토로 회백색의 연질기와이다. (현상 : 11.3㎝, 두께 2.5㎝

7) 연화문수막새기와 (사진 12)

완형의 수막새기와이다. 2조의 선으로 폭 1.8㎝의 낮은 주연부를 형성하고 안에 연주문을 시문하였다. 연판부와 주연 사이에는 폭 0.5㎝의 음각선으로 구획하였다. 연화문은 단엽 8판으로 연판이 부드러우나 판단이 날카롭다. 간지에는 상면이 삼각형의 화문이 있는 간엽이 있다. 자

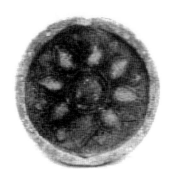  

사진-10. 연화문수막새기와   사진-11. 연화문수막새기와   사진-12. 연화문수막새기와

방은 지름 4.4㎝ 크기의 1조 선으로 구획하고 내부에 1+7과의 연자가 있다. 뒷면에 L자형의 홈을 마련하고, 드림새부분에는 사선의 홈을 내어 접착이 용이하게 하였다. 내면에는 점토로 보강한 흔적이 뚜렷하다.

태토는 가는 석립이 섞인 점토로 회백색의 연질기와이다. (현상 : 지름 15.3㎝, 두께 2.3㎝)

8) 연화문수막새기와 (사진 13)

전체의 ⅔정도 남아 있다. 주연부는 고 1㎝, 폭 0.5㎝의 주연대를 형성하였는데 연주문은 보이지 않는다. 제작시 연주문을 시문하지 않았는지, 마멸로 인한 것인지 명확하지 않다. 연화문은 단엽 8판으로 중앙에 음각으로 꽃술을 표현하였으며, 간지에는 간엽이 있다. 자방은 지름 2.6㎝ 크기로 높게 형성되었는데, 중앙부가 훼손되어 현재는 5과의 연자가 남아 있다. 드림새 부분에 밀집된 음각선문이 있는 것으로 보아 주연부를 형성하고 있는 수키와를 상면에서 직접 부착한 것으로 생각된다.

태토는 가는 모래가 섞인 점토로 회백색의 연질기와이다. (현상 : 현지름 9.7㎝, 두께 2.3㎝)

9) 연화문수막새기와 (사진 14)

전체의 ⅔정도 남아 있다. 주연부는 폭 1.5㎝의 넓직한 주연대에 지름 0.6㎝의 연주문이 드문드문 시문되어 있다. 연화문은 자방으로부터 하트형의 볼륨이 강한 단엽 7판으로 길이가 짧게 조성되었다. 연화문 사이에는 방사선 무늬가 시문되어 있다. 자방은 지름 4.5㎝ 크기로 내부에 방사선형의 꽃술이 시문되어 있다. 주연부를 형성하고 있는 수키와를 상면에서 부착한 것으로 내부에 점토를 보강한 흔적이 남아 있다.

태토는 굵은 석립이 섞인 점토로 회청색의 연질기와이다. (현상 : 지름 14.7㎝, 두께 2.5㎝)

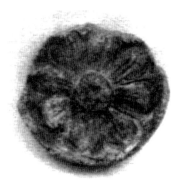 

사진-13. 연화문수막새기와   사진-14. 연화문수막새기와

10) 연화문수막새기와 (사진 15)

완형에 가까운 수막새기와로 드림새 부분이 약간 파손되었다. 주연부는 높이 0.9㎝, 폭 0.5 ㎝의 주연대를 형성하고 연주문을 시문하였다. 연화문은 단엽 8판으로 판단이 뾰족하다. 연판 사이에는 방사선문이 시문되어 있다. 자방은 지름 3.7㎝의 크기로 내부에 연자가 있다. 주연부 를 형성하고 있는 수키와를 위에서 아래쪽으로 부착한 것으로 보인다.

태토는 굵은 석립이 섞인 점토로 회흑색의 연질기와이다. (현상 : 지름 11.6㎝, 두께 2㎝)

11) 연화문수막새기와 (사진 16)

수막새기와의 드림새 부분이 파손되었을뿐 완형에 가까운 형태이다. 주연부는 폭 1.4~1.8㎝ 로 소문의 주연대를 형성하고 있다. 판단과 주연대 사이에 폭 0.7㎝의 음각문대를 형성하고 내 부에 연주문을 시문하였다. 연화문은 단엽 8판으로 연판이 넓고 끝이 뾰족하다. 판내에는 2조 의 꽃술을 시문하였고. 간지에는 간엽이 있다. 자방은 지름 3.8㎝로 내부에 1+8과의 연자가 있다. 수키와를 위에서 아래쪽으로 부착하였다. 배면에 점토를 보강한 흔적이 있다.

태토는 가는 모래가 섞인 점토로 회백색의 연질기와이다. (현상 : 지름 17㎝, 두께 3㎝)

12) 연화문수막새기와 (사진 17)

수막새기와의 드림새 부분만 파손되었을뿐 거의 완형에 가깝다. 주연부는 굵은 1조의 선으 로 구획한 후 폭 0.6㎝의 주연대를 형성하고 연주문을 시문하였다. 자방은 지름 1.7㎝ 크기의 1 조의 선문으로 구획하고 내부에 4과의 연자를 배치하였다. 연화문은 자방 주위에 짧은 단엽 9 판의 연판과 외부에 다시 단엽 18판의 연판을 2중으로 시문하였다. 외부의 연화문은 볼륨이 강 하다. 수키와를 뒤에서 직접 접착하였다.

사진-15. 연화문수막새기와   사진-16. 연화문수막새기와   사진-17. 연화문수막새기와

태토는 굵은 석립이 섞인 점토로 회청색의 경질기와이다. (현상 : 지름 15.4㎝, 두께 2.1㎝)

13) 휘안문수막새기와 (사진 18)

수막새기와의 내림새 부분이 조금 파손되었을뿐 거의 완형에 가깝다. 주연부는 굵은 1조의 융기문이 있는 폭 1.8㎝의 주연대를 형성하고 있다. 중앙에 지름 2.9㎝의 휘안문이 있고, 주위에는 2조의 양각원문을 돌렸다. 주연부와 내구 사이에 1조의 양각원문으로 주연부와 분할하였다. 수키와는 뒤에서 직접 붙이기로 접착하였다.

태토는 굵은 석립이 섞인 점토로 회백색의 연질기와이다. (현상 : 지름 14.8㎝, 두께 2.5㎝)

14) 휘안문수막새기와 (사진 19)

앞의 기와와 동일 양식으로 전체의 ½정도 남아 있다. 주연부는 굵은 1조의 융기문이 있는 폭 1.3㎝의 주연대를 형성하고 있다. 중앙에 3㎝의 휘안문이 있고, 주위에는 2조의 양각원문을 돌렸다. 주연부와 내구 사이에 1조의 양각원문으로 주연부와 분할하였다.

태토는 굵은 석립이 섞인 점토로 회백색의 연질기와이다. (현상 : 13.2㎝×8.5㎝, 두께 2.4㎝)

2. 암막새기와

1) 암막새편 (사진 20)

암막새편으로 막새의 우측 내림새 일부가 남아 있다. 주연부는 폭 1.2㎝의 주연대를 형성하고 연주문을 시문하였다. 내면에는 초화문을 시문하였던 것으로 추정된다.

태토는 가는 모래가 섞인 점토로 회흑색의 연질기와이다. (현상 : 5.5㎝×4.5㎝, 두께 1.3㎝)

사진-18. 휘안문수막새기와　　　　사진-19. 휘안문수막새기와　　　　사진-20. 암막새기와편

3. 평기와

1) 무문 수키와 (사진 21)

수키와 완형이다. 무문으로 등에는 물솔질 흔적이 남아 있고, 기와의 끝에 길이 5㎝ 크기의 언강이 부착되어 있다. 배면에는 세로방향의 찰과선이 있는 포흔이 있고, 측면에는 외반된 와도흔이 있다.

태토는 굵은 석립이 섞인 점토로 회흑색의 연질 기와이다. (현상 : 42㎝×17.5(12.5)㎝, 두께 3㎝)

사진-21. 무문 수키와

2) 사선문 수키와 (사진 22)

수키와편으로 거의 완형이다. 등에는 폭 5㎝, 길이 7㎝의 시문구를 사용하여 사선문을 촘촘히 시문하였다. 배면에는 포흔과 매듭을 이었던 흔적이 보이고, 넓은 면에 1단의 턱을 두어 수키와와 부착한 흔적이 보인다. 양 측면에는 한번에 그은 와도흔이 남아 있다.

태토는 굵은 석립이 섞인 점토로 회흑색의 연질 기와이다. (현상 : 38㎝×16.5(12.5)㎝, 두께 3㎝)

사진-22. 사선문 수키와

3) 무문 암키와 (사진 23)

무문 암키와편으로 등에는 물솔질 흔적이 보인다. 배면에는 포흔이 있다.

태토는 굵은 석립이 섞인 점토로 회흑색의 연질 기와이다. (현상 : 15.5㎝×10㎝, 두께 2.8㎝)

사진-23. 무문 암키와

4) 복합문 암키와 (사진 24)

암키와편으로 등에는 가로 및 세로방향의 직선문이 복합시문되어 있다. 측면에는 두께 ⅔정도 외반된 와도흔이 있다. 태토는 가는 석립이 섞인 점

사진-24. 복합문 암키와

토로 회백색의 연질기와이다. (형상 : 18㎝×16㎝, 두께 2.6㎝)

5) 복합문 암키와 (사진 25)

암키와편으로 등에는 가로 및 세로방향의 직선문이 시문되어 있다. 문양은 폭 2.5㎝ 크기의 시문구를 사용하여 새겼다. 배면에는 포흔이 있고, 측면에는 두께 ⅓정도 외반된 와도흔이 있다.

태토는 가는 석립이 섞인 점토로 회흑색의 연질기와이다. (현상 : 11㎝×9㎝, 두께 2.3㎝)

4. 치미

1) 치미편 (사진 26)

취두의 눈부분으로 추정된다. 눈동자는 빠져 나갔으나, 눈썹이 상면을 향하여 굵은 음각선으로 표시되어 있다. 태토는 가는 석립이 섞인 점토로 회흑색의 연질취두편이다. (현상 : 18.7㎝×16㎝)

2) 치미편 (사진 27)

치미편으로 휘안문의 일부가 남아 있다. 주연부는 폭 1.4㎝의 주연대를 형성하고 연주문을 시문하였다. 2조의 양각 선문이 시문되어 있는데, 굵은 선문은 점차 상단으로 갈수록 높아지고 있다. 하단부의 선문의 형태로 보아 치미의 눈으로 추정된다.

태토는 가는 석립이 섞인 점토로 회청색의 연질치미이다. (현상 : 13.5㎝×9.5㎝, 두께 2.3㎝)

사진-25. 복합문 암키와　　　　사진-26. 치미편　　　　사진-27. 치미편

3) 치미편 (사진 28)

치미편으로 한쪽 측면 갈퀴의 표현이 남아 있다. 치미에는 ㅅ자형으로 폭 5㎝, 고 1.5㎝의 주연부를 형성하고, 주연대에 지름 3㎝의 첨탑형의 연주문을 조식하였다. 내부에는 2조의 양각선문으로 구획하여 선문 외곽에 단엽화문과 내면에는 화문으로 보이는 문양을 시문하였다.

태토는 고운 모래가 섞인 점토로 회백색의 연질치미이다. (현상 : 36.2㎝×26.5㎝, 두께 7㎝)

5. 전

1) 오각형전 (사진 29)

장방형 벽돌과 삼각형 벽돌을 붙여 놓은 형태이다. 상단의 뾰족한 곳에 문양이 시문되어 있는데, 중앙의 장방형 문을 중심으로 화살표 문양이 주위에 시문되어 있다. 하단에는 불규칙한 음각선문이 가로방향과 사선방향으로 엇갈리게 시문되어 있다.

태토는 굵은 석립이 섞인 점토로 회청색의 경질 벽돌이다. (현상 : 25㎝×14.3㎝, 두께 5㎝)

2) 전 (사진 30)

전편으로 형태를 파악할 수 없다. 선이 굵고 볼륨이 강한 초화문을 시문하였다. 같이 출토된 오각형 전을 보아 본래 오각형전이었던 것으로 추정된다.

태토는 가는 석립이 섞인 점토로 회청색의 연질벽돌이다. (현상 : 15.5㎝×13㎝, 두께 4.7㎝)

3) 장방형전 (사진 31)

장방형의 벽돌이다. 벽돌은 상면에 사선방향으로 9조의 음각 파상문이 시문되어 있다.

태토는 굵은 석립이 섞인 점토로 회청색의 연질벽돌이다. (현상 : 29.7㎝×14.9㎝, 두께 4.5㎝)

| 사진-28. 치미편 | 사진-29. 오각형전 | 사진-30. 전 |

4) 사다리꼴전 (사진 32)

정삼각형에서 ⅓정도를 잘라내어 사다리꼴 형태로 만든 전이다. 무문으로 각면을 매끄럽게 잘 정선하였다.

태토는 가는 모래가 섞인 점토로 회백색의 연질벽돌이다. (현상 : 29.5(11)㎝ × 10㎝, 두께 3.3㎝)

사진-31. 장방형전

6. 토기류

1) 盌 (사진 33)

전체의 ⅔정도 남아 있다. 기벽은 평저의 굽으로부터 사선방향으로 올라가다 중앙부에서 다시 완만하게 올라가 구연부에 이르고 있다. 구연부는 상면을 편평하게 마무리하였다. 기벽에는 4조의 음각 동심원문이 시문되어 있으며, 내·외벽에는 회전 물손질의 흔적이 남아 있다.

태토는 가는 석립이 섞인 점토로 회흑색의 경질토기이다. (현상 : 높이 5㎝, 구연 지름 12㎝)

사진-32. 사다리꼴전

2) 盌 (사진 34)

소형 완으로 전체의 ⅔정도 남아 있다. 기벽은 평저의 굽으로부터 사선방향으로 올라와 구연부에 이르고 있다. 구연부는 넓게 외반되어 있다. 내·외벽에는 회전 물손질의 흔적이 남아 있다.

태토는 가는 모래가 섞인 점토로 회백색의 연질토기이다. (현상 : 높이 3.2㎝, 추정 구연 지름 9.3㎝)

사진-33. 盌

사진-34. 盌

3) 鉢 (사진 35)

전체의 ¾정도 남아 있다. 구연부와 동체의 일부가 파손되었으나 원형을 짐작할 수 있다. 하부 평저이며 기벽에 비해 굽이 두껍게 형성되었다. 몸체는 사선방향으로 올라가 구연부에 이르고 있다. 구연부는 살짝 외반시켜 둥글게 마무리하였다. 기벽의 내면에는 회전물손질흔적이 남아 있다.

태토는 가는 석립이 섞인 점토로 회흑색의 경질토기이다. (현상 : 높이 6.5㎝, 구연 지름 11㎝, 저부 지름 7㎝)

사진-35. 鉢

4) 鉢 (사진 36)

전체의 ½정도 남아 있다. 기벽은 평저의 하부로부터 사선방향으로 올라와 기벽은 구연에 이르고 있다. 구연 하단에 1조의 음각선문이 시문되어 있다. 인위적으로 구연부의 한쪽 모퉁이를 죽여 주구를 형성하였다.

태토는 굵은 석립이 섞인 점토로 회흑색의 연질토기이다. (현상 : 13㎝×9.5㎝, 높이 4.5㎝)

사진-36. 鉢

7. 백자

1) 분청사기대접편 (사진 37)

백자편으로 내부에 백토로 메운 4조의 동심원문이 있고, 중앙에 화문을 배치한후 상단에 4조의 동심원문을 돌렸다. (현상 : 7.8㎝×6.8㎝×0.4㎝)

사진-37. 분청사기대접편

사진-38. 백자 향로편

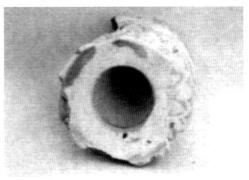

사진-39. 백자 향로편 배면

2) 백자 향로편 (사진 38 · 39)

향로 편으로 굽부분이 파손되었다. 동체부는 화로형으로 넓게 외반되었고, 구연부 하단에는 지름 1.3㎝ 크기의 원형 구멍이 관통되어 있다. 동체의 하단에는 단엽 12판의 앙연이 시문되어 있다. 저부에는 지름 5㎝ 크기의 구멍이 관통되어 있다. 태토는 잡물이 섞여 있으나 잘 정제되었다. 기벽과 저부의 일부에는 유약이 남아 있다. (현상 : 높이 6.2㎝, 추정 구연 지름 12㎝)

3) 백자대접 (사진 40)

기형의 약 ⅓정도 남아있다. 좁은 원형의 굽으로부터 동체는 사선방향으로 올라가 구연부에 이르고 있다. 내저에 커다란 원각이 있고, 기벽의 내부에는 2조의 음각 동심원문이 시문되었다. 유약의 시유가 고르지 못하고, 내부에는 회전 물손질 흔적이 있다. (현상 : 굽 지름 5㎝, 고 7.2㎝, 추정 구연 지름 14.8㎝)

사진-40. 백자대접

4) 백자편 (사진 41)

백자편으로 기형은 추정이 불가능하다. 하면에 지름 1.5㎝ 크기의 구멍이 있었던 것으로 추정된다.

(현상 : 4.5㎝×6.3㎝×1.1㎝)

사진-41. 백자편

5) 백자접시 (사진 42)

백자접시로 구연과 기벽의 일부가 파손되었을 뿐 완형에 가깝다. 평저의 하부로부터 사선방향으로 올라온 기벽은 구연부에 이르러 수평되게 외반되었다. 유약의 시유는 고르지 못하고, 굽에는 모래를 깔고 구었던 흔저이 있다. (현상 : 높이 2cm, 굽 지름 4.3cm, 구연 지름 8.6cm)

사진-42. 백자접시

8. 청동제품

1) 청동그릇 (사진 43)

청동제 그릇으로 하면에 원형의 굽이 부착되어 있으나, 구연부 일체와 동체는 부식이 심하여 기형을 파악할 수 없다. (현상 : 굽 지름 12cm, 잔존 높이 4.3cm, 잔존 지름 23cm)

사진-43. 청동그릇

2) 청동발 (사진 44)

청동제 발이다. 하부에 원형의 굽이 부착되어 있고, 굽으로부터 사선방향으로 올라온 기벽은 구연에 이르러 외반되었다. (현상 : 높이 7.7cm, 구연 지름 23.2, 굽 지름 11.3cm)

사진-44. 청동발

3) 청동발 (사진 45)

청동제 발이며, 부식이 심하다. 평저의 하부로부터 수직에 가깝게 올라온 기벽은 구연에 이르고 있다. 구연은 안으로 돌출된 형태이다. (현상 : 구연 지름 23.1cm, 높이 9.5cm)

사진-45. 청동발

4) 청동발 (사진 46)

청동제의 발이며, 부식이 심하다. 평저의 하부로부터 수직에 가깝게 올라온 기벽은 구연에 이르고 있다. 구연은 안으로 돌출된 형태이다. (현상 : 구연 지름 24.3㎝, 높이 9.9㎝)

사진-46. 청동발

9. 기타

1) 금동용두 (사진 47)

금동의 용두로 위와 아랫 입술을 상하로 벌리고, 중앙에 여의주 물고 있으며, 여의주 좌우로 이빨, 코, 눈 등이 표현되었다. 턱 밑에는 갈퀴가 표현되었으며, 머리의 정상에는 뿔을 조식하였다. 곳곳에 금동 흔적이 남아 있는데, 하면은 원통형으로 하면상단에 지름 0.9㎝의 구멍이 있고 이로부터 내부가 관통되어 있다. (현상 : 7㎝×3.4㎝)

2) 사자다리 (사진 48)

사자의 다리로 하나만이 남아 있으나 부식이 심하다. 다리는 허벅지로부터 원형을 그리며 무릎과 발부분이 남아 있으나 3조각으로 3등분 되어 있다. 발바닥은 비교적 편편하다.

(현상 : 다리 길이 24㎝, 발 폭 4.4㎝)

3) 숫돌 (사진 49)

장방형의 숫돌이다. 장방형의 상면에 갈았던 흔적이 남아 있다.

(현상 : 13㎝×11.5㎝×1.7㎝)

사진-47. 금동용두

사진-48. 사자다리

사진-49. 숫돌

IV. 맺음말-中初寺의 변화

중초사지는 문헌기록이 없는 까닭에 석탑과 당간지주가 있음에도 불구하고 그간 학계의 주목을 받지 못했다. 아울러 寺域의 대부분이 유유산업의 私有地였던 이유 또한 이같은 요인의 하나가 되었던 것으로 보인다.

문헌기록과 유물의 양상을 통해 한 사찰의 역사를 조명하는 것은 일반적인 방법론이다. 그러나 기록이 全無할 때 유물은 대체적인 윤곽을 파악하는데 중요한 단서가 될 수 있다. 중초사지 또한 이같은 맥락에서 출토유물을 통해 사찰의 변화를 유추할 수 있는데, 앞서 언급했던 내용을 바탕으로 중초사지의 변화상을 기술하면 다음과 같다.

첫째, 중초사는 당지주의 명문을 볼 때 826년(興德王 元年)에 창건된 사찰임을 알 수 있다. 이같은 사실은 출토유물 중 4점의 수막새기와가(1-4번) 통일신라시대 말기의 것으로 추정됨에서도 입증되고 있다. 뿐만 아니라 명문을 통해 통일신라시대에 이같은 규모의 당간지주를 건립하는데 약 6개월 정도의 시간이 소요되었음을 알 수 있다.

둘째, 중초사는 고려시대에 번성했던 사찰이었다. 이는 석탑과 더불어 막새기와를 비롯한 출토유물의 절대다수가 고려시대 초기 및 중기에 조성된 것으로 추정됨에서 파악된다. 특히 金銅製龍頭와 치미편은 이 사찰이 寺格을 대변하는 유물로 생각된다. 아울러 기와류의 양상은 중초사가 고려시대에 들어 대대적인 佛事가 있었음을 입증하는 자료로 생각한다.

셋째, 보관된 백자류의 양상을 볼 때 조선시대 후기에 이르기까지 법등을 이었던 사찰로 파악되었다.

이상의 사실에서 중초사는 통일신라시대 말기에 창건된 이래 조선시대 후기에 이르기까지 계속 법등을 이었던 사찰이었음을 알 수 있다. 차후 寺址 전체에 대한 본격적인 발굴조사를 통해 중초사지의 전모가 밝혀질 날을 기대한다.

(2000.06 「安養 中初寺址에 대한 考察」, 『실학사상연구』 제14집, 무악실학회)

京畿道의 石造美術에 대한 考察
- 指定된 石造 造形物을 中心으로

Ⅰ. 서언

경기도는 수도인 서울과 인천직할시를 포함하여 19市 17郡을 거느린 국토의 심장부에 해당하는 지역이다. 도내의 중앙부에는 한강이 흐르고 있어 선사시대에는 이를 중심으로 한반도의 선사문화가 꽃피었고, 삼국시대에는 전략적 요충으로서 항시 각국의 각축장이 되었던 곳이다. 뿐만 아니라 고려왕조의 성립이래 조선시대에 걸쳐 양 국의 수도가 모두 이곳에 정착하는 등 역사적 중요성이 부각되었고, 오늘날의 경기도를 형성하는 한 틀을 만들었다. 따라서 경기도 지역은 고려시대 이후에 이르러 정치·사회적 안정을 구가했던 것으로 보이는바, 이에 따라 문화 또한 같은 상황으로 전개되었다고 할 수 있겠다.

우리나라의 문화를 논할 때 단연 불교문화가 으뜸을 차지했음은 주지의 사실이다. 이는 불교가 전래된 뒤 천육백여년의 세월이 지났음에도 불구하고 여전히 종교로서의 위치를 굳건히 유지하고 있고, 현존하는 문화재 가운데 불교와 관련이 있는 것이 단연 수위를 차지하고 있음을 보아도 더욱 그러하다고 하겠다. 따라서 경기도가 내포하고 있는 여러 형태의 문화중 불교문화가 차지하는 비중 또한 클 수밖에 없는 것 또한 같은 맥락이라 할 수 있겠다.

도내에는 불교문화의 한 부분으로 건립된 수많은 석조조형물이 산재해 있다. 그러나 이들에 대한 그간의 주목은 각종 문화재도록에서 개략적인 설명에 그친 수준에 머물고 있을 뿐, 국체적인 통계나 전체적인 양식의 흐름등에 관한 연구는 진행된 바 없었다.[1] 그러므로 경기도 불교

* 이 연구는 1998년도 단국대학교 대학연구비의 지원으로 연구되었음.

문화의 특성을 밝히기 위해서는 여러유형의 조형물을 모두 본고의 대상으로 삼아야 하나 일단 석조미술품에 국한하여 분석하고자 한다. 필자가 본 연구의 대상으로 추출한 석조조형물은 석탑·석불·부도 석등의 4가지 유형으로 지정된 것들에 국한하여 자료를 수집하였다. 본고에서는 이들의 분포상황과 양식적 특성을 먼저 고찰한 후 이를 통해 경기도의 석조미술품이 지닌 특성을 규명하고자 한다.

Ⅱ. 석조미술 분포 및 양식

1. 석탑

도내에 건립되어 있는 석탑은 상당한 숫자가 있는 것으로 추정되는데, 지정된 석탑은 22기가 존재하고 있다. 먼저 이들의 분포상황을 표로 작성해 보면 다음과 같다.

〈표-1〉 경기도 석탑 분포 현황

석탑명	소재지	시대	지정번호
가평 하판리삼층석탑 지진탑	가평군	고려	문화재자료 제17호
현등사삼층석탑	가평군	고려	유형문화재 제63호
과천 문원동삼층석탑	과천시	고려	문화재자료 제39호
연주암삼층석탑	과천시	고려	유형문화재 제104호
수종사오층석탑	남양주군	조선전기	유형문화재 제22호
청룡사삼층석탑	안성군	고려	문화재자료 제59호
안성 도기동삼층석탑	안성군	고려	문화재자료 제76호
안성 죽산리오층석탑	안성군	고려	보물 제435호
신창리삼층석탑	안성군	고려	유형문화재 제130호
안성 죽산리삼층석탑	안성군	고려	유형문화재 제78호
청원사칠층석탑	안성군	조선전기	유형문화재 제116호
삼막사삼층석탑	안양시	고려	유형문화재 제112호
양평 용천리삼층석탑	양평군	고려	문화재자료 제21호
여주 창리삼층석탑	여주군	고려	보물 제91호
여주 하리삼층석탑	여주군	고려	보물 제92호
신륵사다층석탑	여주군	조선	보물 제225호

1 그간 경기도내의 문화재에 대해 정리한 업적으로는 다음과 같은 결과물이 있다.
   京畿道, 『鄕土遺蹟總覽-市·郡指定篇』, 1987 및 『京畿文化財大觀-京畿道指定篇』, 1990.

신륵사다층전탑	여주군	고려	보물 제226호
용인 어비리삼층석탑	용인시	고려	문화재자료 제43호
용인 공세리오층석탑	용인시	고려	문화재자료 제42호
이천 중리삼층석탑	이천시	고려	유형문화재 제106호
광주 춘궁리오층석탑	하남시	고려	보물 제12호
광주 춘궁리삼층석탑	하남시	고려	보물 제13호

위의 표를 보면 22기의 석탑은 도내 10개 市·郡에 산재해 있음을 알 수 있는데, 이들의 절대다수는 한강 이남의 지역에 분포하고 있는 공통점을 지니고 있다. 필자는 경기도 포천지역을 중심으로 수 차례에 걸쳐 불교유적에 대한 조사를 진행한 바 있는데, 이곳에서도 상당수의 寺址가 확인된 바 있다.[2] 그러나 완전한 형태의 석탑은 찾을 수 없었고, 다만 일부 사지에서 석탑이 있었음을 알려주는 부재만이 찾아졌다. 이같은 사실은 한강 이북지역에 건립된 대부분의 사찰에서도 석탑이 존재했음을 알 수 있는 한 근거를 제시하고 있다고 하겠다. 따라서 위의 표에서 보듯이 한강을 중심으로 북쪽 지역에서의 석탑이 남쪽보다 숫적으로 적은 이유는 이들 지역의 대부분이 6.25전쟁시 모두 격전장이었고, 현재에도 군사지역인점을 고려할 때 전쟁으로 인해 모두 파괴된데서 기인하는 것으로 추정된다. 뿐만 아니라 석탑의 건립시기 또한 조선시대에 건립된 3기를 제외한 19기가 고려시대에 건립되고 있다.

고려시대에 건립된 석탑은 독자적인 양식을 보이는 것과, 지방적인 특성이 가미된 것 등 실로 다양한 형식의 석탑이 건립되고 있다. 여기서 지방적인 특성이란 고구려, 백제, 신라의 옛 영토내에서 건립되는 석탑으로 3국시대에 확립된 각국의 석탑양식을 계승한 一群의 탑을 지칭하는 것이다. 그런데 경기도내의 석탑에서는 흔히 신라계석탑으로 분류되는 광주 춘궁리3층석탑과 5층석탑등 소수의 예에서만 이같은 현상을 찾을 수 있을뿐, 백제계 석탑으로 분류될 수 있는 석탑은 1기도 찾아볼 수 없었다. 결국 도내에 분포된 절대다수의 석탑에서는 고려시대의 석탑만이 갖는 특성을 보이고 있다고 하겠다. 즉, 높직한 단층기단, 초층탑신 받침에서 보이는 다양한 수법, 옥개석에서의 특징적인 변화, 탑재의 단일화등 여러곳에서 정형화된 고려시대 석탑의 특성을 내포하고 있다. 이같은 양식상의 특징은 경기도에 소재한 고려시대의 석탑에 국한된 현상이 아닌 전국적인 것이라 볼 수 있다. 그러나 전국에 산재한 고려시대의 석탑에서 보이는 모든 양식이 이곳의 석탑에서 검출되고 있다는 점에서 도내 석탑이 지닌 특성을 대변해 주고 있다고 하겠다. 이같은 현상은 고려시대의 수도였던 개성이 같은 도내에 위치하고 있어 타지역

---

2 박경식, 「京畿道 抱川郡의 佛教遺蹟에 關한 考察」, 『文化史學』 6·7합집, 한국문화사학회, 1997, pp.501-540.

의 문화적 영향이 배제된데다가 고려 나름대로의 독자적인 문화가 형성된데서 기인한 것으로 보인다. 결국 고려시대 석탑의 건립은 경기도를 필두로 시작되어 전국적인 확산에 주도적인 역할을 수행했던 것으로 생각한다.

　고려시대에 이어 조선시대에 건립된 표에 제시된 3기를 비롯하여 회룡사오층석탑, 원각사지십층석탑, 묘적사팔각다층석탑, 용주사 천보루 앞 오층석탑, 묘적사팔각다층석탑등이 현존하고 있다. 현존하는 조선시대의 석탑이 10여기에 불과한 현실을 볼 때[3] 과반수 이상이 이 지역에 산재해 있다. 이 역시 조선왕조의 수도였던 한양이 경기도내에 위치하고 있다는 지리적 여건이 석탑의 건립을 촉진시킴 것으로 보인다. 이중 팔각형석탑의 존재는 우리나라 석탑의 발달사에 있어 많은 사사를 주고 있다. 즉, 이 계통의 석탑은 고려시대에 있어 주로 평안도지방을 중심으로 건립되었음은 주지의 사실이다.[4] 이같은 현상은 백제계석탑에서와 같이 고구려로의 회귀를 추구했던 지역민의 의사가 표출된 현상으로 이해될 수 있다고 하겠다. 그런데 도내의 고려시대 석탑중 백제계석탑을 비롯하여 팔각형의 평면구도를 지닌 석탑은 찾을 수 없었다. 이같은 이유는 고려왕조가 왕도가 가까운 지역에서 문화적인 복고현상을 결코 용납하지 않은데서 기인했던 것으로 보인다. 그러나 비록 2기에 불과하지만 조선시대에 이르러 한강유역을 따라 건립되고 있고, 다른 지역에서는 같은 유례를 찾아 볼 수 없다. 이같은 현상은 우리나라 석탑의 발달사에 있어 통일신라시대 이래 건립된 팔각형석탑의 유지와 계승이란 면에서 매우 중요한 의미를 지니고 있다고 하겠다.

　이밖에 신륵사다층석탑의 기단에 새겨진 雲龍紋은 당대의 석탑과 문양사 연구에 귀중한 자료로 평가되고 있다.

3　조선시대에 건립된 석탑으로는 본고에서 거론한 석탑외에 회룡사오층석탑, 원각사지십층석탑, 묘적사팔각다층석탑, 용주사 천보루 앞 오층석탑, 낙산사칠층석탑, 벽송사삼층석탑, 산청 대원사팔층석탑, 청주 보살사오층석탑, 함평 용천사삼층석탑 등이 있는데 이중 4기는 경기도 지역에 위치하고 있어 조선시대의 석탑은 단연 이 지역에 집중건립되고 있음을 알 수 있다. 조선시대의 석탑을 종합 정리한 대표적인 논문으로는 鄭永鎬, 「朝鮮時代의 佛塔研究」, 『綠園스님古稀紀念學術論叢-韓國佛敎의 座標』, 綠園스님古稀紀念學術論叢刊行委員會, 1997, pp.435-482.이 있다.

4　고려시대에 건립된 석탑중 팔각형의 평면구도를 보이는 석탑으로 북한 지역에는 평안남도 大同郡 栗里寺 八角五層石塔, 大同郡 廣法寺 八角五層石塔, 평양시 永明寺八角五層石塔, 평안북도 寧邊郡 妙香山 普賢寺八角十三層石塔 등이 있고, 남한에는 月精寺八角九層石塔이 있다.
　　鄭永鎬, 「在日 高麗石塔 二基」, 『文化史學』 창간호, 韓國文化史研究會, 1996, 및 國立文化財研究所, 『北韓文化財解說集』 I , 1997. 참조.

2. 석불

도내에 건립되어 있는 석불 역시 상당한 숫자가 알려져 있으나, 지정된 문화재로는 29기가 존재하고 있다. 먼저 이들의 분포상황을 보면 다음과 같다.

〈표-2〉 경기도 석불 분포 현황

유물명	소재지	시대	지정번호
문원리사지 석조보살입상	과천시	고려	문화재자료 제77호
보광사 목조여래좌상	과천시	조선전기	유형문화재 제162호
광주 유정리석불좌상	광주군	조선후기	유형문화재 제88호
망경암 마애여래좌상	성남시	조선후기	유형문화재 제102호
수원 봉령사석조삼존불	수원시	고려	유형문화재 제151호
안성 대농리석불입상	안성군	고려	문화재자료 제46호
안성 봉업사석불입상	안성군	고려	보물 제983호
기솔리석불입상	안성군	고려	유형문화재 제36호
매산리석불입상	안성군	조선 후기	유형문화재 제37호
안성 죽산리석불입상	안성군	고려	유형문화재 제97호
석남사 마애여래입상	안성군	통일신라	유형문화재 제109호
삼막사 마애삼존불상	안양시	1763년(조선 영조39)	유형문화재 제94호
포초골미륵좌상	여주군	고려	유형문화재 제35호
여주 계신리마애여래입상	여주군	고려	유형문화재 제98호
고달사 석불대좌	여주군	고려	보물 제8호
용인 미평리약사여래입상	용인시	고려	문화재자료 제44호
용인 목신리석조여래입상	용인시	고려	문화재자료 제62호
문수산 마애보살입상	용인군	고려	유형문화재 제120호
이천 자석리석불입상	이천시	고려	문화재자료 제41호
이평리석불입상	이천시	고려	문화재자료 제70호
영월암 마애여래입상	이천시	고려	보물 제822호
태흥흥국명 마애보살좌상	이천시	981년(고려 경종6)	보물 제982호
이천 어석리석불입상	이천시	고려	유형문화재 제107호
소고리마애여래좌상	이천시	고려	유형문화재 제 119호
파주 용미리석불입상	파주시	고려	보물 제93호
심복사 석조비로사나불좌상	평택시	통일신라	보물 제565호
만기사 철조여래좌상	평택시	고려	보물 제567호
태평2년명 마애약사불좌상	하남시	977년(고려 경종2)	보물 제981호
화성 봉림사목조아미타여래좌상	화성군	1362년(고려 공민왕11)	보물 제980호

위의 표를 보면 29기의 석불은 도내 14개 市郡에 산재해 있음을 알 수 있는데, 석탑에서와

같이 한강 이남의 지역에 집중적으로 분포하고 있는 공통점을 보이고 있다. 물론 한강이북지역에도 석불이 없는 것은 아니다. 즉, 필자가 중점적으로 조사했던 포천군일원에서도 다수의 불상이 검출되고 있어,[5] 석탑에서와 같이 경기도내 북부지역에서는 불상의 조성이 없었다기 보다는 6.25전쟁으로 인해 대부분이 파괴된 결과로 생각된다. 이같은 사실을 감안하더라도 위의 표에서 보듯이 경기도의 석불은 본래부터 한강이남지역에 절대다수가 분포되어 있었던 것으로 생각된다. 위의 표에 제시된 29기의 불상중 통일신라시대에 조성된 것으로 추정되는 심복사석조비로사나불 및 석남사마애여래입상과 조선시대에 조성된 5기를 제외한 22기가 고려시대의 조성으로 파악되고 있다. 따라서 경기도내에서의 불상 조성 역시 고려시대에 이르러 가장 활발했던 것으로 추정된다. 이같은 사실은 개경에 法王寺 · 王輪寺 · 慈雲寺 · 內帝釋寺 · 舍那寺 · 天禪寺 · 新興寺 · 文殊寺 · 圓通寺 · 地藏寺등 10대 사찰이 창건되었다던지, 도성내에 70구의 佛寺가 있었다는 사실과 무관하지 않았던 것으로 생각된다.[6] 즉, 개경에서의 활발한 불사가 주변지역으로 확산된 결과에서 비롯된 것으로 생각된다. 경기도의 불상이 지닌 특징은 다음의 몇가지 사실로 집약될 수 있다.

첫째, 통일신라시대에 조성된 심복사석조비로사나불좌상 대좌의 중대석에 배치된 사자와 더불어 통견의 법의 옷깃에 새겨진 화문을 들 수 있겠다. 석조조형물에 있어 직접적인 부재로써 사자가 배치됨은 8세기에 건립된 불국사다보탑과 화엄사사사자삼층석탑 및 쌍사자석등계열에서만 볼 수 있고, 불상의 경우는 하대석의 하단에 부조되는 것이 대부분이다.[7] 그런데 이들 조형물들의 절대다수가 경기도를 제외한 지역에 분포되어 있음은 심복사석불좌상이 지닌 조각사적 의의를 대변하고 있다 하겠다.

둘째, 고려시대의 불상중 건립연대가 확인된 태평2년명 마애약사불좌상(977년)과 太平興國銘磨崖菩薩坐像(981년) 및 화성 봉림사목조아미타여래좌상(1362년)은 당시의 불상연구에 절대적인 기준이 되고 있다. 더욱이 太平興國銘磨崖菩薩坐像(981년) 후자의 불상은 반가상의 자

---

5 주 2와 같음.

6 『高麗史』世家 卷 1, 太祖 2年 3月條.

7 통일신라시대에 조성된 석조물에서는 하대석에 사자가 일반적으로 부조되는데, 석불의 경우는 浮石寺慈忍堂石造如來坐像, 法住寺石造如來坐像, 石造毘盧舍那佛坐像(國立中央博物館), 桐華寺 毘盧庵石 造毘盧舍那佛坐像, 奉化 鷲棲寺石造毘盧舍那佛坐像, 榮豊 毘盧寺石造毘盧舍那佛坐像, 深福寺石造毘盧舍那佛坐像, 佛谷寺石造毘盧舍那佛坐像, 榮州 北枝里石造毘盧舍那佛坐像 2기, 襄陽 黃耳里石造毘盧舍那佛坐像, 覺淵寺石造毘盧舍那佛坐像, 安東 磨崖洞石造毘盧舍那佛坐像, 原州郡廳內 石造毘盧舍那佛坐像 2기 등이 있고, 부도의 경우는 廉居和尙塔, 大安寺寂忍禪師照輪淸淨塔, 雙峰寺澈鑒禪師塔, 寶林寺普照禪師彰聖塔, 鳳巖寺智證大師寂照塔, 禪林院址弘覺禪師塔, 實相寺秀澈和尙楞伽寶月塔, 石南寺浮屠, 鷰谷寺東浮屠가 있다. 아울러 석등에서는 淸凉寺石燈에서 표현되어 있는데, 法住寺雙獅子石燈, 靈岩寺址雙獅子石燈, 中興山城雙獅子石燈 등의 쌍사자석등에서는 간주석에 직접표현되고 있다.

세를 취하고 있을 뿐만 아니라 규모에 있어 국내에서 가장 큰 불상으로 확인된 바 있다.[8]

셋째, 경기도내에 분포한 고려시대의 석불 23기중 절대다수가 대형석불이란 점을 들 수 있다. 이 유형의 석불들은 고려시대 불상이 지닌 특성중 가장 대표적인 것으로 은진 관촉사석조미륵불상(968년, 고려 광종 19 추정)을 들 수 있다. 이들 일군의 석불들은 대체로 고려시대 초반에 조성되어 신흥국가의 기상을 대변하는 조형물로서 뿐만 아니라 당시 사람들의 의식의 저변에 깔려있는 토속신앙과 불교와의 습합현상, 풍수도참사상과 관련된 민중 감정의 표출로 그 지방의 호족과 관계가 있는 것으로 보고 있다.[9]

그런데 국보나 보물로 지정되어 우리에게 잘 알려진 석불들은 주로 충청도와 전라도에 분포된 것으로 알려져 있다. 그러나 이에 못지 않게 많은 수가 집중적으로 분포되어 있는 지역이 바로 경기도이다. 따라서 고려시대의 거석불이 전국으로 확산되는데 이 지역이 차지했던 중요성은 말할 나위가 없다고 하겠다. 즉, 경기도는 거석불의 확산에 있어 도내의 북부지역인 포천으로부터 집중적인 분포를 보이는 안성과 이천을 거쳐 충청도와 전라도로 이어지는 완충지대요, 한 거점이었다고 생각된다. 결국 도내에 산재한 석불의 대다수가 고려시대 초반의 조성으로 추정된 것 또한 이같은 사실을 대변하고 있을 뿐만 아니라 신흥국가의 기상을 예술로서 표출하고자 했던 고려초기의 한 단면을 잘 보여주고 있다고 하겠다. 나아가 도내 거석불들의 대다수가 미륵불로 지칭되고 있다는 사실 또한 당대 신앙의 한 단면을 보여주고 있다고 믿어지는데, 특히 안성에 가장 많은 수가 분포되어 있는 것은 이 지역의 역사적인 사실과도 무관하지는 않을 것으로 생각된다. 안성은 본래 신라말 호족의 하나였던 기훤의 본거지였고, 그의 수하에 잠시 궁예가 있었다. 훗날 궁예가 미륵을 자처했고, 왕건 또한 그의 부장으로 출발하여 고려의 태조가 된 점을 감안할 때 이 지역 석불의 절대다수가 미륵으로 조성된 점은 이같은 사실과 무관하지 않았을 것으로 추정된다.

경기도내에 산재한 거석불은 머리에 쓴 寶蓋, 토속적인 인상을 주는 둥글고 넓적한 相好, 石柱形과 같은 신체의 처리, 간결하게 처리한 옷주름 등의 공통점을 지니고 있다.

3. 부도

부도는 승려의 사리를 모신 건축물로 통일신라시대 말기인 9세기에 이르러 발생한 새로운 장르의 불교조형물이다. 도내에 건립되어 있는 부도 역시 상당한 숫자가 알려져 있으나, 지정

---

8 鄭永鎬, 「利川 太平興國銘 磨崖半跏像」, 『史學志』16, 檀國大 史學會, 1982, pp.611-623.
9 金吉雄, 『高麗의 巨石佛』, 法仁文化社, pp.78-79.

된 문화재로는 16기가 존재하고 있다. 먼저 이들의 분포상황을 보면 다음과 같다.

〈표-3〉 경기도 석조부도 분포 현황

유물명	소재지	시대	지정번호
태고사 원증국사탑	고양시	고려	보물 제749호
추곡리 백련암부도	광주군	조선	문화재자료 제53호
문수사풍담대사부도	김포군	1668년(조선 현종9)	유형문화재 제91호
회암사지지공선사부도	양주군	고려	유형문화재 제49호
회암사지나옹선사부도	양주군	고려	유형문화재 제50호
회암사지 부도	양주군	조선전기	유형문화재 제52호
회암사지무학대사부도	양주군	조선	보물 제388호
사나사원증국사탑	양평군	1383년(고려 우왕9)	유형문화재 제72호
용문사정지국사부도	양평군	조선	보물 제531호
신륵사보제존자석종	여주군	고려	보물 제228호
고달사지 부도	여주군	고려	국보 제4호
고달사 원종대사혜진탑	여주군	고려	보물 제7호
심원사지부도	연천군	조선	유형문화재 제138호
오봉사지부도	연천군	조선	유형문화재 제131호
망월사 혜거국사부도	의정부시	조선전기	유형문화재 제122호
망월사 천봉당태흘탑	의정부시	1794년(조선 정조18)	문화재자료 제66호

위의 표를 보면 16기의 부도가 존재하고 있는데, 이는 지정된 것에 불과할 뿐 각 사찰과 寺址에 남아있는 모든 부도를 합치면 그 수는 상당량에 달할 것으로 추정된다. 도내의 석조부도중 가장 주목되는 것은 고달사지와 신륵사 및 회암사지에 남아있는 것들을 꼽을 수 있다.

고달사지에는 원종대사혜진탑과 주인공을 알 수 없는 2기의 석조부도가 현존하고 있다. 이들 부도는 먼저 규모의 장대함에서 마치 고려초반에 거석불이 조성된 것과 같은 양상을 보이고 있다. 이와 더불어 가장 주목되는 부분은 기단부에 있다고 하겠다. 우리나라의 석조부도는 신라시대 이래 八角圓堂型의 양식이 기본을 이루고 있다. 이는 기단부터 상륜에 이르기까지 모두 팔각형의 평면을 유지하는 것으로서 석조부도의 근본양식을 이루고 있다. 그러나 고달사지의 부도에 있어서는 기단부의 중대석을 다른 부도와 같이 8각으로 처리한 것이 아니라 용머리의 형상을 지닌 거북을 중심으로 4마리의 용과 구름을 조각하고 있는데, 그 수법이 생동감이 있을 뿐만 아니라 웅장하다. 이와 같은 유형의 부도는 통일신라시대에 조성된 강원도 양양 선림원지에 있는 홍각선사탑에서 시작되고 있는데, 당시에는 더 이상 조성되지 못하고 있다. 고려시대에 이르러도 같은 형식의 부도는 모두 3기가 건립된 것으로 알려져 있는데, 경북대학교 박물관에 소장된 1기를 제외하면 나머지 2기가 바로 고달사지에 건립되어 있다. 따라서 비록 새롭게 창출한 양식은 아니지만 통일신라시대에 발생한 특수양식의 부도가 건립되었다는 점에서, 고려시대는 물론 조선시대를 포함하여 3기 밖에 건립하지 못한 이 계통의 부도가 존재하고 있다는 사실은 경기도가 지녔던 예술적 감각과 능력을 잘 대변하고 있다고 하겠다. 고달사지의 부도는 이같은 기단부에서의 특이점과 더불어 다른 부분 특히 탑신에 새겨진 사천왕상 등의 조각이 지닌 섬세한과 유려함에서 단연 고려시대를 대표할 수 있는 부도로 손꼽히고 있다.

신륵사의 부도는 회암사를 크게 일으켰던 나옹스님의 사리탑으로 커다란 방형의 기단 위에 석종형부도를 놓았다. 이 형식은 팔각원당형과 더불어 통일신라시대에 발생한 양식으로 당시에는 울산 태화사지십이지부도가 유일한 예로 전하고 있는데 상기의 부도 역시 같은 양식을 보이고 있다. 따라서 신륵사의 부도는 통일신라시대에 확립된 양식을 답습하고 있음을 알 수 있다. 그러나 기단의 전면과 양쪽면에는 계단을 설치하고 상면에 탑신을 놓았다는데서 다른 석종형부도와는 특이점을 보이고 있다. 이같은 부도의 배치 형식은 양산 통도사나 김제 금산사에서와 같이 階段塔의 형식을 보이고 있어 주목된다고 하겠다.

회암사지에서는 먼저 고려말 조선초에 있어 禪宗의 3대선사라 일컫는 지공·나옹·무학대사의 부도를 한 곳에 건립하고 있다는 점에 의의를 둘 수 있다. 즉, 산등성이의 가장 윗쪽으로부터 師弟의 순으로 배치하고 있어 마치 일가의 家系墓와 같은 배치를 보이고 있다. 이같은 예는 다른 사찰에서는 볼 수 없는 희귀한 일례라 하겠다. 아울러 각 부도의 전면에는 석등을 배치하여 墓域을 구성하고 있는점 또한 특이한 현상으로 보인다. 뿐만 아니라 무학대사의 부도에서는 팔각원당형을 유지하면서 탑신부 전체를 변형시키고 있다. 즉, 탑신부를 圓救形으로 변형한 후 전면에 雲龍紋을 가득 조각하였는데, 사실적이고 생동감있게 묘사되어 있다.

이상에서 살펴본 대표적인 부도 이외의 것들은 조선시대에 조성된 석종형부도가 주종을 이루고 있다.

4. 석등

등은 불을 사용하여 어두움 밝히기 위해 만들어진 여러 가지 유형의 도구를 말한다. 따라서 인류의 생활에 있어 가장 중요시 되었던 기구중의 하나였지만, 불가(佛家)에 있어서는 가장 중요시 했던 공양(供養)이었다. 우리나라의 석등은 백제의 미륵사지에서 처음으로 만들어진 이래 전시대에 걸쳐 조성되어 현재 270여기가 산재해 있는 것으로 알려져 있다.[10] 도내에도 많은 석

---

10 鄭明鎬,「韓國의 石燈小考」,『東國思想』15輯, 東國大學校 佛敎大學, 1982, p.71.

등이 있을 것으로 보이지만, 지정된 유물의 현황을 보면 다음과 같다.

〈표-4〉 경기도 석등 분포 현황

유물명	소재지	시대	지정번호
신륵사 보제존자석종 앞 석등	여주군	고려	보물 제231호
회암사지지공선사부도 앞 석등	양주군	고려	유형문화재 제49호
화암사지나옹화상부도 앞 석등	양주군	고려	유형문화재 제50호
회암사쌍사자석등	양주군	조선	보물 제389호

　위의 표에 나열된 석등은 비록 4기에 불과하다. 그러지만 각 석등은 나름대로 양식과 위치상의 문제에 있어 독특함을 보이고 있는데, 이를 구체적으로 살펴보면 다음과 같다.

　첫째, 4기의 석등에 표현된 양식상의 독특함을 들 수 있다. 신륵사석등에 있어서는 전형적인 팔각형의 평면구도와 더불어 화사석을 제외한 다른 부분에서는 전형양식을 잘 반영하고 있다. 그러나 화사석은 납석제로 조성되어 재료상의 특이함과 함께, 기단부에 비해 높게 조성되어 있다. 아울러 팔각의 각 모서리에는 蟠龍紋을 장식한 원형의 기둥을 배치하고, 각 면에는 火窓 상면에 飛天像과 더불어 昌枋·平枋 등의 목조건축 요소를 표현하고 있다. 그리고 회암사의 석등에 놓인 화사석에서는 평면이 방형으로 바뀜과 동시에 양면에 판석을 놓아 2개의 화창만을 개설하고 있다.

　일반적으로 전형양식이라고 하는 팔각형의 석등에서는 화사석이 기단에 비해 짧을 뿐만 아니라, 4개의 화창이 개설되고 나머지 4면에는 일부에 한하여 菩薩이나 四天王을 조각하고 있다. 따라서 이들 석등의 화사석에 표현된 양식은 기존의 석등에서는볼 수 없는 새로운 양상으로 道內의 조형물이 지닌 특수성과 우수함을 잘 보여주는 일례라 여겨진다. 아울러 회암사쌍사자석등의 경우는 竿柱石에 쌍사자를 배치한 특수양식의 석등이다. 본래 석등의 간주석에 쌍사자를 배치하는 경우는 신라말기인 9세기에 이르러 건립된 것으로 법주사쌍사자석등, 영암사지석등, 중흥사지쌍사자석등이 남아있다. 이 유형의 석등은 고려시대에도 건립되고 있는데, 고달사지에서 국립중앙박물관으로 이전된 고달사지쌍사자석등이 유일한 예로 알려져 있다. 조선시대에도 화암사와 중원 청룡사지의 석등등 2예에서만 찾을 수 있는 독특한 양식이다. 따라서 우리나라 쌍사자석 등의 맥은 신라말기에 발생되어 고려시대의 고달사지, 조선시대의 회암사지로 이어지고 있음을 알 수 있다. 비록 분분적으로 조형감각이 통일신라의 그것에 미치지는 못하지만 나름대로의 개성과 창의성을 발휘하고 있음에서 문화의 계승과 발전이란 측면에서 주목되어진다고 하겠다.

둘째, 위치상의 문제를 지적할 수 있다. 우리나라의 가람배치상 석등은 발생초기부터 대웅전이나 석탑의 전면에 위치하는 것이 하나의 규범이었다. 그런데 道內의 석등은 모두 부도의 전면에 놓여 있어 가람배치와는 무관한 長明燈의 성격을 보이고 있다. 무덤의 앞에 놓이는 장명등은 석등에서 그 성격이 바뀐 것으로 고려시대 말기에 이르러 정착된 것으로 파악되고 있다. 따라서 이들 석등이 보여주는 위치상의 문제는 부도가 승려의 사리를 모신 묘탑이란 정의와 대비해 볼 때 기존의 격식과 규범에서 벗어난 파격적인 것임은 말할 나위가 없다. 이같은 사실은 佛家의 숭배물오서의 석등에서 무덤 앞에 배치되는 장명등으로 이행되는 모습을 명확히 보여주고 있다고 하겠다.

Ⅲ. 불교미술의 특성

앞에서 경기도의 불교미술에 관해 석조물에 국한하여 각 형태별로 고찰하여 보았다. 각 유형의 조형물은 계승과 발전이란 양면성을 지니고 있었고, 나름대로 독특한 일면을 지니고 있음을 알 수 있었다. 본 장에서는 이같은 상황을 종합하여 경기도의 불교미술이 지닌 특성 및 우리나라 불교미술의 발달사상에서 차지하는 비중을 평가하고자 한다. 이를 파악하기 위해 앞에서 각각 제시했던 불교조형물의 시·군별 분포상황을 정리해 보면 다음과 같다.

〈표 -5〉 경기도 불교조형의 분포 현황

번호	유물명	소재지	시대	지정번호
1	가평 하판리삼층석탑 지진탑	가평군	고려	문화재자료 제17호
2	현등사삼층석탑	가평군	고려	유형문화재 제63호
3	태고사 원증국사탑	고양시	고려	보물 제749호
4	과천 문원동삼층석탑	과천시	고려	문화재자료 제39호
5	연주암삼층석탑	과천시	고려	유형문화재 제104호
6	문원리사지 석조보살입상	과천시	고려	문화재자료 제77호
7	보광사 목조여래좌상	과천시	조선전기	유형문화재 제162호
8	광주 유정리석불좌상	광주군	조선후기	유형문화재 제88호
9	추곡리 백련암부도	광주군	조선	문화재자료 제53호
10	문수사풍담대사부도 및 비	김포군	1668년(조선 현종9)	유형문화재 제91호
11	수종사오층석탑	남양주군	조선전기	유형문화재 제22호
12	망경암 마애여래좌상	성남시	조선후기	유형문화재 제102호
13	수원 봉령사석조삼존불	수원시	고려	유형문화재 제151호

번호	유물명	소재지	시대	지정번호
14	청룡사삼층석탑	안성군	고려	문화재자료 제59호
15	안성 도기동삼층석탑	안성군	고려	문화재자료 제76호
16	안성 죽산리오층석탑	안성군	고려	보물 제435호
17	신창리삼층석탑	안성군	고려	유형문화재 제130호
18	안성 죽산리삼층석탑	안성군	고려	유형문화재 제78호
19	청원사칠층석탑	안성군	조선전기	유형문화재 제116호
20	안성 대농리석불입상	안성군	고려	문화재자료 제46호
21	안성 봉업사석불입상	안성군	고려	보물 제983호
22	기솔리석불입상	안성군	고려	유형문화재 제36호
23	매산리석불입상	안성군	조선 후기	유형문화재 제37호
24	안성 죽산리석불입상	안성군	고려	유형문화재 제97호
25	석남사 마애여래입상	안성군	통일신라	유형문화재 제109호
26	칠장사 소조사천왕상	안성군	조선후기	유형문화재 제115호
27	삼막사삼층석탑	안양시	고려	유형문화재 제112호
28	삼막사 마애삼존불상	안양시	1763년(조선 영조39)	유형문화재 제94호
29	지공선사부도 및 석등	양주군	고려	유형문화재 제49호
30	나옹선사부도 및 석등	양주군	고려	유형문화재 제50호
31	회암사지부도	양주군	조선	유형문화재 제52호
32	회암사지쌍사자석등	양주군	조선	보물 제389호
33	회암사지무학대사부도	양주군	조선	보물 제388호
34	사나사원증국사탑	양평군	1383년(고려 우왕9)	유형문화재 제72호
35	용문사정지국사부도 및 비	양평군	조선	보물 제531호
36	양평 용천리삼층석탑	양평군	고려	문화재자료 제21호
37	여주 창리삼층석탑	여주군	고려	보물 제91호
38	여주 하리삼층석탑	여주군	고려	보물 제92호
39	신륵사다층석탑	여주군	조선	보물 225호
40	신륵사다층전탑	여주군	고려	보물 226호
41	고달사 원종대사혜진탑	여주군	고려	보물 제7호
42	신륵사보제존자석종	여주군	고려	보물 제228호
43	고달사지 부도	여주군	고려	국보 제4호
44	포초골미륵좌상	여주군	고려	유형문화재 제35호
45	여주 계신리마애여래입상	여주군	고려	유형문화재 제98호
46	신륵사 보제존자석종 앞 석등	여주군	고려	보물 제231호
47	심원사지석조부도	연천군	조선	유형문화재 제138호
48	오봉사지부도	연천군	조선	유형문화재 제131호
49	용인 어비리삼층석탑	용인시	고려	문화재자료 제43호
50	용인 공세리오층석탑	용인시	고려	문화재자료 제42호
51	용인 미평리약사여래입상	용인시	고려	문화재자료 제44호

번호	유물명	소재지	시대	지정번호
52	용인 목신리석조여래입상	용인시	고려	문화재자료 제62호
53	문수산 마애보살입상	용인군	고려	유형문화재 제120호
54	망월사 혜거국사부도	의정부시	조선전기	유형문화재 제122호
55	망월사 천봉당태흘탑	의정부시	1794년(조선 정조18)	문화재자료 제66호
56	이천 중리삼층석탑	이천시	고려	유형문화재 제106호
57	이천 자석리석불입상	이천시	고려	문화재자료 제41호
58	이평리석불입상	이천시	고려	문화재자료 제70호
59	영월암 마애여래입상	이천시	고려	보물 제822호
60	태흥흥국명 마애보살좌상	이천시	981년(고려 경종6)	보물 제982호
61	소고리마애여래좌상	이천시	고려	유형문화재 제119호
62	이천 어석리석불입상	이천시	고려	유형문화재 제107호
63	파주 용미리석불입상	파주시	고려	보물 제93호
64	심복사 석조비로사나불좌상	평택시	통일신라	보물 제565호
65	만기사 철조여래좌상	평택시	고려	보물 제567호
66	광주 춘궁리오층석탑	하남시	고려	보물 제12호
67	광주 춘궁리삼층석탑	하남시	고려	보물 제13호
68	태평2년명 마애약사불좌상	하남시	977년(고려 경종2)	보물 제981호
69	화성 봉림사목조아미타여래좌상	화성군	1362년(고려 공민왕11)	보물 제980호
63	파주 용미리석불입상	파주시	고려	보물 제93호
64	심복사 석조비로사나불좌상	평택시	통일신라	보물 제565호
65	만기사 철조여래좌상	평택시	고려	보물 제567호
66	광주 춘궁리오층석탑	하남시	고려	보물 제12호
67	광주 춘궁리삼층석탑	하남시	고려	보물 제13호
68	태평2년명 마애약사불좌상	하남시	977년(고려 경종2)	보물 제981호
69	화성 봉림사목조아미타여래좌상	화성군	1362년(고려 공민왕11)	보물 제980호

위의 표를 보면 본고의 대상인 69점의 불교조형물은 21개 시군에 걸쳐 폭넓게 분포되어 있음을 알 수 있다. 이중 10점 이상이 분포되어 있는 곳은 안성군(13), 여주군(12점)이다. 그런데 여주군의 조형물이 고달사지와 신륵사의 양 사찰에 집중되어 있음에 비해 안성군은 대다수가 별개의 사찰 혹은 사지에 분포되어 있다. 뿐만 아니라 본고의 대상이 아닌 다른 유형의 석조물을 포함하면 그 수는 증가될 개연성이 있다. 따라서 국토가 분단된 현재의 상황에서만 국한시켜 볼 때 경기도에서 가장 불교문화가 융성했던 지역은 안성군이었던 것으로 생각된다. 이같은 현상은 군내에 봉업사와 칠장사 등을 비롯한 굴지의 사찰이 존재하고 있었고, 절대다수의 불상이 미륵불의 형식을 보이고 있음은 이 지역의 역사적 상황과 무관하지 않을 것으로 추정되는데, 이에 대해서는 추후 깊은 연구가 필요할 것으로 생각된다. 뿐만 아니라 대부분의 문화재가

한강을 중심으로 이남지역에 집중되어 있음을 알 수 있다. 이같은 현상은 북부지역의 불교문화가 융성하지 못해서가 아니라 6.25전쟁으로 인한 파괴에서 비롯된 것으로 생각된다. 나아가 도내에 분포된 조형물은 절대다수가 고려시대에 조성된 점을 들 수 있다. 이는 불교를 숭상했던 고려의 국시와 더불어 수도인 개경이 같은 도내에 있어 직 · 간접의 후원과 영향을 받았음을 암시하고 있다고 하겠다.

이같은 문제외에 앞서 고찰한 조형물이 지닌 특성을 유형별로 살펴보면 다음과 같다.

첫째, 석탑에 있어 지방색이 가미된 것 보다는 순수 고려식석탑이 주종을 이루고 있다. 현존하는 천여기의 석탑의 가운데 절대다수가 고려시대에 조성된 것임은 주지의 사실이다. 따라서 다른 지역에서는 지방색이 가미된 석탑과 고려식의 석탑이 혼재되어 건립되어 있다. 그러나 도내의 석탑에서는 이 같은 현상을 찾을 수 없었다. 이는 경기도가 삼국시대에는 각국의 각축장이 되어 특정국가에 소속되었다기 보다는 일정기간씩 각국의 소유했다는 역사적인 상황과 더불어 개경이 같은 지역에 위치하고 있다는 역사성이 작용한 결과로 해석된다. 아울러 고려의 문화기반이 타 지역에 비해 빠르게 파급 · 조성된 것 또한 주요한 원인으로 생각된다.

조선시대의 석탑에 있어 현존하는 석탑중 과반수에 가까운 수가 도내에 분포되어 있고, 팔각형석탑이 건립되고 있다. 이중 평면방형의 일반형 석탑에 있어서는 타 지역에 비래 양식적으로 우수한 일면을 보이고 있다. 뿐만 아니라 팔각형의 석탑 또한 도내에만 분포되어 있음은 수도가 같은 지역에 위치하고 있다는 역사적 상황이 작용한 결과로 생각된다.

둘째, 불상에 있어 괴체형의 거대한 석불이 주종을 이루고 있다. 이들은 안성과 이천을 중심으로 집중되어 있는데, 이들 지역이 지닌 역사성과 더불어 같은 형식의 불상이 충청도와 전라도로 파급되어 가는 완충지대요 한 거점이었음을 보여주고 있다고 생각된다. 이같은 사실은 고려시대를 대표하는 거석불의 건립이 지방으로 확산됨에 있어 경기도 지역의 불상이 차지하는 비중이 지대함을 반증하는 것이라 하겠다.

셋째, 부도에 있어서는 고달사지부도와 회암사지 무학대사부도에 표현된 조형미가 단연 돋보인다고 하겠다. 고달사지부도의 기단에서 보여준 거북과 용을 등장시켜 구름과 적절히 대비시킨 수법은 비록 신라에서 비롯되었다고 하지만, 분명 이를 계승 발전시키고 있다. 아울러 회암사지부도에서는 탑신을 원구형으로 바꾼후 구름과 용을 가득 조각한 수법등은 경기도 지역문화의 창의성과 우수성이 돋보이는 예라 하겠다. 문화의 우수성이란 새로운 것의 창안에서도 찾을 수 있지만, 앞 시대의 것을 계승 발전시키는 재창조가 더욱 어려운 일임은 주지의 사실이다. 따라서 우리나라 부도의 발달사상에서 양 부도가 차지하는 위치는 타 지역의 그것에 견주어 뒤지지 않았던 것으로 믿어진다.

넷째, 석등에 있어서는 양식적인 면을 제외하더라도 위치상의 문제에 있어 중요한 변화가 이루어지고 있다. 즉, 백제의 미륵사지에서 조성되기 시작한 석등은 가람배치상에서 금당이나 석탑의 전면에 위치하는 것이 법칙이었다. 그러나 도내의 석등은 모두 부도 앞에 위치하고 있어 장명등으로의 이행을 뚜렷이 보여주고 있다. 이같은 현상은 타 지역에서는 보기 힘든 유례로서 새로운 창안이라 해도 과언은 아닐 것이다. 결국 도내의 석등이 지닌 위치상의 문제는 조선시대에 이르러 대부분의 묘역에 장명등을 건립하는 모델을 제시한 것으로 생각된다.

IV. 결론

이상에서 경기도 불교미술의 흐름이란 주제에 대해 국가에서 지정한 4가지 유형의 석조물을 중심으로 고찰해보았다. 필자가 연구의 석조미술에 국한시킨 이유는 우리나라 불교미술품의 절대다수가 석재로 조성된 점을 감안할 때, 이를 통해 경기도의 불교미술이 지닌 흐름과 특징을 일부나마 파악할 수 있다고 믿었기 때문이었다.

앞에서 고찰한 내용을 종합해 볼 때 경기도의 불교미술은 통일신라시대에 정립된 제양식을 고려와 조선시대를 거치며 적절히 수용 발전시키고 있다. 뿐만 아니라 각 시대에 걸맞는 새로운 양식의 창안과 더불어 불교미술의 발달사상에서 분명한 역할이 이루어지고 있었다. 특히 고려시대의 조형물은 도내의 불교미술품중 절대다수를 차지하고 있고, 이들중 대다수는 당대의 예술감각과 특징을 내포하고 있음을 알 수 있었다.

본고는 앞에서도 언급한 바와 같이 경기도내에 산재한 석조조형물을 중심으로 고찰하였다. 기존의 자료와 필자의 조사 결과를 가지고 정리하였지만, 경기도의 석조미술이 지닌 모든 것을 충분히 규명하지 못했다는 자책감을 면하기 어려울 것 같다. 추후 도내의 불교문화재에 대한 면밀한 조사와 밀도있는 연구를 통하여 본고 또한 완성을 이룰 수 있을 것으로 믿는다. 아울러 경기도의 석탑. 석불, 석등, 부도등에 관한 체계적인 연구는 차후의 과제로 남기고자 한다.

(1998.06 「京畿道의 石造美術에 대한 考察」, 『문화사학』 9, 한국문화사학회)

경기도 석조미술

안성 죽산리당간지주 유형 89

중초사지당간지주 보물 4

고달사 원종대사혜진탑 보물 7

고달사지부도 국보 4

남양주 수종사부도 유형 157

망월사 천봉당 태흘탑 문화재자료 66

망월사혜거국사부도 유형 122

문수사풍담대사 부도 및 비 유형 91

사나사원증국사탑 유형 72

신륵사 보제존자석종 보물 228

연천 심원사지 부도군 유형 138

오봉사지부도 유형 131 연천군 연천읍 고문리

용문사 정지국사 부도 및 비 보물 531

추곡리백련암부도 문화재자료 53 광주군 도척면 도척리

태고사원증국사탑 보물 749

회암사지 나옹화상부도 및 석등 유형 50

회암사지 지공선사부도 및 석등 유형 49

회암사지부도 유형 52

회암사지부도 보물 388

고달사지 석불좌 보물 8

광주 유정리석불좌상 유형 88 광주군 유정면 도척리

기솔리석불입상 유형 36

만기사철조여래좌상 보물 567

망경암 마애여래좌상 유형 102 성암시 수정구 북정동

매산리석불입상 유형 37

문수산마애보살상 유형 120 용인시 원삼면 문촌리

新羅 9世紀 石造美術의 建立背景
- 景文王系의 改革政治를 中心으로

| 목 차 |

Ⅰ. 序言

9세기는 불교미술에 있어 종래의 통념과는 달리 새로운 독창성과 예술의식이 盛代를 능가할 정도로 발휘된 시기였다. 특히 이때에 이루어진 불교미술의 발전은 당시의 政況으로 보아 도저히 기대할 수 없었던 상황에서 이루어 졌다는 점에서 역사학에서의 연구와는 상치된 현상을 보이고 있어 주목 되었다. 이에 대해 필자는 예술의 발전과 정치와의 관계를 볼 때 과연 9세기의 흐름 가운데 실제로 불교미술이 발전할 만한 시기가 있었는가?, 있었다면 어느 왕과 연관이 있겠는가?, 206점에 달하는 9세기 석조미술의 全國化 현상과 이에 표현된 양식적 공통성은 어떠한 연유에서 비롯된 것인가?, 더욱이 前代에서는 찾아볼 수 없는 새로운 형식과 양식이 탄생 되고 있는데 이들은 어떠한 연유에서 건립 되었으며, 이에 내포된 의미는 무엇일까? 등에 대해 언급한 바 있다.[1] 결국 이러한 문제는 9세기의 어느 시기인가에 정치적 안정과 더불어 불교의 융성이 이루어져 이에 따라 불교미술 또한 괄목할 만한 발전을 가져왔을 것이라는데 집약 되었다. 따라서 우선 9세기 석조유물중 건립연대가 확실한 유물을 파악해 본 결과 咸通年間에 집중되어

---

1 朴慶植, 「新羅 九世紀 石塔의 樣式에 關한 研究」『考古美術』173號, 韓國美術史學, 1987, pp.16-44(가). 「新羅 九世紀 石塔의 特性에 關한 研究」, 『蕉雨黃壽永博士古稀紀念美術史學論叢』, 通文館, 1988, pp.325-349(나). 「新羅 景文王代의 石造美術에 關한 研究」, 『史學志』22, 檀國大 史學會, 1989, pp.85-136(다). 「新羅下代의 鼓腹形石燈에 關한 考察」, 『史學志』23, 檀國大 史學會, 1990, pp.1-24(라). 「9世紀 新羅 石造美術의 特性」, 『史學志』24, 檀國史學會, 199169-108(마).

있고, 이는 경문왕의 치세기간과 일치하고 있어 이 시기를 주목하게 되었다. 결과적으로 경문왕의 치세기는 신라가 멸망의 과정에서도 일시나마 정치적 안정을 이루었고, 이로 인해 불교미술은 盛代에 비해 質과 量的인 면에서 뚜렷한 발전을 보인 시기 였다는 확신을 갖게 되었다. 9세기의 역사를 정치사적인 측면에서 볼 때 전기와 후기로 구분할 수 있다고 생각한다.[2] 前期는 대체로 중앙귀족간의 왕위쟁탈전으로 정국이 극도로 불안했던 시기였다. 그러나 元聖王 으로부터 憲德王代에 이르는 일련의 개혁정치는 비록 실패로 끝나기는 했지만[3] 분명 儒敎的 政治理念을 통한 王權專制化의 노력이었다. 즉, 국가적 혼란기에 있어서 이들에 의해 진행 되었던 각종 개혁의 의지는 신라의 부흥이라는 절대적 명제를 인식했던 결과로 보인다. 그러나 後期에 들어서는 정치적으로 혼란했던 前期와는 달리 政爭이 소강상태를 보이며 경문왕으로부터 진성여왕 초년에 이르기 까지 안정기를 맞이하게 된다. 이와 같은 경문왕계의 집권기에 관해서는 그간의 연구성과가 주로 문성왕 이전의 왕위 쟁탈전과 진성여왕 이후 신라의 멸망과정 및 원인에 촛점이 맞추어진 까닭에 거의 공백인 상태로 방치되어 왔으며, 근년에 이르러 경문왕이 유교의 정치이념 및 불교의 중흥을 통해 전제왕권을 확립하고자 했음에 주목 한 바 있다.[4] 미술사적 연구 역시 경문왕대의 불교조형물에 촛점을 두어 이는 당시의 불교중흥 및 왕권강화책과 밀접한 연관 가운데서 건립 되었음이 밝혀진바 있다.[5] 따라서 역사학 및 미술사의 연구는 일단 경문왕대로 촛점이 모아지긴 했지만 이들 가계의 집권기에 대한 통시적인 고찰은 진행된 바 없었다. 특히 9세기

2 9세기의 시기 구분은 이미 申澄植선생에 의해 논의된 바 있다. 선생은 이 시기를 國家體制動搖期로 규정하고 이를 1.2기로 양분하고 있다. 1기는 元聖王으로 부터 神武王에 이르는 貴族間의 抗爭期, 2기는 文聖王으로 부터 定康王까지로 貴族間의 妥協試圖期로 설정하고 있다. 申澄植, 『三國史記 硏究』, 一朝閣, 1981, p.87, 表 31 「新羅의 時代區分」 참조.
3 崔炳憲, 「古代國家의 崩壞」, 『韓國史』3, 탐구당, 1978, pp.437-460.
  金東洙, 「新羅 憲德·興德王代의 改革政治-특히 興德王 九年에 頒布된 政治的背景에 대하여-」, 『韓國史硏究』39, 한국사연구회, 1982, pp.27-52.
4 李基東, 「新羅下代의 王位繼承과 政治課程」, 「羅末麗初 近侍機構와 文翰機構의 擴張」, 『新羅骨品制社會와 花郞徒』, 一朝閣, 1984, p.174 및 p.p231-280.
  金昌謙, 「新羅 景文王代 修造役事의 政治史的 考察-王權强化策과 관련하여」, 『계촌민병하교수정년기념사학논총』, 1988, pp.51-74.
  田美姬, 「新羅 景文王·憲康王代의 能官人 登用政策과 國學」, 『東亞硏究』17, 西江大東亞硏究所, 1989, pp.45-59.
  申澄植, 「新羅中代 專制王權의 展開課程」, 『統一新羅史 硏究』, 三知院, 1990, p.147.
  金基雄, 「羅末麗初 政治社會史의 理解」, 『考古歷史學志』7, 東亞大學校 博物館, 1991, pp.293-320.
5 丁元卿은 이미 대다수의 願塔이 경문왕대에 건립되는데 착안하여 이와같은 견해를 밝힌바 있으며 필자는 당시에 건립된 모든 석조유물을 검토하여 이를 규명한 바 있다. 丁元卿, 『新羅下代 願塔建立에 關한 硏究』, 東亞大學院 碩士學位論文, 1982.
  朴慶植, 주 1의 다 및 라.

에 건립된 206점의 석조유물은 대체로 경문왕대에 창안된 양식과 친연성을 보이고 있어 대부분의 유물은 후기에 집중적으로 건립된 것으로 추정한 바 있다.[6] 따라서 9세기 석조미술의 발달은 경문왕계의 집권기와 밀접한 연관이 있는 것으로 추정된다.

본고에서는 그간의 역사학과 미술사의 연구성과의 접목을 통해 경문왕계가 일관성 있게 추진했던 왕권전제화 정책과 9세기 불교미술의 발달이 어떠한 함수관계를 지니고 있는가에 대해 다음과 같은 주안점을 가지고 서술 하고자 한다.

첫째, 경문왕계에 의해 시행된 정치·사회, 유교 및 문학, 외교, 불교사적인 측면에서 개혁정치의 일단을 살펴 봄으로써 신라가 해체의 길을 걷는 가운데서도 국가의 부흥을 표방했던 시기가 있었음을 구명하고,

둘째, 9세기에는 건립된 석조유물중 건립연대가 밝혀진 유물의 분포 역시 前期에 비해 後期가, 이중에서도 경문왕계가 치세했던 시기에 집중되는 현상을 보이고 있다. 따라서 이들 석조유물은 9세기 후기에 진행된 경문왕계의 집권이 건립의 배경을 이루고 있음을 밝히고자 한다.

Ⅱ. 景文王系의 改革政治

1. 政治·社會的인 側面

경문왕계가 단행한 개혁정치의 시발은 이들 家系의 집권이 前期와는 달리 순리적으로 이루어져 정치적 안정을 이룸과 동시에 강력한 전제왕권을 확립했다는 점을 들 수 있다.

9세기 전기에 해당하는 惠恭王부터 神武王에 이르기까지의 왕위는 주로 簒奪에 의해 이루어졌음에 비해 文聖王 이후 眞聖女王에 이르기까지 모두 정상적인 절차에 의해 계승되고 있다. 특히 경문왕으로부터 진성여왕 까지는 모두 직계자손에 의해 왕권이 계승되어[7] 더욱 친족집단체제가 형성 되었다고 볼 수 있다. 아울러 景文王,憲康王은 모두 10년을 넘게 在位하고 있어[8] 前期에 개혁정치를 주도했던 憲德王과 興德王의 재위연간이 각각 18·11년임에 비추어 왕권의 전제화를 이루기 위한 충분한 시간이 있었음을 짐작할 수 있다.

文聖王은 19년에 달하는 治世를 하였지만 왕권의 전제화란 측면에서는 뚜렷한 흔적을 남기

---

6 朴慶植,주 1의 마, p.100.
7 『三國史記』,「新羅本紀」卷 11, 文聖王-眞聖王條 參照.
8 각 왕의 在位期間은 景文王이 15년, 憲康王이 12년이다.
   申瀅植,前揭書, p.166. 表 10「新羅王系表」참조.

지는 못했다. 그러나 당시의 가장 강력한 세력으로 존재했던 淸海鎭의 張保皐를 암살 함으로써 청해진 세력을 무력화 시켰을 뿐 아니라 이후 이를 파하고 이들을 碧骨郡으로 옮겨[9] 왕실의 대항 세력을 무력화 시켰다. 그리고 집권시에 발생한 4건의 반란을 모두 진압하여 후일 경문왕계에 의해 진행되는 왕권전제화를 위한 기반을 구축 했다는데 의의를 둘 수 있다. 文聖王의 뒤를 이어 집권한 憲安王은 5년만에 病死하고, 이어 景文王이 즉위하게 된다.

景文王은 元聖王系內의 仁謙系와 禮英系, 또 禮英系內에서도 憲貞系와 均貞系의 대립을 아버지 啓明의 도움을 받아 즉위하는데[10] 이에는 그가 화랑 출신이었음을 볼때 郎徒들의 잠재적인 군사력도 작용했을 것으로 보인다. 일단 집권에 성공한 경문왕은 元聖王系의 불만을 무마시키고자 崇福寺를 중창하고[11], 적대적 家門인 민애왕을 위해 석탑을 세우는[12] 등 부단한 노력을 시도하였다. 따라서 집권 초반의 5년간은 순탄하게 국정을 수행해 갔으나 이후 3차에 걸친 반란이 일어났다.[13] 특히 왕 14년에 일어난 伊찬 近宗의 반역시 禁軍으로 이를 진압한 점으로 보아 私兵을 거느렸던 것으로 보인다.[14] 더욱이 성을 탈출하여 도망한 무리를 추격·체포하여 車裂이라는 참형을 가한 점으로 보아 더 이상의 반란을 용납치 않겠다는 굳은 의지를 표현한 것으로 생각된다. 내부적으로는 새로운 관료체제를 구축하기 위하여 賓貢科 출신자들을 등용하여 近侍機構를 확장하여[15] 주로 頭品 출신으로 유학적인 능력이나 실무적 행정능력이 뛰어난 인물을 관직에 등용하는 정책을 시행하여 전제왕권 확립의 기반을 완성하고자 했던 것으로 보인다. 아울러 臨海殿, 朝元殿, 皇龍寺九層木塔의 改造, 月上樓, 正堂과 같은 대규모의 토목공사를 실시 함으로써 왕실의 권위를 높임은 물론 강력한 왕권을 구축 하고자 하였다.[16] 이와같은 각종 정책의 시행과 더불어 당시 귀족의 대표적 존재였던 上大等 金正이 12년간이나 국정의 전반을 관장하고 있으며[17] 이어 親弟 魏弘을 上大等으로 삼았다.[18] 나아가 대부분의 왕이 자신의 즉위를 알리기 위해 시행한 신

---

9 『三國史記』, 新羅本記 卷 10 文聖王 8年 및 13年條.

10 金昌謙, 앞 論文, p.55.

11 「崇福寺碑」, 『朝鮮金石總覽』上, 朝鮮總督府, 1919, p.122.

12 黃壽永, 「新羅 敏哀大王 石塔記-桐華寺毘盧庵三層石塔의 調査」, 『韓國의 佛敎美術』, 同化出版公社, 1974, pp.216-247.

13 『三國史記』를 볼 때 경문왕에 도전한 반란은 모두 3건이 있었음을 알 수 있다.
六年, 冬十月 伊찬尹興與弟叔興, 秀興謀逆, 事發覺走岱山郡, 王命追捕, 斬之夷一族.
八年, 春正月, 伊찬金說.金鉉鉉等, 謀叛伏誅.
十四年, 正月, 伊찬近宗, 謀逆犯闕, 出禁軍擊破之, 近宗與其黨夜出城, 追擊之車裂.

14 李基白, 앞 책, pp.260-261.

15 李基東, 앞 論文, pp.262-263.

16 金昌謙, 앞 論文, pp.70-72.

17 李基白, 앞 책, p.113, 表 다 「新羅 下代 上大等 一覽表」 참조.

18 『三國史記』, 新羅本記 卷 11, 景文王 14年條.

궁의 제사를 왕 12년에 다시한번 실시하고 있는 점으로 보아[19] 이 시기는 王權의 專制的 경향에 대한 반항에서 오는 하대 상반기의 혼란이 수습되고 王權 및 貴族勢力간의 타협이 이루어졌음을 뜻하는 것으로 풀이 된다.[20] 이상과 같은 모든 정치적 상황을 볼 때 景文王은 정치적 안정을 이룸과 동시에 강력한 전제왕권을 구축했던 것으로 보인다.

景文王의 뒤를 이어 등극한 憲康王은 즉위후 魏弘을 계속 上大等으로 삼고[21] 朗慧和尚으로부터 「能官人」의 관리등용책[22]을 채택하는 등 지속적인 왕권확립의 의지를 표출하고 있다. 특히 父王의 반란에 대한 강력한 대응의 결과로 王 5年에 一吉찬 信弘이 일으킨 亂[23] 외에는 큰 사건이 없어 政局은 비교적 안정을 유지하고 있었던 것으로 보인다. 그가 弓射를 관람함은 물론 田獵을 할 수 있을 정도로[24] 여유를 지닐 수 있었던 것은 부왕이 이룩해 놓은 강력한 전제왕권을 유지할 수 있었던 데 기인한 것으로 생각한다. 『삼국사기』에 보이는 왕 8년의 기사는[25] 경주가 전기의 결실한 기풍이 사라지고 퇴폐적인 풍조만이 만연하는 향락의 중심지로 변한 것으로 보고 있다.[26] 그러나 헌강왕대에 이르러 救恤에 관한 기사가 한건도 없고, 侍中 敏恭이 국가의 모든 요인이 안정을 이루고 있음을 말하고 있는 점으로 보아 父王의 뒤를 이어 정치적 안정을 누렸던 것으로 보인다.

그러나 景文·憲康王대에 이룩한 전제왕권은 더 이상 지속되지 못하고 定康王을 거쳐 眞聖女王에 이르러 政局의 다시 혼란으로 국면을 맞이하게 된다. 즉, 定康王은 즉위 2년만에 病死하고, 이어 등극한 眞聖女王은 11년에 걸친 집권을 하였지만 先王代에 이룩한 전제왕권을 유지하지 못했다. 이는 자신의 방탕한 생활에도 문제가 있지만 더욱 근본적인 것은 경문왕으로부터 4대에 걸쳐 이들을 보좌했던 魏弘의 죽음이 큰 타격이었을 것으로 보인다. 나아가 國庫의 탕진으로 인한 조세의 독촉과 이로 인해 발생한 도적의 봉기 및 민란의 발생, 弓裔와 甄萱으로 대표되는 지방호족의 반란은 더 이상 신라를 유지할 수 없는 상황으로 몰고 갔던 것으로 보인다.[27]

이상과 같이 景文·憲康王대에 왕권전제화를 통해 이룩한 중앙정부의 안정은 곧 국가의 根幹인 민생의 안정을 의미한다. 경문왕계의 집권 시기에 백성의 생활도 일시적이나마 안정과 평온

---

19 『三國史記』, 新羅本記 卷 11, 景文王 12年條.
20 李基白, 앞 책, p.128.
21 『三國史記』, 新羅本記 卷 11, 憲康王 元年條.
22 田美姬, 앞 論文, p.46.
23 『三國史記』, 新羅本紀 卷 11, 憲康王 5年條.
24 앞 註와 같음.
25 『三國史記』, 新羅本記 卷 11, 憲康王 6年條 및 『三國遺事』 卷 2, 「處容郎과 望海寺」 條.
26 崔炳憲, 「新羅下代의 動搖」, 『한국사』 3, 국사편찬위원회, p.496.
27 『三國史記』, 新羅本記 卷 11, 眞聖王條.

을 되찾았음은 이 시기의 기록을 보아도 알 수 있다.

『삼국사기』에 전하는 9세기에 관한 기록 중 주로 정치적인 의미를 지닌 천재지변 기사를[28] 제외하고 순전히 평민들의 生活苦를 보이는 기록을 적기해 보면 다음과 같다.

> 憲德王　7年(815), 西邊州郡大飢 盜賊蜂起 出軍討平之.
>
> 憲德王　8年(816), 年荒民飢 抵浙東求食者一百七十人.
>
> 憲德王　9年(817), 冬十月 人多飢死 教州郡發創穀存恤.
>
> 憲德王 13年(821), 春 民飢 賣子孫自活.
>
> 興德王　3年(828), 漢山州瓢川縣妖人 自言有速富之術 衆人頗惑之 王聞之曰 執在道 以惑者刑之
>
> 　　　　　　　　先王之法也 投界其人遠島.
>
> 興德王　7年(832), 八月 飢荒 盜賊遍起,冬十月 王命使安撫之.
>
> 興德王　8年(833), 春 國內大飢 ……冬十月 桃李再華 民多疫死.
>
> 文聖王　2年(840), 冬饑.
>
> 憲安王　3年(859), 春 穀貴 人饑 王遣使賑救.
>
> 景文王 13年(873), 春 民饑且疫 王發使賑救.

위의 기록을 보면 원성·헌덕·흥덕왕대에 주로 백성의 어려운 생활상이 집중되어 있는 반면 景文王의 집권기에는 1건에 불과한 점으로 보아 중앙의 정치적 안정과 더불어 일반 평민의 생활 역시 평온을 되찾고 있음을 알 수 있다. 그가 感恩寺에 행차하여 바다를 바라 보았다는 기사는[29] 우선 삼국통일의 領主인 文武王의 강력한 통치력과, 神文王이 이곳에 행차하여 龍에게 얻었다는 國泰民安의 상징인 萬波息笛說話를[30] 상기하며 자신의 당면과제인 정치 및 민생의 안정을 이룩하고자 했던 고심의 한 부분을 살필 수 있는 기록으로 생각한다.

9세기사에 있어 前·後期는 앞서 살펴본 바와 같이 정치·사회적인 면에서 상반된 현상을 보이고 있다. 前期가 혼돈과 대립의 역사로 점철되어 왔다면 後期는 경문왕계의 집권기를 통하여 왕권의 전제화를 바탕으로 한 일련의 개혁 정치가 국가정책의 기조를 이루어 중대신라로의 회귀를 염원했던 것으로 믿어진다.[31] 이들에 의해 진행된 정책은 9세기 중엽에 점진적으로 단행

---

28 申瀅植, 주 75의 책, pp.192-195, 「天災地變記事의 政治的 意味」 參照.

29 四年, 春二月, 王幸感恩寺望海……

30 金相鉉, 「萬波息笛 說話의 形成과 意義」, 『韓國史研究』 34, 韓國史研究會, 1981, pp.1-27.

31 金基雄은 일련의 정치·사회적 현상으로 보아 중대정신의 부정인 동시에 上代 復古的인 정신의 발로로 보고 있다. 그러나 왕권의 안정과 신라의 부흥이란 측면에서 볼 때는 중대로의 복귀로 봄이 타당하리라 생각한다. 金基雄, 앞 논문, p.297.

된 제 2차 官號改革[32]을 시행할 만큼 강력한 專制王權을 확립했던 것으로 보인다. 더우기 이들 家門에서 여왕을 등극시킬 만큼 정국의 안정을 유지했다는 점에서 9세기사에 있어 경문왕계의 정치적 역할은 지대했다고 생각한다.

2. 儒敎 및 文學的인 側面

경문왕계는 유학 및 문학의 진흥을 통해 정신적으로 피폐해진 낭시의 지식층을 하나의 문화권내로 포함해 나가는 정책을 시행하였다. 이들이 시행한 유학 및 문학을 통한 국가의 중흥책은 이미 문성왕때에 唐에서 귀국한 105명의 유학생이 있음을 볼 때[33] 충분히 시행할 만한 인적 기반은 마련되어 있었을 것으로 보인다. 경문왕이 유학과 문학에 깊은 이해가 있었음은 그가 花郞으로 있을 때 憲安王의 물음에 답한 내용[34] 및 敎授官이었다는 것[35]을 보아도 알 수 있다. 그는 즉위 후에도 직접 國學에 행차하여 經義를 講論케 하고, 渡唐 유학생을 지원하는 등 지속적인 관심을 보이고 있다.[36] 특히 邀元郞, 譽昕郞, 桂元, 叔宗郞 등 4명의 화랑이 治國의 뜻을 지니고 노래 3수를 짓고, 사람을 시켜 大炬和尙에게 노래 3수를 짓게 하니 왕이 크게 기뻐하였다는 기사는[37] 경문왕의 문학에 대한 관심이 지대 했음을 보여주고 있을 뿐만 아니라, 필경 화랑도의 조직과 수련이 下代에 들어와 발흥하기 시작한 文翰機構 및 漢文學의 영향이 컸기 때문이라고 생각한다.[38] 경문왕의 문학에 대한 이해는 唐의 懿宗이 보낸 冊封使 胡歸厚가 돌아가

"禹가 다녀온 지금부터는 山西에서 출생한 자는 海東에 사신으로 가지 말아야 할 것이다. 왜냐하면 谿林에는 山水의 아름다움이 많고 東王이 시로써 격려하며 증여하거늘 禹가 일찌기 운의 맞춤과 말하는 것을 배웠기에 억지로 부끄러움을 무릅쓰고 화답하였습니다.그렇게 하지 못

....

32 李基東선생은 이에 대해 9세기 중엽에 이루어진 王權强化의 노력으로 시도된 것으로 보고 이 시기에 이루어진 近侍機構와 文翰機構의 擴張배경을 景文王과 憲康王의 권력집중을 위한 정책에서 비롯된 것으로 보고있다. 필자 역시 선생의 설에 동감한다. 「羅末麗初 近侍機構와 文翰機構의 擴張」, 『品制社會와 花郎徒』, 一潮閣, 1984, p.237.
33 『三國史記』, 新羅本記 卷 11, 文聖王 2年條.
34 『三國史記』, 「新羅本記」 卷 11, 憲安王 3年條 및 李基東, 앞 책, p.172, 註 96 參照.
35 李基東, 앞 책, p.172.
36 그는 즉위 후에도 이같은 노력을 계속했음을 삼국사기에 기록된 기사를 통하여 알 수 있다.
　3年, 春二月, 王幸國學, 令博士己下, 講論經義, 賜物有差.
　9年, 秋七月, 又遣學生李同等三人, 隨進奉使金胤, 入唐習業, 仍賜買書銀三百兩.
　10年, 春二月, 遣沙飡金因, 入唐宿衛.
37 『三國遺事』 卷 2, 48代 景文大王條.
38 李基東, 앞책, p.172.

했다면 분명 海外의 웃음거리가 되었을 것입니다"[39]
라고 보고한 점으로 보아 깊은 조예가 있었음을 알려주고 있다.

憲康王 역시 性이 聰敏하고 讀書를 좋아하여 눈으로 한번 본 것은 입으로 다 외웠다고 기록된 점으로 보아[40] 즉위 전부터 문학에 대한 이해가 있었음을 알 수 있다. 헌강왕은 즉위후 國學에 행차하여 박사 이하의 教官을 명하여 經義를 講論케 하는 등[41] 父王을 이어 유학에도 깊은 관심을 보이고 있다.아울러 신하들 에게도 시가를 지어 바치게 하는 등[42] 문학의 중흥에 꾸준한 노력을 보이고 있다. 따라서 경문·헌강왕에 의하여 추진된 국학 및 유학의 진흥은 이를 통하여 왕실의 안정과 왕권의 강화를 이룰수 있었다고 생각한다.[43]

定康王은 1년의 짧은 재위기간으로 인하여 뚜렷한 자취를 남기지 못했으나,"銘이란 스스로 이름함이니 그 선조의 덕을 칭송하고 후세에 까지 밝게 나타나는 것이 효자 효손의 마음이다"[44] 한 점으로 보아 유교정치를 志向했음을 알 수 있다. 眞聖女王에 이르러서도 鄕歌를 수집하여 三大目을 편찬하고[45] 최치원의 시무책을 嘉納 했다는 기사[46]로 보아 경문왕에서 시작된 유학 및 문학을 통한 중흥책은 지속적으로 시행 되었던 것으로 믿어진다. 이와같이 경문왕계가 유학의 진흥을 통해 문학의 발전 및 왕권의 강화를 시도하고 있음은 골품제의 질서에 적응한다기 보다는 이 낡은 질서를 깨고 새로운 의욕에서 표면화된[47] 결과로 보인다. 즉, 전기의 왕권다툼에 따른 골품제의 붕괴, 이로인한 왕실의 권위하락과 실추된 道德律에 새로운 윤리적 가치관을 부여하기 위한 시책으로 적극적인 수용을 보인 결과로 생각된다. 따라서 당에서 새로운 문물과 문화를 접하고 귀국한 유학생들이 경문왕계가 단행한 측근정치 강화책[48]과 맞물리며 국왕의 자애와 신하의 충성이 조화된 유교적 전제주의[49]를 확립했던 것으로 믿어진다.

3. 外交的인 側面

경문왕계는 전기에 비해 활발한 외교활동을 전개하여 내·외에 신라의 건재함을 과시하는

39 「崇福寺碑」, 앞책, p.124.
40 『三國史記』, 新羅本記 卷 11, 憲康王 元年條.
41 『三國史記』, 卷 11, 憲康王 5年條.
42 『三國史記』, 新羅本記 卷 11, 憲康王 7年 및 9年條.
43 田美姬,앞 論文, p.57.
44 「崇福寺碑」, 앞책, p.123.
45 『三國史記』, 新羅本記 卷 11, 眞聖王 2年條.
46 『三國史記』, 新羅本記 卷 11, 眞聖王 8年 2月 條.
47 李基白,「新羅 骨品體制下의 儒教的 政治理念」,『新羅思想史研究』, 一潮閣, 1986, p.236.
48 李基東, 앞 論文, P.264.
49 李基白, 앞 論文, P.233.

정책을 시행했다. 『삼국사기』를 볼 때 경문왕은 즉위후 內的으로는 汎元聖系의 단결을 시도하고, 外的으로는 唐과의 외교관계를 개선하는 정책에 역점을 두었음을 알 수 있다. 더구나 唐과의 외교는 흥덕왕 11년에 王子 金義琮을 보내 謝恩한 후 경문왕 2년에 사신이 파견될 때까지 한 번도 사신의 왕래가 없었기 때문에[50] 더욱 주목되고 있다. 『삼국사기』에 기록된 唐과의 외교관계 기사는 모두 8건인 데[51] 이 중 순수한 사신의 왕래는 5건이다. 이중 王 5년과 9년의 기사는 많은 양의 貢物이 교류되고 있어 전대의 왕에 못지 않게 중국과의 교류에 노력 했음을 알 수 있다. 특히 일본과의 기사는 1건에 불과 하지만 애장왕 이후 56년 만에 일본에서 사신이 오고 있는 점으로 보아[52] 일본과의 관계도 이 시기에 이르러 개선되고 있음을 짐작할 수 있다. 따라서 중국, 일본과의 외교개선은 경문왕이 전기의 혼란과 모순을 극복하고 새로운 체제하에서 도약의 발판을 마련했다는 점에서 의의를 찾을 수 있다.

憲康王 역시 父王에 못지 않게 활발한 외교활동을 했음을 알 수 있다.그는 즉위 다음해에 바로 唐에 사신을 보내어 方物을 전한 이래 11년에 사신을 보내 黃巢의 亂을 진압한 것을 치하할 때까지 5차에 걸친 교류를 하고 있다.[53] 특히 이때에 이르러 주목되는 현상은 景文王때에 再開된 일본과의 교류가 활발해지고 있는 점이다. 즉, 왕 4년 및 8년에 일본에서 사신이 오고 있는데[54] 이 중 8년에는 黃金 三百兩을 바치고 있어 당시 신라와 일본과의 밀접했던 관계를 표현하고 있다고 생각한다. 이와같은 景文·憲康王에 걸친 당과 일본과의 외교는 定康·眞聖女王代에는 더 이상 긴밀한 관계를 맺지 못하고 말았다. 따라서 景文·憲康王에 걸친 對 중국·일본과의 외교는 대내적으로는 이를 통한 정치적 기반 확대는 물론, 대외적으로도 신라왕권의 건재함을 과시하는 수단으로써 활용되었던 것으로 믿어진다.

4. 佛敎史的인 側面

경문왕계가 그들이 추구했던 왕권강화 및 신라의 재건을 위해 역대의 어느 왕보다 강력한 불교를 통한 국가중흥정책을 시행 했다는 점을 들 수 있다. 어느시대를 막론하고 정치·사회적인 혼란기에는 종교를 통해 이를 극복하고자 하는 의지가 표출됨은 주지의 사실인 바, 9세기 후반

50 田美姬, 앞 論文, p.56 註28참조.
51 申瀅植, 앞 책, p.69. 표 18참조.
52 申瀅植, 「統一新羅의 對日關係」, 『統一新羅史 硏究』, 三智院, 1990, p.332, 표-4 第3期의 新羅·日本과의 關係 參照.
53 『三國史記』, 新羅本記 卷 11, 憲康王條.
54 앞 주와 같음.

역시 앞 시기의 혼란을 불교를 통해 극복하고자 했던 의지가 강렬히 표출되고 있다. 경문왕은 즉위후 바로 元聖王의 願刹 이었던 崇福寺를 중창하고,이어 왕 3년에 가문의 적대였던 閔哀王을 위한 願塔을 건립하고 있다. 특히 민애왕의 원탑에서 발견된 舍利壺의 銘文 中

"聖教의 이익이 多端하여 비록 八萬四千의 法門이 있으나 그중에서 業障을 모두 없애고 널리 利物하는 것은 佛塔을 세우고 禮懺行道함 보다 더 함이 없다고"[55] 기록된 점으로 보아 佛力을 통해 舊怨을 씻고 새롭게 출발 하고자 하는 자신의 의지를 표출한 것으로 보인다. 이와 같은 경문왕의 시책은 황룡사에 대한 관심이 증대됨을 보아도 잘 알 수 있다.『三國史記』卷 11에 보이는 기록중 황룡사에 관한 내용을 摘記하면 다음과 같다.

> 景文王　4年(864), 王幸感恩寺望海.
> 景文王　6年(866), 十五日 幸皇龍寺看燈 仍賜燕百寮.
> 景文王 11年(871), 春正月 王命有司 改造皇龍寺塔.
> 景文王 13年(873), 春九月 皇龍寺塔成 九層高二十二丈.
> 憲康王　2年(876), 春二月 皇龍寺齊僧 設百高座 講經 王親幸聽之.
> 憲康王 12年(886), 夏六月 王佛豫 救國內獄人 又於皇龍寺 設百高座 講經.
> 眞聖王　4年(890), 春正月 日暉五重 十五日 幸皇龍寺看燈.

위의 기록을 보면 황룡사는 경문왕계에 의하여 중요시 되었음을 알 수 있는데,이중 주목되는 기사는 황룡사탑의 개축에 관한 부분이다. 경문왕 11년에서 13년까지 3년에 걸쳐 완성된 목탑은 높이가 22丈으로 이는 창건시의 225尺[56]과 거의 동일할 뿐만 아니라, 廢舊新造[57]하였다는 기록을 볼 때 경문왕이 이 탑에 쏟았던 정성은 물론 이를 완성할 수 있을 만큼 국력 및 왕권이 신장 되었음을 볼 수 있다고 생각한다. 왜냐하면 문성왕 때에 탑이 동북으로 기울어져 재목을 모은지 30여년에 이르도록 改構치 못하다가 왕 11년에 이르러서야 改造가 실시된 점으로 보아 이때에 이르러 국력이 신장되었음을 의미하고 있다고 보아진다. 나아가 이 공사의 감독으로 親弟 魏弘이 임명된 점으로 보아[58] 측근을 대규모 工事의 책임자로 임명할 수 있을 정도로 政局의 실권을 장악했던 것으로 보아지기 때문이다. 특히 塔誌 제 3판의 銘文 中「依無垢淨經置小石塔九十九軀每軀內 舍利一枚陀羅尼四種」했음은[59] 無垢淨經에 나타난 대로 다라니를 봉안한 불탑은

---

55 黃壽永, 앞책, p.224.
56 『三國遺事』卷 3, 塔像 4 皇龍寺九層塔條.
57 黃壽永,「新羅 皇龍寺 九層塔誌」,『韓國의 佛教美術』, 同和出版公社, 1974, p.252.
58 앞 註와 같음.
59 앞 註와 같음.

나라를 수호하고 모든 災變을 막아주는 신비로운 힘을 지니고 있음을 보아[60] 이 탑이 지닌 호국 적 의미를 다시한번 강조시켜 범국가적인 결속을 주도하고자 했던 것으로 보인다. 이처럼 경문 왕이 이룩한 구층목탑의 재건과 함께 왕실의 황룡사에 대한 관심이 집중되었음은 皇龍寺의 佛 力을 신라의 마지막 정신적 지주로 삼았음을 단적으로 보여주는 것으로 보인다. 따라서 景文王 11년의 皇龍寺塔 改築은 國家再建에의 정신적 욕구의 산물 이었다.[61] 皇龍寺成典 역시 경문왕대 에 설치 되었으며 이는 왕권강화를 위한 한 노력으로 평가되고 있다.[62] 아울러 경문왕의 治世期 間에 걸쳐 건립된 불교조형물 역시 불교를 통한 왕권강화의 한 측면과 깊은 관련이 있는 것으 로 보는 견해도 발표된 바 있다.[63]

경문왕은 이와같이 사찰의 재건 및 석탑을 건립하여 원성계의 반발을 무마 시키면서 왕권의 확립을 해 나가는 동시에 선종 및 화엄종 승려와의 교분을 맺고 있다. 그는 聖住山門의 開山祖 인 無染을 초청해 스승으로 삼았고[64] 비록 왕의 부름에 응하지 않았지만 智證大師를 진중하게 여겼으며[65], 圓鑑國師 玄昱을 高達寺에 주석케 하고[66], 圓郎禪師의 禪德을 듣고 觀榮法師를 보내 어 「金초慰勞山門수光寺永令禪師住持」[67]토록 하는 등 禪宗 僧侶와의 교분을 두텁게 하고 있다. 또 화엄종 승려인 決言을 초청하여 鵠寺에서 5일간 강의케 하는데 이는 경문왕이 원성왕의 명 복을 빌기 위하여 鵠寺 중창을 계획한 뒤에 개최된 것이었다.[68] 이와같은 경문왕의 불교에 대한 적극적인 정책의 추진은 사찰의 경제력도 향상 시켰던 것으로 보인다. 즉, 경문왕 12년 당시에 대안사에는 2,939石4斗2升5合의 식량을 비축하고 있었으며 田畓이 494結 39負, 柴地가 143 結이었을 뿐만 아니라 43結의 鹽分까지도 소유하고 있었고, 寺奴 12명, 寺婢 13명이 있었다는 점[69]으로 미루어 대부분의 사찰은 강력한 경제적 기반도 구축하고 있었던 것으로 보인다.

헌강왕 역시 부왕에 못지 않게 불교에 적극적인 관심을 표명하고 있다. 그는 재위 중 2차례 에 걸쳐 황룡사에 親幸하고 있으며, 三郎寺에 거동하여 문신으로 하여금 시 한수씩을 짓게 했다

60 張忠植, 『新羅石塔硏究』, 一志社, 1987, p.38.
61 申瀅植, 앞 책, p.70.
62 蔡尙植, 「新羅統一期의 成典寺院의 구조와 기능」, 『釜山史學』8, 1984, p.115.
63 주 5와 같음.
64 「聖住寺朗慧和尙 白月보光塔碑」, 『朝鮮金石總覽』上, 朝鮮總督府, 1919, p.77.
65 「鳳巖寺智證大師寂照塔碑」, 『朝鮮金石總覽』上, 朝鮮總督府, 1919, p.92.
66 『祖堂集』17, 5丈 慧目山玄昱條.
67 「月光寺圓郎禪師大寶禪光塔碑」, 『朝鮮金石總覽』上, 朝鮮總督府, 1919, p.85.
68 「崇福寺碑」, 앞책, p.122 및 金相鉉, 앞 論文, p.80.
69 崔炳憲, 「新羅下代 禪宗九山派의 成立」, 『韓國史硏究』7, 韓國史硏究會, 1972, p.110 주 189 및 p.111 주 193에서 재인용.

는 기사[70]는 그가 지녔던 문학적 소양과 더불어 불교에 대한 관심을 표현한 것으로 보인다. 또 왕 7년에 僧統 後恭과 肅正使 裵律文을 보내어 寺域을 정하고, 寺名을 鳳岩이라고 하였다는 기록과[71] 獅子山門의 開山祖인 澄曉大師에게 鳳風을 날리어 請하는 동시에 獅子山 興寧禪院을 中使省에 예속시킨[72] 점으로 보아 鳳巖寺 및 興寧寺의 檀越 이었음을 알 수 있다. 아울러 鵠寺의 명칭을 大崇福寺로 바꾸고, 스님들의 공양과 보시를 奉恩寺에 따랐으며, 崇福寺의 碑銘을 짓도록 했다는 기록[73]은 불교를 통해 정권의 안정을 추구했던 父王의 정책이 유지되었던 것으로 보인다. 헌강왕은 寺刹의 檀越이 되어 불교를 중흥시킴과 동시에 禪師들과의 교분을 중시하고 있다. 그는 부왕의 임종을 지킨 朗慧和尙을 계속 왕실에 기거하게 하였다.[74] 또 文聖王때에 입적한 慧照에게 「眞鑑禪師」라 追諡하고, 大空靈塔이라 이름하고 篆字의 새김을 허락하여 아름다운 이름을 영구히 하도록 했으며[75], 智證大師의 병을 걱정하여 의원을 보내 위문 하고, 그가 入寂하자 諡號를 智證禪師, 塔號를 寂照라 내렸으며 이어 塔碑의 건립을 허락하고 崔致遠에게 大師의 碑文을 짓게한 점으로 보아[76] 선왕과 교분을 맺었던 승려들을 존중 했음을 알 수 있다.

정강왕 역시 朗慧和尙에 대해 두 조정에서 총애하였던 대우를 본떠 행하려 하여 승려들로 하여금 重使와 함께 맞아오라고 한 점이나[77], 왕업을 이어 수호하고 遺蹟을 계승하여 이루려고 그 지위에서 안일함이 없었고 그 글을 마치지 못하고 日第兄임을 따랐다는 기사[78]를 보아 1년이라는 짧은 재위 기간에도 불구하고 불교에 대한 깊은 관심을 보였음을 알 수 있다. 더우기 헌강왕의 명복을 빌기 위하여 개최한 법회에 화엄종 승려인 賢俊을 초청하여 화엄경을 강의케 했으며, 그의 건의를 받아 華嚴經結社를 조직한 점으로 보아 화엄종 승려와도 교분을 맺었음을 알 수 있다.[79]

진성여왕에 이르러도 황룡사에 대한 관심이 지속 되었음은 물론 先王代부터 활동했던 승려들의 비석의 건립이 완성되고 있다. 즉, 雙谿寺眞鑑禪師大空塔碑, 聖住寺朗慧和尙白月보光塔碑, 月光寺圓郞禪師塔碑, 實相寺證覺大師凝廖塔碑, 崇福寺碑등이 완성되어 승려들의 예우와 교분에 각별한 관심을 보였던 경문왕계의 정책이 지속되고 있음을 보여주고 있다. 이상과 같은 경문왕

70 『三國史記』, 新羅本記 卷 十一, 憲康王 9年條.
71 「鳳巖寺智證大師寂照塔碑」, 앞책, 1919, p.94.
72 「興寧寺澄曉大師寶印塔碑」, 『朝鮮金石總覽』上, 朝鮮總督府, 1919, p.159.
　　鄭永鎬, 「獅子山 興寧寺址 石造浮屠」, 『新羅石造浮屠硏究』, 檀國大博士學位論文, 1974, p.209.
73 「崇福寺碑」, 앞책, p.123.
74 「聖住寺朗慧和尙 白月보光塔碑」, 앞책, p.78.
75 「雙谿寺眞鑑禪師大空塔碑」, 『朝鮮金石總覽』上, 朝鮮總督府, 1919, p.71.
76 「鳳巖寺智證大師寂照塔碑」, 앞책, pp.95-96.
77 「聖住寺朗慧和尙白月보光塔碑」, 앞책, p.80.
78 「崇福寺碑」, 앞책, p.124.
79 金相鉉, 앞 論文, p.80.

계의 불교에 대한 관심은 그들이 추구했던 왕권강화를 통한 국가의 재건이란 정치적 목적과 동일한 축선에서 지속적이며 정력적으로 시행된 것으로 보인다. 즉, 불교가 전 국민을 하나로 포용할 수 있는 유일한 종교라는 이면에서 석가모니를 정점으로 피라밋형 구조를 이루는 신앙체계가 그들이 추구했던 국왕을 중심으로한 전제왕권의 구축이란 명제와 합일되고 있다는 점에서 이를 통한 국가재건의 의지를 달성하고자 했던 것으로 보인다. 따라서 이들은 사찰의 단월이 되어 불교를 중흥 시킴은 물론 당시의 불교지도자인 禪師들과의 결합을 통해 유교와 더불어 피폐해진 성신세계를 충족시켜 왕권강화라는 측면을 한층 심화 시키는 계기로 삼았던 것으로 생각한다.

Ⅲ. 景文王系의 改革政治와 佛敎美術의 中興

앞에서 고찰한 바에 의하면 경문왕계의 4왕 중 景文·憲康王의 치세기간이 가장 주목되고 있는데, 兩 王의 치세기간이 27년간 이었음에 비추어 볼 때 위와 같은 다각적인 방면에서의 왕권강화를 위한 노력은 충분히 시도될 만한 시간적인 여유가 있었던 것으로 믿어진다. 따라서 이들이 재위했던 27년간의 시간은 신라사에서 가장 혼란했던 9세기에 있어서도 다방면에 걸친 정책을 시도하여 일시적 이나마 정치적으로 안정을 누렸던 시기로 생각된다. 이렇듯 9세기 후기에 이르러 이룩된 정치·사회적인 안정은 바로 불교미술의 발전과 직결되고 있다. 즉, 景文王系에서 왕권전제화를 이루기 위해 시행한 각종 시책 중 가장 심혈을 기울였고, 상·하 계층에 이르기까지 가장 可視的이었던 것은 불교를 통한 정치적 안정 이었다. 즉, 佛寺를 창건하고, 이 절을 중심으로 高僧들의 현실긍정적 설법, 특히 사람들로 하여금 惡을 善으로 고치게 하며, 윗사람을 공경하고 아랫사람을 순응케 하는 교화 등이 이루어지기를 희망하였을 것이다.[80] 따라서 각지에서는 사찰의 신축 또는 증축이 이루어지고 이에 따라 석탑을 비롯한 각종 불교조형물의 건립은 필연적인 결과로 생각된다. 이와같은 경문왕계의 정책에 힘입어 불교미술이 발달을 가져왔음은 다음과 같은 사항을 보아도 알 수 있으리라 생각한다.

첫째, 9세기에 조성된 불교조형물 중 건립연대를 알 수 있는 유물의 대부분이 경문왕계의 집권기에 집중되고 있다는 점이다. 즉, 예술품에 있어 건립 시기 및 동기를 알 수 있는 유물은 當代의 다른 유물에 대한 연대추정을 가능케 함으로써 미술사 연구에 중요한 위치를 차지하고 있다.

---

80 金潤坤, 「羅代의 寺院莊舍-浮石寺를 중심으로-」, 『考古歷史學志』7, 東亞大學校 博物館, 1981, p.288.

필자는 통일신라시대에 건립된 석조미술품을 정리해 본 결과 9세기의 작품을 206점으로 추정한 바 있다.[81] 이중 건립연대가 밝혀진 유물을 건립순으로 정리해 보면 다음의 표로 집약된다.

建立年代가 있는 9世紀 石造遺物 目錄

순번	遺 物 名	建 立 年 代
1	無藏寺阿彌陀佛造像事蹟碑이首 및 龜趺	哀莊王 2 (801) 正曆 7
2	昌寧塔金堂治成文記碑	憲德王 2 (810) 永德 2
3	法光寺址三層石塔	興德王 3 (828) 太和 2
4	廉居和尙塔	文聖王 6 (844) 會昌 4
5	昌林寺址三層石塔	文聖王 17 (855) 大中 9
6	寶林寺鐵造毘盧舍那佛坐像	憲安王 3 (859) 大中 13
7	大安寺寂忍禪師照輪淸淨塔	景文王 1 (861) 咸通 2
8	桐華寺毘盧庵石佛坐像	景文王 3 (863) 咸通 4
9	桐華寺毘盧庵三層石塔	景文王 3 (863) 咸通 4
10	到彼岸寺三層石塔	景文王 5 (865) 咸通 6
11	到彼岸寺鐵造毘盧舍那佛坐像	景文王 5 (865) 咸通 6
12	鷲棲寺三層石塔	景文王 7 (867) 咸通 8
13	鷲棲寺石燈	景文王 7 (867) 咸通 8
14	鷲棲寺石佛坐像	景文王 7 (867) 咸通 8
15	開仙寺址石燈	景文王 8 (868) 咸通 9
16	雙峰寺澈鑑禪師塔	景文王 8 (868) 咸通 9
17	雙峰寺澈鑒禪師塔碑	景文王 8 (868) 咸通 9
18	寶林寺三層石塔	景文王 10 (870) 咸通 11
19	寶林寺石燈	景文王 10 (870) 咸通 11
20	寶林寺普照禪師彰聖塔	憲康王 6 (880) 廣明 1
21	鳳巖寺智證大師寂照塔	憲康王 9 (883) 中和 3
22	寶林寺普照禪師彰聖塔碑	憲康王 10 (884) 中和 4
23	禪林院址弘覺禪師塔碑 및 이首	定康王 1 (886) 光啓 2
24	雙谿寺眞鑑禪師大空塔碑	眞聖女王 1 (887) 光啓 3
25	蓮塘洞石佛坐像	眞聖女王 3 (889) 龍紀 1
26	聖住寺朗慧和尙白月保光塔碑	眞聖女王 3 (889) 龍紀 1
27	月光寺圓郎禪師塔碑	眞聖女王 4 (890) 大順 1
28	實相寺證覺大師凝廖塔碑	眞聖女王 7 (893) 景福 2
29	實相寺秀澈和尙楞伽寶月塔	眞聖女王 7 (893) 景福 2
30	實相寺證覺大師凝廖塔	眞聖女王 7 (893) 景福 2
31	海印寺吉相塔	眞聖女王 10 (895) 乾寧 2

81 朴慶植, 註 1의 마, p.72.

위의 표를 볼 때 건립연대가 밝혀진 유물은 모두 31점인데 이중 경문왕계의 집권기간에 건립된 것은 24점으로 숫적인 면에서 절대적인 우위를 보이고 있다. 이들 유물의 분포를 구체적으로 보면 석탑 5기, 불상 4구, 석등 3기, 부도 6기, 비석 7기로 사찰의 건립에 필수적인 조형물이 모두 망라되어 있음을 볼 수 있다. 또 이들 家系중 경문왕대에 건립된 것이 13점으로 전체의 반을 차지하고 있는 점으로 보아 그가 불교의 중흥을 위해 얼마나 노력을 했는가를 단적으로 보여주고 있다. 나아가 본격적으로 신라의 해체가 시작되는 진성여왕시에도 모두 8점의 유물이 건립되고 있을뿐 아니라 모두 先王代로 부터 인연을 맺어온 禪師의 비석 및 부도가 주로 건립되고 있어 이들과의 교류를 통한 왕권강화의 노력이 지속되고 있음을 볼 수 있다. 즉, 신라의 몰락이라는 현실 가운데서도 불교를 통해 국력을 회복하고자 했던 경문왕계의 노력이 지속되고 있음을 보여주고 있다고 생각된다. 이외에도 각각의 유물이 지닌 특성을 볼 때 왜 이들 家系에서 정력적으로 이와같은 조형물의 건립에 주력했는가를 알 수 있다. 석탑에 있어서는 비로암·보림사삼층석탑은 국왕, 취서사삼층석탑은 중앙귀족, 도피안사삼층석탑은 지방호족의 발원에 의해 건립된 석탑으로[82], 해인사길상탑의 경우는 羅末에 전사한 승군의 영혼을 위로하기 위해 건립된 것으로 밝혀졌다.[83] 따라서 본래 佛陀의 신성한 기념물이요 신앙의 대상 이었던 탑이 本意를 떠나 願塔으로 건립되고 있으며 건탑의 주체 역시 다양한 계층에서 참여하고 있음을 알 수 있다. 이와같은 변화는 탑에 佛과 同格의 의미를 부여하여 현실로 부터의 구원을 석탑에 기원한 결과로 보인다.[84] 불상에 있어서는 이들 4구를 포함하여 9세기에 건립된 석불 50구중 17구가 毘盧舍那佛이라는데[85] 특성을 부여할 수 있다. 이것은 9세기 불교조각의 주류가 아미타불상에 대신해 비로사나불상으로 옮기게 되었다는 것을 강력히 시사하는 것으로[86] 신라하대의 불교에 새 바람이 일어났다는 것을 뜻하며, 나아가 이것은 신라하대사회의 변혁과 직결되고 있는 것을 시사하는 것이다.[87] 더욱이 9세기 불상의 편년 설정에 중요한 의미를 지닌 4구의 불상이 모두 경문왕과 진성여왕의 재위시에 조상된 점으로 보아 이들 家系에 의해 추진된 불교를 통한 국력의 회복이란 정책이 비로사나불 조상의 계기를 마련했고, 이를 통해 불상조각의 발전을 가져왔던 것으로 보인다. 석등에 있어서는 鼓腹形石燈이란 특수양식 계열의 석등양식을 발전

82 金禧庚, 「韓國建塔因緣의 變遷-願塔을 中心으로」, 『考古美術』158·159合輯, 韓國美術史學會, 1972, pp.8-9.
83 李弘稙, 「羅末의 戰亂과 緇軍」, 『韓國古代史의 研究』, 新丘文化社, 1971, pp.543-560.
84 朴慶植, 註 1의 나, p.332.
85 朴慶植, 註 1의 마, p.89.
86 文明大, 『韓國彫刻史』, 悅話堂, 1980, p.241.
87 文明大, 「新羅下代 毘盧舍那佛像彫刻의 研究(續)」, 『美術資料』22, 國立中央博物館, 1978, p.34.

시키고 있다. 9세기에 이르러 건립된 고복형석등은 모두 6기가 현존하고 있는데 이중 개선사지 석등을 제외하면 건립연대가 명기되어 있지 않으나 이들에 표현된 양식을 볼 때 모두 경문왕계의 집권기에 건립된 것으로 밝혀진 바 있다.[88] 따라서 이 계열의 석등 역시 경문왕계가 실시했던 불교를 통한 국가의 부흥이라는 정치·사회적 맥락속에서 건립된 것으로 보인다.[89] 부도와 비석은 入寂한 선사의 墓塔과 그의 일생에 관한 기록이란 점에서 상호 유기적인 관계를 보이고 있다. 9세기에 이르러 건립된 16기의 부도중 건립연대를 알 수 있는 것은 8기에 불과한데 이중 경문왕계의 집권기에 6기가 분포되어 있어 이 때에 이르러 집중적으로 건립된 것으로 보인다. 비석 역시 왕의 陵碑 이거나 事蹟碑의 성격에서 벗어나 승려 개인의 일생을 전하는 기록으로 건립되고 있다. 이와 같은 변화는 경문왕 8년에 건립된 雙峰寺澈鑒禪師塔碑의 건립을 시작으로 이들의 집권기에 7기가 분포되고 있다. 따라서 경문왕계의 집권기는 우리나라 불교미술사상에서 부도와 탑비라는 쟝르의 조형물을 발전시킨 시기로 믿어진다. 아울러 이의 주인공이 모두 선종 승려라는 점을 보아 이 때가 신라 불교사에 있어 선종이 크게 발달했던 시기였음을 짐작할 수 있다. 앞서 고찰한 바와 같이 경문왕계는 불교에 대한 지속적인 관심을 보이면서 한편으로는 禪師들과의 교류를 통해 정신적으로 피폐해진 당시의 정신세계를 하나로 결속 시키면서 그들이 추구했던 왕권강화의 정책을 한층 심화 시켰던 것으로 보인다. 따라서 선사들의 생존시에는 이들의 說法이 혼란으로 부터 안정을 추구하는 많은 사람들의 공감대를 형성 했을 것으로 보인다. 그러나 이들이 입적후 왕실은 물론 門徒들은 禪師의 묘탑과 비석의 건립에 온갖 정성을 다함으로써 그의 大德과 가르침이 불변임을 표방하고자 한 염원에서 부도와 비석의 건립이 활발히 진행된 것으로 보인다. 그러므로 부도와 비석은 선사의 영원불멸을 표방하고 있는 것으로서 이는 경문왕계가 진행했던 전제왕권을 통한 신라의 중흥과 영원을 가장 가시적으로 보여준 조형물로서 그 의의를 둘 수 있다. 이상에서 고찰한 바와 같이 경문왕계의 집권시에 건립된 많은 조형물은 모두 그들이 추구했던 불교를 통한 국권의 회복이란 정책과 궤를 같이하며 건립된 것으로 보인다. 아울러 이러한 조형물의 건립에는 석탑에서 보듯이 다양한 계층의 참여가 이루어 지고 있는 점으로 보아 전국민의 관심과 이목을 집중시켜 그들이 추구했던 불교를 통한 신라의 부흥이란 정책을 진행했던 것으로 생각한다.

둘째, 경문왕계의 집권기에는 前代의 조형물에서는 볼 수 없는 새로운 양식이 탄생되고 있다. 그리고 이에 표현된 양식은 9세기에 건립된 것으로 보이는 대부분의 유물에 모두 공통적으로 보이고 있어 주목되고 있다. 앞에서도 언급한 바와 같이 경문왕계의 집권기는 사찰과 조형

---

88 朴慶植, 註 1의 라, pp.4-5, 鼓腹形石燈樣式表 參照.
89 朴慶植, 앞 論文, p.19.

물의 건립이 다변화를 보인 시기였다. 아울러 이들 조형물은 불교를 통한 국난극복이란 정책의 기조를 이루며 건립된 까닭에 이에 표현된 양식에 있어서도 변화와 신양식의 탄생은 당연한 귀결 이었을 것으로 보여진다. 조형물에 표현된 양식은 조성의 내적 동기를 외형적으로 보여주는 가장 중요한 요인으로 생각된다. 즉, 건립에 따른 복잡한 교리와 정치적 연유를 따지지 않더라도 누구나 이에 예배하면 구원을 얻을 수 있다는 신앙심과 희망을 부여해준 것은 조형물에 나타난 양식이 가장 중요한 위치를 점하고 있다고 믿기 때문이다. 우선 이 시기의 조성된 신양식의 조형물로는 8각불좌형의 기단을 구비한 철원 도피안사삼층석탑, 고복형석등, 비로사나불, 부도 및 승려의 비석을 들 수 있다. 물론 이들에 앞서 건립된 예는 中代의 조형물에서 그 실마리를 찾을 수 있지만 종래의 통념을 깨고 불교미술의 새로운 장르를 개척했다는 점에서 그 의의를 찾을 수 있다. 이와 같은 새로운 양식의 탄생과 더불어 조형물의 세부에서 변화를 보이고 있는데 첫째로 받침부에서 종래의 각형받침에서 굽형괴임대의 별석받침이 등장하고 있다. 석탑에서는 초층탑신의 받침으로, 불좌,부도 및 석등에서는 기단의 중대석받침 및 탑신괴임대로서 등장하고 있다. 이러한 양식의 출현은 석탑·부도·석등의 경우는 사리가 안치된 탑신과 燈明의 주체인 화사석을 받치고 있으며, 불좌에서는 중대석 받침으로 등장하고 있는 점으로 보아 각 조형물의 중심부를 좀더 높이고자 하는 의도에서 비롯된 것으로 보인다. 둘째로는 四天王, 仁王, 八部身衆, 四方佛, 菩薩, 十二支, 飛天, 龕室, 門扉形, 眼象, 獅子, 迦陵頻伽등의 장엄조식이 등장하고 있다는 점이다. 이중 문비형과 사천왕은 불좌를 제외한 모든 유물의 탑신에 공통적으로 등장하고 있다. 문비형은 석재로 조성된 탑신에 공간성을 투시하여 내부공간의 의미를 부여하고 이 안에 사리가 있음을 강력히 시사해 주고 있다.[90] 아울러 문비형의 좌우에 사천왕을 배치하고 있는데 이는 佛과 佛國土, 佛舍利와 僧舍利, 그리고 자기의 나라를 지키기 위해서 활발히 조성 되었던 가장 대표적인 신장상이었으며, 특히 9세기에는 인왕상에 대신해서 가장 대표적인 수호신으로 등장했던 것으로 생각된다.[91] 따라서 문비형과 사천왕의 조식은 경문왕계가 추진했던 정책과 관련시켜 볼 때 단순히 조형물에 대한 숭배의 차원을 떠나 이에 護國의 의미를 부여했던 조식으로 믿는다. 아울러 불좌 및 부도의 기단에는 사자가 공통적으로 등장하고 있는데 이 역시 百獸의 왕인 사자가 불가의 조형물을 떠 받치고 있다는 개념을 부여하고 있어 불교에 대한 관심과 믿음을 한층 고조시킨 조식으로 생각된다. 이밖에 귀꽃, 瓣內에 花紋이 있는 연화문등이 모든 유물에 공통적으로 등장하고 있다. 이상에서 살펴본 바와 같이 경문왕계의 집권기에 건립된 조형물은 새로운 양식의 출현과 각 부분에서 뚜렷한 변화를 보이고 있는데 모두

....

90 朴慶植, 註 1의 마, p.93.
91 文明大, 「韓國四天王像의 硏究-韓國塔浮彫像의 硏究(2)」, 『佛敎美術』5, 東國大博物館, 1980, p.18.

건립연대가 밝혀진 점으로 보아 동일한 양식을 보이는 조형물의 연대 추정은 이를 기점으로 보아도 큰 무리는 없을 것으로 보인다. 특히 이와같은 변화와 조식은 각기 다른 유형의 유물에서도 공통적으로 보이고 있는 점으로 보아 이 시기의 불교미술은 상호 유기적인 관계에서 탄생되고 발전해 나갔다고 생각한다.[92] 따라서 필자는 9세기 석조미술의 대부분은 경문왕계의 집권기에 발생된 양식을 중심으로 전국에 걸쳐 同時多發的으로 건립된 것으로 추정한다.

IV. 結語

예술은 그 발전단계에 있어서 자신의 독립적인 존재의 理法을 의식하여 만들어져 가는 단계와 예술이외의 他立場의 충실을 위한 수단으로서 만들어진 단계로 구분될 수 있다.[93] 이를 바꾸어 말하면 예술은 본질적인 미적 감각이외에 정치·사회적인 욕구에 의하여 건립될 수 있음을 의미한다. 불교는 전래된 이후 신앙적인 차원에서 전국민을 하나로 묶는 정신적 지주였을 뿐만 아니라 이로 인해 파생된 불교미술 역시 우리의 예술사에 있어 근간을 이루고 있음은 주지의 사실이다. 따라서 佛寺의 건축에 수반된 조형물은 불타의 숭앙 그 자체에 동기와 목적을 두고 있지만, 한편으로는 당시의 역사성도 포용하고 있다고 생각한다. 즉, 현존하는 기록이 없거나 영세한 경우 우리는 당시의 조형물을 통해서 이를 투시할 수 있다고 생각한다. 필자는 9세기 후기에 집권한 경문왕계와 당시에 조성된 석조미술의 공반관계가 이에 해당한다고 믿는다.

앞에서 고찰한 바와 같이 9세기 후기에 집권한 경문왕계는 이들이 추구했던 전제왕권의 확립을 바탕으로 다양한 정책을 지속적으로 실시 하였다. 下代에서는 드물게 순리적인 왕권계승을 하여 정치적 안정의 기반을 확립한 이들은 유교 및 문학에 대한 깊은 관심을 표명 함으로써 당시의 지식인층을 하나의 세계로 편입 시켰고, 唐과 日本에 대한 외교정책을 진행 함으로써 신라의 건재를 內·外에 과시하였다. 그러나 이러한 정책은 당시의 지배층에 왕실의 위엄과 권위를 주지시키는 데는 성공했을 것으로 보이나 전 국민을 포용하기에는 한계가 있었을 것으로 보인다. 따라서 지배층은 물론 국민에게 그들이 추구했던 신라의 부흥이란 목적을 수행하기 위해서는 좀 더 높은 차원의 정치력과 힘을 필요로 하게 되었고, 이를 극복하기 위해 불교를 중흥시킴으로써 전 국민의 정신적 공감대를 형성함은 물론 국력의 회복이란 최종 목표를 이룩하고

---

92 각 유물의 양식에 나타난 상호 공통성은 필자가 이미 밝힌 바 있다.
　　朴慶植, 註 1의 다, 라, 마 參照.
93 高裕燮, 「佛敎美術에 대하여」, 『韓國美術史及美學論考』, 通文館, 1963, p.15.

자 했던 것으로 믿어진다. 이에 따라 皇龍寺九層木塔의 再建및 崇福寺의 重創과 같은 국가적인 대 역사가 이룩되고, 전국에 걸친 사찰의 건립은 자연 불교미술의 발달을 촉진 시켰던 것으로 보인다. 더욱이 9세기에 건립된 석조유물중 건립연대가 확실한 유물의 대부분이 이 시기에 집중되어 있고, 양식적인 면에서도 이들 유물에서 시작된 신양식이 9세기 석조유물에 공통적으로 보이고 있음을 보아도 확연히 알 수 있다고 믿는다. 예술은 인간을 파편화된 상태에서 전체적이고 통합된 존재의 상태로 끌어 올릴 수 있다고 볼 때[94] 경문왕계의 집권기에 이룩된 정치적 안정과 이를 바탕으로 전국에 걸쳐 건립된 석조유물에 다양한 계층의 참여가 이루어 졌음은 국가의 安寧을 추구했던 그 시대의 상황 및 종교적인 염원이 하나의 응집된 힘으로 표출된 현상으로 믿는다. 따라서 필자는 9세기에 있어 불교조형물이 가장 활발히 조성된 시기는 景文王系를 중심으로 한 後期이며, 대부분의 석조유물 역시 양식상의 특성으로 보아 이 시기에 이르러 건립된 것으로 추정한다.

所屬 : 檀國大學校 退溪學硏究所 硏究員
學歷 : 韓國敎員大學校 大學院 歷史敎育科 博士課程 修了
專攻 : 韓國美術史

1992년 1월 8일 새벽 5시 31분 탈고.
또 고쳐야 하겠지만 일단은 신난다. 이제 9세기 석조미술의 연구는 종결의 단계에 온것 같다.

---

94 에른스트 피셔 著 김성기 譯, 앞책, p.62.

【참고문헌】

〈 資料 및 論著 〉

金富軾,『三國史記』, 李丙燾 譯註, 乙酉文化社, 1980.

一　然,『三國遺事』, 李丙燾 譯註, 廣曺出版社, 1980.

朝鮮總督府,『朝鮮金石總覽』上・下, 1919.

高翊晉,『韓國古代佛敎思想史』, 東國大學校 出版部, 1989.

國史編纂委員會,『한국사』3, 1981.

金甲童,『羅末麗初의 豪族과 社會變動硏究』, 高麗大 民族文化硏究所, 1990.

金哲俊,『韓國古代社會史硏究』, 知識産業社, 1974.

文明大,『韓國彫刻史』, 悅話堂, 1980.

申瀅植,『三國史記硏究』, 一潮閣, 1981.

_____,『韓國古代史의 新硏究』, 一潮閣, 1984.

_____,『統一新羅史硏究』, 三知院, 1990.

李基東,『新羅骨品制社會와 花郞徒』, 一潮閣, 1981.

李基白,『新羅政治思想史硏究』, 一潮閣, 1974.

_____,『新羅思想史硏究』, 一潮閣, 1986.

李弘稙,『韓國古代史의 硏究』, 新丘文化社, 1971.

秦弘燮・崔淳雨,『韓國美術史年表』, 一志社, 1981.

黃壽永,『韓國의 佛敎美術』, 同和出版公社, 1974.

_____,『韓國金石遺文』, 一志社, 1976.

에른스트 피셔, 김성기 譯,『예술이란 무엇인가』, 돌베개, 1984.

〈 論文 〉

金東洙,「新羅憲德・興德王代 政治改革-특히 興德王九年에 頒布된 諸 規定의 政治的 背景에 대
　　　하여」,『韓國史硏究』39, 韓國史硏究會, 1982.

金相鉉,「萬波息笛 說話의 形成과 意義」,『韓國史硏究』34, 韓國史學會, 1981.

_____,「新羅 中代 專制王權과 華嚴宗」,『東方學志』44, 延世大 國學硏究院, 1984.

金昌謙,「新羅 景文王代 修造役事의 政治史的 考察-王權强化策과 관련하여」,『계촌 민병하교수

정념기념사학논총』, 1988.

金基雄, 「羅末麗初 政治社會史의 理解」, 『考古歷史學志』7, 東亞大學校 博物館, 1991,

金潤坤, 「羅代의 寺院莊舍-浮石寺를 中심으로-」, 『考古歷史學志』7, 東亞大館.

金和英, 「韓國 佛像臺座形式 研究-金銅佛을 中心으로」, 『李弘稙博士回甲紀念韓國史學論叢, 1969.

文明大, 「新羅下代佛敎彫刻의 研究(1)-防禦山 및 實相寺 藥師如來巨像을 中心으로」, 『歷史學報』73, 歷史學會, 1973.

_____, 「聖穴寺 石造毘盧舍那佛像의 한 考察」, 『考古美術』131, 韓國美術史學會, 1976.

_____, 「新羅下代 毘盧舍那佛像彫刻의 研究(一)」, 『美術資料』21, 國立中央博物館, 1977.

_____, 「新羅下代 毘盧舍那佛像彫刻의 研究(續)」, 『美術資料』22, 國立中央博物館, 1978.

朴慶植, 「新羅 九世紀 石塔의 樣式에 關한 研究」, 『考古美術』173號, 韓國美術史學會, 1987.

_____, 「新羅 九世紀 石塔의 特性에 關한 研究」, 『蕉雨黃壽永博士古稀紀念美術史學論叢』, 通文館, 1988.

_____, 「新羅 景文王代의 石造美術에 關한 研究」, 『史學志』22, 檀國大 史學會, 1989.

_____, 「新羅下代의 鼓腹形石燈에 關한 考察」, 『史學志』23, 檀國大 史學會, 1990.

李基東, 「羅末麗初의 近侍機構와 文翰機構의 擴張-中世的側近政治의 志向」, 『歷史學報』77, 歷史學會, 1978.

李基白, 「新羅 惠恭王代의 政治的 變革」, 『社會科學』2, 成均館大學校, 1958.

李銀基, 「統一新羅藝術精神의 變遷-龜趺·碑 및 浮屠樣式을 中心으로」, 『弘益大學院論攷』 創刊號, 弘益大學院, 1974.

李浩官, 「統一新羅時代의 龜趺와 이수」, 『考古美術』154·155合輯, 韓國美術史學會, 1982.

李弘稙, 「羅末의 戰亂과 緇軍」, 『韓國古代史의 研究』, 新丘文化社, 1987.

田美姬, 「新羅 景文王·憲康王代의 能官人 登用政策과 國學」, 『東亞研究』17, 西江大東亞研究所, 1989, pp.45-59.

張忠植, 「統一新羅 石塔浮彫像의 研究」, 『考古美術』154·155合輯, 韓國美術史學會, 1982.

_____, 「統一新羅時代의 石燈」, 『考古美術』158·159合輯, 韓國美術史學會, 1983.

鄭永鎬, 『新羅石造浮屠研究』, 檀國大學院 博士學位論文, 1974.3

_____, 「蔚州 望海寺 石造浮屠의 建立年代에 대하여」, 『又軒丁仲換博士還曆紀念論文集』, 1973.

_____, 「月岳山 月光寺址와 圓郎禪師大寶禪光塔에 대하여」, 『考古美術』129·130, 韓國美術史

學會, 1976.

鄭明鎬, 『韓國石燈의 樣式變遷-三國·新羅時代石燈을 中心으로』, 東國大學院 碩士學位論文, 1970.

_____, 「浮石寺石燈에 對하여」, 『佛敎美術』3, 東國大 博物館, 1977.

_____, 「長興天冠寺 新羅石燈」, 『考古美術』138·139 合輯, 韓國美術史學會, 1978.

_____, 「韓國의 石燈小考」, 『東國思想』15, 東國大學校 佛敎大學, 1982.

丁元卿, 『新羅下代 願塔建立에 關한 硏究』, 東亞大學院 碩士學位論文, 1982.

崔炳憲, 「新羅下代 禪宗九山派의 成立-崔致遠의 四山碑銘을 中心으로」, 『韓國史硏究』7, 韓國史硏究會, 1972.

_____, 「羅末麗初 禪宗의 社會的 性格」, 『史學硏究』25, 韓國史學會, 1975.

_____, 「新羅下代의 動搖」, 『韓國史』3, 國史編纂委員會, 1981.

【abstract】

Under Baking of Builldiung of The Stone Art in A · D 9C Unificate Shilla
- Through the politicial retrurn of the King Kyung Moon line

The arts, at the growthing stage, is to be clossify into two. One is a art for art's sake, another is the instrument of propaganda to accomplish political and social want. In other word, the arts is estabilished by political and social want in addition to the natural sense of beauty, in a sense.

Buddhism has been spiritual prop to concentrate people's opinion, since buddhism was introduced into Korea from China in A.D.4C, Buddhist art that was derived from Buddhism, has been the key note of the Korean art history, too. Therefore,I think that moulding that go with buddhist architecture have hold historical facts, though it has sake and motivate to worship Buddha itself. Namely, if records do not exist or are petty, we see historical evidence through the moulding in that time. I think that there is a common basis between the King Kyung-Moon line in A.D.9C and Stone-art in this time. The King Kyung-Moon line, that held the reigns of power in the A.D.9C last half year, gave impetus to the development of Buddhist art. Moreover, stone-remains that was made in and sure of the date in A.D.9C, centered on the reigns of the King Kyung-Moon line. In the system of sculptural art, new mode that originated in these remains, commonly shows in the stone arts that was made in A.D.9C, too. I think that the arts take man up whole and unified being from broken state,I think that political stability that got achived in the reigns of the King Kyung-Moon line and stone arts that spreaded all over the country was concerned in various classes. It seems that situation in the reigns of the present state of the enthusiaism was emission of a unified hinding. I suppose that the Buddhist moulding in A.D.9C was made up vigorously in the latter term, the reigns of the Kyung-Moon line and the most of stone remains were built in that time with the staly of art.

경기도 안성시의 석탑과 석불에 관한 고찰

Ⅰ. 緖言

안성시는 경기도 최남단에 위치한 지역으로 1읍과 12면으로 구성되어 있다. 『삼국사기』 지리지에 의하면 고구려의 奈兮忽로 신라 경덕왕대에 白城郡으로 개명되었다가, 고려시대에 안성으로 다시 개명되었음을 알 수 있다. 또한 領縣이 두개 있는데 하나는 赤城縣으로 고구려의 沙伏忽을 경덕왕대에 개명하였고, 고려시대에 다시 陽城(현 양성)으로 개명되었다. 다른 하나는 고구려의 사산현으로 고려시대에 稷山(현 직산)으로 개명되었다. 한편 현재 안성시에 포함된 죽산 지역은 본래 고구려의 介次山郡으로 景德王代에 介山郡으로 되었다가, 고려시대에 竹州로 개명되었다. 영현은 陰竹縣이 있었는데 고구려의 奴音竹縣으로 경덕왕대에 음죽현으로 개명되었다. 이 중 신라시대 지명의 하나였던 개산군은 1998년 단국대학교 중앙박물관에서 실시했던 망이산성 2차발굴조사에서 「介山」銘 기와가 출토됨으로써 『삼국사기』의 기록이 정확함을 입증한 바 있다.[1]

고려시대에 이르러는 940년(태조 23)에 안성현으로 개칭되었고, 1413년(태종 13)에는 충청도에서 경기도로 이속됨과 동시에 죽주가 죽산현으로 개칭되었다. 이후 1895년 공주부 안성군으로 개편되었다가, 1896년 경기도 안선군으로 다시 편제된 후 1914년 安城郡, 竹山郡, 陽城郡이 병합되어 현재의 안성군을 이루었다. 1998년 5월에 안성시로 개편되어 오늘에 이르고 있다.

---

1 단국대학교중앙박물관, 『안성 망이산성2차발굴조사보고서』, 1998.

안성시 전역에는 수많은 불교유적이 산재해 있음은 익히 알려진 사실이다. 때문에 일찍부터 선학들에 의해 이 지역의 학계에 소개된 바 있다.[2] 그러나 기존의 연구가 지역적 또는 부분적인 소개에 그치고 있어 이 지역의 불교문화가 지녔던 성격을 파악할 수 없었다. 필자는 그간 안성시의 의뢰를 받아 시 전역에 분포되어 있는 문화유적 전체에 대한 조사를 진행한 바 있다. 이 글에서는 그간 진행했던 여러 조사 내용 중 석탑과 석불만을 추출하여 소개함으로써, 경기도는 물론 우리나라 불교미술사상에서 이 지역의 불교문화가 지녔던 가치를 규명하고자 한다.

Ⅱ. 石塔

안성시내에 산재한 석탑은 모두 12기로 고려시대로부터 조선시대에 걸쳐 건립된 것으로 파악되었다. 각각의 석탑이 지닌 특징을 정리해 보면 다음과 같다.

1. 봉업사지5층석탑(사진-1)

사진 1. 봉업사지5층석탑

단층기단위에 오층탑신을 올린 높이 6m의 일반형석탑으로 봉업사지에 건립되어 있다. 이 석탑은 보물 제435호로 지정되어 있는데, 일찍이 신영훈선생에 의해 주목된 바 있다.[3]

봉업사지는 고려시대의 대찰로 알려져 있으며, 『新增東國輿地勝覽』에 의하면 조선시대에 이미 廢寺 되어 석탑만이 남아있던 것으로 보이는데, 근년에 이르러는 寺址에 대한 발굴조사가 진행된 바 있다.[4] 이 사지는 신영훈 선

---

2 鄭明鎬, 「安城의 石佛」, 『考古美術』 12호, 考古美術同人會, 1961. 申榮勳, 「安城의 石塔」, 같은 책. 李永樂, 「安城 石南寺 銅鍾」, 『考古美術』 14호, 考古美術同人會, 1961. 申營勳, 「安城郡의 石塔(2)」, 같은책. Harrict, 「安城郡 二竹面의 菩薩立像과 臺座」, 『考古美術』 28호, 考古美術同人會, 1962. 申榮勳, 「安城郡 七長寺의 調査」, 『考古美術』 53호, 考古美術同人會, 1964. 崔性鳳, 「安城 竹山의 石塔」, 『考古美術』 113호, 韓國美術史學會, 1973. 黃壽永, 「安城 淸源寺의 高麗寫經」, 『東洋學』 5, 檀國大 東洋學硏究所, 1975.

3 申榮勳, 「安城郡의 石塔(一)」, 『考古美術』 12호, 考古美術同人會, 1961.

4 京畿道博物館, 「안성 봉업사지 발굴조사」, 『'97 京畿道博物館 發掘調査槪報』, 1998, pp.77-103.

생의 조사시 매곡리폐사지라 명명되었으나,[5] 1966년 경지정리 작업시 출토된 일괄유물 중 향완과 반자의 명문을 통해 1081년(고려 문종 35) 이전에 존재하였던 「奉業寺」로 밝혀진 바 있다.[6]

봉업사에 관해서는 次竹州謁太祖眞于奉業寺[7], 在飛奉山下高麗時安太祖眞恭愍王十二年二月駕發淸州次是寺謁眞殿今只有石塔[8]등의 기록과 더불어 1966년에 출토된 향완과 반자에 大康七年辛酉正月日奉業寺□安小持父母長命[9], 奉業寺三重大師元□[10], 貞祐五年歲在丁丑名字沙門□謙住于此竹州奉業寺發願鑄成印上大匠夫金大匠阿角三大匠景文都色大師洪植[11] 등의 명문이 확인된 바 있다.

위의 기록을 보면 봉업사에는 고려 태조 왕건의 영정이 봉안되었고, 고려시대 말기에는 공민왕이 직접 찾을 정도로 왕실과 밀접한 연관을 맺었던 사찰로 생각된다. 지금은 넓은 寺域이 모두 경작지로 활용되고 있고, 5층석탑과 당간지주만 남아 옛날의 영화를 짐작케 하고 있다.

석탑은 봉업사의 전면에 위치하고 있다. 수매의 장대석으로 지대석을 구축하고 4매의 판석으로 구성된 단층기단위에 5층탑신을 올린 일반형석탑이다. 기단의 각 면에는 양 우주가 희미하게 표현되어 있다. 갑석은 4매의 판석으로 구성되었는데, 상면에는 각형 2단의 탑신받침이 조출되어 있다.

탑신석과 옥개석은 각각 1석으로 구성되어 있다. 각 탑신석에는 높이에 비해 폭이 좁은 우주가 모각되어 있는데, 1층 탑신의 남면에는 소형 감실이 조성되어 있다.[12] 옥개석은 얇게 조성되었고, 옥개받침은 매층 5단씩 조출되어 있다. 낙수면의 경사가 완만해 평박한 감을 주고 있는데, 추녀는 수평을 이루다가 전각에 살짝 반전되고 있다. 상륜부는 모두 결실되었다.

이 석탑은 기단부의 둔중감, 1층 탑신이 다른 층에 비해 유난히 높은 점 등에서 고려시대 석탑의 특성을 잘 보여주고 있다. 경기도내에 산재한 많은 석탑 중 가장 우수한 조형미를 보이고 있는데, 고려시대 초반에 건립된 것으로 추정된다.

---

5 주 3과 같음.
6 반자와 향완의 명문은 본문에 소개한다.
7 『高麗史』, 世家 卷40 恭愍王 12年(1363) 2月.
8 『新增東國輿地勝覽』, 竹山 古跡 奉業寺.
9 大康七年銘奉業寺香垸銘
10 奉業寺香垸銘
11 貞祐五年銘盤子銘
12 초층탑신에 감실이 조성된 예는 신라시대에 건립된 석탑에서 비롯된 수법이지만, 고려시대에는 강릉 신복사지오층석탑, 월정사8각9층석탑, 의성 빙산사지오층석탑, 괴산 보안사지삼층석탑 등 소수에 불과하다.

2. 죽산리삼층석탑(사진-2)

죽산면 죽산리 240-2번지 일원에 전개된 寺址에 위치한 3층석탑이다. 사지의 남단에는 거대한 석불 1구가 남아있는데, 현상으로 보아 같은 寺域내에 존재했던 것으로 추정된다.

현재 경기도 유형문화재 78호로 지정되어 있는데, 높은 단층 기단 위에 3층의 탑신을 올린 높이 3.5m 규모의 석탑이다.

지대석은 매몰되어 상면만 약간 노출되어 있는데, 상면에 角形 2단의 기단받침을 조출하였다. 기단은 4매의 판석으로 조립했는데, 각 면에는 양 우주를 모각했다. 갑석은 1매의 판석으로 조성되었는데, 상면은 반원형으로 둥글게 처리하고 16판의 伏蓮을 조식했고,[13] 다시 낮은 각호각형 3단의 초층탑신 받침을 조출하였다.

사진 2. 죽산리삼층석탑

탑신석과 옥개석은 각각 1석으로 조성되었다. 1층 탑신은 1석으로 되어있으며, 각면에 양 우주를 모각하였다. 1층 옥개석은 4단의 옥개받침과 角2형 단의 탑신괴임을 표현했는데, 낙수면의 경사도가 크지 않고 전각을 가볍게 반전시켜 전체적으로 두툼한 느낌을 준다. 2 · 3층은 1층과 동일한 양식으로 1층에 비해 상대적으로 낮게 조성되었다.

이 석탑은 기단갑석 상면의 연화문, 옥개석에서 보이는 안정감 등으로 보아 고려시대 초반에 건립된 것으로 추정된다.

3. 장원리 삼층석탑(사진-3)

죽산면 장원리 내리부락내 정자옆에 위치하는 높이 2m 규모의 석탑이다. 하단갑석과 기단 중석은 모두 유실되고 상단 갑석 1매와 3층의 탑신석이 남아있는데, 붕괴된 후에 다시 세우면서 원형을 많이 잃었다.

기단 갑석은 우측 하면에만 호각형 2단의 괴임이 표현된 것으로 보아 원래는 2매의 석재가

---

13 기단 갑석 상면에 연화문을 조식하는 예는 통일신라시대에 건립된 석탑에서는 그 예를 볼 수 없다. 그러나 구례 논곡리삼층석탑, 여주 창리삼층석탑, 제천 사자빈신사지석탑, 함안 승안사지삼층석탑에서는 모두 기단 갑석 상면에 연화문을 조식하고 있음을 보아 이같은 양식은 고려시대에 발생된 것으로 보인다.

나란히 사용된 것으로 보이는데, 현재는 1매
만 남아있다. 1층 탑신의 경우 현재 2매의 석
재가 남아있는데, 우주가 수평으로 남아있는
것으로 보아 부재가 잘 못 조립된 것으로 보
인다. 1층 옥개석은 1석으로 되어 있는데, 4
단의 옥개받침과 角1단의 얕은 탑신괴임을
표현했다. 낙수면의 경사가 완만하고, 전각의
반전도 완만한 곡선미를 보이고 있다. 옥개석
은 전체적으로 볼 때 상하의 폭이 비슷하여

사진 3. 장원리 삼층석탑(2001년 6월 19일 도난)

안정감을 주고 있다. 2층 탑신은 높이나 폭으로 보아 3층 이상에 사용된 것으로 보이는데, 면
석에는 각각 양 우주를 모각했다. 2층 옥개석의 경우 탑신괴임이 호각형 2단이라는 점을 제외
하고는 1층 옥개석과 같은 수법을 보이고 있다. 3층 탑신의 경우도 원위치가 아닌 것으로 보이
는데, 현상으로 보아 4층 이상에 사용된 것으로 생각된다. 탑신의 면석에는 각각 양 우주를 모
각했다. 3층 옥개석은 옥개받침이 3단이라는 점을 제외하고는 1, 2층의 것과 동일한 양식이다.
이 석탑은 잔존하는 부재로 보아 본래는 5층석탑이었을 것으로 생각되는데, 고려시대 초반에
조성된 것으로 추정된다.

4. 신창리삼층석탑(사진-4)

서운면 신창리 293-5번지에 위치하고 있
는데, 경기도 유형문화재 제130호로 지정되
어 있다. 석탑이 있는 폐사지는 현재 경작지
화 되어 있는데, 奉國寺址라 전하고 있다.

이층기단위에 3층탑신을 올린 일반형석탑
으로 무너져 있던 것을 1991년에 복원하였
다. 하층기단 갑석은 2매의 판석으로 구성되
었는데, 상면에는 호각형 2단의 받침이 조출
되어 있다. 4매의 판석으로 조립된 상층기단
의 각 면에는 면석에 비해 좁은 우주가 모각
되어 있다. 상층기단 갑석은 1매의 판석으로
구성되었는데, 상면에는 호각형 2단의 탑신

사진 4. 신창리삼층석탑

괴임대를 각출하고 있다.

탑신석과 옥개석은 각각 한 돌로 이루어졌다. 탑신석에는 매층 면석에 비해 좁은 우주가 각출되었는데, 초층탑신의 높이가 2층에 비해 월등히 높게 조성되어 부조화를 보이고 있다. 무너져 있을 때의 형상을 보면 초층탑신에 원형의 사리공이 있음을 알 수 있다. 옥개석의 하단에는 매층 4단의 옥개받침이 정연히 조출되어 있고, 상면에는 각형 2단의 탑신괴임대가 조출되어 있다. 낙수면의 경사가 완만하고, 추녀는 전각에 이르러 살짝 반전되어 안정감을 주고 있다.

이 석탑은 비록 탑신부에서 부조화를 보이고 있지만, 기단부와 옥개석에서 신라석탑의 양식을 계승하고 있음을 알 수 있다. 전체적인 양식을 볼 때 고려초기에 건립된 것으로 추정된다.

5. 청룡사 3층석탑(사진-5)

대웅전 앞에 위치하고 있는 3층석탑으로 경기도 문화재자료 제59호로 지정되어 있다. 이 석탑은 사찰의 초창 시 명본대사에 의해 건립되었다고 전한다.

사진 5. 청룡사 3층석탑

단층기단위에 3층탑신을 올린 일반형석탑으로 탑신부에 비해 기단이 높게 조성되었다. 기단은 일변 210㎝ 크기의 방형 지대석 상면에 4매의 판석으로 조립했는데, 각 면에는 양 우주와 탱주를 모각했다. 탑신부는 1층에 비해 2, 3층이 급격히 줄어들었다는 것을 제외하고는 서로 같은 모습으로, 각 면에는 양 우주를 모각했다. 옥개석의 하단에는 매층 각형 4단의 옥개받침을 조출했으며, 낙수면의 경사가 급하고 길이가 짧다. 처마는 수평을 이루다 전작에 이르러 경사가 심한 합각선과 만난 탓에 둔중한 반전을 보이고 있다. 상륜부는 모두 결실되었다.

이 석탑은 기단과 탑신부의 양식으로 보아 고려시대 중기에 건립된 것으로 추정된다.

6. 죽산리사지 석탑(사진-6)

죽산리석불입상과 나란히 위치하고 있는 높이 1.7m 규모의 석탑이다. 기단과 석재의 일부만 남아있지만, 전체적인 형상으로 보아 본래는 3층석탑이었던 것으로 추정된다.

지대석은 파손된 것을 시멘트로 보수하였
다. 기단은 1석으로 조성되었는데, 각 면에
전체 너비에 비해 좁게 모각된 양 우주가 표
현되었다. 1매의 판석으로 구성된 갑석은 네
귀퉁이에 합각선이 뚜렷한데, 상면을 각호각
형 3단의 탑신받침을 마련하였다.

1층 탑신은 1석으로 되어있으며, 각 면에
는 양 우주를 모각하였다. 1층 옥개석 역시 1

사진 6. 죽산리사지(현 매산리 미륵당) 석탑

석으로 조성하였는데, 하면에는 3단의 옥개받침이 조출되어 있다. 낙수면의 길이가 짧고, 경사
가 급한데 추녀는 수평을 이루다 전각에 이르러 약한 반전을 보이고 있다. 2층옥개석 역시 같은
양식을 보이고 있는데, 나머지 부재는 모두 결실되었다.

이 석탑은 비록 많은 부재가 결실되어 전체적인 모습은 잃었지만, 부분적인 양식으로 보아
고려시대 중기에 조성된 것으로 추정된다.

7. 매산리 석탑(사진-7)

안성시 죽산면 매산리 366번지에 위치한
정 동향의 사지에 건립되어 있다. 이 석탑은
안성시 향토유적 20호로 지정되어 있는데,
석불과 일직선상에 건립된 점으로 보아 원위
치를 지키고 있는 것으로 보인다. 현재 기단
과 초층탑신 및 옥개석 4기만 남아있는 높이
1.9m의 규모인데, 본래의 5층석탑이었던 것
으로 추정된다.

기단의 하부에는 1매의 판석으로 조성된
지대석이 있다. 이 석재는 상면을 둥글게 처
리했으며 네모퉁이에 대각선으로 1조씩의 돌
대를 표현했으며, 상면에는 각호각형 3단의
괴임을 조출했다. 기단은 1매의 석재로 이루

사진 7. 죽산리 석탑

어져 있으며, 각 면에는 양 우주를 모각했다. 갑석은 지대석과 같은 양식으로 아랫면은 안으로

圓弧를 이루고 있다.

1층 탑신은 1석으로 되어있으며, 각면에 양 우주를 모각했다. 1층옥개석은 1석으로 되어있으며, 낙수면의 길이가 짧아 전각의 반전이 둔중한 느낌을 준다. 1층옥개석의 하면에는 각형 3단의 옥개받침이, 상면에는 낮은 각형 1단의 탑신괴임이 조출되어 있다. 2·3층의 옥개석은 1층 옥개석과 같은 양식이다. 제일 상단의 옥개석은 체감비로 미루어 볼 때 5층 옥개석으로 생각되는데, 마지막층은 옥개석과 탑신석을 1석으로 조성했던 것으로 보인다. 이 석탑은 잔존부재의 상황으로 보아 본래는 5층석탑이었던 것으로 생각되는데, 출토된 塔誌石의 명문으로 보아 788년(혜공왕 2)에 조성된 것으로 추정된다.[14]

8. 안성공원내 3층석탑(사진-8)

안성시 낙원동 609-5번지에 소재한 안성공원에 위치고 있다. 안성시 향토유적 제18호로 지정된 3층석탑으로, 시멘트로 보수한 1단의 낮은 기단위에 건립되어 있다.

기단에는 우주, 탱주를 비롯한 문양의 조식은 없다. 1층 탑신에는 각 모서리에 폭 11㎝의 우주를 모각했다. 초층탑신의 북·동·서쪽면에는 2㎝ 정도의 돋을 새김으로 여래좌상을 표현하고 있어, 본래는 4방불의 의도로 조식했던 것임을 알 수 있다. 불상은 세 구 모두 동일한 양식이며, 두광과 신광을 표현하였다. 수인은 오른 손을 가슴께로 올려 지물을 잡고 있는 모습인데, 마모가 심해 지물의 내용과 자세한 수인의 모습을 확인할 수는 없다.

탑신석과 옥개석은 각각 1석으로 조성하였다.

사진 8. 안성공원내 3층석탑

1층 탑신의 크기는 폭 52㎝, 높이 41㎝이다. 옥개석은 두툼하게 표현되었으며, 우동선은 완만

---

14 "永泰二年丙午 三月三十日 朴氏芳序令門二僧 謀一造之先 先行能 自鴈塔始成永泰二年丙 午 到更始 今年淳化四年癸巳正月八日 竿得二百二十八日 前始成者 朴氏 又更治者朴氏 年代雖異 今古頗同"(「永泰二年塔誌」한국고대사연구회편 1992 『역주 한국고대금석문』3(신라 2·발해편).

하고 반전은 크지 않다. 매층 하면에는 각형 3단의 옥개받침을 조출하였다. 2층 탑신에는 우주 없이 雲紋을 표현했다. 3층 옥개석은 1·2,층과는 달리 얇은 판상형의 석재로 조성되었다. 상륜은 노반석(높이 4㎝)을 제외하고는 결실되었다.

이 석탑은 비록 전체적인 면에서 균형을 잃었지만, 각부의 양식과 더불어 초층탑신에 조식된 사방불의 조형으로 보아 고려시대 중기에 조성된 것으로 추정된다.

9. 도기동 3층석탑(사진-9)

안성시 안성읍 도기동 184번지(도기동 마을입구)에 위치한 석탑으로 경기도 문화재 자료 76호로 지정되어 있다.

낮은 지대석 위에 단층기단을 두었는데, 현재 결구가 불안정하고 북벽은 면석이 떨어져 나갔다. 기단의 각 면은 우주를 모각한 판석 1매와 아무런 조식이 없는 판석 1매씩 모두 8매로 이루어져 있었으나, 현재는 6매만 남아있다. 갑석은 판상형의 석재로 상면에는 角形 1단의 초층탑신 받침이 조출되어 있다.

사진 9. 도기동 3층석탑

초층탑신은 우주를 모각한 4매의 석재로 이루어져 있지만, 2층과 3층은 우주가 표현되지 않은 1석으로 조성되었다. 4층 탑신석은 2매의 석재를 상하로 배치한 형태로 조성되었다.

옥개석은 1층은 1매의 판석으로, 2층 옥개석은 1매의 판상형 석재로 되어있는데, 안으로 경사를 둔 1단의 옥개받침을 표현했다. 3층 옥개석은 1층과 같은 형태이지만, 4층 옥개석은 2층 옥개석과 동일한 양식이다. 4층 옥개석 위에는 1매의 석재가 올려져 있는데, 크기나 형태로 보아 5층탑신석으로 생각된다. 전체적인 양식으로 보아 고려시대 후반에 조성된 것으로 추정되는데 본래는 5층석탑이었던 것으로 추정된다.

10. 청룡사 원통전 앞 석탑(사진-10)

원통전 앞에 위치하고 있는 높이 1,5m의 일반형석탑이다. 석탑을 구성하는 석재는 결실된 부분이 많고, 본래의 부재가 아닌 것도 관찰되는데, 현상으로 보아 본래는 3층석탑이었던 것으

사진 10. 청룡사 삼층석탑

로 생각된다.

단층기단의 각 면에는 양 우주를 모각했다. 탑신석과 옥개석은 각각 1석으로 조성되었다. 이중 1층 탑신석은 현상으로 보아 원래는 2매의 석재로 구성되었던 것으로 보이는데, 현재는 1매의 석재가 눕혀진 채 상면의 부재를 받치고 있다. 2층탑신석은 1석으로 조성되었는데, 크기나 석질로 보아 본래의 부재가 아닌 것으로 보인다. 3층탑신석은 결실되었다.

매층 옥개석의 하면에는 각형 3단의 옥개받침이 조출되었다. 낙수면의 경사가 급하고 전각에 이르러 둔중한 반전이 표현되는 등 고려시대 석탑의 특징을 보이고 있다. 상륜부는 결실되었는데, 석등의 옥개석과 유사한 형태의 8각형 석재를 올렸다. 전체적인 양식으로 보아 고려시대 후기에 조성된 것으로 추정된다.

11. 석남사 석탑(사진 11 · 12)

석남사에는 안성시 향토유적 제19호로 지정된 2기의 석탑이 있는데, 요사체에서 대웅전으로 향하는 계단의 좌우에 4.9m의 거리를 두고 위치해 있다.

1) 동탑

낮은 기단위에 건립된 석탑으로 현재 4층 옥개석까지 남아있다. 기단은 1매의 판석으로 조성되었는데, 상면에는 각형 4단의 받침을 조출하여 탑신부를 받고 있다. 탑신과 옥개석은 각각 1석을 조성되었다. 탑신석의 각 면에는 양 우주가 모각되었는데, 4층은 결실되었다. 1층 탑신석에는 26.5㎝×44㎝의 얇은 감실이 조성되어 있다. 옥개석은 전체적으로 마름모꼴의 형상을 보이고 있는데, 매층 하면에는 각형 3단의 옥개받침을 조출하였다. 낙수면의 경사가 완만하고 합각선이 뚜렷한데, 추녀는 전각에 이르기까지 수평을 이루고 있어 반전을 볼 수 없다. 4층 옥개석의 위에는 높이 20㎝의 다듬은 석재가 1매 올려져 있는데, 석탑의 부재는 아닌 것으로 보인다.

2) 서탑

단층기단 위에 4층탑신을 올린 높이 245cm 규모의 석탑으로, 전체적인 형상으로 보아 본래

| 사진 11. 석남사 동탑 | 사진 12. 석탑사 서탑 |

는 5층석탑의 의도로 조성했던 것으로 추정된다. 1매의 판석을 지대석으로 삼아 기단을 형성했다. 기단과 갑석은 각각 1매의 석재로 조성했다.

탑신석과 옥개석 역시 각각 1석으로 조성했다. 매층 탑신석의 각 면에는 양 우주를 모각했는데, 초층탑신의 한 면에는 감실을 조성했다. 옥개석의 하면에는 모두 각형 3단의 옥개받침을 조출했다. 낙수면의 경사가 완만하고, 합각선은 비교적 뚜렷하게 조성되었다. 정상에는 노반으로 추정되는 석재가 놓여있다.

12. 청원사 칠층석탑 (사진-13)

대웅전의 중앙에서 오른쪽으로 치우쳐 건립된 9층석탑으로 경기도 유형문화재 제116호로 지정되어 있다. 단층기단을 갖춘 높이 3.5m 규모의 7층 석탑으로, 하부에 방형 지대석이 받치고 있다. 지대석은 모두 4매의 석재로 이루어져 있으며, 측면에는 안상이 얕게 조각되어 있다. 기단은 상·중·하대석을 모두 갖추고 있으며, 상대갑석과 하대갑석은 각 1매, 중대석은 4매의 석재로 이루어져있다. 상대갑석과 하대갑석의 측면에는 안상을 조각하였고, 상면에는 복판 24엽의 연화문을 표현했다. 중대석에는 폭 11㎝의 우주를 표현했다.

사진 13. 청원사 칠층석탑

1층 탑신은 1매의 석재로 되어있으며, 폭 7㎝의 우주를 모각했다. 1층 옥개는 2단의 옥개 받침을 갖추고 있으며, 상면에 角형 1단의 탑신괴임을 표현하였다. 낙수면의 경사는 평박한데, 추녀가 수평으로 조성되어 전각의 반전이 약하다. 2층부터 6층까지는 1층과 같은 양식인데, 4층부터는 옥개의 두께가 두꺼워지고 반전이 약간 심해지고 있다. 7층 탑신은 옥개와 1석으로 이루어져 있으며, 그 위로 보주형의 상륜부재를 놓았다. 4층부터 7층까지의 옥개석에는 풍경을 달았다.

이 석탑은 세부 양식에서 많은 부분이 생략되어 있고, 기단에 조식된 안상 등을 볼 때 조선시대 전기에 건립된 것으로 추정된다.

Ⅲ. 石佛

안성시내에 산재한 석불은 모두 18기로 모두 고려시대에 조성된 파악되었다. 각각의 석불이 지닌 특징을 정리해 보면 다음과 같다.

1. 죽산리사지 석불입상(사진-14 · 15)

화강암 1석으로 조성된 높이 374cm 규모의 석불입상으로, 경기도 유형문화재 97호로 지정되어 있다. 신체에 비해 얼굴이 크게 조성하였는데, 소발의 머리 위에는 두껍고 높은 육계를 표현했다. 상호는 긴 편으로 눈을 지긋이 감고 두툼한 입술을 굳게 다물어 근엄한 인상을 준다. 두 귀는 어깨에 닿을 정도로 길게 표현되었다. 목은 절단되었던 것을 다시 붙인 것으로 보이는데, 삼도는 표현하지 않았다. 법의는 통견으로 어깨에서 손목까지 10조의 옷주름을 표현하였고, 가슴에서 배에 이르기까지 17조의 U자형 옷주름을 표현했다. 수인은 오른손은 팔꿈치를 살짝 굽혀 손가락이 아래로 향하게 외장했으며, 왼손은 자연스럽게 펴서 손바닥을 몸에 붙였다. 하체는 옷위로 다리선이 노출되어 있는데, 두 다리는 곧게 편 상태이다. 다리위로는 7조의 옷주름을 표현했다. 발가락은 파손되었지만, 측면과 후면은 형태만 간략하게 표현하였다.

사진 14. 죽산리 석불입상

사진 15. 죽산리사지 연화대좌

방형의 지대석 상면에는 단면 8판 복연이 새겨진 연화문 대좌를 놓았는데, 연화문의 상면에는 8개의 草紋을 새겼다.

이 불상은 다소 경직된 모습을 보이고 있고, 신체에 비해 어깨가 좁은 감이 있다. 그러나 원만한 상호, 유려한 의문 등은 신라불의 양식을 계승한 것으로 보인다. 전체적인 조각수법으로 보아 고려시대 초반에 조성된 것으로 추정된다.

불상 앞에는 방형의 지대석 위에 복엽 8판의 연화문을 표현한 대좌가 있는데, 화문내에는 원형의 구멍이 뚫려있다.

2. 봉업사지석불입상(사진-16)

칠장사 대웅전과 명부전의 사이에 위치하고 있으며, 보물 제983호로 지정되어 있다. 이 석불입상은 본래 죽산의 관음당이라는 마을에 있었던 것을 竹山中·高等學校 교정에 옮겼다가 칠장사에 봉안하였다고 한다.

석불입상은 높이 83㎝의 3단 석축 위에 12.4m×9.8m 규모의 대지를 조성 한 후 근년에 조성한 4.3m×1.6m 크기의 대리석 기단 위에 동남 10°의 방향으로 봉안되어 있다. 광배와 佛身을 화강암 1석으로 조성한 높이 254㎝ 크기의 석불이다. 광배는 주형거신광으로 주연에는 화염문을 표현했다. 두광 내에는 높이 20cm 크기의 화불 3구를 새겼다.

석불은 소발의 머리로 상면에는 반구형의 육계를 표현했다. 상호는 통통한 편으로 귀를 길게 표현했는데, 눈과 코가 파손되었고, 목에는 삼도를 표현했다. 수인은 오른손은 펴서 가슴에 붙

사진 16. 안성 봉업사 석불입상

이고 있으며, 왼손은 아래로 내려 옷주름을 잡고 있다. 법의는 통견으로 가슴 아래로 5조의 U자형 주름을 표현하였고, 소매에 각 3조씩의 주름을 표현했다. 양다리는 법의 위로 윤곽만 드러나 있는데, 무릎 부분에 늘어진 법의 자락을 표현했다. 대좌는 파손이 심한 편으로 8엽의 앙연을 조각했다.

이 석불은 신체비례의 조화와 유려한 옷주름 등의 조각기법에서 경기도내에서 확인된 석불 중 가장 우수한 조각수법을 보이고 있는데, 여러 가지 수법을 볼 때 고려시대 초반에 조성된 것으로 추정된다.

석불입상 옆에는 근년에 제작된 대좌 위에 높이 85cm 크기의 보살좌상 1구가 있다. 이 좌상은 광배와 불상을 화강암 1석으로 조성하였는데, 머리에는 삼산관을 쓰고 있다. 상호는 풍만하게 표현되었는데, 눈과 코는 파손되었다. 목에는 삼도의 흔적이 있다. 수인은 오른 손을 어깨까지 들어올려 연꽃을 잡고, 왼손은 명치부분에서 上掌하고 있다. 다리부분은 정교하게 조각하지 않고 굵은 음각선으로 형태만을 표현하였는데, 오른발을 왼쪽 허벅지에 얹은 가부좌이다. 불상의 실측치는 다음과 같다.

3. 기솔리 석불입상(사진-17)

경기도 유형문화재 제36호로 지정된 기솔리 석불 입상은 쌍미륵사에 봉안되어 있다. 석불은 2기로 동쪽에 위치한 불상을 男彌勒, 서쪽에 위치한 불상을 女彌勒이라고 부르고 있다. 두 구 모두 고려시대 초반에 조성된 거석불로, 전체적인 모습으로 보아 안성지방을 중심으로 조성되던 彌勒佛의 양상을 보고 있다.[15]

사진 17. 기솔리 석불입상 전경

15 이 석불에 대해서는 홍윤식선생이 미륵하생신앙과 연관이 있음을 규명한 바 있는데, 석불의 조성시기는 조선시대 초반으로 설정하고 있다. 洪潤植, 「安城 雙彌勒寺佛蹟의 性格」, 『素軒南都泳博士古稀紀念歷史學論叢』, pp.217-230.

① 동쪽불상(南彌勒. 사진-18)

화강암 일석으로 조성된 높이 570cm 크기의 석불입상으로 자연석으로된 갓을 쓰고 있다. 갓은 자연석을 형태만 원판형으로 깎은 후 중앙에 구멍을 뚫어 육계에 끼웠는데, 머리에 비해 갓의 크기가 작다. 상호는 방형에 가까우며 지긋이 감은 눈과 굳게 다문 입에서 근엄함이 느껴진다. 코와 귀는 상대적으로 크게 표현되었다. 굵게 표현 된 목에는 삼도의 흔적이 있다.

수인은 변형된 통인의 형태를 취하고 있는데, 오른손의 경우 엄지와 검지를 맞대고 중지를 구부린 후 약지와 새끼를 편 형태이고, 왼손의 경우 손가락이 아래쪽으로 향하도록 외장 한 후 검지를 제외한 네 손가락을 구부린 형태이다. 불상의 하단에는 발가락을 표현하였다. 법의는 통견으로 약간 두꺼운 느낌을 준다. 의문은 팔의 경우 어깨에서 팔꿈치까지 8조, 소매에 3조의 주름을 표현하였고, 가슴 윗 부분에서 최하단까지 18조씩의 U자형 의문을 표현하였다. 측면, 후면 역시 의문을 비롯하여 전면과 마찬가지로 섬세하게 조각했다.

② 서쪽 불상 (女彌勒. 사진-19)

동쪽불상과 마찬가지로 자연석으로된 갓을 쓰고 있는 높이 500㎝ 크기의 석불입상이다. 갓은 자연석을 형태만 원통형으로 깎은 후 중앙에 구멍을 뚫어 육계에 끼운 형태이다. 상호는 이

사진 18. 기솔리 석불입상 동쪽불(안성 기솔리 석불입상 북미륵)　　　사진 19. 기솔리 석불입상 서쪽불(안성 기솔리 석불입상 남미륵)

목구비가 뚜렷이 표현되었는데, 눈은 가늘게 내리뜨고 있고, 입술은 도톰하게 표현하였다. 귀는 크게 표현되었고, 목에는 삼도의 흔적이 있다. 수인은 오른손의 경우 엄지와 검지를 맞댄 채로 외장하였고, 왼손의 경우 손가락이 땅으로 향하게 외장한 후 검지만을 편 형태이다.

법의는 통견이며, 의문은 가슴에 가로방향의 띠를 두르고, 띠 밑으로 6조의 U자형 주름을 표현했다. 팔의 경우는 어깨에서 팔꿈치까지 7조의 주름을 표현하였다. 측면과 후면에도 의문을 비롯하여 전면과 마찬가지로 섬세한 조각을 했는데, 측면에 5조의 세로방향 의문을 표현했다. 두부 후면에 파손된 흔적이 확인된다.

4. 굴암사 마애여래좌상(사진-20)

안성시 향토유적 제11호로 지정되어 있는 이 불상은 寺內 천불전 옆에 위치한 암반의 남쪽면을 410㎝×500㎝ 규모로 다듬은 후 조성한 높이 350㎝ 크기의 마애여래좌상이다. 마애불은 남동 20°향으로 조각되었는데, 표면에 회칠을 했다.

얇은 선으로 두광을 표현했으며, 머리에는 높은 육계를 올렸다. 상호는 원만형으로 귀를 크고 길쭉하게 표현했다. 목에는 2조의 삼도를 표현했다. 수인은 오른손은 들어 엄지와 검지를 맞대고 외장했으며, 왼손은 명치로 내려 원형 지물을 들고 있다. 법의는 통견으로 의문은 선으로 표현했다. 다리는 오른발을 앞으로 가부좌를 틀었다.

사진 20. 굴암사 마애여래좌상

5. 굴암사 마애선각여래입상(사진-21)

안성시 향토유적 제12호로 지정되어 있는 이 불상은 천불전의 북쪽과 맞닿아 있는 암반의 상면을 530㎝×520㎝ 크기로 다듬은 후 높이 400cm 크기의 여래입상을 남동 40°향으로 조각했다. 전면에 보호각이 설치되어 있다.

광배는 두광에서 신광을 이어내린 거신광으로 두광은 1조, 신광은 2조의 음각선으로 표현했다. 머리에는 높은 육계를 두었다. 상호는 마모가 심하여 잘 보이지는 않으나. 원만상으로 귀와 코가 크게 표현되었다. 목에 2조의 삼도를 표현했다. 수인은 오른손은 들어 명치부분에 대고 있는데 손이 마멸되었다. 왼손은 오른 손 아래쪽으로 내려 지물을 지녔는데, 마모가 심해 확인하기 어렵다. 법의는 통견으로 가슴에 'U'자형의 옷주름을 표현했다. 다리는 마모되어 확인이 어려운데, 밑으로 앙연이 새겨진 연화대좌의 흔적이 있어 본래는 대좌를 갖추고 있었던 것으로 생각된다.

사진 21. 굴암사 마애선각여래입상(선각좌불상)

6. 운수암 비로전내 석조비로사나불좌상 (사진-22)

비로자나불은 약 70년 전 서운산 기슭에서 옮겨와 이곳에 안치한 것이라고 한다. 화강암 1석으로 조성되었는데, 나발에 두정에 작은 육계가 표현되어 있다. 상호는 원만한 편으로 보수된 코를 제외하면 비교적 정제된 조형미를 보이고 있다. 이마의 중앙에는 백호가 있다. 양 귀는 도톰하게 표현되어 목언저리까지 길게 늘어졌다.

목 부분은 보수된 것으로 보이는데, 三道가 표현되어 있다. 手印은 지권인으로 오른손을 위에 대고 왼손의 검지를 잡고 있으며, 전체적인 손의 모습은 통통하게 표현되었다. 法衣는 통견으로 왼쪽 어깨에서 반전하고 있으며 뒷부분까지도 자세히 옷주름이 표현되어있다. 의문은 평행계단식으로 표현되었

사진 22. 운수암 비로전내 석조비로사나불좌상

는데 가슴과 복부에서는 완만한 U자형으로 처리되었다. 오른다리를 위로 올려 결가부좌하였는데 정강이에는 음각선으로 꽃무늬가 새겨져 있다. 전체적인 양식으로 보아 고려시대 중기에 조성된 것으로 추정된다.

7. 국사암 세미륵(사진-23)

세 미륵은 궁예미륵이라고도 불리우며[16], 사역의 제일 상단에 남동향으로 위치하고 있다. 불

---

16 이 석불이 궁예미륵이라 불리우고 있음은 다음과 같은 전설에서 기인한 것으로 생각된다.

사진 23. 국사암 세미륵 전경

상들은 세 구 모두 전면에만 조각했다. 그런데 이 미륵불들은 불상이라고 하기보다는 문인석과 같은 모습을 하고 있다. 세 미륵은 삼존불의 구도를 지니고 있는데, 전체적인 양식으로 보아 고려시대 후기에 조성된 것으로 추정된다. 각 석불이 지닌 조형적 특징을 각각 살펴보면 다음과 같다.

① 본존(사진-24)

3단의 원반형태의 갓을 쓰고 있는 높이 320cm 크기의 석불로 발목 밑으로는 매몰되어 있다. 갓은 하단에 구멍을 뚫어 머리에 꽂은 형식이다. 상호는 넓고 긴 형태로 두 귀가 어깨까지 늘어질 정도로 길게 표현되었다. 반개한 눈은 약간 두툼하게 표현되었고, 코는 삼각형으로 훼손이 심하다. 꼭 다문 입술 위로 인중을 표현하였다. 수인은 오른손은 왼쪽 가슴 부분으로 들어 內掌하였고, 왼손 역시 배꼽부분으로 내려 역시 內掌하였다. 법의는 통견으로 왼손아래로 복엽 16엽의 연화문을 표현하였으며, 그 밑으로 5조의 'U'자형 주름이 있다. 팔에도 좌우 각 12조의 의문을 촘촘하게 표현하였다.

사진 24. 국사암 세미륵 본존불

② 우협시(사진-25)

2단의 원반형태의 갓을 쓰고 있는 높이 220cm 크기의 석불로 발목 밑으로는 매몰되어 있다. 갓은 하단에 구멍을 뚫어 머리에 꽂은 형식이다. 상호는 넓고 긴 형태로 두 귀가 어깨까지 늘어질 정도로 길게 표현되었다. 눈과 코가 훼손되었다. 꼭 다문 입술 위로 인중을 표현하였다. 수인은 두손을 앞으로 모아 양쪽에 고리가 장식된 석장을 잡고 있는 모습이다. 법의는 통견으

"죽산은 본래 기훤이 봉기했던 곳으로 궁예가 그를 찾아갔을 때 무례하게 대하자, 궁예는 기훤을 등지고 양길에게 가게된다. 이후 궁예가 세력을 얻어 죽주지방까지 손에 넣고 미륵을 자처하며, 부처의 좌우에 보살을 모시듯 자신의 좌우에도 보살을 두고 천수를 누리고자 하는 마음에서 이 불상을 세웠다"는 전설이 전하고 있다.

사진 25. 국사암 세미륵 우협시불   사진 26. 국사암 세미륵 좌협시불

로 소매자락을 위로 살짝 말아올리는 등 주름장식이 유려하게 표현되었다.

③ 좌협시(사진-26)

2단의 원반형태의 갓을 쓰고 있는 높이 250cm 크기의 석불로 발목 밑으로는 매몰되어 있다. 갓은 하단에 구멍을 뚫어 머리에 꽂은 형식이다. 상호는 넓고 긴 형태로 두 귀가 어깨까지 늘어질 정도로 길게 표현되었다. 눈과 코가 훼손되었다. 꼭 다문 입술 위로 인중을 표현하였다. 수인은 오른손은 명치 부분으로 들어 합을 들고 있고, 왼손은 그 밑에 받치고 있는 모습이다. 법의는 통견으로 왼손 아래로 화려한 당초문을 새기고, 그 밑으로 각 5엽씩의 앙복련을 표현했다. 양팔에도 각각 7조씩의 주름을 촘촘히 표현했다.

8. 매산리 석불입상(사진-27)

석불은 안성시 죽산면 매산리 366번지에 위치한 정 동향의 사지에 조성되어 있다. 경기도 유형문화재 제37호로 지정되어 있는데, 조선 영조때 최태평이란 사람이 조성한 것이라 전하는 높이 5.6m의 석불로 보호각내에 보존되어 있다.

사진 27. 매산리 석불입상

보관을 갖춘 입상으로 발목아래는 매몰되어 있다. 보관은 하단에 복판 16엽의 연화문을 표현한 사각판석 형태이다. 상호는 각진 형태이며, 눈은 반개하여 내리뜨고 있다. 귀는 목을 덮을 정도로 크고 길게 표현하였으며, 입은 상대적으로 작게 묘사되었다. 목에는 삼도를 표현하였다. 수인은 오른손은 들어 가슴에 붙이고 왼손은 배에 붙이고 있는데, 오른손의 경우 엄지와 검지를 편 상태이다. 오른손 손목에는 2조의 양각선으로 팔찌를 표현했다.

법의는 통견으로 목에서 어깨사이에 5조의 주름을, 어깨에서 팔 사이에 7조의 주름을 표현했다. 가슴과 배 사이에는 10조의 주름을 표현했다. 왼손아래로는 양다리를 표현했는데, 다리위로 10조의 주름을 표현하였다. 측면에는 세로 2조의 의문을 표현했다.

후면에는 보관 하단의 연화문을 제외하고는 특별한 조식없이 볼륨감만 표현하였다. 이 불상은 상호에 보이는 평면적인 조각수법과 부조화, 신체의 크기에 비해 좁은 어깨, 거대함에서 오는 괴체감등으로 볼 때 고려시대 중기에 조성된 것으로 추정된다.

9. 죽산리삼존불(사진-28)

사진 28. 죽산리 삼존불(두현리 석조삼존불입상)

비봉산과 능선으로 이어지는 태봉산 아랫마을 민가 마당(안성시 죽산면 주현리 하삼동 55-1번지 서평원씨집 옆)의 한쪽 구석에 슬레이트 보호각 밑에 위치하고 있다. 185㎝×156㎝ 크기의 석재에 양각한 일광삼존석불이다.

전체적으로 마모가 심하여 세부의 확인이 어렵다. 본존은 머리에 폭이 넓은 육계를 올렸으며, 상호는 갸름한 편이다. 목에는 희미하게 삼도의 흔적이 있다. 수인은 확인이 어렵다. 법의는 통견으로 가슴과 허리 아래로 U자형의 옷주름을 표현했다. 좌우협시는 마모가 심해 형태의 파악이 힘들다.

불상의 실측치는 본존불 높이 118㎝, 견폭 154㎝, 두고 43㎝, 두폭 32㎝, 우협시 높이 86㎝, 견폭 44㎝, 좌협시 높이 99㎝, 견폭 40㎝이다.

10. 아양동 석불입상(사진-29)

사진 29. 아양동 석불입상

안성시 안성읍 아양동 364번지에 위치한 높이 255㎝ 크기의 석불입상으로 안성시 향토유적 제15호로 지정되어 있다.

관모를 갖춘 입상으로 전체적으로 삼각형의 구도를 이루고 있다. 관모의 형태는 상하가 긴 사다리꼴이다. 상호는 근엄한 상으로 눈과 귀를 크게 표현했으며 입은 꼭 다문 형태이다. 목에는 삼도의 표현 없이 衣紋으로 보이는 넓은 띠가 있다. 법의의 형태는 통견으로 소매에만 3조의 옷주름이 있다. 수인은 오른손을 가슴에 올리고 왼손은 펴서 배에 붙였다. 무릎 아래로는 땅에 묻혔다. 후면은 조각하지 않았다. 전체적인 양식으로 보아 고려시대 후기에 조성된 것으로 추정된다.

11. 아양동 보살입상(사진-30)

사진 30. 아양동 보살입상

석불입상과 나란히 배치되어 있는 높이 337㎝ 크기의 보살입상으로 안성시 향토유적 제10호로 지정되어 있다.

보관을 갖춘 보살 입상이다. 보관은 화문이 조식된 사다리꼴로 보관의 중앙에 꽃봉오리를 표현하였다. 상호는 상하로 길게 표현되었는데 전체적으로 온화한 느낌을 준다. 눈은 크게 표현하였는데 눈썹의 명암이 짙게 표현되었다. 크게 만든 코와 더불어 입술은 도톰하게 표현되었다. 귀는 머리에 완전히 밀착시켜 길게 조성하였다. 목에는 보수한 흔적이 있고, 가슴에는 영락의 흔적이 희미하게 남아있다.

법의는 통견으로 양어깨의 균형이 맞지 않다. 수인은 오른손을 가슴께로 모으고 왼손은 배부분으로 내린 것 같은데 허리이하는 매몰되어 확인 할 수 없다. 왼팔과 어깨에 화문을 표현했다. 후면에는 보관과 팔의 형태만 간략히 표현했다. 석불입상과 더불어 고려시대 후기에 조성된 것으로 추정된다.

12. 대농리 석불입상(사진-31)

안성시 대덕면 대농리 산 16번지에(대농부락 남서쪽 경작지內 철탑 송신소 앞) 위치한 높이 220㎝ 크기의 석불로 경기도 문화재 자료 46호로 지정되어 있다.

보관을 갖춘 입상으로 허리아래는 묻혀 있다. 보관은 갓모양의 형태로 상단에는 앞뒤로 여의주를 표현했다. 상호는 신체에 비해 크게 표현되었는데, 큰 눈과 어깨에 닿을 듯한 긴 귀를 표현하였다. 입은 상대적으로 작게 표현되었다.

수인은 두손을 가슴께로 모아 정병을 잡고 있는데, 왼손은 병의 하부를 받치고 있고, 오른손으로 병의 목을 잡고 있다. 의문은 뚜렷하지 않으나 왼쪽 소매자락에 4조 오른쪽에 5조가 확인되며 왼손목에는 팔찌로 생각되는 양각선을 표현하였다. 전체적인 양식으로 보아 고려시대 중기에 조성된 것으로 추정된다.

사진 31. 대농리 석불입상

13. 서운산성내 석불입상(사진-32)

서운산성 내에 위치한 서운정 바로 옆에 위치하고 있다. 주형거신광배를 구비한 높이 187cm 크기의 석불로 광배와 신체가 일석으로 조성되었다. 머리에 낮은 육계를 놓았고, 상호는 타원형으로 길게 조성하였다. 목에는 삼도의 흔적이 있고, 수인은 통인을 취하고 있다.

법의는 통견으로 허리에서 발까지 'U'자형 주름을 표현했다. 불상의 뒷면에 명문이 있으나. 마모가 심해 판독 할 수 없다. 고려시대 중기에 조성된 것으로 추정된다.

사진 32. 서운산성 내 석불입상

14. 죽산리 연화대좌(사진 -33 · 34)

안성시 죽산면 죽산리 515-15번지 일원이 위치한 사지에 있다. 팔각형의 평면구도를 지닌 대좌로 상 · 중 · 하대석을 모두 갖추고 있다. 지대석과 하대석은 1석으로 조성되었는데, 하대석의 상면에는 복엽16판 연화문을 조식했는데, 모서리에는 간엽을 배치했다. 중대석과 이어지는 부분에는 호각형 2단의 괴임을 두었다. 중대석과 상대석은 1석으로 되어 있다. 중대석은 8각 기둥형태로 얕게 표현되었다. 상대석은 전면이 반파되었는데, 하면에 단엽 16판 앙연을 조식했다. 상대석 위에는 대좌와의 결합부를 제외하고는 거의 파괴된 불상과 광배편이 꽂혀있다. 불상과 대좌는 대좌 상면에 폭 56㎝, 깊이 46㎝의 방형 홈을 내어 결합했다. 불상의 신체 일부가 남아있으나, 파손이 심해 원형형을 알 수 없다. 전체적인 조형으로 보아 고려시대 중기에 조성된 것으로 추정된다.

인근에는 석등부재가 남아있어 주목되는데, 석불과 같은 사찰에서 사용했던 것으로 추정된다. 남아있는 부재는 하대석과 옥개석으로 현재 방치된 상황으로 보아 원위치를 이탈한 것으로 추정된다.

사진 33. 죽산리 연화대좌

사진 34. 죽산리 석등부재

하대석은 방형 지대석위에 복엽8판의 복연을 조식했는데, 상면에 간주공을 마련하였다. 간주공은 한변이 26㎝인 8각형으로, 주변에는 角形 2단의 괴임을 두었다.

하대석 주변에 평면 8각의 형태를 지닌 옥개석이 있는데, 석등의 부재로 판단된다. 상단에는 폭 10㎝의 복련대를 둘렀고, 상면에는 지름 9㎝의 찰주공이 있다.

15. 안성공원내 석조여래좌상(사진-35)

안성시 낙원동 609-5번지에 소재한 안성공원에 위치하고 있는데, 안성시 향토유적 제8호로 지정되어 있다. 대좌와 광배를 모두 구비하고 있지만, 모두 본래의 부재인지는 알 수 없다.

석조여래좌상은 높이 180cm 의 크기로 팔각형의 대좌위에 봉안되어 있는데, 나발의 두정에 높이 8㎝의 육계를 표현했다. 상호는

사진 35. 안성공원내 석조여래좌상

미간에 백호를 표현했으며, 큰 눈과 눈에 비해 작은 입을 표현했다. 얼굴과 목이 마모되어 시멘트로 보수한 관계로 삼도의 표현 여부는 알 수 없다. 법의는 우견편단이며, 어깨는 넓은 편이다. 수인은 두손을 모아 가운데로 모으고 있다. 의문은 굵직하게 표현했는데, 전면에 6조, 측면에 13조를 표현했다. 오른 다리가 파손되어 가부좌의 형태를 확인하기 어려우나, 잔존형태로 보아 오른발을 왼 허벅지에 올린 형태로 보인다.

대좌는 중대석이 결실된 상태로 하대석에는 중엽 16엽의 복연을 조식했다. 상대석에는 앙연을 조식했으며 꽃잎 안에는 화문을 부조했다.

광배는 주형 거신광 안으로 두광과 신광을 표현했으며, 그 주위로 화염문을 표현했다. 신광의 외곽으로 화염문을 표현했다. 두광과 신광은 내부에 당초문이 돋을새김 되어있는 2조의 양각선으로 표현하였으며, 두광의 내부에는 30㎝×35㎝ 크기의 단엽 12엽의 연화를 양각으로 표현하였다.

석불좌상 앞에는 연화대석 1기가 놓여있다. 68㎝×58㎝×9㎝ 크기의 방형의 기단 위에 12엽의 중판 연화문을 조식하였다. 상면에는 지름 35㎝의 대좌를 구성했는데, 주변에는 호각형 2단의 괴임을 표현하였다.

16. 안성공원 내 석조광배(사진-36)

안성시 낙원동 609-5번지에 소재한 안성
공원내에 보존되어 있다. 주형거신광배로 두
광과 신광을 표현하고 있다. 상면에는 연화
좌 위에 화불이 표현되었고, 윤곽선을 따라
화염문이 조식되었다. 두광과 신광의 주변에
는 유려한 당초문이 조식되어 있는데, 두광
의 하단에는 구멍이 관통되어 있다.

광배의 전면에는 불상 대좌의 상대석으로

사진 36. 안성공원 내 석조광배

추정되는 부재가 있다. 측면에는 판내에 화문이 있는 단엽 16판의 화사한 연화문을 조식했고,
상면에는 각형 2단의 받침을 조출했다.

17. 석남사 마애불(사진-37)

석남사 입구에서 주차장 왼쪽에 개설된 소
로를 따라 300m 정도 오르면 경기도 유형문
화재 제109호로 지정되어 있는 마애불에 이
르게 된다. 마애불은 계곡 죄측의 9부 능선에
위치한 720㎝×620㎝ 크기의 자연암반에 광
배와 연화대좌를 구비한 높이 430cm 크기의
마애불 입상 1구를 새겼다.

광배는 두광에서 신광을 이어 내린 거신광

사진 37. 석남사 마애불

의 형태로 3중의 線刻 圓紋이다. 머리에는 크고 높직한 육계를 2단으로 표현했다. 상호는 전체
적으로 볼 때 넓고 둔중한 느낌을 주는데, 눈과 입을 볼륨있게 처리했다. 귀는 어깨에 이르도록
길게 표현했고, 목에는 삼도의 흔적이 있다.

수인은 오른손은 우측 가슴부분으로 올려 엄지와 검지를 맞대고 외장하였고, 왼손은 좌측 가
슴으로 들어올려 엄지와 중지를 맞대고 내장한 모습이다. 법의는 통견으로 좌측어깨에 3조의
주름으로 가사를 표현했으며, 명치부분에 매듭을 표현했다. 소매는 발까지 길게 늘어뜨렸다.
하체는 법의 위로 양다리의 볼륨을 드러내면서 다리위로 3조의 'U'자형 주름을 표현했다. 상호
에서의 마모만을 제외하면 완전한 형태를 보이고 있는데, 전제적인 양식으로 보아 나말여초에

조성된 것으로 추정된다.

18. 선유동 마애사방불

안성시 일죽면 신흥리 산 78-1(선유동 선유암 상봉)에 소재한 사방불로 안성시 향토유적 제 13호로 지정되어 있다. 불상은 네 구 모두 자연 암반면을 깎아 면을 다듬은 후 線刻했는데, 각 면에 새겨진 불상의 양식을 기술하면 다음과 같다.

(1) 북쪽면(사진-38)

북동 30°의 자연 암반면을 250㎝ × 400 ㎝의 규모로 다듬은 후 얕은 선각으로 높이 360㎝ 크기의 마애불을 조성하였다. 전체적으로 마모가 심하여 얼굴을 제외한 나머지 부분은 자세한 현상 파악이 어렵다. 신체에 비해 머리가 크게 표현 되었고, 머리에는 반구형의 육계를 표현했다. 상호는 둥근 원만상으로 눈은 살짝 감았고, 다문 입꼬리가 살짝 치켜올라가 미소를 띠고 있는 형상이다. 귀는 목을 덮을 정도로 길게 표현되었다. 목에는 삼도의 흔적이 휘미하게 보인다. 법의는 통견이며, 가슴이하는 마멸이 심해 정확한 형상을 파악하기 어렵다.

사진 38. 선유동 마애사방불 북쪽면

(2) 남쪽면(사진-39)

정 남향한 자연 암반을 140㎝ × 330㎝의 규모로 다듬은 후 높이 275㎝ 크기의 마애불을 線刻했다. 전체적으로 볼 때 마애불의 우측은 마모가 심하여 자세한 현상은 파악하기 어렵다.

머리 부분은 마멸이 심해 정확한 파악이

사진 39. 선유동 마애사방불 남쪽면

어렵다. 상호는 긴 편으로 눈은 반개하고 있으며 입술선을 표현하였다. 양 귀는 턱 끝에 이를 정도로 길게 표현하였고, 목에는 삼도의 흔적이 있다. 수인은 두손을 가슴으로 모아 지물을 들고 있는 형식이다.

법의는 우측이 마멸되어 정확히 확인하기 어려우나, 가슴에 수평으로 흐르는 의문의 형태로 보아 통견으로 생각된다. 의문은 어깨선에서 팔꿈치까지 2조의 주름을 표현했으며, 옷소매도 비교적 섬세하게 표현 하였다. 손아래로는 7조의 넓은 U자형 옷주름을 표현 했으며, 그 밑으로 두나리 위로 각각 3조씩의 U자형 주름을 표현하였다.

(3) 서쪽면(사진-40)

남쪽마애불과 거의 수직으로 붙어있는 서남 10°방향의 암반면을 170㎝×380㎝의 규모로 다듬은 후 높이 330㎝ 크기의 마애불을 線刻했다. 머리와 상호는 마멸이 심하여 육안으로 확인하기 어렵다.

현재 정수리 부분에 희미하게 남아있는 육계의 흔적과 턱까지 길게 표현된 오른쪽 귀의 형태가 확인 될 뿐 나머지 부분은 심한 마멸로 파악이 어렵다. 수인은 두 손을 가슴으로 모아 지물을 들고 있는 모습인데, 지물을 감싸쥐고 있는 손가락까지 정교하게 표현하였다. 법의는 통견

사진 40. 선유동 마애사방불 서쪽면   사진 41. 선유동 마애사방불 남쪽면

으로 어깨선을 부드러운 곡선으로 표현했다. 손아래로 5조씩의 U자형 옷주름을 2단에 걸쳐서 표현했다.

(4) 남쪽면(사진-41)

서쪽 마애불이 있는 바위의 남쪽면을 276㎝×475㎝ 규모로 다듬른 후 높이 475㎝ 크기의 마애불을 線刻했다. 왼쪽 어깨 부분과 다리 부분을 제외하고는 마모가 심하여 육안으로 관찰이 어렵다. 잔존하는 턱의 윤곽으로 보아 얼굴의 형태는 넓적한 것으로 생각된다. 목에는 삼도의 흔적이 있다. 수인은 왼손의 것만이 확인되는데, 손을 어깨 부분까지 들어올려 지물을 잡고 있는데, 지물을 잡은 손가락까지 정교하게 표현하였다. 법의는 통견으로, 의문은 어깨에서 팔꿈치까지 3조의 주름을 표현하였고, 그 밑으로 6조의 주름을 표현하였다. 하체에는 다리위로 3조의 넓은 U자형 주름을 표현하였다.

IV. 佛敎遺蹟 特性

앞서 고찰한 석탑과 석불의 특성을 파악하기 위해 각 조형물의 분포 상황을 정리해 보면 다음의 표로 집약된다.

안성시내 석탑과 석불 현황

번호	유물명	시대	지정현황
1	봉업사지오층석탑	고려 초	보물 435호
2	죽산리삼층석탑	고려 초	경기도 유형문화재 78호
3	장원리삼층석탑	고려 초	
4	신창리삼층석탑	고려 초	경기도 유형문화재 130호
5	청룡사삼층석탑	고려 중기	경기도 문화재자료 59호
6	죽산리사지 석탑	고려 중기	
7	매산리 석탑	766년(혜공왕 2)	안성시 향토유적 20호
8	안성공원내 삼층석탑	고려 중기	안성시 향토유적 18호
9	도기동삼층석탑	고려 후기	경기도 문화재자료 76호
10	청룡사 원통전 앞 석탑	고려 후기	
11	석남사석탑(2기)	고려 후기	안성시 향토유적 19호
12	청원사칠층석탑	조선 전기	경기도 유형문화재 116호
13	죽산리사지 석불입상	고려 초	경기도 유형문화재 97호

14	봉업사지 석불입상	고려 초	보물 983호
15	기솔리석불입상	고려 초	경기도 유형문화재 36호
16	굴암사 마애여래좌상	고려 초	안성시 향토유적 11호
17	굴암사 마애선각여래입상	고려 초	안성시 향토유적 12호
18	운수암 석조비로사나불좌상	고려 중기	
19	국사암 세미륵	고려 후기	
20	매산리사지 석불입상	고려 중기	경기도 유형문화재 37호
21	죽산리 삼존불	고려 중기	
22	아양동 석불입상	고려 후기	안성시 향토유적 15호
23	아양동 보살입상	고려 후기	안성시 향토유적 10호
24	대농리 석불입상	고려 중기	경기도 문화재자료 46호
25	서운산성내 석불입상	고려 중기	
26	죽산리 연화대좌	고려 중기	
27	안성공원내 석조여래좌상	고려 중기	안성시 향토유적 8호
28	안성공원내 석조광배	고려 초	
29	석남사 마애여래입상	고려 초	
30	선유동 마애사방불	고려 초	

위의 표를 볼 때 안성군의 불교유적은 석탑과 석불이 주도하고 있음을 알 수 있다. 이같은 현상은 우리나라의 불교미술의 주류와 같은 궤를 걷는 것으로 삼국시대 이래의 전통이 유지 계승되고 있음을 뜻한다고 하겠다. 더욱이 대다수의 조형물이 고려시대에 조성되고 있어 안성시가 역사의 전면에 부상된 것은 바로 이 시기였음도 알 수 있다. 본 장에서는 안성시의 불교유적이 지닌 특성을 파악하고자 하는 바, 이를 정리해 보면 다음과 같다.

첫째, 경기도내에 산재한 많은 수의 석조물 국가 및 경기도로부터 지정되어 보호를 받고 있는 것은 대략 69점에 이르고, 이들은 21개 시·군에 걸쳐 폭넓게 분포되어 있다. 이중 10점 이상이 분포되어 있는 곳은 안성시와 여주군이다. 그런데 여주군의 조형물이 고달사지와 신륵사의 양 사찰에 집중되어 있음에 비해 안성시에는 대다수가 별개의 사찰 혹은 사지에 분포되어 있다. 뿐만 아니라 지정되지 않은 석조물까지를 합하면 그 수적인 면에는 가장 높은 비중을 차지하리라 생각된다. 따라서 고려시대 이후 경기도에서 가장 불교문화가 융성했던 지역은 바로 안성시였던 것으로 생각된다. 나아가 市 內에서도 가장 불교미술이 발달했던 지역은 죽산리 일원이었던 것으로 생각된다. 이는 봉업사지란 대찰의 존재와 더불어 오층석탑과 봉업사지석불입상, 죽상리석불입상이 道內의 불교조형불중 가장 걸작에 속한다는 점에서 그러하다고 하겠다.

둘째, 경기도내에 존재한 석탑 중 국가에서 지정하여 보호하고 있는 것은 모두 22기로 파악되고 있다. 그런데 이들 석탑은 도내 10개 市郡에 산재해 있는 바, 이중 안성군이 6기로 가장 많은 분포를 보이고 있다. 이같은 현상은 앞서 살펴본 전체조형물의 분포와 같은 양상을 보이고 있는데, 이는 도내의 석탑 건립에 있어 안성군이 가장 활발했음을 알려주고 있다. 전체적으로 볼 때 이들 석탑은 고려시대의 석탑만이 갖는 특성을 지니고 있다. 즉 높직한 단층기단, 초층탑신 받침에서 보이는 다양한 수법, 옥개석에서의 특징적인 변화, 탑재의 단일화 등 여러 곳에서 보이고 있다. 나아가 충청도와 경계를 이루고 있어 고려시대에 건립되던 백제계석탑의 양식이 검출됨직도 하지만, 안성시내에 건립된 석탑에서는 이를 확인할 수 없었다. 결국 안성에 건립된 석탑에서는 고려시대의 석탑만이 갖는 특성을 지니고 있음을 알 수 있다. 따라서 순수고려식의 석탑양식만 보일 뿐 백제계석탑의 양식이 검출되지 않음은 고려시대의 수도였던 개성이 같은 도내에 위치하고 있어 타지역의 문화적 영향이 배제된데다가 나름대로의 독자적인 문화가 형성된데서 기인한 것으로 보인다.

셋째, 조사된 석불은 모두 대형석불이란 점을 들 수 있다. 현재 경기도내에는 모두 29기의 석불이 확인되고 있는데, 이들은 도내 14개 市 · 郡에 산재해 있다. 그런데 분포면에 있어서는 한강 이남의 지역에 집중적으로 건립되고 있는데, 이중 가장 많이 조성된 곳이 안성시로 절대다수가 대형 석불이란 점에서 공통점을 지니고 있다. 뿐만 아니라 이 석불들은 대체로 미륵으로 신봉되고 있어 주목된다.

巨石佛은 고려시대 불상이 지닌 특성중 가장 대표적인 것으로 은진 관촉사석조미륵불상(968년, 고려 광종 19 추정)을 들 수 있다. 이들 일군의 석불들은 대체로 고려시대 초반에 조성되어 신흥국가의 기상을 대변하는 조형물로서 뿐만 아니라 당시 사람들의 의식의 저변에 깔려있는 토속신앙과 불교와의 습합현상, 풍수도참사상과 관련된 민중 감정의 표출로 그 지방의 호족과 관계가 있는 것으로 보고 있다.[17]

따라서 경기도 일원 특히 안성을 중심으로 한 지역에 가장 많은 예를 보임은 고려시대에 들어 진행되는 거석불의 전국화 현상이 경기도에서도 예외가 아님을 알 수 있다. 그리고 도내에서도 안성에 가장 많은 수를 보이고 있음을 보아 경기도에서도 이 지역이 가장 중심을 이루었던 것으로 생각된다. 나아가 대부분의 석불이 미륵불로 지칭되고 있다는 사실 또한 당대 신앙의 한 단면을 보여주고 있다고 믿어지는데, 이같은 사실은 이 지역의 역사적인 사실과도 무관

17 金吉雄, 『高麗의 巨石佛』, 法仁文化社, pp.78-79.

하지는 않을 것으로 생각된다. 안성은 본래 신라말 가장 유력한 호족의 하나였던 기훤의 본거지였고, 그의 수하에 궁예가 있었다. 훗날 궁예가 미륵을 자처했고, 왕건 또한 그의 부장으로 출발하여 고려의 태조가 된 점을 감안할 때 이 지역 석불의 절대다수가 미륵으로 조성된 점은 바로 彌勒下生信仰이 적극적으로 신봉된데에 주요한 원인이 있을 것으로 생각된다.[18] 특히 기솔리 석불이 평지에 위치한 반면 국사암의 세미륵이 산봉우리에 위치한 점으로 보아 彌勒上生 및 下生信仰處로소의 기능을 구형했던 것으로 추정된다.[19]

안성군내에 분포한 이 유형의 불상들은 머리에 쓴 寶蓋, 토속적인 인상을 주는 둥글고 넓적한 相好, 石柱形과 같은 신체의 처리, 간결하게 처리한 옷주름 등의 고려시대 석불의 양식을 잘 보여주고 있다.

넷째, 안성에 건립된 많은 석조물은 과연 누구의 후원하에 건립되었는가의 문제이다. 그런데 매산리석탑에서는 이를 해결할 수 있는 작은 단서를 주고 있다. 즉 앞서 언급했던 석탑내 출토 塔誌銘으로 이의 전문을 옮기면 다음과 같다.

永泰 2년 丙午年(766) 3월 30일 朴氏와 芳序 緇門 승려 2명이 석탑을 조성하기를 먼저 모의하고 이를 이루었다. 塔이 처음 이루어진 永泰 2년 丙午年부터 다시 수리하는 금년 淳化 4년 癸巳年(993) 정월 8일에 이르기까지 228년이 지났다. 전에 처음 이룬 사람이 朴氏이고 또 다시 수리하는 사람도 朴氏로 연대가 비록 다르지만 옛과 지금이 자못 다름이 없었다.

이에 따르면 박씨가 죽주에 들어온 것은 永泰 2년 즉 혜공왕 2년(766) 이전으로, 석탑의 조성 작업을 박씨가 주도하고 있는 것으로 미루어 이미 8세기 중엽에는 죽주에서 박씨가 상당한 기반을 가진 토착세력으로 자리하고 있었음을 보여주고 있다.[20] 뿐만 아니라 인근에 위치한 봉업사 역시 죽산 박씨를 비롯해 기훤과 궁예, 그리고 고려 태조 왕건 등이 깊은 관심을 가지고 직·간접으로 그 운영에 관여했던 사찰임을 볼 때[21] 앞서 언급했던 석탑과 석불의 건립에는 이 지방의 호족과 고려 왕실에서 관여했던 것으로 생각된다.

---

18 洪潤植, 앞 논문, p.227.
19 洪潤植, 앞 논문, p.220.
20 金成煥, 「竹州의 豪族과 奉業寺」, 『文化史學』 11·12·13 合輯, 韓國文化史學會, 2000, pp.525-526.
21 金成煥, 앞 논문, p.531.

V. 결론

이상에서 안성군의 불교미술에 관해 개괄적인 고찰을 하였다. 앞서 고찰한 내용을 종합해 볼 때 안성군의 불교미술은 고려시대에 이르러 경기도 불교문화의 중심지 였음은 물론, 도내 불교 미술의 발전을 선도했다고 해도 과언이 아니라 생각된다. 이는 수적인 면에서도 그러할 뿐만 아니라 각각의 불교조형물이 지닌 양식적인 면에 있어서도 분명한 위치를 점유하고 있다고 믿어지기 때문이다. 즉, 도내의 불교조형물 중 가장 秀作 속하는 봉업사지오층석탑과 석불입상 및 죽산리 석불입상과 더불어 본고에서는 논외로 하였지만, 전국적으로 보아도 3기밖에 남아있지 않은 칠장사철제당간지주의 존재가 이를 입증한다고 하겠다. 나아가 거석불의 조성은 고려시대에 있어 같은 유형의 불상이 전국적으로 확산되는데 일익을 담당했던 것으로 파악되었다. 아울러 이같은 현상은 안성이 지닌 역사적인 사안과 무관하지 않았을 것으로 추정되었다.

앞에서 고찰한 내용을 종합해 볼 때 불교미술사적인 측면에서의 안성은 삼국시대 이래 석조 건축이 중심을 이루었던 불교미술의 전통을 유지하고 있다. 뿐만 아니라 제반 양식을 볼 때 고려시대에 이르러 나름대로의 문화적 기반과 전통을 유지하면서 경기도의 불교미술을 선도했던 것으로 보인다.

(2000.06 「경기도 안성시의 석탑과 석불에 관한 고찰」, 『古文化』 55, 韓國大學博物館協會)

9世紀 新羅 石造美術의 樣式的 共通性

Ⅰ. 緒言

불교조형물은 그 건립의 목적 자체가 불타의 숭앙에 있다고 하겠다. 하지만 이에 내재되어 있는 또한 측면은 우수한 예술품을 통해서 보는이로 하여금 불교에 대한 경외심은 물론 이의 우수성과 신비로움을 전하는데 또한 목적이 있다고 하겠다. 더욱이 이들은 당대의 예술의식이 집결된 산물이었다는 점에서 美的으로도 뛰어난 예술성을 겸비하고 있다. 따라서 각각의 조형물에 나타난 양식은 바로 그 시대의 소산이요, 문헌에 전하지 않은 역사적인 현상까지도 내포하고 있다고 생각한다.

그러므로 불교조형물이 동일한 종교적 염원과 敎理, 時代的 배경하에서 建造 되었음이 분명할 때 이에 표현된 양식은 당대에 조성된 전체의 유물 가운데서 그 특성을 규명함이 마땅하다고 생각한다. 아울러 각각의 조형물이 지닌 양식은 서로 類型이 다르다 할 지라도 공통적인 의미가 내재되어 있는 것으로 보인다. 그러나 그간의 美術史 연구는 동일한 조형물에서 시대간의 영향만을 강조해 왔을 뿐, 같은 시기의 조형물에 보이는 양식의 상호 연계성은 거의 무시된 채 진행되어 왔다.

필자는 그간 9세기에 조성된 석조물에 대해 몇가지 견해를 피력한 바 있다.[1] 본 논문에서는

---

1 朴慶植,「新羅 九世紀 石塔의 樣式에 關한 硏究」,『考古美術』173, 韓國美術史學會, 1987.
_____,「新羅 九世紀 石塔의 特性에 關한 硏究」,『蕉雨黃壽永博士古稀紀念美術史學論叢』, 通文館, 1988.

그간의 연구 결과를 바탕으로 이 시기에 건립된 조형물의 양식이 상호 어떠한 관계를 보이며 영향을 주고 받았는가를 규명하고자 한다. 본고에서는 이를 위해 각 조형물이 지닌 평면 구성, 장엄조식의 종류와 위치에 따른 공통점, 각 부위를 받치는 받침부 및 연화문에 대해 주안점을 두고 서술하고자 한다.

II. 平面構成

9세기의 석조 조형물은 평면형식에서 볼 때 방형과 팔각형 그리고 양자가 조합을 이룬 세가지의 형식이 존재하고 있음을 알 수 있다. 먼저 첫번째의 형식은 주로 석탑에서, 둘째의 것은 불상·부도·석등에서 볼 수 있다. 이중 불상에서는 좌대에서, 부도·석등에서는 기단으로 부터 상륜에 이르기 까지 완전한 팔각형의 구도를 보이고 있다. 따라서 방형과 팔각형은 각각 별개의 유물에서 존립한 평면형식이었음을 알 수 있는데, 문제는 세번째의 양자가 혼합된 형식에 있다. 이같이 평면이 방형과 팔각이 혼용된 예는 불국사다보탑에서 이미 선례를 볼 수 있고, 부도의 팔각탑신 역시 이에서 구했을 것으로 추정하는 견해도 발표된 바 있다.[2] 이 석탑의 기단은 평면 방형의 형태를 취하고 있는 것으로 보고 있지만,[3] 엄밀한 의미에서는 亞자형의 평면구도를 보이고 있다.[4] 9세기의 석조물 중 방형과 팔각이 혼용된 구도를 보이는 석조물로는 到彼岸寺三層石塔과 陳田寺址浮屠를 대표적인 형식으로 꼽을 수 있다. 먼저 도피안사삼층석탑은 팔각형의 기단에 방형의 탑신을 지닌 형식을 취하고 있어 대부분의 석탑이 방형의 구도를 보이고 있는 것과는 대조를 보이고 있다. 더욱이 기단에는 각각 仰蓮과 伏蓮이 조각된 갑석까지 갖추고 있어 이제까지 방형을 고수하던 획일성에서 탈피하여 변화를 시도하고 있다. 따라서 이 석탑의 기단은 石窟庵三層石塔이 바로 本尊佛의 대좌에서 평면의 형식을 채용한 것과 같은 양상을 보이고 있어 佛

_____, 「新羅 景文王代의 石造美術에 關한 硏究」, 『史學志』22, 檀國大 史學會, 1989.
_____, 「新羅下代의 鼓腹形石燈에 關한 考察」, 『史學志』23, 檀國大 史學會, 1990.
_____, 「新羅 9世紀 石造美術의 特性」, 『史學志』24, 檀國史學會, 1991.
_____, 「新羅 9世紀 石造美術의 建立背景 --- 景文王系의 改革政治를 中心으로」, 『中濟 張忠植博士回甲記念論叢』, 檀國大學校, 1992.

2 黃壽永, 「多寶塔과 新羅八角浮屠」, 『考古美術』123·124合輯, 韓國美術史學會, 1974.
3 高裕燮·黃壽永先生은 이 석탑의 기단부가 방형의 형태를 취한 것으로보고 있다.
  高裕燮, 「朝鮮塔婆槪說」, 『朝鮮美術史及美學論考』, 通文館, 1972, p.120.
  黃壽永, 앞 논문, p.24.
4 불굴사 다보탑은 계단을 제외하면 기단부가 평면 방형의 형태를 취하고 있지만 이 역시 당초의 조형의궤에 포함되었던 것으로 보아 평면구도를 亞자형으로 보았다.

座와 관련이 있음을 알 수 있다.

진전사지 부도의 경우는 기단은 방형의 형식을 보이고 있음에 비해 탑신은 팔각형의 형식을 보이고 있다. 따라서 이 부도는 기존의 석탑에서 보인 방형과 백제시대의 석등에서 확립된 팔각형의 형식이[5] 복합된 현상을 보이고 있음을 알 수 있다. 특히 실물로서 볼 수 있는 부도는 9세기 후기에 이르러 조성되고, 진전사지부도를 초기적인 형식으로 보았을 때[6] 방형과 팔각형이 혼합된 형식의 출현은 당연한 귀결로 여겨진다. 즉, 갑작스러운 禪師의 入寂과 이에 따른 墓塔의 건립에 새로운 형식의 창안 보다는 우선 이미 확립된 조형물의 형식에서 양식적 모델을 구했음은 당연했을 것으로 여겨진다. 이에 따라 사리가 안치되어 신앙의 대상으로 존숭을 받던 석탑이 지닌 방형의 형식과, 阿彌陀와 觀音의 殿堂이 八角圓堂란 불교적 입장에 충실한 팔각형의 복합은 자연스럽게 이루어 졌을 것으로 생각된다. 따라서 진전사지부도에서 보인 평면 구도는 석탑과 석등에서 확립된 두 형식의 평면이 새롭게 조성되는 조형물에 채택된 결과에서 비롯된 것으로 보인다.

이상과 같은 복합적 형태를 보인 조형물은 비록 2기에 불과하고, 극히 부분적 이지만 일반형 석등에서도 동일한 평면구도를 볼 수 있다.[7] 따라서 위의 조형물에서 보인 평면구도는 석탑↔불좌, 부도↔석탑↔석등의 함수관계를 지니고 있음을 알 수 있다. 아울러 9세기 석조조형물이 지닌 방형과 팔각형의 평면구성은 연관성을 지니고 있으며, 이들 형식은 상호 영향을 주었던 것으로 생각된다.

III. 莊嚴彫飾

9세기에 건립된 석조조형물은 거의 대다수가 표면에 장엄조식이 있어 양식적 퇴화와 더불어 사찰의 장식물화라는 일률적인 단어로 규정되는데 커다란 비중을 차지하여 왔다. 그러나 이로 인하여 시각적으로 한 차원 높은 美的 아름다움을 표출하고 있으며, 종교적으로도 한층 분명한 색채를 가중시키고 있어 이에 대한 究明은 다른 각도에서 이루어 져야 할 것으로 생각한다. 즉, 특정한 조식이 어느 한 조형물에서만 검출되었다 할 지라도 이는 중심부에 대한 신앙의 의미를

5 黃壽永, 「百濟 彌勒寺址出土 石燈資料」, 『韓國의 佛敎美術』, 同化出版公社, 1974. p.150.

6 鄭永鎬, 「襄陽 陳田寺址 三層石塔과 石造浮屠」, 『考古美術』83, 考古美術同人會, 1963.
_____, 「襄陽 陳田寺址遺蹟調査-石塔과 浮屠의 復元을 契機로」, 『歷史敎育』11·12合輯, 歷史敎育硏究會, 1969.

7 일반형 석등은 기본 적으로 평면 팔각형의 구도를 보이고 있지만 鷲棲寺石燈, 浮石寺無量壽殿 앞 石燈, 符仁寺石燈, 符仁寺東方寺址石燈, 海印寺石燈은 하대 하단석이 방형을 보이고 있다.

한층 구체화 시키는 역할을 하고 있는 것으로 볼 수 있다. 그런데 어느 한 시기에 조성된 모든 조형물에 공통적으로 등장할 때, 이는 분명한 조형의 의사가 내재되어 있다고 생각할 수 있다. 따라서 각각의 조형물이 지닌 양식적인 종합성과 더불어 이에 대한 종합적인 고찰은 9세기 석조조형물의 성격을 한층 더 명확히 해 줄 것으로 믿어진다. 본 장에서는 앞서 이 시기의 석조물에 부조된 조식이 어떠한 함수관계를 지니며 등장하는 가를 밝히고자 한다. 이를 위해 각각의 조형물에 부조된 장엄조식을 살펴보면 다음의 〈표-1〉로 집약된다.

〈表-1〉 莊嚴彫飾現況

彫飾名	分類	造形物
四天王	石塔	慶州 南山僧燒谷三層石塔, 華嚴寺西五層石塔, 英陽 縣一 洞三層石塔, 英陽 化川洞三層石塔, 醴泉東本洞三層石塔, 義城 觀德洞三層石塔, 中興山城 三層石塔
	浮屠	廉居和尙塔, 大安寺寂忍禪師照輪淸淨塔, 雙峰寺澈鑒禪師塔, 實林寺 普照禪師彰聖塔, 鳳巖寺智證大師寂照塔, 實相寺證覺大師凝廖塔, 實相寺 秀澈和尙伽寶月塔, 연곡사東浮屠,
	一般形石燈	法住寺四天王石燈, 海印寺石燈, 陜川伯岩里石燈
	鼓腹形石燈	淸凉寺石燈
	雙獅子石燈	靈岩寺址雙獅子石燈.
八部身衆	石塔	慶州 昌林寺址三層石塔, 慶州 南山里西三層石塔, 華嚴寺 西五層石塔, 山淸泛鶴里 三層石塔, 雲門寺東 · 西三層石塔, 英陽 縣一洞三層石塔, 臨河洞十二支三層石塔, 英陽化川洞三層石塔, 金屯寺址三層石塔, 陳田寺址三層石塔, 禪林院址三層石塔, 永川新月三層石塔, 中金里東 · 西三層石塔
	降魔觸地印佛像	淸凉寺石造釋迦如來坐像
	浮屠	연곡사東浮屠
仁王	石塔	慶州西岳里三層石塔, 中興山城三層石塔
四方佛	石塔	陳田寺址三層石塔, 靑巖寺修道庵東三層石塔, 靑庵寺 修道庵西三層石塔, 中興山城三層石塔, 華嚴寺 九層庵三層石塔
菩薩	石塔	山淸泛鶴里三層石塔, 寶城金芚寺址三層石塔, 義城觀德洞
		三層石塔, 中興山城三層石塔
	降魔觸地印佛像	淸凉寺石造釋迦如來坐像, 安東安奇洞石佛坐像, 洪川 物傑里石造如來坐像, 陜川伯岩里石造如來坐像, 浮石寺 慈忍堂造石如來坐像, 醴泉 靑龍寺石造如來坐像, 梁山 龍華寺石造如來坐像, 法住寺石造如來坐像, 奉化 梧田里石造如來坐像
	藥師如來佛像	慶州 南山三陵溪石造藥師如來坐像, 丹城石造如來坐像
	毘盧舍那佛像	石造毘盧舍那佛坐像(國立中央博物館), 奉化 鷲棲寺石造 毘盧舍那佛坐像, 慶北大石造毘盧舍那佛坐像(보물335), 永川 華南洞石造毘盧舍那佛坐像, 佛谷寺石造毘盧舍那佛坐像, 榮州 北枝里石造毘盧舍那佛坐像2기, 襄陽 黃耳里 石造毘盧舍那佛坐像, 安東 磨崖洞石造毘盧舍那佛坐像,
	浮屠	實相寺證覺大師凝廖塔
	一般形石燈	浮石寺無量壽殿 앞 石燈

十二支	石塔	華嚴寺西五層石塔, 英陽縣一洞三層石塔, 臨河洞十二支三層石塔, 英陽化川洞三層石塔
	浮屠	蔚山 太和寺址浮屠
	石碑	무藏寺阿彌陀佛造像事蹟碑
飛天像	石塔	陳田寺址三層石塔, 義城觀德洞三層石塔
	毘盧舍那佛像	覺淵寺石造毘盧舍那佛坐像
	浮屠	廉居和尙塔, 雙峰寺澈鑒禪師塔
門扉形	石塔	聖住寺址 中央三層石塔, 聖住寺址東三層石塔, 聖住寺址 西三層石塔, 慶州 昌林寺三層石塔, 安東 玉洞三層石塔 永川新月洞三層石塔, 丹陽香山里三層石塔, 寧國寺三層石塔, 寶城 金芚寺址三層石塔, 新邱洞三層石塔
	浮屠	陳田寺址浮屠, 廉居和尙塔, 大安寺寂忍禪師照輪淸淨塔 雙峰寺澈鑒禪師塔, 寶林寺普照禪師彰聖塔, 鳳巖寺智證 大師寂照塔, 望海寺址浮屠, 實相寺證覺大師凝蓼塔, 實相寺秀澈和尙楞伽寶月塔, 石南寺浮屠, 연谷寺東浮屠, 寶林寺東浮屠
	鼓腹形石燈	實相寺石燈
龕室	石塔	慶州 西岳里三層石塔, 靑巖寺 修道庵東三層石塔
	浮屠	太和寺址浮屠
眼象	石塔 (石佛, 浮屠, 石燈에서는 모두 浮彫되어 있음)	梵魚寺三層石塔, 安東 玉洞三層石塔, 무藏寺址三層石塔 漆谷箕城洞三層石塔, 述亭里西三層石塔, 慶州 南山僧燒 谷三層石塔, 鐵原 到彼岸寺三層石塔, 奉化 鷲棲寺三層石塔, 寧國寺三層石塔, 寒溪寺址三層石塔(1), 孤雲寺三層石塔, 證心寺三層石塔
獅子	降魔觸地印佛像	浮石寺慈忍堂石造如來坐像, 法住寺石造如來坐像
	毘盧舍那佛像	石造毘盧舍那佛坐像(國立中央博物館), 桐華寺 毘盧庵石 造毘盧舍那佛坐像, 奉化 鷲棲寺石造毘盧舍那佛坐像, 榮豊 毘盧寺石造毘盧舍那佛坐像, 深福寺石造毘盧舍那佛坐像, 佛谷寺石造毘盧舍那佛坐像, 榮州北枝里石造毘盧 舍那佛坐像 2기, 襄陽 黃耳里石造毘盧舍那佛坐像, 覺淵寺石造毘盧舍那佛坐像, 安東 磨崖洞石造毘盧舍那佛坐像 原州郡廳內石造毘盧舍那佛坐像 2기
	浮屠	廉居和尙塔, 大安寺寂忍禪師照輪淸淨塔, 雙峰寺澈鑒禪師塔, 寶林寺普照禪師彰聖塔, 鳳巖寺智證大師寂照塔, 禪林院址弘覺禪師塔, 實相寺秀澈和尙楞伽寶月塔, 石南寺浮屠, 연谷寺東浮屠
	鼓腹形石燈	淸凉寺石燈
	雙獅子石燈	法住寺雙獅子石燈, 靈巖寺址雙獅子石燈, 中興山城雙獅 子石燈.
迦陵頻伽	降魔觸地印佛像	洪川物傑里石造如來坐像, 洪川物傑里佛座
	浮屠	雙峰寺澈鑒禪師塔, 鳳巖寺智證大師寂照塔, 연谷寺東浮屠
圈雲紋 및 圈雲紋臺	毘盧舍那佛像	桐華寺 毘盧庵石造毘盧舍那佛坐像, 榮豊 毘盧寺石造毘盧 舍那佛坐像, 覺淵寺石造毘盧舍那佛坐像
	浮屠	雙峰寺澈鑒禪師塔, 寶林寺普照禪師彰聖塔, 鳳巖寺智證 大師寂照塔, 雙谿寺眞鑑禪師大空塔, 禪林院址弘覺禪師 塔, 石南寺浮屠
	鼓腹形石燈	開仙寺址石燈, 華嚴寺 覺皇殿앞石燈, 禪林院址石燈, 任實龍巖里石燈

　이 표를 보면 9세기의 석조 조형물에는 모두 13종의 장엄조식이 부조되고 있음을 알 수 있다. 이를 각 조형물별로 보면 석탑 10종, 불상 6종, 부도 9종, 석등 5종, 석비 3종으로 파악되어 석탑, 부도, 불상, 석등, 석비의 순으로 조식이 분포되어 있음을 알 수 있다. 이중 석탑과 부도에는 가장 많은 조식이 부조되고 있는데, 이는 사리가 봉안 되었다는 종교적인 인식과 더불어 다양한 장엄조식이 부조될 수 있는 공간이 확보되어 있는 구조적인 특징에서 기인한 것으로 생각한다. 나아가 사자, 가릉빈가, 권운문을 제외한 나머지 조식은 모두 석탑에 등장한 것이어서 양식적인 공통성과 함께 조식 역시 시대적인 조류에 의했음을 알 수 있다.

　四天王은 석탑 7기, 부도 8기, 석등 5기등 모두 13기의 조형물에서 부조되고 있어 탑신을 구비한 조형물에서는 공통적으로 등장하고 있다. 그런데 이 상은 感恩寺址三層石塔 舍利器 및 華嚴寺四獅子三層石塔에서 보듯이 이미 8세기에는 석탑에 등장하는 주요한 부조상의 하나로 등장한 것으로 보인다. 따라서 석등에서는 표에서 제시한 것 이전에서는 조상 예를 볼 수 없고, 부도 역시 9세기 후기에 창안된 신양식임을 볼 때 석탑에서 시작된 彫飾이 석등과 부도로 이어진 것으로 보인다. 아울러 위치 또한 중심부인 탑신의 4면에 부조되고 있는 공통성을 보이고 있다. 그러므로 이들 조형물의 구성 부위중 가장 중요시하는 곳에 배치 됨으로써 각 조형물이 지닌 종교적 의미를 한층 더해준 조식으로 생각할 수 있다. 즉, 탑신에 안치된 사리의 수호에 대한 의식과 함께 불국토를 지킨다는 의미가 함축되어 있는 것으로 생각한다.

　八部身衆은 석탑 14기, 청량사석조석가여래좌상과 연곡사 동부도에서만 부조되고 있어, 조식된 빈도를 볼 때 석탑에서 가장 중시된 조식으로 보여진다. 이 像 역시 9세기 전기의 작인 경주 남산리서삼층석탑에서 처음으로 채택되었고, 다른 유형의 조형물에서는 극소수의 예만 볼 수 있는 점으로 보아 석탑에서 중시된 莊嚴彫飾으로 보여진다. 조식된 위치는 모두 상층기단에 부조되고 있는데 이러한 배치는 기단의 각 면이 한개의 탱주로써 구획되어 자연스럽게 8면이 형성된 구조적인 면과 함께 사천왕상이 바로 윗층인 초층탑신에 배치되고 있는 점으로 미루어 兩 像이 지니고 있는 상·하관계의 개념에서 비롯된 것으로 생각한다.[8]

　仁王과 四方佛은 석탑에만 부조된 특징과 함께 모두 초층탑신에 등장하는 공통적인 면을 지니고 있다. 따라서 이 조식은 9세기에는 특별한 의미를 부여받지 못했던 것으로 생각된다. 이와 같은 연유는 앞서 고찰한 바와 같이 사천왕이 주요한 조식으로 등장했고, 단순히 문을 지키

8　四天王은 위로는 帝釋天을 모시고 밑으로는 八部身衆을 거느리고 있는데 각 四天王에 소속된 八部身衆은 다음과 같다. 東方 持國天: 乾달婆, 毘舍闍, 西方 廣目天: 龍, 富單那, 南方 增長天: 鳩槃茶, 薛荔多. 北方 多門天: 夜叉, 羅刹.
　張忠植, 『韓國의 佛像』, 東國大附設釋經院, 1983, pp.83-84.

고, 사방을 수호한다는 이들의 기능 보다도 護國·護法·護佛 의 기능을 지닌 사천왕을 선호했던 당시의 사회적인 분위기에서 비롯된 것으로 생각된다.

　菩薩은 석탑 4기, 불상은 20기, 부도 및 석등은 각 1기씩 부조되고 있다. 조식된 위치는 석탑, 부도, 석등은 모두 중심부인 탑신에 있음에 비해, 불상에서는 모두 중대석에 부조된 특징을 보이고 있다. 아울러 이 상은 빈도수를 볼 때 다른 조형물 보다는 불상에서 가장 중시한 조식으로 보여진다. 주지 하다시피 보살은 上求菩提·下化衆生의 목표를 가지고 四弘誓願[9]을 세워 이를 실천하고자 하는 자를 지칭한다. 따라서 이들 조식이 불상의 중대석에 위치할 때 불상이 지닌 품격은 일반 대중에게 한층 높여 보였을 것으로 보여진다. 왜냐하면 불상은 이미 해탈한 석가의 성도상을 구현하고 있어 해탈을 구현하고자 노력하는 자와 이미 正覺을 이룬자와의 上·下관계를 분명히 규정짓고 있다고 생각되기 때문이다. 불교가 전래된 이후 보살은 單獨像 혹은 主尊佛의 眷屬으로 造像되었고, 조상 재료 또한 금동 혹은 석재등 다양한 면을 보여왔을 뿐만 아니라 화려한 장식으로 말미암아 조각사상 한 주류를 형성하여 왔다. 그러나 9세기에 이르러는 대부분의 불상의 석재로써 조성되고, 이들 석불은 대부분이 獨尊像이란 특성을 지니고 있어 대좌의 중대석으로 그 위치를 변화 시키면서 본래의 기능을 유지했던 것으로 보인다. 따라서 9세기의 석불 대좌에서 부조된 보살은 이전의 불상에서는 이같은 예를 볼 수 없고, 더욱이 석탑을 비롯한 조형물에서는 全無했던 점으로 보아 이 시기에 이르러 새롭게 유행된 양식으로 생각된다.

　十二支는 석탑 4기, 부도와 석비에서 각각 1기씩에 부조되고 있다. 조식된 위치는 하층기단, 탑신, 비좌등 다양함을 보이고 있다. 그런데 이들 조식이 비록 소수지만 각 조형물에 분포하고 있는 반면 빈도수가 낮은 것은 이 상의 상위적 기능을 지닌 藥師如來佛이 조상된 데에 기인한 것으로 보인다. 즉, 약사여래는 주로 현실적인 문제를 해결하는 구원의 매체로서 9세기 불상의 한 주류를 형성했고, 十二支는 이를 위해 발한 12대 서원을 하나씩 부여받고 등장한 것으로서 양자의 관계는 上·下의 개념이 內在되어있다. 따라서 9세기에 이르러 십이지 보다 상위의 기능을 지닌 약사여래가 조상되어[10] 신앙의 본질을 구현할 때 구태여 下部眷屬에 대한 조상의 필요성이 切感된 데에 기인한 것으로 생각된다.

　飛天像석탑 2기, 불상 1기, 부도 2기에서 부조되고 있어 9세기의 석조 조형물에서 차지하는 비중은 다른 조식에 비해 낮은 편이다. 그러나 이 상이 부조된 석탑과 부도는 死者에 대한 예배

9　四弘誓願은 1. 衆生無邊誓願度, 2. 煩惱無盡誓願斷, 3. 法門無量誓願學, 4.佛道無上誓願成을 말하는데 모두 중생을 제도하고 이를 모두 佛門으로 인도하려는 誓願이다.

10　9세기에 건립된 약사여래는 慶州 南山 茸長寺溪石造藥師如來坐像, 尙州 曾村里石佛坐像, 英陽蓮塘洞石佛坐像, 丹城石造如來坐像, 慶州 南山 三陵溪石造藥師如來坐像의 5구가 있다.

와 영원성을 내포하고 있고, 더욱이 부조된 위치를 볼 때 석탑은 하층기단에, 부도는 옥개석의 하면에 배치되고 있는 점으로 보아 천상의 세계를 상징적으로 보여주고 있는 조식으로 생각된다. 비천상이 부조된 조형물중 廉居和尙塔이 844년, 雙峰寺澈鑒禪師塔이 868년의 작품이고, 나머지 석탑과 불상 역시 후기의 작품으로 추정된 점으로 보아 이 像은 9세기 후기에 부도에서 장엄조식으로 채택되기 시작한 것으로 보인다.

門扉形은 석탑 10기, 부도 12기, 석등 1기에서 보이고 있어 석탑과 부도에서 가장 중시된 것으로 보인다. 이 조식은 모두 괴체로된 탑신에 부조되고 있고, 자물쇠 및 문고리까지 표현하고 있어 비록 석재로 구성된 탑신이지만 내부는 공간이 확보되어 있다는 의사를 강력히 표현하고 있는 것으로 보인다. 더욱이 부도의 경우는 탑신의 8면중 4면에 사천왕을 배치하고, 그 사이에 문비형을 1구씩 조각하여 사리의 수호와 공간의 확보라는 2중적인 욕구를 모두 충족시키고 있다. 따라서 문비형은 탑신에 사리를 안치하고 있는 석탑과 부도가 지닌 종교적인 속성을 한층 부각시키는 역할을 한 조식으로 생각된다. 그런데 석등의 경우는 중심부가 괴체형임에도 불구하고 1기에 불과한 점은 화창이 개설되어 있어 내부가 외견상 공간을 확보하고 있는 구조적인 면이 작용한 결과에서 비롯된 것으로 생각된다. 불교조형물에서 문비형의 시작은 8세기의 석탑에서 이미 보이고 있고[11], 부도는 9세기 후기에 조성되고 있다. 따라서 발생 초기의 부처의 사리에 대한 숭배의식이 선종의 유행으로 말미암아 조성된 부도에 까지 파급된 것으로 보인다.

龕室은 2기의 석탑에서만 볼 수 있지만, 조형의 의사는 문비형과 동일한 것으로 보인다. 그러나 양식의 발달이란 측면에서는 始原樣式의 석탑에서 볼 수 있다.[12] 따라서 괴체로된 석재의 내면을 파내어야 한다는 조성상의 어려움이 표면에 부조함으로써 동일한 효과를 얻는 문비형으로 이행되어 이 조식은 크게 활용되지 못한 것으로 생각된다. 그러므로 9세기의 석조 조형물은 외형상 전하는 종교적인 숭배감 보다는 내면에 지니고 있는 상징적인 표현에 더욱 치중했음을 보여주는 조식으로 믿어진다.

眼象은 석탑에서는 11기에서만 볼 수 있지만 불상·부도·석등·귀부에서는 모두 표현되고 있어 9세기의 석조조형물에서 가장 많은 사용 예를 보여주고 있다.

이 조식은 三國期의 불상대좌에서 채택된 이래 형식에 관계없이 부조되고 있는 점으로 보아 그 기원은 불상에서 비롯된 것으로 보인다. 조식의 위치는 석탑의 경우 前期의 작에서는 주로 상층기단에 부조 되었으나, 後期에 이르러는 하층기단의 각 면에 배치되어 있다.[13] 아울러 다른

---

11 8세기에 건립된 석탑중 초층탑신에 門扉形이 模刻된 예는 高仙寺址三層石塔에서 볼 수 있다.

12 7세기의 作인 의성 탑리오층석탑에서 龕室의 예를 볼 수 있다.

13 9세기에 건립된 석탑중 안상이 조식된 예는 표에서 보듯이 모두 12기에 달하고 있는데 이중 梵魚寺三層

조형물에서는 대부분이 하대 하단석에 부조되고 있고, 이들의 조성은 후기에 집중적으로 조성된 점으로 보아 9세기의 후기에는 가장 하층의 면석에 자리잡은 것으로 보인다. 그런데 안상은 석탑과 석등에서는 단독으로 부조되고 있으나, 부도 및 불상에서는 내부에 사자, 화문등이 부조되어 있는 특징을 보이고 있다. 따라서 안상은 다분히 장식적인 요인을 지니고 있음에도 불구하고, 협소한 하대석의 공간에 조화와 균형을 부여한 조식으로 생각된다. 왜냐하면 대부분의 조형물, 그중에서도 팔각형의 기단을 구비한 불상, 부도, 석등의 경우는 하대 상단석 으로 부터 다양하고도 화사한 조식이 부조되어 있어 안상의 등장은 조화를 이루기 위한 필연적인 결과였던 것으로 믿어지기 때문이다.

獅子는 항마촉지인불에서 2기, 비로사나불에서 13기, 부도 9기, 석등 4기에 부조되어 있어 비로사나불과 부도에서 가장 중시한 조식으로 생각된다. 그런데 비로사나불은 주로 하대 하단석에 위치하고 있는 반면, 부도에 있어서는 하대 상단석에 부조되고 있는 특징을 보이고 있다. 이같이 기단의 조식으로 나타나는 사자는 현존 최고의 불상인 뚝섬출토 銅造如來坐像의 臺座에서 보인 이래[14] 8세기의 조성인 獐項里寺址石造佛像에서 볼 수 있어, 이 시기의 독창적인 조식이 아님은 물론 그 淵源은 불좌에 있음을 알 수 있다. 그러나 삼국기의 불좌에서 보인 사자는 대부분이 방형의 대좌 좌·우에 각 1구씩 배치되고있을 뿐만 아니라, 조각 역시 靜的인 감을 주고 있다. 그러나 9세기의 조형물에 부조된 사자는 8각형의 각면에 1구씩 모두 8마리가 부조되고 있으며, 마치 살아있는 듯한 생동감을 주고 있어 前代의 조각수법과는 다른 일면을 보이고 있다. 불교 조형물에서 사자의 조식은 지상의 왕자인 이 동물이 佛家의 조형물을 받들고 있어 그 어느 것도 감히 범할수 없다는 神聖과 崇拜의 의사를 표현하고 있는 것으로 믿어진다. 아울러 이와 같은 조형의 의사는 삼국기의 것이나 후대의 조형물에서 모두 동일한 의식으로 볼 수 있지만, 9세기의 조형물에서 표현된 사자는 삼국기의 것 보다는 더욱 강렬한 일면을 보이고 있다 하겠다. 9세기에 이르러 석조물의 浮彫像으로 사자의 채용은 부도의 경우 844년에 건립된 廉居和尙塔에 보이고 있으며 이어 건립된 大安寺寂忍禪師照輪淸淨塔, 雙峯寺澈鑒禪師塔을 비롯하여 대부분의 新羅石造浮屠에 조식되고 있다. 비로사나불에 863년 작인 桐華寺 毘盧庵石造毘盧舍那佛坐像에 채용된 이래 奉化 鷲棲寺石造毘盧舍那佛坐像을 비롯한 대부분의 불상 下臺 下段石에

石塔, 安東 玉洞三層石塔, 무藏寺址三層石塔, 漆谷箕城洞三層石塔, 述亭里西三層石塔, 慶州 南山僧燒谷三層石塔은 前期의 作으로, 鐵原 到彼岸寺三層石塔(865), 奉化 鷲棲寺三層石塔, 寧國寺三層石塔(867), 寒溪寺址三層石塔(1), 孤雲寺三層石塔, 證心寺三層石塔은 後期의 作으로 추정한 바 있다.
　朴慶植, 「新羅 九世紀 石塔의 特性에 關한 硏究」, 『蕉雨黃壽永博士古稀紀念美術史學論叢』, 通文館, 1988, p.341.
14 金元龍, 「뚝섬 出土 金銅佛坐像」, 『韓國美術史硏究』, 一志社, pp.150-154.

조식되고 있다. 그러므로 불교 조형물에서 사자 조식의 시작은 비록 불좌에 그 기원을 둘 수 있지만, 9세기에서는 부도에서 부활하여 불좌에 까지 영향을 준 것으로 보인다.

迦陵頻伽는 불상 2기, 부도 3기에서 부조되고 있다. 그런데 이 조식은 앞 시기의 어떠한 형식의 조형물에서도 그 예를 볼 수 없고, 다만 황룡사지를 비롯하여 분황사지, 삼랑사지, 임해전지, 천은사지, 보문사지, 남윤사지등에서 출토된 막새기와에서[15] 그 조형을 볼 수 있을 뿐이다. 따라서 가릉빈가는 당초 목조건축의 지붕을 장식했던 막새기와에서 시작되어 9세기에는 석조 조형물에 채용된 것으로 보인다. 조식된 위치는 불상에서는 모두 하대 하단석에 위치하고 있으나, 부도의 경우는 중대석 및 탑신 받침대에 부조되고 있다. 이미 알려진 바와 같이 가릉빈가는 인간의 머리에 새의 몸을 지닌 환상적인 瑞鳥로서 표현되고 있다. 따라서 이 형상은 다분히 극락의 세계를 의미하고 있는 것으로 보이는데, 특히 부도에서의 표현은 바로 주인공인 선사가 천상에 존재하고 있음을 상징적으로 보여주는 조식의 하나로 여겨진다. 가릉빈가는 극 소수의 불상과 부도에서만 부조된 까닭에 다른 조형물과의 관계를 살필 수 없는데, 특히 불상은 물결리사지의 것에만 국한되어 이 경우는 지역성의 문제로 생각된다. 그러나 부도의 경우는 선사의 사리가 안치되어 있다는 성격과 더불어 경상북도 북부와 전라남도에 분포되어 있음을 볼 때 불교조형물의 조성에는 동일한 의사와 동기가 부여되고 있음을 알 수 있는 조식으로 생각된다.

圈雲紋은 비로사나불 3기. 부도 6기, 고복형석등 4기와 대부분의 석비에서 볼 수 있는 조식으로, 9세기에 유행했거나 창안된 신양식의 조형물에서만 등장하고 있다. 이 조식은 9세기의 석조 조형물에 상당한 변화를 가져와 독특한 형식을 창안 하는데 중요한 역할을 한 것으로 보인다. 즉, 불상에 있어서는 중대석에 위치하여 종래의 팔각형을 무시하고 全面을 이로써 부조하여 조형감각은 물론 평면구도에 까지 변화를 일으키고 있다. 부도에 있어서는 쌍봉사철감선사탑의 경우 하단석을, 선림원지 홍각선사탑은 불상과 같이 중대석을 이로써 滿彫하고 있고, 나머지의 경우는 臺를 형성하여 중대석 및 탑신석의 받침으로 활용되고 있다. 석등 역시 臺를 형성하여 간주석을 받치고 있다. 석비에 있어서는 주로 이수에 용과 복합적으로 표현되어 있어, 마치 용이 구름사이를 날고 있는 형상을 보여주고 있다. 따라서 불상↔부도, 부도↔석등↔석비로 연결되는 양식의 호환성을 단적으로 보여주는 조식으로 생각된다.

이상에서 고찰한 13종의 조식중 인왕과 사방불을 제외한 나머지는 대부분의 조형물에서 공통적으로 부조되어 있음을 알 수 있었다. 따라서 9세기의 석조 조형물은 양식적으로도 공통적인 요인을 지니고 있지만, 장엄조식에 있어서도 동일한 현상을 볼 수 있었다. 특히 불상, 부도,

---

15 林永周,『韓國紋樣史』, 미진사, 1983, p.236.

석등에서만 등장하는 사자, 가릉빈가, 권운문의 조식은 9세기의 조형물에서 유행된 독특한 조식이었음을 알 수 있었다.

Ⅳ. 받침부

대부분의 석조 소형물은 기단부, 탑신부, 상륜부의 3부분으로 구성되어 있는 까닭에 각 부위의 접합부에는 자연스럽게 받침이 등장하고 있다. 이는 여러개의 석재를 쌓은 구조물에 안정감을 주는 동시에 시각적으로도 미적 감각을 느낄 수 있도록 다양하게 적재적소에 배치되고 있다. 9세기의 석조 조형물에 보인 받침은 角形 1·2·3단, 弧角形 2단, 角弧角形 3단, 굽형괴임대, 별석받침으로 구분된다. 이중 굽형괴임과 별석받침은 이 시기 조형물에서 유행된 독특한 형식의 받침 형식으로 주목 되는데 이를 각 조형물별로 정리해 보면 다음의 〈표-2〉로 집약된다.

〈표-2〉 받침부 현황

받침명	分類	位置	造形物
굽형괴임대	降魔觸地印佛像	中臺石	浮石寺 慈忍堂石造如來坐像, 善山 海平洞石造如來坐像, 醴泉 靑龍寺石造如來坐像, 西穴寺石造如來坐像, 法住寺石造如來坐像
	毘盧舍那佛像	中臺石	石造毘盧舍那佛坐像(國搏), 桐華寺 毘盧庵石造毘盧舍那佛坐像, 奉化 鷲棲寺石造毘盧舍那佛坐像, 永川 華南洞石造毘盧舍那佛坐像, 佛谷寺石造毘盧舍那佛坐像, 榮州 北枝里石造毘盧舍那佛坐像2기, 襄陽 黃耳里石造毘盧舍那佛坐像, 覺淵寺石造毘盧舍那佛坐像, 安東 磨崖洞石造毘盧舍那佛坐像原州郡廳內 石造毘盧舍那佛坐像 2기
	浮屠	中臺石	雙峰寺澈鑒禪師塔, 雙谿寺眞鑑禪師大空塔, 禪林院址弘覺禪師塔
	一般形石燈	竿柱石	浮石寺無量壽殿 앞 石燈, 天冠寺石燈
별석받침	石塔	初層塔身	慶州 西岳里三層石塔, 慶州 南山里東三層石塔, 法光寺址三層石塔, 聖住寺址東三層石塔, 聖住寺址西三層石塔, 聖住寺址中央三層石塔, 聖住寺址五層石塔, 塔洞三層石塔, 鐵原 到彼岸寺三層石塔桐華寺 毘盧庵三層石塔, 華嚴寺 九層庵三層石塔, 藥師寺三層石塔
	浮屠	塔身部	陳田寺址浮屠, 廉居和尙塔, 寶林寺普照禪師彰聖塔, 雙谿寺眞鑑禪師大空塔, 望海寺址浮屠, 實相寺證覺大師凝寥塔, 實相寺秀澈和尙楞伽寶月塔, 大安寺寂忍禪師照輪淸淨塔, 雙峰寺澈鑒禪師塔, 鳳巖寺智證大師寂照塔, 연곡寺東浮屠, 禪林院址弘覺禪師塔
	鼓腹形石燈	火舍石	開仙寺址石燈, 華嚴寺 覺皇殿 앞 石燈, 禪林院址石燈, 任實 龍巖里石燈

이 표를 볼 때 굽형괴임대는 불상에서, 별석받침은 석탑과 부도에서 주로 사용되고 있음을 알 수 있다. 아울러 전자는 중대석에, 후자는 탑신부에 채택되고 있는데 쌍봉사철감선사탑, 선림원지홍각선사탑, 화엄사 각황전 앞 석등, 선림원지석등의 경우는 양 부분에 모두 괴임대가 등장하고 있다. 이와 같이 9세기의 석조유물에 角形等의 일반적인 받침보다 더욱 많은 정성과 기교를 필요로 하는 이 유형의 받침이 등장함은, 단순히 조형물에 대한 장식의 효과 보다는 중심부에 대한 숭앙의 의식에서 비롯된 것으로 생각된다. 불상과 부도에서는 굽형괴임대가 중대석의 받침으로 사용되어, 다른 부재에 비해 상대적으로 낮은 이 부분을 높여 결과적으로는 조형물 전체가 높아지는 현상을 초래하고 있다. 이 밖에도 상·하대석의 사이에 놓여 다양한 조식이 있음에도 불구하고 위축되어 보이던 중대석이 이로 말미암아 美的으로나 視覺的인 효과를 얻음으로써 불좌의 한 구성부로서 위치를 확보하게 된 것으로 생각된다. 이 받침은 國博藏 석조비로사불에서 처음으로 등장한 점으로 보아 일단 발생은 9세기 전기에 둘 수 있다. 그러나 동화사비로암석조비로사나불좌상(863), 봉화 취서사석조비로사나불좌상(867)등을 비롯한 후기의 불상에서 집중적으로 채택되고 있고, 부도에서는 大安寺寂忍禪師照輪淸淨塔에서 발생되어, [16] 쌍봉사철감선사탑에서 양식적 완성을 이루고 있다. 따라서 이 형식의 받침은 9세기 후기의 조형물에서 확립된 신양식의 하나로 보인다. 아울러 같은 형식의 받침이 별개의 형식에 공존하고 있는 점으로 보아 양식적으로 불상↔부도↔석등의 함수관계가 성립되고 있었음을 알 수 있다.

별석받침은 탑신을 구비한 석탑과 부도, 고복형석등에 집중되고 있는데 상대석과 한돌로 구성된것과 별개의 석재로서 받침을 구성한 2가지의 형식이 공존하고 있다. 그런데 석탑과 고복형석등의 경우 한돌로 구성된 것은 모두 굽형괴임대의 형식을 취하고 있다. 부도에 있어서는 선림원지홍각선사탑에서만 이 형식을 볼 수 있다.[17] 이같은 2가지 형식의 받침은 모두 탑신을 받치고 있어, 석탑과 부도의 탑신에 부조된 사천왕, 문비형등 사리의 수호에 일차적 목적을 지닌 조식과 같은 맥락에서 등장한 것으로 생각된다. 따라서 이에 나타난 형식상의 차이는 조형수법상의 문제이지 탑신에 안치된 사리에 대한 숭앙의식에서 등장한 原意는 동일한 것으로 보인다. 즉, 석탑에 있어서는 초층탑신에 안치된 사리의 崇仰에 있고, 부도에 있어서도 禪師의 舍利가 안치된 탑신에 촛점이 모아지는 형상으로 생각한다. 석등의 경우는 鼓腹形石燈에서 보이

---

16 이 부도는 중대석 받침으로 낮은 각형 3단위에 다시 높은 각형 1단의 받침을 조출하여 괴임대석의 형태를 보이고 있다.
  鄭永鎬, 『新羅石造浮屠研究』, 檀國大大學院博士學位論文, 1974, p.50.

17 이와 같은 경우 엄격히 말하면 별석받침으로 볼 수 없지만, 탑신에 위치하고 있어 이를 별석받침의 범주에 포함 시켰다.

고 있는데 이 역시 석탑, 부도와 마찬가지로 등화 시설물로의 중심부인 화사석에 대한 신앙적 배려에 의해 등장한 것으로 보인다. 이와 같은 의미를 지닌 별석받침은 9세기 前期의 석탑인 경주 남산리동삼층석탑등에서 보인 바와 같이 초기에는 1매의 別石을 탑신에 삽입한 형태에서 시작되어 법광사지삼층석탑과 같은 굽형괴임대의 형식으로 발전한 것으로 보인다. 더욱이 굽형괴임대 형식의 받침은 별석이 아니라 上臺 甲石과 같은 돌로 구성되어 있다. 따라서 탑신부에 등장하는 별석받침은 석탑에서 2가지 형식이 완성되어 이후 건립되는 부도와 고복형석등에 영향을 수었던 것으로 생각된다.

이상에서 고찰한 바와 같이 굽형괴임대와 별석받침은 前代의 조형물에서는 볼 수 없었던 9세기의 조형물에서 탄생한 신양식으로 보인다. 아울러 前者는 불상에서, 後者는 석탑에서 시작되어, 상호 양식적 교류가 있었음은 물론 부도와 석등에 까지 영향을 주었음을 알 수 있었다. 따라서 이들 2형식의 받침은 別個의 조형물이 상호 有機的인 관계에서 조성되고 있음을 알 수 있는 중요한 요인으로 생각된다.

V. 蓮華紋

조형물에 등장하는 많은 조식중 가장 쓰임이 많으면서도 佛家의 상징을 내포하고 있는 것은 단연 연화문임은 말 할 나위가 없다. 연화문은 불교전래 이래 조성된 금동불의 대좌나, 수막새 기와에서 주로 사용되다가 8세기에 이르러는 석조 조형물에 까지 파급되어 다양한 사용례를 남기고 있다. 연화문은 석탑을 제외한 모든 석조 조형물에 조각되고 있는데, 특히 팔각형의 대좌를 구비한 불상, 부도, 석등에서 다양한 양식을 볼 수 있다. 아렇듯 석재로 된 조형물에 연화문이 조각되어 보는 이로 하여금 재질이 주는 딱딱함과 차가움에서 따뜻함과 부드러운 감각을 느끼게 하는 중요한 역할을 한 것으로 보인다. 아울러 이같은 외견상의 변화는 연꽃이 지닌 특성으로 말미암아 중생의 제도라는 궁극적인 목적을 지닌 불교의 성격을 분명히 표출시키고 있음은 물론, 한편으로는 중심부에 대한 숭앙의 의미가 함축되어 있는 것으로 생각된다. 아러한 의미를 지닌 연화문은 9세기의 조형물중 불상, 부도, 석등의 기단에서 다양한 양식을 보이며 조각되어 있는데 이를 정리해 보면 다음의 〈표-3〉으로 집약된다.

〈表-3〉蓮華紋의 種類 및 現況

蓮華紋	分類	위치	造形物
귀꽃있는 伏蓮	降魔觸地印佛像	下臺石	安東 安奇洞石造如來坐像, 洪川 物傑里 石造如來坐像, 善山 海平洞石造如來坐像, 西穴寺 石造如來坐像, 法住寺石造如來坐像
	藥師如來佛像	下臺石	蓮塘洞石造藥師如來坐像
	毘盧舍那佛像	下臺石	慶北大石造毘盧舍那佛坐像(2기), 永川 華南洞石造毘盧舍那佛坐像, 深福寺石造毘盧舍那佛坐像, 覺淵寺石造毘盧舍那佛坐像
	浮屠	下臺石	望海寺址浮屠, 聖住寺朗慧和尚白月保光塔, 寶林寺東浮屠
	一般形石燈	下臺石	鷲棲寺石燈
	鼓腹形石燈	下臺石	清凉寺石燈, 開仙寺址石燈, 華嚴寺覺皇殿앞石燈 禪林院址石燈, 實相寺石燈, 任實 龍巖里石燈
瓣內 花紋 있는 伏蓮	降魔觸地印佛像	下臺石	安東 安奇洞石佛坐像
	毘盧舍那佛像	下臺石	襄陽 黃耳里石造毘盧舍那佛坐像
	一般形石燈	下臺石	法住寺四天王石燈, 雲門寺 金堂앞石燈, 海印寺石燈, 陜川 伯岩里石燈, 實相寺 百丈庵石燈
單葉 2重 仰蓮	藥師如來佛像	上臺石	慶州 南山三陵溪石造藥師如來坐像
	浮屠	上臺石	廉居和尚塔, 望海寺址浮屠, 實相寺證覺大師凝廖塔
	一般形石燈	上臺石	聖住寺址石燈, 符仁寺石燈
瓣內 花紋 있는 單葉 8·16瓣 仰蓮	降魔觸地印佛像	上臺石	藥師庵石造如來坐像, 洪川 物傑里石造如來坐像,
	藥師如來佛像	上臺石	蓮塘洞石造藥師如來坐像
	浮屠	上臺石	雙峰寺澈鑒禪師塔, 寶林寺普照禪師彰聖塔石南寺浮屠
	一般形石燈	上臺石	法住寺四天王石燈, 遠願寺址石燈, 浮石寺 無量壽殿 앞 石燈, 雲門寺 金堂 앞 石燈, 海印寺石燈陜川 伯岩里石燈, 實相寺 百丈庵石燈
	鼓腹形石燈	上臺石	開仙寺址石燈, 華嚴寺 覺皇殿 앞 石燈, 實相寺石燈, 任實 龍巖里石燈
瓣內 花紋 있는 單葉 16瓣 2重 仰蓮	降魔觸地印佛像	上臺石	浮石寺 慈忍堂石造如來坐像, 善山 海平洞石造如來坐像, 醴泉 青龍寺 石造如來坐像, 橫城 上洞里 石造如來坐像, 觀龍寺 龍船臺石造釋迦如來坐像, 西穴寺石造如來坐像, 慶州 南山茸長寺溪石造如來坐像, 尙州 曾村里石造如來坐像
	毘盧舍那佛像	上臺石	石造毘盧舍那佛坐像(國博), 桐華寺 毘盧庵石造毘 盧舍那佛坐像, 奉化 鷲棲寺石造毘盧舍那佛坐像, 慶北大石造毘盧舍那佛坐像(보물335), 佛谷寺石造 毘盧舍那佛坐像, 榮州 北枝里石造毘盧舍那佛坐像(2기), 覺淵寺石造毘盧舍那佛坐像, 安東 磨崖洞 石造毘盧舍那佛坐像, 原州郡廳內 石造毘盧舍那佛坐像 1
	浮屠	上臺石	鳳巖寺智證大師寂照塔, 연곡사東浮屠
	一般形石燈	上臺石	符仁寺東方寺址石燈, 寶林寺石燈
單葉 3重 仰蓮	降魔觸地印佛像	上臺石	陜川 伯岩里石造如來坐像
	浮屠	上臺石	大安寺寂忍禪照輪清淨塔, 實相寺秀澈和尚楞伽寶寶月塔
瓣內 花紋있는 單葉 16瓣 3重 仰蓮	降魔觸地印佛像	上臺石	法住寺石造如來坐像
	毘盧舍那佛像	上臺石	永川 華南洞石造毘盧舍那佛坐像, 洪川 物傑里石造毘盧舍那佛坐像

이 표를 보면 9세기에는 조형물의 양식적 변화와 아울러 종래의 획일성을 보이던 單·複葉의 화문에서 많은 변화가 있었음을 알 수 있다. 즉, 하대석에서는 통식적인 연화문이 주종을 이루고 있지만 판단의 귀꽃과 판내에 화문이 있는 연화문이 등장하고 있으며, 상대석에서는 판내에 화문이 있는 다중 연판이 큰 특징으로 파악 되었다.

하대석에서 파악된 귀꽃이 있는 연화문은 8각형의 대좌를 지닌 모든 조형물에서 검출되고 있는데, 특히 항마촉지인불상, 비로사나불, 고복형석등에서 집중적인 조식을 볼 수 있다. 부도의 경우는 대부분이 하대석에 연화문있는 5기중 3기에서 검출되고 있는 점으로 보아 이 역시 절대다수를 점하고 있는 것으로 보인다. 이같이 연화문의 瓣端에 장식된 귀꽃은 澗月寺址石造如來坐像의 대좌에서 시작된 것으로 보이는데, 9세기에는 도피안사철조비로사나불상의 하대석에서 채용되어 주로 후기의 조형물에서 집중적으로 조식되고 있다. 판내에 화문이 있는 복연은 719년 作인 甘山寺石造彌勒菩薩立像의 대좌에서 시작된 것으로 보이는데, 9세기의 조형물에서는 불상 2기, 석등 5기에서 보이고 있다. 더욱이 판단에 귀꽃이 있는 연화문이 모두 單·複葉의 伏蓮임에 비해 새로운 변화가 시도된 것으로서 주로 상대석에서 채용된 까닭에 하대석에서는 크게 활용되지 못했던 것으로 보인다. 이와 같은 현상을 볼 때 하대석의 연화문은 이미 형성된 단복엽의 복연에서 탈피하고자 하는 시도가 있었지만 전체적인 면에서 귀꽃과 판내에 화문을 조각하는 정도에서 그친것으로 생각된다. 그러나 상대석에서는 이 시기 석조 조형물의 양식적 특성으로 볼 수 있는 다양한 변화가 일고 있어 9世紀人의 새로운 조형감각을 볼 수 있다.

상대석의 연화문에서 보인 변화의 시발은 종래의 單瓣에서 2중, 3중의 단엽앙연이 조각되고 있는 점이다. 전자는 766년 작인 內院寺 石造毘盧舍那佛坐像의 상대석에서 처음 시도된 것으로 보이는데 9세기의 조형물에서는 3종류 6기에서 보이고 있다. 그런데 이들은 대부분이 후기의 작으로, 兩者는 약 100년의 시차가 있음을 알 수 있다. 더욱이 8세기의 조형물에서는 慶州 南山 彌勒谷石佛坐像 이외의 것에서는 볼 수 없는 점으로 보아 이 연화문의 양식 근원은 8세기에 있지만, 실제로 조형물에서 널리 사용된 것은 9세기의 상황으로 생각된다. 특히 후자의 연화문은 前代의 어떠한 형식의 조형물에서도 볼 수 없고, 大安寺 寂忍禪師照輪清淨塔이 가장 빠른 861년의 건립연대를 지니고 있는 점으로 보아 이 부도에서 발상된 새로운 연화문의 형식임을 알 수 있다. 이와 같은 多重의 연판을 구비한 상대석과 더불어 종래의 單瓣 仰蓮內에 花紋을 조각한 연화문이 一群을 이루며 등장하고 있다. 즉, 연화문에 대한 본격적인 변화가 시도되고 있다. 瓣 內에 화문이 있는 仰蓮은 719년 作인 甘山寺石造彌勒菩薩立像에서 볼 수 있어 이러한 양식은 8세기 초반에 이미 등장하고 있음을 알 수 있다. 그러나 당시의 佛座에서는 더 이상 나타나지 않고 있으며, 9세기에 이르러 모든 유형의 조형물에 골고루 등장하고 있다. 따라서 이 형식의 연화문은 같은 형식의 多重 仰蓮이 등장할 수 있는 양식적 기반과 조형감각을 마련한 것으로 보인다. 瓣 內에 화문이 조각된 연화문은 불상의 상대석에 집중적으로 조각되고 있다. 이와 같은 현상은 부도와 석등이 탑신과 옥개석에 다양한 조식과 양식을 가미할 수 있는 공간이 마련되고 있음에 비해 불상으로서는 더 이상의 공간이 없었던데서 크게 활용된 것으로 생각된다. 즉, 불상을 받치는 마지막 부분에 화사한 연화문을 조각함 으로써 이에 대한 숭배와 아름답게 꾸미고자 하는 욕구를 충족시키고자한 발상에서 비롯된 것으로 생각된다. 이와 같은 불상에 대한 의식은 瓣內에 화문을 조각한 3중의 앙연을 탄생시키고 있다. 이는 앞의 연화문과 더불어 前代의 조형물에서는 양식적 기반을 찾을 수 없는 새로운 형식으로 불상에서만 조각되고 있다. 따라서 화문이 조각된 多重의 연화문은 9세기 조형물 지닌 양식중 가장 특징적인 현상으로 보아야 할 것으로 생각된다.

이상에서 고찰한 연화문은 대부분이 9세기에 유행된 새로운 형식 이었다. 아울러 팔각대좌를 구비한 모든 종류의 조형물에 공통적으로 조각되고 있는데, 이 역시 9세기 조형물이 양식적인 공통분모를 지니고 있음을 단적으로 보여주는 요인으로 생각한다.

연화문은 연꽃의 형상을 구현한 것이다. 그러므로 아름다움은 가장 필수적인 요건으로 꼽을 수 있다. 따라서 어떠한 형식의 조형물에 등장 하던간에 보는 이로 하여금 美的인 感興을 일으켜야 한다는 當爲性을 지니고 있다. 하물며 조각의 대상이 종교적인 것일 때에는 그들이 믿고, 숭배하는 대상에 대한 미의식은 표현의 한계를 넘는 초월적이고, 심지어는 비 현실적인것 까지도 수용할 수 있다고 생각한다. 앞에서 고찰한 다양한 형식의 연화문은 분명 이와 같은 의식의 産物이었고, 9세기 人의 창의적인 조형감각은 물론 그들이 추구했던 신앙의 단면을 보인 연꽃의 형상으로 믿어진다.

VI. 結語

이상에서 고찰한 바에 의하면 9세기는 서로 다른 형식의 조형물이 상호 유기적인 관계를 보이며 새로운 양식을 탄생·발전시킨 시기였음을 알 수 있었다. 즉, 이 시기에 탄생한 신양식은 특정한 조형물에만 국한되지 않고 다른 조형물에 영향을 주어 마치 하나의 계획된 설계도면에 의해 만들어진 듯한 착각이 들 정도로 많은 공통점을 지니고 있었다. 특히 평면구도에서 보인 연계성, 다양한 장엄조식, 받침부 및 연화문은 9세기에 건립된 모든 유형의 조형물에서 공통적으로 검출되고 있다. 이 같은 현상은 필자가 선정한 4가지 類型의 조형물이 분명한 외형적인 차이를 지니고 있음에도 불구하고 중심부를 좀더 아름답고 높게 보이고자 한 의도에서 비롯된 것으로 파악되었다. 따라서 9세기의 조형물에서 파악된 다양한 조식과 변화는 그간의 통념대로 이 시기의 조형물이 양식적인 퇴락, 혹은 사찰의 장식물로서의 전락이 아니라 반증을 보여주고 있는 중요한 요인으로 생각된다. 즉, 신앙의 대상물로서 건립된 다양한 형식의 조형물에 의미있는 조식과 변화를 부여함으로써 美的으로 우수한 조형물의 건립을 보게 되었고, 이로써 中代 新羅에 비해 결코 뒤지지 않는 예술의식과 불교에 대한 신앙이 있었음을 알 수 있었다.

이상과 같은 9세기 조형물에서의 변화는 앞 시기의 조형물에서 보인 양식적인 획일성을 과감히 깨뜨리고 새로움을 추구했던 9세기 사람이 지녔던 美意識의 새로운 일면을 보여주는 것으로 생각된다.

9世紀 新羅 石造美術의 特性

Ⅰ. 序言

9세기는 중앙 귀족의 치열한 왕위쟁탈전 및 호족세력의 난립으로 인한 정치적 혼란기였다. 미술사적으로도 찬란했던 8세기에 비해 양식적 쇠퇴기로 접어들어 예술 그 자체가 섬약하고 공예적인 것으로 전락했다는 것이 일반적인 견해이다. 따라서 100년에 걸친 이 시기의 미술품은 그간의 편견에 의해 통일신라라는 거대한 역사 속에서 극히 일부분의 위치를 점하는 것처럼 연구되어 왔다.[1] 그러나 어떤 시기의 양식을 이해하고자 한다면 그것을 고립적으로서가 아니라

---

1 9세기의 조형물에 대한 연구논문은 다음과 같다.

姜仁求, 「堤川 長樂里 模塼石塔 基壇部 調査」, 『考古美術』94, 考古美術同人會, 1968.

金元龍, 「光州 藥師庵 石造如來坐像」, 『湖南文化研究』5, 全南大 湖南文化研究所, 1973.

金和英, 「新羅澈鑑禪師塔과 塔碑에 대한 考察」, 『白山學報』9, 白山學會, 1970.

孟仁在, 「提川郡 月岳里三層石塔」, 『考古美術』68, 考古美術同人會, 1966.

文明大, 「新羅下代佛教彫刻의 研究(1)-防禦山 및 實相寺 藥師如來巨像을 中心으로」, 『歷史學報』73, 歷史學會, 1973.

_____, 「新羅下代 毘盧舍那佛像彫刻의 研究(一)」, 『美術資料』21, 國立中央博物館, 1977.

_____, 「新羅下代 毘盧舍那佛像彫刻의 研究(續)」, 『美術資料』22, 國立中央博物館, 1978.

_____, 「毘盧寺 石造 毘盧·阿彌陀 2佛像의 考察」, 『考古美術』136·137, 韓國美術史學會, 1978.

朴慶植, 「新羅 九世紀 石塔의 樣式에 關한 研究」, 『考古美術』173號, 韓國美術史學會, 1987.

_____, 「新羅 九世紀 石塔의 特性에 關한 研究」, 『蕉雨黃壽永博士古稀紀念美術史學論叢』, 通文館, 1988.

_____, 「新羅 景文王代의 石造美術에 關한 研究」, 『史學志』22, 檀國大 史學會, 1989.

_____, 「新羅下代의 鼓腹形石燈에 關한 考察」, 『史學志』23, 檀國大 史學會, 1990.

徐延受, 『實相寺 百丈庵三層石塔의 表面莊嚴에 關한 研究』, 梨花女大 大學院 碩士學位論文, 1972.

전체로서의 예술사의 맥락 속에서, 역사적 발전의 계기로서 이해해야 한다는[2] 견해에 비추어 볼 때 이 시기의 미술품은 당연히 새로운 시각에서 재조명 되어야 한다고 생각한다. 즉, 9세기 미술 역시 앞선 시기와 동일하게 당시의 정치 · 사회상을 반영하고 있으며, 반드시 탄생되어야 할 필연성을 내포하고 있다고 믿는다. 8세기의 조형미술이 정치적 안정과 경제적인 풍요로움을 토대로 했다면, 9세기의 미술에는 점차 해체의 길을 걷고 있는 신라의 숨결과 다시 한번 번

....

申榮勳, 「澈鑑國師浮屠의 木造樣式」, 『考古美術』4권1호, 考古美術同人會, 1963.

_____, 「陝川 淸凉寺 石造如來坐像의 臺座」, 『考古美術』38, 考古美術同人會, 1963.

_____, 「覺皇殿 前 石燈工事槪要」, 『考古美術』6-9, 考古美術同人會, 1965.

_____, 「華嚴寺九層庵塔 復元工事」, 『考古美術』62, 考古美術同人會, 1965.

李殷基, 「羅末麗初期의 龜趺碑와 浮屠研究」, 弘益大學院 碩士學位論文, 1975.

李殷昌, 「龍仁 漁肥里三層石塔」, 『考古美術』67, 考古美術同人會, 1966.

鄭永鎬, 「密陽 舞鳳寺 石造光背와 石佛坐像」, 『考古美術』19 · 20, 考古美術同人會, 1962

_____, 「襄陽 陳田寺址 三層石塔과 石造浮屠」, 『考古美術』83, 考古美術同人會, 1963.

_____, 「醴川 靑龍寺의 塔像」, 『考古美術』50, 考古美術同人會, 1964.

_____, 「昌原 佛谷寺 毘盧舍那佛」, 『考古美術』61, 考古美術同人會, 1965.

_____, 「鷲棲寺의 塔像과 石燈」, 『考古美術』7-4, 考古美術同人會, 1966.

_____, 「覺淵寺 石造毘盧舍那佛坐像」, 『考古美術』66, 考古美術同人會, 1966.

_____, 「寶林寺 石塔內 發見 舍利具에 대하여」, 『考古美術』123 · 124 合輯, 韓國美術史學會, 1972.

_____, 『新羅石造浮屠研究』, 檀國大學院 博士學位論文, 1974.3

_____, 「蔚州 望海寺 石造浮屠의 建立年代에 대하여」, 『又軒丁仲換博士還曆紀念論文集』, 1973.

_____, 「月岳山 月光寺址와 圓郎禪師大寶禪光塔에 대하여」, 『考古美術』129 · 130, 韓國美術史學會, 1976.

정은우, 「新羅後期 佛敎彫刻의 樣式考察-景文王代를 中心으로」, 弘益大 大學院 碩士學位論文, 1982

정태욱, 『統一新羅時代後期 石造如來坐像 研究-慶尙北道 地域의 像을 中心으로』, 弘益大 大學院 碩士學位論文, 1985.

鄭明鎬, 「浮石寺石燈에 對하여」, 『佛敎美術』3, 東國大 博物館, 1977.

_____, 「長興天冠寺 新羅石燈」, 『考古美術』138 · 139 合輯, 韓國美術史學會, 1978.

丁元卿, 『新羅下代 願塔建立에 關한 研究』, 東亞大學院 碩士學位論文, 1982.

秦弘燮, 「善山 海平洞 石造如來坐像」, 『考古美術』30, 考古美術同人會, 1962.

_____, 「禪本庵三層石塔」, 『考古美術』55, 考古美術同人會, 1965.

_____, 「提川 長樂里 模塼石塔 舍利孔」, 『考古美術』90, 考古美術同人會, 1968.

_____, 「漆谷 箕城洞三層石塔」, 『考古美術』102, 韓國美術史學會, 1969.

千得琰, 『實相寺三層石塔의 造形比批에 關한 研究』, 全南大 大學院 碩士學位論文, 1980.

黃壽永, 「新羅聖住寺 大朗慧和尙白月保光塔의 調査」, 『考古美術』9-11, 考古美術同人會, 1968.

_____, 「新羅 敏哀大王 石塔記-桐華寺毘盧庵三層石塔의 調査」, 『史學志』3, 檀國大史學會, 1969.

_____, 「新羅 金立之撰 聖住寺碑」, 『文化財』4, 文化財管理國, 1969.

_____, 「新羅 法光寺石塔記」, 『白山學報』8, 白山學會, 1970.

_____, 「新羅 皇龍寺 九層木塔 擦柱本紀와 그 舍利具」, 『東洋學』3, 檀國大 東洋學研究所, 1973.

洪思俊, 「無藏寺址石塔 復元에 대하여」, 『考古美術』34, 考古美術同人會, 1963.

_____, 「聖住寺址石塔 解體와 組立」, 『考古美術』113 · 114, 韓國美術史學會, 1972.

2 에론스트피셔 著 김성기 譯, 『예술이란 무엇인가』, 1984, 돌배게사, p.160.

영을 되찾고자 했던 흔적이 역력히 보이고 있기 때문이다.

9세기는 결코 미술사에서 양식상의 쇠퇴기가 아니라 오히려 중대신라에 비해 미술품의 숫적인 증가와 함께 전국적인 확산, 새로운 양식의 탄생과 더불어, 독자적인 예술의욕이 더욱 활발히 발휘된 시기였다.

필자는 9세기의 미술에 대한 몇가지의 견해를 피력한 바 있다.[3] 本稿 역시 같은 맥락에서 1990년 현재 지정된 문화재는 물론 현지조사에 의하여 확인된 원위치가 분명한 석탑, 불상, 부도, 석등, 비석 198점을 추출하여 다음과 같은 주안점으로 서술하고자 한다.

첫째, 8·9세기 석조미술품의 수적 대비를 통하여 9세기의 석조미술이 전국으로 확산 되었음을 명확히 함은 물론 이들의 확산경로 및 五岳, 九山禪門과의 관계를 밝히고,

둘째, 이 시기의 유물 중 건립연대가 확실한 조형물을 중심으로 9세기 석조미술에 나타난 양식상의 특성을 파악하고자 한다. 단, 불상의 경우 鐵佛은 본 논문의 주제와 부합되지 않으나 건립연대가 확실한 경우만 포함시켰다.

II. 分布上의 特性

9세기에 이르러 불교미술이 전국으로 확산되었음은 주지의 사실이다. 그러나 얼마나 많은 미술품이 어느 지역으로 확산 되었으며, 이들은 어떠한 특성을 지니고 분포되어 있는가 하는 문제는 밀도있게 고찰된 바 없다. 따라서 필자가 추출한 198점의 석조유물을 통하여 이들이 지닌 분포상의 특성을 파악 하고자 한다.

9세기 석조미술품을 통해 본 분포상의 특성을 분석해 보면 다음과 같다.

첫째, 8세기에 비해 수적인 면에서 5배에 달하는 많은 양의 석조물이 건립되었다는 점이다. 아울러 이는 바로 9세기의 불교미술이 전국으로 확산 되었다는 단적인 증거를 보여주고 있다고 하겠다. 필자가 현재까지 조사한 8세기의 석조물이 41점인데 비해 9세기는 198점에 달하고 있는데, 이의 분포를 道別로 정리해 보면 〈표-1〉로 집약된다.

3 朴慶植,「新羅 九世紀 石塔의 樣式에 關한 研究」,『考古美術』173號, 韓國美術史學會, 1987.
_____,「新羅 九世紀 石塔의 特性에 關한 研究」,『蕉雨黃壽永博士古稀紀念美術史學論叢』, 通文館, 1988.
_____,「新羅 景文王代의 石造美術에 關한 研究」,『史學志』22, 檀國大 史學會, 1989.
_____,「新羅下代의 鼓腹形石燈에 關한 考察」,『史學志』23, 檀國大 史學會, 1990.

〈표-1〉8・9世紀 石造遺物 道別 統計表

	석탑	불상	부도	석등	비석	계
경기도	1	1				2
강원도	9	7	2	1	1	20
충청북도	4 (1)	1		1 (1)	1	7 (2)
충청남도	4	3	1	2	1	11
경상북도	42 (17)	27 (12)	1	5 (1)	4 (3)	79 (33)
경상남도	15 (2)	7 (3)	4	5	3	34 (5)
전라북도	3	2	2	3	2	12
전라남도	16 (1)	4	5	5	3	33 (1)
계	94 (21)	52 (15)	15 (0)	22 (2)	15 (3)	198 (41)

* ( )는 8세기 유물의 숫자임.

** 현재 경복궁에 이전되어있는 廉居和尙塔은 9세기의 조형물이나 원위치가 불명한 관계로 본 표에 포함하지 않았음.

〈표-1〉을 볼 때 8세기의 석조물의 대부분이 경상북도 지역에 집중적으로 배치되어 있는데 반해 9세기에는 경북을 중심으로 전국에 걸쳐 배치되고 있음을 알 수 있다. 그리고 전체적인 면에서 경북지역 보다 다른 지역의 숫자가 무려 3배에 달하는 양상을 보이고 있어 수도 경주에 집중되어 있던 前代에 비해 지방에로의 확산현상이 뚜렷히 보이고 있다. 아울러 9세기는 각 유물의 수적인 면에서도 석탑은 4배, 불상은 3배, 석등은 11배에 달하는 많은 양이 건립되었으며, 부도 및 이와 관련된 승려의 탑비가 활발히 건립되고 있어 새로운 형식의 조형물이 건립되고 있음도 알 수 있다. 9세기 조형물의 전국화 현상을 좀더 뚜렷히 확인하기 위하여 이들 유물의 군별 현황을 보면 다음의 〈표 -2〉로 집약된다.

〈표-2〉8・9世紀 石造遺物 郡別 統計表

도	군	석탑	불상	부도	석등	비석	계
경상북도	경주군	8 (7)	2 (6)		1 (1)	3 (3)	14 (17)
	금릉군	3 (1)	2 (2)				5 (3)
	문경군	2		1			3
	봉화군	2	1		1		4
	상주군	1	2				3
	안동군	3 (3)	1 (1)				4 (4)
	영덕군	1					1
	영양군	3	1				4
	영일군	2				1	2

경상북도	영천군	2	1				3
	영풍군	2	7		2		11
	예천군	2	3 (1)				5 (1)
	울진군	1					1
	의성군	1	2				3
	청도군	2 (1)	(1)		1		3 (2)
	칠곡군	2					2
	경산군	2	(1)				2 (1)
	선산군	(5)	2				2 (5)
	성주군	1					1
	대구시	3	3				6
경상남도	부산시	1					1
	밀양군	1	1				2
	산청군	3					3
	양산군		1				1
	울주군	2 (1)	(1)	3			5 (2)
	진양군		1				1
	창녕군	1 (1)	1 (1)			1	3 (2)
	거창군	(1)				(1)	
	창원군		1				1
	하동군	1		1		1	3
	합천군	6	2		5	1	14
전라북도	남원군	2	1	2	2	2	9
	임실군	1	1		1		3
전라남도	광주시	3	2				5
	곡성군	1		1			2
	광양군	1			1		2
	구례군	5 (1)		1	1	1	8 (1)
	담양군				1		1
	보성군	1					1
	승주군	2	1				3
	장흥군	2	1	2	2	1	8
	해남군	1					1
	화순군			1		1	2
경기도	평택군		1				1
	용인군	1					1
강원도	양양군	4	1	2	1	1	9
	철원군	1	1				9
	횡성군		1				1

강원도	홍천군	1	4				5
	인제군	2					2
	원주군	1					1
충청북도	괴산군		1				1
	단양군	1					1
	영동군	1					1
	제원군	2				1	3
	보은군				1 (1)		1 (1)
	중원군	(1)					(1)
충청남도	공주군		1				1
	보령군	4	1	1	1		7
	청양군		2				2
	부여군				1		1
계	8도 (4도)	59군 (13군)	94 (21)	52 (15)	15 (0)	22 (2)	15 (3)	198 (41)

* ( )안은 8세기 유물의 숫자임.
** 현재 경복궁에 이전되어있는 廉居和尙塔은 9세기의 조형물이나 원위치가 불명한 관계로 본 표에
포함하지 않았음.

이를 볼 때 8세기는 4도 13군에 걸쳐 분포되고 있는데 비해 9세기는 8도 59군에 걸쳐 분포
되고 있다.특히 前代에 집중화 현상을 보이던 경북지역도 7개군에서 20개 군으로 확산되고 있
어 3배에 가까운 증가를 보이고 있으며, 8세기의 유물이 全無한 경기, 강원, 전북지역으로까지
확산되고 있다. 특히 경남 및 전남지역에서의 증가는 매우 주목되는 현상이라 생각된다.

이상과 같이 8 · 9세기에 건립된 석조물의 숫자를 분석해 본 결과 9세기는 불교조형물의 전
국화 현상이 뚜렷한 시기였음을 알 수 있다.

둘째, 〈표-3〉을 볼 때 198점에 달하는 석조물은 전국적으로 10개의 群을 이루고 분포되어
있으며 이들은 경주를 中心点으로 할 경우 5개의 경로를 통해 확산 되었음을 추정할 수 있다.
즉, 8세기의 석조물이 경주지역을 중심으로만 群을 이루고 있음에 비해 9세기의 석조물은 설악
산, 태백산, 토함산, 팔공산, 상주, 보령의 성주산, 울주, 가야산, 지리산, 장흥을 중심한 가지산
지구의 10개지역으로 분포되어 있다. 아울러 이들 群의 7분포를 볼 때 경주를 중심점으로 발달
한 불교미술이 상호 교류된 경로를 추정할 수 있다. 즉, 토함산을 중심으로 다음과 같은 5개의
경로를 거쳐 전국으로 확산된 것으로 상정해 보았다.

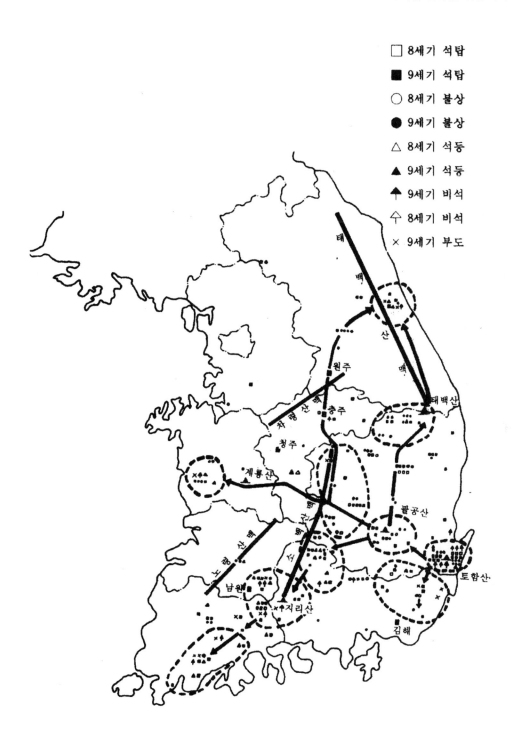

□ 8세기 석탑
■ 9세기 석탑
○ 8세기 불상
● 9세기 불상
△ 8세기 석등
▲ 9세기 석등
↑ 9세기 비석
⇧ 8세기 비석
× 9세기 부도

표 3 : 8 · 9세기 석조유물 분포도

1. 제 1경로 : 토함산 ↔ 팔공산 ↔ 안동 ↔ 태백산 ↔ 설악산
2. 제 2경로 : 토함산 ↔ 팔공산 ↔ 상주 ↔ 성주산
                                ∟ ↔ 충주 ↔ 원주 ↔ 홍천 ↔ 설악산
3. 제 3경로 : 토함산 ↔ 울주
4. 제 4경로 : 토함산 ↔ 팔공산 ↔ 가야산 ↔ 지리산 ↔ 가지산

이상의 경로를 볼 때 9세기에 이르러 前代에 형성된 군사적 요충지가 불교문화의 전국적 확산에 중요한 위치를 차지함을 알 수 있다. 즉, 팔공산은 中祀를 지냈던 五岳의 하나로[4] 이에 속한 지역 중 대구와 경산은 신라에 있어 중요한 전략적 요충 이었다.이중 大邱는 神文王9년(689)에 遷都計劃을 세웠다가 실행하지 못했던 곳이며[5], 경산은 押督國이 내항함으로써[6] 加耶聯盟의 기반이 되어있던 낙동강 지역으로 진출하는 요충이었다. 따라서 이 지방은 경주로 부터 낙동강 유역으로 진출하는 出路와 같은 곳 이었다.[7] 아울러 7세기 후반에 경영된 군위삼존석굴이 석굴암의 조영에 영향을 끼친 점으로 보아[8] 일찌기 경주로 통하는 정치 · 군사 · 문화의 통로가 개설되어 있었음을 알 수 있다. 그러므로 팔공산지역이 경주의 문화를 지방으로 보급시키는 전초기지의 역할을 수행했음은 당연한 귀결로 생각된다.

상주지역 역시 신라가 고구려의 남하에 대응하는 전초기지의 역할을 수행했던 곳으로 이 중 선산은 일찌기 고구려로부터 불교가 전래된 신라불교 初傳地였을 뿐만 아니라[9] 고구려 방어의 전진기지로 활용 되었다.[10] 그리고 상주 역시 일찌기 진흥왕대에 上州를 설치한 점을 보아[11] 군사적 요충으로 중요시 되었음을 알 수 있다. 아울러 5세기 후반에 이르러 고구려와의 서쪽 경계가 보은 · 선산 · 상주였으며[12] 百濟征伐軍 파병과 戰勝 때까지 기지의 本營으로 삼았던 곳이 牟東面 壽峰里 白華山의 今突城이었고, 이곳으로 통하는 교통로는 현재까지 옛길이 남아 있음을 볼 수 있어[13] 일찌기 이 지역은 문화 및 군사적으로 활용될 수 있는 통로가 개설되어 있었음을

---

4 『三國史記』 卷32, 雜志 第 1 「祭祀」條.

5 『三國史記』, 卷8, 神文王 九年條.

6 『三國史記』 卷 1, 婆娑尼師今 23年 8月條.

7 李基白, 「新羅五岳의 成立과 그 意義」, 『新羅政治史研究』, 一潮閣, 1974, p.199.

8 黃壽永, 「吐含山石窟庵」, 『韓國의 佛像』, 文藝出版社, 1989, p.356.

9 李基白, 「三國時代 佛教受容과 그 社會的 意義」, 『新羅思想史研究』, 一潮閣, 1986, p.9.

10 申瀅植, 「中原高句麗碑에 대한 一考察」, 『史學志』13, 檀國大學校 史學會, 1979, p.77.

11 李丙燾, 「眞興大王의 偉業」, 『韓國古代史研究』, 博英社, 1976, p.678.

12 徐英一, 『5-6世紀의 高句麗 東南界 考察』, 檀國大學校 大學院 碩士學位論文, 1991, p.28.

13 鄭永鎬, 「尙州방면 및 秋風嶺 北方의 古代交通路 研究-山城의 調査를 중심으로」, 『國史館論叢』16, 國史編纂委員會, 1990.P.238.

알 수 있다. 아울러 보령의 성주산으로 이어지는 경로는 尙州의 今突城을 前衛基地로 옥천→금산→탄현을 거쳐 백제를 침공한 점으로 보아[14] 이 길이 문화의 전파 경로로 활용되었던 것으로 보인다. 특히 상주를 통해 충주로 이어지는 통로는 阿達羅尼師今때 계立路가 개척 되었고, 이어 竹嶺이 개통된 점으로 보아[15] 156년 경에는 북방으로 진출할 수 있는 통로가 개척되었던 것으로 보인다. 더우기 이 통로상에 月光寺址가 위치하고 있음은 9세기에 계립령을 통한 문화전파가 활발 하였음을 알 수 있다.[16] 따라서 상주는 9세기에 이르러도 경주를 정점으로 발달한 불교문화를 北과 西로 연결 시켜 주는 통로 역할을 수행했던 것으로 보인다.

울주로 이어지는 통로는 경주와 가깝다는 지리적 여건이 작용한 것으로 보인다.

가야산지역은 합천을 중심으로 분포하고 있다. 합천은 眞興王 26년에 大耶州를 설치하고 있으며[17], 善德王 11년에 百濟將軍 允忠의 침입을 받아 참패를 당한 大耶城이 있던 지역으로[18] 일찍부터 군사적 요충으로 양국의 각축장이 되었던 곳 이었다. 따라서 합천은 眞興王이 大耶州를 설치한 565년에는 신라의 영토로 편입되어 백제와 접경을 이루었던 곳으로 보인다. 이렇듯 전략상의 요충이었던 합천은 애장왕 3년(802)에 해인사를 창건 하면서[19] 인근 지역에 淸涼寺, 法水寺 등의 사찰이 건립되어 있다.[20] 더우기 신라하대에 성립된 華嚴十刹 中 海印寺와 普光寺가 속해 있고[21] 현존하는 모든 유물이 9세기를 上限으로 하고 있어 해인사의 창건과 더불어 불교사적으로도 중요시되었던 것으로 보인다.

지리산지역은 화엄사를 중심으로 연곡사, 쌍계사, 실상사등의 사찰에 석조유물이 분포되어 있다. 지리산은 中祀를 지냈던 五岳의 한 산으로[22] 9산선문의 하나인 실상사와 더불어 화엄십찰의 하나인 화엄사가 있어[23] 禪敎兩宗의 총 본산으로 중요시 되었던 것으로 보인다.특히 화엄사에 건립된 四獅子三層石塔은 호남지역에서는 유일하게 볼 수 있는 8세기의 석조유물인 점에서 가야산 및 가지산보다 먼저 佛事가 이루어져 이 지역 불교미술의 발달에 촉진제 역할을 했던

14 鄭永鎬, 「金庾信의 百濟攻擊路 研究」, 『史學志』6, 檀國大學校 史學會, 1972, pp.19-61.
15 『三國史記』新羅本紀 卷2, 阿達羅尼師今 三年條 및 五年條.
16 朴相佾, 「小白山脈地域의 交通路와 遺蹟-忠州와 연결되는 交通路를 중심으로」, 『國史館論叢』16, 國史編纂委員會, 1990, p.187.
17 『三國史記』新羅本紀 卷 4, 眞興王 二六年條.
18 『三國史記』, 新羅本紀 卷 五, 善德王 十一年條 및 百濟本紀 卷 6, 義慈王 二年條.
19 『三國史記』, 新羅本記 卷 十, 哀莊王 3年條.
20 이들 사찰의 창건 연대는 정확히 알 수는 없지만 현존하는 석조유물로 보아 9세기 전기에 건립된 것으로 보인다.
21 金相鉉, 「新羅 中代 專制王權과 華嚴宗」, 『東方學志』44, 延世大學校 國學研究院, 1984, P.85.
22 註 4와 同.
23 註 21과 같음.

것으로 보인다.

장흥을 중심으로 한 가지산은 전남지역에 본격적으로 불교미술의 건립을 주도했다는 점에서 큰 의의를 들 수 있다. 즉, 寶林寺와 인근에 雙峰寺 및 大安寺가 건립되어 九山禪門 중 2개의 사찰이 속해 있으며, 이를 중심으로 석탑, 불상, 부도, 석등 등 사찰의 건립에 따르는 모든 조형물이 건립되고 있다. 따라서 전남지방의 불교미술은 이들 사찰에 속한 유물 중 가장 연대가 앞서는 보림사철조비로사나불좌상이 859년에 건립된 점으로 보아 9세기 후반에 이르러 활발히 건립된 것으로 보인다. 따라서 필자가 설정한 4번째 경로는 경주를 중심으로 발달된 불교문화가 통일후 지리산에 먼저 전파된 후 가야산, 가지산의 순으로 확산된 것으로 보인다.

이상과 같은 전파경로 외에 성주산으로 이어지는 경로만이 소백산맥을 넘을 뿐 설악산지구를 제외하면 모두 소백 · 노령 · 차령산맥의 동쪽 지역에 위치하고 있는 점도 또 하나의 특성으로 생각한다. 물론 필자가 이와같이 석조물의 전파경로를 추정함에 있어 9세기에 새로이 등장하는 부도와 승려의 비석이 문제의 소지가 있다. 그러나 부도의 경우도 비록 실례는 남기지 않고 있으나 唐 貞觀年間에 圓光法師 및 惠宿의 부도가 있음을 문헌을 통해 7세기에 조영이 시작되었음을 알 수 있다[24]. 승려의 비석도 哀莊王代에 건립된 誓幢和尙碑가 있어[25] 이 역시 건립의 母胎는 토함산지역에 있었음을 알 수 있다. 따라서 이들 유물의 초기적인 양식은 알 수 없지만 일단 경주에서 확립된 건립의 意思가 지방으로 확산되어 조형물로서의 실체를 드러낸 것으로 생각한다.

셋째, 앞서 거론한 10개의 지역군은 五岳 및 九山禪門과의 相關關係에 있다는 점이다. 〈표-3〉을 볼 때 전국에 건립된 석조유물은 특정한 寺刹 내지는 지역을 중심으로 밀집되어 있음을 볼 수 있는데, 크게 五岳주변과 九山禪門과 관련된 지역으로 구분되고 있음을 알 수 있다.

五岳은 신라의 三祀 중 中祀를 지냈던 토함산(東岳), 지리산(南岳), 계룡산(西岳), 태백산(北岳), 팔공산(中岳)이며[26] 반도통일 직후, 대체로 文武王 末年이나 혹은 늦더라도 神文王代에는 성립 되었다고 보아서 좋을 것이다.[27] 이렇듯 統一初에 성립된 五岳에 대해 新羅下代의 기록에는 전하는 바가 없지만 계룡산을 제외한 4岳에 198점의 석조유물 중 33%에 달하는 63점이 건립되고 있다.

---

24 『三國遺事』卷 4, 圓光西學條 및 二惠同塵條 參照.
　　鄭永鎬, 「圓光法師와 三岐山 金谷寺」, 『史叢』 17 · 18, 高麗大 史學會, 1973.
25 金相鉉, 「新羅 誓幢和商碑의 再檢討」, 『蕉雨黃壽永博士古稀紀念韓國美術史學論叢』,
　　通文館, 1988, p.467.
26 註 4와 같음.
27 李基白, 앞 論文 p.205.

〈표-4〉 五岳周邊의 9世紀 石造遺物 統計表

	석 탑	불 상	부 도	석 등	비 석	계
토함산	7	2		1	3	13
팔공산	9	4				13
태백산	4	7		3		14
지리산	11	1	4	3	4	23
계룡산						
계	31	14	4	7	7	63
점유율	34%	29%	25%	32%	47%	33%

따라서 성립 초기에 山神들에 대한 제사의 기능을 지녔던 五岳이[28] 이때에 이르러 불교적으로도 중요한 역할을 수행했던 것으로 추정된다. 아울러 이들 지역에 건립된 유물은 五岳이 막연한 국가의 수호보다도 전국 각 방면의 국가적 威脅要素를 진압하자는 보다 구체적인 목적을 지니고 있었던 것이 아닐까 하는 견해[29]에 근접하는 기능을 지니고 있었던 것으로 생각된다. 즉, 이시기에 건립된 불교조형물에는 위로는 국왕으로 부터 평민에 이르기까지 불교를 통해 현실의 고통을 타개하고자 하는 염원이 내포되어 있음을 볼 때[30] 9세기에 이르러 五岳은 불교를 이용하여 難局을 타개하고자 하는 수단으로서 활용 되었던 것으로 생각된다. 특히 五岳의 성립은 專制王權 중심의 執權的인 정치체제와 밀접한 관계를 가지고 있었다는[31] 상황은 9세기의 정치·사회적 변혁과 직결되고 있는 것으로 보인다.

9세기에 이르러 신흥종파로 각광을 받기 시작하는 禪宗은 주지하는 것같이 전국에 九山禪門을 개창하고 있어 이에 따른 불교조형물의 건립은 당연한 귀결 이었다. 따라서 이들 지역을 중심으로 一群의 석조물이 건립되고 있는 바, 특히 장흥 寶林寺와 보령 聖住寺를 중심으로 밀집되고 있다.아울러 이들 사찰을 중심으로 건립된 조형물은 8세기의 유물이 全無했던 충남 및 전남지역에 불교미술의 발달이라는 측면에서 새로운 전기를 마련하고 있다. 그리고 10개의 지역중 5개 지역은 모두 인근에 九山禪門이 위치하고 있으며, 이들의 檀越은 대부분이 지방호족 이었음에 비추어[32] 9세기 불교미술의 발달에 이들의 역할이 지대했음을 알 수 있다.

---

28 李基白, 앞 論文, p.209.

29 李基白, 앞論文, p.210.

30 朴慶植,「新羅下代의 鼓腹形石燈에 關한 考察」,『史學志』23, 檀國大學校 史學會, 1990, p.18.

31 李基白, 앞 論文, p.212.

32 崔炳憲,「新羅下代 九山禪宗派의 成立」,『韓國史研究』7, 韓國史研究會, 1972, p.105.

III. 樣式上의 特性

9세기의 조형미술이 무기력하고 형식적이며 纖弱한 彫法이 두드러져 사찰의 일개 장식물에 불과했다는 것은 널리 알려진 사실이다. 그러나 이 시기에 건립된 대부분의 조형물에서 공통적인 양식이 검출됨을 보아 이것은 반드시 한 구분으로써 시대구분 되어야 한다.[33] 즉, 9세기의 역사는 정치사에서와 마찬가지로 미술사에서도 간과할 수 없는 긴 시간일 뿐만 아니라 오히려 이 시기에는 조형물의 수적인 증가는 물론 대부분의 미술품이 마치 하나의 설계도면에 의해 제작되었다는 착각이 들만큼 공통적인 양식이 나타나고 있기 때문이다. 이러한 경향은 특히 경문왕대에 건립된 석조미술에서 두드러지게 나타나고 있으며 [34] 이는 고려시대에 건립되는 모든 석조물 양식의 母胎가 되고 있다.

앞에서 살펴본 바와 같이 9세기에 건립된 198점에 달하는 석조물은 전국으로 확산되어 모두 10개의 群을 이루며 분포되어 있다. 먼저 198점의 유물을 유형별로 보면 석탑 93기, 불상 52기, 부도 16기, 석등 22기, 비석 15기로 이들 중 건립연대가 알려진 유물을 검토함으로써 9세기의 석조유물이 지닌 양식적 특성을 파악하고자 한다.

9세기에 건립되어 절대연대를 알 수 있는 유물은 石塔 6기, 佛像 5구, 浮屠 7기, 石燈 3기 碑石 9기등 모두 30기로 확인되었다. 그러므로 9세기 석조유물의 양식을 규명함에 있어 건립연대가 확인된 조형물은 중요한 위치를 차지하고 있다고 볼 수 있다. 따라서 본 장에서는 30기의 석조미술에 보이는 각 유물의 양식을 규명 함으로써 9세기의 석조미술이 지니는 양식적 특성을 구명하고자 한다.

1. 石塔

93기에 달하는 9세기의 석탑 중 건립연대가 확실한 것은 法光寺址三層石塔景(828), 昌林寺址三層石塔(855), 到彼岸寺三層石塔(865), 鷲棲寺三層石塔(867), 寶林寺三層石塔(870), 海印寺吉祥塔(895)이 있다. 이들은 대체로 佛國寺三層石塔에서 완성된 한국석탑의 정형양식을 유지하며 기단부 및 괴임대의 수법에서 변화가 일어나고 있다.

일반적으로 典型樣式期에 확립된 신라석탑의 기단은 평면 方形의 상 · 하 2층기단을 구비하

---

33 李殷基, 『羅末麗初期의 龜趺碑와 浮屠硏究』, 弘益大學院 碩士學位論文, 1975, p.57.

34 朴慶植, 「新羅 景文王代의 石造美術에 關한 硏究-基壇部 樣式을 中心으로」, 『史學志』22, 檀國大學校 史學會, 1989, pp.85-136.

고 각 층에 우주 및 탱주가 배치되고 있어 건립시기를 추정하는 데 중요한 단서를 제공해 주고 있다. 그러나 9세기의 석탑은 이러한 前代의 양식을 유지면서 독특한 형식의 석탑을 건립하고 있다.[35] 앞서 예로 든 6기의 석탑을 중심으로 변화의 양상을 살펴보면 다음과 같다.

첫째, 기단부 전체를 변형시킨 八角佛座形基壇과 三層基壇의 석탑이 등장하고 있다.

八角佛座形基壇은 865년에 건립한 鐵原 到彼岸寺三層石塔에서 볼 수 있는데, 이와같은 기단 형식은 8세기에 건립된 石窟庵三層石塔에서 이미 나타나고 있다.[36] 아울러 三層基壇의 형식은 奉化鷲棲寺三層石塔에서 볼 수 있는데 형태는 到彼岸寺三層石塔과 다르지만 原意는 佛座의 형태를 표현함으로써 탑신에 안치된 舍利를 의식한 결과에서 나타난 유형으로 믿어진다.

둘째, 기단을 구성하는 세세한 부분에서 변화를 보이고 있다. 이러한 점은 하층 및 상층기단 갑석의 상면에 마련된 받침부에서 볼 수 있다. 먼저 하층기단 상면에 造出된 받침부의 변화를 보면, 전형양식 이래로 신라석탑에서 표출된 상층기단받침은 弧角形 2단의 받침이 통식이었으나, 이 시기에 이르러 桐華寺毘盧庵三層石塔에서와 같은 별석받침 형태의 받침이 나타나고 있다. 이는 전체적으로 볼 때 2단의 형태지만 通式의 弧角形 2단과는 달리 중앙의 角形 돌기를 중심으로 상면에는 弧角形이, 下面에는 角形 및 內曲된 弧形이 조출되어 있다. 하층기단에서의 이러한 변화는 전체적으로 볼 때 상층기단 이상을 높게 나타내고자한 의사의 표현으로 생각한다. 나아가 9세기 후기의 건립으로 추정되는 석탑의 동일한 부분에서 보이는 角弧角형 3단의 받침[37] 역시 前代의 석탑에서 보이던 받침과는 다른 형식으로 이 역시 별석받침 형태와 동일한 의미의 표현으로 믿어진다. 상층기단에 마련된 초층탑신 받침부에서의 변화는 角弧角形 3단의 받침과 별석받침 형태의 2유형이 나타나고 있다. 전형양식 이래 건립된 신라석탑의 상층기단 상면에 조출된 초층탑신 받침은 각형 2단의 받침이 통식이었으나 寶林寺南 · 北三層石塔에서는 弧角

---

35 9세기 석탑의 양식및 특성은 필자가 이미 고찰한 바 있다.

　　朴慶植, 「新羅 九世紀 石塔의 樣式에 關한 研究」, 『考古美術』173號, 韓國美術史學會, 1987.

　　_____, 「新羅 九世紀 石塔의 特性에 關한 研究」, 『蕉雨黃壽永博士古稀紀念美術史學論叢』, 通文館, 1988.

36 石造物에서 최초로 8각형의 형식이 나타난 예는 불국사다보탑의 塔身部에서 볼 수 있는 바, 이에서 8각형 浮屠의 始原을 찾을 수 있다는 견해가 있으며, 아울러 다보탑에서는 地上에 표현된 8각형의 형식이 石窟庵3層石塔에 이르러 地表에 정착한 것으로 생각한다.

　　이 석탑은 상 · 하대석만이 8각이며 甲石은 圓形인 관계로 완전한 불좌형의 기단으로 볼 수 없지만, 이는 석탑에서 지상에 정착한 8각불좌형 기단의 시원양식으로 생각한다.

　　黃壽永, 「多寶塔과 新羅八角浮屠」, 『考古美術』123 · 124합집, 韓國美術史學會, 1974.

37 9C에 건립된 것으로 생각되는 석탑중 하층기단에 角弧角形 3단의 받침이 造出되어 상층기단을 받치고 있는 석탑으로는 浮石寺東方寺址三層石塔, 仙巖寺東 · 西三層石塔, 原州居頓寺址三層石塔, 聖住寺址에 건립된 4기의 석탑이 있다.

形 2단의 받침이[38], 봉화취서사삼층석탑에서는 角弧角形 3단의 받침이[39] 나타나고 있다. 아울러 桐華寺毘盧庵三層石塔, 到彼岸寺三層石塔에서는 별석받침 형태가 조출되는 등[40] 다양한 변화를 나타내고 있는 데, 이는 無言의 석탑이 오늘날 우리에게 자신의 변모를 가장 확실하게 표현해주는 주요한 요소인 동시에 새로운 意匠은 造塔者들의 美的 감각이 前代와는 달라졌음을 보여주는 것이다.

이상에서 살펴본 바와 같이 초층탑신의 받침은 弧角形, 角弧角形, 별석받침 형태등 3종류의 형태가 나타나고 있어 前代의 석탑에 비해 다양한 받침수법이 등장하고 있음을 알 수 있다. 이 중 별석 받침 형태의 괴임수법은 大中年間에 건립된 것으로 보이는 聖住寺址石塔에서 나타나고 있다.[41] 이와같이 초층탑신 받침부는 각기 형식을 달리하며 나타나고 있으나, 이러한 변화가 내포하는 의미는 동일한 요인에서 출발한 것으로 생각한다. 즉 9세기에 건립된 석탑에 나타난 기단부 전체의 변형 및 받침부에서의 변화는 모두 塔身部를 중시한 결과로 생각 되는데, 특히 초층탑신받침부에 별석받침이 삽입된 것은 난간의 변형형태로서 난간을 설치하는 것 같은 의도에서 삽입한 것으로서,[42] 탑신이란 것은 더욱 기단위에 실린 장식적인 것의 의미를 갖게 된 것으로 보고있다.[43] 그러나 9세기에 건립된 석탑의 경향을 볼 때 앞서 거론한 6기의 석탑에 보이는 변화는 당시에 건립된 대부분의 석탑이 초층탑신에 사리를 안치하고 있으며,[44] 초층탑신이

---

38 弧角形 2단의 받침은 9C 前期에는 安東玉洞三層石塔, 洪川物傑里三層石塔등 2기의석탑에 국한되어 조출되어 있으나, 後期에 이르러 實林寺南.北三層石塔을 비롯하여 實相寺東.西三層石塔, 陳田寺址三層石塔, 永川華南洞三層石塔, 永川新月洞三層石塔, 醴泉東本洞三層石塔, 義城觀德洞三層石塔, 月光寺址東三層石塔, 奉化西桐里東 · 西三層石塔, 丹陽香山里三層石塔, 寶城牛川里三層石塔에 나타나고 있다.

39 角弧角形 3단의 받침은 襄陽五色里三層石塔, 浮石寺東方寺址三層石塔, 仙巖寺東 · 西三層石塔에서도 보이고 있다.

40 별석받침형태의 초층탑신받침은 828년에 건립한 법광사지삼층석탑에서 이미 나타나고 있다.

41 聖住寺址는 朗慧和尙이 大中元年(847)에 이곳에 와 주석함으로써 九山禪門의 하나로 開創한 점으로 보아 현재 遺存하는 4기 석탑의 建立下限은 開創 당시로 볼 수 있다.

42 杉山信三, 『朝鮮の石塔』, 彰國社, 1944, p.40.

43 高裕燮, 「朝鮮塔婆의 樣式變遷」, 『東方學誌』 2, 延世大東方學研究所, 1955, p.206.

44 金禧庚先生의 조사에 의하면 신라석탑중 사리장치가 밝혀진 석탑은 32기에 달하고 있는데 이 중 초층탑신에서 8기가 조사되었으며, 舍利孔이 밝혀진 65기의 석탑중 32기가 초층탑신에서 사리공이 조사되어 신라시대의 석탑은 대부분이 초층탑신에 사리가 奉安되었음을 알 수 있다. 김선생은 舍利藏置 및 舍利孔이 조사된 석탑의 명칭 및 건립시기에 대해서는 언급하지 않았지만 신라의 석탑이 9C에 들면서 지방으로 확산되고 前代에 비하여 숫적으로 월등한 증가를 보인 점으로 보아 대부분이 9C석탑에서 조사된 것으로 보인다. 필자는 9C에 건립된 석탑중 69기를 추출하여 이 시기 석탑의 양식과 특성에 대하여 고찰한 바 있는데 이들 석탑중 사리장치 및 사리공이 밝혀진 석탑은 20기에 달하고 있으며 이중 기단부에 1기, 초층탑신에 14기, 2층탑신에 2기, 3층탑신에 3기가 조사되었다. 이와 같이 대다수의 석탑이 초층탑신에 사리가 안치되어 있음은 9C에 이르러 탑의 主體가 基壇으로부터 塔身으로 移行하고 있음을 시사해 주는 것으로 보인다.

유난히 높아지는 점으로 보아[45] 탑의 主體部인 塔身部를 좀 더 높고 장엄하게 보임은 물론 초층
탑신에 安置된 舍利에 대한 숭배의식의 결과에서 비롯된 변화로 생각한다.

따라서 이러한 변화의 원인이 초층탑신에 안치된 사리에 있음을 생각할 때, 이 시기에 이르
러 雙塔의 출현 및 佛像조각의 수련함으로 인하여 신앙의 대상으로서 그 가치가 절하되었던 前
代에 비하여 石塔崇拜의 信仰으로 변화가 있었음을 의미하는 것으로 생각한다. 아울러 舍利가
곧 佛陀 그 자신의 상징물이었음에 비추어 이 시기의 석탑은 발생초기와 마찬가지로 佛과 同格
의 지위를 확보했던 것으로 믿어진다.

이상과 같은 舍利에 대한 숭배의식은 기단 및 탑신에 표현된 四天王, 仁王, 八部身衆, 四方佛,
菩薩, 十二支, 飛天, 龕室, 門扉形, 眼象등의 제반 조식이[46] 佛塔 내부에 봉안된 佛舍利에 대한 外
護的 기능에 一位的 목적을 지니고서 이룩된[47] 점으로 보아 더욱 확연히 알 수 있다고 생각한
다. 따라서 9세기에 이르러 석탑신앙의 회귀현상은 新羅下代의 시대적인 상황에서 기인한 것으
로 羅末의 정치, 사회적인 혼란등 시대적 상황을 반영한 것으로 생각한다. 즉 복잡한 교리 보다
는 누구나 쉽게 볼 수 있게 예배할 수 있는 석탑을 통해 현실로부터의 救援意志가 표출된 결과
로 보인다.

2. 佛像

우리나라에 불교가 初傳되었을 때 처음 전래된것은 佛像과 經文이었는데, 이로부터 불상의
조성은 사찰은 물론 信徒들의 필수적인 예배의 대상으로서 끊임없이 조성되어 석탑 이상으로
많은 수의 불상이 전래되고 있다.[48] 이렇듯 현존하는 많은 수의 불상은 각기 시대별, 지역별로
특색있는 양식을 내포하고 있어 석탑과 마찬가지로 그 시대 역사의 편린을 볼 수 있는 많은 근
거를 제공해 주고 있다. 9세기에 조성된 불상역시 이와 같은 맥락에서 고찰할 때 이는 반드시
조성되어야만 하는 당위성을 내포하고 있으며 이러한 문제는 선학에 의하여 이미 고찰된 바 있

    金禧庚, 「韓國石塔의 舍利藏置小考」, 『考古美術』 106.107 합집, 韓國美術史學會, 1970, p.19.
    朴慶植, 앞 논문.
45 筆者가 실측한 바에 의하면 9C에 건립된 석탑의 초층탑신의 그 높이가 2층탑신에 비해 평균 2.7배의 비
    율로 높다.
46 朴慶植, 「新羅 9世紀 石塔의 特性에 關한 硏究」, 『蕉雨黃壽永博士古稀紀念論叢』, 通文館, 1988, pp.340
    -341 9世紀 石塔의 表面莊嚴表 參照.
47 張忠植, 「統一新羅石塔 浮彫像의 硏究」, 『考古美術』 154 · 155합집, 韓國美術史學會, 1982, p.115.
48 1989년 까지 國寶 및 寶物로 지정된 불상의 수는 金銅佛 43구, 石佛 101구, 鐵佛 16구, 磨崖佛 34구, 기
    타 12구등 총 206구이다.

다.[49] 50구에 달하는 9세기의 석불 중 건립연대를 알 수 있는 불상은 寶林寺鐵造毘盧舍那佛坐像 (859), 桐華寺毘盧庵 石造毘盧舍那佛坐像(863), 到彼岸寺 鐵造毘盧舍那佛坐像(865), 奉化鷲棲寺 石造毘盧舍那佛坐像(867), 蓮塘洞石造如來坐像(889)이 있는데 이들은 모두 전형적인 8각대좌를 구비하고 있을 뿐만 아니라 모두 蓮塘洞石造如來坐像을 제와하면 모두 毘盧舍那佛이라는데 가 장 큰 특징을 지니고 있다.

본 장에서는 이들 5구의 불상이 지닌 양식을 바탕으로 9세기 석불이 지닌 양식상의 특성을 주로 기단부에 두고 고찰 하고자 한다.

첫째, 하대석에는 복련, 귀꽃, 사자가 조식되고 있다. 伏蓮紋은 도피안사불상을 제외하면 복 엽8판이 주종을 이루고 있는 바, 연화문의 중앙은 8각대석의 모서리와 동일 축선에 배치되고 있으며, 그 사이에는 연판의 중앙부가 촘촘히 조식되었다. 귀꽃은 도피안사불상의 下臺石에서 처음으로 彫飾되어[50] 비슷한 시기의 조성으로 추정되는 洪川 物傑里石造如來坐像, 慶北大學校藏 石造毘盧舍那佛坐像, 善山海平洞 石造如來坐像의 臺座에서도 귀꽃의 조형을 볼 수 있다.

기단부에 사자를 조식한 것은 우리나라 最古의 불상인 뚝섬출토 銅造如來坐像의 대좌에서도 볼 수 있어[51] 그 淵源이 삼국시대에 있음을 알 수 있다. 8각대좌에서 하대석에 사자가 조식된 것 은 8세기에 조성된 獐項里寺址石造佛像에서 볼 수 있는 바,[52] 본격적으로 臺座의 浮彫로 사자가 사용된 것은 鷲棲寺의 불상이 조성된 시기를 淵源으로 보아도 타당할 것으로 생각한다.[53]

둘째, 중대석받침으로 別造의 받침석이 사용되고 있다. 석불의 대좌에서 중대받침으로 별석 받침이 등장함은 9세기 前期의 作으로 추정되는 淸凉寺石佛坐像의 대좌에서 볼 수 있다.[54] 이 불상의 대좌는 8각이 아닌 방형으로 복련석의 상면에 안상이 조식된 높직한 각형 1단의 중대받 침을 造出하였는데, 이러한 형식의 중대석 받침은 불좌에서 별석받침의 등장하는 초기적인 형 태로 생각한다. 나아가 앞서 열거항 6기의 불상대좌에 모두 別造의 중대석받침을 구비하고 있 으며, 이들 불상과 同 時期의 作으로 추정되는 대부분의 불상대좌에 중대석받침이 있는 점으로

....

49 文明大, 「新羅下代 毘盧舍那佛像彫刻의 硏究(-)」, 『美術資料』 21, 국립중앙박물관, 1977, pp.16-40.
_____, 「新羅下代 毘盧舍那佛像彫刻의 硏究(속)」, 『美術資料』 22, 국립중앙박물관, 1978, pp.28-37.
50 金和英, 「韓國 佛像臺座 形式의 硏究(II)-石造臺座(1)」, 『史學志』 4집, 1970, p.152.
51 金元龍, 「뚝섬 出土 金銅佛坐像」, 『韓國美術史硏究』, 一志社, 1987, pp.150-154.
52 獐項里寺址石佛의 조성연대에 대해 金和英, 大西修也 선생은 8세기 前半으로, 문명대 선생은 8세기 後半 의 所作으로 보고 있다.
　　金和英, 앞 論文 p.160.
　　大西修也, 「獐項里廢寺址의 석조여래상의 復元과 造成年代」, 『考古美術』 125, 韓國美術史學會.
　　文明大, 『韓國彫刻史』, 悅話堂, 1980. p.209
53 이와같이 추정함은 9세기에 조성된 것으로 추정되는 대부분의 佛像臺座에 사자가 彫飾되기 때문이다.
54 文明大, 앞 책, p.230.

보아[55] 8각불대좌에서의 별석받침은 9세기에 이르러 유행한 것으로 보인다. 아울러 이와 같이 중대석의 괴임으로 별석받침이 삽입된 것은 석탑에서 중심부인 塔身을 좀더 높고 장엄하게 보이기 위한 발상과 마찬가지로 대좌위에 앉은 불상을 숭엄하게 보이기 위한 의도에서 비롯된 것으로 보인다.

셋째, 중대석은 (1) 8각을 기본으로 전체를 조각으로 메꾼 것, (2)모서리에 隅柱만을 표시한 것, (3)각면에 조식한 안상내에 불상을 배치한 것등의 3종류의 유형이 나타나고 있다.

(1)항의 類型은 桐華寺毘盧庵 石造毘盧舍那佛坐像에서 보이고 있다. 중대석에서 이러한 양식을 보이는 대좌는 이보다 앞선 시기의 어느 造形物에서도 볼 수 없는 점으로 보아 桐華寺毘盧庵 石造毘盧舍那佛坐像의 대좌에서 처음으로 시도되어 同 年間에 건립된 雙峰寺澈鑑禪師塔에 영향을 준 것으로 보인다.[56]

(2)항의 유형은 이미 8세기 중반에 조성된 石窟庵本尊佛의 대좌에서 볼 수 있어[57] 이 시기에 이르러 발생한 양식은 아니지만, 도피안사 철조비로사나불좌상에 조식된 우주는 선대의 양식을 추종하여 조각한 것이 아니라 동 시기의 대좌양식을 고려할 때 이는 造成材料가 鐵이라는데서 기인한 것으로 보인다.[58]

(3)항의 형식은 鷲棲寺石造毘盧舍那佛坐像의 대좌에서 보이고 있다. 그러나 이러한 유형은 9세기 중엽의 조성으로 추정되는 경주 남산 三陵溪石造藥師如來坐像의 대좌에서 볼 수 있다.[59] 따라서 이와 같은 양식은 양우주가 조출된 대좌의 각면에 佛·菩薩이 彫飾되고 있고, 또 안상내에 위의 조식이 등장하는 대좌가 양식상으로 같은 의도인점으로 미루어 9세기 후기에 이르러 盛行한 것으로 보인다.

---

55 上記 불상과 同 時期의 作으로 보이는 불상 가운데 중대석받침을 구비한 불상으로는 永川華南洞石佛坐像, 慶北大學校藏石造毘盧舍那佛坐像, 法住寺石佛坐像, 浮石寺石造毘盧舍那佛坐像, 靑龍寺石佛坐像, 榮州北枝里石造如來坐像 2基, 善山海平洞石造如來坐像, 佛谷寺石造如來坐像이 있다.

56 이 부도의 중대석은 荷葉이 기둥을 이루고 있으며, 각 면에는 迦陵頻伽紋이 1구씩 조각되어 있다. 부도에 있어 이러한 양식의 중대석 역시 동화사비로암 석조비로사나불좌상과 마찬가지로 이 부도에서 처음으로 나타나고 있으며, 同 浮屠의 건립이 868년으로 추정됨을 볼 때 이러한 유형의 중대석을 지닌 대좌는 9세기 後期에 발생된 것으로 추정하는 것이다.

57 金和英, 앞 論文, p. 151.
아울러 이러한 유형의 臺座樣式은 경주 南山 彌勒谷石佛坐像, 尙州 曾村里 石佛坐像이 있다.

58 9세기의 불상 중 兩隅柱가 造出된 불상으로는 예천 靑龍寺石造如來坐像, 善山 海平洞石造如來坐像, 昌原 佛谷寺石造毘盧舍那佛坐像, 慶北大學校藏 石造毘盧舍那佛坐像이 있는 바, 이들 불상은 兩 隅柱 사이에 八部身衆, 如來坐像, 菩薩등을 彫飾하고 있기 때문에 到彼岸寺 鐵造毘盧舍那佛坐像의 面石 처리는 재료의 차이에서 기인된 것으로 보인다.

59 中央日報社, 『韓國의 佛敎美術-佛像篇』, 1979, p.228.

세째, 上臺石에는 단엽중판앙련이 조식되고 있는데 蓮華紋 사이에는 연판의 중앙부가 촘촘히 조식되었다. 이러한 유형은 9세기 전기의 작품으로 추정되는 慶州 南山 茸長寺溪石造藥師如來 坐像의 臺座에서 처음으로 나타난 것으로 보이는데,[60] 앞서 열거한 불상 중 到彼岸寺 鐵造毘盧 舍那佛坐像을 제외하면 鷲棲寺毘盧舍那佛坐像은 상면의 연화문에, 桐華寺毘盧庵 石造毘盧舍那 佛坐像의 대좌는 상·하의 연화문에 화사한 화문이 만개되어 있다. 〈자료-1〉에서 제시한 대부 분의 불상에서도 이러한 형식이 나타나는 점으로 보아 瓣內에 화문이 있는 上臺石은 9세기 전 기에 발생되어 후기에 이르러 대좌의 한 양식으로 정착된 것으로 보인다. 아울러 이러한 양식 이 불상의 대좌에 나타나는 것은 석탑에서와 마찬가지로 중심부인 불상이 모두 비로사나불임 을 고려할 때[61] 이러한 양상은 新羅下代 사회의 정치, 종교적인 변혁과 직결되고 있음을 시사하 는 것으로 생각한다.[62]

3. 浮屠

浮屠는 浮屠, 浦圖, 佛圖 등 여러가지로 표기되고 있는데 원래는 佛陀와 같이 Buddha를 번역 한 것이라 하고 또는 수堵婆(st▼pa) 즉 塔婆의 轉音으로서 이도 부도라고 한다 하여 광의적인 의미를 내포하고 있다. 그러나 부도는 일반승려의 墓塔을 가리키는 극히 한정된 조형물에 사용 되고 있다.

우리나라에서 부도의 발생은 貞觀年間에 있었음을 문헌을 통해서 알 수 있으나[63] 實物로는 844년에 건립된 廉居和尙塔이 그 기원을 이루고 있다. 신라시대에 건립된 부도에 관하여는 그 간 선학들에 의한 꾸준한 연구에 의하여 연대가 확실한 8기와 同 時期의 作으로 추정되는 10기 등, 모두 18기가 현존하고 있음이 확인 되었으며[64] 이 중 9세기에 건립된 것은 16기에 달하고

---

60 黃壽永,「石佛」,『國寶』4, 藝耕産業社, p.228
　　瓣內에 花紋이 있는 연화문이 불상대좌에 사용된 것은 791년에 조성된 甘山寺石造彌勒菩薩立像에서도
　　볼 수 있으나 이는 연화문이 상·하로 배치된 양식으로 동일한 형식의 대좌가 아니므로 논외로 한다.
61 필자가 확인한 9세기의 석불 49구중 비로사나불은 17구에 달하고 있어 이 시기의 가장 상징적인 불상이
　　었음을 알 수 있다.
62 文明大,「新羅下代 毘盧舍那佛像彫刻의 硏究(續)」,『美術資料』22, 국립중앙박물관, 1978, p.34,
63 주 24와 같음.
64 黃壽永,「新羅聖住寺 大朗慧和尙 白月保光塔의 調査」,『考古美術』9-11, 考古美術同人會, 1968.
　　鄭永鎬,『新羅石造浮屠硏究』, 檀國大學院博士學位論文, 1974.
　　＿＿＿,「蔚州 望海寺 石造浮屠의 建立年代에 대하여」,『又軒丁仲煥博士還曆紀念論文集』, 1973.
　　＿＿＿,「新羅石造浮屠의 一例」,『史學志』, 檀國大學校史學會, 1976.
　　＿＿＿,「月岳山 月光寺址와 圓朗禪師大寶禪光塔에 대하여」,『考古美術』129·130合輯, 韓國美術史學會,

있어 이때에 이르러 부도라는 새로운 쟝르의 조형물이 정착된 것으로 보인다.

9세기에 이르러 조성된 부도의 대부분은 전형적인 八角圓堂型의 石造浮屠로 지대석 위에 基壇部·塔身部·相輪部로 구성 되었는 바, 각 부위에 등장하는 다양한 조식으로 인하여 禪師의 墓塔이라는 특성 이외에 美的으로도 가장 화려함을 보이고 있어 이 시기 불교미술의 한 동향을 엿볼 수 있는 중요한 단서를 제공해 주고 있다. 9세기에 건립된 16기의 부도중 건립연대가 확인된 부도는 廉居和尙塔(844), 大安寺寂忍禪師照輪淸淨塔(861), 雙峯寺澈鑑禪師塔(868), 寶林寺普照禪師彰聖塔(880), 鳳巖寺智證大師寂照塔(883), 實相寺秀澈和尙楞伽寶月塔(893), 實相寺證覺大師凝廖塔(893)이 있다. 이들 7기의 浮屠에 나타난 양식적 특성을 요약하면 다음과 같다.

첫째, 지대석은 방형과 8각형이 보이고 있는데 형식의 차이에도 불구하고 모두 각형 2단으로 되어있다.

둘째, 하대석 모두 상·하 2단으로 구성 되어있는데 眼象, 獅子, 渦龍紋이 조식 되어 있으며, 특히 사자는 상단에서 공통적으로 보이고 있다.

부도의 기단부에 사자가 조식됨은 844년에 건립된 염거화상탑에서 선구를 보이고 있다. 이 부도에서는 地臺石과 맞닿은 하대석의 各面에 조식되고 있으나, 大安寺寂忍禪師照輪淸淨塔, 雙峯寺澈鑑禪師塔에 이르러는 1단의 받침위에 조식되고 있으며 특히 荷葉紋의 사이에 생동감 있게 묘사되고 있어 양식의 진전과정을 보이고 있어.[65] 사자가 조식된 유형의 하대석은 이 시기에 이르러 등장한 신양식임을 알 수 있다. 아울러 雙峯寺澈鑑禪師塔 하대석 下面의 渦龍紋 역시 이 시기에 이르러 발생한 새로운 양식으로 이후 건립된 부도에서 이러한 예를 볼 수 있다.[66]

셋째, 중대석 별석받침이 공통적으로 보이고 있다. 부도에서의 이 형식은 염거화상탑의 각형 3단에서 大安寺寂忍禪師照輪淸淨塔의 각형 1단으로 변화하고 있어 일단 이를 변화의 한 단계로 볼 수 있다. 이와같은 현상은 雙峯寺澈鑑禪師塔에서 완전한 양식의 중대받침석으로 완성되어 이후의 모든 부도에서 보이고 있어 9세기 후기에 이르러 중대받침으로서의 별석받침이 보편화 되었다고 생각한다.

넷째, 중대석에는 眼象 및 迦陵頻伽를 배치하고 있다. 중대석에 안상이 조식된 것은 염거화상탑에서 시작된 이래 대부분의 신라부도에서 通式으로 등장하고 있으나, 염거화상탑에서는 안상내에, 輦, 香爐, 花紋 등을 彫刻한 데 비해 雙峯寺澈鑑禪師塔에서는 荷葉이 안상의 효과를 보

1976.

＿＿＿, 「石造」, 『國寶』 7, 藝耕産業社, 1986.

65 9세기의 석조부도에서 하대석이 2단으로 사자가 조식된 예는 연곡사동부도, 석남 사부도가 있는데 前者는 상단에, 後者는 하단에 사자의 조식이 있다.

66 이러한 형식은 9세기의 조형으로 보이는 연곡寺東浮屠 및 石南寺浮屠에서도 볼 수 있다.

이면서 迦陵頻伽를 조식하고 있다.[67] 신라시대에 조성된 석조미술에서 迦陵頻伽紋이 彫飾의 요소로 채용된것은 이 부도에 이르러 처음으로 나타나고 있어[68] 이 시기에 이르러 조형예술에 새로운 장식요소로 등장하고 있음을 알 수 있다.

다섯째, 상대석은 연화석과 별석으로 조성된 탑신괴임대의 2부분으로 구성되고 있다.

연화석은 하면에 角形 3단의 받침이 있으며 연화문은 無紋三瓣仰蓮과 瓣內에 花紋이 있는 單瓣仰蓮이 조식되고 있으며 연화문의 사이에는 연판의 중앙부가 촘촘히 조식되었다. 無紋三瓣仰蓮은 중판의 형태를 보이고 있으나 상단의 화문이 겹치게 묘사되어 3판의 효과를 보이고 있다. 이는 염거화상탑이 무문단판앙연임에 비해 진전된 양식으로 후에 건립되는 實相寺 證覺大師凝廖塔에 보이는 연화석의 선구적인 예로 볼 수 있다. 아울러 후자의 연화문 역시 동 시기의 佛像臺座 및 石燈基壇에서 공통적으로 보이는 요소로 파악된 바 있다.[69]

별석의 탑신받침부는 신라시대에 건립된 대부분의 부도에서 공통적으로 나타나는 양식이며[70] 부도에서 이러한 양식이 최초로 등장한 예는 9세기 중반에 조성된 陳田寺址 浮屠에서 볼 수 있다.[71] 이 浮屠의 탑신 받침석은 중앙의 角形突起를 중심으로 하면에 판 내에 화문이 있는 단엽 16판의 연화문을 조식하고 상면에는 角弧角形의 3단 받침을 조출하여 8각탑신을 받고 있어 소박한 초기 형태의 괴임수법을 보이고 있다. 그러나 廉居和尙塔에 이르르는 각면에 彫飾된 眼象內에 연화좌에 앉아 있는 天部像을 1구씩 배치하고 있지만, 雙峯寺澈鑒禪師塔에 이르러는 각면의 안상내에 가릉빈가를 1좌씩 배치하고 모서리에는 童子柱를 刻出한 후 上面에는 연화문을 조식하여 화려함이 극치에 달하고 있다. 雙峯寺澈鑒禪師塔의 괴임석에서 보이는 童子柱, 迦陵頻伽, 蓮華紋의 양식은 이보다 후대의 유물에서 볼 수 있어 이는 이 부도에서 발생된 신양식으로 생각한다.[72]

여섯째, 탑신석은 모두 팔각의 典型을 유지하고 있으며, 각면에 門扉形과 四天王像이 집중적으로 조식되고 있으며 목조건축의 요인이 나타나고 있다. 탑신은 부도에 있어서도 가장 중심이 되는 부분으로 上記의 조식이 등장함은 내부에 안치된 사리에 대한 숭배의 의미를 지니고 있다고 하겠다. 즉, 문비형은 석재로 조성된 탑신에 공간성을 투시하여 내부공간의 의미를 부여하

---

67 迦陵頻伽는 鳳巖寺 智證大師寂照塔의 中臺石에서도 볼 수 있다.

68 金和英, 「新羅澈鑑禪師塔과 塔碑에 대한 考察」, 『白山學報』 9, 白山學會, 1970, p.49.

69 朴慶植, 주 34의 논문 p.121.

70 鄭永鎬, 앞 論文, pp.30-31 참조.

71 鄭永鎬, 앞 論文, pp.114-127.

72 9세기에 건립된 석조부도 중 탑신괴임에 童子柱가 있는 예는 實相寺 證覺大師凝廖塔, 鳳巖寺智證大師寂照塔, 연谷寺東浮屠가 있으며, 迦陵頻伽紋은 연谷寺東浮屠에만 보이고 있다. 받침석의 상면에 연화문이 조식된 예는 實相寺 證覺大師凝廖塔, 望海寺址石造浮屠가 있다. 金和英, 앞 論文, p.47.

고 이 안에 사리가 있음을 강력히 시사해 주고 있다. 아울러 문비형의 좌우에 사천왕을 배치하여 사방을 지키게 하여 부도의 주인공인 禪師의 수호와 상징적 의미의 표출에 노력을 기울였음을 알 수 있다. 그리고 탑신석의 隅柱 상면에는 인방, 창방, 주두 등의 목조건축의 요소가 모각되어 있어 이 역시 彫飾과 더불어 탑신에 공간의 깊이를 부여해 주는 요소로 생각한다.

일곱째, 옥개석 역시 팔각의 전형을 유지하고 있으며 이에 목조건축의 요소가 재현되고 있다. 즉, 옥개석의 상면에는 대부분이 隅棟 및 기와골을 표시하고 있으며 처마에는 암막새, 수막새기와는 물론 望瓦까지 표현하고 있다. 하면에는 椽木을 표현하고 있어 충실한 목조건축의 표현을 보이고 있다. 이와같이 옥개석에 나타난 목조건축의 요인은 딱딱하고 강인한 느낌을 주는 석재에 부드러움을 주고 바로 밑에 놓인 탑신에 더욱 공간의 깊이를 부여해 주고 있는 것으로 생각한다. 아울러 쌍봉사 철감선사탑에서와 같이 하면에 조식되는 飛天像은 바로 부도의 주인공이 천상의 세계에 존재하고 있음을 보여주기 위한 상징으로 등장하고 있는 것으로 생각한다. 추녀는 완만한 곡선을 이루다가 합각부에 이르러 반전을 보이고 있어 마치 9세기석탑의 옥개석을 연상 시키고 있다. 정상에는 상륜을 받기 위한 8각의 괴임이 조출되어 있다.

여덟째, 상륜부는 대채로 仰花, 覆鉢, 寶輪, 寶珠의 순으로 놓여 있으며, 특히 연곡사 동부도에는 날개를 활짝 편 새가 등장하고 있다.

이상에서 고찰한 바와 같이 9세기에 건립된 부도에 나타난 양식 및 彫飾은 모두 탑신을 정점으로 배치되고 있어 이에 대한 崇仰意識이 강조되고 있음을 알 수 있다.

9세기 중엽에 이르러 불교미술에 부도라는 새로운 쟝르의 조형물이 등장함은 선종의 발흥과 밀접한 연관이 있다. 「不立文字 教外別傳 直指人心 見性成佛」을 강조하고 華嚴宗, 法相宗으로 대표되던 중대신라의 불교계를 타파하며 등장한 禪宗은 기존의 사회질서를 否認하며 九山禪門의 개창과 함께 확고한 기반을 구축할 수 있었다. 이들에게 있어서는 복잡한 교리, 예불의식에 얽매이지 않고 오직 禪師의 가르침과 坐禪만이 중시되었던 까닭에 禪師의 入寂은 마치 부처의 入寂에 버금가는 중대사였다. 이에 따라 祖師는 그들 門徒들에게는 이제 부처님 격으로 절대시 되었던 것이고 그 힘으로 문파의 융성을 꾀하게끔 되었다는 것을 뜻한다.[73] 따라서 文字에 의하지 않고 그들의 教理를 전달해야만 하는 門派에서는 祖師의 墓塔에 온갖 정성을 다해 조성함으로써 평민은 물론 중앙귀족에 이르기까지 폭넓은 지지기반을 확립하고자 했던 것이다. 이와 같이 조형물을 통한 禪宗의 布教는 신라하대의 정치, 사회적인 혼란 가운데서 그들이 표방하는 바대로 문자나 복잡한 교리에 의존하지 않고 누구나 쉽게 예배할 수 있는 조형물을 통하여 祖師의

73 文明大, 앞 책, p.245.

大德과 가르침을 전달 하고자 했던 발상에서 비롯된 것으로 생각한다. 이에 따라 당시의 종교와 문화가 조화를 이루며 극치의 아룸다움과 종교적 신비를 표현 했다고 생각하는데 같은 시기에 조성된 모든 유형의 유물에서도 이러한 현상을 볼 수 있다고 생각한다. 이러한 관점에서 볼 때 9세기에 건립된 부도에 등장하는 다양한 조식은 당대의 시대의식이 조형물을 통하여 표현된 것이며 9세기 美的 감각의 새로운 일면을 보여주는 것으로 생각한다.

4. 石燈

불교가 전래된 이래 사찰의 건립에는 불상, 석탑과 함께 석등이 건립 되었다. 석등은 部材로만 전하는 것을 포함하여 모두 270餘基가[74] 있으며 대부분이 현존하는 寺刹 혹은 廢寺址에 남아 있음을 보아 사찰을 구성하는 중요한 요인이었음을 알 수 있다

석등의 始原은 삼국말 百濟下代의 도읍인 扶餘와 그 以南의 익산지구의 寺院 건립에서 조형 되었으며 方臺 위에서 8각을 기본으로 삼아 上下에 八瓣蓮華臺石과 八角四面方窓의 華奢와 八角屋蓋를 각 1석으로써 결구하면서 건립 되었다.[75] 그러나 삼국시대의 작으로는 완형의 실물을 남기지 못한 까닭에[76] 통일신라에 이르러 건립한 석등에서부터 유품을 볼 수 있다. 석등의 양식은 크게 3종류로 분류되는데 제1양식은 8각이요, 제2양식은 6각, 제3양식은 4각으로 나뉘어지고 있다.[77] 그러나 통일신라시대의 석등은 모두 1양식의 범주 내에서 변화 건립되고 있어 석등의 기본형식은 8각이 주종을 이루고 있었음을 알 수 있다.

9세기에는 모두 22기의 석등이 건립 되었는데 이 중 연대가 확실한 석등으로는 鷲棲寺石燈 (867), 開仙寺址石燈(868), 寶林寺石燈(870)이 있어 이에 나타난 양식을 통하여 9세기 석등이 지닌 양식적 특성을 규명하고자 한다.

첫째, 下臺石은 상·하 2단으로 구성 되었는데, 하단에는 各面에 眼象이 배치되고, 상단은 귀

---

74 鄭明鎬, 「韓國의 石燈小考」, 『東國思想』 15輯, 東國大學校 佛敎大學, 1982, p.71.

75 黃壽永, 「百濟 彌勒寺址出土 石燈資料」, 『韓國의 佛敎美術』, 同化出版公社, 1974. p.150.

76 삼국시대에 건립된 것으로 추정되는 石燈材는 백제시대의 作으로는 부여 佳塔里寺址에서 출토된 蓮花單瓣八葉의 臺石, 彌勒寺址出土의 八角火舍石 3개 및 八角屋蓋石 3개와 蓮華紋臺石 3개가 있다. 또 신라시대의 作으로는 芬皇寺에 殘存한 地臺石 및 上.下臺石이 있다. 黃壽永, 앞 論文 및 鄭明鎬, 『韓國石燈의 樣式變遷』, 東國大學院, 碩士學位論文, 1970. pp.30-31.

77 鄭明鎬, 「浮石寺 石燈에 對하여」, 『佛敎美術』 3, 東國大學校博物館 1977, p.34.
  金元龍先生은 竿柱石의 형태에 따라 ①鼓腹石으로 된 것, ②雙獅子로 된 것. ③八角柱石으로 된 것의 세 형식으로 분류 있는데 ③형식은 고려시대 석등에서 많이 쓰이고 있어 형식발전상 가장 後代의 것으로 보고 있다.
  金元龍, 『韓國美術史』, 汎文社, 1968, p.202.

꽃이 장식된 복엽 8판의 연화문이 조식되고 있다.

둘째, 別石으로 조성된 竿柱石 받침이 등장하고 있는 바, 이는 일반형석등이 角弧角形, 높직한 弧形의 형태로 나타나고 있음에 비해 9세기 후기의 作으로 추정된 淸凉寺石燈에서 처음으로 발생되어 대부분의 鼓腹形石燈에서 보이고 있다.[78]

셋째, 上臺石의 下面에는 角形 3단의 받침이 있으며 蓮瓣 內에는 花紋이 조식되어 있다. 瓣內에 화문이 있는 연화문은 앞서 살펴본 바와같이 佛座 및 부도의 기단에서 보이고 있어 이러한 유형의 연화문은 이 시기를 대표했던 조식으로 생각한다.

넷째, 典型의 8각형석등에는 角形 1-2단의 받침이 조출되어 화사석을 받고 있음에 비해 대부분의 고복형석등에서는 별석으로 조성된 괴임대 형식의 별석받침이 등장하고 있다.[79]

다섯째, 火舍石은 모두 8각의 定型을 유지하고 있으며 實相寺石燈, 開仙寺址石燈, 任實 龍巖里 石燈만이 8개의 火窓을 보이고 있을 뿐 이외의 석등은 모두 4개의 火窓을 구비하고 있다. 아울러 火窓의 주위에는 門扉形 및 못구멍이 있으며, 四天王像이 주요 조식으로 등장하고 있다.[80] 이렇듯 석등에 彫飾된 사천왕은 이 시기에 건립된 석탑 및 부도에서도 공통적으로 보이고 있다. 사천왕이 각 유물의 탑신에 조식된 것은 9세기에 건립된 석조유물중 석탑의 대다수가 初層塔身에 사리를 안치하고 있고, 부도 및 석등에 있어서는 이 부분이 主建築공간이기 때문에 이 주공간과 사방을 수호하는 임무를 띠고 배치된 것으로 생각된다.[81] 아울러 국토와 대중을 위하고 부처님의 도장을 지키는 사천왕의 임무를 생각할 때 이는 하대의 혼란상에서 연유한 것으로 보인다. 즉 중앙정부로서는 정치적 혼란을, 평민은 계속되는 기근, 재해에 따른 생활고를 佛力에 의지하고 사찰에서는 계속되는 농민, 草賊의 반란으로부터 보호하기 위한 자구책으로서 다양한 기능을 지닌 사천왕을 탑신에 조식하였다고 생각된다. 따라서 9세기에 건립된 석조유물은 상·하계층의 결속을 위한 구심점으로서의 기능을 지니고 있다고 생각한다.[82]

여섯째, 옥개석 역시 정형의 8각을 유지하고 있으며 각 전각의 합각부는 예리한 반전을 보이고 있어 9세기석탑에서와 같이 경쾌한 느낌을 주고 있다. 아울러 합각부의 상면에는 귀꽃이 조

----

78 朴慶植, 「新羅下代의 鼓腹形石燈에 關한 考察」, 『史學志』23, 檀國大學校 史學會, 1990, pp.4-5, 鼓腹形石燈樣式表 參照.

79 앞 주와 같음.

80 四天王像이 조식된 석등은 浮石寺無量壽殿 앞 石燈, 法住寺四天王石燈, 靈巖寺址雙獅子石燈, 陜川伯巖里石燈, 淸凉寺石燈이 있다.

81 文明大, 「新羅四天王像의 硏究-韓國塔浮彫像의 硏究」, 『佛敎美術』5, 東國大學校博物館, 1980.p.18.

82 朴慶植, 「新羅 9世紀 石塔의 特性에 關한 硏究」, 『蕉雨黃壽永博士古稀紀念美術史學論叢』, 通文館, 1988, p.343.

식되어 있다.[83] 옥개석의 정상에는 8판의 伏蓮帶가 조식되고 있다.

일곱째, 相輪部는 대부분이 결실되어 완형을 볼 수 없다. 그러나 寶林寺石燈, 華嚴寺覺皇殿 앞 石燈, 實相寺石燈이 비교적 완전한 형태로 남아 있음으로 보아 대부분의 석등 역시 이와 동일한 형식의 相輪을 구비했을 것으로 추정된다.

일곱째, 기단부 전체를 변형시킨 쌍사자석등 및 고복형석등이 등장하고 있는 바, 이중 고복형석등은 기단부에서 불대좌 및 부도의 기단과 양식상 일맥상통하는 면이 있어 당시의 석조유물이 상호 유기적인 연관관계를 맺으며 건립 되었음을 알 수 있다.[84]

5. 碑石

비석은 중국의 周代에서 시작되어 唐代에 이르러 이首와 碑身, 題額, 龜趺를 갖추는 석비로 발전하고 정착하여 왔으며 또한 이 양식이 후세의 석비까지 전래되는 규범을 만들었던 것이다.[85] 우리나라에서도 이와같은 양식을 지닌 비석이 太宗武烈王陵碑를 시작으로 건립 되었으나 이때는 대부분이 왕릉 앞에 위치해 피장자와의 관계를 나타내주는 성격을 지니고 있었다. 그러나 9세기에 건립된 15기의 비석 중 홍덕왕릉비를 제외한 14기가 모두 불교에 관한 것으로 보아 이 시기가 지니는 시대상의 한 단면을 볼 수 있다. 비좌 및 이수에는 前代에서는 볼 수 없는 화려한 조식이 등장하고 있어 當代에 건립된 석조미술의 특성을 잘 보여주고 있다고 믿는다. 9세기의 비석중 건립연대가 확실한 것으로는 무藏寺阿彌陀佛造像事蹟碑이首 및 龜趺(801), 昌寧塔金堂治成文記碑(810), 雙峰寺澈鑒禪師塔碑(868), 寶林寺普照禪師彰聖塔碑(884), 禪林院址弘覺禪師塔碑 및 이首(886), 雙谿寺眞鑑禪師大空塔碑(887), 聖住寺朗慧和尙白月保光塔碑(889), 實相寺證覺大師凝廖塔碑(893), 月光寺圓郎禪師塔碑(890)가 있어 이에 나타난 양식을 중심으로 이시기의 비석에 나타난 양식상의 특성을 살펴보면 다음과 같다.

첫째, 龜趺의 머리는 仰形에서 直立하고 있으며 前代의 사실적인 龜頭에서 환상적인 龍頭로 변하고 있으며 정상에는 뿔과 渦紋등이 장식되고 있다.목에는 鱗甲紋 등이 장식되어 화려함을 더하고 있다.龜甲紋 역시 前代의 정연했던 深刻의 직육각형에서 점차 자유롭게 淺刻化하고 있으며 내부에 花紋 또는 王字紋을 장식하고 있다. 발가락의 표현 역시 전대에는 前足이 5爪, 後足이 4爪 아니면 前後足이 5爪로 동일하게 표현 되었으나, 9세기에는 4발의 각양으로 표현하고

---

83 옥개석에서의 귀꽃은 일반형석등은 870년 작인 寶林寺石燈에서만 볼 수 있으나 淸凉寺石燈을 제외한 모든 고복형석등에서 볼 수 있다.

84 朴慶植, 주 78의 논문, p.14.

85 李浩官, 「統一新羅時代의 龜趺와 이首」, 『考古美術』154 · 155, 韓國美術史學會, 1982, p.138.

있다.

둘째, 龜趺의 상면에 마련된 碑座는 前代에는 단순히 연화문만을 조식 하였으나 이 시기에 이르러는 渦紋 · 蓮華紋 · 十二支像 · 眼象 · 飛天像 등이 혼용 조식되어 한층 화려해 지고 있다.

셋째, 이首 역시 용과 渦紋이 혼용되어 조식되고 있으며 蟠龍頭가 서로 대칭적으로 맞대어 표현하고 있는 것과 또한 이수 중앙 정상에 장식한 화염에 쌓인 寶珠를 서로 爭珠하듯 龍頭를 쳐들고 조식하고 있다.아울러 이수의 하면에는 仰蓮의 연화문을 정연하게 조식하고 있으며 題額의 周緣에도 渦紋이 표현되고 있다.[86]

이와같은 양식적인 문제 이외에 왜 귀부와 이수가 등장하고 이에 거북, 용, 구름등의 표현이 첨가되고 있는가 하는 문제가 대두된다.이에 대하여는 唐碑의 모방 및 四神圖壁畵 중 玄武로 나타난 것이 신라석비의 귀부와 이수로 표현 되었다는 견해가 발표된 바 있다.[87] 그러나 필자는 이와 같은 중국적인 영향은 인정되나, 이들 비석이 국왕 또는 선종승려와 관련이 있음을 보아 거북과 용이라는 동물이 지니고 있는 長壽와 물, 지상, 천상의 세계를 마음대로 드나들 수 있는 성격이 비석의 구성요인으로 채택된 것으로 생각한다. 즉, 인간은 尊卑를 떠나 모두 死後의 세계가 있음을 믿고있는 고대인의 관념을 볼 때 누구나 死者에 대해 永遠不滅을 축원하고 있음은 주지의 사실이다.하물며 피장자가 국왕이나 門派의 우두머리 였던 禪師였음을 볼 때 이에따른 숭앙에 온갖 정성을 다했음은 대부분의 신라고분에서 출토되는 부장품과 부도의 발달을 보아도 능히 짐작할 수 있다. 따라서 그들을 기념하고 現世 및 來世에서도 영원히 존재하고 있음을 알리고 기리기 위한 상징을 생각할 때 거북과 용의 채택은 당연한 결과로 생각한다.비석을 구성하는 가장 하부인 龜趺에 거북의 몸을 형상화 했음은 거북이 지상과 물을 마음대로 드나들 수 있으며 長壽의 동물인 점으로 보아 현세에서도 영원히 존재하고 있음을 상징하는 것으로 생각한다. 碑身은 바로 왕이나 승려의 행적을 기록하는 부분으로 이는 곧 신체에 해당하는 부분으로 생각한다. 또 이를 받치고 있는 碑座에 飛天, 眼象, 渦紋, 蓮華紋 등이 조식됨은 바로 天上의 세계에 있음을 의미하는 요인으로 해석된다. 이수는 비석을 구성하는 요소중 가장 화려한 조식이 가해지는 부분으로 주로 龍과 구름을 도식화한 渦紋이 조식되고 있다. 따라서 이는 용이 승천한 것과 마찬가지로 屍身은 이미 천상의 세계에 있음을 의미하는 것으로 해석된다. 이와같이 비석이 갖는 3개 부분이 모두 死者의 영원불멸을 상징하고 있으며 더우기 대부분의 비석이 선종승려의 것임을 볼 때 이는 부도가 祖師의 大德과 가르침이 不變임을 표방하는 것과 동일한 요인으로 생각한다.

86 李浩官, 앞 논문, pp.165-166.
87 李浩官, 앞 논문, pp.166-167.

IV. 結語

이제까지 9세기의 역사는 정치사에서는 혼란기로, 미술사에서는 양식적 쇠퇴기라는 극명한 단어로써 결론지어져 왔다. 그러나 이 시기에 건립된 석조유물을 검토해 본 결과 이러한 견해는 그간 계속된 편견에 의해 규정지어진 채 종합적인 검토가 이루어지지 못했던 데서 기인한 것으로 파악 되었다. 필자는 전국에 산재한 석조유물 중 9세기에 건립된 198점의 유물을 추출하여 이를 분석한 결과 수적·양식적으로는 물론 그 종류의 다양함에 있어서도 신라문화의 盛代라 일컫는 8세기에 못지 않은 예술의욕이 발휘된 시기였음을 알 수 있었다.

앞에서의 서술을 통해 밝혀진 9세기 석조미술에 나타난 특성을 요약하면 다음과 같다.

첫째, 198점에 달하는 많은 양의 석조물이 건립되어 8세기에 비해 수적인 면에서 5배에 달하는 많은 수의 석조물이 건립되었다는 점이다. 특히 이들은 행정구역상 8도 58군에 걸쳐 분포되고 있으며, 전남지역에서의 증가현상은 추후의 연구과제로 주목되었다. 따라서 이와같은 석조유물의 분포는 9세기의 불교미술이 전국으로 확산 되었다는 단적인 증거를 보여주고 있다고 하겠다.

둘째, 198점에 달하는 석조유물은 경주를 中心点볼 때 5개의 경로를 통해 교류 되었음이 파악 되었다. 이들 경로상에서 주목되는 지역은 대구, 경산, 선산, 상주, 합천, 장흥이었는데, 이곳은 모두 삼국시대 이래로 군사 및 문화의 중심지 였음이 확인 되었다. 따라서 이 9세기에 이르러도 古代에 개통된 교통로가 불교미술의 전파에 큰 역할을 수행했었음을 알 수 있었다.

셋째, 9세기 석조유물이 분포되어 있는 10개의 지역군은 각각 五岳및 九山禪門과 相關關係를 지니며 분포되어 있음이 확인되었다. 五岳地域에는 필자가 추출한 198점의 유물 중 63점이 건립되고 있어 9세기의 五岳은 성립초기의 山神에 대한 제사의 기능뿐만 아니라 불교적으로도 중요한 역할을 수행하고 있었음을 알 수 있었다.

넷째, 198점의 석조유물 중 건립연대가 확실한 유물을 검토한 결과 이들은 각각 다른 성격의 유물이 양식적 친연성을 보이며 건립되어 있어 이 시기의 유물이 지니는 양식적 특성을 확연히 알 수 있었다. 특히, 모든 유물에 보이는 다양한 변화 및 화려한 조식, 별석받침의 등장은 각 조형물을 좀 더 높고 장엄하게 보임으로써 종교적 숭배물로서의 위치를 확고히 하는 한편, 이에 대한 예배를 통해 현실의 고통으로부터 탈피하고자 했던 종교적인 염원이 표출된 것으로 보인다.

다섯째, 198점에 달하는 석조유물의 양식을 검토해 본 결과, 각각의 유물에서 상호 공통적인 요소가 많이 검출되고 있다. 따라서 본문에서 제시한 석조물의 건립이 9세기 후기에 집중되고 있으며, 이들 유물로 부터 대부분의 양식이 시작되고 있는 점으로 보아 9세기의 석조유물은 후기에 이르러 집중적으로 건립된 것으로 추정한다.

1991년 6월 29일 19시 54분 탈고.
와 신난다.

(1991.07 「9世紀 新羅 石造美術의 特性」, 『史學志』 24, 단국대학교 사학회)

新羅 景文王代의 石造美術에 關한 研究
- 基壇部 樣式을 中心으로 -

Ⅰ. 序言

어느 시대를 막론하고 미술의 양식은 갑자기 발생한 것이 아니라 그러한 양식의 발생원인 및 동기가 있으며, 이는 동일한 類型의 造形物은 물론 타 유물과도 상호 영향을 주고 받으며 발전해 왔다고 생각한다.

그러나 美術史 연구에 있어 유물간의 양식적 연계성은 동일한 조형물에서 시대간의 영향만을 강조해 왔을 뿐 같은 시기에 조형된 미술품에 보이는 양식의 상호 연계성은 거의 무시된 채 연구가 진행되어 왔다. 이러한 현상은 이제까지의 미술사 연구가 국가별 내지는 單一遺物에 편중되어 나타난 결과로 추후의 과제는 이를 세분화하고 종합하는 연구가 필요하다고 생각한다. 이와 같은 관점에서 本考에서는 景文王代에 건립된 石造美術에 관하여 종합적인 考察을 시도하고자 한다.

景文王은 860년 부터 874년에 걸쳐 在位한 신라 48대 왕으로 그의 治世 기간은 咸通年間과 일치하고 있다.

이 시기에 이르러는 많은 수의 불교 조형물이 다양한 변화를 보이며 건립되고 있어 治世, 사회적인 혼란의 와중에서도 지속적인 佛事의 건립이 진행된 시기로 마치 中代新羅의 찬란했던 문화의 양상을 보인 시기였다.

그러나 이중 다수의 유물이 절대연대를 지니고 있어 미술사 연구에 중요한 위치를 차지하고 있음에도 불구하고 아직까지 이에 대한 종합적인 연구는 진행된 바 없었다.[1]

따라서 필자는 先學들의 연구업적에 힘입어 이 시기에 건립된 石塔, 浮屠, 佛像, 石燈의 各部에서 가장 뚜렷한 양식의 변화와 특성 및 공통점을 보이는 基壇部만을 고찰하여 景文王代의 불교조형물에 나타난 독특한 양식적 특성를 규명하고자 한다. 本考를 敍述함에 있어 먼저 각 유물의 기단에 나타난 양식의 특성과 연원을 밝힌 후, 이를 바탕으로 이 시기 조형물의 양식이 상호 有機的인 관계 및 精神的 支柱로서 건립되고 있음을 景文王代의 시대동향 가운데서 종합고찰하고자 한다.

II. 石塔의 基壇

善德女王 3년(634)에 芬皇寺模塼石塔을 건립하면서 시작된 신라의 석탑은 感恩寺址三層石塔, 高仙寺址三層石塔을 거쳐 佛國寺三層石塔에 이르러 완전한 양식의 토착을 이루어 이후 건립되는 모든 석탑의 양식적인 모형을 설정하였다.

---

1 景文王代에 건립된 조형물에 관하여는 統一新羅時代의 佛敎美術에 대한 종합적인 考察 가운데서 造形物의 類型에 따라 부분적으로 연구되어 왔는 바, 비교적 이 시기의 美術品에 대해 비중을 둔 연구논문은 다음과 같다.

鄭永鎬, 「奉化鷲棲寺의 塔像과 石燈」, 『考古美術 7-4』, 考古美術同人會, 1966

黃壽永, 「新羅 敏哀大王 石塔記-桐華寺毘盧庵三層石塔의 調査」, 『史學志』 3, 檀國大學校史學會, 1969.

金禧庚, 「韓國建塔因緣의 變遷-願塔을 中心으로」, 『考古美術』 116, 韓國美術史學會, 1972.

鄭永鎬, 「寶林寺 石塔內 發見 舍利具에 대하여」, 『考古美術』 123 · 124 合輯, 韓國美術史學會, 1972.

丁元卿, 『新羅下代 願塔建立에 關한 硏究』, 東亞大學院 碩士學位論文, 1982.

朴慶植, 「新羅 九世紀 石塔의 樣式에 關한 硏究」, 『考古美術』173號, 韓國美術史學會, 1987.

_____, 「新羅 九世紀 石塔의 關한 硏究」, 『蕉雨黃壽永博士古稀紀念美術史學論叢』, 通文館

金和英, 「韓國 佛像臺座樣式의 硏究(II)-石造臺座(1)-」, 『史學志』, 4, 1970.

文明大, 「新羅下臺 毘盧舍那佛像彫刻의 硏究(一)」, 『美術資料』 21, 國立中央博物館, 1977.

_____, 「新羅下臺 毘盧舍那佛像組閣의 硏究(續)」, 『美術資料』 22, 國立中央博物館, 1978.

申榮勳, 「澈鑑國師浮屠의 木造樣式」, 『考古美術』 4권1호, 考古美術同人會, 1963.

金和英, 「新羅澈鑑禪師塔과 塔碑에 대한 考察」, 『白山學報』 9, 白山學會, 1970.

鄭永鎬, 『新羅石造浮屠研究』, 檀國大學院 博士學位論文, 1974.

李殷基, 「羅末麗初期의 龜趺碑와 浮屠研究」, 弘益大學院 碩士學位論文, 1975.

鄭明鎬, 「韓國石燈의 樣式變遷」, 東國大學院 碩士學位論文, 1970.

_____, 「浮石寺 石燈에 대하여」, 『佛敎美術』 3, 東國大學校 博物館, 1977.

張忠植, 「統一新羅時代의 石燈」, 『考古美術158 · 159 合輯, 韓國美術史學會, 1983.

이에따라 동일한 양식이 軌를 이루면서 8세기에 이르기까지는 국가의 지속적인 정책에 힘입어 國都인 慶州를 중심으로 많은 수의 석탑이 건립되었다.

그러나 9세기에 이르면 寺刹의 건립 및 이에 수반되는 석탑은 경주를 떠나 차츰 지방으로 확산되기 시작하며 아울러 建塔의 主體는 국가가 아닌 개인으로, 목적은 佛家의 예배물로서의 原意를 떠나 개인의 結緣追福을 위한 다수의 願塔이 건립되고 있다.

景文王代에 건립된 桐華寺毘盧庵三層石塔(863), 鐵原到彼岸寺三層石塔(865), 奉化鷲棲寺三層石塔(867), 장흥寶林寺南.北三層石塔(870)이 있는 바 이들 석탑은 사리장치 및 塔志에 의하여 모두 願塔으로 그 성격이 밝혀졌다.[2]

又玄 선생은 석탑의 건립요인에 대하여 첫째, 伽藍配置의 규약상 필수적으로 건립된 것, 둘째, 佛體와 동등가치의 것으로 취급되어 結緣追福을 위하여 一般僧俗의 손으로 인하여 건립된 것, 셋째 高德을 表揚하기 위하여 墓表와 같은 것이 그것이다.[3] 라고 분류하고 있다.

따라서 景文王代에 이르러 다수의 願塔이 집중 건립되고 있음은 상기의 둘째 항목에서 보듯이 이 시기에 이르러 탑이 佛體와 동등한 가치로 인정되어 國王, 中央貴族, 地方豪族등에 의하여 건립되고 있음을 알 수 있다.[4]

桐華寺毘盧庵三層石塔은 塔內에서 출토된 舍利壺의 銘文에 의하여 景文王3년(863)에 閔哀大王을 위하여 건립된 願塔임이 밝혀졌다.[5]

이 석탑은 基壇으로부터 塔身에 이르기까지 平面方形의 通式을 보이고 있다. 방형의 地臺石과 中石은 한돌로 하여 각면 1석씩 4매로 하여 하층기단을 구성 하였으며 각 면은 撑柱 1주와 兩隅柱로 구분 하였다. 甲石은 4매로 구성되었는 바, 4면의 各隅에는 약간의 경사가 있으며 상층기단 받침이 別石의 형태로 각출되어 있어, 대부분의 석탑이 이 부분에 孤角形 2단의 받침을 마련한 것에 비하여 다른 형식을 보이고 있어 주목되고 있다.

상층기단 역시 하층기단과 마찬가지로 각면 1매씩 4매의 板石으로 구성 하였으며 각 면에는 양 우주와 1탱주가 정연히 模刻되어 있다. 갑석은 2매의 판석으로 구성 되었는 바, 하면에는 각형 1단의 附椽이, 상면에는 하층기단과 동일한 형태의 받침이 각출되어 있다.

2 金禧庚,「韓國建塔因緣의 變遷-願塔을 中心으로」,『考古美術158·159 合輯, 韓國美術史學會, 1972. pp.8-9. 丁元卿,『新羅下代 願塔建立에 關한 研究』, 東亞大學院 碩士學位論文, 1982.
3 高裕燮,『韓國美術史及美學論考』, 通文館, 1963, p.110.
4 朴慶植,「新羅 9世紀 石塔의 特性에 關한 研究」,『蕉雨黃壽永博士古稀紀念美術史學論叢』, 通文館, 1988, p.332.
5 黃壽永〈「新羅 敏哀大王 石塔記-桐華寺 毘盧庵三層石塔의 調査」,『史學志』3, 檀國大學校史學會, 1969, pp.53-86.

이상에서 살펴본 바와 같이 이 석탑은 기단 전체에서 신라석탑의 양식적인 특성을 유지하고 있으나 하층 및 상층기단의 上面에 造出된 괴임대의 형식이 주목되고 있다. 아울러 이러한 양식의 괴임수법은 고려시대에 이르러 유행하는 별석받침의 전단계 양식으로 생각된다.

동화사비로암삼층석탑에 이어 건립된 석탑으로는 철원도피안사삼층석탑 (865), 봉화취서사삼층석탑(867)이 있다.

철원도피안사삼층석탑은 법당내에 안치된 철조비로사나불 光背에 있는 銘文에 의하여 불상의 조성과 同 시기인 景文王5년(865)에 香徒組織의 발원에 의하여 건립된 석탑으로 파악되었다.[6] 이 석탑의 기단부가 8각으로 이 위에 方形의 3층탑신을 올린 특이한 형태이다.

기단부는 높직한 방형의 지대석위에 8각의 별석받침을 놓았는 바, 中石과 甲石이 한돌로 2매의 석재로 구성 되었으며 중석의 각 면에는 眼象을 1좌씩 조각 하였다.[7]

별석받침의 상면에 複葉蓮華紋이 彫飾된 별석의 8각대좌를 놓아 하대석으로 삼았는 바, 상면에는 얕은 2단의 받침이 조출되었다.

中臺石 역시 8각으로 下臺石에 비해 높으며 일반형 석탑에서 보이는 隅柱型은 없다.

중대석의 상면은 仰蓮이 조식된 8각의 上臺石이 놓였는 바, 이의 상면에는 별석받침의 형태가 조출되어 초층탑신을 받치고 있다.

이 석탑은 기단부 및 초층탑신 받침부에서 이제까지의 신라석탑에서 볼 수 없었던 특이한 양식을 보이고 있어 주목된다.

즉, 기단부가 8각형으로 상.중.하대를 구비하고 있으며 상.하대석에는 각각 앙련과 복련을 조식하고 있어 佛座臺와 동일한 양식을 보이고 있다. 이와 같이 탑신부는 전형양식의 방형을 유지하면서 基壇部만을 8각으로 만들고 연화를 조식함은 탑신부에 안치된 舍利를 의식한 결과로 보여진다.[8]

봉화취서사삼층석탑은 塔內에서 발견된 舍利壺의 명문에 의하여 景文王 7년(867)에 이찬 金亮宗의 女 明端의 발원에 의하여 건립된 석탑으로 밝혀졌다.[9]

....

6 佛像의 後面에 陽刻된 銘文에 …鐵原郡到彼岸寺成佛之侍士□「龍岳堅淸于時□」覓居 士結緣一千百餘人堅金石志勤不覺勞因」이란 구절로 보아 佛像은 信士를 중심으로 1,500명의 사람이 結緣하여 조성한 것으로 보이는 바, 석탑 역시 같은 여건 하에서 건립한 것으로 생각한다.

7 一般的인 石塔에서 下臺의 구성은 地臺石위에 基壇의 중석을 놓는 것이 通式이나 이 석탑에서 보이는 8角 臺石의 別石은 앞서 서술한 桐華寺 毘盧庵三層石塔의 下層기단에서도 볼 수 있는 바 이는 別石의 형태는 아니지만 別石받침을 위한 전단계의 형식으로 생각한다. 아울러 석탑에 이와같은 新形式의 등장은 동 시기에 유행한 石燈, 浮屠, 佛像의 臺座와도 연관이 있을 것으로 생각한다.

8 秦弘燮, 「統一新羅時代 特秀樣式의 石塔」, 『考古美術』 158, 159 合輯, 韓國美術史學會, 1983, p.20

9 秦弘燮, 『韓國美術史資料集成』(1), 一志社, 1987, pp.167-168

이 석탑은 1966년 2월에 실시한 新羅五岳太白山地區 2차조사시에 조사 됨으로써 주목을 받기 시작했는데 당시에는 탑재가 땅속에 묻혀 있어서 이의 구조를 파악치 못했으나[10] 필자가 조사한 바에 의하면 석탑의 현상은 다음과 같다.

수매의 장대석으로 지대석을 삼아 3층기단을 형성하고 있는데 하층기단은 4매의 장대석으로 조립하여 하면에는 角形 3단의 받침을 조출하고 각 面에는 4구씩의 안상이 배치되어 있다.

中層基壇은 兩 隅柱와 1撐柱가 模刻되어 있으며 갑석의 하면에는 얕은 附椽이 있고 상면에는 孤角形 2단의 받침위에 2매로 구성된 별석의 상층기단 받침대가 있다. 받침대의 상면에는 고각형 2단의 받침이 있으며 4隅에는 合角線이 뚜렷하다. 4매의 석재로 구성된 상층기단은 각면에 兩 隅柱와 1撐柱가 模刻되어 있으며 甲石 하면에는 角形 1단의 附椽이, 상면에는 角孤角形 3단의 받침이 있다.

이 탑에서의 특징은 기단부에 있는 바 3층기단이 출현하고 있는데 현재의 상태가 학술적인 복원이 아니어서 3층기단의 확실 여부에 관해서는 일단 의심의 여지가 있다. 그러나 하층기단에 각형 3단의 받침과 眼象이 조식되어 있으며 석재의 형태로 보아 다른 기단의 部材라기 보다는 塔材의 성격이 강하게 보이고 있다. 따라서 취서사삼층석탑의 기단양식은 고려시대에 건립된 鳶谷寺三層石塔 三層基壇의 先例로 생각한다.

취서사삼층석탑에 이어 건립된 석탑으로는 장흥 보림사 남.북삼층석탑이 있다.

이 석탑은 1934년 解體復元時 초층탑신에서 舍利莊嚴具와 함께 塔誌石이 발견 되었는데 이에 의해 건립연대 및 重修사실이 확인 되었는 바, 그 내용은 다음과 같다.[11]

  1. 咸通十一年(景文王 10년.870)에 건립

  2. 大順三年(眞聖王 5년.891) 舍利七枚 奉安

  3. 成化十四年(朝鮮 成宗9년.1478)一次重修

  4. 嘉靖十四年(朝鮮 中宗30년.1535)二次重修

---

10 조사 당시 탑에 대한 기록을 보면 "현재는 2층탑신까지 올려 놓았으나 屋蓋石과 路盤 등이 落下되어 雪中에 묻혀 있으며 기단은 中央撐柱 하나가 刻되고 兩隅柱가 있는 通式의 기단 뿐인데 본래부터 단층기단이 되었는지 그렇지 않으면 하기단이 파손되어 재건시에 上基만 세웠는지 이것도 해빙후의 再調에 의하여 밝혀져야 할 것이다……"라고 기술하고 있다.

  鄭永鎬, 「奉化鷲棲寺의 塔像과 石燈」, 『考古美術 7-4』, 考古美術同人會, 1966.

11 南.北三層石塔에서 각각 1매의 塔誌石과 靑銅盒이 1점씩 조사 되었는 바, 銘文의 내용은 黃壽永, 『韓國金石遺文』, 一志社, 1976, pp.153-158에 실려 있으며, 舍利具에 대한 내용은 鄭永鎬 先生에 의하여 소개된 바 있다.

  鄭永鎬, 「寶林寺 石塔內 發見 舍利具에 대하여」, 『考古美術』, 123·124합집, 韓國美術史學會, 1974, pp.26-34.

5. 崇禎紀元後五十七年(朝鮮 肅宗 10년.1684)三次重修

아울러 이와같은 建塔에서부터 4차례에 걸친 중수사실 이외에도 景文王 10년에 憲安王의 冥福을 빌기 위하여 건립한 願塔임이 확인 되었다.[12]

又玄 선생은 兩塔에 대해 2층, 3층탑신에 있어서 隅柱形式이 갑자기 섬약하게 된 곳, 옥개곡선이 매우 미약한 점, 하층기단 갑석에 있어서 상단신부 받침의 조출에서 蛇腹形이 消失하여 버린 점 등 後世의 改修의 결과인가도 생각된다. 혹은 대체의 樣式 급 촌척만 고법을 따라서 개조인가도 생각된다.[13]라고 하여 양탑의 개조사실을 지적하고 있는데 양 탑지석의 내용을 비교해 볼 때 成化十四年(1478)과 嘉靖十四年(1535)의 개수기록이 주목된다.

즉, 大順三年과 崇禎紀元後五十七年의 기록은 南塔盒에만 기록되고 있어 南.北石塔 양기가 동시에 기록된 成化.嘉靖年間의 중수시에 개조된 것으로 생각한다. 그러나 成化十四年의 중수는 北塔의 기울어진 상태를 보술할 때 함께 개수한 것으로 추측되어 양탑은 嘉靖十社年의 중수시에 변조된 것으로 보인다. 왜냐하면 출토된 청동합의 명문을 볼 때 「……入塔」[14]의 구절이 동시에 보이고 있어 成化十四年의 改修 이후 탑이 기울어졌거나 도괴되어 다시 중수 되었음을 알 수 있으며 모든 중수기사가 塔誌石에 기록되고 있음에 비해 嘉靖十四年의 중수사실은 青銅盒에 기록되고 있어 특별한 사실이 있었음을 알 수 있다.

상층기단은 각면 1매의 판석을 이용하여 4매로 구성 하였는데 兩 隅柱와 1탱주가 정연하며 갑석의 하면에는 각형 1단의 附椽이 있으며, 상면에는 孤角形 2단의 받침을 조출하여 초층탑신을 받고 있다.

이상에서 고찰한 바와 같이 景文王代에 건립한 석탑은 대체로 中代石塔에서 완성된 한국석탑의 정형양식을 유지하고 있는 바, 기단부 및 괴임대의 수법에서 변화가 일어나고 있다. 즉 이 시기에 이르러는 佛國寺三層石塔에서 확립한 정형양식의 범주에서 크게 원형을 변형시키지 않으면서 기단부 및 괴임대에서 변화가 보이고 있다.

변화의 요인으로는

첫째, 기단부 전체를 변형시킨 八角佛座形基壇과 삼층기단을 들 수 있다.

팔각불좌형기단은 865년에 건립한 철원도피안사삼층석탑에서 볼 수 있는 바, 이와같은 기단

---

12 北塔誌의 側面에 "造塔時」咸通一年」庚寅五月日」時」疑王卽位」十年矣」所有者」憲王往生」慶造之塔」……"의 기록이 있어 景文王 10년(870)에 憲安王을 위해 건립된 願塔임을 알 수 있다.

13 高裕燮,「韓國塔婆의 研究-各論草稿」,『考古美術資料』 제14집, 考古美術同人會, 1967, pp.185-186

14 兩 塔에서 출토된 青銅盒에 嘉靖十四年乙未五月日立塔施主兪□」□□□□化主義根」(北塔)및 嘉靖十四年乙未」四月日立塔重修記」化主義根」(南塔)의 기록이 있다.黃壽永, 前揭書, pp.156, 158.

형식은 8세기에 건립된 石窟庵3層石塔에서 이미 나타나고 있다.

이 석탑은 상.하대석만이 8각이며 甲石은 圓形인 관계로 완전한 불좌형의 기단으로 불 수 없지만, 이는 석탑에서 지상에 정착한 8각불좌형 기단의 시원양식으로 생각한다.[15]

이렇듯 석굴암3층석탑에서 발생되어 865년에 건립된 철원도피안사삼층석탑에서 정착된 8角佛座形基壇은 고려시대 석탑의 특수양식으로 발전하여 조선시대에 이르기까지 지속적으로 건립 되었다.[16] 아울러 삼층기단의 형식은 奉化鷲棲寺三層石塔에서 볼 수 있는데 형태는 도피안사삼층석탑과 다르지만 原意는 佛座의 형태를 표현함으로써 탑신에 안치된 사리를 의식한 결과에서 나타난 유형으로 믿어진다.

이상과 같이 기단부 전체를 완전히 변형시켜 석탑이 불상에 버금가는 신앙물임을 확연히 보여주는 변형 이외에 이를 구성하는 세세한 부분에서의 변화를 볼 수 있는데 이는 하층 및 상층 기단 갑석의 상면에 마련된 받침부에서 볼 수 있다.

먼저 하층기단 상면에 조출된 받침부의 변화를 보면, 전형양식 이래로 신라석탑에서 표출된 상층 기단 받침은 고각형 2단의 받침이 통식이었으나, 이 시기에 이르러 桐華寺毘盧庵三層石塔에서와 같은 별석받침 형태의 받침이 나타나고 있다. 이는 전체적으로 볼 때 2단의 형태지만 통식의 고각형 2단과는 달리 중앙의 각형 돌기를 중심으로 상면에는 고각형이, 하면에는 각형 및 내곡된 고형이 조출되어 있다. 하층기단에서의 이러한 변화는 전체적으로 볼 때 상층기단 이상을 높게 나타내고자한 의사의 표현으로 생각한다. 아울러 9C 후기의 건립으로 추정되는 석탑의 동일한 부분에서 보이는 각고각형 3단의 받침[17] 역시 전대의 석탑에서 보이던 받침과는 다른 형식으로 이 역시 별석받침 형태와 동일한 의미의 표현으로 믿어진다.

상층기단에 바련된 초층탑신 받침부에서의 변화는 각고각형 3단의 받침과 별석받침 형태의 2유형이 나타나고 있다.

전형양식 이래 건립된 신라석탑의 상층기단 상면에 조출된 초층탑신 받침은 각형 2단의 받

---

15 石造物에서 최초로 8각형의 형식이 나타난 예는 불국사다보탑의 塔身部에서 볼 수 있는 바, 이에서 8각형 浮屠의 始原을 찾을 수 있다는 견해가 있으며, 아울러 다보탑에서는 地上에 표현된 8각형의 형식이 石窟庵3層石塔에 이르러 地表에 정착한 것으로 생각한다.
　　黃壽永,「多寶塔과 新羅八角浮屠」,『考古美術』123・124합집, 韓國美術史學會, 1974

16 고려시대에 건립한 8가불좌형 기단의 석탑은 月精寺八角九層石塔, 廣法寺八角五層石塔, 栗里寺八角五層石塔, 永明寺八角五層石塔이 있으며 조선시대의 석탑으로는 水鐘寺八角五層石塔, 妙寂寺八角多層石塔이 있다.

17 9C 후기의 건립으로 생각되는 석탑중 하층기단에 角孤角形 3단의 받침이 造出되어 상층기단을 받치고 있는 석탑으로는 浮石寺東方寺址三層石塔, 仙巖寺東. 西三層石塔, 原州居頓寺址三層石塔, 聖住寺址에 건립된 4기의 석탑이 있다.

침이 통식이었으나 보림사남.북삼층석탑에서는 孤角形 2단의 받침이[18] 나타나고 있다. 아울러 동화사비로암삼층석탑, 도피안사삼층석탑에서는 별석받침 형태가 조출되는 등[19] 다양한 변화를 나타내고 있는 바, 이는 無言의 석탑이 오늘날 우리에게 자신의 변모를 가장 확실하게 표현해주는 주요한 요소로 생각한다.

이상에서 살펴본 바와 같이 초층탑신의 받침은 孤角形, 角孤角形, 별석받침 형태등 3종류의 형태가 나타나고 있어 前代의 석탑에 비해 다양한 받침수법이 등장하고 있음을 알 수 있다. 이 중 별석 받침 형태의 괴임수법은 대중연간에 건립된 것으로 보이는 聖住寺址石塔에서[20] 나타나고 있다.

이와같이 초층탑신 받침부는 각기 형식을 달리하며 나타나고 있으나, 이러한 변화가 내포하는 의미는 동일한 요인에서 출발한 것으로 생각한다.

즉 景文王代에 건립된 석탑에 나타난 기단부 전체의 변형 및 받침부에서의 변화는 모두 塔身部를 중시한 결과로 생각 되는데, 특히 초층탑신받침부에 별석받침이 삽입됨은 난간의 변형형태로서 난간을 설치하는 것 같은 의도에서 삽입한 것으로서, [21] 탑신이란 것은 더욱 기단위에 실린 장식적인 것의 의미를 갖게된 것으로 보고있다.[22]

그러나 景文王代를 포함하는 9C에 건립된 석탑의 경향을 볼 때 앞서 서술한 4기의 석탑에 나타난 변화는 9C에 이르러 건립된 대부분의 석탑이 초층탑신에 사리를 안치하고 있으며, [23] 초

---

18 孤角形 2단의 받침은 9C 前期에는 安東玉洞三層石塔, 洪川物傑里三層石塔등 2기의 석탑에 국한되어 조출되어 있으나, 後記에 이르러 寶林寺南.北三層石塔을 비롯하여 實相寺東.西三層石塔, 陳田寺址三層石塔, 永川華南洞三層石塔, 永川新月洞三層石塔, 醴泉東本洞三層石塔, 義城觀德洞三層石塔, 月光寺址東三層石塔, 烽火西桐里東.西三層石塔, 丹陽香山里三層石塔, 寶城牛川里三層石塔에 나타나고 있다.
19 별석받침형태의 초층탑신 받침은 828년에 건립된 法光寺址三層石塔에서 이미 나타나고 있다.
20 聖住寺址는 朗慧和尙이 大中元年(847)에 이곳에와 주석함으로써 九山禪門의 하나로 開創한 점으로 보아 현재 遺存하는 4기 석탑의 建立下限은 開創 당시로 볼 수 있다.
21 杉山信三,『朝鮮の石塔』, 彰國社, 1944, p.40.
22 高裕燮,「朝鮮塔婆의 樣式變遷」,『東方學誌』2, 延世大東方學研究所, 1955, p.206.
23 金禧庚先生의 조사에 의하면 신라석탑중 사리장치가 밝혀진 석탑은 32기에 달하고 있는데 이 중 초층탑신에서 8기가 조사되었으며, 舍利孔이 밝혀진 65기의 석탑중 32기가 초층탑신에서 사리공이 조사되어 신라시대의 석탑은 대부분이 초층탑신에 사리가 奉安되었음을 알 수 있다. 김선생은 舍利臧置 및 舍利孔이 조사된 석탑의 명칭 및 건립시기에 대해서는 언급하지 않았지만 신라의 석탑이 9C에 들면서 지방으로 확산되고 前代에 비하여 숫적으로 월등한 증가를 보인 점으로 보아 대부분이 9C석탑에서 조사된 것으로 보인다. 필자는 9C에 건립된 석탑중 69기를 추출하여 이 시기 석탑의 양식과 특성에 대하여 고찰한 바 있는데 이들 석탑중 사리장치 및 사리공이 밝혀진 석탑은 20기에 달하고 있으며 이중 기단부에 1기, 초층탑신에 14기, 2층탑신에 2기, 3층탑신에 3기가 조사되었다. 이와 같이 대다수의 석탑이 초층탑신에 사리가 안치되어 있음은 9C에 이르러 탑의 主體가 基壇으로부터 塔身으로 移行하고 있음을 시사해 주는 것으로 보인다.

층탑신이 유난히 높아지는[24] 점으로 보아 탑의 主體部인 塔身部를 좀 더 높고 장엄하게 보임은 물론 초층탑신에 安置된 舍利에 대한 숭앙의식의 결과에서 비롯된 변화로 생각한다.

따라서 이러한 변화의 원인이 초층탑신에 안치된 사리에 있음을 생각할 때, 이 시기에 이르러 雙塔의 출현 및 佛像조각의 수려함으로 인하여 신앙의 대상으로서 그 가치가 절하 되었던 전대에 비하여 石塔崇拜의 信仰으로 변화가 있었음을 의미하는 것으로 생각한다. 아울러 舍利가 곧 佛陀 그 자신의 상징물 이었음에 비추어 이 시기의 석탑은 발생초기와 마찬가지로 佛과 同格의 지위를 확보했던 것으로 믿어진다.

이와같은 석탑신앙의 회귀현상은 新羅下代라는 시대적인 상황에서 기인한 것으로 나말의 정치, 사회적인 혼란의 와중에서 발생한 것으로 생각한다. 즉 복잡한 교리 보다는 누구나 쉽게 볼 수 있게 예배할 수 있는 석탑을 통해 현실로부터의 救援意志가 표출된 결과로 보인다.

III. 佛像의 臺座

우리나라에 불교가 初傳되었을때 처음 전래된것은 佛像과 經文이었음은 주지의 사실인 바, 이로부터 불상의 조성은 사찰은 물론 信徒들의 필수적인 예배의 대상으로서 끊임없이 조성되어 석탑 못지않은 많은 수의 불상이 전래되고 있다.[25]

이렇듯 현존하는 많은 수의 불상은 각기 시대별, 지역별로 특색있는 양식을 내포하고 있어 석탑과 마찬가지로 그 시대 역사의 편린을 볼 수 있는 많은 근거를 제공해 주고 있다고 생각한다. 景文王代에 조성된 불상역시 이와 같은 맥락에서 고찰할 때 이는 반드시 조성되어야만 하는 당위성을 내포하고 있으며 이러한 문제는 선학에 의하여 이미 고찰된 바 있다.[26]

따라서 本 章에서는 序言에서 밝혔듯이 이 시기에 조성된 불상의 기단양식[27]에 관해서만 고

金禧庚, 「韓國石塔의 舍利藏置小考」, 『考古美術』 106.107 합집, 韓國美術史學會, 1970, p.19.

朴慶植, 「新羅 九世紀 石塔의 樣式에 關한 研究」, 『考古美術』 173.韓國美術史學會, 1987

_____, 「新羅 九世紀 石塔의 特性에 關한 研究」, 『蕉雨黃壽永博士古稀紀念美術史學論叢』, 通文館, pp.325-349.

24 筆者가 실측한 바에 의하면 9C에 건립된 석탑의 초층탑신의 그 높이가 2층탑신에 비해 평균 2.7배의 비율로 높다.

25 筆者가 實測한 바에 의하면 9C에 건립된 석탑의 初層塔身의 그 높이가 2층탑신에 비해 평균 2.7배의 비율로 높다.

26 文明大, 「新羅下代 毘盧舍那佛像彫刻의 研究(-)」, 『美術資料』 21, 국립중앙박물관, 1977, pp.16-40.

_____, 「新羅下代 毘盧舍那佛像彫刻의 研究(속)」, 『美術資料』 22, 국립중앙박물관, 1978, pp.28-37.

27 신라시대의 佛像臺座에 대해 연구한 논문으로는

찰하여 이 시기 불좌의 양식적 특성 및 타 유물과의 연관성을 밝히고자 한다.

景文王代의 조성으로 연대를 알 수 있는 佛像은 桐華寺毘盧庵 石造毘盧舍那佛坐像(863), 桐華寺毘盧庵三層石塔內 발견 金銅版 毘盧舍那佛坐像(863), 到彼岸寺 鐵造毘盧舍那佛坐像(865), 奉化 鷲棲寺址 石造毘盧舍那佛坐像(867)이 있다.

이들 불상은 모두 전형적인 8각형의 불좌를 구비하고 있으며, 자체의 銘文 및 同 시기에 건립된 석탑 내에서 출토된 사리장치의 명문에 의하여 확실한 조성연대를 알 수 있어 新羅下代彫刻史의 한 기준을 설정하는 귀중한 유물로 평가되고 있다.[28]

동화사비로암 석조비로사나불 좌상은 삼층석탑내에서 출토된 사리호의 명문과 결부시켜 閔哀大王을 위해 景文王3년(863)에 조성된 願佛로 밝혀졌다.[29]

이 불상의 대좌는 지대석으로부터 上臺石에 이르기까지 8각의 기본형을 유지하고 있다.

하대석은 소박한 複葉 8판의 複蓮이 돌려져 있으며, 蓮瓣위에 弧角形 2단의 받침 위에 별석의 중대석 받침이 삽입되어 있다. 중대석 받침은 중앙의 각형 돌기를 중심으로 하면은 완만한 경사(1/4弧形)를 이루고 있음며 상면에는 고각형 2단의 받침을 조출하여 중대석을 받고있다. 중대석은 원통형의 8각으로 각 모서리에 雲紋과 寶相華紋을 조각하고, 각 면에는 渦紋속에 1면에는 荷葉을 나머지 7면에는 각각 사자를 1마리씩 배치 하였다.

上臺石은 각형 3단의 받침위에 16엽의 單葉重瓣仰蓮을 조식 하였는 바, 판 내에는 화사한 화문이 있으며, 연화문 사이에는 하대석과 동일한 연판의 중앙부가 촘촘히 조식 되었다.

이 대좌에서의 특징은 전체를 조각으로 메꾼 중대석 및 이를 받치고 있는 별석의 중대석받침과 上臺石에 표현된 연화문에 있는 바, 이러한 유형의 대좌를 갖춘 불상으로는 覺淵寺石造毘盧舍那佛坐像, 慶北大學校藏 石造毘盧舍那佛坐像이 있어 대좌의 양식변천에 한 지표가 되고있다.[30]

동화사비로암삼층석탑내 발견 금동판 비로사나불좌상은 동 석탑의 초층탑신에서 출토된 舍

....

金和英,「韓國 佛像臺座形式 研究-金銅佛을 중심으로」,『李弘植博士 回甲紀念 韓國史學論叢』, 1969, pp.609-630.

_____,「韓國 佛像臺座形式의 研究(II)-石造臺座(1)」,『史學志』4집, 1970. pp.137-170.

28 5구의 불상중 자체의 銘文에 의하여 絶對年代가 확인된 불상은 到彼岸寺 鐵造毘盧舍那佛坐像, 寶林寺 鐵造毘盧舍那佛坐像이고 塔內에서 출토된 舍利器에 의하여 연대를 알 수 있는 불상은 桐華寺毘盧庵 石造毘盧舍那佛坐像, 桐華寺毘盧庵三層石塔內 發見金銅版 毘盧舍那佛坐像, 奉化鷲棲寺 石造毘盧舍那佛坐像이 있다.

29 塔內에서 출토된 舍利壺의 銘文에는 불상조성의 사실이 기록되지 않았지만……□桐數願堂之前」創立石塔……의 구절로 보아 석탑과 同時期에 건립된 것으로 생각한다.

30 金和英,「韓國 佛像臺座形式의 研究(II)-石造臺座(1)」,『史學志』4집, 1970, p.157.

利外函인 4매로 구성된 線刻 金銅四方佛板의 北方佛로서 조성시기는 석탑과 동일한 863년으로 추정되었다.[31]

이 불상의 대좌는 8각으로 보이는데 하대에는 단판복엽의 연화문이 돌려져 있으며, 상면에 2단의 받침을 조출하여 중대를 받고 있다.

중대는 전체적으로 원통형을 이루고 있는데 隅柱 또한 雲脚形을 이루고 있어 같은 경내에 있는 석조비로사나불좌상과 동일한 양식임을 알 수 있다.[32]

상대는 단엽중판앙련이 돌려져 있는 바, 상면의 연화문 내에는 花紋이 조식되어 있다.[33]

이 대좌의 특징 역시 경내에 있는 석조비로사나불상과 대좌와 동일한 요인에 있는 바, 전체적으로 볼 때 하대석 상면의 2단받침 역시 별석받침과 같은 의도에서 조출한 것으로 보인다.

到彼岸寺 鐵造毘盧舍那佛坐像은 등에 陽刻된 명문에 의하여 景文王 5년(865)에 1, 500명의 香徒조직에 의하여 조성된 불상으로,[34] 조성재료가 철이라는 특이성을 보이고 있다.

이 불상의, 대좌 역시 8각의 전형을 보이고 있다. 하대석은 8엽의 單瓣無紋伏蓮이 돌려지고 있으며, 연판의 끝에 이르러 귀꽃이 장식 되었다.

연화문 상면에 2단의 받침을 조출하여 이 위에 중대석받침을 놓았는 바, 받침석은 각형 1단의 형태로 下面은 완만한 경사(1/4고형)을 이루고 있다. 중대석은 각 모서리에 隅柱가 각출 되었을 뿐 아무런 조식이 없으며, 上面에 孤角形 2단의 받침을 조출하여 상대를 받고 있다.

上臺石은 8엽의 무문중판앙련이 돌려져 있는데, 상면 연화문의 사이에는 연판의 중앙부가 촘촘히 彫飾 되었다.

이 불상의 대좌에서 특이한 사항은 중대석받침과 하대석에서의 귀꽃표현 및 무문연화문이 상.하대석에 조식된 점이다. 8각대좌의 하대에서 귀꽃의 장식은 이 시기에 이르러 시작되었으며,[35] 상.하대석의 연화문이 다른 臺座와는 달리 無紋인 점은 이 불상의 조성재료가 鐵이라는 특수성에서 비롯된 것이다.[36]

奉化鷲棲寺 石造毘盧舍那佛坐像은 현존하는 삼층석탑내에서 발견된 舍利壺의 명문에 의해 이 석탑과 동 시기인 景文王 7년(867)에 이찬 金亮宗의 딸 明端의 발원에 의해 조성된 願佛로 추정

31 黃壽永, 前揭論文, 金銅四方佛函條 參照.
32 주 29 및 文明大,「新羅下臺 毘盧舍那佛像彫刻의 硏究(Ⅰ)」,『美術資料』21, 국립중앙박물관, 1977, p.20.
33 이 臺座의 上臺에 彫飾된 연화문은 單瓣仰蓮 같이 보이지만 中臺 上面에 彫飾된 荷葉같은 문양은 이 불상이 平面에 線刻된 점을 볼 때 이는 조각상의 문제로 源意는 같은 境內에 있는 석조비로사나불상의 상대석에 조식된 重瓣單葉蓮華紋과 동일한 것으로 보인다.
34 주 6과 동일.
35 김화영,「한국 불상대좌형식의 연구(Ⅱ)-석조대좌(1)」,『사학지』4집, 1970. p.152.
36 문명대,「신라하대 비로사나불상조각의 연구(一)」,『미술자료』21, 국립중앙박물관, 1977, p.33.

되었다.[37]

이 불상의 대좌는 높직한 방형의 지대석 위에 전형적인 8각의 下臺, 中臺, 上臺石을 놓았다.

하대석은 2단으로 구성 되었는데, 히면의 높직한 각형 받침 각 면에는 안상 내에 ㅣ 사자를 1좌씩 양각 하였고 상면의 각형 1단 받침위에 複葉八瓣의 伏蓮石을 놓았다.

복련석의 상면에는 별석의 중대 받침석이 있는 바, 중앙의 각형 받침을 중심으로 하면은 완만한 경사(1/4고형)을 이루고, 상면에는 고각형 2단의 받침을 조출 하였다.

중대석은 각면마다 종장형의 안상을 조각하고 내면에 연화좌와 원형의 두신광을 구비한 坐像이 1구씩 양각되었는데, 이 중 2面은 合掌像이고 6面은 供養像이다.

上臺石은 하면에 낮은 3단의 받침이 있으며 이 위에 單葉重瓣 仰蓮이 조식 되었는데, 상면 연화문의 판 내에는 화사한 花紋이 있으며, 연화문 사이에는 연판의 중앙부가 촘촘히 조식 되었다.

이 대좌에서의 각면에 浮彫된 眼象內에 陽刻된 사자, 별석의 중대받침, 중대석 각면에 부조된 안상내의 좌상인바, 이와 같은 기단에서의 제조식은 9세기 중엽경에 나타나고 있음을 알 수 있다.[38]

아울러 이상과 같은 양식을 지니고 있는 동 시기의 작품으로 생각되는 불상은 慶北大學校藏 石造毘盧舍那佛像, 法住寺石佛坐像, 浮石寺石造毘盧舍那佛坐像, 靑龍寺石佛坐像, 洪川物傑里石造如來坐像, 榮州北枝里石造如來坐像 2기, 善山海平洞石造如來坐像, 佛谷寺石造如來坐像이 있다.[39]

이상에서 景文王代에 조성한 4구의 佛像臺座에 대하여 고찰하였는 바, 이들은 모두 전형적인 8각대좌로 이를 구성하는 상.중.하대석에 보이는 특징을 요약하면 다음과 같다.

첫째, 하대석에는 복련, 귀꽃, 사자가 조식되고 있다.

伏蓮紋은 도피안사불상을 제외하면 복엽팔판이 주종을 이루고 있는 바, 연화문의 중앙은 8각대석의 모서리와 동일 축선에 배치되고 있으며, 이의 사이에는 연판의 중앙부가 촘촘히 조식되었다. 귀꽃은 도피안사불상의 下臺石에서 처음으로 彫飾된 점임은 이미 전술한 바와 같으며 비슷한 시기의 조성으로 추정되는 洪川物傑里石造如來坐像, 慶北大學校藏石造毘盧舍那佛坐像, 善山海平洞石造如來坐像, 澗月寺址石造如來坐像의 臺座에서도 귀꽃의 조형을 볼 수 있다.

---

37 舍利壺의 銘文에는 佛像에 관한 기록은 없지만 불상의 전체적인 양식으로 보아 석탑과 同 時期의 작품으로 추정하는 것이다. 아울러 이와같은 견해는 이미 先學들에 의하여 거론된 바 있다.
　金和英, 前揭論文 p.156, 주 53參照.
　文明大, 前揭論文參照.
38 金和英, 前揭論文, p.157.
39 이들 불상은 下臺石 및 中臺石에 부조된 諸 像의 종류에서 약간의 차이는 보이지만 기본적인 彫飾意思는 동일한 것으로 보인다.

기단부에서 사자의 조식은 우리나라 최고의 불상인 뚝섬출토 銅造如來坐像의 대좌에서도[40] 볼 수 있어 그 淵源이 삼국시대에 있음을 알 수 있다.

8각대좌에서 하대석에 사자가 조식됨은 8세기에 조성된 장항리사지석조불상[41]에서 볼 수 있는 바, 본격적으로 臺座의 浮彫로 사용된 것은 鷲棲寺의 불상이 조성된 시기를 연원으로 보아도 타당할 것으로 생각한다.[42]

둘째, 중대석받침으로 별조의 받침석이 사용되고 있다. 석불의 대좌에서 중대받침으로 별석받침이 등징함은 9세기 前期의 作으로 추정되는 淸凉寺石佛坐像의[43] 대좌에서 볼 수 있다. 이 불상의 대좌는 8각이 아닌 방형으로 복련석의 상면에 안상이 조식된 높직한 각형 1단의 중대받침을 造出 하였는데, 이러한 형식의 중대석 받침은 불좌에서 별석받침의 등장하는 초기적인 형태로 생각한다.

앞에서 서술한 桐華寺毘盧庵 石造毘盧舍那佛坐像, 到彼岸寺 鐵造毘盧舍那佛坐像, 奉化鷲棲寺 石造毘盧舍那佛坐像의 대좌는 모두 別造의 중대석받침을 구비하고 있으며 이들 불상과 同時期의 作으로 추정되는 대부분의 불상대좌에 중대석받침이 있는 점으로 보아[44] 8각불좌에서의 별석받침은 이 시기에 이르러 유행한 것으로 보인다.

아울러 이와 같이 중대석의 괴임으로 별석받침이 삽입됨은 석탑에서 중심부인 塔身을 좀더 높고 장암하게 보이기 위한 발상과 마찬가지로 대좌위에 앉은 불상을 숭엄하게 보이기 위한 의도에서 비롯된 것으로 보인다.

셋째, 중대석은 (1) 8각을 기본으로 전체를 조각으로 메꾼것, (2)모서리에 隅柱만을 표시한것, (3)각면에 조식한 안상내에 불상을 배치한 것등의 3종류의 유형이 나타나고 있다.

1항의 類型은 동화사비로암 석조비로사나불좌상, 동화사비로암삼층석탑내 발견 금동판 비로사나불좌상에서 보이고 있다. 중대석에서 이러한 양식을 보이는 대좌는 이보다 앞선 시기의

40 金元龍,「뚝섬 出土 金銅佛坐像」,『韓國美術史研究』, 一志社, 1987, pp.150-154.
41 獐項里寺址石佛의 조성연대에 대해 金和英, 大西修也 선생은 8세기 前半으로, 문명대 선생은 8세기 後半의 所作으로 보고 있다.
　　金和英, 前揭論文 p.160.
　　大西修也,「獐項里廢寺址의 석조여래상의 復元과 造成年代」,『考古美術』125, 韓國美術史學會.
　　文明大,『韓國彫刻史』, 悅話堂, 1980. p.209
42 이와같이 추정함은 景文王代를 前後한 시기에 조성된 것으로 추정되는 대부분의 佛像臺座에 사자가 彫飾되기 때문이다.
43 文明大, 前揭書, p.230.
44 上記 불상과 同時期의 作으로 보이는 불상 가운데 중대석받침을 구비한 불상으로는 永川華南洞石佛坐像, 慶北大學校藏石造毘盧舍那佛坐像, 法住寺石佛坐像, 浮石寺石造毘盧舍那佛坐像, 青龍寺石佛坐像, 榮州北枝里石造如來坐像 2基, 善山海平洞石造如來坐像, 佛谷寺石造如來坐像이 있다.

어느 造形物에서도 볼 수 없는 점으로 보아 동화사비로암 석조비로사나불좌상의 대좌에서 처음으로 시도되어 同 年間에 건립된 雙谿寺澈鑑禪師塔에 영향을 준 것으로 보인다.[45]

2항의 유형은 이미 8세기 중반에 조성된 石窟庵本尊佛의 대좌에서 볼 수 있어[46] 이 시기에 이르러 발생한 양식은 아니지만, 도피안사 철조비로사나불좌상에 조식된 우주는 선대의 양식을 추종하여 조각한 것이 아니라 동 시기의 대좌양식을 고려할 때 이는 造成材料가 鐵이라는데서 기인한 것으로 보인다.[47]

3항의 형식은 경주 남산 三陵溪石造藥師如來坐像의 대좌에서 볼 수 있는 바, 이 불상의 조성은 9세기 중엽으로 추정됨으로[48] 이와 같은 양식은 景文王代에 이르러 盛行한 것으로 보인다.

세째, 上臺石에는 단엽중판앙련이 조식되고 있는데 蓮華紋 사이에는 연판의 중앙부가 촘촘히 조식되었다. 이러한 유형은 9세기 전기의 작품으로 추정되는 慶州 南山 茸長寺溪石造藥師如來坐像의[49]臺座에서 처음으로 나타난 것으로 보이는데, 이 시기에 조성된 불상중 도피안사 철조비로사나불좌상을 제외하면 취서사비로사나불좌상은 상면의 연화문에, 동화사비로암 석조비로사나불좌상의 대좌는 상.하의 연화문에 화사한 화문에 만개되어 있다.

아울러 앞서 거론한 同 時期의 불상에서 이러한 형식이 나타나는 점으로 보아 板內에 화문이 있는 上臺石은 9세기 전기에 발생되어 景文王代에 이르러 대좌의 한 양식으로 정착된 것으로 보인다.

이상에서 景文王代에 조성된 불상의 대좌양식에 관하여 고찰 하였다.

이들 대좌에 나타난 別石의 중대석받침, 中臺石에서의 변화, 상대석의 연화문등의 양식은 이 시기에 이르러 유행한 양식으로 파악 되었다.

아울러 이러한 향식이 불상의 대좌에 나타남은 석탑에서와 마찬가지로 중심부인 불상이 모두 비로사나불임을 고려할 때 이러한 양상은 新羅下代 사회의 정치, 종교적인 변혁과 직결되고

---

45 이 부도의 중대석은 荷葉이 기둥을 이루고 있으며, 각 면에는 迦陵頻伽紋이 1구씩 조각되어 있다. 부도에 있어 이러한 양식의 중대석 역시 동화사비로암 석조비로사나불좌상과 마찬가지로 이 부도에서 처음으로 나타나나고 있으며, 同 浮屠의 건립이 868년으로 추정됨을 볼 때 이러한 유형의 중대석을 지닌 대좌는 경문왕대에 이르러 발생된 것으로 추정하는 것이다.

46 金和英, 前揭論文, p. 151.
아울러 이러한 유형의 臺座樣式은 경주 南山 彌勒谷石佛坐像, 尙州 曾村里 石佛坐像이 있다.

47 경문왕대를 전후해서 조성된 것으로 추정되는 불상중 兩隅柱가 造出된 불상으로는 예천 靑龍寺 石造如來坐像, 善山 海平洞 石造如來坐像, 昌原 佛谷寺 石造毘盧舍那佛坐像, 慶北大學校藏 石造毘盧舍那佛坐像이 있는 바, 이들 불상은 兩 隅柱 사이에 八部身衆, 如來坐像, 菩薩등을 彫飾하고 있기 때문에 到彼岸寺 鐵造毘盧舍那佛坐像의 面石 처리는 재료의 차이에서 기인된 것으로 보인다.

48 中央日報社, 『韓國의 佛敎美術-佛像篇』, 1979, p.228.

49 黃壽永, 「石佛」, 『國寶』 4, 藝耕産業社』, p.228

있음을 시사하는 것으로 생각한다.[50]

IV. 浮屠의 基壇

浮屠는 浮屠, 浦圖, 佛圖등 여러가지로 표기되고 있는데 원래는 佛陀와 같이 Buddha를 번역한 것이라 하고 또는 수塔婆(st▼pa) 즉 塔婆의 轉音으로서 이도 부도라고 한다하여[51] 광의적인 의미를 내포하고 있다. 또 일반적으로 부도라 함은 일반승려의 墓塔을 가리키는 극히 한정된 조형물에 사용되고 있다.

우리나라에서 부도의 발생은 貞觀年間에 있었음을 문헌을 통해서 볼 수 있으나[52] 實物로는 844년에 건립된 廉居和尙塔이 그 기원을 이루고 있다.

신라시대에 건립된 부도에 관하여는 그간 선학들에 의한 꾸준한 연구에 의하여 연대가 확실한 8기와 同 時期의 作으로 추정되는 10기등 모두 18기가 현존하고 있음이 확인 되었다.[53] 이와 같은 부도의 대부분은 신라의 전형인 8角圓堂型의 石造浮屠로 지대석 위에 기단을 마련하고 塔身과 相輪部를 차례로 구성 하였는 바, 구조상의 특징은 주로 기단부에서 찾을 수 있으니 대개 기단부가 다채롭게 변하고 있다.[54]

따라서 본 장에서 기단부의 양식만을 다루고자 하는 이유 또한 이처럼 부도에서 가장 뚜렷한 변화를 보이는 기단양식의 특징을 고찰하여 타 유물과의 연관성을 밝히고자 하는 목적에서 비롯된 것이다.

신라시대에 건립된 18기의 부도중 本考에서 서술하고자 하는 景文王代에 건립된 부도는 大安寺寂忍禪師照輪淸淨塔(861), 雙峯寺澈鑑禪師塔(868)의 2기에 국한되고 있다.

大安寺寂忍禪師照輪淸淨塔은 塔碑의 명문에 의해 景文王 원년(861)에 건립된 것으로 밝혀진

50 文明大, 「新羅下代 毘盧舍那佛像彫刻의 研究(續)」, 『美術資料』 22, 국립중앙박물관, 1978, p.34,
51 鄭永鎬, 「浮屠」, 『考古美術158 · 159 합집, 한국미술사학회, p.37 주1에서 재인용.
52 鄭永鎬, 前揭論文 및 『新羅石造浮屠研究』, 檀國大學校博士學位論文, 1974, p.11.
53 黃壽永, 「新羅聖住寺 大朗慧和尙 白月保光塔의 調査」, 『考古美術』 9-11, 考古美術同人會, 1968.
   鄭永鎬, 『新羅石造浮屠研究』, 檀國大學院博士學位論文, 1974.
   ____, 「蔚州 望海寺 石造浮屠의 建立年代에 대하여」, 『又軒丁仲煥博士還曆紀念論文集』, 1973.
   ____, 「新羅石造浮屠의 一例」, 『史學志』, 檀國大學校史學會, 1976.
   ____, 「月岳山 月光寺址와 圓郎禪師大寶禪光塔에 대하여」, 『考古美術』 129.130合輯, 韓國美術史學會, 1976.
   ____, 「石造」, 『國寶』 7, 藝耕産業社, 1986.
54 정영호, 前揭 박사학위논문, p.27

[55] 동리산 대안사의 開山祖 慧徹의 墓塔이다.

이 부도는 지대석만을 제외하면 기단부터 相輪까지 전형적인 8각을 보이고 있어 전형적인 신라 8角圓堂型 부도의 양식을 보이고 있다.

지대석은 방형으로 각형 2단의 받침을 각출하여 하대석을 받고 있다. 2단으로 구성된 하대석의 하단 각면에는 세장한 眼象을 2구씩 배치하였으며, 그 위에 높직한 괴임의 상면 받침을 놓았다. 받침의 側面은 사다리꼴을 이루고 있는 바, 각면에는 생동감 넘치는 사자가 1마리씩 陽刻되었다.

하대석의 상면에는 높직한 각형 1단 위에 낮은 각형 3단의 받침이 각출된 8각의 중대석 괴임대를 놓았다.

부도에서의 中臺石 받침은 844년에 건립된 염거화상탑에서도는 각형 3단의 받침이 조출되어 있으나, 大安寺寂忍禪師照輪淸淨塔에 이르러 나타난 높직한 각형 1단의 받침은 분명한 중대받침석의 의미로 刻出한 것으로 부도에서 중대받침의 출현은 이 부도가 선례임을 알 수 있다.[56]

중대석은 낮은 8각의 各面에 細長한 안상을 1구씩 배치하였다.

사대석은 하면에 각형 3단의 받침을 조출한 후 無紋三瓣仰蓮을 조식하였다. 연화문은 중판의 형태를 보이고 있으나 상면은 화문내에 중첩되게 조식하여 3판의 형식을 보이고 있으며 연화문 사이에는 연판의 중앙부가 촘촘히 조식되었다.

상대석의 상면은 각형 3단의 받침을 각출한 후 탑신 괴임대를 놓았는데 상대석은 모두 1석으로 조성되었다. 탑신 괴임대는 중앙의 角形 突起를 중심으로 하면은 각면에 안상을 2구씩 배치한 면석과 낮은 각형 1단의 받침으로 구성되었다. 괴임대의 상면은 각고각형의 3단 받침을 조출하였는 바 중앙의 孤形은 넓게 조출하여 복엽복판의 연화문을 돌려 화사한 괴임대를 구성하고 있다.

이 부도에서의 특징적인 점은 하대석의 생동감있는 사자의 彫飾, 중대 받침석의 출현, 상대석의 無紋三瓣仰蓮과 연화문이 조식된 탑신받침석에 있다. 아울러 이러한 조식은 바로 이어 건립되는 雙峯寺澈鑒禪師塔으로 이어져 신라석조부도의 걸작품을 창조하는 양식적 근원이 된 것으로 보인다.

---

55 碑文에 보면 …… 時春秋七十有七 咸通二年春二月六日 無疾坐化 支體不散 神色如常卽以八日安寂於寺松捧起石浮屠之也 …… 라 기록되어 있어 禪師는 咸通 2년(861)2월 6일에 77세를 일기로 入寂하여 시체를 松捧에 安置하고 석조부도를 세웠음을 알 수 있다.
鄭永鎬, 前揭論文, p.52.
朝鮮總督府,『朝鮮金石總覽』上, p.119.
56 정영호, 前揭論文, p.50.

雙峯寺澈鑒禪師塔은 澈鑒禪師가 祖堂集에 의하면 景文王 8년(868)에 71세의 나이로 入寂한 것으로 되어 있어[57] 선사의 탑 역시 당시 부도의 일반적인 경향으로 보아 선사가 입적한 즉시 이루어진 것으로 추측된다.[58]

이 부도에 관하여는 그간 선학들에 의하여 양식적인 특징 및 계보에 관하여 규명된 바 있다.[59]

이 부도 역시 기단부터 탑신에 이르기까지 전형적인 8角圓堂形으로 지대석은 1매의 석재를 8각으로 다듬어 2단으로 조성 되었는 바, 그 상면은 낮은 角形으로 원형의 받침을 만들고 이 위에 하대석을 마련하고 있다.

하대석은 상.하 2단으로 이루어 졌는데 하단의 평면은 원형으로 측면 전체에 滿彫된 渦紋[60] 사이에 雙龍이 조각되어 마치 구름 사이로 용이 나는 듯한 형태를 보이고 있다. 하단의 상면에는 낮은 각형 1단의 괴임을 마련하고 상면에 8각의 상단석을 마련하였는데 각 면의 모서리에는 荷葉으로 기둥형을 만들고 각 면에 얼굴이 모두 정면을 향한 다양한 형태의 사자를 1좌씩 양각하였다.

하대석 상면에는 높직한 중대석 괴임대를 각출하였는데 형태는 중앙의 角形 돌기를 중심으로 하면은 內曲된 孤形이며 상면은 높직한 고형의 받침을 마련하여 중대석 하면이 꽂히도록 하였다.

중대석은 8각으로 下段이 받침석의 상면에 꽂히도록 내곡된 고형을 이루고 있으며 이 위에 높고 낮은 2단의 角形괴임을 조출한 후 중대석을 마련 하였다. 중대석의 각 모서리에는 荷葉으로 기둥을 만들고 각면에 迦陵頻伽를 조식 하였다.

上臺石은 하면에 각형 3단의 받침이 조출된 연화석과 탑신괴임대로 이르어졌는데 연화문은 瓣內에 화사한 花紋이 있는 16엽의 單瓣仰蓮으로 연화문 사이에는 연판의 중앙부가 촘촘히 조식되었다.

연화문 상면은 瓣端을 따라 낮은 1단의 각형받침이 있으며 다시 이 안으로 8각의 각형괴임 1

57 祖堂集에 …… 景文大王聞名 歸奉恩渥日崇 咸造九載四月十八日 忽訣門人曰 生也有涯吾須遠邁 汝等安怘雲谷 永耀法燈 語畢 怡然遷化 報年七十有一 僧臘四十四霜 …… 이라 기록되어 있어 경문왕 8년에 71세의 나이를 日記로 入寂했음을 알 수 있다.
58 정영호, 前揭論文, p.58.
59 鄭海昌, 「浮屠의 樣式에 관한 考略-新羅時代의 8角圓堂에 대하여」, 『白性郁博士頌壽紀念論文集』, 1957, p.880.
   申榮勳, 「澈鑒國師浮屠의 木造樣式」, 『考古美術』 4권1호, 考古美術同人會, 1963.
   金和英, 「新羅澈鑒禪師塔과 塔碑에 대한 고찰」, 『白山學報』9, 白山學會, 1970, pp.23-59.
   鄭永鎬, 前揭論文, pp.53-64.
   李殷基, 「羅末麗初期의 龜趺碑와 浮屠硏究」, 弘益大學院碩士學位論文, 1975, pp.23-26
60 李殷基, 前揭論文, p.15.

단을 造出하여 탑신괴임대를 받고 있다.

塔身괴임대의 각 모서리에는 상다리 모양의 童子柱를 圓刻하고 그 안에 안상을 1구씩 깊게 음각 하였는데 眼象內에는 다양한 형태의 迦陵頻伽를 1좌씩 양각하였다. 괴임대의 상단은 갑석형을 이루고 있으며 각 면에는 單線紋이 縱橫으로 음각되었고 상면에는 고각형의 2단받침을 조출하여 탑신을 받고 있는데 孤形의 받침에는 1邊에 7판씩의 單瓣伏蓮을 조식하였다.[61]

이 부도에서의 특징적인 점은 기단 전체에 滿彫된 화려한 彫飾에 있는바, 하단의 渦龍紋, 사자, 迦陵頻伽, 연화문등 석조미술품에서 등장하는 대부분의 조식이 나타나고 있어 부도의 중심부인 탑신이 天上에 있음을 시사하고 있다.

이상에서 景文王代에 건립된 大安寺寂忍禪師照輪淸淨塔, 雙峯寺澈鑒禪師塔 기단의 양식에 대하여 고찰 하였는 바, 양 부도의 基壇에서 나타난 양식적 특성을 요약하면 다음과 같다.

첫째, 지대석은 방형과 8각형이 보이고 있는데 형식의 차이에도 불구하고 모두 각형 2단으로 되어있다.

둘째, 하대석 모두 상.하 2단으로 구성 되어있는데 前者는 眼象과 사자가, 후자는 渦龍紋과 사자가 조식 되어 있으며, 사자는 상단에서 공통적으로 보이고 있다.

부도의 기단부에 사자가 조식됨은 844년에 건립된 염거화상탑에서[62] 볼 수 있는데, 이 부도에서는 地臺石과 인접한 하대석의 各面에 조식되고 있으나, 兩 浮屠에 이르러는 1단의 받침위에 조식되고 있으며 특히 荷葉紋의 사이에 생동감있게 묘사되고 있어 양식의 진전과정을 보이고 있다. 건립연대가 밝혀진 8기의 신라석조부도중 하대석이 2단으로 구성된 예는 상기의 부도외에 實相寺 證覺大師凝廖塔(861-863),[63] 寶林寺普照禪師彰聖塔(880)[64]에서 볼 수 있다. 비록이들 부도에는 사자의 조식은 없지만 2단의 하대석 및 상면에 사자가 조식된 유형의 하대석은이 시기에 이르러 등장한 신양식임을 알 수 있다.[65] 아울러 雙峯寺澈鑑禪師塔 하대석 下面의 渦龍紋 역시 이 시기에 이르러 발생한 새로운 양식으로 이후 건립된 부도에서 이러한 예를 볼 수있다.[66]

....

61 이상의 敍述은 鄭永鎬 先生의 前揭論文 pp.60-61을 참조하였다.

62 鄭永鎬, 前揭論文, p.47.

63 鄭永鎬, 前揭論文, pp.74-79.

64 鄭永鎬, 前揭論文, pp.64-69.

65 신라시대 석조부도에서 하대석이 2단으로 사자가 조식된 예는 연곡사동부도, 석남사부도가 있는데 前者는 상단에, 後者는 하단에 사자의 조식이 있다.

66 신라시대의 석조부도중 하대석에 渦龍紋이 조식된 예는 雙峯寺澈鑑禪師塔보다 늦은 시기에 건립된 實相寺 證覺大師凝廖塔(861-863), 寶林寺普照禪師彰聖塔(880), 實相寺秀澈和尙楞伽寶月塔(893), 연곡사동부도, 석남사부도가 있다.

셋째, 중대석 받침이 공통적으로 보이고 있는데 전자에서는 각형 1단의 받침이, 후자는 전형적인 별석받침이 보이고 있다.

前者의 부도에서 보이는 각형 1단의 중대받침은 844년에 건립된 염거화상탑에서 보이는 각형 3단의 받침에서 진전된 중대받침의 先例로 볼 수 있다. 그러나 완전한 양식의 중대받침석은 868년 作인 雙峯寺澈鑒禪師塔에서 나타나고 있어 이 시기에 이르러 중대받침으로서의 별석받침이 완성되었다고 생각한다.

넷째, 중대석에는 前者는 眼象이, 後者에는 각 모서리에 荷葉을 조식한 후 迦陵頻伽를 배치하고 있다. 중대석에 안상이 조식됨은 염거화상탑에서 시작된 이래 대부분의 신라부도에서 通式으로 등장하고 있으나, 염거화상탑에서는 안상내에, 輦, 香爐, 花紋등을 彫刻한데 비해 雙峯寺澈鑒禪師塔에서는 荷葉이 안상의 효과를 보이면서 가릉빈가를 조식하고 있다.

신라시대에 조성된 석조미술에서 迦陵頻伽紋이 彫飾의 요소로 채용된것은 이 부도에 이르러 처음으로 나타나고 있어[67] 이 시기에 이르러 조형예술에 새로운 장식요소가 등장하고 있음을 알 수 있다.

다섯째, 상대석은 연화석과 탑신괴임대의 2부분으로 구성되고 있다.

연화석은 하면에 角形 3단의 받침이 있으며 연화문은 前者는 無紋3瓣仰蓮이, 후자는 瓣內에 花紋이 있는 單瓣仰蓮이 조식되고 있으며 연화문의 사이에는 연판의 중앙부가 촘촘히 조식되었다. 前者의 부도에서 보이는 無紋3瓣仰蓮은 중판의 형태를 보이고 있으나 상단의 화문이 겹치게 묘사되어 3판의 효과를 보이고 있는 바, 이는 염거화상탑이 무문단판앙련임에 비해 진전된 양식으로 후에 건립되는 實相寺 證覺大師凝蓼塔에 보이는 연화석의 선구적인 예로 볼 수 있다.

아울러 후자의 연화문 역시 동 시기의 佛像臺座에서 공통적으로 보이는 요소로 이 역시 景文王代에 유행한 양식으로 보인다.

별석의 탑신받침부는 신라시대에 건립된 대부분의 부도에서 공통적으로 나타나는 양식으로[68] 부도에서 이러한 양식이 최초로 등장함은 9세기 중반에 조성된 진전사지 부도에서 볼 수 있다.[69] 陳田寺址 浮屠의 탑신 받침석은 중앙의 角形突起를 중심으로 하면에 판 내에 화문이 있는 단엽 16판의 연화문을 조식하고 상면에는 角弧角形의 3단 받침을 조출하여 8각탑신을 받고 있어 소박한 초기 형태의 괴임수법을 보이고 있다.

그러나 廉居和尙塔에 이르러는 각면에 彫飾된 眼象內에 연화좌에 앉아 있는 天部像을 1구씩

67 金和英,「新羅澈鑒禪師塔과 塔碑에 대한 考察」,『白山學報』9, 白山學會, 1970, p.49.
68 鄭永鎬, 前揭論文, pp.30-31 참조.
69 鄭永鎬, 前揭論文, pp.114-127.

배치하고 있으나, 雙峯寺澈鑒禪師塔에 이르러는 각면의 안상내에 가릉빈가를 1좌씩 배치하고 모서리에는 童子柱를 刻出한 후 上面에는 연화문을 조식하여 화려함이 극치에 달하고 있다.

아울러 雙峯寺澈鑒禪師塔의 괴임석에서 보이는 童子柱, 迦陵頻伽, 蓮華紋의 양식은 이보다 후대의 유물에서 볼 수 있어 이는 景文王代에 이르러 등장한 신양식으로 생각한다.[70] 이상을 요약하면 新羅石造浮屠는

陳田寺址浮屠→廉居和尙塔(844)→大安寺寂忍禪師照輪淸淨塔(861)→雙峯寺澈鑒禪師塔(868)

의 순으로 樣式進展이 이루어지고 있음을 볼 때 이에 등장하는 조식의 양상 역시 시대의 흐름에 따라 더욱 화려하고 다양하게 등장함을 알 수 있었다.

이상에서 고찰한 바와 같이 부도의 기단에 나타난 諸 彫飾은 모두 上面에 놓인 탑신을 정점으로 배치되고 있어 이에 대한 崇仰意識이 강조되고 있음을 알 수 있다.

9세기 중엽에 이르러 불교미술에 부도라는 새로운 쟝르의 조형물이 등장함은 선종의 발흥과 밀접한 연관이 있다.

『不立文字 敎外別傳 直指人心 見性成佛』을 부르짖으며 華嚴宗, 法相宗으로 대표되던 중대신라의 종교계를 타파하며 등장한 禪宗은 기존의 사회질서를 否認하며 九山禪門의 개창과 함께 확고한 기반을 구축할 수 있었다. 이들에게 있어서는 복잡한 교리, 예불의식에 얽매이지 않고 오직 禪師의 가르침과 坐禪만이 절대적이었던 까닭에 禪師의 入寂은 마치 부처의 入寂에 버금가는 타격이었다. 이에 따라 祖師스님은 그들 門徒들에게는 이제 부처님 격으로 절대시 되었던 것이고, 그 힘으로 문파의 융성을 꾀하게끔 되었다는 것을 뜻한다.[71]

따라서 文字에 의하지 않고 그들의 敎理를 전달해야만 하는 門派에서는 祖師의 墓塔에 온갖 정성을 다 함으로써 평민은 물론 중앙귀족에 이르기까지 폭넓은 지지기반을 확립하고자 했던 것이다. 아울러 이와 같이 조형물을 통한 禪宗의 布敎는 신라하대의 정치, 사회적인 혼란 가운데서 그들이 표방하는 바 대로 문자나 복잡한 교리에 의존하지 않고 누구나 쉽게 예배할 수 있는 조형물을 통하여 祖師의 능력과 가르침을 전달 하고자 했던 발상에서 비롯된 것으로 생각한

---

70 신라시대에 건립된 석조부도중 탑신괴임에 童子柱가 있는 예는 實相寺 證覺大師凝廖塔, 鳳巖寺智證大師寂照塔, 연곡사동부도가 있으며, 가릉빈가문은 연곡사동부도에만 보이고 있다. 아울러 받침석의 상면에 연화문이 조식된 예는 실상사 증각대사응료탑, 망해사지석조부도가 있는 바, 이들 부도는 모두 경문왕대 이후의 작품으로 이상의 요소는 동 시기에 이르러 등장한 신양식임을 알 수 있다.
  金和英, 前揭論文, p.47.
71 文明大, 前揭書, p.245.

다. 이에 따라 당시의 종교와 문화가 조화를 이루며 극치의 아름다움과 종교적 신비를 표현 했다고 생각하는 바, 동 시기에 조성된 모든 유형의 유물에서도 이러한 현상을 볼 수 있다고 생각한다. 이와 같은 관점에서 볼 때 景文王代에 건립된 양 부도의 기단에서 보이는 다양한 조식은 당대의 시대의식이 조형물을 통하여 표현된 것으로 생각한다.

V. 石燈의 基臺

우리나라의 석등은 삼국말 百濟下代의 도읍인 扶餘와 그 以南의 익산지구의 寺院 건립에서 조형 되었으며 方臺 위에서 8각을 기본으로 삼아 上下에 八瓣蓮花臺石과 八角四面方窓의 華奢와 八角屋蓋를 각 1석으로써 결구하면서 건립 되었다.[72] 그러나 삼국시대의 작으로는 완형의 실물을 남기지 못한 까닭에[73] 통일신라에 이르러 건립한 석등에서부터 유품을 볼 수 있다.

불교가 이 땅에 전래된 이래 사찰의 건립에는 불탑과 불상이 필수적인 요소로 건립 되었는 바, 석등 역시 佛家에서는 塔像과 함께 중요한 숭배물의 하나로 건립 되었다.

석등의 양식은 크게 3종류로 분류되는데 제1양식은 8각이요, 제2양식은 6각, 제3양식은 4각으로 나뉘어지고 있다.[74]그러나 통일신라시대의 석등은 모두 1양식의 범주 내에서 변화 건립되고 있어 석등의 기본형식은 8각이 주종을 이루고 있었음을 알 수 있다.

통일신라시대에 건립된 석등중 景文王代에 건립된 것으로 연대가 확실한 석등으로는 浮石寺無量壽殿 앞 石燈, 鷲棲寺石燈, 寶林寺石燈, 開仙寺址石燈이 있는 바 이들 석등에 대해서도 앞에서와 같이 기단의 양식만을 고찰 하고자 한다.

부석사무량수전 앞 석등의 기단은 4매의 판석으로 조립한 方形의 地臺石 상면에 각형 2단의 받침을 조출한 후 방형의 기단석을 놓았다.

72 黃壽永,「百濟 彌勒寺址出土 石燈資料」,『韓國의 佛教美術』, 同化出版公社, 1974. p.150.

73 삼국시대에 건립된 것으로 추정되는 石燈材는 백제시대의 作으로는 부여 佳塔里寺址에서 출토된 蓮花單瓣八葉의 臺石, 彌勒寺址出土의 八角火舍石 3개 및 八角屋蓋石3개와 蓮華紋臺石 3개가 있다. 또 신라시대의 作으로는 芬皇寺에 殘存한 地臺石 및 上.下臺石이 있다.
   黃壽永, 前揭論文.
   鄭明鎬,『韓國石燈의 樣式變遷』, 東國大學院, 碩士學位論文, 1970. pp.30-31.

74 鄭明鎬,「浮石寺 石燈에 對하여」,『佛教美術』3, 東國大學校博物館 1977, p.34.
   金元龍先生은 竿柱石의 형태에 따라 ①鼓腹石으로 된 것, ②雙獅子로 된 것. ③八角柱石으로 된 것의 세 형식으로 분류 있는데 ③형식은 고려시대 석등에서 많이 쓰이고 있어 형식발전상 가장 後代의 것으로 보고 있다.
   金元龍,『韓國美術史』, 汎文社, 1968, p.202.

기단석의 각 면에는 橫長의 眼象이 각 2구씩 조각 되었으며 상면에는 평면 8각의 2단 받침이 조출되어 하대석을 받고 있다.

하대석은 8각의 각 모서리를 축으로 삼아 複葉八瓣의 복련을 둘렸는 바, 瓣端에는 귀꽃이 장식되었다. 연화문의 사이에는 중판화문의 중앙부가 조식되고 있으며 상면에는 간주석 받침이 각출 되었다.

간주석 받침은 평면 8각으로 각형 1단의 받침을 중심으로 하면은 내곡되었으며 상면에는 角孤角形 3단의 받침을 조출하였다.

평면 八角의 간주석 상면에는 8각의 上臺石이 놓여있다.

上臺石의 하면에는 각형 3단의 받침이 있으며, 연화문은 八葉單瓣仰蓮으로 瓣 內에는 寶相華紋을 장식 하였다. 연화문 사이에는 重瓣仰蓮의 중심부가 배치되고 있으며 상면에 2단의 받침을 조출하여 火舍石을 받고 있다.

이 석등에서 볼 수 있는 특징으로는 하대석 연화문, 판단의 귀꽃장식, 간석받침대, 판내에 보상화문이 조식된 상대석의 연화문을 들 수 있다. 이러한 특징은 동 시기에 조성된 불상 및 부도의 기단에서 나타나는 공통적인 조식임을 보아 이 석등은 景文王代에 건립된 것으로 생각한다.[75] 아울러 하대석이 方形의 基壇石 및 연화석의 2단으로 조성되었는 바, 이 역시 同 時期에 조성되는 부도 및 불상의 기단과 동일한 수법임을 알 수 있다.

鷲棲寺石燈은 竿柱石을 제외한 나머지 部材가 완전하게 남은 석등으로 8각을 기본형으로 건립 되었다.

방형의 지대석 상면에 2단으로 구성된 하대석을 놓았는 바, 기단석의 各 面에는 眼象을 2구씩 배치 하였으며 이 상면에 瓣端에 귀꽃이 장식된 八葉單瓣伏蓮의 연화석을 놓았다.

竿柱石 역시 평면 8각으로 1/3정도가 결실 되었고 상면에 仰蓮이 조식된 上臺石을 놓았다.

이 석등은 浮石寺無量壽殿 앞 석등과 같은 계보의 석등으로[76] 하대석이 2단으로 축조되고 연화의 판단에 장식된 귀꽃등의 조각수법으로 보아 전술한 삼층석탑과 같은 시기인 867년(景文王 7년)에 건립된 것으로 생각한다.

寶林寺石燈은 2기의 3층석탑 사이에 건립되어 있는데 각부의 양식으로 볼 때 석탑과 같은 시

---

75 이 석등의 건립연대에 관하여 張忠植先生은 8세기 중엽으로 鄭明鎬先生은 咸通年間으로 보고 있으나 필자는 당시에 조성된 佛座 및 浮屠의 基壇과 연관시켜 볼 때 후자의 설이 설득력이 있는 것으로 생각한다.
　　張忠植,「統一新羅時代의 石燈」,『考古美術158·159 합집, 韓國美術史學會, 1983, p.67.
　　鄭明鎬, 前揭論文, p. 34.
76 鄭永鎬,「鷲棲寺의 塔.像과 石燈」,『考古美術』7권4호, 考古美術同人會, 1966.

기인 870(景文王10)년에 건립된 것으로 보인다.[77]

이 석등은 평면 8각의 기본형을 충실히 유지하며 건립 되었는 바, 地臺石은 평면이 방형으로 3매의 석재를 조립하고 상면에 각형 1단의 받침을 조출 하였으며 다시 높직한 방형의 지복석을 놓았다. 地覆石의 상면에는 角弧角形 3단의 8각받침을 조출하고 이 위에 하대석을 놓았다.

하대석은 상.하 2단으로 구성 되었는 바, 하단은 각면에 1구씩의 안상이 배치 되었으며, 상단은 複葉八瓣의 복련이 둘려져 있다. 연화문은 띠 모양의 瓣陵과 瓣廓이 조식 되었으며 판단에는 귀꽃이 장식 되었다. 연화문의 사이에는 연판의 중앙부가 조식 되었다.

복련석의 상면에는 角弧角形 3단의 받침을 조출하여 竿柱石을 받고 있다.

상대석은 하면에 각형 3단의 받침이 있으며 이 위에 八瓣單葉의 重瓣仰蓮이 돌려져 있는데 瓣內에는 花紋이 있으며, 연화문의 사이에는 연판의 중앙부가 조식되었다.

上臺石의 上面에는 높직한 각형 1단의 받침을 조출하여 火舍石을 받고있다.

이 석등의 특징은 2단으로 구성된 下臺石과 瓣端의 귀꽃, 상대석의 重瓣仰蓮 및 瓣內의 花紋에 있다. 아울러 이러한 양식은 동 시대에 건립된 불상 및 부도의 대좌에서도 볼 수 있어 당대의 석조미술이 상호 밀접한 연계성을 띠면서 건립 되었음을 보여주고 있다.

開仙寺址石燈은 통일신라시대의 석등이 8각을 기본으로 구성되고 있음에 비해 간주석의 형식이 8각에서 鼓腹形으로 변화가 보이는 변형기의 석등이다.[78]

하대석은 2단으로 구성되었는데 하단은 평면 8각으로 파손된 부분을 시멘트로 보강하여 원형을 알 수 없다. 상단의 연화대석은 複葉八瓣의 복련이 조식 되었으며 판단에 이르러는 귀꽃의 장식이 있었던 것으로 보이나 모두 파손되어 흔적만 남아있다.

연화석의 상면에는 角形의 圓帶를 돌렸으며 이 위에 높직한 圓弧形의 竿柱石받침을 놓았다.

竿柱石은 평면이 圓形인 鼓腹形으로 전형의 8각에서 변화하고 있는데 중앙의 鼓腹部는 2조의 橫帶를 돌린후 複葉八瓣의 연화문 상.하에서 마주보며 조식되어있다.

竿柱石의 상면은 높직한 圓弧形의 받침을 조출하여 上臺石을 받고 있는바, 연화문은 瓣內에 화사한 화문이 있는 複葉八瓣仰蓮으로 판단부에 이르러 심하게 外返되었다.

上臺石의 상면에는 별석의 火舍石받침이 놓였는데 상.하단이 돌출되어 마치 기단부와 비슷한 형식을 취하고 있다.

---

77 이 석등의 건립을 寶林寺의 開創年代인 憲安王 4년(860)으로 보는 견해가 있다.
78 鄭明鎬 先生은 이들 석등의 부류를 第三期異型樣式으로 보고 이를 鼓腹形, 獅子型, 人物型, 雲龍型의 4종류로 구분하고 있다.
　　鄭明鎬, 前揭論文, pp.46-47.

이 석등의 특징으로는 하대석의 귀꽃, 竿柱石의 鼓腹形, 瓣 內에 花紋이 있는 상대연화석, 화사석받침에 있는 바, 이와 같은 특징은 동 시대에 건립된 佛像, 浮屠의 대좌에서 공통적으로 나타나는 현상임에 비추어 이 석등의 건립시기는 造燈記의 양면성에도 불구하고 景文王 8년(868)으로 봄이 타당하다고 생각한다.[79]

통일신라시대에 건립된 鼓腹形石燈은 모두 6기가 확인 되었는 바,[80] 이와같은 鼓腹形석등의 양식적 근원을 불교의 隅柱觀에서 구하는 견해와[81] 부도의 기단에서 구하는 견해가 있는 데,[82] 필자는 특정한 유물에서 보다는 佛座 및 浮屠의 基壇과의 연관관계에서 찾을 수 있다고 생각한다. 즉, 佛座 및 浮屠 기단에서 八角形기단이 나타나는 시기와 鼓腹形石燈이 등장하는 시기와의 연대비교 및 양식의 진전과정을 추적 함으로써 이 석등 양식의 淵源을 밝힐 수 있다고 생각 하는 바, 이에 대하여는 다음 장에서 거론 하고자 한다.

통일신라시대에 건립된 6기의 鼓腹形석등중 완성된 형식의 竿柱石받침은 이 계열의 석등에서 가장 먼저 건립된 것으로 보이는 淸凉寺石燈에서 볼 수 있다. 이 석등의 건립시기에 대해서는 9세기초엽[83]과 8세기 후반에서 9세기로 보는[84] 兩說이 대두되고 있다.

현재 청량사에는 佛像, 石塔, 石燈이 현존하고 있는데 불상의 건립이나, 불상과 석탑, 석등이 같은 시기에 건립되지 않은 예를 寶林寺佛像과 石塔, 石燈에서 볼 수 있다.[85]

....

79 이 석등의 火舍石에는 모두 136字의 造燈記가 음각되어 있는 바, 咸通九年과 龍紀三年의 記事가 중복되어 있어 석등의 건립연대 설정에 혼돈을 주고 있으나, 필자는 兩 年度의 기록과 석등의 양식을 볼 때 이 석등은 咸通 9年에 건립되었고, 造燈記는 龍紀三年에 사찰의 重修 혹은 다른 緣由가 발생되어 이 시기에 이르러 함통 9년의 사실까지 기록한 것으로 생각한다. 아울러 前者의 견해는 金元龍, 鄭明鎬 선생이, 後者는 鄭永鎬, 張忠植, 秦弘燮 선생이 주장하고 있다.
　金元龍, 前揭書, p.202.
　鄭明鎬, 前揭論文, p.56.
　鄭永鎬, 「石造」, 『國寶』 7, 藝耕産業社 1983, 圖版 133 및 解說(p.254).
　張忠植, 前揭論文, p.69.
　秦弘燮, 『韓國美術史資料集成(1)』, 一志社, 1987, p.281 開仙寺址石燈 銘記.
80 통일신라시대에 건립된 고복형석등은 開仙寺址석등외에 淸凉寺석등, 華嚴寺覺皇殿앞 석등, 實相寺석등, 任實龍巖里석등, 禪林院址석등이 있다.
81 鄭明鎬, 「韓國의 石燈小考」, 『東國思想』 15, 동국대학교 불교대학, 1982, p.68.
　아울러 8角竿柱 자체의 형태와 불안전한 감이 그 발생 원인의 하나가 될 수 있다는 견해를 표명한 바 있다.
　鄭明鎬, 前揭 碩士學位論文, pp.48-49.
82 金元龍, 前揭書, p.202 및 張忠植, 前揭論文, p.72.
83 鄭明鎬, 前揭論文, p.58.
84 張忠植, 前揭論文, p.69.
85 寶林寺의 불상, 석탑, 석등은 확실한 조성기록이 있는 바, 불상은 859년(大中 13)에 건립 되었으며, 석탑은 870(咸通 11)에 건립된 것으로 밝혀져 양 유물의 건립은 12년의 時差를 보이고 있다.

아울러 청량사삼층석탑의 양식이 塔身部의 정연함에도 불구하고 기단부에서 9세기 후기의 양식을 보이고 있으며,[86] 석등의 下臺石에 보이는 사자, 향로, 귀꽃의 장식과 상대석, 판 내에 화문이 있는 연화문의 양식을 볼 때 이 석등의 건립은 景文王代를 전후한 9세기 중기의 건립으로 추정된다.

이상에서 景文王代에 건립된 石燈基壇의 양식에 관하여 고찰 하였는 바, 이 시기의 석등기단에 나타나고 있는 특징으로는

첫째, 下臺石은 상·하 2단으로 구성 되었는 바, 하단에는 各面에 眼象이 배치되고 있으며, 상단은 귀꽃이 장식된 복엽 8판의 연화문이 조식되고 있다.

둘째, 竿柱石 받침이 등장하고 있는 바, 이는 부도 및 불상의 대좌에서와 같은 완전한 형태의 받침이 아니라 角弧角形, 높직한 弧形의 형태로 나타나고있다. 아울러 석등에서 완전한 형식의 竿柱石받침은 淸凉寺石燈에서 처음으로 발생되어 景文王代에 이르러 유행된 양식으로 생각한다.

셋째, 上臺石의 下面에는 角形 3단의 받침이 있으며 蓮瓣 內에는 花紋이 조식되고 있다.

넷째, 火舍石 받침은 開仙寺址석등에서만 볼 수 있는바, 典型의 8각형 석등에는 角形 1~2단의 받침이 조출되어 화사석을 받고 있다. 따라서 석등에서의 화사석 받침은 鼓腹形石燈에 이르러 등장한 것으로 보인다.

IV. 綜合考察

어느 시대를 막론하고 佛敎造形物의 건립에 있어서는 인간이 할 수 있는 갖은 정성과 노력을 다하여 건립함은 당연한 일로서 本意는 佛陀 그 자체의 崇仰에 있겠지만, 한편으로는 우수한 예술품을 통해서 佛陀의 가르침을 설파함에 있다고 생각한다. 아울러 이러한 조형물에는 佛力에 의한 救援의 意志가 종류에 관계없이 내재되어 있다고 믿는다. 따라서 불교미술품이 동일한 종교적 염원과 敎理, 時代的 배경하에서 建造 되었음이 분명할 때 양식은 각 유물의 특성에 국한하여 고찰할 것이 아니라 종교, 시대, 양식을 통해 표현된 意思 등 다양한 개념가운데서 특성을 규명함이 마땅하리라 생각한다.

앞에서 각 유형별로 고찰한 景文王代의 미술품 역시 기본적으로는 독자적인 양식을 바탕으로 건립 되었지만 이를 불교가 파생시킨 시대의 所産이란 관점에서 볼 때 이 보다는 그 시대가 요

86 朴慶植, 「新羅 九世紀石塔의 樣式에 관한 연구」, 『考古美術』 173, 韓國美術史學會, 1987, p.28.

구했고, 창출한 통시대적인 양식의 儀軌 가운데서 파악해야 하리라 생각한다.

景文王代에 건립되어 절대연대를 알 수 있는 유물은 앞서 거론한 바와 같이 석탑 4기, 佛像 4구, 浮屠 2기, 石燈 4기등 모두 4종류 14기인 바[87] 이들 유물의 기단부에 나타난 양식의 특징을 정리해 보면 다음의 표로 집약되고 있다. 표를 통하여 볼 대 이 시대의 조형물의 기단은 석탑 3기의 경우를 제외하면 평면은 8각을 기본으로 건립되고 있는데 이를 구성하는 下段部인 下臺石부터 양식의 공통점 및 상호 연계성을 파악하고자 한다.

하대석은 대개 상.하 2단으로 구성되고 있는데, 眼象과 8瓣伏蓮이 공통적으로 등장하고 있는 바, 연화문의 사이에는 蓮瓣의 중앙부가 촘촘히 조식되고 있다.

이와같은 공통적인 요소 외에 귀꽃, 사자 및 雙峯寺澈鑒禪師塔의 기단과 같은 특수양식이 나타나고 있는 바, 이러한 양식은 각 유물의 상호 연관성을 밝히는 중요한 요소로 생각한다.

연화문의 瓣端에 장식된 귀꽃은 到彼岸寺佛像에서 처음으로 등장한 이래 석등에서 집중적으로 조식되고 있다. 이러한 현상은 同 猶忌에 조성된 佛像, 浮屠의 기단이 화려하고 낮은 반면 석등은 기단부가 이들에 비해 높고 특별한 彫飾이 없이 단조로운데서 연유한 것으로 생각한다. 기단의 조식으로 나타나는 사자는 현존 최고의 불상인 뚝섬출토 銅造如來坐像의 臺座에서 보인 이래[88] 8세기의 조성인 獐項里寺址石造佛像에서 볼 수 있어[89] 이는 이 시대의 독창적인 彫飾이 아님은 물론 그 淵源은 佛座에 있음을 알 수 있다.

그러나 9세기에 이르러 석조물의 浮彫像으로 사자의 채용은 844년에 건립된 廉居和尙塔에 보이고 있으며 이어 건립된 大安寺寂忍禪師照輪淸淨塔, 雙峯寺澈鑒禪師塔을 비롯하여 앞서 거론한 대부분의 新羅石造浮屠에 조식되고 있다. 불상의 경우는 桐華寺毘盧庵석조毘盧舍那佛坐像에 채용된 이래 奉化 鷲棲寺石造毘盧舍那佛坐像의 下臺石에 조식되고 있어 석조물에서 사자의 彫飾은 이 시기에 이르러 활발히 유행한 것으로 보인다.

아울러 雙峯寺澈鑒禪師塔의 基壇에 나타난 渦龍紋, 荷葉기둥내의 사자 彫飾은 前代의 부도에서는 볼 수 없었던 특수양식으로 이는 앞서 건립된 陳田寺址浮屠, 廉居和尙塔, 大安寺寂忍禪師照輪淸淨塔의 단조로운 양식에서의 탈피를 의미하는 것으로는 이는 863년에 건립된 桐華寺毘盧庵石造毘盧舍那佛坐像 기단의 中臺石과 연관이 있을 것으로 생각한다. 물론 양 유물의 건립은 불과 5년의 時差밖에 없고 지역적으로도 멀리 떨어진 관계로 직접적인 영향력은 없었다고 생각

---

87 경문왕대에 건립되어 조성연대를 알 수 있는 유물은 이 외에 咸通六年銘金구(865) 雙峯寺澈鑑禪師塔碑(868), 大安寺寂忍禪師照輪淸淨塔碑(872), 皇龍寺塔擦柱本記銅版(872)이 있다.

88 주 41과 동.

89 주 42와 동.

된다. 그러나 신앙의 대상으로서 건립되는 造形物임을 고려할 때 양식의 공통성은 우연일지라도 內的으로는 조각가의 동일한 시대의식이 반영된 결과로 생각한다.

下臺石의 상단에는 공통적으로 中臺받침을 구비하고 있으며 이는 大安寺寂忍禪師照輪淸淨塔에서 처음으로 발생되어 유물의 종류에 관계없이 약간의 형태를 달리하며 나타나고 있다.

하대석의 상단에는 공통적으로 중대받침을 구비하고 있으며 이는 大安寺寂忍禪師照輪淸淨塔에서 처음으로 발생되어 遺物의 종류에 관계없이 약간의 형태을 달리하며 나타나고 있다. 하대석에서 중대받침이 大安寺寂忍禪師照輪淸淨塔에서 처음으로 등장함은 이 浮屠의 중대석에 彫飾이 없고 면석이 낮아 이를 보강하기 위하여 등장한 것으로 생각된다. 그러나 이후의 모든 유물에 삽입됨은 탑신괴임대와 마찬가지로 각 유물이 지니고 있는 신앙적인 특성을 부각시키기 위한 의도에서 비롯된 것으로 보인다.

중대석은 전체적으로 볼 때 眼象이 기본적인 彫飾으로 등장하고 있는 바, 이 시기의 대좌에서 가장 주목되는 것은 桐華寺毘盧庵石造毘盧舍那佛坐像과 雙峯寺澈鑑禪師塔의 중대석 및 석등에서 鼓腹形의 중대석이 나타나고 있는 점이다.

桐華寺毘盧庵石造毘盧舍那佛坐像 대좌의 중대석은 각 모서리에 荷葉과 寶相華紋을 장식하고 각 면에 사자를 배치하고 있고, 雙峯寺澈鑑禪師塔의 중대석은 각 모서리를 하엽으로 기둥을 삼고 각면에 迦陵頻伽를 조식하고있어 평면의 기본은 8각이면서도 원형의 형태를 취하고 있다. 이와같이 중대석 전체에 조각을 한 형식은 佛座에서 처음으로 보이고 이어 부도의 기단에 나타나고 있어 양 유물의 양식적 연계성을 알 수 있다. 아울러 이러한 현상은 뒤이어 등장하는 鼓腹形石燈의 양식설정에 영향을 준 것으로 생각한다. 즉 양식이란 어느 한 시대에 갑자기 발생하는 것이 아니라 상호 연계성을 가지며 보완 발전해 간다는 측면에서 생각할 때 鼓腹形이란 형식이 이 시기에 이르러 갑자기 발생한 것이 아니라고 믿는다. 즉, 이미 前代에 진행된 초기적인 양식의 변화를 바탕으로 서서히 변화 발전해 가는 과정에서 탄생되었다고 생각하기 때문이다.

불좌에서 8각대좌를 구비한 佛像중 中臺石에서 鼓腹形의 형식을 볼 수 있는 예는 706년에 조성된 慶州 九皇里三層石塔의 舍利函에서 출토한 金製如來坐像에서 볼 수 있다.[90] 이 불상의 대좌는 重瓣單葉仰蓮과 複瓣伏蓮으로 상.하대에 조식하고 중대에는 2조의 원형 횡대를 돌린 鼓腹形의 형식을 보이고 있다. 따라서 대부분의 대좌전체는 원통형을 보이고 있음에 비해 중대에서 양식변화의 초기적인 양상을 볼 수 있다고 생각한다. 그러나 佛座에서의 양식변화는 金銅佛에서 보다 石佛에서 다양하게 보이고 있다. 즉 桐華寺毘盧庵石造毘盧舍那佛坐像臺座에서 처럼 중

---

90 黃壽永 외,『韓國佛像三百選』, 韓國精神文化研究院, 1982, p.206.

대석 전체에 조식을 가한 형식이나, 鷲棲寺佛像의 대좌에서 보이는 하대석의 사자, 중대석의 부조상등은 앞선시기에 조성된 佛像臺座에서는 희귀한 예로서 이는 부도의 기단양식과 밀접한 관련이 있는 것으로 생각한다.

부도에 있어 가장 먼저 건립된 작품으로 추정된 陳田寺址 浮屠의 기단이 평면 방형이고,[91] 이어 844의 건립연대를 가진 廉居和尙塔에서는 기단이 평면 8각으로 변함과 동시에 조식이 나타나 868년 作인 雙峯寺澈鑒禪師塔에 이르러 가장 화사한 기단을 형성함을 알 수 있다.

따라서 부도의 기단부에서의 변화는 우선 초기 석등의 기단이 8각임을 고려하여[92] 석등에서 8각의 기본형을 완성한 후 이러한 양식이 불상의 대좌에서 정착되고 다시 부도로 이어져 鼓腹形석등으로 발전하는 양식의 동시 다발적인 현상을 볼 수 있다. 아울러 陳田寺址 浮屠의 기단이 방형에서 廉居和尙塔에 이르러 8각으로 변하고 있음을 볼 때 鼓腹形석등 역시 竿柱石이 8각의 단조로움에서 탈피 하고자 당 시대에 유행하는 불좌 및 부도의 기단에서 착안하여 발생한 것으로도 볼 수 있다고 생각한다.

이상과 같은 양식의 변천과정을 볼 때 鼓腹形 石燈의 양식은 반드시 어느 특정유물의 영향을 받아 발생한 신양식이 아니라 동 시대의 문화동향에 의해 별종의 유물이 상호 유기적인 연관 속에서 변화하고 발전해 가는 복합적인 요인 가운데서 등장한 것으로 생각한다.

上臺石은 대체로 하면에 각형 3단의 받침이 조출되고 있는 바, 가장 큰 특징은 瓣內에 花紋이 조식된 重瓣仰蓮 및 塔身괴임대가 등장하고 있는 점이다.

판 내에 화문이 있는 앙련은 719년 作인 甘山寺石造彌勒菩薩立像에서 볼 수 있어[93] 이러한 양식은 8세기 초반에 이미 등장하고 있음을 알 수 있다. 그러나 당시의 佛座에서는 더 이상 나타나지 않고 있으며 重瓣仰蓮 역시 이 시기에 이르러 모든 유물에 공통적으로 보이고 있는 점으로 보아 이러한 양식은 蓮華紋은 景文王代에 이르러 활발히 유행했던 양식임을 알 수 있다. 별석받침은 탑신괴임은 佛座를 제외한 대부분의 유물에 형식을 달리하며 나타나고 있다. 별석받침의 괴임수법은 828년에 건립된 法光寺址三層石塔에서 초기적인 양식으로 나타나[94] 9세기 중엽의 건립으로 추정되는 聖住寺址 石塔의 초층탑신 받침[95] 및 陳田寺址 浮屠에[96] 이르러 양식적으로

91 鄭永鎬, 前揭論文, pp.114-127.

92 주 73과 동.

93 黃壽永, 「石佛」, 『國寶』 4, 藝耕産業社, 1986, 도판 39및 p.196.

94 朴慶植, 前揭論文, p.21.

95 朴慶植, 「신라 9세기 석탑의 특성에 관한 연구」, 『蕉雨黃壽永博士古稀紀念美術史學論叢』, 通文館, 1988, p.336.

96 주70과 동.

완성된 형식을 보이고 있다. 따라서 탑신받침의 괴임수법은 景文王代 이전에 완성된 것으로 볼 수 있는 바, 조형물에의 기본적인 등장은 景文王代에 이르러 정착된 것으로 보인다. 아울러 이 시기 조형물의 양식적 연계성 및 종교적 숭배물로서 중심부인 탑신에 대한 숭배의식을 알 수 있는 중요한 요인으로 생각한다. 즉, 石塔에의 등장은 초층탑신에 안치된 사리의 崇仰에 있음을 밝힌 바 있으며,[97] 浮屠의 경우 역시 祖師의 舍利가 안치된 塔身에 촛점이 맞춰지는 현상으로 볼 수 있다.

앞서 고찰한 바와 같이 大安寺寂忍禪師照輪淸淨塔의 경우 별석받침에 연화문이 조식되고, 雙峯寺澈鑒禪師塔에서는 迦陵頻伽를 배치하고 다시 上面에 仰蓮을 조식하여 화려한 받침을 구성한 점으로 보아 이는 舍利가 안치된 탑신이 마치 天上界에 있음을 상징하는 것으로 생각한다. 따라서 부도에 보이는 탑신괴임 역시 入寂한 조사를 기리고 한편으로는 그의 가르침이 아직도 존재함을 과시하기 위한 숭배의식에서 등장한 것으로 생각한다.

석등의 경우는 鼓腹形石燈에 이르러 완전한 형식의 받침이 등장하고 있는데 이 역시 석탑, 부도와 마찬가지로 명칭 자체가 의미하듯 등화 시설물로의 중심부인 화사석에 대한 신앙적 배려에 의해 등장한 것으로 보인다.

이상에서 고찰한 바와 같이 景文王代에 건립된 조형물의 기단은 다양한 변화 및 화려한 조식이 공통적인 현상으로 확인되었다.

이와같은 기단부의 변화는 결론적으로 각 조형물의 중심부인 塔身, 佛像, 火舍石에 대한 숭앙의식의 결과로 나타난 현상으로, 佛敎의 敎理나 說法에 의한 중생의 제도 보다는 조형물을 통해 불교의 본질에 접근하고자 했던 시대상황에서 비롯된 현상으로 생각한다. 어느 시대이건 종교적인 조형물을 건립함에 있어 비록 外形的으로는 조각가의 기예만이 표출되어 아름다움 그 자체 이외의 요소는 표현되지 않고 있다. 그러나 內的으로는 그 시대의 정치, 사회문화등 모든 역량이 집결되어 있음을 생각할 때 이는 단순히 우리에게 視覺的인 美의 전달 이외에 당시의 시대상황을 파악할 수 있는 요인이 내재되어 있다고 믿는다.

景文王代에 건립된 불교조형물 역시 당시의 시대적 변화를 알려주는 無言의 기록으로 생각하는 바, 이 시기의 시대동향을 파악 함으로써 이를 확연히 하고자 한다.

앞의 표에서 보다시피 景文王代는 즉위한 해부터 끊임없이 불교조형물이 건립되고 있음을 알 수 있어 新羅下代의 정치적 혼란이 이 시기에 이르러 비교적 안정을 되찾아 다시 한번 강력한 王權을 회복하고 문화적으로는 중대의 경덕왕대에 버금가는 황금기를 되찾으려는 노력이 시도

---

97 주23 참조.

된 시기로, 또 실제로 이를 이룩한 황금기라고 생각한다.

景文王의 治世는 15년에 달하는 장기간 이었으며,[98] 아울러 당시 정치의 實權者인 上大等 金正의 在任이 12년 이었음을 볼 때[99] 이를 바탕으로 혼란했던 하대의 정치상황을 안정기로 변화시킴은 물론 중대에 버금가는 문화의 융성을 꾀한 왕으로 생각한다.

그는 治世기간중 王位에 도전하는 반대세력에 대하여는 그때마다 강력한 진압을 단행하여 왕권의 확립에 주력하는 한편[100] 儒學을 진흥시켜[101] 정신적으로 피폐해진 당시의 지깃층을 하나의 문화권내로 포함해 나가는 정책을 시행하였다.

아울러 그가 甘恩寺에 행차하여 바다를 바라 보았다는 記事는[102] 우선 삼국통일의 領主인 文武王의 강력한 통치력과 아울러 신문왕이 이곳에 행차하여 龍에게 얻었다는 國泰民安의 상징인 萬波息笛說話[103]를 상기하며 자신의 당면과제인 정치 및 민생의 안정을 이룩하고자 했던 고심의 한 부분을 살필 수 있는 기록으로 생각한다.

그는 또 唐과 활발한 외교정책을 전개하여[104] 대외적으로 王權의 건재함을 과시하는 동시에 국가재건의 정신적 支柱로서 皇龍寺에 대한 관심을 증대 시키고 있다.[105]

景文王代에 이르러 황룡사에 관심이 집중됨은 황룡사의 佛力을 신라의 마지막 精神的 支柱로

98 申瀅植,『三國史記의 研究』, 일조각, 1981, p.165, 표 10 新羅 王系表 참조.
99 李基白, (上大等考,『新羅政治社會史研究』, 一朝閣, 1981.p.113, 표 다, 新羅 下大等一覽表 참조.
100 三國史記에 보이는 경문왕대의 왕권에 대한 반란은 모두 3건의 기사가 기록되어 있다.
　　六年, ……冬十月 伊찬尹興與弟叔興, 秀興謀逆, 事發覺走岱山郡, 王命追捕, 斬之夷一族.
　　八年, 春正月, 伊찬金說.金鉉鉉等, 謀叛伏誅.
　　十四年, ……正月, 伊찬近宗, 謀逆犯闕, 出禁軍擊破之, 近宗與其黨夜出城, 追擊之車裂……
101 景文王이 화랑으로 있을 때 憲安王의 물음에 대답한 내용을 볼 때 이미 유교사상에 대해 이해가 있었음을 알 수 있는 바, 그는 즉위 후에도 이같은 노력을 계속했음을 삼국사기에 기록된 기사를 통하여 알 수 있다.
　　三年, 春二月, 王幸國學, 令博士己下, 講論經義, 賜物有差……
　　九年, 秋七月……又遣學生李同等三人, 隨進奉使金胤, 入唐習業, 仍賜買書銀三百兩.
　　十年, 春二月, 遣沙찬金因, 入唐宿衛……
　　十四年……秋九月……崔致遠在唐登科.
102 四年, 春二月, 王幸感恩寺望海……
103 김상현,「萬波息笛 說話의 形成과 意義」,『韓國史研究』34, 韓國史研究會, 1981, pp.1-27.
104 삼국사기에 등록된 景文王代의 唐과의 외교 기사는 모두 8건인바, 이중 순수한 사신의 왕래는 5건으로 특히 王 5년과 9년의 기사는 많은 양의 貢物이 교류되고 있다.
　　申瀅植, 前揭書 p.69. 표 18참조.
105 경문왕이 황룡사에 많은 관심을 보였음을 삼국사기의 기록을 통하여 알 수 있다.
　　六年, 春正月 ……十五日, 幸皇龍寺看登, 仍賜燕百寮……
　　十一年, 春正月, 王命有司, 改造皇龍寺塔……
　　十三年, ……秋九月, 皇龍寺塔成, 九層, 高二十二丈

삼았음은 물론, 新羅王室의 경제적 최후 거점이던 海印寺가 王權이 위축되어 그와의 연결이 불가능하게 되면서 어느정도 독자세력으로 성장되었기 때문에, 왕실의 관심은 경주에 있는 皇龍寺에 집중될 수 밖에 없었다. 따라서 景文王 11년의 皇龍寺塔 개축은 國家再建에의 精神的 욕구의 産物이었다.[106]

이렇듯 景文王代에 이르러 국가재건의 정신적 지주로서 황룡사의 佛力에 의지함은 후대의 왕에게 있어서도 동일한 현상으로 나타나고 있다.[107]

이상과 같은 국가총력의 표출과 불교에의 歸依는 국가적인 환란의 시기에 이르러 佛力을 통해 이를 해결 하고자 하는 구원의지가 강력히 표현된 것으로 생각한다. 따라서 동시에 건립된 불교조형물에 있어서도 양식이 包容하는 의미는 단순한 美의 전달에 그치는 것이 아니라 그 시대의 상황 및 宗敎的인 念願이 동시에 표현되고 있다고 생각한다.

景文王은 佛力을 통해 정치의 안정과 국력의 신장을 꾀하는 동시에 문화적으로도 中代新羅에 비견될 만큼 다양하고 화려한 예술의 발전을 이룩한 시기로 앞서 서술한 당시의 조형물을 보아도 알 수 있다. 즉 景文王代에 이르는 浮屠, 鼓腹形石燈의 新樣式이 새롭게 창출 되었으며, 아울러 석탑을 비롯한 이들 기단에 보이는 다양한 변화 및 조식의 화려함등 실로 中代新羅에 비견될 만한 불교미술의 발전을 가져온 시기로 생각한다.

아울러 이 시기 미술의 대표적 특성인 基壇에서의 다양한 변화 및 화려한 彫飾, 別石받침의 등장은 塔身을 좀더 높고 장엄하게 보임으로써 종교적 숭배물로서의 위치를 확고히 하는 한편 이에 대한 예배를 통하여 현실의 고통으로부터 탈피하고자 하는 종교적 염원이 조형물에 그대로 반영된 현상으로 믿는다.

Ⅶ. 結語

일반적으로 新羅下代를 일컬어 政治, 社會的으로는 新羅王朝가 붕괴되는 시기로, 예술적인 측면에서는 양식적 쇠퇴기로 규정짓고 있다.

그러나 후자의 경우는 오히려 전대에 못지않는 활발한 예술양식을 바탕으로 새로운 양식을

106 申瀅植, 前揭書, p.70.
107 이는 삼국사기에 보이는 憲康王과 眞聖女王代의 기록으로 보아서도 알 수 있다.
　　憲康王 二年, 春二月, 皇龍寺齊僧, 說百高座, 講經, 王親幸聽之……
　　憲康王 十二年, ……夏六月, 王不豫, 赦國內獄囚, 又於皇龍寺, 說百高座, 講經……
　　眞聖王 四年, ……十五日, 幸皇龍寺看燈.

창출하여 고려시대에 등장하는 양식의 모태가 이 시기에 있음이 규명된 바 있다.[108]

본고에서 고찰한 景文王代의 미술 역시 이와 같은 맥락 가운데서 발생한 새로운 양식이 대두 되고 있어 下代의 미술이 결코 양식적 쇠퇴기가 아니라 오히려 前代에 비해 더욱 활발한 예술의 욕을 발휘한 시기로 파악 되었다.

즉, 석탑, 불상, 부도, 석등과 같은 佛家의 조형물이 끊임없이 건립 되었으며, 이에 수반하여 양식적으로는 瓣內에 花紋이 배치된 연화문과 귀꽃의 장식, 하대석 및 상대석에 나타나는 별 석받침, 중대석의 鼓腹形등 다양한 양식의 발생과 더불어 새로운 형식의 조형물이 탄생한 시 기였다.

아울러 이러한 신양식은 景文王의 治世 全期間을 통하여 상호 연계성을 보이면서 끊임없이 건립되고 변화 되었는 바, 이는 景文王代의 시대상황하에서 필연적으로 발생될 당연성을 내포 하고 있는 것으로 파악 되었다.

오늘날 우리에게 전하는 어느시대의 조형물이건 외형적으로는 미적인 아름다움을 보이고 있 지만 내면으로는 이를 탄생시킨 그 시대의 정치, 사회, 문화의 역량이 집결되어 있다고 믿기 때 문이다. 景文王은 치세 전기간을 통하여 정치, 문화, 외교등 모든분야에 걸쳐 정력을 기울였다. 그는 특히 皇龍寺의 佛力을 국가재건의 정신적 支柱로 삼아 국력의 신장을 꾀하는 동시에 문화 적으로도 불교에의 관심을 바탕으로 중대신라에 버금가는 활발한 예술활동을 추진 하였다.

아울러 앞서 고찰한 다양한 유물을 통하여 본 景文王代는 정치적 안정을 바탕으로 王權을 회 복하고, 문화적으로는 中代의 景德王代에 버금가는 황금기를 되찾으려는 노력이 시도된 시기로 파악되었다.

景文王代에 건립된 조형물의 기단에 나타난 특성으로는

첫째, 모든 造形物의 평면구도는 8각을 이루고 있다.

둘째, 하대석은 대개 상.하 2단으로 구성되고 있는데, 眼象과 8瓣複蓮이 공통적으로 등장하 고 있는 바, 연화문의 사이에는 蓮瓣의 중앙부가 촘촘히 조식되고 있다.

이와같은 공통적인 요소외에 귀꽃, 사자 및 雙峯寺澈鑒禪師塔의 기단과 같은 특수양식이 나 타나고 있다.

셋째, 下臺石의 상단에는 공통적으로 중대받침을 구비하고 있으며 이는 大安寺寂忍禪師照輪 淸淨塔에서 처음으로 발생된 양식으로 파악 되었다.

넷째, 중대석은 전체적으로 볼 때 眼象이 기본적인 조식으로 등장하고 있으며 기단의 구성

---

108 李殷基, 「統一新羅 藝術精神의 變遷-龜趺碑와 浮屠樣式을 중심으로」, 『弘益大學院論考』 創刊號, 1974, pp.13-24.

요소중 이 부분에서 가장 많은 변화를 보이고 있다.

아울러 鼓腹形 石燈은 반드시 어느 특정유물의 영향을 받아 발생한 신양식이 아니라 동 시대에 건립된 유물의 양식이 상호 유기적인 연관 속에서 변화하고 발전해 가는 과정에서 등장한 것으로 파악 되었다.

다섯째, 上臺石은 대체로 下面에 角形 3단의 받침이 造出되고 있는 바, 가장 큰 특징은 판 내에 화문이 조식된 重瓣仰蓮 및 탑신괴임대가 등장하고 있는 점이다.

별석받침의 塔身괴임은 佛座를 제외한 대부분의 유물에 형식을 달리하며 나타나고 있는데, 이는 塔身에 대한 숭배의식을 알 수 있는 중요한 요인으로 파악되었다.

따라서 기단 전체에서 보이는 다양한 변화 및 화려한 조식, 별석받침의 등장은 탑신을 좀 더 높고 장엄하게 보임으로써 종교적 숭배물로서의 위치를 확고히 하는 한편 이에 대한 예배를 통하여 현실의 고통으로부터 탈피하고자 하는 종교적 염원이 그대로 반영된 현상으로 믿는다.

(1989.06 「新羅 景文王代의 石造美術에 關한 硏究; 基壇部 樣式을 中心으로」, 『史學志』 22,

단국대학교 사학회)

9世紀 新羅 地域美術¹의 硏究(Ⅰ)
- 雪嶽山의 石造 造形物을 中心으로 -

Ⅰ. 緒言

우리나라 불교미술사에 있어서 9세기는 조형물의 전국적인 확산과 더불어 다양한 형식이 완성된 시기였다. 이는 8세기의 것이 현재의 행정구역상 4도 12군에 분포되어 있음에 비해 8도 60개군으로 그 건립지역이 증대되고 있고, 종래에 건립되던 석탑, 불상, 석등, 석비은 물론 새롭게 등장하는 부도를 포함하여 8세기에 성립된 양식의 완성과 발전은 물론 새로운 형태의 조형물이 창안되고 있음에서 확인되고 있다 하겠다. 필자는 이 시기의 석조물의 전국화 현상과 아울러 이들이 10개의 지역군을 이루며 분포되고 있음을 밝힌 바 있다.² 본 논문은 이같이 선행된 작업의 결과를 보다 밀도 있게 고찰함은 물론 10개의 지역이 당시 조형물의 건립에 있어 상호 어떠한 영향을 미쳤고, 각 지역의 조형물이 지닌 특성은 무엇인가를 해명하기 위한 첫번째 작업이다.

본고에서 고찰하고자 하는 설악산은 필자가 구분한 10개의 지역군 중 가장 북쪽에 위치하고

---

* 이 논문은 1994학년도 단국대학교 연구비의 지원에 의해 작성되었음.

1 지역미술이라 함은 필자가 설정한 설악산, 태백산, 토함산, 팔공산, 울주, 상주, 가야산, 지리산, 가지산, 성주산의 10개 지역군에 건립되어 있는 조형물의 양식을 말한다. 이들 지역에는 필자가 추출한 9세기의 석조물 228점 중 114점이 80개의 사찰에 분포되어 있어 각 지역군에 대한 연구의 필요성이 제기된다고 하겠다. 朴慶植, 『統一新羅石造美術硏究』, 學硏文化社, 1994, p.42. 표-4, 10個 地域群의 所屬寺刹 一覽.

2 朴慶植, 앞 책, pp.40-47.

있고, 석탑, 부도, 석불, 석등, 석비등 당대에 건립되었던 조형물이 모두 廢寺址에 현존하고 있다. 아울러 각 조형물에서 검출되는 양식 또한 당대의 조형물이 지녔던 보편성과 특수성을 모두 포용되고 있다. 이같은 이유에서 설악산지구의 조형물에 대해서는 일찍 부터 선학들에 의해 주목되어 왔다. 기존의 연구 성과는 각 사찰과 이에 소속된 조형물에 대한 개별적인 연구와[3] 양양지역의 조형물에 대한 종합적인 것의[4] 2가지 유형으로 집약된다. 그런데 이들의 연구는 각각의 사찰 혹은 통시대적인 안목에서 진행된 까닭에 이 지역의 석조물이 지닌 특성이 무엇인지를 밝히지 못하고 있다.

9세기에 있어 당시 신라영토의 가장 북방에 위치한 설악산의 조형물이 지닌 특성을 규명함은 당시 급속도로 진행된 조형물의 전국적인 확산추세와 더불어 이 지역이 지녔던 문화적인 소양과 능력을 알 수 있는 척도라 생각한다. 필자는 그간 진행된 선학의 연구성과를 바탕으로 다음과 같은 주안점에서 본고를 서술하고자 한다.

첫째, 설악산지구에 분포되어 있는 9세기의 사찰 및 석조물의 현황을 파악하고,

둘째, 설악산지구에 건립되어 있는 석탑·석불·부도·석등·석비등 5가지 유형의 석조물이 지닌 양식적 특징을 밝히고,

셋째, 9세기 불교미술사에 있어 설악산지구의 석조물이 지닌 성격을 밝힘과 아울러 이의 건립에 참

여한 지방세력의 존재에 대해 추정하고자 한다.

II. 사찰 및 석조물의 분포

설악산은 강원도 인제군·고성군·양양군·속초시에 걸쳐있는 높이 1, 708m의 산으로 신흥사, 낙산사, 건봉사, 백담사등 많은 사찰이 분포되어 있다. 그러나 이들 사찰에 남아있는 조형물들은 대부분이 조선시대에 조성된 것으로 본 논문의 대상인 9세기의 석조물은 한점도 남아있지 않다. 이같이 현존사찰에서 찾을 수 없는 9세기의 석조물들은 모두 향성사지, 진전사지, 오색석사지, 선림원지, 한계사지, 황이리사지등 6개의 廢寺址에 존재하고 있다. 이들 寺址는 설

....

3 鄭永鎬,「襄陽 陳田寺址 三層石塔과 石造浮屠」,『考古美術』83, 考古美術同人會, 1963.「襄陽 禪林院址에 대하여」,『考古美術』7-6, 考古美術同人會, 1966.「襄陽 黃耳里의 塔·像」,『考古美術』76, 考古美術同人會, 1966.「襄陽 陳田寺址遺蹟調査-石塔과 浮屠의 復元을 契機로」,『歷史敎育』11·12合輯, 歷史敎育硏究會, 1969.「香城寺址三層石塔」,『史學硏究』21, 韓國史學會, 1969.
4 柳宗昊,「襄陽地區塔婆 및 浮屠硏究」,『關東大論文集』7, 關東大學校, 1979.

악산을 중심으로 양양군과 인제군에 걸쳐 분포되어 있고, 이중 한계사지를 제외한 나머지는 모두 양양군에 집중되어 있다. 따라서 9세기에 있어 설악산에서 발흥했던 불교문화는 양양군이 그 중심을 이루었음을 알 수 있다.

필자가 설정했던 10개의 지역군 중 설악산에는 석탑, 불상, 부도, 석등, 석비 등 당대에 조성되던 모든 유형의 석조물이 건립되어 있다.[5] 이를 구체적으로 보면 석탑 6기, 부도 2기 그리고 석불과 석등 및 석비는 각 1기로 모두 11점이 현존하고 있다.

이상과 같이 9세기에 있어 설악산 지구에는 6개의 사찰에 11점의 석조물이 건립되고 있음을 알 수 있다. 아울러 이들 사찰의 건립과 많은 佛事에는 道義禪師로 부터 비롯된 禪宗과 이 지역의 강력한 豪族으로 대두되었던 金周元과 그의 家系에 의한 후원이 절대적인 영향력을 미쳤을 것으로 추정되는데, 이에 대해서는 후술하고자 한다.

Ⅲ. 석조물의 양식적 특성

앞서 서술한 바 대로 설악산에는 석탑을 비롯한 대부분의 석조물이 건립되어 있다. 본 장에서는 이들 각 유형의 석조물이 지닌 양식을 살펴 봄으로써 이 지역의 석조물이 지닌 독특한 양식과 다른 지역과의 연관성에 대해 고찰하고자 한다.

1) 석탑

사진-1 향성사지삼층석탑

석탑은 황이리사지를 제외한 5개 사지에 건립되어 있는데,[6] 향성사지삼층석탑(사진-1), 진전사지삼층석탑(사진-2), 선림원지삼층석탑(사진-3), 오색석사지삼층석탑과(사진-4) 한계사지에 있는 2기의 삼층석탑(사진-5 · 6)이 그것이다. 이들 6기의 석탑이 지닌 양식을 정리해 보면 다음과 같다.

---

5 朴慶植, 앞 책, p.43. 표-5 各 地域群의 石造物 分布 10개의 지역군 중 모든 유형의 석조물이 건립된 곳은 설악산외에 지리산, 가지산, 성주산의 3개 지역이 있다.

6 황이리사지에는 고려시대에 건립된 것으로 추정되는 3층석탑이 있으나, 9세기의 작품이 아닌 관계로 논외로 하였다. 현재 이 석탑은 석불과 함께 현서국민학교 운동장에 이전되어 있다.

사진-2 진전사지삼층석탑

사진-3 선림원지삼층석탑

사진-4 오색사지 삼층석탑(현 양양 오색리 삼층석탑)

첫째, 모두 2층기단을 구비하고 있다. 향성사지삼층석탑을 제외한 나머지 석탑의 하층기단에는 양 우주와 1개의 탱주가 모각되어 있고, 갑석의 상면에는 弧角形 2단의 받침이 조출되어 있다. 상층기단에는 양 우주와 1개의 탱주가 모각되어 있다.

둘째, 초층탑신받침은 향성사지에만 없을 뿐 선림원지삼층석탑은 角形 2단, 진전사지삼층석탑과 한계사지의 석탑 2기는 弧角形 2단, 오색석사지삼층석탑은 角弧角形 3단의 받침이 조출되어 있다. 이같은 형태의 초층탑신받침은 9세기에 건립된 대부분의 석탑에서 검출되는 양식적 요소로 밝혀진 바 있다.[7]

7 朴慶植, 앞 책, P.112.

사진-5 한계사지 삼층석탑(1) (현 한계사지 남 삼층석탑)　　사진-6 한계사지 삼층석탑(2) (현 한계사지 북 삼층석탑)

셋째, 탑신에는 모두 양 우주가 정연히 모각되어 있다.

넷째, 옥개석의 받침은 향성사지, 진전사지, 선림원지의 석탑이 각층 모두 5단씩임에 반해, 나머지 석탑은 모두 4단을 유지하고 있어 비교적 규율성을 유지하고 있는 것으로 보인다. 옥개석의 상면에는 모두 각형 2단의 탑신받침대가 造出되어 있다.

1 다섯째, 이들 석탑은 모두 9세기의 것으로 추정되고 있는데[8], 향성사지석탑은 전기에 나머지 석탑은 후기에 건립된 것으로 추정된다.[9]

이상과 같은 공통적인 특징 이외에 각 석탑은 나름대로의 변형과 특성을 보여주고 있다.

향성사지석탑의 경우는 기단부에 모각된 탱주의 배치에서 특이점을 찾을 수 있다. 일반적인 신라의 석탑은 상·하 2층기단을 구비한 경우 하층기단이 상층기단에 비해 항시 1개가 더 많은 수의 탱주를 배치하고 있음이 통식이다. 그러나 이 석탑에서는 기존의 통례에서 벗어나 하층기단에 1, 상층기단에 2개의 탱주가 배치되어 그 유례를 볼 수 없는 형

사진-7 향성사지삼층석탑 기단부

태를 보이고 있다.(사진-7) 이같은 현상에 대해 규율성을 잃은 조탑양식으로 보아서 연대의 강하를 의미하는 것으로 지적한 견해가 있다.[10] 그러나 필자는 이같은 탱주의 배치가 시대의 강하에 따른 것이라기 보다는 설악산지구의 석조물이 지닌 특성 중의 한 형상이라 생각한다. 왜냐

8　朴慶植, 앞 책, pp.72-73 및 90-91.

9　朴慶植, 앞 책, p.61 표-1 9世紀 前期 石塔 樣式 및 p.74 표-2, 9世紀 後期 石塔 樣式 참조.

10　鄭永鎬, 「香城寺址三層石塔」, 『史學硏究』21, 韓國史學會, 1969, p.10.

하면 9세기에 건립된 또 다른 석탑에서 이같은 형식을 볼 수 없고, 후술할 다른 유형의 석조물에서도 다른 지역에서는 볼 수 없는 특수한 양식이 검출되기 때문이다.

한계사지에 있는 2기의 석탑중 寺域의 중앙에 있는 삼층석탑의 하층기단에는 각면에 3구씩의 안상이 조각되어 있다. 이 같이 하층기단의 탱주를 생략하고 각면에 안상을 배치하는 예는 같은 시기에 건립된 梵魚寺三層石塔, 安東 玉洞三層石塔, 鐵原 到彼岸寺三層石塔, 奉化 鷲棲寺三層石塔, 寧國寺三層石塔, 孤雲寺三層石塔, 證心寺三層石塔에서 볼 수 있고, 9세기에 조성된 불상의 대좌를 비롯한 대부분의 석조물에서 볼 수 있어 당대에 성행했던 조각 기법이 이곳까지 파급된 것으로 보인다.

진전사지와 선림원지삼층석탑은 본격적으로 장엄이 가해진 석탑이다. 먼저 양탑에 공통적으로 등장하는 조각은 八部神衆이다. 이 조각은 仁王, 四天王과 마찬가지로 인도의 고대신화에 나오는 재래신을 불교에서 흡수하여 수호신으로 삼은 것인데 天, 龍, 夜叉, 亂闥婆, 阿修羅, 迦樓羅, 緊那羅, 摩喉羅加의 八神을 말한다. 팔부신중은 9세기 초기에 건립된 慶州南山里西三層石塔의 상층기단에 처음으로 조식되면서[11] 일반형 석탑의 대표적인 莊嚴으로 등장하고 있다. 이 조각은 양 탑을 포함하여 9세기에 건립된 석탑중 모두 13기에서 볼 수 있는데[12] 상층기단의 각 면을 양분한 탱주를 중심으로 좌·우 2구씩 배치되어 있다. 따라서 팔부신중은 당시의 석탑에서는 보편적인 조식임을 알 수 있는데, 경주 남산리서삼층석탑에서 시작된 팔부신중의 조식이 홍천 물걸리사지삼층석탑을 거쳐 이곳까지 파급된 현상으로 보인다.[13] 그러므로 9세기에 있어 석탑을 비롯한 조형물의 전국적인 건립은 전체적인 양식 뿐만 아니라 세부적인 부분에 이르기 까지 영향을 미친 것으로 생각된다.

11 又玄先生은 南山里西三層石塔에 대한 기술중에 "…현재 이같은 八部身衆의 浮彫 가 있는 석탑으로서 존립하고 있는 중에서 考古한 一例인 것이다"라고 하여 南山里西三層石塔에서의 八部身衆 彫飾이 가장 先例임을 주목하고 있다. 아울러 이 석탑의 건립연대에 대해서는 8세기 후반으로 보고있다.
高裕燮, 『韓國塔婆의 硏究』, 同和出版公社, 1975, pp.211-212.
12 9세기에 건립된 석탑 중 상층기단에 팔부신중이 조각된 것으로는 양 탑과 더불어 慶州 昌林寺址三層石塔, 慶州 南山里西三層石塔, 華嚴寺 西五層石塔, 山淸泛鶴里三層石塔, 雲門寺東·西三層石塔, 英陽 縣一洞三層石塔, 臨河洞十二支三層石塔, 英陽 化川洞三層石塔, 金屯寺址三層石塔, 永川新月洞三層石塔, 中金里東·西三層石塔과 淸凉寺石造釋迦如來坐像 및 鷺谷寺東浮屠의 기단에서 볼 수 있다.
13 홍천 물걸리사지에는 삼층석탑외에 석조 비로사나불과 여래좌상 및 광배를 갖춘 대좌 2기가 있다. 이들 조형물들은 9세기에 건립되었을 뿐만 아니라, 석조물의 양식으로 보아 당대의 조형물이 전국적으로 확산됨에 있어 설악산지역으로 파급되는데 경유지 역할을 했던 것으로 생각된다. 아울러 경주에서 비롯된 팔부신중의 조식은 필자가 설정했던 토함산↔팔공산↔상주↔충주↔원주↔홍천↔설악산의 경로를 통해 상호 영향을 주고 받았던 것으로 생각한다. 이같이 9세기에 있어 설악산지역의 석조물 조성에 중간 경유지 역할을 햇을 것으로 생각되는 물걸리사지의 석조물에 대해서는 별고를 기약한다. 朴慶植, 앞 책, p.43.

팔부신중 외에 진전사지삼층석탑에서는
하층기단에 비천상을, 초층탑신에 사방불을
각각 조식하고 있다.(사진-8) 비천상은 이 석
탑외에 의성관덕동삼층석탑에서 볼 수 있고,
부도에서는 염거화상탑과 쌍봉사철삼선사탑
에 조식되고 있다. 비천상은 9세기의 석조물
에서 비록 4기에 국한되어 나타나지만, 조식
된 위치가 석탑의 경우는 하층기단에, 부도에
서는 옥개석의 하면이라는 공통성을 지니고
있다. 이같은 조식의 위치로 보아 비천상은
각각의 석조물이 천상계를 표방하고 있음을
상징적으로 보여주는 조식으로 생각된다.

사진-8 진전사지삼층석탑 기단부 및 초층탑신의 조식

사방불은 초층탑신의 사면에 각각 1구씩
양각되어 있는데, 이 석탑의 경우는 바로 초
층탑신에서 사리공이 확인된 점으로 보아[14] 사리에 대한 수호와 공양의 의미로 조식된 것으로
보인다.

四方佛은 8세기 중엽에 조성된 慶州 南山 塔谷의 四方佛 조성을[15] 필두로 진전사지삼층석탑
의 초층탑신에 부조되면서 9세기 석탑의 表面莊嚴의 하나로 등장하고 있고, 같은 시기에 조성
된 靑巖寺修道庵東·西三層石塔, 中興山城三層石塔, 華嚴寺 九層庵三層石塔, 淸州 塔洞 石塔등 5
기의 석탑에서 그 예를 볼 수 있다. 이 중 진전사지삼층석탑의 사방불은 다른 석탑에 비해 가장
뛰어난 조각술을 볼 수 있어 주목된다. 이 석탑에 조각된 사방불의 양식을 보면 각 불상은 모두
單葉5瓣의 仰蓮座上에 結跏趺坐하고 있고, 圓形의 二重頭光을 구비하고 있는데 持物과 手印으로
보아 東面의 것은 藥師如來로, 西面의 것은 阿彌陀如來이다. 이들 불상은 螺髮의 머리에 큼직한
肉髻가 있고, 圓滿한 相好와 목에 돌려진 三道가 어깨위까지 길게 느리워진 兩耳와 잘 어울려서
위엄과 자비가 넘치며 그 豊麗한 尊容과 衣紋의 수법이 流麗함이 비할 데 없다 하겠다.[16]

진전사지삼층석탑을 비롯한 사방불이 조각된 석탑의 분포를 보면 경주를 중심으로 한 지역

14 鄭永鎬, 「襄陽 陳田寺址遺蹟調査-石塔과 浮屠의 復元을 契機로」, 『歷史敎育』11·12合輯, 歷史敎育硏究會,
   1969, p.316.
15 文明大, 「新羅四方佛의 起源과 神印寺(南山塔谷磨崖佛)의 四方佛」, 『韓國史硏究』18, 韓國史學會, 1979,
   p.70.
16 鄭永鎬, 앞 論文, p.314.

보다는 주로 신라의 외곽지역에 건립되어 있다. 신라가 사방불인 方位佛을 수용한 것은 四方으로 확장하여 가는 영토관념을 확고히 다지게 하는 계기를 마련한 점과 밀접한 관계를 보여주는 것으로 보고 있다.[17] 이러한 점을 고려할 때 진전사지삼층석탑에 조식된 사방불은 향성사지삼층석탑과 더불어 신라의 최북단에 위치하고 있어 초기의 영토관념은 물론, 초층탑신에 안치된 사리의 수호, 당대에 성행했던 藥師信仰까지도 포용하는 포괄적인 의미를 지닌 것으로 생각된다. 결국 진전사지삼층석탑에 부조된 조식의 특징과 의미를 볼 때 석탑이 지닌 양식 그 자체 보다도 이에 부조된 조각에서 더욱 그 의의를 찾을 수 있다 하겠다. 즉, 하층기단에 비천상, 상면에 방위신인 팔부신중, 초층탑신에 사방불을 순차적으로 조각하고, 초층탑신에 사리가 봉안되어 있었던 점을 볼 때 이 석탑은 완전한 불교의 세계를 표현하고 있음을 알 수 있는 것이다.

한계사지에 있는 또 하나의 석탑은 寺域의 중심에서 벗어나 뒷편의 산등성이에 위치하고 있어 입지선정에 있어 특이한 형태를 보이고 있다. 한계사지는 원통으로 부터 한계령의 정상으로 향하는 길목인 장수대에 위치하고 있다. 이 석탑이 위치한 곳에서 보면 한계사지는 물론 주변의 도로까지 한눈에 볼 수 있다. 이같은 지리적 여건으로 보아 이 석탑은 9세기에 이르러 건립되기 시작한 풍수사상에 의한 건탑임을 짐작할 수 있다.[18]

이상에서 설악산을 중심으로 분포되어 있는 6기의 석탑이 지닌 공통 양식과 각 석탑에서 보인 변형과 특성에 대해 살펴 보았다. 이 지역의 석탑은 9세기 후기에 건립된 석탑이 지닌 공통 양식을 모두 내포하고 있었다.[19] 뿐만 아니라 경주를 중심으로 분포된 석탑에서 비롯된 팔부신중을 비롯한 다양한 조식, 풍수사상에 의한 건탑 등이 이곳에서 펼쳐지고 있음도 알 수 있었다. 이같이 9세기의 석탑이 지닌 공통적인 양식이 모두 검출되는 것으로 보아 이 시기에 이르러 시

17 13) 文明大, 앞 논문, p.74.
18 9세기의 석탑중 풍수사상에 의해 건립된 석탑은 前期의 作인 경주 남산용장사곡삼층석탑에서 비롯되어 後期에 이르러 경주 남산리동삼층석탑과 경주 서악리삼층석탑에서 볼 수 있고, 고려시대에 이르러는 일반적인 석탑건립의 한 사상으로 정착된 것으로 보인다.
　秦弘燮, 「統一新羅時代特殊樣式의 石塔」, 『考古美術』158·159合輯, 韓國美術史學會, 1981. p. 24.
19 필자가 파악한 바에 의하면 9세기 후반에 건립된 석탑은 다음과 같은 공통양식을 보이고 있다.
　1. 하층기단에 있어 탱주의 수는 1개로 정형화되고 있다.
　2. 상층기단 역시 1 탱주를 표현하고 있어 후기의 석탑은 하 1, 상 1의 탱주가 기단부의 공식이 되고 있다.
　3. 9세기에 건립된 석탑의 초층탑신받침은 角形 2단·弧角形2단·角弧角形3단·별석받침형태·별석받침의 5가지 범주내에서 구성되고 있다.
　5. 기단 및 탑신부에 莊嚴이 가해지고 있는데 하층기단에는 안상과 비천상이, 상층기단에는 八部神衆, 眼象, 四天王, 菩薩이, 초층탑신에는 四方佛, 門扉形, 菩薩이 주요 장엄으로 조식되고 있다.
　朴慶植, 앞 책, pp.90-91.

작된 석탑의 전국적 건립현상이 이곳까지 자연스레 파급되었던 것으로 보인다. 아울러 6기의 석탑은 건립된 시기 및 양식적 특징을 볼 때 향성사지에서 건립되기 시작되어 점차 주변으로 파급된 것으로 보인다.

2) 석불

설악산지역의 석불은 한계사지와(사진-9) 황이리사지에서(사진-10) 각각 볼 수 있다. 그런데 한계사지의 것은 파손이 심할 뿐만 아니라 각 부재가 유리되어 있어 원형을 파악하기에는 어려움이 있지만, 대체로 조성시기는 9세기 후반으로 추정된다.[20] 아울러 황이리사지의 석불 역시 상대석과 신체의 일부가 심하게 파손되었지만 대좌의 대부분이 남아있어 양식적 특징과 조성시기를 짐작 할 수 있다. 이 석불에 대해서는 鄭永鎬先生의 상세한 논고가 발표된 바 있고[21] 필자 역시 9세기 후반에 조성된 毘盧舍那佛로 파악한 바 있다.[22]

황이리사지의 비로사나석불이 지닌 특징을 대좌를 중심으로 살펴보면 다음과 같다.(사진-11)

첫째, 팔각형의 하대석 각 면에는 양각된 사자가 1마리씩 배치되어 있다. 이들 사자는 모두

사진-9 한계사지 석불좌상 대좌   사진-10 황이리사지(현 양양서림사지석조비로자나불좌상)
　　　　　　　　　　　　　　　　　　　　석조비로사나불좌상

---

20 현재 사지에는 파손이 심한 석불의 신체부와 반파된 광배 및 대좌의 하대석으로 추정되는 8각형의 대석이 남아있다. 8각형의 대석 각 면에는 안상내에 각각 1마리씩의 사자가 양각되어 있다. 또 다른 대석의 각 면에는 안상내에 가릉빈가문이 양각되어 있다. 이 밖에 각면에 보살상이 조각된 중대석의 부재도 있다. 江原大學校博物館, 『寒溪寺』, 1985.

21 鄭永鎬, 「襄陽 黃耳里의 塔·像」, 『考古美術』76, 考古美術同人會, 1966. 선생 역시 이 석불의 건립을 신라하대로 보고 있다.

22 朴慶植, 앞 책, pp.178-179. 표-3 智拳印石佛 樣式

사진-11 황이리사지(현 양양서림사지석조비로자나불좌상)
대좌

양 귀, 발, 꼬리등이 사실적으로 묘사되고 있어 있다. 사자가 대좌의 하단석을 장식하는 주요조식으로 등장함은 9세기에 조성된 절대다수의 비로사나불에서 뿐만아니라 대부분의 석조물에 나타나는 보편적인 현상이다. [23]

둘째, 하대석에는 판내에 화문이 있는 단엽16판 伏蓮이 조식되어 있다. 판내에 화문이 있는 연화문은 9세기의 조형물에 등장하는 공통적인 양식이다. 그러나 伏蓮으로 같은 형태를 보이는 석조물은 安東 安奇洞石佛坐像에 불과하고 오히려 法住寺四天王石燈, 雲門寺 金堂앞石燈, 海印寺 石燈, 陜川 伯岩里石燈, 實相寺 百丈庵石燈등 대부분이 석등에서 볼 수 있었다.[24] 따라서 이같은 연화문의 조식은 불상에서는 활용되지 않았던 것임을 알 수 있다.

셋째, 중대석 받침으로 별석받침이 채택되고 있는 점이다. 현재 이 받침석은 상대석의 위치에 놓아 석불을 받치고 있다. 9세기에 조성된 석불의 중대석받침으로는 굽형괴임대가 일반적으로 채택되고 있고[25], 별석받침을 사용한 경우는 863년에 조성된 동화사비로암석조비로사나불좌상과 부석사 자인당내석조여래좌상, 안동 마애동석조비로사나불좌상의 대좌에서만 볼 수 있어 석불에서는 널이 사용되지 않은 받침임을 알 수 있다.[26] 아울러 이 3기의 석불이 대구 · 영주 · 안동이라는 경상북도 지역에 분포되어 있는데 비해, 이곳의 석불은 이들로 부터 멀리 떨어진 양양에 건립되어 있음은 양식의 전파과정에서 비롯된 것이라기 보다는 대좌의 하대석에 조식된 연화문과 함께 당시 이 지역에서 발흥했던 새로운 예술감각과 시도에서 비롯된 것으로 생각된다.

중대석에는 각면에 양 우주를 양각하였고 가운데 면의 향로를 중심으로 보살, 주악상등을 배치하고 있다.

신체부는 頭部를 포함하여 전체적으로 파손이 심해 원형을 알 수 없지만 통견법의를 착용하고, 座勢는 吉祥坐였던 것으로 보인다.

이상에서 살펴본 바와같이 황이리석조비로사나불좌상에서는 9세기의 석불이 지녔던 일반적

---

23 주 17 및 朴慶植, 앞 책, p.313. 표 -1 莊嚴彫飾 現況.
24 朴慶植, 앞 책, p.357. 表-3 蓮華紋의 種類및 現況
25 朴慶植, 앞 책, p.353. 표-2 받침부 現況
26 필자는 이들 석불의 중대석 받침을 『통일신라석조미술연구』에서 굽형괴임대로 보았으나, 별석받침으로 정정한다.

인 양식과 아울러 비록 독특한 것은 아니지만 이 지역 나름대로의 새로운 창안이 시도되고 있음을 알 수 있었다.

3) 석조부도

부도는 승려의 墓塔이란 성격을 지니고 있어 석탑과는 건립의 배경에서 부터 확연한 차이를 보이고 있는 석조물이다. 설악산지구에서는 陳田寺址浮屠와(사진-12) 禪林院址弘覺禪師塔의(사진-13) 2기가 현존하고 있는데, 이 지역의 석조물 중에서 가장 특징적인 면을 보이고 있는 조형물이다. 즉, 전자는 우리나라 석조부도의 시원양식을 보이고 있고, 후자에서는 일반형에서 벗어난 특수형의 부도라는 점에서 설악산을 중심으로 전개되었던 이 지역 문화의 특수성을 엿볼 수 있다고 생각한다.

사진-12 진전사지 도의선사부도

사진-13 선림원지 홍각선사탑(현 양양 선림원지 승탑)

먼저 진전사지부도의 특징을 살펴보면

첫째, 평면구도에 있어 방형과 팔각형이 조화를 보임은 물론 우리나라에서 가장 먼저 조성된 석조부도라는데 있다. 즉, 844년에 건립된 廉居和尙塔에서는 기단부터 옥개석에 이르기 까지 완전한 평면팔각의 형태를 띠고 있어 팔각원당형의 완성을 보이고 있다. 그런데 진전사지부도는 기단부가 석탑과 같이 방형 중층의 2층기단을 형성하고 있으며(사진-14) 탑신과 옥개석만 팔각형의 형식을 보이고 있어 주목된다.(사진-15) 따라서 이 부도는 양식의 발달과정에서 볼 때 염거화상탑에 앞서 건립된 시원적인 양식을 보이고 있다고 생각된다. 기단부의 형식은 석탑에서, 탑신과 옥개석에서의 팔각형은 석등에 그 연원이 있다고 보여지기 때문이다.[27] 그러므로 이 부도는 석탑과 석

27 李銀基는 옥개석의 양식이 四天王寺址에서 발견된 석등의 옥개석과 공통점을

사진-14 진전사지 도의선사부도 기단부 　　　　　사진-15 진전사지 도의선사부도 탑신부

등의 양식이 혼재된 양상을 보이고 있음을 알 수 있다. 이것은 부도라는 새로운 조형물을 창작하는 과정에서 기단은 안정성을 필요로 하는 까닭에 석탑과 같은 방형의 형식을 취하고, 탑신은 부도에서 가장 중심이 되는 尊崇한 부분으로서 八角圓堂의 그것을 구현하고 있기 때문에 8각형을[28] 취하게 됨에 따라 석등에서 확립된 8각형의 화사석 양식을 그대로 채용한 것으로 보인다. 따라서 9세기의 조형물 가운데서 가장 독창적이고 뛰어난 예술적 감각은 물론 禪宗이 지닌 교리적인 면까지도 포용하고 있는 부도의 건립이 이곳에서 시작되었음을 알 수 있다.

둘째, 부도의 주인공이 우리나라에 처음으로 선종을 전래한 道義禪師의 것이라는 점이다.

그간 이 부도의 주인공에 대해서는 정영호선생에 의해 도의선사의 부도로 상정된 바 있었고,[29] 필자를 비롯한 대다수의 연구자가 같은 생각을 하고 잇었다. 그러나 이를 확증힐 만한 기록이나 단서를 제시하지 모하고 잇었다. 그런데 필자가 이 부도를 도의선사의 것으로 확정하고자 하는데는 부도가 지닌 시원적인 양식과 더불어 다음과 같은 기록 때문이다. 즉, 939년(고려 태조 22)에 건립된 豊基 毗盧庵 眞空大師 普法塔碑의 碑文에

　　…… 그 후 엄명을 받들고 진전사에 도착하니, 기꺼운 바는 직접 도의국사의 유허를 답사하며 그 영탑에 예배하고 스님의 진영을 추모하여 영원히 제자의 의식을 펼 것이니……[30]

지니고 있음을 지적한 바 있다. 「新羅末 高麗初期의 龜趺碑와 浮屠硏究」, 『歷史學報』71, 歷史學會, 1976, p.94.

28 鄭永鎬, 『新羅石造浮屠硏究』, 단국대 대학원 박사학위논문, 1974, p.28.

29 鄭永鎬, 앞 박사학위논문, p.126.

30 …… 奉遵嚴命得到陳田所喜親踏遺墟禮其靈塔追感眞師之影永申弟子之儀 …… 「毗盧庵 眞空大師 普法塔碑」, 『朝鮮金石總覽』上, 朝鮮總督府, 1919, p.136.

라는 기록이 있다. 여기에서 진공대사가 진전사를 찾아 도의선사의 영탑에 예배하고 그의 진영을 추모한 것은 바로 이곳에 도의선사의 부도가 존재하고 있었다는 것을 의미한다고 생각된다. 만약 이때 예배한 탑이 삼층석탑이었다면 「靈塔」이란 용어를 사용했을리가 없다. 더욱이 「靈」자는 신령, 혼백등을 의미하고 있음을 볼 때, [31] 「靈塔」이란 바로 도의선사의 혼이 있는 탑을 지칭하는 것으로 생각된다. 더욱이 진전사지에 현존하는 유적 중 도의선사와 관련을 맺을 수 있는 것이 부도외에는 찾을 수 없다. 그러므로 진공대사가 예배했던 영탑은 현재의 부도임이 분명하고, 眞空大師가 이곳을 찾았을 것으로 추정되는 고려시대 초반에는 이 부도의 주인공이 도의선사임을 알려주는 비석이나 사찰에서 전하는 내용이 있었을 것으로 짐작된다. 따라서 부도가 지닌 시원적인 양식과 더불어 眞空大師 碑文을 볼 때 진전사지부도는 통일신라시대에 선종을 처음으로 전래한 도의선사부도임이 명백하다고 생각한다.

셋째, 팔각형 탑신의 괴임대로 별석받침이 처음으로 채택되고 있다는 점이다.

이 형식의 받침은 9세기의 석조물중 석탑·부도·고복형석등에서 쓰인 일반적인 수법이다. [32] 이같은 받침은 석탑에서는 847년 작으로 추정되는 성주사지의 석탑 4기에서, 부도에서는 844년 작인 염거화상탑에서 채택되고 있다. 따라서 이 형식의 받침은 9세기 중반에 석조물의 받침으로 채용되기 시작한 것으로 보이는데, 현존하는 석조물의 건립연대순에서 보면 석탑보다는 부도에서 먼저 사용된 것으로 보인다. 그런데 양식의 발달과정상에서 볼 때 진전사지부도가 염거화상탑 보다 초기적인 형식을 지니고 있기 때문에 별석받침의 탑신괴임 수법이 바로 진전사지부도에서 비롯되었음을 시사해 주고 있다고 생각된다.

이상과 같이 진전사지부도가 신라 석조부도의 시원양식을 보이고 있다면, 선림원지부도는 특수형식을 보이고 있다. 이 부도는 탑신부 이상은 결실되어 전체적인 면모는 알 수 없지만 기단부에서 특수한 형식이 나타나고 있어 주목되고 있다. 기단부에서 볼 수 있는 양식적 특징은 다음과 같은 점을 들 수 있다.

첫째, 하대석의 하단에는 각면에 세장한 안상을 하나씩 배치하고 있는데, 이중 4곳에는 사자를 배치하고 있다. 그런데 대부분의 석조부도나 불좌의 하단석에서는 각 면에 1구씩의 사자가 배치되고 있는데 비해 이곳에서는 4면에 각각 1쌍씩 모두 8마리의 사자가 배치어 통식에서 벗어난 구도를 보이고 있다. 각 면에 조각된 사자의 자세를보면 3면의 사자는 앞쪽의 사자가 머리를 돌려 뒤의 사자를 보는 형상을 하고 있고, 나머지 일면에는 머리를 맞대고 있는 형상을 보이고 있다. 사자의 자세나 방향 역시 다른 석조부도나 불좌에서는 모두 같은 방향으

---

31 張三植 編著, 『大漢韓辭典』, 進賢書館, 1980.
32 주 24와 같음.

로 자세를 취하고 있는 것에 비하여 완전히 다른 형태의 모습을 보이고 있다. 이같이 부도의 하대 하단석에 사자를 배치하는 형식은 비록 보편적인 9세기의 양식으로 볼 수 있지만, 4면에는 쌍사자를 배치하여 8마리로 구성한 점과 자세에서 이 부도가 지닌 특수성의 일면을 볼 수 있다고 하겠다.

사진-16 홍각선사탑 기단부 중대석

둘째, 중대석은 평면 팔각의 기본구도에서 벗어나 원통형을 취하면서 전면에 용과 구름을 滿彫하고 있다.(사진-16) 이같은 형식의 중대석은 신라시대의 석조부도에서는 유례를 볼 수 없는 특수한 형태의 것으로 이 부도가 특수형식의 부도로 지칭되는 가장 중요한 요인이다. 용과 구름의 조식은 거의 圓刻에 가까울 정도로 양각되었는데, 이중 2마리는 서로 마주보고 있고, 나머지 한마리는 뒷쪽에 배치되고 있으며 間地에는 圈雲紋이 빈틈없이 조각되어 있다. 특히 3마리의 용은 머리와 비늘 그리고 유려한 胴體가 사실적으로 묘사되어 승천하는 용과 같이 생동감이 넘치는 자태를 보여주고 있다. 이처럼 중대석을 구름과 3마리의 용으로 가득 메꾼 형태의 것은 9세기의 석조물 중 863년에 조성된 동화사 비로암석조비로사나불조상과 각연사석조비로사나불좌상대좌의 중대석에서만 볼 수 있다. 따라서 이같은 형태의 중대석은 선림원지부도가 886년에 건립된 것임을 고려할 때[33] 비로사나불의 대좌에서 비롯된 새로운 양식임을 알 수 있다. 따라서 선림원지부도의 중대석은 비로사나불의 대좌에서 시작된 새로운 양식이 영향을 준 것으로 볼 수 있다. 그러나 신라시대의 부도에서는 이같은 예를 볼 수 없고, 고려시대에 조성된 고달사지의 부도 2기와 경북대학교 박물관에 있는 부도에서 그 맥을 볼 수 있는 점으로 보아 새로운 형식의 부도가 설악산을 중심으로 한 지역에서 발생된 것으로 생각된다. 이 부도에 표현된 중대석에서의 구름과 용은 주인공인 선사가 이미 승천하여 극락세계에 있음을 의미하고 있는 것으로 생각된다. 뿐만 아니라 용이 속세에서 護國과 護法은 물론 왕과 무한한 능력을 상징한다면[34], 부도의 주인공인 弘覺禪師 역시 禪林院을 수호하는 護法神적인 역할과 속세의 왕에 버금가는 무한한 능력을 겸비하고 있었음을 보여주는 상징적인 조각으로 생각한다. 따라서 이 부도에 표현된

---

33 鄭永鎬, 앞 박사학위 논문, p.200.
34 東亞出版社, 『韓國文化象徵辭典』, 1992, pp.485-490. 「龍」條 參照.

구름과 용의 조식으로 보아 홍각선사가 항시 선림원을 지켜주고 있음은 물론 비록 육신은 극락세계에 있지만 항시 門徒들 곁에 있으면서 가르침을 주고 있다는 의미를 내포하고 있는 것으로 생각된다.

셋째, 중대석과 탑신부에 있어 받침으로 굽형괴임대가 등장하고 있다. 이같은 받침은 9세기에 건립된 제반 석조물에서 볼 수 있는 일반적인 받침대이다.[35] 따라서 이 부도에서는 앞서 살펴본 바와 같이 9세기에 건립되는 석조부도에서 보이는 일반적인 형식과 아울러 전체적인 면에서나, 세부적인 면에서 이 지역서만 볼 수 있는 특수양식이 혼재하고 있음을 알겠다.

설악산지구에 있는 부도에서는 우리나라 부도의 발달사상에서 시원적인 양식과 특수양식이 존재하고 있을 뿐 八角圓堂型이라는 전형적인 양식의 부도는 없었다. 그러므로 이 지역에서는 부도의 건립이 성행되지 못했음을 알 수 있다. 그렇지만 양 부도에서 보여준 시원적인 양식과 변형을 고려하여 볼 때 이 부도들은 당대의 석조 조형물에서 확립된 양식의 절충했던 것과 동시에 새로운 양식을 창안했다는 점에서 더 큰 의의를 찾을 수 있을 것으로 생각된다.

4) 석등

사찰에서 불을 밝히는 기구인 석등은 우리나라에 약 280여기가 건립되어 있으며, 이중 완전한 형식을 취하고 있는 것은 60여기에 불과하고 나머지는 대게 부재 중 일부분만이 남아 있다.[36]

설악산지구에는 한계사지와(사진-17) 선림원지에(사진-18) 각각 석등이 있었던 것으로 보인다. 그러나 앞의 한계사지의 것은 옥개석만이 남아 있어 이를 논외로 한다면 본 항에서 고찰하고자 하는 석등은 선림원지의 것 하나에 불과하다. 이 석등이 지니는 양식과 의미는 다음과 같은 점에서 찾아질 수 있다.

첫째, 이 석등은 9세기에 등장하는 특수양식의 석등중 하나인 鼓腹型石燈이란 점이다. 이 계역의 석등은 9세기에 이르러 건립된 석등 중 간주석의 변화에 따라 붙혀진 명칭이다. 즉, 일반형석등에서는 간주석이 일률적으로 평면팔각형의 형식을 취하고 있는데 고복형석등에서는 이 부분의 중간부가 부풀어 오른 형태를 취하고 있어 전체적으로는 안정감을 주고 있다. 아울러 간주석에 가해진 화사한 장식으로 말미암아 美的으로도 우수한 일면도 보여주고 있다.

9세기에 건립된 고복형석등으로는 禪林院址石燈을 비롯하여 淸凉寺石燈, 開仙寺址石燈, 華嚴

---

35 이 유형의 받침대는 9세기의 석조물에서 대다수 검출되고 있다. 주 20과 같음.
36 鄭明鎬, 『韓國石燈樣式』, 民族文化社, 1994, p.59.

사진-17 한계사지석등 옥개석   사진-18 선림원지석등

寺 覺皇殿앞 石燈, 實相寺石燈, 任實 龍巖里石燈등 6기가 현존하고 있다. 그런데 고복형석등이
분포한 지역을 보면 선림원지석등을 제외하면 모두 지리산을 중심으로 주로 舊 百濟領域에 산
재하고 있다.[37] 따라서 이곳의 석등만이 당시 신라의 영역으로는 가장 북쪽인 설악산지구에 위
치하고 있음을 알 수 있다.

이같이 지리산지역에서 북쪽으로 멀리 떨어진 이 지역에 고복형석등이 건립됨은 석조부도를
창안하고, 이어 새로운 특수형식까지 건립한 이 지역의 활발한 예술적 욕구와 정신이 독자적인
고복형석등의 건립에 촉진제 역할을 했을 가능성을 배제할 수 없다고 생각한다. 한편 이 석등
은 종래의 그것이 가람배치상에 있어 석탑의 前面이나 金堂과 석탑사이에 건립되던 통식을 깨
고 홍각선사비와 나란히 배치되고 있다. 이것은 석등의 성격이 불을 밝힘으로써 부처님의 진리
를 설파한다는 종래의 개념에서 벗어나 弘覺禪師의 冥福을 비는 獻燈으로 이용되었던 것으로
생각된다.[38]

이처럼 선림원지의 석등은 같은 계열의 석등이 분포된 지리산과의 지역적인 문제 뿐만 아니
라 석등이 지닌 본래의 성격 그 자체에도 변화를 주고 있어 이 지역의 또 다른 문화현상을 파악
할 수 있는 단서를 제공해 주고 있다고 하겠다.

둘째로 대부분의 고복형석등이 간주석에 변화를 주고 있음은 주지의 사실이다. 그런데 이
석등에서는 지리산 지역과의 양식적 공통점은 물론 다른 일면을 볼 수 있다. 즉, 하대석과 간주
석의 받침부에서는 지리산을 중심으로 분포된 석등과 거의 공통된 양식을 보이고 있다. 그러
나 간주석의 중간부에서는 완전한 차이를 보이고 있다. 즉, 지리산의 것이 1-2條의 橫帶를 중

---

37 鄭明鎬, 앞 책, p.174.
38 鄭明鎬, 앞 책, p.176.

심으로 花紋을 배치한 편구형 혹은 원통형의
형식을 보이고 있음에 비해 이곳의 석등에
서는 평면이 8각의 원추형을 구성하고 있어
마치 대나무의 마디모양을 하고 있다.[39](사
진-19) 따라서 전체적인 면에서는 고복형석
등의 범주에 속해 같은 계열로 분류할 수 있
지만 세부적인 면에서는 이곳 석등만이 지닌
특수양식을 보이고 있다.

셋째로 화사석에는 4면에 火窓을 개설하고
있는데, 나머지 벽에 같은 크기의 장방형 額
을 모각하고 있다. 아울러 8면의 火舍壁 하단
에는 소형의 장방형 額을 모각하고 내부에 眼
象을 조각하고 있는 점이다. 이같은 형태의

사진-19 선림원지석등 간주석

화사석은 우리나라의 석등에서는 그 예를 찾아 볼 수 없고, 日本의 東大寺 大佛殿 앞에 세워져
있는 銅製八角燈에서 발견할 수 있다.[40]

이상에서 살펴본 바애 의하면 선림원지석등은 9세기에 건립된 고복형석등이고, 하대석과 간
주석의 받침부 및 옥개석은 당시에 유행했던 석등의 양식을 따랐음을 알 수 있었다. 그러나 세
부적인 면에 있어서는 간주석의 중간부 및 화사석에 있어서는 다른 일면도 내포하고 있었다.
나아가 화사석에 표현된 양식은 다른 곳에서는 그 유례를 볼 수 없었던 점으로 보아 설악산을
중심으로 발전했던 불교미술의 한 단면을 잘 보여주고 있다고 생각한다.

5) 석비

설악산지구에서 볼 수 있는 석비로는 弘覺禪師碑가 유일하다.(사진-20) 이 석비는 弘覺禪師
塔에 속한 것으로서 부도와 석비가 하나의 세트를 이루며 건립되던 당대의 기풍을 따르고 있
다.[41] 물론 陳田寺址에도 道義禪師의 부도와 함께 석비가 있었을 것으로 추정되나 현재까지 발

---

39 朴慶植, 앞 책, pp.288. 表 -2 鼓腹型石燈 樣式
40 鄭明鎬, 앞 책, p.174.
41 9세기에 건립된 부도는 대부분이 석비가 있어 주인공의 일대기는 물론 당시의 사회상까지도 살필 수 있
    는 단서를 제공해 주고 있다. 이같은 예로는 雙峰寺 澈鑑禪師塔과 石碑, 寶林寺 普照禪師彰聖塔과 石碑, 雙
    谿寺 眞鑑禪師大空塔과 石碑, 聖住寺 朗慧和尙白月葆光塔과 石碑, 實相寺 證覺大師凝廖塔과 石碑, 大安寺

사진-20 선림원지 홍각선사탑비 귀부 및 이수

견되지 못하고 있다. 홍각선사비에서는 새로운 양식보다는 당시의 석비에서 표현 되었던 일반적인 모습이 표현되고 있다. 즉, 龍頭화 된 머리와 육각형의 귀갑문이 시문된 龜趺, 하단에 雲紋臺가 있고, 각면에 안상이 시문된 장방형의 碑座, 구름과 용으로 가득한 螭首와 장방형의 碑額등이 표현되어 있어 새로운 수법보다는 기존에 확립된 양식이 충실히 묘사되고 있음을 알 수 있다.

Ⅳ. 9세기 불교미술사 있어 설악산지구 석조물의 위치

앞에서 고찰한 바에 의하면 설악산지구에는 당대에 건립되던 5가지 유형의 석조물이 건립되고 있다. 아울러 이에 표현된 양식을 보면 당대에 유행했던 것은 물론 가히 파격적이라 할 만큼 새로운 면도 보이고 있다. 더욱이 부도라는 새로운 유형의 조형물도 탄생되있다. 아울러 신라의 왕경이었던 경주로 부터는 물론 당시의 조형물이 밀집되어 건립되던 10개의 지역군[42]으로부터도 멀리 떨어져 마치 문화의 孤島같은 곳이다. 그러나 이곳에서 새로운 감각과 독창성을 지닌 석조물이 건립되고 있음은 이 지역의 문화적 역량이 타 지역에 비해 결코 뒤지지 않았음을 보여주고 있다고 하겠다.

설악산은 霜岳과 함께 신라에서 小祀를 지내던 24산의 하나로 기록된 점으로 보아[43] 일찍부터 신라인에 의해 주목되어 왔음을 알 수 있다. 설악산이 신라 사회에서 주목을 받게된 때는 中祀를 지냈던 五岳이 신라의 반도 통일직후, 대체로 文武王 말년이나 혹은 늦더라도 神文王代에는 성립되었다고 본다면[44] 이와 비슷한 시기로 생각된다. 아울러 小祀의 성격이 단순한 諸侯의 山川祭祀가 아니라, 山岳崇拜思想과 祈雨·祈豊 등의 종교적 성격을 띠고 있음은[45] 설악산

寂忍禪師照輪淸淨塔과 石碑, 實相寺 秀澈和尙楞伽寶月塔과 石碑, 鷰谷寺 東浮屠와 石碑가 있다.
42 朴慶植, 앞 책, pp.40-47.
43 三國史記 券 第 32, 雜志 第 1, 祭祀 條.
44 李基白,「新羅 五岳의 成立과 그 意義」,『新羅政治社會史硏究』, 一潮閣, 1981, p.205.
45 申瀅植,「三國史記 志의 分析」,『三國史記의 硏究』, 一潮閣, p.323.

이 신라사회에서 차지하는 비중 또한 적지 않았을 것으로 생각된다. 더욱이 필자가 분류한 지역군 중 가장 북쪽에 위치하고 있고, 小祀를 지냈던 24산 중 강원도에는 2개소에 불과한 점을 볼 때 설악산에 대한 관심은 이 지역에 대한 통치권의 확보와도 밀접한 연관이 있었을 것으로 생각된다.

설악산의 불교조형물은 비록 五嶽이 형성된 시기 보다 다음 세대인 9세기에 들어와서 건립되고 있지만 이같은 역사성이 내면에는 존재해 있을 것으로 생각한다. 그러므로 이 지역의 조형물에서는 당대에 성행했던 보편적인 양식과 이곳에서만 가능했던 특수양식의 혼재가 가능했던 것으로 생각된다.

설악산 지역의 석조물에서 보인 보편적인 양식으로는 석탑에 나타난 공통양식은 물론 비로사나불의 조성, 선림원지 홍각선사탑과 탑비에서 보여준 기본적인 양식과 아울러 고복형석등의 건립을 들 수 있다. 이상과 같은 조형물이나 세부적인 양식은 9세기의 석조물에서는 일반적으로 검출되는 수법임을 감안 할 때 이는 당시에 일어났던 불교미술의 전국화 현상과 같은 맥락에서 이해될 수 있다고 하겠다. 그러나 더욱 주목되는 현상은 선행된 기존의 틀을 깬 파격성에 있는데 이를 정리해 보면 다음의 표로 집약된다

석조물	특수양식
석 탑	향성사지삼층석탑에 모각된 기단부의 탱주 진전사지산층석탑에 계층적으로 조각된 비천상, 팔부신중, 사방불
석 불	황이리사지 석조비로사나불좌상에의 하대석에 시문된 단엽16판 복연과 별석의 중대석 받침
부 도	진전사지에 건립된 시원양식의 도의선사부도
	선림원지 홍각선사탑의 하대석에 조각된 쌍사자 및 구름과 용으로 滿彫한 중대석
석 등	선림원지석등의 간주석 중간부 및 화사석

이 표를 통해서 볼 때 이들 석조물들은 기조를 이루었던 커다란 테두리 안에서 부분적으로 변화하고 있음을 알 수 있다. 그러나 9세기의 조형물에서 새로운 양식의 창조는 미세한 부분에서 부터 발생되고 있음을 볼 때[46] 이곳의 조형물에 표현된 제반 양식은 새로운 양식의 창조라 생각된다. 즉, 향성사지삼층석 석탑의 경우 종래의 규율성을 깬 하층 1, 상층 2개로 탱주를 모각한 점이 외형적인 변화라 할 수 있다면, 진전사지삼층석탑에 표현된 도상적인 완성은 9세기의 석탑에 표현된 각종 조식이 단순한 장식물이 아니라 탑이 건립되던 본래의 의사를 그대로

---

46 9세기의 석조물에서의 변화는 8세기에 이룩한 각 조형물의 큰 틀 가운데서 부분적인 변화가 가장 큰 특징으로 나타난다. 즉, 석탑을 예로 들면 기단에 표현된 탱주의 갯수나, 단층기단의 등장, 각종 조식의 등장, 초층탑신 받침부의 변화를 들 수 있다.

반영한 결과로 생각된다. 즉, 불탑내부에 봉안된 佛舍利에 대한 外護的 기능을 지니고 등장했던 것으로 볼 수 있다.[47] 황이리사지 석불에 표현된 연화문과 중대석의 별석받침은 당대에 그리 성행하지 않았던 양식이었고, 선림원지석등에 표현된 간주석의 형식과 특히 화사석은 국내의 어느 석등에서도 찾아 볼 수 없는 양식이었다. 이같은 미세한 부분의 변화는 기존의 조형물이 지닌 양식가운데서 새로운 것을 시도하고자 했던 이 지역의 조각가는 물론 이를 후원했던 모든이들의 염원에서 비롯된 결과로 생각된다.

이상과 같이 석탑, 석불, 석등에서는 미세한 부분에서 독창적인 양식이 발생한 반면, 부도에 있어서는 새로운 형식의 창안과 아울러 기존의 팔각원당형에서 벗어나 특수형식의 부도를 건립하고 있다. 따라서 설악산지구의 석조물에서 지역적인 특성과 아울러 창조성을 짙게 표출했던 것은 부도였다고 생각된다.

통일신라시대의 석조부도는 八角圓堂型을 기본 형식으로 9세기 중엽에 등장함과 동시에 양식적인 완성을 보이고 있다. 아울러 부도의 발생에는 禪宗의 발흥과 밀접한 연관이 있다. 즉, 「不立文字 敎外別傳 直指人心 見性成佛」을 강조하고 華嚴宗·法相宗으로 대표되던 중대신라의 불교계를 타파하며 등장한 禪宗은 기존의 사회질서를 否認하며 九山禪門의 개창과 함께 확고한 기반을 구축할 수 있었다. 이들에게 있어서는 복잡한 교리, 예불의식에 얽매이지 않고 오직 禪師의 가르침과 坐禪만이 중시되었던 까닭에 禪師의 入寂은 마치 부처의 入寂에 버금가는 중대사였다. 이에 따라 祖師는 그들 門徒들에게는 이제 부처님 격으로 절대시 되었던 것이고 그 힘으로 문파의 융성을 꾀하게끔 되었다는 것을 뜻한다.[48] 따라서 선종승려의 입적에는 반드시 부도의 건립이 뒤를 이었고, 이같은 예로서 최초의 실물로는 844년에 건립된 염거화상탑을 들고 있다. 그런데 이 부도가 팔각원당형의 형식을 완벽하게 구현하고 있다면, 진전사지부도는 방형과 팔각형의 접목이라는 평면형태를 보이고 있다. 더욱이 이를 도의선사의 부도로 확정지을 때 우리나라 석조부도의 시발이 이곳에서 비롯되었음을 알 수 있다.

이처럼 부도라는 새로운 형태의 조형물을 창조한 이 지역의 문화는 선림원지 홍각선사탑과 같은 특수형식의 부도를 탄생시키고 있다. 이 부도에서 표현된 구름과 용으로 가득 메꾼 중대석의 양식은 9세기에 건립된 다른 어느 것에서도 볼 수 없다. 이것으로 보아 발상 그자체는 물론 조탑술에 있어 뛰어난 기량을 지니고 있음을 알 수 있다. 결국 부도의 건립은 진전사지에서 시작되어 일단 호남지역으로 전래되 팔각원당형이란 일반양식을 완성한 후, 이 양식이 다시 이곳으로 파급되어 특수형식의 부도를 창출하고 있다. 따라서 설악산지구의 석탑을 비롯한 제반

47 張忠植,「統一新羅 石塔浮彫像의 硏究」,『考古美術』154·155合輯, 韓國美術史學會, 1982, p.115.
48 文明大,『韓國彫刻史』, 悅話堂, 1980, p.245.

조형물에서는 당대에 성했던 양식의 전승과 부분적인 면에서의 변화와 아울러 부도에 있어서는 始發과 변형이 이루어 졌던 것으로 생각된다.

이상에서 살펴본 바와같이 설알산지구에는 5종의 석조물이 각각 특징적인 면모를 발휘하며 건립되었다. 결국 이들에 표현된 보편적인 양식 보다는 특수한 양식과 유형은 설악산지구라는 지역성을 내포하고 있다고 하겠다. 따라서 이들의 건립 혹은 소속된 사찰의 창건이나 중창등 경제적 기반을 제공한 세력이 누구였겠는가가 관심이 될 수 있다. 필자는 일단 경주를 중심으로 한 중앙정부의 후원이라기 보다는 이 지역에 뿌리깊은 호족세력의 후원으로 이처럼 많은 佛事가 이루어 졌다고 생각한다.

먼저 중앙정부의 후원으로 볼 수 없는 점은 도의선사나 홍각선사의 행적으로 보아 충분히 짐작될 수 있다. 즉, 도의선사는 흥덕왕 13년(821)에 唐으로 부터 귀국하여 南宗의 禪風을 펼치려고 하였으나 魔語 혹은 虛誕하다는 등의 비난을 받고 설산의 진전사에 은거하게 된다. 이곳에서 그는 은둔생활을 하며 그의 心印을 廉居和尙에서 전하고, 다시 普照禪師에게 전하여 九山禪門의 하나인 迦智山派를 형성하게 된다.[49] 따라서 도의선사의 행적을 볼 때 그가 왕실과 친교가 있었다기 보다는 다분히 反 신라적인 속성을 지녔음을 알 수 있다. 弘覺禪師 역시 憲安王의 부름을 받고 경주로 가나 열흘을 넘기지 못하고 왕과 작별을 하고 있는 점을 보면[50] 그 역시 친 신라적인 성향의 승려로 보기에는 어려움이 있다. 이같은 道義와 弘覺禪師의 행적으로 미루어 볼 때 설악산지구의 사찰은 중앙정부의 지원하에 건립되었다고 보기에는 문제의 여지가 있다. 결국 이들의 경제적 기반은 9산선문의 개창이 그렇하듯이 설악산을 중심으로한 지역의 호족세력이 제공했을 가능성이 농후해 진다. 설악산이 속한 양양군 일원에서 가장 유력한 세력은 명주를 중심으로 세력을 떨쳤던 金周元을 들 수 있다. 김주원은 金敬信과의 왕위쟁탈정에서 패한 후 바로 명주로 내려가 이 지역을 기반으로 세력을 확장하게 된다. 이처럼 그가 명주를 은둔처로 삼게 된데는 文王·大莊·思仁·惟正으로 이어지는 그의 先系에 있어 思仁이 정치적 축출을 당하면서 기반으로 삼았고, 그의 아들 惟正이 명주로 벼슬을 받아 떠났을 때 溟州土豪인 박씨와 결혼하였다고 하는데서 명주 토착세력과 연합을 했다고 볼 수 있다.[51] 이같이 일단 先代에 형성된 이 지역의 기반을 바탕으로 김주원은 원성왕에 의하여 정계에서 밀려난 즉시 이곳에 정착하게 되었던 것이다. 명주에 정착한 김주원은 원성왕으로 부터 溟州郡王으로 봉해짐과 동시에 溟

州 · 翼領 · 三陟 · 蔚珍에 이르는 넓은 땅을 食邑으로 받게된다.[52] 이때에 이르러 김주원은 先代로 부터 유지되어온 이 지역의 토착기반과 중앙정부로 부터의 통치권 및 이에 상응하는 경제력까지도 부여받으면서 강력한 세력을 형성할 수 있었던 것으로 보인다. 이같이 김주원대에 확립된 경제력과 통치권은 그들 가문에 의해 9산선문의 하나인 굴산사가 창건되는데 원천이 되고 있다.[53] 崛山門은 강릉을 중심으로 영동지역일대에 세력을 확충하고 있었다. 襄陽을 비롯하여 平昌 · 春川 · 洪川 일대뿐 아니라, 남쪽으로 奉化 · 三陟까지는 물론 아마 蔚珍까지도 그 세력권 속에 들어 있었을 것이다.[54] 이처럼 굴산사의 세력이 미쳤던 범위는 김주원이 식읍으로 받았던 지역과 일치하고 있는 점으로 이들 지역에 위치했던 대다수의 사원은 김주원가계의 경제적 후원하에 창건과 중창이 이루어졌을 가능성이 있다고 하겠다. 나아가 설악산이 속한 양양군 역시 그의 식읍중의 하나였고, 앞에서 고찰한 바와 같이 이 지역에 분포된 석조물은 각 지역의 호족들이 발흥했던 9세기 후반에 건립되고 있다. 따라서 본고에서 주안점으로 삼았던 설악산지구에 분포된 9세기의 사찰 및 석조물은 굴산사와 마찬가지로 金周元家系의 경제적 후원하에 이루어 졌을 것으로 추정한다. 아울러 설악산지구의 석조물에 표현된 일반적인 양식과 이 지역만의 특수양식 또한 이들 家系와 禪僧들의 성향과도 무관하지는 않았을 것으로 생각된다. 김주원의 가계는 중앙에 남아서 왕권에 협조하는 宗基系列, 정면으로 왕위쟁탈전에 참가했다가 몰락하는 憲昌系列, 강릉에 내려가 지방토호가 되는 身系列로 나뉠 수 있다.[55] 결국 김주원의 가계는 親新羅的인 성향을 띠는 부류와 헌창계와 같이 중앙정부에 도전하는 反新羅的인두 계통으로 나뉘어 지고 있음을 알 수 있다. 아울러 중앙정부에서 유리되어 진전사에 은둔할 수 밖에 없었던 道義는 물론 왕의 부름에도 순순히 응하지 않았던 弘覺先師의 경우를 볼 때 지역의 禪僧들은 다분히 반신라적인 성향을 보이고 있음을 알 수 있다. 이같은 김주원계나 선승들의 동향은 이 지역의 문화에서 표출되었던 보편성과 특수성이란 양면성을 이해할 수 있는 바탕을 형성하고 있다고 하겠다. 즉, 설악산지구의 석조물에 표현되었던 9세기의 일반적인 양식이 당시의 전체적인 불교미술의 흐름이었다면, 각 석조물에서의 세부적인 변화와 아울러 부도의 건립과 변형같은 경우는 타 지역과는 연계성을 찾을 수 없는 특수성에 해당한다고 볼 수 있다. 결국 김주원가계와 선승들이 지녔던 정치적 소양이 이같은 문화현상을 초래했을 것으로 추정한다.

52 『新增東國輿地勝覽』권 14, 江陵 人物條.
53 崔炳憲, 「新羅下代 禪宗九山派의 成立」, 『韓國史硏究』 7, 韓國史硏究會, 1972, p.106.
54 金杜珍, 「新羅下代 崛山門의 形成과 그 思想」, 『省谷論叢』, 17, 1986, p.304.
55 金貞淑, 앞 논문, p.179.

Ⅴ. 結論

불교미술사에 있어 9세기는 대부분의 불교 조형물이 경주 중심의 일변도에서 벗어나 전국적으로 건립된 시기였다. 아울러 이들은 무작위로 건립되었다기 보다는 전국에 걸쳐 10개의 지역군을 형성하면서 일정한 밀집도를 형성하고 있다. 때문에 9세기의 전체적인 현상속에서 각 지역의 조형물이 지닌 양식의 연계성과 그 지역 나름대로 표출된 특수성의 규명은 9세기의 조형물이 지닌 성격을 한층 명확히 해 주리라 생각한다.

설악산지구에는 다른 지역과 같이 9세기에 조성되던 대부분의 석조물이 건립되었고, 현재까지도 남아있다. 아울러 수도였던 경주로 부터 가장 멀리 떨어져 있고, 최 북단에 위치하고 있다는 지리적인 여건으로 보아 당시의 문화가 경주를 벗어나 전국적으로 확산되고 있음을 명확히 보여주는 지역이다. 이에 반해 지역적 특성에 의한 새로운 형식의 조형물이 건립되고 있음을 알 수 있었다.

본고에서 밝힌 이 지역의 석조물이 지닌 특성을 요약해 보면 다음과 같다.

첫째, 석조물에 있어 9세기에 유행했던 일반적인 양식과 특수양식이 함께 검출되고 있다. 이중 설악산지구에서만 볼 수 있는 특수양식으로는 석탑에 있어 향성사지석탑의 기단에 표현된 탱주는 신라시대의 석탑에서는 유례를 볼 수 없는 형식이었고, 진전사지삼층석탑에서 보여준 조식의 배치는 석탑이 지닌 내적기능을 충실히 보여주고 있다. 황이리사지 석조비로사나불의 대좌에 표현된 연화문과 중대석의 별석받침은 당대에 그리 성행하지 않았던 양식이었고, 선림원지석등에 표현된 간주석의 형식과 특히 화사석은 국내의 어느 석등에서도 찾아 볼 수 없는 양식이었다.

둘째, 부도에 있어 진전사지부도는 양식적인 면에서 시원양식을 보이고 있을 뿐만 아니라 이 부도의 주인공이 道義禪師임을 밝혔다. 따라서 이 부도는 기종의 진전사지부도에서 도의선사탑으로 그 명칭을 바꾸어야 할 것으로 생각한다. 아울러 홍각선사탑에서는 이미 완성된 팔각원당형의 석조부도에서 중대석 전체를 바꾸어 버린 특수형식이 완성되고 있다.

셋째, 설악산지구의 사찰 및 석조물의 건립은 명주를 근거로 세력을 형성했던 김주원의 가계에 의한 경제적인 지원하에 이루어 졌을 것으로 추정하였다. 아울러 이 지역의 석조물에 표현된 특수양식은 김주원의 가계 및 선승들의 동향이 기존의 틀에서 벗어난 새로운 양식을 창조하는데 사상적 바탕을 형성했던 것으로 추정되었다.

1994년 12월 30일 탈고.
약 10일간에 걸친 작업이었다. 9세기 미술의 심화작업의 첫 논문인데 잘 되었는지 모르겠다.

(1995.04 「9世紀 新羅 地域美術의 研究 Ⅰ : 雪嶽山의 石造 造形物을 中心으로」, 『史學志』 28,
단국대학교 사학회)

삼국시대 석탑과 석불의 조성 방법에 관한 고찰

Ⅰ. 緒言

석탑과 불상은 우리나라에서 조성되었던 여러 유형의 불교조형물 중 양적인 면에서 가장 많은 수를 보이고 있다. 뿐만 아니라 신앙적인 면에 있어서도 양대 조형물은 주요한 위치를 차지하고 있음은 주지의 사실이다. 따라서 우리나라의 불교미술을 논할 때 이들에 대한 관심과 연구성과가 가장 많은 이유 역시 이같은 사실에 기인한 것으로 생각된다.

현재까지 진행된 불교미술에 대한 연구성과를 정리해 볼 때 석탑과 석불에 대한 연구가 가장 많은 비중을 차지해 왔고, 그 결과 또한 전체 연구물 중 절대다수를 점하고 있다해도 과언이 아닐 것이다. 그럼에도 불구하고 아직껏 이들에 대한 조성과정과 방법에 대한 연구는 단 한차례도 진행된 바 없었다. 이같은 이유로는 이에 대한 문헌기록이 전무함과 더불어 본인을 포함한 절대다수의 연구자들이 기존의 현상파악에 치중한 나머지 이 부분에 대한 관심이 기울이지 않았던 것이 가장 큰 원인으로 들 수 있겠다. 한편 본고를 집필하는 과정 내내 어려웠던 점은 관련된 자료의 부족과 더불어 석조미술을 전공하면서도 실제 작업을 진행해 본 경험이 없다는 것이 가장 큰 고통이었다. 어쩌면 그간 축적된 연구성과에 비해 유독 이 부분에 대한 연구가 미진했던 이유는 대부분이 필자와 같은 경우라 생각된다.

이러한 점을 감안할 때 본고는 석탑과 석불의 조성방법에 대한 첫 번째 작업이라 할 수 있겠다. 때문에 논리적이라기 보다는 시종 추론에 그칠 수밖에 없는 한계를 지니고 있다. 그간 축적된 선학들의 연구성과를 바탕으로 다음과 같은 주안점을 지니고 서술하고자 한다.

첫째, 백제시대 석탑의 건립과정과 방법에 대해 고찰한다.

둘째, 백제시대 석불의 조성과정과 방법에 대해 고찰한다.

셋째, 앞의 결과를 바탕으로 예산 화전리사면석불의 相好의 복원문제에 대해 고찰하고자 한다.

II. 석탑의 건립

석탑은 내부에 사리가 봉안되었다는 사실 하나만으로도 佛家에 있어서 신앙의 대상으로 절대적인 가치를 지녔던 신앙의 대상이었다. 따라서 이의 건립에는 단순히 가람배치상의 필수요건으로서 건립되었다고 볼 수 없다. 결국 전체 사찰의 조영계획하에서 하나의 독립적인 개체로서 치밀하고 주도 면밀하게 진행되었을 것으로 생각한다. 본 장에서 고찰하고자 하는 건립과정은 바로 이 부분을 의미하는 것으로, 현재 우리에게는 그 어떠한 자료로 전하는 것이 없다. 따라서 필자가 석탑 건립의 담당자라는 입장에서 어떠한 논의와 과정을 거치며 건립되었는가를 다분히 추상적인 견해에서 서술하고자 한다.

1. 석탑의 건립 계획 수립

탑은 조성재료와 관계없이 사찰의 건립에는 필수불가결의 요소였다. 따라서 사찰의 조영계획 안에는 반드시 탑의 건립이 포함되어 있었을 것은 자명한 일이다. 특히 석탑의 건립이 최초로 시도되었던 백제에 있어서는 많은 문제점과 어려움이 있었을 것으로 예견된다. 즉, 어떠한 규모로 지을 것인가? 어느곳에 위치할 것인가? 단탑으로 할 것인가 쌍탑으로 할 것인가? 석재는 어디서 구할 것인가? 구득한 석재는 어디서 어떻게 다듬을 것인가? 지반의 침하를 막기 위해 어떻게 할까? 층수가 올라갈수록 어떠한 방법으로 조립할 것인가? 전체 조영계획하에서 어떠한 尺을 사용할 것인가? 舍利는 어떻게 구하고, 어디에 봉안할 것인가? 등등 수많은 문제점이 노출되었을 것으로 생각된다.

석탑의 건립에 앞서 먼저 중점을 둔 것은 전체 사찰의 조영계획이었을 것이다. 왜냐하면 석탑이던 목탑이던 가람배치상에서 보면 사찰 전체를 구성하는 한 부분에 불과하기 때문이다. 때문에 어떠한 규모의 사찰을 지을 것인가가 결정된 이후 석탑의 규모 역시 결정되었을 것으로 생각된다. 따라서 사찰의 전체 영역이 결정된 후 대웅전과 탑의 규모가 결정되었을 것이라 생각된다.

이처럼 탑의 규모가 결정 된 후, 탑의 조성재료는 무엇으로 할 것인가를 의논했을 것으로 여겨진다. 그 런데 백제는 7세기 전반기에 미륵사지석탑을 건립하면서 당시 건축술의 정수를 보여주고 있다. 백제인은 과감히 기존의 틀에서 벗어나 탑의 조성재료로 석재를 선택했던 것이다. 결국 이같은 결정은 훗날 중국이나 일본과는 달리 우리나라 문화의 큰 축이 석조문화로 바뀌게 되는 결정적인 계기를 제공한 것으로 생각한다.

백제는 석탑을 건립하기 이전 목탑을 건립했다. 물론 미륵사지 석탑을 조영하기 이전에 목탑을 기록했다는 기록은 볼 수 없다. 다만 군수리사지, 금강사지에서 목탑지의 예가 확인되었고, 일본 초기 사원의 창립을 위하여 寺工이나 瓦博士 등이 건너간 역사적 사실과[1] 신라 황룡사 9층목탑의 건립에 백제의 아비지가 초빙되었고, 미륵사지의 中院에 목탑이 있었음을 볼 때[2] 미륵사지석탑 건립 이전에 목탑이 건립되고 있음은 분명한 사실이라 하겠다. 따라서 석탑을 건립함에 있어 기본적인 착상과 여러 가지 방법론을 제시한 것은 목탑이라 할 수 있다. 결국 석탑을 건립하기에 앞서 백제가 선택할 수 있었던 최선의 방법은 목조건물 내지는 목탑의 재현에 중점을 두었음은 당연한 결과라 생각된다.

석탑은 어떻게 보면 단순히 돌을 다듬어 쌓아 올린 구조물에 불과하다. 그러나 석탑에 내재되어 있는 조형미와 균형, 감각, 세밀함 등을 볼 때 사찰의 조영계획과 더불어 설계도면이 작성되었을 것으로 생각된다. 그렇지 않고서는 오늘날 우리가 보는 석탑에서 얻는 아름다움과 완벽한 조화로운 미적 감각을 느낄 수 없다고 생각하기 때문이다. 따라서 석탑의 규모가 결정되면, 바로 이를 위한 설계도면이 어떠한 경우에 있어서도 작성되었다고 생각된다. 신라석탑의 경우에 있어서는 더욱 이같은 사실을 느낄 수 있다. 즉 정형기에 건립된 석탑은 어느 것을 보아도 불국사삼층석탑과의 친연성을 배제할 수 없고, 9세기에 건립된 석탑 역시 경주와 다른 지역에 있는 석탑에서 양식적 동질성을 찾을 수 있기 때문이다. 백제석탑의 경우는 목탑의 충실한 재현에 중점을 두었던 까닭에 더욱 그러했을 것으로 여겨진다. 왜냐하면 석재의 단일화가 이룩된 신라석탑과는 달리 수많은 부재로 조립되는 석탑의 특성상 단순히 어림짐작으로 건립했다고 생각할 수 없다. 여기에는 보다 치밀하고 정제된 설계도면이 요구되었을 것으로 생각된다. 미륵사지 석탑과 정림사지오층석탑을 구성하고 있는 수많은 석재가 한치의 어긋남도 없이 정밀하게 조립되어 있는 것이 바로 이를 반증하고 있다.

석탑의 전체적인 면과 각 부의 구성에는 사찰의 조영에서와 같이 오늘날 미터법과 같은 尺이

---

1 鄭永鎬, 「百濟의 佛教美術」, 『百濟彫刻 · 工藝圖錄』, 百濟文化開發研究院, 1992, p.343.
2 文化財管理局 文化財研究所, 『彌勒寺』, 1989, pp.82-84.

균일하게 적용되었을 것으로 생각된다. 특히 정밀한 설계도면의 작성과 석재 하나하나를 정밀히 다듬기 위해서 통일된 尺度의 통일은 반드시 이루어졌을 것으로 생각된다. 이같은 사실은 미륵사지석탑에서 東魏尺(高麗尺)이 사용되었음이 밝혀진 바 있어[3] 사찰의 조영은 물론 석탑의 건립에 있어서도 기준척을 적용하여 건립했음을 알 수 있다.

백제인은 나무를 다듬어 목조건축의 부재를 마련했듯이 석재를 일일이 가공하여 석탑을 조성하기 위한 준비를 했던 것으로 여겨진다. 이 때 석재의 가공은 석탑이 위치할 장소에서 그리 멀지는 않았을 것으로 생각된다. 이 역시 각각의 부재를 별개로 다듬어 조립한 백제 석탑의 양식으로 보아 수많은 양의 석재를 건립 예정지와 먼 곳에서 다듬어 다시 옮긴다는 것은 다분히 비효율적인 일이라 여겨지기 때문이다.

2. 석재의 채취 및 운반

목탑을 만들던 시절, 造塔工은 좋은 목재를 구하는 것이 탑을 건립하기 직전에 수행해야할 중요한 과제였을 것이다. 그러나 석탑으로 조성재료가 바뀐 이후 조탑공에게 있어 일차적인 목표는 양질의 화강암을 찾고 채취한 것으로 바뀌었다. 그러나 우리나라는 양질의 화강암이 도처에 산재된 천혜의 자연조건을 지니고 있어 재료의 취득은 그리 어려운 문제가 아니었을 것으로 생각된다. 미륵사지의 경우도 사용된 석재가 황등석으로 밝혀진 점을 볼 때 굳이 먼 곳으로 가지 않고 인근에서 바로 석재를 채취했을 것으로 생각된다.

석재는 巖塊에서 자연적으로 분리된 것도 있겠지만, 양질의 화강암을 확보하거나, 크기를 고려해 일부러 암반에서 잘라낸 경우도 허다했을 것으로 예상된다. 인위적으로 채취했을 경우에는 석재의 상면에 구멍을 판 후 쐐기목을 박고 물을 부어 절단하는 방법을 사용했을 것으로 생각된다. 자연적이건 인위적으로 잘라냈던 선정된 석재는 일정한 장소로 옮겨 용도에 맞게 가공하는 과정을 거치게 되었다. 이때 석재의 운반수단으로는 말이나 소 또는 인력을 활용했을 것으로 생각되는데, 석재가 거대한 경우는 하부에 통나무 등을 받쳐 끌었을 것으로 추정된다. 따라서 석재를 옮기기 위한 작업도로의 확보 역시 중요한 문제였을 것으로 판단된다. 뿐만 아니라 이에 사용된 도구 역시 오늘날과는 달리 눈줄, 정, 망치, 끌 등 정도에 불과했을 것으로 생각된다.

---

3 文化財管理局,『彌勒寺址東塔復元設計報告書』, 1990, p.71.

3. 석재의 조립-석탑의 건립

가공된 많은 부재는 일일이 용도에 따라 분리되어 일정한 장소에 쌓아 놓았을 것이다. 이후 석재를 조립하기에 앞서 지반을 다지기 위해 판축법이 사용되었을 것으로 보인다. 이는 미륵사 지석탑[4]과 정림사지오층석탑[5]의 기단 하부조사에서 밝혀진 바 있어 보편적으로 사용되었을 것으로 보인다. 뿐만 아니라 같은 사지에서 조사된 건물지에서도 확인되고 있는 점으로 보아 당시 건조물의 건립에는 반드시 하부를 다지기 위해 판축법이 사용되있던 것으로 보인다. 따라서 석탑의 건립에 앞서 지반을 다지기 위한 판축법은 당연히 시공되었을 것으로 보인다. 이와 더불어 땅속에 있을 惡氣를 진압하고자 地鎭具를 납입하고 이에 따른 地鎭祭가 행해졌을 것으로 생각된다.[6]

이처럼 판축법에 의한 지반다짐 공사와 地鎭祭가 진행된 후 본격적으로 석탑의 건립은 시작된다.

석탑의 건립에 있어 가장 먼저 지대석을 놓은 후 기단을 구축하고, 이어 차례로 탑신부를 구성하게 된다. 그런데 기단부는 백제 석탑의 경우 낮은 단층기단을 유지하고 있어 이 부분에 있어 석재의 조립에 큰 어려움이 없었을 것으로 예견된다. 그러나 탑신부로 올라가면 사람의 키를 넘게되고, 이어 석재의 조립에 큰 어려움이 닥치게 된다. 따라서 석탑이 건립되던 7세기 전반경 어떠한 방법으로 상부의 석재를 조립했을까? 인간이 지닌 보편적인 문화발전 단계 및 그간 축적되었을 목조건축의 기술을 볼 때 다음과 같은 방법을 설정할 수 있다.

첫째, 흙을 경사지게 쌓아 완만한 경사면을 형성한 후 석재를 끌어 올려 조립하는 방법이다.

이는 청동기시대이래 지석묘의 축조시부터 사용되었던 전통적인 방법으로 계속 흙을 쌓아 결국에는 土築部의 높이가 석탑과 동일하게 이루어지게 되는 방법이다. 완성된 후의 모습은 석탑의 상면으로부터 완만한 경사를 이루며 토축부가 형성된 모습을 상상할 수 있다. 이같은 구조물을 통해 석재를 상면으로 옮기며 작업을 했을 것으로 추정된다. 이후 석재의 조립이 완료

----

4 미륵사지 동탑지의 경우 탑이 세워질 일정범위를 점토 및 마사토로 단진 후 지반조성을 위해 되파기로 다시 기단 보다 70-80cm의 외부에서 기단부 안쪽으로 경사지게 掘土하고 이어서 5단의 할석층을 차례로 황갈색 점토와 마사토로 다져가며 1m 높이로 조성하였다. 그리고 지반석이 놓여질 자리를 마련한 다음 다시 황갈색점토와 碎石으로 두께 30cm 정도로 다지고 지반석을 올려놓았다. 文化財管理局 文化財研究所, 앞 책, pp.87-88.

5 정림사지5층석탑의 경우는 하부에서 크게 3개의 판축층이 확인되었다. 가장 상면의 층은 두께 30cm 정도로 굵은 황색사질토로 구성되었다. 2층은 80cm의 두께로 적갈색과 황갈색의 점질토를 혼용해서 구축하였다. 3층은 준판축층으로 70cm정도로 표토하 1, 8m 까지 형성되어 있는데, 판축에 준한 築土法으로 보고 있다. 忠南大學校博物館, 『定林寺』, 1981, pp.15-16.

6 姜友邦, 「佛舍利莊嚴論」, 『佛舍利莊嚴』, 國立中央博物館, 1991, p.168.

된 후 토축부를 허물어 석탑의 잔재만을 남기는 방법이다. 백제석탑의 경우는 각각의 부재로 조립된 까닭에 여러 차례의 토축부를 구성하는 공사는 없었겠지만, 단일 부재로 조립했던 신라 석탑에서는 주로 사용되었던 방법이었을 것으로 추정된다. 이밖에 석탑의 주변에 나선형으로 土築을 형성해, 이를 통해 석재를 운반해 건축했을 가능성도 있다.

둘째, 매층 비계목을 매어 층계를 만들며 상부로 올라가는 방법이다.

이는 오늘날에도 사용되는 전통적인 수법으로 앞서 언급한 바와 같이 이미 목탑의 건립이 활발했음을 볼 때 사용되었을 가능성이 높은 방법이다. 더욱이 백제석탑은 목탑과 같이 수많은 부재로 조립되었음을 볼 때, 석탑의 건립에 사용되는 부재는 충분히 인력으로 옮길 수 있었을 것으로 판단된다. 뿐만 아니라 백제시대의 石城에서도 높은 성벽을 구축하기 위해 기둥을 놓았던 柱孔이 확인되고 있는 점으로 미루어 이는 구조물을 구축하기 위해 보편적으로 사용되었던 방법이었음을 알 수 있다.[7]

셋째, 오늘날과 같이 체인불럭을 사용해 석재를 조립하는 방법이다. 사용되는 장비는 오늘날보다 낙후되었겠지만 도르레의 원리를 이용하면 쉽게 활용했을 것으로 생각된다. 그런데 현존하는 미륵사지석탑은 동탑의 추정 복원 높이가 31m[8], 정림사지오층석탑의 높이가 8.33m[9]인 점과 모두 149개의 부재로 조립되어 있음을 볼 때[10]을 생각해 보면 그리 가능성은 높지 않았을 것으로 생각된다.

결국 석탑의 건립에 따른 석재의 조립은 예시한 3가지의 방법 중 첫째와 둘째의 방법이 사용되었을 가능성이 가장 높았을 것으로 생각된다. 이 중에서도 백제석탑이 지닌 여러 측면을 고려해 볼 때 비계목을 매어 계단을 만들어 직접 부재를 지고 올라가 조립했던 것이 가장 타당할 것으로 생각된다.

석재를 조립하는 방법에 있어서는 대부분 다듬은 석재를 정교하게 짜 맞추었지만, 미륵사지석탑의 경우 일부에서 H자형 은장과 鐵塊를 비롯해 T자형 홈이 확인되는 점으로[11] 미루어 석탑의 축조시 인장력이 부족한 부분에는 다른 보강물을 사용했던 것으로 생각된다.

이상과 같은 과정을 거쳐 일정한 층수에 도달했을 때 사리를 봉안한다. 정림사오층석탑의 경

---

7 國立扶餘文化財研究所, 『扶蘇山城 發掘調査 中間報告 II』, 1997. 및 단국대학교 매장문화재연구소에서 발굴조사한 경기도 이천시 사음동 소재 설봉산성에서도 영정주공이 확인된 바 있다. 『이천 설봉산성 1차발굴조사보고서』, 1999 및 『이천 설봉산성 2차발굴조사 지도위원회의자료』, 1999.

8 주 3의 책.

9 忠南大學校博物館, 앞 책, p.15.

10 洪思俊, 「扶餘 定林寺址五層石塔-實測에서 나타난 事實」, 『考古美術』47 · 48合輯, 考古美術同人會, 1964.

11 주 6의 책, p.81.

우에 있어서는 4층에서 사리공이 확인된 바 있다.[12] 이어 마지막 층까지 도달하면 상륜부를 구성한다. 상륜부는 노반과 마지막 층의 옥개석을 관통하는 구멍에 철제 찰주를 꽂고, 이에 소속된 부재를 순차적으로 조립함으로써 석탑은 완공을 보게되는 것이다.

이제 석탑의 건립에 있어 마지막으로 남은 문제는 석탑의 건립에 소요되는 시간에 관한 것이다. 백제시대에 건립된 미륵사지나 정림사지석탑은 소요된 기간에 대한 자료가 전무해 이를 파악할 수 없다. 그런데 신라의 경우는 사찰의 건립에 소요되는 시간을 유추할 수 있는 단서가 있어 이를 기반으로 백제시대에 사원과 석탑건립에 따른 소요기간에 관한 문제를 논의하고자 한다.

규모면에 있어 백제의 미륵사와 견주어 볼만한 사찰은 신라의 황룡사. 그런데 황룡사의 경우 553년에 공사가 시작되어 566년에 준공됨을 볼 때[13] 결국 미륵사 역시 비슷한 공사기간이 소요되었을 것으로 추정된다. 따라서 사찰의 건립에 소요되는 시간은 10년이 넘는 장기간에 걸친 역사였음을 알 수 있는데, 이는 통일직후에 건립되는 사찰에서도 시간상 일치함을 볼 수 있다.

신라가 통일직후에 건립한 감은사는 『三國遺事』에 682년에 완공되었다고 기록된 점을 볼 때, 이 절은 대략 675년을 전후한 시기에 건립되기 시작한 것으로 추정된다. 왜냐하면 "文武王 欲鎭倭兵 故始創此寺 未畢而崩 爲海龍 其子神文王立 開耀二年畢"[14]의 기사를 볼 때 감은사는 고구려나 백제는 물론 唐을 염두에 둔 것이 아니라 오로지 倭를 진압하고자 하는데 그 근본 목적이 있음을 알 수 있다. 결국 감은사가 창건되는 시점은 唐軍을 축출한 買肖城 전투의 승리 이후에야 가능한 것으로 판단된다.[15] 따라서 감은사의 건립에는 약 8년의 시간이 소요되었을 것으로 추정된다. 그리고 望德寺가 671년에 건립되기 시작하여 685년에 완공되었고[16], 사천왕사 역시 669년에 건립되기 시작하여 679년에 완공되고 있다.[17] 결국 망덕사와 사천왕사의 완공에 소요되는 기간은 각각 15년과 11년이었음을 알 수 있다. 이처럼 사찰의 건립기간을 유추해 볼 수 있는 황룡사 감은사 · 사천왕사 · 망덕사의 예에서 보듯이 당시 사찰의 건립에 소요되는 시간은 앞서와 같이 대략 10년을 前 · 後한 시간을 요했던 것으로 추정된다. 이같은 사실을 백제

---

12 洪思俊, 앞 논문.
13 『三國史記』卷 4, 眞興王 14年 및 27年條.
14 『三國遺事』, 권 2, 「萬波息笛」條.
15 『三國史記』, 新羅本紀 第 7, 文武王 15年條.
16 『三國遺事』권 2, 「文虎王法敏」조 및 『三國史記』권 8, 「神文王」 5년조.
17 필자가 사천왕사의 창건을 669년으로 보는 이유는 『삼국유사』에 문무왕이 당군과 연합하여 고구려를 멸망시킨 다음해인 669년에 김인문에 대한 당 고종의 문책과 이에 대한 신라의 대응책으로서 건립된 사찰로 기록되어있기 때문이다. 『三國遺事』권 2, 「文虎王法敏」條 및 『三國史記』, 권 7, 「文武王」 19년條.

에 대입해 볼 때 미륵사의 건립은 신라에서와 같이 10년이 넘은 시간이 소요되었을 것으로 추정된다. 그런데 이들 신라 사찰에는 모두 목탑이 있다는 공통점을 지니고 있고, 미륵사에는 목탑과 석탑이 있었다. 따라서 10여년에 걸친 공사에서 목탑의 건립이 차지하는 시간을 유추함으로써 대략이나마 석탑 건립에 소요되는 시간을 산출할 수 있다고 생각한다. 앞의 사찰중 목탑 건립의 기간이 명쾌하게 기술된 것은 황룡사9층목탑이다. 황룡사9층목탑은 643년(선덕여왕 12)에 시작되어 645년에 완공된 점을 보아[18] 3년이 소요되었음을 알 수 있다. 물론 이 목탑이 지닌 규모가 높이 22척이었음을 볼 때 다른 탑은 이 보다 시간이 덜 걸렸을 것으로 보이지만, 사찰조영의 전체적인 측면에서 볼 때 대략 비슷한 시간이 소요되었을 것으로 추정된다. 따라서 미륵사지석탑의 경우 목탑에서 최초로 시도한 석탑으로의 전환이고, 높이가 9층인점으로 미루어 황룡사에서와 같이 약 3년 정도의 시간이 소요되었을 것으로 추정된다.

4. 석탑의 준공

앞서 살펴보았듯이 석탑의 건립은 많은 시간과 노력이 수반되는 佛事였다. 뿐만 아니라 금당과 더불어 사찰의 중심 축선에 위치하였고, 봉안된 사리로 인해 불교도에 있어 중요한 신앙의 대상으로 자리 매김을 하게 되었다. 때문에 석탑의 완공은 사찰측에서 볼 때 무척 기뻐하고 축하할 경사중의 하나였다. 물론 석탑이 준공되는 시점은 전체 공사와 동시에 또는 이보다 먼저 이룩되었을 여러 가지 경우가 발생하겠지만, 어떠한 경우에서든지 탑돌이를 비롯한 상당한 규모의 의식이 행해졌을 것으로 생각된다.

Ⅲ. 석불의 조성

우리나라는 불교 전래와 더불어 불상이 유입되었고, 이로 인해 일찍부터 불상이 되었을 것으로 생각된다. 석불이 조성되기 이전에는 주로 소형의 금동불이 중심을 이루었지만, 7세기 전반기에는 백제 신라에 의해 석탑의 건립과 더불어 석불의 조성도 활발해진 것으로 보인다. 석불의 조성은 석탑과 마찬가지로 백제가 신라에 앞섰을 것으로 생각된다. 이는 예산 화전리사면석불이 6세기 중반경의 작품으로 추정됨에 따라[19]신라의 경우에는 대체로 7세기 전반기에 조성

---

18 『三國遺事』, 塔像 第4, 黃龍寺九層塔.
19 朴永福·趙由典, 「禮山 百濟四面石佛의 考察」, 『尹武炳博士回甲紀念論叢』, 1984, p.341. 및 文明大, 「百濟

된 예만 남기고 있기 때문이다. 이처럼 일찍부터 석재로의 전환에 눈을 돌린 백제가 석탑에 있어서 미륵사지석탑을 조성한 것은 당연한 결과라 생각된다.

이처럼 백제에서 시도되기 시작한 석불의 조성은 불교문화의 한 패턴으로 정착되었다. 이같은 사실은 목탑에서 석탑으로의 전환 못지 않은 중대한 변화로, 삼국시대에 있어 불상이 等身大로 조성될 수 있는 바탕을 마련하게 되었다.

석불의 조성 역시 석탑에 못지 않게 어려운 일이었을 것이다. 그간 금동이나 청동제 불상을 만들던 조각공은 이제부터는 석재로도 불상을 조성해야할 입장이 되었다. 이는 삼국시대라는 특징적인 역사적 현상이 빚어낸 필연적인 귀결이었다고 생각된다. 즉, 그간 조성된 불상은 소형이기 때문에 언제나 위치이동이 가능했고, 조성 재료상 잦은 병란과 화재에 취약하다는 문제점을 지니고 있었다. 결국 종교적으로 볼 때 神聖性이 떨어진다는 중대한 결함을 지니고 있었다. 그러나 석불의 등장은 이같은 문제점을 일거에 해소시키는 쾌거였다. 현존하는 불상의 절대다수가 석불이 차지하고 있다는 점은 바로 이를 반증하고 있다.

때문에 석불은 석탑과 더불어 우리나라 불교문화를 대표할 수 있는 조형물로 자리 매김을 하게되었다. 그러나 이의 조성에는 석탑에서와 같이 많은 문제점이 노정되었을 것이고, 바로 이를 해결하는 과정이 우리나라 조각사의 발전상이라 해도 과언은 아니라 생각된다.

1. 사찰과 석불의 조성계획 수립

불상은 법당내에 봉안된 조형물이다. 한편으로는 佛家의 교주인 석가모니의 모습을 人體化시켜 신앙의 대상으로 삼은 까닭에 조성에 있어 當代人의 모든 것을 바쳐 조성했던 신앙의 결정체요, 예술품이다. 때문에 불상의 조성은 사찰의 조영계획하에서 석탑의 건립 못지 않게 중요한 문제로 여겨졌을 것이다. 특히 불상의 크기는 바로 법당의 규모와 직결되고, 이는 전체 사찰의 조영에 영향을 미치게되는 점을 볼 때 여러 가지 면에서 신중히 대처했을 것으로 생각된다. 불상의 조성에는 세부적인 면에 앞서 다음의 5가지 측면이 가장 먼저 고려되었을 것으로 예견된다.

첫째, 불상의 조상에 있어 가장 먼저 대두된 문제는 尊名이었을 것이다.

사실 어떠한 尊名의 불상을 봉안하는가는 바로 사찰의 성격을 표방하는 가장 중요한 일이다. 때문에 이 문제는 사찰의 조영계획에 앞서 결정지어졌을 것으로 생각된다.

둘째, 불상의 규모와 자세이다.

四方佛의 기원과 禮山 石柱四方佛像의 研究」, 『韓國佛教美術史論』, 民族社, 1987, p.71.

이 문제는 바로 법당의 크기와 직결되고, 나아가 전체사찰의 규모와 밀접한 연관을 지니게 되기 때문이다. 따라서 사찰의 전체 조영계획 하에서 보면 尊名과 더불어 가장 핵심적인 문제였을 것으로 생각된다. 대부분의 석불이 좌상의 형태를 보이고 있는 것 또한 법당의 규모와 맞물리며 고려된 결과라 하겠다.

셋째, 어떠한 재료로 불상을 조성할 것인가 하는 문제였을 것이다.

그간 연구성과를 볼 때 석불이 조성되기 이전에는 대체로 금동불이 주종을 이루고 있었고, 크기 또한 소형이었다. 그러나 석재로의 전환이이라는 큰 명제가 선결된 이상 이제 불상의 조성에 있어 조각공의 입장에서 보면 선택의 폭이 그만큼 넓어졌음을 의미한다. 따라서 삼국시대의 역사적인 상황을 고려해 볼 때 훼손과 도난 및 분실의 위험이 적어 영구적인 석불의 제작이 활기를 띠었을 것으로 생각된다. 이같은 상황은 다음 세대로 이어져 현존하는 불상중 석불이 차지하는 비중이 가장 높은 주된 이유로 작용했다.

넷째, 불상을 직접 조성할 담당 주체 즉, 조각공의 선발이다.

과거에도 그랬듯이 불상의 조성은 인간의 身體를 빌려 佛家의 교주를 형상화하는 작업이다. 때문에 불상의 조성 담당자는 많은 조각공중에서 신앙심과 예술적 능력이 겸비된 사람을 선발했을 것으로 짐작되는데, 우리나라에서는 이를 파악할 수 있는 단서가 없다. 다만, 『三國遺事』에 기록된 良志스님에 관한 의 기록을 보아[20] 대체로 승려계층이나 佛心이 두터운 조각가중에서 선발되었을 가능성이 높다고 생각한다. 특히 相好의 표현에 있어서는 바로 그 지역 사람의 얼굴이 소재가 되는 까닭에 더욱 신중을 기했을 것으로 생각는데, 백제불상에 있어서 그 특유의 미소를 구현하는데 있어서는 가히 상상을 초월하는 기량과 숙달된 솜씨가 요구되었을 것으로 생각된다.

다섯째, 이상형의 자태를 갖춘 모델의 선정과 이에 따른 각 부의 정밀 스케치(도면)의 작성이다.

앞서도 언급한 바와 같이 불상은 인간의 형상으로 佛家의 教主인 석가모니를 구현한 실질적인 신앙의 대상이다. 때문에 조성에 앞서 가장 먼저 고려해야 할 문제는 인체의 미적인 면에서 완벽한 理想的인 아름다움을 표현해야 한다는 절대명제를 지니고 있다. 따라서 불상의 모습을 구현하는데 있어 건강하고, 아름답고, 당당하다는 등 神의 형상으로써 조금도 손색이 없는 자를 모델로 선정했을 것으로 생각된다. 뿐만 아니라 신라와 고구려의 불상을 참고함은 물론 중국과도 직·간접적인 교류를 통하여 실물내지는 스케치한 도면이 유입되었을 것으로 생각된

---

20 『三國遺事』券 4 良志 使錫條.

다. 아울러 불상을 조각할 조각공 자신이 실제 見聞을 넓히기 위해 고구려·신라는 물론 중국까지도 실제 견문을 넓히기 위해 답사했을 가능성도 배제할 수 없다.

이같은 과정을 통해 전체적인 도면은 물론 머리, 상호는 물론 신체부의 손가락과 발가락에 이르기까지 정밀한 도면이 작성되었고, 이를 통해 실제 작업에 임했을 것으로 생각된다.

2. 석재의 채취

석불을 조성하기 위한 석재의 채취 방법은 앞서 언급한 석탑에서와 동일했을 것으로 생각된다. 다만 현존하는 대부분의 석불이 백색계통의 화강암으로 조성되었음을 볼 때 석탑과는 달리 석재의 색감에도 신경을 썼을 것으로 생각된다. 이는 순백을 선호했던 민족성과 더불어 신앙의 대상이라는 점이 충분히 고려된 결과라 생각된다. 즉, 백색이 주는 순결함과 밝음 그리고 맑음이 불상의 조성재료로서 선호하게 했던 주원인이라 생각된다.

3. 석불의 조성

채취한 순백의 화강암은 작업장소로 옮겨지는데, 일단 법당과 가장 가까운 장소였을 것으로 생각된다. 이는 석불의 제작에 특별한 기구의 사용이 필요하지 않고, 간단한 도구만으로써 가능하다는 잇점 때문에 더욱 그러했을 것으로 생각된다. 오늘날 법당을 지을때도 건립예정지 인근에 작업장을 차리는 것을 보아도 충분히 납득할 수 있다고 생각한다.

석재는 일단 면을 고르게 다듬은 후 준비된 도면에 따라 밑그림을 그렸을 것이다. 밑그림은 석불이 전·후·좌·후면이 표현되는 점으로 보아 4면에 모두 그렸을 것으로 생각되는데, 각부는 매우 정교하고 치밀하게 그렸을 것으로 생각된다. 이 과정에 있어 특히 중점을 두었던 점은 八等身의 身體觀과 더불어 相好의 표현이었을 것으로 짐작된다. 왜냐하면 인간도 첫인상을 중시하는 만큼 처음 神과의 대면에서 가장 먼저 바라볼 부분이 바로 상호이기 때문이다. 때문에 상호는 넉넉하고, 후덕하고, 맑고, 자비로운 형상을 취하게 될 수밖에 없다. 마치 다정한 어머니, 누이의 얼굴, 갓난아이의 천진난만함, 마음씨 좋은 할아버지와 같은 느낌을 주기 위해 이에 온갖 정성을 다했다. 오늘날 우리가 어느 시대 불상의 상호를 바라보던 포근하고 넉넉함과 여유를 지니게 되는 결정적인 원인이 바로 이같은 발상에서 비롯되었다고 볼 수 있다.

밑그림을 완성한 후 실제 조각을 하는 단계에 이르게된다. 조각을 하는 순서는 작가마다 모두 달랐겠지만, 대체로 밑그림에 맞춰 석재를 절단하여 전체적인 윤곽을 조성한 후 머리부분부터 정교한 조각이 가해졌을 것으로 추정된다. 왜냐하면 머리부분의 크기에 맞춰 신체부의 크기가 결정되었을 것이라 짐작되기 때문이다. 머리가 완성된 후 목, 어깨, 가슴 그리고 법의의 표현, 양 팔과 수인, 다리에 이르기까지의 전체적인 모습이 완성되었으리라 생각된다. 이어 대좌와 광배를 조성하게 되는데, 대부분의 석불이 신체부, 대좌, 광배가 각각 조성된 점을 고려할 때 이는 불상의 조성계획시 미리 그 내용과 방법이 구상되었을 것으로 생각된다.

4. 석불의 봉안

석불이 완성된 후 법당내에 봉안되는데, 이 과정에서 먼저 선행되었을 것은 지반을 다지는 시설물 공사였을 것으로 생각된다. 이는 법당의 공사와 연관되는 문제이기도 하겠지만, 석재가 내리 누르는 상당한 하중을 견디기 위해 지반침하를 방지하기 위한 공사는 필연적이었을 것으로 생각된다. 그러므로 불상이 봉안될 위치에는 법당의 공사시 석탑에서와 같이 판축법 또는 강회다짐을 사용해 지반을 다지는 공사가 선행되었을 것이다.

법당의 외곽에서 조성된 석불과 관련부재는 내부로 옮겨 자리를 잡게되는데, 이 과정에서 어떠한 방법으로 옮겼을까 하는 것이 문제이다. 그런데 대좌나 광배는 이동하는데 별 문제가 없었을 것으로 생각된다. 왜냐하면 대좌는 하대석·중대석·상대석의 3부분으로 구성되어 있어 몇 명이 힘을 합치면 충분히 들 수 있는 무게이고, 광배 또한 그러하다 생각되기 때문이다. 따라서 이동에 있어 문제가 되는 것은 석불 그 자체였을 것으로 생각된다. 완성된 석불은 광목과 같은 하얀 천으로 잘 포장한 후 체인블럭과 같은 기구를 사용하여 들어올려 수레와 같은 기구를 이용해 법당 가까이 옮겼을 것으로 생각된다. 이후 법당 전면의 석축에 이르러서는 흙을 경사지게 깔아 끌어올린 후 여러 차례의 체인블록을 이용한 작업을 통해 봉안될 위치에 이르게 되었을 것으로 생각된다. 석불의 봉안은 지대석 위에 대좌를 구축한 후, 석불을 들어 올려 자리를 잡고, 이어 뒷면에 광배를 놓음으로써 완성되었다.

이같은 과정을 거쳐 석불은 완공되어 법당 내에 옮겨졌지만, 아닌 神格化되지 않은 상태이다. 아직까지는 한낱 예술품에 불과한 존재일 뿐이다. 따라서 불상으로서의 기능을 구비하기 위한 法會는 필수적일 것으로 생각된다. 불상을 감싸고 있던 포장물이 벗겨지고, 點眼儀式이 행해짐으로써 이제 석불은 단순한 예술품의 수준에서 탈피하여 神으로서의 위치를 점하게 되었던 것이다.

IV. 結論

그간 축적되어온 석탑과 석불에 대한 연구성과를 볼 때 이를 조성했던 방법에 대한 기술사적인 입장에서의 연구는 전무했다. 어쩌면 하지 못했다는 표현이 옳을지도 모른다. 이는 선학들에 비해 필자를 위시한 후학들의 무지와 게으름의 소치라 여겨진다.

본고에서는 백제시대에 건립되었던 석탑과 석불에 대한 조성밥법과 과정에 대해 고찰해 보았고, 예산 화전리사면석불의 상호의 복원 문제를 살펴보았다. 석탑의 건립은 사찰의 조영가운데 석재의 채취로부터 운반, 조립, 의식에 걸쳐 치밀하고 주도면밀한 계획하에서 이루어졌음을 알 수 있었다. 더욱이 석탑을 최초로 건립했던 백제에서는 그간 축적된 목조건축 기술을 한껏 발휘해 어느 나라에서도 생각하지 못한 役事를 이루었다. 뿐만 아니라 석불에 있어서도 기왕에 금동불을 조성하던 기법을 바탕으로 그들 나름대로의 양식과 특성을 발휘하면서 조성하였다. 특히 백제의 조각공들은 神의 모습을 人體化한다는 부담감을 떨치고, 理想的인 美感를 발휘해 그들 나름대로의 양식으로 발전·정착시켰다. 이같은 석탑과 석불의 조성은 우리나라의 불교문화는 석조미술이라는 새로운 장르를 형성하게 되었다.

相好가 모두 결실된 예산 화전리사면석불은 선학들의 연구성과를 바탕으로 南朝佛像과 연관하에서 조성되었을 것으로 추정했다. 그러나 이 석불의 相好復元은 그리 간단한 문제가 아니라 생각된다. 현존하는 많은 수의 백제 금동불을 비롯해 석불의 相好에서 공통성을 찾을 수 있을지언정, 모두 똑같은 모습이 아니기 때문이다. 필자가 추정한 相好의 모습 역시 말 그대로 추상적인 것에 불과하다. 결국 이 문제는 좀더 깊은 연구와 컴퓨터그래픽 등의 기법을 이용해 여러 차례의 검증을 거친 후에 결정하는 것이 바람직한 것으로 판단된다.

본고를 작성하면서 줄 곳 아직 학문과 경험이 풍부하지 못한 필자가 이 부분에 대해 소견을 피력한다는 것 자체가 어쩌면 중대한 모험이요, 한편으로는 그간 선학들이 이룩해 놓은 업적에 누를 끼치는 것이 아닌가 하는 자책감을 버릴 수 없었다. 한편, 전체적인 내용에서도 논리적이고 확실한 체계를 성립했다기 보다는 시종 추론에 그칠 수밖에 없었다. 많은 가르침을 바란다.

(1999.12 「三國時代 石塔과 石佛의 造成方法에 관한 考察」, 『史學志』 32, 단국대학교 사학회)

이천 설봉산성 발굴조사의 성과와 의의

Ⅰ. 머리말

경기도 이천시 사음동 산 24번지 설봉산성은 그간 단국대학교 중앙박물관 및 매장문화재연구소에 의해 지표조사와 3차례에 걸쳐 발굴조사가 진행된 바 있다. 이 산성은 조사결과 4세기 후반 경 백제의 의해 축조된 이래 신라의 북진과 통일전쟁 그리고 고려 및 조선시대에 이르기까지 폭 넓은 시기를 아우르며 활용된 산성임이 파악되었다. 이 글에서는 그간 진행되었던 산성의 발굴조사 성과를 간략히 소개하고자 한다.

Ⅱ. 산성의 현황

설봉산성은 설봉산 정상에서 북동쪽으로 약 700m 떨어진 해발 325m의 봉우리 7부 능선을 중심으로 축조된 퇴뫼식 산성이다. 성벽은 해발 322m~246m 사이의 능선을 따라서 축조되었다. 성벽의 전체 둘레는 1,079m이고 남·북 길이가 380m, 동·서 길이가 226m인 장방형의 형태를 이루고 있다. 전체 고도는 남·서가 높고 북·동이 낮은 형상을 보이고 있다. 성내에서는 문지 1개소, 추정건물지 6개소, 장대지 1개소, 치성 4개소, 우물지 1개소, 수구지 1개소가 확인되었다. 그리고 설봉산의 정상부를 중심으로 2개의 부성이 축조되어 있다. 부성 1은 설봉산 정상부를 둘러싼 테뫼식 산성이다. 전체둘레는 532m이고 동서벽이 긴 장방형의 산성이다. 이곳에서는 문지 1개소, 건물지 5개소, 치성 2개소 등이 조사되었다. 부성 2는 부성 1의 북쪽으로 약 200m 지점에 위치한 작은 봉우리의 8~9부 능선을 둘러싼 테뫼식산성이다. 전체둘레는 312m로 평면은 방형에 가깝다. 성내에서는 건물지 2개소, 치성 1개소, 추정 저수조 1개소 등이 확인되었다.

Ⅲ. 조사내용

설봉산성에서 확인된 유구는 백제시대, 신라시대, 통일신라시대, 고려 및 조선시대로 구분할 수 있는데, 이를 정리해 보면 다음과 같다.

1. 백제시대

1) 배수구

배수시설은 지표로부터 약 7m 내려간 성벽의 최하층에서 확인되었다. 전체 길이는 5.2m로 입수 및 출수구가 시설되어 있다. 입수구는 폭 60㎝, 높이 40㎝로, 전면에는 회갈색 뻘층이 확인되어 저수시설이 있었던 것으로 추정된다. 삼족기를 비롯한 많은 양의 백제토기류가 수습되어 이 산성이 백제시대에 초축되었음을 분명히 알려주고 있다. 바닥은 원래 10매의 돌을 놓았던 것으로 보이나 현재 7매만이 남아있다. 출수구의 폭은 48㎝, 높이 35㎝로, 뚜껑돌의 크기는 74㎝×48㎝×45㎝이다.

2) 토광

그간의 조사 결과 모두 82기의 토광이 확인되었다. 평면의 형태는 원형과 타원형이 주를 이루고 있었으며, 단면은 안으로 좁아지는 형태, 복주머니, 직각 등으로 다양한 것으로 파악되었다. 이들 토광의 대다수는 상면에 건립된 신라시대의 추정 저수조 및 저장시설과 장대지가 위치하고, 광내에서 백제토기가 출토되는 점으로 미루어 대부분이 백제시대에 조성된 것으로 추정된다.

2. 신라시대

1) 서문지

문지가 확인된 지역은 성벽을 노출하는 과정에서 폭 8.7m의 개구부가 확인되었다. 조사 결과 당초의 성벽을 허물고 西門을 개설했음을 알 수 있었지만, 워낙 파괴가 심해 원형을 파악할 수 없었다. 파악된 서문지는 동북 30도의 주향을 지닌 폭 4.9m의 규모로, 다짐층내에 형성된 계단시설은 너비 2.3m의 규모로 3단으로 축조된 높이 80㎝의 계단시설이 남아있었다. 문지에서 성밖으로 나가는 통로부는 약 10m의 길이로, 경사가 심해 본래 계단시설이 있었음을 추정할 수 있다. 바닥층에서 6·7세기에 조성된 것으로 추정되는 신라시대의 고배를 비롯한 많은 양의 토기편이 수습되었다.

2) 저장시설

동서 7.4m, 남북 8.4m의 규모로 기저암반을 1.7m~2.2m 까지 굴착해 조성했다. 하면에는 판판한 석재로 바닥석을 깔았으며, 폭 50~60cm, 높이 90~130cm의 석축(담)을 구축했다. 외곽의 암반과 석축의 사이 약 90cm의 공간에는 갈색 점토를 충진했다. 따라서 이 시설은 바닥에 박석을 깔고 사방에 돌담을 두른 벽집의 형태였던 것으로 추정하여 볼 수 있다. 바닥석의 가운데에는 폭 20cm의 홈이 관통하고 있는데, 배수시설로 추정된다. 상부는 무너진 석재와 더불어 많은 양의 기와편이 수습된 점으로 보아 지붕이 있었던 것으로 추정된다. 이 건물의 용도는 온도와 습도에 민감한 저장물을 저장했던 시설로 추정된다. 바닥석상단과 무너진 석재 틈에서 고배 및 호, 대부발 등이 출토되었는데, 축조시기는 대체로 7세기경으로 볼 수 있으며 9세기경까지 약 200여 년 동안 사용되었던 것으로 추정된다.

3. 통일신라시대

1) 8세기

(1) 저수조

장재지 앞에서 확인된 유구로 기저암반을 9m×8.8m, 깊이 2.6m까지 굴착해 전체적인 형상을 정한 후, 바닥으로부터 1.3m 까지는 누수를 방지하기 위한 진흙층을 형성했다. 저수조의 4벽에는 석축을 쌓고 진흙을 발랐던 것으로 추정되는데, 동벽과 남벽의 코너부에서 일부를 확인할 수 있다. 이 시설은 장대지가 건립되는 860년대에는 폐기된 것으로 추정된다.

(2) 추정 8각 제단지

일부 확인된 석축이 45도의 각을 보이고 있는 점으로 보아 본래는 8각형의 형태였던 것으로 추정된다. 석축은 정면이 길이 3m, 측면이 1.8m인 점으로 보아 정면과 측면 길이의 비가 5:3인 부등변8각형으로, 전체 면적은 27.9㎡였던 것으로 추정된다. 석축의 높이는 3단으로 60㎝이다. 석축 내부 중앙에는 시설물을 놓았던 흔적이 있다. 이 유구는 초석이나 적심으로 볼 수 있는 흔적이 보이지 않으며, 출토되는 유물들이 주로 병편을 비롯한 토기류가 주종을 이루고 있고, 토제 및 철제말이 출토된 점으로 보아 제단의 용도로 추정된다.

2) 9세기

(1) 장대지

지표에서 확인된 그대로 정면 5간, 측면 2간의 규모로 북서 10도의 주향을 지닌 건물이었음이 확인되었다. 뿐만 아니라 적심석의 하부 판축층에서 「咸通」6년 명의 벼루가 출토된 점으로 미루어 경문왕의 치세기간이 860년대에 건립된 것으로 추정된다.

건물지의 하부구조에 내한 조사 결과 8기의 토광이 확인되었다. 이를 통해 볼 때 장대지가 건립되기 전에는 토광 등의 시설물이 있엇음이 확인되었다. 나아가 적심석의 하부 판축층에서 「咸通」銘이 음각된 벼루가 수습된 점으로 미루러 통일신라 후반기에 건립된 건물로 추정된다. 건물의 성격은 북쪽 조망 및 성내의 주요시설인 북문지와 북수구지를 감시하고 보호했던 장대지로 추정된다.

4. 고려시대

칼바위 바로 뒤쪽에 위치한 평탄지로, 전체지역에서 건물지의 유구가 확인되었다. 석렬은 암반을 15㎝ 정도 굴착한 후 다짐석을 깔고, 그 위에 점토+기와 다짐을 한 후 남북 8m, 동서 510m, 폭 85㎝ 규모로 축조되었다. 현재 석렬은 서쪽이 결실되어 'ㄷ'자 형태로 남아있고, 동쪽도 일부가 결실되어 정확한 규모는 파악할 수 없었다. 유구의 성격은 신장상이 출토된 점으로 보아 제사용도로 추정된다.

5. 조선시대

칼바위 서쪽에 자리한 바위의 하단부에서 남북 8m, 동서 잔존길이 5m 정도의 'ㄷ'자 형태의 석렬이 80㎝ 폭으로 노출되었다. 이 석렬은 암갈색+모래층에서 표토에까지 걸쳐져 있었는데, 주향은 서북 20°이며 담장이나, 벽의 기단 석렬로 추정된다. 석렬의 북동 모서리에서 계단석으로 추정되는 2단의 석재가 노출되었다. 계단석은 위쪽이 붕괴되어 기울어진 상태로 정확한 높이는 추정하기 곤란하다. 현재 암반 상면에서 계단 상단까지 잔존 높이는 64㎝이며, 계단의 주향은 석렬의 주향과 같은 서북 20°이다.

Ⅲ. 출토유물-백제토기

설봉산성에 대한 발굴조사 결과 기와류, 토기류, 자기류, 철제품 등 다양한 유물이 출토되었다. 이들 유물은 산성의 축조국가 및 활용과 성격을 규명하는데 모두 중요한 위치를 차지하고 있지만, 가장 관심이 집중된 백제토기에 국한해 살펴보고자 한다.

출토된 백제토기는 고배, 삼족기 외에 호와 옹, 적갈색 연질의 장란형·심발형토기, 시루 등 실생활에 주로 사용되는 기종이 중심이 되고 있다. 출토된 백제 토기는 그 양식으로 보아 몽촌토성Ⅱ기에 해당되는 유물과 관련성이 크다. 출토유물 중에는 심발형토기나 시루 등과 같은 유물은 시문 방식이나 기형으로 보아 그 상한선 3세기대로 올려볼 수 있으나 고배, 호, 옹 등 비교적 상대편년이 용이한 유물의 경우 4세기 후반이 중심연대로 추정된다. 하지만 한강 유역에서 고분을 제외하면 백제토기의 출토 예가 그리 많지 않기 때문에 앞으로 주변 유적과 충분한 검토가 필요할 것으로 본다.

설봉산성의 백제 토기에 대한 보다 면밀한 종합적 검토는 이후 계속 시행될 지속적인 발굴조사를 통해 보다 구체적으로 파악될 것으로 기대된다.

Ⅳ. 맺는말 - 4세기 후반 백제의 초축설을 제시하며-

일반적으로 백제에서 石城 축조는 6세기 후반에야 가능했던 보는 것이 대세이다. 사실 이 같은 견해는 많은 문제가 있었지만 지금까지 6세기 이전에 백제 석성이 발굴된 적이 없었기 때문에 이에 대한 의혹이 등장하기 어려웠다. 그런데 설봉산성 2차 발굴조사 결과, 이 산성이 4세기 후반에 백제가 축조한 석성으로 확인되어 기존 논리에 대한 수정이 불가피하게 되었다.

이처럼 기존의 설 보다 빠른 시기에 석성을 축조할 수 있는 기술사적 배경에는 일찍부터 墓

制의 한 양식으로 정착된 적석총을 들 수 있다. 즉 무덤에서 구축된 축조기술의 발전이 석성 축조 기술로 이어졌을 가능성이 크다고 생각된다. 때문에 늦어도 한성시대 말기에는 석성을 쌓을 수 있는 기술이 확보되었을 것으로 생각된다. 게다가 『삼국사기』에 의하면 백제는 낙랑, 말갈 등 북방세력에 대비하여 활발한 축성을 하였던 것으로 기록되어 있다. 특히 4세기 이후 고구려의 적극적인 남진을 방어하기 위하여 많은 성곽의 축조가 필요했으며, 근초고왕 이후 고구려와의 빈번한 전쟁은 분명 석성의 필요성이 제기되었을 것이라 생각된다.

금번 설봉산성에서 출토된 백제 성벽은 상한선은 정치 · 사회적 동향과 토된 유물로 보아 대체적으로 4세기 후반으로에 축조된 것으로 추정된다. 토기의 편년에는 다소 이견이 존재하기 때문에 그 시기는 약간 내려갈 수도 있다. 그렇다고 하여도 5세기 초반 이후로 떨어지지 않을 것 같다. 이처럼 설봉산성을 백제가 초축하였다는 가장 적극적인 근거는 수구지와 집수지, 그 내부와 주변에서 출토된 유물이다. 수구지는 초축시에 축조된 것이 분명한데 수구지와 집수지 주변 및 그 상단에서는 백제토기만 출토되었고 그 보다 시대가 떨어지는 것은 1점도 출토되지 않았다. 또한 신라가 축조한 西門이 들어서면서 1차 성벽과 수구지는 폐기되었음이 확인되었다. 이같은 현상으로 보아 1차 성벽, 수구지, 집수지는 모두 백제가 축조한 것을 알 수 있다. 따라서 설봉산성은 현재까지 조사된 산성 중 가장 빠른 시기에 백제가 축조한 석성임이 분명해졌다.

이처럼 설봉산성이 백제의 석성으로 밝혀진 이상 앞으로 백제의 성곽 발달사에 대한 전반적인 재검토가 필요할 것으로 생각된다. 또한 앞으로 한강과 임진강 유역에 산재한 많은 석성중 백제가 초축했을 가능성에 대해서도 신중한 검토가 요망된다.

(202.06 「이천 설봉산성 발굴조사의 성과와 의의」, 『이천 설봉산성 발굴조사 학술발표자료집』)

SANCHI 1塔에 關한 考察

Ⅰ. 緒言

탑을 공부하는 사람으로서 반드시 답사하고픈 곳이 있다면 아마도 세계에서 최초로 건립된 인도의 SANCHI석탑을 말할것은 자명한 일이라 생각된다. 필자 역시 불교미술에 입문한 이래 늘 이같은 생각을 지녀왔었고, 언젠가는 반드시 실물을 대하리라는 막연한 기대를 지니고 있었다. 이같은 소망은 1995년 1월 18일 부터 2월 1일에 걸쳐 한국문화사학회에서 실시했던 인도 지역 불교유적답사에서 실현되게 되었다. 답사반은 본 학회 남석환부회장과 성춘경(전남 옥과 미술관 관장), 이영문(목포대 고고인류학과 교수), 최인선(순천대학교 박물관 조교)선생과 필자를 포함한 5인으로 구성되어 실시하였다. SANCHI석탑은 1월 23일에 답사를 하였는데, 석탑을 처음 본 순간의 감격과 환희는 지금도 지울 수 없는 감동으로 남아있다.

현재 산치에는 3개의 석탑이 남아 있어 이를 1탑, 2탑, 3탑이라 부르고 있는데, 이중 가장 규모가 크고 먼저 건립된 1탑은 Great Stupa라 불리워 지고 있다. 이들 석탑은 주변에서 생산되는 赤沙岩을 벽돌과 같이 잘라 기단과 탑신을 구성하고 있어 모전석탑의 형태를 띠고 있다고 하겠다.

본 논문에서는 이같은 3기의 석탑중 제 1탑을 소개하고자 하는데, 이같은 이유는 국내에서 발간된 석탑에 관한 대부분의 연구서에서 이 석탑의 양식에 관한 간단한 언급과 더불어 전경 및 門의 사진이 부분적으로 개제되어 있기 때문이다. 그러나 불교미술을 공부하는 사람이라면 누구나 석탑의 자세한 형상과 더불어 4문에 조각되어 있다는 다양한 조각의 종류에 대해 궁금

증을 지니고 있다고 생각된다. 필자 역시 늘 이같은 점에 대해 갈증을 느끼고 있었기 때문에 일단 석탑의 현상과 자세한 사진만이라도 학계에 소개하고 싶은 마음에서 서둘러 원고를 작성하게 되었다.

국내의 조형물도 아닌 인도에 있는 이 석탑을 한번 답사한 것으로 학계에 소개하는 것은 여러가지 면에서 부실함을 면치 못할 것으로 생각된다. 나아가 석탑의 양식 뿐만 아니라 장엄의 내용에 있어서도 필자 개인의 분석이라기 보다는 여러 책에 소개된 내용을 정리하는데 그칠 수 밖에 없는 한계성이 있음을 시인한다. 때문에 필자의 무지로 인하여 이 석탑이 지닌 本意를 왜곡하지는 않을까 하는 두려움이 앞선다. 석탑에 대한 보다 자세한 양식의 파악과 이에 대한 분석은 후일을 기약한다.

Ⅱ. 산치 石塔의 歷史

해발 91m 가량의 Sanchi 언덕 꼭대기에 건립되어 있는 一群의 불교 시설들은 멀리서도 웅장한 풍경을 자아내고 있다. 이 곳은 인도의 석탑에서도 초기의 작품인 석탑이 완벽하게 보존되어 있다. 뿐만 아니라, B.C. 3세기부터 A.D. 12세기에 이르는 기간에 걸쳐 일어났던 불교예술과 불교 건축의 발생, 개화, 쇠잔의 과정을 연구할 수 있는 다양함을 우리에게 전하고 있다.

이곳에는 SANCHI 1·2·3탑으로 명명된 것 외에도 크고 작은 많은 수의 석탑이 있을 뿐만 아니라 여러개의 사원이 건립되어 있다. 이중 산치석탑에 관해서는 스리랑카의 연대기에 다음과 같은 내용이 전하고 있다.

A'soka가 총독으로 Ujjayani에 가던 중 Vidi'~에 머무르면서 그 지방 상인의 딸인 Devi와 결혼하게 되었고 그 사이에서 태어난 아들이 Mahendra라고 한다. Mahendra는 Vidi'~에 어머니를 만나러 가곤 했으며 어머니는 그를 자신이 지은 Vedisagiri에 있는 아름다운 사찰에 데리고 갔다고 한다. 훗날

Mahendra는 스리랑카로가 승려가 되었다고 하는데, 그 역시 떠나기 전에 한달 동안을 이곳에 머물렀다. 왕위에 오른 아쇼카왕는 이같은 사실을 잊고 있다가 아들을 만나고서야 지난날의 과오를 뉘우치고 Mahendra의 소원대로 이곳에 탑을 건립했다고 한다. 그러나 아쇼카왕이 이 지역에 석탑과 석주를 세우고 불교의 상징작인 기념물을 만든것은 이곳 Vidisa 지방 처녀와 결혼했기 때문만은 아니다. 아마도 그것은 그의 마음속에서 새롭게 일고 있는 불교에 대한 열정을 구체화하기 위한 이상적인 장소로 Sanchi언덕이 적합했다는 사실에 기인한 듯하다. Asoka

는 부처의 유해 위에 세워진 여덟 개의 원래의 탑을

개봉해서 그 유해를 전국에 새롭게 지은 수많은 탑에 나누어 놓았다고 전해지고 있다. Sanchi는 부유하고 인구가 조밀한 Vidisa와 인접해 있으면서도 명상을 위한 적절한 분위기를 보장해 주는 정적과 고즈넉함을 갖고 있어서 이상적인 불교도의 수도 생활을 위해 요구되는 모든 조건들을 갖추고 있었다.

Sanchi에 있는 봉헌의 비문들을 보면, 이 곳에서의 불교 설립물의 번성이 Vidisa지방의 부유한 상인 단체의 종교적 신심에 상당 정도 기인하고 있음을 명백하게 알 수 있다. 중요한 무역 경로를 형성하고 있던 Berwa강과 Bes강의 합류 지점은 전략적 위치로써 거대한 부를 형성하였다. 따라서 비록 Mauryas제국은 과거지사가 되었다 하더라도 Sanchi가 도시 근처에 인접하고 있다는 사실은 그곳이 번영하는데 적잖은 영향을 주었다고 할 수 있다.

이후 Maurya제국이 일시적 후퇴에 이어 멸망하게 되면서 Asoka의 stupa는 파괴되었다. 그 후 Ksjsnaya의 불교 설립물이 수도승과 평신도들의 불같은 정열과 관심의 대상이 되었다. 무역이든 다른 목적으로든 Vidisa를 방문하는 평신도들의 종교적 열정은 B.C.약 2세기 중엽 경에 와서 왕성한 건축 활동으로 표출되었다. 그 기간 동안은 Sungas가 통치하고 있었으며 Asoka의 stupa에 대한 석조 주조와 증축 작업이 있었다. 또한 탑 주변에 난간을 세우고 일련의 계단과 난간등의 작업이 이루어진 것으로 보인다. 이같은 강력한 종교적 열정과 창의력은 다음 세기까지 그 세력을 유지해, 최고 권력자 Satavahanas시대에 와서는 정교하게 조각된 출입문 등과 같은 새로운 장식이 첨가되었다.

이후 Gupta왕조의 등장은 Sanchi에 다시금 조각 활동이 되살아나는 계기가 되었다. 1탑의 4문 입구에 봉안된 4구의 불상이 이를 반증하는 예라 하겠다. 그러나 굽타왕조의 멸망과 함께 이곳에서의 조각활동은 쇄퇴를 가져와 14세기 이홍레는 완전히 세인의 관심에서 차차 자리를 잃게되었다.

이같은 현상은 1818년에 General Taylor가 이곳 석탑의 유적을 발견해 내면서 대중적 관심을 받게 되었다. 이 발견으로 인한 Sanchi 에 대한 대대적인 관심은 아마추어 고고학자나 발굴가들의 손에서 기념비 적인 조형물들이 막대한 손상을 입게 된다. 1822년에는 Captain Johnson이 직업과 상관없이 1탑을 바닥부터 꼭대기까지 개봉하여 크게 파괴했으며 이로 인해 서쪽문과 그것을 둘러싼 난간의 일부가 붕괴되었고, Stupa 2역시 부분적으로 손상되었다. 1851년에는 Alexander Cunningham이 Captain F. C. Maisey와 함께 2캅과 3탑 파내어 그 안에서 사리장치를 찾아냈다. 아울러 그들은 1탑 중심에서 작은 구멍을 파내려 갔지만 어떤 유물도 찾아내지는 못했다. 이러한 작업은 마을 주민들의 삶의 터전을 파괴했으며 식물의 생장에 영향을 주었을 뿐 아니라 탑을 크게 파괴하는 행위였다. Asoka가 세운 기둥은 지방 대지주에 의해 조각조각 부서져 사탕수수의 압착기로 사용됐다.

1881년이 되서야 비로소 보수와 보존의 문제가 고려되기 시작했다. Najor Cole가 본격적으로 이 일에 착수했으며 차기 3년 동안 초목을 제거하고 1탑의 파괴된 천장을 메웠으며, 무너진 서쪽과 남쪽문과 난간의 일부를 보수하고 3탑 앞의 출입문은 재건했다. 그러나 그 외의 기념물들을 내버려진 채 방치됐으며 파편 속에 묻혀 있는 건축물들을 발굴해 내려는 어떤 시도도 없었다. 이 작업은 후에 인도에 있는 고고학 총 지휘자인 Sir John Marshall이 훌륭하게 전수 받아, 1912년에서 1919년 사이에 기념물들은 현재의 모습을 갖추게 되었다.

그의 작업을 위해서 대규모의 산림을 제거해야 했고 건축물들의 철저한 보호가 뒤따랐다. 뿐만 아니라 1탑의 남서 사분원을 철저하게 분해하고 다시 재건하였으며, 난간을 세우고 꼭대기를 덮는 덮개 부분을 설립하고, 3탑의 꼭대기 부분과 난간, 지붕을 재건했다. 또한, Temple 18의 기울어진 기둥들을 수리하고 위험스럽게 부식한 Temple4 5를 보수했으며 Main Terrace와 Eastern Area 사이의 옹벽을 재건하고, Temple 17과 31, 32를 보수하고 지붕을 새로 씌웠으며 효율적인 배수 시설을 마련해 놓았다. 이 장소는 다음에 잔디로 뒤덮이고 나무와 꽃이 피는 덩굴이 심어졌다. 이러한 작업 과정에서 발견한 잡다한 골동품들을 보관하기 위해 작은 박물관도 지어졌다.

1936년에 Mohammad Hamid는 1탑과 2탑 사이의 산비탈에 유적지를 발굴해서 잘 보존된 사찰의 윤곽을 확인했다. 그 이후로 아무런 발굴도 이루어지지는 않았지만 그 기념물들은 끊임없는 관심을 받고 있으며 후손을 위해 보존되고 있다.

Ⅲ. 산치 1塔의 現狀

1. 석탑

현재의 모습을 보면 알 수 있듯이, 산치석탑은 거의 반구형에 가까운 둥근 탑신의 주위는 난간에 둘러싸여 있는데, 그 탑신의 정상부에는 완전한 형식의상륜부가 있다. 석탑은 정교하게 조각된 네 개의 출입문을 통해서 접근할 수 있다. 규모는 지름이 36.36m이고 높이는 난간과 상륜을 제외하고 16.46m이다.

현재의 산치 1탑은 B.C2세기 경에 재건된 것으로 본래는 아쇼카왕대에 건립된 석탑을 보수한 것으로 알려져 있다. 아울러 당시에는 벽돌과 진흙 반죽으로 지어진 것으로 알려져 있다. 왜 냐하면 그것의 층과 Asoka시대에 만들어진 글씨가 새겨진 기둥의 수평적 높이가 동일하며 그 안에 사용된 벽돌이 Asoka의 시대에 만들어진 다른 건축물들에 사용된 벽돌과 모양, 건조법 그 리고 크기에 있어서 유사하기 때문이다. 또한 상륜부의 조각들을 발견하게 됨으로써 이러한 사 실에 확증을 주게 되는데, 상륜 부재는 사이에 사방으로 뻗친 서까래가 있는 동심의 띠장식을 갖고 있는 것이었다. 그 우산은 Chunar의 사암으로 만들어졌고 독특한 Mauryan광택을 갖고 있다. 이것은 원래의 석탑에 장식되었던 상륜부재임이 틀림없다. (현재 산치 박물관에 보관되 어 있다.)

이같은 Asoka시대의 stupa는 완벽한 재건이 이루어지는 B.C. 2세기 중엽 이전에 어떤 악의 있는 기관에 의해 고의적으로 영문 모를 손상을 입었다. 이때 행해졌던 작업은 석조 기둥과 2단 으로 구성된 계단과 난간 그리고 진입로의 포장, 탑신부의 덮개공사, 상륜부를 재건했던 것으 로 보인다.

이 공사에 사용된 부재는 Nagauri에 있는 주변 언덕에서 캐 오거나 국부적으로 캐 온 사암 으로 모두 지어졌다. 따라서 Sunga시대에 증축된 1탑의 모양과 윤곽은 현재와 거의 흡사했다 고 볼 수 있다.

이후 원구형의 탑신은 두꺼운 콘크리트로 덧칠되고 넓은 범위에 거쳐 수리용 쇳조각이 붙여 졌는데, 이는 지금도 지붕에서 곳곳에서 찾아볼 수가 있다. 이러한 마무리 공사는 두껍게 회반 죽으로 한 겹 발라 주는 것으로 끝났던 것 같다.

석탑의 난간은 팔각기둥으로 이루어져 있는데 이중 일부에서는 표면에 원형의 장식 무늬가 부조되어 있다. 圓紋내에 다양한 내용을 담고 있는데, 대부분 꽃이나 동물에 관한 것이고 동물 그림은 사실적으로 그려지기도 했다. 그리고 드물게는 식물 합성체나 인간 형상, 켄타우르스와 같은 신화적 존재나 새들도 등장한다. 석탑을 에워싸고 있는 난간은 L자형의 돌출부가 형성하 는 출입구에 이해 네 부분으로 나누었다. 이 난간들에서 목재 건축술이 재현되고 있음을 볼 수 있다.

이같은 출입구의 전면에는 정교하게 조각된 4개의 출입문(torana)이 건립되어 있다. 이같은 출입문과 이에 표현된 정교한 조식은 B.C.1세기의 Satavahanas의 치세기간으로 생각된다. 이 중 서쪽문의 처마 꼭대기에 새겨진 명문은 Satavahanas왕조의 초기 일원인 Satakarni왕조의 Ananda라는 직공장의 선사품임을 표시하는 것이다. 각 문을 구성하는 기둥 중 하나에 주요 난 간을 연결해 주는데 필요한 특별한 난간도 이때 갖추어졌다. Sanchi유적들에서 가장 흥미로운 점은, 출입문들은 아래 부분이 꽤 자세하게 묘사되어 있다는 것이다.

이 석탑에 대한 마지막 장엄은 거의 5세기가 흐른 후에 이루어 졌다. 즉, Gupta의 통치 기간 동안, 네 개의 출입문 안쪽에 각각 1구씩의 불상을 비치했다. 각 불상은 정교하게 조각된 광배와 좌우 협시보살을 구비하고 있다.

2. 출입문(TORANA)

산치석탑의 주변에는 난간을 돌렸고, 동 · 서 · 남 · 북의 사방에는 각각 1개씩의 TORANA라는 출입문을 개설하고 있다. 4개소의 출입문중 가장 먼저 지어진 것은 남쪽에 위치한 것으로써 이는 석탑의 통로중 가장 중요한 입구였다. 그것은 단지 Asoka석주의 위치 때문만이 아니라 탑신을 일주하는 답도로 연결되는 계단이 개설되어 있기 때문이다. 즉, 남문을 들어서면 기단의 주변을 따라 개설된 통로를 통해 석탑을 한바퀴 돌아 다시 남문으로 오게되고, 이어서 탑신의 주변을 따라 개설된 보도와 연결되기 때문이다. 따라서 산치석탑의 4문중 남문은 정문의 역할을 수행했던 것으로 생각된다.

그러나 4개의 문들은 대체로 A.D 1세기 경에 건립된 것으로 추정되고 있는데, 각각의 문이 건립되는 시기는 그리 차이가 나지 않았던 것으로 생각된다. 왜냐하면 서문의 남쪽 기둥과 남문의 중앙 처마도리는 모두 Aya-Chuda의 제자인 Balamitra라는 사람의 선사품이었기 때문이다. 마찬가지로 Kurara출신의 Nagapiya라는 사람은 동문의 남쪽 기둥과 서문의 북쪽 기둥의 기증자였다. 4개의 문 중 북문은 완벽한 모습을 하고 있어 출입문이 지니는 원래의 아름다움을 보여주는데 비해, 남문은 가장 심하게 손상되었다. 이들을 만든 사람들은 아마도 근원적으로는 목재나 상아, 또는 금속을 다루는 사람들이었던 것 같다. 이같은 추정은 남문의 서쪽 기둥에 조각을 한 사람이 Vidisa의 상아 기술자들이었다는 사실로 입증될 수 있다.

높이 약 8.6m의 4문은 사각형의 평면을 지니고 있는데, 각 문을 지탱하는 2개의 방형기둥 상단에는 양끝에 동심원문이 조각된 3개의 보를 놓고 있다. 이같은 부재의 전면은 물론 후면에 이르기 까지 한치의 빈틈도 없이 다양한 조각으로 채워져 있다.

직립한 2개의 기둥과 하단의 보 사이에는 柱頭와 같은 것이 있는데, 북문과 동문에는 코끼리가 조각되어 있고, 서문에는 난장이가, 남쪽 문에는 아쇼카왕의 석주를 본뜬 날개 달린 사자가 있다. 이중 서문의 기둥에 있는 난장이는 아틀라스와 흡사한 형상을 하고있는데 그들의 머리위에는 산의 생성을 상징하는 것으로 보이는 step-pyramid의 양식으로 된 것을 떠받치고 있다. 이같은 난장이들은 인도 예술에서 공통적으로 보이지만, 시대에 따라 바뀌는 양식이 변화하고 있다. Sanci 석탑에 표현된 난장이들은 다른 곳의 그것에 비해 갈빗뼈 옆쪽과 흉부의 근육이 지방질로 말려있을 정도로 뚱뚱한 모습을 하고 있다. 그들의 배는 바지 위로 불룩 튀어나와 있고 크고 묵직한 두 다리를 갖고 있다. 머리를 덮고 있는 터번과 보석 장식을 하는 방식, 특히 귓볼이 늘어질 정도로 큰 귀걸이가 이 석탑의 조각품들에서 나타나는 공통적인 면을 보이고 있는 반면, 복장과 얼굴 표정은 각각 다른 모습을 하고 있다. 이중에는 그리스 타입의 모자와 목걸이를 하고있는 것도 있다.

이같은 주두와 바로 상면의 보의 모퉁이에는 여러가지 형태의 나무를 붙잡고 있는 vrksadevatas의 조각상이 있다. 이것들 중 가장 뛰어난 것은 유혹적인 모습으로 망고나무를 붙잡고 있는 동문의 조각이다. 이는 Bharhut의 초기 인물상에서 보여지는 심미적인 면들이 여기에서는 半裸의 여자가 비스듬히 나무에 매달려 있는 것에서 알 수 있드시 완전한 관능미로 표현되어 있다. 이 여인상은 Bharhat의 것보다 조각술에서 더 뛰어나고 삼차원적이다. 왜냐하면 圓刻으로 조각되어져 있고, 신체의 묘사에 있어 정밀하고, 머리와 보석장식은 물론 다른 부분에 있어 예전의 직선 방식이 덜 강조되어져 있기 때문이다. 이들 여인상은 많은 보석 치장과 스카프를 제외하고는 거의 아무것도 입지 않고 있는데, 이것 역시 Bharhut 양식으로 부터의 또 다른 변화이다.

각 여인상은 열매가 풍성하게 달린 망고나무를 배경으로 하고 있는데, 이는 길조 뿐만아니라 많은 결실과 풍부함을 암시하는 것이다.

각 문을 지탱하는 석주에 표현된 조각 중 가장 중요한 특징은 각 문을 지탱하는 석주의 내측면에 각각 1구씩 양각되어 있는 守門神의 존재이다.

이 조각은 모두 양감이 강하게 표현되어 있는데, 상반신의 옷을 입지 않았고, 하반신은 얇은 옷을 입었는데, 머리에는 터어반을 두르고 있다. 아울러 瓔珞과 腕釧, 귀걸이의 장식은 貴人의 용모를 표현하고 있는 것으로 생각된다. 대체로 왼손은 허리에 대고, 오른손에는 열매를 들고 있는 형상을 하고 있다.

특히 서문에 표현된 수문신중에는 인도식 보다는 그리스식에 가까운 옷 차림과 이국적인 창과 방패를 가진 인물도 보이고 있다. 그러나 외국인의 모습을 하고 있는 조각 역시 살이 많고 몸의 선이 부드러우며 주름진 얇은 옷을 걸치고 있는 것을 비롯하여 조각 양식에서 전통적인 인도 양식을 따르고 있어, 적어도 Sanci 예술의 특징을 표방하고 있다고 생각된다.

이같이 석주의 내측에 조각된 수문신은 Pitalkhora석굴의 입구에 있는 그것과 비교해 볼 때 이 인물들의 대부분은 갑옷을 입지않고 있으며, 무기를 지니고 있지 않다. 그러므로 이들은 후기 인도 예술에서 비로소 알려진 보살이나 보살의 원형일 수 있다는 것이다. 대개의 불교예술 작품 속에서 보살은 보석과 터번, 그외 머리장식을 한 고귀한 사람들로 나타나는데, 이러한 형상은 산치석탑의 8개의 석주 측면에 남아있는 이들 수문신에 원형을 두고 있다고 생각된다.

이상과 같은 특징적인 면 이외에 각 문의 조각들은 다음과 같은 주제로 분류 될수 있다.

1) 本生譚
2) 석가모니의 일생에 대한 모습
3) 불교의 후속 역사에서의 사건들
4) Manushi-Buddhas와 관계되는 모습
5) 기타 장식

1) 본생담

본생담의 내용은 석가모니의 前生을 중심으로 하고 있다. 석가모니는 Bodhisattva로써 새나 짐승 그리고 인간과 같은 셀 수 없이 많은 존재를 거치며, dana, sila, kshanti, virya, jnana, prajna, bala등과 같은 미덕을 취득해 부처의 경지에 도달하기 위해 끊임없이 자신을 제한했다고 알려져 있다. Sanchi석탑에 표현된 본생담은 5개의 내용이 조각되어 있는데, 주인공이 살아온 인생에서의 사건에 중점을 두고 있다.

① The Chhaddanta Fataka - 세곳의 문에서 확인되고 있다. 즉, 남문의 뒷면과 중앙 부분, 서문의 전면과 북문의 후면과 정상부에 조각되어 있다. 내용을 보면 다믁과 같다. Bodhisattva는 상아를 여섯 개 가진 코끼리(Chhaddanta)로 태어나 Himalaya에서 Mahasuhassa와 Chullasubhassa라는 두 아내와 살았다. 이중 Mahasubhassa가 더 남편의 총애를 받자 Chullasuvhassa는 질투심에 불타 아름다운 처녀로 태어나 Varanasi의 왕과 결혼하게 해 달라고 Ptatyeka부처에게 애원했다. 그렇게 하면 Chhaddanta에게 복수할 기회를 가질 수 있으리라 생각했기 때문이다. 그러나 그녀는 너무 수척해져서 죽고 말았다. 그 후, 그녀는 Varanasi의 왕비로 다시 태어났다 그녀는 병을 빌미로 왕을 설득하여 Sonuttara라는 사냥꾼을 고용해 Chhassanta의 상아를 가져오도록 시켰다. Chhaddanta는 사냥꾼의 창에 부상을 당하고도 그 사냥꾼을 불쌍히 여겨 자신의 상아를 자르도록 그를 도와주었다. 그러나 왕비는 그 상아를 보고 슬픔을 못 견뎌 죽고 말았다. 세 개의 구도 중에서 남문의 것이 가장 암시적이며 동시에 가장 노골적이다. 그 훌륭한 코끼리는 네 번 묘사되어 있는데 중앙에 있는 벵갈 보리수 근처에서 두 번, 연꽃 사이에서 돌연변이처럼 맨 왼쪽에 하나, 그리고 사냥꾼이 겨루는 화살의 목표물처럼 홀로 서 있는 형상으로 맨 오른쪽에 마지막 하나가 있다.

② The Mahakapi Fataka - 서문에 있는 남쪽 기둥의 앞 부분의 정상에서 보이고 있다. Bodhisattva는 한때 원숭이 8만 마리의 두목으로 태어나 Himapaya지방의 Ganga강둑에서

망고 열매를 먹이로 수행원들을 거느리고 살았다.

Varanasi의 Brahmadatta왕은 그 나무 열매가 맛있다는 것을 알게 되고는 군사들을 시켜 그 나무를 포위하게 했다. 원숭이들이 왕이 거느린 무리의 손에 죽게 될 긴급한 위험에 처해 있음을 발견하고는 Bodhisattva는 다른 강둑으로 뛰어가 죽순을 꺾어 한 쪽은 나무에, 그리고 한 쪽은 자기 허리에 묶었다. 그러나 죽순이 너무 짧아 원숭이 무리가 있는 곳까지 닿지 못하였다. 그래서 그는 몸을 뻗어 망고 나무의 가지를 붙잡아서 원숭이들이 그의 몸을 다리 삼아 타고 건너 도망치게 하였다. 역시 원숭이로 태어난 그의 경쟁자인 Devadatta는 그 때가 Bodhisattva를 죽일 절호의 기회라고 생각하고 그의 몸 위에서 격렬하게 뛰어 그의 가슴뼈를 부서뜨렸다. Bodhisattva의 자기희생과 동료들을 불쌍히 여기는 마음에 감동한 Btahmasatta는 부드럽게 그를 내려놓았다. Brahmadatta는 죽기 전에 왕에게 교훈적인 이야기를 들려주었으며 후에 왕은 호화로운 장례식으로 그에게 경의를 표했다. 서문의 남쪽기둥에는 원숭이들이 Bodhisattva의 발에 묶인 죽순을 타고 그의 몸을 거쳐 다른 편 바위로 도망치고 있는 모습이 있다. 이곳에서는 Bodhisattva의 죽음이 묘사돼 있지 않지만, 대신 나무 아래서 왕과 담화하며 앉아 있는 모습으로 그려져 있다. 정면에는, 말을 탄 왕이 군인과 음악가들을 거느리고 있는 모습이 있다.

3. The Vessantara Fataka - Vessantara왕자로 태어난 Bodhisattva는 Sili왕국에서 Vanka산으로 추방되었는데, 그것은 비를 내리는 권한을 부여받은 코끼리를 가뭄이 극심한 Kalinga왕국의 Brahmanas에게 넘겨준 데 대한 처벌이었다. Vessantara는 네 마리의 말이 끄는 호화로운 마차에 그의 부인 Maddi와 아들 그리고 딸을 태우고 그 마을을 떠났다. 가는 도중 그는 용서를 비는 Brahmanas에게 먼저 말들을 주고 다음은 마차까지 건네주어 Vanka산에는 걸어서 도착했다. 그 곳에서 그들 일가는 Sakra신이 준 외딴집에서 기거했다. 왕자는 다음으로 그의 아이들을 Brahmana Fujaka에게 선물로 주었고 심지어는 그의 아내를 Brahmana로 변장한 Sakra에게 넘겨주었다. Sakra는 그의 아내를 돌려주었고 Sakra의 은총으로 그는 아버지와 다시 재결합하게 되었다. 그의 아버지는 Fujaka에게 몸값을 지불하고 아이들을 되찾았다. 이 내용은 북문 아래 처마 도리의 뒷면과 앞면에 아름다운 세부 장식으로 이루어져 있다. 앞면의 중심 부분 중에서도 오른쪽 끝에서 이야기는 시작된다. 코끼리를 타고 있는 왕자, 그가 선물로 준 코끼리, 추방당한 후에 성문 밖에서 그의 작별 인사, 가족들과 함께 마차를 타고 떠나는 모습, 그가 선물로 주었던 마차와 말이 묘사되어 있다. 왼쪽 맨 끝의 돌출부에는 왕자와 그의 아들, 그리고 딸을 등에 업은 Maddi가 온 지역을 터벅터벅 걷고 있다. 이 이야기는 이렇게 뒷면으로 이어져 오른쪽 끝 부분에는 숲 속에 도착한 가족이 그려져 있다. 중심에는 외딴집에서의 생활과 사자에게 Maddi가 붙들려 가서 없는 동안 Vessantara가 Fujaka에게 아이들을

선물로 주는 장면, Sakra에게 Maddi를 선물하는 장면, 가족의 재결합과 수도로 되돌아오는 모습들이 그려져 있다.

④ The Alambasa Fataka - 이 본생담은 북문의 아래 처마 도리 중 앞 부분의 서쪽 끝에 그려져 있다. 여기는 Kassupa가 살던 외딴집이 있다. Kasspa는 바로 Bodhisattva자신이었다. 암사슴으로 태어난 그의 아들은 두 손을 움켜 쥔 형상으로 두 번 보이는데 한번은 연꽃 연못 안에서이고 두 번째는 신선 앞에서이다. Isisinga의 어미 암사슴은 Boshisattva의 발 아래 누워 있는 모습이 그려져 있다.

⑤ The Sama Fataka - 서문의 북쪽 기둥 중 남쪽 면에 Sama(Suvannasama 로 태어난 Bodhisattva가 보여준 효성스러운 이야기가 부조되어 있다.

숨어살던 그의 부모는 뱀에게 물려 장님이 되었고 Sama는 그의 일생을 부모님을 보살 피는데 썼다. 하루는, 그가 주전자에 물을 채우려고 강가로 내려오다가 우연히 사냥 중이던 Varanasi왕이 쏜 독화살에 맞았다. 왕은 Sama의 처지를 알고 제사를 지냈다. 그러자 그 부모의 슬픔이 여신을 감동시켜 그 은총으로 아들은 기적적으로 되살아나고 부모도 시력을 되찾았다.

이같은 내용은 오두막 앞에 앉아 있는 Sama의 부모 모습과 더불어 Sama는 강 하류 근처에 주전자와 함께 그려져 있다. 오른쪽 아래 부분에서 Sama는 다시 보이는데, 여기서는 사냥꾼의 옷을 입은 왕의 화살에 부상당한 모습이다. 약간 오른쪽에는 회개하는 왕의 모습이 있다. 꼭대기의 오른쪽 구석에는 Sakra와 함께 다시 모인 행복한 사람들의 집단이 그려져 있다.

2) 석가모니의 일생에 대한 모습

앞 항에서 살펴본 바와 같이 석가모니의 일생은 각 문의 여러 부조들 속에서 생생하게 표현되어 있다. 그런데 모든 장면들 속에서 석가는 어느 곳에서도 인간의 형상으로 표현되어 있지 않다. 그의 모습은 기수없이 단지 우산이 위에 씌워진 盛裝시킨 말, 왕좌, 차륜, 기마 산책, 발자욱, tri-ratna와 같은 상징으로 나타나 있다. 모두 29장면이 조각되어 있는데, 이를 살펴보면 다음과 같다.

　◦ 탄생
　◦ 깨달음
　◦ 첫번째 설교
　◦ 죽음
　◦ 마야부인의 꿈과 개념

∘ 四苦

∘ 출가

∘ 머리채에 대한 숭배 - Gautama가 지신의 머리를 문장의 보석과 함께 잘라서 그것을 하늘을 향해 던졌을 때, Trayastrimsa 천국을 위한 신들에 의해 바람이 불어가는 쪽으로 향했으며 그곳은 숭배의 대상이 되었다다는 내용이다.

∘ Sujata의 제공 - Englightenement날 새벽에 Gautama는 Uruvela에서 추장의 딸인 Sukata가 제공한 pauasa를 같이 먹었다. 가장 왼쪽에는 Bodhi 나무 근처에 들어올린 왼손에 쟁반을, 그리고 내려져 있는 오른손에는 물병을 든 Sukata의 모습이 있다.

∘ Svastika의 제공 - 남문의 동쪽 기둥 서쪽면의 세번째 조각에서 볼 수 있다. 석가가 Bodhi 나무 아래 자리잡기 전에, Gautama는 제초업자인 Savastika에게 풀더미를 받아서 자리에 그것을 깔았다.

∘ Mara의 유혹과 공격 - 북문의 뒷면 중간과 서문의 뒷면 상단에서 볼 수 있다.

Gautama가 부다나무 아래 자리를 마련하고, 깨달음을 얻을때까지 일어나지 않겠다고 결정했을때, 악마 Mara는 Gautama의 목적을 방해하기 위해서 유혹하는 것고 그를 맹렬하게 공격하는 것을 수단으로 사용했다. 그러나 그는 자리에서 움직이지 않은채 땅을 불러 그곳에 머물를 수 있는 자신의 권리에 대해 증언하도록 했다. 땅은 Mara에게 침묵으로 대답했고 Mara는 그의 주인과 함께 날아가 버렸다. Mara의 참패에 거룩한 하늘의 존재들이 대환희 속에서 Gautama에게 다가왔다. 같은날 밤에 Gautama는 깨달음을 얻었다. 특히 서문 처마도리의 삽화는 이것에 관한 것이다. Bodhi나무는 지붕이 없는 사원의 중앙에 있고, 패주하는 Mara의 군대는 오른쪽에 있다. 전체적으로 보아 앞뒤 가릴것없이 당황과 혼란 속에서 패주하는 모습이 효과적으로 그려져 있고 영혼으로 가득차 있다. 왼쪽에는 행복한 천사들의 장엄한 행렬이 있다. 감정들이 주어진 것이 아니라 당당하게 성장한 그룹이 Mara의 주인과 뚜렷이 대조되는 것, 생기와 활발함으로 가득찬 것을 전해주고 있다.

∘ Buddha's chankama - 남문의 동쪽 기둥 서쪽면 다섯번째 조각과 동문의 남쪽 기둥 앞면의 상단에서 볼 수 있다.

깨달음 후에 부다는 Bodhi나무 근처에서 4주를 보냈다. 그는 세번째 주에는 슬슬 걸어다니며 보냈다. 이 산책을 chankama라고 부른다.

∘ 보석집 - 남문의 동쪽기둥 서쪽 면의 두번째 장면에 묘사되어 있다.

부다는 네번째 주를 Bodhi 나무 근처에 신들이 세운 보석집 안의 abhidharama를 생각하며 보냈다.

∘ Naga kong Muchilinda - 서문의 북쪽기둥 남쪽 면의 두번째 장면에 부조되어 있다.

부다는 깨달음 후 다섯번째 주를 염소지기의 nyagodha나무 아래에서 보냈다. 다음에 그는 Muchilinda에 갔다. 그곳은 Muchilinda의 왕 naga가 그에게 비를 피하게 해준 곳이었다.

∘ 음식그릇 선물 - Trapusha와 Bhallika가 제공하는 음식을 받아 그릇없이 먹었을때 부다는 즉시 네명의 수호신에게 네개의 그릇을 선물받았다는 내용이다.

∘ Adhyeshana - 동문의 북쪽기둥 남쪽면 상단과 서문의 남쪽기둥 앞면의 두번째 면에 조각되어 있다.

rajauatana나무 후에 부다는 자신이 깨달은 진리를 설교할 지의 여부를 정하지 못한채 양치기의 banyan 나무로 돌아갔다. 그때 Brahma에 의해 이끌려온 신들이 인간들의 이익을 위해 그것을 설파하라고 그에게 권했다. 이 삽화는 adhycshama로 알려져 있다. 동문 복쪽의 장면은 바로 마야의 꿈 위에 있고, Bodgusattva에게 인류의 구원을 위해서 영원한 세계에서의 그의 탄생에 대한 진실한 요청을 생각하게 해준다.

∘ Uruvela에서의 불의 유혹속에 뱀의 기적 - 동문의 남쪽기둥과 북면의 두번째 장면에 조각되어 있다.

Uruvela에서 많은 제자들과 함께 살고 있는 Kasyapa 삼형제를 개심시키기 위해 부다는 다양한 기적들을 행했다. 그중의 하나가 뱀에 대한 승리이다. 그는 아무도 들어가려고 하지않는 불의 사원을 주거지로 삼앗다. 그곳은 독이 있는 뱀이 살고 있엇다. 그는 뱀을 이겼고 그때 뱀은 그의 구걸 그릇으로 기어 들어갔다.

∘ Uruvela에서의 나무와 불의 기적 - 동문의 남쪽기둥 북쪽 면의 세번째 장면이다.

뱀에 대한 부다의 승리 이후에 금욕주의자들은 제물을 정했다. 그러나 부다의 허락없이 나무를 자를수도 불을 지필 수도 없었다. 그러므로 공물을 제공할 수 없었다.

∘ Uruvela에서 강위를 걷고 있는 부다 - 동문의 남쪽기둥 앞면의 세번째 장면이다.

이것은 부다가 행한 또다른 기적으로 그는 흐르고 있는 강, Nairanjana 위를 걷고 있다.

∘ Kapilavastu 방문 - 북문의 서쪽기둥 동쪽 면의 세번째 장면과 동문의 북쪽기둥 남쪽면 세번째 장면이다.

부다는 자신의 아버지인 Suddhodana의 간곡한 부탁으로 mahabhinishkramana가 있은 지 7년이 지나서 Kapilavastu를 방문했다. Suddhodana와 함께 Sakyas는 부다와 그의 제자들을 만나기 위해 환영행렬의 선두에 참여했다. 그들은 Suddhodana를 포함해 사람들을 그 앞에 엎드리게 만들었다. 동문에 있는 장면은 다른 어떤 것보다 더 많은 암시가 있다. 상단에 부다를 만나기 위해 가는 왕족의 행렬이 있고 아래에는 영묘한 행렬과 놀라는 관객들이 있다. 가장 아래 왼쪽에는 Nyagrodharama에서의 부다의 숙소를 상징하고 있는 banyan나무가 있다.

◦ Nyagrodharama의 Sakyas에서 한 부다의 설교 - 북문의 동쪽기둥 앞면 두번째 장면이다.

SravastiMdi의 부유한 상인인 Anathapindka는 불교신자로 개종했다. 부다에게 즐거운 수도원을 설명하기 위해 그는 Jeta왕자에게 앞마당을 보여 주었다. 부다가 좋아하는 세곳의 거주지 - Gandha-kuti, Kosanba-kuti, Karorikuti- 들은 이 장면에서 볼 수 있다.

◦ Sravasti의 기적 - 북문의 동쪽 기둥 앞면 세번째 장면이다.

여섯개 이교의 사제들과 합하기 위해서 부다는 Prasenajit왕과 사제들과 많은 군중들이 있는 곳에서 많은 기적을 행했다. 그중에서 하나가 공중에 길을 만들고 그곳을 올라간 것이다.

◦ Sravasti에 있는 mango나무 아래서의 부다의 설교 - 북문의 동쪽 기둥 앞면 첫번째 장면이다.

부다는 Prasenajit와 사제들에 설법을 전달하면서 mango 나무 아래에 앉아있는 장면이다.

◦ Sankasya의 기적 - 북문의 서쪽 기둥 앞면 상단에 조각되어 있다.

Sravasti의 기적에 따르며 부다는 그의 어머니에게 abhidharma를 설명하기 위해 사라져서 Trayastrimsa천국에 갔다. 삼개월동안 그곳에서 머문 후에 그는 Brahma와 Sakra와 함께 Sankasya에 있는 계단 옆으로 내려왔다.

◦ 원숭이의 꿀 제공 - 북문의 남쪽기둥 동쪽 면 두번째 장면이다.

부다에게 원숭이가 꿀을 자발적으로 제공한 것은 부다의 생애에서 중요 사건 8가지 중의 하나로 여겨진다. 이 사건은 Vaisali에서 일어났다고 한다.

◦ Sakra의 방문 - 북문의 동쪽기둥 서쪽 면 상단에 조각되어 있다.

Sakra는 하프 연주자로 Panchasikha와 함께 Rajagriha 근처의 Indrasaila동굴에 있는 부다를 방문했다는 내용이다.

◦ 왕실행렬 - 왕실의 방문이나 행렬은 입구에 묘사되어 있다.

Bharhut에서 왕들은 신원은 명칭을 적어 넣음으로서 알 수 있다. 그러나 Sanchi에서 그것들이 빠져있는 중에 왕실 요인들은 옆 장면들의 행사지에 근거하여 확인해 왔다. 그러므로 Sravasti에서의 사건들을 담고 있는 북문 동쪽 기둥의 앞면에 있는 네번째 장면은 부다를 만나기 위해 오는 Sravasti의 Prasenajit왕의 행렬로 여겨진다. 또, Indrasaila동굴로 부다를 방문하는 Sakra바로 밑에 있는 북문의 같은 기둥, 서쪽 면에 있는 장면은 Venuvana를 향하는 Rajagriha의 왕의 행진에 속한다고 생각되어진다.

3) 불교의 후속 역사에서의 사건들

① Kusinagara의 공략과 유골의 운송 - 남문의 뒷면 하단과 서문의 뒷면 상단과 중간에 묘사되어 있다.

부다는 Malla족의 수도인 Kusinagara에서 그의 parinirvana를 얻었다. Malla족은 화장 후에 남은 사리를 입수했다. 이제, 일곱 신청인 즉, Rajagriha의

Ajatasatru, Kapilavastu의 Sakyas, Allakappa의 Bulis, Ramagrama의 Koliyas, Pava의 Mallas, Vaisali의 Lichchhavis, 그리고 Vethadvipa의 Brahmana는 사리의 일부를 요구했다. Mallas는 처음에는 사리를 공유하는 것에 탐탁해하지 않았으나 현명한 Drona가 사물의 도리를 깨닫게 해주었다. Drona는 그것을 여덟개로 나누었고 그럼으로써 격렬한 싸움을 피했다. 이들은 자신의 몫을 가지고 각자의 나라로 돌아가 탑을 세웠다. 그러므로 여덟개의 탑이 존재하게 되었다. Maha parinibbana-suttanta가 허용한 것이 아닌 실제의 싸움은 남문에서 볼 수 잇다.

② Ramagrama의 탑 - 남문의 앞면 중간 보에 조각되어 있다.

원래의 여덟개의 탑에서 아쇼카는 스스로 세운 수많은 탑중에 그속에 포함된 이미 말한 유골의 의미를 지닌 일곱 장소만 열고 있다는 것을 들었다. 그는 Ramagrama의 탑으로 부터 유골을 안전하게 지키지 못했고 열심으로 안내했고 nagas에 의해 숭배받았다. 탑의 오른족에 수행원과 함께 아소카가 잇다. 그리고 왼쪽에는 가족과 함께 있는 nagas가 있다.

③ 아쇼카의 Bodhi나무 방문 - 동문의 앞면 하단 보에 조각되어 있다.

아쇼카의 Sambodhi 방문은 그 자신의 비문을 통해 알려져 있다. Divyavadana는 Bodhi 나무의 시들어버린 것을 언급하고 있는데 그것은 아소카와의 왕비, Tishyarakshita가 그려의 남편이 그곳에 자나치게 집착하는 것에 질투를 하여 세운 음모때문이다. 이것은 거의 황제를 상심하게 했다. 그러나 그는 원래의 아름다운 모습으로 나무를 살리는데 성공했다. 아소카왕은 Vajrasana에 사원 건축자로 생각되어진다. 남문의 서쪽 기둥의 동쪽 면 상단과 두번째 장면은 각각 triratnas를 안치한 원통형의 둥근 천장을 가진 사원위에 자라난 Bochi나무의 가지들이 그려져 있다. 그리고 고뇌에 지친 아소카왕이 두 여왕에 의해 받쳐져 있다. 동문의 조각은 더욱 정교하게 되어있다. 원형의 옥외 기둥이 있는 건물은 중앙에 위치해 있다. 그것의 기초에는 vajrasana와 함께 Bodhi나무에 둘어싸인 개방된 부분이 있다. 왕비와 전체 수행원과 함께 있는 아소카왕은 두번 보이는데, 한번은 그의 코끼리로부터 내리는 지친 모습이고 두번째는 주먹을 꼭쥔채 건물로 향하는 행렬에서 이다.

4) Manushi-Buddhas와 관계되는 모습

후손뿐만 아니라 Gautama Buddha의 직접적인 여섯 조상들에 대한 상징적 설명은 대부분이 그룹으로 표현되나 때때로 한 사람으로도 나타나는데, 이것은 Sanchi 예술가들에게는 매우 흥미있는 주제였다. 그리고 그것은 전체 길이를 덮고 있는 보의 곳곳에서 찾아볼 수 있다. 조각은 탑이나 보리수나무의 형태로 했다. 각 경우마다 다르게 되어있는 보리수나무는 부다를 각각을 규정짓는 것을 도와준다. 그러므로 Vipasyin, Sikhin, Visvabhu, Krakuchchhanda, Kanakamuni, Kasyapa는 각각 patali(Bignonia suaveolens), pundarika, saka(SHirea robusta), sirisha(Acacia sirissa), udumbara(Ficus glomerata), nyagrodha(Ficus indica)에 의해 나타냈다.

이 그룹은 나무와 나란히 놓여 있는 탑으로 대체되어 표현되곤 한다. 그러나 나무 옆에 하나만 있는 조상도 또한 그리 드문것은 아니다. 북문의 중간 보의 앞면과 동문 상단 보의 후면에서 그러한 것들을 찾아 볼 수 있다. 서문의 상단 보(북쪽 끝), 앞면에서는 그룹뿐만 아니라 Maitreya의 보리수 나무(nagapushpa), 미래 부다도 있다.

5) 기타 장식

앞에서 살펴본 여러 조각과 비교되는 몇가지 부조가 있다. 비록 부다의 생애중에 잘 알려진 부분을 다루고 있는 것은 아니지만 종교적인 중요성을 띠고 있다. 그중에서 부다에 대한 숭배는 동문 후면의 보에 조각된 것에 의하면 인간이나 천상인에 의해서 뿐만 아니라 동물세계에서도 빈 왕좌나 탑으로 상징화 되어 표현된다.

그리고 일부 장면들에서는 속세 인물들을 쾌락에 빠진 남녀로 묘사했다. 사실과 우화 모두, 기수가 있든 없든간에 동물들은 많은 장면의 주제로 쓰여졌다. 결국 이들은 섬세하고 정교하게 다루어진 풍성하고 우아한 꽃의 모티브에 도달하게 된다. 특히, 주목할만한 것은 새, 짐승, 인간들과 같은 고립된 존재와 끊임없이 지속되는 삶의 흐름을 효과적으로 연결한 삶의 덩쿨의 다양함이다. 다른 많은 것들처럼 이 모티브의 기원은 대중적 믿음과 종교에서 기인한다. 불교신자들에게 그것은 때로 그들 자신의 믿음을 드러내기 위한 것으로 알맞다고 생각되어진다. 그 예로 북문 동쪽 기둥의 동쪽 면에는 하단에는 부다의 발자국들이 새겨져 있고, kalpavalli의 맨 위에는 tri-ratna 모티브가 있다.

IV. 結論

아쇼크왕에 의해 건립된 산치의 석탑은 세계 최초의 건탑이라는 역사성 외에도 4문에 滿彫된 조각으로도 불교미술사에서는 물론 불교사적인 면에서도 중요한 의의를 지니고 있다고 하겠다.

이 석탑은 1818년에 General Taylor가 이곳 석탑의 유적을 발견해 내면서 세인의 주목을 받게 되었고, 1912년에서 1919년 사이에 Sir John Marshall에 의해 여러차례의 보수를 거쳐 현재의 모습을 갖추게 되었다.

산치석탑은 거의 반구형에 가까운 둥근 탑신과 주위를 둘러싼 난간으로 구성되어 있는데, 정상부에는 완전한 형태의 상륜부가 있다. 이 석탑은 정교하게 조각된 네 개의 출입문을 통해서 접근할 수 있는데, 규모는 지름이 36.36m이고 높이는 난간과 상륜을 제외하고 16.46m이다.

팔각형의 기둥으로 이루어진 난간에는 圓紋내에 꽃이나 동물에 관한 것이고 조각이 사실적으로 조각되어 있다. 그리고 일부에서는 식물 합성체나 인간 형상, 켄타우르스와 같은 신화적 존재나 새들도 등장한다. 석탑을 에워싸고 있는 난간은 L자형의 돌출부가 형성하는 출입구에 이해 네 부분으로 나누었다. 이 난간들에서 목재 건축술이 재현되고 있음을 볼 수 있다.

이같은 출입구의 전면에는 정교하게 조각된 4개의 출입문(torana)이 건립되어 있다. 이들 출입문은 B.C.1세기의 Satavahanas의 치세기간에 건립된 것으로 생각된다.

높이 약 8.6m의 4문은 사각형의 평면을 지니고 있는데, 각 문을 지탱하는 2개의 방형기둥 상단에는 양끝에 동심원문이 조각된 3개의 보를 놓고 있다. 이같은 부재의 전면은 물론 후면에 이르기 까지 한치의 빈틈도 없이 다양한 조각으로 채워져 있다.

각 문에는 守門神, 난장이, 풍성한 열매가 맺은 망고나무를 배경으로 한 半裸의 여인과 더불어 本生譚, 석가모니의 일생에 대한 모습, 불교의 후속 역사에서의 사건들, Manushi-Buddhas와 관계되는 모습과 기타 여러가지 사실이 정교하게 조각되어 있었다.

서두에서도 언급한 바와 같이 본문의 내용은 필자의 견해를 피력하기 보다는 그간 발표된 내용을 정리하는데 주력하였다. 따라서 필자의 무지와 번역상의 오류로 인해 석탑이 지닌 본래의 모습이 정확히 전달되지 않을 가능성이 있다고 생각한다. 그렇지만 산치석탑 1탑에 대한 현상과 이에 대한 사진을 소개하는 것 만으로도 큰 위안을 삼을 수 있을 것 같다.

(1995.06 「【印度紀行 2】SANCHI 1塔에 關한 考察」, 『문화사학』 3, 한국문화사학회)

【참고문헌】

CALAMBUR SIVARAMAMURTI, 『THE ART OF INDIA』, INDIA BOOK HOUSE, 1977.

DEBALA MITRA, 『SANCHI』, ARCHAEOLOGICAL SURVEY OF INDIA, 1992.

SUSAN L. HUNTINGTON, 『THE ART OF ANCIENT INDIA』, WEATHER HILL, 1993.

宮治 昭, 『インド 美術史』, 吉川弘文館, 1993.

J. C. HAREL, 『THE ART AND ARCHITECTURE OF THE INDIAN SUBSCONTINENT』, YALE UNIVERSITY PRESS, 1994.

CALAMBUR SIVARAMAMURTI, 『THE ART OF INDIA』, INDIA BOOK HOUSE, 1977.

Mario Bussagli, 『5000 Years of the Art of India』, ABRAMS,

사진 1. 산치 1탑 전경

사진 2. 산치 1탑 탑신부

사진 3. 산치 1탑 기단부 난간석

사진 4. 산치 1탑 기단부 난간 내부 및 탑신부 계단

사진 5. 산치 1탑 탑신부 답도 입구

사진 6. 산치 1탑 탑신부 난간의 조식

사진 7. 산치 1탑 상륜부

사진 8. ASOK왕의 석주

사진 9. 산치 1탑 동문 전경

사진 10. 산치 1탑 동문 북쪽 석주

사진 11. 산치 1탑 동문 북쪽 석주 수문신

사진 12. 산치 1탑 동문 북쪽 석주 전면 세부

사진 13. 산치 1탑 동문 남쪽 석주

사진 14. 산치 1탑 동문 남쪽 석주 수문신

사진 15. 산치 1탑 동문 남쪽 석주 전면 하단 조식

사진 16. 산치 1탑 동문 북쪽 석주 상단의 코끼리와 여인상

사진 17. 산치 1탑 동문 하단 보의 조식

사진 18. 산치 1탑 동문 중단 및 상단 보의 조식

사진 19. 산치 1탑 동문 보의 북쪽면 조식

사진 20. 산치 1탑 서문 전경

사진 21. 산치 1탑 서문 남쪽 석주

사진 22. 산치 1탑 서문 남쪽 석주의 수문신

사진 23. 산치 1탑 서문 남쪽 석주의 전면 하단 조식

사진 24. 산치 1탑 서문 남쪽 석주의 전면 상단의 조식

사진 25. 산치 1탑 서문 북쪽 석주

사진 26. 산치 1탑 서문 석주 상면의 난장이상

사진 27. 산치 1탑 서문 보의 조식

사진 28. 산치 1탑 남문 전경(1995년 1월 18일 현재 보수중)

사진 29. 산치 1탑 남문 석주 상단의 사자

사진 30. 산치 1탑 북문 전경

사진 31. 산치 1탑 북문 서쪽 석주 전면

사진 32. 산치 1탑 북문 서쪽 석주 서쪽면

사진 33. 산치 1탑 븍문 서쪽 석주의 수문신

사진 34. 산치 1탑 북문 서쪽 석주의 전면 조식

사진 35. 산치 1탑 북문 서쪽 석주의 내측면 조식

사진 36. 산치 1탑 북문 동쪽 석주

사진 37. 산치 1탑 북문 동쪽 석주의 수문신

사진 38. 산치 1탑 북문 동쪽 석주의 전면 세부

사진 39. 산치 1탑 북문 동쪽 석주의 내측면 조식

사진 40. 산치 1탑 북문 보의 후면 조식

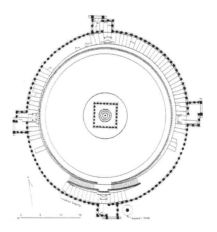

도면 1. 산치 1탑 평면도(『THE ART OF ANCIENT INDIA』 p.92에서 전재)

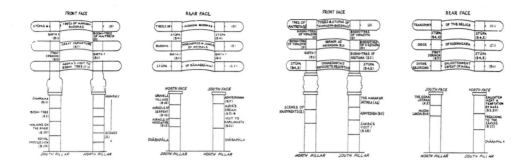

도면 2. 산치 1탑 동문의 조각 전개도(『SANCHI』 p.22에서 전재)   도면 3. 산치 1탑 서문의 조각 전개도(『SANCHI』 p.26에서 전재)

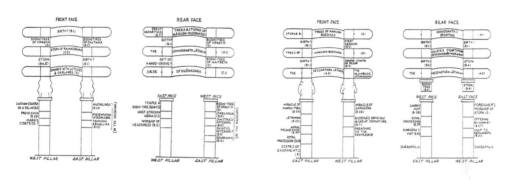

도면 4. 산치 1탑 남문의 조각 전개도(『SANCHI』 p.24에서 전재)   도면 5. 산치 1탑 북문의 조각 전개도(『SANCHI』 p.20에서 전재)

교하고성 내 불탑에 관한 고찰

Ⅰ. 서론

중국 新疆省 吐魯番市 외곽에 자리한 交河故城은 沟牙강의 두 줄기의 물길이 좌·우로 흐르면서 형성된 분지 상면에 건립된 토성이다. 이 토성은 기원전 2-5세기 걸쳐 車師人들에 의해 건립된 차사왕국의 도성으로 알려져 있다. 전체 면적 47만㎡에 달하는 성내에는 민가, 행정 그리고 불교사원이 집중된 구역으로 구성되어 있는데, 이 중 이 글의 주제인 불탑이 건립되어 있는 사원구역이 주목된다. 교하고성에 건립되어 있는 사원은 주로 성내 북쪽 지역으로부터 남쪽으로 전개되어 있다. 가장 북쪽에 자리한 탑림으로부터 동북불사, 서북불사, 대불사와 더불어 대불탑을 비롯해 상당수의 불탑이 존재한 사원터가 남쪽으로 내려오면서 건립되어 있다.[1]

교하고성에 존재하는 불탑들은 실크로드상에서 확인되는 탑들이 그러하듯이 모두 진흙벽돌로 조성된 탓에 대대분이 파손된 채로 확인된다. 그럼에도 불구하고 완전하거나 비록 파손되었지만 원형을 파악할 수 있는 불탑에서는 인도와 간다라 불탑과 양식적 동질성이 확인된다는 특성을 지니고 있어 주목된다. 즉, 인도 그중에서도 간다라 불탑이 지닌 다양한 양식이 확인되고 있어 서안을 중심으로 한 내륙에서 건립되는 전탑은 물론 중국화 되기 이전의 불탑 양식을 규명하는데 중요한 단서를 제공하고 있다. 뿐만 아니라 투루판의 동쪽 지역에서는 간다라 양식을

---

1 李尚은 139개의 불탑이 있다고 밝힌 바 있다. 하지만, 현존하는 성내의 모든 불탑이 진흙벽돌로 조성된 탓에 파괴가 심한 유적에 대해서는 건출물과 불탑의 기저부를 구분하기 어려운 일면이 있음을 밝힌다. 李尚, 『交河故城的形制布局』, 文物出版社, 2003, p.139.

지닌 거대한 규모의 불탑이 거의 없다는 점에서 교하고성에 건립되어 있는 불탑이 지닌 특성의 규명은 중국불탑사에서 중요한 의미를 지닌 것으로 이해된다. 하지만, 중국학계에서는 신장지역의 불탑에 대한 연구 가운데서 부분적으로 언급되었을 뿐 교하고성의 불탑에 대해서는 집중적인 연구가 진행되지 못했다.[2] 본고에서는 중국에서 진행된 연구성과와 필자의 현지 답사자료를 중심으로 교하고성에 존재하는 불탑에 대해 유형분석과 특성에 대해 고찰하고자 한다.

II. 유형

교하고성의 내부는 크게 사원, 민가 그리고 관공서의 세 지역으로 구분된다. 이 중 사원구역은 가장 북쪽의 탑립으로 부터 남쪽으로 내려오면서 중심부를 관통하는 중앙대도의 서쪽 지역에 주로 분포되어 있다. 사원 구역내에서는 상당수의 불탑이 확인되는데, 모두 진흙벽돌을 기반으로 조성한 탓에 원형을 유지하는 경우는 극히 드물다. 현지조사에서 가장 많이 확인되는 탑의 부분은 기단부와 그 주변을 감싸는 담장이 대부분이지만, 이에서도 불탑의 원형을 규명할 수 있는 단서를 제공하고 있어 주목된다, 본 장에서는 필자가 진행했던 교하고성의 답사에서 확인한 불탑의 유형을 구분하고, 이들이 지닌 양식에 대해 살펴보고자 한다.

1. 인도(간다라)식 불탑의 배치 – 塔林

교하고성의 가장 북단에 자리한 佛塔群으로 중앙에 메인 탑을 중심으로 네 모퉁이에 각각 25개씩 모두 100좌의 소탑을 배치한 형식을 지니고 있다.(사진 1) 따라서 모두 101기의 불탑이 조성된 것으로 이같은 배열 방식을 인도와 간다리 불탑의 전형적인 배치방식이어서 주목된다. 이처럼 중앙의 메인탑을 중심으로 사방에 봉헌탑이 조성된 예는 녹야원, 나란다, 바라나시 불탑을 비롯해 간다라의 다르마라지카 스투파 등지에서 확인된다. 따라서 인도와 간다라에서 확립된 불탑의 양식과 배치방식은 실크로드를 통해 중국으로 전파되었음을 알 수 있다. 실제로

---

2 교하고성의 불탑에 대해서는 신장지역의 불탑을 총체적으로 논하는 가운데서 부분적으로 논증한 경우와 탑림에 대해 집중적으로 연구한 성과가 있다. 이와 더불어 교하고성의 불교유적에 대한 복원적 의미에서 연구한 결과물이 있다. 模拉克 外, 「丝绸之路新疆段佛塔特征研究」, 『建筑学报』 S1期, 2015, 樊睿, 「交河塔林與密教東漸」, 『西域研究』, 2000년 및 「交河塔林與密教東漸 2」, 『敦煌研究』67, 2001, 孟凡人, 「交河故城形制布局特点研究」, 『考古学报』 2001年 第4期, 陈晓露, 「西域回字形佛寺源流考」, 『考古』 2010 第11期, 梁涛, 「交河故城西北佛寺复原研究」, 『建筑史』26辑, 2010,

사진 1. 탑림 전경　　　　　　　　　　　　　　　　사진 2. 탑림 봉헌탑

실트로드상에서는 카스의 모르 유적 불탑, 쿠차의 스바시불교유적 중앙사원지 메인탑과 더불어 교하고성의 탑림에서 이 같은 양상을 볼 수 있다. 더불어 가장 특기할 점은 앞서 언급한 카스와 쿠차의 유적에서 확인된 불탑의 봉헌탑은 모두 허물어져 지표면에서 그 잔형만이 확인됨에 비해 교하고성의 탑림은 대부분이 완형을 유지하고 있다는 점이다.(사진 2) 뿐만 아니라 탑의 건축 재료는 전부 황토를 이용하여 흙을 다져 만들어서 이 塔群이 土塔群이다.[3] 이처럼 탑림에서 확인되는 토탑의 형상은 실크로드상에서 확인되는 모든 불탑에서 공통적으로 나타나는 양상으로, 현지에 고유한 生土技法을 사용했다. 즉 夯土와 흙벽돌로 한데 쌓아 올린 實心拱券 건축형식이고 대부분 건타라불탑의 외형을 모방한 것이다.[4] 이같은 면면은 이 지역의 자연조건을 최대한 활용한데서 기인한 것으로 이에 대해서는 III장에서 서술하고자 한다.

　탑림에서 가장 주목되는 점은 중앙에 배치된 불탑의 양식이다.(사진 3-5) 이 탑은 탑신에 비해 매우 낮은 기단을 구축했는데, 네 면의 중앙부에 각각 계단이 설치되어 상면으로 오를 수 있는 구조를 이루고 있다. 하지만, 탑의 기단부가 협소해 실제로 상면으로 오를 수 는 없지만, 인도의 산치불탑과 다르마라지카 불탑에서 계단을 통해 탑신부에 올라 자연스럽게 탑을 돌면서 기원을 했던 구조가 전래된 것으로 이해된다. 이같은 면면은 쿠차의 스바시 고성 중앙사원지의 불탑(사진 6.7)이나, 화전의 라와크 사원지 불탑(사진 8)에서 보듯이 실제로 탑신부에 올라 예배를 보거나, 일주할 수 있는 구조를 지닌 불탑이 실존함으로써 간다라 불탑의 기능성까지 전파된 것으로 파악되는데, 탑림의 메인탑에서는 탑신으로 오를 수 있다는 상징성이 강조되고 있다.[5]

　중앙의 탑신은 비록 반파되었지만, 상면은 원구형의 형상을 이루었을 것으로 추정된다. 이

3　張馭寰, 『中國佛塔史』, 科學出版社, p.69, 2006.

4　模拉克 外, 「丝绸之路新疆段佛塔特征研究」, 『建筑学报』 S1期, 2015,

5　후술하겠지만, 교하고성의 대불탑에서도 탑신 전면에 공간이 형성되어 있어 예불을 할 수 있는 공간이 형성되어 있다. 이는 쿠차 스바사유적의 중앙사원이 메인 불탑과 같은 양상을 보이고 있다.

사진 3. 탑림 메인탑

사진 4. 탑림 메인탑 기단부

사진 5. 탑림 메인탑 탑신부

사진 6. 쿠차 스바시고성 중앙사원지 불탑

사진 7. 쿠차 스바시고성 중앙사원지 불탑 상면의 평탄지

사진 8. 호탄 라와크 사원지 불탑

와 더불어 불탑의 전체는 흙벽돌로 구축하고, 기단과 탑신의 외벽에는 고운 진흙을 겹겹이 발라 진흙벽돌로 조성한 불탑에 초화류에 의한 피해를 방지하고 있다.[6] 더불어 탑신 곳곳에서 확

6 실크로드상에서 확인되는 모든 불탑은 현지의 고유한 생토기법 즉, 불에 굽지 않은 진흙벽돌로 조성했다. 때문에 황하유역에서 조성된 전탑의 조성재료와는 강도면에서 완전히 다른 양상을 보인다. 뿐만 아니라

인되는 원형 구멍에는 지금도 목재가 확인되는바, 이는 구조적인 면에서 흙벽돌로만 조성되는 불탑에 인장력을 확장시킴과 동시에 불탑 조성시 작업 공간의 확보를 위한 시설물로 추정된다. 이같은 중앙 불탑의 네 면에 각각 25기 씩의 봉헌탑이 배치되었고, 이를 담장이 둘러싸고 있다. 따라서 기단부와 탑신부에 조성된 전체적인 외관을 보면 이 탑은 寶篋印塔의 式樣으로 조성되었음을 알 수 있다.[7] 더불어 탑림의 배치 방식을 밀교의 東漸에 의한 密敎五佛曼陀羅로 보는 견해[8]와 불교에서 자주 사용되는 101또는 108이라는 숫자와 연관시키는 견해[9]가 대두된 바 있다. 필자는 중앙의 불탑을 중심으로 네 곳에 각각 25기의 봉헌탑을 배열한 것은 기 해석한 바와 같이 밀교 또는 불교의 숫자와의 연관성도 무시할 수 없지만 보다 근본적인 것은 간다라 불탑의 영향이라는 측면이 강하게 작용한 것으로 생각된다. 탑림의 구조를 보면 101기의 탑이 시간적 차이를 두고 건립되었다고 볼 소지가 없다. 왜냐하면 대대부의 봉헌탑이 양식과 규모면에서 일치하고, 질서정연하게 배치되었기 때문이다. 때문에 동시에 조성되었을 가능성이 농후한 것으로 판단되는데, 대체로 당대에 건립된 것으로 보고 있다.

2, 사방불이 조성된 탑

교하고성내에는 평면 방형의 탑신 네 면에 감실이 조성되어 사방불이 조성되었을 것으로 추정되는 불탑이 있다. 앞서 언급한 바와같이 기왕에 조사된 불탑이 139기라는 점을 보면 상당수가 건립되었을 것으로 추정되지만, 필자의 조사 자료를 바탕으로 볼 때 사방불의 존재를 파악할 수 있는 경우는 2기이다.

동북 소불사에 건립되어 있는 소형의 불탑은 기단부만 현존하고 있어 탑신부의 양상은 알 수가 없다. 하지만, 기단의 네 면에 모두 감실의 흔적이 남아있다. 특히 감실의 내벽에 해당하는 기단 면석부분이 다듬어져 있는 것을 보면 별도의 불상을 조성해 등쪽을 부착시켰던 것으로 추정된다.(사진 9.10) 이와 더불어 대불사의 서쪽편에 있는 불탑에서도 이같은 조형이 확인된다. 이 불탑낮은 기단 상면에 높직한 탑신을 구축했는데, 각 면에 舟形 감실이 조성되어 있다. 이 곳에 있었을 것으로 추정되는 불상은 모두 결실되었지만, 형상을 볼 때 별도로 조성된 사방불이 부착되어 있었을 것으로 추정된다.(사진 11.12)

초분류가 번식하기에 좋은 환경적 요인도 지니고 있다. 때문에 이 지역의 사람들은 불탑의 표면에 진흙을 도포함으로써 재료에 따른 구조적인 결함과 생물학적 피해로부터 탑을 보호했다. 이같은 전통은 북위시대 이래 건립되는 전탑에서도 적용되어 탑을 보호하거나 표면에 불교회화를 그리는 방편으로 계승되었다.

7 주 3과 같음.
8 樊睿,「交河塔林與密敎東漸」,『西域硏究』, 2000년 및 「交河塔林與密敎東漸 2」,『敦煌硏究』67, 2001.
9 주 3과 같음.

사진9. 동북소사 불탑 전경

사진10. 동북소사 불탑 북쪽면 감실

사진11. 대불사 서편 지역 불탑(정면)

사진12. 대불사 서편 지역 불탑(측면)

이상에서 살펴본 바와 같이 교하고성에 건립된 불탑에서 확인되는 사방불의 존재는 이미 간다라 불탑에서 확인된 바 있다. 즉, 다르마라지카 유적의 J1 스투파에서 확인된 사방불의 양상이[10] 교하고성에서 등장함 매우 주목되는 현상이다. 따라서 간다라 불탑에서 시작된 사방불의 배치 방식은 교하고성에서 사방불이 배치된 불탑을 건립함으로써 중국에서의 양식적 완성을 이루고 있다. 이처럼 사방불이 불탑애 조성됨은 탑신의 전면에 거대한 불상을 배치한 카스의 모르불탑(사진 13.14)에서 간다라 불탑의 양식과 신앙이 재현되고, 쿠차의 克孜爾石窟 38굴 및 171굴[11]과 투루판의 吐峪溝石窟 44굴에 그려진 불탑 회화[12]를 거치며 교하고성에 이르러 사방불로 완성된 것으로 추정된다.

---

10 박경식, 「한국 불탑 부조상의 기원 고찰」, 『동양학』 67집, 단국대학교 동양학연구원, 2017.

11 新疆美術撮影出版社, 「克孜爾」, 『中國新疆壁畵全集』, p.102 및 p.195,1995. 이들 불탑은 克孜爾石窟의 초창기인 3세기 말에서 4세기 중엽 사이에 조성된 것으로 연구되어 있다. 같은 책, p.3 杨淑红, 「克孜爾石窟壁畫中的佛塔」, 『新疆师范大学学报&哲学社会科学版』 제27권 제 2기, 2006.

12 新疆美術撮影出版社, 「吐峪溝」, 『中國新疆壁畵全集』, p.19, 1995. 불탑이 그려진 44굴은 고창국 시기인 327년에서 640년에 조성된 것으로 연구되어 있다. 같은 책, p.3.

사진13. 喀什 莫尔佛寺遺址 東塔 | 사진14. 喀什 莫尔佛寺遺址 東塔 감실부

3. 탑신 네 면에 모두 불상이 조성된 불탑

간다라지역에 존재한 쥬리안 사원지의 메인탑과 봉헌탑에는 모두 탑신 네 면에 모두 불상이 배치되었다는 공통점이 있다. 뿐만 아니라 불상들은 스투코를 바른 벽에 부착되는 방식으로 고정되었고 모두 좌상이다.[13] 이처럼 탑신 전체 면에 불상에 조성된 모라모라두 유적에 건립된 원구형불탑에서도 확인되고 있어 간다라 지역에서 완성된 양식으로 판단된다. 더불어 불상이 불탑의 탑신 전면에 배치되는 양상은 가장 먼저 건립된 산치불탑에서는 보이지 않음을 볼 때, 5세기 무렵에 간다라 지역에서 등장하는 신양식으로 판단된다. 이를 통해 탑과 불상이 서로 다른 매체가 아나라 불교도에 있어 동일한 신앙의 존재라는 점을 조형으로 완성한 것으로 이해된다. 이처럼 간다라에서 시작된 탑신 전면을 불상으로 가즉 채운 불탑은 실크로드상의 유적에서는 확인되지 않는다. 하자만, 탑신의 정면에 불상을 봉안하는 것으로 그 계통이 이어져 오다가[14] 교하고성에 이르러 대불사 불탑에서 그 예를 볼 수 있다.(사진 15-18)

대불사 불탑은 사방이 흙벽돌로 구축된 담장 안에 건립되어 있다. 높직한 장방형 기단 상면에 방형의 탑신을 두고 다시 그 상면에 불감이 구비된 탑신을 두었다. 흙벽돌로 건립한 불탑의 벽체에는 고운 진흙을 발라서 매끈하게 정면했는데, 상층 탑신부에는 탑신 네 면을 돌아가며

13 박경식, 주 10의 논문.
14 실크로드상의 불탑에서 투루판 이전 지역의 불탑에서 전면에 불상을 보안한 경우는 카스의 모르불탑과 쿠차의 克孜爾石窟 38굴 및 171굴과 투루판의 吐峪溝石窟 44굴에 그려진 불탑 회화에서 확인된다. 新疆美術撮影出版社, 「克孜爾」, 『中國新疆壁畵全集』, p.102 및 p.195, 1995. 이들 불탑은 克孜爾石窟의 초창기인 3세기 말에서 4세기 중엽 사이에 조성된 것으로 연구되어 있다. 같은 책, p.3 楊淑红, 「克孜爾石窟壁畵中的佛塔」, 『新疆师范大学学报&哲学社会科学版』 제27권 제 2기, 2006. 新疆美術撮影出版社, 「吐峪溝」, 『中國新疆壁畵全集』, p.19, 1995. 불탑이 그려진 44굴은 고창국 시기인 327년에서 640년에 조성된 것으로 연구되어 있다. 같은 책, p.3.

사진15. 대불사 불탑(정면)

사진16. 대불사 불탑(측면)

사진17. 대불사불탑 탑신부 감실

사진18. 대불사불탑 탑신부 감실 내 불상

감실이 조성되었다. 탑신에 조성된 감실은 동쪽 면 4개소, 북쪽 면에 6개소, 서쪽 면에 4개소가 남아 있다. 이 중 동쪽면의 왼쪽 상단의 불감에는 불상의 흔적이 남아있고, 북쪽면의 상단 2개 소에도 불상이 현존하고 있다. 현존하는 불상은 모두 소조불인 바 표면에는 고운 진흙을 도포 했으며, 중심에는 木心으로 사용된 나무의 흔적이 관찰된다. 더불어 완전한 양식을 지닌 북쪽면 의 불상은 통견법의를 입은 좌상으로 조성되었다. 더불어 벽면의 형상을 볼 때 불상은 불탑의 각 면에 등을 대고 있어 별도로 조성해 봉안한 것으로 보이는데, 이같은 양상은 이미 간다라 지 역의 불탑에서 확인한 양식이기에 주목된다.[15]

....

15 투루판에 위치한 고창고성 안에도 이와 유사한 불탑이 있어 주목된다. 즉 성내 서남쪽에 위치하는 대불 사 사역 안에 건립된 불탑으로 높직한 방형의 기단 상면에 같은 형식의 탑신이 조성되어 있다. 전면에는 아치형의 감실이 조성되어 불탑의 전면에 거대한 불입상이 조성되어 있었음을 추정할 수 있다. 불탑의 좌·우와 후면의 하단에는 3구의 감실이, 이의 상단에는 각 면 7구씩의 감실이 3단으로 조성되어 있다. 각각의 감실에는 불상이 남아있지 않지만, 채색흔적을 통해 본래는 불상이 봉안되었음을 알 수 있다. 이 로써 이 불탑은 전면에는 대형불상이, 나머지 면에는 24구씩 모두 73구의 불상이 봉안되었음이 파악된 다. 박경식, 주 10의 논문에서 재 인용.

4. 탑신부에 예배 공간이 마련된 탑

인도와 간다라의 불탑에서는 탑을 예배하기 기단을 통해 탑신을 오를 수 는 있지만, 머물기보다는 둘레를 일주하는 구조를 지니고 있다. 하지만, 실크로드상에서 건립된 불탑에서는 기단을 통해 오르는 탑신부에 일정 공간을 형성하고 예불을 올릴 수 있는 불탑이 건립되고 있다. 이같은 경우는 쿠차의 스바시유적의 중앙사원지의 메인탑에서 확인된다. 즉, 이 불탑은 다른 탑들과 마찬가지로 흙벽돌로 조성되었고, 정면에는 기단 상면으로 오를 수 있는 계단 시설이 남아있다. 이를 통해 기단에 오르면 약 10-20명 정도가 머물 수 있는 편평한 공간이 구성되어 있고, 정면에는 터널형의 구조체가 현존하고 있다. 따라서 인도와 간다라에서 탑을 일주하며 예불을 올릴 수 있는 구조가 쿠차에 이르러서는 예불을 드릴 수 있는 야외 법당과 같은 구조로 변화됨을 알 수 있다. 그런데 이같은 구조의 불탑이 교하고성의 중앙대탑에서 확인된다.(사진 19.20) 중앙대탑은 성내에 건립된 불탑 중 가장 큰 규모를 지니고 있다. 전체 높이 8.5 m의 규모인데, 높이 4m 정도의 기단 상면에 탑신을 올린 평명 방형의 형태를 지니고 있다. 탑신부는 3면이 벽체를 구축했는데, 남쪽변이 개방되어 있어 출입구로 활용했음을 알 수 있다. 불탑의 설명문에는 "내부 3면에 생토로 만든 대좌가 있다"라 기록된 점으로 보아 본래는 불상이 봉안되었던 것으로 추정된다. 탑으로 올라갈 수는 없지만, 육안으로 볼 때 벽체 내부에 평면이 형성되어 있는 점으로 보아 본래는 세 벽면에 불상을 봉안하고, 이 곳에서 예불을 올렸음을 추정할 수 있다. 이같은 양상은 인도 바라나시 불탑에서 기단 내부에 설치된 불당에 석가모니상을 봉안한 경우와, 아잔타 19굴과 26굴의 불탑에[16] 그 연원이 있다고 생각된다. 이처럼 탑신부에 공간을 구성하고 불상을 봉안한 경우는 인도에서 시작된 이래 쿠차의 스비시 중앙사원지 불탑을 거쳐 교하고성에 이르기까지 그 유형이 확인된다.

사진19. 중앙대탑 전경(정면)

사진20. 중앙대탑 탑신부

16 주 16과 같음.

5. 원구형불탑

교하고성내에 건립된 불탑중에서는 방형의 기단 상면에 원구형의 탑신을 올린 불탑이 확인
된다. 이 유형은 성내에 건립된 불탑중에서는 희소한 예로 판단되는데, 비록 파손되었지만, 원
형을 파악하기에 충분하다. 서북불사 인근에 위치한 이 불탑은 흙벽돌을 사용해 방형의 기단을
구축하고, 그 상면에 원구형의 탑신을 구축했다.(사진 21) 표면에 발랐던 진흙층이 벗겨져 내부
의 벽돌이 드러나 있지만, 전체적인 형상은 원구형의 탑신임을 짐작할 수 있다. 이 유형은 인도
의 산치대탑과 간다라 다르마라지카 불탑에서 시작된 양식이지만, 두 탑은 모두 기단부가 원형
을 유지하고 있다. 하지만, 간다라 스와트 지역의 싱가르다르 불탑에서는 방형의 기단을 구비
하고, 그 상면에 원구형의 탑신을 구축했다.(사진 22) 따라서 방형의 탑신 상면에 원구형 탑신
을 올린 양식의 불탑은 간다라 지역에서 정립된 양식임을 알 수 있다. 이 유형의 불탑은 파미르
고원을 넘어 카스의 모르유적에서 건립되고 이어 천산남로의 스바시불교유적의 서쪽사원지 불
탑에서 확인된다 뿐만 아니라 오아스시로에서는 대부분의 유적에서 이같은 양식의 불탑이 확
인된다.[17] 이처럼 간다라 양식을 충실히 재현한 불탑이 천산남로와 오아시스로 상의 사원지를
거치며 교하고성에서도 확인됨은 바로 이 지역이 교통의 요충이라는 지리적 특수성이 작용한
결과로 판단된다.

사진21. 원구형불탑

사진22. 간다라 싱가르다르 불탑

17 방형의 기단 상면에 원구형의 탑신을 올린 불탑은 천산남로에 비해 오아시스로에서 활발히 건립된 불탑
의 양식으로 생각된다. 和田의 熱瓦克寺址佛塔, 若羌 米兰故城佛塔 및 楼兰古城佛塔, 民風 安迪尔遺蹟 佛
塔, 尼雅遺蹟佛塔 등이 대표적이다. 模拉克은 "타림분지 남부라인 화전과 누란사이에 총 17처 대형불탑
이 있다"라고 보고하고 있다. 模拉克 外, 「丝绸之路新疆段佛塔特征研究」, 『建筑学报』 S1期, 2015. 和田에
서 若羌에 이르는 오아시스로 상에 위치한 유적중 熱瓦克寺址을 제외하면 대부분이 타클라마칸사막에 있
어 답사가 불가능하다. 따라서 불탑의 양식은 대두분이 사진상에서 확인할 수 있는데, 대부분이 방형 기
단위에 원구형의 탑신을 올린 양식을 보이고 있다.

Ⅲ. 특성

교하고성에는 137곳에 불탑이 있는 것으로 파악되고 있지만[18], 이를 분석해 보면 필자가 구분한 5가지 유형보다 더 증가될 가능성이 충분하다. 하지만, 대부분이 일정한 양식을 지니고 있고, 여러 가지 측면에서 공통점을 지니고 있어 이를 바탕으로 교하고성에 건립된 불탑의 특성을 고찰하고자 한다.

1. 조성재료

교하고성의 불탑은 불탑은 모두 흙벽돌을 사용해 건립했다. 이같은 양상은 교하고성의 유적 자체가 모두 흙으로 조성했다는 점에서 비롯된 것으로 이해될 소지가 충분하다. 하지만, 이는 교하고성만의 문제가 아니라 실크로드상에 건립된 모든 불탑과 건축물에 적용되는 문제라는 점이다.

인도와 간다라 지역에서 건립된 불탑은 대부분이 사암과 벽돌로 조성되었다. 즉, 조성 재료만으로 구분해 볼 때 초기 불탑은 석탑과 전탑이었음을 알 수 있다. 더불어 석탑을 조성했지만, 판석형의 석재를 사용한 것이 아니라 벽돌 크기로 자르고 다듬어 건립했다는 점에서 모전석탑의 유형임도 알 수 있다. 이처럼 초기 불타브이 조성재료로 석제돠 벽돌이 사용됨은 영속성이라는 측면을 가장 우선적으로 고려한 결과로 생각된다. 이처럼 신앙상 중요한 위치를 점한 불탑이 파미르 고원을 넘어 오늘날의 신강지역으로 전파되었을 때 조성 재료는 주요한 문제로 대두되었을 것으로 추측된다. 하지만, 타클라마칸사막이라는 절대적인 자연조건하에서 불탑의 건립은 이 지역 사람들에게 난제였을 것으로 판단된다. 왜냐하면 이들에게 주어진 자연환경의 중심에는 사막이라는 특수성이 전부였기 때문이었다. 하지만, 이 지역의 사람들은 실크로드 전 지역에서 확인되는 역암층에서 채취된 진흙과 이를 이용해 생산한 흙벽돌을 조성재료로 채택했다. 주어진 자연환경을 최대한 활용한 그들만의 삶의 지혜가 흙벽돌로 건립한 불탑이라는 새로운 패턴을 창출했다. 이에서 더욱 주목되는 점은 흙벽돌이 지닌 부서지기 쉽다는 점과 축조 시 발생한 벽돌과 벽돌 사이의 틈으로 초본류가 생성하지 못하도록 전체 표면에 진흙을 고루 발랐다는 점이다. 이는 자연환경을 최대한 활용하면서, 이에서 발생할 문제점까지 보완했던 현지인들의 지혜가 돋보이는 일면이라 하겠다. 이같은 방법은 이후 북위시대 이래 건립된 수 많은 전탑의 표면에 강회를 바르는 기술력으로 발전하는 모태가 되었다는 점에서도 주목된다.[19]

....

18 李尚, 『交河故城的形制布局』, 文物出版社, 2003.
19 북위시대 이래 唐代를 거치면서 건립된 수 많은 전탑의 표면에 강회가 도포되는 기술력은 실크로드에서

이처럼 실크로드 지역에서 불탑의 건립에 사용된 흙벽돌에 대해 대해 학계에서는 고유한 생토기법 즉, 夯土와 흙벽돌로 한데 쌓아 올린 實心拱券 건축형식으로 보고 있다.[20] 이를 보면 탑을 건립하기 전에 지반을 단단히 다진 후 이 지역의 고유한 생토기법 즉, 불에 굽지 않은 흙벽돌을 사용해 건립했음을 알 수 있다. 더불어 기단과 탑신의 외벽에 고운 점토를 덧발랐던 흔적이 확인됨은 불탑 건립 이후 생물학적 피해를 방지할 수 있는 대책도 수립되었음을 알 수 있다. 이처럼 모르 유적에서 시작된 불탑의 조성 방식 즉, 굽지 않은 흙벽돌로 조성하고, 외벽에 구운 점토를 바른 불탑은 이후 실트로드상에서 건립된 모든 사찰의 불탑에 적용되는 공통적인 기법이었다. 따라서 교하고성의 불탑에서 확인되는 진흙벽돌을 이용한 불탑의 건립은 이 지역이 지닌 자연조건으로 인해 자연스럽게 탄생한 결과로 판단된다.

2. 간다라 불탑 양식의 재현

교하고성에 건립되어 있는 불탑에서는 간다라 지역의 불탑에서 확인되는 대부부분의 양식이 재현되고 있어 주목된다. 즉, 인도와 간다라 지역에서 건립된 불탑은 외형적으로나 재료적인 측면에서 동질성을 확보하고 있는데, 기왕의 연구 성과를 바탕으로 이를 정리해 보면 다음과 같다.[21]

재료적인 측면에서 간다라의 불탑은 대부분이 석재와 벽돌로 조성되었다. 이같은 재료의 선택은 불탑이 지닌 신앙상의 문제에서 볼 때 영속성과 직결되기에 당연한 결과로 생각된다. 더불어 평면구도에 있어서는 다르마라지카 불탑에서는 평면이 원형을 이루지만, 대다수의 불탑에서는 방형의 기단에 원형의 탑신을 올리고 있다. 즉, 방형이라는 안정적인 평면을 기단을 삼고 전통적인 원구형의 탑신을 올린 불탑의 양식을 구축하고 있다. 더불어 배치에 있어서는 두 가지 형식이 등장하고 있다. 즉, 사역의 중앙에 메인불탑을 건립하고, 주변에 소형의 불탑을 배치하는 방식이다. 이같은 방식은 산치불탑에서도 확인되는 점으로 볼 때 인도의 초기 불탑에서 시작된 이래 간다라 지역으로까지 확대된 불탑의 배치방식이다. 이와 더불어 등장하는 또 하나의 방식은 중앙에 불탑을 건립하고, 이 주변을 감실이 구비된 벽체가 돌아가면서 건립된 방식

와 같이 전탑을 보호가기 위한 방편이지만, 불교와 연관된 회화를 그리기 위한 방책으로 발전하게 된다.

20 模拉克 外, 「丝绸之路新疆段佛塔特征研究」, 『建筑学报』 S1期, 2015,

21 김영애, 「달마라지카 사원구조와 불상조각」, 『강좌미술사』 23, 2004. 한국미술사연구소. 박도화, 「닥트이 바히 사원지 구조와 불상조각」, 『강좌미술사』 23, 2004. 손신영, 「간다라 방형기단 불탑의 一考察」, 『강좌미술사』 25. 한국불교미술사학회, 2005. 천득염, 김준오, 「인도 쿠샨시대의 스투파 형식」, 『건축역사연구』 제21권 6호, 2012. 박경식, 「분황사 모전석탑의 양식 기원에 대한 고찰」, 『신라문화』 41. 동국대학교 신라문화연구소, 2013 및 「한국 불탑 부조상의 기원 고찰」, 『동양학』 67집, 단국대학교 동양학연구원, 2017.

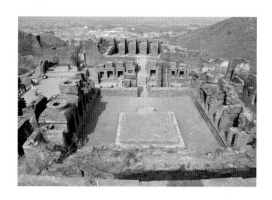

사진23. TAKHT-e-BAHI 유적 중앙 불탑지

사진24. 쿠차 스바시유적 서쪽사원지 불탑

이다. 감실안에는 각각 불상이 봉안되어 있어 불상이 탑을 시위하는 형식을 취하고 있다. 이같은 방식은 간다라 사원지에서 가장 많이 확인되는데, 가장 대표적인 사찰은 TAKHT-e-BAHI 유적이다.(사진 23) 이 사원지는 중심 구역에 방형의 기단을 지닌 불탑을 건립하고, 이 주위를 감실이 조성된 벽체가 감싸고 있는 구조를 지니고 있다. 감싱의 내부에는 간다라 양식을 지닌 불상(입상)이 봉안되어 있다. 따라서 삼면에서 불상이 중앙에 건립된 탑을 바라보는 형상을 취하고 있음을 알 수 있다. 이같은 구조는 중앙의 불탑과 봉헌탑의 관계가 형성되는 전자가 먼저 건립되고, 후자의 경우는 불상이 탄생된 이후에 조성되기 시작한 것으로 이해된다. 이와 더불어 기단 및 탑신의 네 벽면에 불상이 부착된 불탑이 건립되고 있다. 이같은 경우는 간다라 불탑에서 확연히 정착되고 있는바, 사방불이 조성된 것과 탑신 전체에 조성된 두 가지 양상이 모두 확인된다. 뿐만 아니라 산치대탑과 다르마라지카 불탑을 위시한 인도와 간다라 지역의 불탑에서는 기단부에 설치된 계단을 통해 탑신부으로 올라 일주할 수 있는 구조를 지니고 있다. 이처럼 간다라 지역에서 확립된 불탑의 배치와 양식은 실크로드를 따라 교하고성의 불탑에 이르기 까지 전파되고 있어 주목된다. 이를 하나하나 고찰해 보면 다음과 같다.

첫째, 건립된 불탑은 방형 및 원형또는 양자가 결합된 평면구도를 이루고 있다.

인도에서 건립된 불탑은 원형의 평면구도에서 시작되었다. 이후 간다라지역에서 방형의 평면구도가 중심을 이루면서 기단부는 방형, 탑신부는 원형의 평면이 결합된 형식으로 정착된다. 이처럼 다양한 평면구도가 채용됨은 불교의 발전에 따른 사찰과 불탑의 건립에 대한 수요 증가에 따른 결과로 이해된다. 즉, 불탑의 건립에 따른 시간과 경비의 절감은 물론 불탑의 높이가 상승됨에 따른 시각적 안정감과 하중의 분산을 꾀하기에 가장 적합한 구조였기 때문이라 판단된다. 이처럼 간다라에서 정착된 방형과 복합적인 평면구도에 대한 인식은 불교의 동점과 함께 실크로드 지역으로 전파되었다.

간다라와 중국의 접경지역인 불교가 정착된 첫 도시였던 카스에서의 건탑은 이 지역의 자연환경이 최대한 할용된 흙벽돌이 재료로 사용되었다. 이후 실크로드상에서 건립되는 모든 불탑은 조성재료가 흙벽돌이라는 취약성으로 인해 방형의 평면은 더욱 활용되었다.[22] 뿐만 아니라 방형과 원형의 구조된 복합된 불탑에서도 이같은 경향은 그대로 적용되었다. 따라서 교하고성에 건립되어 있는 불탑에서도 방형의 평면이 주종을 이루고 있음은 이 지역만의 특성이 아니라 실크로드 전역에서 성행했던 건탑의 경향으로 판단된다.

둘째, 인도와 갈다라의 대표적인 건탑의 배치 방식인 중앙에 건립된 메인 불탑을 중심으로 주변에 소형의 봉헌탑이 배치되는 방식은 바로 탑림에서 명확히 보여주고 있다, 하지만 이같은 양상은 교하고성에서 갑자기 나타나는 양식이 아니다. 즉, 앞서 언급한 바와 같이 카스의 모르 유적에 건립된 원구형 불탑의 주변과 스바시 유적의 중앙사원지 방형불탑 주위에서도 확인된다.(사진 25.26) 양 탑의 주위에 조성된 봉헌탑은 조성재료가 흙벽돌인 관계로 대부분 멸실되었지만, 본래 탑이 있었던 잔재가 확인된다.[23] 이처럼 간다라 양식의 불탑배치는 실크로드를 따라 카스와 쿠차를 거치며 투루판에 이르러 탑림의 불탑으로 건립되었다. 따라서 탑림에 조성된 중앙탑과 이의 주변에 배치된 100기의 봉헌탑은 앞서 언급한 바대로 밀교의 영향 또는 불교에서 중요시 하는 숫자의 개념으로 해석할 수도 있지만,[24] 간다라로부터 전파되어온 불탑의 배치방식 또한 중요한 요인으로 판단된다.[25]

사진 25. 모르유적 불탑 주변 봉헌탑 흔적

사진 26. 스바시유적 중앙사원지 불탑 주변 봉헌탑

22 실크로드상에서 확인되는 불탑의 평면은 크게 방형, 원형 그리고 방형과 원형이 결합된 세가지 형식이 모두 등장한다. 이중 원형과 방형이 결합된 형식은 주로 오아시스로에 건립된 불탑에서 채용된 반면 방형의 평면은 주로 천산남로 지역의 불탑에서 확인된다.
23 이처럼 봉헌탑의 존재함은 필자가 현지 조사시 확인한 내용임을 밝힌다.
24 주 4 및 8과 같음.
25 이같은 배치 방식은 투루판을 지나 과주 인근에 자리한 塔尔寺의 불탑과 하서주랑의 武威市 인근에 위치

사진 27. 호탄 라와크사원지 불탑과 담장 　　사진 28. 쿠차 스바지 유적 서쪽 사원지 불탑과 주면 벽체 및 감실

셋째, 回字形 구조가 중심을 이루고 있다.[26]

　교하고성에 건립되어 있는 일부 사원구조에는 중앙에 불탑을 건립하고, 이 주위를 벽채로 둘러쌓아 마치 한자의 "回"字와 같은 구도를 이루는 예가 있다. 때문에 불탑 구역으로 진입한 신자는 벽체를 따라 조성된 회랑을 따라 자연스럽게 탑 주위를 일주하는 소위 탑돌이 의식을 행하게 된다. 이같은 회자형의 구조는 대하 지역에서 성행했던 배화교의 영향에서 발생된 구조로 판단하고 있는데, 쿠샨왕조사람들에 의해 간다라에 유입되었다.[27] 간다라 지역에 전파된 회자형 불사구조는 앞서 언급한 TAKHT-e-BAHI 사원지가 가장 대표적인 유적이다.[28] 이처럼 회랑을 지닌 회지형 구조는 실크로드로 전해져 호탄의 라와크사원지와 쿠차의 스바시유적의 서쪽 사원지에 가장 확연한 사원구조를 형성했다.(사진 27, 28) 이중 후자의 경우는 중앙에 방형기단 상면에 원구형의 탑신을 올린 간다라식 불탑을 조성하고, 주변에 감실이 조성된 벽체가 구축된 형식을 보이고 있다.[29] 陳曉露은 이같은 회자형 구조의 사원을 露塔式과 堂塔式으로 분류하고 있는데,[30] 앞서 언급한 유적을 포함해 교하고성에 건립되어 있는 回字 형식의 구조는 露塔式으로 판단된다. 이는 성내 불탑의 대부분이 주변에 담장을 두르고 있지만, 지붕이 없는 구조적 특징을 지니고 있기 때문이다. 이같은 구조는 탑에 불상의 봉안 여부와 관계없이 적용되

한 百塔寺의 불탑에서도 확인된다.

26　陳曉露, 「西域回字形佛寺源流考」, 『考古』 2010 第11期,

27　주 27의 논문, pp81-82.

28　박도화, 「닥트이바히 사원지 구조와 불상조각」, 『강좌미술사』23, 2004.

29　호탄에 건리보딘 라와크유적에는 두출형의 방형기단 상면에 원구형의 탑신을 올린 간다라식 불탑을 조성하고, 이 주변을 불상이 부착된 벽체가 둘려져 있어 간다라지역의 TAKHT-e-BAHI 사원지 유적과 동일한 양상을 보이고 있다. 주 29의 논문 및 張健波, 「热瓦克佛寺雕塑综考」, 『艺术探索』第 33卷 第6期, 2019. 李永康, 「热瓦克佛寺遗址雕塑初论」, 『考古』 2020-1기,2020.

30　주 27의 논문, pp.84-85.

사진 29. 대불사 서쪽 불탑지 회자형 구조 1   사진 30. 대불사 서쪽 불탑지 회자형 구조2

는데, 대불사 서쪽지역의 불탑지에서 확연히 볼 수 있다. (사진 29, 30) 뿐만 아니라 사방불 또
는 탑신 전체에 불상을 봉안한 경우에도 이같은 형식을 지니고 있어 투루판을 중심으로 한 지
역에서 특히 선호했던 불탑의 배치와 신앙을 살필 수 있는 구조라 판단된다. 특히 이처럼 교하
고성의 불탑에서 한 특징으로 파악되는 회자형 구조, 특히 노천식의 성행은 투루판을 포함한
신장 지역이 지닌 자연적인 환경 즉, 건조하고 메마른 기후조건이 중요한 요인으로 작용했을
것으로 추정된다.

　넷째, 탑신에 불상이 부착된 불탑이 건립되고 있다.

　인도 산치에 건립되어 있는 불탑의 기단과 탑신에는 장엄이 부조되지 않았다, 하지만, 간다
라 지역에 건립된 다르마라지카 불탑의 탑신에는 감실이 조성되어 있어 본래는 불상이 부착되
어 있음을 알 수 있다.[31] 이와 더불어 간다라에 건립된 모라모라두 및 쥬리안 유적을 비롯한 다
수의 사원지에 건립된 불탑에서는 기단과 탑신에 불상이 봉안되어 있음을 알 수 있다. 게다가
이들이 지닌 공통점은 탑과 불상이 동시에 조성된 것이 아니라 스투코 소재의 불상을 별도로
조성해 부착했다는 점이다.[32] 이는 간다라 지역의 불탑이 판석형의 석재로 조성한 것이 아니라
사암 성분의 석재를 벽돌 크기로 자르고 다듬어 건립한 건축적인 속성에 기인한 것으로 생각된
다.[33] 이처럼 별도의 불상을 조성해 기단과 탑신에 부착하는 방식은 실크로드상에 건립된 불탑

....

31　김영애, 2004, 「달마라지카 사원구조와 불상조각」, 『강좌미술사』23; 金秄優, 2006, 「미술사의 작가와
　　유파: 조각: 탁실라 달라미지카 사원지 간다라 스투코 상의 연구」, 『강좌미술사』26; 손신영, 2005, 「간다
　　라 방형기단 불탑의 一考察」, 『강좌미술사』 25. 박경식, 「한국 불탑 부조상의 기원 고찰」, 『동양학』 67집,
　　단국대학교 동양학연구원, 2017.

32　박경식, 「한국 불탑 부조상의 기원 고찰」, 『동양학』 67집, 단국대학교 동양학연구원, 2017.

33　이처럼 기단이나 탑신에 직접 불상을 부조하지 않고 별도로 조성해 부착하는 방식은 간다라에서 시작되
　　어 실크로드를 통해 중국으로 전파된 것으로 판단된다. 중국 역시 벽돌로 조성한 전탑이 중심을 이루고
　　있기 때문이다. 하지만, 기단과 탑신을 면석으로 조성한 한국의 석탑에서는 이에 직접 불상을 조각함으

과 석굴의 벽화에서 확인된다.[34]

간다라에서 시작된 탑에 불상을 봉안하는 양식은 결국 불탑과 불상이 신앙상 차별성이 없음을 드러내는 요인으로, 천산남로를 따라 전파되어 교하고성의 불탑에서도 확인된다. 이 지역의 불탑에서는 탑신에 감실을 조성하고, 각면 1구씩 사방불을 조성한 것과 탑신 네 면에 층단을 이루며 감실을 조성하고 불상을 조성한 두가지 유형으로 구분된다. 이중 전자는 동북 소불사와 대불사의 서쪽편에 있는 불탑으로, 사방불로 조성되었던 불상은 모두 결실되었다. 하지만, 탑신의 벽면이 다듬어져 있는 점으로 볼 때 본래는 불상이 있었던 것으로 추정된다. 이와 더불어 대불사 불탑은 탑신을 상·하 2단으로 구획한 후 각 면에 감실을 조성하고 별도로 조성한 불상을 부착했다. 이 불탑에는 현재의 상황을 볼 때 30여구의 불상이 봉안되었을 것으로 추정되는바, 석굴사원에서 조각되었던 천불상을 의도한 조성으로 추정된다. 이와 더불어 탑신 상면에 예불할 수 있는 공간이 조성된 대불탑과 원구형의 양식을 지닌 불탑도 확인된다.[35]

이상에서 교하고성에 건립되어 있는 불탑과 간다라 불탑과의 연관성에 대해 살펴보았다. 결과적으로 인도와 간다라지역의 불탑이 지닌 대부분의 양식이 재현되고 있다는 특성을 보이고 있음이 파악되었다. 이는 재료적인 면에서 흙벽돌이 중심을 이룬다는 점을 제외하면 간다라 불탑이 지닌 대부분의 양식은 물론 배치에 이르기까지 공통점이 확인 된다는 점에서 교하고성의 불탑은 간다라 불탑의 축소판이라 해도 과언이 아닐 것으로 생각된다. 이처럼 불탑을 통해서 확인되는 양상 즉, 동·서양의 문화적 공통점이 확인되는 것은 투루판 지역이 천산북도와 남로 그리고 오아시스로가 모두 통과되는 교통의 요충이라는 지리적인 면이 가장 크게 작용한 결과로 이해된다.

IV. 맺는말

실크로드의 주요 도시 중 한곳인 투루판시 외곽에 위치한 교하고성은 기원전 2-5세기에 車師人들에 의해 건립된 차사왕국의 도성으로 알려져 있다. 전체 면적 47만㎡에 달하는 거대한

로써 간다라와 중국과는 다른 일면을 보이고 있다. 따라서 간다라에서 시작된 기단과 탑신에 불상을 붙착하는 방식은 조성 재료에 따른 차이에서 비롯된 것으로 본다.

34 기단이나 탑신에 불상을 부착한 방식은 喀什의 모르유적 불탑, 庫尓勒 七个星佛寺遺址의 방형 기단, 쿠차의 克孜爾石窟 38굴 및 171굴 및 투루판의 吐峪溝石窟 44굴에 그려진 벽화의 불탑등에서 확인된다. 李永康, 「新疆焉耆佛教雕塑初探」, 『美术學』, 2018 12기, 2018. 新疆美術撮影出版社, 「克孜爾」, 『中國新疆壁畵全集』, p.102 및 p.195와 「吐峪溝」, 『中國新疆壁畵全集』, p.19, 1995.

35 예불공간 조성된 불탑 및 원구형 불탑과 간다라 불탑과의 연관성에 대해서는 이미 II장에서 서술했음을 밝힌다.

성내에는 민가와 행정 그리고 사원구역이 잔존해 있어 도성으로서의 기능에 충실함을 알 수 있다. 성 내에 잔존하는 모든 유적은 진흙으로 조성되어 세계적으로 토축 유물이 가장 많은 유적으로 알려져 있다. 이중 사원지 유적은 가장 북쪽에 자리한 탑림으로부터 남쪽으로 내려오면서 동북불사, 서북불사, 대불사와 더불어 대불탑을 비롯해 상당수의 불탑이 조성되었는데, 대체로 139개소에 불탑이 잔존하는 것으로 파악된 바 있다. 하지만 139개소는 소다양한 규모의 사찰과 불탑만 조성된 경우까지 모두 포함된 수치라 판단된다. 왜냐하면 앞서 언급한 바와 같이 성내의 유적은 모두 土築이기에 대부분이 파괴되어 원형을 유지하는 경우는 소수에 불과하기 때문이다. 그럼에도 전체적인 자취와 잔존하는 형상으로 볼 때 원형에 대한 유추는 물론 양식적 기원 문제를 고찰하는 데 큰 어려움이 없는 것으로 판단된다.

필자는 교하고성을 답사한 자료를 바탕으로 성내에 잔존하는 불탑을 塔林을 중심으로 한 인도식 불탑배치, 사방불이 조성된 탑, 탑신 네 면에 불상이 조성된 불탑, 탑신부에 예배 공간이 마련된 탑, 원구형불탑의 5가지 유형으로 구분했다. 이와 더불어 각각의 불탑들이 지닌 양식은 실크로드와 교하고성에서 새롭게 창안된 양식이 아니라 타클라마칸사막을 중심으로 전개되었던 실크로드의 자연환경을 최대한 활용해 조성한 것으로 파악했다. 이와 더불어 흙벽돌이라는 조성재료의 선택과 간다라 불탑과 양식적으로 연관성을 가장 큰 속성으로 파악했다.

교하고성에 건립된 불탑은 크게 두 가지의 특성을 지니고 있다. 먼저 조성재료적인 측면에서는 천산남로와 오아시스로 주변의 자연환경은 이 지역의 고유한 생토기법을 탄생시켰다. 즉, 탑을 건립하기 전에 지반을 단단히 다진 후 불에 굽지 않은 흙벽돌을 사용해 건립했음을 파악했다. 이를 통해 문화전파에 따른 조형물의 건립에 있어 기술적인 능력도 중요하지만, 자연환경 또한 반드시 극복해야할 요건임을 확인할 수 있었다. 뿐만 아니라 간다라 불탑과의 연관성이 짙게 내재되어 있음을 확인할 수 있었다. 즉, 방형 및 원형의 평면구도를 지닌 불탑의 조성, 중앙에 건립된 메인 불탑을 중심으로 주변에 소형의 봉헌탑이 배치되는 방식과 더불어 불탑의 주변을 담벽이 둘러싼 回字形구조가 중심을 이루고 있음에서 파악했다. 이와 더불어 탑신에 불상이 부착된 불탑이 건립됨과 동시에 탑신 상면에 예불할 수 있는 공간이 조성된 불탑과 원구형의 양식을 지닌 불탑이 건립된다는 측면에서 간다라 지역의 불탑과 밀접한 연관성이 있음을 확인했다. 이같은 면면을 볼 때 교하고성에서 확인되는 불탑은 양식과 재료적인 측면에서 간다라불탑의 양식과 전통이 충실히 내재된 불탑임을 알 수 있었다.

(2020.12 「교하고성 내 불탑에 관한 고찰」, 『문화사학』 54, 한국문화사학회)

【참고문헌】

한국논문

김영애, 「달마라지카 사원구조와 불상조각」, 『강좌미술사』23, 2004, 한국미술사연구소.

金秄優, 「미술사의 작가와 유파: 조각: 탁실라 달라미지카 사원지 간다라 스투코 상의 연구」, 『강좌미술사』26, 2006.

박경식, 「한국 불탑 부조상의 기원 고찰」, 『동양학』67집, 단국대학교 동양학연구원, 2017.

박경식, 「분황사 모전석탑의 양식 기원에 대한 고찰」, 『신라문화』41, 동국대학교 신라문화연구소, 2013

박도화, 「닥트이바히 사원지 구조와 불상조각」, 『강좌미술사』23, 2004.

손신영, 「간다라 방형기단 불탑의 一考察」, 『강좌미술사』25, 한국불교미술사학회, 2005.

천득염, 김준오, 「인도 쿠샨시대의 스투파 형식」, 『건축역사연구』제21권 6호, 2012.

중국 저서 및 논문

新疆美術撮影出版社, 「克孜爾」, 『中國新疆壁畵全集』, 1995.

新疆美術撮影出版社, 「吐峪溝」, 『中國新疆壁畵全集』, p.19, 1995.

張馭寰, 『中國佛塔史』, 科學出版社, p.69, 2006.

李尚, 『交河故城的形制布局』, 文物出版社, 2003, p.139.

欒睿, 「交河塔林與密教東漸」, 『西域研究』, 2000.

欒睿, 「交河塔林與密教東漸 2」, 『敦煌研究』67, 2001,

孟凡人, 「交河故城形制布局特点研究」, 『考古学报』2001年 第4期,

杨淑红, 「克孜爾石窟壁畵中的佛塔」, 『新疆师范大学学报&哲学社会科学版』제27권 제2기, 2006.

陈晓露, 「西域回字形佛寺源流考」, 『考古』2010 第11期

梁涛, 「交河故城西北佛寺复原研究」, 『建筑史』26辑, 2010,

张健波, 「热瓦克佛寺雕塑综考」, 『艺术探索』第33卷 第6期, 2019.

李永康, 「热瓦克佛寺遗址雕塑初论」, 『考古』2020-1기, 2020.

【국문초록】

교하고성 내 불탑에 관한 고찰

　　실크로드의 주요 도시 중 한곳인 투루판시 외곽에 위치한 교하고성은 기원전 2-5세기에 車師人들에 의해 건립된 차사왕국의 도성으로 알려져 있다. 전체 면적 47만㎡에 달하는 거대한 성내에는 민가와 행정 그리고 사원구역이 잔존해 있어 도성으로서의 기능에 충실함을 알 수 있다. 이중 사원은 가장 북쪽에 자리한 탑림으로부터 동북불사, 서북불사, 대불사와 더불어 대불탑을 비롯해 상당수의 불탑 남쪽으로 내려오면서 139개소에 불탑이 잔존하는 것으로 파악된 바 있다. 하지만 교하고성을 포함한 실크로드 지역에 건립된 불탑의 절대 다수는 흙벽돌로 조성되었기에 대부분이 파괴되어 그 유지만 확인되는 경우가 허다하다.

　　필자는 교하고성을 답사한 자료를 바탕으로 성내에 잔존하는 불탑을 塔林을 중심으로 한 인도식 불탑배치, 사방불이 조성된 탑, 탑신 네 면에 불상이 조성된 불탑, 탑신부에 예배 공간이 마련된 탑, 원구형불탑의 5가지 유형으로 구분했다. 이와 더불어 각각의 불탑들이 지닌 양식은 실크로드와 교하고성에서 새롭게 창안된 양식이 아니라 자연환경을 최대한 활용한 조성재료의 선택과 양식적인 면에서 간다라 불탑과의 연관성을 가장 큰 특성으로 파악했다.

　　먼저 조성재료적인 측면에서는 천산남로와 오아시스로 주변의 자연환경을 볼 때 이 지역의 고유한 생토기법 즉, 탑을 건립하기 전에 지반을 단단히 다진 후 불에 굽지 않은 흙벽돌을 사용해 건립했음을 파악했다. 뿐만 아니라 간다라 불탑과의 연관성을 방형 및 원형의 평면구도를 지닌 불탑의 조성, 중앙에 건립된 메인 불탑을 중심으로 주변에 소형의 봉헌탑이 배치되는 방식과 더불어 불탑의 주변을 담벽이 둘러싼 回字形구조가 중심을 이루고 있음에서 파악했다. 이와 더불어 탑신에 불상이 부착된 불탑이 건립됨과 동시에 탑신 상면에 예불할 수 있는 공간이 조성된 불탑과 원구형의 양식을 지닌 불탑이 건립된다는 측면에서 간다라 지역의 불탑과 밀접한 연관성이 있음을 확인했다. 이같은 면면을 볼 때 교하고성에서 확인되는 불탑은 양식과 재료적인 측면에서 간다라 불탑의 그것과 동일한 양상을 지니고 있음을 알 수 있었다.

표제어 : 투루판(吐魯潘). 교하고성, 실크로드, 자연환경, 간다라불탑, 塔林, 회자형(回字形)구조

【abstract】

A Study on Buddhist Stupas in Jiaohe Ruins(交河故城)

Jiaohe Ruins, located outside one of major cities on the Silk Road, Turpan, is known as the capital city of Jushi Kingdom(車師王國) established in 2~5th century BC. Within the extensive kingdom reaching 470,000㎡ in total area, there were private houses, administrative district, and temple area. In the temple, there are Buddhist stupas remaining in 139 places, starting from the pagoda forest(塔林) in the northernmost region to the Northeast Temple, North West Temple, Great Buddha Temple(大佛寺) and Great Buddhist stupa(大佛塔). However, the absolute majority of Buddhist stupas constructed in the Silk road region, including Jiaohe Ruins, were made with soil bricks, so most were destroyed and only their ruins are frequently found. This study categorized the Buddhist stupas remaining in the ruins as 'Indian Buddhist stupa arrangement around the pagoda forest', 'Stupas with Buddha in all directions', 'Stupas with statues of Buddha on four sides of tower body', and 'Stupas with service area prepared in the tower body part', and 'Circular Buddhist stupas' based on the data of field investigation of Jiaohe Ruins. In addition, it was confirmed that the styles of each Buddhist stupa was not newly created on the Silk Road and the Jiaohe Ruins, but displays strong connection to Buddhist stupa from Gandhara, and with regard to the materials, the unique technique of the region, utilizing the natural environment as much as possible to firmly lay the foundation and use unbaked soil bricks, was identified. Selection of the materials that fully utilize the natural environment, construction of Buddhist stupas of square or circular plane, positioning of small votive stupas around the main Buddhist stupa, 回字形 structure where Buddhist stupa is surrounded by walls, Buddhist stupa with the statue of Buddha attached on the tower body, Buddhist stupa with the area for Buddhist service at the top side of tower body, and Buddhist stupa with circular form showed that they were closely related to the Buddhist stupas of Gandharan region.

Based on these observations, Buddhist stupas found in Jiaohe Ruins show identical aspects as Buddhist stupas of Gandhara in terms of style and material.

Keywords : Turpan(吐魯潘). Jiaohe Ruins(交河故城), Silk Road, Natural environment, Gandharan Buddhist stupa, Pagoda forest, 回字形 structure

四門塔에 대한 考察

Ⅰ. 序言

중국의 탑 하면 전탑이란 용어가 떠오름은 자연스럽다. 반면 석탑 하면 우리나라가 연상되는 것이 미술사 분야 중 탑파연구에서의 당연시 되고 있다. 다시 말하면 중국의 탑파는 전탑일색 이라는 관념이 우리를 사로잡고 있다. 아마도 우현 선생님 이래 대부분의 연구자들에 의해 '중국은 전탑의 나라' 라는 관념이 지배한 결과일지도 모른다. 필자는 그간 우리나라의 석탑에 대해 공부하면서 과연 중국은 모두 전탑만 건립했을까 하는데 의문을 가져왔다. 우리가 목탑에서 석탑으로 전환할 시 많은 고민이 뒤따랐을 것을 예견할 때 중국 또한 마찬가지 였을 것이라 생각되기 때문이었다. 따라서 중국내의 불교유적에 대한 답사시 전탑뿐만 아니라 당 초기에 건립된 여러 불탑의 정황을 고려해 우리나라 탑파의 기원에 대해 재구성 해야 할 것이라는 막연한 생각을 하곤 했다. 이같은 관점에서 필자는 분황사모전석탑에 대해 연구하면서, 사문탑에 대한 관심을 표방한 바 있다.[1] 이후 2005년 1월 동학 엄기표 선생과 산동성 제남시 역성현에 있는 신통사를 방문해 사문탑을 조사할 기회가 있었다. 사진 1장만으로 바라보던 사문탑을 실제로 답사하면서 이 석탑은 분황사모전석탑 뿐만 아니라 미륵사지 석탑과도 비교의 대상이 되어야 할 중요한 석탑임을 알게 되었다. 뿐만 아니라 중국 최초의 석탑인 사문탑에 대해 국내에 상세한 소개를 해야할 필요성을 느끼게 되었다.

이 논문에서는 사문탑의 자세한 상황을 소개하는데 주목적을 두고자 한다. 뿐만 아니라 이를

1 朴慶植, 「芬皇寺 模塼石塔에 대한 考察」, 『芬皇寺의 諸照明』, 新羅文化宣揚會, 1999, pp.161-197.

우리나라에서 가장 먼저 건립된 미륵사지석탑과 분황사모전석탑과의 비교를 통해 과연 우리나라의 석탑 건립에 중국의 탑 문화가 영향을 주었는지에 대해 살펴보고자 한다.

Ⅱ. 四門塔

사문탑은 山東省 歷城縣 柳埠村 靑龍山에 자리한 신통사의 동쪽 구릉에 위치하고 있다. 중국의 탑이 전탑으로 알려져 있음에 비해 중국에서 최초로 건립된 석탑으로 주목된다. 이 석탑은 당초 544년(東魏 武定2年)에 건립된 것으로 알려져왔지만, 1973년 濟南 文化局에 의한 수리시 탑의 상면 내부 栱板에서 "大業七年造"라 명문이 확인되어 隋 煬帝 7년(611년)에 건립된 석탑으로 판명되었다.[2] 비교적 넓직한 대지에 건립되어 있는데, 벽체에서 느껴지는 회백색의 색감과 더불어 푸르른 주변의 경관이 조화를 이루고 있다. 평면 방형의 일층탑으로 전체적인 외관은 우리나라의 분황사모전석탑의 일층탑신에 마지막층의 옥개석을 올려놓은 양식을 보이고 있다. 석탑에 대해 외관과 내부로 구분해 소개하면 다음과 같다.

1. 外觀

사문탑은 평면방형의 구도를 지닌 일층석탑이다. 하지만, 전체적인 양상으로 볼 때 일층이라기 보다는 목조건축을 연두에 두고 건립한 것으로 보인다. 왜냐하면 동·서·남·북 네 곳에 아치형의 문을 개설했고, 이를 출입하기 위한 계단까지 설치했기 때문이다. 아울러 후술하겠지만 내부에는 공간을 구성하고 심주는 물론 각 벽면에 불단을 개설하고 불상까지 봉안하고 있어 더욱 그러하다.

현재는 신축한 높직한 기단위에 건립되어 있지만, 계단의 일부가 새로 깔은 바닥전과 수평면을 이루고 있어 본래는 현재보다 좁은 기단위에 건립되었을 것으로 추정된다. 육안으로 관찰되는 본래 기단의 규모가 980cm×984cm의 방형인 점을 고려할 때 이같은 추정이 가능하다 생각한다. 석탑은 일변 7.4m 높이 10.4m의 규모로 각 벽은 170cm×43cm, 124cm×57cm, 87cm×30cm 크기의 장방형 석재를 20단 정도 고른층쌓기로 축조했다.(사진 - 1, 2) 각 벽면에는 강화를 발랐던 흔적인 역력히 남아 있는데, 강회의 고착을 위해 석재의 표면을 빗살무늬처럼 가공한 흔적을 뚜렷이 볼 수 있다. 아치형으로 개설된 각 문은 높이 291cm, 너비 142cm

---

2 張馭寰, 『中國塔』, 山西人民出版社, 2000, p.6

사진 1. 사문탑 전경(정면에서)

사진 2. 사문탑 전경(측면에서)

사진 3. 사문탑 동쪽문

사진 4. 사문탑 서쪽문

사진 5. 사문탑 남쪽문 사진 6. 사문탑 북쪽문

정도의 규모로 벽체의 중앙에 개설했다.

　문 입구에는 양 쪽에 소매돌을 두고 각각 3단의 계단을 두고 상면에는 문지방돌을 놓았다. 장방형 출입구는 너비 142cm, 높이 195cm 규모로, 상면은 아치형으로 처리했다. 아치는 모두 11매의 석재로 구성되었는데, 벽체는 이로 인해 반원형을 이루고 있다. 벽체 역시 아무런 문양이 없지만, 외벽과 같이 빗살무늬를 조각했고, 강회를 발랐던 흔적인 역력히 보이고 있다.(사진 -3,4, 5, 6, 7)

사진 7. 사문탑 벽체의 강회 흔적 사진 8. 사문탑 옥개석 전경

벽체의 상단에는 각형 4단의 받침을 두고 옥개석을 구성했다. 옥개석의 상면에는 각형 22단의 받침을 두었는데, 들여쌓기의 비율이 일정한 탓에 자연스레 곡선미를 보이고 있다. 전체적으로 볼 때 옥개석의 양식은 전탑에서 보는 것과 일치하고 있다. 중국전탑의 전체적인 양식을 볼 때 이들도 건립시 목탑의 재현에 충실하고자 했던 의도를 볼 수 있다.(사진 - 8, 9) 이는 기단의 구성, 감실과 문비의 조성, 옥개석 하면의 공포, 기둥의 재형 증 여러 곳에서 확인할 수 있다. 그런데 사문탑은 전탑이 아닌 석탑임에도 불구하고 옥개석에서는 우리나라와는 달리 전탑의 양식을 볼 수 있어 주목된다. 즉, 벽체의 구성에서 볼 때 네 곳에 문을 개설하고, 석재를 일일이 가공해 쌓아 올린 점에서는 일면 공통점이 있다 하겠다. 하지만, 우리나라 석탑의 옥개석은 비록 많은 부재가 사용되었을 지언정 목조건축과 유사한 형식을 지니고 있다. 그런데 이 탑에서는 전탑과 같이 층단형으로 쌓아 올려 재료상의 공통점에도 불구하고 확연한 차이점이 드러나고 있다. 아마도 석탑의 규모가 크고, 한편으로는 석재보다는 벽돌에 대한 기술적 자신감과 문화적 전통에서 기인한 현상으로 이해된다.

옥개석의 상면에는 방형의 노반위에 상ㆍ중ㆍ하대로 구성된 방형 불단과 같은 받침을 놓은 후 네 귀퉁이에 꽃이 핀 형상의 방형 앙연을 놓았다. 중앙에는 원통형의 석재 위에 5단의 원형 보주를 중첩한 보주를 놓았다.(사진 - 10)

1993년 수리시 탑의 고주 1.6m 지점에서 사리석함이 발견되었다. 석함은 길이 30.8cm, 높이 29.9cm의 크기로 내부에는 방형으로 조성된 銅函이 안치되어 있었다. 동함은 길이 9cm, 높이 13cm의 크기로 내부에서는 구멍이 관통된 수정 4과, 黃琉璃구슬 7과, 綠琉璃구슬 9과를 비롯해 파손된 녹색유리병 1개, 隋 文帝의 "五銖" 동전 2매와 약초, 香物등이 출토되었다고 한다.[3]

사진 9. 사문탑 옥개석 세부

사진 10. 사문탑 상륜부

3 ?繼文,『濟南神通寺』, 山東友誼出版社, 2005, p.39.

사진 11. 법흥사 사리탑 전경

사진 12. 영암사 혜숭선사탑 전경

이 석탑은 일견 분황사모전석탑과 유사한 양식을 지니고 있어 주목된다. 즉, 기단과 더불어 벽체를 가공한 석재로 쌓아올렸고, 네 곳에 개설된 출입문, 옥개석의 낙수면이 층단을 이룬 점 등에서 그러하다. 이럼에도 불구하고 분황사석탑과 같이 모전석탑의 범주에서 이해해야 할 런지에 대해서는 의문이 앞선다. 분황사 석탑은 벽체를 이루는 석재가 마치 벽돌과 같은 규모로 주성되었지만, 이 석탑은 사용된 석재의 규모가 크다는 점에서 그러하다. 한편 唐 咸亨 4년(673)에 건립된 법흥사사리탑(사진 –11)과 唐 天寶年間(742-756)에 건립된 것으로 추정되는 靈巖寺 慧崇禪師塔(사진 -12)과 에서도 같은 양상을 볼 수 있어 중국에서도 이같은 양식의 석탑이 한 계열을 이루었던 것으로 추정된다.

2. 內部

석탑의 내부는 문이 개설되어 있어 출입이 가능했음을 알 수 있다. 내부는 일변 580cm 정도의 방형 공간으로 구성되어 있다. 중앙에는 석재로 구성된 길이 410cm, 높이 82-84cm 정도의 기단을 구성했다. 기단의 각 면에는 높이 67cm, 너비 38cm 크기의 우주를 세운후 중앙에 같은 규모의 탱주 1주를 놓았다. 우주와 탱주 사이는 일석으로 조성된 면석이 안쪽으로 감입되어 우주와 탱주가 돌출되어 있다.(사진 -13) 기단의 상면에는 상면에 너비 223cm, 높이 268cm 정도의 석재로 구성된 高柱를 놓았다. 고주의 규모가 큰 탓에 자연스럽게 네 벽체가 형성되었고, 이에는 각각 석불을 1구씩 봉안했다.(사진 - 14) 벽체와 기단 사이에는 너비 81 - 86cm 정도의 통로가 개설되어 내부를 일주하도록 되어 있어 마치 우리나라의 법주사 팔상전

사진 13. 사문탑 내 기단부

사진 14. 사문탑 내 고주

내부와 동일한 양상을 보이고 있다.

　내부 구조에서 주목되는 부분은 천정부이다. 사문탑은 전체적인 면에서 볼 때 사다리꼴의 형태를 지니고 있다. 따라서 내부 천장 역시 평천장이 아닌 특이한 형태로 구성되어 있다. 즉 기단 중앙에 놓인 고주의 상면은 2단의 턱을 지며 내어쌓기 기법으로 마무리했는 바, 벽체의 내부 상면 역시 같은 양식으로 일단 통로부 상면의 공간 너비를 좁혔다. 각 석재의 상단에는 빗변이 긴 오각형의 보를 모서리에 한 주씩 斜角으로 배치라고, 공간에 같은 형식의 보를 3주씩 놓은 후 삼각형의 석재를 덮어 천정을 구성했다. 따라서 통로부의 천장은 삼각형의 형태를 지닌 특수한 일면을 보이고 있다. 결과적으로 사문탑의 내부 천정은 평면적으로 보면 평천장이지만, 실제로는 양측 통로는 맛배지붕의 형식이고, 중앙은 평천장을 이루는 특이한 구조로 되어 있다. 아마도 평천장이 주는 답답함을 피하고 비좁은 통로 공간을 좀 더 높임으로써 쾌적함을 주

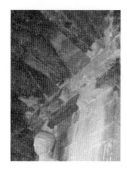

사진 15. 사문탑 천장부 전경

사진 16. 사문탑 천장부 모서리 광경

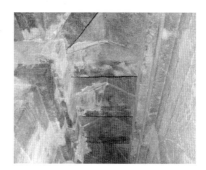

사진 17. 사문탑 천장부 오각형 보

고자 했던 의도라 생각된다.(사진 15, 16,17)

각 면에 봉안된 석불은 높이 1.4m 정도의 좌상인 바, 남면 불상 하단에 東魏 武定 2年의 명문이 확인되어[4] 東魏 孝靜帝 2년(544년)에 조성된 석불임을 알 수 있다. 4구의 불상은 동과 서의 불상과 남·북쪽 불상이 대체로 양식적인 공통점을 지니고 있다. 전자의 불상은 하대·중대·상대석을 구비한 장방형의 대좌위에 봉안되었다. 장방형의 하대석 상면에는 높직한 각형 1단의 받침을 놓아 중대석을 받고 있다. 중대석 역시 장방형으로 사면에는 아무런 조식이 없다. 상대석 역시 장방형으로 하면에는 높직한 각형 1단의 받침석을 놓은 후 같은 양식의 받침석을 놓았다. 동방불은 나발의 두정에 육계는 표현되지 않은 것으로 보이는데, 넓직한 상호에 눈과 코 및 입의 표현이 또렷한데, 양 귀는 짧게 조성되었다. 상호에 비해 목은 길게 조성되었다. 법의는 통견으로 왼쪽 어깨의 매듭으로 보아 가사를 건친 것으로 보인다. 양 어깨에서 팔목에 이르기 까지 소략한 의문이 표현되었고, 드러난 가슴에는 속옷의 결대가 표현되어 있다. 양 손은 배꼽부근에 가지런히 모아진 수인을 취하고 있다. 신체부에 비해 낮게 조성된 무릎에는 법의 자락이 유려하게 흐르고 있다. 전체적으로 신체부에 비해 무릎이 넓게 조성되어 불균형을 이루고 있지만, 이로 인해 안정감을 주고 있다. 서방불 역시 동방불과 같은 양식인데, 상호에서 미소가 보이고 있으며, 원만상에 가까운 모습을 보이고 있다. 상호의 전체 분할에서 눈과 코 및 입에 비해 턱이 넓게 표현되었는데, 살이 도드라지고 뭉툭하게 표현되어 이채롭다. 수인은 선정인을 결하고 있다. 동방불은 1997년 3월 7일 밤에 도난당했다가, 2002년에 대만에서 되찾아왔다고한다. 필자가 현지에서 사진촬영할 당시 공안들이 들이 닥쳐 잠시 자리를 피한 적이 있었는데, 도난사건 때문에 그렇다는 현지인의 말을 들은 바 있고, 이에대한 상세한 내용은 『濟南神通寺』에 소개되어 있다.[5]

남·북의 불상 역시 앞의 불상과 같은 형식의 대좌위에 봉안되어 있는데, 상대석의 전면을 상현좌가 덮고 있어 대비된다. 나발의 두정에 큼직한 육계가 표현되었고, 전자의 불상에 비해 상호가 길게 조성되어 약간 갸름해 보인다. 이와 더불어 눈썹이 위로 치켜 올려져 이마가 좁게 표현되어 있으며, 백호가 표현되어 있다. 눈썹과 눈과의 공간이 많아 부조화를 보이고 있는데, 눈두덩이가 두터워 자연스레 반개한 눈을 지니고 있다. 법의는 통견으로 왼쪽어깨에서 오른쪽으로 흐르는 의문으로 보아 가사를 걸친 것으로 보인다.(사진 18, 19, 20, 21) 이상에서 살펴본 바와 같이 탑내에 봉안된 불상 4구는 약간의 차이에도 불구하고 대체로 동일한 양식을 지니고 있다. 그런데 석탑의 건립연대는 611년임에 비해 불상은 544년작으로 판명되어 탑과 불상이

---

4 주 3의 책, p.47.
5 주 3의 책, pp.47-48.

사진 18. 사문탑내 동쪽면 불상

사진 19. 사문탑내 서쪽면 불상

사진 20. 사문탑내 남쪽면 불상

사진 21. 사문탑내 북쪽면 불상

동시에 조성된 것이 아님을 알 수 있다. 결국 탑의 조성이후에 석불을 봉안했음을 알 수 있다. 이는 석탑의 구조상 기단이 넓게 조성되어 불단으로 활용할 수 있었고, 목조건축이란 관념하에서 탑을 불당으로 취급해 불상을 봉안한 것으로 추정된다.

Ⅲ. 우리나라 석탑과의 비교

사문탑이 건립되던 611년 즉, 7세기 초반은 우리나라에서 석조문화가 발흥하던 무렵이다. 백제의 미륵사지 석탑이 7세기 전반경에 조성된 것으로 추정되고, 분황사 모전석탑이 634년에 건립되었음을 볼 때 그러하다. 물론 약 50년의 시차가 나는 양국의 석탑을 비교한다는것 자체가 무리가 있다고 생각한다. 하지만, 사문탑이 우리나라 석탑의 건립에 어떠한 영향을 주었는가에 대한 문제는 상호 양식비교를 통해 규명할 수 있다. 사문탑과 비교의 대상이되는 탑은 앞서 언급한 미륵사지석탑과 분황사모전석탑이다. 이들 석탑에 구현된 양식을 하나하나 비교해 보면 다음과 같다.

1. 외관

사문탑은 평면방형의 구도를 지녔으며, 외관상 오각형의 형상을 지니고 있다. 하지만, 미륵사지 석탑은 평면방형임에도 불구하고 11층의 높은 층수를 지닌 건축물이다. 넓직한 2중기단과 더불어 탑신부의 체감비에서 배어나오는 안정감, 옥개석에서의 반전 등 사문탑과는 외견상 완전히 다른 석탑임을 알 수 있다. 분황사모전석탑 역시 현존하는 층수와 형상만을 볼 때 1층의 규모를 지닌 사문탑과는 다름을 알 수 있다. 일제강점기때의 수리로 인해 층수가 낮아져 외견상 비슷한 모습일지언정 본래는 9층이었음을 감안할 때[6] 완전히 다른 양식의 석탑임을 알 수 있다.[7] 이와 더불어 사문탑의 벽체에서는 강회를 발랐던 흔적이 뚜렷히 남아있다. 이같은 현상은 唐代에 건립된 여러 전탑에서도 확인되고 있어 중국의 탑에서는 보편적인 현상으로 이해된다. 아마도 벽돌로 건립한 탓에 아무리 정교하게 연결해도 생길 수 밖에 없는 틈 사이에 초본류가 자라는 것을 막기 위한 방편이었을 것으로 생각된다. 이와 더불어 탑신을 비롯한 벽체에 불

---

6 박경식 주 1의 논문.
7 필자는 주 1의 논문을 작성할 시 분황사모전석탑의 건립에 인도의 산치탑과 더불어 사문탑도 영향을 준 것으로 기술한 바 있다. 당시는 도록에 실린 사진에 의거해 이같은 결론을 내렸지만, 현지를 답사해 본 결과 양 탑은 완전히 다른 양상임을 알 수 있었다.

교와 연관된 벽화를 그리기 위한 또 다른 목적성이 있었을 것으로 생각된다. 이같은 현상은 분
황사모전석탑에서도 확인되고 있다. 즉, 석재의 변형과 이로 인해 발생된 백화현상은 마치 종
유석곽 같이 부재의 하단으로 늘어져 있는 반면, 강회의 흔적은 석재의 표면에 고착되어 이탈
되지 않음을 확인할 수 있다. 더욱이 강회의 殘痕은 주로 탑신부에서 주로 볼 수 있고, 상층부로
갈수록 더욱 뚜렷한 점을 볼 때 표면에 석회를 발랐을 가능성은 충분한 것으로 생각된다. 아울
러 徐居正이 쓴 「芬皇寺」라는 시에서 "……白塔亭亭如喚客……"이란 구절이 주목된다.[8] 여기서
분황사탑을 '白塔'이라 기록하고 있는데, 말뜻 그대로 '한얀탑'의 의미로 해석할 때 현재 분황사
모전석탑지닌 회흑색과는 완전히 다른 감각을 느끼게 한다. 따라서 서거정은 왜 이 석탑을 백
탑으로 표현했을까? 하는 의문이 제기된다. 필자는 이 구절이 바로 표면에 강회를 발라 하얀색
으로 보였던 당시의 풍광을 그대로 옮긴 것으로 생각한다. 이와 더불어 감은사지서삼층석탑도
강회를 발랐던 흔적을 곳곳에서 확인할 수 있다. 하지만, 중국과는 달리 모전석탑계열을 제외
하면 그리 성행했던 기법은 아닌 것으로 보인다. 중국의 전탑과는 달리 화강암을 치석해서 건
립한 우리나라의 석탑에서는 구태여 틈새를 메울 이유가 없었고, 탑신 그 자체에 조각이 가해
짐으로써 더 이상의 필요성을 느끼지 못한데서 기인한 것으로 생각된다. 이같은 사유는 미륵사
지석탑에서 강회를 바른 흔적을 확인할 수 없다는 점에서 더욱 그러하다. 따라서 사문탑과 분
황사모전석탑에서 강회를 바른 것은 석재를 소형으로 다듬어 건립했던 석탑의 양식에 따른 귀
결이라 생각된다.

2. 석재

앞서 언급한 3기의 석탑은 각각 다른 재료를 사용해 건립했다. 사문탑은 현지에서 생산되는
청석을, 미륵사지 석탑은 황등석을, 분황사모전석탑은 안산암을 사용해 건립했다. 이중 사문탑
과 분황사모전석탑은 석재를 벽돌과 같이 가공해 건립해 일면 공통점이 보인다. 하지만, 전자
는 벽돌이라기 보다는 장대석에 가까운 석재가 사용된 반면, 후자는 안산암을 벽돌과 같이 가
공해 건립했다. 따라서 사문탑을 모전석탑의 범주에 포함하기에는 무리가 있는 것으로 생각된
다. 왜냐하면 이보다 앞서 520년에 건립된 숭악사탑에서 보듯이 전탑에 사용된 부재는 얇고 판
판한 전형적인 벽돌을 사용했다. 이후 건립된 절대다수의 전탑에서 이같은 양상을 볼 수 있음
을 보아 사문탑은 당초 모전석탑으로 건립되었다기 보다는 앞서 언급한 바와 같이 당시 중국에
서 유행했던 석탑의 한 유형식이라 생각된다. 미륵사지석탑은 화강암을 목조건축의 부재와 같

---

8 考古美術同人會, 『慶州古蹟詩文錄』, 1962. P.68. 및 『東京雜記』 卷 3 題詠 條.

이 일일이 다듬어 건립했다. 따라서 3기의 석탑은 사용된 석재와 가공수법에서 완전히 다른 계보를 형성했음을 알 수 있다.

3. 출입시설

사문탑은 동서남북 네 방향에 출입문이 있어 붙여진 명칭이다. 미륵사지석탑과 분황사모전석탑 역시 4곳에 각각 출입문을 조성하고 있어 6-7세기 평면방형의 석탑이 지닌 공통점을 볼 수 있다. 이는 중국과 우리나라 모두 석탑의 양식 근원을 목탑에 두고 있음을 반증하는 예라 하겠다. 이같은 공통점에도 불구하고 양국의 석탑에서는 차이점이 확인된다. 먼저 출입문의 형태이다. 사문탑은 아치형의 구조를 지녔음에 비해 미륵사지 및 분황사모전석탑은 장병형의 형식을 보이고 있다. 이같은 차이는 사문탑은 단층이 관계로 벽체를 높게 조성해야 할 필요성이 제기되었지만, 우리나라의 석탑은 복층인 관계로 1층탑신에 아치형의 문을 설치할 경우 전체적인 면에서 불균형을 초래할 것이 분명해 이를 배제한 것으로 보인다. 때문에 우리나라의 석탑에서는 상인방과 하인방을 두고 양 측에 기둥을 세운 반면, 사문탑의 상면에서는 홍예석을 볼 수 있다. 뿐만 아니라 사문탑과 같은 양식을 지닌 唐 咸亨 4년(673)에 건립된 법흥사사리탑과 唐 天寶年間에 건립된 것으로 추정되는 靈巖寺 慧崇禪師塔은 물론 唐代에 건립된 많은 전탑에서도 같은 양식을 출입문을 볼 수 있어 양국의 탑 건립에서 궁극적인 차이점을 확인할 수 있다. 아울러 2기의 석탑에서는 모두 지도리구멍이 확인되고, 분황사모전석탑에서는 문짝이 달려있어 출입문이 있었던 공통점도 확인된다. 아울러 사문탑에서는 문 주변에 아무런 조식도 없지만, 분황사모전석탑에서는 인왕상이 조식되어 차별성이 보이고 있다.

4. 1층탑신 내부

탑신에 출입문을 개설했음은 내부에 공간을 개설하고 있음을 반증하고 있다. 그럼에도 불구하고 3기의 석탑은 각각 다른 양상을 보이고 있다. 사문탑은 내부에 넓직한 기단을 마련하고 심주 네 벽에 각각 불상을 봉안하고 있어 목조건축의 충실한 재현과 함께 불당으로의 기능성도 포함하고 있다. 뿐만 아니라 기단을 중심으로 답도를 조성해 자연스레 탑내를 돌면서 예불행위를 할 수 있도록 구성되어 있다.[9] 이에 반해 미륵사지 석탑은 탑신 중앙에 高柱를 설치했지만,

---

9 唐 咸亨 4년(673)에 건립된 법흥사사리탑은 내부 고주 안에 조성된 감실내에 불상 1구를 봉안하고, 이 주위에 답도를 개설해 탑내를 알주하도록 건축되어 있다.

십자형의 통로만을 개설해 목조건축의 충실한 재현 이상의 기능성을 발현되지 않았다. 아마도 11층에 달하는 높이에서 내리누르는 석재의 하중을 고려할 때 사문탑과 같은 불당의 기능을 부여했다면 석탑의 구조에 많은 문제가 발생할 것을 염두에 둔 공법이라 생각된다. 분황사 모전석탑은 일제강점기의 수리로 인해 탑신 내부에 대해 변형여부를 알 수 없다. 하지만, 본래 9층인 점과 현재의 각층 모두 전돌로 충적되어 있음을 고려할 때 중국의 탑과는 완전히 다른 양상임을 알 수 있다.[10] 석탑의 내부는 중앙에 설치된 고주를 중심으로 약 1.5평 정도의 각각 독립된 공간을 지니고 있는 바, 본래의 규모와 이로 인한 하중을 고려할 때 사문탑과 같이 불당의 성격을 지닌 공간의 확보는 건립 당시부터 없었을 것으로 생각된다.

내부의 천장 역시 차이점을 보이고 있다. 사문탑에서는 고주와 벽체에서 각각 2단씩 내어쌓기를 한 후 상면은 오각형의 보를 놓고 삼각형의 판석으로 지붕을 마감했다. 따라서 통로부의 지붕은 고깔형을 보이고 있다. 이에 반해 미륵사지 석탑에서는 고주와 벽체의 상단에서 2단의 내어쌓기 한후 판석을 이용해 평천장을 구성했다. 분황사 역시 큼직한 석재를 이용해 고주 및 세 벽을 마감한 후 평천장을 구성했다. 미륵사지석탑과 분황사모전석탑은 1층탑신으로 그치는 것이 아니라 상부에 각각 9·11층이 구성되는 관계로 사문탑과 같은 양식을 채용했다면 하중을 견디기 어려운 문제에 직면했을 것으로 추정된다. 따라서 천장의 구조를통해 양국의 석탑은 독자적인 건축기술에 따라 건립되었음을 분명히 알 수 있다.

5. 옥개석

옥개석은 석탑에서 목조건축의 지붕과 같은 역할을 하는 부분이다. 때문에 석탑이 목조건축을 재현하고 있음을 반증하는 주요한 요인의 하나로 보고 있다. 사문탑은 하면에 각형 4단의 받침을 두고 상면에는 각형 22단의 받침을 두었는데, 들여쌓기의 비율이 일정한 탓에 자연스레 곡선미를 보이고 있다. 이럼에도 불구하고 처만의 반전과 합각선에서는 목조건축의 재현이라는 측면을 찾아볼 수 없다. 이같은 요인은 다른 전탑에서도 동일한 요인으로 작용하고 있어, 사문탑의 건립시 전탑의 기술력이 작용했던 것으로 보인다. 분황사모전석탑 역시 같은 양상을 보이고 있다. 즉, 옥개받침은 1·2층은 6단, 3층은 5단인데, 낙수면 역시 1·2층이 각각 10단이고 3층은 방추형으로 구성되어 있다. 이같은 양식에 대해 중국전탑의 영향으로 보는 견해가 지

---

10 필자가 唐代에 건립된 여러 전탑의 내부를 조사한 결과 전 층을 완전히 벽돌로 충적한 것이 아니라 외벽만 벽돌로 쌓고 내부는 그대로 상부에 이르기까지 관통된 많은 예를 조사할 수 있었다. 이 역시 전탑의 건립에 목조건축의 양식이 구현되었음을 보여주는 실예라 생각된다. 따라서 분황사모전석탑과 중국의 전탑은 공법에서도 완전한 차이를 보이고 있음을 알 수 있다. 이에 대해서는 別稿를 기약한다.

배적이지만, 사문탑과 비교해 볼 때 석재를 벽돌과 같이 다듬어 건립한 석탑에서는 당연히 나타날 수 밖에 없는 양식이라 생각된다. 이에 반해 미륵사지석탑에서는 옥개석의 구성에 많은 양의 석재가 사용되었지만, 전각의 반전과 더불어 합각선에 구현된 두툼한 隅棟은 목조건축의 지붕의 재현에 충실하고 있음을 볼 수 있다. 따라서 옥개석에 국한되어 볼 때 사문탑과 분황사모전석탑은 공통점이 있다 하겠지만, 미륵사지석탑은 완전히 다른 양상을 보이고 있다.

6. 상륜부

앞서 언급한 바와 같이 사문탑은 노반으로부터 보주에 이르기 까지 완전한 형태를 보이고 있다. 그러나 분황사모전석탑은 『朝鮮古蹟圖譜』에 개제된 사진과 현재의 모습을 비교해 보면 상륜부에서 확연한 차이가 있음을 찾을 수 있다. 즉, 현재의 모습은 仰花만이 있으나, 사진을 보면 이보다 많은 부재가 있었음을 알 수 있다. 1990년에 경주문화재연구소에서 실시한 분황사 발굴조사시 노반과 복발석이 수습된 바 있다. 이 부재들을 현재 석탑의 상면에 놓여있는 앙화석과 같은 부재라는 전제하에 복원한 결과 동일한 상륜부재일 가능성이 많은 것으로 판명되었다.[11] 따라서 석탑의 상륜부는 1915년에 진행된 전면 보수공사시 훼손된 것으로 생각는데, 수리이전까지는 노반·복발·앙화석이 상륜부재로 놓여있었음을 알 수 있다. 이에 반해 미륵사지석탑은 상륜부가 손실되어 비교할 자료가 없다. 하지만, 사문탑과 분황사모전석탑을 비교해 볼 때 노반석은 동일한 수법일지언정 앙화석에서는 다른 양식을 보이고 있어 양국 석탑의 상륜부는 차이가 있었을 것으로 추정된다.

IV. 맺음말

우리나라의 석탑을 논할 때 "중국전탑의 영향"이란 말은 빠짐없이 등장하는 구절이다. 이는 어쩌면 석탑뿐만 아니라 우리문화 전반에 걸쳐있는 보편적인 논리일지도 모른다. 하지만, 과연 우리나라 불교문화와 중국의 그것을 엄밀히 비교하고 내린 결론인가에 대해서는 자못 의구심이 든다. 중국과의 수교가 이루어진 후 많은 이들이 여러 목적으로 중국의 문화유산을 답사했다. 이럼에도 불구하고 각 분야에서의 정밀한 비교연구는 아직도 시작단계에 불과한 것으로 생각한다. 사문탑에 대한 소개와 우리나라 석탑과의 비교는 이런 측면에서 시작되었다.

11 文化財管理局, 『芬皇寺石塔實測調査報告書』, 992.

  "석탑의 나라"라고 명명될 만큼 이 땅에 남아있는 1,000여기에 달하는 석탑은 과연 그 근원을 어디서 가져와야 하는 것일까? 중국으로 부터의 전래된 것인가? 아니면 석탑의 건립이라는 모티브는 전래되었을지라도 양식적으로는 독자적인 것일까? 앞서 살펴본 바와같이 중국 최초의 석탑인 사문탑을 미륵사지석탑과 분황사모전석탑에 대비해 몇가지 측면에서 비교해 보았다. 결과적으로 볼 때 목조건축의 충실한 재현과 부분적인 약간의 공통점을 제외하면 근본적으로는 서로 다른 계통과 양식을 지닌채 독자적인 시각과 공법을 가지고 건립되었음을 알 수 있었다. 물론 단 한기의 석탑을 가지고 전부를 이 결론에 포함시킬 수는 없다고 생각한다. 차후 다양한 중국의 탑과 우리나라의 석탑를 비교해 양 국이 지닌 탑 문화의 특수성과 보편성의 문제를 논의하고자 한다.

(2007.06 「四門塔에 대한 考察」, 『문화사학』 27, 한국문화사학회)

隨・唐代의 佛塔研究(I)
- 亭閣形 石造塔婆

| 목 차 |

I. 序言

한국의 석탑을 논할 때 반드시 언급되는 내용이 있다면 중국 전탑과의 관계일 것이다. 즉 석탑의 양식이 목탑에 있음은 누구나 공감하면서도 그 계보에 있어서는 唐代 탑에서 찾아보는 견해가 우리를 지배하고 있기 때문이다. 때문에 이 시대에 건립된 탑파의 양식에 대한 정확한 이해와 연구는 한국의 석탑을 연구하는데 필수적인 요소라 할 수 있다. 이럼에도 불구하고 우리는 그간 중국과 한국석탑과의 연관성에 대한 연구는 그리 활발하지 못하였다. 더욱이 당대에 건립된 석탑에 대한 자료는 그리 구체적으로 소개되지도 못한 것이 현실이다. 필자는 그간 여러 차례 중국을 답사하며 수와 당대에 건립된 탑파에 역점을 두며 조사를 진행했다. 결과 수와 당대에는 전탑뿐만 아니라 석탑도 다양하게 건립되었음을 알게 되었다. 조사 진행되고 자료가 축적되면서, 이에 대한 소개와 연구가 필요함을 느끼게 되었다. 즉, 한국 석탑이 과연 중국 전탑의 영향에서 비롯되었는가?, 아니면 양국은 각각 목탑을 재현하는데 주력했으면서도 각각 독자적인 탑 문화를 형성했는가를 규명할 수 있는 계기를 마련할 것으로 판단하였다. 필자는 그간 조사된 자료를 중심으로 수와 당대에 건립된 탑파의 소개와 연구를 지속적으로 진행할 계획을 세웠고, 본고는 이에 따른 계획의 일환으로 작성되었다. 필자는 앞서 분황사모전석탑과 연관성이 있다고 파악된 신통사 사문탑의 상황을 소개한 바 있다.[1] 그런데 수 차례에 걸친 중국 답사를 통해 이처럼 일층탑신에 출입이 가능한 석재와 벽돌로 건립한 亭閣形 塔婆가 唐代에 상당

---

1 朴慶植, 「四門塔에 대한 小考」, 『文化史學』 27, 한국문화사학회, 2007.

수 건립되었음을 알게 되었다. 이중 본고에서 논제로 탑은 神通寺 四門塔, 法興寺 舍利塔, 靈巖寺 慧崇塔으로 이들은 모두 석제로 조성되었고, 평면이 방형일 뿐만 아니라, 내부로 들어갈 수 있는 문을 개설했다는 공통점을 지니고 있다. 따라서 이들 석탑에 대한 상세한 고찰은 양국의 초기 석탑이 지닌 공통점과 차이점을 규명할 수 있는 단서가 될 것으로 생각한다. 본고에서는 이들 3기의 정각형 석조탑파에 대해 상세한 소개를 하고자 한다.

II. 樣式

중국의 불탑은 양식에 따라 크게 佛塔과 文峰塔으로 나누고, 다시 佛塔은 樓閣式塔, 密檐式塔, 過街塔, 造像塔, 幢式塔, 無縫塔(窣屠婆式塔), 異形塔, 金剛宝座塔, 宝篋印塔(阿育王式塔), 經塔, 法輪塔, 多寶塔, 喇嘛塔, 五輪塔, 墓塔 등으로 세분하고 있다.[2] 또한 佛塔을 크게 樓閣式塔, 密檐式塔, 亭式塔, 異形塔 등으로 구분하기도 하고,[3] 비슷하지만 樓閣式塔, 密檐式塔, 亭閣式塔, 花塔, 覆鉢式塔, 金剛宝座式塔 등으로 유형을 분류하기도 한다. 亭閣式塔의 범주에 속한다.[4] 여기서 말하는 정각형 탑은 평면 방형의 탑신을 구비하고, 사모지붕 형태의 옥개석을 구비한 석탑의 한 유형을 지칭한다. 이 형식은 누각식탑과 동시대에 이루어진 것으로 중국에서 기원한 양식으로 알려져 있다.[5] 이 유형의 속하는 석탑으로는 앞서 언급한 神通寺 四門塔, 靈巖寺 慧崇塔, 法興寺 舍利塔으로 본 장에서는 이들에 대한 상세한 양식을 살펴보고자 한다.

1. 神通寺 四門塔

사문탑은 山東省 歷城縣 柳埠村 靑龍山에 자리한 신통사의 동쪽 구릉에 위치하고 있다. 중국의 탑이 전탑으로 알려져 있음에 비해 중국에서 최초로 건립된 석탑으로 주목된다. 이 석탑은 당초 544년(東魏 武定2年)에 건립된 것으로 알려져 왔지만, 1973년 濟南 文化局에 의한 수리 시 탑의 상면 내부 拱板에서 "大業七年造"라 명문이 확인되어 隋 煬帝 7년(611년)에 건립된 석탑으로 판명되었다.[6] 비교적 넓직한 대지에 건립되어 있는데, 벽체에서 느껴지는 회백색의 색

---

2 張馭寰, 『中國塔』, 山西人民出版社, 2000, pp.94~95.
3 蕭黙 主編, 『中國建築藝術史』, 文物出版社, 1999, pp.332~340.
4 朱耀廷 外, 『古代名塔』, 遙寧師範大學出版社, 1996, pp.20-31.
5 주 4의 책, p.25.
6 張馭寰, 앞 책, p.6.

감과 더불어 푸르른 주변의 경관이 조화를 이루고 있다. 평면 방형의 일층탑으로 전체적인 외관은 우리나라의 분황사모전석탑의 일층탑신에 마지막 층의 옥개석을 올려놓은 양식을 보이고 있다. 석탑에 대해 와관과 내부로 구분해 소개하면 다음과 같다.

1) 外觀

사문탑은 평면방형의 구도를 지닌 일층석탑이다. 하지만, 전체적인 양상으로 볼 때 일층 이라기 보다는 목조건축을 연두에 두고 건립한 것으로 보인다. 왜냐하면 동·서·남·북 네 곳에 아치형의 문을 개설했고, 이를 출입하기 위한 계단까지 설치했기 때문이다. 아울러 후술하겠지만 내부에는 공간을 구성하고 심주는 물론 각 벽면에 불단을 개설하고 불상까지 봉안하고 있어 더욱 그러하다.

현재는 신축한 높직한 기단위에 건립되어 있지만, 계단의 일부가 새로 깔은 바닥전과 수평면을 이루고 있어 본래는 현재보다 좁은 기단위에 건립되었을 것으로 추정된다. 육안으로 관찰되는 본래 기단의 규모가 980cm×984cm의 방형인 점을 고려할 때 이같은 추정이 가능하다 생각한다. 석탑은 일변 7.4m 높이 10.4m의 규모로 각 벽은 170cm×43cm, 124cm×57cm, 87cm×30cm 크기의 장방형 석재를 20단 정도 고른층쌓기로 축조했다.(사진 - 1, 2) 각 벽면에는 강화를 발랐던 흔적인 역력히 남아 있는데, 강회의 고착을 위해 석재의 표면을 빗살무늬처럼 가공한 흔적을 뚜렷이 볼 수 있다. 아치형으로 개설된 각 문은 높이 291cm, 너비 142cm 정도의 규모로 벽체의 중앙에 개설했다. 문 입구에는 양 쪽에 소맷돌을 두고 각각 3단의 계단을 두고 상면에는 문지방돌을 놓았다. 장방형 출입구는 너비 142cm, 높이 195cm 규모로, 상면은 아치형으로 처리했다. 아치는 모두 11매의 석재로 구성되었는데, 벽체는 이로 인해 반원형을 이루고 있다. 벽체 역시 아무런 문양이 없지만, 외벽과 같이 빗살무늬를 조각했고, 강회를 발랐던 흔적인 역력히 보이고 있다.(사진 -3,4, 5, 6, 7)

벽체의 상단에는 각형 4단의 받침을 두고 옥개석을 구성했다. 옥개석의 상면에는 각형 22단의 받침을 두었는데, 들여쌓기의 비율이 일정한 탓에 자연스레 곡선미를 보이고 있다. 전체적으로 볼 때 옥개석의 양식은 전탑에서 보는 것과 일치하고 있다. 중국 전탑의 전체적인 양식을 볼 때 이들도 건립시 목탑의 재현에 충실하고자 했던 의도를 볼 수 있다.(사진 - 8, 9) 이는 기단의 구성, 감실과 문비의 조성, 옥개석 하면의 공포, 기둥의 재현 증 여러 곳에서 확인할 수 있다. 그런데 사문탑은 전탑이 아닌 석탑임에도 불구하고 옥개석에서는 우리나라와는 달리 전탑의 양식을 볼 수 있어 주목된다. 즉, 벽체의 구성에서 볼 때 네 곳에 문을 개설하고, 석재를 일일이 가공해 쌓아 올린 점에서는 일면 공통점이 있다 하겠다. 하지만, 우리나라 석탑의 옥개석은 비

사진 1. 사문탑 전경(정면에서)b

사진 2. 사문탑 전경(측면에서)

사진 3. 사문탑 동쪽문

사진 4. 사문탑 서쪽문

사진 5. 사문탑 남쪽문

사진 6. 사문탑 북쪽문

사진 7. 사문탑 벽체의 강회흔적

사진 8. 사문탑 옥개석 전경

사진 9. 사문탑 옥개석 세부

사진 10. 사문탑 상륜부

록 많은 부재가 사용되었을 지언정 목조건축과 유사한 형식을 지니고 있다. 그런데 이 탑에서는 전탑과 같이 층단형으로 쌓아 올려 재료상의 공통점에도 불구하고 확연한 차이점이 드러나고 있다. 아마도 석탑의 규모가 크고, 한편으로는 석재보다는 벽돌에 대한 기술적 자신감과 문화적 전통에서 기인한 현상으로 이해된다.

옥개석의 상면에는 방형의 노반위에 상·중·하대로 구성된 방형 불단과 같은 받침을 놓은 후 네 귀퉁이에 꽃이 핀 형상의 방형 앙연을 놓았다. 중앙에는 원통형의 석재 위에 5단의 원형 보주를 중첩한 보주를 놓았다.(사진 - 10)

1993년 수리시 탑의 고주 1.6m 지점에서 사리석함이 발견되었다. 석함은 길이 30.8cm, 높이 29.9cm의 크기로 내부에는 방형으로 조성된 銅函이 안치되어 있었다. 동함은 길이 9cm, 높이 13cm의 크기로 내부에서는 구멍이 관통된 수정 4과, 黃琉璃구슬 7과, 綠琉璃구슬 9과를 비롯해 파손된 녹색유리병 1개, 隋 文帝의 "五銖" 동전 2매와 약초, 香物등이 출토되었다고 한다.[7]

이 석탑은 일견 분황사모전석탑과 유사한 양식을 지니고 있어 주목된다. 즉, 기단과 더불어 벽체를 가공한 석재로 쌓아올렸고, 네 곳에 개설된 출입문, 옥개석의 낙수면이 층단을 이룬 점 등에서 그러하다. 이럼에도 불구하고 분황사석탑과 같이 모전석탑의 범주에서 이해해야 할런지에 대해서는 의문이 앞선다. 분황사 석탑은 벽체를 이루는 석재가 마치 벽돌과 같은 규모로 주성되었지만, 이 석탑은 사용된 석재의 규모가 크다는 점에서 그러하다. 한편 唐 咸亨 4년(673)에 건립된 법흥사사리탑과 唐 天寶年間(742-756)에 건립된 것으로 추정되는 靈巖寺 慧崇禪師塔 등 일련의 정각형 석탑에서도 같은 양상을 볼 수 있어 중국에서도 이같은 양식의 석탑이 한 계열을 이루었던 것으로 추정된다.

2) 內部

석탑의 내부는 문이 개설되어 있어 출입이 가능했음을 알 수 있다. 내부는 일변 580cm 정도의 방형 공간으로 구성되어 있다. 중앙에는 석재로 구성된 길이 410cm, 높이 82-84cm 정도의 기단을 구성했다. 기단의 각 면에는 높이 67cm, 너비 38cm 크기의 우주를 세운후 중앙에 같은 규모의 탱주 1주를 놓았다. 우주와 탱주 사이는 일석으로 조성된 면석이 안쪽으로 감입되어 우주와 탱주가 돌출되어 있다.(사진 -11)) 기단의 상면에는 상면에 너비 223cm, 높이 268cm 정도의 석재로 구성된 高柱를 놓았다. 고주의 규모가 큰 탓에 자연스럽게 네 벽체가 형성되었고, 이에는 각각 석불을 1구씩 봉안했다.(사진 - 12)

---

7 劉繼文, 濟南神通寺』, 山東友誼出版社, 2005, p.39.

사진 11. 사문탑내 기단부   사진 12. 사문탑내 고주

　벽체와 기단 사이에는 너비 81 - 86cm 정도의 통로가 개설되어 내부를 일주하도록 되어 있어 마치 우리나라의 법주사 팔상전 내부와 동일한 양상을 보이고 있다. 내부 구조에서 주목되는 부분은 천정부이다. 사문탑은 전체적인 면에서 볼 때 사다리꼴의 형태를 지니고 있다. 따라서 내부 천장 역시 평천장이 아닌 특이한 형태로 구성되어 있다. 즉 기단 중앙에 놓인 고주의 상면은 2단의 턱을 지며 내어쌓기 기법으로 마무리했는 바, 벽체의 내부 상면 역시 같은 양식으로 일단 통로부 상면의 공간 너비를 좁혔다. 각 석재의 상단에는 빗변이 긴 오각형의 보를 모서리에 한 주씩 斜角으로 배치라고, 공간에 같은 형식의 보를 3주씩 놓은 후 삼각형의 석재를 덮어 천정을 구성했다. 따라서 통로부의 천장은 삼각형의 형태를 지닌 특수한 일면을 보이고 있다. 결과적으로 사문탑의 내부 천정은 평면적으로 보면 평천장이지만, 실제로는 양측 통로는 맞배지붕의 형식이고, 중앙은 평천장을 이루는 특이한 구조로 되어 있다. 아마도 평천장이 주는 답답함을 피하고 비좁은 통로 공간을 좀 더 높임으로써 쾌적함을 주고자 했던 의도라 생각된다.(사진 13,14,15)

사진 13. 사문탑 천장부 전경　　사진 14. 사문탑 천장부 모서리 광경　　사진 15. 사문탑 천장부 오각형 보

　각 면에 봉안된 석불은 높이 1.4m 정도의 좌상인 바, 남면 불상 하단에 東魏 武定 2年의 명문이 확인되어[8] 東魏 孝靜帝 2년(544년)에 조성된 석불임을 알 수 있다. 4구의 불상은 동과 서의 불상과 남·북쪽 불상이 대체로 양식적인 공통점을 지니고 있다. 전자의 불상은 하대·중대·상대석을 구비한 장방형의 대좌위에 봉안되었다. 장방형의 하대석 상면에는 높직한 각형 1단의 받침을 놓아 중대석을 받고 있다. 중대석 역시 장방형으로 사면에는 아무런 조식이 없다. 상대석 역시 장방형으로 하면에는 높직한 각형 1단의 받침석을 놓은 후 같은 양식의 받침석을 놓았다. 동방불은 나발의 두정에 육계는 표현되지 않은 것으로 보이는데, 넓직한 상호에 눈과 코 및 입의 표현이 또렷한데, 양 귀는 짧게 조성되었다. 상호에 비해 목은 길게 조성되었다. 법의는 통견으로 왼쪽 어깨의 매듭으로 보아 가사를 건친 것으로 보인다. 양 어깨에서 팔목에 이르기 까지 소략한 의문이 표현되었고, 드러난 가슴에는 속옷의 결대가 표현되어 있다. 양 손은 배꼽부근에 가지런히 모아진 수인을 취하고 있다. 신체부에 비해 낮게 조성된 무릎에는 법의 자락이 유려하게 흐르고 있다. 전체적으로 신체부에 비해 무릎이 넓게 조성되어 불균형을 이루고 있지만, 이로 인해 안정감을 주고 있다. 서방불 역시 동방불과 같은 양식인데, 상호에서 미소가 보이고 있으며, 원만상에 가까운 모습을 보이고 있다. 상호의 전체 분할에서 눈과 코 및 입에 비해 턱이 넓게 표현되었는데, 살이 도드라지고 뭉툭하게 표현되어 이채롭다. 수인은 선정인을 결하고 있다. 동방불은 1997년 3월 7일 밤에 도난당했다가, 2002년에 대만에서 되찾아 왔다고 한다. 필자가 현지에서 사진촬영할 당시 공안들이 들이 닥쳐 잠시 자리를 피한 적이 있었는데, 도난사건 때문에 그렇다는 현지인의 말을 들은 바 있고, 이에 대한 상세한 내용은 『濟南神通寺』에 소개되어 있다.[9]

　남·북의 불상 역시 앞의 불상과 같은 형식의 대좌위에 봉안되어 있는데, 상대석의 전면을 상현좌가 덮고 있어 대비된다. 나발의 두정에 큼직한 육계가 표현되었고, 전자의 불상에 비해 상호가 길게 조성되어 약간 갸름해 보인다. 이와 더불어 눈썹이 위로 치켜 올려져 이마가 좁게 표현되어 있으며, 백호가 표현되어 있다. 눈썹과 눈과의 공간이 많아 부조화를 보이고 있는데, 눈두덩이가 두터워 자연스레 반개한 눈을 지니고 있다. 법의는 통견으로 왼쪽어깨에서 오른쪽으로 흐르는 의문으로 보아 가사를 걸친 것으로 보인다.(사진 16, 17, 18, 19)

　이상에서 살펴본 바와 같이 탑내에 봉안된 불상 4구는 약간의 차이에도 불구하고 대체로 동일한 양식을 지니고 있다. 그런데 석탑의 건립연대는 611년임에 비해 불상은 544년작으로 판명되어 탑과 불상이 동시에 조성된 것이 아님을 알 수 있다. 결국 탑의 조성이후에 석불을 봉안

8　주 7의 책, p.47.
9　주 7의 책, pp.47-48.

사진 16. 사문탑내 동쪽면 불상

사진 17. 사문탑내 서쪽면 불상

사진 18. 사문탑내 남쪽면 불상

사진 19. 사문탑내 북쪽면 불상

했음을 알 수 있다. 이는 석탑의 구조상 기단이 넓게 조성되어 불단으로 활용할 수 있었고, 목 조건축이란 관념하에서 탑을 불당으로 취급해 불상을 봉안한 것으로 추정된다.

2. 法興寺 舍利塔

山西省 長子縣 慈林山에 있던 것을 현재의 山西省 長治市 法興寺 경내로 이전 복원 하였는데, 673년(唐 咸亨 4년)에 건립되었다.[10] 낮은 단층기단 위에 방형의 탑신을 놓고, 상륜부를 구성했다.

1) 外觀(사진 20, 21)

기단은 일변 980cm 크기의 정방형으로 수십매의 판석으로 지반을 구축한 후 치석된 장대석 을 3단으로 쌓아 구축했다. 전면과 후면의 중앙에는 각각 6단과 7단으로 구성된 계단을 두어 내부로 출입하도록 했다. 기단의 상면에는 판석으로 조립된 갑석을 두었는데, 기단과 규모가 같다. 상면에는 높고 낮은 각형 3단의 받침을 마련해 탑신을 받고 있다. 탑신부는

일변 730cm 크기의 방형으로 일변 30-50cm, 높이 20cm 정도 크기의 치석된 석재를 9단 으로 구축했는데, 앞과 뒤쪽 중앙에는 아치형의 문을 개설했다.(사진 22, 23) 전면에 개설된 문 은 벽네 보다 안쪽으로 약간 들어간 상태로 개설되었는데, 출입부는 장방형의 형태이다. 상인 방 및 하인방과 기둥은 모두 일석으로 조성했고, 閣崎方石이 마련되어 있다. 뒷면의 문 역시 같 은 양상인데 문짝을 구성하는 부재에 일단의 원형 몰딩을 둔 점 만 다르다. 탑신의 서쪽 면에는 방형의 작은 창호를 조성했는데, 이는 내부의 공기 순환을 위한 시설로 판단된다. 옥개석은 탑 신과 비례해 비교적 넓게 조성되어 안정감을 주고 있다. 하면에는 각형 2단의 옥개받침이 조출 되었고, 상단에도 각형 5단의 층단형 받침을 두었다. 아울러 옥개석의 처마 끝과 상단 옥개받침 의 끝에는 약간의 반전을 두어 다른 탑과는 달리 날렵한 느낌을 주고 있다. 특히 옥개석 상단의 받침에서 보이는 반전은 처마로 전각에 다다르면서 일정한 각도의 반전을 주고 있어 처마끝의 그것과 절묘한 조화를 보이고 있다.(사진 24) 옥개석의 처마 길이가 탑신과 어울리는 비례를 보 이고 있고, 옥개받침의 높이도 적당한 비율로 치석되어 전체적으로 안정감 있는 형태를 보이고 있다.

옥개석의 상단에는 탑신석과 같은 규모의 치석된 석재를 4단으로 구축했는데, 중앙에도 환 기를 위해 상면이 둥글게 치석된 장방형의 창이 개설되어 있다. 옥개석 역시 탑신부와 같은 양 상인데, 하면에는 각형3단, 상단에는 각형 4단의 받침을 두었다.(사진 25)

10 郭學忠 外, 『中國名塔』, 中國攝影出版社, 2002, p.358.

사진20. 법흥사 사리탑 전경(정면)

사진21. 법흥사 사리탑 전경(후면)

사진22. 법흥사 사리탑 전면 출입문

사진23. 법흥사 사리탑 후면 출입문

사진24. 법흥사 사리탑 옥개석

사진25. 법흥사 사리탑 옥개석 상단부

| 사진 26. 법흥사 사리탑 상륜부 | 사진 27. 법흥사 사리탑 내부 답도 | 사진 28. 법흥사 사리탑 내부 답도 천장부 |

상륜부는 2층탑신의 상면에 넓은 판석을 놓고, 부연, 앙화, 보륜, 앙화, 보주의 순으로 구성되어 있다.(사진 26) 부연은 높직한 1단의 받침위에 놓였는데, 낮은 탑신과 함께 하면에는 각형 2단의 받침을 조출했다. 상단의 앙연은 길이가 긴 단엽단판 16판 앙연을 조식했다. 보륜은 높이가 낮은 편구형으로 면에는 圓紋에 마름모꼴이 있는 기하학적 문양이 조식되었다. 상면에 놓인 앙연 역시 단엽단판 16판의 연화문을 조식했고, 상면에는 연봉형의 보주를 놓았다.

2) 內部

사리탑은 동남향으로 개설된 아치형의 문을 통해 진입해 내부를 일주한 후 뒷면에 개설된 문을 통해 나가는 구조를 지니고 있다. 뿐만 아니나 내부는 벽체를 따라 답도가 형성되어 있어 전체적으로는 '回'자형의 구조를 지니고 있다. 아울러 중앙부를 이루는 고주의 정면에는 불상을 안치해 예배공간으로서의 가능성을 확보하고 있다.

정문을 통해 내부로 들어서면 중앙에 일변 410cm 규모의 방형 高柱를 중심으로 160cm의 너비를 지닌 답도가 개설되어 있어 벽체를 따라 내부를 일주할 수 있다.(사진 27) 답도에는 방형의 전을 깔았고, 고주 및 탑신의 안쪽 벽체는 모두 강화를 발랐다. 천정부는 벽체로 부터는 3단, 고주로 부터는 1단씩 내어쌓기를 해 상면의 폭을 최대한 좁힌 후 석재를 잇대어 마감했다. 이같은 구조를 지닌 탓에 언뜻 보면 천정부에 배수로가 개설된 듯한 착각을 주기도 한다. (사진 28)

高柱의 정면 즉, 출입문쪽으로는 감실을 조성해고 내부에 석조여래좌상을 봉안했다.(사진 29, 30) 감실의 정면에는 아치형의 문이 개설되어 있는데, 앞서 언급한 출입문과 같은 양식을

| 사진 29. 법흥사 사리탑 내부
감실 출입문 | 사진 30. 법흥사 사리탑 내부
감실 봉안 석조여래좌상 | 사진 31. 법흥사 사리탑 내부 감실 천장부 |

보이고 있다. 내부에 봉안된 석조여래입상은 身部와 대좌 그리고 광배가 모두 일석으로 조성되었다. 광배는 주형거신광배로상단부에 파손이 있으며 주연에는 아무런 조식이 없다. 장방형의 대좌에 조성된 석불은 무릎에 비해 신체가 높게 조성되어 안정감을 잃었고, 산체에 비해 광배배가 크게 조성된 느낌을 준다. 갸름하게 조성된 상호는 소발의 두정에 큼직한 육계가 솟았다. 이마에는 백호공이 있으며, 두 눈은 눈두덩이 두텁게 묘사된 杏葉形으로, 명상에 잠긴 듯 半開하고 있다. 오똑 한 코와 두툼한 입술 그리고 상호 전면에서 배어나오는 미소가 잘 어울려 唐代 불상의 면모를 보이고 있다. 법의는 통견으로 오른쪽 어깨에서 흐르는 굵은 의문이 왼쪽 팔목을 감싸며 흘러내리고 있는데, 시무외여원인을 결했다. 하면과 같은 규모로 조성된 천정부는 각면 3단씩 내어쌓기로 구축해 상면의 면적을 좁힌 후 8엽 연화문이 선각된 판석으로 막았다. 청정의 북쪽 모퉁이에는 장방형의 구멍이 개설되어있는데, 이 역시 환기를 위한 시설로 생각된다.(사진 31)

3. 靈岩寺 慧崇塔

山東省 濟南市 長淸區 万德鎭에 長淸縣에 소재한 영암사의 탑림 북쪽에 세워져 있는 석조탑파이다. 唐 天寶年間(742~755)에 세워진 석탑으로 전 면과 양 측면에 아치형의 문이 설치되어 있고, 내부에는 조사상이 안치되었던 대좌가 남아있다.[11] 평면방형의 일층 탑신에 상륜부를 구비한 높이 5.3m의 규모이다.

----

11 주 10의 책, p.120.

1) 外觀

지대석으로부터 기단과, 탑신에 이르기 까지 방형의 평면을 지니고 있다.(사진 32, 33) 여러 매의 판석으로 조립된 지대석위에 높직한 각형 2단 그리고 낮은 각형 1단의 받침을 조성 한 후 낮은 기단이 조성되었다. 기단의 각 면에는 양 우주와 3개의 탱주를 모각했다. 기단의 남쪽 정면부의 중앙에는 장방형으로 돌출된 단을 마련해 마치 무덤 앞의 상석과 같은 구조를 보이고 있다. 상석으로 추정되는 부분의 하면에는 낮고 굵은 양 우주를 모각해 안정감을 더하고 있다. 기단의 상면을 덮은 갑석의 하면에는 각형 2단의 받침을 조출했다. 갑석의 상면은 편평하게 치석되었는데, 하단에 초출된 각형 2단의 받침으로 인해 비교적 넓게 조성되었다.

탑신은 사문탑과 비슷한 구모의 석재를 10단으로 쌓아 구축했는데, 각 면에는 강회를 발랐던 흔적이 역력히 남아있다. 탑신의 북면을 제외한 3면에는 모두 문을 개설했는데, 이 중 남쪽면만 내부로 통하고, 나머지 면은 문비형만 모각한 형상이다.(사진 34, 35, 36)

출입시설로 사용된 남문은 전체적으로 아치형이지만, 출입부는 장방형의 형태를 보이고 있다. 문의 상단은 보주형의 半圓圈으로 윤곽을 두른 후 하단에 아치형의 문을 개설했다. 보주형의 석재와 탑신을 구성하는 장방형 부재는 서로 맞닿은 면을 따라 그랭이가 되어 있어 무척 정교한 인상을 준다. 부재의 상단에는 눈을 아래부 부릅 뜬 鬼面이 두텁운 양각으로 주성되었다. 콧등이 넉넉한 코와 부릅뜬 눈이 매우 사실적인 느낌을 주고 있어, 문안으로 사악한 것이 들어오면 가차없이 징벌하겠다는 의지가 돋보인다. 양쪽 하단에는 안으로 말려들어가는 듯한 느낌을 주는 원문이 양각되어 있다. 문은 아치형으로 半圓의 아치와 출입문이 각각 별개의 석재로 조성되었다. 반원의 부재는 상인방까지 일석으로 조성되었는데, 각 부재간 일단의 경계선을 두어 구분하고 있으며, 반원내에는 아무런 조식이 없다. 문을 구성하는 양 기둥은 각각 일석으로 조성되었는데, 상인방으로부터 내려오는 굵은 반원의 기둥이 표현되었다. 양 기둥은 하단에 놓인 높직한 闊峙方石이 받치고 있다. 양 부재 사이에는 문지방석이 놓여 있다. 뿐만 아니라 문 안쪽에서 보면 문지방석의 앙 끝에 지도리 구멍이 잇는 점으로 보아 본래는 문짝을 달았던 것으로 추정된다. 동쪽문은 남문과 같은 양식이지만, 아치형의 상단에 2구의 비천상이 마주보며 날고 있고, 중간부에 운문이 조각된 점이 다르다. 아울러 남문이 실제 출입시설로 마련된 반면, 동문은 문비형만 모각하는데 그쳐 출입보다는 내부에 공간이 있음을 암시하고 있음을 알 수 있다. 장방형의 문짝은 전체 2매의 판석으로 조성되었는데, 왼쪽문에는 정병을 든 신장이 조식되어 있다. 아마도 문을 지키는 역할로 추정되지만, 마멸이 심해 정확한 형상을 파악라기 어렵다. 문짝의 전면에는 판문을 보강하기 위해 밖았던 쇠못을 상징하는 원형의 조각이 4개씩 4단에 걸쳐 양각되어 있다. 서문 역시 남문과 같은 양식이지만, 방아치형의 상단부에 나신의 상체를 지

사진 32. 영암사 혜숭탑 전경(정면)

사진 33. 영암사 혜숭탑 전경(측면)

사진 34. 영암사 혜숭탑 남문

사진 35. 영암사 혜숭탑 동문

사진 36. 영암사 혜숭탑 서문

닌 신장상를 중심으로 주악상이 조각되어 있고, 주변에 유려한 운문이 조식되어 있다. 아치형의 배부와 내부와 문짝의 구성은 동일한 양식을 보이고 있다. 다만 동문에 비해 오른쪽에 신장상이, 왼쪽에는 鬼面의 문고리가 장식되어 있어, 본래 동문도 이같은 양식이었을 것으로 추정된다.

옥개석은 옥개받침과 낙수면 그리고 처마석에 이르기 까지 많은 석재가 사용되었다.(사진 37, 38) 탑신의 상단에는 높직한 일단의 받침을 마련한 후 이로부터 각형 7단의 받침을 조출했다. 각 받침은 높이에 비해 너비가 길게 조성된 탓에 상단에 놓인 지붕석이 넓은 낙수면을 지녀 전체적으로 안정감 있는

사진 37. 영암사 혜숭탑 옥개석

사진 38. 영암사 혜숭탑 옥개받침

사진 39. 영암사 혜숭탑 옥개석 상부 탑신

사진 40. 영암사 혜숭탑 상륜부

형상을 보여주고 있다. 처마는 중단에서 양 끝에 이르기 까지 일정한 높이를 지니고 있으며, 전각에 이르러 반전 없이 수평을 유지하고 있다. 옥개석의 상면에는 전탑에서와 같이 9단의 층단형의 받침이 조출되어 있다. 각 받침은 높이가 낮고, 사이의 간격이 넓어 완만한 경사를 보이고 있다. 이같은 옥개석의 상면에는 또 한층의 탑신을 올렸다. 아랫층과 같은 재질의 석재를 2단으로 구축하고, 상면에는 하면에 각형 4단의 옥개받침이 조출된 같은 양식의 옥개석을 놓았다. 이같은 지붕의 구성은 사문탑과는 다른 양식을 보이고 있는데, 후술할 내부구조의 천정과 연관이 있는 것으로 보인다.(사진 39)

상륜부는 노반석과 앙화석 그리고 상면에 놓인 보주로 구성되어 있다.(사진 40) 노반석은 면석과 상단 갑석이 각각 별석으로 조성되었다, 갑석의 하면에는 각형 2단의 받침이 조출되어 비교적 넓직한 상면을 구성했는데, 네 모퉁이와 중간에 각각 1구씩 모두 8엽의 연화문을 배치했다.[12] 앙화석은 원형으로 판내에 화문이 2중 연화문을 2단으로 조식하고, 상면에 원형의 보주를 놓았다.

2) 內部

혜숭탑의 남쪽문을 통해 내부로 들어가면 각변 2.2m 크기의 방형 공간이 조성되어 있다. 내부에는 아무런 시설이 없고, 북쪽벽에 잇대어 혜숭선사의 상을 놓았던 것으로 추정되는 장방형의 대좌가 놓여있다.(사진 41) 대좌는 지면으로부터 각형 4단의 받침을 마련한 후 상면에 높직한 대좌를 형성했는데, 상면은 평평하게 치석하였다.[13] 감실 내부의 바닥은 치석된 장방형의 판석으로 정교하게 조성했으며, 4벽은 지면으로부터 5단까지는 수직으로 조성한 후 이로부터 안쪽으로 기울여 쌓아 상면에 이르기 까지 좁아져 상면에는 1매의 판석으로 천정을 마감했다,(사진 42) 따라서 실내 공간의 입면은 자연스레 아치형의 구조를 지니게 구성되었다. 이같은 내부 벽면의 구조는 앞서 와관에서 보듯이 1층탑신 위에 다시 소형의 탑신을 둔 결과로 보여진다. 즉 실내의 상면을 평천장으로 구성했을 경우 공간이 협소해지고, 구조적으로는 완전히 상자형을 이루게 되어 공간의 활용에 답답함을 느낌은 필연적이었을 것이다. 따라서 탑신 상단에 소형의 2층 탑신을 두고 이를 바탕으로 내부 공의 천정부를 높게 조성함으로써 禪師의 像 또한 입상으로 모실 수 있는 공간을 확보하기 위한 의도로 보인다.

---

12 이같은 양식의 노반은 唐代에 건립된 대부분의 탑파에서 볼 수 있어 이 시기 상륜의 한 특성으로 보여진다.

13 이처럼 탑파 내부에 승려의 상을 안치한 예로는 불광사 조사탑에서 볼 수 있다. 조사탑은 당대 이전에 건립된 것으로 추정되고 있어, 탑내에 상을 안치하는 예가 당대 이전부터 있었음을 알 수 있다. 羅哲文·張帆,『中國古塔』, 河北少年儿童出版社, 1991, p.98.

사진 41. 영암사 혜숭탑 감실내 대좌　　　　　사진 42. 영암사 혜숭탑 감실 천장부

Ⅲ. 特性

　　정각형 탑파는 앞서 언급한 바와 같이 중국목조건축에서 유래한 탑파의 한 양식으로 주로 당대에 건립된 것으로 알려져 있다. 이들은 모두 방형의 탑신을 구비하고 사모지붕 형태의 옥개석을 지닌 공통점을 지니고 있는 바, 이들이 지닌 특성의 일단을 살펴보면 다음과 같다.

　　첫째, 이들 석탑은 양식분류상 모전석탑이라 칭할 수 있는가에 대한 문제이다.

　　신라석탑 발달사에서 초두에 놓이는 탑은 단연 분황사 모전석탑이다. 이 석탑이 지닌 양식에 대해 중국전탑의 영향이란 설과 함께 사문탑에서 동질성을 구하는 견해가 우리를 지배하고 있기 때문이다.[14] 하지만, 분황사모전석탑에 사용된 부재의 크기와 앞서 언급한 3기의 석탑에 사용된 부재는 크기면에서 완전히 다른 양상을 보이고 있다. 다시 말해 분황사의 것은 실제 벽돌과 같이 길이 30-45㎝, 두께 4.5-5㎝의 크기로 치석해 사용했다. 그렇지만, 앞서 언급한 석탑에서는 크게는 170cm×43cm,에서 작게는 50cm×20cm 크기의 석재를 사용해 구축했다. 일반적으로 볼 때 당대에 건립된 전탑에서 사용된 부재의 크기는 이들 보다는 앞서 언급한 분황사모전석탑의 그것과 비슷한 크기임을 알 수 있다. 아울러 앞서 언급한 중국 탑파의 분류에도 모전석탑이란 용어는 사용되지 않음을 볼 때 이들 석탑을 모전석탑의 범주에 포함하기에는 무리가 있는 것으로 판단된다. 따라서 부재의 크기로 볼 때 분황사모전석탑이 사문탑의 영향이라

---

14 분황사모전석탑을 중국전탑과 목탑의 양식의 재현이라는 견해는 우현 선생 이래 줄 곳 우리를 지배하고 있는 논리이다. 뿐만 아니라 이 석탑의 양식이 사문탑과 친연성이 있다는 견해가 발표된 바 있다. 朴慶植, 「芬皇寺 模塼石塔에 대한 考察」, 『芬皇寺의 諸照明』, 新羅文化宣揚會, 1999, pp.161-197. 周炅美, 「분황사 석탑 출토 불사리장엄구의 재검토」, 『시각문화의전통과 해석』, 예경, 2007, p.280.

는 기존의 견해는 수정되어야 것으로 판단된다. 이밖에도 외관상의 친연성도 제고되어져야 할 것으로 판단된다. 이는 분황사모전석탑이 탑신의 4곳에 문이 개설되어 있고, 3층옥개석이 사모지붕형이라는 외형에서 비롯된 것이다. 하지만, 분황사모전석탑이 본래는 9층이었음을 감안할 때[15] 이 역시 잘못된 판단이라 생각되기 때문이다. 따라서 분황사 모전석탑은 초층탑신 4곳에 문을 개설했다는 공통점[16] 외에는 당대 정각형석탑과의 연관성을 찾을 수 없을 것으로 생각된다.

둘째 정각형 석탑은 목조건축의 양식에 근원을 두고 있으며, 한국과는 달리 불탑과 부도의 양식에 차이를 두지 않았음을 알 수 있다.

중국과 한국의 탑파는 그 시원에 있어 목조건축의 양식을 모방해 건립했음은 주지의 사실이다. 앞서 언급한 정각형 석탑에서도 이같은 요인을 찾을 수 있다. 먼저 전체적인 외형에서 낮은 기단과 이를 오를 수 있는 계단을 설치했으며, 방형의 탑신과 이와 잘 어울리는 사모지붕을 옥개석으로 채용했음을 들 수 있다. 따라서 전체적인 외형은 일반적인 소형 가옥을 연상하기에 충분한 양식을 구현하고 있음을 알 수 있다. 뿐만 아니라 네 벽에 개설된 출입문은 모두 상면에 보주형의 장식부를 두었으며, 출입문은 장방형의 형태로 상인방과, 하인방, 기둥, 지도리 구멍과 閣崎方石을 마련해 완벽한 문을 구현하고 있다. 아울러 옥개석에 있어서도 벽체와 균형을 이루는 처마의 길이와 더불어 옥개석 상단 받침이 층단형임에도 불구하고 적당한 채감과 반전을 가미해 날렵하고 아름다운 곡선미를 보이고 있다는 점을 들 수 있다. 특히 불광사 조사탑의 옥개석에 구현된 반전미는 목조건축의 그것을 재현하고자 했던 노력의 일단을 엿볼 수 있다. 아울러 석탑과 부도의 양식이 출발에서부터 달랐던 한국과는 달리 같은 형식의 탑파에서 부도와 같은 예를볼 수 있다. 이는 영암사 혜숭탑의 경우로서 정각형 사리탑이 불탑과 부도의 구분없이 활용된 양식임을 알 수 있다. 이같은 경우는 벽돌로 조성되어 본고에서는 논외로 하였지만, 같은 양식으로 건립된 少林寺 同光禪師塔(770年, 사진 43) 및 法玩禪師塔(791年, 사진 44)과 登封에 소재한 法王寺 僧墓塔群(사진 45, 46, 47)에서도 같은 예를 볼 수 있어 그러함을 알 수 있다.[17]

셋째, 정각형 석탑은 내부 공간의 규모와 봉안된 像에 따라 크게 2가지 계통으로 발전해 나간 것으로 생각된다.

....

15 朴慶植, 주 14의 논문.
16 이처럼 초층탑신 4곳에 문을 개설한 경우는 분황사모전석탑 및 미륵사지 석탑에서도 그 예를 볼 수 있다. 따라서 향후 唐代에 건립된 정각현석탑과 양 석탑과의 비교연구를 진행하고자 한다.
17 이들 탑파는 모두 벽돌로 조성되어 본고에서는 논외로 하였다. 이에 대해서는 추후 고찰할 예정이다. 이와 더불어 河南 登封 淨藏禪師塔(746년), 山西 運城 泛舟禪師塔(822년), 陝西 草堂寺 鳩摩羅什塔(唐代), 山東 神通寺 龍虎塔(唐代)도 같은 형식으로 구분하고 있다. 주 13의 책, pp.98-106.

사진 43. 소림사 동광선사탑

사진 44. 소림사 법완선사탑

사진 45. 법왕사 승묘탑 1

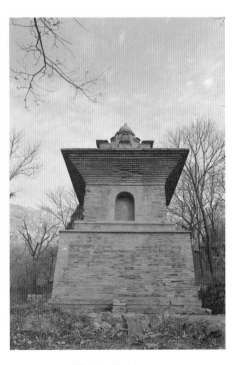

사진 46. 법왕사 승묘탑 2

| 사진 47. 법왕사 승묘탑 3 | 사진 48. 불광사 조사탑 |

앞서 언급한 바와 같이 당대에 건립된 정각형 탑파는 본고에서 고찰한 3기외에도 佛光寺 祖師塔(사진 48), 修定寺塔(貞觀年間 627-659年, 사진 49), 少林寺 同光禪師塔(770年) 및 法玩禪師塔(791年)과 登封에 소재한 法王寺 僧墓塔群을 들 수 있다.[18] 이들은 모두 평면방형의 탑신에 사모지붕의 형태의 옥개석을 올린 공통점을 지니고 있다. 하지만, 이들에서 보이는 차이점은 내부 공간의 크기에서 차이점을 찾을 수 있다.

즉, 출입문을 통해 내부를 일주하거나, 비교적 넓은 공간을 구비하고 있어 예불을 병행할 수 있는 구조와, 단간의 감실을 조성하고 내부에 祖師像을 봉안한 경우로 구분된다. 이를 구체적으로 살펴보면 전자는 사문탑(611년)·수정사탑(627-659년)·법흥사 사리탑(673년)·영암사 혜숭탑(742-755년)으로 모두 내부를 일주하거나 예불하기에 충분한 공간을 확보하고, 내부에 불상 또는 승려의 상을 봉안한 공통점을 지니고 있다. 더욱이 영암사 혜숭탑을 제외하면 唐代에 건립된 보편적인 탑파와는 달리 승려와 연관을 맺을 수 없어 수순한 의미의 불탑의 성격으로 건립되었음을 알 수 있다. 이에 반해 후자는 불광사 조사탑에서 시작된 양식으로 소림

---

18 山西 五臺山 佛光寺 祖師塔河, 河南 登封 淨藏禪師塔(746년), 山西 運城 泛舟禪師塔(822년), 陝西 草堂寺 鳩摩羅什塔(唐代), 山東 神通寺 龍虎塔(唐代)도 같은 정각현 탑파로 구분하고 있다. 주 17과 같음.

사진 49. 수정사탑

사 동광선사탑(770年)과 법완선사탑(791年) 그리고 법왕사 승묘탑군(4基. 唐代)이 해당된다. 이들은 모두 초층탑신에 소형의 감실을 개설하고 내부에 승려의 상을 봉안한 공통점을 지니고 있다. 뿐만 아니라 비록 정각형의 분류에는 속할 수 없지만, 西安 華嚴寺址 杜順塔(642年), 西安 興敎寺 玄奘法師塔(669年) 등이 현존하고 있어 내부에 승려상을 봉안한 탑파의 계보를 구성할 수 있다. 나아가 후자의 경우는 탑 앞에 승려의 이름이 붙여져 있는 점으로 보아 이들은 승려의 사리를 봉안한 부도의 개념으로 파악된다. 이같은 상황을 볼 때 정각형 탑파는 당초부터 한국과는 달리 불탑과 부도의 양식을 별도로 성립하지 않고 동시에 활용된 양식임을 알 수 있다.[19] 뿐만 아니라 이같은 양식의 부도는 일단 정각형 석탑에서 시작되어 재료상 벽돌로 전환되며 발전되어 갔음을 알 수 있다.[20] 따라서 唐代에 건립된 정각형 탑은 양식적으로 2가지의 계통으로 발전해 갔음을 알 수 있는데, 이는 마치 신라 모전석탑이 분황사계와 탑리석탑계로 양분되어 발전한 것과 같은 양상이라 하겠다. 그렇지만 전반적인 당대 건립 탑파의 양상을 볼 때 전자 보다는 후자가 적극적으로 계승 발전되어진 것으로 보인다. 이같은 이유로는 전자의 경우 일반적으로 건립된 전탑에 비해 기단의 규모가 크고, 내부가 공동화 되어 있어 이로 인해 고층의 탑신을 올리기 어렵다는 구조적인 문제에서 비롯된 것으로 생각된다.

넷째, 이들 석탑에서는 모두 탑신에 강회를 발랐던 흔적이 역력히 남아 있음을 확인할 수 있었다. 이처럼 탑신에 강회를 바르는 현상은 여기에만 국한되지 않고 唐代에 건립된 대부분의 전탑에서도 그 예를 볼 수 있다. 따라서 중국 탑에서 강회를 바르는 이유에 대해서는 낱개의 벽돌로 구성된 탑신이 세월을 지나면서 점차 이격현상이 벌어져 파손될 것을 예견해 탑 표면을

---

19 이는 한국의 석탑과 석조부도의 양식이 완전히 다름과 배치되는 현상이다. 한국의 석탑은 평면 방형을 기본으로, 부도는 팔각원당형을 기본으로 각각 독자적인 양식 계보를 지니며 발전해간 양상과 완전히 다름을 보여주고 있다.

20 정각형 탑파에서 가장 먼저 건립된 예는 불광사 조사탑이다. 하지만, 이 탑은 전체적인외관에서는 그럴지언정 실제로는 방형의 벽체에 사모지붕을 갖는 정형적인 정각형탑은 아닌 것으로 생각된다.

고착하기 위한 한 수단으로 시작된 것으로 생각된다. 뿐만 아니라 이격된 벽돌의 틈에 草本類가 자라는 것을 막을 수 있다는 보호대책 또한 일조했을 것으로 생각된다. 나아가 탑신 표면에 부처의 일생 또는 경전에 나타난 여러 정황을 그림으로 그리기 위한 수단도 또 한 요인으로 작용했을 것으로 판단된다. 때문에 탑신에 강회를 바르는 방식은 한국의 석탑과는 달리 수백장의 석재가 조립되어 건립된 정각형 석탑이나 다른 전탑에서도 같은 이유에 의해 채택되었을 것으로 생각된다. 앞서 언급한 정각형 석탑의 탑신표면에서는 회화적인 요소는 찾을 수 없었다. 따라서 불교와 연관된 회화를 그렸다기 보다는 석재의 이격과 이로 탑신의 보호와, 초본류의 생성으로 인한 피해를 방지하기 위해 가해졌던 것으로 생각된다.

Ⅳ. 結論

본고에서 고찰한 정각형 석탑은 唐代에 건립되었으면서도 아직 정확한 소개가 이루어지지 않았던 분야이다. 뿐만 아니라 한국석탑의 효시를 이루는 미륵사지석탑과 분황사모전석탑과 탑신부에 4개의 문을 개설하고, 내부에 공간이 있다는 공통점에서 상호비교가 반드시 이루어져야할 것으로 생각된다. 이에 따라 본고에서는 향후 비교연구를 하기 위한 기초자료의 확보라는 측면에서 정각형 석탑의 현황을 파악하는데 주력하였다.

唐代에 건립된 정각형 석탑은 낮은 기단과 이를 오르는 계단, 네 곳에 설치된 문, 내부에 개설된 공간과 구조, 옥개석의 양식등에서 목조건축의 양식을 계승해 건립되었음을 알 수 있었다. 아울러 이들 석탑에 사용된 석재의 크기는 일반적으로 모전석탑으로 불리우기에는 모순될 만큼 차이가 있음이 실측치를 통해 파악되었다. 따라서 정각형 석탑은 唐代에 창안된 그들만의 새로운 양식임을 알 수 있었고, 더욱이 그간 분황사모전석탑과의 친연성이 강조되었던 기존의 해석 또한 수정되어야 할 것으로 확인되었다. 아울러 이들 석탑은 향후 전탑으로 계승되어 정각형 부도의 한 양식으로 정착 발전되었음도 알 수 있었다. 나아가 탑신 표면에는 강회가 발라져 있음도 알 수 있었다.

본고는 정각형 석탑만을 대상으로 작성되었기에 같은 양식의 전탑에 대해서는 논외로 하였다. 추후 이들에 대한 고찰을 통해 唐代에 건립된 정각형 탑파에 대한 연구를 진행할 것을 기약한다.

(2008.06 「隨·唐代의 佛塔研究(Ⅰ)」, 『문화사학』 29, 한국문화사학회)

隋·唐代의 佛塔研究(Ⅱ)
- 亭閣型 塼造塔婆

Ⅰ. 緒言

중국의 불탑은 크게 樓閣式塔, 密檐式塔, 亭閣式塔, 花塔, 覆鉢式塔, 金剛宝座式塔 등으로 유형을 분류하고 있다.[1] 이처럼 다양한 유형의 불탑 중 가장 오랜 淵源을 지닌 것은 누각식과 정각형 불탑이다. 두 유형의 불탑은 북위시대에 조성된 운강석굴에서 모두 확인되고 있어 중국에서도 가장 초기적인 양식의 불탑임을 알 수 있다.[2] 이중 정각형 불탑은 평명 방형의 구도를 지닌 단층탑으로, 탑신에는 하나 또는 4개의 문은 개설하고, 사모지붕 형식의 옥개석을 지닌 一群의 탑을 의미한다. 때문에 양식적인 면에서는 다른 유형의 불탑에 비해 매우 소략한 면면을 보이고 있다. 그렇지만, 이 불탑은 北魏시대에 조성된 운강석굴의 벽면에서 浮彫塔으로 등장한 이래[3] 隋代에 건립된 신통사 사문탑을 거쳐 唐代에 이르면 석재와 벽돌을 조성재료로 사용하면서 다채롭게 건립되고 있다. 이같은 상황을 보면 장각형탑은 중국 불탑사에서 북위시대로부터 당대에 이르기 까지 지속적으로 건립된 불탑의 한 양식임을 알 수 있다. 뿐만 아니라 어느 시대에 건립되었던 간에 모두 목조건축의 양식을 충실히 반영하는 공통점을 지니고 있다. 이같은 면

---

1 朱耀廷 外, 『古代名塔』, 遼寧師範大學出版社, 1996, pp.20-31. 이외에도 樓閣式塔, 密檐式塔, 亭式塔, 異形塔 등으로 구분하기도 한다. 肅黙 主編, 『中國建築藝術史』, 文物出版社, 1999, pp.332-340.
2 운강석굴에서 확인되는 누각식탑은 1굴과 2굴에서부터 대부분의 석굴에서 확인되고 있다. 이에 반해 정각형불탑은 1굴 1점, 2굴 3점, 14굴 9점등 모두 13점이 확인된다.
3 북위시대에 건립된 정각형탑 중 건축물로 건립된 것은 불광사 조사탑이 대표적이다.

면을 볼 때 정각형 불탑에 대한 연구는 중국 초기 불탑의 양상을 파악하는데 많은 단서를 제공할 것으로 생각된다. 이와 더불어 정각형 불탑에 대한 연구는 한국 불탑의 양식적 근원을 밝히는데 많은 단서를 제공할 것으로 판단된다. 이럼에도 불구하고 중국은 물론 한국의 학계에서도 이 유형의 불탑에 대해 면밀한 검토는 물론 시원기 석탑과의 비교 연구도 미미하게 진행되고 있는 실정이다.[4] 이같은 상황을 고려할 때 정각형탑에 대한 연구는 양국에서 건립된 다양한 불탑의 초기양식을 파악하는데 중요한 위치를 점유하고 있다고 생각된다. 필자는 이같은 관점에서 수와 당대에 건립된 정각형 불탑 중 벽돌로 조성된 전탑만을 대상으로 다음과 같은 주안점을 가지고 서술하고자 한다.

첫째, 정각형 전조탑파가 지닌 공통적인 양식을 추출하고,

둘째, 정각형 석조탑파와의 비교를 통해 차이점을 규명하고,

셋째, 중국 불탑사에서 시대에 따른 정각형 불탑의 변천과정을 파악하고자 한다.

II. 樣式

현재 중국내에 건립되어 있는 亭閣型 塼造塔婆는 佛光寺祖師塔, 靈巖寺 法定墓塔, 安養 修定寺塔, 少林寺 경내에있는 法如禪師塔(689年. 사진-1), 同光禪師塔(771年. 사진-2), 法玩禪師塔(791年. 사진-3), 法王寺 墓塔群(3기. 사진4-6), 수정사탑(사진-7), 등 모두 11기이다. 이들중 북위시대에 건립된 것으로 알려진 불광사 조사탑과 영암사 법정묘탑을 제외하면 모두 唐代에 건립되고 있어 이 시기에 건립되던 정각형탑파의 양식과 특성은 물론 전탑과의 연관성 역시 파악할 수 있는 중요한 단서를 지닌 것으로 생각된다.[5] 따라서 이들 유형의 탑파에 대한 양식적

----

4 중국측 연구에서 정각형 불탑은 이에 대한 전문적인 연구보다는 주로 개설서와 각론적인 언급이 대부분이다. 이 중 정각형 불탑에 대해 개괄적으로 연구한 것은 주 1에 소개한 朱耀廷 外, 『古代名塔』이다. 이와 더불어 張馭寰, 『中國塔』, 山西人民出版社, 2000 및 中國佛塔史』, 科學出版社, 2006에 부분적으로 언급되어 있다.

이에 반해 한국에서는 朴慶植, 「四門塔에 대한 小考」, 『文化史學』27號, 韓國文化史學會, 2007, pp.1161-1176. 「隋 · 唐代의 佛塔研究(Ⅰ)-亭閣形石造塔婆」, 『文化史學』29號, 韓國文化史學會, 2008, pp.125-150. 「彌勒寺址 石塔과 隋 · 唐代의 亭閣形佛塔과의 比較」, 『白山學報』92號, 白山學會, 2012, pp.129-166. 뿐만 아니라 엄기표 선생이 발표한 논문 가운데서 이에 대한 언급이 이루어지고 있다. 嚴基杓, 「中國 小林寺의 唐代 僧墓塔 考察」, 『忠北史學』19집, 忠北大學校 史學會, 2007 및 「新羅 石造浮屠와 中國 唐代 僧墓塔의 比較 研究」, 『東洋學』43집, 檀國大學校 東洋學研究所, 2008.

5 唐代부터 중국의 대표적인 양식의 탑으로 건립된 전탑은 대부분이 평면 방형의 형태를 지니고 있으며, 초층탑신에는 문을 개설하고 있다. 뿐만 아니라 옥개받침과 상면이 모두 층단형을 이루고 있는 등 양 유형의

| 사진 1. 소림사 법여선사탑 | 사진 2. 소림사 동광선사탑 | 사진 3. 소림사 법완선사탑 |

| 사진 4. 법왕사 1탑 | 사진 5. 법왕사 2탑 | 사진 6. 법왕사 3탑 |

분석과 계보의 정립은 唐代 전탑의 발생과 전개는 물론 한국 석탑의 발생과도 밀접한 연관이 있을 것으로 생각된다. 唐代에 건립된 정각형 전조탑에 대해 양식적인 면을 보면 다음과 같은 공통점을 지니고 있다.

당대에 건립된 정각형 전조탑파는 기단과 탑신부 그리고 상륜부로 구성되어 있는데, 이들이 지니고 있는 공통적인 양식을 정리해 보면 다음과 같다.

첫째, 기단부는 탑신에 비해 현저히 낮은 높이를 지니고 있다.

....

탑에서는 상당한 공통점이 보이고 있다. 뿐만 아니라 현존하는 중국 전탑 중 건립연대가 확실한 香積寺 先導大使塔이 681년작임을 고려할 때 양 유형의 탑은 상호 영향을 주고 받았을 것으로 추정된다.

　　정각형 전조탑파의 기단부가 낮게 조성된 것은 운강석굴 14굴에 부조된 정각형불탑에서 낮은 기단부가 조성되었고, 불광사 조사탑 역시 같은 양식을 보이고 있어[6] 이같은 전통이 그대로 답습된 것으로 생각된다. 뿐만 아니라 수와 당대에 건립된 수많은 전탑에서도 기단의 존재가 미미한 점을 보면 중국 전탑에서의 기단은 그리 중시되지 않았음을 알 수 있다. 아마도 唐代에 건립된 전탑의 양상이 대부분 空筒式이었다는 점을 볼 때[7] 상부에서 누르는 하중의 분산에 대해 크게 고려하지 않았던 결과로 생각된다. 이와 더불어 정각형 불탑의 양식은 목조건축의 그것을 그대로 재현하고 있는 점으로 보아 탑신에 비해 낮은 기단이 조성됨은 당연한 귀결이었다고 생각된다.[8] 이럼에도 불구하고 법여선사탑은 석재로 구축된 높은 단 위에 건립되어 있지만, 당초부터 이런 상황이었는지에 대해서는 알 수 없다.[9] 이와 더불어 법왕사 2탑 및 3탑은 낮은 기단 상면에 다시 높은 기단을 구축해 건립하고 있어 2층기단의 형태를 지닌 것도 확인된다.

　　둘째, 탑신은 방형의 평면을 지녔으며, 단층으로 조성되었다.

　　정각형 전조탑이 지닌 평면구도는 같은 유형의 석조탑과 같은 양상을 보이고 있다. 벽체에는 모든 탑에서 장병형의 벽돌을 고른층쌓기 수법으로 축조했다. 전체적으로 볼 때 큰 특징은 없지만, 대체로 2종류 이상의 벽돌을 사용한 것으로 판단된다. 즉, 높이는 일정하지만, 길이가 긴 것과 그 반 정도의 규격을 지닌 벽돌을 교대로 쌓았다. 이를 자세히 보면 한단에는 길이가 긴 벽돌을 놓고, 상단에는 다시 하단 벽돌 길이의 반 정도 크기의 벽돌을 놓아 벽돌이 맞닿은 면이 서로 교차되도록 소위 '品자형 쌓기'방식으로 구축했다. 아마도 수직하중으로 인해 벽돌이 이탈되는 것을 방지함과 동시에 벽돌이 서로 맞닿은 면의 접지력을 높이기 위한 방편으로 생각된다.[10] 이에 반해 수정사탑에서는 다양한 문양이 조식된 벽전을 사용해 건립되고 있어, 새

----

6 불광사 조사탑의 기단은 5단으로 벽돌을 사용해 들여쌓기 수법으로 구축했는데, 하면으로부터 2단까지는 비교적 높지만, 이후 상면으로 갈수록 일정한 비율로 축소되어 안정적인 구조를 보이고 있다.

7 張馭寰, 『中國塔』, 山西人民出版社, 2000, p.156.

8 이같은 면면은 한국의 시원양식기 석탑의 기단과는 완전히 다른 양상을 보이고 있어 주목된다. 689년에 법여선사탑이 조성되었고, 同光禪師塔(771年), 法玩禪師塔(791年)이 건립되고 있어 7세기 후반에서 8세기 후반에 이르는 동안 정각형 불탑에서의 기단은 대체로 소략한 양식 그대로 였던 것으로 생각된다. 그러나 한국에서는 이 시기에 이르면 2층 기단의 양식이 정형화되고 있어 대조적인 양상을 보이고 잇다.

9 정각형 불탑 중 법여선사탑은 가장 높은 단 위에 건립되어 있다. 장방형의 석재로 구축되어 있는데, 이음새에는 모두 시멘트로 마감되어 있어 근대에 보수된 것으로 생각된다. 그러나 이 불탑은 현상으로 보아 본래부터 높직한 지형을 이용해 건립되었을 것으로 판단되는데, 시간이 지남에 따라 지형의 변형으로 인해 현재의 모습으로 변화된 것으로 생각된다. 이와 더불어 법왕사에 건립된 불탑에서는 매우 높직한 기단을 형성하고 있어 법여선사 탑 역시 본래는 이같은 모습이었을 것으로 추정된다.

10 '品자형 쌓기'는 석조물의 건립에서도 그대로 적용되고 있는 가장 보편적이 방식이다. 특히 성곽이나 돌방무덤의 축조에서 그 예를 잘 볼 수 있다.

로운 양식도 볼 수 있다.(사진-8) 이 탑은 唐太宗 貞觀年間(서
기627~649년)에 건립된 것으로 추정되고 있는데, 벽체를 구
성하는 벽돌은 직사각형, 마름모형, 오각형, 삼각형과 직선
과 곡선으로 구성된 조각 벽돌을 맞붙여 쌓아 건립했는데, 모
두 3,442매의 벽전이 사용되었다. 탑신에서 확인되는 도안은
72종으로, 불교적으로는 天王, 力士, 飛天, 사자, 코끼리 象이
있고, 도교의 신인 青龍과 白虎는 물론 真人, 童子, 侍女까지
조각되어 있어 불교와 도교가 혼합된 양상을 보이고 있다.[11]

사진 7. 수정사탑

이 탑에 등장하는 다양한 유형과 문양은 다른 전탑에서는
거의 확인되지 않아 중국내에서도 唯一無二한 예라 생각된다.
뿐만 아니라 앞서 언급한 바와같이 정각형 불탑의 탑신은 대
분이 단순하면서도 소박한 반면, 수정사탑에서는 화려함의 극치를 보이고 있어 대조적이다. 현
존하는 唐代의 전탑중 이같은 양식을 지닌 예를 찾을 수 없는 점은 아마도 문양이 새겨진 벽돌
의 생산에 따른 시간과 경제적인 문제가 주된 원인이었을 것으로 추정된다. 이와 더불어 법왕
사 탑에서는 벽체 상단에 방형의 형태로 개설된 구멍을 볼 수 있다.(사진 -9) 이 구멍은 벽면의
좌·우에 대칭되게 개설되어 있는데, 이는 탑신이 높아짐에 따라 원활한 작업을 위해 시설한
발판의 橫木을 끼어 넣는 용도로 보고 있다.[12]

사진 8. 수정사탑 탑신 문양전

사진 9. 법와사 1탑 벽체 구멍

사진 10. 소림사 법완선사탑 문비

11 朱耀廷 外, 주 1의 책, p.112.
12 朱耀廷 外, 주 1의 책, p.44.

셋째, 정각형 불탑의 탑신 전면에는 출입시설이 개설되어 있다는 점이다.

정각형 불탑을 위시한 중국의 전탑은 목조건축을 재현하고 있어, 어떠한 형태로든 내부에 공간이 있음을 구현하고자 했다. 더욱이 외벽을 벽돌로 촘촘히 구축했기에 더욱 그러했을 것으로 생각된다. 때문에 정각형 불탑의 가장 초기적인 양식을 보여주는 운강석굴의 1굴과 2굴 그리고 14굴의 부조탑에서도 아치형의 문을 개설하고 내부에 불상을 봉안하고 있다. 이같은 양상은 불광사 조사탑은 물론 북제시대에 조성된 북향당산 대불동이나 청주 용흥사 출토 불상의 광배에 조식된 불탑에서 계승되고 있다. 하지만, 운강석굴과 북향당산석굴 및 불상 광배에 등장하는 정각형불탑은 浮彫塔인 탓에 내부 공간의 암시와 더불어 내부에 불상을 봉안하는데 그치고 있다. 그러나 조사탑과 같이 지상의 건축물로 건립되었을 때는 그야말로 구조적인 안정성과 더불어 공간성이라는 상징 그 이상의 표현력이 요구되었다. 이에 따라 지상의 건축물로서 정각형 불탑이 본격적으로 건립되기 시작한 唐代에 이르면 보다 구체적이면서도 구조적인 면에서 안정성을 담보로 하는 출입시설이 등장하게 된다. 정각형 불탑에 등장하는 출입시설은 석재던 벽돌이던 간에 모두 아치형 구조로 이루어졌다. 아마도 북위시대 이래의 전통이 계승되면서도 상부로부터 전달되는 하중을 분산하기에 가장 적합한 구조이기에 자연스럽게 채용되었을 것으로 생각된다.[13] 뿐만 아니라 장방형의 벽체가 주는 경직성을 완화시키면서 조화를 이룰 수 있는 평면구도란 점도 작용했을 것을 생각된다.

정각형 전조탑파에 개설된 문은 ①출입이 가능한 것과, ②출입은 가능하지만 소형으로 조성된 것, ③문비의 형태를 띠고 있어 상징적인 것의 세가지 유형으로 구분된다. 전조탑파의 대부분은 출입이 가능하도록 개설되었지만, 법완선사탑은 석재를 사용해 문비형으로 마감했다. ①의 경우는 보통 사람이 쉽게 출입할 수 있을 정도의 규모를 지닌 것으로 수정사탑과 법왕사1탑에서 볼 수 있다. 이들은 내부에 예불이 가능할 정도의 공간을 지니고 있고, 내부에는 현대에 조성된 불상을 봉안하고 있다. ②의 경우는 법여선사탑, 동광선사탑, 법왕사2탑에서 볼 수 있다. 모두 전면에 아치형의 문이 개설되어 있지만, 규모가 작아 실제로 출입하기에는 어려움이 있다. 이들 탑에서는 문의 내부를 확인하지는 못했지만, 서안 흥교사의 예를 보아 승려의 상이 봉안되었을 것으로 생각된다.[14] ③의 경우는 법완선사탑으로,(사진-10) 장방형의 문짝에 철못을 표현하고, 중앙에는 자물통까지 조식되어 완벽한 문의 형상을 구현했다. 문짝의 좌·우에

---

13 이같은 양상은 불관사 조사탑에서 아치형의 출입문을 개설했고 있는데, 누각식과 밀첨식 전탑에 등장하는 출입문에서도 같은 양식을 보이고 있다.

14 당대에 건립된 전탑에서도 이처럼 작은 문을 개설한경우가 있다. 대표적인 예로는 서안 흥교사에 건립되어 있는 基師塔, 測師塔, 唐三藏塔에서 볼 수 있는데, 내부에는 각각 승려의 상이 봉안되어 있다.

는 무기를 소지한 신장상을 조식했고, 문지방의 중앙에는 향로를 배치했는데, 문짝의 좌·우와 상면에는 초화문을 가득히 표현했다. 상면에는 문양이 조식된 굵은 선으로 외연을 구획한 후 내부에는 迦陵頻伽 한 쌍을 조식하고 있다. 이같은 양상을 볼 때 법완선사탑의 출입시설은 비록 문비형의 형태로 조성되었지만, 탑신에 공간성을 부여하고 있다. 즉, 철못과 자물쇠가 표현된 문짝과 이를 지키는 신장상과 향로 그리고 가릉빈가는 문 안쪽에 공간이 있음을 암시하는 것으로 생각된다. 이처럼 3가지 유형의 출입구 상면에는 법완선사탑에서와 같이 반타원형의 석판이 부착되었는데, 대체로 불상과 초화문을 장식하고 있다.

넷째, 옥개석은 상·하면이 층단형을 이루고 있다.

옥개석에 구현된 층단형 받침과 낙수면은 수와 당대에 건립된 모든 유형의 전탑에서 공통적으로 보이는 수법으로, 벽돌로 조성한 전탑의 특성을 잘 보여주고 있다. 그럼에도 불구하고 누각형이나 밀첨식 전탑과는 달리 탑신부의 규모에 비례해 지붕의 규모가 넓게 조성되어 나름 완만한 곡선미를 보이고 있다. 정각형 전조탑파에 구현된 의 옥개석의 양식은 받침부가 직선형을 이루며 상승미를 추구한 것과 완만한 곡선미를 보이는 두 가지 유형으로 구분된다. 전자의 경우는 법여선사탑(사진-11), 법완선사탑(사진-12), 법왕사1탑(사진-13)과 2탑(사진-14)에서 볼수 있는데, 하단으로부터 상면으로 갈수록 넓게 조성되어 상승감을 부여하고 있다. 이에 반해 동광선사탑(사진-15)에서는 상단으로 갈수록 완만한 곡선미를 보이고 있다.[15] 상단부의 양식은 대체로 풀에 덮여있거나, 육안으로 관찰하기 어려운 높이를 지닌 탓에 자세한 정황을 파악하는데 문제가 있다. 그러나 수정사탑의 경우는 하단석은 벽전을 별도로 제작해 완만한 菱形을 이룬

| 사진 11. 소림사 법여선사탑 옥개석 | 사진 12. 소림사 법완선사탑 옥개석 |

15 양 탑은 옥개받침이 각각 15단으로 구성되어 전자와 같이 조성할 경우 지붕이 높게 조성되어 탑 전체의 균형과 조화를 깨트릴 수 밖에 없는 구조이다. 이에 따라 내어쌓기로 구축한 벽돌의 간격을 절묘하게 조정함으로써 완만한 곡선미를 구현했다. 아울러 옥개받침의 가장 하단으로부터 상단으로 갈수록 조금씩 바깥쪽으로 벌어지며 구성되는 곡선미에서 당시 축조기술의 일면을 볼 수 있다

사진 13. 법왕사 1탑 옥개석

사진 14. 법왕사 2탑 옥개석

사진 15. 소림사 동광선사탑 옥개석

사진 16. 소림사 동광선사탑 옥개석 막새기와

반면, 상단부는 층단형 받침을 이루고 있다. 수정사탑은 정각형 전조탑파 중에서도 크고 높게 건립되었다. 때문에 같은 유형의 다른 탑에 비해 넓은 규모를 지니고 있는데, 각형 16단의 층단형 받침이 완만한 기울기를 유지하고 있어 매우 안정적인 지붕면을 보여주고 있다. 이와 더불어 동광선사탑에서는 암·수막새기와가 표현되어 있어(사진-16) 비록 층단형의 받침을 지닌 지붕일지언정 목조건축의 양식을 구현하고자 했던 당시 조탑공의 의지가 돋보인다. 정각형 전조탑파에서 구현된 옥개석의 양식은 수정사 탑을 제외하면 정각형 석조탑파는 물론 수와 당대에 건립된 전탑과 동일한 양식을 지니고 있다.

　다섯째, 정각형 전조탑파는 모두 화사한 상륜부를 구비하고 있는데, 벽돌로 조성된 방형의 노반석은 공통적으로 구비하고 있다. 상면에 평면 구도는 방형과 원형이 조합된 경우, 원형으로만 조성한 2가지 형태로 구분된다. 재료적인 측면에서는 모두 벽돌로 구성된 것과 벽돌과 석재가 혼합된 2가지의 경우로 구분된다. 이를 정리해 보면 다음과 같이 집약된다.

표-1. 정각형 전조탑파 상륜부 구성 표

탑명	평면구도	조성재료	구성요소	건립연대
소림사 법여선사탑	원형	석재	노반, 앙화, 보륜, 보개, 수연, 보주	689년
소림사 동광선사탑	방형+원형	벽돌+석제	노반 복발 앙화 보주	770년
소림사 법완선사탑	원형	벽돌+석재	노반 복발 앙화, 보주	791년
법왕사 1탑	원형	석재	노반, 복발, 앙화, 보륜, 보병	唐 중기
법왕사 2탑	원형	벽돌+석재	노반 복발 앙화, 보병	唐 중기
법왕사 3탑	원형	벽돌+석재	노반, 복발, 앙화, 보륜, 보병	唐 중기
수정사탑	방형+원형	청동제	노반, 앙화, 복발, 보륜, 보주, 보병 상륜부는 明代 보수[16]	642년

위의 표를 보면 정각형 전조탑파의 평면은 동광선사탑을 제외하면 모두 원형의 평면구도를 지니고 있다. 이같은 상황은 방형으로 조성된 노반석 상면에 상륜부재를 놓기 위해서는 같은 형식보다는 원형의 평면이 더 조화로울 수 있다는 착상의 결과라 생각된다. 뿐만 아니라 노반석 이상의 부재가 상당한 규모를 지니고 있어 전각형이나 밀첨식 전탑에서와 같이 찰주를 사용하지 않고 부재를 그대로 쌓아 올려 조성한 것도 주된 원인중의 하나로 판단된다. 이와 더불어 사용 재료에 있어 절대다수가 벽돌과 석재를 혼용하고 있음도 알 수 있다. 이 경우 벽돌은 주로 받침부에 사용되어 아무런 조식이 없는 반면, 석재에는 연화문과 가릉빈가, 초화문 등 다양한 조각이 가해져 있다. 이같은 면은 화사한 상륜부를 구현하기 위해서는 표면 장엄의 필요성이 대두되었고, 이를 구현하기 위해 벽돌보다 석재를 사용하는 것이 더 실용적이라는 판단이 작용한 결과로 생각된다.[17] 이와 더불어 상륜부의 구성에서 가장 특이한 점은 지붕이 상면을 덮고 있는 원구형의 부분이다. 이같은 양식은 운강석굴 14굴에 부조된 정각형 불탑에 등장한 이래[18] 법왕사에 소재한 3기의 탑에서 확인되고 있다. 이같은 양식의 근원은 중국화의 경향으로 보는 견해가 발표된 바 있지만[19] 필자는 간다라 불탑의 영향이 잔존한 결과로 생각된다.[20] 이와 더불어 앙화로 보는 부분은

16 朱耀廷 外, 주 1의 책, p.113.

17 수와 당대의 건립된 전탑중에서 상륜부가 완전한 경우는 명혜대사탑(석재), 묘락사전탑(청동제), 정병사전탑(청동제), 정광사탑(벽돌+석재), 범주선사탑(벽돌+석재), 정병사전탑(청동제)에서 보 수 있다. 정각형 석조탑파에서는 신통사 사문탑만이 남아있는데, 석재로 조성되어 있다.

18 운강석굴에 부조된 정각형 불탑의 옥개석 상면에는 모두 원구형 복발과 앙화가 표현되어 있다. 지붕 상면에 원구형의 복발이 표현된 것은 상륜부의 양식이 중국화된 것으로 보는 견해도 있다. 吳慶洲, 「中国佛塔塔刹形制研究 上・下」, 『古建园林技术』1994年 4期 및 1995年1期. 이와 더불어 粟特地域의 건축과 밀접한 연관이 있다는 주장도 대두된 바 있다. 孫機, 「我国早期单层佛塔建筑中的粟特因素 下」, 『宿白先生八秩华诞纪念文集』, 2003.

19 주 20과 같음.

20 간다라 지역으로부터 불교가 유입되는 주요 경로에 위치한 客什의 모르유적의 불탑과 庫車에 있는 스바

중국에서는 山花蕉葉으로 불리우는데, 인도 스투파에서 보이지 않는, 중국 탑찰 특유의 물건이며, 중국의 옥개척식(屋蓋脊飾)이 변천하여 생긴 것으로 보고 있다.[21] 이처럼 정각형 전조탑파에서 보이는 앙화는 北魏平城 石塔과 더불어 운강석굴에 부조된 정각형 불탑에서도 나타나고 있어 북위시대에 등장한 상륜부의 新樣式 임을 알 수 있다.[22] 상륜부의 정상에는 소림사 동광선사탑과 법완선사탑에서는 원구형의 보주를, 법왕사의 불탑 3기에서는 寶甁을 놓아 마감하고 있다.

Ⅲ. 亭閣型 石造塔婆와 樣式比較

정각형 불탑은 조성재료에 있어 석재와 벽돌의 두 가지가 모두 사용되었다. 따라서 정각형 불탑은 조성재료에 있어 두 가지 계통으로 발전했음을 알 수 있는데, 수와 당대에 건립된 정각형 불탑의 전체적인 양상을 정리해 보면 다음의 표로 집약된다.

표-2. 수와 당대에 건립된 정각형 불탑

塔銘	建立時期	사용자재	所在地
神通寺 四門塔(사진-17)	611년	석재	河南省 濟南市
安養 修定寺塔	642년	벽돌	河南省 安養市
法興寺 舍利塔(사진-18)	673年	석재	山西省 長治市
少林寺 法如禪師塔	689年	벽돌	河南省 登封市
靈岩寺 慧崇塔(사진-19)	天寶 年間 (742~756年)	석재	山東省 長淸市
少林寺 同光禪師塔	770年	벽돌	河南省 登封市
少林寺 法玩禪師塔	791年	벽돌	河南省 登封市
法王寺 탑(3基)	唐 中期	벽돌	河南省 登封市
炳靈寺 3號石窟 石塔(사진-20)	唐代	석재	甘肅省 蘭州시
神通寺 千佛崖 石塔(사진-21)	唐代	석재	河南省 濟南市

시유적의 서쪽 사원지 불탑, 투루판에 있는 교하고성의 사원지(탑림)에는 원구형의 탑신을 지닌 불탑이 잔존하고 있다. 이들 탑에서 보이는 양식은 바로 인접한 간다라지역의 Shingerdar 불탑의 탑신과 완전히 일치하고 있다. 따라서 간다라의 불탑 양식은 투루판 지역까지 직접적으로 영향을 미치고 있음을 알 수 있는데, 이를 제외한 다른 지역에서는 이같은 양식을 볼 수 없다. 이를 볼 때 투루판지역까지 전파된 간다라의 불탑양식은 중국화되는 과정을 거치면서 초기 불탑의 양식을 지닌 정각형불탑의 지붕 상면에 축소꾕 양식으로 등장하는 것으로 생각된다.

21 吳慶洲,「中國 佛塔 塔剎 形狀과 構造 (上)」,『古建園林技术』1994年 4期.

22 주 23과 같음. 대체적인 양식은 방형의 대좌를 중심으로 네 모퉁이와 중간부에 각각 앙연이 배치된 양식인데, 이는 신라석탑의 앙화에서도 확인되고 있어 주목된다. 이에 대한 상세한 비교 고찰은 추후 진행하고자 한다.

위의 표를 보 현존하는 12기의 정각형 불탑 중 석재는 5기, 벽돌은 7기로 단연 전탑이 많이 건립되었다.[23] 이처럼 建塔의 재료로서 벽돌이 선호된 이유로는 석재보다 벽돌을 더 선호했던 당시 건축관을 잘 보여주고 있다. 표에서 보듯이 사문탑을 제외하면 모두 唐代에 건립되었음에서 당시 전탑이 전립되던 문화적 풍조에 기인한 것으로 생각된다. 뿐만 아니라 이들이 건립된 지역이 황하유역에 자리하고 있어, 자연적인 환경 역시 영향을 주었을 것으로 생각된다. 이와 더불어 唐代에는 8세기 전반에 이르러 석탑의 건립이 시작되고 있어[24] 정각형 불탑이 건립되던 7세기에는 석탑의 건립이 활발하지 않았던 것도 주된 원인이라 생각된다.

정각형 불탑은 조성재료에 관계없이 외형적으로는 낮은 기단을 구비한 단층의 탑신과 층단형을 이루는 옥개석 등에서 공통적인 양식을 보이고 있다, 그럼에도 불구하고 가장 확연한 차이를 보이는 부분은 내부 구조이다. 정각형 불탑에서의 내부 구조는 실제로 출입이 가능한 것과 소형의 공간을 조성한 탓에 불상이나 승려의 상만을 봉안한 두가지의 경우로 구분된다. 이중 전자의 경우는 석조탑파에서는 모두 실제 출입뿐만 아니라 내부에 불상을 봉안하고 踏道까지 조성했다. 반면, 전조탑파에서는 수정사탑에서만 활동이 가능한 공간을 확보하고 있을 뿐 나머지는 모두 소형의 공간만을 마련하고 있다는 점이다. 이같은 내부구조의 상황을 좀 더 구체적으로 구분해 보면 ①내부에서 불상을 봉안하고 예불은 물론 이를 일주할 수 있는 답도를 구성하고 있는 경우와 ②불상을 봉안하고 예불행위만이 가능한 공간을 지닌 경우, ③내부에 像만을 봉안할 수 있는 좁은 공간을 확보하고 있는 3가지의 유형으로 구분된다. 이같은 상황은 高柱의 유무와 천정부의 구조의 차이에서 기인한 것으로 생각된다. 즉, ①항의 경우는 신통사 사문탑과 법흥사사리탑이 해당된다. 사문탑에서는 네 곳에 개설한 문을 통해 출입이 가능하다. 뿐만 아니라 내부에는 중앙에 놓인 高柱를 중심으로 불상을 봉안하고 있을 뿐만 아니라 개설된 답도를 통해 내부 공간을 일주할 수 있는 구조를 지니고 있다. 아울러 법흥사 사리탑에서도 전면과 후면에 출입문이 개설되어 있고, 내부에는 중앙에 불상을 봉안하고 사방을 일주할 수 있는 답도를 구성하고 있다. 뿐만 아니라 양 탑은 모두 들여쌓기 수법이 적용된 평천장을 구비했다는 공통점이 있다.[25] 그러나 ②와 ③의 경우는 내부에 고주가 없을 뿐만 아니라 전청부에 들

---

23 이중 병령사 3호석굴 석탑과 신통사 천불애 석탑은 소형인 관계로 규모에 있어 비교의 대상으로 삼기에는 문제가 있다. 따라서 이 2기의 석탑을 제외하면 단연 전탑이 많이 건립되고 잇음을 알 수 있다.

24 필자가 조사한 바로는 당대에 건립된 석탑은 약 30기가 현존하고 있는데, 이 들중 건립연대가 분면한 것으로는 靈岩寺 石塔(735), 神通寺 小唐塔(717), 云居寺 景云二年銘 石塔(711), 云居寺 太極元年銘 石塔(712), 石經山 金仙長公主 石塔(721), 云居寺 開元十年銘 石塔(722), 云居寺 開元十五年銘 石塔(727), 陽台寺 雙石塔(750), 內黃縣 二安鄕 雙石塔(743)등이 있다.

25 朴慶植,「隋·唐代의 佛塔研究(I)-亭閣形石造塔婆」,『文化史學』29號, 韓國文化史學會, 2008, pp.125-150.

사진 17. 신통사 사문탑

사진 18. 법흥사 사리탑

사진 19. 영암사 혜숭탑

사진 20. 병령사 3호석굴 석탑

사진 21. 신통사 천불애 석탑

여쌓기 수법을 전체적으로 적용한 탓에 상면을 갈수록 점차 좁아지는 형태를 지니고 있다. 결국 정각형 전조탑파에 적용된 高柱의 생략은 천정부가 자연스레 고깔형의 형태를 지니게 된 주된 요인으로 생각된다. 空筒式으로 건립된 정각형탑에서 가장 문제는 옥개석의 하중 분산에 있음은 자명하다. 따라서 高柱가 있어 천정부가 일정 면적을 지닐 수 있는 구조에서는 탑신의 규모를 넓게 조성할 수 있지만, 상대적으로 그렇지 못할 경우에는 반대의 상황이 벌어짐은 당연한 결과라 생각된다. 구체적으로 석재로 지붕을 형성할 경우에는 들여쌓기 수법과 장방형의 판석을 이용한 넓은 면적을 지닌 평천장의 조성이 가능하다. 하지만, 벽돌로만 구축할 경우 설사 고주가 있다 하더라고 평천장을 구성할 수 없다는 재료상의 한계가 주된 원인으로 생각된다.

이에 따라 정각형 불탑 중 석조탑파에서는 실제 예불행위가 가능한 정도의 공간을 확보하고 있지만, 전조탑파에서는 像만을 봉안할 수 있는 매우 협소한 공간을 지닌 것으로 생각된다. 따라서 조성재료의 차이는 천정부의 변화를 가져왔고, 이에 따라 감실 내부의 면적 역시 축소되고 있음을 볼 수 있다.

정각형 석조탑파와 전조탑파에서 확인되는 양식의 차이는 상륜에서도 확연히 드러난다. 현존하는 정각형들은 대부분 상륜부를 구비하고 있어 이같은 양상을 살펴볼 수 있다. 정각형 전조탑파에 대해서는 앞서 고찰한 바 있는데, 석조탑파와의 비교를 위해 전체적인 양상을 다시 정리해 보면 다음의 표로 집약된다.

표-3. 정각형탑의 상륜부 구성

탑명	평면구도	조성재료	구성요소	사진
신통사 사문탑	방형+원형	석재	노반, 앙화, 보륜, 보주	사진-22
법흥사 사리탑	방형+원형	석재	노반, 앙화, 보륜, 보주	사진-23
영암사 혜승탑	방형+원형	석재	노반, 앙화, 보주	사진-24
소림사 법여선사탑	원형	석재	노반, 앙화, 보륜, 보개, 수연, 보주	사진-25
소림사 동광선사탑	방형+원형	벽돌+석제	노반 복발 앙화 보주	사진-26
소림사 법완선사탑	원형	벽돌+석재	노반 복발 앙화, 보주	사진-27
법왕사 1탑	원형	석재	노반, 복발, 앙화, 보륜, 보병	사진-28
법왕사 2탑	원형	벽돌+석재	노반 복발 앙화, 보병	사진-29
법왕사 3탑	원형	벽돌+석재	노반, 복발, 앙화, 보륜, 보병	사진-30
수정사탑	방형+원형	청동제	노반, 앙화, 복발, 보륜, 보주, 보병	사진-31
병령사 3호석굴 석탑	방형	석재	노반, 앙화	사진-32
신통사 천불애 석탑	방형	석재	노반, 앙화, 보륜, 보병	사진-33

이 표를 보면 정각형 불탑의 상륜부는 조성재료에 따라 차이가 있음을 볼 수 있는데, 이를 정리해 보면 다음과 같다.

첫째, 석조탑파인 신통사 사문탑, 법흥사사리탑, 영암사 혜승탑은 상륜부의 평면구도가 방형과 원형이 결합된 반면, 전조탑파에서는 대부분 원형의 평면이 중심을 이루고 있다. 이같은 구도상의 차이는 비록 석재로 조성되었을 지언정 이를 벽돌과 같이 자르고 다듬어 조성한 탓에 재료상의 차이는 작용하지 않은 것으로 판단된다. 그럼에도 불구하고 규모에 있어서는 석조탑파가 주로 옥개석의 규모에 비해 소형으로 조성된 반면, 전조탑파는 이 보다 큰 규모로 제작되었다는 점을 들 수 있다.

둘째, 석조탑파에서는 주로 노반·앙화·보륜·보주가 중심을 이루 비교적 간단한 구조를

사진 22. 신통사 사문탑 상륜부

사진 23. 법흥사 사리탑 상륜부

사진 24. 영암사 혜숭탑 상륜부

사진 25. 소림사 법여선사탑 상륜부

사진 26. 소림사 동광선사탑 상륜부

사진 27. 소림사 법완선사탑 상륜부

사진 28. 법왕사 1탑 상륜부

사진 29. 법왕사 2탑 상륜부

사진 30. 법왕사 3탑 상륜부

| 사진 31. 수정사탑 상륜부 | 사진 32. 병령사 3호석굴 석탑 상륜부 | 사진 33. 신통사 천불애 석탑 상륜부 |

이루고 있다면, 전조탑파에서는 이를 포함해 원구형의 복발이 채용되고 있다. 이에 대해서는 앞서 고찰한 바 있지만, 전자의 경우는 정각형탑에 간다라 불탑의 양식이 반영된 결과로 생각 된다.

셋째, 평면구도와 구성 요소의 차이에 비해 확연히 드러나는 부분은 석조탑파에 비해 전조 탑파가 훨씬 화려하게 조성되었다는 점이다. 석조탑파의 구성 요인에서 장엄은 앙화에 구현된 앙연부가 전부이다. 그러나 전조탑파에서는 복발과 앙화는 물론 각 부재 사이에 놓인 받침부 에는 모두 다양한 장엄이 등장하고 있어 화려함의 극치를 보이고 있다. 법완선사탑을 통해 구 체적으로 살펴보면, 원형의 복발에는 볼륨이 강한 花紋사이에 가릉빈가를 조식했다. 뿐만 아 니라 연판 내부에 화문이 있는 3중 앙연이 조식된 앙화와 소용돌이치는 유려하게 조식된 화 문 사이에 양각된 천인상과 공양상 등의 여러 조식은 한층 화려한 상륜부를 구성하는 주된 요 인이라 하겠다. 이같은 양상은 비록 정도의 차이는 있을지언정 법여선사탑을 제외한 대부분의 전조탑파에서 공통적으로 보이는 양식임을 볼 때 양 탑에서 보이는 차이는 더욱 분명하다. 이 같은 양상은 일단 석조탑파에서는 혜숭탑이 승려의 사리탑으로 건립되었고, 전조탑파는 모두 같은 양상을 보이고 있음을 볼 때 佛舍利와 僧舍利의 봉안여부에 따른 분명한 차이를 보인 것 으로 생각된다.[26]

넷째, 석조탑파에서는 모두 석재로 상륜부를 구성한 반면, 전조탑파에서는 벽돌과 석재가 혼 용되고 있다. 그런데 앞서 살펴본 바와 같이 다양하면 장엄은 주로 석재를 사용한 부분에 조식 되었다. 이처럼 벽돌과 석재의 조합은 벽돌이 지닌 재료적인 한계를 극복하면서 화려한 상륜부

---

26 이같은 면면은 전각형과 밀첨식으로 건립되던 일반적인 唐代의 전탑에서 대부분 청동제로 상륜부를 구성하고 있을 뿐만 아니라 평면의 규모는 축소되었을지언정 화려한 상륜부를 구성하고 있는 것과 일 치한다.

를 구성함으로써 완전히 새로운 양식의 상륜부를 창출해 정각형 전조탑파만이 지닌 특수성을 구현하고 있다.[27]

이상에서 살펴본 바와 같이 양식적인 공통점과 차이점과 더불어 정각형 전조탑파는 모두 승려의 묘탑으로 건립되었다는 특성을 반영하고 있다. 앞서 살펴본 바와 같이 정각형 석조탑파에서 승려의 묘탑은 563년에 건립된 靈泉寺 道憑法師塔을 필두로 영암사 혜숭탑에 불과하다. 그러나 정각형 전조탑파에서는 북위시대에 건립된 불광사 조사탑을 필두로 앞서 살펴본 모든 탑파에서 승려의 墓塔이라는 공통점을 지니고 있다. 뿐만 아니라 소림사 법완선사탑과 동광선사탑에서는 탑비에 해당하는 壁碑가 탑신에 감입되어 있어 더욱 그러하다.[28]

IV. 變遷過程

운강석굴에는 불상과 더불어 다양한 양식의 불탑이 벽면에 부조되어 있는데,[29] 석굴은 북위 孝文帝 시기인 서기 471년에서 494년까지의 23년 사이에 조성된 것으로 보고 있다.[30] 석굴에 부조된 다양한 불탑 중 주목되는 것은 정각형 불탑이 부조되어 있다는 사실이다. 이 유형의 불탑은 석굴 조성의 연대와 견주어 볼 때 5세기 후반경 北魏에서 시작된 새로운 양식으로 생각된다. 이 불탑에 대한 연구는 長廣敏雄에 의해 탑 C로 구분되어 고찰되어 진 바 있다. 선생은 본래 單層塔으로서 의미를 갖는 것이지만, 雲岡에서는 단독으로 나타내는 경우는 없고 佛龕의 좌우 兩翼에 장식 기둥으로서 사용된 것으로 보았다.[31] 그렇지만, 일정한 양식을 지니고 있고, 14굴에서는 9기가 확인되는 점으로 보아 반드시 장식적인 요소만은 아니었을 것으로 생각된다. 이와 더불어 이 유형의 불탑은 窣堵波와 중국 원래의 건축 형식을 서로 결합한 산물이기는 했지만, 그것을 건축한 사람들이 대부분 보통 백성이었고 탑의 규모도 크지 않았기 때문에, 이 시

---

27 주 26에서도 언급했듯이 정각형 전조탑파에 구현된 상륜부 양식은 더 이상 발전하지 못한 것으로 보인다. 왜냐하면 唐代에 건립된 대부분의 전탑에서는 찰주를 중심으로 구성된 청동제 상륜부가 중심을 이루고 있기 때문이다.

28 양 탑에 감입되어 있는 벽비에 대해서는 엄기표 선생이 그 내용을 발표한 바 있다. 嚴基杓, 「中國 小林寺의 唐代 僧墓塔 考察」, 『忠北史學』19집, 忠北大學校 史學會, 2007, p.159 및 p.163.

29 운강석굴에 부조된 불탑에 대한 연구로는 長廣敏雄, 「雲岡の中層塔」, 『中國美術論集』, 講談社, 1984. pp.422-430, 朱耀廷 外, 『古代名塔』, 遙寧師範大學出版社, 1996, pp.84-85. 張馭寰, 『中國塔』, 山西人民出版社, 2000 및 『中國佛塔史』, 科學出版社, 2006 등이 있다.

30 解金昌, 「北魏王朝與雲岡石窟」, 『北朝研究』總第15期, 平城北朝研究會, 1994, p.151.

31 長廣敏雄, 「雲岡の中層塔」, 『中國美術論集』, 講談社, 1984. p.427.

기 불탑건축의 주류가 아닌 것으로 보고 있다.[32] 그러나 정각식탑의 양식은 운강석굴에서 등장한 이래(사진-34) 당대를 거쳐 송대에 이르기까지 지속적으로 건립된 점을 보면, 누각식과 밀첨식탑과 더불어 중국불탑의 한 주류를 이루었던 것으로 생각된다. 이처럼 여러 시대를 거치면 건립된 데는 아마도 구조가 간단하고 비용이 크지 않으며 건축하기 쉽다[33]는 이유가 작용했기 때문인 것으로 보고 있다. 그러나 정각형 불탑은 높이에 한정해 비교해 보면 수와 당대의 불탑이 목탑에 비해 매우 낮은 규모이다. 하지만, 평면의 면적을 보면 이들에 비해 넓게 조성되어 있어 앞의 견해가 부분적으로는 적용되었을 지언정 모든 정각형 불탑에 적용하기에는 문제가 있다고 생각된다. 이에 대해 필자는 앞서 엄급한 바와 같이 "구조가 간단하고 비용이 크지 않으며 건축하기 쉽다"라는 면과 더불어 후술하겠지만, 초기 불탑의 건립에 따른 당시 사람들의 思惟와 인도 불탑의 영향이 내재된 결과로 생각된다.

이처럼 운강석굴에서 浮彫塔으로 나타난 정각형 불탑은 불광사 조사탑(사진-15)에 이르러 지상의 건축물로 자리매김을 하게 된다.[34] 이후 북제시대에 이르러 563년에 건립된 靈泉寺 道憑法師塔(사진-36)에 이르러 석재로도 조성되고 있다.[35] 이 탑은 단순하면서도 소박한 풍모를 지니고 있는데, 북위시대의 운강에서 확인되는 정각형탑의 양식을 충실히 계승하고 있을 뿐만 아니라 석재로 주성된 정각형 불탑으로는 가장 시대가 앞서는 유물로 판단된다. 이처럼 운강석굴과 도빙법사탑에서 확인되는 정각형 불탑의 시원적인 양식은 河北省 邯鄲市에 소재한 北响堂山石窟 중 大佛洞에 이르러는 매우 화려한 양식으로 변화된다.(사진-37) 이와 더불어 산동성 청주박물관에 소장된 용흥사지 출토 불상의 광배에서 상당수의 정각형 불탑이 확인된다.[36](사

---

32 朱耀廷 外,주 1의 책, pp.9-10.
33 朱耀廷 外, 주 1의 책, p.25.
34 조사탑에 대한 論據로는 張馭寰,『中國塔』, 山西人民出版社, 2000, p.4 및『中國佛塔史』, 科學出版社, 2006. pp.78-80, 常青,『中國古塔』, 陝西人民美術出版社, 1998, p.197, 羅哲文,『中國古塔』, 中國青年出版社, 1985, pp.133-134 및『中國古塔』, 河北少年儿童出版社, 1991, p.98 등이 있다. 조사탑의 건립시기에 대해서 張馭寰 선생은 북위시대,羅哲文 선생은 북제시대에 건립된 것으로 보고 있다. 필자는 탑에 나타난 감실부의 아치형 장식이라던가, 연화문등의 양식이 운강석굴에서 확인되는 점으로 보아 북위시대에 건립된 것으로 생각한다.
35 도빙법사탑은 사리를 봉안한 사리탑과 배탑 2기가 건립되어 있는데, 서쪽 탑의 탑신의 상단과 측면에 寶山寺大論師憑法師燒身塔 大齊河淸二年三月十七日'이라 각자되어 563년 3월 17일에 조성되었음을 알수 있다. 영천사에는 이외에도 당대에 건립된 석탑 2기와 더불어 宝山을 중심으로 인근에 동서 1.5km, 남북 1km에 걸쳐 북제시대로부터 수와 당대에 조성된 수 많은 승탑이 부조되어 있는데, 이에 대해서는 河南省古代建築研究所·河南人民出版社,『宝山靈泉寺』, 1991에 현황과 도면 및 사진이 상세히 수록되어 있다. 이와 더불어 마애 탑형으로 조성된 정각형탑의 성격에 대해서는 林葬의 결과로 보는 견해도 있다. 金善卿,「靈泉寺 塔林研究 試論」,『美術史學研究』260, 韓國美術史學會, 2008, pp.105-141.
36 용흥사지에서 출토된 유물은 주로 북제시대에 조성된 불상이 중심을 이루고 있는데, 이들 중 삼존불의

사진 34. 운강석굴 14굴 정각형 불탑　　　사진 35. 불광사 조사탑

사진 36. 영천사 도방법사탑　　사진 37. 북향당산석굴 대불동　　사진 38. 청주 용흥사지출토 광배
　　　　　　　　　　　　　　　　정각형 불탑　　　　　　　　정각형 불탑

진-38) 이처럼 북위시대로부터 북제에 이르기 까지 줄 곳 건립된 정각형 불탑은 수와 당대에 이르러 중국 불탑의 한 양식으로 정착하게 된다.

　수와 당대에 건립된 정각형 불탑은 앞서 살펴본 바와같이 정각형 석탑에서 시작되어 재료상 벽돌로 전환되며 발전되어 갔음을 알 수 있다.[37] 뿐만 아니라 출입문을 통해 내부를 일주하거

....

　광배 상단에서 정각형 불탑이 조식되고 있음을 볼 수 있다. 淸州市博物館, 『淸州北朝佛敎造像』, 北京出版社, 2002.

37 정각형 탑파에서 가장 먼저 건축물로서 건립된 예는 불광사 조사탑이다. 하지만, 이 탑은 전체적인외관

나, 비교적 넓은 공간을 구비하고 있어 예불을 병행할 수 있는 구조와, 단간의 감실을 조성하고 내부에 祖師像을 봉안한 경우로 구분된다. 전자는 사문탑(611년)·수정사탑(627-659년)·법흥사 사리탑(673년)·영암사 혜숭탑(742-755년)으로 발전을 하게된다. 이에 반해 후자의 경우는 불광사 조사탑에서 시작된 양식으로 소림사 동광선사탑(770年)과 법완선사탑(791年) 그리고 법왕사 탑(3기)이 해당된다.[38] 뿐만 아니라 唐代에 이르러는 주로 승려의 묘탑으로 건립되고 있다. 따라서 정각형 탑파는 당초부터 한국과는 달리 불탑과 부도의 양식을 별도로 정립하지 않고 동시에 활용된 양식임을 알 수 있다.[39] 이와 더불어 비록 정각형의 분류에는 속할 수 없지만, 西安 華嚴寺址 杜順塔(642年), 西安 興教寺 玄奘法師塔(669年) 등이 현존하고 있어 내부에 승려상을 봉안한 탑파의 계보를 구성할 수 있다. 따라서 정각형 불탑은 이후 부도의 성격으로 건립되는 밀첨식탑의 祖形으로 생각된다.

이처럼 정각형불탑은 북위시대로부터 수와 당대를 거치며 지속적으로 건립되고 있는데, 시대를 막론하고 탑신에 개설된 감실에는 불상 또는 승려의 상이 봉안되어 있다. 더욱이 운강석굴에서 확인되는 정각형, 누각형 등 모든 불탑에서 탑신마다 불상이 봉안되어 있음을 볼 수 있다. 이같은 정황은 중국의 초기 불탑에 대한 인식에 있어 한국과 같은 사리신앙의 중심이 아닌 불상을 봉안한 전각이라는 思惟가 있었음을 알 수 있다. 이는 後漢 이래 탑을 佛堂, 宗廟, 堂宇로 보았으며, 인도에서는 墓의 의미로써 건립되었던 스투파가 중국에서는 墓의 본의와 함께 廟라는 자신들의 전통으로써 재해석 되었음을 알 수 있다.[40]

이 같은 관점에서 보면 정각형 불탑의 탑신에 불상을 봉안하는 것은 그들의 관념에서 볼 때 당연한 결과라 생각된다. 뿐만 아니라 탑을 廟로 보았던 초기의 관념은 窄融의 浮屠司(寺)에서 잘 보이고 있다.[41] 이 기록을 볼 때 부도사는 상륜부를 구비한 대형 건물로서 내부에는 像을 봉안하고, 많은 사람들이 예불을 할 수 있는 공간이 마련된 전각이었음을 추론할 수 있다. 결국 탑을 廟의 관념으로 본 후한대의 인식은 북위시대에 이르러 정각형 불탑에 불상이 봉안될 수

에서는 그럴지언정 실제로는 방형의 벽체에 사모지붕을 갖는 전형적인 정각형탑에서 변화를 준 탑으로 생각된다.

38 박경식, 주 25의 논문, pp.145-148.

39 이는 한국의 석탑과 석조부도의 양식이 완전히 다름과 배치되는 현상이다. 한국의 석탑은 평면 방형을 기본으로, 부도는 팔각원당형을 기본으로 각각 독자적인 양식 계보를 지니며 발전해간 양상과 완전히 다름을 보여주고 있다.

40 曺忠鉉, 『後漢代 佛塔 認識과 起源 問題』檀國大學校 大學院 史學科 碩士學位論文, 2010, pp.18-19.

41 "부도사를 세우고, 銅으로 사람을 만들어 황금으로 몸을 칠하고, 채색한 비단으로 옷을 입혔다. 銅盤을 구중으로 드리우고 樓閣道를 두었다. 삼천여명을 수용할 수 있었다" 曺忠鉉, 주 42의 논문, pp.50-51에서 재 인용.

사진 39. 아잔타석굴 19굴 석탑

사진 40. 아잔타석굴 26굴 석탑

사진 41. 모르불탑 동탑

사진 42. 고창고성 대불사 불탑

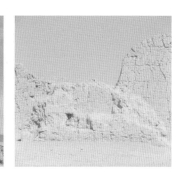

사진 43. 교하고성 내 불탑   사진 44. 교하고성 내 소불탑   사진 45. 교하고성 동북소사 불탑

있는 논리를 제공한 것으로 생각된다.[42] 이처럼 문헌상의 기록외에도 인도와 신강지역에서는 불상을 봉안한 탑이 건립되고 있어 주목된다. 즉, 5세기에 축조된 인도 아잔타 석굴 19굴과 26굴의 불탑이(사진-39·40) 그것이다.[43] 이 탑들은 각각 석굴내의 主塔으로서 기단으로부터 탑신의 중앙부에 감실을 조성하고 각각 1구씩의 불상을 봉안했다. 결국 塔과 佛을 동일하게 인식한 사유는 이곳에서 비롯되었을 개연성이 있다고 생각된다. 이처럼 인도에서 시작된 탑내에 불상을 봉안하는 양식은 그대로 중국으로 전래되고 있다. 즉, 新疆지역에 위치한 客什 모르불탑 중 東塔(사진-41)·투루판 고창고성내 대불사 불탑(사진-42)·교하고성 내 불탑(사진-43)과 소불탑(사진-44)·동북소사 불탑(사진-45)등에서 모두 기단으로부터 탑신에 감실을 조성하고 불상을 봉안했던 흔적을 찾을 수 있다.[44] 이같은 면면들을 모두 종합해 보면 감실내에 불상을 봉안하는 정각형 불탑의 공통양식은 문헌에 기록된 바와 같이 불교 전래 초기 중국인들의 탑에 대한 사유, 전통적인 건축양식과 인도로부터 간다라지역을 통해 전래된 불탑의 양식에 모두 기반을 두고 있다고 생각된다.

---

42 이처럼 후한대 이래의 탑에 대한 인식은 내부에 像을 봉안하고, 이후 북위시대에 이르러 불상을 봉안하고 있다. 운강석굴의 부조탑에서 알 수 있듯이 정각형불탑은 물론 누각식 탑파에서도 매 층마다 불상을 조성하고 있어 더욱 그러하다. 그렇지만, 탑이 사리의 봉안처라는 본래의 인식은 불상이 사리로 대체되는 결과를 맞이한 것으로 보인다. 이에 따라 수와 당대에 이르러 탑이 佛舍利와 僧舍利를 봉안하는 두 갈래로 발전한 것으로 생각된다.

43 SUSAN L.HUNTINGTON, *THE ART OF ANCIENT INDIA*, WEATHERHILL New York·Tokyo, 1993, pp.249-251.

44 신강지역의 불탑에서는 불상을 봉안한 예외에도 간다라지역의 불탑과 양식상 매우 유사한 탑들이 건립되고 있어 주목된다. 즉, 모르유적의 동탑, 화전 라와사원지의 불탑, 쿠차 스바시유적 중 서쪽 사원지의 불탑, 투루판 교하고성 내 탑림 주탑, 과주 쇄양성내 사원지의 불탑은 모두 탑신이 원구형의 형태로 조성되어 있다. 이를 통해 불탑의 양식 역시 영향을 미친 것으로 생각된다.

Ⅳ. 結論

중국의 불탑은 樓閣式塔, 密檐式塔, 亭閣式塔, 花塔, 覆鉢式塔, 金剛宝座式塔 등 다양한 유형으로 건립되었다. 이들 중 정각식탑은 석재와 벽돌의 두 가지 재료를 사용해 건립되었다. 이와 더불어 북위시대에 등장한 이래 隋와 唐代를 거치며 양식적으로 정착해 중국 불탑의 한 주류를 이루었던 탑파의 한 유형이다. 때문에 樓閣式 탑과 더불어 중국 초기 불탑의 양상을 파악하는데 중요한 단초를 제공하고 있다.

본고에서는 현존하는 정각형탑 중 벽돌로 조성된 탑의 양식을 살펴본 결과 낮은 기단부, 방형의 평면, 탑신부의 출입시설과 내부공간, 화사한 상륜부가 특징으로 파악되었다. 물론 이같은 양상은 정각형 석조탑파에서도 공통적으로 검출되는 양식이기도 하다. 이럼에도 불구하고 내부구조와 상륜부에 있어서는 확연한 차이가 있음을 알 수 있었다. 즉, 정각형 석조탑파는 내부 공간이 일정 면적을 지니고 있어 이를 일주하거나 예불행위를 할 수 있다. 이에 반해 정각형 전조탑파는 수정사탑을 제외하면 공간이 협소해 예불은 물론 출입조차 어려운 면적을 지니고 있다. 이같은 공간의 차이는 이 유형의 탑이 2가지 계통으로 구분할 수있다. 즉, 전자는 사문탑 (611년)·수정사탑(627-659년)·법흥사 사리탑(673년)·영암사 혜숭탑(742-755년)으로 발전을 하게된다. 이에 반해 후자는 불광사 조사탑에서 시작되어 소림사 동광선사탑(770年)과 법완선사탑(791年) 그리고 법왕사 탑(3기)으로 계승되고 있다. 뿐만 아니라 唐代에 이르러는 주로 승려의 묘탑으로 건립되고 있다. 따라서 정각형 탑파는 당초부터 한국과는 달리 불탑과 부도의 양식을 별도로 정립하지 않고 동시에 활용된 양식임을 알 수 있다. 이와 더불어 양 탑이 지닌 양식적 차이는 상륜부에서도 확인된다. 즉, 석조탑파에 비해 전조탑파의 상륜부는 석재와 벽돌을 함께 사용했는데, 석재로 조성된 부분에 부조된 가릉빈가와 연화문등 화사한 조식이 특징으로 파악되었다.

이처럼 양식상 공통점과 차이점을 지닌 정각형 불탑은 운강석굴에서 浮彫塔으로 등장한 이래 북제시대에는 불상의 광배와 북향당산 석굴에서 부조탑의 형태로 조식되었고, 563년에 건립한 도빙법사에 이르러 석조 건축물로 등장하게 된다. 이같은 양상은 수와 당대를 거치면서 석재와 벽돌로 조성됨으로써 중국 佛塔史에서 확고한 자리매김을 하고 있다. 이와 더불어 북위시대로부터 북제에 이르는 동안 건립된 정각형 불탑은 초층탑신에 감실을 조성하고 불상을 봉안하는 공통점도 지니고 있다. 이는 불탑을 佛堂, 宗廟, 堂宇의 관념으로 이해했던 後漢代 이래의 인식이 작용한 결과로 보았다. 이와 더불어 인도에서 시작된 탑의 전면에 감실을 조성하고 불상을 봉안했던 양식이 신강지역에 전래되었고, 운강석굴에 이르러 정각형 불탑에 불상이 봉안된 것으로 보았다. 이처럼 5세기 후반경 건립된 정각형 불탑은 수와 당대를 거치면서 승려의 사리탑으로 건립되면서 중국 불탑의 한 장르로 자리매김을 하고 있다. 따라서 정각형 불탑은 後漢代 이래의 佛塔觀과 중국 건축의 특성은 물론 간다라 불탑 양식이 혼합되어 등장한 것으로 보았다.

정각형 불탑은 양식적으로는 단순하지만, 가장 초기적인 중국 불탑의 양상을 파악하는데 매우 중요한 자료라 생각된다. 향후 이들 정각형 불탑과 한국의 초기 석탑과의 비교 연구를 통해 양국의 탑이 지닌 연관성을 밝혀줄 것으로 기대된다.[45]

(2013.01「隋 · 唐代의 佛塔研究(Ⅱ)–亭閣型 塼造塔婆」,『동양학』 53, 단국대학교 동양학연구원)

---

45 필자는 이에 대해 미륵사지 석탑과의 비교고찰을 시도한 바 있는데, 양 탑에서는 외견상 공통점은 있을 지언정 서로 다른 계통의 양식으로 파악한 바 있다. 朴慶植,「彌勒寺址 石塔과 隋 · 唐代의 亭閣形佛塔과의 比較」,『白山學報』92號, 白山學會, 2012, pp.129-166.

【참고문헌】

金善卿, 「靈泉寺 塔林研究 試論」, 『美術史學研究』260, 韓國美術史學會, 2008.

朴慶植, 「四門塔에 대한 小考」, 『文化史學』27號, 韓國文化史學會, 2007.

―――, 「隋·唐代의 佛塔研究(Ⅰ)-亭閣形石造塔婆」, 『文化史學』29號, 韓國文化史學會, 2008.

―――, 「彌勒寺址 石塔과 隋·唐代의 亭閣形佛塔과의 比較」, 『白山學報』92號, 白山學會, 2012.

嚴基杓, 「中國 小林寺의 唐代 僧墓塔 考察」, 『忠北史學』19집, 忠北大學校 史學會, 2007.

曹忠鉉, 『後漢代 佛塔 認識과 起源 問題』檀國大學校 大學院 史學科 碩士學位論文, 2010.

朱耀廷 外, 『古代名塔』, 遼寧師範大學出版社, 1996.

蕭默 主編, 『中國建築藝術史』, 文物出版社, 1999.

河南省古代建築研究所·河南人民出版社, 『宝山靈泉寺』, 1991.

張馭寰, 『中國塔』, 山西人民出版社, 2000, p.156.

―――, 『中國佛塔史』, 科學出版社, 2006.

吳慶洲, 「中国佛塔塔刹形制研究 上」, 『古建园林技术』1994年 4期.

―――, 「中国佛塔塔刹形制研究 下」, 『古建园林技术』1995年 1期.

孫機, 「我国早期单层佛塔建筑中的粟特因素 下」, 『宿白先生八秩华诞纪念文集』, 2003.

解金昌, 「北魏王朝與雲岡石窟」, 『北朝研究』總第15期, 平城北朝研究會, 1994, p.151.

常靑, 『中國古塔』, 陝西人民美術出版社, 1998.

羅哲文, 『中國古塔』, 中國青年出版社, 1985.

―――, 『中國古塔』, 河北少年儿童出版社, 1991.

淸州市博物館, 『淸州北朝佛教造像』, 北京出版社, 2002.

長廣敏雄, 「雲岡の中層塔」, 『中國美術論集』, 講談社, 1984.

SUSAN L.HUNTINGTON, *THE ART OF ANCIENT INDIA*, WEATHERHILL New York
·Tokyo, 1993.

唐 鳩摩羅什浮屠와 新羅 石造浮屠의 比較 考察

| 목 차 |

Ⅰ. 序言

불교의 전래는 새로운 종교의 유입이라는 측면에서도 중요한 하겠지만, 한국의 문화에는 일대 변혁을 일으킨 대사건 이었다. 즉 사찰의 건립에 따른 여러 건축물은 물론 석탑과 석등, 범종을 비롯한 많은 공양물이 건립되어 전에 볼 수 없었던 새로운 장르의 문화가 탄생되었다. 이 중에서 부도는 선종의 도입과 함께 등장한 새로운 조형물인 탓에 석탑과 불상보다 뒤늦게 조성되었지만, 불교미술사에서 연구의 주요 대상이 되어왔고, 특히 신라시대의 석조부도를 중심으로 많은 연구 성과가 축적되어 왔다.[1] 한편 唐代에 건립된 鳩摩羅什浮屠에 대해서는 김원룡 선

※ 이 논문은 2007학년도 단국대학교 대학연구비 지원으로 연구되었음.

1 鄭海昌,「浮圖의 樣式에 關한 考略 - 新羅時代 8角圓堂에 對하여」,『白性郁博士頌壽記念論文集』,東國大學校, 1957. 黃壽永,「蔚山의 十二支像 浮屠」,『美術資料』5, 國立中央博物館, 1962.「新羅聖住寺 大朗慧和尙 白月保光의 調査」,『考古美術』9-11,考古美術同人會, 1968.「多寶塔과 新羅八角浮屠」,『考古美術』123·124合輯,韓國美術史學會, 1974. 鄭永鎬,「襄陽 陳田寺址 三層石塔과 石造浮屠」,『考古美術』83, 考古美術同人會, 1963.「襄陽 陳田寺址遺蹟調査-石塔과 浮屠의 復元을 契機로」,『歷史敎育』11·12合輯, 歷史敎育硏究會, 1969.「蔚州 望海寺 石造浮屠의 建立年代에 대하여」,『又軒丁仲煥博士還曆記念論文集』, 1973.『新羅石造浮屠硏究』, 檀國大學院博士學位論文, 1974.「雙谿寺 眞鑑禪師大空塔의 推定」,『古文化』12, 韓國大學博物館協會, 1974.「禪林院 弘覺禪師塔의 推定」,『하성이선극박사고희기념한국학논총』, 1974.「新羅石造浮屠의 一例」,『史學志』,檀國大學校史學會, 1976.「月岳山 月光寺址와 圓郞禪師大寶禪光塔에 대하여」,『考古美術』129.130合輯, 韓國美術史學會, 1976.「浮屠」,『考古美術』158·159 합집, 韓國美術史學會, 1983.「日本 八角堂佛殿의 原流」,『韓國史論』16, 國史編纂委員會, 1986. 金和英,「新羅澈鑑禪師塔과 塔碑에 대한 考察」,

생이 처음으로 주목한 이래 정영호 선생에 의해 상세한 고찰이 진행된 바 있다.[2] 그간 진행된 연구의 대부분은 신라석조부도가 지닌 양식의 발전과정과 주인공에 대한 문제 등에 집중되어져 왔을 뿐, 唐代 부도와의 상세한 비교 연구는 미미한 실정이다.[3] 이는 唐代에 건립된 탑파에 대한 관심의 부족과 이에 따른 조사가 활발하지 않았던 것이 주된 원인이라 생각된다. 이럼에도 불구하고 한국 석조부도의 시원 양식을 논함에 있어 대부분의의 연구자들은 단 한차례의 비교 검토 없이 신라시대에 완성된 八角圓堂型石造浮屠의 기원을 鳩摩羅什浮屠에 두고 있다. 아마도 이 부도가 唐代에 건립된 일반적인 그것과는 달리 석재로 건립되었고, 탑신에서 보여준 팔각형의 평면구도와 더불어 신라석조부도에 비해 먼저 건립되었다는 점에서 그대로 수용된 결과로 생각된다. 필자는 그간 세 차례에 걸쳐 草堂寺를 방문한 바 있고, 그 때마다 鳩摩羅什浮屠를 조사하면서 과연 기존의 견해대로 이 부도가 신라석조부도의 시원양식으로 가능한 가에 대해 많은 생각을 하게 되었다. 왜냐하면 鳩摩羅什浮屠와 신라석조부도의 양식을 비교해 볼 때 전자는 원형과 팔각 그리고 방형의 평면이 복합적으로 구성되어 있는 반면, 후지에서는 기단으로부터 옥개석에 이르기까지 평면 팔각을 유지하고 있어 외형적으로 상당한 차이를 보이고 있다. 뿐만 아니라 각부에 조식된 여러 문양에서도 확연한 차이를 보이고 있기 때문이었다. 따라서 이것과 신라에서 건립한 석조부도에 대해 면밀한 비교 검토는 바로 신라석조부도의 시원양식에 관한 문제를 해결할 수 있을 것으로 생각된다. 본고에서는 先學들의 연구성과를 바탕으로 다음과 같은 방법으로 唐 鳩摩羅什浮屠와 신라석조부도를 비교 검토하고자 한다.

첫째, 당 구마라십석조부도의 양식을 고찰하고,

둘째, 신라석조부도에 구현된 양식상의 공통점을 파악하고,

셋째, 양 국의 석조부도에 나타난 몇 가지의 문제를 비교검토 함으로써 唐 鳩摩羅什浮屠가 신라석조부도의 시원양식이 될 수 있는가를 밝히고자 한다.

『白山學報』9, 白山學會, 1970. 李銀基, 「新羅末 高麗初期의 龜趺碑와 浮屠硏究」, 『歷史學報』71, 歷史學會, 1976. 김향숙, 「羅末麗初의 八角圓堂型 石造浮屠의 圖像 및 紋樣의 特徵에 관한 考察」, 『博物館紀要』5, 檀國大中央博物館, 1989. 柳宗昊, 「襄陽地區塔婆 및 浮屠硏究」, 『關東大論文集』7, 關東大學校, 1979. 리기웅, 「렴거화상부도의 평면구성에 대하여」, 『조선고고연구』71, 사회과학원고고학연구소, 1989. 「부도의 류형과 변천에 대하여(1)」, 『조선고고연구』73, 사회과학원 고고학연구소, 1989. 朴慶植, 『統一新羅石造美術硏究』, 학연문화사. 1994. 蘇在龜, 「新羅下代와 高麗時代 僧塔 硏究」, 한국정신문화연구원대학원 박사학위논문, 2001. 엄기표, 『신라와 고려시대 석조부도』, 학연문화사, 2003.

2 김원룡, 「唐朝의 舍利塔」, 『考古美術』4권 4호, 考古美術同人會, 1963. 鄭永鎬, 「中國 草堂寺의 鳩摩羅什舍利塔」, 『亞細亞文化硏究』1집, 경원대학교 아세아문제연구소, 민족출판사, 1996 및 「한·중·일의 부도」, 『선불교와 사리탑』, 백련불교문화재단 부성 성철사상연구소, 1998.

3 최근 엄기표에 의해 당과 신라석조부도에 대한 포괄적인 비교 연구가 진행된 바 있다. 엄기표, 「新羅 石造浮屠와 中國 唐代 舍利塔의 比較 硏究」, 『東洋學』43집, 단국대학교 동양학연구소, 2008.

Ⅱ. 唐 鳩摩羅什浮屠의 樣式

唐代에는 황하를 중심으로 한 지역에서 많은 수의 부도가 건립되었다. 이들은 모두 벽돌로 조성되었고, 평면방형의 구도를 지니고 있으며, 목조건축의 양식을 충실히 재현하고 있다는 공통점을 지니고 있다.[4] 이와 더불어 석재로 건립된 부도 역시 공존하고 있어 주목된다.[5] 중국에서 언제부터 부도가 건립되었는지에 대해서는 낙양 백마사에 인도 출신 고승이었던 攝摩騰의 탑이 있었다고 하나[6], 현존 하는 실물로 볼 때 河南省 安養 靈泉寺에 건립된 道憑法師塔이 가장 먼저 건립된 것으로 보인다. 이 부도는 석재로 조성되었으며, 탑신의 감실 상단과 측면에 새겨진 명문에 의해 563년 3월 17일에 조성되었음을 알 수 있는데[7] 이를 통해 중국에서 초기의 탑파는 벽돌보다는 석재로 건립되었음을 알 수 있고, 이같은 재료상의 수법을 계승한 것이 바로 鳩摩羅什浮屠이다.

이 부도는 陝西省 西安市 戶縣에 위치하고 있는 草堂寺 경내의 보호각 내에 건립되어 있다. 전체적인 양식으로 볼 때 기단부, 탑신부, 상륜부로 구성되어 있고, 조성재료가 대리석인 탓에 당

사진 1. 鳩摩羅什浮屠 保護閣

사진 2. 鳩摩羅什浮屠

4 필자가 실견한 唐代에 건립된 부도로는 건립연대가 확실한 華嚴寺址 杜順塔(641년), 興教寺 玄奘塔(669년), 法興寺 舍利塔(673년), 小林寺 大周塔(696년), 會善寺 淨藏禪師塔(746년), 小林寺 同光禪師塔(770년), 小林寺 法玩禪師塔(791년), 報國寺址 泛舟禪師塔(822년), 佛光寺 解脫禪師塔(824년)과 더불어 靈岩寺 慧崇塔, 海會院 明惠大師塔, 法王寺 浮屠 3기, 鞏縣石窟 上段 演公塔, 興教寺 窺基塔, 香積寺 善導塔 및 逸名浮屠, 風穴寺 貞禪師塔, 小林寺 塔林內 逸名浮屠 등이 있다.

5 석재로 조성된 부도로 필자가 실견한 예로는 雲居寺의 석조탑파 9기, 羊頭山 石窟의 圓形石造塔婆 4기, 法興寺 舍利塔 전면의 석조탑파 2기, 靈泉寺 雙石塔, 陽台寺 雙石塔, 里固塔, 등이 있다. 이들은 대체로 8세기에 건립된 공통점을 지고 있는데, 향후 통일신라석탑과의 비교 연구를 진행하고자 한다.

6 엄기표, 주 3의 논문 주 8에서 재인용.

7 명문은 탑신 감실 상면과 우측면에 '寶山寺大論師憑法師燒身塔 大齊河淸二年三月十七日'이라 각자되었는데, 이를 통해 부도의 주인공은 憑法師 즉, 道憑法師이며, 燒身塔으로 조성되었음을 알 수 있다.

대에 건립된 일반적인 부도와는 규모와 구성 그리고 세부적인 양식에서 많은 차이를 보이고 있다. 전체 높이는 2.44m로, 대리석으로 조성되었는데, 八寶玉石塔으로 불리우다.[8]

기단부는 지대석, 하대석, 중대석 상대석으로 구성되어 있다. 전체적인 평면구도는 지대석만 평면 방형일 뿐 나머지 부분은 圓形을 보이고 있다. 지대석은 상부의 구조물을 받기에 충분할 만큼 높직하고 넓게 조성되어 전체적으로 안정감을 주고 있다. 각 면을 이루는 면석은 각각 3매의 판석을 잇대어 조립했는데, 각 면에는 아무런 조식이 없다. 상단은 면석에 비해 돌출되어 있어 갑석을 두었음을 알 수 있다. 하대석은 원형의 평면으로 상·하 2단으로 조성되어 있다. 하단석은 하단과 상단이 돌출되어 면석이 안쪽으로 형성되었는데, 상·하단의 돌출부에는 화문이 조식되어 있다. 원형을 이루는 각 면에는 전체 13개의 8괄호형의 안상내에 갈귀가 휘날리는 龍頭와 함께 雲紋등이 조식되었는데, 구름과 용두가 조화를 이루며 매우 힘찬 모습을 보이고 있다. 아마도 이 부도를 수호한다는 의미에서 새겨진 것으로 보인다. 이처럼 하단석에 동물상을 조각하는 예는 신라석조부도에서도 보이고 있는데, 대부분이 사자가 조식되고 있어 수호의 의미는 같지만, 용과 사자라는 차이를 보이고 있다. 상단석에는 수미산을 형상화한 것으로 보이는 16개의 봉우리를 돌렸다. 각 봉우리는 하단이 넓고 상단이 좁아지는 형태로 높이 또한 각각 다르게 조각되어 마치 자연적인 산세를 그대로 옮겨온 듯 매우 자연스러운 모습을 보이고 있다. 뿐만 아니라 가로 및 세로 또는 사선방향으로 볼륨이 강한 선을 넣어 자연스럽게 험준한 山岳을 표현하고 있는데, 봉우리에는 修行을 하고 있는 승려상과 함께 맹수로 보이는 동물이 표현되어있다. 수행자의 상은 주로 선정인을 결하고 정진하는 자세를 보이고 있으며, 맹수는 이를 공격한다기 보다는 수행자 부근에 웅크리고 앉아 있거나, 봉우리 하단의 바위틈에서 관망하는 자세를 보이고 있다. 아마도 수행자의 정진에 맹수들 조차 굴복하고 있는 모습을 구현한 것

사진 3. 기단부

사진 4. 하단석 안상내 용문

8 趙克禮, 『陜西古塔研究』, 北京 科學出版社, 2007, p.160.

사진 5. 상단석 봉우리 1

사진 6. 상단석 봉우리 2

사진 7. 상단석 봉우리 3

사진 8. 상단석 봉우리 4

사진 9. 상단석 봉우리 5

사진 10. 상단석 봉우리 6

사진 11. 상단석 봉우리 7

사진 12. 상단석과 중대석 사이의 계곡부

으로 보인다. 봉우리의 안쪽으로는 일정한 너비로 골을 형성하고 있고, 이를 건너 대응되는 면에도 가로방향으로 깊게 선각문을 두어 자연스럽게 계곡을 형상화 하고 있다. 따라서 봉우리와 중대석을 받치는 부분에는 마치 물이 흐르고 있다는 느낌을 주기에 충분한 구도를 지니고 있어 佛家에서 말하는 香水海를 형상화 한 것으로 생각된다.

중대석은 골의 안쪽면을 형성하는 부분을 넓게 조성해 받침을 조성한 후 중대석을 받치고 있

사진 13. 중대석

사진 14. 중대석 하단 및 중단부

사진 15. 중대석 상단부

사진 16. 花形紋 細部

사진 17. 상대석

사진 18. 花形紋 細部

사진 19. 상대석 상면

사진 20. 탑신부

다. 중대석은 圓形의 평면으로 전체 3단으로 구성되었는데, 상·하단에 비해 중단이 넓게 조성
되었다. 하부를 이루는 2단에는 花紋形의 구름을 조각하고 있는데, 하단에서 상단으로 연속해
피어나는 형태로 매우 유려한 조각수법을 보이고 있다. 상단부 역시 상면으로 갈수록 좁아지는
형태로 왼쪽방향으로 내리그은 유려한 선각문이 조식되었다. 중대석의 전체적인 문양 배치는
하단부의 화형 구름은 오른쪽방향으로, 상단의 선각문은 왼쪽 방향으로 조식되어 전체적으로
리드미컬하고, 탑신부를 향해 집중하는 구도를 보이고 있다.

  상대석 역시 평면 원형의 구도로 하단부에는 화문을 조식했고, 각 면에는 하부에서 피어 오
르는 花形 雲紋을 배치해 탑신부에 대한 장엄을 극대화 하고 있다. 상대석의 중심을 이루는 화
형 운문은 複葉 8판으로 좌·우의 화판이 넓게 벌어지며 유려한 곡선미를 보이고 있다. 하단의
간지에도 같은 양식의 소형 화문이 있고, 判斷에 일단의 턱을 둔 탓에 전체적으로는 3단의 화형
운문이 배치된 느낌을 주고 있다. 이처럼 상대석을 화형 운문으로 장엄을 한 것은 신라석조부
도에서도 이 부분에 다양한 연화문이 등장하는 것으로 보아[9] 탑신에 대한 尊崇意識에서 비롯된
것으로 생각된다. 상대석의 상면에는 아무런 받침없이 약간의 경사를 두었는데, 이는 물을 빼
기 위한 의도로 생각된다.

----

9 신라시대에 조성된 석조부도의 상대석에는 연화문이 조식되었는데, 특히 瓣內에 花紋이 있는 2중 연화문
   이 주종을 이루고 있다.

　탑신부는 탑신석과 옥개석으로 구성되었는데, 탑신석을 평면 팔각으로, 옥개석은 평면 방형으로 조성되었다. 탑신석의 각 모서리에는 기둥을 세워 8면을 구획하고, 목조건물의 벽체를 구현했다. 각 면의 기본구성은 상·하에 보를 가로 질러 벽체를 형성했으며, 상하면에는 창호 또는 문비의 상하면에 다시 작은 기둥을 세워 3개의 면으로 분할하고 있다. 탑신을 구성하는 8면 중 정면에는 문비를, 4면에는 광창을 그리고 2면에는 명문을 음각했다. 나머지 면에는 아무런 조식이 없다. 이중 정면에 조식된 문비형은 두짝문으로, 각 문에는 圓形의 돌기가 각각 3개씩 4열로 모두 12개씩 배치되었고, 이의 중앙에 자물통을 표현하였다. 상면에는 3개의 방형 창이 마련되었다. 광창은 7개의 세로 띠살을 배치해 구성했는데, 이같은 구조는 746년에 건립된 會善寺 淨藏禪師塔에서도 볼 수 있어 唐代 건축물에 구현된 창호를 그대로 묘사한 것으로 보인다. 후면에는 사각형으로 구획한 후 세로방향으로 姚秦三藏法師」鳩摩羅什舍利塔 이라 음각해 부도의 주인공이 鳩摩羅什임을 분명히 하고 있다. 아울러 나머지 한 면에는 鳩摩羅什之舍利塔權邦」彦侍□□□親來禮」而作偈言丁酉仲秋晦」大士入東土 姚秦喜服膺」當年羅八俊 盡是詰三乘」飜譯明佛旨 圓通竝祖燈」의 명문이 새겨져 있어 1117년에 權邦彦이 이곳을 방문하고 기록했음을 알 수 있다.[10] 이상에서 살펴 본 바와같이 탑신석에는 문비형과 광창 등 목조건축의 반영되어 있으며, 특히 부도의 주인공을 명확히 밝히고 있어 주목된다.

　옥개석은 평면 방형으로 사모지붕을 형식을 그대로 표현하고 있다. 평면이 팔각인 탑신부의 최대 너비와 일치하는 방형의 높직한 받침을 두고 상면에 지붕을 놓았다. 받침부의 각 면은 菱

사진 21. 문비형　　　　　　사진 22. 鳩摩羅什 銘文　　　　　사진 23. 광창 1

10 정영호, 「中國 草堂寺의 鳩摩羅什舍利塔」, 『亞細亞文化硏究』1집, 경원대학교 아세아문제연구소, 민족출판사, 1996, p.56.

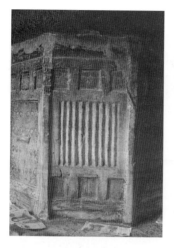

사진 24. 광창 2

사진 25. 광창 3

사진 26. 광창 4

사진 27. 權邦彦 銘文

사진 28. 無紋 面

形으로 조성되었는데, 각 면에는 雲紋 사이를 나르는 유려한 비천상이 선각되어 있다. 처마는 수평을 이루다 전각에 이르러 유려한 반전을 보이고 있는데, 하단에는 각 면 26개의 서까래목이 표현되었고, 모서리에는 굵은 사래를 표현해 지붕을 받치고 있다. 지붕면에는 암·수막새기와는 물론 기와골에 이르기 까지 섬세하게 표현되었고, 합각부에는 내림마루부가 처마쪽으로 내려가고 있다. 이울러 마루부 끝에는 망와나 용두를 올렸던 흔적이 남아있는데 파손되어 원래의 모습은 알 수 없다.

상륜부는 현재 일석으로 조성된 평면 방형의 노반석과 보륜과 복발로 추정되는 원형의 부재가 놓여있다. 노반석의 상면은 네 모퉁이의 각을 중심으로 연화문을 사선방향으로 배치하고 중

사진 29. 옥개석

사진 30. 옥개석 받침부

사진 31. 받침부 비천상 1

사진 32. 받침부 비천상 2

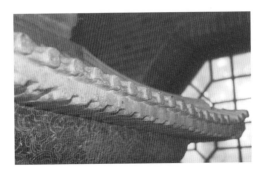

사진 33. 서까래와 막새기와

사진 34. 낙수면과 기와골

사진 35. 옥개석 내림마루

사진 36. 합각부

사진 37. 노반석

사진 38. 추정 복발석

간에 다시 같은 화문을 배치해 전체 8엽으로 구성되었음을 알 수 있다. 모퉁이에 배치되 연화문의 판단이 상면을 향해 비스듬히 솟아 있어 전체적으로 상승감을 주는데, 이는 당대에 건립된 여러 부도에서도 같은 양식을 볼 수 있다.[11] 복발로 추정되는 원형 부재의 표면은 세로 방향으로 짧은 기둥을 배치해 구획을 한 후 내부에 난간의 부재로 추정되는 문양을 조식했다. 복발석 역시 하단부는 짧은 기둥을 배치해 구획을 나눈 후 상면에 각형 3단의 받침을 조출한 후 상면에 단판 연화문을 밀집해 돌린 후 이의 상면에 기단부에서 보여주었던 유려한 花形 雲紋을 조식하고 있다. 정상에는 지름 6cm의 擦柱 圓孔이 마련되어 있어[12] 건립 당시에는 매우 화사한 상륜부를 구비했을 것으로 추정된다.

이상에서 살펴본 바와 같이 鳩摩羅什浮屠는 평면구성에 있어 원형, 팔각형, 사각형 등 다양한 구도를 활용해 각 부위별로 변화를 주었다. 唐代에 건립된 부도에서 이처럼 다양한 평면구성을 보여주는 예가 거의 없는 점을 볼 때, 이는 벽돌로 조성할 때 보여줄 수 있는 단순함에서 탈피하고자 했던 唐代 조탑공의 예술의식과 의욕을 보여주는 것으로 생각된다. 이와 더불어 전체적인 구성은 기단부와 탑신부에서 차이를 보이고 있는데, 전자가 수행자와 자연 그리고 화사한 수미단을 표현했다면, 후자는 목조건축의 양식을 그대로 재현하고 있는 구도를 이루고 있다. 먼저 기단부에서 보여주고 있는 산 봉우리와 수행자의 모습 그리고 동물상의 표현은 수행삼매에 몰두하는 승려의 모습을 연상할 수 있지만, 한편으로는 도교의 자연관이 엿보이는 장면으로 이를 통해 도교의 영향도 배제할 수 없다. 이와 더불어 기단부 중대석의 문양 배열은 화사한 화형운문이 상단의 완만한 S자형의 선각문을 통해 탑신으로 빨려드는 듯한 느낌을 주고 있어 부도의 중심이

---

11 이같은 노반석은 修定寺 塔, 炳靈寺 3호석굴내 석탑, 法王寺에 있는 당대 부도 3기에서도 보이고 있어 당대에 유행하던 양식임을 알 수 있다.

12 鄭永鎬, 주 10의 논문, p.57.

탑신에 있음을 암시하고 있다. 따라서 기단부의 조식은 전체적으로 볼 때 탑신부를 강조하기 위한 일환으로 한층 화사하게 장엄을 한 것으로 생각된다. 이와 더불어 탑신부는 당시 유행했던 亭閣形을 그대로 재현하고 있어 목조건축을 충실히 계승하고 있음을 알 수 있다. 더욱이 탑신 전면에 문비형을 모각하고 좌·우에 광창을 표현했으며, 지붕에 표현된 암·수막새기와를 비롯한 여러 요인은 바로 대사의 영혼이 머무는 공간임을 분명하게 암시하고 있다. 이같은 정각형탑신은 611년에 건립한 사문탑의 외형을을 계승하면서 세부적으로는 병령사 3호석굴과 강서성에 있는 大寶光塔[13]등 唐代에 건립된 일부 석탑과 양식적인 친연성을 볼 수 있다.

鳩摩羅什(344413년)는 인도 출신 승려로 401년 草堂寺에 머물며 역경사업에 주력하다가 413년 4월 13일 입적한 것으로 알려져 있는데, 부도에 구현된 여러 양식을 볼 때 다음과 같은 이유에서 입적당시의 것으로 보기에는 무리가 있다. 첫째, 唐代에 석재로 탑파가 건립하는 것은 8세기에 들어 유행했다는 점이다. 물론 앞서 언급한 安養 靈泉寺에 건립된 道憑法師塔이 563년에 건립되었고, 廣東省 廣州市 光孝寺 7層 石塔이 676년에 건립되었지만[14], 현존하는 대부분의 석탑은 8세기에 들어 건립되고 있다. 이 중 필자가 실견한 것을 중심으로 건립연대가 확실한 것을 추출해 보면 神通寺 小唐塔(717년), 云居寺 景云二年銘 石塔(711년), 云居寺 太極元年銘 石塔(712년), 石經山 金仙長公主 石塔(721년), 云居寺 開元十年銘 石塔(722년), 云居寺 開元十五年銘 石塔(727년), 海會院 明惠大師塔(877년), 陽台寺 雙石塔(750년)과 內黃縣 二安鄕 雙石塔(743년)[15]등이 있다. 따라서 당대에 들어 석재로 탑파를 건립하는 전통은 8세기에 들어 유행한 것으로 보인다. 둘째, 부도에 구현된 양식중 탑신부의 문비형과 광창의 양식은 8세기에 건립된 탑파에서 그 예를 볼 수 있다. 즉 문비형은 靈岩寺 慧崇塔(742-756), 小林寺 法琓禪師塔(791년)과 法王寺의 부도 3기중 중단과 상단의 부도에서 볼 수 있고, 광창의 양식은 會善寺 淨藏禪師塔(746년)과 報國寺址 泛舟禪師塔(822년)에서 그 예를 볼 수 있다. 따라서 탑신에 구현된 이들 양식은 건립연대가 분명한 예를 중심으로 볼 때 8세기 중반에 이르러 등장하는 것으로 보인다. 셋째, 노반석의 네 모퉁이에 연화문을 배치한 수법과 원형의 부재로 상륜부를 구성하는 수법은 당대에 건립된 정각형 탑파에서 활용된 양식이라는 점을 들 수 있다. 즉 전자의 수법은 修定寺 塔, 炳靈寺 3호석굴내 석탑, 法王寺에 있는 당대 부도 3기에서도 볼 수 있다. 아울러 상륜부재를 원형으로 조립하는 경우는 會善寺 淨藏禪師塔(746년), 小林寺 法琓禪師塔(791년), 법왕사 부도 3기, 報國寺址 泛舟禪師塔(822년)등 주로 정각형 탑파의 상륜부에서 볼 수 있는 양식이기 때문이

13 郭學忠,『中國名塔』, 中國撮影出版社, 2002, p.287.
14 羅哲文·張帆,『中國古塔』, 河北少年儿童出版社, 1991, p.24.
15 安養市文物管理局,『安養文物精華』, 文物出版社, 2004, p.75.

다. 따라서 현재 당대에 건립된 여러 유물의 상황과 기왕의 연구결과를 종합해 볼 때 鳩摩羅什 浮屠는 선사의 입적한 직후가 아닌 唐代 中期인 8세기경에 건립된 것으로 추정된다.[16]

III. 新羅石造浮屠의 樣式[17]

신라시대에 건립된 부도는 18기로 이들은 일반형과 특수형으로 구분되고 있다.[18] 이 중 신라 시대의 전형이라 하는 팔각원당형 석조부도의 시원을 앞서 언급한 鳩摩羅什浮屠에 두고 있어 이에 대한 양식적 대비가 필요한 것으로 판단된다. 본 장에서는 일반형석조부도에 구현된 공통 양식만을 검출해 서술하고자 한다. 신라시대에 건립된 일반형석조부도는 廉居和尙塔(844년), 大安寺寂忍禪師照輪淸淨塔(861년), 雙峰寺澈鑒禪師塔(868년), 寶林寺普照禪師彰聖塔(880년), 鳳 巖寺智證大師寂照塔(883년), 雙谿寺眞鑑禪師大空塔(885년 추정), 望海寺址浮屠(875-885년 추 정), 禪林院址弘覺禪師塔(886년 추정), 聖住寺朗慧和尙白月保光塔(890년), 實相寺證覺大師凝廖 塔(861-893년 추정), 實相寺秀澈和尙楞伽寶月塔(893년 추정), 石南寺浮屠, 燕谷寺東浮屠(880- 900년 추정), 寶林寺東浮屠(880-900년 추정)등 14로 이들은 모두 기단으로부터 탑신에 이르기 까지 평면팔각의 형태를 지닌 소위 八角圓堂型石造浮屠라 불리우고 있다. 이들 각 부에 구현된 공통양식을 검출해 보면 다음과 같다.

첫째, 지대석은 방형과 8각형이 보이고 있는데 형태를 알 수 있는 것은 12기로 양자의 형식 이 모두 6기씩 현존하고 있다.

둘째, 하대석은 상·하 2단으로 구성되어 있다. 하단석의 각 면에는 안상이 가장 많이 조식되 었다. 이와 더불어 쌍봉사철감선사탑에서는 圈雲紋사이에 雙龍이 부조되어 있어 마치 구름위에 용이 꿈틀거리는 듯한 장면을 묘사하고 있다. 상단석에는 사자 및 伏蓮이 주로 장식되고 있다. 부도의 기단부에 사자가 조식됨은 844년에 건립된 염거화상탑에서 선례를 볼 수 있다. 사자가 조식된 부도 중 쌍봉사 철감선사탑은 팔각의 모서리에 蓮葉기둥을 세우고 각 면에 생동감 있게

---

16 鄭永鎬,「中國草堂寺鳩摩羅什舍利塔」,『亞細亞文化硏究』1집, 아세아문화연구소, 북경 민족출판사, 1996, p.57. 史生輝,『草堂寺志』, 陝西省戶縣草堂寺, 2005, p.383. 아울러 足立喜六은 8세기 내지 9세경의 中唐 작품으로 보고 있다. 김원룡, 앞 논문에서 전재.

17 본 장의 내용은 필자가 이미 발표했던 주 2의 책 내용을 수정 보완했음을 밝힌다.

18 일반형 석조부도라 함은 기단으로부터 상륜에 이르기까지 신라석조부도의 전형적 구도인 팔각형을 구비 하고 있는 八角圓堂型浮屠를 말한다. 이에 반해 특수형석조부도는 신라석조부도의 전형양식인 八角圓堂 型에서 벗어나 다른 형식이 가미된 부도를 말한다.

묘사되고 있는데 얼굴만은 모두 정면을 향하고 있음이 흥미롭다.[19] 연곡사동부도에서는 굵은 선으로 額을 만든 후 내부에 조식하고 있다. 하단석의 상면에는 모두 伏蓮이 조식되었는데, 單葉과 複葉이 모두 사용되고 있으며 판수 또한 8판과 16판이 모두 보이고 있다. 이와 더불어 복연의 瓣斷에는 귀꽃이 장식되어 있다.

셋째, 중대석의 받침으로 각형받침과 굽형괴임대 및 圈雲紋臺가 등장하고 있다. 먼저 각형받침은 염거화상탑에서는 각형 3단의 받침이 조출되고 있으나, 대안사 적인선사조륜청정탑에 이르러는 높은 각형 1단 위에 낮은 각형 3단의 받침이 마련되어 있다. 그러므로 대안사 부도의 받침은 분명한 중대받침석의 의미로 刻出한 것으로 부도에서 중대받침의 출현은 이 부도가 선례임을 알 수 있다.[20] 이러한 초기적인 형식의 각형 받침은 망해사지부도, 실상사 수철화상능가보월탑, 연곡사동부도, 보림사동부도, 성주사 낭혜화상백월보광탑에서도 볼 수 있다. 굽형받침은 쌍봉사 철감선사탑에서 시도된 이래 쌍계사진감선사탑과 특수형 부도인 선림원홍각선사탑에서만 볼 수 있어서 크게 활용된 형식은 아닌 것으로 보인다. 圈雲紋臺는 별석의 받침 전면에 운문이 부조된 형식으로 보림사보조선사청성탑에서 사용된 이래 봉암사지증대사적조탑, 석남사부도에서 보이고 있다. 이처럼 중대석 받침으로 다양한 유형이 등장함은 탑신에 비해 상대적으로 낮은 중대석을 높게 보이고자한 의도에서 비롯된 것으로 생각한다.

넷째, 중대석의 각 면에는 眼象이 공통적으로 등장하고 있는데 내부에 부조된 조식에 따라 (1) 안상만을 조식한 것, (2) 안상 내에 花紋을 조식한 것, (3) 안상내에 각종 佛具 및 神將像을 조식한 것 등의 3가지 형식으로 구분될 수 있다. (1)의 형식은 보림사보조선사창성탑, 쌍계사진감선사대공탑에서 볼 수 있는데 前者의 경우는 3중의 안상을 표현하고 있다. (2)의 형식은 대안사 적인선사조륜청정탑, 석남사부도에서 볼 수 있다. 이 중 석남사부도에서는 2조의 橫帶 사이에 화문이 조식되고 있는데 형태상 鼓腹形을 보이고 있다. (3)의 형식은 염거화상탑, 쌍봉사철감선사탑, 봉암사지증대사적조탑, 실상사증각대사응료탑, 실상사수철화상능가보월탑, 연곡사동부도가 있다. 이중 쌍봉사철감선사탑에서는 각 모서리에 蓮葉의 기둥을 마련하고 각면 안상내에 가릉빈가를 1구씩 배치하고 있는데 신라시대에 조성된 석조미술에서 가릉빈가문이 조식의 요소로 채용된것은 이 부도에 이르러 처음으로 나타나고 있다.[21] 그리고 염거화상탑에서는 輦, 香爐등의 佛具만 浮彫되다가 나머지 4기에서는 舍利盒, 供養像, 奏樂像, 菩薩像, 八部神衆등이 조식으로 채택되어 시대가 늦을수록 다양한 조식이 등장함을 볼 수 있다.

19 鄭永鎬,『新羅石造浮屠研究』,檀國大學院 博士學位論文,1974, p.60.
20 鄭永鎬, 앞 박사학위논문, p.50.
21 金和英,「新羅澈鑑禪師塔과 塔碑에 대한 考察」,『白山學報』9,白山學會, 1970, p.49.

다섯째, 상대석은 연화대석과 탑신괴임대의 2부분으로 구성되고 있다.

연화대석은 하면에 모두 층단형의 받침을 구비하고 있는데 角形 3단의 받침이 주종을 이루고 있다. 연화문은 모두 單葉 仰蓮으로 瓣數는 8판으로부터 24판까지 다양하게 표현 되었는데 16판 앙연이 가장 많은 비율을 차지하고 있다. 그런데 연화문의 표현에 있어 2중, 3중으로 중첩 시문된 형식이 등장하여 종래의 1열로 배치되던 것에서 변화를 보이고 있다. 물론 이와 같은 예는 전자는 염거화상탑과 망해사지부도에서, 후자는 대안사적인선사조륜청정탑, 실상사 증각대사응료납 및 수철화상능가보월탑에서만 볼 수 있다. 아울러 연화문내에 화문을 배치하여 화사한 연화문대석을 구성하고 있는데 이는 쌍봉사철감선사탑, 보림사보조선사창성탑, 봉암사지증대사적조탑, 석남사부도, 연곡사동부도에서 볼 수 있다. 이와 같은 연화대석 상면에 탑신괴임대가 마련되어 탑신석을 받고있다. 탑신괴임대는 중대석과 더불어 가장 화사한 조식이 부조된 부분으로 이는 별석으로 조성된 것과, 연화대석과 同一石으로 조성된 것의 2종류로 나뉘어진다. 우선 별석의 탑신받침부는 9세기 중반에 조성된 陳田寺址 浮屠에서 볼 수 있다. 이 浮屠의 탑신 받침석은 중앙의 角形突起를 중심으로 하면에는 판 내에 화문이 있는 단엽 16판의 연화문을 조식하고 상면에는 角弧角形의 3단 받침을 조출하여 8각탑신을 받고 있어 소박한 초기 형태의 괴임수법을 보이고 있다. 그러나 염거화상탑에 이르러는 각면에 조식된 眼象內에 연화좌에 앉은 天部像을 1구씩 배치하고 있으며, 실상사수철화상능가보월탑에서는 화문이 조식된 안상 1구씩을 배치하고 있고, 증각대사응료탑에서는 각 모서리에 동자주만을 모각하고 각면에 아무 조식이 없는 안상을 1구씩 배치하고 있다. 쌍계사진감선사대공탑에서는 전면에 권운문만을 조식하고 있다. 이와 같이 조식이 있는 별석괴임대가 있는 반면 보조선사창성탑과 같이 중간에 橫으로 1條의 細線을 양각하고 상·하단은 낮게 갑석형을 돌리고 있을 뿐 아무 조식이 없는 별석받침도 보이고 있다. 여기서 또한 주의를 끄는 것은 측면이 수직으로 내려온 것이 아니라 중간의 橫線을 경계로 하여 상·하단에서 反轉을 이루고 있으니 마치 중대석의 배흘림 意匠과도 통하는 점이 있다고 보겠으며 그리고 괴임대 상면에 괴임단이 없이 탑신석을 안치한 것은 상대석 상면과도 같은 형식이라 하겠다.[22] 이상과 같이 별석의 괴임대는 모두 7기에서 볼 수 있는데 염거화상탑을 제외하면 주목할 만한 조식이 없어 이 유형의 괴임대는 단순히 탑신을 높인다는 의미외에는 다른 의사를 볼 수 없다. 이와 같은 별석괴임대외에 연화대석과 同一石으로 조성된 받침대를 구비한 부도가 등장하고 있다. 이 형식은 대안사적인선사조륜청정탑에서 처음으로 시도되었는데, 내부에 화문이 있는 안상이 2구씩 조식되고 있다. 그러나 쌍봉사철감선사탑에

---

22 鄭永鎬, 앞 박사학위논문, p.66.

서는 각 모서리에 상다리 모양의 동자주를 모각하고, 각 면에 가릉빈가문이 배치된 안상이 1구씩 조식되고 있다. 아울러 이 형식의 괴임대는 연곡사동부도에서도 볼 수 있어 양 부도의 양식적 친연성을 느끼게 한다. 봉암사지증대사적조탑에서는 원통형의 동자주가 모각되고 있으며, 보림사동부도에서는 높은 각형 1단의 받침위에 낮은 각형 3단의 받침이 조출되어 같은 형식의 괴임대라 하더라도 조성 수법이 다양함을 볼 수 있다. 따라서 탑신괴임대에는 안상을 중심으로 天部像, 花紋, 迦陵頻伽紋이 주요한 조식으로 채택되고 있음을 볼 수 있는데 이와 더불어 괴임대 상면의 蓮華紋臺가 또 하나의 특징으로 대두되고 있다. 이는 대안사적인선사조륜청정탑에서 처음으로 나타난 이래 쌍봉사철감선사탑, 봉암사지증대사적조탑, 망해사지부도, 실상사증각대사응료탑, 연곡사동부도등 6기에서 보이고 있는데 각각 괴임대의 면을 따라 화사한 伏蓮을 표현하고 있다. 그런데 이 괴임대는 단순한 별석괴임대에 비해 다양한 조식이 부조되고 있는 점으로 보아 탑신에 대한 崇仰意識은 연화석과 괴임대가 同一石으로 조성된 형식이 더욱 밀도있게 표현된 것으로 보인다.

이상에서 상대석의 양식에 대해 살펴보았는데 仰蓮과 탑신괴임대의 형식 및 이에 표현된 조식, 연화문대등이 다양하게 표현되고 있음을 알 수 있었다. 부도의 구성에서 볼 때 상대석은 탑신석을 받치는 가장 중요한 부분으로서 이에 표현된 모든 요소는 禪門에서 佛陀에 못지않게 중시하는 禪師에 대한 崇仰과 崇慕의 의지에서 기인한 것으로 생각한다.

여섯째, 탑신석은 모두 팔각의 典型을 유지하고 있는데, 각 면에는 門扉形과 四天王像이 집중적으로 조식되고 있으며 목조건축의 요소가 나타나고 있다. 탑신은 부도에 서 가장 중심이 되는 부분으로서 八角圓堂의 그것을 구현하고 있기 때문에 8각의 형식을 갖추고 있다.[23] 즉, 사리가 안치되어 선사의 가르침과 그에 대한 숭앙을 상징적으로 보여주는 부분으로 석탑의 탑신부 또는 석등의 화사석에 해당하는 의미를 지니고 있는 곳으로 볼 수 있다. 따라서 이 부분에 문비형, 사천왕상 등의 조식이 등장함은 내부에 안치된 사리에 대한 숭배의 의미를 지니고 있다고 하겠다.

門扉形은 진전사지부도에서 조식된 이래 쌍계사진감선사대공탑을 제외한 모든 부도에 표현되고 있는데 (1) 문비형만 조식된 것, (2) 문비형내에 자물통을 조식한 것, (3) 문비형내에 자물통 및 문고리까지 표현된 것, (4) 문비형 상면에 화형문이 장식된 반원형이 새겨진 것의 4가지 형식으로 분류될 수 있다. 탑신에 표현된 문비형은 이와 같이 미세한 양식의 차이는 있지만 자물통과 문고리까지 표현하고 있는 점으로 보아 말 뜻 그대로 문을 의미하고 있다. 더욱이 이 조식이 추상적이 아닌 현실적으로 문을 열고 닫을 수 있을 만큼 정교한 意思가 표현 되어 있는 점

---

23 鄭永鎬, 앞 박사학위논문, p.28.

으로 보아 석재로 조성된 탑신에 공간성을 투시하여 내부공간의 의미를 부여하고, 이 안에 사리가 있음을 강력히 시사해 주고 있다. 사천왕은 문비형의 좌·우에 각각 1구씩 배치하고 있는데 일반형석조부도중 8기에 浮彫되고 있어 부도에 있어서는 절대적인 莊嚴彫飾이었음을 알 수 있다. 이같이 사천왕이 부도의 탑신에 조식된 것은 이로 하여금 탑신의 사방을 지키게 하여 부도의 주인공인 禪師의 수호에 주목적이 있음을 알 수 있다. 아울러 대부분의 부도가 開山祖의 것임을 보아 타계한 선사가 바로 사찰을 지키고 있다는 의미도 지니고 있다고 보아진다. 왜냐하면 사천왕이 佛國土를 수호하고 중생의 이익을 대변했던 9세기의 대표적인 신장상이었고, 부도의 건립이 주인공의 사리를 통하여 육신과 영혼이 항시 공존하고 있다는 상징성을 지니고 있음을 볼 때 양자는 조식과 건립의 목적이 일치하고 있다고 보여지기 때문이다. 따라서 부도에 표현된 사천왕은 석탑에서 의도된 바 대로 불가의 조형물을 수호하는데 주 목적을 두고 있지만, 한편으로는 禪師의 實存을 상징하여 사찰의 수호는 물론 항시 신도들에게 無言의 가르침을 전파하고 있음을 구현하기 위하여 조식된 것으로 보인다. 탑신에는 사천왕상과 더불어 빈 여백에 供養飛天像, 香爐 등이 조식되고 있는데 쌍봉사철감선사탑과 연곡사동부도에서 볼 수 있어 외관상 화려함과 함께 이 부분이 지닌 상징성의 표현에 주력했음을 분명히 보여주는 요인으로 생각한다. 이와 같은 諸 像의 조식과 함께 兩隅柱 상면에는 인방, 창방, 주두 등의 목조건축의 요소가 모각되어 있어 이 역시 앞서 언급한 彫飾과 더불어 탑신에 공간의 깊이를 부여해 주는 요소로 생각한다. 즉, 부도에서 가장 목조건축의 양식을 분명히 보여주는 부분은 탑신석으로 이는 석탑과 같이 목조건축에서 조형의 동기를 구했음을 알 수 있다.

일곱째, 옥개석 역시 팔각의 형식을 유지하고 있는데 목조건축의 요소가 상·하면에 표현되고 있다. 즉, 옥개석의 하면에는 연목이 목각되어 목조건축의 서까래목을 표현하고 있음을 알 수 있다. 상면에는 대부분이 隅棟 및 기와골을 표시하고 있으며 처마에는 암막새,수막새기와는 물론 望瓦까지 표현하고 있다. 이와같이 옥개석에 나타난 목조건축의 의장은 딱딱하고 강인한 느낌을 주는 석재에 부드러움을 주고 바로 밑에 놓인 탑신에 더욱 공간의 깊이를 부여해 주고 있는 것으로 생각한다. 즉, 탑신이 건물에 있어 생활공간을 의미한다고 볼 때 옥개석은 바로 지붕을 표현한 것으로 보인다. 아울러 염거화상탑, 쌍봉사 철감선사탑에서와 같이 하면에 조식되는 飛天像과 연곡사동부도의 雲紋은 바로 부도의 주인공이 천상의 세계에 존재하고 있음을 보여주기 위한 상징으로 등장하고 있는 것으로 생각한다. 추녀는 완만한 곡선을 이루다가 합각부에 이르러 반전을 보이고 있어 마치 9세기석탑의 옥개석을 연상 시키고 있다. 정상에는 상륜을 받기 위한 8각의 괴임이 조출되어 있다.

여덟째, 상륜부는 대부분이 결실되어 원형을 알 수 없지만 대안사적인선사탑의 경우를 볼 때

仰花·覆鉢·寶輪·寶珠의 순으로 놓였던 것으로 추정된다. 그리고 연곡사동부도에는 날개를 활짝 편 새가 등장하고 있다. 이 새는 봉황으로 추정되고 있다. 그런데 이러한 조식이 가해진 부도는 승려의 묘탑이란 성격을 띠고 있고, 특히 이들 조식이 佛家에서 말하는 극락세계를 구현하고 있는 점으로 보아 선사는 이를 통해 지상과 천상을 마음대로 오가며 그들의 가르침을 전파하고 불법을 수호한다는 의미를 상징적으로 부여하고 있었던 것이라고 생각한다.

이상에서 신라시대에 건립된 일반형석조부도에 구형된 공통양식에 대해 살펴보았다. 이를 통해 신라석조부도의 시원이라 하는 鳩摩羅什浮屠 보다 훨씬 다채롭고 다양한 부재와 조식이 등장함을 알 수 있었다. 때문에 보다 소박하고 간략하게 조성된 이 부도를 시원양식이라 하는데 무리가 없을 것으로 판단되기도 한다. 하지만, 부도를 건립하는 의도는 같을 지언정 기본형식에서부터 각부의 장엄내용에서 확연한 차이가 나는 점을 설득하기에는 어려운 문제가 있을 것으로 판단된다.

Ⅳ. 比較考察

鳩摩羅什浮屠와 신라석조부도의 양식을 고찰해 보았다. 본 장에서는 이를 통해 양 국의 부도가 지닌 공통점과 다른점을 파악해 과연 鳩摩羅什浮屠가 이보다 늦게 건립된 신라석조부도의 시원양식으로 이의 성립에 영향을 주었는가를 파악하고자 한다. 이를 위해 평면구도와, 장엄조식으로 구분해 고찰하고자 한다.

1. 평면구도

鳩摩羅什浮屠가지닌 평면구도는 圓形과 팔각 그리고 방형의 구도가 누적되면서 형성된 구조를 지니고 있다. 이에 반해 신라석조부도는 기단으로부터 상륜부재인 노반에 이르기 까지 팔각형을 유지하고 있어 완벽한 八角堂의 형식을 보이고 있다. 이같은 외형의 구분은 양국의 부도가 지닌 분명한 차이점으로 부각된다. 唐代에는 이보다 먼저 건립되거나 비슷한 시기에 조성된 많은 부도가 존재하고 있다.[24] 그런데 이들 부도는 會善寺 淨藏禪師塔(746년)과 報國寺址 泛舟禪師塔(822년)을 제외하면 한결같이 평면방형의 형태를 취하고 있다. 따라서 唐代 부도에서의 평면구도는 평면 방형의 형태를 지니면서 건립되고 있음을 알 수 있다. 이처럼 방형의 평면을 선

---

24 嚴基杓, 「中國 唐代 僧墓塔에 대한 硏究」, 『文化史學』 18, 韓國文化史學會, p.155의 표 참조.

호한 이유는 대부분의 부도가 목조건축의 양식을 충실히 재현하고 있으며, 신라와는 달리 多層 내지는 亭閣形으로 분류되는 가옥의 형태를 지니고 있어 규모가 크다는 데서 기인한 것으로 생각된다. 결국 하중의 분산과 안정감이라는 양대 요소를 만족시키기에 가장 적합한 구도였기 때문이다. 뿐만 아니라 조성재료가 벽돌이라는 특성를 한껏 발휘하기에는 보다 쉽게 쌓아 올라갈 수 있는 방형의 형식이 선호된 것 또한 이유라 하겠다. 이에 반해 鳩摩羅什浮屠는 여러 평면이 함께 혼재되어 기존의 평면구도를 완전히 깨뜨리는 파격성을 보이고 있다. 이는 唐 中期에 이르기 까지 많은 수의 탑파 건립을 통해 塔婆의 定型樣式이 성립되었고,[25] 이에 따른 새로운 양식의 창출에 대한 요구와 이에 대한 부응의 결과로도 생각된다.[26] 때문에 唐代의 조탑공들은 기존의 방형구도에서 벗어나 팔각과 원형등으로 다채로운 변화를 시도했고, 기존의 양식을 완전히 탈피한 會善寺 淨藏禪師塔(746년)과 報國寺址 泛舟禪師塔(822년)을 건립한 것으로 보인다. 이같은 관점에서 보면 鳩摩羅什浮屠浮屠를 포함한 3기의 부도는 정각형이라기 보다는 특수형으로 분류되어야 할 것이다. 아울러 원형과 팔각 그리고 방형의 구도가 복합된 것은 애초부터 八角堂의 건립을 염두에 두지 않은 결과라 보인다. 즉, 기존의 탑파 건립과는 재료를 달리함으로써 다양한 평면을 구성할 수 있었지만, 실험적인 조성에 그치고 이후로는 다시 이같은 양식의 탑파가 활발히 건립되지 않고 있음에서 그러하다.[27] 이에 반해 신라석조부도는 당초부터 팔각당을 염두에 두고 건립했다. 이는 신라석조부도의 양식이 확립되는 과정을 볼 때 더욱 확연하다. 즉 신라석조부도에서 가장 먼저 건립된 것은 진전사지 도의선사부도이다.[28] 이 부도에서는 기단부는 석탑과 같이 방형의 2층기단을 구비했음에 비해, 탑신부는 탑신석과 옥개석을 팔각형으로 조성했다. 따라서 탑신부만을 놓고 보면 완벽한 팔각당을 조성했음을 알 수 있다. 뿐만 아니라 평면구성에 있어 방형과 팔각이 함께 구현되고 있다. 그렇지만, 이어 844년에 건립된 염거화상탑에 이르면 전체적으로 팔각형의 평면을 지닌 소위 팔각원당형석조부도의 양식이 완성되

---

25 대부분의 당대 탑파에서 검출되는 공통양식은 地宮의 설치에 따른 기단부의 간략화, 초층탑신을 높게 조성하고 전면에 감실을 두는 점, 탑신의 각 면 모퉁이에 기둥을 표현한 점, 각층 옥개석의 하면에 공포를 약화해 표현하고, 벽돌을 쌓음에 있어 받침 하단의 일부분은 모간 난 방향을 전면으로 노출시켜 마치 삼각형 전을 사용한 것처럼 쌓은 수법, 高層의 탑신부에서 느껴지는 포물선형의 비례감등이 당대탑파의 정형양식이라 하겠다.

26 이는 통일신라시대에 들어 8세기에 석가탑으로 일반형석탑의 양식이 완성되었을 때 바로 다보탑과 같은 특수형석탑이 건립되는 것과 같은 상황이라 하겠다.

27 앞서 언급한 바와 같이 당대에는 석재로 구성된 탑파가 건립되고 있지만, 이 역시 대부분이 평면 방형의 형태를 유지하고 있다. 아울러 법흥사 사리탑 전면의 석탑 2기와, 양두산 석굴에서는 원형의 석탑이 확인되어 방형에서 변화를 주고자 했음을 알 수 있다.

28 林慶植, 「9世紀 新羅 地域美術의 硏究(Ⅰ)-雪嶽山의 石造 造形物을 中心으로」, 『史學志』 28, 檀國史學會, 1995.

고 이후에 건립된 大安寺寂忍禪師照輪淸淨塔(861년), 雙峰寺澈鑒禪師塔(868년), 寶林寺普照禪師
彰聖塔(880년), 연곡사 동부도(880-900년 추정)에 이르기 까지 모두 같은 양식을 보이고 있다.
결국 염거화상탑에서 완성된 양식이 이후 건립되는 신라석조부도의 기본 양식으로 정착되었음
을 알 수 있다. 이처럼 평면구도가 팔각을 이룸은 불교적인 내용에서 볼 때는 阿彌陀와 觀音의
殿堂이 대개 팔각원당 이었음을 알 수 있다. 그러므로 팔각원당형의 부도라 함은 조형으로 보아
그 형태가 8각의 평면이기 때문에 부쳐진 용어인 동시에 불교적인 입장에서 본다면 하나의 전
당이란 뜻에서 불리워진 명칭이라 하고 있다.[29] 그러므로 부도가 선사의 사리가 안치된 구조물

사진 39. 도의선사부도

사진 40. 염거화상탑

사진 41. 적인선사조륜청정탑

사진 42. 철감선사탑

사진 43. 보조선사창성탑

사진 44. 연곡사 동부도

29 鄭永鎬, 앞 박사학위논문, p.20.

즉, 승려의 무덤이라는 관점에서 볼 때 보다 불교적인 의미를 충실히 살려 건립한 조형물은 신라석조부도임을 알 수 있고, 평면구도 역시 鳩摩羅什浮屠의 영향을 받은 것이 아니라 신라에서 독자적으로 성립한 양식임을 알 수 있다. 따라서 팔각원당형의 양식을 지닌 신라석조부도의 시원양식은 진전사지에 있는 도의선사 부도이지, 鳩摩羅什浮屠는 아닌 것으로 생각된다.

2. 장엄조식

불교에서는 堂塔이나 佛·菩薩을 장식하는 것을 梵語로 Vyuha라 하여 莊嚴이라고 한다. 석탑에서 기단과 塔身表面에 佛敎像을 비롯하여 여러가지 물상을 조각하는 것도 물론 莊嚴이고 이를 嚴飾 또는 嚴淨이라 하여 세속적인 장식과 구별한다. 근본적인 뜻은 탑내에 봉안된 舍利의 수호 내지는 供養에 있다[30]는 관점에서 볼 때 신라석탑 浮彫像은 불탑 내부에 봉안된 불사리에 대한 外護的 기능에 1위적 목적을 지니고서 이룩되었다고 볼 수 있다.[31] 이같은 관점에서 볼 때 부도 역시 선사의 사리를 봉안하고 있다는 상징성에 비추어 다양한 장엄이 등장함은 당연한 결과라 하겠다. 앞서 살펴본 본 구마라십부도와 신라석조부도는 평성구성에서 뿐만 아니라 각 부에 조식된 장엄에서도 많은 차이를 보이고 있다. 이를 정리해 보면 다음의 표로 집약된다.

鳩摩羅什浮屠와 新羅石造浮屠 莊嚴彫飾 比較

구성 부위		鳩摩羅什浮屠	新羅石造浮屠
지대석		없음	없음
하대석	하단석	안상내 용문	안상, 사자 圈雲紋, 雲龍紋
	상단석	수미산	안상, 사자, 伏蓮, 귀꽃
중대석	중대석받침	수미산	圈雲紋, 가릉빈가, 사자
	중대석	花形雲紋	안상, 가릉빈가, 輦, 香爐, 舍利盒, 供養像, 奏樂像, 菩薩像, 八部神衆
상대석		花形雲紋	다양한 仰蓮
탑신부	탑신받침	없음	안상, 연화문, 가릉빈가
	탑신석	문비, 자물통	문비, 사천왕, 자물통, 문고리, 供養飛天像, 香爐
	옥개석하면	화문, 비천상	비천상, 雲紋
	옥개석상면	목조건축 사모지붕	팔각지붕

위의 표를 보면 장엄조식에 있어 단연 신라석조부도가 다양하고 다채롭게 구성되어 있음을 알 수 있다. 지대석은 공히 아무런 조식이 없는데, 이는 지하에 매몰되는 부재의 성격상 그러했

30 秦弘燮, 「塔婆」, 『國寶』 6, 藝耕産業社, 1983, p.194.
31 張忠植, 「統一新羅 石塔浮彫像의 硏究」, 『考古美術』 154.155 合輯, 韓國美術史學會, p.115.

을 것으로 생각된다. 기단부에 있어 하대석을 상·하 2단으로 구성하는 것은 동일하지만, 전자는 안상과 용의 결합 그리고 수미산의 표현에 집중된 반면, 후자는 안상을 기본으로 사자와 雲紋 그리고 복연이 중심을 이루고 있다. 따라서 하대석의 양상은 후자에서 더욱 화사과 다양한 조식을 새겼는데, 특히 복연은 기단 하부에 화려함을 주는 동시에 상대석의 앙연과 대칭되는 조화를 이루며 기단 전체에 화사함과 안정감을 주고 있다. 중대석에 있어서 전자는 후자에 비해 높게 조성해, 부도 전체를 높게 조성하고 있다. 아울러 장엄 또한 2중의 원형 부재에 花形雲紋을 조식해 단순함을 주고 있지만, 상단부를 좁게 조성하고 완만한 S자문을 배치함으로써 기단부의 장엄이 탑신을 향해 집중하는 구도를 보이고 있다. 반면 후자는 부도를 구성하는 여러 부재중 가장 작은 규모이다. 따라서 이를 보완하기 위해 각형 또는 별석 받침과 굽형괴임대등의 받침부를 설치해 이를 보완하고 있다. 뿐만 아니라 8면으로 조성된 탓에 각 면에 안상, 가릉빈가, 輦, 香爐, 舍利盒, 供養像, 奏樂像, 菩薩像, 八部神衆등 다양하한 장엄을 조식하고 있다. 따라서 낮고 소형이라는 부재의 한계를 장엄조식으로 보완하고, 이를 통해 탑신부에 대한 숭앙과 숭배 및 사리의 보호라는 당초의 목적성에 충실한 구도를 보이고 있다. 상대석에 있어서도 전자에서는 중대석과 같은 화형문이 조식되어 환상적인 작풍을 보이고 있다. 아울러 문양 자체는 변화를 주지 않고 단순함의 반복에 그치도 있다. 이에 반해 후자에서는 앙연이 중심을 이루며 단순한 조형에서 벗어나 蓮瓣內에 화문을 새기는 2중 화문과 더불어 이를 2중 또는 3중으로 새겨 한층 화사한 상대석을 구현하고 있다. 이상에서 살펴본 바와 같이 기단부는 전체가 3부분으로 구성된 점에서 공통점을 지니고 있지만, 원형과 팔각 이라는 평면구성과 더불어 장엄에 있어 확연한 차이를 보이고 있다.

탑신부는 부도에 있어 가장 중심이 되는 부분이다. 뿐만 아니라 부도가 목조건축의 충실한 재현이라는 면에서 볼 때 이를 가장 명쾌하게 구현한 부분이기도 하다. 때문에 부도에서도 석탑에서와 같이 가장 많은 장엄이 조식되는 부분이다. 전자에서는 각 면의 기둥, 문비형과 광창등에서 목조건축의 요소를 볼 수 있다. 이 중 광창의 형식은 신라석조부도에서는 나타나지 않지만[32] 會善寺 淨藏禪師塔(746년)과 報國寺址 泛舟禪師塔(822년)에서 볼 수 있다. 뿐만 아니라 탑신 일면에 「姚秦三藏法師」「鳩摩羅什舍利塔」이라 명문을 음각해 부도의 주인공을 알려주고 있다. 따라서 탑신에는 부분적으로 목조건축의 양식을 재현하고 있으며, 주인공을 알려주는 탑비의 기능까지 겸비하고 있음을 볼 수 있다. 이에 반해 후자에서는 기둥을 배흘림기둥으로 표현했고, 문비형내에는 자물통은 물론 문고리까지 까지 조식했으며, 평방과 창방은 물론 공포까지 조식해 한층 목

---

32 이같은 광창은 신라석조부도에서는 볼 수 없지만 여주 고달사지석조부도(국보 제 4호)의 탑신에 표현되어 있다.

조건축에 재현에 충실함을 보이고 있다. 뿐만 아니라 문비형의 좌·우에는 사천왕을 배치하고 있어 이로 하여금 탑신의 사방을 지키게 하여 부도의 주인공인 禪師의 사리수호에 주목적이 있음을 알 수 있다. 이처럼 탑신에 사천왕을 배치하는 것은 唐代의 전형적인 塼築浮屠에서는 볼 수 없는 양식으로, 8세기에 건립된 평면 방형의 석조탑파에서 보이고 있다.[33] 따라서 八角堂의 개념으로 조성된 석조부도의 팔각형 탑신부에 이를 수호한다는 개념으로 사천왕이 배치됨은 신라석조부도에서 그 연원을 찾을 수 있다고 생각한다. 뿐만 아니라 신라석조부에서는 탑신에 주인공을 식섭 기록하지 않고 별도의 탑비를 조성하고 있어 대조적인 면을 보이고 있다.[34] 이와 더불어 양 부도에서 보이는 또 하나의 차이점은 탑신받침부에 있다. 전자에서는 상대석 상면에 그대로 탑신을 놓았지만, 후자에서는 굽형괴임대 또는 별석받침을 놓았다. 이처럼 받침을 탑신부의 하단에 놓은 것은 탑신을 보다 높인다는 의미도 있지만, 팔각의 각 면에 안상을 중심으로 天部像, 花紋, 迦陵頻伽紋과 더불어 화사한 蓮華紋臺가 구현됨은 이를 더 숭앙하고 존숭한다는 적극적인 의사의 구현으로 생각된다. 따라서 탑신석에 당과 신라의 부도는 일면 공통점이 있지만, 부도의 건립의 목적과 의미에 충실했던 것은 후자라 하겠다. 이와 더불어 옥개석에 있어서는 전자는 방형으로, 후자는 팔각으로 조성했다는 차이점을 제외하면 사실적인 지붕을 재현하고 있다는 공통점을 볼 수 있다. 따라서 전체적인 탑신부의 구도를 볼 때 전자는 팔각의 벽체에 사모지붕을, 후자는 팔각의 벽체에 팔각지중을 올린 형상을 보이고 있어 이 역시 확연한 차이를 보이고 있다. 상륜부는 모두 원형을 알 수 없어 비교가 어렵지만, 노반석이 전자는 방형임에 비해 후자는 팔각을 유지하고 있고, 이상의 부재는 원형이라는 공통점을 지니고 있다.

이상에서 鳩摩羅什舍利塔과 신라석조부도에 구현된 평면구성과 장엄조식에 대해 비교해 보았는바, 평면구성과 장엄조식에 있어 공통점과 차이점을 확인할 수 있었다. 먼저 평면구성에 있어 탑신부를 팔각으로 조성한 점을 제외하면 상당한 차이점을 확인할 수 있었다, 즉 신라석조부도의 전형인 八角圓堂型을 기준을 볼 때 전자에서는 본래부터 팔각당을 염두에 두지 않았지만, 후자에서는 염거화상탑으로부터 이를 철저히 구현했고, 이후 건립되는 부도에서 정착되는 과정을 보이고 있음을 알 수 있었다. 뿐만 아니라 장엄에 있어서도 후자에서 더 발전되고 다

---

33 唐代에 건립된 석조탑파는 8세기에 들어 건립되기 시작한 것으로 보이는데, 이들은 초층탑신에 감실을 조성하고 좌·우에 사천왕 또는 인왕을 조식한 공통점을 지니고 있다. 필자가 조사한 석탑을 중심으로 이들이 조식된 석탑을 소개하면 다음과 같다. 神通寺의 小唐塔(717년)과 龍虎塔, 雲居寺의 太極元年銘塔(712년)·開元十年銘塔(722년)·開元十五年銘塔(727년)·石經山 金仙公主塔(721년)·石經山頂上塔, 陽台寺 双石塔(750년), 靈泉寺 双石塔, 內黃 理고石塔, 滑縣石塔, 內黃 花고双石塔(743년)등이 있다.

34 당대에 건립된 부도에서는 신라와는 달리 별도로 탑비를 건립하지 않고 탑신에 석비를 탑신에 직접 고착하고 있는데, 이를 구체적으로 보면 會善寺 淨藏禪師塔(746년), 小林寺 二祖庵 大周塔(696년)과 同光禪師塔(771년) 및 法琓禪師塔(791년), 報國寺址 泛舟禪師塔(822년)등에서 그 예를 볼 수 있다.

양하게 등장하고 있어 이 부분에서도 확연한 차이를 보이고 있었다. 따라서 鳩摩羅什舍利塔과 신라석조부도는 승려의 사리탑이라는 성격의 공통점은 있을지언정 양식적으로는 각각 독자적인 면면을 지니고 있음을 알 수 있다. 뿐만 아니라 이 부도가 신라석조부도에 양식적으로 영향을 주었다면, 이후 건립되는 부도에서 그러했어야 할 것은 당연하다. 하지만, 당대에 건립된 부도에서 이지만, 당대에 건립된 부도에서 鳩摩羅什舍利塔의 영향을 받아 건립되는 부도는 거의 없다는 점이다. 즉 이같은 양식의 부도는 唐代에 걸쳐 단 한기만 조성되었고, 그렇기 때문에 이에 구현된 양식 또한 보편적인 것이 아닌 특수한 것으로 보아야 할 것으로 생각된다. 반면에 후자의 경우는 當代는 물론 이후에도 줄 곳 석조부도의 기본 양식으로 계승되고 있다. 따라서 일찍이 김원룡선생께서도 언급했듯이[35] 전자가 후자에 영향을 준 것은 禪僧의 입적에 따른 부도의 건립의사일지언정 양식적으로는 완전히 다른 계보를 형성하고 있음을 알 수 있다.

이상과 같은 내용을 볼 때 그간의 견해와 같이 신라석조부도의 始原樣式을 鳩摩羅什舍利塔에서 찾는 것은 再考되어야 할 것으로 생각한다. 오히려 내재적으로 발전했고, 축적된 석조물을 다루는 기술과 예술적 능력, 기존의 문화적 양상 가운데서 찾는 것이 마땅한 것으로 판단된다.[36] 뿐만 아니라 팔각원당형부도의 근원을 불국사 다보탑의 탑신부에서 찾을 수 있다는 견해는[37] 더욱 필자의 생각을 뒷받침하고 있다고 하겠다. 선종 전래 후 처음으로 도의선사의 墓塔을 조성함에 있어 당대인들은 이의 양식 구현에 많은 고심을 했을 것으로 생각된다. 이에 따라 기단은 석탑과 같이 방형의 형식을 구비함으로써 안정감을 확보하고, 백제시대 석등에서 정착된 팔각형의 화사석이[38] 부도에서 가장 중심이 되고 尊崇한 부분인 탑신으로 轉移되어 八角圓堂을 구현한 것으로 생각된다. 따라서 신라 최초의 석조부도인 도의선사부도는 이미 충분한 조성 능력과 안정성이 확보된 석탑과 석등의 양식을 절충해 건립한 것으로 보인다. 뿐만 아니라 부도건립에 따른 사상의 전래를 기왕에 축적된 기술력을 동원해 이룩한 결과로 판단된다. 이후 선사의 영혼이 서방정토세계에 머물고 있다는 믿음을 불교경전에서 구함에 따라 보다 완벽한 팔각원당형의 구현에 집중했고, 이는 844년에 건립된 염거화상탑을 통해 완성된 것으로 생각된다. 결국 신라석조부도는 앞서 언급한 바와같이 부도의 건립에 따른 아이디어는 唐으로부터 전래되었다 하더라

....

35 김원룡 선생은 "8세기쯤해서 中國式舍利塔의 아이디어가 들어왔고 그것을 받아들일 때 신라의 工匠들이 팔각탑신 밑에 在來式 佛臺座形式을 변화시켜 첨가해서 하나의 韓國式舍利塔을 만들어 냈다고 생각된다. 또 중국식을 따른 山雲文式에 있어서도 龍을 가하고 또 팔각형이라는 기본형을 망각하지 않은 한편 雲龍紋 자체를 自體內에서 변화시켜 마침내 순한국식형식으로 끌어갔다고 할 수 있다"는 견해를 피력한 바 있다. 金元龍, 주 3의 논문.

36 이같은 견해는 리가웅 및 박경식에 의해 이미 표방된 바 있다. 리가웅, 주 1의 논문 및 박경식, 주 1의 책.

37 黃壽永, 「多寶塔과 新羅八角浮屠」, 『考古美術』 123 · 124合輯, 韓國美術史學會, 1974, pp.22-25.

38 黃壽永, 「彌勒寺址石燈資料」, 『韓國의 佛敎美術』, 同和出版公社, 1974, p.150.

고 직접적인 조형은 신라 사람들의 창안이었다고 생각된다. 따라서 통일신라시대의 조형물 가운데서 가장 독창적이고 뛰어난 예술적 감각은 물론 교리적인 면까지도 포용하고 있는 팔각원당형 석조부도의 시원양식은 진전사지 도의선사부도에 두어야 할 것으로 생각한다.

V. 結論

한국미술사 연구에 있어 양식의 근원을 밝히는 과제는 매우 중요하고, 또 많은 연구자들이 집중했던 문제이다. 그렇지만, 이를 해결하는 방안은 주로 중국의 비슷한 시대 유물과의 비교를 통해 규명되어 왔다. 본 논문의 주제인 신라석조부도의 시원양식을 구하는 문제 역시 아무런 비교연구 없이 부도라는 같은 장르와 부분적인 부재의 일치성을 기반으로 唐 鳩摩羅什浮屠에 두어져 왔다. 하지만, 이와 신라석조부도의 양식을 면밀히 분석해 본 결과 평면구성과 장엄조식등에서 공통점 보다는 많은 차이점을 확인할 수 있었다. 따라서 唐 鳩摩羅什浮屠는 신라석조부도의 시원양식이라기 보다는 부도건립에 따른 사상과 아이디어를 전해준 매체로 봄이 마땅하다.

신라석조부도는 唐에서 전래된 부도 건립의 아이디어와 7세기 초반부터 이 땅에서 이룩된 석탑과 석불 그리고 석등등 각종 석조물을 조성했고, 양식적으로 완성을 이룩했던 능력이 이룩한 산물로 파악했다. 나아가 기단으로부터 탑신에 이르기 까지 완전히 팔각으로 구성된 팔각원당형이라는 독특한 장르의 부도를 완성해 이것이 아미타과 관음의 전당이라는 교리적인 면까지 완벽히 구현했다. 아울러 기단으로부터 탑신부에 이르기까지에서 보여준 안정감과 더불어 각 부분에 많은 장엄이 가해져 美的으로나 교리적인 면에 충실한 墓塔의 양식을 완성했다. 따라서 그간의 견해와 같이 신라석조부도의 시원양식을 평면구성과 장엄에서 많은 차이가 있는 唐 鳩摩羅什浮屠에서 찾을 것이 아니라 기왕에 구축된 석조문화의 조성 능력과 내재적인 요인에서 찾아야 할 것으로 보았다. 따라서 신라석조부도는 기왕에 축적된 기술력을 바탕으로 창안된 진전사지 도의선사부도에서 그 시원양식이 이룩되었고, 이후 건립된 염거화상탑을 비롯한 여러 부도에서 팔각원당형 양식이 완성되고 있음 또한 알 수 있었다.

미술사 연구에서 양식의 근원을 찾는 문제는 아직도 많은 문제를 지니고 있다. 아마도 우리 문화에 끼친 중국문화의 영향이란 명제가 늘 우리의 눈과 머리를 가려왔기 때문이라 생각된다. 따라서 단순한 아이디어의 전래와 전반적인 양식의 전래는 완전히 다른 시각에서 살펴야 할 것으로 생각되는 바, 바로 신라 석조부도에서도 그러한 면이 내재하고 있음을 확인했다.

(2009.02 「唐 鳩摩羅什浮屠와 新羅 石造浮屠의 比較 考察」, 『동양학』 45, 단국대학교 동양학연구원)

【참고문헌】

저서

郭學忠,『中國名塔』, 中國撮影出版社, 2002.

羅哲文·張帆,『中國古塔』, 河北少年儿童出版社, 1991.

史生輝,『草堂寺志』, 陝西省戶縣草堂寺, 2005.

安養市文物管理局,『安養文物精華』, 文物出版社, 2004.

엄기표,『신라와 고려시대 석조부도』, 학연문화사, 2003.

赵克禮,『陝西古塔硏究』, 北京 科學出版社, 2007.

秦弘燮,「塔婆」,『國寶』6, 藝耕産業社, 1983.

朴慶植,『統一新羅石造美術硏究』, 학연문화사. 1994.

논문

金和英,「新羅澈鑑禪師塔과 塔碑에 대한 考察」,『白山學報』9, 白山學會, 1970.

김원룡,「唐朝의 舍利塔」,『考古美術』4권 4호, 考古美術同人會, 1963.

김향숙,「羅末麗初의 八角圓堂型 石造浮屠의 圖像 및 紋樣의 特徵에 관한 考察」,『博物館紀要』
        5, 檀國大中央博物館, 1989.

리기웅,「렴거화상부도의 평면구성에 대하여」,『조선고고연구』71, 사회과학원고고학연구소,
        1989.

_____,「부도의 류형과 변천에 대하여(1)」,『조선고고연구』73, 사회과학원 고고학연구소,
        1989.

朴慶植,「9世紀 新羅 地域美術의 硏究(Ⅰ)-雪嶽山의 石造 造形物을 中心으로」,『史學志』28, 檀
        國史學會, 1995.

蘇在龜,「新羅下代와 高麗時代 僧塔 硏究」, 한국정신문화연구원대학원 박사학위 논문, 2001.

嚴基杓,「新羅 石造浮屠와 中國 唐代 舍利塔의 比較 硏究」,『東洋學』43집, 단국대학교 동양학
        연구소, 2008.

_____,「中國 唐代 僧墓塔에 대한 硏究」,『文化史學』18, 韓國文化史學會.

柳宗昊,「襄陽地區塔婆 및 浮屠硏究」,『關東大論文集』7, 關東大學校, 1979.

李銀基,「新羅末 高麗初期의 龜趺碑와 浮屠硏究」,『歷史學報』71, 歷史學會, 1976.

張忠植,「統一新羅 石塔浮彫像의 硏究」,『考古美術』154.155 合輯, 1982, 韓國美術史學會.

鄭永鎬,「襄陽 陳田寺址 三層石塔과 石造浮屠」,『考古美術』83, 考古美術同人會, 1963.

_____,「襄陽 陳田寺址遺蹟調査-石塔과 浮屠의 復元을 契機로」,『歷史敎育』11·12合輯, 歷史
　　　　敎育硏究會, 1969.

_____,「蔚州 望海寺 石造浮屠의 建立年代에 대하여」,『又軒丁仲換博士還曆紀念論文集』,
　　　　1973.

_____,『新羅石造浮屠硏究』, 檀國大學院博士學位論文, 1974.

_____,「雙谿寺 眞鑑禪師大空塔의 推定」,『古文化』12, 韓國大學博物館協會, 1974.

_____,「禪林院 弘覺禪師塔의 推定」,『하성이선극박사고희기념한국학논총』, 1974.

_____,「新羅石造浮屠의 一例」,『史學志』, 檀國大學校史學會, 1976.

_____,「月岳山 月光寺址와 圓郞禪師大寶禪光塔에 대하여」,『考古美術』129.130合輯, 韓國美
　　　　術史學會, 1976.

_____,「浮屠」,『考古美術』158·159 합집, 韓國美術史學會, 1983.

_____,「日本 八角堂佛殿의 原流」,『韓國史論』16, 國史編纂委員會, 1986.

_____,「中國 草堂寺의 鳩摩羅什舍利塔」,『亞細亞文化硏究』1집, 경원대학교 아세아문제연구
　　　　소, 민족출판사, 1996.

_____,「한·중·일의 부도」,『선불교와 사리탑』, 백련불교문화재단 부성 성철사상연구소,
　　　　1998.

鄭海昌,「浮圖의 樣式에 關한 考略 - 新羅時代 8角圓堂에 對하여」,『白性郁博士頌壽記念論文
　　　　集』, 東國大學校, 1957.

黃壽永,「蔚山의 十二支像 浮屠」,『美術資料』5, 國立中央博物館, 1962.

_____,「新羅聖住寺 大朗慧和尙 白月保光의 調査」,『考古美術』9-11, 考古美術同人會, 1968.

_____,「多寶塔과 新羅八角浮屠」,『考古美術』123·124合輯, 韓國美術史學會, 1974.

_____,「彌勒寺址石燈資料」,『韓國의 佛敎美術』, 同和出版公社, 1974, p.150.

【국문초록】

唐 鳩摩羅什浮屠와 新羅 石造浮屠의 比較 考察

   신라석조부도는 선종의 도입과 함께 건립되기 시작한 새로운 장르의 형물이었다. 특히 八角圓堂型이라는 독특한 양식을 지니고 있어 그간 많은 연구가 진행되어 왔다. 이럼에도 불구하고 이에 구현된 양식은 면밀한 검토 없이 唐代에 건립된 鳩摩羅什浮屠에 두어져 왔다. 하지만, 이와 신라시대에 건립된 석조부도와 평면구성으로부터 장엄조식에 이르기까지 전반적인 비교검토를 진행한 결과 전자는 후자와 탑신부에서의 공통점은 있을지언정, 전반적인 평면과 석재의 구성 그리고 장엄조식에서 확연한 차이를 보이고 있었다. 따라서 이 부도는 禪師의 입적에 따른 부도의 건립이라는 아이디어를 전해주었을지언정 始原樣式이 될 수 없음을 규명했다. 따라서 신라석조부도는 7세기 초반부터 지속적으로 건립되어 양식적으로 완성된 석탑과 석등의 양식을 기반으로 진전사지 도의선사부도를 조성했고, 이어 염거화상탑에 이르러 완전한 팔각원당형의 양식을 이룩했다. 따라서 신라석조부도의 시원양식은 鳩摩羅什浮屠가 아니라 도의선사부도에 두어야 한다고 생각한다.

   한국미술사 연구에 있어 양식의 근원을 밝히는 과제는 매우 중요하고, 또 많은 연구자들이 집중했던 문제이다. 때문에 이를 해결하는 방안으로 주로 중국의 비슷한 시대 유물과의 비교를 통해 규명되어 왔다. 하지만, 조형물의 건립에 따른 단순한 아이디어의 전래와 전반적인 양식의 전래는 완전히 다른 시각에서 살펴야 할 것으로 생각되는 바, 바로 신라 석조부도에서도 그러한 면이 내재하고 있음을 확인했다.

주제어 : 鳩摩羅什浮屠, 八角圓堂型, 陳田寺址浮屠, 廉居和尙塔, 基壇部, 塔身部, 相輪部, 莊嚴彫飾, 平面構圖

唐代 石燈에 관한 考察 - 韓國 石燈의 起源과 관련하여

Ⅰ. 序言

한국은 삼국시대 이래 많은 수의 석등이 건립되어 현재 부재만 있는 것까지 포함해 270餘基가[1] 현존하는 것으로 알려져 있다. 이들은 석탑과 같이 基壇部·塔身部·相輪部의 3부분으로 구성되었는데 현존하는 우리나라 最古의 석등은 三國末 百濟下代의 도읍인 부여와 그 以南의 익산지구의 사원 건립에서 조형 되었으며 方臺 위에서 8각을 기본으로 삼아 上·下에 八瓣蓮花臺石과 八角四面方窓의 火舍와 八角屋蓋를 각 1석으로써 결구 하면서 건립되었다.[2] 이처럼 백제에서 시작된 석등의 건립은 삼국시대는 물론 조선시대에 이르기까지 지속적으로 이어졌고, 이들에 대한 연구 역시 선학들에 의해 진행된 바 있다.[3] 하지만, 이들 연구의 대부분은 한국 석등의

---

1 鄭明鎬,「韓國의 石燈小考」,『東國思想』15輯,東國大學校 佛教大學. p.71.

2 黃壽永,「彌勒寺址石燈資料」,『韓國의 佛教美術』,同和出版公社, 1974, p.150.

3 黃壽永,「彌勒寺址石燈資料」,『韓國의 佛教美術』,同和出版公社, 1974. 申榮勳,「覺皇殿 前 石燈工事槪要」,『考古美術』6 - 9,考古美術同人會, 1965. 鄭永鎬,「鷲棲寺의 塔像과 石燈」,『考古美術』7 - 4,考古美術同人會, 1966. 秦弘燮,「韓國의 石燈」,『文化財』2,文化財管理局,1966. 鄭明鎬,『韓國石燈目錄』,考古美術資料 第13輯,考古美術同人會, 1967.「韓國의 石燈小考」,『東國思想』15輯,東國大學校 佛教大學,1982, p.71.「韓國石燈의 樣式變遷-三國·統一新羅時代石燈을 中心으로」,東國大學校大學院碩士論文,1970.「浮石寺石燈에 對하여」,『佛教美術』3,東國大學校 博物館,1977.「長興天冠寺 新羅石燈」,『考古美術』138·139 合輯, 韓國美術史學會, 1978.『韓國石燈의 研究』,檀國大學院 博士學位論文,1992.『韓國石燈樣式』,民族文化社, 1994. 張忠植,「統一新羅時代의 石燈」,『考古美術』158·159 合輯,韓國美術史學會, 1983. 朴慶植,,「新羅下代의 鼓腹形石燈에 關한 考察」,『史學志』23,檀國大 史學會, 1990.

양식분류와 발전단계에 초점이 맞추어졌을 뿐 이들이 지닌 양식의 기원에 대한 문제는 언급된 바 없었다.[4] 미술사 연구에 있어 현존하는 많은 조형물의 양식의 祖形은 대부분 중국에서 찾아지는 경우가 보편적인 방법이다. 이는 우리보다 먼저 불교를 받아들였고, 이에 따라 수 많은 불교조형물이 먼저 건립되데 그 이유가 있다하겠다. 그럼에도 불구하고 아직 우리 학계에 중국의 석등에 대한 실상이 상세하게 소개된 바 없었다.[5]

필자가 조사한 바로는 중국에는 唐代에 건립된 4기의 석등이 존재하고 있다. 이들은 童子寺 石燈, 法興寺 石燈과 西安 碑林博物館 전시실에 소장된 石牛寺 石燈 및 咸陽博物館에 보존되어 있는 석등 부재가 그것이다. 이들은 각각 독특한 양식을 구비하고 있을 뿐만 아니라 北齊 및 唐代에 건립된 석등으로, 이에 대한 상한 고찰은 이시기 석등 양식의 규명뿐만 아니라 한국석등의 양식적 기원을 찾을 수 있는 열쇄라 생각한다.

본고에서는 앞서 언급한 4기의 석등에 대한 양식을 살펴보고, 이를 한국석등과의 비교를 통해 양국의 석등이 지닌 공통점과 차이점을 찾아보고, 마지막으로 한국 석등의 기원 문제를 살펴보고자 한다.

II. 唐代의 石燈

앞서 언급한 바와 같이 중국내에는 동자사, 법흥사, 석우사 및 함양박물관에 모두 4기의 석등이 보존되어 있다. 이중 함양박물관의 것을 제외하면 모두 완형을 유지하고 있는데, 이들이 지닌 양식에 대해 살펴보고자 한다.

1. 童子寺石燈

山西省 太原市에서 서남쪽으로 20km에 위치한 龍山의 동쪽 계곡에 동자사의 옛터가 남아있다. 용산의 서쪽에는 우리에게 잘 알려진 천룡산석굴이 자리하고 있는데, 석등은 도교석굴인 용산석굴로 부터 북서쪽으로 약 1km 거리에 위치하고 있다. 사역은 남동향으로 현재 발굴조사

---

4 이에 대해서는 정명호 선생에 의해 언급된 바 있는데, 한국 석등의 기원에 대해서는 명확한 결론을 내리지 못한 채 미륵사지에서 석등이 먼저 건립되었으며, 화사석의 의한 분류만 진행했다. 鄭明鎬, 『韓國의 石燈』, 민족문화사, 1994, p.p 54-58.

5 정명호 선생은 석등의 기원과 발달을 논하면서 중국 동자사의 석등과 비림박물관에 소장된 석등에 대해 간략히 소개하고 있다. 정명호, 앞 책, p.p 47-50.

사진 -1. 동자사지 전경

사진-2. 동자사석등
『中國建築藝術全集(佛敎建築 1-北方)』에서 전재

사진-3. 동자사석등(2009년 1월)

사진 -4. 동자사석등 근경(2009년 1월)

사진 -5. 화사석 및 옥개석

사진 -6. 상대석

가 완료되어 법당지를 비롯한 유구가 그대로 노출되어 있다. 석등은 사역의 동쪽 끝단에 건립한 보호각안에 보존되어 있다.

동자사는 北齊 天保 7年(556년)에 弘禮禪師가 창건한 사찰로 이 석등 역시 같은 시기에 조성되었을 뿐만 아니라 현존하는 중국 最古의 석등으로 보고 있다.[6] 필자는 2009년 1월 이 곳을 조사한바 있는데, 석등의 훼손이 심한 탓에 하대석으로부터 상대석에 이르기 까지 석재를 층층이 쌓아 기단부를 보호하고 있었다. 때문에 하대석과 간주석에 대한 상황을 정확히 관찰할 수 없었다. 뿐만 아니라 석등에 대한 연구와 자료는 『山西古建築通覽』에 전경 사진 한 장과 간략한 소개만 되어있을 뿐 다른 자료에서는 찾아볼 수 없었다.[7] 따라서 이 석등에 대한 기술은 『山西古建築通覽』에 소개된 사진과 필자의 조사 내용을 바탕으로 정리해 보면 다음과 같다.

높이 약 4.2m 규모의 석등은 기단부와 화사석 그리고 옥개석과 상륜부로 구성되어 있고 육각형의 평면을 지니고 있다. 하대석으로 부터 간주석까지는 일석으로 조성되었는데, 하대석은 상·하 2단으로 구성되었다. 하대 하단석은 상면에 갑석형을 두었는데, 6각의 각 면에는 조식이 있었을 것으로 추정된다. 뿐만 아니라 거의 원통형으로 조성된 상단석의 위쪽에는 안쪽으로 말굽형처럼 치석해 비교적 넓은 면을 조성하고 간주석을 받고 있는데, 전체적으로 마멸이 심해 어떠한 장엄이 조식되었는지 파악하기 어렵다. 간주석 역시 마멸이 심하지만, 전체적인 양상으로 보아 원형의 평면이었던 것으로 보인다. 표면에는 굵게 浮彫된 흔적이 돌출되어 있는데, 이는 석재 표면의 마멸에 의한 것이라기 보다는 당초 이곳에 조식되었던 莊嚴의 잔재로 보인다.

6 『山西古建築通覽』, 山西人民出版社, 2001. p.34.
7 주 5와 같음.

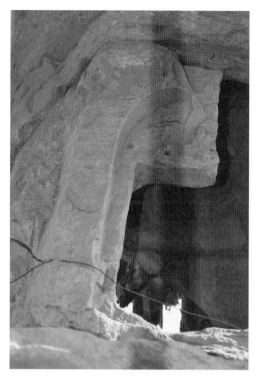

사진 -7. 화사석 화창

사진 -8. 화사석 추정 보살상

사진 -9. 옥개석과 노반석

사진 -10. 옥개석 하부

상대석 역시 圓形으로 보이지만, 본래는 육각형으로 조성되었을 것으로 생각된다. 파손이 심해 구체적인 현상을 파악하기 어렵지만, 부재의 형상을 볼 때 육각의 모서리와 각 면에 연화문을 조식했던 것으로 추정된다. 화사석 역시 옥개석 하면의 치석된 면을 볼 때 육각형으로 조성되었음이 분명하다. 아울러 안쪽은 원통형으로 조성된 점을 볼 때 바깥쪽은 육각, 내부는 원형의 평면을 지녔음을 알 수 있다. 화사석의 전면과 후면에는 아치형으로 치석한 후 하단에는 방

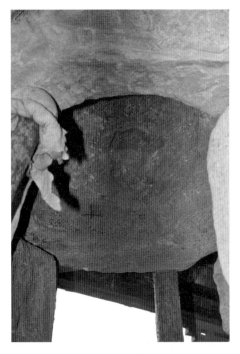

사진 -11. 옥개석 하부 내면의 치석상태

형의 화창을 개설했고, 상단에는 조식이 있었던 것으로 보이는데, 마멸이 심해 확인하기 어렵다. 화창의 상단부에서는 방형의 구멍이 보이는데, 이는 방풍판을 달았던 흔적이라기 보다는 석재를 치석하며 때어낸 쐐기의 흔적으로 생각된다.[8] 화창을 중심으로 좌·우로 전개된 벽체에는 각 면에 2구씩의 입상이 부조되었는데, 각 상은 마멸이 심해 정확한 현상을 알 수 없지만, 간간이 보이는 의문과 양 손을 가슴에 모으고 있는 상황을 보아 보살상을 조식했던 것으로 추정된다. 옥개석 역시 육각형의 평면인데, 하단부는 화사석과 같은 규모의 육각형으로 조성되었고, 내부는 상면에 이르도록 원형으로 굴착하며 치석했다. 처마의 하단부 역시 모두 파손이 심해 조식의 형상은 정확히 알 수 없지만, 부분적으로 단엽연화문이 관찰되는 점으로 보아 본래는 화사한 장엄이 조식되었을 것으로 생각된다. 정상부에는 노반으로 추정되는 부재 1석이 놓여있다.

앞서 서술한 내용을 중심으로 이 석등이 지닌 양식을 정리하면 다음과 같다.

첫째, 전체적인 평면구도는 육각형을 지니고 있지만, 간주석만은 圓形의 평면을 보이고 있다.

둘째, 전체적인 구도는 기단부와 화사석 그리고 옥개석과 상륜부로 구성되어 있다.

셋째, 하대석과 간주석에는 석재의 마멸로 인해 확인할 수는 없지만, 다양한 장엄이 조식되어 있었다.

넷째, 상대석에는 연화문이 조식되었다.

다섯째, 화사석에는 아치형의 조식과 함께 방형의 전·후면에 화창이 개설되었고, 각 면에는 2구씩의 추정 보살상이 양각되어 있다.

여섯째, 옥개석의 하단에는 단엽 연화문이 조식되었다.

일곱째, 옥개석의 상면에는 노반석이 남아있는 점으로 볼 때 상륜부가 구성되어 있었을 것으로 추정된다.

....

8 이같은 판단은 한국석등의 경우 방풍판의 흔적이 화창의 중심으로 모두 개설되어 있음에 비해 유독 상단에만 일정한 간격으로 개설되어 있고, 조각이 있을 것으로 추정되는 부분에까지 개설되어 있기 때문이다.

2. 法興寺石燈

이 석등은 본래 山西省 長子縣 慈林山에 있었지만, 지금은 山西省 長治市 법흥사 경내로 이전 복원되어 있다. 사찰내에는 唐代에 건립된 사리탑과 석탑 2기도 함께 이전되어 있다.[9] 높이 약 2m의 이 석등은 唐 大曆8年(773)에 건립된 것으로[10], 석재의 마멸이 심한 탓에 보호를 위해 외부에 유리를 씌어 보존하고 있다.

진체직으로 기단부와 화사석 그리고 옥개석과 상륜부를 구비하고 있지만, 평면형태는 각 구성부위에 따라 다양하게 구성되어 있다. 먼저 방형의 지대석 상면에 놓인 하대석은 하단석와 불좌형식의 상단석으로 구분된다. 하단석은 육각형의 평면으로 각 면에는 양 우주를 모각하고, 이로 인해 형성된 각 면에는 안상내에 2구씩의 사자상을 조식했다. 각 면의 사자는 모두 달리는 형상을 보이고 있는데, 앞의 사자가 머리를 돌려 뒷사자를 행동을 주시하는 형상과 2마리 모두 전면을 향해 질주하는 모습을 보이고 있다. 앞발을 내딛고 뒷발로 땅바닥을 차는 모습에서 생동감을 느끼기에 충분하다. 상면에는 갑석형이 조출되었는데, 2마리의 사자 사이로 8릉형의 표현하고 있어 육각과 팔각이 함께 구현되는 조화로움을 보이고 있다. 상단석은 불좌형 기단의 형식을 보이고 있는데, 전체적으로 圓形의 평면을 보이면서도 6능형으로 표현되어 있고, 하대석·중대석·상대석을 구비하고 있다. 하대석은 비교적 넓게 조성해 전체적으로 안정감을 주고 있으며, 이로부터 각형 3단의 침이 조출되어 중대석을 받고 있다. 받침의 중간부에 이르러는 6릉형으로 구현된 각 면의 양쪽 끝에서부터 말아 올려지는 듯한 突起를 표현해 전체적으로는 12각의 구성을 보여주고 있어 이채롭다. 뿐만 아니라 각 면에는 초화문을 음각했고, 이는 부분적으로 남아있는 강회의 흔적 표면까지 표현되고 있다. 중대석의 각 면에는 안상내에 高 浮彫의 奏樂像이 조식되어 있다. 이들은 춤을 추는 입상 1구를 제외하면 모두 좌상으로 횡적, 완함, 배소, 거문고 등을 악기를 연주하는 모습을 보이고 있는데, 유려하게 표현된 의문과 띠매듭과 휘날리는 천의 자락에서 생동감이 보이고 있다.[11] 상대석 역시 하대석과 같은 양식을 보이고 있는데, 하면에는 높직한 각형 2단의 받침을 조출한 후 상면을 넓게 조성해 불좌형의 간주석을 받고 있다. 불좌형 간주석은 원형의 평면을 유지하면서 하대석·중대석·상대석을 구비하고 있다. 하대석에는 복엽 8판의 伏蓮이 조식되었는데, 연판의 좌·우에는 蓮葉이 굵게 표현되어 연화문

---

9 사리탑에 대해서는 필자가 그 내용을 소개한 바 있다. 朴慶植, 「隨唐代 佛塔硏究(1)- 亭閣型 石造塔婆」, 『文化史學』29집, 韓國文化史學會, 2008, pp.125-150.

10 『中國建築藝術全集(佛教建築 1-北方)』, 中國建築工業出版社, 2000, p.68.

11 이처럼 기단의 각 면에 주악상을 배치하는 예는 唐代에 건립된 석탑에서도 그 예를 볼 수 있는데, 대표적인 것으로는 唐代에 조성된 神通寺 小唐塔(717년 건립), 靈泉寺 雙石塔, 陽台寺雙石塔을 들 수 있다.

사진 -12. 법흥사석등

사진 -13. 기단부

사진 -14. 화사석 및 옥개석

사진 -15. 하대 하단석

을 감싸고 있는 모습을 보여주고 있다. 연판의 사이에는 間葉이 표현되어 있다. 하대석의 상단에는 낮은 원형 1단의 받침을 마련해 중대석을 받고 있다. 중대석은 원형의 평면으로, 표면에는 8개소에 원형 돌기를 배치하고, 중앙에는 꽃술이 있는 자방을 중심으로 복엽8판의 연화문을 조식했다. 상대석에는 단엽 8판의 앙연을 3단으로 배치했는데, 하단에는 단판 연화문을, 중단에는 판내에 화문이 있는 연화문, 상에는 가장 큰 연화문을 배치했는데, 간지에는 꽃술을 조밀하게 표현해 매우 화사한 면을 보이고 있다. 이처럼 간주석의 상대석을 화사한 연화대석으로 조식한 것은 바로 이 부분이 석등의 중심인 화사석을 받치는 기단부의 상대석에 해당되기 때문이라 생각된다. 아울러 간주석이 하대 상단석에 비해 너비가 축소되었는데, 이는 후자에 비해 전자를 작게 조성함으로써 석등 전체에 안정감을 부여하고자 했던 의도에서 비롯된 것으로 여겨진다. 나아가 석등의 전체규모에 비해 작게 조성한 화사석으로 인해 전체적으로 느껴질 부조화를 극복하기 위한 배려에서 비롯된 것으로 판단된다.

화사석은 상대석에 비해 작은 규모로 조성되었는데, 팔각형의 평면을 보이고 있다. 화사석의 각 모서리에는 하단에 6각형의 초석을 놓은 후 이를 심방석으로 연결하고 있다. 이의 상면에는 배흘림기둥을 놓았는데, 중단을 잘록하게 표현한 후 이 부분의 상·하에는 단엽 연화문을, 중단에는 원형 화문을 배치한 3단의 화문대를 조식했다. 이어 상면은 평방과 창방 그리고 주두를 비롯해 약화된 공포를 표현하고 있다. 이처럼 기둥으로 분할된 8면에는 전면과 후면 그리고 좌·우측면에는 2단의 장방형 額을 조성한 후 각각 방형의 화창을 개설했다. 뿐만 아니라 장방형의 액의 하단은 자연스럽게 출입문의 하단시설로 이어지면서 閣崎方石까지 표현하고 있다.[12] 화창이 개설되지 않은 나머지 네 면에는 하단으로부터 방형의 짧은 기둥을 모각한 후 상면에 2중의 액을 마련한 후 4개의 창살이 표현된 영창을 조식하였다. 이처럼 화창에 구현된 각종 조식은 옥개석과 더불어 중심부인 화사석의 양식적 근원이 목조건축에 있을 분명히 하고 있다. 팔각형의 평면을 지닌 옥개석은 파손이 심하지만, 하면에는 서까래가, 상면에는 굵은 기와골이 表現되어 목조건축의 지붕을 구현하고 있음을 알 수 있다. 옥개석의 상면에는 팔각의 각변에 앙화가 있는 앙화석 상면에 원형의 보주를 놓았다.

이상에서 서술한 내용을 중심으로 이 석등이 지닌 양식을 정리하면 다음과 같다.

첫째, 석등의 평면은 방형, 육각형, 원형, 팔각형을 비롯해 육각능형등 다양한 평면구도를 지니고 있다.

---

12 문 입구에 시설되는 閣崎方石은 당대에 건립된 대부분의 석탑에서 나타나고 있어, 당시 건립되는 모든 석조물에 등장하는 문의 한 형식임을 알 수 있다. 뿐만 아니라 이를 통해 비록 석재를 사용해 석탑과 석등을 조성했지만, 양식적 근원은 목조건축에 있을 알려주는 요소이다.

사진 -16. 사자상 1

사진 -17. 사자상 2

사진 -18. 사자상 3

사진 -19. 사자상 4

사진 -20. 하대 상단석

사진 -21. 천인상

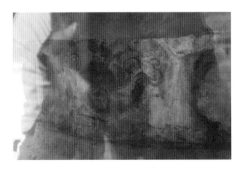

사진 -22. 주악상 1

사진 -23. 주악상 2

사진 -24. 주악상 3

사진 -25. 주악상 4

사진 -26. 간주석

사진 -27. 화사석과 옥개석

사진 -28. 상륜부

둘째, 하대 하단석에는 각 면 2마리씩의 動的인 사자를 조식했다.

셋째, 하대 상단석을 불상대좌형의 양식으로 조성하고 있다.

넷째, 간주석 역시 상·중·하대석을 구비한 불좌형으로 조성했다.

다섯째, 하대석과 간주석에 다양한 장엄조식이 등장하고 있다. 즉 하대석에는 각 면에 2마리씩의 사자가, 간주석의 하단 중대석에는 다양한 악기를 연주하는 奏樂像이 배치되었다. 뿐만 아니라 상대석에는 3중의 화문이 조식된 화사한 연화대를 구성하고 있다.

여섯째, 화사석에는 4개소에 방형의 화창이 개설되었고, 나머지 면에는 영창이 모각되었다.

뿐만 아니라 옥개석과 조화를 이루며 완벽한 목조건축의 양식을 보이고 있다.

3. 石牛寺石燈

본래 西安市 原乾縣 西湖村 石牛寺에 있던 唐代 석등으로, 현재는 비림박물관이 이전 복원되어 있다.[13] 기단부와 화사석과 옥개석 그리고 상륜부를 구비한 높이 1.94m 규모의 석등으로, 전체적인 평면은 방형과 육각형, 원형등 다양한구도가 복합된 형태이다.

기단부는 하대석 · 간주석 · 상대석으로 구성되어 있다. 하대석은 방형의 평면을 지니고 있는데, 각 측면에는 초화문이 양각되어 있다. 상단에는 낮으막한 산 봉우리가 표현되어 있다. 봉우리의 중심에는 감실을 파고 수행하는 승려상과 동물상등이 양각되어 있으며 내면으로는 골이 패여 있는데, 이는 香水海를 의미하는 것으로 생각된다.[14] 중심부에는 낮은 각형 1단의 받침을 조출해 일석으로 조성된 간주석을 받고 있다. 간주석은 전체적으로 圓形의 평면을 지니고 있는데, 전면에 걸쳐 사실적인 龍이 高浮彫로 조식되어있다. 하단부에는 雲紋사이로 용의 발과 발톱이 매우 사실적으로 조식되어 있으며, 이로부터 간주석의 중심을 세 바퀴 휘어 감으며 상단으로 이어지고 있다. 용의 몸통에는 비늘이 선명히 조식되어 있으며, 하단으로부터 올라갈수록 몸통이 가늘어지며 용의 머리와 연결되어 있다. 간주석을 휘감고 있는 용은 모두 4마리인데, 하단으로부터 중심을 휘감은 몸체로부터 자연스럽게 상체로 연결되면서 균형있게 배치되었다. 각 면의 용은 모두 머리를 포함한 상체와 양팔을 지니고 있는데, 한쪽 팔은 위로 들어 雲紋臺를 받치고, 다른 팔은 아래로 내려 자신의 몸체를 움켜잡고 있는 형태를 보이고 있다. 용두에는 눈, 코, 입, 귀는 물론 머리 위로는 2가닥의 뿔이 표현되어 있는데, 모두 아래쪽으로 시선을 두고있다. 뿐만 아니라 완만한 곡선형으로 넓게 처리된 가슴에는 수염으로 생각되는 조식이 흘러내리고 있다. 이처럼 조식된 용두와 위로 치켜든 팔 윗면에는 운문대가 조식되어 있다. 이같은 간주석의 표현은 운문과 용 그리고 운문이 3단으로 결합된 형태로서 결국 중심부인 화사석이 천상계임을 표현함과 동시에 이를 수호하고 있다는 굳건한 이지의 표현으로 해석된다. 더욱이 내린 팔과 올린 팔 그리고 용두 및 가슴의 표현이 적절한 비례를 이루어 좁은 공간에 4마리의 용을 표현했음에도 불구하고 매우 힘차고 역동적인 모습을 보이고 있어 唐代의 조각 기풍을 볼 수 있다. 상대석은 팔각형의 조성되었는데, 각면의 상단에는 복엽 복판의 복연이 조식되었

---

13 『西安碑林博物館』, 西安人民出版社, 2000, p.142.
14 이같은 구도는 鳩摩羅什浮屠에서도 같은 양상을 볼 수 있는데, 이에 대해서는 필자가 자세한 내용을 소개한 바 있다. 朴慶植, 「唐 鳩摩羅什浮屠와 新羅 石造浮屠의 比較 考察」, 東洋學 45輯, 檀國大 東洋學研究所, pp.185-212.

고, 이로부터 아래로 기하학적인 선각문이 음각되어 있다. 각 모서리에는 모두 8개의 용두가 조식되었는데, 입을 벌린 것과 다문 것을 배치해 변화감을 주고 있을 뿐만 아니라 모두 정면을 응시하고 있어 간주석의 용과는 다른 양상을 보이고 있다. 상대석의 상면에는 2단으로 구성된 평면 원형의 화사석받침을 두었다. 하단의 것은 측면을 따라 圓形의 突帶를 마련하고, 중심부에는 화문을 양각했다. 상단부는 하단에 비해 매우 넓게 조성되었는데, 측면에는 단엽 16판 앙연이 3중으로 조식되었다. 상단 연화문의 간지에는 꽃술이 표현되어 화사함을 더해주고 있다.[15]

화사석은 방형으로 조성되었는데, 각 면에는 양 우주를 모각한 후 이로부터 다시 1단의 턱을 두며 표면을 치석하고 4개소에 화창을 개설했다. 화창은 정방형에 가까운 형태로 주변에는 아무런 조식이 없다. 옥개석 역시 사모지붕의 형태로, 하면의 네 귀퉁이에는 끝단에 귀면이 표현된 굵은 연목이, 상면에는 기와골과 더불어 암·수막새까지 표현되었다. 아울러 두툼하게 구현된 내림마루의 끝부분에는 망와까지 표현되어 완벽한 지붕의 모습을 재현하고 있다. 옥개석의 상면에는 8엽이 화문이 배치된 앙화석이 놓여있는 점으로 보아 화려한 상륜부가 있었을 것으로 추정된다.

이 석등은 앞서 언급한 동자사 및 법흥사석등과 같이 건립 연대는 알 수 없다. 그렇지만, 하대석에 표현된 山岳紋과 이에 배치된 승려 및 동물상은 唐 中期에 건립된 것으로 추정되는 鳩摩羅什浮屠에서 보이는 장엄이었고,[16] 화사석 받침부에 구현된 연화문의 수법은 773년에 건립된 법흥사석등에서 볼 수 있는 점으로 보아 이 석등 역시 보아 8세기 후반경에 조성된 것으로 추정된다.

앞서 언급한 내용을 바탕으로 이 석등이 지닌 양식을 정리하면 다음과 같다.

첫째, 평면구도에 있어 방형과 원형 그리고 팔각형이 복합체를 이루고 있다.

둘째, 하대석에서는 산악문과 수행하는 승려상 및 동물이 표현되어 있다.

셋째, 간주석에 4마리의 용을 배치해 상대석을 받치고 있다.

넷째, 화사석받침으로 2단으로 구성된 연화문대가 등장하고 있다.

다섯째, 화사석은 방형으로 조성되었다.

여섯째, 옥개석에서 목조건축의 사모지붕을 완벽하게 재현하고 있다.

---

15 이같은 화문의 조성방법은 법흥사석등에서도 보이고 있어 이 석등의 건립연대를 집작하게 하는 요인으로 생각된다.

16 朴慶植, 주 14의 논문

사진 -29. 석우사석등

사진- 33. 간주석

사진 -30. 하대석

사진 -34. 간주석 하단부

사진 -31. 하대석 수행상

사진 -32. 하대석 동물상

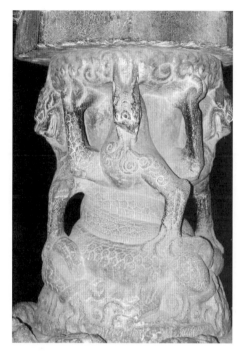

사진 -35. 간주석의 용

사진 -36. 상대석 및 화사석 받침부

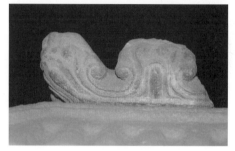

사진 -39. 상륜부

사진 -37. 화사석 및 옥개석

사진 -38. 옥개석 처마 및 막새기와

4. 함양박물관 석등부재

서안시 함양박물관 전시실 입구에 있는 석등부재이다. 소개된 자료가 없어 어디서 출토된 것인지는 알 수 없지만, 하대석과 파손된 간주석의 일부가 남아있다. 하대석은 1석으로 조성했으며, 하단에는 각형 2단의 받침을 상단에는 각형 1단의 부연과 갑석형을 마련했다. 각 면의 모퉁이에는 넓직한 우주를 모각했으며, 이로 인해 형성된 8면에는 좌상한 주악상이 조식되어 있다. 이들은 대부분 파손이 심해 원형을 파악하기 어렵지만, 거문고와 생황 및 배소등을 연주하고

사진 -40. 함양박물관 석등부재

사진 -41. 하대석

사진 -42. 주악상 1

사진 -43. 주악상 2

사진 -44. 주악상 3

사진 -45. 주악상 4

있으며, 휘날리는 천의자락에서 생동감을 느낄 수 있다. 상면에는 높직한 弧形 1단 받침을 조출
하고 간주석을 받고 있는데, 마멸이 심해 문양은 파악하기 어렵다. 상단의 간주석에는 석우사
석등과 같이 양식으로 용의 몸체가 간주석을 위감으로 상면으로 올라가는 양식을 보이고 있다.
용 비늘의 표현에서 매우 사실적인 조각풍을 볼 수 잇는데, 중단부 이상이 파괴되어 더 이상의
형태는 파악하기 어렵다.

이 석등부제는 비록 파편에 불과하지만, 하대석에 주악상을 배치하고, 간주석에 용을 등장시
킨 점으로 보아 8세기 후반경 서안지역에 유행했던 석등의 한 양식으로 이해된다. 아울러 주악
상은 8세기 중반 이후에 조성된 唐代의 석탑에서 보이고 있고, 간주석의 형태가 석우사석등과
한 계열인 점을 볼 때 이 역시 8세기 후반경에 조성된 것으로 추정된다.

이상에서 중국내에 현존한 4기의 당대석등에 표현된 양식에 대해 살펴보았다. 이를 구체적
으로 정리해 보면 평면형식에 있어 방형, 육각형, 팔각형, 원형등 다양한 구도가 복합체를 이
루며 조성되었다. 뿐만 아니라 기단부와 간주석에서 다양한 장엄이 조식되고 있으며, 화사석
과 옥개석에서는 완벽한 목조건축을 재현하고 있음을 볼 수 있었다. 아울러 唐代에 건립된 석
등은 모두 太原, 長治 그리고 서안에서 조사되는 점으로 보아 당시의 중요한 교통로상에 배치하
고 있다. 따라서 동자사석등이 가장 오래된 것임을 볼 때 석등은 당대의 수도였던 지금의 서안
의 변방지역에서 먼저 조성된 후, 장치를 거쳐 수도인 장안으로 전래된 것으로 보인다. 이럼에
도 불구하고 특이한 점은 일목요연한 양식의 발전상이 보이는 것이 아니라 조성되는 지역마다
독자적인 특징을 보이고 있다는 점이다. 때문에 동자사석등을 시원양식으로 보아야 할지, 나머
지 석등을 변형 또는 특수양식으로 구분할런지에 대해서도 결론을 내리기에 뚜렷한 기준을 세
울 수 없는 것 또한 사실이다.[17] 이같은 현상은 한국석등의 기원을 밝히는데 매우 중요한 문제
로 대두되는데, 이에 대해서는 다음 장에서 서술하고자 한다.

Ⅲ. 韓國石燈과의 比較

한국의 불교문화를 논할 때 항상 빠짐없이 거론되는 화두는 "중국 문회의 영향을 받아 성립
되었다"는 논리일 것이다. 사실 이는 미술사를 포함한 전 역사학계의 전 분야에 걸쳐 성립될 수

---

17 이같은 양상은 당대에 건립된 전탑 및 석탑과는 분명 다른 양상을 보이고 있다. 왜냐하면 중국 전역에 건
   립된 각종 탑을 보면 唐代에 성립된 양식을 일목요연하게 정립할 수 있고, 이 또한 시기를 거치며 발전상
   을 확인할 수 있기 때문이다.

있는 무시할 수 없는 명제였다. 하지만, 과연 모든 분야에서 다 그랬을까?하는 생각은 늘 필자의 뇌리에 자리해 왔고, 반드시 풀어야할 명제였다. 본 논문의 주제인 당대에 건립된 석등 역시 우리의 그것과 단 한차례의 정밀한 비교 검토가 진행된 바 없었다. 본 장에서는 한국석등이 기원이 과연 중국의 그것에서 구해야 하는가에 대한 문제를 같은 시기에 조성된 석등과의 비교 검토를 통해 규명하고자 한다. 하지만, 앞서 언급한 바와 같이 중국의 석등은 우리와는 달리 일목요연한 양식변천이라든지 유형분류가 어려운 탓에 비교고찰하는데 어려움이 있다. 하지만, 중국에서 556년에 건립된 동자사석등이 가장 오랜것이라는 점을 감안할 때 이보다 조금 늦은 7세기에 조성된 미륵사지 석등과의 비교가 가능하고, 773년에 건립된 법흥사석등과 석우사 및 함양박물관 석등부재는 같은 시기에 건립된 한국 석등과의 비교가 가능할 것으로 보인다. 따라서 이들은 시기별로 구분해 비교 서술하고자 한다.

1. 동자사석등과 미륵사지석등과의 비교

동자사석등은 556년에 건립된 중국에서 가장 오래된 석등이다. 이를 바꾸어 말하면 최초로 건립된 석등인 셈이다. 한편 한국에서는 6세기 전반에 이르러 미륵사지가 완공되고, 이곳에는 석탑과 더불어 석등이 최초로 건립되었다. 비록 양 석등간의 시기 편차는 한국이 약 50여년 늦게 조성하지만, 양 국에서 최초로 건립했고, 모두 始原的인 양식을 보이고 있다는 관점에서 비교가 가능하리라 생각된다. 먼저 각 석등에 구현된 양식을 표로 정리해 보면 다음과 같다.

〈표 -1〉 동자사석등과 미륵사지석등의 양식 비교 표

구성요소			동자사석등		미륵사지석등	
			평면구도	장엄조식	평면구도	장엄조식
기단부	하대석	하단석	육각형	멸실	팔각	단엽(단)복판8엽복연
		상단석	추정 육각형	멸실	무	무
	간주석받침		무	무	무	각형 1단
	간주석		원형	멸실	팔각	무
	상대석		육각형	연화문	팔각	단엽(단)복판8엽복연
탑신부	화사석		육각형	추정보살상 2구씩. 화창 2개소	팔각	화창 4개소 방풍판 못구멍
	옥개석		육각형	하면에 연화문	팔각	무
상륜부	상륜부			추정 노반석	결실	결실

위의 표를 보면 평면구도에 있어 동자사석등은 육각형과 원형이 복합된 반면 미륵사지석등

은 하대석으로 부터 옥개석에 이르기까지 완벽한 팔각의 평면을 유지하고 있다. 뿐만 아니라 장엄조식에 있어서도 동자사석등은 각부에 멸실이 심해 정확히는 알 수 없지만, 상대석과 옥개의 하면에서 연화문의 흔적이 확인되고, 화사석에서도 추정 보살상이 조식되어 있다. 반면 미륵사지석등에서는 상·하대석에서 단엽 단판 또는 단엽 복판 8엽의 연화문만이 조식되었을 뿐, 다른 장엄이 없어 단순하고 소박한 면을 보이고 있다. 뿐만 아니라 화창에 있어서도 전자는 2개소에 개설된 반면 후자에서는 4개소에 개설되었고, 주변에 방풍판을 달았던 못구멍까지 표현되어 있어 한층 실용적인 면이 강조되고 있다. 한편 화사석 주변에 보살등의 장엄이 조식되는 것은 한국의 경우 보살상은 부석사 무량수전 앞 석등에만 부조되고 있으며, 사천왕은 법주사사천왕석등, 해인사석등, 합천 백암리석등에서 볼 수 있는데, 이들은 대부분 9세기에 건립된 것으로 추정되고 있어[18] 따라서 이들과 동자서석등은 약 300년의 시차가 있음을 볼 수 있다. 따라서 한국에서 최초로 건립된 미륵사지 석등에서는 중국 最古의 석등인 동자사석등과 양식적으로 친연성을 찾을 수 없음이 확인된다. 이같은 사실은 초기 한국의 불교문화가 중국의 영향을 짙게 받았다는 기존의 논리에 배치되는 현상으로 주목된다. 결국 北齊와 百濟는 석등을 건립한다는 의사에서는 동질성을 찾을 수 있지만, 양식적으로는 서로 영향을 주고 받은 것이 아니라 각각 독창적인 행태를 보이며 건립했음을 알 수 있다.

사진 -46. 미륵사지석등 복원모형
(미륵사지전시관)

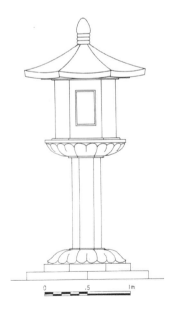

도면 -1. 미륵사지 중금당지석등 복원도
(鄭明鎬,『韓國의 石燈』, p.121에서 전재)

18　朴慶植,『統一新羅石造美術研究』, 學硏文化社, 2002. p.243.

사진 -47. 미륵사지 석등 하대석 1

사진 -48. 미륵사지 석등 하대석 2

사진 -49. 미륵사지 석등 하대석 3

사진 -50. 미륵사지 석등 옥개석 1

사진 -51. 미륵사지 석등 옥개석 2

사진 -52. 미륵사지 석등 옥개석 3

2. 8세기 당과 신라석등의 비교

앞서 언급한 법흥사 · 석우사 · 함양박물관 소장 석등부재는 모두 8세기 후반에 조성된 것으로 보았다. 국에서도 이 시기에 이르면 미륵사지에서 완성된 평면 8각을 기본으로 하는 석등이 경주를 중심으로한 지역에서 건립되고 있으며, 9세기에 이르러는 전국적으로 확산될 뿐만 아니라 고복형 및 쌍사자석등과 같은 특수형으로 양식의 범위를 넓히고 있다. 따라서 신라시대의 석등은 9세기에 평면을 팔각을 기본으로 하는 일반형석등과 간주석에 변화를 준 특수형 석등으로 구분되고 있다. 하지만, 당대에는 9세기에 건립된 석등이 확인되지 않고 있어 포괄적인 비교가 불가능한 것이 현실이다. 8세기는 당과 산리 모두 문화와 문물이 최고의 정점에 달했던 시기이다. 따라서 이 시기에 조성된 것은 양국이 지닌 문화적 능력의 한 지표가 될 것으로 생각된다. 8세기에 신라에서 건립된 석등은 불국사 대웅전 앞 석등과 극락전 앞 석등이 있어[19] 당대석등과의 비교가 가능하다. 이 시기 석등에 구현된 양식을 비교해 보면 다음의 표로 집약된다.

〈표 -2〉 8세기 당과 신라석등의 양식 비교 표

구성요소			唐代石燈		新羅石燈	
			평면구도	장엄조식 및 특징	평면구도	장엄조식 및 특징
기단부	하대석	하단석	육각형	사자, 산악문과 수행자 및 동물. 주악상	팔각	단(복)엽단(복)판8엽복연
		상단석	육각형	주악상	무	무
	간주석받침		원형	각형 1단	팔각	각형2단 받침
	간주석		원형	화문, 용, 운문	팔각	무
	상대석		육각형, 팔각형	3중앙연. 용	팔각	단(복)엽단(복)판8엽앙연
탑신부	화사석		팔각형. 방형	목조건축양식, 화창 2-4개소.	팔각	화창 4개소 방풍판 못구멍
	옥개석		육각형, 방형	기와골 암 · 수막새기와	팔각	처마끝의 반전, 합각선
상륜부	상륜부		방형	앙화석	결실	결실

위의 표를 보면 석등의 건립이 본격화된 8세기에 이르러도 양국의 석등에서는 평면구도에서부터 장엄조식에 이르기까지 확연한 차이를 보이고 있다. 다시 말해 상호 영향을 미칠 공통점이 검출되지 않는다는 점을 들 수 있다. 먼저 평면구도에서 보면 당대의 석등은 육각형, 팔각형, 원형, 방형등 다양한 형태가 복합을 이루며 구성되어 있다. 여러매의 부재가 적취되면서 구성되는 석등의 양상을 볼 때 한편으로는 다양한 변화를 주면서 시각적이나 구조적인 면에서 안정을 꾀한 것으로 생각된다. 한편 신라의 석등은 삼국시대에 확립된 팔각의 평면을 하대석으로부터 옥개석이 이르기까지 그대로 고수하고 있다. 이는 삼국에서 확립된 팔각의 전통을 계승함과 동시에 방형의 획일적인 틀에서 벗어나고자 했던 당시 장인들의 예술의식이 지속적으로 발현된 결과로 생각된다. 뿐만 아니라 석등에서 발하는 빛은 세상을 구원하는 불타의 자비와 광명 그리고 진리의 빛이라는 관념이 성립되었고, 결국 아미타의 전각이 팔각당

---

19 鄭明鎬, 주 4의 책, pp.130-136.

사진 - 53. 불국사 극락전 앞 석등   사진 - 54. 불국사 대웅전 앞 석등

이라는[20] 교리와 부합되면서 훗날 부도의 건립에까지 영향을 준 것으로 판단된다.[21] 뿐만 아니라 늘씬하게 조성된 간주석과 이에 걸맞는 각 부와의 조화로움과 순백의 화강암이 주는 색감은 더욱 석등의 평면이 팔각을 유지하는데 기여했을 것으로 생각된다. 아울러 한국에서 간주석의 평면구도에 변화를 주는 소위 고복형 석등은 9세 중반에 이르러 건립되고 있다. 뿐만 아니라 육각형의 평면을 지닌 석등은 고려시대에 비로서 보이고 있다는 점에서 편차는 약 500년이 넘는다. 나아가 화사석이 방형을 지닌 사각형석등도 고려시대 이후에 나타나는 양식이다.[22] 따라서 평면 구도상에서 볼 때 양국의 석등은 서로 다른 계보를 형성하고 있음을 볼 수 있다. 이와 더불어 장엄조식에 있어서도 당대의 석등은 사자를 비롯해 주악상과 더불어 용과 화문등 다양한 장엄이 등장하고 있다. 이에 반해 신라석등에서는 상·하대석에서만 연화문이 조식될 뿐 아무런 장엄이 가해지지 않고 있다. 이럼에도 불구하고 팔각의 화사석에서 시각적 불안감을 감소시키기 위해 각 면을 민흘림으로 하여 안정감을 주고 있다.[23] 아울러 옥개석

20 鄭永鎬, 『新羅石造浮屠硏究』, 檀國大學院博士學位論文, 1974, p.19.
21 이처럼 팔각의 평면이 유지됨은 후에 팔각원당형석조부도가 건립되고, 양식적으로 정착하는데 크게 기여 한 것으로 보인다. 朴慶植, 「양양 진전사지 부도에 대한 고찰」, 『사회정책논총』14집 1권, 한국사회정책연구원, 2002, pp.213-214,
22 鄭明鎬, 주 4의 책, pp.49-50.
23 鄭明鎬, 주 4의 책, p.115.

에서도 날씬한 처마와 더불어 전각에 이르러 반전되고 있으며, 상면에는 합각선이 표시되어 목조건축의 벽체와 지붕을 재현하고 있다. 따라서 석등의 표면에 아무런 장엄이 가해지지는 않았지만, 상·하대석에 조식된 연화문은 늘씬하게 조성된 간주석의 단순함에 변화를 주고 있으며, 화사석과 옥개석에 구현된 단순한 조형미는 이 부분에서 목조건축의 재현에 치중하고 있음을 잘 보여주고 있다. 결국 당대의 석등에서는 보다 적극적으로 다양한 장엄을 채용해 이것이 지닌 의미를 보여주었다면, 신라의 것은 소박하고 단순함을 통해 석등에 내재된 의미를 전달하고자 했던 것으로 이해된다. 이처럼 전체적인 면에서 드러나는 장엄조식의 차이는 唐代의 것에 비해 규모가 작은 탓도 있겠지만, 이 시기에 조성된 다수의 석조물에 표면장엄이 등장하지 않음과 일맥상통하는 결과라 하겠다.[24] 통일신라시대의 석조물에서 장엄조식인 본격적으로 등장하는 것은 9세기에 들어서이다. 즉 8세기 당대 석등에 조식된 사자는 주로 9세기에 건립된 석조부도와 불상대좌의 하단석에서, 운문과 화문 및 주악상은 석조부도의 기단과 석비의 비좌에서, 화사석과 옥개석에 구현된 목조건축의 양식은 주로 부도의 탑신부에서 볼 수 있다.[25] 하지만, 8세기 당대에 건립된 석탑을 비롯한 대부분의 석조물에서는 석등에서와 같이 다양한 장엄이 등장함을 볼 수 있어 당시 양국의 문화적인 차이와 정서를 알 수 있다.[26]

이상에서 唐代에 건립된 석등과 한국의 7세기와 8세기에 걸쳐 건립된 석등에 대해 평면구성과 장엄조식에 대해 살펴보았다. 결과적으로 唐代의 것은 평면구성에 있어 다양한 구성이 어우러진 복합체임과 동시에 많은 장엄조식이 등장함을 알 수 있었다. 반면 신라석등은 7세기 전반에 완성된 미륵사지석등에서 완성된 양식이 8세기에 이르도록 유지 계승되고 있으며, 장엄조식의 등장과 평면구도의 변화는 9세기에 들어서면서 이루어진 것으로 파악되었다. 이같은 결과는 한국석등의 발생과 전개에 있어 중국과는 무관하게 독자적인 양식을 창출했고, 이를 지속적으로 발전시켰음을 알려주는 분명한 요인이라 생각된다.

---

24 8세기 석조물에서 장엄조식이 등장함은 석탑의 경우는 주로 탑신부에서 문비형 및 인왕 그리고 사천왕이 조식되고 있다. 아울러 불상대좌에서도 장항리사지의 대좌에 조식된 사자상등 소수의 예에 불과하다.

25 朴慶植, 주 16의 책 참조.

26 唐代에 건립된 석조물 중 대부분의 석탑에서는 초층탑신에 감실을 조성하고, 좌·우에 사천왕을 배치하고 있으며, 내부에는 불상을 조성하고 있다. 뿐만 아니라 탑신의 표면에도 초화문과 불상을 양각한 경우도 보이고 있다. 이울러 經幢에서도 기단부의 중대석에 각종 공양상과 주악상을 조식하고 있다. 대표적인 예로는 神通寺 小唐塔(717년 건립), 靈泉寺 雙石塔, 陽台寺雙石塔과 雲居寺에 건립되어 있는 석탑 5기와 인근 石經山에 건립된 3기에서 그 예를 볼 수 있다. 뿐만 아니라 불광사에 건립되어 있는 經幢에서도 같은 예를 볼 수 있어 唐代 8세기에 이르러 각종 석조물에 장엄조식이 등장하는 것은 보편적인 현상이었던 것으로 판단된다.

IV. 韓國石燈의 起源問題

미술사 연구에 있어 양식의 기원을 찾는 문제는 매우 중요한 과제라 생각된다. 때문에 많은 연구자들은 自國의 것보다 좀 더 始原的인 양식을 찾고자 하며, 이를 통해 특정 문화의 기원과 전파 그리고 토착화하는 양상을 구명하는데 노력을 경주하고 있다. 본고에서 다루고 있는 석 등 또한 같은 맥락이라 하겠다. 그런데 문제는 세계 어느 나라보다도 많은 수의 석등인 270여 기가 현존하고 있다는 점이다.[27] 이는 마치 한국이 세계에서 석탑이 가장 많이 건립된 탓에 "석 탑의 나라"라 불리우듯이 "석등의 나라"라 칭해도 양과 질적인 면에서 아무런 문제가 없기 때 문이다. 왜냐하면 불교의 발생국인 인도에서도 볼 수 없고, 네팔에만 2기가 현존하고 있으며[28], 중국에서도 앞서 언급한 바와 같이 4기만이 현존하고 있기 때문이다. 물론 수적으로 많다고 해 서 반드시 다른 나라로 부터의 영향을 배제할 수 는 없지만, 중국의 경우는 한국과는 다른 양식 의 석등이 건립되었으며, 네팔의 석등 역시 10세기 말을 상한으로 보고 있음에서[29] 더욱 그러 하다. 따라서 한국의 석등은 과연 어디에서 그 양식적 근원을 찾아야 하는가는 실로 중대한 문 제라 할 수 있다.

필자는 그간 한국 불교문화의 양식적 근원을 중국에서 구하는 것에 대해 관심을 가지고 중 국의 조형물과 비교를 통해 어떤 면에서는 우리의 문화적 역량과 자연환경과 조화를 이루며 발 전해 왔음을 규명한 바 있다.[30] 이는 석탑과 부도에 있어서도 양국은 독자적인 영역을 구축했 음이 확인된다. 석탑에 있어 신라가 최초로 건립한 분황사모전석탑의 기원을 중국 山東省 濟南 市 歷城縣 柳埠村에 있는 神通寺 四門塔에서 구해왔다. 필자 역시 이같은 견해를 발표한 바 있었 다.[31] 그렇지만 실제 사문탑을 답사한 결과 이는 모전석탑이 아닌 석탑이라는 결론에 도달했고, 건탑술과 내부구조 및 외관에 있어 확연한 차이점을 확인했다. 따라서 분황사모전석탑은 이 탑 의 영향을 받아 건립된 것이 아니라 신라가 창안한 새로운 양식의 탑이라는 결론을 얻었다. 부 도의 경우에 있어서도 신라 팔각원당형석조부도의 기원을 중국 陝西省 西安市 戶縣에 위치하고 있는 草堂寺의 鳩摩羅什浮屠에서 구해왔다. 하지만, 초당사를 수차례 답사하고 이와 신라석조 부도를 비교 검토한 결과 양자는 평면구도에서부터 장엄조식등에 이르기까지 완전히 다른 양

---

27 주 1과 같음.
28 鄭明鎬, 「Nepal石燈에 對한 考察」, 『東國史學』15,16집, 1981.
29 鄭明鎬, 주 4의 책, p.45.
30 朴慶植, 隨唐代 佛塔研究(1)- 亭閣型 石造塔婆」, 『文化史學』29집, 韓國文化史學會, 2008, pp.125-150 및 「唐 鳩摩羅什浮屠와 新羅 石造浮屠의 比較 考察」, 東洋學 45輯, 檀國大 東洋學研究所, pp.185-212.
31 朴慶植, 「芬皇寺 模博石塔에 대한 考察」, 『芬皇寺의 諸照明』, 新羅文化宣揚會, 1999, pp.161-197.

식의 부도였음을 밝혔다. 따라서 신라석조부도의 기원은 기존에 확립된 석탑과 석등의 양식이 절충된 陳田寺址 道義禪師 부도에서 찾아야 함을 주장한 바 있다. 석등에 있어서도 마찬가지 결과로 생각된다. 즉 중국은 우리보다 약 반세기 먼저 석등이란 새로운 조형양식을 창출했다. 하지만, 어떤 이유에서인지 당대에 조성된 것은 부재만 전하는 것을 포함해 4기만 현존하고 있다. 뿐만 아니라 앞서 살펴본 바와 같이 이들이 지닌 양식과 7-8세기 삼국 및 통일신라시대에 건립된 석등과는 확연히 다른 양식을 지녔음을 밝혔다. 오히려 이들이 9세기에 건립되는 석등을 비롯한 여러 유형의 석조물 건립에 장엄조식의 첨가라는 새로운 유형을 전해주었을 가능성은 배제할 수 없다. 이럼에도 불구하고 초기적인 양식이 완전히 다른 석등에서 한국석등의 양식적 기원을 중국에서 구하는 것은 모순이라 생각된다. 따라서 한국석등의 기원 역시 인도에서 시작된 燈火供養의 사상이 중국을 거치면서 석등이라는 새로운 조형을 발생시켰고, 이같은 아이디어가 전래되어 우리의 자연환경과 정서에 맞는 새로운 석등을 탄생시킨 것으로 생각된다.

V. 結論

인류의 발전사에 있어 불의 발견과 이를 관리할 수 있는 능력은 생활면에서 많은 변화를 가져왔다. 더욱이 불교에서 燈供養의 의식이 발생된 이후 불은 종교적로도 중요한 의미를 지니게 되었다. 때문에 불타의 가르침과 진리 그리고 지혜로움은 늘 꺼지지 않고 인간세상을 밝힌다는 논리로 발전했고, 이에 따라 중국과 한국에서는 석등의 건립을 통해 이를 항구적으로 유지ㆍ발전시킬 수 있는 매체를 확보하기에 이른 것으로 생각된다. 앞서 살펴본 바와 같이 중국에는 북제와 당대에 건립된 4기의 석등만이 확인되고 있지만, 한국에는 약 270여기에 달하는 많은 석등이 건립되었다. 따라서 이들에 대한 비교 검토는 양국의 불교 문화가 상호 어떠한 영향을 주고 받았는가를 밝힐 수 있는 단서가 될 뿐만 아니라 이를 통해 한국석등의 기원문제를 규명할 수 있는 중요한 문제라 생각된다. 앞서 살펴본 바와 같이 중국의 초기에 건립된 석등은 평면구성과 장엄조식적인 면에서 한국과는 완전히 다른 계보의 석등이 건립되고 있었다. 중국의 석등은 다양한 평면구도가 복합체를 이루고, 다양한 장엄이 하대석으로부터 옥개석이 이르기까지 채택되었다. 이에 반해 한국은 최초로 건립된 미륵사지 석등에서부터 8세기에 이르기 까지 평면8각의 구도를 유지하며, 표면에는 아무런 장엄이 가해지지 않은 단순 명료한 양식을 지니고 있음을 알 수 있었다. 따라서 석등 발생 초기로부터 8세기에 이르도록 양국은 이 분야에서 영향을 주고받은 것이 아니라 각각 독자적인 양식을 창출해고 이를 유지 계승하면서 발전시켰던 것

으로 파악되었다. 즉, 인도에서 시작된 등공양의 의식과 사상은 중국을 통해 받아들여졌을 개
연성은 충분하다. 그렇지만, 석등의 경우에 있어 중국의 영향을 받아 건립된 것이 아니라 7세기
사람들이 지녔던 문화적 능력과 소양, 정서와 더불어 자연환경이 조화를 이루며 독자적인 불교
문화의 한 영역을 개척한 것으로 생각된다.

(2009.04 「唐代 石燈에 관한 考察 : 한국석등의 기원과 관련하여」, 『白山學報』 제83호, 白山學會)

【국문초록】

唐代 石燈에 관한 考察

한국은 삼국시대 이래 많은 수의 석등이 건립되어 현재 부재만 있는 것까지 포함해 270餘基가 현존하는 것으로 알려져 있다. 이들은 석탑과 같이 基壇部·塔身部·相輪部의 3부분으로 구성되었는데 현존하는 우리나라 最古의 석등은 7세기 전반 백제 미륵사지에서 건립되었다.

그간 미술사 연구에 있어 현존하는 많은 조형물의 양식의 祖形은 대부분 중국에서 찾아지는 경우가 보편적인 방법이다. 이는 우리보다 먼저 불교를 받아들였고, 이에 따라 수 많은 불교조형물이 먼저 건립되데 그 이유가 있다하겠다. 그럼에도 불구하고 아직 우리 학계에 중국의 석등에 대한 실상이 상세하게 소개된 바 없었다. 본고에서는 중국에 현존하는 童子寺 石燈, 法興寺 石燈, 石牛寺 石燈, 咸陽博物館 소장 석등부재에 대해 상세한 고찰을 진행했다. 이어 이들이 지닌 양식과 한국의 7,8세기 석등과의 비교를 통해 상호 영향을 주고 받았는가와 더불어 한국석등의 기원을 어디에서 찾아야 하는 가에 대한 문제를 고찰했다.

앞서 살펴본 바와 같이 중국의 초기에 건립된 석등은 평면구성과 장엄조식적인 면에서 한국과는 완전히 다른 계보의 석등이 건립되고 있었다. 중국의 석등은 다양한 평면구도가 복합체를 이루고, 다양한 장엄이 하대석으로부터 옥개석이 이르기까지 채택되었다. 이에 반해 한국은 최초로 건립된 미륵사지 석등에서부터 8세기에 이르기 까지 평면8각의 구도를 유지하며, 표면에는 아무런 장엄이 가해지지 않은 단순 명료한 양식을 지니고 있음을 알 수 있었다. 따라서 석등 발생 초기로부터 8세기에 이르도록 양국은 이 분야에서 영향을 주고받은 것이 아니라 각각 독자적인 양식을 창출해고 이를 유지 계승하면서 건립했던 것으로 파악되었다. 이같은 사실은 한국석등의 인도에서 발생된 등공양의 아이디어를 중국을 통해 받아들여졌을 지언정 석등의 건립에 있어서는 우리의 정서와 문화 그리고 자연환경과 조화를 이루며 독자적인 불교문화의 한 영역을 개척했고, 유지했음을 잘 보여주고 있다.

주제어 : 동자사 석등, 법흥사 석등, 석우사 석등, 함양박물관 석등부재, 미륵사지석등, 불국사 극락전 앞 석등, 불국사 대웅전 앞 석등, 장엄조식, 평면구도, 주악상, 연화문

【abstract】

A study on the stone lanterns that were made in Dang(唐) period

In the Korean peninsula, there are 270 stone lanterns. Those have three parts which are the stereobate, the body of pagoda and the top ornament. The oldest stone lantern exists in the Mirrek temple that was built early 7th century. Whenever scholars study about prototype of Korean arts crafts and stone arts, they are apt to consider that the origin of Korean arts came from China. Because China imported Buddhism earlier and built many Buddhist architecture. However the study about Chinese stone lanterns hasn't introduced to Korean scholars.

This paper study about the Dongja temple's(童子寺) stone lantern, the Bubheng temple's(法興寺) stone lantern, the Sekwo(石牛寺) temple's stone lantern and the stone lantern that is exhibited in Xianyang Museum(咸陽博物館). After study about Chinese stone lanterns, this paper compare the Chinese stone lanterns with the stone lanterns that were made around 7th~8th century of Korean peninsula. Chinese stone lanterns have diversity in plane figures and ornaments on stereobate. In comparison, the oldest Korean stone lantern has an octagon plane figure, also it dosen't have any ornaments on the surface. This comparison shows that the stone lanterns of each country has unique style. Although the idea - offering light to Buddha - was created in India and China accepted it, delivered to Korea, Making stone lantern was developed its own style in each country.

Key words : The Dongja temple's(童子寺) stone lantern, the Bubheng temple's(法興寺) stone lantern, the Sekwo(石牛寺) temple's stone lantern, Xianyang Museum's(咸陽博物館) stone lantern, the Mirek temple's(彌勒寺) stone lantern, the stone lantern in front of the hall of Paradise in Bulkuk temple, the stone lantern in front of the main building in Bulkuk temple, ornaments, a plane figure, Heavenly musician, a lotus flower pattern

刊行 後記

　仁巖 朴慶植 교수님께서는 石塔을 筆頭로 제반 석조미술과 고고학 등 여러 인접 학문연구와 문화재 조사에 매진해 오셨습니다. 자신의 학문 분야에 한정하여 활동하는 대다수 연구자와 달리, 교수님께서는 '유적과 유물이 있는 현장을 알아야 진정한 연구자'라는 지론을 늘 후학들에게 당부하셨습니다. 그래서 교수님의 제자 중에는 석조미술뿐 아니라 고고학과 보존과학 분야를 넘나들며 활동하는 후학들이 있게 되었습니다.

　仁巖 朴慶植 교수님은 豪佛 鄭永鎬(1934~2017) 박사로부터 師事하셨습니다. 鄭永鎬 박사는 한국 미술사학의 개척자이신 又玄 高裕燮(1905~1944) 선생을 은사로 모신 蕉雨 黃壽永(1918~2011) 박사의 제자분이십니다. 그러므로 又玄, 蕉雨, 豪佛로 이어지는 한국 미술사학의 명맥을 잇고 계신다고 해도 지나침이 없을 것입니다. 그뿐만 아니라 黃壽永 박사와 함께 開城 3인방 중의 한 분이었던 樹默 秦弘燮(1918~2010) 박사, 鄭永鎬 박사와 同學이셨던 昔步 鄭明鎬(1934~) 박사를 대학 캠퍼스와 현장에서 찾아뵙고 그분들의 학문하는 마음가짐과 열정을 체득하셨습니다. 朴慶植 교수님이 미술사학의 여러 분야 중에서 석조미술 연구에 穿鑿하셨던 것도 이들 선학들과의 인연이 있었기 때문입니다.

　개성 삼인방은 고유섭 선생의 유지를 이어 黃壽永 선생은 불교 조각사를 중심으로 금속공예와 금석문 등 불교미술을 전공했고 秦弘燮 박사는 석조미술과 불상을 중심으로 활동했습니다. 또 다른 제자 兮谷 崔淳雨(1916~1984) 선생은 陶磁史와 목공예 등 일반 공예사와 회화사 등 일반미술사에 집중했습니다. 연구 분야를 종합하면 한국 미술사의 전 분야를 관통하고 있어 高裕燮 선생이 열망했던 한국 미술사학의 집대성이 이들 3인방을 통해 이루어졌다고 할 수 있습니다. 엄하면서도 티끌 하나 놓치지 않는 섬세한 가르침 주셨던 鄭永鎬 박사와 인자한 미소로 선 굵은 학문의 방향을 제시해 주셨던 黃壽永, 秦弘燮 두 분과의 만남이 있었기에 석탑과 석불 등 석조미술 연구를 평생 학문의 화두로 삼을 수 있었던 원동력이 될 수 있었습니다.

　朴慶植 교수님은 鄭永鎬 박사를 스승이면서 동시에 同志로 여기셨습니다. 미술사학 연구 방법과 학문을 통해 우리나라 문화와 역사의 가치를 높이는 데 늘 함께하셨기 때문입니다. 鄭永鎬 박사가 다부진 체격에 뚝심으로 조사 현장을 장악하던 모습을 탱크라고 불렀듯, 朴慶植 교수님 뒤에는 義理가 따라붙습니다. 선배와 후배 그리고 제자들에 대한 의리는 강의실 밖 흙먼지 부는

발굴조사 현장에서 함께 땀 흘리기를 좋아하셨던 朴慶植 교수님의 천성이라고 할 수 있습니다.

교수님은 여러 발굴 현장 조사를 도맡아 하셨는데, 특히 설봉산성과 설성산성 조사를 통해 학계에 주목할 성과를 발표하셨습니다. 또한 파주 惠陰院은 장기간에 걸친 조사를 통해 『高麗史』에 등장하는 국왕의 南京 순행과 관련된 장소였음을 입증하셨습니다. 교수님의 손길을 거쳐 간 이들 유적은 현재 정비되어 소중한 문화유산으로 관리되고 있습니다. 이러한 조사 성과와 관련해 빼놓을 수 없는 것이 단국대학교 매장문화재연구소 설립입니다. 대학교 박물관이나 각 대학 사학과가 주축이 되어 단발성으로 이루어지던 발굴조사를 체계화하고 학생들이 전문적으로 훈련할 수 있는 기틀을 세우셨습니다. 단국대학교가 한강이 한눈에 들어오는 한남동에 있던 시절, 교문 초입 언덕에 있던 교수님 연구실과 그 옆 매장문화재연구소는 단국대학교에서 가장 일찍 문 열리고 가장 늦게 전등이 꺼지는 곳이었습니다. 이때 교수님과 함께 땀 흘리고 지도받았던 학생들이 현재는 대한민국 고고학과 미술사학 분야의 중견 연구자와 조사자로 활동하고 있습니다.

교수님이 몸담았던 단국대학교는 이웃한 동국대학교와 여러모로 인연이 깊었습니다. 지금은 죽전 캠퍼스로 옮겨와 예전과 같은 교류는 줄었지만 두 학교에 몸담고 계셨던 黃壽永, 鄭永鎬, 鄭明鎬, 洪潤植(1934~2020) 교수님은 품앗이하듯 두 학교에 교차 출강하며 학생들을 지도하셨습니다. 朴慶植 교수님은 이들 선학들의 지식과 가르침을 배우며 미술사학을 바라보는 안목과 식견을 얻으셨던 것입니다.

朴慶植 교수님이 본격적인 석조미술 연구의 시작은 1985년 취득한 석사학위논문 「新羅 下代의 石塔에 관한 硏究」입니다. 다양한 양식적인 변화와 장엄 조식 등이 돋보이지는 신라 하대의 석탑의 특징에 주목하셨고, 1993년에는 「9世紀 新羅 石造美術에 관한 연구」를 통해 석탑과 부도, 석등, 부도 등 연구의 外延을 확장하셨습니다. 이를 통해 朴慶植 교수님은 신라 석탑을 평생 연구 방향으로 삼고 지역과 시대별 영향 관계를 밝히기 위해 매진해 오셨습니다. 광복 이후 형식, 양식사 연구에 집중해 왔던 한국 미술사학계의 연구 방법을 넘어 제작 기술과 교통로 등을 고려한 立地 특성까지 규명한 것은 이후 석조미술을 중심으로 한 미술사학 연구의 이정표가 되었습니다. 그래서 단국대학교 하면 정영호와 박경식, 석조미술 연구라는 수식어가 늘 함께하게 된 것입니다. 이후 발표하신 논문들에서는 又玄 高裕燮 선생이 제시하셨던 始原, 典型, 定形 樣式 석탑의 개념을 정리하는 데 집중하셨습니다.

2000년대 들어서는 미륵사지 석탑과 분황사모전석탑을 대상으로 한국 석탑의 시원 고찰과 중국 四門塔 등을 대상으로 한 현지 조사와 연구를 병행하셨습니다. 또한 기단 양식을 공유했던 9세기 석조미술의 이해를 높이기 위해 진전사지 부도를 시작으로 조선시대 회암사지 부도까지

석탑 이외 석조미술에 관한 관심과 연구를 멈추지 않았습니다. 이들 연구는 철저히 현장에서 이루어졌습니다. 험한 오지와 높은 산을 올라 사진 촬영과 탁본, 실측 등을 직접 수행하셨는데, 朴慶植 교수님이 석조미술 보존과 수리에 대해 탁월한 식견과 경험을 갖춘 분이라는 문화재 보존 분야 관계자의 증언이 이를 뒷받침하고 있습니다. 이외에도 여러 지자체와 문화재청 문화재 전문위원, 문화재위원으로 활동하시면서 전국 석탑의 수리 복원 자문을 통해 원형을 되찾는 데 큰 보탬을 주셨습니다. 현재도 문화재청 문화재위원으로 왕성한 활동 중이십니다.

朴慶植 교수님과 豪佛 선생님과의 인연은 지금까지 말씀드린 학문적 師承 관계뿐 아니라, 단국대학교 석주석기념박물관을 통해서도 이어졌습니다. 豪佛 선생님은 한국교원대학교에서 정년퇴직한 후 2002년 3월부터 2014년 2월까지 12년간 단국대학교 석좌교수 겸 석주선기념박물관장을 역임하셨습니다. 석주선기념박물관의 모태가 된 중앙박물관을 설립하기도 했던 豪佛 선생님이 있으셨기에 朴慶植 교수님 역시 박물관 운영과 연구에 관한 전문적인 지식을 가지고 있으셨습니다. 朴慶植 교수님은 豪佛 선생님의 뒤를 이어 2014년 3월부터 2022년 2월까지 박물관장을 역임하셨습니다. 이때는 죽전으로 캠퍼스를 옮기고 단국대학교의 역사를 정리하고 보존하기 위한 단국역사관 건립이 진행 중이었습니다. 朴慶植 교수님은 석주선기념박물관장 업무를 병행하면서 단국역사관 건립을 담당하셨습니다. 2019년 단국역사관을 성공적으로 건립하고 개관한 이후인 2020년 9월부터 퇴임하시는 2022년 6월까지 단국역사관장을 겸임하셨습니다. 전시자료 수집과 콘텐츠 구성, 수많은 동문의 작은 의견까지 모으고 정리해 이루어진 단국역사관은 朴慶植 교수님의 땀과 희생이 있었기에 가능했습니다.

이에 朴慶植 교수님으로부터 배움의 시간을 가졌던 제자와 후학들은 자연스럽게 스승의 모습을 기억하기 위한 仁巖 朴慶植教授 停年退任 紀念 論叢 刊行을 위해 뜻을 모으게 되었고, 2021년 가을 교수님의 정년에 맞춰 이듬해 紀念 論叢 刊行 計畫을 세우게 되었습니다. 그러나 朴慶植 교수님께서는 제자들의 노고를 걱정하시는 마음에 論叢 刊行을 극구 사양, 만류하셨습니다. 교수님의 마음을 누구보다 잘 알고 있기에 정년퇴임 이후 논총을 발간하기로 하고 본격적인 추진은 잠시 멈추게 되었습니다. 2022년 늦은 여름 누구보다 정들었던 단국대학교 죽전 캠퍼스에서 朴慶植 교수님께서 정년 퇴임하신 후 제자들은 재차 교수님께 固執을 부려 논총 간행을 재추진하게 되었습니다. 교수님으로부터 가르침을 받은 대학원 석박사 제자 64명을 대상으로 奉呈 논문작성을 의뢰하고, 논총의 목차와 이곳에 담길 자료들을 수집하기 시작했습니다. 논총은 2권으로 계획하였는데, 1권에는 朴慶植 교수님의 논문 중 석조미술 중심으로 선정하고 미처 포함하지 못한 논문과 기발간 단행본을 논저목록으로 포함하기로 했습니다. 2권에는 여러 분야에서 활동하고 있는 제자들의 논문 20편을 포함해 교수님과 오랜 기간 인연을 맺어오신

선배, 동학, 제자들의 축사와 回顧 13편, 祝畵를 담기로 했습니다.

2022년 가을부터 본격적으로 진행된 논총 간행작업은 처음 연말을 목표로 했지만, 제자들의 게으름과 논총 1권에 포함될 교수님의 논문을 선별, 편집작업이 지연되어 해를 넘기고 말았습니다. 마침내 2023년 봄 더 이상 미룰 수 없다는 제자들의 각성과 심기일전을 계기로 2023년 6월 23일 朴慶植 교수님의 생신을 택해 논총을 봉정하기로 뜻을 모았습니다. 출판사를 선정하고 편집과 간행 준비는 여러 제자와 선후배들의 도움으로 무리 없이 진행하였고, 마침내 1권 仁巖 朴慶植敎授 停年退任 紀念論叢 한국 석조미술 연구와 2권 박경식 그리고 한국 고고미술이라는 제목으로 간행할 수 있게 되었습니다. 교수님의 옥고를 정리하면서 원고 마지막에 스스로 남기신 脫稿 후기를 발견하였습니다. 발표 논문에는 수록되지 않았던 내용으로 스승님께 누가 될 수 있음에도 탈고 즉시 다음 연구를 위해 고민하셨던 마음을 엿볼 수 있다는 판단에 이를 포함하였습니다.

끝으로 祝辭와 回顧, 祝畵 그리고 朴慶植 교수님의 모습을 담고 있는 빛바랜 사진들을 전해주신 감사한 분들과 논총 간행을 위해 격려와 지원을 아끼지 않은 한백문화재연구원 원장님 이하 직원분들께 감사한 마음 전합니다. 또한 어려운 여건 속에서도 교수님과의 인연으로 출판을 도맡아 주신 學硏文化社 권혁재 사장님을 비롯한 직원 여러분들께도 감사 인사 전합니다.

스승의 가르침에 비해 여러모로 부족하지만 60여 제자들의 마음 담아 朴慶植 교수님께 이 논총을 드립니다.

2023년 6월 23일

仁巖 朴慶植敎授 停年退任 紀念 論叢刊行委員會 一同

60여 제자들을 대표하여 김병희, 김성욱, 라경준, 백영종, 한병일, 홍대한, 황정욱 (가나다순)